U0641227

国家出版基金项目
NATIONAL PUBLICATION FOUNDATION

中外著名教育家画传系列

周洪宇 主编

杜威画传

戴伟芬 / 著

山东教育出版社

图书在版编目（CIP）数据

杜威画传 / 戴伟芬著. —济南：山东教育出版
社，2018.4
（中外著名教育家画传系列 / 周洪宇主编）
ISBN 978-7-5328-9724-7

Ⅰ. ①杜… Ⅱ. ①戴… Ⅲ. ①杜威（Dewey,
John 1859—1952）–传记–画册 Ⅳ. ①K837.125.46-64

中国版本图书馆CIP数据核字（2017）第051031号

ZHONGWAI ZHUMING JIAOYUJIA HUAZHUAN XILIE
DUWEI HUAZHUAN

中外著名教育家画传系列　　　　　　　　　　周洪宇　主编
杜威画传　　　　　　　　　　　　　　　　　戴伟芬　著

主管单位：山东出版传媒股份有限公司
出版发行：山东教育出版社
　　　　　地址：济南市纬一路321号　邮编：250001
　　　　　电话：（0531）82092660　　网址：www.sjs.com.cn
印　　刷：山东临沂新华印刷物流集团有限责任公司
版　　次：2018年4月第1版
印　　次：2018年4月第1次印刷
开　　本：787毫米×1092毫米　1/16
印　　张：17.25
印　　数：1–2000
字　　数：290千
定　　价：77.00元

（如印装质量有问题，请与印刷厂联系调换）印厂电话：0539-2925659

美国哲学家、教育家约翰·杜威（John Dewey，1859—1952）

1894—1904年，在芝加哥大学担任哲学、心理学和教育学系主任的杜威

杜威在哥伦比亚大学

1930年，杜威接受巴黎大学授予的荣誉博士学位

Library Special Collections Research Center, All Rights Reserved

1944年，杜威85岁生日照

1949年，杜威与第二任夫人罗伯塔一同出席自己的90岁生日宴会

目　录

家世与童年

典型的美国家庭

1859年10月20日，约翰·杜威（John Dewey）诞生于新英格兰佛蒙特州柏林顿市的一个杂货商家庭，这是一个典型的美国中产之家。

杜威的祖辈们从英国移民至美国，几代人为美国社会发展做出了贡献。比如，杜威的曾祖父帕森·杜威（Parson Dewey）曾参加过美国独立战争，死后葬在了柏林顿。杜威的父亲阿奇博尔德·斯普雷格·杜威（Archibald S. Dewey）出生在佛蒙特州北部的

杜威家乡佛蒙特州柏林顿市
图片来源：http://knockknocksocial.com

一个农民家庭，但他并没有选择做一个农民，而是搬到了柏林顿成为一个杂货店老板。直到44岁，阿奇博尔德才和小他20多岁的当地姑娘卢西娜·里琦（Lucina Rich）结婚。虽然有着年龄和性格的差异，但这些没有影响他们还算美满的生活。阿奇博尔德有着许多优点：富有同情心，品行端正，喜欢阅读等。没有接受过正式教育的他喜欢莎士比亚、弥尔顿等人的文学作品。尽管有点小结巴，他的演说却极具感染力。就事业而言，阿奇博尔德是一个成功的商人。1848年柏林顿《自由日报》（*Daily Free Press*）开始发行，他就在上面刊登广告："所有商品包退包换，包您满意。"他具有幽默感的广告语，如"喜欢黑暗的人别买灯油或蜡烛"（Those who prefer darkness to light are adverted not to purchase oil or sperm candles），吸引了很多附近的居民去杂货店买东西。此外，他还在大理石湾拥有一个砖窑。同时，他也是北方新英格兰电话公司指导董事之一。随着生意日渐兴隆，在杜威一岁时，杂货店搬到了一所大学附近的一个大市场里。搬迁之后，阿奇博尔德还专门写信告诉老顾客新店的地址，希望他们继续照顾生意。出人意料的是，1861年他突然去参加南北战争了。

杜威的母亲卢西娜于1830年9月12日出生在佛蒙特的肖拉姆。她的家庭几乎与杜威一家在同一时期定居美国。里琦家族一直都比较富有，且具有公共精神，致力于公共服务，在佛蒙特当地很有声望。她的祖父曾是华盛顿国会的一位议员。

她的父亲戴维斯·里琦（Davis Rich）是一位富裕的农场主，他不仅拥有家庭工业技术，还担任过五年的佛蒙特议员。卢西娜的表兄马修（Matthew H. Buckham）还是佛蒙特大学(The University of Vermont)的校长，这是杜威兄弟就读的大学。内战开始后，卢西娜以及她的儿子们常住在表兄家，杜威与马修的孩子们成了很好的朋友。

卢西娜具有正直的道德以及自省精神，她积极投身于社会福利和改革事业。她关注灵魂的救赎，是一个典型的清教徒，对孩子们的影响很大。她非常关注学龄期孩子们的学业成绩，由于她的引导与影响，孩子们纷纷接受了大学教育。由于大儿子的意外去世，她非常关爱杜威，在杜威五岁之前，心有余悸的卢西娜对他形影不离。在杜威长大离家求学期间，卢西娜虽然不能经常与他见面，却常给他写信。信中，她谆谆教导杜威，关心杜威的生活，内容甚至挤满了信纸的边缘空白地带。由于杜威从小与母亲相处更多，比起他的两个兄弟，他与母亲有更多的相似之处。据杜威家的朋友说，杜威的黑眼睛是母子最相似的地方。此外，两人性格也十分相似，例如卢西娜有时候工作异常刻苦，杜威也是一个不知疲惫的工作者。杜威在婚后向伴侣爱丽丝坦露他深受母亲的影响，尤其是严肃、害羞与内向的性格养成与母亲有一定关系。

杜威与父亲的隔阂

杜威有两个哥哥，分别是1856年出生的长兄约翰·阿奇博尔德·杜威（John A.Dewey）和1858年出生的二哥戴维斯·里琦（Davis Rich）。两个儿子相继出生，都非常健康活泼。然而，阿奇博尔德与卢西娜为人父母的幸福没有持续多久便遭受巨大的打击。1859年1月，大儿子约翰意外地掉入盛满开水的桶里，导致了致命的烫伤，又由于急救措施不到位，第二天早上七点，这个才两岁多的生命便夭折了（见下图新闻报导）。

Daily Free Press

Distressing *Accident.-We learn, with pain, that our friend and townsman,A.S. Dewey,has lost his oldest child by a distressing casualty. The child, a fine little boy,between two and three years old, was fatally scalded last evening, by falling backward into a pail of hot water....and death resulted about seven o'clock this morning.The afflicted parents have the sincere and tearful sympathy of community, in their sudden and most painful bereavement.*

自由日报

讣告 我们沉痛地了解到，我们的朋友，市民阿奇博尔德·杜威先生因为一场痛苦的意外失去了长子。这个不到三岁的可爱孩子昨晚遭到致命的灼伤。意外掉入一桶滚烫的热水，应急过程中棉花意外着火雪上加霜。孩子于今早七点夭折。谨代表社会为这场意外中饱经丧子之痛折磨的父母表示哀痛与同情。

1859年8月20日，卢西娜的父亲送给了他们一栋在柏林顿的新房子，以让他们夫妇两人走出丧子阴影。这个礼物对他们而言非常及时，因为那时卢西娜已经怀孕了。此时他们非常需要一个不会提醒他们大儿子死亡的地方，来迎接一个新生命的到来。他们对这个即将诞生的新生命充满了期盼。孩子诞生后，为了悼念逝去的大儿子，他们以"约翰"为他取名。不过逝去的长子是无法替代的，而刚刚诞生的小家伙也是独一无二的，夫妇决定叫他约翰·杜威。他们因为感到对大儿子的死负有不可推卸的责任，所以非常内疚，把绝大部分关爱都放在了杜威的身上。然而杜威近两岁时，50岁的父亲阿奇博尔

乔治街14号，1867—1876年杜威家在柏林顿居所，现已拆除

图片来源：John Dewey Papers, SCRC General (Southern Illinois University Carbondale)

祖孙两人，阿奇博尔德抱着杜威的儿子福瑞德

图片来源：John Dewey Papers, SCRC General (Southern Illinois University Carbondale)

德·杜威离开已怀孕的妻子和两个儿子，卖掉了杂货铺，去参加了佛蒙特的北部联盟军，没有人知道他这么做的原因。

父亲阿奇博尔德从杜威的幼年成长中缺席了几年时间，当杜威再次看到打仗归来的父亲时，他感到陌生与疏远。同样阿奇博尔德也不知道如何对待疏远已久的孩子，只能客气而小心地对待杜威。阿奇博尔德一度试图用幽默来拉近彼此的距离，但很笨拙。后来在提到他的父亲时，杜威客气地评价他的父亲"非常的幽默、和蔼"，隐隐有种指责的语气。他们之间彼此尊重，但隐含着隔阂。也许阿奇博尔德始终没有走出丧子的阴霾，将杜威视为窃贼进入到这个家庭，偷走了原本属于他哥哥的位置。透过父亲的眼睛，看到的是逝去的兄长的影子，敏感的杜威显然觉察到了这点，并不十分亲近他的父亲。不过尽管对杜威抱着矛盾而复杂的心理，阿奇博尔德去世前却选择与杜威住在一起，而不是和最大的儿子戴维斯或最小的儿子查尔斯，足以体现他对杜威的依恋。

深受宗教影响的童年

杜威的家乡是一个宗教气息浓郁的美国小镇。公理会在当地影响较大，每逢休息日，父母都会带上自己的子女前往教堂

SIUC Morris Library Special Collections Research Center - All Rights Reserved

聆听上帝福音。母亲卢西娜是一位虔诚的教徒，1850年，她接受洗礼，并正式成为公理会的一名成员。她不仅注重个人的反思与道德的提升，而且通过自身的善行践行自己的价值观。她主张通过福利体系改革来服务人民，自己也加入到教堂传教的队伍之中，并担任了柏林顿地区妇女传教会的领袖。可以说，她是传教者最忠实的老友。

作为一个严谨的公理会成员，卢西娜常以自己的宗教观教育孩子。她要求孩子们树立对上帝的信仰，以宗教礼仪、道德来约束孩子，比如酗酒、赌博、玩牌、跳舞等所有轻浮的行为都被禁止。她常用"你的行为与上帝的要求一致吗"这样的问题培养孩子的自省，要求孩子们每天祈祷、忏悔。1871年，当杜威11岁的时候，卢西娜帮助杜威和戴维斯写申请信，要求正式成为公理会的一员。信中写道："我认为，我爱基督，我想归顺于他，并成为其中的一员。"年幼的杜威就在这种环境中耳濡目染地长大。卢西娜的宗教情感极大地影响了杜威的宗教观，他也一度是一位虔诚的信徒。杜威的宗教信仰一直延续到大学时期，在教会中扮演了积极的角色。

美好的生活与成长环境

杜威的家乡佛蒙特州的柏林顿市是新英格兰地区的一个市镇，具有新英格兰传统特点，是当时该州的商业和文化中心。近郊住有较为富裕的居民，在宽敞场地上盖起了殖民地时期式样的房子。柏林顿市环境优美，坐落在香普兰湖中耸起的一个丘陵地上。杜威和戴维斯童年时曾穿越阿迪龙达克山脉，到曼斯菲尔德去旅行。他们还搞到划艇，带着帐篷、羊毛毯和炊具勘探香普兰湖，并且有时会划船到乔治湖去，甚至下到连接香普兰湖与圣劳伦斯河的河流中划船。

同时该地有着良好的人文环境，尤其是崇尚自由，笃信民主制度，当地所有家庭的孩子都能进入同样的公立学校，没有阶级和贵贱之分，平等和民主观念在该社区之中被认为理所当然。优美的地理环境以及良好的人文氛围给了杜威一个快乐的童年。杜威父亲参军后，母亲卢西娜时常住在表兄马修家，孩子们建立了深厚的感情。他们暑假有时相约到外祖父家的农场去玩，一待就是好几个小时，享受着这里独特的风景，学习很多书上没有的东西。有时他们一起体验社会生活，比如在亲戚的农场里做一些力所能及的工作，通过送《自由日报》下午版和为木材商清点木材来挣零花钱。在后来一次书籍拍卖会上，杜威兄弟用辛苦挣来的钱买了一套钱伯斯（Ephraim Chambers）的《百科全书》（*Cyclopaedi*）和司各特（Walt Socott）的《威弗利》（*Waverley*）小说集来阅读。这段经历让杜威在很小的时候就体会到了什么是责任。孩子们不仅认识到劳动的必要性，也体验到了劳动的快乐。

里琦家的农场，杜威小时候在这里有一段美好的回忆
图片来源：John Dewey Papers, SCRC General (Southern Illinois University Carbondale)

婚姻与家庭

爱妻爱丽丝

爱丽斯的家庭与童年

　　哈里特·爱丽丝·齐普曼（Harriet A．Chipman）是杜威的第一任妻子。1858年9月3日，爱丽丝出生于密歇根州的芬顿，比杜威大一岁。她的父亲戈登·齐普曼（Gordon O．Chipman）是一位具有政治热情的杰克逊民主党人，在罗斯福（Franklin D. Roosevelt）当选总统的1854年，被升任芬顿的邮政局长。然而，四年后，

SC Morris Library Special Collections Research Center — All Rights Reserved

爱丽丝（左三）与芬顿高中同学
图片来源：John Dewey Papers,
SCRC General (Southern Illinois
University Carbondale)

爱丽丝的母亲露西·里格（Lucy Riggs）因难产去世，戈登陷入了巨大的悲痛，抑郁而无法自拔。过度的忧伤侵蚀了他的健康，一年不到，他死于肺结核，留下了遗孤爱丽丝和她的妹妹奥古斯塔（Augusta Chipman）。很短时间里，爱丽丝接连遭遇失去双亲的痛苦，使她更加下定决心要变得独立、坚强。这一段经历奠定了她日后关注女性权益、成为女权主义者的基础。由于幼年就失去双亲，爱丽丝与她的妹妹主要是被外公外婆抚养长大，成长过程中也因此很大地受到外公福瑞德·里格（Fred Riggs）的影响。福瑞德拒绝加入任何教会。他经历了"拓荒时代"的各种冒险，经常向孙女们讲述拓荒者的故事。爱丽丝受到外公敢于打破旧习的激情感染，她开始终身致力于改变政治、社会、经济方面的压迫问题。

与杜威的婚姻

1875年，爱丽丝从芬顿高中毕业后，先在当地神学院教了一年音乐课，后在附近高中教了一段时间的书。1883年，她进入了密歇根大学（the University of Michigan）

1886年的哈里特·爱丽丝·齐普曼
图片来源：http://deweypedagoogika.blogspot.com

学习哲学。在大学三年级的时候，她恰好与杜威租住在杰斐逊街的同一栋公寓里。两个年轻人相遇了。爱丽丝和杜威志趣相投、一样严谨，他们经常讨论各种哲学问题。除了哲学的兴趣，他们还有很多共同经历，如爱丽丝和杜威都在中学教过书，他们的父辈都是佛蒙特人。在交往的过程中，两人产生了爱的火花。虽然当时杜威已获得哲学博士学位并身为讲师，爱丽丝还只是一个学生，但在某些方面，爱丽丝思想激进自由，可以成为杜威的老师。一开始，杜威的兴趣仅仅在哲学研究上，还没有涉及教育问题，但是认识爱丽丝之后，应爱丽丝的要求，杜威探讨了"教育与妇女健康"（The Education and Health of Women），这是他的第一篇教育论文。从某种意义上讲，爱丽丝在引导杜威走向教育的道路上扮演着重要的角色。

1886年7月，杜威与爱丽丝结婚。这一年杜威可谓是爱情事业双丰收，同年提升为副教授，而显然在爱情上的满足更让他兴奋不已。他把自己的热情放在一边，开始了解爱丽丝的兴趣，并有了新的兴趣转向，从柏拉图的阅读转向歌德诗词的阅读。爱情让他变得浪漫，他生平第一次对诗歌产生了兴趣，甚至写了一些诗去公开发表。不过他们的结合并不局限在彼此爱慕上，更多的是两个惺惺相惜的学者共同探讨知识、互相吸引、互相影响。

爱丽丝不受传统家庭女性角色的约束，她生性独立、具有反叛精神，是一位女权主义者。1890年，她参与组建妇女联盟。她对社会、女性等一系列事务的关心不是一个家庭女性寻找乐趣，而是真正受到社会责任感的驱使。正是她将平等的女性公民权利，如平等的健康权、教育权、工作权等话题带入到杜威的视野之中。在共同的生活和工作中，她对杜威的支持更像是一个伙伴。为了支持杜威的实验学校，她亲自担任过芝加哥大学实验学校(Chicago University Laboratory School)的第一任校长。杜威与爱丽丝的爱情和伙伴关系，不仅使杜威拥有幸福生活，也为他日后的成就打下了基础。

总起来说，爱丽丝带给杜威三种具有吸引力的东西：第一，对其他人的观点、意见毫无畏惧的心理素质；第二，对于制度化宗教的摆脱；第三，对于信仰应关心的实际内容应有了解。最后一点是杜威尤其需要的。杜威写了大量文章，其内容与实际生活紧密相关，与其他传统的哲学思想赫然不同。难道杜威天生就是一个对实际问题感兴趣的人吗？并非如此。杜威坦言其思想发展不是一帆风顺的，思想形成过程充满纠结与矛盾，受到形形色色的思潮、理论、现实冲击，正是这些激烈的冲突促使他的思想发展，而爱丽丝则是杜威思想突破直接或间接的中介者。对于爱丽丝，连女儿简都说："她有着超强的洞悉力，可以透过事物的表象看到其本质，她拥有不屈不挠的勇气和精力以及敏感的本性。她对知识的忠诚坚守让她对与她所接触的人都抱有一种不寻常的慷慨。"简还说："毫无疑问，杜威早期对哲学的兴趣从叙述与传统的方式转向对当代生活领域的关注，爱丽丝在其中起了很大的作用。"

爱丽丝的忧郁

爱丽丝的忧郁来自于童年家庭悲剧的亲身经历和父亲的影响。她四岁的时候，妈妈露西在生完第三个孩子的一个月后去世。父亲戈登·齐普曼由于对亡妻的思念而陷于无比的忧伤，无心照顾孩子，自己睡酒店，雇请一个女保姆照顾三个孩子。新生的孩子由于疏忽，不久就夭折了。父亲的忧郁没有好转，一天天衰老下去，最后死于肺结核。爱丽丝和妹妹目睹这一切，并最终成为孤儿。爱丽丝终其一生都保留着为数不多的几封父亲写的信，信中叙述了悲惨的事情。爱丽丝深感无助，无法逃脱，只有求助于宗教的安慰，参加教堂的活动以及星期日学校，直到她的外祖父母去世后，才停止参加这些活动。

童年经历给爱丽丝带来的不仅是伤痛，还有一生抑郁症的折磨。爱丽丝在密歇根大学学习，就是希望学术研究可以帮助分散抑郁症的痛苦，也正是在这里她遇见了生命中的另一半——杜威。她虽然坚强又智慧，但内心的忧郁之魔却从未停止折磨她。与杜威结婚，组建家庭和养育孩子的过程在某种程度上缓解了她的症状，然而当孩子莫里斯（Morris Dewey）夭折时她再次悲伤不已，另一个孩子戈登（Gordon C. Dewey）的死亡更是给了她重创。爱丽丝一度喜欢到处旅游从中获得一些乐趣，对于这一爱好杜威也一直表示支持，希望可以对她的抑郁症有所帮助。但渐渐地，爱丽丝感到难以从旅游中找到乐趣。

据杜威的学生说，在戈登死后，爱丽丝的抑郁症不断恶化，性情变得急躁和易怒。原来的敏感变成了近乎刻薄，原来的挑剔变成了吹毛求疵，要求所有的事情必须尽善尽美，抱怨成了日常生活的一部分。战争的爆发打击了她对于自由民主社会的笃信，她困惑于屠杀发生在年轻人之间，她担心萨拜诺（Sabino Dewey，杜威夫妇的养子）会被征募去当兵，担心他会死在战场上。持续不断的忧郁不仅带给爱丽丝情绪上的变化，对她的精神和身体也造成了很大的伤害。她原本打算到纽约教书，但是她过了很久才勉强把大纲列出来，最后只教了一次课，就由于抑郁症复发导致疲劳而放弃。1909年，她开始向医生寻求专业帮助，但是始终没有摆脱抑郁症的困扰。

1926年秋，从墨西哥和纽约辗转回国的爱丽丝觉得心脏不适，不久医生告诉杜威，爱丽丝的病没有痊愈的希望了。1927年春天，杜威决心离开学校专心照顾爱丽丝。也许是因为拜访老友，爱丽丝在杜威陪伴的这段日子里似乎日渐好转。但实际上没过多久，爱丽丝的病情恶化，甚至无法自理。因为有杜威和孩子们的鼓励，爱丽丝表现出极度的坚强与乐观，她有时甚至会安慰杜威，让杜威颇为感慨。7月14日，还有不到两周就是她和杜威结婚41周年纪念日，她平静地离开了这个世界。伤痛的杜威特意挑选在纪念日那天举行爱妻葬礼，许多友人、同事纷纷写信致以安慰。杜威感慨地说："我一直都很幸运，我拥有五个孩子以及许多的孙子，与那些孤独离去的人相比，我是多么的幸运。我认为我没有权利去抱怨，过去40年，我们一直生活在一起，爱丽丝让我的生活有了不一样的意义。"

亦兄亦师的哥哥戴维斯·杜威

　　杜威的哥哥戴维斯在杜威的人生中扮演着亦兄亦师的角色。戴维斯兴趣多样，才能卓越，擅长学习语言，又在数学方面感兴趣且表现优异，还喜欢做科学实验，这让他在大学毕业后选择职业时分外苦恼。最后，他充分发挥了继承自父亲阿奇博尔德的商业天赋，并致力于经济、政治与历史方面的研究，成为当时享有盛誉的美国社会及经济问题的评论员。

　　就专业方面而言，尽管没有弟弟杜威那样多的研究成果，但他的作品也都备受好评。比如《美国金融史》（*The Financial History of the United States*）一书曾荣获约翰·马歇尔奖（John Marshall Prize），他的《雇员与工资》（*Employees and Wages*）一书是对美国工作状况的首创研究，基于20世纪美国劳动力市场展开了实际统计调查。戴维斯同兄弟杜威一样拥有多领域的视野，又能深入某一具体领域实现突破。此外，戴维斯也对社会改革感兴趣，他曾经在波士顿儿童福利院和公立学校协会工作。

　　兴趣上的相似与学识上的互补促使兄弟两人一生都保持着密切联系。杜威毫不吝啬对于哥哥的赞赏，他说："对我来说，他的智慧一直在不断地拓展着，因为他对一切事物都怀有同情心。"杜威看过哥哥写的所有

杜威兄弟与表兄。从左到右依次为杜威的表兄约翰·帕克·里琪（John Paker Rich）、约翰·杜威、杜威的哥哥戴维斯·里琦·杜威（Davis Rich Dewey）及杜威的弟弟查尔斯·米纳·杜威（Charles Miner Dewey），摄于1865年左右
图片来源：John Dewey Papers, SCRC General (Southern Illinois University Carbondale)

著作以及报告。对当代问题有任何不了解的地方，他也积极向这位兄长询问意见。兄弟俩一直在繁忙工作之余抽空见面，热烈地讨论美国的社会、政治与经济状况。在这方面，戴维斯给了杜威很多专业建议，使杜威更加深刻和全面地审视教育问题。

具有探索精神的外公福瑞德·里格

1892年8月发生了一件事情，对于杜威来说是前所未有的冒险，杜威从没有想到过作为一个哲学家的人生会有这样的经历。爱丽丝的外公福瑞德·里格经历过早期的"拓荒时代"，作为移民者，他经历过许多冒险，比如曾勘测了穿过佛蒙特州北部的一条公路，管理过印第安人的商业邮政，后来又在西部荒地里从事过农业。这段激情燃烧的岁月光辉虽然褪去，但这种冒险精神持续地影响爱丽丝和杜威。福瑞德老而弥坚，1889年他在科罗拉多投资购买了一座矿产。到1892年的时候，已经九十多岁的福瑞德想回去管理这些资产，但是年事已高的他难以只身前往，恰巧当时爱丽丝又怀着第三个孩子，杜威便自愿陪同福瑞德去往科罗拉多州。

福瑞德·里格无疑是一个优秀的商人，他和杜威到达科罗拉多后便开始了对矿产的开发，但开发过程中遭遇了不顺，挖煤的机器出现了问题，许多谈好的生意都泡汤了。显然，这些生意的风险不是这位九十多岁高龄的老人能够负荷的。虽然福瑞德能够保持平和的心态，将这些挫折看作成功者必不可少的磨砺，但是很显然，年事已高的他经受此打击，身体每况愈下。杜威心里清楚，这应该是福瑞德最后一次来到西部了。但是祖父这种不懈探索的精神一直激励着杜威，他成为杜威人生另一个方向的老师。随着福瑞德死于心脏衰竭，杜威的商业之旅也戛然而止。1892年，在结束了卖掉矿产的谈判后，杜威返回了芬顿，继续探索教育事业。但是正如杜威最爱的福瑞德的格言那样，"总有一天，这些事情将被发现，不仅仅发现而且能认识它们"。里格的这句格言，多次被杜威所引用。福瑞德丰富的经验以及灵敏和创造性的精神，极大地补偿了杜威学校教育的不足。杜威的生活经历给了他发展教育理论的灵感，通过这次旅行，加深了他对政治经济的理解，在讲解哲学时，他也变得更加成熟。

对孩子们的家庭教育

1880年至1890年，是杜威教育思想发展的关键时期，这个时期他既要工作，又要照顾家庭。不过也正是在这段时间，杜威有了新的教育实验室——他通过与孩子们的交往发展了他的教育知识，在与爱丽丝教育孩子的同时开展新的教育理论与实践的研究。首先，杜威夫妇非常注重对儿童成长资料的收集。他们用实证的方法对孩子的各项能力发展数据进行统计，获得儿童成长方面的一手数据，如杜威的《婴儿语言心理》（*The Psychology of Infant Language*），这篇文章的数据来源就是孩子福瑞德（Fred A. Dewey）和伊夫琳（Evelyn R. Dewey）早期习得词汇的经历。其次，杜威夫妇主张让儿童自然发展。爱丽丝教育孩子的观念受卢梭的自然主义思想启发，希望孩子们都是自然人，不被压抑。比如，在冬天的时候，经常有邻居反映杜威家的孩子们依然赤脚到处乱跑，有警察好心去劝告杜威夫人，却受到爱丽丝反驳："这不干你的事，我们有能力教育好自己的孩子。"杜威夫妇因此"恶名远扬"，甚至因为他们这些"与众不同"的做法，当地儿科医生拒绝给他们的孩子看病。第三，杜威夫妇注重儿童的实践。比如，爱丽丝让福瑞德和伊夫琳为她生产做助手，生孩子的过程中给他们讲解相关知识，以进行健康教育，这在普通人的家庭简直是匪夷所思。此外，爱丽丝还相信，孩子与父母的分离可以帮助其成长，所以她经常带着一两个孩子出去旅游，而留下杜威和其他的孩子在家，以

杜威、爱丽丝、露西、简和友人

图片来源：John Dewey Papers, SCRC General (Southern Illinois University Carbondale)

SIUC Morris Library Special Collections Research Center - All Rights Reserved

此来锻炼孩子们的意志，当然效果有好有坏。

杜威不像他母亲卢西娜那样从小引导孩子走上宗教的道路，他更关心孩子们的社会性成长。在芝加哥时，杜威经常写信向自己的孩子描述普尔曼罢工以及赫尔社区的见闻。爱丽丝也将信件一一读给孩子们听。受到这样的影响，大儿子福瑞德·阿奇博尔德·杜威七岁开始对在美国和法国见过的穷人的生存情况产生了强烈的兴趣。爱丽丝写信告诉杜威："他（福瑞德）坚持认为我们应该住在穷人区里，他被我们见过的乞丐和悲惨的人的情况所感染了。昨天我们在街上看见一个乞讨的盲人，整个下午他都哭闹不止，抱怨我没有给那个人任何的施舍。我试图向他解释为什么我没有这么做，由此还引发了我们对于社会恶习的一般性讨论。我告诉他亚当斯小姐在赫尔社区所做的事情，当我们到那里去的时候，我们可以帮助她。"由此，福瑞德意识到暂时的施舍无法提供真正的帮助，更好的方法是为他们提供就业机会。

杜威与爱丽丝共同承担抚养孩子的责任，经常交流孩子发展中的问题。当有一方外出，他们也会在信件中记录下孩子成长的轨迹。对于如何教育自己的孩子，他们身体力行，反对传统的灌输教育，带领、鼓励孩子自己观察与思考，让孩子先内心产生兴趣再自己动手探索。这种与当时传统教育截然不同的教养方式，影响了孩子终身，他们成年后在各自领域里都取得了成就。更有意思的是，由于父母的影响，孩子们对于教育都显示出了热情与兴趣，伊夫琳、简（Jane M. Dewey）、萨拜诺后来都投身于教育事业中。

福瑞德·杜威（Fred A. Dewey）

福瑞德·阿奇博尔德·杜威是杜威的长子。1887年7月19日出生于密歇根州的芬顿。福瑞德这个名字，取自于爱丽丝外公的名字，阿奇博尔德取自于杜威父亲的名字。两位可敬的长辈名字的结合显示出杜威对长子深深的祝福与期盼。福瑞德出生后，初为人父的杜威时常感到手足无措。当福瑞德在餐桌上吵闹时，杜威夫人喊："约翰，去让福瑞德安静一下。"杜威则站在一旁表示很无奈："爱丽丝，我做不到，这个任务对我来说太难了。"杜威喜欢用婴儿椅推着小福瑞德到处玩，这个粗心的父亲却马虎到有时会忘记把孩子推回来。等到杜威慌慌张张找到小福瑞德时，小家伙则在椅子里安静地睡着了。

福瑞德从出生到七岁一直是个乖孩子，专心、独立、善良，他的父亲对他寄予厚望。福瑞德七岁那年，杜威一家人从安阿伯搬到了芝加哥。母亲爱丽丝忙着整顿新家，并准备带着孩子去欧洲旅游。搬家后，一直乖巧的福瑞德身体状况出现了异常，新的环境让他感到紧张、忧郁，他出现头痛、视力疲劳以致看不见黑板上的东西。一开始，杜威以为这是孩子淘气，为了逃避上学要的某种伎俩，因为杜威在上学的时候也经常向大人诉说"头痛"。后来经诊断，他们确认福瑞德是因为离开旧居和父亲，患上了"分离焦虑"，让他感觉不适。杜威这才渐渐意识到事情的严重，福瑞德并没有淘气，他的忧郁也许是自己施加的压力和过分的期盼造成的。意识到这一点，杜威对于自身的教育方式进行了反省，比如逼迫福瑞德对科学感兴趣，实质上是在折磨可怜的小福瑞德。随着杜威改变自己的教育方法，福瑞德也顺利度过了这段危机。青年的福瑞德就能承担照顾家庭的责任，经常替他的父母照顾兄弟姐们，并写信给父母报告家里的情况。

神似母亲爱丽丝的福瑞德·杜威
图片来源：John Dewey Papers, SCRC General (Southern Illinois University Carbondale)

1905年至1906年，福瑞德在密歇根大学就读；次年，他又转往叔叔戴维斯就任的麻省理工学院（Massachusetts Institute of Technology，MIT）学习。福瑞德曾经参加过第一次世界大战，1918年由于表现突出得到了上级的赏识与提拔。之后，福瑞德又尝试了许多种职业，先后在多所大学里执教，开办信贷公司，并成为一个成功的投资经纪人。除此以外，他还是一位优秀的划艇运动员。

也许是从小受到父母的影响，福瑞德富有同情心，尤其对穷人给予极大的关注。杜威也被福瑞德的这种同情心感动，他们父子俩投入了大量的精

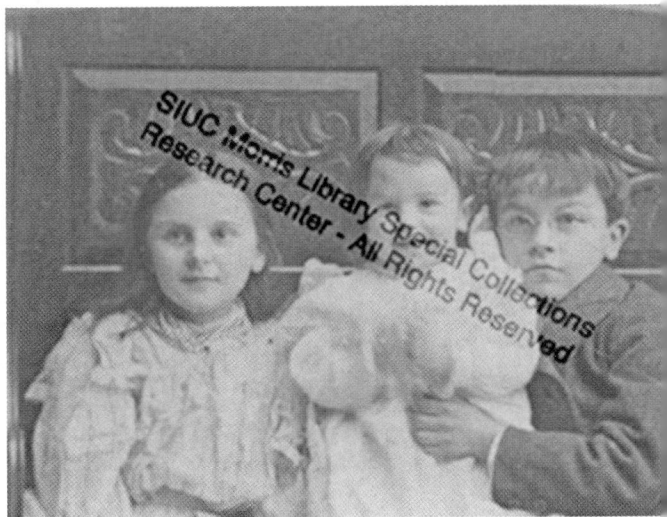

福瑞德紧紧抱着简，露西正看着镜头微笑
图片来源：John Dewey Papers, SCRC General (Southern Illinois University Carbondale)

SIUC Morris Library Special Collections Research Center - All Rights Reserved

力关注美国社会现状。福瑞德也许并不像他的父亲一样伟大，但无疑他是成功的，是一个好儿子，一个值得信赖的兄长，一个称职的丈夫和父亲；对于社会和国家来说，他也是一位优秀的公民。他成功且充满意义的人生既要归功于自身的努力进取，也有杜威夫妇善于教育的原因。

伊夫琳·杜威(Evelyn R. Dewey)

　　杜威的长女伊夫琳·杜威1889年出生于明尼阿波利斯。与福瑞德所表现出的活泼好动不同，伊夫琳从小便体现出异于同龄人的成熟。一次，杜威去孩子们的学校，远远看到快乐玩耍的福瑞德，对比之下一旁的伊夫琳却出奇地安静："可怜的伊夫琳，在那里玩着立方体，寻找它有几个边、几个角，从她的表情里可以看出她很无聊，她很奇怪为什么别人要在那里费力地寻找她已经知道的答案。"

伊夫琳·杜威
图片来源：John Dewey Papers, SCRC General
(Southern Illinois University Carbondale)

　　他们搬家时，伊夫琳并没有出现福瑞德那种焦虑情绪，她快速适应了新的环境并在学校取得了很大进步。1904年，随着他们又一次搬家——从芝加哥搬到纽约，她来到纽约上了两年高中，随后就读于史密斯学院（Smith College）。

　　伊夫琳是一个独立的女孩，在她成年以后便从家中搬出，开始在自己的公寓生活。受父亲的影响，她也当过教师，还曾经是国家教育咨询委员会的成员。她是父亲的好帮手，帮助父亲对实验学校展开调查研究并且自己动手写作，比如，她参与了父亲《明日之学校》（Schools of Tomorrow）一书的合作撰写。伊夫琳在撰写中做了很多实地考察——参观学校，采访老师、管理员、学生，观察他们对教育理论的应用。因此，《明日之学校》一书之所以如此丰满，也要归功于她的观察与记录。

杜威和女儿伊夫琳感情很好，他经常给她写信，在信中昵称她是"最心爱的女儿"。1927年，爱丽丝去世后，孤单的他选择和女儿伊夫琳住在一起。后来，他们还一起参与了在苏联的教育工作，在工作中建立了很好的默契。正是有了伊夫琳的帮助，很多工作得以顺利地开展。

不知是否是遗传的缘故，伊夫琳也患有一种周期性的抑郁症。她选择积极接受精神分析治疗，并幸运地痊愈了。虽然杜威的其他孩子结婚年龄都很早，但伊夫琳是一个特例，她一直保持着单身，直到45岁突然认识并爱上了一个拥有3000英亩农场的农场主格朗维尔（Granville Smith），两人不久便结婚了。婚礼结束之后，勤勉的她又马上开始

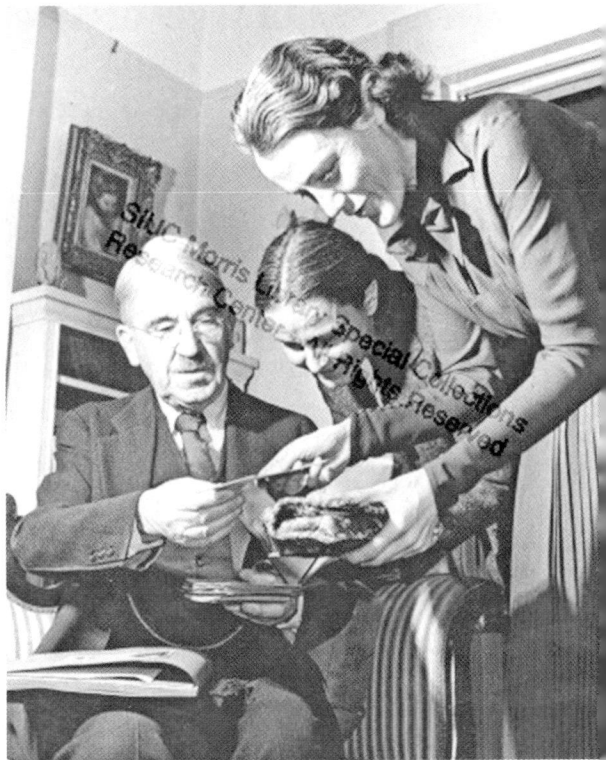

杜威与伊夫琳、露西
图片来源：John Dewey Papers, SCRC General (Southern Illinois University Carbondale)

了校对手稿的工作。伊夫琳结婚后，杜威也每年都来看望他们夫妇俩，尤其是喜欢去他们的农场玩。也许这里让他回忆起了童年外公的农场，这也成为杜威每年必到的旅游乐园。不过杜威有时会去基韦斯特过冬，伊夫琳也会毫不犹豫地陪着父亲。由此可见，父女的关系是多么亲密。

像她的父亲一样，伊夫琳有时过于沉溺于工作，但是她并没有疏忽家人。对弟弟妹妹的关怀与长兄福瑞德付出的一样多，对父亲更是在生活中细心照顾，在工作上极力支持。杜威拥有这样的女儿，也是他的幸运。

莫里斯·杜威(Morris Dewey)

出于对恩师乔治·西尔维斯特·莫里斯（George S. Morris）的感激，杜威将自己的第三个孩子取名为莫里斯·杜威。莫里斯出生后不久，杜威夫妇便发现他惊人的语

言、模仿天赋。杜威非常宠爱莫里斯，以小莫里斯作为研究对象，探索婴儿心理与语言发展相关的研究主题。他每天不仅要记录莫里斯生活的点点滴滴，还与妻子爱丽丝带着欣赏与惊喜分享莫里斯成长的细节，这一过程给他带来了许多新的思考。当他反思自己对于长子和长女的教育时，发现了许多过去没有意识到的问题，甚至希望可以回到过去，重新教育福瑞德与伊夫琳。可以说，杜威夫妇把莫里斯当作上天带给他们的天使，并对他寄予厚望，直到一次欧洲之旅将他们的天使残忍地夺走。

当时杜威被欧洲各大高校邀请去做演讲，原本替杜威夫妇照顾小莫里斯的奶奶卢西娜在他们准备启程去欧洲前夕突然生病了，杜威夫妇只好带着孩子们前往欧洲。一开始似乎都很顺利，爱丽丝带着孩子们游历欧洲，之后爱丽丝、孩子们与杜威约定在法国会合，然后全家一块前往意大利。没有料到那段前往意大利的旅程却是一段噩梦。在路过瑞士和弗里堡的时候，爱丽丝、伊夫琳和莫里斯都感到不适，到达米兰时他们都病倒了。经过当地医院一段时间的治疗，爱丽丝和伊夫琳都有所好转。但不幸的是，小莫里斯被诊断患上了白喉，年幼的他没能抵抗住病魔的侵袭，在3月12日夭亡了。两天后，莫里斯就地被葬在米兰的墓地，此时他还不到两岁半。

杜威夫妇受到了巨大的打击，与莫里斯仅有短暂接触的人们也为莫里斯的去世感到惋惜，医院里医生和护士都表示出悲痛，与他们同船仅有短暂相处的旅伴也遗憾地说："假如那个男孩长大的话，世界上将会有一种新的宗教。"这句话虽有夸张，但也表达了小莫里斯给其他人留下的印象。小莫里斯虽然只活了两岁多，但是他给杜威夫妇带来的快乐是无法估量的，以致当他突然去世的时候，杜威夫妇几乎崩溃。莫里斯的死给家人心里留下了无法弥补的伤痛。莫里斯去世后，爱丽丝和杜威又相继拥有了三个可爱的孩子，分别是戈登、露西和简。戈登·齐普曼·杜威出生在1896年的夏天，是以爱丽丝父亲的名字取名的。他的出现稍稍慰藉了刚刚失去莫里斯的杜威夫妇，出于一种补偿心理，杜威夫妇很溺爱他，而他也非常的安静、懂事。

露西·杜威(Lucy A. Dewey)

1897年12月28日，露西·爱丽丝·杜威出生于芝加哥。露西这个名字来自于爱丽丝的母亲，代表着爱丽丝对孩子的祝福。爱丽丝在生露西时身体虚弱，大家一度都很担心孩子的健康。幸运的是，小露西不仅坚强地活了下来，而且从小表现出"天使一般的特质"，她似乎是无忧无虑的，晚上醒着的时候也不会哭，她的童年充满着欢笑与喜悦。

成长过程中，姐姐伊夫琳一直对露西关爱有加。当时伊夫琳比露西长8岁，自然承担起了照顾妹妹的责任。

1919年，露西陪伴杜威出访中国时邂逅了一位奥地利男子伍尔夫（Wolfgang Brandauer）。两人互生好感，决定要成为终生的伴侣，但是爱丽丝以露西年纪还小为由建议再等两年。1923年，在父母的见证下，他们在北京结婚了。一年后露西在北京产下一子，随后伍尔夫在奥地利找到一份工作并带全家迁往维也纳。随着国际形势恶化，奥地利被纳粹占领，

露西·杜威在草坪玩耍
图片来源：John Dewey Papers, SCRC General (Southern Illinois University Carbondale)

伍尔夫被强行征入部队留在奥地利。这时露西只得带着孩子逃回美国，其间一度住在姐姐伊夫琳的农场里。直到1939年，在杜威的帮助下，伍尔夫才拿到前往美国的签证，两人再次团聚。

简·杜威（Jane M. Dewey）

1900年7月11日，杜威家族再次迎来新生命——简·杜威。简大约比露西小两岁半，她可以说是杜威家里"迷失"的孩子。简出生不久后，杜威因为参加学术报告带着几个孩子去了纽约，只留下妻子爱丽丝单独照顾刚出生的简。随后，断奶之前，母亲又因事离开了她很长一段时间，在此期间，由杜威独自照顾简。这段经历造成了简安全感的缺失。

1906年至1909年之间，简与露西一直就读于同一所学校。1914年，爱丽丝把简和露西带到了瑞士之后，就随伊夫琳一同前往意大利了。再次经历离别的简伤心且气愤地写信给爱丽丝，要求带她一起去意大利，她抱怨道："你们坚持陈旧的观点，为什么你们要教育那些根本不想接受教育的人，比如我，我根本不想接受教育，也不想上大学。"但是她的请求被爱丽丝拒绝了。爱丽丝固执地认为，与孩子的分离对他们的独立个性发展有好处。直到1918年，杜威夫妇因为要去加利福尼亚州做讲座，所以必须离开一段时

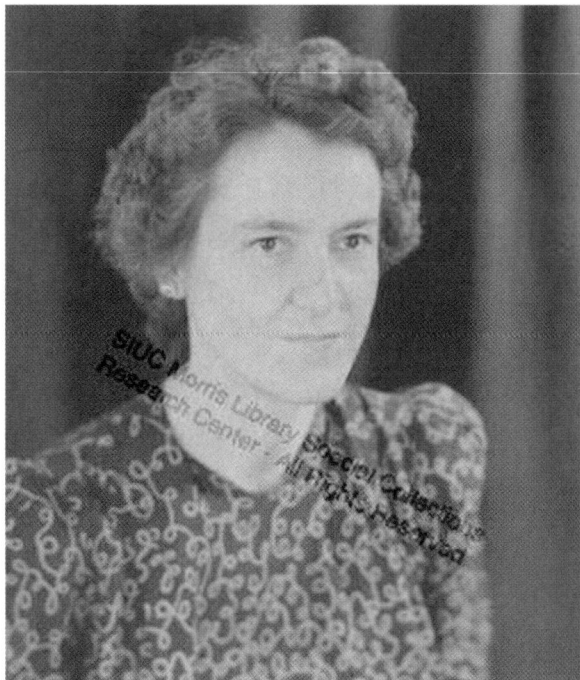

简·杜威博士（摄于1943年，那时她已被人称为著名物理学家）

图片来源：John Dewey Papers, SCRC General (Southern Illinois University Carbondale)

间，毫无安全感的简又执意要跟着他们一起去。这时爱丽丝才发现简非常恋家且缺乏安全感。爱丽丝不得不承认她之前单方面认为离开一段时间对孩子有益的念头是多么愚蠢，简所有的症状都与过早的、经常性的与父母分离有关。

于是，杜威夫妇将简接到加利福尼亚州。简出于对家人的依恋，当杜威应邀在加州大学伯克利分校（University of California at Berkeley）上课的时候，也时常去旁听父亲的课程。这是一场奇妙的机缘，不知道是因为站在讲台上的杜威用睿智的谈吐与智慧震撼了她，还是察觉到自己内心真正的召唤，在那之后她做了一个影响终身

的决定：她决定回到纽约与伊夫琳和露西一起上学。虽然过去简一直拒绝在学术上有更加深入的发展，但她无疑是一个在科学上有明显天赋的孩子，不仅完成了学业，顺利从麻省理工学院毕业，同时也在生物化学、数学、物理学等方面都取得了优异的成绩。更值得一提的是，在麻省理工学院，她遇到了自己的真命天子——来自密西西比州的年轻人奥尔斯顿（Alston Clark）。他的热情、阳光、开朗深深吸引了简，很快他们便结婚了。婚后，简继续求学，最终拿到了物理化学博士学位。在当时的物理学界，简与奥尔斯顿成为最具才华的一对。

儿时对分离的恐惧使得简几乎离不开她的父母亲，但最终她还是战胜了自己，挣脱了依恋的枷锁，创造出了自己的一片天地。作为科学家和教授，她在自己的领域取得了不输父亲的成就，最重要的是继承了父亲的宝贵特质——勇气。

戈登（Gordon C. Dewey）与养子萨拜诺·杜威（Sabino Dewey）

1904年，戈登·齐普曼·杜威八岁。这一年，杜威夫妇在芝加哥实验学校合并的问题上与芝加哥大学（University of Chicago）校长威廉·雷尼·哈珀（William R. Harper）产生了分歧，这种分歧愈演愈烈，导致了不可逆转的后果，以至于杜威主动请辞。在辞职之后，他们又一次乘船去欧洲旅行。杜威的几个孩子也与父母同行，但是不幸再次降临。

在去英国的路上，小戈登病倒了，由于船上医疗条件不足，且医生误诊戈登只是食物中毒，没有足够重视他的病情。等到杜威夫妇抵达英国利物浦，心急如焚地找到当地最好的医生时，戈登的病才被确诊为伤寒。于是旅程被迫打断，戈登被隔离在利物浦的一所医院里。经历过丧子之痛的杜威夫妇非常担忧，杜威每日陪伴着戈登，细心记录孩子每日的体温变化甚至制成了表格。在大家的照顾下，戈登的病情似乎在慢慢地好转，然而就在大家松了一口气，以为戈登已经痊愈并准备出院的时候，戈登的病情在两周内陡转直下。尽管杜威夫妇请来了最好的医生和护士，但是病魔仍然残酷地从他们手中夺去了小戈登的生命。

再次经历丧子之痛，杜威夫妇收到了许多来自国内外老朋友的慰问信。大家纷纷安慰两人，看着杜威家孩子长大的老朋友简·亚当斯（Jane Adams）小姐在赫尔社区还主持了一个简短的追悼会并致悼词。然而，继莫里斯逝去之后，戈登的离开对杜威夫人可以说是一个毁灭性的打击，正如她的女儿简·杜威所写到的："她再也没有完全恢复她从前的活力。"

戈登的夭折让杜威夫妇陷入了追忆。一段时间之后，在意大利街头，他们偶遇了一个叫作萨拜诺的跛脚男孩。在这个小男孩身上，杜威和爱丽丝看到

爱丽丝与儿子戈登
图片来源：http://milwaukeeidscohort.wikispaces.com

了莫里斯的影子，爱丽丝也深深为他身患疾病却异常勇敢的精神所感动。在拜访小男孩母亲时，爱丽丝提出希望养育萨拜诺的请求。几经思考，萨拜诺的生母同意了她的请求。作为新生活的开始，杜威夫妇希望帮助萨拜诺恢复健康。他们四处拜访医生，但病情都没有得到缓解，一位比利时医生甚至提出进行截肢的治疗方案。幸运的是，在纽约一位著名矫正医生的帮助下，萨拜诺入院进行长期治疗。住院期间，杜威一直陪伴在他身边。出院后，白天杜威常推着坐在轮椅上的萨拜诺去河边公园散心，晚上为了安慰被疮痛折磨的萨拜诺，他陪在床边讲故事，直到孩子睡着。经过精心的照料，几年后萨拜诺最终可以丢开拐杖独立行走。对于养父杜威，萨拜诺感激不已："可以把他给我的无微不至的关怀写成一本书——这确实是个温暖人心的故事。"

在萨拜诺成为杜威家庭的成员后，杜威对他表现出一种特别的信任。每当遇到一些棘手的事情时，杜威夫妇便会请他帮忙做选择。另外，萨拜诺在手工机械制作方面显示出独特的天赋，很小的时候就被雇佣去帮忙修理汽车。有意思的是，在他成年后母亲爱丽丝曾陪他回意大利寻根，证实他的机械天赋正是来自远在意大利的血亲。

杜威夫妇意大利之行三十年之后，简·杜威在《杜威传》中再回忆起这段经历，在讲到她的意大利弟弟时，她写道："在意大利逗留时，杜威夫妇收养了萨拜诺，这使全家感到非常高兴。萨拜诺是一个同病死的戈登差不多大的意大利男孩，他那不知疲倦的快乐和不怕重病的勇气，以及生活的活力和交朋友的能力，使他成为这个家庭中的一个惹人喜爱的成员，并给这个失去亲人的家庭带来了安慰。更为有趣的是，这个被收养的孩子后来继续从事杜威夫妇的初等教育工作，成为进步学校的一位教师。他还是教育仪器的设计者和制造者，这些仪器是供学校中的手工活动与科学实验所使用的。"对于杜威家庭来说，失去戈登无疑是不幸的，然而在这次不幸之后，与萨拜诺的相遇却让家庭稍稍得到抚慰。因为萨拜诺，杜威又得到了另一个儿子。

就杜威家庭的财政而言，虽然杜威一生中发表的著作颇丰，但是其实他一直都面临着财政紧缺的困扰。在当时几乎每一个中产阶级家里都有一个女仆，但是杜威家却付不起女仆的工资，直到第六个孩子出生的时候，才不得不雇佣一个仆人。所有的钱都被留下来买书或者是用作欧洲之旅的费用，每隔一年，他们都会去一次欧洲，不是为了度假，而是作为知识的周期性扩展。杜威家入不敷出的财政情况一直持续到1919年左右。这个时候，他的孩子们大多已经长大独立，不需要额外的花费。

第二次婚姻生活

　　1927年，第一任妻子爱丽丝去世之后，杜威就跟儿女们生活在一起。三年后，一个老友的女儿罗伯塔·洛维茨（Roberta Lowitz）前来纽约，因推荐信求助于杜威，随后他们一直保持联系。1939年以后，儿女们也都各自离家，罗伯塔一度承担了照顾杜威的责任。1946年，87岁的杜威与42岁的罗伯塔结婚了。杜威和罗伯塔前后收养过四个孩子，其中包括晚年收养的两个比利时难民的孩子，杜威将他们视如已出，悉心照顾。由此可见，杜威对于儿童的喜爱到老都没有改变，也从侧面说明杜威在父亲的角色上做得很出色。1951年秋天，杜威在家中和孩子们玩耍时摔断臀骨，虽然他一直就医，但身体每况愈下。1952年6月1日，杜威因肺炎去世，享年93岁。

杜威与第二任妻子罗伯塔
图片来源：John Dewey Papers, SCRC General (Southern Illinois University Carbondale)

SIUC Morris Library Special Collections Research Center - All Rights Reserved

SIUC Morris Library Special Collections Research Center - All Rights Reserved

罗伯塔和杜威在牙买加
图片来源：John Dewey Papers, SCRC General (Southern Illinois University Carbondale)

大学学习期间哲学的洗礼与追求

佛蒙特大学——哲学的洗礼

　　1874年，约翰·杜威从柏林顿当地一所中学毕业后，考上了在家附近的佛蒙特大学（The University of Vermont），与他的哥哥一起成为杜威家族的第一代大学生。佛蒙特大学建于1791年，位于佛蒙特州的商业和文化中心柏林顿市，是最初的八所公立常

今日的佛蒙特大学，为佛蒙特州最古老之大学院校，成立于1791年，是美国建国以来建立的第20个学府，是新英格兰区第五所设立的大学，历史悠久，仅次于哈佛大学（Harvard University）、耶鲁大学（Yale University）、布朗大学（Brown University）和达特茅斯学院（Dartmouth College）

图片来源：http://colleges.usnews.rankingsandreviews.com/

佛蒙特大学标志
图片来源：http://usa.edutime.net

春藤大学之一。它的规模很小，每年招生人数只有90余人，教师实行小班级、个性化的教学。整体而言师资队伍质量比较高，教师和学生相处比较融洽。在浓厚的学术氛围中，杜威开始了他的学术研究之旅，培养了对于哲学学科的浓厚兴趣，并在之后确立了研究哲学的志向，为杜威的学术生涯筑造了良好的基础。1939年，80岁的杜威回到佛蒙特大学作演讲时提道："这些老师都是他们自己专业里具有献身精神的学者，与这些教师的接触能对人起到激励的作用。"

在大学前两年的学习中，杜威和大多数同学一样修读了希腊文、拉丁文、古代史、解析几何、微积分等必修课程，但这些课程并没有点燃他学习的积极性；直到第三年，他开始涉猎自然科学领域课程，包括地质学、生物学、生理学等。在这一年的学习中，佩金斯（G.H.Perkins)教授对杜威产生了很大的影响，这在很大程度上源于他教学内容的前沿。尽管是公理会的成员，他却极为大胆地引入新思想，隐晦地表达出宗教思想需要反思的想法。在教授生理学时，佩金斯直接使用了英国生物学家赫胥黎（Thomas H.Huxley）所写的课本，这在当时是十分大胆的，佛蒙

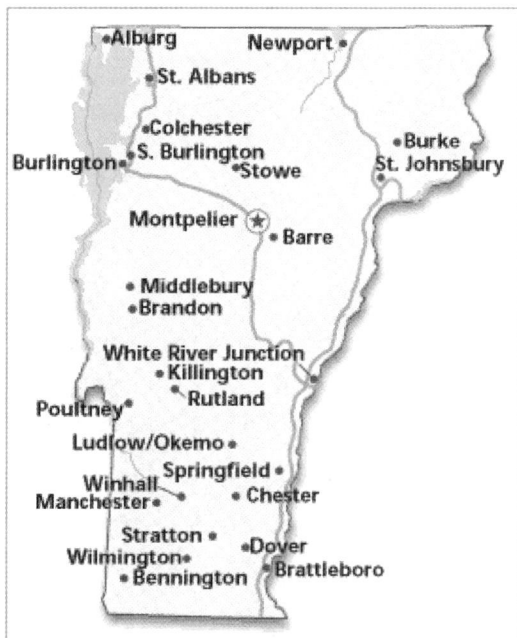

佛蒙特州地图
图片来源：http://www.dreams-travel.com

特大学的学生们也得以学习到鲜活的生物统一体方面的知识。正是在当时的《生物学基础》教材中，杜威首次接触到达尔文的进化论，并从中学习到不同于传统的生物学知识，这些为他之后研究生物有机体以及各个部分相互依存的原理打下了基础。另外，佩金斯教授生动的教学方式也调动着杜威的学习热情。佩金斯教授不仅灵活地运用演讲、示范等教学方法，也引入有关进化论的参考资料拓展学生的阅读。对于这门课程，杜威这样写道："要精确地讲出这么多年前我在学业上所发生的事情，是困难的；但是，我有一种印象，即从这门课程中学习到一种相互依赖和相互联系的统一体观念。总之，从这种学习中，我得到了很大的刺激，比我以前的任何学习中得到的刺激都多……但从这个时候起，我被唤起了对哲学的兴趣。"

在大学的第四年，杜威接触了更为广泛的领域，步入了一个更广阔的学术世界，完善了他前几年里初具雏形的学术知识结构。也是在这一年，杜威决定将哲学研究作为自己终身的事业，因此可以说这一年是杜威一生的重要转折点之一。引导杜威走上哲学研究这条道路上的关键人物是托里教授（Henry A.P.Torrey）。他是杜威大学第四年学习期间的哲学课程教师，对杜威早期的哲学探索起到了重要作用。在《从绝对主义到实验主义》一文中，杜威曾这样评论："佛蒙特大学教授托里先生是个真正有见识和有教养的人，对美学具有明显的兴趣和爱好。……他对哲学的兴趣是真诚的，不是草率的。托里是位优秀的教师，我的成长应该归功于他对我的双倍恩惠。他使我的思想明确地转向了把哲学研究作为终生的职业，并在那一年用了大量时间对我进行指导。在托里教授的个别指导

1965年10月2日，佛蒙特大学宿舍，据说杜威大一时居住在三楼的一个宿舍中，但已无证可考
图片来源：John Dewey Papers, SCRC General (Southern Illinois University Carbondale)

下，我开始专心于哲学史方面经典著作的阅读，并学习富有哲理性的德国哲学著作。"

这一时期，杜威从学校图书馆和市图书馆借阅了很多书籍，广泛地阅读书报以及期刊，尤其是反映英国当时新思想的刊物，包括《双周评论》（*Fortnightly Review*）、《十九世纪》（*Nineteenth Century*）、《季度评论》（*Quarterly Review*）等。由此他开始较为全面地探索哲学思想，比如康德和德国哲学思想、英国的新思想、法国的实证主义哲学思想等。这些期刊对

佛蒙特大学以约翰·杜威名字命名的休息室
图片来源：John Dewey Papers, SCRC General (Southern Illinois University Carbondale）

他的思维影响甚至比哲学课程更为深远。比如，杜威通过《双周评论》的阅读开始聚焦法国实证主义哲学家孔德（Auguste Comte）的思想。孔德指出当时的社会生活濒临瓦解，希望唤起对于科学的社会功能的重视。这深深地引发了杜威对于社会与科学、哲学思想发展相互关系的兴趣，他甚至将"政治经济学的范畴"作为自己公共介绍演讲的题目。后来由于某种原因，他并没有参加演讲。这些求知细节反映出杜威是如何一步一步涉入哲学研究领域的。

1879年，20岁的杜威顺利完成大学学业。虽然在大学前三个学年里，杜威成绩一般，平均成绩仅为83.5分，但在第四年毕业时，他的平均成绩提高到了92.35分，这主要得益于第四年他的勤奋求知。总之，在佛蒙特大学的四年学习中，杜威不仅从听课和阅读中获得了很多知识，逻辑思维和表达能力也得到了提升。这样的进步既归功于一些外部原因，如佛蒙特大学以哲学为传统的良好学术环境，以及他的老师特别是托里教授的悉心指导和鼓励等，同时也有内部原因，杜威的求知、好奇、爱思考给他的学业带来不少的益处。

1879年从大学毕业的杜威考虑将教师作为未来的职业。然而，由于年轻且缺乏教学

经验，直到秋天各个学校开学之际，他依然没有找到适合的职位。就在他一筹莫展的时候，表姐阿菲雅·威尔逊（Affia Wilson）的一封电报让他十分欣喜，表姐在宾夕法尼亚州南石油城一所中学担任校长，请他前往任教。在石油城任教期间，杜威教过许多科目，如拉丁文、代数以及自然科学等。虽然工作忙碌，但杜威还是保持着对哲学的兴趣，时常思考一些哲学问题。当时他每月工资仅有40美元，勉强维持拮据的生活。

1881年，由于杜威表姐的辞职，他也离开了石油城。这一次他回到了老家柏林顿，在夏洛特担任当地一所乡村中学的教师。因为交通便利，他多次返回佛蒙特大学借阅了大量哲学史名著，并且在托里教授的个别指导下，更加系统地研究哲学。当时正是南北战争后重建时期，在文化教育上美国大力向科研发达的德国学习，掀起了"德国热"。受这股浪潮的影响，这段时期杜威阅读的书籍主要是德国的黑格尔（Georg W.F.Hegel）等人的哲学论著。杜威和托里教授一起在森林散步时，也主要讨论一些哲学最新的观点。这段时间的哲学学习，为他以后在哲学上的进一步深造奠定了良好的基础。

在乡村中学任教期间，他认识了当时美国的哲学杂志《思辨哲学杂志》（*Journal of Speculative Philosophy*）的主编哈里斯（William T.Harris）博士。哈里斯受德国哲学的影响颇深，是黑格尔的信徒。他们两人的认识源于杜威的一次投稿，那时杜威有志于哲学研究却又拿不定主意，怀着担忧和紧张的心情把自己写的一篇哲学性论文《唯物论的形而上学假设》（*The Metaphysical Assumptions of Materialism*）寄给哈里斯博士，并询问他这篇文章的作者是否有天赋从事专业的哲学研究。之后，哈里斯博士在给他的回信中对作者的能力给予充分肯定，评论文章的作者具有独到的哲学见解，并且在1882年4月那一期的《思辨哲学杂志》上刊载了那篇文章。在哈里斯博士的鼓励下，杜威决定继续他的哲学研究，随后又写了两篇论文交由哈里斯发表。虽然这三篇论文与杜威后来的学术著作无法相提并论，但是对青年杜威来说，能够在美国当时唯一的且有特色的哲学杂志上发表论文是多么大的一种鼓舞与激励。

约翰斯·霍普金斯大学——哲学的研究

在托里教授和哈里斯博士的鼓励下，杜威曾先后两次向约翰斯·霍普金斯大学（The Johns Hopkins University）校长吉尔曼（Daniel C.Gilman）写信申请教学奖助金，但都被拒绝了。然而，杜威进入约翰斯·霍普金斯大学学习的决心并没有动摇，多亏了萨拉阿姨（Sarah Rich）借给他500美元，1882年9月他才得以进入约翰斯·霍普金斯大学深造，这是他高等教育的第二个阶段——研究生阶段。

约翰斯·霍普金斯大学创建于1876年美国独立100周年之际，学校位于马里兰州的巴尔的摩市。学校的建立得益于美国商人、银行家和慈善家霍普金斯（Johns Hopkins）的捐赠。霍普金斯去世后，遵照他的遗嘱将700万美元遗产的一半用来建立一所大学，即后来的约翰斯·霍普金斯大学。

当时约翰斯·霍普金斯大学的校长是吉尔曼。吉尔曼深受德国教育模式的影响，对研究生教育十分关注，仿效德国大学办学的模式，引领了美国研究型大学的开端。吉尔曼1853年从耶鲁大学获得硕士学位后，曾亲赴欧洲尤其是德国的柏林大学（University of Berlin）学习考察，两年后回国任教于耶鲁大学。1872—1875年，吉尔曼担任加利福尼亚大学（University of California）校长。因为卓越的管理理念，1876年他被聘请为约翰斯·霍普金斯大学校长，为此吉尔曼专门去德国学习。他吸取了德国大学尤其是柏林大学的文化精神，认识到一所真正优秀的高等学府少不了一批高水平的学者。因此，

约翰斯·霍普金斯大学校门
图片来源：http://a2.att.hudong.com

约翰斯·霍普金斯大学校徽
图片来源：http://tupian.baike.com

吉尔曼以优厚待遇聘请在学术研究上卓有成就的学者来校任教，建立了一支以一流学者为主的师资队伍。除了教师队伍的建设外，他还深入教室与学生平等对话，对研究生的学习给予关心和指导。为了形成真正自由、平等的学术氛围，他鼓励在课堂上讨论与交流，注重自由带来的启发精神。另外，他也效仿德国大学做法，举办公开的辩论，建立学术团体以及创办学术刊物等。因此，杜威体会到了一个完全不同的自由氛围，有了进一步发展哲学理论的土壤。该校以小规模授课为主，尤其是在哲学系，班级最多只有11人，教授和学生能够更加密切地接触，便于相互交流思想和见解。这种密切沟通，浓厚的学术氛围让杜威的思想与学术增进不少。对于学校的学习氛围，杜威后来这样说："无论什么事情都比不上在巴尔的摩对学生的冲击，因为那里的活动和奋斗的环境是智力的。那里没有智力的懒散，也没有死气沉沉。学生既没有被当作接受讲课内容的水桶，也没有被当作把教科书内容作为每天的谷物磨碎的碾磨机，而是通过他自己的发现去探求真理，教师所采取的手段和方法就是适当的鼓励和建议。"

在课程学习过程中，如果要说哪位老师对他的影响最大、帮助最大，必定非哲学课程的莫里斯教授莫属。莫里斯大力倡导新黑格尔主义。他在霍普金斯大学开设的研究班，第一学年教授"知识科学""不列颠哲学史""黑格尔的历史哲学"有关内容，第二学年教授"斯宾诺莎的伦理学""德国哲学史"等课程内容。这些课程杜威都参加了，并进一步对黑格尔哲学产生了兴趣，深入地钻研了黑格尔的思想体系，成为"黑格尔的忠实信徒"。莫里斯教授不仅在学习上悉心指导杜威，而且在生活方面也给了杜威很大的支持。在第一学期结束后，莫里斯教授虽然要回到密歇根大学执教，但是他仍不忘关心杜威的生活，把他大学本科生班第二学期的哲学史课程让在攻读博士学位的杜威去教，希望对他能够有所裨益。尽管每周只有两次课，学生仅有7人，但是这段教学经历不仅帮助杜威理清了思路，增加了教学经验，增强了信心，更使他在经济上有了一定的保障。除此之外，后来也是在莫里斯教授的推荐和帮助下，杜威获得了第二学年的研究员基金，可以说与莫里斯教授的交往是杜威人生道路中非常重要的一部分。虽然杜威主修哲学课程，但是他也选择去旁听皮尔斯(Charles S.Pierce)的逻辑学课程和霍尔(Granville S.Hall)的心理学课程等，这些课程都从不同领域推动了杜威思想体系的发展与完善。

平日里除了学习和教书以外，杜威还积极参加形而上学俱乐部（The Metaphysical Club）。俱乐部成立于1879年，是约翰斯·霍普金斯大学哲学系下的俱乐部，皮尔斯、莫里斯和霍尔等人

莫里斯漫画
图片来源：http://www.quanjing.com

都曾轮流担任过该俱乐部的主席。该俱乐部的目的是促进所有成员对于哲学以及有关问题的文章进行讨论，这种每月一次会议的交流方式有利于学生的知识与能力发展，促进了师生之间的接触和交流。杜威曾在1883年4月在俱乐部会议上交流自己的文章《黑格尔与范畴理论》（*Hegel and the Theory of Categories*）。经由研究生时期的学习与锻炼，杜威的学术能力提高不少，比如他曾在1883年1月于《思辨哲学杂志》发表《认知和感觉的相对性》（*Knowledge and Relativity of Feeling*）一文。

巧合的是，杜威在约翰斯·霍普金斯大学的第二年，哥哥戴维斯也来到了这里。在进入霍普金斯大学深造之前，戴维斯的经历与杜威相似，他也一度在中学任教。但是出于对自身教学理论水平提高的追求，他决定辞职继续去大学接受更为深入的理论知识学习。在异乡的重逢无比珍贵，兄弟俩保持着密切的联系，在学习与生活上相互扶持。两年之后，杜威以《康德的心理学》（*Kant's Psychology*）论文顺利答辩，获得了哲学博士学位。在他毕业时，校长吉尔曼还在办公室里会见过杜威。他对于杜威关怀备至，不仅对他生活上提出一些建议与劝勉，比如不要过分孤独自处等，还拿出一笔补助希望对他日后学习有所帮助。从约翰斯·霍普金斯大学毕业，既是杜威的大学时代的结束，又是杜威的教授生涯的开始。

工作期间从哲学研究转向教育研究与改革

密歇根大学任教——哲学研究深化和教育研究兴趣阶段

从霍普金斯大学毕业后，杜威再次开始寻找工作。跟多年前一样，他依然遭遇了种种挫折，这使得杜威开始对自己的职业选择产生怀疑。幸运的是，当时，莫里斯教授暗示杜威也许能在密歇根大学谋得一职，也是在他帮助下，该校的安吉尔校长写信告诉杜威，希望杜威可以接受密歇根大学哲学讲师的职位。于是，1884年起，杜威开始在密歇根大学担任哲学讲师和助理教授，这为杜威教授生涯奠定了很好的基础。

密歇根大学1817年创建于密歇根州底特律市市郊，1837年后迁至安阿伯市。前任校长塔潘（Henry P. Tappan）深受德国大学办学思想影响，引进德国大学模式成立研究生院、开设研究班，为密歇根大学的发

密歇根大学校徽
图片来源：http://i.yoho.cn

展打下了良好的根基。在杜威任职期间，安吉尔（James B. Angell）是该校校长，他是一位具有创新精神的学者。杜威对安吉尔也比较熟悉。因为父母的关系，杜威还是孩童时，便已经认识了当时在佛蒙特大学担任校长的安吉尔。安吉尔校长办学理念独到，他希望大学为师生民主交往提供环境，强调每个人自由权利的同时强调承担个人责任，他的办学理念直接改善了学校氛围，这种支持与民主的环境为杜威日后思想的发展提供了保障。

除了安吉尔校长，还有一位让杜威亲近的人——莫里斯教授。1885年，也就是杜威在密歇根大学任教一年后，莫里斯恰好担任了学校哲学系主任，他聘请杜威做他的助手。与莫里斯教授的亲密合作对他影响巨大，他甚至以这位恩师的名字为他孩子取名，可见他心中对恩师的感激。在担任系主任后，莫里斯修改了哲学系原有的课程计划，具体而言是补充了一些心理与英国哲学课程，比如"经验心理学""英国哲学史""斯宾塞哲学"等新课程，这些课程主要由杜威负责教授。此外，杜威还秉承密歇根大学的办学特色，开设研究班研究柏拉图《理想国》（Republic）和康德《伦理学》（Ethics）。由于承担心理学教学的职责，杜威着手深入地研究心理学领域。比如，1886年他的两篇心理学文章《心理学观点》（The Psychology Standpoint）和《作为哲学方法的心理学》（Psychology as Philosophic Method）刊登在《心理》（Psychology）杂志上。教学过程中，杜威发现当时流行的心理学教材有诸多问题，便计划自己动手撰写有关教材。1887年，他的《心理学》（Psychology）出版，而这本书也是后来该校的心理学教材。莫里斯曾这样评价此书："《心理学》一书比他读过的同类书籍中任何一本都好；它是对自知的一种真正的贡献。"

鉴于参加"形而上学俱乐部"收获良多，在密歇根大学期间杜威也积极参加团体活动，比如"哲学学会"（Philosophical Society）的活动，并在俱乐部活动中作主题演讲。该俱乐部由莫里斯于1884年在哲学系发起成立，旨在促进师生就哲学问题或哲学与历史、政治、文学、宗教、科学等关系问题相互交流思想和见解。此外，该期间杜威也十分关心社会事务，主要体现在1888年他发表《民主的伦理学》（The Ethics of Democracy）一文。杜威积极参与到教育的改革实践中，在密歇根大学执教初期，作为调查委员会的一员，杜威利用访问州里中学的机会，对普通教育进行考察。在调查访问中，杜威对中小学教育产生兴趣，兴趣引导了深层次的思考，思考渐渐集中到教育理念上来，并对当时美国的教育体制进行批评。杜威很自然地走向中小学教育研究，他日益认识到中小学课程内容贫乏，当时流行的赫尔巴特（Johann F. Herbart）五段教学法机械呆板，促使他产生了教学改革的愿望。于是在以后的教学中，杜威竭力使理论知识与实践问题相结合，进而成为教育革新的酝酿者。在杜威看来，传统的教育方法不符合儿童的身心发展规律，学校教育也不能使儿童更好地适应社会。他认为，在民主的社会里，儿童的教育也应该民主，如果不改变这种传统的教育模式，美国会陷入教育危机中。

由于受明尼苏达大学（University of Minnesota）的聘请，杜威担任哲学系教授一职。1888年至1889年间，杜威离开恩师，前往明尼苏达大学。不幸的是，在1889年，杜威的恩师莫里斯教授突然逝世，这让学校猝不及防。由于担忧不合格的继任者会破坏密歇根大学哲学系教学思想的稳定与持续发展，经过商议，学校董事会决定聘请杜威作为莫里斯教授的继任者。杜威的人生中，莫里斯教授既是他专业学习方面的导师，也是他个人生活上的益友。因此莫里斯教授的猝然去世让杜威伤心不已。1889年到1894年间，杜威重新回到密歇根大学，并出任哲学系主任一职。与之前一样，杜威参加了密歇根教师俱乐部，继续发展他对中小学教育的兴趣。作为哲学系主任，杜威先后聘请了几位颇具潜力的学者——塔夫茨（James H. Tufts）、米德（George H. Mead）和劳埃德（Alfred H. Lloyd）作为助手，杜威后来尤其与米德交情深厚，他们共同对"哲学学会"的事务给予了热情的指导。除了担任哲学学会主席外，杜威也积极支持学生活动，担任过学生文学杂志《内地人》（*Inlander*）月刊的顾问。这一时期，在哲学研究上，杜威开始远离黑格尔主义，主要致力于工具主义研究；同时对教育研究产生了广泛的兴趣，尤其是中小学的教育引起了杜威的关注。1894年杜威决定接受芝加哥大学的聘请，密歇根大学师生都表示遗憾和惋惜，但也对他未来前程给予美好祝愿。

密歇根大学为杜威教育思想的发展提供了合适的土壤。这段时期，杜威积累了十年学术研究的经验，基本具备了一位研究者所具有的人格和智慧。这十年中，杜威接触到的很多朋友对杜威思想变化产生了影响，促使杜威把目光渐渐地聚焦到了现实中的教育问题上，并根据哲学和心理学的已有研究提出了自己的教育观点。他渐渐地认识到哲学必须为现实服务，他对哲学在社会作用方面的信念得到加强，并使他感到有必要用实际经验去检验、发展和推理正确的思想。总之，密歇根大学的十年学术研究与执教经历对于杜威有三方面的帮助。首先，杜威从稚嫩的研究者成长为具备研究思维、方法的专业研究者；其次，杜威在从事教学的同时扩展了自己的研究领域——从哲学到心理学，并且都有自己独到的观点与心得；最后也是最为重要的是，杜威通过与众多同事、学者的交流与讨论，产生了对于现实教育问题的思考。他开始重视哲学的社会功能，并希望通过实践检验这些哲学、心理学理论。

芝加哥大学任教——完成从哲学家到教育家的转变阶段

芝加哥大学位于新兴城市芝加哥东南区，创立于1891年，它的创立得益于石油大王洛克菲勒捐赠的200万美元，这一捐赠使得学校有充裕的资金支持。当时芝加哥大学的校长是哈珀（W.R.Harper）教授。哈珀十分重视研究生教育，但他并没有忽视本科生教育，总是深入教室，寻求研究生课程与本科生课程之间的平衡。他在行政管理上表现出杰出的才能，因此被称为"教育界的一个真正的拿破仑"。在哈珀校长领导下，芝加哥大学发展迅速，仅在创办的第五年，也就是1895年，学生总人数就超过了当时的哈佛大学。除此以外，该校也取得了较高的学术成就，出版发行了大量的学术专著和科学杂志。1894年，在哲学、心理学和教育学系（以下简称该系）教授塔夫茨的极力推荐下，哈珀校长几番考虑，最终决定聘请年仅35岁的杜威担任芝加哥大学该系的系主任。

杜威欣然接受了哈珀校长的邀请。他主要考虑到芝加哥大学不同于密歇根大学，是当时享有盛誉的名校，而且对教育学非常重视。1894年至1904年，杜威在芝加哥大学担任哲学、心理学、教育学系主任。在这期间他在美国哲学界、心理学界以及教育学界中的地位和贡献得到进一步认可。在芝加哥大学的十年是杜威哲学思想形成时期，同时也是他思想发展的关键阶段。这时的杜威不仅是哲学领域的一颗耀星，而且随着接触的朋友圈扩大，参与的社会事务更加广泛，他关注

芝加哥大学校徽
图片来源：http://www.138top.com

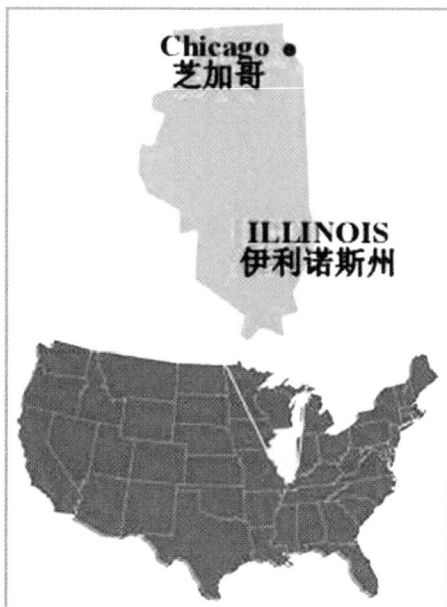

芝加哥地图
图片来源：http://eduproject.images.eduglobal.com

的领域越来越大，如在逻辑学、社会哲学、认识论领域都发表了重要的论文。在芝加哥仅仅两年，杜威在哲学系组织了一支稳定、有影响力的研究队伍，联合许多志同道合的朋友共同促进有关研究的发展。而且这个时期，杜威的努力不仅体现在理论方面，更在后来通过建立实验学校付诸实践。

杜威来到芝加哥大学哲学、心理学与教育学系时，该系只有两名教授。随着学生人数日益增多，需求日益多样，杜威聘请了米德和劳埃德两人为该系教授。在他与同事们的共同努力下，该系获得了极好的声誉。就教学而言，杜威不再像在密歇根大学执教时期主要指导本科生，在这里他主要负责指导研究生学习，因此他有更多的自由安排时间。这种变化主要归功于该校重视研究生教学的学术环境，使教师得以从繁重的日常教学工作中摆脱出来，能够与研究生们一起从事自己计划的研究工作。

1895年，也就是杜威担任哲学、心理学和教育学系主任的第二年，他沿袭自己之前在密歇根大学开办俱乐部的传统，在该系也成立了"哲学俱乐部"（Philosophical Club），并担任了一年的哲学俱乐部主席。俱乐部每两周举行一次会议，杜威鼓励学术自由，老师和学生可以演讲讨论他们自己的文章，或就杂志上发表的文章自由提出见解。由于同时管理好几个学系，杜威很好地利用了这个条件，将教育学、心理学和哲学教学研究有效地结合起来，这样的跨学科融合研究更是为各学科发展增色不少。

这期间杜威又恢复了对于心理学的兴趣和热情。一方面他积极开设心理学方面的课程，另一方面他也发表了不少关于心理学的文章，1896年发表的文章《心理学中的反射弧概念》（*The Reflex Arc Concept in Psychology*），被认为是"机能主义心理学派"（即"芝加哥学派"）诞生的标志。这个时候杜威就开始明确提出反对死记硬背的学习模式，反对向学生灌输知识。他更希望学校像社会那样自由运作，是出于好奇心而非外界压力引导教师与学生投入教与学的过程。他相信在没有压力和恐惧的环境中，孩子更能自发地对学习产生兴趣。在他看来，教师的角色必须发生颠覆性的变化，教师需要成为孩子学习的支持者。

在密歇根大学执教时，杜威就非常热衷于中小学校教育情况，而当他执教于芝加哥大学时，这种兴趣有增无减，并且开始慢慢成为他研究关注的核心。他希望进一步提高教育学在芝加哥大学中的地位，努力改善教育学不被重视的学科现状。巧合的是他的这一想法与哈珀校长极为相似，这位校长也是具有教育洞见的人，两人一拍即合。在哈珀的支持下，杜威构想了如何提高教育学在芝加哥大学中地位的计划。首先，要培养出擅长教育方面的专业化人才，杜威认为应该成立一个独立的教育学系；其次，以实验学校为实验室，检验教育与教学理论，将理论与实际相结合。这一理念得到了哈珀校长和芝加哥大学董事会的认可，并且任命杜威为新的教育学系主任，保留他的哲学、心理学和教育学系主任的职务。

1895年秋天，教育学系在芝加哥大学成立，在杜威等人的推动下，教育系发展迅速。到1900年，共开设23门课程。杜威还倡议教育学系成立"教育学俱乐部"，这个俱乐部其实是课堂的延伸，为教师和学生提供讨论和交流教育思想的平台。

由于杜威在教育学理论、心理学理论以及哲学理论构建方面已日趋完善，并形成了独有的理念，所以，创办实验学校的时机已经成熟。1896年，杜威与妻子爱丽丝一起创立了闻名遐迩的芝加哥大学初等学校（University Elementary School，也就是后来人们所说的杜威学校）。这所学校用崭新的教育理念指导教育实验，受到国内外关注，但更为重要的是借由实验学校这一重要的教育思想实验室，杜威的一些教育理论得以检验、发展，同时大量的教育实践为许多教育著作提供了众多素材，又为他构建实用主义教育思想体系打下了必要的实践基础。教育理论和教育实践紧密结合成为杜威教育生涯的特点。

在实验学校办学期间，杜威发表了一系列重要的教育著作和文章，包括1897年的《我的教育信条》（*My Pedagogic Creed*）、1899年的《学校与社会》（*The School and Society*）、1902年的《儿童与课程》（*The Child and the Curriculum*）等，其中《学校与社会》一书受到了教育领导人、学校教师和社会各界对教育感兴趣的人士的热烈欢迎，重印多达七次，流传也最为广泛。除了学术影响外，也得到更多家长对新办学理念的支持或者经济上的帮助（杜威学校当时由其精英学生的家长和来自芝加哥富裕家庭的馈赠所支持）。后来杜威在哥伦比亚大学（Columbia University）期间

1899年，杜威代表性著作《学校与社会》出版

撰写的作品，1910年的《我们怎样思维》（*How We Think*）、1916年的《民主主义与教育》（*Democracy and Education*）等也与实验学校的教育实践有关。杜威在哲学界、心理学界和教育界的名声日趋提高，经常被邀请到其他大学或学院讲课，或在一些专业会议上作讲演。总体来说，杜威在芝加哥大学执教后，无论在工作上还是在学术上都得到了很好的发展。

遗憾的是，在随后一系列并校事件中有关实验学校行政管理问题上，杜威与哈珀校长产生了不可调和的分歧。随着这种矛盾日益尖锐，1904年，学校终止了爱丽丝杜威学校校长职务，爱丽丝向学校请辞，杜威在那一年也辞职离去。尽管哈珀校长努力挽留杜威继续任教，但他心意已决。很快杜威辞职的消息传开了，在当时很多大学中引起了震惊。大家也非常忧虑实验学校日后的发展。尽管杜威离开了芝加哥大学，但无论对他还是对芝加哥大学，过去十年的教育改革都影响久远。

在芝加哥大学十年期间，杜威完成了从哲学家到教育家的转变，也实现了从唯心主义到对现代教育探索的实用主义的转变。这十年见证了杜威提出反射弧思想的工具主义理论，意味着他与黑格尔主义的告别；同样也见证了杜威的探索已经超越了哲学范围，涵盖心理学和教育学，把哲学、心理学和教育学结合起来，躬身实践创办杜威学校，开始构建实用主义教育思想体系，在教育界脱颖而出。

杜威从传统经典哲学的理论探索向现实问题关注的转变，也反映了美国当时的时代特征。美国人冲破宇宙事物是固定和永恒的观点转向"物竞天择，适者生存"的适应观，即生物必须适应变化的环境，创新求生。客观形势迫使人们勇于探索、不守成规，当时的美国如果抱残守缺便是退化，是死路一条，唯有除旧布新才是出路。

哥伦比亚大学任教——多产阶段

从芝加哥大学离职后，杜威不知何去何从，不过在哈佛大学心理学权威詹姆斯 (William James)及哥伦比亚大学任教的老同学卡特尔（James M．Cattel）的帮助下，时任哥伦比亚大学校长的巴特勒（Nicholas M．Butler）决定聘请杜威到哥伦比亚大学任教。19世纪末20世纪初的哥伦比亚大学被认为是当时美国进步教育运动的先锋阵地，这里既有杜威早已熟识的旧友，又有具有新思想的教师与学生。在这样的环境中杜威思想发展到达新高度，相继出版了一系列的重要著作，形成清晰的实用主义理论体系，并且成为美国乃至世界最有影响力的哲学家、教育家。

1904年，杜威收到巴特勒校长聘请他到哥伦比亚大学任教的邀请信时，非常期待与兴奋。哥伦比亚大学原名国王学院（King's College），1754年创建，它是"常春藤联盟"成员之一，1784年改名为"哥伦比亚学院"（Columbia College）。教育家巴特勒1902—1945年期间担任哥伦比亚学院院长。哥伦比亚学院又于1912年正式定名为"哥伦比亚大学"。巴特勒担任大学校长后对学校有长远的规划和较高的要求，立志把它办成一所具有世界影响力的一流大学。在他有条不紊的管理和领导下，哥伦比亚大学发展更加迅速，由一所地方学院发展成一所世界著名的大学。巴特勒校长还积极地支持纽

哥伦比亚大学
图片来源：http://www.chinaliuxue.com.cn

美国心理学家威廉·詹姆斯（William James）
图片来源：http://www.yiqin.com

约教师培训学院（New York College for the Training of Teachers）的建立，也就是享誉世界的哥伦比亚大学教育学院的前身。在巴特勒看来，"大学教授应该给学生提供明智的和良好的教育，因为当他们冷静地和全面地看待问题时，他们实际上代表了真理"。在他的领导下，哥伦比亚大学聚集了一大批著名学者，其哲学和心理学系的学术水平和研究成果在当时已远远超过美国和世界上其他大学的同类学科。

在哥伦比亚大学任教时，杜威发现自己正处于一种全新的哲学环境中。哥伦比亚大学呈现出"百家争鸣"的民主学术氛围，学校包容不同的哲学理念，每一位教师都可以表达自身观点，认可每个流派的独特魅力。这种环境与芝加哥大学哲学系完全被"芝加哥学派"占据主导地位、其他流派根本没有自由发表言论的机会完全不同。

这种新的哲学环境的刺激与挑战促使杜威在哥伦比亚大学任教的最初十年中注意力主要集中在哲学上。在众多流派之中，古典主义与亚里士多德学派的伍德布里琦（Frederick J.E.Woodbridge）的唯实论哲学思想对杜威影响最大。伍德布里琦是哥伦比亚大学的哲学史教师，他的思维具有独创性，演讲激励人心。杜威从他那里认识到形而上学理论模式的可能性和重要性。他这一思想引起的转变反映在1925年出版的《经验与自然》（*Experience and Education*）一书之中。除了哲学思想方面的发展，关注实践的杜威也从研究哥伦比亚大学教育学院的附属幼儿园和学校的具体办学中受益，如贺拉斯·曼男子学校、贺拉斯·曼女子学校、林肯学校等，促进了他和教育学院之间的联系。

随着杜威与哥伦比亚大学教育学院联系越来越多，当教育学院的教育研究系

哥伦比亚大学校徽
图片来源：http://wapbaike.baidu.com

成立时，杜威是被任命的七位教授之一。杜威在教育学院开设的课程有"逻辑学与教育问题""伦理学与教育问题""社会生活和学校课程""哲学与教育的历史关系"等。很多学生因为杜威的声望，注册去听杜威开设的课程，把他的讲课看成了一种起激励作用的教育经验。杜威在从事研究生教学工作的同时，也继续进行他在哲学和教育方面的研究。他出版了很多重要的教育著作，如《教育中的道德原理》《教育中的兴趣与努力》《我们怎样思维》《明日之学校》《民主主义与教育》等，尤其是《民主主义与教育》是杜威教育思想的集大成者，也是实用主义教育思想体系形成的标志。在19世纪末20世纪初，进步教育运动在美国逐渐成为一个广泛性的教育革新运动，哥伦比亚大学教育学院是进步教育思想的大本营，教师和学生都被崭新的教育思想包围着，杜威在其中起了很大的作用。

除了教学与著书外，杜威积极参加了一些教师团体活动和一些学术团体活动，例如，美国哲学学会（American Philosophical Association）、美国心理学会（American Psychological Association）、美国科学发展协会（American Association for the Advancement of Science）、进步教育协会（Progressive Education

摆放在美国哥伦比亚大学教育学院进门处杜威的雕像，每位师生必经之处（笔者摄于2009年）

美国哥伦比亚大学教育学院的图书馆。共三层，这是第一层，主要供信息查询和资料阅读（笔者摄于2009年）

美国哥伦比亚大学教育学院的图书馆。共三层，这是第二层，特点在于可以小声讨论学习，也有小房间供学生团队合作学习（笔者摄于2009年）

Association）、全国教育协会（National Education Association）等。由于杜威比较倾向于自由派，鼓励社会、行业的多元声音，在他的鼓励和倡导下，全美大学教授联合会（The American Association of University Professors）于1914年由美国大学教师共同发起。四年之后，他又倡导发起了纽约教师联合会（The New York Teachers Union），该组织旨在维护中小学教师切身权益，并积极争取实现教育的专业化发展。

　　在哥伦比亚大学执教时期，杜威哲学思想趋近成熟，实用主义教育思想通过发展与完善已经形成了清晰的体系。由于杜威的影响力，他经常受邀到国内外一些知名大学作讲演。杜威曾经出访多国，比如1919年出访日本，1919—1921年出访中国，1924年出访土耳其，1926年出访墨西哥，1928年出访苏联等。在各地的演讲、交流促进了他的哲学、心理学以及教育学思想的传播；同时异国的见闻也对杜威丰富、完善思想体系有所裨益。杜威思想在全世界都不乏支持与追随者，他的著作被翻译成各种语言在各国出版。在中国时，杜威受到学生胡适、蒋梦麟、陶行知等人的热情接待，他们深受杜威思想影响，是杜威思想在华传播的先锋，也是当时中国社会与文化发展的积极推进者。当时杜威的一些教育观，如反对传统的灌输和机械训练、强调从实践中学习的教育主张，也间接地对蔡元培、晏阳初、毛泽东等人产生了一定的影响。由此可见，杜威已经不仅是一位美国的学者，还是一位具有世界知名度与影响力的教育家。

据说，晚年的杜威身体并不虚弱，思维也非常清晰，在他90岁的时候出版了与他人合著的《认知与所知》（*Knowing and the Known*）。1952年6月1日，93岁高龄的杜威去世。他一生孜孜不倦的为学精神委实令人敬佩。他撰写了著作三十多部，发表了论文近千篇，其中如《民主主义与教育》《我的教育信条》《学校与社会》《经验与自然》等著作至今仍有伟大的现实意义，是教育类书籍的经典。杜威将毕生的精力与关注献给了教育事业，对于教育领域贡献巨大。

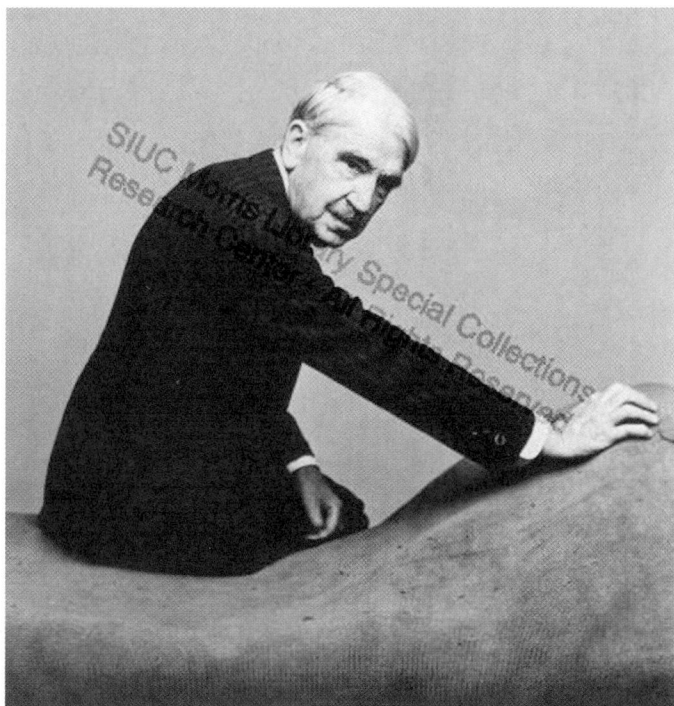

很难将杜威和时尚联系在一起，但1947年他参与了一组《Vogue》时尚照片的拍摄

图片来源：John Dewey Papers, SCRC General (Southern Illinois University Carbondale）

广泛的社会交往和人事资源

杜威之所以成为杜威，用他自己的话来说："我的学术观点更多地来自其他的人——学生和同事——的思想，而超出我所知道的……"他们中的许多人同杜威一样是孜孜不倦的学者，具有独到的观点与思维。与他们的社会交往激励着杜威不断攀登更高的学术境界，杜威的学术观点是对他们的哲学、教育学、心理学等思想扬弃的结果。

托里教授的哲学启蒙

佛蒙特大学浓厚的学术氛围以及老师们特别是托里教授对杜威的影响是不可忽视的，这是决定杜威一生的追求的重要时期。在佛蒙特大学的最后一年，杜威遇到他人生中第一位哲学研究的启蒙老师。托里教授是佛蒙特大学的哲学教授，是德国哲学思想研究者，对谢林和黑格尔的思想颇有研究。杜威对政治和社会哲学感兴趣。托里教授开设了心理学课程和哲学课程，哲学课程包括政治和社会哲学、智力和道德哲学两方面内容。在托里教授悉心指导和影响下，杜威广泛阅览政治哲学、社会分析以及政治经济学等书籍，他熟读康德的作品，并将康德的理想主义与苏格兰学派结合起来，强调道德的意义。

大学毕业后，杜威也时常向托里教授求教。在他的悉心指导下，杜威系统地学习哲学史方面的经典，学习德国哲学家康德等人的著作。对于这一段学习经历，杜威在1883年写给托里教授的信中表示："我要感谢你的帮助，因为在我开始学习时你就给我介绍康德。因此我对哲学又有了更好的了解，超过了我用其他任何方法……他必定会给我的全部思想引入一个彻底的变革，同时为我的其他阅读和思考提供一个基础。"这一段时间杜威全面深化了哲学有关的知识系统。

托里教授在发现杜威的哲学天赋后，建议杜威把哲学作为终身职业。至此，杜威决定将哲学研究作为一生的职业追求。杜威说道："我的成长应该归功于他（托里）对我的双重恩惠，一是他使我的思想明确地转向了把哲学研究作为一生的职业，二是在那一年里托里教授用了大量的时间给我进行指导。"

后来杜威决心去约翰斯·霍普金斯大学继续深造时，托里教授更是鼎力支持。他给时任约翰斯·霍普金斯大学的哲学教授莫里斯写推荐信，希望给予杜威申请资格，信中表达了对于杜威的赏识与褒奖："杜威先生1879年以优异的成绩毕业于佛蒙特大学，在大学期间就在哲学领域显示出了优异的才能，自毕业后又一直对哲学进行了专门的研究，杜威先生在形而上学方面具有浓厚的兴趣，并拥有成功从事哲学研究的先决条件——突出的智慧。"

总起来说，托里教授对于杜威的影响既有显性的方面，也有隐性的部分。首先，托里教授在认知与情感方面给予杜威的支持意义非凡。他是杜威哲学研究的启蒙教授，指导杜威进行较为系统、深入的哲学知识学习，引导杜威养成思考习惯以及问题意识，在他的鼓励与赏识下，杜威对于哲学研究的兴趣与热情才被燃起并得以保持下去。其次，托里教授也潜移默化地向杜威示范着"何者为师"。作为学者，托里教授严谨、谦虚的治学态度、广博的见识、包容不同意见的广阔胸怀都悄然影响着杜威日后的执教理念。

哈里斯博士的哲学研究影响

如果说托里教授是杜威进入哲学领域的引路人，那么与哈里斯博士的相识则为杜威的哲学研究开辟了更为广阔的天地。哈里斯博士是著名教育家和哲学家，美国《思辨哲学杂志》的主编。他是黑格尔哲学研究的一流学者，是当时美国为数不多的非牧师的哲人之一。

杜威与哈里斯的相识始于他的一次大胆举动。大学毕业后，杜威并不确定是否要投身于哲学研究领域，他将自己写的一篇论文——《唯物论的形而上学假设》，寄给了哈里斯并询问他这篇文章的作者是否有从事哲学研究的潜能。哈里斯在回信中给予了他肯定的答复，并在《思辨哲学杂志》上发表了此文。这是杜威的第一篇哲学文章，给予了杜威极大的鼓舞。这篇文章的发表不仅肯定了杜威的思维与研究能力，更坚定了他从事哲学研究的信心。后来，杜威陆续在该杂志发表了两篇文章，显然《唯物论的形而上学假设》对杜威来说意义重大。在哈里斯的影响下，杜威开始对黑格尔的思想产生了浓厚的兴趣，在1882年他写给哈里斯的信中这样讲

哈里斯博士（William Torrey Harris）
图片来源：http://www.tribbit.com

道："我最近阅读了卢森科拉兹（Karl Rosencraz）先生对于柯奇曼（Kirchmann）编纂的《黑格尔百科全书》（*Hegel's Encyclopädie*）的介绍文章，详述黑格尔与康德以及其他自己的主要理论的关系。"

在约翰斯·霍普金斯大学时期，哈里斯也同样录用了杜威的论文，这一论文的发表在杜威申请该校奖学金时起到一定作用。哈里斯博士一直以来的认可和欣赏激励着年轻的杜威在哲学领域不断前行。

吉尔曼校长热爱学术研究的影响

吉尔曼是约翰斯·霍普金斯大学的第一任校长。这位新大学的校长深受德国大学尤其是柏林大学办学模式的影响，认为科学研究不仅是大学的一项基本任务，而且是大学

的灵魂。吉尔曼非常重视研究生能力的培
养，他改变传统大学的教学方法，仿效德
国大学，将习明纳（Seminar）纳入研究
生教育，同时重视对实验室和图书馆的使
用，这在美国大学中前所未有。他强调：
"学术研究是每个教授的职能，而且教授
应该是学生的指导者或激励者。"在吉尔
曼校长的支持与领导下，约翰斯·霍普金
斯大学聘请了国内外著名学者前来任教，
形成了一支高水平的科研队伍，从而将学
校打造成了一所研究型大学。吉尔曼明确
地说："对大多数年轻学子来说，一旦有
了一种创新的和令人振奋的思想，才有可
能进行新的和有创造性的研究，学生们必
须认识到，世界上的人们正在做从前没有
做过的事情，但是他们从前所受过的教育

吉尔曼，约翰斯·霍普金斯大学第一任校长
图片来源：http://blogs.hopkins-interactive.com/buffet

从来没有使他们认识到，他们自己可以成为这种幸福的人。"习明纳是约翰斯·霍普金
斯大学的学术特色，营造了浓厚的学术氛围。在这里，学生不再单纯地接受知识，而是
主动探索和追求知识与真理。在这样的学术氛围里，杜威学会了如何去做研究，如何追
求真知，也坚定了献身于学术研究的信念。

　　吉尔曼校长认为杜威是一位有潜力的青年学术研究者，但由于当时的社会背景，在
给他职业选择建议时，吉尔曼却并不推荐杜威将哲学作为发展方向。他直言当时美国的
哲学研究职业大多是由牧师担任，很少有专门的哲学教学职位，所以建议杜威将才华运
用到其他领域的研究中去，这样更容易找到一份教学职位。但在杜威心中早已立下研究
哲学的志向，吉尔曼校长的建议并没有动摇他的信念。即便如此，吉尔曼也没有停止对
杜威的关心。在杜威获得博士学位准备离开巴尔的摩的时候，吉尔曼校长还为杜威提供
了一笔贷款，以便他可以去德国继续攻读博士后。虽然杜威并没有接受吉尔曼的提议继
续去欧洲深造，但吉尔曼对杜威研究能力是肯定与赞赏的。

恩师莫里斯教授

莫里斯教授
图片来源：http://ur.umich.edu/9697/jul30_97/histrec.htm

如果说在约翰斯·霍普金斯大学，吉尔曼校长对杜威的影响是间接的，那么莫里斯教授对杜威的影响则是直接的、热烈的，这种影响伴随杜威的一生。

莫里斯教授是教育家和哲学家。虽然他长期担任密歇根大学的哲学教授，但是每年会有一学期的时间去约翰斯·霍普金斯大学任教。在约翰斯·霍普金斯大学哲学系，杜威最喜欢莫里斯教授的哲学课程。此外，他主动参加了莫里斯开设的习明纳及其主持的俱乐部。莫里斯的授课方式别具一格，他的课堂平等民主，每一位学生的思想都能够真实表达并得到尊重，在他看来，每一位学生都是"学者"。

杜威曾在《从绝对主义到实验主义》一文中论述了黑格尔哲学对他的吸引。莫里斯在黑格尔的研究上颇有造诣，是黑格尔思想的研究专家，他甚至发展出了一种新的黑格尔主义。在与莫里斯的交往中，杜威逐渐开始研究新黑格尔主义思想。他发现这种新黑格尔主义思想能够克服长期以来困扰他的直觉主义的缺陷，为当时深陷思维瓶颈的他带来曙光与极大的满足。因此杜威积极探索，主动与莫里斯教授交流，产生了对黑格尔哲学的极大兴趣。

在主动探究、教授的指导以及同学的帮助下，杜威相继发表了几篇哲学论文，这使得他对哲学的兴趣愈发浓烈。在此过程中，莫里斯教授也发现了这位学生的卓越学术才能，对他的哲学研究潜力寄予厚望。他不仅关注杜威的学术发展，还关照他的生活。比如，他曾推荐杜威在约翰斯·霍普金斯大学教授本科生哲学课程，这样杜威不仅可以通过理论与实践结合来检验自身的哲学思想，也能由此获得一笔收入以缓解他生活上的拮据。后来，也是在莫里斯教授的推荐下，吉尔曼校长为杜威提供了研究员基金，经济的保障为杜威集中精力进行学术研究提供了物质基础。

总之，在约翰斯·霍普金斯大学就读期间，莫里斯教授是对杜威帮助最大的一位老师，也对杜威产生了深刻影响。在哲学思想方面，莫里斯深化了杜威对黑格尔哲学的研究，影响了杜威早期的哲学观念。后来，杜威也曾由衷地表达自己的感激之情："我十分乐意地承认，他的教学精神对我有着持久的影响。对一位易受影响的人和不了解适合于他心灵的某个思想体系的年轻学生来说，他是不可能不深深地受到莫里斯那热情和博学的献身精神的影响，或者说至少使他自己在观点上发生一种暂时的变化。"

杜威从约翰斯·霍普金斯大学博士毕业后，正如吉尔曼校长所料，他想要获得一份哲学教师的职位并不容易。幸而，在莫里斯教授的帮助下杜威谋得了密歇根大学哲学教师的职位。1885年，莫里斯教授被聘任为密歇根大学哲学系主任，他再次聘请杜威做他的助手。此后，他们一直关系融洽，合作默契。杜威在教授哲学课程的同时，也承担了一些心理学课程，如"经验心理学""心理学与哲学""心理学史""心理学专题"等。杜威得以继续保持在约翰斯·霍普金斯大学就已产生的心理学兴趣，撰写了一本心理学教科书，并随后逐渐构建了他的心理学体系。这一时期是杜威心理学研究的重要时期，他相继发表了几篇心理学文章，这些文章包含着后来杜威"工具"实用主义思想的萌芽，并且指出了心理学和哲学之间密切的关系。杜威研究学者戴克休曾（George Dykhuizen）教授说："这使得杜威引起了哲学界的注意，表明他已是美国最有独到见解和最有主见的思想家之一。"

在密歇根大学，杜威专心从事教学、研究与写作，这期间，他还时常参加一些学术活动，如他参加了密歇根大学的哲学学会会议，并在会上作了关于"智力发展与心理学的关系"的演讲，这一演讲被当时的报道赞扬为"在安阿伯所进行的最有才智的讨论"。杜威独到的见解与敏锐的思想观点逐渐开始被熟知，这颗哲学界的新星开始闪露智慧的光芒。在密歇根大学，除了研究有所进展，杜威还对社会事务有很大的兴趣，虽然他没有具体参加任何社会改革运动或者事件，但他尽量用他的哲学和心理学方面的知识来阐述指导社会改革的社会道德和原理。

毋庸置疑，与莫里斯教授的交往，深刻影响了杜威早期的学术观点。杜威对莫里斯评价道："我对莫里斯教授的主要印象是：作为一名教师，他是一个献身于学术研究的人，在表达思想时充满着激情，这一印象在许多年后仍然十分清晰。"

霍尔
图片来源：http://datuopinion.com/granville-stanley-hall

杜威与密歇根大学生杂志《内地人》月刊的编辑们合影（摄于1885年左右）。第一排中间位置是杜威
图片来源：John Dewey Papers, SCRC General (Southern Illinois University Carbondale）

求学期间其他教师的影响

在约翰斯·霍普金斯大学求学期间，还有许多老师对杜威提供了较大帮助。比如教授心理学课程的霍尔教授。霍尔是美国心理学最有影响的先驱之一，美国的第一个心理实验室便是他创建的。在教学上，除了开设生理学和实验心理学课程外，霍尔还专门为即将从事教学工作的学生开设了"科学教育学"习明纳。霍尔的课程引起了杜威的兴趣，除了旁听他所有的课程外，杜威还进入心理实验室进行一些心理实验。在霍尔的影响下，杜威认识到心理学对教学的重大意义。

赫伯特·亚当斯（Herbert B. Adams）教授任职于历史和政治科学系，他发现了杜威在哲学研究方面的潜力，也是在他的建议下，杜威才选修了历史和政治科学，这两门选修课拓宽了杜威的学科视角，帮助他更加深入地进行哲学研究。

尽管生性内向、比较害羞，但是杜威从未被性格束缚。进入大学后，他积极参加自己认为有益的活动。比如，他从不缺席在哲学方面的学习活动，不仅旁听其他老师的课程，还参与哲学俱乐部，扩大了他哲学方面的朋友圈。主动积极的态度促使杜威的学术研究意识得到了良好的发展。

总之，求学时期的杜威不断地汲取着知识的营养，丰富着自己的思想，是一位醉心于哲学研究的青年。托里教授带领杜威进入了哲学的殿堂，莫里斯教授使杜威对黑格尔主义印象深刻，很多教授对杜威思想的形成都有很大的影响。杜威逐渐深入哲学领域，并形成了系统的知识结构，对哲学有了更深刻的理解。在约翰斯·霍普金斯大学的学习还促使杜威将兴趣扩展到了心理学等领域，对他未来执教、扎实教育研究奠定了基础。

在约翰斯·霍普金斯大学博士毕业后，得益于莫里斯的协助，杜威进入了密歇根大学，开始他的大学执教生涯。在密歇根大学任教期间，杜威遇到了许多对自己有影响的人物，除了莫里斯、安吉尔教授外，还有亚当斯、塔夫茨、米德和詹姆斯等人，他们都从不同的方面影响了杜威。在真正民主的大学环境里，杜威不断进步，不仅积累了丰富的教学经验，也发表了不少研究成果。在密歇根大学，杜威通过对心理学与伦理学的研究，逐渐从黑格尔主义的研究转向工具主义研究。

安吉尔校长民主信念的影响

安吉尔(James Burrill Angell)校长民主的教育理念给杜威留下了非常深刻的印象，这让杜威不知不觉地形成了民主信念。无论是在杜威求学于佛蒙特大学，还是任教于密歇根大学，安吉尔校长都把民主思想贯穿于治校之中。

1871年，安吉尔担任密歇根大学校长。在安吉尔校长的领导下，密歇根大学规模逐渐扩大，且引进了一批有才之士，学术氛围和影响力从而得到提升。1884年，杜威来到密歇根大学任教，他对大学的学术环境很满意，这种环境对杜威后来的学术发展也产生了一定影响。简·杜威在《杜威传》一书中写道："安吉尔校长仍是位典型的大学校长，但又是在努力地提高学术水平的

杜威在密歇根大学任教时的校长安吉尔
图片来源：http://en.wikipedia.org/wiki/James_Burrill_Angell

人。他给师生提供了一个真正民主的环境，并提倡创造性教育所必需的自由权利和个人责任，他的个人魅力与和蔼形象形成了一种对新教师和学生普遍友好的气氛。教师参加每周一次的教师会议，这对杜威来说是一个很有教育意义的过程。这所大学也自然地成为实行男女同校教学的州立教育系统的顶端。这些实际情况给杜威留下了深刻的印象，并开始形成了以后构成他教育理论的链锁。"安吉尔校长这种民主的教育理念成为杜威许多哲学著作的基础。同时杜威对当时教学环境留下了深刻的印象，这对他后来开办实验学校有很大的帮助。

来到密歇根大学之后，他结识了同在密歇根大学教书的政治经济学教授亨利·卡特·亚当斯（Henry C. Adams）。与他的交往，使杜威对社会哲学有了更多了解。杜威与亚当斯在自由主义思想方面产生共识，并吸引了一群志同道合的自由主义者。在这一过程中，杜威渐渐地明白在工业社会里自由和民主的含义，通过对话与交流，杜威实用主义思想渐渐萌发。

米德与詹姆斯等的心理学影响

米德（1863—1931）
图片来源https://en.wikipedia.org/wiki/G._H._Mead

莫里斯教授去世后，杜威被聘为哲学系主任。他被聘任的原因除了与莫里斯思想一脉相承之外，还因为杜威当时在哲学界已经有一些声望。担任系主任后，杜威聘任了塔夫茨为他的助手，他们生活上亲密无间，工作中也合作出版过《伦理学》（Ethics）一书。塔夫茨离开密歇根大学去德国弗莱堡学习哲学之后，杜威又聘请米德和劳埃德为他的助手。与他们的交往，不管是学术上还是生活上都对杜威有一定帮助。

威廉·詹姆斯，美国心理学之父，是美国最早的哲学家和心理学家。他是一位实用主义者、美国机能心理学创始人之一，也是美国最早的实验心理学家之一。詹姆斯的《心理学原理》（*The Principles of Psychology*）一书启发了杜威许多新的想法，促使杜威哲学思想逐步转变，尤其是书中的客观心理学理论，牢牢扎根于生物学进化论之中。杜威后来写道："这种思想通过他的方法越来越进入我的全部思想之中，并成为改变旧的教育观念的一种酵素。"由此，杜威逐渐构建起了新实验主义的基本框架。

在密歇根大学任教期间，杜威已育有三个孩子。从日常教养孩子的过程之中，杜威已经意识到了每个孩子都有自己的禀赋，与詹姆斯的交往更是加深了他对天赋倾向重要性的认识，并使他意识到有必要用实际经验去验证、发展和推理这些思想。这促使杜威越发觉得当时的教育方法尤其是小学教育方法并没有尊重儿童自身的心理发展规律。对于当时教育问题的敏锐观察与自身教育理论的发展，激起了杜威创办一所实验学校的想法。杜威希望通过创办实验学校，将理论与实践结合起来，一方面，通过实验学校将心理学原理、道德研究中的合作交往原理应用于实践，改变枯燥无味的传统学习方式，解放学生；另一方面，通过实验学校，哲学在学校的直接教育经验中应得到社会应用与检验。詹姆斯强化了杜威对实践的关注，坚定了他用实际行动验证教育思想的决心，这对杜威实用主义思想的形成来说是不可缺少的。

哈珀校长、埃拉·扬、简·亚当斯等的教育实践影响

威廉·雷尼·哈珀教授是芝加哥大学第一任校长。他强调，对于一所大学来说首要的是研究工作，"教职人员必须是一个教师，但首先必须是一个学者，热爱学问，具有研究精神，是一个能获得成绩并希望发表有价值的成果的探究者"。因此，1891年，哈珀上任后高薪聘请了大批知名学者、教授前来芝加哥大学任教，形成了一支一流的教师队伍，其中有天文学方面的钱柏林（Thomas C.Chamberlin）、物理学方面的米切尔森（Albert A.Michelson）、生物学方面的洛布（Jacques Loeb）、政治经济学方面的维布伦（Thorstein Veblen）等。这些学者各有所长，十分有才华，视自己为肩负改革使命的自由主义者。

进入芝加哥大学后，杜威的工作重心从教学转向了研究。在密歇根大学时期，杜威主要负责本科生的教学工作，但在芝加哥大学，杜威的学生群体主要是研究生。新的教

"瑟尔斯城堡"现在作为约翰·杜威学校（John Dewey Academy）的校舍使用。这是一所全年制寄宿学校，正在计划搬迁。据威廉·拉维斯房地产公（William Raveis Real Estate）的斯泰西·马修斯（Stacey Matthews）透露，一些感兴趣的买家表示有意将这座城堡当作公寓或改建为公馆

图片来源：http://image.baidu.com

学对象让杜威不再应对大量的班级日常工作，他利用课上课下的时间与研究生一起实行学术计划。杜威十分享受这种融洽的学术环境，与这些大师共同进步。芝加哥大学独特的研究探索环境，促使杜威在创办实验学校时十分关注学生创造性的培养。

杜威在创办实验学校的时候结交了很多志同道合的朋友，与他们相互探讨教育理念，并运用于实践中。杜威学校的名气之所以如此之大，也与朋友的帮助有很大的关系，其中尤其是与埃拉·扬（Ella F.Young）的交往，对杜威影响很大。

杜威在芝加哥任教的头几年里，埃拉·扬是芝加哥的一位学区督学。她是第一位担任美国大城市学校系统督学职务的女性，也是全国教育协会的第一任女性主席。扬是一位非常有思想的女性，她经常反思教学实践，思考实际教学经验的意义。她强调每个受教育个体的独特性，包括道德方面与智力方面的个性，认为教学实践过程必须适应学生

赫尔社区
图片来源：http://www.swarthmore.edu

的心理发展过程。显然，埃拉·扬与杜威的教育理念是一致的，两人不谋而合。杜威创办实验学校时，埃拉·扬的建议与思想被采纳，直接影响了杜威以及实验学校的儿童教育。在实验学校运行过程中，埃拉·扬给予了很多帮助，尤其是她在学校管理方面的主张，大大弥补了杜威实际经验的不足。

芝加哥大学期间，赫尔社区对杜威办学思想也产生了较大的影响，让他与简·亚当斯建立了深厚的友谊。简·亚当斯是美国社会改良家、女权主义者与和平主义者，她被公认为美国社会工作专业的奠基人。由于关心女性权益，尤其是儿童教育，她逐渐成为美国实用学校哲学的维护者。1889年，她参与合办赫尔社区。正是因为她对提高居民生活质量与促进民主做出的巨大贡献，1931年，她被授予诺贝尔和平奖，成为获得该奖的首位女性。赫尔社区是以赫尔大楼为中心的一个社区。针对当时美国混乱的居住条件，为提供安全的家庭生活，1889年，简与同事斯塔尔（Ellen G.Starr）在芝加哥合租了赫尔大楼（这栋大楼原由查尔斯·赫尔建造）。为了维持创办，刚开始她自己掏钱作为维修屋顶、粉刷、置办家具和日常运作的费用。幸运的是，在她的

年轻时的简·亚当斯
图片来源：http://www.uic.edu

宣传下，许多人纷纷对赫尔大楼的活动慷慨解囊，并有一批关注社会公益的女性成为长期的赞助者。在公众的共同参与下，赫尔大楼成为250名女性的住所。它的功能还包括研究、经验分析、学习、辩论等，社区的居民会对居住条件以及各种疾病做出调查。社区的基础建设包含成人夜校、少年俱乐部、公共厨房、画廊、室内体育馆、女生俱乐部、图书馆、会议室等。

赫尔社区除了赫尔大楼，还包括了这栋楼附近的邻居们，因为邻居们多为移民到芝加哥的欧裔群体，包括意大利人、爱尔兰人、瑞典人、加拿大人等。赫尔社区代表了20世纪"大熔炉"特征的美国，为解决多元民族共居以及背后更深刻的多元文化融合做出了实践的榜样。在赫尔社区，人们不是去设想其他族裔如何生活，而是通过亲身融入，了解如何共同学习、共同生活、共同解决问题。

杜威夫妇经常访问这里的居民，在这里居住着各式各样的人。在赫尔社区，杜威深刻地理解了社会现实，也加深了他对民主的向往，提高了他对社会的全面认识。简·亚当斯认为民主不仅仅是一种政治制度，更应该是一种体现道德性、具有人情味的生活方式。简的社区理念与杜威的民主思想契合。后来，杜威也被邀请管理赫尔社区，并担任理事。除了实验学校，赫尔社区也成为杜威哲学思想的反思、审视场所。杜威在一定程度上把自己支持妇女活动和自由事业的热情归功于埃拉·扬和简·亚当斯，同时他还评价简·亚当斯是一位杰出的女性。总之，"因为赫尔社区和简·亚当斯的缘故，杜威作为教育指导力量的民主信念，具有了更加激烈和更加深刻的含义"。

杜威在芝加哥建立了很多的人际交往，也包括因为实验学校建立起来的交往。与杜威交往密切的有从密西根大学来的好朋友米德和塔夫茨；还有美国大学哲学教授安迪生·穆尔（Addison W.Moore）；曾任美国心理学会主席和耶鲁大学校长的心理学家詹姆斯·罗兰·安吉尔（James R.Angell）（詹姆斯·罗兰·安吉尔在机能心理学方面很有成就，对于杜威的逻辑学理论发展及其逻辑学理论与道德理论的联系起到了一定的作用）；美国的前国会议员、教育家、耶鲁大学的贝克韦尔（Charles M.Backewell），美国心理学家、教育家、哥伦比亚大学的希斯勒普（James H.Hyslop）和美国大学的哲学教授琼斯（Adam L.Jones），他们都是杜威的定期拜访者；以及史密斯学院的教授加德纳（Harry N.Gardiner），美国教育家、社会改革家、作家菲利克斯·阿德勒（Felix Adler）等。他们为杜威思想的发展

杜威在看书
图片来源：John Dewey Papers, SCRC General（Southern Illinois University Carbondale）

不断添砖加瓦。杜威在学术和工作上的收获，除了自身的探索与努力外，也得益于朋友对他的帮助和影响。随着杜威在哲学界、心理学界以及教育界的声誉日益提升，他经常被邀请去各地演讲。

哥伦比亚大学多元思想对杜威集大成思想的影响

哥伦比亚大学的环境有别于芝加哥大学，哥伦比亚大学拥有自由争鸣的学术氛围和相对宽松的学术交流平台，多元的观点与思想让杜威备受启发，无疑对杜威也是一种新的刺激和挑战。在巴特勒校长的领导下，哥伦比亚大学发展成为一所世界著名的大学，聚集了一大批著名学者，很多学科特别是哲学和心理学系的学术水平和研究成果在当时已超过美国和世界上其他大学的同类学科，杜威在这样的学术环境里，感到十分愉快。杜威在哥伦比亚大学期间接触到蒙塔古（William P.Montague）、伍德布里琦

(Frederick James Eugene Woodbridge) 等杰出的同事，并与许多优秀的学生建立了深厚的师生情谊。

蒙塔古是杜威在哥伦比亚大学的同事兼好友。在与蒙塔古的交往中，杜威受益良多。在蒙塔古的认识论和对现代自然科学理论的浓厚兴趣基础上，杜威发展了一元唯实论理论。他在社会问题上的一些观点虽与杜威接近，但深化并补充了杜威对于美国当时社会问题的认识。除了学术上的相互启迪，杜威和蒙塔古在生活上也相互帮助，两家一直保持着亲密的交往。

美国哥伦比亚大学教育学院24小时学生学习、休息区（笔者摄于2009年）

美国哥伦比亚大学教育学院24小时学生学习、休息区（笔者摄于2009年）

由于与"芝加哥学派"占主导地位的芝加哥大学哲学系不同，哥伦比亚大学教师持有不同流派的哲学观点，杜威被深深卷入这种百家争鸣的论争之中。其中对杜威影响最大的是以伍德布里琦为代表的唯实论哲学。伍德布里琦深受古典主义与亚里士多德学派影响，赞成自然主义的形而上学，是一位具有独创性和使人受到激励的哲学史教师。在与同事伍德布里琦的交往中，杜威对形而上学有了重要的理解与突破，这反映在杜威的《经验与自然》一书之中。

伍德布里琦
图片来源：https://faculty.unlv.edu

克伯屈是杜威的学生。克伯屈在1898年芝加哥大学的教师暑期研讨会上第一次见到已经颇有声望的杜威，他坦言那时候对杜威的教学方法很不适应。后来在导师的指导下他学习了杜威《与意志有关的兴趣》（*Interest in Relation to Training of Will*）一文，对杜威"兴趣与努力"的观点印象深刻。1907年，克伯屈进入哥伦比亚大学教育学院继续学习，在那里他再次见到了杜威。他选修了杜威所有的课程，获得杜威指导并完成了教育哲学的学习。受到杜威思想的影响，克伯屈不断阐释并丰富杜威的教育哲学，比如他的"设计教学法"便是基于进步教育理论提出的。杜威著名的"五

克伯屈年轻时的照片
图片来源：http://www.jhowell.com

步教学法"就是在与克伯屈的交往中日臻完善的。1932年，他们的教育理论促成了本宁顿学院(Bennington College in Vermont，U.S.A.)的设立，在12幢最初的建筑中，有两幢是以他们的名字命名的。克伯屈与杜威一直保持着亲密的师生关系，合作研究，直到杜威去世。

1915年，宾夕法尼亚莫里昂的巴恩斯博士（Albert C. Barnes）阅读了《民主主义与教育》之后，惊讶地发现杜威与他的思想相似，所以他专程拜会杜威并参加了杜威的一个专题讨论会。这是两人友谊的开端。巴恩斯不仅钻研科学，也对艺术颇有心得，因收藏现代绘画出名，他希望自己所收藏的东西能够为教育服务，并对艺术教育的方法感兴趣。巴恩斯不仅把他在1925年写的《绘画艺术》（The Art in Painting）一书赠给杜威，也曾与杜威一起在德国等地进行艺术之游，两人的交往为杜威以前有点凌乱的艺术思想提供了一种哲学形式。杜威把自己1934年写的《作为经验的艺术》（Art as Experience）一书献给了巴恩斯。

此外，杜威积极参加纽约一所哲学俱乐部每月一次的活动。俱乐部12~18位成员大多来自纽约附近的一些院校，最远的来自耶鲁大学、宾夕法尼亚大学（University of Pennsylvania）。通过哲学俱乐部活动，杜威认识了联邦神学院的麦克吉法特（Aurther C. McGiffert）、托马斯·霍尔（Thomas Hall），伦理文化协会的菲利克斯艾德勒，《美学与心理学》的作者亨利拉特格斯·马歇尔等，哲学俱乐部为学者们切磋观点、分享信息、相互批判提供了平台，这里多元的学术氛围、激烈的思想碰撞促使杜威产生许多新思想灵感。

在哥伦比亚大学期间，杜威的哲学思想已经成熟，他的实用主义教育思想也得到了进一步的发展和完善，构建了一个完整的体系，并走向世界，声名享誉世界。杜威的成功除了自身的努力外，还有一点很重要，是杜威遇到了很多对自己产生重要影响的人和适宜自己思想成长和发展的环境。对杜威来说，朋友是促进自己思想成熟的重要因素，在杜威的周围活跃着这样一群人物：他们是时代的开拓者，他们是各领域里的领路人，他们是至亲至善的良师益友。在他们的影响和帮助下杜威不断地进步，所以朋友在杜威的一生中起到了很大的作用。杜威最初的理想是成为一个哲学家，却在朋友们的影响下，渐渐地成为世界著名的教育家，更是在朋友们的帮助下进行学校实验改革，解放了枯燥的课堂，给了孩子们自由。

根据上述对杜威的求学、工作、社交的介绍，我们大致可以小结如下：

晚年杜威90岁大寿时在纽约参加纪念派对，图为他和妻子罗伯塔及收养的孩子们
图片来源：John Dewey Papers, SCRC General（Southern Illinois University Carbondale）

　　首先，良好的家庭教育。父母的道德品行和言行举止对孩子有着强烈的感染作用，这一点在杜威的经历中尤为明显。在杜威幼年和儿童时期，他深受父母尤其是母亲的影响。母亲的严格要求培养了杜威严谨、认真的品质。他成为家族的第一代大学生，之后又成为一位对世界产生重要影响的教育家，这与良好的家庭教育不无关系。

　　其次，广博的阅读兴趣。杜威很喜欢看书，是涉猎广博的阅读者。他广泛阅览自然、人文、地理等各类书籍。浓厚的课外阅读兴趣满足了杜威对世界的好奇心和求知欲，使得他不断地探索前进。杜威哲学、教育学与心理学思想体系的最终形成与其丰富的知识基础有着必然的关联。

　　再次，广泛的社会交往。杜威始终与志同道合的老师们保持着良好密切的师生关系。例如，当杜威在约翰斯·霍普金斯大学进行研究生学习时，他遇到了对他以后人生产生重大影响的莫里斯教授，这位满腔热情、专心致志的新黑格尔主义哲学家曾一度将杜威转变为一名黑格尔主义者。在杜威的执教生涯之中，他与许多同事比如米德、劳埃德、伍德布里琦等相处融洽，结下了深厚的友谊。通过俱乐部以及其他活动结识的友人也极大地丰富了杜威的视野。广泛的社会交往对他思想体系的形成有着极大的促进作用。

最后，创新探索精神。杜威所取得的学术成就与其强烈的创新精神是分不开的。杜威的教育思想与他对传统教育的"知行分离"现象的批判紧密相连。正是在对传统教育进行批判和思考的过程中，他提出了新的教育观点，并在实践中构建了实用主义教育思想体系。

杜威实用主义教育思想产生背景

工业革命冲击下美国经济发展的产物

杜威实用主义教育思想是美国经济、政治生活巨大变化的产物。在美国历史上，19世纪90年代是一个特殊的分界。在19世纪90年代至20世纪初的十年中，美国完成了从农业资本主义国家到以城市生活为主的工业国家的转型。其中1894年，美国工业生产总值比30年前增长4倍，超越英、法、德三国的总和，跃居世界第一。数据的增长来自四方面支持：一是轻工业；二是通过大量借外债或贷款；三是机械动力与新技术的使用；四是大批有文化、经验、技术的劳动力通过移民流入。城市化生活为美国带来经济繁荣的同时，也带来许多棘手的问题。比如，城市发展产生垃圾，污水堆积，城

19世纪末的美国纽约街头

贫民窟居民行礼：莫特街（Mott Street）工读学校的孩子们对着星条旗行礼，重复着效忠誓言（Oath of Allegiance）

市交通拥堵以及住宅等设备严重不足；资本垄断下，社会两极分化严重，贫穷、吸毒、赌博等一系列问题致使城市犯罪现象突出。

19世纪90年代不仅见证了美国政治经济的跨越，也从理念上划分开了两代美国人的生活模式。90年代前，在美国这片资源丰富的沃土上，一直有这样一个信念——只要不断进取，勤奋工作，抓住机遇就会发家致富，获取成功。从这种信念可以看出两点：第一，美国人重视未来；第二，美国人不重视出身，而重视才干。这也是美国乐观精神的动力。直到19世纪末，美国发生了根本的变化。从这样一段描述中似乎可以嗅见当时的社会巨变。"往日土地上的主人，今日变成了乡巴佬。往日家庭的主妇，今日进入社会，成为和男人平等的劳动者。"人们熟悉的社会发生了迅速且彻底的变化，他们要面对的挑战不仅关乎物质，更是关乎哲学。一系列问题如城市问题、贫民窟、失业、政治腐败、种族偏见、贫富两极分化等，不断挑战美国人的自信。人们面对新世界开始沉思，眼前的问题是前所未有的，原来的理论无法解决，需要从精神方面出发去找寻问题的钥匙。这时，教育的问题开始引起越来越多社会人士的关注。数量有限的公立学校，陈旧的设施和低水平的教师队伍等将公立教育推入到备受责难的困难境地。因此，教育改革成为社会改革的重要部分，如火如荼地展开。比如，1889年，简·亚当斯在芝加哥贫民窟首创赫尔社区，作为一个社会服务社提供幼儿园、少年之家和成人俱乐部，被称为"社会化教育"。正如杜威所意识到的美国社会生活正在经历根本的改变，必然也会对教育提出新的要求。

传统教育思想弊端的日益突显

"传统教育"是杜威在1899年《学校与社会》一书中首先提出，一般指基于赫尔巴特的教育理论形成的课堂教学制度、教学理论和教学方法。在《学校与社会·明日之学校》中，他明确指出旧式学校变革面临的三件事：第一，教材；第二，教师处理教材的方法；第三，学生掌握教材的方法。传统教育主要包括以班级授课制为主，系统地传授科学文化知识；根据各科的逻辑体系编写教材，对学生实行分科教学；通过以教师为中心开展教学，强调服从纪律和教师权威。简而言之，即所谓的"课堂、书本、教师"三中心。

杜威指出，传统的"智力"教育之所以陈旧，乃是因为教育忽略了社会的巨变，忽视了当时工业化、城市化的生活模式。首先，传统教育下学校同社会的真实情况隔离，孩子们被送往最缺乏经验的地方学习经验，结果发现不仅学校令人厌烦，连学习也是一件枯燥无味的事情。"儿童是带着健康的身体和有点不乐意的心理来到传统学校的，实际上他并没有将身心两者一起带来，他不得不把自己的心智弃之不用，因为他在学校里没办法运用它。"其次，儿童学习的课程也与他的现实生活脱节。"在学校里，学科的每一门都被归到某一类去，各种事实是从它们在经验中原来的地位割裂出来，并根据一些一般原则重新排列。把事物归类，并不是儿童经验的事情。"造成的结果是对儿童思维能力的扼杀以及对他们学习时间的浪费。值得注意的是，杜威本人并非"非此即彼"哲学的拥护者，他注意到赫尔巴特教育理论存在的问题，却并不是全盘否定赫尔巴特。他甚至说："问题并不是如何去掉他们，而是如何真正得到他们的价值，如何尽量去利用他们，使他们成为知识和道德生活的仆役。"

前人哲学思想的继承与发展

1877—1878年，美国资产阶级学者皮尔斯发表的两篇重要论文——《信仰的确定》(*The Fixation of Belief*)和《怎样使我们的观念清晰》(*How to Make our Ideas Clear*)被视

皮尔斯

为实用主义创始的标志。皮尔斯的思想主要基于以下两点：一是现实即人们信仰的东西；二是信仰即一切探索的最终目的。"存在就是有用"是皮尔斯思想的简单概括。1898年，哥伦比亚大学哲学、心理学和生理学教授詹姆斯发表了《哲学概念和实践效果》(*Philosophical Conception and Practical Effects*)的著名演讲，随后基于演讲于1907年完成《实用主义》(*Pragmatism*)一书，该书被评为美国实用主义哲学运动的经典之作。詹姆斯提出绝对唯心的"经验"理解，实用主义不是目的，而是方法、手段，即他总结为"有用就是真理"的观点。杜威深受皮尔斯和詹姆斯哲学观点影响，不过他的思想更具现实基础，符合美国特定的历史和多元民族形成的文化背景。他坚信哲学的作用或者说实际效果，必须在现实生活中产生和发展。哲学的最终目的是为社会进步服务。基于这种认识，他认为哲学只有与教育紧密结合起来才能发挥最大效用。如果说一切的最终目的就是为了社会进步，那么哲学是具体内容，教育才是实现手段。既然如此，教育哲学应该是发展的，不断更新的。杜威看到传统教育的弊端是通过灌输知识让学生"从听中学"，由此他提出进步学校需要以"做中学"为教学的基本原则。他认为进步学校的教学必须"以表现个性和培养个性，反对从上面的灌输；以自由活动反对外部纪律；以从经验中学习反对从教科书和教师学习；以获得为达到直接需要和目的的各种技能和技巧，反对以训练的方法获得那种孤立的技能和技巧；以尽量利用现实生活中的各种机会，反对为或多或少遥远的未来做准备；以熟悉变动中的世界，反对固定不变的目标和教材"。

实用主义经验论

实用主义"Pragmatism"一词来自希腊词"Pragma"（行动），产生于19世纪70年代，在20世纪的美国成为一种主流思潮。实用主义首先由皮尔斯（C.Peirce，1839—1914）提出，后由詹姆斯（W.James，1842—1910）予以发展，最后由杜威集其大成，并运用于教育，杜威的实用主义经验论是实用主义教育思想的理论基础。实用主义教育思想以实用主义经验论、民主主义和机能心理学为基础。

经验论内容

对"经验"一词的理解是理解杜威的实用主义教育思想的前提。在他看来，"经验"是指人主动的尝试行为和结果之间连续不断的联系和结合。行动可能引起某种结果，结果又反作用于尝试，这之间产生的连锁反应便是"经验"。从进化的角度看来，经验一直伴随着生物的演化，如有机体不断作用于环境，其作用产生环境的变化，该变化又反作用于有机体，促使有机体进一步生长。总之，这种有机体与环境之间的相互作用促成了经验的产生与发展。经验"既包括人们所做的、所遭遇的事情，人们所追求的、所爱的、所相信的、所忍受的事情，也包括人们怎样活动和接受活动，人们的行动和遭遇、意欲和享受、观察、信仰、想象的方式——总之，包括各种经验的过程"。也就是说，杜威的实用主义思想体系中，客观世界的感知与存在依赖于主观经验，没有人的主观经验，也就没有对客观世界的正确认识。

从"存在即被经验"的观点出发，杜威认为经验应包含两个因素，即主动的因素与被动的因素。前者就是人的尝试行为，后者是经验的结果。因此经验本身是一种既主动而又被动的事情。首先经验产生于人的大脑，却是人对物质世界观察、感受、思考的产物；其次，在经验的形成过程中，往往人的下一个行为与先前经历的结果相呼应。人们只有不断尝试——在好的结果中学习成功之处，坏的结果中吸取教训——才能不断地成长，这就是经验积累的过程；最后，在经验的运用上，也是对主观能力与客观条件的结合考量。总之，如果把主动的方面和被动的方面分割开，就会破坏经验意义的完整性。例如，一个儿童要认识手工玩具的制作和用途，他就要先学会手工制作一个玩具。这就是杜威所说的"从经验中学"。

杜威代表作《民主主义与教育》中专门论述了教育与经验的关系

在《民主主义与教育》的第十一章"经验和思维"中，杜威按照经验中思维的比例区分了两种不同类型的经验："试验性"经验和"反省性"经验。"试验性"的经验就是通过失败、试误，直到偶然碰上一件事成功了。不过"试验性"经验虽然有助于"发现某一行动和某一结果彼此关联的事实，但是没有发现他们是怎样联结的"。这就需要我们从更加全面、理性的角度去思考，排除那些不必要的尝试。"在发现我们的活动与所发生的结果之间的详细关联时，试验性的经验所包含的思维就显露出来。随着经验在数量上增加，经验的价值也成比例地提高，和以前很不相同。"质量的变化产生了经验存在的另一种形态——"反省性"经验。它在"试验性"经验基础上，通过"进行分析，以考察处在中间的东西，以便把原因和结果、活动和结果结合起来"。这时候，经验的质量就发生了变化，最终形成杜威所认为的"反省性"经验。

在杜威的《经验与教育》（*Experience and Education*）中，杜威提出经验的连续性原则与交互性原则。"经验的连续性意味着每一个经验既受到之前经验的影响，也会影响其后的经验的质量。"比如杜威认为儿童的道德、智力发展的生长过程体现出生长的连续性原则，而且这种连续性具有普遍有效性。但同时杜威也指出，虽然如此，教育者应该认识到哪些环境因素有助于哪种经验的形成，也就是杜威说的"客观条件与主观条件的相互作用"，这便是他提出的"交互原则"。任何经验都是内部条件和客观条件相互作用的结果，同时两者的相互或共同作用也构成了情境。杜威的经验交互作用原则提出的意义在于，他清楚地指出了儿童教育中经验的获得。每一个具体的情境下，产生经验的客观条件和内部条件这两种因素具有同等的影响地位。传统教育的弊端就在于，违背相互作用原则中主观条件具有与客观条件同等的地位。总之，经验的这两个原则互相交叉、互相联合，它们构成了经验的经度和纬度。

杜威在《民主主义与教育》的"保守的教育与进步的教育"一章中提出教育即改造。他指出"任何一个阶段的生活的主要任务，就是要使生活过的有助于丰富生活自身可以感觉到的意义"，"教育始终有一个当前的目的，只要一个活动具有教育作用，他就达到这个目的，即直接转变经验的性质"。由此，杜威提出教育就是经验的改造或改组。首先，经验的增长正是建立在教育的连续性与交互性原则之上的，通过活动获得更多的意义；其次，有意义的经验，又反过来指导、控制后来的活动，比如有的人在一些事件发生之前便可以做出较为精准的预判或估计。这一点也是具有教育意义的经验与其他活动，比如机械活动、肆意妄为之间的区别。机械活动仅是挟制了人，没有活动本身的目的，人们也没有对于这个活动有真正认识。肆意妄为，是因为不能适应环境而造成的任性的活动。因此，"经验作为一个主动的过程是占据时间的，它的后一段时间完成它的前一段时间；它把经验所包含的、一直未被察觉的联系显露出来"，"所有这种继续不断的经验或活动是有教育作用的，一切教育存在于这种经验之中"。

长期以来在教育目的的取向上，个人本位论和社会本位论一直是一个争论不休的话题。个人本位论主张，教育目的应该从教育对象的本性出发，充分发展受教育者个性，体现受教育者的个人价值；社会本位论则主张教育应该以社会需要为本，把教育对象培

杜威的教育思想对全世界都产生了重要影响，为纪念他的贡献，哥伦比亚大学塑有他
的半身像（笔者摄于2009年）

养成合格的公民，促进其社会化，保证社会生产、生活经验得以延续。实质上，个体与
社会从来都不是对立的，个体本位论和社会本位论不过是各有侧重地看待问题。正如杜
威在《我的教育信条》中所概括的，既没有纯粹的抽象社会，也没有脱离环境而存在的
个体。当前文中提到"经验的改造"时，似乎我们所做的是强调如何对学生个人经验进
行改造。然而更长远地来看，通过养成更好的习惯，青年人也许能够消除这个社会存在
的显著弊病。这个过程便是我们所期望的，个体与社会相互作用、相互融合、相互促进
的效果。要使得教育成为改造社会的工具，无疑还需要更多的努力，在社会方面我们还
需发挥教育的推动力，在个人方面也更需要关注个人发展。

　　因此，个体经验的每一次改组或改造，总是伴随着个体自身的成长和社会经验对个
体"浸润"程度的不断加深。那么，真正好的教育，既要促进教育对象个性化的发展，
也要通过教育促进个体社会化的发展。正是在个体经验的改组或改造中，逐渐实现了教
育的个体目的，也同时实现了教育的社会目的。

杜威所倡导的经验观，无论对于促进教育理论的深化认识，还是对于更好地指导教育实践，都具有深刻的现实意义。他对"经验"含义的改造是对个体日常生活经验的承认，教育正是在这个基础上进行的。杜威对"经验"含义的阐释给人们一种看待日常生活经验的哲学视野，帮助认识到经验中所蕴含的巨大教育价值以及实现这种价值的可能性。正是从这个意义上来看，经验为我们深化对教育的理论认识提供了一个坚实的基点，也促使人们认识到在日常生活的情境中，人的经验的发展是不断试误、不断反思、不断更新的结果。

杜威的实用主义经验论，从根本而言，教育的过程就是个体经验的不断改组和改造，个体和社会群体在这种改组和改造的过程中永远保持着向上生长之态势。用杜威的经验观来反思当前的教育现实，父母与教师们大多自恃"经验权威"，将个人认知结果、个人意志强加于孩子，孩子"被"教育、"被"学习、"被"成长，忽视了孩子在家庭生活、学校生活和社会生活中获取经验。真正的教育是让孩子在教学活动中通过自身的学习、探索去构建生活的经验，体悟生命的真谛。课堂教学和家庭教育所起到的作用是创造合适的环境，营造自由灵活的学习氛围。因此，教师和家长所扮演的角色是"引导者"而不是"指挥家"。

从做中学

杜威以"教育即生活""教育即生长""教育即经验的改造"为依据，对知与行的关系进行了论述，提出了举世闻名的"从做中学"理论。

什么是"从做中学"

由于相信一切真正的教育从经验中产生，一切学习都来自经验，杜威提出的"从做中学"也因此可以称为"从经验中学""从活动中学"。杜威的"从做中学"有以下内涵：

第一，符合儿童成长与发展特点。"做"在教育而言即为活动，要了解"从做中学"的内涵，首先要了解活动。杜威依据"儿童为中心""社会为中心""学校即社会""教育即生长"教育理论，提出以活动为学习方式。杜威指出："对活动的解释

杜威著作《明日之学校》系统阐述了"从做中学"思想

往往过于注重形式上的和内在固有的意义，因此，它仍旧是一个对实际没有影响的无结果的理想；有时它变成了空洞的词句，只在口头上受到尊崇。要使活动观念产生效果，我们对它的理解必须广阔到足以涵盖包括能力的生长在内的一切事情——特别是包括认清所做的事情的意义的能力。"这是因为机械性、习惯性的行动给儿童发展的空间有限。外部压力强加的行动必须排除，它们不但不能引导人朝向更高、更远、更广的领域行动，更是让儿童饱受压力与挫折。

杜威强调"从做中学"与儿童年龄阶段差异性相结合，参与的活动也因人而异。应该根据儿童的年龄阶段提出活动要求，安排活动内容以及多样的活动方式。"指望一个幼小儿童从事的活动像年龄较大的儿童所从事的活动那样复杂，或者指望年龄较大的儿童所从事的活动像成人所从事的活动那样复杂，这是可笑的。"只有当儿童要参与的活动在他能力范围之内，或是对他起激励作用、使他有所期待时，才是合适的活动。因此在引导活动方面必须避免"一刀切"，需在活动要求、活动内容、活动方式等细节处慎思。另外，工作是活动的复杂形式。工作"涉及一切活动，它包括使用中介的材料、用具以及各种有意识运用的为达目的所需的技巧。它涉及各种使用工具和材料去进行的表现和建造，一切形式的艺术活动和手工活动，只要这些体现了为达到目的，有意识或深思熟虑的努力"。与普通活动或者游戏相区别，工作进一步强调"中介材料、用具"与"理智"的结合。

那么，学校如何选择适合儿童的活动？在《杜威学校》的论述中提出三个标准：其一，活动应当满足基本需要。满足基本需要的吃、穿、住、行等这些真实存在而没有时间性的活动，它们的现实性可以直接激发儿童的兴趣和努力。其二，活动应当是简单的。比如较小的孩子并不理解抽象的发明，更提不起学习的兴趣，因此，活动的适度应体现为既能引起儿童的兴趣，又在儿童的能力范围之内。例如，一些小型的农庄提供的各种活动能够帮助儿童重新发现、重新发明和重新建造东西。其三，活动需要满足社会性。从《学校与社会·明日之学校》到《民主主义与教育》，杜威一直重视活动的社会性。"一个儿童如果没有经验到比较简单的生活舞台，就不能进入或了解现在的社会组织，正如他如果没有参与过各种比较简单的音乐的体裁就不能欣赏交响曲一样。"

如何实现"从做中学"？杜威认为教育者应该允许儿童有足够的自主权，并努力为儿童提供一个能够"从做中学"的环境。"与其说是通过专门设计来使课程更有活力和更具体，或者通过取消教科书以及师生间过去那种储水池和抽水机般的关系来达到的，不如说是通过给儿童一个充满了要做的有趣的事的环境来达到的。""有趣"与"好奇"与儿童的现实生活和现实需求密不可分，因为仅仅告诉孩子们"去做吧"，纵使有许多精密的仪器，孩子也无从学习，又或者他们仅仅从事那些机械的、重复的活动，其理智与能力却不能提升。因此杜威告诫人们，在"从做中学"时，儿童"仅仅是去做，不管怎样生动，都是不够的。一个活动或设计当然一定是在学生的经验范围内，并且同他们的需要相联系——这绝不等于他们能够有意识地表现出的任何喜爱和愿望"。

一个良好的设计有两个标准：首先，活动的设计需要足够充分与复杂。因为每位儿童都有自身的性格与爱好，也有自身独特的认知方式，只有活动设计足够充分与复杂时，才能满足不同学生的个性化需求，允许儿童自由地去行动，做出自己的贡献。其次，活动需要有足够长的时间幅度。持续的、连贯的活动能将所有的努力与探索都联系起来，每一步都开辟新的方面，引发新的问题与对知识的需求，允许儿童应用过去所得来探索未知。

值得注意的是，根据"从做中学"的原理，在实施"从做中学"的过程中，教育者应该避免两种倾向。首先，避免出于所谓功利或外部的原因驱使儿童活动；其次，避免无目的的活动。比如，为防止儿童懒散淘气，有些教育者布置"无目的"的作业或练习好让学生有事可干。这样的倾向都值得警惕。

第二，"从做中学"满足儿童的本能。杜威认为，儿童身上充满生机，蕴藏着巨大潜能和冲动，生来就有一种要做事、要工作的欲望。他强调说："现代心理学已经指明了这样一个事实，即人的固有的本能是他学习的工具。一切本能都是通过身体表现出来的。所以抑制躯体活动的教育，就是抑制本能，因而也就是妨碍了自然的学习方法。"学习、活动的本能是教育活动的基础。在发展的过程中，杜威否定"原罪论"，反对任何企图压制学习、活动本能的教育，重视儿童的主动性。因此，针对儿童想要工作的本能，教育者应当扮演好引导者的角色。从杜威的表述中可以看出，倘若教育者能真正选择出那些具有教育意义、引发孩子兴趣的活动，也许传统的学习方式会发生一场"哥白

SIUC Morris Library Special Collections Research Center · All Rights Reserved

墨西哥一所学校，学生们正在学习烤面包，"从做中学"思想在这一时期被广泛实践

图片来源：John Dewey Papers, SCRC General （Southern Illinois University Carbondale）

尼式"的变革。但是，这种生长点一旦被教育者忽视了，极佳的教育机会转瞬即逝，这里无须再强调一次关键期理论的启发性。

第三，以"兴趣"为学习导向。通过"从做中学"发现儿童的兴趣所在，培养儿童真正的兴趣。最初，儿童的好奇心驱使他们对眼前的玩具或游戏都感兴趣，看到新奇的事物一定要去看、去触摸、去询问。杜威认为最为重要的知识是获得做事或活动的能力。这种能力是从"做中学"获得的，并将一切精力和情感投入这项感兴趣的活动之中。儿童真正需要的就是了解自己怎样去做，怎样去探究。在"教育中的兴趣与努力"一章中，杜威强调说："当儿童连续不断地从事任何一种不受压抑的活动时，当他们在忙碌时，他们几乎总是幸福的、高兴的，成人也是这样。一个行动过程的日益增长的生长所带来的情绪上的伴随物，开展和成就的继续不断的迅速发展，这就是幸福——精神的满足或宁静，如果强调一下，它就叫作乐趣、快乐。"对比传统教学中仅仅通过书本、教师，让儿童学习抽象的客观事实和科学定律的做法，"从做中学"的方法基于学生兴趣，通过操作与运用直接材料，以及对知识的实际运用，学生获得比"事实"更加重要的能力，勇于尝试而学习到的东西才真正令人印象深刻。

　　"从做中学"促使儿童全身心投入自己感兴趣的活动，并从中学习。在这个过程中儿童发现问题、探索问题、解决问题，其创造性思维得以培养。这一过程不仅让儿童牢固地掌握、运用了知识和技能，也成为一种特别的成长体验。杜威指出："学与做相结合的教育将会取代传授他人学问的被动的教育。后者再怎么好，也不过是适应封建社会的，在那种社会里大多数人必须永远温顺地服从长官的权威。在这样的基础上建立起来的教育，是与一个以创造和独立为原则以及每一个公民都应当投身于共同利益的事务之中的民主社会不协调的。"从中可以看出，在儿童成长中教育方式的关键作用。教育的目的不仅是在传统文化知识"代代相传"的层面，更在于培养创新型人才，培养独立的人格。对儿童而言，他们更渴望自由，不愿受拘束，渴望亲身实践，运用自己的能力创造独特的成就。当他们受到空间和时间限制，或者在外加压力下被迫学习或活动时，注意力自然很难保持。我们的教育方式不能压抑孩子的天性，迫使他们每日静坐学习，相反要使得儿童在学习生活中保持愉快的心境和轻松的学习状态，孩子们自然能燃起学习兴趣；要以儿童身心发展、兴趣和关注点为考量，判断他们成长到了什么阶段、在什么时候参与什么活动能兴致高涨、积极主动地学习和活动。

　　第四，"知"与"行"的统一。在学校教育中，杜威把"知"与"行"统一起来，人们在环境中从事各种活动，从而获取活动的结果，造成环境的变化，而这种行动所造成环境的变化反过来继续影响我们自身发生更多变化。当这样的变动是一种向深度、广度和高度发展时，才真正具有价值。我们可以说，杜威做到了理论与实践相结合，知识与行动相统一。传统教学以"静听"与"灌输"为主要教学方式，杜威生动地使用了"喂鸭子"的比喻说明传统教学方法中学生的被动角色。因为被动，所学知识对学生而言无趣又煎熬。杜威强调知识来源于经验，其中知行不能分，经验是主体与客体相互作用的结果。

　　杜威的"从做中学"理论在19世纪末和20世纪初的欧美中小学中风行一时。他大胆创新，突破了传统教育见知不见行的做法。通过"从做中学"等理论，建立了学生在学习中的主体地位，推动了教学内容和方法里程碑式的改革浪潮。对于杜威"从做中学"的主张，许多学者也提出了不同的看法。例如，美国哲学家和教育家胡克（Sydney Hook）在《杜威全集·中期著作》（*Collected Works of John Dewey*，*The Middle*）第8卷的"导言"中曾这样指出："当杜威强调从做中学的重要性时，它总是与观念的检验或实施一个计划或设计，或寻求一种方式去做某些必需的事情来完成一种作业联系起来。"质疑"从做中学"的学者认为"从做中学"使学生将大量时间花在琐碎无意义的事情上面，浪费了学生的时间。"从做中学"实际上受儿童的经验所限，儿童能够获得的理论知识与科学知识很少。值得注意的是，杜威对现代教育理论的建立并不意味着他完全否认学习"间接经验"、传统教育的价值，相反他希望在两者中寻找一个合理的平衡点。

"从做中学"思想的意义

从做中学，在遵循儿童身心发展规律的基础上，将教育与生活、学校与社会紧密联系，扩充了学习内容，丰富了学习生活，促进了儿童整体发展。

首先，"从做中学"强调教育建立在儿童自然发展规律的基础之上。杜威对儿童主体的关怀和强调始终贯穿在他的教育思想之中。他对儿童自然发展规律的认识，不仅仅来自求学过程中对于心理学的认识与探索，也来自他的办学实践以及对自己孩子成长的观察记录，他将三者结合进行了思考和著述。如杜威在《学校与社会·明日之学校》

一节缝纫课堂，学生们围绕原料展开讨论

图片来源：John Dewey Papers, SCRC General（Southern Illinois University Carbondale）

"教育即自然发展"一章中写道:"如果教育就是各种自然倾向和能力的正常生长,那么注意在生长过程中每天所进行的特殊形式,是保证成年生活的种种成就的唯一方法。人的成长是各种能力逐渐生长的结果。"并在《民主主义与教育》中写道:"人们最初的知识和最牢固地保持的知识,是关于怎么做的知识,例如怎样走路、谈话、读书等,应该认识到自然的发展进程总是从包含着从做中学的那些情境。"因此,"从做中学"须遵循儿童自然发展规律,依照儿童身心发展的特点,把握儿童成长的阶段特征。

其次,"从做中学"将有助于教育与生活、学校与社会之间的密切联系。它指出要充分尊重儿童与生俱来的主观能动性,在活动中充分激发儿童的想象力和创造力,促使他们在活动中获取知识。这一过程不仅是儿童学习的过程,也是他们逐步对生活了解以及感兴趣的过程。"从做中学"的教育方式让儿童在活动中接受教育,并在活动中学会生活,显然这极大地促进了生活与教育的联系,促进儿童在学校与社会之间习得经验的转化。

再次,"从做中学"丰富了学习活动,扩充了教材内容。杜威本人不仅反对传统"静听"的学习方式,更进一步提倡以"从做中学"代替"从听中学"。他认为,这样的改变必然会促使学校课堂及教材发生变化,从而使学校的整个精神得到新生。他相信,新教学方式的成功实施将大大提高教学的效果。因为,"从做中学"始终要根植于儿童经验之中,没有一个儿童不是带着自身独特的经验走进学校的。而儿童如何获得这种知识,这个问题为学校思考采用何种教育方法提供了线索。比如,在学习骑自行车时,老师可以反复教导自行车的构造、前进的原理,但儿童始终没有真正练习,最后依然不会骑车。这个例子也说明了知识只有在实践过程中真正地融入生活,才能掌握并加以巩固。

最后,"从做中学"促进儿童整体发展。"从做中学"的作用,体现在身体与心灵的统一、智力与道德的合一,形成一个整体。从身体与心灵上来说,"从做中学"促使儿童活动协调。杜威解释:"人们还不知道,感觉器官知识刺激到运动反应的小道,不知道只有经过这些运动反应,特别是经过考虑感觉刺激与运动反应的相互适应,知识的成长才会出现。"因此,"从做中学"通过对儿童感觉器官、神经系统等协调促进儿童的发展成长。同时,心理方面的发展需求与儿童的身体方面同样迫切。杜威指出:"儿童的个别活动如同身体的发展和精神的发展必须同步前进一样。他的身体活动和心智的觉醒是相互依存的。"因此,杜威认为"做中学"正是同时满足身体与精神意义的过程。从智力与道德上来说，他强调指出："一切教育都能塑造智力的和道德的品质，但是这种塑造工作在于选择和调节青年天赋的活动，使它们能利用社会环境的教材。而且，这种塑造工作不只是先天活动的塑造，而是要通过活动来塑造。"

单中惠等国内学者认为，杜威主张的"从做中学"，是从批判传统学校教育采用的"从听中学"出发，强调了知与行、学与做的关系，尤其是提出学校教育应考虑如何做的观点，确实击中了传统学校教育中存在的一个要害问题。基于"从做中学"的积极因素，教师可以在教学过程中适当采用"从做中学"的教学方法，以此来推进教学改革，发展儿童能力。还有 些学者认为，杜威的教育思想在处理经验和科学理论这两者的关系上存在着一定的局限性。杜威教育思想形成时期，经验技术在推动经济发展方面发挥着主导作用，而现在我们更重视科学技术的作用。因此，结合时代背景来理解为什么杜威强调经验的作用而忽视科学理论的作用也就不那么困难了。不得不指出的是，杜威对经验与理论的看法也存在一定的片面性，一方面是杜威看到了理论脱离实际这一问题，得出"一盎司经验胜过一吨理论"的结论，却忽视了在现实生活中的理论应用于实际的巨大作用；另一方面，"从做中学"所强调的"做"主要着眼于儿童通过亲自动手参与的工作和活动，并从工作和活动中使儿童的兴趣和需要得以满足，从而使个人经验得以改组和改造。但是，这种个人化的经验不同于理论知识，难以系统化和推广。

无论如何，杜威"从做中学"教育思想影响非常大，以至于20世纪初期的美国出现了一批以此为办学原理的实验学校。这是符合时代特征的，是不同于传统的新时代产物。在杜威领导的芝加哥大学实验学校中，教师们采取的是"从做中学"的教学方式。在实验学校里，教师和学生共同践行着"从做中学"。在这一教学观的指导下，儿童从事着他们感兴趣并有意义的活动，并在活动中不断地丰富自己的经验，进而获得了身心的全面发展。

杜威的实用主义思想对东西方教育都具有深远的影响，我国也是深受其思想影响的国家之一，如何将杜威教育思想结合我国当前基本情况加以合理运用，值得深思。

首先，不能忽视过去与现在教育背景的差异。在过去，获取知识的方式往往局限于师生间面对面的口传心授，而且往往由于教师人手不足以及班级授课制本身的局限，限制了学生与教师之间的沟通交流。在这样的背景下，杜威提出"从做中学"强调学生自身经验的获得与建构的确是独树一帜，希望借学生主动学习的方式克服班级授课制中的局限，并突出教师的引导作用，进一步发挥班级授课制的优势。如今，人类的进步往往

孩子们在鸡窝里学习养禽，教育与生活是统一的
图片来源：John Dewey Papers, SCRC General（Southern Illinois University Carbondale）

伴随着科技的更迭，高速的科技发展让人们的生活方式与以前相比已经有了巨大的差异，生活方式的这些变化带来的必将是教育领域各方面的改革，如教育理念的改进与丰富、教学内容的更新与发展、教学方式的更新与优化、学习内容的综合与扩充等。按照杜威"从做中学"与儿童中心的思想，我们的确有更大的空间和更智能的技术支持儿童经验的获得。此时已经与杜威提出"从做中学"教育思想的背景不同，当我们再次发出"从做中学"的呼喊时，我们要求孩子做什么？毫无疑问，实践是为当下生活服务的，孩子所做应该围绕现实生活，而不能照搬杜威的实践模式。比如，杜威当时认为城市的孩子需要学习一些农业知识以了解人类的文明进步，我们不否认这一过程价值，但现在我们则要求孩子们理解现代务农方式产生的利弊，并进行农业可持续发展的思考。

其次，辩证认识和正确处理理论知识与实践活动在整个教育过程中的关系。"从做中学"重点强调的是从实践中学到知识。我国出现了很多新的学习形式，如研究性学习、综合活动课程等，这些都突出"从做中学"的重要性，这也说明杜威的这一理论适应了当今时代发展的要求。同时，我们仍然要注重课堂教学过程、学生与教师的交流和讨论对学生理论知识体系的建构和巩固有着重要作用。学校教育的特殊性也正是在这样一种由学生、教师、教育活动构成的教育形式中存在，如何从课本中学习和巩固理论基础知识，如何将其演化成自身的经验和理论体系，如何在今后的生活中更好地运用于实践，这需要我们在教育过程中辩证处理理论与实践、知与行的关系。

那么，结合我国学校教育的具体情况，"从做中学"在我国教育改革中具有重要的指导作用。尤其是当前基础教育正经历由"应试教育"到"素质教育"的变革，在这一过程中，杜威的"从做中学"理论有着重要的借鉴意义。

第一，"从做中学"促使学校教育重新审视学习者的角色。传统学校教育习惯性或是无意识地把学习者看作一张白纸或者知识灌输的对象，"填鸭式"的教学方式使得学生被动接受老师传授的书本知识，死记书本知识，在老师和家长的要求下被动学习。事实上，教育的目的是促进人的生长和发展，必须注意到学生是有着自我思想和个性化经验背景的独特个体。杜威的"从做中学"恰恰注意到了学生在学习生活中的主体地位，让学生从自身的活动中进行学习、获得知识、实现发展，把学生从被动接受的桎梏中解放出来，成为自主学习的主体。

第二，"从做中学"促使新型师生关系的形成。长期以来，我国学校教育中的教师更重视"传道、授业"，把学生当作被动的知识接受者，教师自然担当起了"知识权威"的角色，成为教育中的主体，此时教师与学生是主动与被动的关系。而杜威的"从做中学"理论让学生成为"做"的主体，教师在很大程度上成为"引导者"，与学生建立起平等的关系。在"从做中学"这一原则的影响下，一种不同于传统"师尊生卑"的新型民主师生关系逐渐形成。这种新型的师生关系在当前时代背景下正散发着它独特的魅力。在这种师生关系中学生能够更加积极地参与学习活动，根据自身情况培养兴趣，养成求真和创新的思维品质。同时，我们还需注意到这种良好师生关系的确立有赖于教师自身的专业知识、专业技能、专业素养和自身的品格魅力。教育者要从学生出发，考虑学生的年龄特征、心理和生理特点，全面、客观、深入地了解学生，在此基础上因材施教，开展针对性教学，充分尊重学生的意见和看法，肯定学生的正确建议，实时掌握学生的思想实际。

第三，"从做中学"促使教学方法和评价方法的变革。在教学方法上，传统的学校教育主要以教师的讲授为中心，学生从听中学。这一教学方法明显的弊端是抹杀了学生学习的主体性和积极性。杜威的"从做中学"教学理论促使教师重新审视自身的教学方法，改变传统的让学生"从听中学"，转而注重学生的"从做中学"，促使学生能够主动学习与积极探索；在评价方法上，传统的评价方式是终结性评价，即主要根据学生最后的考试分数来评价学生。在"从做中学"教育思想的影响下，终结性评价逐渐向形成性评价转化，即更加注重学生个体的不断发展。

"从做中学"教育理论自从传播到中国以来，在教育界产生了不小的轰动。"以学生为本的教学理念，多学科教学，在教材编写上更多考虑儿童的年龄特征、生理特点和心理特点，多样化的学习途径"等是"从做中学"教育理念带给中国的启示。

教育即生活

人类社会产生之初，为了生存需要，教育的目的是传递生产与生活经验，此时教育与生活密切融合。然而随着人类社会的进步，教育日益从生产生活中分离，成为具有专门教育场所以及专职人员的专业活动。之后教育脱离生活的趋势愈演愈烈，体现在各阶段的教育活动中，学校成为封闭的"象牙塔"。

19世纪末到20世纪初的美国学校教育不仅远离社会现实生活，而且脱离儿童的生长特点和实际需求，教学内容僵化、组织形式单一，致使儿童不得不忍受枯燥的教育，而非主动学习，成为儿童未来步入社会的障碍。杜威认为："我们的社会生活正在经历着一个彻底的和根本的变化。如果我们的教育对于社会生活必须具有任何意义的话，那么它就必须经历一个相应的完全的变革。"当时的美国社会处于自由资本主义衰落、垄断资本主义兴起的骤变时期，社会的变革也要求对不适应新形势的传统教育进行改造。杜威正是基于这样的社会现实，敏锐察觉到教育发展的问题所在，解决这一问题不仅仅是人自身发展的需求，更是直接关系到社会的持续发展，因而要通过教育进行民主社会改造。杜威的"教育即生活"这一观点就是在这样的背景下提出的。杜威对教育与生活辩证关系的思考，"教育即生活"思想提出的基础，一是人类生活需要教育，二是教育基于现实生活。

人类生活需要教育

杜威从生物的角度将"生活"分为低等生物的生活和高等生物的生活两类。低等生物的生活主要是在与环境互动之中的自我更新，"生活的延续就是环境对生活需要的不断适应"，也就是通过刺激—感应的方式更好地适应周围的环境并继续生存。高等生物的生活不仅包含低等生物的环境适应性，还包括了"习惯、制度、信仰、胜利和失败、休闲和工作"。高等生物的生活目的不仅是为了个体的生存，更在于整个群体的延续。在杜威看来，"社会群体每一个成员的生和死的这些基本的不可避免的事实，决定教育的必要性，一方面，存在群体的新生成员——集体未来的唯一代表——的不成熟与掌握群体的知识和习惯的成年成员的成熟之间的对比；另一方面这些未成熟的成年成员有必要不仅在形体方面保存足够的数量，而且要教给他们成年成员兴趣、目的、知识、技能和实践，否则群体就将停止他特有的生活"。教育的职能就是延续社会生命，在不断充实人类经验的过程中，促使人类更好地适应生活和社会，既维系和发展了社会生活，也促进了作为个体人的成长。由于改造经验必须与生活密切结合，因此杜威简明扼要地提出了"教育即生活"。

教育必须基于当下的现实生活

杜威进一步强调教育要基于当下的现实生活。首先，杜威对赫伯特·斯宾塞（Herbert Spencer）的"教育预备说"进行了批判。斯宾塞在《什么知识最有价值》（*What Knowledge is of Most Worth*）中说道："为我们的完美生活做好准备，乃是教育所应完成的功能：一种教育课程是否合理的判断，就要看这种功能的完成程度如何。"斯宾塞指出，教育如果仅面对当下，不考虑未来生活，便是过于短视。为此，他提出"为完满的生活做准备"的教育目的，并包含五种活动，即直接保全自己的活动、间接保全自己的活动、抚养与教育子女所需的活动、维持社会与政治关系有关的活动，以及满足闲暇爱好和情感的活动。为满足以上活动，斯宾塞提出最有价值的知识便是"科学知识"，而杜威认为教育就是生活。

首先，他批评"教育预备说"忽视了儿童生活的最重要内容——现实生活。"教育预备说"的核心观点——为了未来某种可能，儿童必须忍受未知、枯燥、乏味的学习，杜威认为这种观念忽视了孩子作为学习中心者的角色，将成人的生活、观念强加给他们，违背了儿童成长规律，缺乏对儿童真正的关注。"教育预备说"会导致诸如"为某件事情做准备，如果不知道预备什么，也不知道为什么要预备，这是抛弃已有的力量，而在模糊的机会中寻找动力"之类的不良后果。可以理解的是，儿童之所以会变得拖拉、失去对于学习的热情，是因为他们既不明晰未来的模样，也不理解为什么要为未来做准备、准备哪些内容、如何去准备。

墨西哥的老师和孩子们正在院子里劳动
图片来源：John Dewey Papers, SCRC General（Southern Illinois University Carbondale）

其次，以成人生活世界为统一的标准来衡量儿童，忽视了儿童的个体差异，每个儿童的未来都带有不可确定性和未知性，不论家长还是教师都不知道儿童长大后会是什么样子。成人以自身世界的统一标准来要求和衡量儿童，不符合儿童的差异性原则，也不符合儿童主体性原则。既然如此，教育又怎么为未来完满的生活做准备呢？杜威强调教育必须基于现实的生活，尽管承认了教育需要面向未来，但批判了斯宾塞的教育预备说。他认为"把教育看作为将来做预备，错误不在强调为未来的需要做预备，而在把预备将来作为现在努力的主要动力。为不断发生的生活做预备的需要是巨大的"，即教育是生活的过程，而不是将来生活的准备。

教育即生长、教育即经验的改组改造

从纵向的人类"生长"和横向的经验"改造"两个维度，杜威诠释了"教育即生活"的理念。纵向而言，"教育即生活"就是"教育即生长"。杜威认为应该尊重每

站在鸟笼前的墨西哥孩子正在进行观察

图片来源：John Dewey Papers, SCRC General（Southern Illinois University Carbondale）

个儿童与生俱来的天性和能力，使其自然而然地发展，不应该简单地把儿童当作某种容器，把外在的东西灌输进去，而忽略了天性和能力发展与外在经验两者之间的内在关联。传统教育的问题在于一刀切、过于功利化，教育应该顺应人的天性，丰富发展人的才能，外在的信息只是促进这些天性与才能发展的工具，它们需要被儿童接受并内化到已有的经验结构中。因此，对于杜威而言，生长就是教育的目的。从横向来看，"教育即生活"也就是"教育即经验的改组与改造"。杜威非常重视儿童经验的作用，从杜威的经验论中可见一斑。他认为经验源于个体与环境相互作用的过程，由于环境与社会处在不断变化中，为了适应变化，人们也需要不断改组、改造经验以求生存。杜威非常重视儿童的直接经验，因为经验是儿童感知世界的方式，教育要通过各种活动，丰富整合儿童经验，使得儿童在以后的活动中能更加容易地获取和理解经验。

杜威"教育即生活"的思想在说明教育本质的同时也突出了教育的目的，有其进步意义，但也存在一定的局限性。

首先，杜威"教育即生活"的思想是为美国社会稳固发展服务的，是针对美国当时社会背景下提出来的。19世纪末由于工业革命的推进，现代化的生产技术对生产者提出了更高的文化要求。美国颁布了普及初等教育的法律，一方面使得资产阶级获得了丰厚的利润，另一方面又使得广大劳动群众逐渐走出愚昧无知的境地。怎样同时保证普及初等教育所带来的利益和统治阶层安全感成为要解决的问题。"教育即生活"实际上是要培养学生具有适应当时美国社会生活的能力。

其次，"教育即生活"存有不明确的地方，如教育与生活的界线在哪里、教育如何回归生活、回归到什么程度的阐述都不明确，很难把握其中的"度"。教育自始至终就

正在沙堆里嬉戏的中国儿童
图片来源：John Dewey Papers, SCRC General（Southern Illinois University Carbondale）

是出于生活世界中的，只不过教育是一种特殊的生活世界，因此，问题的关键不在于是否回归到生活世界，而是要建构基于生活世界的独特教育生活。

杜威的"教育即生活"思想虽然有一定的局限，但瑕不掩瑜，杜威提到的教育脱离生活问题，不仅仅存在于19世纪末20世纪初，即使是21世纪的今天，这个问题也没有得到很好的解决。在美国、中国、日本乃至其他各国，现代教育界许多一线教师、教育研究者、教育政策决定者仍然在不懈地探索适宜的教育方式。

学校即社会

什么是学校

杜威在《我的教育信条》中论述什么是学校时指出："学校主要是一种社会组织。教育既然是一种社会过程，学校便是社会生活的一种形式。"由此得出有关学校的本质——"学校即社会"。杜威提倡学校应该反映社会生活："使得每个学校都成为一种雏形的社会生活，以反映大社会生活的各种类型的作业进行活动，并充满着艺术、历史和科学精神。"他认为这样做的益处是"当学校能在这样一个小社会里引导和训练儿童成为社会的成员,用服务的精神熏陶他,并授予有效的自我指导的工具,我们将有一个有价值的、可爱的、和谐的大社会的最深切且最好的保证"。

杜威认为学校是社会的一部分是前提条件,学校应该打破与社会的隔离,成为社会的缩影,让学生身处学校而不受空间的约束,能清楚地了解当前社会对他们所应具备的知识和技能的要求。一方面,学生能够通过直接经验的获取,得到必要的知识与生存技能;另一方面,学校更好地为社会培养人才,维护社会的稳定与发展。现实的学校教育不仅脱离社会生活,而且脱离学生已有经验,学生们机械地学习,走出学校后难以适应社会。因此,杜威认为理想的学校与社会间是没有藩篱的,社会的生产与生活经验得以自由传递。根据这种理念,杜威系统地阐述了他的学校观。

学校是一种特殊的社会环境

杜威提出"学校即社会",这里所说的"社会"并非简单意义上的成人社会。杜威指出学校是一种特殊的社会环境,是一种经过简化、纯化、平衡化的社会。社会的复杂性不言而喻,涵盖的关系复杂,受各种规范约束,并非所有的内容都有利于儿童的身心发展。同时,由于儿童并未亲身经历复杂的社会活动,缺乏相关经验,因此这些活动很难为儿童所理解,并从中受益。为了实现学校的社会意义,学校作为专门的教育机构应该为儿童提供一个简化的环境,让儿童生活在这种环境中,在教育目的的指导下,接受积极的社会因素,不断扩充已有经验并形成新的经验。

社会生活需要的知识与技能如此繁多,学校教育应该如何取舍

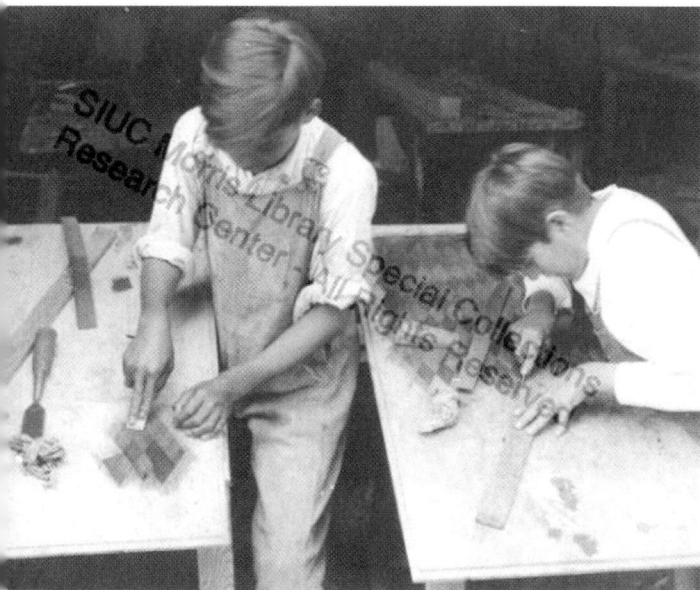

正在做木工活的孩子
图片来源:John Dewey Papers, SCRC General(Southern Illinois University Carbondale)

呢？杜威认为学校应该选择那些优秀的社会文化，并将这些文化加以整合，以儿童能够理解与感悟的方式进行传授。因此，学校不仅仅是社会与人类文化的保存者、传承者，还是关键的筛选者、改造者，通过对社会文化删繁就简、去粗取精，把引导未来社会的内容进行整合，帮助儿童更好地参与社会生活。学校不应该延续过去的隔离之态，应该成为一种小型的雏形社会。总之，"学校即社会"的目的是促使学校社会化，让学生充分理解并参与社会生活。

杜威理想的学校

杜威重视社会和个人的联系，社会需要个人，同时服务于个人，而"教育是达到分享社会意识的过程中的一种调节作用，而以这种社会意识为基础的个人活动的适应是社会改造的唯一可靠的方法"。从《我的教育信条》开始杜威就把学校教育目的概括为社会方面和个人方面两部分。在社会方面，杜威认为教育更深层次的目的是促进民主。在他看来，"民主主义不仅是一种政府的形式；它首先是一种联合生活的方式，是一种共同交流经验的方式"。根据杜威"学校即社会"的理论，学校的教育应该有社会意义，关注"社会生活"的过程，最好的办法就是让孩子去体验人类的文明活动。所以杜威坚持运用教育，学校作为实现民主主义的摇篮，学校是社会进步和改革的最基本和最有效的工具。同时，由于杜威认为学校应该是简化、纯化、平衡化的社会，对社会中纷繁复杂的规则体验再现时，选择必须遵循一定的标准，这个标准便是民主。因此，杜威重视培养学生的知识能力，更重视民主的态

《杜威学校》英文版封面

墨西哥的学生在老师的指导下在室外学习绘画
图片来源：John Dewey Papers, SCRC General
（Southern Illinois University Carbondale）

度的培养，也就是有对不同的价值观念进行评判和选择的能力，换句话说就是社会的民主化进程。

杜威"学校即社会"意味着学校具有社会生活的含义，学校应该突破本身的围墙，校内学习应该与校外学习连接起来，两者相互积极影响。他在《教育学院的重要性》中说道："让我提醒大家，一个学校有它自己的团体生活，无论怎样，它本身是个真正的社会组织——一个社会。""学校为了充分发挥它们的效率，要有更多联合活动的机会，使受教育者参与这些活动，使他们对于自己的力量以及所使用的材料和工具，都有社会的意义。"

对传统学校的改造

综合上述杜威对"什么是学校""学校是一种特殊的社会环境""理想的学校"的表达，不难总结，杜威认为真正的学校应该既能满足个人需要，又合乎社会发展的需要，两者缺一不可。为了改变当时传统学校盛行儿童静听学习的局面，就必须要对其进行改造。学校应该与社会相联系，充分发展学生的"社会性"，同时也必须对其所反映的社会规则进行选择、净化、平衡。为了达到这个目的，学校应将抽象、符号的知识与学生具体、实际的生活相联系，并将灌输、静听的教学方式转变为注重学生活动开展和经验获得的教学方式。

新的工业革命时代，社会结构发生了巨大的变化。传统的"3R"（读、写、算）技能远不能满足新时代要求、职业需求与专业要求，这对儿童适应现代社会提出了更高的挑战。所以，如果教育是一种社会生活过程，学校理应成为社会生活的一种形式。杜威指出了当时学校的弊端："现代教育把学校当作一个传授某些知识、学习某些课业或养成某些习惯的场所。这些东西的价值被认为多半要取决于遥远的将来；儿童所以必须做这些事情，是为了他将来要做别的事情，而这些事情只是预备而已。结果是，它们并不成为儿童的生活经验的一部分，因而并不真正具有教育作用。"

要改变这种情况，必然要对传统学校进行改造。为了鼓励儿童参与实践活动，让课堂与儿童生活真正关联，杜威从教师、学生、课程等方面具体阐述了学校改造的内容。

改革传统学校，首先要将"教师中心"改为"学生中心"。用杜威的话讲就是"儿童变成了太阳"。改革中师生的角色得到了重塑，学生从沉默的静听者变为积极的发言者，从被动的知识接受者变为主动的知识探究者，从孤立的学习者变为群策群力的合作者。有人质疑，在这样的改革下，学生成为课堂的中心，老师的职责又是什么呢？此时的教师由权威者变为主导者，通过安排适当的学习情境给予适宜的刺激，引起学生学习兴趣。学生在教师及学校提供的学习环境中，作为学习的主体，在老师的引导下，主动发现问题、分析问题、研究问

传统课堂教学中的师生
图片来源：John Dewey Papers, SCRC General （Southern Illinois University Carbondale）

1900—1910年间美国学校教室里的状况，所有的桌子都是彼此连接固定在地板上的，墙壁几乎都是光秃秃的
图片来源：http://hstry.co/timelines/

传统课堂中正在上课的老师和学生
图片来源：John Dewey Papers, SCRC General （Southern Illinois University Carbondale）

杜威实验学校小学的地理课，每个学生都有一个自己使用的小沙盘；墙上布满了信息、图表和地图

题、解决问题。学生通过自主学习，在获得亲身体验的基础上，对已有的经验进行改造。

其次，相较于"学科课程"，杜威更加主张"活动课程"。他认为在课程教学中，不仅要关注知识的逻辑性，更要注重知识内容与学生生活的关联。学科课程即分科课程，是一种以学科为中心编定的课程，根据知识的门类和知识的内在逻辑体系分科教学，主要遵循的是赫尔巴特的传统教学方法。而活动课程则不同。活动课程又称经验课程、儿童中心课程，主张以儿童的兴趣和动机来组织课程，重视经验对学习的影响。杜威看到了传统学校中奉行学科课程的弊端，即过分重视知识的系统性和逻辑性，忽视了儿童的经验与心理发展以及儿童已有的经验对学习的影响。在杜威看来，传统的学科课程削弱了教材的优点以及儿童学习的积极性。具体而言，学科课程中的教材成为形式和符号的堆积，割裂了与儿童经验的联系，难以调动儿童学习的积极性，进而影响了儿童学习效率的提高。因此，杜威主张开展"活动课程"，在课程中注重儿童的需要、兴趣与能力，关注儿童的生活与经验，强调课程与社会的联系。例如，杜威在实验学校中的课程就是以"作业"形式开展的，包括游戏、竞技、纺纱、木工等，通过这种方式关照儿童的乐趣与经验。

最后，杜威主张以"从做中学"代替"静听"的教学方式。"静听"这一传统教学方法非常明显的弊端是教师居于学习的绝对领导地位，学生被动吸收知识，忽视了学生解决问题能力的培养。杜威看到了"静听"教学法的诸多弊端，认为"静听"的方式必须改为"从做中学"。

SIUC Morris Library Special Collection Research Center All Rights Reserved

正在做项目的学生
图片来源：John Dewey Papers, SCRC General （Southern Illinois University Carbondale）

"从做中学"教学方式以杜威的"经验论"为基础，认为学生的学习必须与其经验相联系，学生要在实践中获得知识，且学生在积极主动的实践中学得的知识最多。教学活动采用"从做中学"的方式，让儿童通过活动中的"做"的过程，获得经验的增长，从而学习到更多的知识。

I believe that education is the fundamental method of social progress and reform.

John Dewey, 1897

杜威教育名言："我认为教育是社会进步与改革的基本方式。"

"学校即社会"思想的影响

作为现代教育思想的代表，杜威将学校教育从广泛的教育中分离出来，并进行了专门研究，认为"学校即社会"，即学校是雏形的社会，学生通过参与学校生活中的各种活动可以获得相应的社会生活经验。这一教育理念切合了当时社会发展与文明进步的时代诉求，因而风靡一时。在传统教育中，学校教育与社会生活是分离的，学生在学校中的所学并不能应用到社会生活中，使得学生毕业后在参与社会实践方面非常困难。而在杜威的"学校即社会"中，学校教育、社会生活、家庭生活都是紧密相连的，儿童在参与学校活动的同时大大增长了其参与社会现实生活的能力，解决了儿童学校与社会生活分离的困惑。因此，人们以教育改革的"指路标"和"方向标"等来比喻杜威的学校教育理论，足以见其教育思想的重要性乃至对世界学校教育的深刻影响。

可以说，杜威"学校即社会"的思想，适应当时美国社会发展的实际需要，但同时这一思想的局限性也是不应被忽视的。杜威"学校即社会"思想的局限性可以从以下几方面进行论述。

首先，杜威将学校设想为"纯净化"与"典型化"的社会，这是历史局限性之一。针对这一问题，我国著名教育家陶行知先生提出了"社会即学校"主张，"它是要把笼中的小鸟放到天空中去，使它能任意翱翔，是要把学校的一切伸张到大自然里去"。也就是说，社会是一个更大的教育环境，有着很多值得学习的知识，而在教室里和书本上所学的知识都只是些表面浅显的知识，要想获得更多更全面的知识还是需要走向社会。总而言之，我们应该把学生从学校这个"笼中"解放出来，将学校与社会两者紧密地联系起来，从学校教育获得的知识经验能够帮助学生很好地适应社会生活。

一名中国学生正在使用简单的电报设备

图片来源：John Dewey Papers, SCRC General
（Southern Illinois University Carbondale）

其次，社会存在的很多不良现象会阻碍儿童的心智发展，而这是有一定教育意义的。社会生活纷繁复杂，仅仅是被净化的社会生活并不能反映社会生活的全部含义。对于社会中存在的不好的一面，应该让儿童有所认识、有所思考和准备，这样当他们进入社会时，才不会随波逐流，而成为民主信念的坚定践行者。

尽管"学校即社会"这一思想存在着自身的局限性，但这一思想恰好满足了当时美国社会大生产的需要，在这一思想的指导下出现了一批兼具理论知识与实践技能的劳动者。反思我国，学校依循传统方式培养的学生在走向、适应社会环境时困难重重，这与教育目的、教育内容、教学方式等脱离社会不无关系。杜威的"学校即社会"理念对解决我国存在的学校教育与社会生活脱节以及学生走上社会后难以运用所学知识的问题具有极强的借鉴与启示意义。

儿童在做矿物学项目
图片来源：John Dewey Papers, SCRC General（Southern Illinois University Carbondale）

思维与教学

思维与反思性思维

　　杜威在其不少的著作中都曾谈论到"什么是思维"。早在1916年《民主主义与教育》一书中，他就提出"所谓思维或反思，就是识别我们所尝试的事和所发生的结果之

杜威照片
图片来源：John Dewey Papers, SCRC General
（ Southern Illinois University Carbondale ）

1922年商务印书馆出版的《平民主义与教育》

间的关系"。在这里，思维指的是一种经验中的反思。杜威为了更好地表达"思维"的概念，他借用了心理学上的"试误说"加以阐明。所谓"试误说"即尝试错误法，是指为了达到某个目标，首先尝试某种方法加以解决。如果这种方法行不通，便试下一种方法，直到能够达到这个目标，最后获得成功为止。我们往往倾向于选择"试误"来解决问题，但实际情况是"试误说"并不总是能够很好地解决所有问题。例如，情境复杂时，仅仅采用"试误"是不够的。因此，需要注意的是，用"试误"的办法来解决问题时，必须先发现某一行动与某一结果之间的关联，然后找到连接的关键，最后了解二者之间详细的关联情况。在这个过程中，"试误"的经验所包含的思维就是我们所谓的"反省思维"。那么，"思维就是有意识地努力去发现我们所做的事和所造成的结果之间的特定的联结"。

杜威认为思维是一个探究的过程，需要观察等方法对事物进行调查研究，在这一过程中有所收获。思维如同研究一样，其目的性非常明确，过程具有创造性。基于思维的重要性，杜威专门写了一本书《我们如何思维》，系统阐述了思维。首先探讨了什么是思维。杜威认为，思维"就是指这样一种思想活动，即由观察到的事物推断出别的事物，将前者作为对后者的信念的依据或基础"。杜威指出，优良的思维方式是"反思性思维"（亦称"反省思维"）。"它是对某个问题进行反复的、认真的、不断的深

《民主主义与教育》英文版封面

《我们如何思维》英文版封面

《我们如何思维》（伍中友译版）

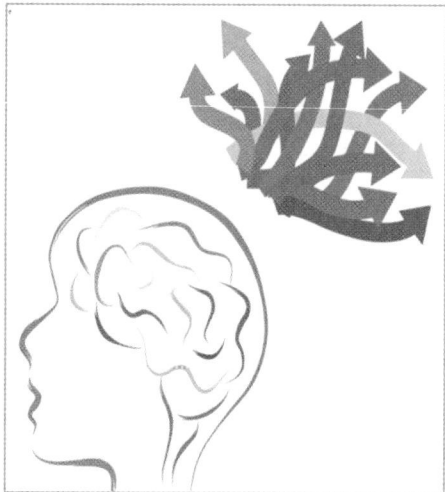

反思性思维大脑动画图

思"，"这种思考方式在于把问题反复思量，作周密而连贯的考虑"，通过充分发挥人的主观能动性，促使人们在新情境中获得解决问题的方法。

具体的反思性思维过程分为五步：暗示、问题、假设、推理和验证。

暗示：一个疑难的情境。在反思性思维发生之前，人们初始处于一种困惑、迷乱、怀疑的情境之中，反思性思维基于过去的经验，借助暗示的形式，来寻找解决问题的方法。倘若多种暗示间存在冲突与矛盾，就要再三思考，以判断哪种暗示更具有合理性。因而，反思性思维是基于疑难建立起来的。例如，教师在课堂上，向学生提出一个问题情境："8岁的杰瑞和小伙伴们正在户外开心地放风筝，突然一阵大风刮来，将杰瑞的风筝刮到了一棵大树上。杰瑞和小伙伴们想要爬上树去将风筝拿下来，但是风筝的位置太高，杰瑞和小伙伴们还爬不了那样的高度。大家替杰瑞和他的小伙伴们想想应该怎样将风筝顺利取下来？"教师通过将疑问与儿童活泼好动的天性及喜欢生动有趣的现实生活紧密联系起来，置身在这一困境中引发儿童积极、主动地思考与探究。

问题：确定疑难所在，并在疑难中提出问题。人们在疑难的情境中通过思考具体困难来确定要解决的问题。如此，反思性思维有了解决问题的明确方向，然后有利于下一步的顺利开展。由于困难往往是多方面存在的，问题起初都不是明确的，这时反思性思维借助以往的经验确立困难的核心，从而明确问题。

在上述取风筝的情境中，孩子们想出了什么办法来帮助杰瑞解决这个问题呢？杰瑞和他的小伙伴们还太小，爬不了很高，所以问题在于风筝所在高度与杰瑞和小伙伴所能到达的高度之间的距离差。接着，大家想出要顺利拿到风筝，必须缩小两者之间的距离，在他们所能到达的高度有限的情况下，必须借助外物来缩短距离差。

假设：通过观察和搜集资料等活动，提出解决疑难的各种假设。反思性思维借由疑难初期的暗示引导人们的观念进而引发或引导观察等活动，做出一些假设。暗示从一种趋向转化为推测，基于推测，人们开始从复杂的世界中搜集与此相关的事实资料。比如，在课堂上孩子们七嘴八舌地热烈讨论如何缩短取风筝的距离差。有人建议去找来一根足够长的棍子，用长棍子把风筝拨下来；有人建议去找人借一个长梯子，将梯子稳稳地靠在树上固定好，然后由杰瑞或者小伙伴爬上去取风筝，其他人在下面稳住梯子；有人建议去求助一个大孩子或者大人，让他们爬到树上去将风筝拿下来；还有人建议在树下投掷石头等将风筝震落下来。孩子们的讨论热火朝天，每个人都投入到了老师所创设的情境中认真地思考。

推理：推断哪一种假设能解决疑难。要确定哪一种假设能够解决问题，推理的作用便凸显出来。推理是一种基于已有经验和知识的思维逻辑的演算。通过推理，有些看似天马行空的假设转变为可行的假设，指导行动顺利开展，从而解决问题；又或者一些原先以为十分正确的假设被证明不成立，人们在推理中吸取经验教训、不断改进。那么，在上述孩子们所设想的取风筝的办法中，哪几种是实际可行的呢？孩子们针对那么多的建议方案又热热闹闹地讨论起来，商量哪些方法是可行的，哪些方法又是不可行的。有孩子认为小孩子爬长梯到那么高的高度是十分危险的；有孩子认为用石头投掷的办法可能会不小心击中风筝，将风筝打破……最后，在老师的指导帮助之下，大家一致认为应该求助大人，让大人爬到长梯上，用长棍将风筝拨下来的办法是最可行的。

验证：通过应用检验假设。验证对养成优良的思维习惯非常有益，是思维过程中重要的一个步骤。通过实践应用来检验假设得出结

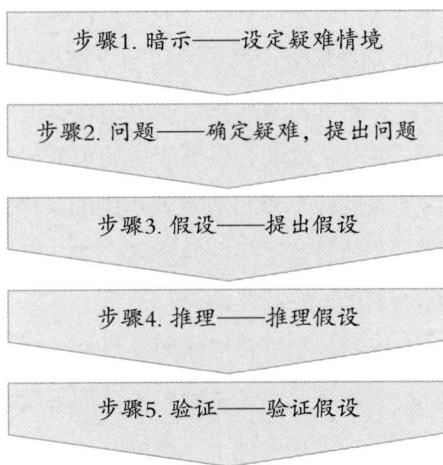

步骤1. 暗示——设定疑难情境

步骤2. 问题——确定疑难，提出问题

步骤3. 假设——提出假设

步骤4. 推理——推理假设

步骤5. 验证——验证假设

思维五步导图

论，使这些假设意义明确，并且让自己去发现它们是否有效。验证目的不完全是为了确认假设的正误，而是引发人们对于疑难情境的思考，如果假设验证结果确定无疑，即只有这个特定的疑难情境才能产生的一种结果，下次便有了经验。如果这种假设最终被否定了，真正善于思维的人可以从失败中得到教益和学到东西。例如，在上述案例中，孩子们在课堂上无法模拟帮助杰瑞取风筝的情节。于是，老师建议孩子们放学后找一棵大树试想一下，想想如果真的有风筝被挂在了这么高的树上要怎么办才能顺利将风筝取下来。老师的这种教学方法设定了吸引儿童的情境，能够调动儿童的兴趣并鼓励儿童积极思考来解决困难。

以上思维的五个步骤没有固定的顺序，思维的步骤是根据当时的疑难情境和个人理智的灵活性和敏感性而定的。在思维的每一个阶段都有助于一种暗示的形成，使它成为一个领导性的观念或指导性假设。胡适先生曾将杜威的思维五步骤概括为"大胆的假设，小心的求证"，即细心搜求事实，大胆提出假设，再细心求证实。这十分符合杜威的五步思维的含义。

思维训练与教学活动

杜威认为，思维是教学的基础，也是教学的目的。杜威主要从教学活动的五个方面即活动、语言、观察、知识、讲课，探讨了思维训练和教学活动的关系。思维与教学之间的关系紧密，教学活动与思维相互作用、相互影响。

杜威认为活动对思维训练有着重要的作用。

第一，活动为思维能力的培养提供了真正的训练。杜威认为，没有改变自然情景的活动的进行，就没有有效思维的条件。那些有意识地选择和安排活动的作用就构成了思维。尤其是解决问题的活动，如儿童的模仿、游戏和工作等类似活动为思维能力的培养提供了真正的训练。

例如，小男孩把他的玩具车弄坏了，他可以把他的玩具车各零件拆分开来进行各种玩耍。他可以把车轱辘单独拿出来玩，将车轱辘代替原先完整的玩具车。又如，孩子们经常将石头视作凳子，将树叶视作盘子等。可见，孩子的游戏活动意义超越了"游戏"本身，赋予玩具现实的象征意义。杜威认为"游戏是儿童幼年时期主要的，几乎是唯一

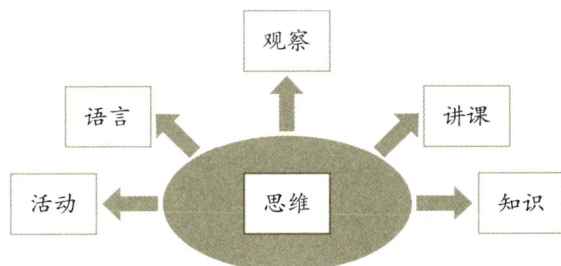

思维训练与教学活动关系的五方面

的教育方式"，并同时指出，"游戏的态度比游戏本身更为重要。前者是心智的态度，后者则是这种态度的外显行为"。

第二，杜威认为语言对思维训练的作用也非常重要。语言是思维的工具。儿童在学习语言时，所遭遇的障碍不仅是符号本身，更是其中所包含的民族的文化传统和思维习惯。语言与思维密切关联，在交流思想、发展思维上起着重要作用。思维的表达借助语言为工具，同时也丰富语言本身。

第三，杜威认为观察对思维训练具有直接的影响。实际上，观察的作用不仅在于提供大量原始、直观的材料，更在于对这些直观材料进行思考、假设、计划、验证的过程

正在观察蚕宝宝的学生们

图片来源：John Dewey Papers, SCRC General（Southern Illinois University Carbondale）

中以及思维得到的有益训练。观察并非无目的，观察应该含有主动探究和科学的性质，并能引入激发儿童兴趣的因素，从而促使儿童主动认知观察。

因此，应该正确利用观察的作用，使观察能够有助于思维的训练与发展。首先，观察应该是一个主动的过程，问题意识引导下的观察比任何外加的压力下的观察更有成效。其次，一定要选择恰当的材料，符合儿童兴趣和能力的材料能引发儿童观察的主动性，使观察更加深入。最后，观察的最终目的是达到一种理智。例如，学生观察起始于好奇，如听或看的需要，但不能止步于好奇心的满足，还需要进行引导，达到理智的升华。具体而言，学生的观察要包括发现疑难问题、提出假设性解释、验证解释这三个步骤。

第四，杜威认为知识是思维训练的必要补充。凭借观察所能认识到的领域是局限的。无论使用多么精密的工具进行观察，观察者本身的认知局限、主观意识的影响等都会造成观察结果的受限或谬误。因此，需要通过知识的吸取来帮助人们进行思维训练。不过杜威指出，对传统教学法而言，知识教学往往成了"灌输"，忽视个体的主观能动性。那么，如何将教学的内容融入人们的知识体系中？

杜威认为，教学内容和个人知识结构的整合需要注意传授材料的性质。传授的材料应该具有必要性，无法通过简单的观察获得传授的材料应该具有刺激性，激发学生对于问题探讨的兴趣和反复深思的主动精神；传授的材料应该具有关联性，即要与学生已有的经验相关，能够被纳入现存的经验体系之中。

因而，要使教学活动真正起到思维训练的作用，促使儿童主动地思维，讲课必须注意以下三个目标：一是讲课要具有足够吸引力，激发学生进行理智活动与知识学习的热情；二是讲课要有效促成学生良好学习习惯的形成；最后，讲课应对学生已经具有的知识予以检查。通过持续的检查，老师对学生是否理解了教材、是否能利用已学到的东西进行继续的研究与学习、是否能促进有关思维的一般习惯与态度的形成，有了实时的了解与掌控。

实验学校的历史发展

19世纪末至20世纪初的美国仍沿袭欧洲的传统教育思想，强调严格训练与机械记忆，学生在教育中处于被动的地位。在此背景下，杜威于1896年创办了著名的芝加哥大学实验学校，该校作为一所反对传统教育形式主义而建设的新学校，其教育理念与教学实践都展现出了新的面貌。学校创办的八年间（1896—1903年），为适应不断扩大的办学规模，实验学校共进行了四次校址搬迁。后来，芝加哥大学主张将实验学校与芝加哥学院（Chicago Institute）附属初等学校合并，该事件的发生导致实验学校的办学特色受到干扰，并使杜威与芝加哥大学校长哈珀结下矛盾，最终离开芝加哥大学。至此，杜威的实验学校计划宣告终结。然而，实验学校的影响却并未因此而终止。

实验学校的创办缘由

首先，杜威创办实验学校与当时的社会背景息息相关。18世纪末，美国已经通过独立战争（1775—1783年）摆脱了英国的殖民统治，获得了国家的独立，并且由于牢牢抓住了工业革命的契机，使得国家迅速工业化，后来一跃成为世界第一经济大国。工业化的发展给美国社会带来物质财富极大丰富的同时，也引起了一系列社会问题，如环境的恶化、贫富差距的日益扩大、唯利是图的社会风气、精神文化的滞后……物质文明与精神文明发展的不同步严重影响了社会的继续发展。严重失调的社会现状引起了社会有识之士的广泛关注，并发出了要求社会改革的呼声。其中，传统教育领域存在的弊端也成为社会变革对象之一。由此，美国社会教育领域开始了进步教育运动。进步教育运动矛头直指美国学校形式主义的课程、因循守旧的教材教法、纷繁复杂的清规戒律、教育与生活的严重脱节等问题，主张用新的教育方法取而代之。在这场进步教育运动中，杜威创办了实验学校，并且在这所学校中实践着他的教育思想及主张，力图通过教育领域的变革来维护美国资本主义社会的良好运作，最终产生了广泛的社会影响。

20世纪初繁华的纽约

20世纪初的美国街头

20世纪初美国童工

19世纪中叶被纽约儿童救济协会救助的一批美国城市流浪儿童

其次，杜威创办实验学校与其自身的经历紧密相关。杜威自1884年博士毕业后（除了1888—1889年在明尼苏达大学工作一年外），到1894年他一直在密歇根大学执教。在这近十年的工作磨练中，杜威的经验主义哲学思想逐渐形成，为后来创办实验学校奠定了扎实的理论基础。同时，杜威还积极参与了州立教育活动，这些实践经验激发了他对中小学教育的浓厚兴趣。州立教育的实践活动丰富多彩，主要通过教育学讲座和教师俱乐部的形式进行。一方面，美国历史上第一个教育学讲座诞生于密歇根大学，并且在佩恩（Pein）和欣斯戴尔（Burke Hinsdale）的主持之下，大学教师获得了访问州立中学的机会，杜威正是其中的一员，因而产生了对普通中小学教育的兴趣；另一方面，密歇根州教师俱乐部（Schoolmaster Club of Michigan）通过讨论会和委员会将中学教育和大学教育紧密结合，杜威也是其中的一员，经常参与相关问题的讨论。正是杜威的这些教育经历与活动，激发了他创办实验学校的信念。

最后，杜威创办实验学校与对自己孩子的教育有关。在密歇根大学时，杜威就已与爱丽丝有了三个孩子，分别是福瑞德、伊夫琳、莫里斯。杜威夫妇热衷于观察和研究自己的孩子们，并且对孩子们的研究加深了杜威对天赋倾向重要性的认识，引起了他对儿童早期发展重要性的重视。杜威深入考察了当时中小学的教学方法，认为现在的教育方法，尤其是中小学的教育方法与儿童发展原理是不协调的。最终，以上所有这些原因共同促使了杜威创办实验学校。

此外，儿童家长对新型学校的期盼和支持也坚定了杜威创办实验学校的信心。1894—1895年间，杜威向芝加哥大学附近社区的家长们做了一些关于教育革新理念的演讲，他发现许多家长都已经意识到传统教育存在的问题，并希望自己的孩子能够接受富有活力的教育。他们热切地期盼一所与众不同的新学校。家长们不仅在精神上给予杜威支持，还愿意在经济上提供帮助，并且杜威得到系里其他老师的鼓励。此时，创办实验学校的时机已经成熟。

实验学校的四次搬迁

实验学校的兴办首先面临的是资金短缺问题。1895年秋天，芝加哥大学决定拨款1000美元资助杜威办学并要求杜威把学校定名为大学初等学校，同时杜威也通过四处演讲为大学初等学校的正式开办筹集更多的资金。在解决资金问题后，1896年1月，实验学校最终选中了第57大街5714号的一所私人住宅正式开办。此时的实验学校规模不大，只有包括杜威在内的3名老师、16名儿童（6—9岁）及其家长。在这个由三间房子和一个大的后花园组成的私宅中，老师、学生和家长们举办了简单的开学典礼。由于办学经验不足，实验学校进行了9个月的"试误"探索，从而确定在这所新学校中哪些教育活动是适合的，哪些教育活动是不当的。

在接下来的时间里，杜威实验学校共进行了四次搬迁。1896年10月，学校进行了第一次搬迁，迁至金巴克路5718号上课。当时学校的儿童总人数已达到32名，除了杜威外，正式教师增至3名，分别负责科学与家政、文学与历史、手工训练。除此之外，还有一名音乐兼职教师，三名研究生全部或部分时间在学校工作。

1897年1月，学校进行了第二次搬迁。搬迁原因是教师人数有所增加，儿童总人数也增至45名，此时学校场所显得过于狭窄。因此，杜威带领全校师生迁至位于罗莎莉大街与第57大街交界处的旧南方公园俱乐部（South Park Club）。

1897年12月，学校进行了第三次搬迁。搬迁原因是当时学校教师人数已发展到16名，儿童总人数增至60名，学校的校舍需要扩建才能满足师生需求。于是，学校搬迁到了位于埃利斯路5412号一所老住宅。在这里，学校增设了幼儿部，开始招收4—5岁的儿童。

埃拉·弗拉格·扬（Ella Fraga Young）

1898年10月到1903年五年多的时间里，学校不断地向前发展。这一时期，在吸取经验和教训的基础上，教师不断开发与完善了相关课程；同时，学校规模不断扩大。学校规模最大时包括140名学生、23名教师和讲师、10名助教（大学研究生）。规模的扩大促使教学人员的组织在性质上更加规范化。杜威连任主任，埃拉·扬教授任教学监督，杜威夫人爱丽丝任第一任校长兼英语与文学部主任。为强调实验学校的实验性质，1902年，埃拉·扬建议将原校名"大学初等学校"更名为"芝加哥大学实验学校"。实验学校名称由此变更。尽管校名有所变化，实验学校仍附属于芝加哥大学，以获得大学专家指导、督学等便利条件，保证工作的连续性和专业性。

1903年，学校进行了第四次搬迁。实验学校迁至位于第58大街与第59大街之间的布莱恩大厅，在这里空间更大，便于各项活动的开展。

芝加哥学院附属初等学校与实验学校合并事件

1899年，"进步教育之父"弗朗西斯·帕克（Francis W. Paker）在慈善家爱安妮塔·麦考密克·布莱恩（Anita M. Blaine）夫人的支持下创办了著名的芝加哥学院（前身是库克县师范学校），芝加哥学院的主要目的是开展师资训练，该校的附属初等学校便承担着供职前教师实习的责任。布莱恩夫人还许诺给学校提供100万美元的赠款用以更好地开展教学活动。这引起了芝加哥大学校长哈珀的高度关注，他向布莱恩夫人建议将芝加哥学院并入芝加哥大学，并仍由帕克领导教学。

安妮塔·麦考密克·布莱恩和弗朗西斯·帕克基于芝加哥学院发展的考虑，同意与芝加哥大学合并。1901年3月19日，该院校正式并入芝加哥大学。当时学院的教师数量为35人，学院师范部约有100个师范生，学院还有一所供师范生实习的初等学校，学生数量为120人。

在此之前，已经有两所学校并入芝加哥大学，分别是芝加哥工艺训练学校（Chicago Manual Training School）和南方中学（South Side Academy）。1901年芝加哥学院并入芝加哥大学后，芝加哥大学就有两所基础教育学校，分别是帕克领导的供师范生实习且资金充足的初等学校及杜威领导的资金严重匮乏的芝加哥大学实验学校。

　　这两所学校都具有强烈的革新意识，在教育理论与实践方面都进行着大胆的探索并做出了出色的贡献。但是，这两所学校除教育宗旨外，在教育理论、方法、实践方面区别很大。对于这两所学校是否应该合并起来统一管理这个问题，芝加哥大学校董事会的董事们产生了分歧，一小部分人认为，两所学校应仍旧分开，继续独立发展。大多数人认为应该把两个学校合并起来以加强统一管理。但问题是杜威学校资金较少，芝加哥大学又不太情愿给实验学校提供资金。安妮塔·麦考密克·布莱恩提议，若两校（芝加哥大学实验学校和初等学校）合一则应新设一校，即合并南方中学与芝加哥工艺训练学校为芝加哥大学高中部，由杜威任这个合并后中学的校长。叵惜的是，芝加哥大学校长哈

芝加哥大学内以埃蒙斯·布莱恩（Emmons Blaine）（埃蒙斯·布莱恩是安妮塔·麦考密克·布莱恩死去的丈夫）的名字命名的布莱恩大厅（Blaine Hall），该会堂于1901动工，1903年建成
图片来源：https://www.lib.uchicago.edu

珀及其行政管理委员会没有考虑到实验学校的实际情况，而是采纳了安妮塔·麦考密克·布莱恩的提议，认为将两所在教育与管理理念和方法上分歧巨大的学校合并是可行的，而且想象合并后的学校将大受欢迎。

实际情况恰好相反，实验学校的全体家长、教师和行政人员反对将两校合并，认为合并对双方都是有害的。就实验学校这一方而言，最大的危害是由于规模较小，又失去杜威的领导，实验学校会被初等学校所吞没直至灭亡。同时，杜威的教学思想已经被实践证明卓有成效，一直以来，广大学生和家长对此给予了积极评

安妮塔·麦考密克·布莱恩
图片来源:http://metrofamchicago.wordpress.com

价。考虑到种种实际情况，最终芝加哥大学当局允许杜威实验学校保留，但条件是"须向大学保证，一连三年，每年自筹经费5000美元"。实验学校的一位学生回忆说，在这个学校里，生活各方面有用的知识都得到了学习。他们学会了用自己的双手、眼睛和头脑，并明确了自身的职责。这些是很愉快而有价值的记忆，他们非常感谢杜威。一位家长在给实验学校的信中这样写道："我的孩子在算术、历史和英语这些科目的成绩使我特别高兴。因为教师是具体地而不是抽象地教他们算术，他们的心算能力，在我看来是非凡的。他们做分数的加、减、乘、除，与我做整数一样容易。他们所学的历史对他们来说是活的东西，教师读给他们听的优秀的文学作品对他们是有启发性的，这对于培养他们对优秀文学作品的

芝加哥工艺训练学校的主任亨利·赫尔姆斯·贝尔菲尔德。他在1901年芝加哥工艺训练学校和南方中学合并为芝加哥大学的高中部的七年后，即1908年退休
图片来源：http://www.ucls.uchicago.edu

1902年7月高中男生们在芝加哥工艺训练学校大厅（已合并为芝加哥大学高中部的一部分）练习锻造技术的场面。芝加哥工艺训练学校大厅于1913年改名为贝尔菲尔德大厅（Belfield Hall）
图片来源：http://www.ucls.uchicago.edu

贝尔菲尔德大厅（建于1902年）
图片来源：http://www.educ.fc.ul.pt/

爱好是很有帮助的。"因此，为了保留杜威的实验学校，实验学校的家长委员会一如既往地支持杜威，他们为挽救学校积极努力，在共同努力下很快便筹足了5000美元，并许诺为今后学校的发展继续提供经费。就这样，在家长们的帮助下，实验学校得以在同一地点、同一行政领导下续办一年。

南方中学的男生足球队的合影，他们运动衫上的SSA代表南方中学
图片来源：http://www.ucls.uchicago.edu

杜威辞职与实验学校的中断

1903年3月2日，弗朗西斯·帕克与世长辞。两个月之后，实验学校发生了震撼性的变化——杜威外出短期讲学时，芝加哥大学校长哈珀在未与杜威商量的情况下，突然决定将实验学校与弗朗西斯·帕克领导的初等学校合并。而且，校方并没有表明要在合并后坚持原实验学校中被证明有效的教学模式，也没有给实验学校的教师们一个交代。事实上，实验学校的教师对实用主义教育思想及新型教学模式有着极大的热情，他们大多是因为对杜威的敬仰、崇拜，在杜威那里受益匪浅，以及对教育的奉献精神而留在实验学校教学。校方的这些做法显然也使得实验学校的教师们颇为不满。

实验学校在开办的八年中，已经获得社会各界的赞誉。合并一事传开后，芝加哥大学（University of Chicago）受到广泛的谴责。实验学校的教师、学生和家长们甚至组

弗朗西斯·帕克（Francis W.Parker，1837—1902），被杜威称为"进步教育之父"，他的"主动学习"哲学使学校成为一个令人兴奋的教与学的场所

图片来源：http://www.greatthoughtstreasury.com

成了一个联合会向校方提出强烈抗议。他们还自主筹集了一笔资金，用以维持实验学校的顺利运作。与此同时，美国各地反对这一做法的教育工作者也纷纷向芝加哥大学提出抗议。然而，校方仍然坚持合并，延迟到1903年10月两校正式合并。合并后的实验学校与芝加哥学院、芝加哥工艺训练学校、南方中学一同归入芝加哥大学教育学院管理，由杜威任院长。面对外界社会及实验学校教师、家长的压力，芝加哥大学在两校合并上做了一定妥协，即同意合并后的学校由杜威夫人爱丽丝领导。但令人遗憾的是，"合并后的学校存在着派系和对抗。杜威的教师忠于杜威，帕克的教师同样忠于帕克的思想"。除了教师间的不和之外，两校管理者之间的斗争也导致学校内部关系紧张。杜威本人也已意识到学校的困境："把各个部分凑在一起，对过去的成就将是一场更大的灾难。学校发展依靠的是学校作为一个整体的社会生活，而不是依靠校内的小集团或小帮派。"合并学校的做法并没有像芝加哥大学校长憧憬的那样受到各方欢迎，反而由于错误的判断干扰到各个学校原来的办学特色。

1904年初，杜威被告知他的夫人哈里特·爱丽丝·奇普曼（Harriet Alice Chipman）的校长职务将在这一年的年底终止。杜威与芝加哥大学的关系也终止于1904年春季学期结束后。杜威之所以正式辞职，"主要由于他对大学当局处理他夫人的实验学校校长职务一事不满"，其实"真正原因是哈珀校长对杜威学校的冷漠和敌视"。哈珀校长与杜威的紧张关系事实上始于实验学校的建立，在两校合并后达到顶点。究其原因，主要在于两者对学校管理意见的不统一。一方面，杜威创办了实验学校，在实验学校中实验新的教育理念，需要自主性；另一方面，哈珀校长认为实验学校属于芝加哥大学，所以芝加哥大学校长有权对实验学校进行管理。

实验学校的继续发展

　　杜威的辞职同时引起了很多追随其教育思想的教师离开，给实验学校造成了重大影响，但是实验学校的实践活动并没有因此而终止，实际上仍在继续发展。杜威辞职后，威尔伯·杰克曼（Wilbur Jackman）被任命为实验学校的校长，但不幸的是，杰克曼于1909年1月因为急性肺炎逝世。继杰克曼之后担任实验学校校长的是哈里·欧·吉勒特（Harry O.Gillet），他曾是实验学校的教师，也是杜威教育思想的追随者。吉勒特在实验学校担任校长一职长达三十多年，直至他于1944年退休。芝加哥实验学校至今依然存在，但是已与杜威时代的实验学校有很大的不同。实验学校逐渐走向了精英主义，研究性的学习也走向了与生活剥离的学科探究，最终会被工具化。今日实验学校的这种走向是对杜威精神的背离，它反映了"二战"以后美国的教育和社会日趋保守的态势。

　　总体而言，芝加哥大学实验学校的实验活动奉行了杜威教育思想。由于后来实验学校办学中的资金与管理分歧等原因导致了杜威的辞职，实验学校没能坚持杜威教育思想继续发展下去，并走向与杜威教育思想相背离的道路，但不可否认的是杜威实验学校对美国及世界教育思想和实践产生了重大影响。它促进了杜威实用主义教育思想的形成与发展，推动了美国进步教育的发展，是19世纪末至20世纪初美国成功的教育实验活动，其影响力远及世界。世界上许多国家和地区，因受杜威实验学校影响都进行了相应的教育改革活动，并兴办了不少

威尔伯·杰克曼（Wilbur Jackman）
图片来源：http://www.ucls.uchicago.edu

新式学校，如日本的明石小学校、帝国小学校
和成蹊务实学校，中国的晓庄师范、山海工学
团等。总之，杜威实验学校具有其重要且深远
的教育影响。就这一点而言，实验学校仍在继
续发展。

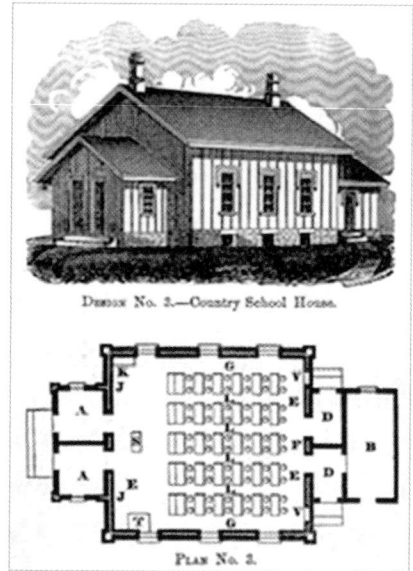

杜威实验学校的平面设计图
图片来源：http://milwaukeeidscohort.
wikispaces.com

实验学校的实验性质与任务

实验学校的实验性质

芝加哥大学实验学校与传统中小学校存在差异，也不像弗朗西斯·帕克领导的初等学校那样是为了提供师资实习训练，或者其他进步主义学校（Progressive School）那样轰轰烈烈变革传统教育，而是从一开始便凸显着实验的性质，是实践和检验杜威教育理论的实验室，因此被称作实验学校，"它的任务是按照现代心理学所阐明的智力活动和生长过程的原理来观察儿童教育。"具体来说，实验学校一方面研究儿童心理在不同发展阶段的表现及发展，另一方面探索最适合促进儿童正常发展的媒介。因此，实验学校不仅作为教育学的实验室探索着学校教育的意义，而且作为应用心理学的实验室探索着儿童心理的意义。正是因为其实验性质，才使得实验学校具有了与其他科学实验室一样的重要性，并得到芝加哥大学的鼎力支持。

实验学校主要从以下四个教育问题开展教育实验：

第一，如何使学校教育与儿童的家庭和邻里生活密切地联系起来，如何克服学校与儿童日常生活之间的脱节现象。

第二，如何使学校所教的科目在儿童自己的经验中有积极的价值和真正的意义。

第三，如何激发儿童学习知识和获得技能的动机。

第四，如何使教材与儿童理智的和身体的活动相互联系起来。

杜威实验学校大厅
图片来源：http://www.miarchitects.com

实验学校的教育活动充分体现了重视学校教育与儿童生活的联系、"教育无目的论""儿童中心"等杜威的教育理论。

《芝加哥大学实验学校史》（*The History of the Laboratory Schools,The University of Chicago*，1967年 ）一书在对实验学校的办学宗旨研究后指出，实验学校办学有五个方面的原理：（1）使学校与儿童的家庭生活联系起来；（2）儿童应该学习现在的生活，而不仅仅为将来的成人生活做准备；（3）学校应成为儿童通过问题而激发好奇心的一个场所，面对挑战的儿童在那里应尽可能用自己的方法去发现结论；（4）应该使儿童得到训练；（5）教师牢记教学的中心是儿童而不是教材。

实验学校的课程计划与实施

基于儿童发展阶段的分班教学

从1896年起，实验学校的教师们开展了两年的教学实验，发现儿童的生长具有阶段性的特点。1898年，杜威撰写了《大学初等学校组织计划》（Plan of Organization of the University Primary School），指出儿童的成长分为三个阶段，实验学校的活动应该对应起来进行组织安排。

第一阶段（4—8岁），在这个时期，学校教育的目的是丰富儿童已有的经验。此阶段儿童思维处于低级阶段，难以进行理智的活动，但是由于活动的复杂性和儿童承担职责的不断增加，各种明显的问题逐渐显现，使掌握特殊的教育方法成为必要。

第二阶段（8—10岁），这一时期的教学重点是培养儿童的读、写、算、操作等能力，进而扩充儿童的直接经验。特别注意培养和扩充儿童关于社会和自然的背景知识，进而使他们拥有更多的直接经验和兴趣。

第三阶段（10—15岁），这一时期儿童的思维已经发展到一定阶段，可以进行一定程度的智力训练和理性思考。此阶段的目标是儿童在掌握每门学科所使用的方法和工具后，能够一门一门地进行专门化学习，使他们拥有更加丰富的生活、更加自由和开阔的视野。因此，实验学校里没有分年级，只有一个个按儿童年龄兴趣和社会适应性进行分组的班级。具体情况如下所示：

第一阶段	一班和二班（4—5岁），三班（6岁）
过渡阶段	四班（7岁），五班（8岁）
第二阶段	六班（9岁），七班（10岁）
过渡阶段	八班（11岁），九班（12岁）
第三阶段	十班（13岁），十一班（14—15岁）

基于儿童发展本能的课程设置

杜威认为，学校的首要任务不在于单纯地传授知识，而在于使儿童能够更好地生

参加户外活动的孩子们

图片来源：John Dewey Papers, SCRC General （Southern Illinois University Carbondale）

活。教师要关注儿童的本能和兴趣，开展有教育意义的活动，使儿童通过这些活动懂得相互合作与帮助，从而适应社会生活。教育就是要基于儿童的本能和兴趣设置对应的课程及施以适当的教育。

在儿童时期，小孩子们必然存在着天生的冲动，他们渴望接触周围的世界，杜威把儿童的这些冲动概括为四大类，即社会性冲动、建造性冲动、研究性冲动和表现性冲动。

社会性冲动，表现在儿童渴望

分享自身经验上。他喜欢给大人们或者小伙伴们讲述各种事情，以分享和展示自己的喜怒哀乐。在这一冲动之下，儿童往往乐于表达。因此，教师要善于用语言这一教育资源。建造性冲动，即儿童做事情或制造东西的冲动。比如首先是用游戏、有节奏的运动来表现，之后才变得比较确切，确切表现在把原材料塑造成明确和永久的形式。儿童通过这一冲动引起的活动感受到自身的价值，认为自己能对共同的活动做出一定的贡献，进而更加努力来实现自己更大的价值。研究性冲动是前两者冲动的结合。幼年儿童由于其身心发展的阶段性特征，对他们而言，在实验室进行的科学探索与实地进行的手工劳动是一样的。同时，由于对实验感兴趣，他们喜欢通过实验来探索将会发生的事情。表现性冲动和研究性冲动一样，也是社会性冲动和建造性冲动的结合，同时也是二者的提

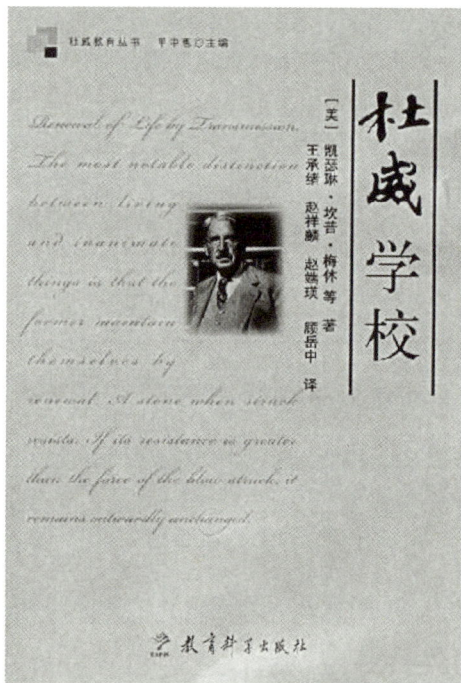

《杜威学校》中文译文版

图片来源：http://image.baidu.com

高与表现。例如,当儿童基于社会性冲动而进行语言表达时,便产生了表现性冲动。因为每一个孩子都有表现自己的冲动,如果他们的表现得到认可,他们会获得极大的快乐,所以对于幼年儿童,教师要经常予以肯定与奖励。

这四种冲动引导了儿童的种种行动,促进了儿童的生长。所以,实验学校在进行课程的设计与安排时充分考虑到了这一点,并适当运用,使得儿童能够生长与发展。实验学校对发展中的课程的实验可以分为两个阶段,第一阶段是实验学校开办的前两年(1896—1898年),这一时期主要是试验期。教师们在有关课程和教学的理论假设指导下,在实践过程中,编制了一整套适合儿童发展的课程。之后便进入第二阶段(1898—1903年)——课程的调整与发展期,教师们在检验第一阶段编制的课程成效基础上,进行修正与发展。

根据杜威对儿童冲动的分类,他认为实验学校的课程共有三类:第一类是吸引儿童且有教育意义的主动作业;第二类是与社会生活相关的课程;第三类是发展儿童理智方法的课程。第一类课程包括各种活动、游戏与工作,通过这类课程,儿童得以进行日常生活中的某些活动且可以熟悉某些社会职业方式。第二类课程主要包括历史、地理等科目,儿童能够对生活的社会有更加深入的认识。第三类课程包括读、写、算等科目,是儿童获得更加丰富经验的工具。

课程计划的实施

实验学校遵循儿童的年龄特点和认知能力发展规律,将其分为一至十一班,课程计划相应表现出从简单、综合的活动为主到复杂、专门化的学科为主的特点。由于1896—1898年间实验学校的课程计划处于试验阶段尚未定型,下文主要介绍1898—1903年间实验学校的课程计划及其具体实施中的活动安排。

一班和二班(4—5岁)

一班和二班的儿童年龄较小,所以课程的安排以游戏与活动为主。每日的活动主要集中

实验学校的孩子们在户外活动
图片来源:http://cn.bing.com

孩子们在实验学校南面的米德韦乐园路（Midway Plaisance）赛跑
图片来源：http://www.ucls.uchicago.edu

在上午，从9点开始直至11点45分，包括手工劳动、唱歌、故事、游戏、运动等，而且中途有午餐供应。活动的次序并不是固定的，主要随作业的变化而变化，户外活动与室内活动穿插进行，从而避免儿童注意力的疲劳。另外，手工劳动的活动类型十分丰富，如建造活动、绘画、玩积木等。在供应午餐时，儿童也能进行相应的活动，如摆餐具、上菜、收拾碗筷等。幼儿部于1898年秋季开始招生，经过一年的发展，招收的儿童人数由最初的8人增加到20人，并且按照儿童年龄进行了分班。后来，幼儿部继续壮大，人数增至24人。幼儿部第一年只有一名教师——拉维克图瓦（Florence La Victorie），第二年拉维克图瓦由于要结婚而离开了学校，由另外三名教师来接替她的工作，她们分别是乔治亚·斯凯茨（Georgia Scates）、格雷斯·多林（Grace Dolling）、杰西·泰勒（Jessie Tayler），她们都是院长安娜·布莱恩（Anna Bryan）的学生。

幼儿部的教室是一个大的起居室，位于实验学校的北边。由于经费不足，教室的布局十分简单。但是，这一弊端恰恰带给了儿童和教师无尽的欢乐。儿童在这个宽敞的房间里自由运动与游戏，教师也被激发经常带领孩子们开展户外活动。这一阶段开展的活动类型十分丰富，包括户外游戏、远足、参观博物馆等。

儿童刚开始入学通常会开展相互认识这一活动。在与别人的交谈中，儿童惊奇地发现别人与自己一样有家、有爸爸妈妈，也做同样的吃饭穿衣等事情，同时又有种种不同。儿童在相互交往中从同学身上可以学到很多的东西。孩子们很快便喜欢上了这个班集体，在这里生活简单，从容不迫，没有压力，也感受到了自由和平等。比如，在这里儿童可以自由地做游戏（只要不妨碍他人），向其他儿童讲述他在这个年龄的社会兴

二年级学生在跳舞
图片来源：John Dewey Papers, SCRC General
（Southern Illinois University Carbondale）

二年级学生在模仿乌龟
图片来源：John Dewey Papers, SCRC General
（Southern Illinois University Carbondale）

趣等。

儿童在入园的最初几个星期里，教师常常带他们去公园散步，引导他们注意观察鸟类、昆虫和动物的家。后来，儿童主动进行了细致的观察，如会注意空的鸟窝，讨论鸟儿怎么不见了。这些活动极大地激发了儿童的兴趣和探索精神。

这两个班不少儿童钟爱于"食品商店"这一游戏，即通过角色扮演，在游戏中收获快乐与增加经验。根据儿童的经验，食品商店是给人出售水果和糖以及给人做果酱的地方。在这个地方，有售货员、送货员、前来购买东西的消费者……于是，不同的儿童根据偏好与角色分配扮演不同的人。例如，有的儿童选择扮演售货员，那么根据商店角色实际情况，他们将得到单独的量杯用以计量糖和酸果蔓。此外，为了引起儿童对水果贮藏问题的关注，教师会引导儿童关注水果仓库这一问题。因为水果销售得很快，为了保证货源的充足，商店必须要有一个专门贮藏水果的仓库。孩子们对这一问题十分感兴趣，纷纷献言献策，很快就想到用一只大箱子模拟出一间仓库，并且找来了特别的包装盒作为仓库的内置电梯。

三班（6岁）

根据儿童发展阶段的不同，三班的课程计划也发生了变化，主要包括游戏、音乐、智力活动、阅读、园艺、参观旅行等。另外，三班的儿童在主动作业上花费了大量时间，如观察植物和种子的生长，观察地形、地理等情况。三班约有17名儿童，他们由一名教师和一名助教负责。教师凯瑟琳·安德鲁斯（Katherine Andrews）负责班上自然科学的教学兼儿童健康情况的管理，不少家长常常因此来找她探讨儿童健

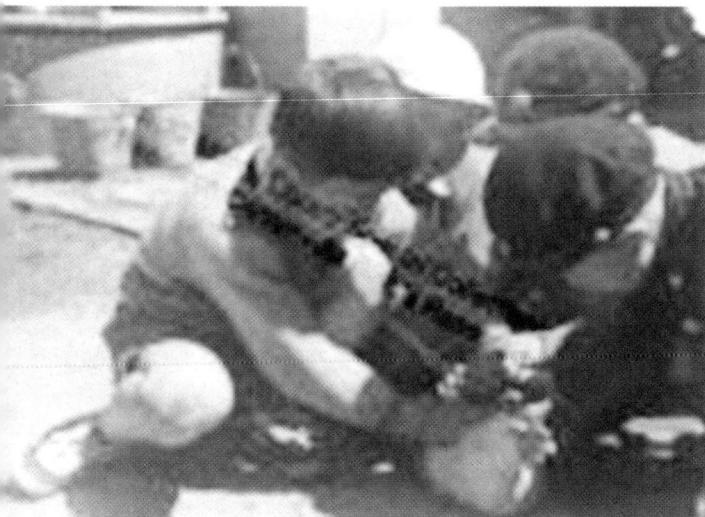

三年级学生在测量母鸡的体温

图片来源：John Dewey Papers, SCRC General（Southern Illinois University Carbondale）

康问题。温·拉克斯汀（Wyne Lackersteen）则主要负责协助凯瑟琳·安德鲁斯进行班级日常活动的开展。三班的教室是全校最好的房间之一。由于曾用作生物实验室，该房间设有生物角和水族池，这恰恰为儿童收集动植物信息提供了便利。房间里还有黑板、沙盘和足够的游戏空间，便于儿童交流思想和游戏活动。

三班儿童的在校时间始于上午9点，共计三个小时，比幼儿部多了半个小时。每天的活动从10—15分钟的集体讨论开始，讨论之后，每位儿童便可明了他们一天的计划和活动。因为游戏仍然是这个年龄阶段儿童最感兴趣的活动，所以游戏仍然占据了儿童最多的时间，而智力活动、讲故事等每周只设置了约两小时。此外，教师会鼓励儿童进行6岁儿童水平的观察研究，即鼓励他们先观察再应用。令人惊喜的是，三班儿童在玩沙盘和使用各种材料方面均表现出了特别的天赋。他们不满足于通过静态的听来了解如何玩沙盘，他们常常把沙盘搬到户外去玩。例如，在气候适宜的暖春时节，他们就常常选择公园等户外场所来开展沙盘活动。

此阶段儿童花了很多时间研究食物。他们在厨房实验室里面进行试验、处理、制作、品尝及评价食物。通过充分的动手活动，儿童对食物有了更深的了解。例如，儿童通过在厨房里观察和研究玉米，对他们日常接触、曾剥过皮的玉米会有更进一步的认识。通过这种儿童感兴趣的活动，大大扩展了儿童先前的经验，丰富了儿童的认识。又如，为了得到面粉，儿童们准备在早秋时播种冬小麦。他们选择了校园中一块宽5尺、长10尺的空地，并进行掘地和播种。之后，他们对成熟后的小麦进行讨论，发现种子是价值最大的。当涉及如何脱粒时，他们扮成了农民，脱粒的方法经讨论得出由手捡到棒打再到两根棒拼接起来脱粒。然后，他们将小麦捣碎，发现谷子虽然柔软、洁白，但是混杂了粗糙、黄色的粒子。于是，他们通过了解筛面粉的方法，用包干酪的纱布将粉筛选成功，只留下了精白纯粹的面粉。在这一活动中，儿童了解了面粉从生长源头一直到最终面貌的全过程，每一阶段都有动手活动和动脑思考。最后，他们将得到的面粉用于制作蛋糕，品尝到了格外香甜的劳动成果。

三班儿童的课程还包括戏剧表演，实验学校常常借助这一活动来总结工作或发展新的活动。例如，他们在研究完食物之后，表演了从农场收获小麦到磨坊磨面的全过程，刚开始儿童表演用运货马车将小麦拉到附近村子磨面的过程。为了引导儿童认识和学习其他交通工具，老师们设置了附近村子磨坊倒闭、马车太慢等问题情境，因此儿童必须选用其他交通工具将小麦送去另外一个地方磨面。经过一番讨论，儿童们列出了他们能想到的所有交通工具，如卡车、轮船等，并且分别分析了其优点与不足。课程最后，儿童们用话剧的形式对整个研究进行了总结。在戏剧表演过程中，儿童们分工饰演农民、司机、食品店老板等，还精心制作了一些道具来增强演出的效果，最重要的是儿童在协作的愉悦氛围中学到了丰富的知识，并提高了问题解决能力。

四班（7岁）

四班的课程计划包括种种富有挑战性的活动，如游戏、主动的作业、绘画、讲故事等。在这些极具挑战性与教育性的活动中，儿童扩展了已有的经验，获得了很多相关的地理、生物等知识。四班有14名儿童，同样由一名老师和一名助教负责。老师是凯瑟琳·坎普·梅休（Katherine C.Mayhew），负责教绘画。助教是同时负责三班的温·拉克斯廷，协助凯瑟琳开展教学活动。四班采用分组的方式来进行活动，特别是通过发明或发现促进方法进步的活动。该班教室位于学校东北角，房间很大。这个大房间里设备很简单，只有一个沙盘、一张小桌子和几把椅子。上课时间和三班一样，但不同的是，老师上课占用了一半的时间，且儿童将更多时间用于讨论关于如何组织表演的作业活

四年级学生在上音乐课
图片来源：John Dewey Papers, SCRC General（ Southern Illinois University Carbondale）

121

动。另外，儿童在厨房和美术工作室活动的时间也增加了，教师开始教他们初步的烹饪和绘画技术。

本班儿童的年龄特征表现在他们已经不满足于"了解某事物是什么"这类简单的问题了，开始更多地关注事物的缘起、发展及其原因。面对这种情况，凯瑟琳·坎普认为本班儿童应研究原始人的生活，通过研究原始人生活的方式，并且具体地做一些事情来体验原始人的生活，儿童就会明白人类及其所使用的东西是怎么发展到今天的。

后来学生们在生活中的行为表现证明这一教育活动效果显著。例如，一位学生就用老师教的灭火方法很快成功将弟弟衣服上的火扑灭，避免了严重灼烧事故的发生。

教师在引导儿童研究原始人生活方式时，运用了假设的方法，即假设要回到原始时期，丢掉一系列不必要的设施，聚焦到水、食物、抗击野兽的武器等少数十分必要的东西。此时，教师告诉学生火在原始人生活中非常重要，既可以加热食物，也可以防止野兽的伤害。这激发了学生研究原始人如何生火的兴趣。教师引导儿童思考原始人的生火方式，儿童展开了议论，有闪电、打火石、揉树枝等方式。经过多次试验，儿童学会了原始人的生火方式，进而总结了生火成功的必要条件，并且发现了保存火种的办法。除了研究生火方式外，儿童还研究了原始人的居住环境——山洞，就原始人选择山洞的原因进行了探讨。最后，儿童还学习原始人制作各种武器、黏土容器等。为了丰富儿童的想象力，教师经常组织他们去参观博物馆、去研习。这一系列的活动激起了儿童对原始人生活方式研究的极大兴趣，更重要的是，很多有关地质学、化学、物理学或生物学的科学事实，已渗入儿童的脑海中。

对于7岁儿童而言，此阶段他们处于过渡的年龄段。在这一阶段，儿童通过已进行的活动积累了很多事实性知识，并从活动中学会了观察等技巧。虽然在这一阶段儿童还没有学会运用科学方法，但他们在表达上已经尝试去发现和运用科学方法了。儿童的兴趣仍旧在游戏上，而不管作业的具体内容。另外，只有当学得的技能或知识等能应用到活动中时，儿童才觉得这些技能或知识是有用的。因此，教师在对此阶段儿童教学时，要注意利用游戏的形式，在知识的讲解上要注意联系儿童的生活，这样儿童在实际生活中体会到了知识的趣味性和价值，才能更加积极主动地学习。

五班（8岁）

五班的课程计划也别具一格，强调手、眼、耳及全身参与的活动，如音乐、书写、戏剧表演、烹饪、缝纫等。

五班约有13名学生，安排在一个中等大小且朝南的教室里，由科学教师玛丽·希尔（Marry Hill）负责，同时有历史老师劳拉·鲁尼恩（Laura L.Runyon）协助其共同管理。玛丽·希尔为儿童选择了腓尼基人进行研究，让儿童了解其贸易、海运、探险及商业活动等。选择腓尼基文化进行研究是基于儿童已习得的知识基础，即他们已经学习了的知识与这一知识的联系。

在学习数学时，教师从腓尼基商人从商过程中的交易问题出发，引出了合适计量单位的必要性。儿童通过角色扮演，设身处地地思考与解决问题，因而对解决这一问题具有十分强烈的兴趣。最终，通过儿童们的讨论，他们发现了合适的长度单位与重量单位。

为了更好地研究腓尼基人及其与其他国家的商业往来，儿童们还手工做了一个立体地图。他们创造性地找来了一块镀锌的铁皮，在其底上涂蓝以代表地中海，而且用熟石膏、纸型、油灰填涂棕色、绿色分别表示了地中海周围的国家和山脉、平原，最后，将他们的"商船"放入海中，驶向经商之国。研究完腓尼基人的贸易之后，教师便带领儿童进行了关于世界探险家的研究。儿童往往在心理上不太注重时间上的界限，他们更为注重的是故事的吸引度。于是，他们可以积极想象和马可·波罗（Marco Polo）一起去东方旅行，和麦哲伦一起环游世界，和葡萄牙亨利王子一起去非洲探险……接下来，教师便指导儿童研究了这些探险家的探险过程，在研究的过程中儿童学到了很多关于自然地理、几何、天文学方面的知识。

虽然五班的活动主要是历史故事形式的活动，但其实这个班的活动远不仅仅于此，

五年级学生在接力赛跑
图片来源：John Dewey Papers, SCRC General （Southern Illinois University Carbondale）

五年级学生在制作窗帘
图片来源：John Dewey Papers, SCRC General （Southern Illinois University Carbondale）

还有不少需要全身参与的活动并且和社会、自然高度关联。例如，计算活动就常常包含在木工、烹饪、缝纫、科学教学这些活动之中，侧重于计算的实际应用；绘画训练就体现于儿童们在历史课上的黏土、彩色粉笔上的表现，主要目的在于培养儿童的表现力和观察力。

六班（9岁）

六班的课程计划与之前的一至五班有所不同，此阶段的课程开始分化，更加注重学习的重要手段——阅读、书写和算术的学习。此外，六班的课程还有乡土历史、自然地理、音乐、绘画等。

六班的儿童由历史老师劳拉·鲁尼恩及助手玛格丽特·霍布利特（Margeret Hoblitt）指导学习。他们的教室有点小，但所幸他们经常进行户外实验来研究乡土历史和自然地理。与之前五个班不同的是，六班的教学时间在下午也安排了一个小时，用来进行读和写的学习。此年龄阶段，由于儿童的独立意识增强，他们对固定教室和教师的依赖性逐渐减少，并且可以独立开展活动。本班的研究以讨论开始。儿童们首先讨论了新的一年内可以研究的东西，然后回忆了过去一年的学习，诸如他们熟悉的马可·波罗、亨利王子、麦哲伦等的探险活动，最后在劳拉·鲁尼恩的引导下，儿童们准备借鉴去年对腓尼基人和世界探险家的研究中所用的方法，重点研究探险家和拓荒者在美国的殖民活动。

这一年的乡土历史和乡土地理的学习从美国西北部的芝加哥开始，并且分为三个阶段进行。第一阶段主要研究的是该地区法国人的探险，如马尔凯特、拉萨尔的探险故事，通过了解他们向西部扩张的原因、目的及路线，了解相关的历史与地理；第二阶段的研究重点是迪尔本堡和小木屋时代，探讨乔治·罗杰斯·克拉克（George R.

六年级儿童在学习世界交通

图片来源：John Dewey Papers, SCRC General （Southern Illinois University Carbondale）

探险家们前往美国西部
图片来源：百度图片 http://image.baidu.com

Clark）的远征活动，并在学习后进行写作训练；第三阶段的研究关注芝加哥市的发展，主要研究芝加哥地区的地理及历史，使儿童们在学习之后对芝加哥的了解有了横向和纵向的深入。

本班儿童进行的活动同样是互相关联的，如烹饪与学习植物。进行烹饪活动时要花一定的时间来研究植物的性质及各部分的用途。儿童会在活动中了解植物根、茎、叶的用途及植物的贮藏方式。另外，本年还继续组织儿童研究纺织的问题以及早期移民如何建造住所的问题。

为了提高读、写、算的能力，六班

六班的学生在染色和纺纱，他们自己准备亚麻或羊毛并将它们纺成毛线，他们还自己制造了纱锭和染料，这是一个让学生了解食物、住所和服装的一个大计划的一部分
图片来源：http://cn.bing.com

孩子们在画关于"数字的历史"的海报，上面有楔形数字、象形数字、希伯来数字、希腊数字、罗马数字和中国数字

图片来源：http://www.ucls.uchicago.edu

儿童的学习时间较五班又有所增加——每周的下午时间增加一个小时，这样每周就有了两小时的学习时间。如果在额外增加的时间里儿童提前完成了任务，那么教师就会用剩下的时间带领他们进行一些户外游戏或室内锻炼。

在这一阶段，儿童能动手制作更多的物品来表达他们的思想，如他们用黏土制作了长14寸的巴里式狮子模型。尽管在课间他们被要求照顾雕塑黏土的潮湿度，但他们仍然兴趣满满、乐此不疲。

七班（10岁）

七班儿童的课程也有自己的特色，这一阶段儿童的课程包含了更多的个人研究与自我指导。例如，更加注重对社会问题的讨论、更加关注如何处理材料进行研究。课程主要包括历史、阅读、实验科学、手工训练等。七班儿童在教师奥尔西亚·哈默（Orrasia Hammer）和乔治亚·培根（Georgia Bacon）的指导之下学习，其中奥尔西亚主要负责纺织工业的教学，乔治亚负责历史教学。由于儿童们对纺织工业发展的兴趣，他们对于纺织机械设备也有着极大的兴趣。该班主要对殖民地史及其革命进行研究。本班的历史学习主要聚焦美洲各殖民地是如何越来越团结，进而产生独立意识，最后摆脱英国的殖民统治，以及独立后美国的发展状况。在教学上，首先，教师安排了一周的时间让儿童复习独立之前美国的情况，比如弗吉尼亚和普利茅斯殖民地的情况，接着让他们讨论了美洲殖民地的经济生活和家庭生活，教师同时增加材料以加深儿童的理解。其次，为加深儿童对知识的掌握，教师安排儿童根据上一阶段的学习来布置殖民地史展览室。再次，儿童学习了美洲殖民地与英国的战役。最后，他们研究美国领土的扩张情况。关于这一环节，先用两节课时间让儿童探讨了《独立宣言》，并在沙盘地图上标出1783年时美国的领土；然后剩下的时间他们主要学习战后的美国是如何一步步进行领土扩张和统一的。

本学年，儿童对科学研究表现出了浓厚的兴趣，兴趣促使他们进一步探索。他们研究北美地质史，懂得了受热的岩石和被水冲刷的岩石的区别，并且考察了花岗岩和石灰岩的标本。

有时候七班的儿童会参加由外语俱乐部组织的午餐会，例如法语午餐会，孩子们在午餐会上只说法语以营造一种在法国的氛围，这种情境对话学习外语的方式受到了孩子们的欢迎，由于午餐通常由学生们来做，一些法语烹饪词汇很容易被他们运用。

一名男孩在纺织

法语午餐会上的学生和黑板上用法语写的菜单

图片来源：http://www.ucls.uchicago.edu

127

八班（11岁）

八班的儿童按来校时间的长短分为了甲乙两组。甲组的来校时间短，乙组的来校时间长，因此两组学习的课程是不同的。课程主要包括历史、阅读、书写、科学等。八班由拉丁文和德文老师玛丽安·希布斯拜（Marian Schibsby）负责，其助手是历史老师玛格丽特。甲乙两组都需要研究美洲殖民地宗主国的欧洲背景，因为老师们认为对于背景的学习有助于学生更好地了解这些国家对殖民地及其商业发展的影响。

由于甲乙两组经验的不同，教材和课程也不同。对于甲组儿童，他们没有研究过世界探险家，因而学习的课程与五班类似。课程主要是关于世界地理的认识，如马可·波罗的探险活动、麦哲伦的全球航行等，研究欧洲人是怎样发现远东的财富的；乙组的课程则相对不同，主要是在学习英国文学的基础上进行英国农村的研究。总的来说，乙组课程的主要取向，在于逐步弄清早期美洲开拓者是来自怎样的社会背景，了解他们的各种职业，了解他们已经形成的社会关系，了解是什么动机吸引他们当中一些人来新大陆从事探险活动和过拓荒者的生活。

通过对殖民地和宗主国的生活及工业的学习，儿童们已经在心中建构起了与之对应的图景，有了一定的知识背景。他们已经深刻地感受到了由于机器技术的改进所带来的工业进步与发展以及同时带来的工业与社会问题。出于对织物的兴趣，儿童们还制造了一台那伐鹤式图案织机，其中六个儿童还买了手纺车，亲自动手纺织亚麻线。

本班开展的活动都具有关联的性质。例如，进行烹饪时，不仅要研究肉，还要研究不同环境对于肉纤维的影响、不同部位肉的特点，复习含蛋白的食物的研究。在体育活动方面，考虑到本阶段儿童的运动意义更大，体育运动安排了更多的时间，注重培养儿童的合作精神。比如，在篮球运动中，儿童们认识到只有互相配合才能提高整体成绩，共同获得胜利，如果每个人只关注自身，即使个人表现再好也只能失败。所以，篮球运动不仅使每个人球技有极大进步，而且合作意识也得到了极大提高。

为训练儿童的体能，学校还建立了临时木制体育馆。杜威和弗朗西斯·帕克一致认为，儿童需要一定的体能训练。

九班（12岁）

本班儿童在此阶段已经学会了如何运用知识来学习，在一定程度上也知悉了如何开展实验研究。该阶段课程的内容很广泛，包括历史、地理、科学、阅读、书写、算术、参观游览等。

九班大约有10名儿童，由教师凯瑟琳及助手玛格丽特负责。此阶段的儿童已经开始运用逻辑思维以及创造和实践的能力，可以有意识地开展活动，能在教师精心指导下自我指导实验了。

在历史课方面，由于有去年学习的经验，他们继续学习起来就更加容易与连贯。他们此时研究的是把殖民地开拓者作为美国人民来研究，即作为英裔美国人、法裔美国人、西班牙裔美国人来研究，能对历史事件的原因有更加全面与深刻的认识。

在地理课堂中，儿童们首先讨论什么是最重要的生活必需品。他们认为空气最为重要，接着通过一系列实验研究了空气的成分。在此基础上，教师接着指导儿童学习地球上常见的元素，并将其分为固、液、气三态。同时，老师还着眼于更大的整体，将儿童所学的地理知识与美利坚民族的历史乃至整个北美大陆的发展联系起来。由于地理课的学习已经包含了对地质科学的学习，儿童们对地球形成中所发生的变化有了进一步的认识。在研究完地质科学后，儿童们继续研究了地球与太阳的关系及其各自的运动特征，通过制作日晷仪等来理解科学与数学的联系。可见，虽然是一门地理课，儿童们却学到了有关历史、地理、天文、数学等学科的综合知识。

本班儿童一般已经熟悉了很多科学知识，所以更青睐与社会生活相联系的活动与知识。通过这一年的学习，儿童们在运用知识与使用知识上都得到了很大的提高，特别是在实验研究方法的运用上达到了一个新的水平。

十班（13岁）

十班的儿童由于年龄较大，课程专门化程度更高，工具性教材的使用更加强调机智与主动。例如，儿童可以按照自己的主题进行阅读和研究。课程也更加丰富，包括物理学、生物学、地质学、植物学、编制地图、艺术与装饰、时事研究等。十班的平均人数为十人，教师是乔治亚，大多数学生是开班就在这个学校里，这为教学计划很好地完成做了准备。

十班的儿童对摄影技术有着特别的兴趣，他们乐于对光进行研究以及照相机应用的学习。为满足这一学习兴趣，实验学校举办了多次活动，参观芝加哥大学实验室仪器，这些仪器包括干涉仪、分光镜等。这些活动大大增加了儿童的学习兴趣，他们还在工厂制造了真空照相机，但由于摄影俱乐部暗室不足导致照片无法冲洗，他们对实际操作照相的兴趣受到了影响。到秋季学期末，他们对增设一个暗室的呼声越来越高。

在物理学方面，十班的儿童继续重点学习重力、能、电、热等的特殊形式。在植物

孩子们在建筑俱乐部

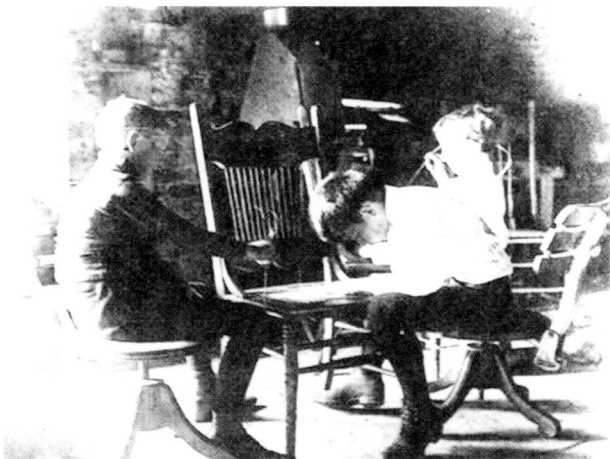

孩子们在制作椅子

学方面，他们着重研究植物叶子的功能。为深入研究，儿童们把收集到的不同种类的植物移植到了学校植物园进行观察和实验。

此外，儿童们还根据自己的爱好结成了不同的兴趣小组，分别制定不同的实验计划并开展实验活动。有的儿童喜欢讨论和辩论，他们提出新建一个用于讨论和辩论的杜威俱乐部。但他们为没有活动场所而苦恼，非常希望能有一个自己设计、建筑和装饰的场所，在那里他们可以自由地表达意见和开展活动。为此，儿童们组建了几个委员会，包括建筑式样、卫生设备、筹款方法、内部装饰等委员会，共同服务于建立一个讨论和辩论的俱乐部。儿童们先在老师的指导下选定了俱乐部地点，接着便开始了具体建造工作，但由于十班儿童对建筑工作较少甚至不了解，加之课程学习的压力，最初的俱乐部建设进展相当缓慢。后来，在老师的建议下，十班儿童邀请其他班级同学共同参与到建造活动中来，实验学校各个班级的儿童们表现出极大的热情，终于在某天中午，在大家的共同努力下，由儿童们自主设计与动手建造的俱乐部顺利完成。

从合作完成建筑俱乐部中，儿童们都受益匪浅。他们懂得了团队合作的意义，之前狭隘的小团体排外精神变为了包容。在此精神的引领下，男孩和女孩开始合作，男孩负责做长凳、女孩负责做椅垫，开创了一种新的风气。而且，这个班的算术和代数学习具有很强的应用性，广泛用于解决俱乐部会所的施工图样设计或各种费用的估计和会费的核算。

十一班（14—15岁）

本班的课程对专门化和逻辑性的要求更高。但值得注意的是，本班的儿童在学习专门知识时有更丰富的经验作为背景，以便于更好地学习。课程主要包括历史、自然地理、手工训练、生物学、物理学、艺术、辩论等。其中，生物课强调更多地实验作业和野外参观，数学

一名女生在使用学校的打印机，他们学习设置版式与校对
图片来源：http://ladiesofletterpress.com

课和历史课更加专门化，各种语言课也更具专业色彩。课程的目的开始注意培养学生的探究意识和研究精神。爱丽丝是本班的负责老师，并承担作文教学。同时，为了加强对学生的指导，每班还配备有专门的学科教师，如乔治·加里（George Garrey）老师负责生物和物理课程，克林顿·奥斯本（Clinton Osborn）老师负责代数和几何课程，玛丽安老师负责语言课程，梅·鲁特·克恩（May R. Kern）负责音乐、艺术课程等。专业化的各科教师能为儿童学习复杂知识提供更加深入的指导。

在音乐课上，实行男女分别上课的形式。女生往往在歌唱方面具有天赋，她们对音符的学习有着惊人的优势。例如，女生们可以演唱德语版的《Haiden Roslcin》。男生们则对歌唱没有太多的热情。由于不愿唱歌，男生们写了一支歌，但是困于不知如何谱曲，最后只得求助于音乐老师梅·鲁特·科恩（May Lot Cohen）。

艺术工作主要在俱乐部中进行。根据分工，十一班的主要任务包括设计并制作大部分家具、吊帘和地毯。这些任务完成以后，俱乐部会所的装饰委员会还邀请十一班为俱乐部会所粉刷外墙。

在语言学习上，十一班的学生在出版《每日新闻》中体会到了极大的乐趣，出版刊物被证明也能成为一种极具吸引力与教育性的活动。

每周五下午，十一班的教师都会指导学生举办联欢会，其目的是通过周会培养学生

的表现能力。例如，在周会上，有的儿童选择分享自己创作的故事，有的选择表演钢琴，还有的甚至自己写剧本、选演员进行演出。

通过以上各班级课程活动可以看出，实验学校从一班到十一班的课程计划充分考虑了儿童各年龄阶段的身心发展特点，以历史作为核心课程，在历史的学习过程中逐步拓展到语言、地理、数学、物理、化学、美术等学科的学习。

实验学校的教学方法

活动是芝加哥大学实验学校最基本的教学方法。从儿童熟悉、自然的活动开始，教师给儿童做他真正要做事情的机会，在做的过程中教师给予方法指导，让儿童既学习知识和获得技能，也不断增加对所做事情社会意义的认识。杜威认为，活动能激励儿童主动研究、发展儿童理解和解决问题的能力，研究方法和思想方法的习得比单纯的掌握某一知识更为重要。实验学校在选择活动时，强调活动能够发展儿童的生长经验。事实上，实验学校丰富多彩的实验活动为杜威教育思想体系的构建提供了实践基础。杜威一系列重要的教育著作，如《我的教育信条》《学校和社会》《儿童与课程》也正是在芝加哥大学实验学校的实验活动期间出版的。

除了活动这一最基本的方法外，教师们的教学方法还包括谈话、讨论、问答、自由交换意见、讲课等。例如，一位历史老师在报告中写道："上课时所采用的方法一般是谈话和讨论。向儿童提供种种事实和情况，使所研究的时代生活尽可能具有真实性。"杜威认为，要根据儿童的心理和年龄特征来选择合适的教学方法。关于讲课的教学方法，除了接受讲课这一教学方法之外，儿童也学会了用书本作为学习资料进行自主学习，学会用批判的眼光看待别人的活动结论，培养了批判性的思维方式，不盲从他人。同时，为了迎接中学阶段的专门化课程，他们进行了积极的与大量的准备，学会利用图书馆中的资源开展自主学习。

孩子们在图书馆看书
图片来源：http://www.ucls.uchicago.edu

实验学校的管理

在实验学校的管理上，实验学校的整个历史表明，1896—1903年的实验是学生、教师和家长为了一个共同的目的而进行合作的创举，每个人都热情地参与到学校活动中来，在大家的共同努力下，实验学校形成了独特的管理方式。

首先，学生是实验学校的积极参与者和最重要的团体。学校指导他们积极地参加教育实验事业。在实验学校中，儿童能够根据兴趣、社会适应性和生理年龄进行分组，儿童的兴趣和自由得到了有力的保障。在多种多样的活动中，儿童的表现欲得到了充分的满足，探索的精神得到了极大地发展。同时，在每周的集会中，儿童得到了社交和文化的训练，发展了合作意识与责任感。在每周校报的出版过程中，体会到了交流的意义。

其次，教师是实验学校热情的革新者和执行者。教师们根据杜威的教育理念，积极地

家长们和实验学校教师的助手（研究生）在观看由二年级儿童演出的关于洞穴人的生活的情景剧

开展各项教学活动。教师按照个人的兴趣和才能自然地进行分工。学校设立的各部门由最适合的教师负责。杜威强调："不打算把学校的原则作为教师在学校必须要做些什么的死规定。……在学校原则的应用过程中，教师有根据实际情况进行修改的权利，教师不仅在使原则适应实际方面有很大的自由，而且如果可能的话，将赋予他们更多的责任。"教师不仅是一位领导者、组织者，更是儿童遇到困难的协助者，以达到儿童个性成长和自由发展需要的目的。实验学校的教师们还通过每周的教师会议和日常接触来保持工作上的联系与合作，这样有利于学校活动开展的整体性。杜威对教师们的贡献也予以了积极的肯定："教师们的智慧、机敏和献身精神使原来的不定型的计划转变成明确的形式、生活的实体和它们本身的活动。"杜威十分关心教师们。在他向芝加哥的报告中可以看到实验学校1897—1898全年的开支是12870美元，主要部分是教师的工资9160美元。尽管别的学校可以给实验学校教师更多工资，但他们因为对实验学校感兴趣愿意与杜威一起工作。

最后，家长是实验学校坚定的支持者。可以说，家长的支持促使实验学校顺利地开展下去。家长是实验学校的一部分，家长们了解实验学校的目的，赞同杜威的教育理

念，配合教师的活动开展，支持孩子的自由成长。在实验学校面临资金短缺的关头，家长们迅速组织起来筹集资金，最终帮助学校顺利渡过难关。实验学校成立了家长协会（The 7Parents' Association），这是明智的，家长们渴望了解孩子们在学校的情况，并乐于提供相应的帮助。实验学校为配合家长对学校的不时造访，在每个房间都为家长们增设了椅子。除此之外，每月一次的家长集会也广受欢迎，家长们可以在会上与专家、教师讨论关于儿童的教育问题，真正参与到儿童的教育中来。

可以说，芝加哥实验学校是美国19世纪末20世纪初教育改革中最激烈也是最成功的一次教育实验活动，对整个美国教育的思想和实践都产生了深刻的影响。实验学校中的一些教育理念，如儿童是教育的中心、关注儿童的经验、教材组织要心理化、重视游戏和活动的价值、家长与教师和儿童共同管理学校等直至今日都散发着耀眼的光辉。

杜威与美国教育

19世纪末20世纪初的美国

19世纪的第二次工业革命促使欧美国家社会生活的各个领域发生了翻天覆地的变化，由工业革命催生的新型科学技术被广泛应用到各行业中，生产力水平得到了迅猛提升，人们的生活也因此而更加高效、便捷（如下图）。然而，物质财富的增长并没有带来精神文化的发展，社会生活出现了严重的失调，工业化、城市化的发展与兴盛也相继带来了一系列潜在的矛盾与问题，如城市环境污染、暴力及吸毒等犯罪问题增多、城乡发展不均衡。为改变这一状况，人们将教育视为改革和重建社会的工具，试图通过教育的改进促使社会呈现出新面貌。同时，实验科学的诞生和兴起为教育研究走向实证领域提供了科学的依据和方法论。教

19世纪末美国繁华的街头
图片来源：http://www.hndycz.com

育学者们为建立"科学的教育学"而广泛地开展各种教育研究与实验活动，并撰写了大量值得后人借鉴和思考的教育著作。他们抨击旧教育脱离儿童、脱离社会的弊端，主张建立一种更加切合实际的新教育。随后兴起的进步教育运动等思潮掀起了广泛的教育革新运动，对现代美国教育产生了深远影响。

在这样的时代背景下，一位在美国教育史上熠熠生辉、做出卓越贡献的教育家——杜威诞生。他在继承皮尔斯和威廉·詹姆斯（William James）的实用主义哲学思想的基础上，将实用主义加以深化，具体应用到社会和教育的现实问题中。同时，他积极吸收了达尔文的进化论、霍尔等人的机能心理学，并积极开展教育实验，在现实的问题中检验自己的理论，形成了以他为代表的芝加哥学派。杜威正是在融合各学科尤其哲学、心理学、在民主主义信念基础上，继承与创新，形成了独特的、闻名遐迩的实用主义教育思想。

杜威教育思想的发展与传播

年轻的杜威对哲学产生了浓厚兴趣，毕业后不久，便在《思辨哲学杂志》上发表了他的第一篇哲学论文《唯物主义的形而上学假设》。工作后，杜威研究的重点从哲学转向教育。"哲学是审慎地付诸实践的教育理论，教育也肯定会受哲学的指导与支配"，杜威的教育思想形成不可避免地受到其实用主义哲学观影响。

1894年，年仅35岁的杜威担任芝加哥大学哲学、心理学和教育学系教授，在他的倡导下单独设立了教育学系，并创办了芝加哥大学实验学校。这所实验学校是杜威教育思想应用于实践的成果，实验学校的运作受到了社会广泛的关注，也激励了其他进步主义者创办各种以儿童为中心的实验学校，并在教学中运用灵活的教学模式与

年轻时的杜威
图片来源：http://www.encyclopedia.com

方法，其中克伯屈的"设计教学法"就在此浪潮中产生。这也是为什么人们要授予杜威"进步主义教育运动最杰出的代表和精神领袖"这一殊荣。

1904年，杜威在哥伦比亚大学任教时期（1904—1930年），在这一时期杜威已完整构建起了他的实用主义教育思想体系，他对教育及其背后机制的剖析也更为深刻，杜威本人的学术地位在世界范围内得到了普遍的认可。到20世纪上半叶，杜威的实用主义教育思想在教育领域中已处于主流地位，实用主义教育所提倡的全新的儿童观和教师观极大地冲击了传统的学校教育，给沉闷呆板的传统学校教育注入了新鲜的活力，促使整个教育领域的指导思想和实践活动发生了前所未有的变化。

然而，20世纪30年代，杜威的实用主义教育思想受到了来自要素主义（Educational Essentialism）教育学者的批判。此外，美国中小学生表现出来的知识与技能不足等问题，实用主义和进步教育思想在美国的地位受到影响。二战后，苏联卫星上天的消息震惊了美国，美国随即于1958年通过了《国防教育法》（*National Defense Education Law*），旨在加强基础科学教育，培养未来科技人才。1959年，美国教育考察团远赴苏联进行调查，发现美苏两国的中学生在知识技能方面存在着很大的差距，并归咎于实用主义教育弊端。这一时期，实用主义教育受到了猛烈的批评，人们指责杜威颠覆式的教育教学方式导致教师作用的削弱，学生掌握系统知识有限，教育教学资源浪费等。杜威的教育理论在遭到社会各界的猛烈攻击与指责后，影响力逐渐消退。1955年，"进步教育协会"的解散宣告美国教育史上一个时代的结束。

到20世纪下半叶，杜威实用主义教育思想在其他教育思想流派的推动下再次产生影响，散发出杜威教育思想光芒的新教育流派走上历史舞台。例如，康茨（George S. Counts）、拉格（Harold O. Rugg）和布拉梅尔德（Theodore Brameld）宣扬的改造主义（Reconstructionism）便是众多新教育思想中有影响力的一支。该流派源于实用主义与进步主义教育思潮，到50年代成为独立的流派，其理念吸收了杜威的教育主张，如"教育应以改造社会为目标、教师应进行民主的劝说的教育"。此外，美国20世纪60年代的课程改革、70年代的"开放教育"也都渗透着杜威的教育思想。到现在，人们也在正确认识、合理运用杜威的实用主义教育思想。

杜威思想对美国教育的影响

现代教育理论的先导

杜威是世界教育史上一名伟大的教育思想家、实践活动家，被美国人称为"创立美国教育学的首要人物"。他的实用主义教育思想不仅全面系统，还洋溢着清新的现代气息。他的教育学是美国教育学的集中反映，其教育理论堪称教育史上的一座丰碑。正如美国学者罗思（R.J.Roth）所说："未来的思想必定会超过杜威……可是很难想象，它在前进中怎么可以不经过杜威而超过杜威。"

除了教学工作之外，杜威大部分时间潜心研究教育，实验和传播教育理念。这一过程中，他广泛地参加了各项学术及其相关社会活动，先后担任过美国心理学联合会会

1932年，杜威作为教育者代表参加独立政治联盟会议并作发言

1934年7月，杜威和哥伦比亚大学的学生参加开普敦的新教育联盟会议
图片来源：John Dewey Papers, SCRC General （ Southern Illinois University Carbondale ）

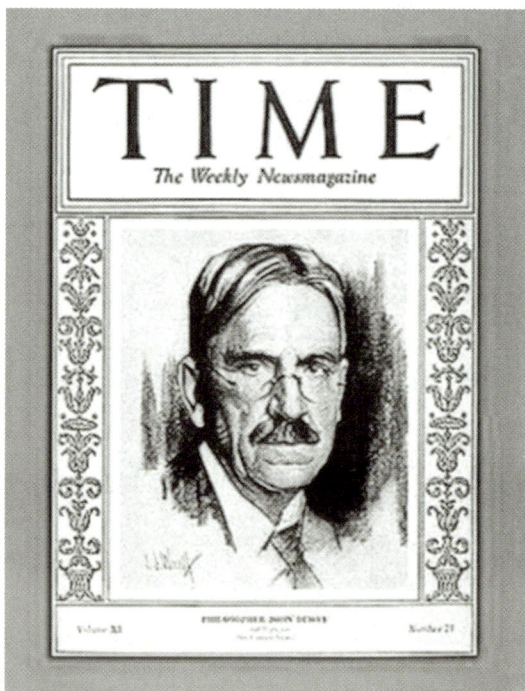

1928年，杜威登上《时代》杂志封面

长、《初等学校纪事》编辑、美国哲学学会会长、美国大学教授联合会第一任会长、人民座谈会主席、独立政治联盟全国主席等职务。杜威的教育足迹遍及全世界，到许多国家进行教育考察、发表演说和撰写教育报告，与学生广泛参与世界各地区举行的教育会议等。他的不少著作也被译成多种文字，在世界各地广泛流传，吸引了无数追随者。

作为创立美国教育学的代表人物，杜威通过在教育领域的不懈努力，使在美国酝酿了多年的重要教育改革思想得以综合，成为前人教育理论的集大成者。虽然杜威做出的建设性综合带有明显的美国特色，然而，它应该被视为主流思想文化史的一部分。罗素特别指出："他创立了一个革新的学派，关于教育方面写了很多东西。""他一生始终不断在教育学方面有所著述，著述量几乎不下于哲学方面的"。

杜威的教育理论是在批判、继承和发展众多前人的教育思想以及长达八年的教育改革实验的基础上逐步建立起来的，它影响了美国乃至整个世界的教育发展进程，对北美洲以外的许多国家都产生了强烈的冲击，如苏联、日本、中国、墨西哥等。虽然这一教育思想曾经遭到社会各界人士的抨击，但是我们不得不承认杜威对教育的贡献是显著的。美国教育家克伯屈曾这样说："至于他在教育哲学史上的地位，依我看来，他是世界上还未曾有过的最伟大的人物。"我国著名学者任钟印提出："三百多年来，名家辈出，力作纷陈……但是和杜威比较起来，其余的人都只看到教育问题的一个或几个局部，而杜威看到了整体；有的人只摸着教育的杆枝细叶，而杜威拥有一片茂密的森林；别人只触及教育的皮毛，而杜威深入到骨髓……真正配称为教育哲学家者，杜威一人而已。真正配称为系统的教育哲学著作者，《民主主义与教育》一书而已。"

教育行动指南和实践基石

杜威的实用主义教育理论是美国进步教育运动的行动指南和实践基石。杜威作为进步主义教育思潮的佼佼者和带头人，他的实用主义教育思想直接影响了康茨、库克（Jack K.Cooke）、克伯屈（William H. Kilpatrick）、纳托尔普（Paul Natorp）、凯兴斯泰纳（GeorgKerschensteiner）等人的教育实践与理论构建，并像"发酵剂"一般潜移默化地融入进步主义教育运动的每一个角落。进步教育运动中教育者提出的各种先进的教学模式、方法、制度以及创办的实验学校都极大地促进了教育的发展，并在历史的长河中慢慢沉淀为人类伟大的教育宝藏。例如，19世纪末，帕克创立的"昆西教学法"（Quincy Plan）引领了全球进步教育运动兴起的浪潮，杜威创办的"芝加哥实验学校"则在很大程度上推动了进步教育实验的发展与兴盛，以及20世纪30年代进步教育协会开展的"八年研究"（三十校实验）对后来美国中等教育与高等教育的发展产生了不可磨灭的影响。

进步教育运动的影响波及全球，其最重要的意义在于解放了传统教育对儿童的束缚，促使教育者在实施教学过程中开始从儿童的角度思考问题，更加关注儿童的兴趣、爱好和身心发展水平。然而，进步教育运动在避免传统教育的极端形式主义的同时，却走到了另一个极端——浓厚的"儿童中心"和极端的个人主义倾向，就连一直以来对进步教育运动表示支持和赞扬的杜威也对其极端做法提出了尖锐的批评。1930年，他在《新学校有多少自由？》一文中指出，一部分进步学校过分强调"儿童中心"的观念只会导致对儿童的放任自流。1938年杜威又在《经验与教育》一书中提道："进步教育运动的根本错误就是把自由本身当作了教育的目的。"我们可以看到杜威的实用主义教育与进步主义教育之间确实存在着差别，但是我们不能否定杜威对进步教育运动的影响，正如我们不能否定进步教育运动对人类教育事业的影响一样。总之，杜威的实用主义教育思想与进步教育思潮不仅影响了20世纪美洲及欧亚各个国家的教育改革，而且在21世纪的今天仍然有着重要的研究价值和借鉴意义。

美国于1968年发行的杜威纪念邮票
图片来源：百度图片http://image.baidu.com/search

杜威与墨西哥教育

独立后的墨西哥教育改革

墨西哥合众国（The United States of Mexico）是拉丁美洲的一个文明古国，北部与美国接壤，闻名于世的玛雅文化就是由生活在这片土地上的古印第安人所创造。1524年墨西哥沦为西班牙的殖民地，本土的教育系统也因此被摧毁。"在1821年墨西哥获得独立前，墨西哥城一共只有十所小学，总计20000名学龄儿童中只有1500人上学，入学率只有7.5%。"1821年，墨西哥宣布独立后，百废待兴的国家开始迈入自主发展道路，教育事业也随之得以重建。此时，欧美邻国先

墨西哥的男童学生

图片来源：John Dewey Papers, SCRC General（Southern Illinois University Carbondale）

墨西哥铁路

图片来源：John Dewey Papers, SCRC General （Southern Illinois University Carbondale）

墨西哥的山野

图片来源：John Dewey Papers, SCRC General （Southern Illinois University Carbondale）

进的教育思想和制度受到墨西哥关注，并对其教育系统的定位与发展产生了重要的影响。

20世纪初期，墨西哥借助铁路网的修建以及电能源的引进，推动了城市化的早期发展。墨西哥革命后，社会局势相对趋于稳定，国家开始将发展的重心转向经济建设，但是总体来说墨西哥城市化进程相对缓慢。直至1940年，墨西哥仍然是以农业为主的国家，只有少部分人生活在城市。墨西哥在经济上的落后影响着教育的发展与进步，走向独立后的墨西哥急需复兴国家经济和文化事业。

"由于墨西哥是一个以农立国的国家，3/4以上的人民都是农村民众，其中又有5/6的村民住在乡村，其余则散居于荒凉的山野中或孤独的村庄里。"所以，为了使国家教育真正造福广大民众，墨西哥的教育发展及改革都着眼于农业、农村和农民。相对而言，墨西哥新教育的核心便是乡村教育。这一时期墨西哥政府在教育立法、初等教育与成人教育、师范教育、高等教育、少数民族教育等方面也取得了较为显著的成就。

教育立法

墨西哥独立后，于1824年颁布了第一部国家新宪法，建立了墨西哥各级各类教育机构和学制系统。不过，此时期墨西哥的教育领导权和受教育权仍不归国家所有，而是由教会和私人企业掌控，浸润在浓厚的宗教氛围中。1833年，时任总统瓦伦丁·法里亚斯（Valentín G. Farías）开始对墨西哥教育进行自上而下的改革，改革提出："教会控制高等教育是国家的耻辱；作为独立的国家，墨西哥应该建立由国家参与制定和指导教育发展的准则。"这次改革从立法层面为教育的世俗化提供了保障，努力挣脱殖民和宗教束缚的墨西哥人民可谓取得了一次突破性的教育进展。

1842年，保守派执政党尝试推行免费义务教育和国家学校发展计划，以期改革墨西哥国民教育。然而，墨西哥一直处于内忧外患的局势之中，国内不断的政治武装斗争与美墨战争对教育造成了严重的不利影响，改革的尝试最后以失败告终。尽管此次政府推行的教育改革没能在实践中取得较好成就，但是却为后来的教育改革营造了良好的氛围。1867年，胡亚雷斯（Benito P.Juárez García）总统颁布了《教育组织法》，该法令强调教育的国家性、统一性、义务性和世俗性。墨西哥的小学教育自此受到了重视，除开办公立小学外，政府明确要求各企业、工厂、农场和矿山主创办学校以保证职工子女的入学权益。1870年，胡亚雷斯总

墨西哥总统胡亚雷斯（1806—1872）
图片来源：http://image.baidu.com

统颁布了义务教育法令，该法令进一步保障了儿童接受初等义务教育的权利。在普及教育方面，"墨西哥是拉美教育史上第一个以法律形式确定实施免费、普及小学教育的国家"。20世纪80年代开始，墨西哥继续坚定地进行教育改革，并于1889年、1891年召开教育会议改革学制，墨西哥的教育开始逐步迈向学制系统与教育体系一化、规范化的日程。

1917年墨西哥政府颁布了《墨西哥合众国宪法》，新宪法明确规定推行免费的初等义务教育，并确定了墨西哥教育"民族、民主和科学"的教育方针，意在通过科学战胜愚昧，依靠民主促进和睦。新宪法还规定教育应以协调发展人的所有能力为宗旨，教育是世俗的和人本主义的，应为改善人类共同生活做出贡献。新宪法的颁布表明独立后的墨西哥教育向着自主平等、科学化、普及化的方向发展，与独立前的教育立法呈现出截然不同的面貌，为墨西哥教育事业走向现代化奠定了良好的法律基础。

经过历届政府的努力，墨西哥的国民教育取得了巨大的进步。然而，面对当时墨西哥落后的教育水平以及地方政府管理不善的状况，同时为了贯彻和实施1917年宪法中有关教育的条款，墨西哥于1921年采取了中央集权式的教育管理体制，由联邦政府统一管理全国教育事业。

乡村教育运动

自20世纪20年代以来，墨西哥开始普及乡村教育思想。随着1921年墨西哥教育部的正式成立，乡村教育运动如同燎原之火一般在整个国家蔓延开来，到了1924年，运动已在各地如火如荼地进行。乡村教育运动为百废待兴的墨西哥国民教育带来了一抹晨光。正如汤尼包姆博士（Frank Tannebaum）所描述："墨西哥革命产物中最伟大卓绝的，莫如农村教育运动。其规模的宏大、计划的周详、方法的新颖、感人的深切，以及影响于社会文化之盛，不特是美洲所未见，或亦全世界各国所未有。"墨西哥的乡村教育运动主要是从以下几方面来展开工作的。

第一，在教师选聘与职责方面。乡村学校的教师由政府挑选，他们多是德才兼备且有影响力和号召力的村民，薪水由政府承担。乡村教师在乡村生活中承担着多种职责，扮演着多重角色，他们不仅传授知识技能，而且参与乡村社会的组织和管理，是乡村社会的领袖。对于本村的居民而言，乡村教师具有别样的意义。关于乡村教师的精神面貌和价值，可用曾担任教育次长的萨恩斯（Moises Saenz）的话来佐证："你在我们的实行工作中，必能发现中古时代十字军军士的精神。……他们最显著的就是牺牲和服务精神，百折不挠的毅力，对于工作的价值，像有孩提那样的信仰心。他们有丰富的理想，也有勇敢的态度。"

第二，学校教育目的与规章制度方面。乡村学校的主要目的乃是要教化村民，提高民众的文化素养，促进社会的发展和进步。在此运动中，教育的社会功能被发挥得淋漓尽致。同时，在规章制度的制定方面，乡村学校拥有极大的自主权，教师可根据当地居民的生活与需求自行制定学校的制度。这种乡村教育管理自治的模式彰显了真正的民主风格。

第三，学校场地与设施方面。校舍的搭建和教具的制作通常都就地取材，遵循简单实用的原则。一些乡村小学就地在旧教堂或无人的空房子里进行教学，大部分校舍都是由土砖所造的一层高的长方形平顶建筑，内外饰以白粉或白漆，屋顶合以红瓦。这种红白相间的设计往往使学校成为全村中最吸引人的地方。当然这引人注目的校舍不仅表明学校与乡村其他公共场所与众不同，更为重要的是学校所蕴含的文化气息、价值理念在全乡村中起到了引领和示范作用。

墨西哥的学校
图片来源：John Dewey Papers, SCRC General （Southern Illinois University Carbondale）

墨西哥一个班级的学生合影

图片来源：John Dewey Papers, SCRC General （Southern Illinois University Carbondale）

除了自行建设校舍之外，村民还自己动手制作教室的桌椅、黑板等教学用具。另外，为了帮助村民转变原有的生活方式，各地的乡村学校还建立起一间分为起坐室、厨房与卧室三间的示范屋，期望通过示范的途径来改善村民们的起居生活方式。

第四，学校课程与教学安排方面。乡村小学的主要课程有个人卫生、西班牙语、公共卫生、通俗艺术（音乐、戏剧等）、体育、农学、医学常识等。学校是为村民服务的，所以，乡村小学的课程设置都来自村民的实际生活需要，而非由上级政府或专家制定，他们实行的是生活的教育、民众的教育。在教学安排方面，乡村小学分为白天和黑夜两个阶段的教学。其中白天教学以村民的生活需求为主，教授一些生活技巧与社会技术。而黑夜的教学内容则更加丰富，大家聚在一起商讨事务、传播文化以及解决问题，还会进行一些娱乐表演以供修养身心，这种夜校因与民众日常生活紧密相连，且不耽误白天工作而颇受欢迎。

文化教导团与乡村师范学校

1923年10月，由公共教育部长瓦斯孔塞洛斯（José Vasconcelos）统一领导、官员麦德林（R Medellin）组织的第一个文化教导团（又称为文化讲习团）成功开办。文化教导团是一种通过在各地巡回教学进而培养高质量乡村师资的教师教育模式，其最终目标是通过教师教学质量的提升来发展乡村教育。文化教导团从社会各界选拔优秀人才作为团员（也称之为"专家"）来担任乡村教师的教师。这些专家德艺双馨，他们各有所长、各司其职。为了减免巡回教学奔波的劳顿，文化教导团还专门设立了一个固定的培训中心，各乡村小学教师必须定期到这里进行为期一个月的学习。同时，另设有监督人员——乡村教育司长，对文化教导团进行监督、检查。

文化教导团制定了规范团员工作的大纲和训令，工作大纲对不同行业的专家提出了更加具体化的要求，如服务于社会事业的专家训令是从训练教师、训练村民和教授儿童等三方面制定内容。文化教导团主要从卫生教育、儿童教学工作、家政学、手工艺教学、农学、体育与娱乐等方面开展工作。它不仅旨在对乡村教师进行教学培训，更重要的是通过乡村教师这个关键的中介人物来促进所在村庄的文化事业建设。

政府采取的教育举措使这个贫穷落后的国家散发出了无穷的生机与活力，作为弱势群体的劳动人民开始从愚昧闭塞向着朝气蓬勃的生活状态转变。可见，文化教导团虽然在教师教育的专业化和系统性上存在不足，但是这种非学院式的巡回培训具有更大的灵活性与针对性，为墨西哥培养了一批有责任的乡村教育者和文化建设带头人。文化教导团在特殊的历史背景下产生，有一定历史局限性，但也在这种局限下继续向前发展。

当然，文化教导团单独的力量远不能满足人民对教师的需求。为了突破师资短缺的困境，早在19世纪下半叶，拉丁美洲各个国家就已经开始从别国聘请优秀教师。在墨西哥，由德国和瑞士教育家开办的瓜达拉哈师范学校（1881年）、普埃布拉师范学校（1881年）、墨西哥城师范学校（男校1887年、女校1889年）等院校，为国家培养出了许多优秀的教师和教育家。值得关注的是，在这一时期，实证主义教育思想也开始随着外国教育家的到来在墨西哥盛行起来。1896年，墨西哥的国立预科学校还进行了带有实证主义教育性质的课程改革。总之，在文化教导团与国外专家开办师范学校的双重影响下，墨西哥的师范教育逐渐进入到快速发展时期。

墨西哥的乡村师范学校在1922年后应运而生。乡村师范学校所要训练的有三项主要工作，即"儿童教学法、教学成人卫生及改良生活的方法、联合民众以作改进社会及经济问题的方法。"乡村师范学校的学制分为两年制和三年制，学校根据学生的入学程度确定其修业年限，学生要学习的科目有："墨西哥语言、算术、社会学科、自然、歌唱及体育，家政学、农作、工场技术及乡村工业，儿童研究及教育原理，乡村小学组织及行政，教学法等。"乡村师范的教员在课程实施上拥有较大的自主权，课程标准有很大的伸缩性，教员可根据教学实际情况去诠释和适用课程。

乡村师范学校不仅关注对学生进行知识技能的培养，而且希冀教化百姓，使其发挥主观能动性改善农村贫困状况。可见，乡村师范学校的根本目标同样是借助教育来教化民众，促进社会发展。

根据史料描述可以发现，文化教导团和乡村师范学校分别是墨西哥教师教育的典范，二者在不同层面保障了墨西哥的教师质量，其差异主要体现在以下两个方面：首先，教育层次与对象不同。文化教导团是职后教师教育，主要针对乡村教师开展培训；乡村师范学校则是职前教师教育，目的是培养乡村学生成为未来的优秀教师。其次，教育方式不同。文化教导团以专家巡回培训的方式教导全国各地乡村教师，再由接受培训的教师对乡村学生进行教育，是一种上施下效、导传师承的三级相连方式，有较大的灵活性；乡村师范学校则在规定的时间、地点向学生传授更为全面的学习内容，有较强的系统性和学术性。虽然二者存在较大差异，但是就其振兴乡村教育、培育乡村文化的使命而言，二者是一致的。

在这两种师范教育活动的基础上，墨西哥的乡村教育事业逐渐向着整体化和组织化的方向发展。它们为墨西哥培养了大批的知识分子、农业与手工业技术人才，为墨西哥的教育事业做出了重要贡献。以上教师教育模式将教导团专家、乡村教师、学生与村民等各层级人员融为一体，并衔接职前与职后两阶段来培养师范人才、壮大师资队伍，这相对于墨西哥之前单一简陋、无序无章的乡村教学方式而言，已是较大的进步。

大学建设

墨西哥享誉世界的高等学府非墨西哥国立自治大学莫属，而墨西哥的大学早在长达三世纪的西班牙殖民统治时期就开始萌发。1551年9月21日，西班牙国王菲利普二世（Philip II）在西班牙签发了在墨西哥创办大学的官方文件，由于办理各种手续以及地理距离远，直到1553年1月25日，墨西哥皇家大学才正式开学，这标志着墨西哥高等教

今日的墨西哥国立自治大学

育的起步与发展。1595年10月，罗马教廷根据教皇克莱门特八世的要求发表教谕，承认该大学，自此，墨西哥皇家大学改名为墨西哥皇家教会大学（又称为墨西哥皇家和罗马教皇大学、皇家教廷大学），这凸显了拉丁美洲殖民地早期大学具有的公、私立融合的典型特征。墨西哥皇家教会大学是拉丁美洲地区历史最悠久、规模最大的高等学府之一，但是受西班牙独立运动的影响，分别于1833、1857、1861和1865年暂时关闭。自创办以来，这所饱经风霜的大学几经停办、复校，创办经历一波三折。1910年，它又以墨西哥国立大学的新面貌出现在人们的视野中。

由此可见，20世纪初期墨西哥的大学总体建设缓慢、机构匮乏，在其发展过程中不断受到战火和政治的恶劣环境干扰，尽管如此，墨西哥国立大学顽强而艰难地开办着，为这个政治格局变化多端的国家的人民提供了珍贵的高等教育机会。

印第安人肖像画

印第安人教育

1891年，墨西哥政府颁布正式法律文件，要求在全国实行富有国民特色、有助于培养学生国家认同感的教育，且各级学校必须开设西班牙语（官方语言）课程。语言是形成民族凝聚力与文化认同感的重要中介，所以，这一举措对于独立后追求统一的墨西哥来说显得尤为重要。

在这种强调统一和集中的教育目标驱使下，墨西哥政府先后颁布了各种教育政策来增强"同一色"的教育。1911年颁布的《基本指导法》明令禁止印第安人在学校使用印第安语。1917年颁布的《墨西哥合众国宪法》再次强调了墨西哥教育民族统一的重要性。可见，墨西哥政府为了强化民族认同感所颁布的教育政策并未注意到少数民族的多样化需要，土著人的印第安文化一直处于被压抑和缺乏关怀的状态。

随后，墨西哥政府开始慢慢转变对当地土著人（印第安人为主）的教育态度。墨西哥公共教育部（Department of Public Education）在1921年增设了土著教育文化科，目的是通过对土著印第安人进行西班牙语的文化教育，使其儿童和青少年也能够进入普通学校学习。印第安人教育权益的获得彰显了墨西哥少数民族教育的进一步发展，但这一时期的印第安人仍然处于学校教育的边缘地带，因为他们接受的仍是以西班牙语为主的主流教育，印第安人特有的文化被排在国民教育体系之外。

概言之，20世纪初期，由于社会各方面的迅速发展以及传统教育弊端的显露，拉丁美洲国家开始关注教育改革并将其提上日程。此时，欧美的教育革新思想陆续传入拉丁美洲，杜威的实用主义教育思想也在这一潮流中进入墨西哥，并对其教育实践产生了深刻影响。例如，"1908年墨西哥颁布的法令规定农村学校应开设农业实践课，学生在学校的农田里种植蔬菜、植物和花卉，饲养动物"，这一政策便是墨西哥早期将杜威实用主义教育理念在教育教学领域贯彻的范例。另外，教育家阿尔瓦拉多建议学校在户外进行教学，不规定教学计划和大纲，让儿童随时通过体验和观察进行学习。同时，公共教育部次长萨恩斯也在一定程度上传播了杜威的教育思想。他在1921年获得美国哥伦比亚大学教育学院硕士学位，后来曾工作于纽约市林肯学校，因此对美国的教育实践及其理念有着深切的体会。

杜威访问墨西哥及其影响

1924年，墨西哥的新总统卡勒斯（E．P．Calls）上任后对社会诸领域进行了大规模的改革。在这种以变革为风尚的环境下，越来越多的学者和教育家开始投身到改革浪潮之中，他们热衷于学习国外经验，为墨西哥引入了邻国的先进教育理念。赫赫有名的杜威自然是墨西哥学者的首要关注对象。因此，杜威的思想与著作开始被越来越多的墨西哥人所了解。实用主义教育思想向南越过边境来到墨西哥这片新鲜的土壤上大放光

1926年，杜威访问墨西哥
图片来源：John Dewey Papers, SCRC General （Southern Illinois University Carbondale）

彩，并逐渐成为另一场改革的发酵剂。

1926年夏，墨西哥政府邀请杜威夫妇前来访问，他们愉快应邀。杜威夫妇受到了墨西哥人民的热烈欢迎。访问期间，杜威在墨西哥大学暑期班开设了"当代哲学思想"与"进步教育问题"两门课程。暑期班本是为那里的美国教师和该校学生开设（共计500—600人），但是杜威开班后却发现课堂上有许多墨西哥教师前来听讲，听众远远超过预期人数。于是，杜威采用了在中国演讲时用到的方法——每次讲演他都会将大纲提前交给翻译，并转换成西班牙语。访问期间，杜威不仅做了有关教育和哲学问题的精彩讲演，同时他还担任了墨西哥政府的教育顾问，对其教育发展提供咨询。美国教育史学家布里克曼（W．W．Brickman）指出："对杜威教育思想的兴趣，无疑是由于第一次世界大战后墨西哥政体、社会和生活等方面的改革而引起的。"

令人难过的是，爱丽丝到墨西哥不久后就因病不得不回国治疗。1926年8月底，伊夫琳前来墨西哥陪伴杜威，并帮助杜威考察墨西哥教育。

为改进墨西哥教育以及为其推进教育现代化提供建议与咨询，杜威在访问期间对墨西哥教育进行了全面的考察。他充分利用在暑期班上课的时间和资源，在墨西哥教师的帮助下更好地了解墨西哥教育问题。他还利用周末走访农村学区，感受真实的教育发展状况。杜威在与土著印第安人交往的过程中不禁赞叹他们的能力以及政府为他们所做的事。他曾写道："落后的国家在教育上会有更大的机会，当它们在学校道路上开始前进时，很少会遇到传统和习俗的阻碍……我应该承认，我从未发现很多证据支持这一理念……但是，印第安人农村学校的精神和目的与墨西哥师范学校一样恢复了我的信念。"正是在全面细致、深入群众的走访后，杜威才提出了切合墨西哥实际的教育改革建议。

事实上，在第一次世界大战以后，墨西哥的教育发生了很多变化，其中渗透着杜威的实用主

学生们在户外一起进行解决问题的学习
图片来源：John Dewey Papers, SCRC General （Southern Illinois University Carbondale）

义教育思想。杜威访问期间也发现墨西哥的教学方式十分灵活，设计教学法被学校广泛采用，儿童则更多地依靠经验而不是记忆进行学习。杜威对此见闻感到非常欣喜。归国后，他还特别评论道："在墨西哥教育发展中所呈现的学校活动与社区生活紧密结合的那种精神远远超出世界上任何教育活动。"从杜威的言论中，我们不难发现墨西哥在突破传统教学方式上取得成效。

对墨西哥的访问使杜威感触颇深。之后，杜威在1926年8月至1927年3月间，接连在《新共和》（New Republic）杂志上发表了《墨西哥的教会和政府》《墨西哥的教育复兴》《选自一个墨西哥人的笔记》《帝国主义是寄生的》等四篇文章。杜威在这四篇文章中真实地展现了墨西哥人的社会生活状况，并且在《墨西哥教育复兴》一文中专门对墨西哥的教育改革进行了评论。另外，杜威还赞扬了墨西哥的农村教育，他明确指出："对于墨西哥来说，农村学校不仅是一次革命，而且从一些方面来看，是在世界上任何地区所进行的最重要的社会实践之一。它标志着将占总人口80%的印第安人结合到社会整体中的一种认真的和系统的尝试。"除此之外，墨西哥创立的"文化教导团"这一创新师资训练模式也得到了杜威的关注和赞赏。杜威在墨西哥时，"已有六个文化讲习团服务于2572所农村学校，在2916位教师中有2327人进入文化讲习团接受训练"。这种大规模的、卓有成效的师资训练方式让杜威兴趣倍增。

老师带领同学们在室外开展学习活动

图片来源：John Dewey Papers, SCRC General （Southern Illinois University Carbondale）

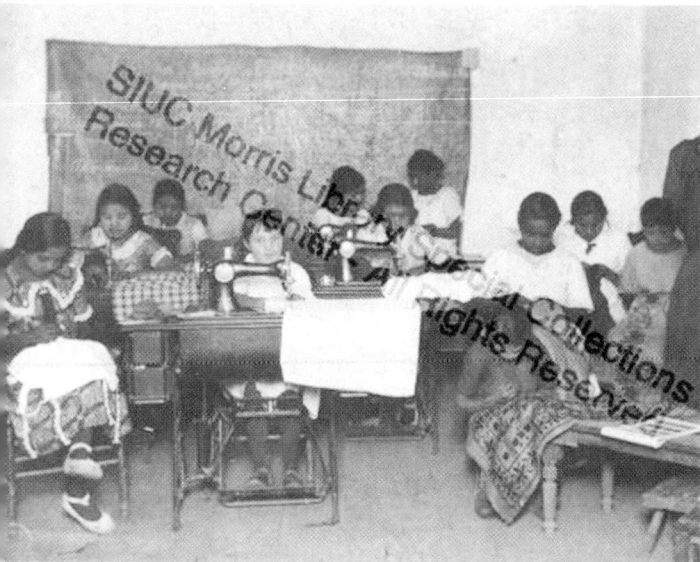

一节缝纫课堂，孩子们正在学习如何用手工或者缝纫机进行缝纫
图片来源：John Dewey Papers, SCRC General （Southern Illinois University Carbondale）

学生们在进行户外锻炼
图片来源：John Dewey Papers, SCRC General （Southern Illinois University Carbondale）

可以说，在20世纪初，尤其是20年代，"墨西哥的教育改革和发展主要就是以杜威实用主义教育思想为依据的"。在这一发展过程中，杜威的实用主义教育思想对墨西哥来说宛如一股有力的浪潮，席卷了诸多教育领域。美国教育史学家布里克曼曾经转述一位教育家的话："20世纪20年代，墨西哥学校的课程几乎完全是偏向于'黎明高地（指纽约市哥伦比亚大学教育学院附近的高地——译者注）'的这个大师的一边。"布里克曼的言论很好地印证了杜威在墨西哥留下的足迹和影响。然而不可忽视的是，在教育改革的历程中，墨西哥教育家与行政管理者们勇于突破定势、善于求知的精神，同样为提高墨西哥民族凝聚力和人民的文化素养发挥了举足轻重的作用。

杜威回国后，墨西哥的教育又取得了进一步的发展，杜威在墨西哥的影响力也逐步扩大，尤其是初等教育的教学法方面，以儿童和活动为中心的新教法被学校大范围采用。到1936年左右，墨西哥全国的乡村小学已达7000余所，这些学校更加广泛地践行切近实际的活动式教学，可以说是真正的"活动学校"。此外，乡村小学采用的教学方法非常关注儿童的个体差异。除团体教学外，教师更加注重对儿童的个别训练，学校给予儿童更多时间进行作业和学习。如上图所示，墨西哥的儿童和教师在多样化的活动中开展学习。正如我国教育学者程炎泉在他的文章中所说："他们真是在实行着'从做上学'，杜威的学说，他们是奉为圭臬的。"由此可见，20世纪30年代，杜威的实用主义教育思想已经渗透到了墨西哥教育发展的各方面，"儿童、活动和经验中心"的理念转变为教学实践影响了墨西哥儿童的学习和成长。特别是杜威在1926年的访问考察，着实为墨西哥提供了更具针对性和操作性的教育发展指南。

1926年访问墨西哥后，时隔11年，已经78岁的杜威在1937年再次来到墨西哥。但是他这次到访却和教育无关，杜威以"控诉莫斯科对托洛茨基审判调查委员会"名誉主席的身份，前来墨西哥调查斯大林的政敌托洛茨基。杜威在调查此事后发表了托洛茨基的《无罪》（*Not Guilty*）报告。

杜威与日本教育

明治维新后的日本教育

19世纪60年代，受到西方资本主义工业文明的冲击，日本开始改变闭关锁国的政策，朝着"破从来之陋习""求知识于世界"的目标前进。明治天皇政府继而打开国门，进行了一系列具有资本主义性质的全面西化与现代化的改革运动，即明治维新。明治维新在政治制度上主张建立君主立宪政体；经济上推行"殖产兴业"，学习欧美先进技术，大力推广工业化；在社会文化方面提倡"文明开化"，推行社会生活欧洲化等措施。另外，明治政府还对日

明治维新时期的日本教育

本的宗教、军事、交通、教育等领域进行了全面的变革。

日本政府高度重视教育改革，认为教育对实现社会"文明开化"具有关键性作用。明治维新时期，以最高统治者天皇和他的重要朝臣岩昌具视、木户孝允、森有礼等人为代表的政治家，与以福泽谕吉为代表的教育家，在全国范围内发动了一股学习"西学"、批判传统儒家教育思想的浪潮。他们主张将西方国家的教育制度移植到本国教育体制中来，强调课堂教学中自然科学的价值以及儿童的独特个性和发展潜能，强调教育的实用价值。改革家们还认为国家有责任为人民提供义务教育。于是，日本政府进行了史无前例、意义深远的教育变革，在教育立法、教育政策、人才培养与引进、教育目标、学制系统等方面全面改进日本教育。

1871年，日本政府在中央设立文部省，负责统筹全国教育事业及宗教事务，并积极开展学校教育立法。实践证明，文部省颁布的教育法令对全国教育事业的发展起到了良好的指导与规范作用。在文部省的带领下，日本积极向西方学习，其指导要领可表述为："一是功利主义的、立身主义的学校目的论，要求通过学校学习，'人人立其身，治其产，兴其业'；二是求实主义的学问观，否定幕府时期的'空理虚谈'，树立务实、学以致用的学风。"我们可以看出日本政府对欧美教育理念抱以十分乐观的态度，新颖的思想为日本的教育革新点燃了火光。

明治维新时期，日本政府大力普及小学基础教育。为了进一步发展教育，明治政府还逐步发展了实业教育、师范教育、高等教育等不同类别的教育，奠定了教育现代化的早期基础。例如，1872年《学制令》的颁布为日本近代中等学校的建立提供了指引；1886年颁布的《师范学校令》为日本的教师队伍建设提供了保障。同时，为了拥有更多的高技术人才，明治政府不仅将本国学生派至海外留学，而且还在国内创办新式大学。这样一来，在"和魂洋才"方针的指导下，日本一方面保留本国传统文化与民族精神，另一方面大力引进西方教育思想、文化和先进科技，以大力促进本国繁荣发展。日本大正天皇在位时期（1912—1926年），为美国先进教育思想和制度的传入提供了机遇。

值得关注的是，明治维新时期，日本著名的启蒙教育学家福泽谕吉基于"文明开化""教育救国"的思想提出了"崇学致用"的教育学说。他严厉地批判了封建统治下文教政策的空疏无用，主张崇尚"实学"才能使日本走向强大。因此，福泽谕吉提出向西方发达资本主义国家学习先进的科学技术，尤其是自然科学知识。他还将自己经世致用的教育思想付诸实际：他创办的私塾广设数学、地理、历史、簿记学、商法

日本教育家福泽谕吉

和经济学等实学科目，旨在让学生通过此类科目的学习，成长为推动日本资本主义发展的实业家和科技人才。他还强调学校教育的世俗化，教育应与人民的生产劳动、生活实践结合在一起。福泽谕吉更是被人民尊称为"国民教师""明治时期教育的伟大功臣"。他的代表性著作《劝学篇》，从1872年第一篇发表之日算起，到1876年第十七篇为止，总发行量达七十万册。他通俗易懂的写作方式使得该书在广大人民群众中极受欢迎和追捧，平均每50人就拥有一本《劝学篇》。《劝学篇》在日本可谓是妇孺皆知、家喻户晓。福泽谕吉富有资产阶级教育理念的主张，也深深地影响了明

治维新时期的日本教育事业。明治政府1872年发布的《关于奖励学事的被仰出书》一书，就受到了明治启蒙教育思想的深刻影响，尤其是福泽谕吉的教育思想在书中更是随处可见。该书阐述的教育观——"四民平等，功利主义、立身出世主义"以及学问观——"实学主义即学问是生活实用之学"，正是福泽谕吉所提倡的"经世致用"之体现。这种浓郁的教育改革新风与励精图治的社会改革氛围，为杜威教育思想在日本的传播奠定了基础。

杜威思想在日本的早期传播

1907年（明治四十年），实用主义开始传入日本。首先受到影响的是日本文学界一些自称为自然主义文学流派的作家，他们中以实用主义为核心理论刊发的文学作品有很多，如《早稻田文学》刊物上1907年末刊发的片上天弦著《人生观上的自然主义》，

1908年刊发的白松南山著《哲学上的自然主义》，1909年刊发的岛村抱月著《怀疑和自由》，还有《中央公论》上刊发的田中王堂论文《论岩野泡鸣氏的人生观与艺术观》等。后来到了大正时期，日本正式形成了以早稻田大学为主的实用主义研究中心。随着实用主义的传播，它很快就融入教育学、心理学、语言学、经济学等具体的学科领域中。总之，早期的日本实用主义学者所代表的是民间哲学，学者们通过不懈的学术研究，为实用主义渗入教育领域奠定了良好的理论基础。

事实上，早在1888年，日本的《宇宙》学术刊物就刊登了元良右二郎的《杜威氏心理学》一文，他是第一位在正式刊物上介绍杜威学说的教育家，这使得杜威的名字开始被人们了解。受杜威教育思想的影响，1902年，以元良右二郎为首的教育家们组织成立了"日本儿童研究协会"（Japan Children Research Association），进一步宣扬"儿童中心"的教育理念。元良右二郎作为日本早期杜威研究者的"领军者"，在弘扬"杜威精神"方面发挥了无可比拟的作用。

继元良右二郎之后，又有中岛力藏、成瀬仁藏、田制佐重、田中王堂、帆足理一郎等学者深入钻研杜威思想，这一批研究杜威的先锋者就是后人所熟知的"早稻田小组"（Waseda Group）。他们的贡献主要集中在对杜威著作的翻译和理论介绍层面。例如，中岛力藏翻译了第一个日文版的《伦理学理论批判纲要》；成瀬仁藏（东京女子大学的创办者）曾赴美学习深造，回国后他经常在各种场合（如课堂、演说、会见政要等）宣传杜威的实用主义教育思想。这些学者为杜威教育思想在日本的传播奠定了良好基础。

纵观这一时期可知，前仆后继的杜威研究者不断扩大着实用主义教育思想在日本的影响力，同时杜威的哲学与心理学思想也一同在日本大放光彩，形成了当时的"杜威热"。

伴随着进步教育运动、实用主义教育思想在日本的迅速传播，"杜威性质"的实验学校开始在日本纷纷建立，例如四所官办高等师范学校的附属小学——东京高等师范学校附小、东京女子高等师范学校附小、广岛高等师范学校附小、奈良女子高等师范学校附小等，它们都是以杜威的教育思想为指导开办的，这些学校本身也承载了宣传实用主义教育思想的使命。

另外，还有一些新出现的学校，如及川平治创办的明石小学校（1907年）、西山哲治创办的帝国小学校（1912年）、中村春二创办的成蹊务实学校（1912年）、泽柳政太郎（另译为泽柳政太郎）创办的成城小学校（1917年）等，这些创办于20世纪初期的实验学校从办学理念到教学实践都体现了实用主义教育思想的印记。

以上学校中，由西山哲治创办的帝国小学是当时新学校的典范。该校是西山哲治按照杜威的教育思想设计的一所灵活性很强的私立学校，学校规模较小，从幼儿园到六年级一共200多人，10名教师，每班学生不超过30名。儿童在自由的环境中学习，教师的角色转变为了指导者和鼓励者，学校的管理灵活而不失秩序，课堂气氛轻松而不失严谨。帝国小学的课程设置也具有与众不同的特色，学校游戏活动时间长，主张通过各类活动来培养学生勤劳、好学、自主、自立的品质，还特地为男生开设了缝制课。可见，杜威"从做中学"的教育理念在这所学校得到了完整地体现。

泽柳政太郎和成城小学校
图片来源：http://image.search.yahoo.co.jp

成城小学校由泽柳政太郎在1917年4月创立。学校以"个性尊重的教育、亲近自然的教育、心情的教育、科学研究作为基础的教育"等四大主张作为办学依据。成城小学校在学制上实行春秋两期入学,班级规模上亦实行小班教学(每个班级人数控制在30人以内)。作为一名勇敢的教育实践者,泽柳政太郎一方面革除小学校以往陋习——低年级禁设修身课,一方面采取新的措施——低年级始置理工科。这种注重实用而非伦理修身的教育实践,有力地革新了陈旧的教育模式,身体力行地将实用主义运用于学校教育。对于当时其他欲创办学校的教育者来说,成城小学校无疑起到了一种良好的示范作用。

实用主义教育思想在日本的传播,为杜威的访问创造了良好的思想基础和实践环境,日本教育界人员和杜威的追随者们不断寻找机会邀请杜威本人来日本亲授经验。

杜威访问日本、演讲

1918年末,日本工业银行的副总裁小野荣二郎博士力邀杜威访问日本,说服日本财政界和慈善界涉泽荣一提供经费赞助。杜威在学期工作临近结束时打算携夫人到日本去旅行。他在给友人莱文森(Salmon O. Levinson)的信中写道:"我和夫人已经决定……对我们来说这个机会难得。所以,我们派人拿护照,预定了1月22日赴日本的船票。"当这一消息传到东京时,东京帝国大学(Tokyo Imperial University)立刻筹备起了邀请杜威来演讲的工作计划。杜威夫妇访日活动得以成行是一系列因素推动的结果。

终于,1919年1月22日,杜威夫妇乘坐"春秋丸"号客轮离美赴日。经过多日路程,杜威夫妇在2月9日上午抵达日本横滨,他们计划在日本进行三个月的停留。接下来,杜威夫妇在日本开展了正式的学术宣传之旅,并举行了连续数场影响深远的讲座。杜威在日本的演讲主要包括在东京帝国大学举办的《现代哲学的地位——有关哲学改造的一些问题》(The Position of Philosophy at the Present: Problems of Philosophic Reconstruction)系列讲座和在东京女子大学举办的《哲学、宗教和教育的新趋势》(New Tendencies in Philosophy, Religion, and Education)演讲。

其中,杜威在东京帝国大学的演讲影响最为深远。一方面体现在演讲的系统性和持续性上，该系列讲座从1919年2月25日延续到了3月21日，近一个月之久，使杜威能够较全面地介绍自己的哲学思想；另一方面则体现在演讲的专业性和学术性上，该系列讲座包含了有关哲学的理论、实践与影响等主要内容，杜威科学地阐明了哲学的基本概念与论争以及哲学与社会改造之间的关系。这一系列讲座的主题具体包括哲学在变化中的概念、思辨与行动的知识、哲学改造的社会原因、现代哲学与哲学改造、关于经验和理性的已变的概念、影响逻辑的改造、影响道德和教育的改造、影响社会哲学的改造。这些演讲清晰地反映出了杜威对哲学的认识和实用主义倾向。第二年，杜威便将这些演讲汇集成书——《哲学的改造》（*Reconstruction in Philosophy*）并出版，这本书是杜威哲学思想的经典著作，无数后人希望借此书来通晓杜威的哲学理念。杜威在日本的每场演讲都有众多教育学者和哲学家慕名而来，杜威的思想与越来越多学者交流碰撞，摩擦出思想的火花。当然，日本政府也对杜威的到来持友好态度。据悉，日本总理大臣本要授予杜威"旭日东升"勋章，但是非沽名钓誉的杜威拒绝接受。从中我们可看出，杜威不仅受到日本民间学者的热捧，而且受到了来自官方政府的肯定与尊敬。

除演讲外，杜威夫妇还一同参观了东京女子大学的附属姬城小学和幼儿园。这次参观给杜威留下了良好印象，或许是学校的场景勾起了杜威对芝加哥实验学校的回忆，他

1949年，杜威和家人在日本的北海道
图片来源：John Dewey Papers, SCRC General（Southern Illinois University Carbondale）

对自己看到的儿童学习情景感到十分激动。杜威在写给子女的书信中，大力赞扬了日本学校正在进行的教育改革，他惊叹日本的儿童既能良好地约束自己，又能以极大的热情投入到学习活动中去，并充分肯定了学校把自由还给儿童的做法。

1919年4月28日，杜威夫妇离开日本前往中国进行访问。杜威在日本短暂停留却对其教育界产生了深远的影响。杜威的演讲及实地考察对力求变革的日本中小学校教育起到了指引作用，他的思想很符合日本教育发展的需要，因而对日本来说恰似一剂医治传统教育诟病的良方。当然，此次日本之行对杜威来说也是意义非凡，杜威的女儿简指出：“对杜威的社会和政治观点的发展来说，在日本的访问像在中国的访问一样，也是最有影响的。”值得一提的是，1949年，杜威及其家人再次来到日本访问。

杜威思想在日本的盛行

杜威在日本的走访使得更多人了解和研究实用主义教育理论。此外，日本工人运动的兴起和民主运动的高涨也促使杜威思想在日本的传播进入前所未有的辉煌时期。这一时期，研究杜威的学者们大力宣传进步教育理论，并提出新教育主张、开展教育改革。20世纪初杜威思想在日本生根发芽，20世纪20—30年代，实用主义教育思想在日本开花结果。

“新教育”思想的提倡

日本的“新教育”是由曾在德国留学的谷木富介绍到日本的，他在欧洲留学期间正值“新教育”盛行之时，因此深受其影响。“谷木富不仅是最早将‘新教育’介绍到日本的第一人，而且也成为日本最早的一位‘新教育’的主张者。”谷木富在访问了阿博茨霍尔姆学校（Abbotsholme School）（英国）、利茨乡村教育之家（Home of Country Education）（德国）、杜威芝加哥实验学校（美国）等学校之后，萌生出在日本创办新式学校的想法。随即，谷木富运用先进的教育理念在日本创办了埃德蒙男孩寄宿学校。该校因其广泛而丰富的活动项目以及别具特色的管理模式而负盛名。

谷木富在《新教育的教育学系统纲要》中明确地宣扬、推崇杜威的实用主义教育思想。他在阐述自己的教育观点时指出，学生的学习是为了获取经验，而经验的获得离不开各类型活动的开展，学校要培养学生的动手能力。同时，谷木富非常关注学生的个性，他主张因材施教，使每个儿童得到切合自身实际的发展。他还强调知识不是孤立的，而是与社会生活密切相关的。从谷木富的思想中，我们不难发现他受到了杜威的"教育即生活""学校即社会""教育即经验的改组和改造""从做中学"等观点的影响。

另外，永野芳夫作为杜威研究者中代表人物之一，很好地继承了杜威的教育思想。永野芳夫提倡教育是为现实服务的，教育应该唤起儿童的兴趣、保持儿童快乐的本性，而不应带有苦役、劳役的性质。这与杜威的"教育无目的说"尤为呼应，教育不应是为将来做预备，而是为现实服务，促进儿童不断地生长。在教材选择和理性原理方面，永野芳夫提出奖赏原理的教材选择原则，奖赏就是儿童与教材的合一，给予儿童符合其年龄特征的教材，使儿童在埋头于教材的同时处于"灵活机动的境界"。

"八大教育主张"的产生

小原国芳所著《全人教育论》

日本教育家不仅充分吸收外来教育思想，而且在酝酿着提出本土的新教育主张。1921年8月1日，日本学术协会（Japan Academic Association）在东京举办了"八大教育主张系列演讲会"，演讲会吸引了来自各地的2000多人参加，学者们相互交流，相互切磋。

八大教育主张内涵丰富，并成为大正时期教育思潮的中心，这样一来，日本新的教育主张应运而生。这八大主张分别由八个有为的教育家提出，有手塚岸卫的"自由教育论"、河野清丸的"自动教育论"、樋口长市的"自学教育论"、千叶命吉的"一切冲动皆因满足论"、稻毛金七的"创造教育论"、及川平治的"活动教育论"（又称动态教育论）、小原国芳的"全人教育论"、片上伸的"文艺教育论"八大主张。

例如，小原国芳的"全人教育论"旨在将儿童培养成为真正"完善的人"，主张人的全面协调发展。小原国芳认为人的教育包括以下六个方面，即学问（真）、道德（善）、艺术（美）、宗教（圣）、身体（健）、生活（富），教育的任务就是要使以上方面达到最高境界。

片上伸创立的"文艺教育论"强调以文艺为媒介和工具激发儿童的学习求知欲。片上伸认为学校的教育内容也应以文艺为主，而非实用性不强、乏味枯燥的理论。

及川平治是明石附属小学的校长，他提出"动态教育论"，认为学校是儿童研究事理、进行自我教育的场所，他强调儿童的自主学习，并认为自学是学习的唯一好方法。及川平治提出要对学校的教学方式进行变革，根据教材的性质和儿童能力差异，分别实行单独教学、分团教学和班级教学。此后，及川平治在办学实践基础上发表了多篇有关教育改革的文章，其中实践研究成果《分团式动的教育法》大受好评。

由此可见，"八大教育主张"的核心观点积极提倡杜威的"三中心"学说，这八大教育家中的大多数都是杜威实用主义教育思想的强力支持者。他们都主张教育应当关注儿童的身心和地位，教育是差异性的、自然的和个性化的。"八大教育主张"虽各具特色，教育家们关注的侧重点有所不同，但是他们都勇于突破传统教育思想，体现了杜威实用主义教育思想以及欧美教育思潮对日本教育的重要影响。

20世纪20年代，随着"新教育思想"的提出和"八大教育主张"的发表，日本的新教育运动达到了发展的高峰阶段。"据统计，包括39所师范学校附属小学、25所私立学校在内，当时全日本共有234所学校导入了新自由主义的教育思想"，这些学校对传统的办学和教育模式进行了革新，日本的校园呈现出欣欣向荣的景象。在杜威思想研究者和实践者的双重助力下，日本的基础教育不断向着自由和民主的方向前进。

"新学校"运动的发展

"新学校"的产生根源于杜威的实用主义教育思想及其影响，明确反对传统学校的死记硬背和强迫灌输。"新学校"一改传统学校呆板的教学形式和课程脱离实践的情况，把儿童置于学校教育的中心，给儿童更大的自由。从20世纪早期新学校的创办起始，经过多年发展，新学校无论在规模还是影响上得到了大力扩展。

小原国芳是杜威教育思想的忠实推崇者与践行者，他大量阅读杜威的著作、深入钻

小原国芳的《全人教育》封面，从中可见玉川学园办学景象

小原国芳

研实用主义教育思想，并躬身将其运用到教学实践中，毕生致力于学校教育改革。1919年，32岁的小原国芳还在担任成城学园小学部主事，那时他便在泽柳政太郎的支持下引入道尔顿制、推行小班教学、实行自学辅导制，提倡培育和谐人格、尊重个性、尊重自然的新理念。

1929年，小原国芳在东京郊外的多摩丘陵创立了玉川学园，专心实践和推广他提出的"全人教育"思想。经过近20年的发展，小原国芳在1946年创建了玉川大学。玉川学园俨然成为一所从幼儿园到大学一体化的综合教育机构，办学规模之大是日本教育史上前所未有的。玉川学园办学贯彻的是小

日本玉川学园制作、发行的杜威明信片
图片来源：John Dewey Papers,SCRC General （Southern
Illinois University Carbondale）

罗伯塔到访时小原国芳夫妻与杜威肖像合影

原国芳的"全人教育"思想，可谓实用主义教育在日本教育者的改造下继续散发着新的魅力和光辉。1955年，玉川学园还专门制作了杜威的明信片，以明示、纪念杜威对玉川学园创办的重大意义。

另外，在诸多实验学校中把儿童中心主义教育思想彻底地贯彻于教育实践活动中的应是野口援太郎。1924年4月，野口援太朗与教育世纪社的另外三名民主主义教育者一同创办了池袋儿童村小学校。野口援太郎开办此学校是为了实施生活、艺术和科学的教育，改革传统教育。池袋儿童村小学校废除了传统的班级授课制，学生可以自主学习，在劳动、活动中学习，以在自由宽松的环境中获得天性的发展，教师则从教学的"权威"变成了学习活动的"指导者"。当时池袋儿童村小学校的办学影响力辐射范围非常广泛，社会上有很多对教育感兴趣的人员慕名来此参观、学习，其中还有一批在日本留学的中国学生在1934年前来访问。由于该校施行生活式的自由主义教育理念，池袋儿童村小学校才变得如此"别具一格、与众不同"。恰如学校名字以"儿童村"命名一般，

日本教育家野口援太郎

儿童乐在其中，成长在其中。这所学校规模不大，大约10位教师、50名学生，分三个班级，开办了十二年后解散。该校虽然存在历史较短，但是却以贴近生活的办学理念、灵活的教学方式而享誉日本、闻名世界。

但是，到20世纪30年代，杜威思想在日本的蓬勃发展并没有延续下去。由于军国主义和法西斯势力在日本国内不断增强，加之一批杜威研究学者或新教育和进步教育提倡者退休，如及川平治、河野清丸、野口援太郎等。曾大力推广儿童自由、开展教育实验的私立学校被日本极权政府所控制。20世纪30年代末起，杜威实用主义教育思想开始走向低潮。

二战后杜威思想在日本的复兴与发展

第二次世界大战影响着全球的政治格局、经济走向。1945年，日本战败投降后，政治、经济各方面陷入了衰败，文化、学校教育也处于崩溃的边缘。

二战期间，杜威教育思想在日本的发展陷入困境、基本停滞，其著作的出版量骤减。"据统计，在第二次世界大战前，翻译出版的杜威著作21本、杜威文章9篇，出版关于论述杜威的著作12本、发表关于论述杜威的文章31篇；但是在第二次世界大战期间，仅出版关于论述杜威的著作1本、发表关于论述杜威的文章1篇。"尽管如此，但仍有一部分学者坚持对杜威教育思想的研究，使得日本的杜威教育思想研究史没有出现断层或消亡。

二战结束后，日本开始了近代教育的"第二次教育改革"，实用主义哲学在日本再度兴盛，杜威教育思想在日本开始复苏。这是因为美国作为战胜国对日本采取的战后政策，进一步推动了美国实用主义哲学在日本的发展；同时，日本战败后结束了极权统治，人民民主开始重新萌发，迎来了学术思想自由的新态势。在这种环境下，日本教育领域再一次掀起了实用主义教育的浪潮，它半被动半主动地进行着美式化的教育研究与实践。有学者认为，二战后日本的新式教育改革实际上是对大正时期"新教育"运动的延续，因为二者的基本理念都来源于杜威的实用主义教育思想。由此迎来了新的"杜威勃兴"。

美军占领日本期间，美国的教育使节团和日本的研究者对杜威的实用主义教育思想格外感兴趣，认为杜威是重要的美国教育哲学家。这促进了一些知名大学学者也参加到日本教育制度改革计划中，加深对杜威教育思想的研究，如广岛大学的松蒲鹤造、东京教育大学的大浦建、神户外交学院的武田一荣等人。他们对杜威教育哲学的研究，为日本战后教育改革提供了支撑。

武田一荣曾在其文章中写道："日本教育思想界努力从理论上和实际上去研究作为其教育制度基础的教育学，特别是杜威的理论，因为杜威提供的基本和首要的原理正是一些美国教育潮流所基于的原理。"武田一荣的文章反映的不仅仅是他本人的态度和观点。在日本教育界，长期以来有众多学者追随杜威，并愿将其适宜日本国情的教育理念上升为国家政策，并进一步推广实施。

与此同时，联合国和美国对日本的举措也从外部力量上加速了杜威教育思想在日本的复兴。战后，联合国军司令部针对日本的教育现状与改革进程，采取了一个接一个的整顿措施。首先采取的行动是清除日本国内一系列极权主义、法西斯主义教育，整肃教师队伍，改变学校浓厚的军国主义色彩等。

在采取这些临时措施的同时，1946年3月，日本政府邀请美国教育专家使节团对其教育改革提出建议，并就日本教育改革的根本问题制定方案。随后，美国派遣27人组成的教育使节团到日本，团长为斯托达德（George D. Stoddard，伊利诺伊州立大学校长），其中还包括康茨、康德尔（Issac L. Kandel）、史密斯（Thomas V. Smith）、希尔加德等教育学者，这些学者都相当熟知杜威的实用主义教育思想。

在日本考察一个月之后，美国教育使节团在日本教育家委员会和美国占领军司令部民间情报教育局的帮助下撰写了一份报告书，即《美国教育使节团报告书》（*Report of The United States Education Mission to Japan*），报告书分为六章，共约两万字。报告批评了日本教育体制存在权力过于集中、呆板僵化的致命缺陷，主张打破整齐划一主义，建立一种尊重个人价值、赋予教师"教的自由"和儿童"学的自由"的新教育。报告涉及全部公立教育，对各级教育阶段和教育原则、教育要素等方面都提出了具体的指导意见。在教育制度方面，该报告认为应建立"尽可能地促使作为富于理解力、重责任，更好地同别人合作的社会成员的每个男女学生……得到充分发展的方法"，报告还主张建立普通教育之外的职业教育机关，在教育行政上实施分权管理，给地方和私人发展教育的自由。在学制系统方面，使节团建议将日本的义务教育年限延长为九年，采取美国式的"六三三"学校体系，变双轨学制为单轨学制，促进教育公平发展。报告还强调尊重人的价值和尊严，赋予男女同等的教育权利，让他们可以平等地在同一所学校学习。

从这份报告中，我们可以发现美国教育使节团的建议无处不体现着民主主义教育的色彩，他们要求日本的学校应尊重学生的权利与身心特点、营造平等自由的校园。当然，这些观点后来被日本教育委员会所采纳，并酝酿成为日本明治维新以来第二次伟大的教育改革，其思想深刻地渗透于1947年颁布的《教育基本法》和《学校教育法》这两部重要法令，使节团的建议最终得以在日本学校中实施。在《教育基本法》和《学校教育法》两部法令保障下，日本教育向着更加民主、正规、现代化的方向迈进。

前日本教育学会会长大田尧在日本学术界享有极高声望，也是中国教育界的老朋友，他在《战后日本教育史》一书中谈到《美国教育使节团报告书》时指出："（报告书的）背景是自本世纪初以来，由杜威完成，成为美国现代教育主流的'新教育'思想……可以认为，报告书的教育哲学中所体现的儿童中心主义的实用主义教育思想，以及新政的理想主义这两个方面，如实地反映了第二次世界大战时的这种美国教育思想。"据此，各种史料都反映出一个共同特点，即杜威的民主主义教育不仅以著作的形式流传于日本，而且影响了日本教育改革，他的思想早已融入日本的教育界。

在政治局势与教育环境交互影响下，杜威的教育思想不可避免地影响了日本教育发展历史。这种影响具体表现在日本众多学校均以杜威的教育思想为理论依据，它们大都施行以活动为主、学生为主体的教育。许多学校抛弃以学科知识为逻辑编写的教材，转而将生活问题作为学习单元来开展教学，这一点体现在1947年制定的小学和初中理科的学习指导要领中。要领规定，小学到初中阶段的理科都要围绕下述五个单元进行教学，即"关于动物和人的知识；关于植物的知识；关于无生物环境的知识；关于机械工具的知识；关于保健的知识"。

随着杜威教育思想在日本的复兴，日本教育界又掀起了研究杜威哲学、心理学和教育学思想的热潮，这种热情在20世纪50年代发展到了巅峰。许多资深的杜威研究学者在大学任教影响着年轻的学生和教师的研究取向，无论是学生、教师还是科研工作者，他们都对杜威致以极大的关注，从各个角度去解读和分析杜威。据统计，仅"1945—1959年，日本大学本科毕业论文论述杜威的有268篇，其中神奈川大学以119篇居于首位"。与此同时，"杜威勃兴"也带来了相关作品发表的另一个高峰，先前做杜威研究的学者再次迎来了学术生涯的春天。例如，1952年重新修订日文本的《民主主义与教育》，1959年为纪念杜威诞辰百年还特地翻译了《经验与教育》，此后又出版了他的《伦理学》修订版。除了帆足理一郎多部关于杜威的作品外，还有1950年上田正二翻译的《我们怎样思维》、1957年砂泽清二所著的《杜威教育思想研究》、1959年永野恒吉撰写的《杜威教育思想研究指南》、1962年松蒲鹤造撰写的《杜威的进步学校原理》等。以帆足理一郎为代表的研究者们不仅继续翻译杜威的著作，而且还在自己的著作中阐明实用主义教育的价值，肯定杜威思想对于振兴日本教育的作用。有数据显示，这些年间"翻译出版的杜威著作日文本21本，出版关于论述杜威的著作58本，发表关于论述杜威的文章254篇"。可见，二战后日本学者们的潜心钻研使得杜威教育理论研究不断推陈出新，并且迅速恢复和超过了战前水平。

"杜威勃兴"的另一个产物是官方和民间研究协会的创办。最为有名的是1957年在杜威研究者们的努力下，"日本杜威研究学会"（John Dewey Society of Japan）的成功创建。"日本杜威研究学会"为杜威思想的复兴贡献了相当大的力量。学会首任主席为永野芳夫，他主持了"日本杜威研究学会"的成立大会，还邀请杜威的遗孀罗伯塔出席成立典礼致祝贺词。该学会成立后举办了很多杜威的纪念和宣传活动，还出版了专门的协会论著和简报，如《约翰·杜威哲学和教育论的基本问题》《约翰·杜威与他的思想》《日本杜威学会简报》等。

据悉，到1962年时已经有一百多人加入杜威研究学会，他们来自不同的群体和组织，却通过著书、译作朝着同一个目标奋斗。在众多追随者中，永野芳夫是对杜威的研究最为丰富和深入的代表人物。在大学时代他便开始研究杜威，日后逐渐形成系统。二战后，永野芳夫接连推出了30多种有关杜威的论著和文章，他的《杜威教育学总论》（1946年）还曾创造了发行两年内被重印16次的辉煌成绩。冈部矢太郎在杜威访日时期与其有过会面，在杜威的指引下，他将教育心理学作为自己的研究方向，后来在教育心理学界颇有建树。西山哲治尽其一生追随杜威的脚步，他从纽约大学（New York University）毕业归国后马上开始着手译介美国的教育思想，并写成了《儿童中心主义研究的新教授法》和《恶教育的研究》等著作。值得注意的是，西山哲治是日本第一个使用"儿童中心"一词的学者，后来他还将杜威的理论思想付诸实践，创办了私立帝国小学。这些著作和办学实践是日本教育学者深入研究杜威教育思想的成果，杜威研究学会的成立则促进了日本杜威研究更加规范化和有序化。

下图为1962年杜威研究学会在东京举行会议，有许多知名人士参加，如悉尼·胡克、艾德丽安·科赫（Adrienne Koch）博士等人。

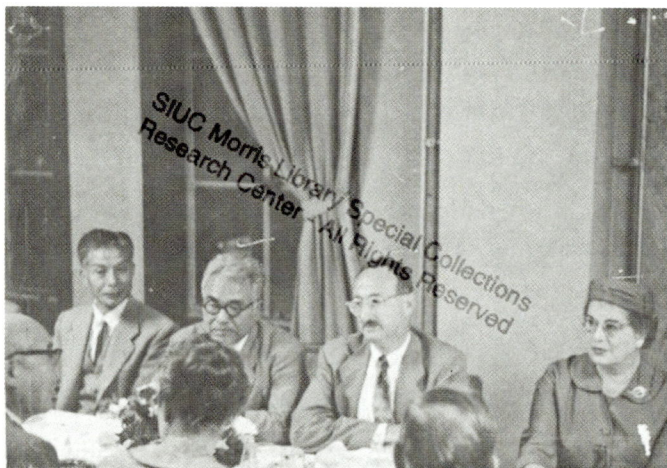

1962年10月，日本杜威研究学会在东京召开会议
图片来源：John Dewey Papers,SCRC General （Southern Illinois University Carbondale）

1962年10月，Sidney Hook，Dr. Adrienne Koch和其他人在杜威研究会议上进行讨论
图片来源：John Dewey Papers, SCRC General （Southern Illinois University Carbondale）

　　除了官方的研究协会之外，日本民间也遍布杜威思想的研究者和追随者，他们在活动中自发创立了各类组织，其中，"民主主义教育研究会"在日本久负盛名。该研究会主要由一些民主教育思想的教师组成，还创刊《美好的学校》《生活学校》作为学术交流的阵地。研究会的最终使命是以东西结合的教育思想为途径来促进日本教育逐步实现民主化。日本的民间教育组织积极宣扬杜威的民主主义教育思想，它们目标明确，在极强的民族使命感和责任感驱动下提出了针对日本实际的改革倡议。总之，日本的民间教育组织在传播杜威思想和推动国家教育民主化进程中发挥了不可替代的作用。

　　杜威去世后，人们对他的追随并没有因他的离开而淡化，他的家人曾多次被邀请代

罗伯塔·杜威出席在日本多摩川大学举行的杜威典礼
图片来源：John Dewey Papers, SCRC General
（Southern Illinois University Carbondale）

1955年4月21日，罗伯塔·杜威和Sahoshi Hagashi访问日本山口大学
图片来源：John Dewey Papers, SCRC General
（Southern Illinois University Carbondale）

1964年，罗伯塔·杜威在日本举行讲座
图片来源：John Dewey Papers, SCRC General
（Southern Illinois University Carbondale）

杜威妻子罗伯塔在东京大学参加会议
图片来源：John Dewey Papers, SCRC General
（Southern Illinois University Carbondale）

表杜威出席活动，宣扬杜威的教育思想。1955年，罗伯塔·杜威出席了在日本多摩川大学（Tawagawa University）举行的杜威典礼，她还访问了日本山口大学（Yamaguchi University）。1964年，罗伯塔·杜威再次来到日本，并举行讲座，参加联谊会。她的到来对当时日本的杜威研究者以及对杜威感兴趣的学生来说是极大的荣幸，进一步推动了杜威思想在日本的发展。

然而，曾在日本中小学风靡一时的"生活、活动为中心"的课程理念并没有一直受到热捧，尤其随着1952年后日本成为独立国，联合国军司令部和美国不再对日本施以"直接的"指导，日本开始踏上了更加自主化的教育反思与革新进程。为了解中小学的教学质量，以文部省为首的机构开展了从小学到高中的学习能力调查，调查结果表明，学生的读、写、算基础学力表现偏差。这一调查结果引发了社会各界对教育质量的关注，人们开始反思战后狂热流行的"新"教育，转而将注意力集中到如何提高教育质量上来。1958年，日本文部省对小学和初中学习指导要领进行了修改，这次修改的主要变化就是把儿童中心课程改为学科课程，强调知识的逻辑体系和系统学习。杜威在日本的影响力随着日本对教育独立的反思和审查逐渐减弱，"没有不落的太阳"，这句话也是杜威思想在日本发展史的一个真实写照。但是，不可否认的事实是——杜威的实用主义教育思想早已有如滴水一般渗入了日本教育这棵大树的每根枝干和每个细胞，并不断为它的成长提供养分。

杜威思想对日本教育的重大影响

为日本教育理论发展指明先导方向

明治维新以后，日本改变"锁国"政策，大力学习西方的先进科学文化成果，先后借鉴了德国、美国的教育思想。其中"传统派"赫尔巴特的教育学说以及"现代派"杜威的实用主义教育思想相继受到日本学者的关注。19世纪末，赫尔巴特的教育思想在日本广为流传，"五段教学法"风靡一时，强调纪律的课堂教学在每一所中小学校"理所应当"地进行。然而，这一状况在美国的教育思想流传到日本之后发生了逆转。在大正时期，实用主义、民主主义教育思想在日本教育界获得了长足的发展。自此，杜威的教育思想开始作用于日本的教育理论发展，实用主义教育的精华被学者吸收并加以改造。

从元良右二郎、帆足理一郎等早期研究杜威的学者，到后来对杜威思想深入探索的"早稻田小组"，再到永野芳夫、小原国芳等教育家的大力介绍、宣扬和提倡，这些学者不仅翻译出版杜威的教育论著，还成立了专门的学会如"日本杜威研究学会"一同探讨交流，杜威教育思想以汹涌之势在日本传播发展。同时，这些学者还基于实用主义教育和本国国情提出了新的教育观点，如"八大教育主张"的发表等。以上种种都使得日本教育理论向着民主、自由的道路前进，为日本教育改革提供了指引。

赫尔巴特画像

此外，凯兴斯泰纳的国民教育理论曾受日本人的广泛欢迎和追捧。当时，有些日本学者专门将凯兴斯泰纳与杜威二人的教育思想作对比，还出版了《凯兴斯泰纳还是杜威》一书进行系统的比较研究。一位日本教育改革家开玩笑说："以前，人们认为凯兴斯泰纳的思想包括杜威没有的东西，但现在人们都试图用杜威的思想来丰富凯兴斯泰纳的思想了。"这折射出日本学者对杜威思想的深入理解，同时也彰显了他们对杜威的追随。在理论研究与宣扬的基础上，越来越多的日本教育家和年轻人投入到杜威的哲学、心理学和教育学研究之中。虽然研究的过程有赞扬有批判，但是他们都吸收了杜威思想合理的部分，并将其发展升华，运用到本国教育改革当中去。

值得一提的是，杜威思想在日本教育界大放光彩的时候，杜威的学生陶行知的思想也开始在日本传播。1935年，日本池袋儿童村小学校教师牧泽伊平在《生活学校》杂志上发表了《中华民国的新教育——世界新教育的动向（一）》一文，他第一次用日文介绍了陶行知教育思想和教育实践活动，这篇文章的发表标志着日本陶行知研究的开始。

1951年，斋藤秋男先生出版了日文《新中国教师之父——陶行知》一书介绍陶行知。1961年，他又出版了陶行知著作的日译本，需要说明的是，这相比我们国内第一本《陶行知教育文选》整整早了20年，反映了斋藤秋男先生对陶行知研究的热爱和他的远见卓识。众所周知，陶行知的"生活即教育""社会即学校"的教育主张就是师承杜威的"教育即生活""学校即社会"的教育理念。思考日本学者对陶行知的研究兴趣,我们可以明显感受到日本学者对于杜威、陶行知师徒一派的实用主义教育思想的喜爱与尊敬。

杜威思想传入日本后以各种方式引导着日本教育理论的发展,作用于教育理论的各个方面——从教师观、儿童观、教学观、课程观到初等教育、中等教育、高等教育等不同层面。它的引进为急需做出变革的教育理论界带来了福音和希望。

对日本教育实践产生历久弥新的影响

在教育实践方面,杜威的实用主义教育思想在日本教育领域发挥着很大的作用。在杜威思想的早期影响下,日本出现了一批实验学校,如明石小学、帝国小学校、成蹊务实学校,这些实验学校成为当时实用主义教育思想的传播中心。随着"新学校"运动的发展,以池袋儿童村小学校为代表的实验学校取得了相当大的成功。其中,1929年小原国芳创办的玉川学园在经历实践的检验后发展成了规模相当之大的综合学园,这是日本学者传承、实践与创新杜威教育思想的最好例证。后来,杜威本人也一度希望亲自拜访玉川学园,不过由于年事已高,身体不支而未能实现这一计划。但在杜威逝世后,他的第二任夫人罗伯塔曾七次亲访玉川学园,完成了杜威生前未能实现的心愿。概言之,"新学校"运动的发展过程与杜威实用主义教育思想在日本的发展、兴盛、衰落和复兴紧密相连。"新学校"在一波三折的发展后,日本学校的教育教学已经发生了翻天覆地的变化,从教育理念到课程实施无不体现着教育对儿童的关注和尊重。

杜威的思想影响了二战后日本重建过程中的教育改革,推动了日本建立新的教育制度。正如前面所提到美国教育使节团为日本教育改革提供的报告书,此报告书的核心精神和主张很大程度上来源于杜威的民主主义教育思想。譬如报告书中彰显的民主进步、师生平等、个性自由等理念都折射出杜威的思想光芒,一些具体的措施更是与杜威的教育理念一脉相承。后来该报告书被日本文部省采纳,汲取报告书的精髓推广至全国教育系统。例如,1947年,日本国会公布的《教育基本法》规定:"教育应以培养完善的人格为目的,应培养热爱真理与正义、尊重个人价值、重视勤劳与责任、富有自主精神、身心健康的国民,使之成为和平的、国家与社会的建设者。"

杜威与中国教育

　　1919年4月28日，杜威夫妇离开日本，受邀前往中国进行学术访问。在访问期间，杜威与中国结下了良缘，他在此广泛传播实用主义教育思想，也深深感受到了中国人民对于民主的追求和不屈不挠的精神。这次长达两年的访问对杜威本人来说是一次愉快的经历，同时也对中国教育产生了深远的影响。可以说，杜威与中国的交集无论对谁而言都是一笔无法衡量的财富。

杜威与中国教育家合影

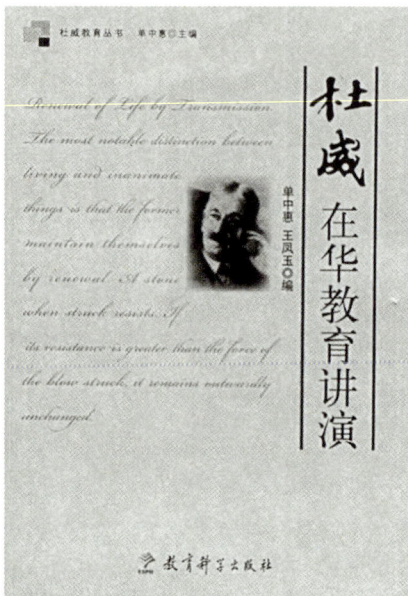

《杜威在华教育讲演》

他对儿童本能和兴趣的强调冲击着中国的传统教育观。杜威还明确提出儿童要有世界的眼光，这就要将西洋文明的精华传输到东方来，培养一班有用之才。杜威在演讲中谈道："我们倘若要使接近的交换的是和平的真文明，那么做教师的人，应该对国际文明有互相了解，使儿童有世界的眼光，世界的环境，并使各民族间互相了解的程度逐渐增加，互相冲突的程度逐渐减少。"由此可见，杜威将广义的文化纳入了教育的内容，这一思想给19世纪20年代的中国教育带来了全新的视野，引起了教育界的震动，至今仍然发挥着作用。

苦难的中国，希望的萌生

从19世纪中期鸦片战争到八国联军侵华，中国人民在列强和封建统治的双重压迫下生活在水深火热之中。在内忧外患的情形下，1911年辛亥革命爆发，中华民国于1912年1月1日在南京成立，从此，清朝专制政府大势已去，民主共和观念深入人心。但是，这种平静并没有持续多久，第一次世界大战结束之后，中国以战胜国的身份出席了1919年1月在法国巴黎召开的"和平会议"，然而会上西方列强却把中国在山东的权益由德国转交给了日本。巴黎和会上中国政府的外交失败，直接引发了中国民众的群情激奋，三千余名学生走上街头抗议示威，从而爆发了震惊中外的五四爱国运动。五四运动之后中国进入到了新民主主义革命时期，开启了我国东西方文化交流碰撞、"百家争鸣""中西交汇"的新时代。

经过五四运动的洗礼，1915年开始的新文化运动发展到了高潮阶段，人们的思想迎来了自由解放的新态势，越来越多的人高举民主、自由、科学的旗帜，抨击封建礼教和专制制度。新文化运动"提倡科学，反对迷信；提倡民主，反对独裁；提倡白话文，反对文言文"的主张，为新思想的自由传播提供了广阔空间和机遇。在此期间，新文化运

五四运动油画，中国的青年学生走上街头抗议

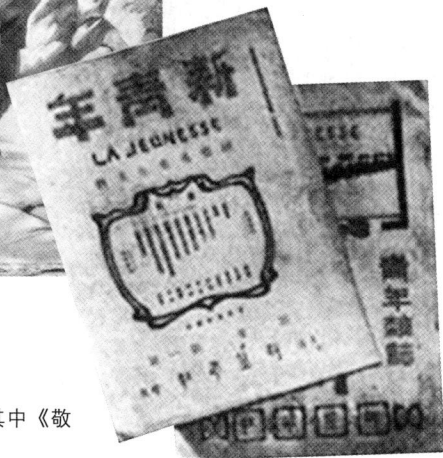

《新青年》的创刊是新文化运动兴起的标志，其中《敬告青年》一文则成为新文化运动的宣言书

动大致形成了三大派别：以胡适为代表的自由主义者主张通过教育改革推动社会进步；以梁启超、梁漱溟为代表的温和派（又被称作"保守主义者"）主张"以教育的意味行政治运动"；以陈独秀、鲁迅、李大钊为代表的革命派则强调更为彻底的民主救亡之路。虽然各个派别对如何救国的观点各持一端，但是他们都从不同程度上认识到，近代中国以及中国的教育急需变革，固步自封必定会为历史所淘汰。在这一社会背景下，一部分改革家抱着"教育救国"的理念，不断做着各种尝试，企图通过改革教育来改革社会。

声势磅礴的新文化运动吸引和造就了一大批思想先进的知识分子，他们热切地加入救国行列，并对中国的教育改革产生了深远的影响。清末民初，我们耳熟能详的梁启超、熊希龄、蔡元培、范源濂、严修等人就积极提倡教育救国。其间，更多的学生开始走出国门学习国外的先进理念和技术。其中，1908年美国的庚子赔款极大地促进了中国学生赴美留学。幼童留美等一系列活动使得中外教育交流增多，也逐渐改变了国

中国第一批留美幼童合影

内民众对出国留学的态度。从1900年到1907年，官费留美学生总人数达100余人。"从1909年到1929年，清华赴美留学生中修习教育的人数占总人数的5.04%，其中大部分前往杜威所在的哥伦比亚大学教育学院进行学习。1909年到1950年毕业于哥伦比亚大学教育学院的中国留学生达304人。"这批留学生回国后为中国教育事业做出了伟大的贡献。他们不仅对中国传统文化深有理解，而且切身体验了西方新思想的启蒙。他们中就包括20世纪初对中国教育界影响重大的蒋梦麟、胡适、郭秉文和陶行知等人。特殊的经历和深厚的民族使命感使留学生们认识到必须学习西方先进思想来改革中国旧教育。回国后，这批年轻的学生广泛投身于教育事业，在各类教育行政、办学机构和期刊报纸中传播着新思想、新理念，而曾在哥伦比亚大学教育学院师从杜威的学生们更是成为中国教育改革的主力军和中坚力量。

大量社会精英对西方进步文化的宣传使中国形成了一股学习西学的宽松思想环境，这为杜威思想来华"争鸣"创造了良好的机遇。此外，五四时期中国还出现了许多以改进教育为目标的民间教育社团，它们对各种教育思潮的传播和教育改革运动的开展也起了一定的作用。比如，1915年4月成立的"全国教育会联合会"在中国教育改革中起着关键性的作用，它在邀请杜威访华和传播实用主义教育思想方面扮演了重要的角色。与全国教育会联合会一起的还有中华职业教育社、中华教育改进社及中华平民教育促进会总会等教育社团。民间团体一直都是不可忽视的强大力量，它们代表着更大范围的地方和多样的群体，在学习西方教育思想和推进教育民主化进程中有着不可替代的地位。

随着众人求索的目光投向西方，一些西方的教育家开始被中国教育界邀请来对中国教育进行考察和传递经验。1921年，杜威的同事孟禄（Paul Monroe）教授在中国实际教育调查社的邀请下访华调研和演讲。1925年和1927年，中国教育改进社分别邀请帕克赫斯特（Helen Parkhurst）和克伯屈来华介绍他们的教学法。另外，美国地质学家葛利普（Amadeus W．Grabau）、社会学家狄雷（James Q．Dealey）、社会活动家山格尔（Margaret Sanger）夫人以及英国哲学家罗素（Bertrand Russell）、印度诗人泰戈尔（Rabindranath Tagore）等学者也陆续来华演讲和考察。根据《全国主要报刊哲学论文资料索引》（1900—1949年）记载，五四学术思想界关于现代西方哲学家著作的译介及思想研究中，直接介绍或间接评论和分析"实用主义哲学"的文章有十多篇，仅有关罗素和杜威哲学思想的研究文章就达60多篇。有关其他哲学家的文章，如介绍孔德、柏格森（Henri Bergson）、詹姆斯等人思想的文章也大量存在。对此情形，杜威在《美国与中国教育》一文中也曾写道："年轻的中国人需要西方的知识和方法，以便他们自己独立地运用它们去发展中国，而不是抄袭其他国家。"由此可见，民国成立后的中国处在旧秩序与新秩序交接过渡的阶段。此时，包括先进知识分子在内的社会各界强烈渴求新学说和新思想，许多教育家和革命家都寄希望于教育来改变封建落后的中国，希冀让教育造福民生。

20世纪以后，越来越多的学者研究和宣扬杜威的实用主义思想。蔡元培是中国最早宣扬实用主义思想的教育家，他在1912年发表的《对于新教育之意见》中指出，"实利主义教育以人民生计为普通教育之中坚"，"今日美洲之杜威派，则纯持实利主义者也"。为迎接杜威访华，陶行知和胡适等人积极做好前期的准备工作。1919年3月，也就是杜威来华前一两个月，陶行知便在《时报·教育周刊》上发表《介绍杜威先生的教育学说》一文，向中国民众介绍杜威的生平和著作。这一时期，《新教育》杂志对宣传杜威来华发挥了重要作用，1919年4月，《新教育》开辟了"杜威专号"大篇幅刊登有关杜威思想的文章，包括胡适的《杜威哲学的基本观念》《杜威的教育哲学》、蒋梦麟的《杜威之伦理学》等，同时还刊登了有关杜威的个人传记和照片等基本信息。此外《新教育》杂志1919年1卷2期上也发表了一些文章，如沈恩孚的《杜威教育主义》、郑宗海的《杜威氏之教育主义》等，系统地论述了杜威的教育理论。为宣传杜威来华，胡适还提前做了多场关于实用主义的演讲。从某种意义上讲，这些文章和宣传在一定程度上激起了人们对杜威访问中国的期待。

我们在中国，等待大师的到来

陶行知

从国际形势上看，民国初期中美双方的关系呈现出相对"友好"的态势。19世纪末，美国充分利用"门户开放"政策带来的便利条件，同时用"以华治华""扶持政府"等非武力方法为手段开始侵占中国。美国意在通过维护中国的统一获得在华利益最大化，因而在中国境内产生的负面影响较少，创造了较好的中美交流环境。美国利用庚子赔款在华兴办的学校事业，如燕京大学、齐鲁大学、清华学校等高等学校，在中国教育史上产生了重要影响。民国初期，两国的民间人士也进行了诸多交流，如葛利普、狄雷等人的成功访华为两国人士互访积累了经验，这些交流不仅使得中国知识分子能够学习美国的先进文化理念，而且也打开了美国学者进一步了解中国的大门，他们

成为中美交流的"友好使者"。上述条件都为杜威来华及其思想的传播提供了有利的环境。

1919年2月，杜威与夫人爱丽丝一起前往日本游历、讲学。一开始他们并没有把中国列入出国周游的行程之内，正是中国知识分子的积极努力才促成了杜威在中国的这段历史。

时任南京高等师范学校教授的陶行知在得到杜威来到邻国日本的消息后，于3月12日写信给胡适："三个礼拜前，听说杜威先生到了日本，要在东京帝国大学充当交换教员，当头一棒，叫我觉得又惊又喜。所以即刻就把这事和郭先生谈了一下，当时就决定由他经过日本的时候当面去请……现在又有你欢迎的信去，我看杜威先生十分有六七分能够来了。我不久也要写一封信去。"

为争取杜威访华，胡适给正在日本东京帝国大学讲学的杜威写信致以诚邀。说来

陶履恭（陶孟和）

郭秉文

也巧，北京大学教授陶履恭与南京高师教授郭秉文此时正好在欧洲考察教育。受胡适和陶行知托付，二人在路过日本时，亲自于3月14日登门拜访了杜威夫妇，并真诚邀请杜威夫妇访华。他们表达了希望杜威能留在中国讲学一年的愿望，而杜威也认真予以了考虑。因为胡适、郭秉文与杜威在哥伦比亚大学便已熟识，所以杜威接到邀请后非常愉快地接受了，并很快复信胡适："我接到你的信非常欢喜。我每日总想写信把我们想到中国来游玩的事告诉你……你问我能否在中国演讲，这是很荣幸的事，又可借此遇到一些有趣的人物，我想我可以演讲几次，也许不至于对我的游历行程有大妨碍。"不仅如此，杜威还希望在

胡适

中国多留些时日，以全面考察中国社会现状并系统传授自己的思想。他在信中写道："郭秉文博士同陶履恭教授前日来看我，他们问我能否在中国住一年，作演讲的事。这个意思很动听，只要两边大学方面能够商量妥帖了，我也愿意做。我觉得几个月的旅行实在看不出什么道理。要是能加上一年功夫，也许我能有点观察了。"

当然，邀请杜威访华的背后还有许多机构支持，一开始本是北京大学、南京高等师范学校和江苏省教育会三个团体共同承办相关事宜，在得知杜威即将到访时，教育部和浙江省教育会也加入了欢迎杜威的行列。1919年6月24日，陶行知和蒋梦麟给胡适回信告知："麟今晨自杭归，你的信都收到。知行亦自宁来沪……徒威（即杜威）留一年，甚好。南京、上海方面准合筹4000元。"为了解决杜威留华费用问题，"最后还是通过尚志学会发起人范源廉的牵线，找到尚志学会、新学会和清华学校，并以社会上的私人组织名义承担了"。

1919年4月27日，杜威夫妇在中国弟子的邀请下乘坐"熊野丸"号驶离日本熊本港，于30日下午抵达上海。在哥伦比亚大学就师从杜威的胡适、陶行知、蒋梦麟等人从北京大学等地专程赶至上海，借此机会亲自前往码头迎接恩师夫妇，表达对师长的敬重。杜威的女儿露西也随后于7月来华。

徜徉学海，漫步讲堂——杜威的访华之行

到达中国后，杜威很快就开始投入巡回演说，在各地介绍他的思想。1919年5月3日，在江苏省教育会的邀请下，杜威举行了第一场演讲——《平民主义的教育》，以此拉开了他在华演讲的帷幕。杜威每次演讲都非常认真地准备，他总是在演讲前事先用打字机仔细地将提纲打出来，并让口译者提前拿到提纲，以准备接下来的翻译，减少翻译员传达错误的概率。杜威在演讲现场也总是字斟句酌，虽然杜威并不是能言善辩之人，但是他总是在试图更加清楚地表达出自己的思想。杜威还是一个平易近人的演说家，他与听众经常保持积极互动。其巡回演讲受到了听众极其热烈的欢迎，学生、教师和其他阶层知识分子纷纷赶来聆听实用主义思想。关于杜威演讲的受欢迎程度可见证于《教育潮》的报道："听讲者非常踊跃，无不座为之满。"许多报纸都大篇幅连载了杜威在中国的演讲，并广泛发行。

整个五月份，杜威大部分时间都在上海、杭州和南京等地活动。他先后在江苏教育会、浙江教育会、南京高等师范学校进行过演讲，还游览领略了当地的风土人情。在此期间还发生了一件颇有意义的事情——杜威与孙中山会面。历史的奇妙就在于，我们本以为没有交集的两个人却曾有一段鲜为人知的谋面。5月12日，正在上海的孙中山亲赴

江苏省教育社欢迎杜威来华
图片来源：John Dewey Papers, SCRC General（Southern Illinois University Carbondale）

沧州别墅拜访杜威，二人共进晚餐，还探讨了深刻的哲学和革命问题。此时的孙中山正遭遇革命的逆境，因此尤其重视杜威前来中国的机会，他坦诚地向杜威陈述了自己的想法，希望杜威的思想能对革命有所启发。两人在餐桌上就"知行合一"的问题进行了深入探讨。孙中山认为，中国传统的"知易行难"导致人们崇尚纸上谈兵却不敢去采取实际行动，这正是革命面临的最大障碍，不符合时代的需要，现在要反其道而行之。因而孙中山提出了"凡知皆难，凡行皆易"的主张，他认为只有改变传统的认知，让群众了解革命、参与到革命中来，才能实现改造新中国的最终目标。一番交谈之后，杜威颇有感触，他当场表示赞同孙中山的"知难行易"说，认为行为即是根本，在做中才能得到经验，而认知不过是行为的工具。孙中山关于"知与行"的认识与杜威的实验主义原则相切合。此次谈话也增强了孙中山对行动的重视和对革命的信念。杜威次日在给女儿的信中讲述了这件事，书信中杜威再次明确表示自己对孙中山"知难行易"的观点十分赞同，他还称孙中山是一位哲学家。

杜威和中国知识分子
图片来源：John Dewey
Papers, SCRC General （Southern
Illinois University Carbondale）

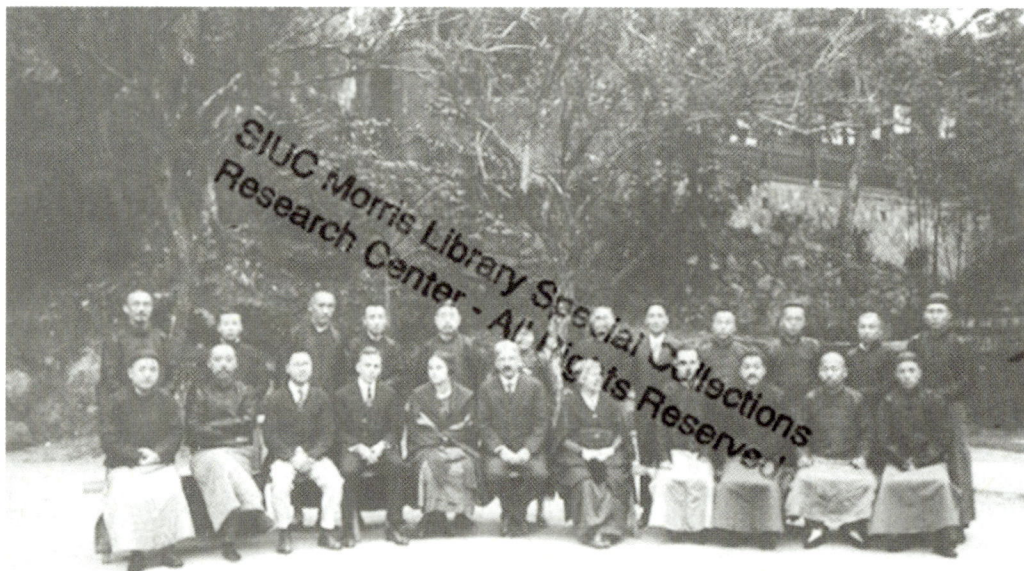

杜威和中国学生在一起
图片来源：John Dewey Papers, SCRC General （Southern Illinois University Carbondale）

1919年5月29日，杜威夫妇离开江苏北上前往天津宣传学说。杜威抵达北京的时候正值五四运动高潮期，他在目睹这一爱国运动之后深受震撼，他惊叹于中国青年学生的爱国之情，也十分支持这些学生的爱国行为，时刻关注着五四运动的发展情况。据考证，杜威在6月初至中旬的每一封家书中几乎都谈及此事，可见他对五四运动的关切之深。同时，崇尚民主的杜威对爱国学生充满了支持，他谴责军警镇压学生，并呼吁反对"军事占领大学"的非法行为。五四运动爆发当天杜威正在江苏演讲，针对社会中的非民主现象，杜威在演讲中提道："现在世界的社会问题还没有解决，那么过激主义必将风起云涌，迅速占领世界的每一个角落。这是什么缘故呢？寻根问底，就是平民没有受到切于生活的教育，所以他们对自己的职业不觉有乐趣只觉有劳苦，一旦横决起来，自然是不可收拾了。"五四运动为杜威提供了中国教育的侧面图，杜威在北京的见闻也使得他对中国的教师和学生有了新的认识。6月8日上午，杜威在北京西城手帕胡同教育部会场进行了题为《美国之民治的发展》演讲，配以胡适流畅而准确的翻译，演讲受到了听众一致好评。6月17、19、21日，杜威又接连应邀在北京美术学校对中小学教职员做了几场名为《现代教育的趋势》的演讲。在各种繁忙的讲座之余，杜威还和家人一起游览了北京这座历史文化名城——恢宏的西山、紫禁城和颐和园以及朴素的四合院，这些都带给了杜威及其家人十分美好的闲暇时光和中国记忆。

杜威及其家人在北京
图片来源：John Dewey Papers, SCRC General
（Southern Illinois University Carbondale）

北京大学法科礼堂，杜威曾经演讲的地方

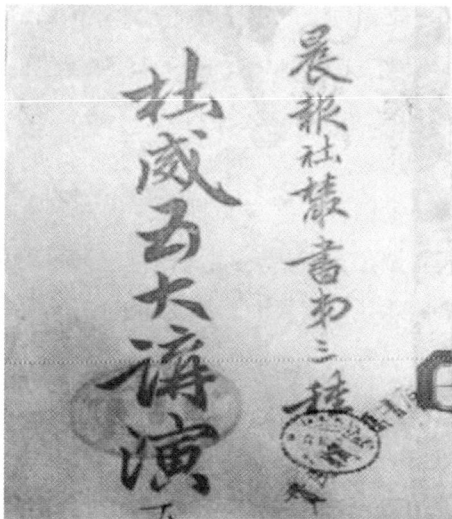

晨报社出版的《杜威五大讲演》

1919年9月20日，北京大学迎来了一个特殊的开学典礼——蔡元培有幸邀请到了杜威出席活动。开学当天，杜威便在北大的法科大礼堂为同学们带来了他的第一部长篇系列讲座《社会哲学与政治哲学》，该讲座每周六下午4点举行，共讲了16回。在此系列讲座中，杜威对实用主义社会政治思想做了全面的阐述，杜威从19世纪的社会科学讲起，介绍了霍布斯（Thomas Hobbes）、斯宾诺莎（Baruch Spinoza）、黑格尔、洛克（John Locker）和卢梭（Jean-Jacques Rousseau）等人的理论。杜威认为社会政治哲学是解决社会政治问题的有效工具。他用很长的篇幅论述了国家、政府、法律、权利与义务等政治问题，并指出要从政治、思想、经济等方面入手，调整国家、政府和人民三者之间的权利与义务关系，使其达到平衡。在此期间，他还陆续举行了四个长篇系列讲座：《教育哲学》《伦理演讲》《思想之派别》《现代的三个哲学家》。其中《教育哲学》是杜威在华演讲中最为系统也是最长的一篇，共讲了16次。杜威首先阐述了教育的一般理论和必要性，主要突出教育与社会的关系。其次阐述了科学进步对教育的影响。在最后五讲中，杜威就各级各类教育畅谈了自己的看法和理解。《伦理演讲》分15次进行，杜威讲述了实用主义伦理学的一些基本的原理，如道德与本能、欲望、情绪、民主制度等；《思想之派别》讲了8次，杜威主要以时间为轴线介绍了西方哲学史上的四种思想派别，分别是以亚里士多德（Aristotle）为代表的"系统派"、笛卡尔（Rene Descartes）为代表的"理性派"、洛克为代表的"经验派"以及自己所代表的"实验派"。《现代的三个哲学家》共讲6回，该讲座介绍了罗素、詹姆斯和柏格森三位著名哲学家的思想，故称"现代的三个哲学家"，其主要目的是为1920年罗素来华讲学做准备。最后，这四大系列演说连同《社会哲学与政治哲学》被北京晨报社整合为《杜威五大讲演》刊载。

10月16日，全国教育联合会在太原举行第五届年会，此次会议重在商讨旧学制的改革，杜威及其家人在胡适的陪同下前往山西参加会议。杜威的出现与演说在太原引起了不小的轰动。会上，杜威发表了《教育上的实验态度》的演讲，他在演讲中强调教育不应被强加一个外在的目的。除了这次短暂的外出和之后的济南之旅，杜威在北京停留了长达九个月的时间用来专心开展学术讲座。

杜威在中国的美好回忆还包括他的60岁的生日，花甲之年的杜威风采依旧。1919年10月19日这一天，由北京大学联合教育部、尚志学会、新学会共同为杜威举办了一场生日宴会，晚宴在中央公园来今雨轩举行，梁启超、蔡元培、胡适等一批杜威的弟子纷纷出席。席间，蔡元培在致

山西大学堂旧址，杜威曾在这里发表演说

辞时总结和赞美道："我所最先感想的，就是博士与孔子同一生日……博士的哲学，用十九世纪的科学作根据，用孔德的实证哲学、达尔文的进化论、詹姆斯的实用主义递演而成的，我们敢认为西洋新文明的代表。"他还说："我觉得孔子的理想与杜威的学说有很相同的点。这就是东西文明要媒合的证据了。但媒合的方法，必先要领得西洋科学的

SIUC Morris Library Special Collections Research Center - All Rights Reserved

杜威和朋友在北京
图片来源：John Dewey Papers, SCRC General （Southern Illinois University Carbondale）

北京中央公园的来今雨轩，
杜威曾在此度过60岁生日

精神，然后用他来整理中国的旧学说，才能发生一种新义。"

1919年12月24日，杜威在胡适的陪同下前往山东济南进行演讲。杜威在济南的演讲题目为《新人生观》，他认为人要以先应付环境、然后征服自然的方式生活，并根据环境的改变而变换工具，即告诉人们不要墨守陈规，而要发挥能动性，进行创造、进行革新。这样的"新"人生观自然产生了冲击。演讲结束当晚，在招待杜威的谈话会上，时任山东教育厅长的袁道冲当场提出教育还是应该让学生效法传统，只有这样，学生的行为才不至于离经叛道。袁道冲的这番话马上遭到胡适的训斥，胡适认为传统的"国故"有"国粹"也有"国渣"，真正的"新"应是取精去粕，所以，教育应该培养学生不断创造的能力，而非不加分辨的固守传统。

1920年1月中旬，杜威离开山东济南返回北京。直到3月底，杜威结束在北京的系列讲座动身南下。在接下来的三个月里，杜威主要在江浙一带城市进行巡回演说，广泛宣传实用主义教育哲学思想。他到过南京、扬州、常州、上海、南通、徐州、苏州等十几个城市，所到之处演讲场场爆满。第一站是南京高等师范学校，主要讲授《教育哲学》《哲学史》和《试验伦理学》，这三篇演讲稿后来被辑为《杜威三大演讲》，公开出版发行。杜威在南京举行暑假讲习班时，女子第一次被允许与男子一样参加，这样的举措带来了教育界的新气象。

按照先前计划，杜威在华只停留一年，但是中国各界人士都希望杜威多留些时间，继续讲学、传播思想。1920年4月，由尚志学会、新学会、江苏教育会和北京大学等联合成立的讲学社决定对杜威发出续聘，继续留华讲学。杜威在南京高等师范学校作三大演讲时，北京大学特意电报给哥伦比亚大学提出续聘。

4月22日，杜威收到了哥伦比亚大学校长巴特勒同意他续假一年的复电。关于杜威本人愿意留下来的原因，杜威女儿在《寄自中国和日本的书信集》中这样解释：杜威夫妇"原计划1919年夏天就要回国的。但是，为争取统一、独立和民主而发动的斗争正在中国展开；这一斗争吸引了他们，从而使他们改变了回国的计划"。

5月7日到8日杜威给江苏教育行政人员做了《教育家之天职》《社会进化之标准》《近代教育之趋势》和《普通教育》等演讲，其间由刘伯明担任翻译。关于杜威在江苏的讲学，5月21日的上海《国民日报》记载道："由镇江劝学所……请至西大街镇舞台演讲。张县知事及各级学校教员学生，均到场听讲。各界人士，到者尤众。该地几有容积不下之势。"随后在演讲间隙，杜威游览了扬州瘦西湖风景、常州舣舟亭、文笔塔等风景名胜，还参观了工厂、学校等地，杜威与当地的各派人物交流甚欢。

为了表示对杜威的尊敬与认可，北京大学于10月17日举行了授予杜威哲学博士的典礼，蔡元培还将杜威称作"西方的孔子"。10月25日至11月2日期间，杜威出席了由湖南省教育会举行的大型演讲会，国内外著名学者聚集于这场演讲盛会，其中包括了罗素、蔡元培、章太炎等人。杜威在湖南举行了近十场演说，随后又顺路到湖北做了四天的演讲才返回北京。

杜威在北京
图片来源：John Dewey Papers, SCRC General （Southern Illinois University Carbondale）

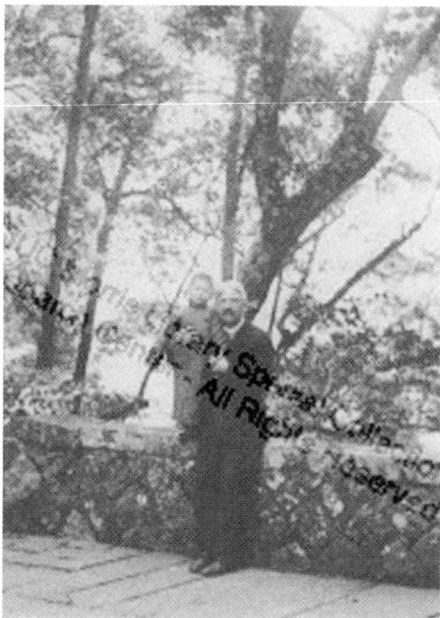

杜威和中国小孩在福州
图片来源：John Dewey Papers, SCRC General
（Southern Illinois University Carbondale）

1921年春，杜威在厦门大学校长邓芝园的邀请下携家人南下福建。与杜威之前到各地演讲受到热烈欢迎的情形一样，他到达福建之后，各界请求杜威演讲者过多，以至于北京大学不得不致电福建，要求为保证杜威的健康，每天的演讲只能在两个小时以内。随后，杜威又到广州演讲数日，并引起了很大轰动。杜威离开广东时知识分子极力挽留，用当时《晨报》的话来说便是："百般设法阻止其行，大有扳辕挡路之慨。"

杜威在北京的最后一场演讲是应北京高等师范学校学生自治会的邀请。1921年6月22日，杜威在北京做了题为《教师职业的现在机会》的演讲，他对职业精神做了新的阐释，提出"职业精神的社会方面，即在于他们工作的时候，与为社会服务的时候，有统一的精神，团结的精神，互赖的精神与互助的精神。职业的精神，就是受知识、受艺术的意思。有了知识和艺术，职业就可进步"。此次演讲结束后，杜威已经开始为离开北京做最后的准备。6月30日，为了送别杜威先生及家人，包括北京大学、北京高等师范学校、尚志学会、北京女子师范学校、新学会等在内的五个团体在北京中央公园的来今雨轩为杜威举行辞行宴会，参加宴会的人数多达八十余人，梁启超、胡适等人先后致辞并对杜威表示感谢，杜威夫妇及女儿也分别讲话表达了对中国的情谊。1921年7月1日，北京《晨报》报道：杜威在讲话中希望中国的青年与年长者，既要有渴望容纳新思想的精神，又要有实行新思想的精神。7月11日，杜威一家离开北京。

离开北京后杜威并没有直接回国，而是前往了他在中国的最后一站——山东济南。杜威本计划7月上旬赴济南演讲，不过后来因为在京接连参加证婚、美国国庆日纪念等活动无法抽身，直到离华之前他才有空兑现计划。因此，他在山东又进行了20多天的演讲后才离开中国。讲学之余，杜威还游览了山东著名的泰山、孔林、大明湖等景点，并在济南、青岛等地进行交流。1921年8月2日，杜威离开青岛赴日本，至此，杜威的中华

顾随（后排右一）陪杜威（前排右三）一行游览大明湖

1921年，北京高师平民教育杂志社欢送杜威及其家属回国时合影

之行画上了圆满句号。

　　杜威在中国访问的足迹遍布上海、北京、天津、河北、山西、山东、江苏、湖南、湖北、浙江、福建、广东、辽宁、江西等十四个省市，举行了200多场不同规模的演讲，共历时两年零两个月。由于语言不通，胡适、陶行知与刘伯明等中国弟子的精彩翻译显得尤为重要。两年多的时间里，杜威走访各地，全面、系统、深入地向中国传播了其实用主义的哲学思想、教育思想和伦理思想。他丰富的演讲内容与独到的视角，对于渴求变革的中国知识界而言无疑是弥足珍贵的。

　　据不完全统计，杜威在中国主要演讲如下：北京地区主要由北京学术演讲会、京师学务局、北京大学、教育部、尚志学会、新学会等组织与团体主办，演讲内容包括：《美国之民治的发展》（1919年6月8、10、12日），《现代教育的趋势》（1919年6月17、19、21日），《社会哲学与政治哲学》（1919年9月20日—1920年3月6日逢周六讲演），《教育哲学》（1919年9月21日—1920年2月22日逢周日讲演），《在哲学研究

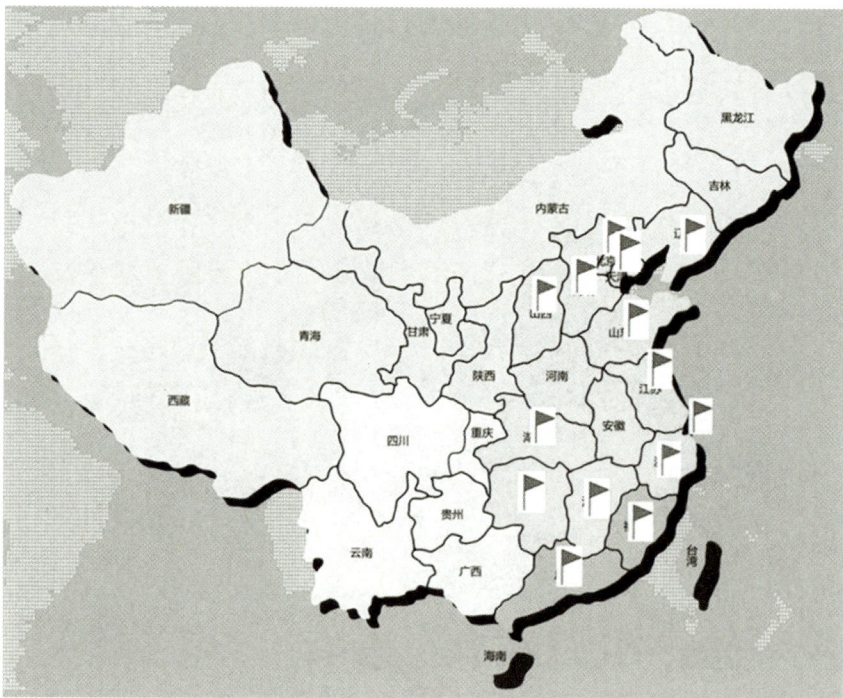

杜威在中国的访问足迹图，遍布中国的东部和中部

会欢迎会上的演说》（1919年10月3日），《现代的三个哲学家（共3讲）》（1920年3月5日至3月23日），《教授青年的教育原理》（1921年），《论中国的美术》（1921年），《在北京五团体公饯会上的演说》（1921年6月30日）。在山西地区演讲主要由山西省督军署、山西省立师范学校、山西国民师范学校、山西大学等主办，演讲内容包括：《世界大战与教育》（1919年10月9日），《品格养成为教育的无上目的》（1919年10月10日），《教育上的自动》（1919年10月11日），《学校与乡里》（1919年10月12日），《高等教育的职务》（1919年10月13日）等。杜威其他的演讲还包括：由旅京贵州教育实业参观团主办的演讲《与贵州教育实业参观团之谈话》（1919年7月19日），由济南学术讲演会主办的演讲《新人生观》（1919年12月29日），由天津青年会主办的演讲《真的与假的个人主义》（1920年1月2日）等。

杜威与中国：相识，相知，不相忘

杜威在中国生活了两年多，不仅深受中国人喜爱，而且他也对中国人民产生了深厚的感情，他对中国人民表示出了"深切的同情"和"由衷的敬佩"。杜威回到美国后，他仍然时刻关心中国人民与中国的教育问题，接连不断地在《新共和》和《亚洲》（*Asia*）杂志上发表了多篇有关中国的论文。杜威在中国感受到了与西方完全不同的景象，这对于开阔杜威的学术思维起到了很大作用，杜威回国后对中国的介绍，也使得更多西方人开始关注中国。简·杜威在《杜威传》中曾用"深刻"和"持久"两个词来形容中国见闻对她父亲的影响。正如简·杜威后来所讲的那样，中国一直是杜威深为关切的国家，这种关切甚至仅仅次于他自己的祖国。

杜威和夫人在中国
图片来源：John Dewey Papers, SCRC General (Southern Illinois University Carbondale)

SIUC Morris Library Special Collections Research Center. All Rights Reserved

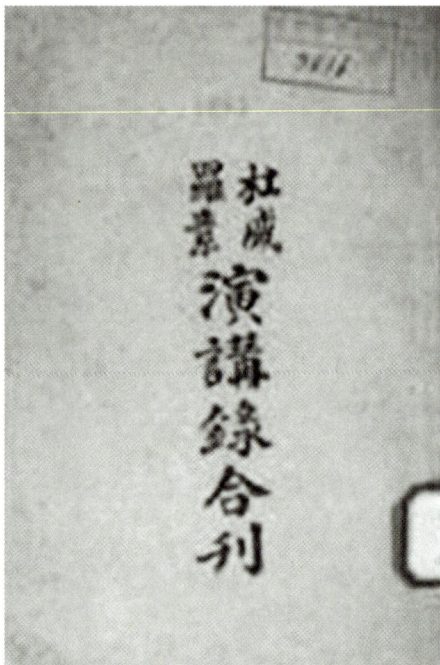

杜威和罗素在中国演讲录合刊

其次，杜威对中国影响之深远也是其他来华演讲的外国学者所不能企及的。我国著名教育家吴俊升先生评价道："中国教育所受到外国学者影响之广泛与深远，以杜威为第一人。杜威给予国外教育影响之巨大，也以中国为第一国。"五四期间，同一时期被邀请的国外学者由于各种原因都未能像杜威那样深入中国——有的是因故未能成行，如梁启超等人曾打算邀请法国哲学家柏格森和德国哲学家鲁道夫·奥伊肯（Rudolf Eucken）来华演说，但没有真正实现，也有的学者虽来华讲学，但影响比较有限，如德国生物学家兼哲学家杜里舒的演说仅在玄学派知识分子中有些影响。此外，"英国大哲学家"罗素关于科学、民主、自由、社会主义的学说，在学术界和媒体引起较大的反响，但关于改造中国的方案不符合中国的国情，遭到冷淡对待，因而影响不大。

相比之下，杜威的学说恰似吹来春风。首先，他的思想与中国传统文化有相容的部分，正如蔡元培将杜威和孔子的思想相提并论一般，杜威的思想易于被大众理解和接受；其次，"从做中学"的观点恰好鞭笞了我国强调"苦读经书"的传统教育方法，适应了思想解放的时代需求；再者，杜威倡导的民主观点恰与新文化运动时期"德先生"（Democracy）启蒙思潮相关联，顺应了教育平民化的需要；最后，杜威在中国长时间的生活让他对中国社会有了更深的了解，因此更加能够从中国的实际出发构思解决问题的方法。不可否认，杜威的思想不仅直接影响了中国的教育，而且还成为中国革命人士批判和改造世界的有力武器。

思想界的春雷

杜威来华讲学期间，众多报刊成为宣传杜威教育思想的阵地，向社会大量推广了新观点、新思路和新理论。"到1919年6月，仅江苏、浙江两省，就雨后春笋般地出现了近二百种期刊……杜威在华期间，这些流行的刊物转载了杜威的演讲，并把它们传播到中国的每一个学术中心。"其中，《新教育》和《平民教育》杂志还推出专栏介绍杜威的事迹和理论。当时有影响力的各大报刊，如《晨报》《新青年》《新潮》《每周评论》《民国日报·觉悟》《时事新报·学灯》等都曾大量刊登过杜威的演讲稿，可以说"几乎全国主要的杂志都刊登杜威讲演的中文本"。其中《晨报》尤其全面，几乎收录了杜威在华讲学或演讲的所有内容。《晨报》整理的《杜威五大讲演》一书受到热烈欢迎，多次再版，每版销量都在一万册以上，在当时堪称奇迹。下表显示了《晨报》两年间刊登杜威演讲的情况，可以说是"全程追踪""内容全面"。同时，各大报刊大量刊登了杜威的照片、生平事迹、名言名句、在华行踪，各出版社也相继发行杜威的著作译文，如刘衡如翻译的《学校与社会》（1921年）、常道直翻译的《平民主义与教育》（1922年）、郑晓沧翻译的《我的教育信条》（1923年）等，在五四时期形成了一股实用主义的思想浪潮。

当时发表与收录杜威演讲的报刊

《晨报》刊登杜威演讲记录稿情况表

（据1919 年5月至1921 年7月《晨报》编制而成）

刊登日期	报纸版面	报纸栏目	演讲题目
1919年5月9日—5月13日	第7版	演说汇录	《杜威博士在沪讲演记》《杜威博士讲演大要》（介绍5月3日、5月4日杜威在上海演讲的《平民主义的教育》）
1919年6月9日—6月20日	第7版		《美国之民治的发展》
1919年9月22日—1920年3月29日	第2、3、5、7版	杜威博士之讲演，讲坛，杜威讲演	《社会哲学与政治哲学》
1919年9月22日—1920年3月3日	第2、3、7、5版	昨日杜威博士之讲演，杜威博士之讲演，讲坛，杜威讲演	《教育哲学》
1919年10月15日—1920年4月1日	第7、3版	讲坛，杜威讲演	《伦理演讲纪略》
1919年11月16日—1920年2月4日	第3版	杜威讲演	《思想之派别》
1920年3月8日—3月28日	第5、7版	杜威讲演	《现代的三个哲学家》
1920年4月22日—8月23日	第7、5版	讲演	《教育哲学》（在南京之演讲）
1920年5月9日—6月29日	第7、5版	讲演录	《哲学史》
1920年9月16日—9月18日	第7版	讲演录	《学生自治的组织》

续　表

刊登日期	报纸版面	报纸栏目	演讲题目
1920年9月20日—10月10日	第5、7版	讲演	《试验伦理学》
1921年4月25日—4月26日	第5版	讲演录	《大学的旨趣》
1921年4月30日—5月2日	第7、5版	讲演录	《教育者为社会领袖》
1921年5月3日—5月6日	第7版	讲演录	《自动与自治》
1921年5月8日—5月9日	第7版	讲演录	《教育与国家之关系》
1921年5月10日—5月11日	第7版	讲演录	《教授青年的教育原理》
1921年5月13日—5月14日	第7版	讲演录	《教育与实业》
1921年6月17日—6月19日	第7版	讲演录	《南游心影》
1921年6月20日—6月21日	第7版	讲演录	《国民教育与国家之关系》
1921年6月22日	第7版	讲演录	《自动的研究》
1921年6月24日—6月27日	第7版	讲演录	《教师职业的现在机会》
1921年6月28日—6月29日	第7版	讲演录	《天然环境社会环境与人生之关系》
1921年6月30日—7月1日	第7版	讲演录	《习惯与思想》
1921年7月8日	第7版	讲演录	《民治的意义》

（来源：元青.杜威的中国之行及其影响［J］.近代史研究，2001(2)：140—141.）

杜威在华的演讲内容前后期有所变化，他的早期演讲主要关注哲学、教育理论及改革，后一时期杜威的演讲除了宣扬自己的理论之外，也对中国正在发生的事情有独到的评价和见解。他曾经在演说中富有见地地总结：辛亥革命没有完全成功的原因是仅仅做了政治上的改变，而没有思想和道德的准备基础。在谈到五四运动时，他也认为观念上的转变才能带来中国社会格局和面貌的变化。杜威的评论可以说是一语中的，他清晰地看到社会变革的基础不是外在形式的改变，而是内在思想的变化。杜威还指出："人们还没有在其他地方如此经常地听到像今天中国青年代表人物口中那样说的，即教育是改造中国的唯一方法。"杜威的思想给当时寻找社会出路的有志青年带来了很大的启发。毛泽东、孙中山、胡适、蔡元培、陈独秀、梁启超、张东荪、梁漱溟、冯友兰、蒋梦麟、陶行知等这些政治、文化舞台上的先行者们，对杜威的哲学思想表现出了极大的兴趣，并给予了较高的评价。陈独秀明确表示"相信尊重实用哲学"。梁启超、梁漱溟、陶行知等人则在实践层面将杜威的思想运用到教育改革中，毛泽东在1920年7月31日所起草的《湘潭教育促进会宣言》中也写道："自世界思潮日趋转变，吾国新文化运动随之而起。文字革新，思想解放，全国风传，进行甚速。美博士杜威东来，其新出之教育学说，颇有研究之价值。"后来这份宣言在《大公报》上公开发表。

实用主义的兴起

实用主义教育思想在20世纪上半叶非常流行，传播范围较为广泛。杜威的实用主义哲学基本符合当时中国的实际需求，为迫切渴望改革的中国教育带来了崭新的教育理论与方法，在他的中国弟子以及实用主义支持者的宣传下，他的教育理论一度成为当时中国教育改革的主导学说，并被大规模实践。

一大批将杜威思想应用于改革的人士不仅包括革命民主派，还包括了早期的共产主义者，他们对杜威本人和他的理论表现出了相当的热情。1919年，毛泽东在《湘江评论》发刊宣言中指出，在思想领域应把实用主义奉为主旨。"1921年5月初，杜威赴广东演讲，正在筹建中国共产党的陈独秀亲自出面主持演讲会并介绍杜威的生平。"另外，毛泽东受胡适"多研究些问题、少谈些主义"观点的影响，曾拟定在长沙发起"问题研究会"并印发了《问题研究会章程》。《章程》尤为关注教育，还专门探讨了如何实施杜威的教育学说等问题。虽然研究会最终未能建立，但是我们可以看出青年毛泽东对实用主义教育的关注和认同。

20世纪初，中国民族工商业的发展使得实业教育开始受到重视。自蔡元培首倡"实利主义"教育后，1913年，黄炎培也开始大力提倡改革中国当前的教育模式，开展实用主义教育。黄炎培认为我国教育不切实用，没有和实践相结合，他呼吁今后教育的一切应归于实用，无论德育、体育还是智育均强调它们的实用功效，这些观点便是杜威实用主义教育思想的体现。民国政府在1914年制定的"教育纲要"中也强调了教育要注重道德、实利和身体素质这一宗旨，纲要还把教育的目的归于实用。

中国教育学者在学习杜威的实用主义教育思想基础上，重构出了属于中国本土的"新实用主义教育"，在推进中国现代教育理论的创建和完善方面功不可没。20世纪初期中国的许多教育学著作都是受实用主义影响而构建。杜威的实用主义影响之大，以至于它几乎影响了当时教育学所有分支学科的理论建构以及实践和研究。比如陶行知创立的"生活教育理论"、陈鹤琴创立的"活教育理论"、邰爽秋创立的"民生教育理论"等，这些思想对当时中国教育理论的建构产生过重大影响，在教育实践领域也留下了不灭印记，甚至在今日依然具有不竭的指导意义。

此外，我国20世纪20年代的教育改革很大程度上都是在贯彻杜威的实用主义教育理念。依据杜威提倡的教育应适应儿童发展、促进儿童生长的学说，1921年10月，全国教育会联合会议决案决定把学生个性和智能的发展放在关键的位置。1923年，《中小学课程标准纲要》深化实施了这一思想，《纲要》中规定的"语言初年多用演进法，以后多用会话、讲演、表演""读文注重欣赏、表演，取材以儿童文学（包含文学化的实用教材）为主""作文注重应用文的设计、研究和制作"等就是以上原则的体现。这一时期学校的教材也有巨大变化——白话文课本登上了历史的舞台，"之乎者也"逐渐淡出教材。

在对新教育方法的探索方面，各式各样的教育试验活动在学校开展起来，注重开发儿童的潜力和创造力的教法被采用，进一步推动了教育科学化的纵深发展。很多省市的实验学校多以杜威的理论为参照，甚至南京高等师范学校开设的学校直接以杜威为名。不仅是取名，这些实验学校切实在依循"学校即社会"的原则开展教育活动，学校开设模拟银行、商店等行为与杜威学校的办学有极大相似性。1920年，北京高师和南京高师还建立起了心理实验室，并充分利用测验开展活动。在量化测评的驱动下，教育统计、智力测验、社会调查等大型评估活动开始盛行。例如，1923年中华教育改进社开展了一项对全国小学的调查，"包括22个城市、11个乡镇，测试了9.21万名儿童"。此外，在

杜威和大学生在一起

图片来源：John Dewey Papers, SCRC General (Southern Illinois University Carbondale)

教学法的实验探索上，"从1919年秋天起，由俞子夷主持的南京高等师范学校附小的实验正式试行设计教学法，此后，江苏省第一师范附小也开始实施设计教学法和实验"。1927年，"设计教学法"的创始人克伯屈访华，他先后在上海、北京等地介绍设计教学法，这极大地促进了我国教学法的改革。另一个在中国大受欢迎的教学法——道尔顿制，也在各实验学校广泛实行。"道尔顿制"的创始人帕克赫斯特曾于1925年到中国进行访问和调研。总之，实用主义从贴近人类生活的现实出发，将教育与实业融合起来，促进了教学的变革，也推动了教育发挥反作用于社会的功能。

新学制的产生

早在1902年，清政府的管学大臣张百熙就主持拟定了《壬寅学制》（又称《钦定学堂章程》），这是我国近代史上第一个由国家正式颁布的学制，但由于若干限制而未付诸实施。紧接着1904年，张百熙、荣庆、张之洞三人在借鉴日本学制的基础上共同拟定了《癸卯学制》（亦称《奏定学堂章程》），《癸卯学制》是在《壬寅学制》的根基上发展完备的，成为第一个在中国正式实施的学制系统。《壬寅学制》《癸卯学制》产生于清朝内忧外患的时代背景下，是清政府为了维持政权而被迫实施的学制改革。与前两种学制产生的历史背景不同，1912—1913年颁布的《壬子癸丑学制》则是辛亥革命后南京临时政府施行的教育改革，它是我国第一个资产阶级性质的学制，对我国公民受教育权的发展具有十分重要的意义。但是，由于缺乏改革经验以及缺乏科学、合理的教育理念进行指导，这一学制实施的同时也暴露了许多的不足，如过分强调整体划一、各学段划分不科学、各级教学衔接不合理、重文轻理等问题。

1922年，中国近代教育史上影响最为深远的"新学制"——《壬戌学制》（原名《学校系统改革方案》）应运而生。作为成熟的现代学制系统，它体现出了与先前学制完全不同的优越性，它的诞生是中国教育界集思广益、长期探索的结果。"新学制"由全国教育会联合会发起，是一场自下而上、全面系统的改革。该学制从1915年初次提出到1922年最终完成经历了7年时间，因而也更加精益求精、切合实际。1915年，全国教育会联合会在天津召开第一届大会，湖南省教育会作为先驱提交了改革学制系统的方案，随后各省纷纷响应，发表改革提案。1919年10月，全国教育会联合会第五次会议在太原举行，杜威和他的家人在胡适陪同下前往太原，并做了数场演讲介绍他的教育思

由云南高等学堂印制的《奏定学堂章程》与1906年光绪丙午年由上海会文学社出版的《钦定学堂章程》

想。其中，《教育上的试验态度》这一演讲引起了极大反响。此次全国教育会联合会通过的"废止教育宗旨，宣布教育本义"，即是杜威倡导的"教育无目的"之直接体现。两年后，在广州召开的全国教育会联合会第七次会议讨论通过了《新学制系统草案》，杜威的同事孟禄以及中国弟子陶行知等人均出席了此次大会，并发表演说宣传实用主义教育，因而直接影响到新学制基本框架的制定。所以说，新学制的《草案》也间接地承袭了杜威的教育理念。

《新学制系统草案》制定以后，全国教育会联合会开始着手从各界人士征求修改意见，以便形成和完善新学制的最终体系。于是，教育学者们踊跃地参与到这场大讨论中来，1922年，陶行知连续发表了《中国建设新学制的历史》《新学制与师范教育》《我们对于新学制草案应持之态度》《评新学制草案标准》等文章对新学制评议。胡适、郭秉文、李建勋、郑晓沧等一批从哥伦比亚大学毕业归国的热血青年也纷纷写文章陈述自己的观点，真挚地将自己在美国的见闻化为有益的建议推荐给国家。他们的分析深刻而理性，他们的见解独到而中肯，在当时形成了良好的舆论氛围，从而对新学制的出台发挥了重要作用。在吸收各界优秀建议的基础上，1922年10月11日，全国教育会联合会第八届年会通过了以胡适起草的审查底案为蓝本的《审查会报告案》。11月1日，中华民国北洋政府正式颁布了《学校系统改革令》，即《壬戌学制》，又名"1922新学制"。

《壬戌学制》所依据的标准是："（一）适应社会进化之需要；（二）发挥平民教育精神；（三）谋个性之发展；（四）注意国民经济力；（五）注重生活教育；（六）使教育易于普及；（七）多留地方伸缩余地。"新学制采用美国式的六三三分段法，故又称为"六三三学制"。学制明确规定了各学段的修业年限，并为我国现行学制系统打下了基础。

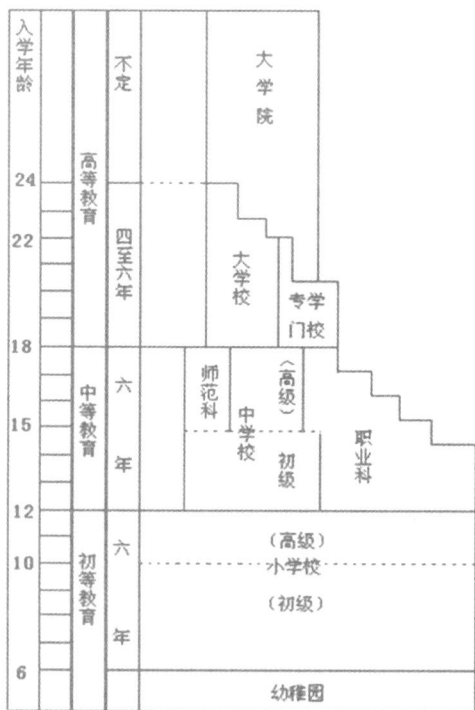

壬戌学制系统图

它将整个学制系统分初、中、高三段
教育，并分别在各类各级教育领域进
行了革新，如缩短小学年限，建立三
年制的初、高中，取消大学预科，提
升师范教育，使职业教育独成系统
等。在这些学制标准中，无一不闪耀
着杜威民主主义教育思想的光芒。例
如，新学制的第四条写道："儿童是
教育的中心。在组织学制时，应特别
注意儿童的个性和资质。因此，中等
和高等教育应采取选修科目的制度，

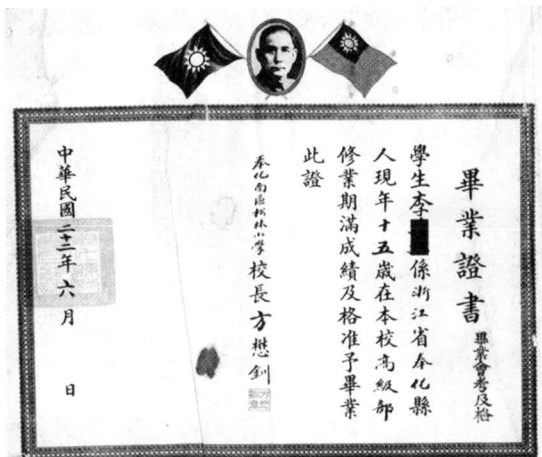

1922年，壬戌学制施行后一名高小学生的毕业证书

而且，在所有初等学校中，分级和升级都应采取灵活原则。"儿童在教育中的地位得到
了制度的保障，地方和学校也有了更大的自主权开展灵活多样的教育。《壬戌学制》作
为我国现代学制确立的标志，同时也意味着实用主义教育思潮对中国教育的影响实现了
从理论层面向制度层面的跨越。

中国教育家的传承

20世纪上半叶，哥
伦比亚大学教育学院凭
借其得天独厚的师资力
量，以及在教育界的领
先地位而成为世界各地
青年学子梦寐以求的教
育圣地。这一时期，中
国的有志青年也纷纷漂
洋过海来到哥伦比亚大
学求学。哥伦比亚大学
教育学院的教师们新颖
的教学方法和严谨的治

胡适（左二）、陶行知（右一）等师生在哥伦比亚大学合影

学态度使中国留学生受益匪浅。原安徽大学校长杨亮功曾在哥伦比亚大学教育学院求学一年，他认为，斯泰耶（George H．Strayer，又译斯特雷耶）、杜威和克伯屈三位著名教育家的教学方法各有千秋。著名教育家陈鹤琴也曾这样回忆老师克伯屈教授的教学："他的思想有魔力，他的教法有魔力……他的教法是独出心裁而能刺激思想的方法。"

哥伦比亚大学教育学院的教授不仅教学有道，而且给予中国留学生许多特别的帮助。杨亮功曾赞叹道："杜威与克伯屈师徒二人对中国学生皆极亲切。"1915年，教育学院的中国留学生组建了中国教育研究会来研究中国教育问题，这些学生就包括了陶行知、胡适、庄泽宣、张伯苓等人，杜威、孟禄等名师对他们进行了热心指导。中国留学生在学业上认真努力、刻苦钻研，从课堂和生活中学到了诸多新思想和新方法，他们回国后大多成为中国教育界的佼佼者，用毕生精力奋战在教育与文化事业的第一线，为中

1916年，哥伦比亚大学教育学院中国留学生俱乐部合影

国的新文化运动和新教育运动做出了巨大的贡献。据学者不完全统计，"先后有近140位曾留学哥伦比亚大学的学子担任了民国政府国务总理、行政院长、立法院长、考试院长、外交总长、财政总长，从教育部长、司长到省教育厅长、局长，从大学校长、院长、系主任到中学校长以及各主要教育、学术团体的会长等职"。在推动中国教育发展的过程中，这些融合了中国本土文化与西方教育理念的青年们不仅在理论层面宣传和推广了实用主义教育思想，而且身体力行地将其付诸实践，改变教育状况。

在西方浩瀚的先进教育理念之空，杜威的实用主义教育体系无疑是一颗闪耀的明星，其独到和完善的教育思想通过莘莘学子带回中国，并付诸实践。胡适、陶行知、陈鹤琴等教育家都直接或间接师承于杜威，他们的教育理论处处可见杜威的真知灼见。他们抱着改革教育、拯救民族的雄心，从20世纪初中国的教育现状出发，构建起了他们各具特色的教育思想大厦。

杜威与胡适

杜威与胡适有很深的渊源。早在胡适赴哥伦比亚大学留学之时便师从杜威，所以他不仅是杜威实用主义哲学的受益者，也是传播者。胡适在考取"留美官费生"之后，于1910年9月赴美留学，在康奈尔大学辗转学习多个专业后，1915年9月，他进入哥伦比亚大学哲学系师从杜威，开始了两年的学习。在哥伦比亚大学期间，胡适选修了杜威主讲的"伦理学之流派"和"社会政治学"两门课程。杜威也曾是胡适撰写博士学位论文的导师。胡适对杜威有很高的评价，并且自愿终身追随杜威。胡适自认为赫胥黎教会了他怎样怀疑，但是用他自己的话来说，杜威则"教我怎样思想，教我处处顾到当前的问题，教我一切学说都是理想到思想的结果"。胡适将杜威的哲学称作"我的生活思想的第一个向导，成了我自己的哲学基础"。透过这些话，可

1914年胡适在美国

见胡适心里对杜威的尊敬与认可。

杜威曾说："我向来主张东西文化的汇合，中国就是东西文化的交点，我相信将来一定有使两方文化汇合的机会。"当我们纵观胡适一生，就会发现他一直在为东西方文化汇合而实践着。胡适对杜威演讲的翻译和解说也非常精彩，我们现在常常谈到的一些杜威名言就来自胡适的妙口。杜威在北京和山东、山西两省作的大量演讲都由胡适翻译，他还细心地让人把演讲记录下来，方便报纸和杂志发表、宣传杜威思想。1921年，杜威启程离开中国时，胡适着笔写了一篇《杜威先生与中国》以送行，他认为，"自从中国与西洋文化接触以来，没有一个外国学者在中国思想界的影响有杜威先生这样大的"，"我们可以说，在最近的将来几十年中，也未必有别的西洋学者在中国的影响可以比杜威先生还大的"。为了让更多国人了解杜威的思想，胡适还挑选出一些包含介绍杜威思想的文章（如《杜威先生与中国》《演化论与存疑主义》和《杜威论思想》等），把它们集结成册推荐给青少年做读物。

胡适勇于冲破经学垄断哲学的牢笼，在中国哲学史上扮演着西方哲学开路人的角

胡适

杜威和胡适在沈阳的合影

色。1919年2月，胡适出版了《中国哲学史大纲》，他在这部书中开拓性地承认了其他哲学家的地位，把历来不能议论的孔圣人和其他诸子相提并论，为中国哲学研究扫除了障碍，也为西方哲学的传入打通了道路。

胡适在哲学方面最为推崇的是杜威的实用主义，不过胡适更喜欢用"实验主义"一词，他对杜威思想的认识深刻而有力。关于杜威哲学目的的解释，胡适认为："杜威哲学的最大目的，只是怎样能使人类养成那种'创造的智慧'（Creative Intelligence），使人应付种种环境充分满意。换句话说，杜威

任"中央研究院"院长时的胡适

的哲学的最大目的是怎样使人有创造的思想力。"胡适还非常推崇杜威提出的"教育即生活"主张，这在其《实验主义》一文中便有明显体现："我这一篇所说杜威的新教育理论，千言万语，只是要打破从前的阶级教育，归到平民主义的教育……平民主义的教育的根本观念是：教育即是生活，教育即是继续不断地重新组织经验，要使经验的意义格外增加，要使个人主宰后来经验的能力格外增加。"当然，胡适对杜威的思想既有传承，也有突破。胡适提倡怀疑主义，他在实用主义的基础上还创造性的形成了自己的方法论——"十字真言"，即"大胆的假设，小心的求证"。这实际上是胡适基于杜威的"思维五步"核心思想进行的提炼和概括。另外，胡适一生都在追求民主政治和自由主义，他以《新青年》月刊为阵地，宣传民主、科学才能救中国，这些无不体现着实用主义的精髓。

1959年夏，胡适在夏威夷大学举行的第三届东西方哲学家会议上做了《杜威在中国》的公开演讲，通过此事，杜威与中国的事迹被更多西方人所了解，并由此引发了西方学者们对杜威中国之行的研究兴趣。

可惜的是，由于时代的原因，胡适与杜威的思想在新中国成立之初的批判运动中遭到了打击。1955年，在批判俞平伯的红学观点之后，胡适被视为"资产阶级唯心主义"而遭到了批判。他极力推崇的杜威自然不能幸免于此，实用主义教育哲学在中国遭到凌厉的批判和否定。据统计，在1954—1955年发表的300多万字清算的文字中，几乎每一

篇都要批判杜威。这些文章这样形容杜威和他的思想："杜威的实用主义是美帝国主义阶段所产生的最反动的一种哲学"，"杜威是华尔街老板以最高的代价豢养的"，甚至还有人认为杜威来华演讲是为了散布"实用主义教育思想毒素"。80年代后，改革开放的中国开始以新的态度重新评价和研读杜威，杜威研究跨越了空白期，人们又开始重新认识杜威、评价胡适。

杜威与陶行知

  1914年8月，勤学的陶行知以总分第一名的成绩毕业于金陵大学，随后他获得了保送美国留学的资格，并先后于伊利诺伊大学（University of Illinois）和哥伦比亚大学就读。在伊利诺伊大学攻读城市行政学期间，陶行知开始对教育产生兴趣。1915年9月27日，陶行知转学到哥伦比亚大学教育学院学习。陶行知求学时期领略到了诸多教育大家的风采，他上过的课程有杜威的"学校与社会"、克伯屈的"教育哲学"、孟禄的"教育史"、康德尔的"各国学校制度的社会基础"等。这些课程中最吸引陶行知的还是杜威的"学校与社会"，因此陶行知非常乐意地称自己是杜威的"受业弟子"。1918年，陶行知发表了《试验主义教育方法》一文，他对杜威和詹姆斯的教育思想表示高度认同，对杜威的教育思想甚为拥护。哈佛大学教授费正清（John K.Fairbank，美国现代中国学的奠基人）在《陶行知与杜威》一文中高度评价陶行知："杜威博士的最有创造力的学生是陶行知……陶行知是杜威的学生，但他正视中国的问题，则超越了杜威。"经过在哥伦比亚大学两年的系统学习，陶行知于1917年回到中国并全身心地投入到教育事业中去。面对国内传统的"坐中学"盛行之风，陶行知大力宣

陶行知赴美留学前（右）后（左）照片

陶行知在中国宣传杜威的实用主义思想

传和介绍杜威的"做中学"思想，以改革中国传统学校教育，创新教育方式。陶行知为了摸清中国教育的真实现状，他先后对南京、上海、河南、山西、安徽等多地的教育情况进行了走访和考察，最后得出结论——杜威的平民主义教育的目的同样适用于当时的中国。之后，陶行知站在中国教育实际的土壤上，以杜威的教育理论为基础，极力寻找能为中国直接服务的新的教育发展之路。

杜威提出的"教育即生活"理念是基于自然主义理论的哲学思想，陶行知则基于自己对教育的深刻认识，提出了"生活即教育"一说。杜威与陶行知都强调教育与生活密不可分，其中，杜威的"教育即生活"主张学校教育活动之余有选择性地加入社会生活，主要强调学校教育活动，陶行知的"生活即教育"则从教育的角度阐述生活，主张在生活中进行教育，强调生活对个人存在和发展的巨大教育价值，这也是陶行知生活教育的本体论。陶行知的"生活即教育"思想无疑扩大了教育的内涵，它的具体内容可以概括为三部分：一是生活本身就是一种特殊的教育形式，生活的内容中含有教育意义；二是教育时刻影响着生活，是促进生活进步和发展的基础；三是教育来源于生活，随着生活的变化而发生改变。陶行知还反复强调生活并不完全等同于教育，主张学校必须给学生征服自然、改造社会的活力，因此教育要从现实生活出发。

在社会和学校的关系方面，陶行知和杜威都赞同两者休戚相关，但陶行知把"学校即社会"进行延伸提出了"社会即学校"。他认为"教育可以是书本的，是与生活隔绝的，其力量极小。拿全部生活去做教育的对象，然后教育的力量才能伟大，方不至于偏狭"。陶行知说："学校即社会，就好像把一只活泼的小鸟从天空里捉来关在笼子里一样。它从一个小的学校去把社会所有的一切都吸收进来，所以容易弄假。社会即学校则不然，它是要把笼中的小鸟放到天空中，使它任意翱翔，是要把学校的一切伸展到大自然里去。"陶行知认为学校有责任培养学生改造社会的能力，所以在教学方面，陶行知将杜威的"做中学"化为"教学做合一"，学校不仅要教会学生学习，更要教会学生做事。学习的方法与教学的方法要相适应，"教"与"学"都要围绕着"做"来进行，怎么做便怎么学，怎样学便怎么教。这种"教学做合一"的做法使学生既学到了书本知识，又不至于脱离实践。1931年，陶行知把杜威的"五步教学法"改造成了"六步教学法"，即"行动生困难；困难生疑问；疑问生假设；假设生试验；试验生断语；断语生行动，如此演进于无穷"。总而言之，陶行知认为学习既要从实践中来，又要回归到实践中去，关于此思想，我们从他的理论与实践中便可窥一斑。

对于儿童创造性的培养，陶行知也颇具想法，他认为必须把儿童的创造力解放出来。他在《创造的儿童教育》一文中指出："创造的儿童教育，不是说教育可以创造儿童……教育不能创造什么，但它能启发解放儿童创造力以从事于创造之工作。"关于解放儿童创造力的具体措施，他提出了"六大解放"：（一）解放儿童的头脑；（二）解放儿童的双手；（三）解放儿童的眼睛；（四）解放儿童的嘴；（五）解放儿童的空间；（六）解放儿童的时间。只有将束缚儿童发展的因素去除，并给予儿童民主的环境，才能培养发掘儿童的想象力和创造力。

小先生在教邻居孩子识字

另外，在生活和发展的关系层面，杜威认为"生活就是发展；而不断发展，不断生长，就是生活"。陶行知则提出了类似于终身教育的观点，学生应养成不断求知的良好习惯，以不断进步、不断提高。

陶行知创办的晓庄师范

陶行知与胡适最大的不同就是他把自己的教育思想具体应用到了教育实践当中，他创办过一系列学校，包括识字班、晓庄师范、育才学校、山海工学团等不同类型的学校。"生活教育"理论在真实的环境中经受住了考验和磨练，并声名远扬。为普及中国乡村教育，陶行知还创立了"小先生制"的教育形式，该方法充分发挥儿童"即知即传"的作用，是在穷苦中国普及教育的有益尝试。

陶行知怀着"捧着一颗心来，不带半根草去"的精神，投身于中国的平民教育事业。他始终把人的价值放在首位，关注人民和劳苦大众，全心全意地为改造中国教育而奋斗，谱写了光辉的一生，成为一代楷模。陶行知的教育思想虽然传承自杜威，但是他对杜威思想的超越是伟大的。"生活教育理论"是符合中国实际的教育学说，体现出了鲜明的民族特色和时代特征。

山海工学团教师指导学生磨豆腐

陶行知躬身与孩子们交流

总结杜威对中国的影响

杜威学说在中国的传播与盛行始于中国新文化运动。在此之前，中国的教育无论是学制的设立还是教育理念都以效仿日本为主。在新文化运动中，新文化运动者提出"反传统、反孔教、反文言"，倡导"民主与科学"，启发人们重新思考传统教育。此时倡导民主主义教育的杜威在中国受到青睐。

由于杜威思想在中国的推崇，胡适、陶行知、蒋梦麟等杜威的学生和有识之士邀请杜威来华演讲，传播其教育思想。在华期间杜威在中国很多地方进行了演讲与访问。在这些演讲中，尤以杜威在北京大学所作的"五大讲演"为人们所熟知，向中国民众强调了适应儿童本能的重要性，"有许多教育学者把这个不学而知的本能看得太轻了，以为儿童一定不能由婴孩一下跳到成人的等级。所以，他们总想把儿童期缩短，将成人的知识经验硬装进去"。杜威主张儿童期是"真正的教育基础"。其一，在民主共和的国家里，每个人应享有平等的教育机会，而教育可以帮助人们成为真正的民治社会、民治国家的分子。其二，在当今变迁、活动的时代，由于儿童具有塑造性，应引领他们向新的、适当的方向发展。

杜威在工作

作为美国乃至世界上现代教育的精神领袖和代言人，杜威对中国的访问催化了一个国家的教育变革，也激发了中年杜威的学术热情。正如王晴诗（Jessica Ching-sze Wang）在《杜威在中国：教与学》一书中指出："杜威在中国具有很高的影响力，但他同时也从中国汲取营养。"谈到在中国的两年多时光，杜威本人曾在信中写道：

"这是我一生中所做过的最有趣的和在智力上最有用的事情。"杜威的女儿露西·杜威在回忆来华经历时谈道："中国人民是极为友好的人民，他们给以无微不至的关怀。在中国的这两年是我一生中最丰富多彩和令人愉快的时光，对我的父母来说也有同样的感觉。"

1921年，杜威即将离开中国时，纽约发行的《中国学生月刊》上这样描述："杜威教授在中国的旅行是非常成功的。从他抵达中国到现在，所在之处都受到了热烈的欢迎。一些银行家和编辑经常去他的住处拜访，一些教师和学生则集聚在他的教室里。一些社团竞相接待他，听他的讲演。一些报纸竞相翻译并刊登他的最新言论。"在杜威的影响下，中国的新教育运动深深地烙上了实用主义教育的印记。杜威离开中国十年后，国际联盟教育考察团应中国政府之邀来华考察，结果显示，对中国教育发展影响最大的国家是美国，尤其是当时中国教育中存在着美国化倾向。这一状况显然与杜威在中国长达两年多的讲学以及他的中国弟子的大力推广密不可分。美国教育学者施瓦茨（B.Schwartz）评论说："在20世纪中国的学术史上，约翰·杜威与现代中国之间的交往是最吸引人的事件之一。"

杜威是一位理性客观、洞悉全面的哲人，他在中国传播西方文化的同时也毫不客气地指出西方文化的某些缺点，在批判中国文化的局限时也肯定了中华文化的博大精深，杜威非常支持中西文化的交流与融合。陶行知、胡适、陈鹤琴等中国教育家实际上已实现了杜威的愿望，他们师承杜威，却也在中国国情的基础上推陈出新，架构起了各自成熟完善的教育学说，影响深远。虽然在我国历史上杜威的教育理论也曾遭到"封杀"和"批斗"，但是，他的实用主义教育体系在经历坎坷后仍然历久弥新。

时至今日，面对"应试教育"的挑战和"素质教育"的追求，我们更加强调教育要给予学生自主活动的权利，鼓励儿童去合作、去创造、去探索，以及教育要与生活和社会相联系等。当前我国正在进行的教育改革的指导思想和杜威的教育思想内里相通，在2001年中国教育部颁布的《基础教育课程改革纲要（试行）》对课程的新要求中，我们仍能感受到与杜威的课程观有关的思想痕迹。杜威在20世纪中国教育的变革中扮演着指路人的角色，在21世纪的今天也扮演着教育发展启示者的角色。国人对杜威从崇拜到否定，再到"重读杜威"经历了漫长的历史过程，但我们不可否认，杜威的教育哲学思想还将继续影响着中国教育的未来发展。毋庸置疑，重新认识和研究杜威教育哲学，并充分吸收其合理成分，对深化当前新一轮的教育改革有着重要的借鉴意义。

杜威与土耳其教育

土耳其的教育情况

土耳其是一个地跨欧亚两大洲的国家，它的前身是曾盛极一时的奥斯曼帝国，第一次世界大战期间由于战败而逐渐走向瓦解，并遭到欧洲势力的侵入，教育体系也因此破败不堪。1923年10月29日，土耳其共和国正式宣布成立，凯末尔（Kemal Ataturk）任第一任总统。独立后的土耳其共和国快速发展，从穆斯林神权统治的国家开始向着世俗化和西方化的现代国家发展。但是，土耳其共和国在成立初期国民的文化素质普遍不高，文盲率高达80%以上。因此，土耳其共和国的创建者凯末尔在教育领域开展了轰轰烈烈的改革，主要包括教育的世俗化以及教育的民主化两大方面。这场教育改革与凯末尔的信念有着密不可分的关系，因为他认为，"一个国家不论在战场上取得了多么辉煌的胜利，如果没有知识大军，这个胜利成果就不能巩固和持久"。凯末尔的教育改革措施主要包

年轻的改革者穆斯塔法·凯末尔·阿塔图尔克

括：在课程体系上，学校禁止开设宗教课程，取消伊斯坦布尔大学神学系；在学校管理上，实行五年制小学义务教育，全部停办旧王朝中沿袭而来的宗教院校，以西方办学模式对学校进行改造，将外国人办的学校统一归于共和国教育部管理；在学校类型上，丰富学校种类，增加工业、农业、矿业、师范及成人夜校等技术学校，改革与增加高等学校。可见，凯末尔总统高度重视教育的作用，认为只有提高了国民文化素质，才能使国家不断向前发展。可以说，在教育领域进行的改革是凯末尔引以为傲的庞大工程。1923年，凯末尔在伊兹米尔发表的一次讲话中再次表明了他的教育信念，他谈到土耳其的学校应该是一个整体，要保证全国的儿童、妇女和男子都能受到良好的教育。由于凯末尔将发展教育作为土耳其政府的重要职责，在此影响下，教育受到了国家前所未有的重视，成为建设现代化土耳其的重要途径之一。

1924年3月3日，土耳其政府颁布了《教育统一令》（*The Law of Unification of Educational Institution*），该法令肯定了公共教育部的地位，规定公共教育部有权管辖全国所有的学校。法令同时对旧教育进行了全面整顿，废除了国内的少数民族教育、教会教育、外国教育和神学院（medrese，伊斯兰高等教育形式）。根据这一法令，中央政府有权制定统一的教育事业发展规划、教育改革政策、教育工作方针以及法律、法规、条令等。这样一来，有着悠久历史的传统伊斯兰教育开始退出历史舞台，取而代之的是免费普及化、世俗大众化的国家教育制度。

《教育统一法令》的颁布统一了土耳其国内教育系统，政府在教育领域的权力得到了加强，学校得以摆脱宗教的影响与干预，从而促进了新生的土耳其共和国教育朝着统一化、世俗化和现代化的方向迈进。虽然这一新兴的教育法令对土耳其教育发展起到了明显的推动作用，但是，集权化的管理也局限了土耳其教育的发展。在这一情形下，政府往往会为了达成最高目标而忽视弱势的受教育群体——农村的贫困儿童、残疾人、女孩、文盲等，尤其是长期以来的文盲问题仍甚为严重，招致土耳其国内公众的不满与批评，也阻碍了其教育的发展与进步。同时，土耳其政府还存在漠视学校的生存与发展——教学设备落后、教学资源短缺等问题。土耳其政府在统一化发展教育的过程中，不可避免地出现了教育政治化和教育工具化问题。随着矛盾的凸显以及社会和学校愈益现代化与民主化的需求，土耳其的教育改革迫在眉睫。正是在这样的背景下，美国现代教育家杜威的教育思想受到了土耳其政府的关注。于是，土耳其政府极力邀请杜威对本国进行访问，欲从这位美国"教育大师"身上学习和引进美国先进的教育理念与思想，为本国教育寻求光明的出路。

杜威应邀土耳其考察，撰写报告

土耳其学生列队欢迎杜威来访

1924年6月，也就是土耳其共和国成立的第二年，杜威夫妇应邀到土耳其考察教育。杜威夫妇在土耳其进行了长达三个月的参观访问，足迹遍布君士坦丁堡、安卡拉、布尔萨等城市。受到暑期的局限，杜威未能进入学校直接考察，但是他通过与公共教育部的官员、第三方中介教育机构、学校教师、学生家长以及社区居民等进行的多方面沟通，全面地了解了土耳其的教育状况和问题。返美前杜威撰写出一份初步报告给土耳其公共教育部，这份教育报告主要从以下几方面为土耳其的教育事业提出了建议。

第一，教育管理与规划层面。政府应在深入民间教育调查的基础上，制定长期稳定的教育发展计划；"拟订研究和传播教育理论的教育阅读和讨论小组的年度计划"；新建专门教育机构负责翻译出版外国书籍、宣扬进步教育理论。

第二，师范教育层面。师范学校应增加实用技术课程，如工商业、农业、职业等课程，并重视师范生的实践环节。在教师成长方面，除了鼓励他们进行学术研究，还要让他们掌握高效有益、前沿进步的教育方法，切实提高师资队伍质量。

第三，体育层面。注重身体锻炼与医学养护，学校应多开展相关体育活动和游戏，尤其是户外运动。

第四，农村教育层面。加强农村学校与当地农业和农民的合作，通过教育提高农村地区人口素质，更新农民的农业技术，促进农业生产发展。

第五，教育设施设备层面。改善学校的营养、卫生条件、建筑、设施和环境的安排以适宜身体活动；建立服务于学生和家长家庭教育的"流动图书馆"，并提供相关书籍

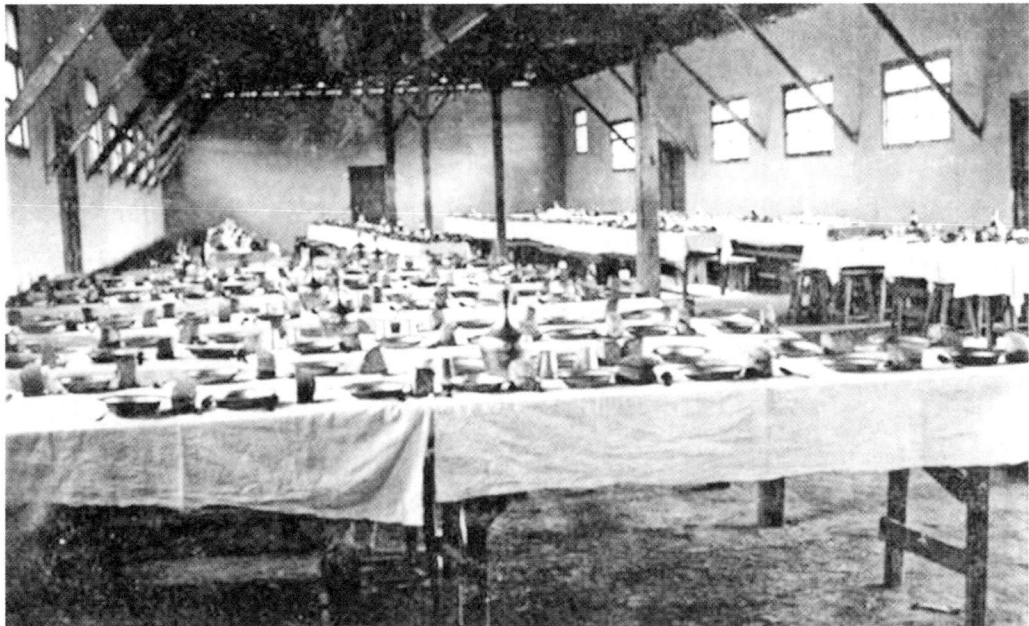

土耳其的一间教室

与资料；开展教育技术设备模式巡回展览；此外，还应派遣考察团或个人前往外国走访，考察其他国家的农村教育与教育设施设备等。

回到美国后，杜威马上又撰写了第二份报告——《关于土耳其教育的报告和建议》（*Report and Recommendation upon Turkish Education*）。与第一份报告相比，第二份报告更加完善、具体，杜威剖析了土耳其当时的教育弊端，并有针对性地提出了更为详尽的建议（尤其是在教育行政和组织方面）。第二份报告主要从以下几个方面进行阐述。

第一，教育目的与教育规划层面。土耳其发展教育首先要制定一个清晰、明确、循序渐进的教育目的与教育规划。它是国家、民族教育事业发展的重要指导方针，在此基础上采取行动才能高效。教育的目的是把土耳其发展成为富有活力和独立自主的国家。在全国范围内普及基础教育是提高广大民众素质、减少文盲的重要方式。

第二，教育制度与教育管理层面。杜威指出，土耳其需要认识到过于集权的教育管理制度带来的危害，建立起统一而多样的教育制度。杜威批评了土耳其教育管理是一种过分追求"划一"的教育体制，抹杀了不同地区、不同环境和产业的需要，严重的还会导致管理部门滋生官僚主义、形式主义和教条主义的弊病。杜威给公共教育部重新定位，认为"公共教育部的功能应是理智的和道德的领导者和激励者，而不是琐碎的行政事务的监督者和实际执行者"。只有将部分权力下放到地方、社区和学校，土耳其公共教育部才能真正高效地管理国家教育事业，促进教育事业有序地发展。因此，杜威建议土耳其的教育应朝着统一而非划一、多样而非单一的方向发展。中央与地方在教育管理方面只有分别扮演不同角色，才能凸显出学校的特色，顺应教育发展的实际需要。

第三，学校教育层面。杜威认为，只有学校教育促进学生智力、情感、道德、价值观向健康方向发展，教育事业才能为推动土耳其成为活力、自主、文明的国家做出贡献。杜威提倡土耳其建立多种类型的学校，实现学术教育与职业教育并存、公立学校与私立学校共生。发展教育的过程中可充分利用私立学校办学体制灵活的特点开展教育实验。同时，教育者可从本土的外国学校吸取办学经验，给传统学校教育注入新的活力。而学校建筑的设计应更加科学化，具体设计时要广泛征求民众、家长、教师和学校行政管理人员的意见。

此外，在基础学校的课程方面，杜威建议学校的课程内容应因地制宜、体现地方特色，服务于学校周围地区的发展。因此，学校的课程也应培养学生的社会生产生活技能，以便未来能为当地经济、政治、文化的发展发挥一己之力。由此可见，中小学与社区和居民是相互合作与融合的关系，各地学校要发挥在当地居民的经济、政治、文化活动中的引领作用。

第四，师范教育层面。土耳其应该建立独具特色的师范学校专门培养农村教师，借此来提高农村教育质量，满足农村劳动者需要。同时，建议依托师范学校来开办实验学校，以将教育教学理论、学术研究与教学实践三者密切结合起来，促使师范学校提出的革新性、前沿性的教育教学理论在基础学校实施，并促进儿童研究和心理测试的发展。杜威高度重视师范学校的兴建及教师的培养，他用大量篇幅为土耳其的教师培养谏言，他曾建议："一定数量的师范学校应该得到扩展，以提供专门的课程，培养工商业学校教师以及体育与卫生、绘画、音乐、幼儿园、设计、缝纫等课程的教师。至少还应该有这样一所学校，提供专门为训练学校管理人员和视导员而开设的课程。"除了教师的职前培养外，杜威还对在职教师的发展提出建议，他指出土耳其可采用督学巡查和可移动图书馆的方式为教师提供学习动力与资源，此外还应该为教师提供良好的待遇和工作环境，并将其纳入教育发展规划，以保障教师队伍素质的提升。

最后，教育交流与考察层面。杜威建议土耳其公共教育部派遣本国的教师和教育领导者前往国外考察教育制度和学校教育，一是了解对方的基础设施等硬件学习环境建设，二是深入学习其课程开展、社会实践活动等内在的"软环境"建设。通过诸如此类的教育往来，与不同国家的教育工作者进行交流，学习国外先进的教育理念与实践，博采众长、借为己用，从而更有效地理解教学的目标、实施和方法，在交流中促进教师的专业成长。其次，从教育理论层面而言，公共教育部可大量引进国外优秀的教育文献（包括教育著作和期刊），组织相关教育学者、翻译人员进行编译，以便促进外国教育思想在国内的传播，开阔教师和学者的视野，深化学习探索和研究。

总而言之，杜威的第一份教育报告和第二份教育报告都是从土耳其教育实际问题出发而提出的针对性建议，主要内容涉及教育目的与教育规划的制定、集中与单一化的管理制度变革、基础教育、师范教育、教育设施设备、教育考察交流等几方面。杜威针对土耳其传统落后、封闭自治的教育现状提出了一一对应的解决措施，不仅具有切合性，而且具有很大的可行性，使土耳其的教育改革更加有章可循。杜威的报告与他的实用主义教育思想是一致的，杜威在系统考察土耳其教育状况之后慷慨大方地向这个积贫积弱的国家伸出了援助之手，他那具有革新性的教育见解为站在十字路口的土耳其拨开了迷雾，指明了方向。

杜威的考察报告在土耳其采纳、实行

杜威撰写的考察报告一针见血地指出了土耳其教育发展存在的问题，并基于实用主义教育思想为土耳其提出了有着重要价值的改革建议，这些建议对土耳其教育事业的改革与发展起到了指导性、前瞻性的作用。因此，在随后的几十年内，土耳其的教育事业获得了长足的发展。

第一，在教育管理体制方面，土耳其做出了一定的转变与努力。1925年，土耳其公共教育部部长穆斯塔法·尼卡迪（Mustafa Necati）颁布了《土耳其教育组织法》，该法令将杜威的建议付诸实践。在其指导下，杜威报告中提议的农村师范学校建立起来，教师的地位也相应地得到了提升。1926年，土耳其政府颁布了《教育机构相关法》，该法案是对教育系统管理架构的首次调整，并以法律形式确认了各级教育组织在教育行政机构中的作用与地位。另外，为解决教育制度过于中央集权化的问题，实现学校类型多样化的目标，土耳其政府放宽了对外国学校的管理要求。此时，土耳其的教育管理体制已经由独裁式和集权式向分权式转变，地方教育部门开始拥有行使教育管理的权利与义务。

第二，在基础教育方面，土耳其采用了美国"初—中—高"的三级教育体制，基本上形成了现代化的教育体系。具体表现为：实行小学五年义务教育；儿童不分种族和性别均可入学；中学阶段的学生可以学习文化、技术以及英、法等外语课程，培养多样化专门人才。从以下数据中可以更加真切地感受到这一时期的教育成果：1924年土耳其人口就学率仅为3.7%。到了1926年便有所增加，小学发展到4800所，学生达302500人，中学71所，学生5900人，大学生5600人。从1923年到1933年，受小学教育的人数从三十万增加到五六十万，受中学和大学教育的人数从一万增加到四万九千。女子教育的发达更为迅速。在十年中间，女子入学的人数大约增多了五倍。从1923年至1940年期间，学校数量增长了一倍，达到11040所；教师人数从12458人增至28298人，在校学生人数从352268人增至1050159人。据此，从1924—1926年的两年、1923—1933年的10年、1923—1940年的17年之间的三组数据对比中，可以看出土耳其的初等教育、中等教育、女子教育在20世纪二三十年代得到了较好的发展，无论入学人数还是学校数量都出现了成倍的增长。这为土耳其教育事业走向现代化、普及化和世俗化奠定了良好的基础，加快了土耳其跻身文明国家行列的步伐。

第三，在高等教育方面，土耳其的大学也有所发展。1925年之前，土耳其的文化艺术中心都集中在有唯一一所高等学校的伊斯坦布尔。到了1925年，土耳其新首都安卡拉也建立了法学院。后来又新成立了多所学院，如建于1935年的文史地学院，建于1943年的理学院和建于1945年的医学院，这几所高校最终在1946年合并成为一所综合大学，即安卡拉大学（Ankara University）。安卡拉大学的演变与发展，促进了土耳其在高等教育领域的发展，为当地居民提供了越来越现代化、多元化的高等教育选择。

第四，在师范教育方面，土耳其也发生了显著变化。1915年，土耳其建立了国内第一所幼儿师范学

安卡拉大学校徽

校，1927年，幼儿师范学校的学制由1年延长至2年。另外，1925年施行的《土耳其教育组织法》中要求建立新的师范学校，或将现有的旧式学校改成师范学校。此时加齐教育学院（Gazi Teachers' College）在首都安卡拉创建起来，用于培养未来教师，训练小学视导员和中学教师。到1940年，土耳其国家教育部最高委员会已经开始重视新任教师的成长问题，要求职前教师通过课堂观摩、与有经验教师的一同学习等方式来提高教育教学能力，以便更好地胜任将来的工作。该委员会还对教师培训的课程进行了调整，使其发挥培养能力型教师的功效。这一时期，土耳其的师范教育得到了较好的发展，教师教育受到了各方的重视，也显示出了土耳其政府对于教师和师范教育的关注与大力支持。

第五，在女性教育方面，土耳其也走在了世界前沿。凯末尔执政时期，女性教育发生的巨大变化是土耳其教育面向现代化转型的重要体现。1925年11月3日，议会以法令

20世纪20年代，土耳其女子学校的学生在进行体育活动

形式对全国公民的着装进行改革，禁止男士带费兹帽、女士戴面纱和头巾。众所周知，穆斯林的传统着装是伊斯兰教的信仰标志，所以凯末尔的改革对土耳其传统的社会和宗教文化产生了巨大的冲击。1926年，土耳其《民法》颁布并规定了女性可以进入除军校外的所有学校。随着教育政策的变革，女性受教育的权益得到极大地保障，越来越多的女性开始接受教育。在1926年新民法的作用下，一大批女性身影出现在医生、法官、律师、飞行员等行业领域。至1927年，土耳其全国35%的女性已参与到经济活动之中，同年，土耳其的中学开始允许男女同校接受教育。1928年，土耳其公共教育部建立了女子培训机构，这些机构的宗旨是"给女性提供理论的和实际的教育，这些教育将培养她们把家庭整理得卫生、有序、简约、高雅，允许她们建立甜蜜幸福的婚姻，从而使她们有助于国家社会发展"。这类机构的建立充分表明国家已经开始重视女性的地位和作用。虽然女子培训机构的宗旨一定程度上表明国家仍将女性的功能定位在"以服务家庭为主、以服务社会为辅"，但是不可否认在土耳其越来越多的女性开始享有接受教育的机会，她们参与社会活动的范围也慢慢变广，她们在凯末尔的"带领"下成为具有自由平等、思想开放特征的新时代女性。在土耳其共和国成立的头十年里，女性问题受到了充分的重视，而且土耳其女性的地位和权益境况甚至优于许多西方国家。

杜威返美后的土耳其教育在诸方面都发生了明显的转变：管理体制由单一集权转向多元分权；基础教育由机构和入学人数数量贫瘠转向大发展；高等教育由机构极度单一短缺转向多样化的专业学院建立；师范教育由地位低下转向数量增加、关注度快速上升；女性地位由附属、束缚转向独立、在社会中扮演多重角色等。这一系列转变都反映出了土耳其的教育事业在向着更为民主、自由、平等的方向发展。土耳其之所以能如此之快找到正确的发展道路，与来自大洋彼岸的美国教育家杜威的影响与启发不无关系。

当然，杜威的实用主义教育思想也得到了土耳其国内很多学者的认可，如公共教育部的埃里西吉尔（Mehmet E．Erisirgil）就主张采用实用主义的教育方法来设计土耳其的初等教育教学大纲，并改革中学科学课本，使其富有实用主义特色。还有土耳其的教育学者在1946年时说："今天土耳其的教育组织的目的和性质表明，它在某种程度上遵从了杜威的一些建议。"此外，土耳其安卡拉大学的巴尤克迪文齐（S.Buyukduvenci）教授也曾肯定说："约翰·杜威对土耳其的教育有很大的影响。"

土耳其政府不仅在教育实践中受到杜威的影响，而且在教育理论方面积极学习、借鉴杜威的现代教育思想。杜威的《关于土耳其教育的报告与建议》在土耳其大受欢迎，公共教育部分别在1939年、1952年和1960年三次刊印这份极富力量的指导报告。另外，杜威的《学校与社会》《教育中的道德原理》《明日之学校》等代表性著作也陆续被土耳其教育者翻译出版。虽然杜威仅是众多受邀帮助土耳其改进教育的西方教育家之一，但是较之其他教育家，杜威具体化和针对性的建议对土耳其的教育事业产生了更为深刻和清晰的影响。当然，土耳其的教育事业在20世纪初期展现出的强大生命力和发展动力是众多因素交互作用的结果，除了杜威等教育家的指导外，也离不开土耳其伟大的革命者凯末尔以及土耳其人民励精图治、追求进步的伟大信念和勇敢行动。

杜威与苏联教育

俄国的教育情况

19世纪初，由于俄国在教育制度和教育内容上仍具有明显的等级性和封建落后性，国内外进步势力纷纷要求沙皇进行相应的教育改革。因此，沙皇被迫进行了几次教育改革，一定程度上推动了教育的进步与发展。1802年俄国成立了公共教育部管理世俗学校，第二年颁布了《国民教育暂行条例》，继而1804年颁布了《大学附属学校章程》，建立和完善了俄国学校体系和管理体制。俄国这一时期的法令在一定程度上反映了资产阶级的经济发展需要，带有自由主义的色彩。在19世纪60年代之前，由于经济发展的需要，俄国各地还兴办了一些初级、中级技术学校和商业学校。俄国大地上也涌现出一批革命民主主义者、

车尔尼雪夫斯基

托尔斯泰

乌申斯基

资产阶级民主主义者，他们纷纷要求改革俄国的教育。这一时期的代表人物有赫尔芩（Aleksandr Herzen）、车尔尼雪夫斯基（Nikolay G.Chernyshevsky）、皮罗戈夫（Nikolay I.Pirogov）、托尔斯泰（Leo N.Tolstoy）、乌申斯基（Konstantin D.Uschinski）等。

19世纪60年代初，亚历山大二世（Alexander Nikolaevich）颁布了一系列教育改革法令，如1860年的《国民教育部女子学校章程》、1863年的《俄罗斯帝国大学章程》、1864年的《初等国民教育章程》和《文科中学和中学预备学校章程》，这一系列法案带有明显的进步性和民主性。然而，到70年代，沙皇政府的教育政策开始走向反动，并接连导致了教育的倒退与落后。这一时期，政府利用直接监视和宗教的手段加强了对教育的管制，学校的等级性也被进一步强化。到19世纪下半叶，随着俄国资本主义的发展，沙皇政府创建了一批新大学和高等专科学校以促进教育的发展。为保障教育的发展，沙皇政府颁布了一系列教育规程，如1884年的《大学规程》、1871年的《中等学校章程》、1872年的《实科学校章程》。

然而，直至十月革命爆发前夕，俄国的教育与西欧、北美相比起来仍然显得十分落后，从以下几组数据中可以窥见俄国落后的教育状况："1897年，俄国9—49岁总人口中，文盲占72.6%，个别地方占99%以上。""1914年，俄国全国仅有10万多所小学，学龄儿童入学率只有20%，文盲占全国成年居民的75%，中等教育和高等教育仍是为特权阶级和资产阶级服务的。"据统计，"1910—1911年，在英国全体居民中学生占17.14%，德国占17%，瑞士占16.6%，而俄国仅占3.85%"。沙皇统治时期的俄国教育带有明显的等级性、封建性、反人民性和宗教色彩，从沙皇俄国到苏联建立，俄国的教育在曲折中艰难前进。总的来说，20世纪初的俄国教育虽有所进步但依然落后与脆弱。

杜威思想在苏联的早期传播

十月革命之前

20世纪初期，俄国大地上已开始萌发自由主义的新风尚，教育领域的新思想最早可见于《教育信使》和《俄罗斯学校》两本刊物，后来《自由教育》杂志也盛行起来，这些刊物是自由主义者批判传统教育陋习和宣传新教育理念的阵地，在推动新教育发展的过程中起到了重要作用。此时，在教育家们的介绍和推广下，杜威的实用主义教育思想进入人们的视野。具有代表性的自由主义教育家是文特策尔，他极力主张建立生机蓬勃的新学校，让儿童在宽松的环境中自由成长，并在生活劳作等活动中发展个性。此外还有沙茨基（Stanislav Shatsky）、泽连科（Alexander U．Zelenko）等著名教育家身体力行地传播杜威的教育思想，在众多学者的努力下，实用主义教育思想开始走向兴盛。

随着杜威实用主义教育思想影响的日益扩大，一大批学者开始积极翻译杜威的著作，进一步介绍和宣传杜威教育思想。1907年，波萨多大翻译出版了杜威的教育名著——《学校与社会》，这也是第一本俄文译本的杜威论著。1915年，尼科尔斯基发行出版了杜威的《我们怎样思维》，其俄文译本是《心理学和教育思想》。在杜威教育思想的影响之下，不少学者也出版了自己的著作。比如，教育家克鲁普斯卡雅在1915年出版的《国民教育和民主主义》，专门评述了美国学校和杜威教育思想。克鲁普斯卡雅指出美国学校是在教育家（如杜威、詹姆斯杜威）的教育理念支撑下进行办学的，教育更加重视儿童间的个体差异性，更加尊重儿童的个性，先进的教育教学思想对学校发展至关重要。

1916年，布隆斯基出版了《教育学课程》《新国民学校的任务和实践教学法》等著作，强调刺激物的教育作用，主张教育者要善于利用刺激物来训练儿童，发展儿童的个性，同时学校要为儿童创设良好的学习生活环境。对此，苏联教育史学家科罗列夫曾评论道："实用主义教育学的最著名人物杜威对布隆斯基的教育观点的形成有很大的影响。布隆斯基学着杜威说，在新的国民学校里应该教给他的是'今天'所学的东西，而不是'未来生活'所需要的东西，学校的任务是教会生活而不是教理论知识。"由此可见，布隆斯基直接继承了杜威有关教育目的的认识以及"教育即生活"的核心理念。

列宁宣告苏维埃政权成立

十月革命之后

1917年，无产阶级专政的社会主义国家——苏维埃俄国（Soviet Russia）诞生，这是俄国历史上一次巨大的颠覆性革命，也是世界历史上难以忽略的一大震撼。苏维埃俄国的建立对俄国社会各个领域都产生了巨大的影响，教育领域也不例外。在此影响之下，教育的性质、目标、对象、内容等都发生了改变，教育呈现出了全新的面貌。随着十月革命的胜利，苏联开始寻求全面改造教育制度的理论。在革命胜利初期，来自西方的教学法思想受到欢迎，并为学者们热切地讨论。于是，杜威的教育思想以及道尔顿制和设计教学法等进入了学者们的视野，并逐渐为广大民众所知，人们认为这些西方的教学法思想"符合共产主义政权的政治目的"。

同年11月9日，列宁任命了以卢那察尔斯基为首的国家教育委员会，取消了沙皇和临时政府的国民公共教育部。11月11日，教育人民委员会发表《告民众书》，提出要实施免费义务教育、建立世俗的且无等级的统一学校、革新教育内容、提高教师地位、增加教育经费、扫除文盲等政策，体现了新生苏维埃政权的民主性与进步性。

随着对杜威教育思想研究的深入，杜威教育著作经由苏联教育家及学者的翻译发行量日益增加，并广受社会欢迎。在20世纪一二十年代，翻译杜威教育著作的学者很多，诸如季伊、沙茨基、阿扎列维奇、卢钦斯基等。杜威的教育著作也逐渐为越来越多的俄国民众所熟知，如《明日之学校》《学校与社会》《民主主义与教育》《儿童与课程》等，其中不少书籍还出版了第二版。总之，此时期，诸多苏联教育学者都竞相研究杜威的教育思想，并积极在苏联进行传播与推广。

在杜威教育思想的影响之下，自由主义教育革命的阵地不断扩大。十月革命后，自由主义教育革命阵地的主要倡导者有平克维奇以及卢那查尔斯基，还有早在十月革命前就宣扬自由主义教育思想的沙茨基、布隆斯基、克鲁普斯卡雅等人，他们中的多数人都在苏联教育界担任要职，如教育人民委员部国家学术委员会科学教育组成员平克维奇、沙茨基和布隆斯基。沙茨基曾在著作中

苏联小学教室场景

提到，美国的教育书籍与材料为自己的教育研究提供了全新的、实践化的支撑。而且，他认为只有以杜威为代表的美国教育思想和学校实践才更接近苏联的学校改革追求。布隆斯基也曾指出自己人生中的理论导师除了马克思之外，便是杜威。此外，平克维奇在《苏维埃共和国的新教育》中也指出："杜威对苏联教育的影响非常大。相比德国教育家来说，'杜威更接近于马克思和俄罗斯共产主义者'。"

然而，由于经验的不足和认识的有限，苏联初期教育改革出现了一些问题。例如，在教育实践中过于强调学制统一，脱离实际，在教育理论上对"单元教学""儿童学""设计教学法"立场过激等问题，这些认识的偏差对苏联教育的发展产生了不良影响。在解决教育改革现实问题的迫切需求下，苏联的部分教育家将目光转向了西欧和美国，希冀从别国获得可借鉴的优秀经验，这一需求进一步促进了学者们对杜威教育思想的深入研究。

但是需要指明的是，20世纪20年代苏联教育界出现的"学校消亡论"并不是杜威教育思想的真正践行与发展。该观点认为学生受教育的场所不限于学校，儿童可以在任何地点学习劳动技术、生产技能，一切地点都是教育场所，因而学校这一专门教育场所将消亡。这种"学校消亡论"是对杜威"学校即社会"的过分夸大，是对马克思主义"教育起源于生产劳动"理论的错误解读。理解的偏颇最终导致"杜威很快就成为苏联教育界否定与批判的对象，杜威在苏联的地位由辉煌走向低谷"。

杜威思想对苏联的早期影响

创办教育机构，实施全新教育

1905年，俄国的谢尔科夫工人区见证了一场静悄悄的革命。深受美国赫尔社区和教育家杜威的影响，留美建筑师泽连科开始将来自美国的先进教育理念在俄国的土地上实践，于是他和沙茨基、施莱格尔（Louise Shleger）三人一道组织了少年夏令营与儿童俱乐部，这种耳目一新的俱乐部广受学生及家长们好评。次年，三位"革新者"兴致勃勃地策划起了更大范围的实践活动，他们创立了"新住宅区协会"。在协会中，新型教育机构被组织建立并针对封建教育制度展开批判。由于自由、民主思想的宣传威胁到了当时沙皇政府的统治，1907年"新住宅区协会"在沙皇政府的强制命令下被迫关闭，协会的发起者泽连科和沙茨基也被羁押狱中。然而，牢狱之灾却不能镇压三位"革新者"对自由教育的宣传，于是在1909年他们以"儿童劳动和娱乐协会"的名义再次将"新住宅区协会"开办起来。

时隔两年之后，1911年，沙茨基及其夫人沙茨卡娅共同开办了名为"朝气蓬勃生活"（The Invigorating Life）的夏令营。受到杜威教育理论影响，该夏令营注重活动的丰富性与学生积极性的调动，这与当时沙皇统治下的传统教育做法赫然不同。事实也证明，这一新型的教学机构一经成立就受到了儿童们的热烈欢迎，"每年有60—80名的8—16岁儿童报名参加这一活动"。关于夏令营的背后思想支柱，沙茨基写道："1904年新的教育原则来自美国殖民地(例如赫尔社区)渗透到莫斯科。这些原则是建立在社会改良基础之上的教育思想。"

1919年，在苏联教育人民委员会批准下，沙茨基建立并主持了国民教育第一实验站。"实验站由多种多样教育机构组成，包括6所幼儿园、12所第一级学校、4所第二级学校、2所寄宿学校、3所人民文化馆、1个农场以及教师讲习班和教师讲习会等。"实验站的成立与运作正是基于杜威的"儿童、活动、经验三中心"以及"从做中学""学校即社会""教育即生活"等理论，主张通过劳动教育的方式来促进儿童的身心和谐发展，锻炼儿童的合作能力与社会服务技能等。上述思想具体体现在一系列活动上，比如组织儿童参加科普宣传、扫盲工作、植树绿化等活动。

特别值得注意的是，1928年杜威在访问苏联期间还亲自考察了沙茨基的国民教育第一实验站，他在访问苏联的印象记中赞扬道："这是一个广泛的和集中的教育实验站，为苏维埃俄罗斯农村教育制度提供了各种设施和方法……我们满意地访问了这个教育实验站，而且也注意到它对所在地区的农庄的影响。"杜威的教育思想对沙茨基的影响很大，杜威对实验站的访问也极大地鼓舞了沙茨基继续开展新教育改革的决心。

融合与转变教育政策

除了从当时苏联的一些教育思想与著作中能看到杜威实用主义教育思想带来的影响外，苏联的一些教育政策也或多或少地折射出杜威思想的星光，这些星光反映出苏联的教育政策正向着理想化、民主化的方向发展。

1918年10月，全俄教育工作者第一次代表大会讨论并正式公布了《统一劳动学校规程》和《统一劳动学校基本原则》。可是，《统一劳动学校规程》走向了另一个极端，取消了传统教学计划，废除了考试和家庭作业的同时，良莠不分地扼杀了一切必要、合理的教学制度。虽然它的做法过激，但确实给苏联教育界灌注了一缕清风，强调教育与生活紧密结合、发挥儿童的主动性和创造的部分，注意到劳作的重要性，主张把劳动也作为学校的课程之一，让儿童在劳动中学习，在劳动中发展。而且，在《统一劳动学校规程》公布以后，苏联的学校教育开始关注到教学中儿童的差异，进行"个性化的教学"，这显示出苏联的教育政策在这个时期已经开始彰显出"儿童中心""做中学"教育理念。

另一些材料也证实了苏联教育界思想观念的转变。苏联的联共党纲上第十二条列出了人民教育的原则，其中第二条原则规定"对17岁以下男女儿童实行免费和义务的普通教育和综合技术教育"。综合技术教育的关键点是让学生进行理论与生产实际相结合的学习，与杜威的"从做中学"思想有着高度一致性。由于马克思关于全面教育的理解中也包含了综合技术教育，同时，如前文所述，这一时期克鲁普斯卡雅、平克维奇、泽连科、沙茨基、布隆斯基等一大批教育家都在苏联的教育人民委员部国家学术委员会科学教育组中任职，他们在苏联进行教育改革的同时也宣扬传播着杜威的教育理念。因此综合技术教育与综合技术学校在苏联各界的支持下得到积极开展。

1920年，俄共（布）召开了第一次党的国民教育会议，会议上对学制结构、普通教育与职业教育的设置进行了激烈讨论，并通过了"七年普通学校+三至四年中等技术学校和职业学习"的学制改革决议。1921—1925年，《国家学术委员会教学大纲》（即通称的"综合教学大纲"）由苏联国家学术委员会的科学教育组正式公布。大纲第一次以书面的形式规定取消学科界限，学生学习的知识围绕自然、劳动、社会三方面综合排列，以劳动为中心。承载着"教育即生活"含义的综合教学大纲，强调以劳动为中心的课程与教学活动在新生的苏联土地上广泛实施，成为20世纪20年代苏联学校教育的流行趋势。

学校在教学方面发生了相应变化。以下是苏联当时的一所学校进行教学的实例："关于'火车'的单元设计，学生通过学习蒸汽机如何运转，结合实际描绘铁路延伸范围来获得一些物理知识，通过学习燃料获得一些化学知识，通过写旅行报告来提高写作能力。"学生在学习"火车"时学到的不仅是一个词，而是与其相关联的物理、化学、写作等能力。另外，美国的道尔顿制（分组实验法）、设计教学法等新型教学方式也在苏联学校得到了推广。创新教育理念的采用从细节到整体布局都体现出了苏联教育工作者对美国先进教育思想的借鉴和运用。

综合教学大纲和综合教学法的实施使得教学内容与儿童的生活紧密联系，并使得长期处于封建教育制度桎梏下的学校教育焕发出新的生机。此时期的苏联教育理论界与学校教育工作中都弥漫着自由、进步、平等、轻松的气息，让人看到了新生的苏维埃政权所蕴藏的强大生命力与教育活力。在此过程中，我们也可以看到实用主义教育思想在苏联的萌芽与生长。当时的一些教育实践，比如国民教育第一实验站以及综合教学法的采用在很大程度上反映了杜威的实用主义教育思想。杜威的实用主义在内的教育思想深刻地影响着苏维埃共和国建立初期的教育改革。

杜威访问苏联

1928年6月，被苏维埃政府公共教育部门邀请的美国教育工作者前往苏联考察教育。美国教育工作者代表团是非官方的，由25名教育家组成，其中包括杜威。该代表团由美苏文化协会组织，费用自理。美国教育工作者代表团成员包括来自各界教育者和行政人员，如哥伦比亚大学教授卡特尔、纽约布鲁克林工艺学院（The Polytechnic Institute of Brooklyn）院长科尔比（Parke R. Kolbe）、前明尼苏达大学校长科夫曼（L. D. Coffman）、作家孔尼茨（J. Kunitz）以及一线的中小学教师等。这次苏联之行给杜威留下持久而深刻的印象，也让他对苏联有了与书中完全不一样的认识。即使是在访问苏联长达21年后，1949年10月28日杜威在写给友人佛蒙特大学教授丹尼尔斯（R. V. Daniels）的信中还提到那次出访："1928年我在列宁格勒和莫斯科访问期间，见到的一些男女以这样或那样的方法从事教育活动。"

1928年7月，美国教育工作者代表团抵达苏联，并开始对其教育进行考察。他们的考察安排中包括列宁格勒与莫斯科的一些学校、"大众文化馆"、莫斯科大学（Moscow State University）、"朝气蓬勃生活"劳动夏令营等。除了这些学术场所及官方学校，美国教育工作者代表团的足迹还遍布了莫斯科各类性质的教育机构，例如暑期幼儿园、流浪儿童教育机构、教师训练机构、研究中心、就业训练中心、莫斯科的博物馆、艺术陈列馆、克里姆林宫等。不过让他们甚感遗憾的是，因为那时正值苏联学校的暑期假日，未能参观了解到平日里学校的教学活动及校园状况。访问期间，代表团

杜威等一行美国专家出访苏联

会见了苏联教育家、教育
人民委员部国家学术委员
会科学教学组领导人克鲁
普斯卡雅。会见中双方主
要针对儿童教育和妇女教
育展开讨论，但是由于克
鲁普斯卡雅"苏联第一夫
人"的特殊身份，使得她
对苏联学校的组织和行政
等敏感问题三缄其口。

访问中杜威最大的收
获是与苏联教育家沙茨基
建立了友谊。杜威对沙茨

杜威在苏联友人接待下出访苏联

基的国民教育第一实验站十分感兴趣，并给予了高度评价，认为没有任何东西能与之相提并论。杜威和沙茨基在交流关于教育的看法与观点时，双方都表示获益匪浅，在离别之际他们还互换了照片。沙茨基在自己的照片上写道："我希望您回美国后，用自己敏锐的智慧来评价我们的工作情况，并在美国迅速传播正确对待我们事业的观点。"杜威也给沙茨基写下了这样的话："我怀着对你们国家极大的好感离开你们。只有在你们这里，这样深刻的教育工作才是有可能的。"杜威与沙茨基之间的友谊是学者间自由民主的"教育对话"，借这个契机，杜威对苏联教育有了更为深入的了解，同时苏联教育者也得以直接与杜威及其他美国教育家们对话。具有讽刺意味的是，这种民主自由的美苏"教育对话"与后来充满"硝烟"与"冷暴力"的美苏争霸形成了鲜明的对比。在这段出访经历中，两个不同国体、不同政治意识形态、不同文化视域的教育学者们超越了国别、政治、文化的差异，平等地进行着教育的对话与交流，难怪这段记忆一直感动着来自大洋彼岸的杜威。

1928年杜威回国后，他于当年冬天在《新共和》杂志上先后发表了一系列文章——《列宁格勒给予的启示》《处于变动状态的一个国家》《在发展中的一个新世界》《俄国的学校在做什么？》《新时代的新学校》《伟大的试验与未来》等六篇文章。这一系列的文章表达了杜威对当时苏联社会的好感，尤其是他所写的《苏维埃俄罗斯印象记》，记载了他对苏联教育的主要印象。

第一，苏联的学校教育内容以劳动为中心，关心生活。比如，1923年，国家学术委员会教学大纲规定劳动是学校生活的组成部分，研究人类的劳动获得乃是整个教学大纲的基础和核心。为了鼓励推行劳动技术教育，苏联的学校里广泛建立微型迷你工厂、生产博物馆，学生也有机会去周围的工厂、国营生产部门参观，通过直接或间接的劳动学习培育学生积极参与劳

杜威在苏联学校看到的场景，孩子们在开心地做手工

动的热情与态度。

第二，苏联的教育管理制度具有世俗化、民主化的色彩。譬如，早在1917年，苏联的教育人民委员部就接管了各类教会学校，促使教育走向世俗化。次年，苏联又废除了旧的国民教育管理制度，为无产阶级和贫困农民出身的学生提供教育机会，这都代表着苏联教育制度的现代化转型。

第三，苏联人民与教育工作者都展现出了艰苦奋斗的精神面貌。俄罗斯人民表现出的巨大活力、勇气和信心让杜威感受尤其深刻，他被苏联人民所展示出的炽烈的教育信念深深感动。他说："过去我只在理论上这样相信，总是认为一般学校的沉闷和毫无生气的现象是由于学校脱离生活，看到了苏联相反的情况后，使我更坚定了我的看法。"通过杜威所言我们可以充分感受到那时苏联教育界生机勃勃、自由平等、辛勤劳作、昂扬向上的人文气息与氛围。从苏联的儿童、教师到学校管理者，都给杜威及其他访问人员留下了深刻的印象。同时，杜威也对苏联教育者参与国家的社会发展计划而感到钦羡不已。

苏联教育界对杜威思想的批判

综合教学大纲和设计教学法实施几年后，苏联教育界和公众发现了这些教育措施的不足，各界开始针对正在实施的教育计划提出一系列反对意见。饱受诟病的一点是在1929年苏联开始实施国家经济建设第一个五年计划时，人们发现教育改革之后，学生们的基本读写能力远不尽如人意，根本不能适应国家经济建设的需要。为此，克鲁普斯卡雅在1931年的一次教育工作会议报告中也说明："我们的新方法源于西欧、美国，我们在采用这种方法时没有对它加以检验，没有认真加以研究，把各种方法囫囵吞枣地接受下来。认为'设计教学法是唯一的、万灵的方法'，实际上，这种方法并未受过检验……结果我们只是盲目地照搬德国的方法、美国的方法，那就一点好处也没有。"随后，苏联开始颁布一系列的恢复政策。如，1932年，苏联进行的教育改革规定恢复"读写、算术、宗教"的传统教学内容，废除"设计教学法"以及分组教学。1936年9月4日，苏联颁布了联共（布）中央公布法令，进一步强制废止从西方引进的教育改革举措。法令明确要求停止苏联所有的进步教育活动，不再举行心理与智力测验。同时，法

苏联的数学课堂

令还打压了许多宣扬实用主义教育思想的学者，从国家宏观政策层面阻止了杜威教育思想在苏联的运用和传播，这预示着实用主义教育思想在苏联的影响日渐衰微。

可以说在20世纪30年代，苏联教改开始批判20年代采用的教育模式，尤其对杜威的教育思想进行了全面否定。因而苏联著名教育家苏霍姆林斯基指出，苏共中央对儿童学的批判有些过头了，是"把孩子和洗澡水一起泼掉了"。30年代的苏联传统教育中一度存在着"教育学中无儿童"的现象。这次改革对杜威教育理论的否定意味着杜威的影响在苏联逐步走向低潮，已然迈向"儿童中心"的课堂再次折返回到"书本中心"的课堂。

1937年，杜威担任"控诉莫斯科对托洛茨基审判调查委员会"的名誉主席一职，前往墨西哥调查托洛茨基（苏联政治军事家斯大林的政治对手）。调查后，杜威顶着共产世界的压力发表宣告——托洛茨基无罪。然而杜威此举彻底惹怒了苏联以及全世界共产主义者，并招致了他们猛烈的谩骂与攻击。苏联的报刊甚至用"反动分子""华尔街的工具""劳动人民的敌人""好战分子"等讽刺语言来形容杜威。受其影响,杜威实用主义教育思想在苏联出现了短暂的"消失"。

1952年,杜威逝世。谢伏金同年曾出版了一本名为《为现在美国反动派服务的杜威教育学》的书,该书声讨杜威的"罪状",认为"杜威不仅是美国人民而且也是全世界以及爱好自由的人民的最凶恶敌人。杜威关于世界、社会和青年一代等整个思想体系都是为美帝国主义服务的"。1957年11月,在为纪念苏联教育40周年而发行的《苏维埃教育学》中,也完全没有提及杜威的实用主义思想为苏联带来的影响。20世纪30—50年代,杜威的民主主义思想与实用主义教育理念在苏联的传播已经逐渐随着美苏争霸走向衰退与没落。

杜威思想对苏联教育的影响

杜威思想对苏联的直接影响从十月革命前一直延续到20世纪30年代。从苏联对杜威实用主义教育思想的引进和实验,到实用主义教育思想得到官方重视,政府不仅关注实用主义教育思想,而且建立了真正的实验学校,采用综合教学大纲、设计教学法、分组实验法等进步教育方式来改革本国教育。这种广泛的学习借鉴对苏联的教育产生了深远的影响。实用主义教育思想一度成为苏联教育领域的主流,彰显了杜威思想的强大影响力。虽然30年代后杜威在苏联的影响逐渐减弱,但他对苏联教育的影响是难以估量的,所引发的思考也是值得研究的。

1924年,美国进步作家安娜·路易斯·斯特朗访苏在《现代俄罗斯教育》一文,描述了那时杜威思想受到苏联上下热捧的盛况:"现在的苏联教育改革,比我们美国的任何一个地方都要仿照杜威的教育理论来进行。杜威的每一本新书出版后,苏联人都争先恐后地把它翻译出来,作为参考,并加以补充。"除了众多教育家对杜威的追随外,苏联的国家教育部门领导也不乏杜威教育思想的追随者,如第一任人民教育委员卢那察尔斯基便公开表示自己对实用主义教育思想的支持,他在《苏维埃大百科全书》中将杜威描述为一位杰出的美国哲学家、心理学家、社会科学家和教师,并对其思想进行了详细的论述。

总而言之,虽然苏联在20世纪30—50年代极力抹灭杜威思想在苏联留下的印记,但是历史不能、也不会被改写，杜威的实用主义教育思想对苏联教育理论发展、教育实践改革的影响也不会被人们遗忘。总有人记得在苏联实验学校广泛的开展、综合教学大纲和教学法轰轰烈烈的采用、杜威教育名篇大量的翻译出版等事迹，杜威教育思想的光芒依然默默地照耀在苏联的国土之上。

杜威与欧洲其他国家教育

1930年，杜威接受巴黎大学授予的荣誉博士学位

图片来源：John Dewey Papers, SCRC General (Southern Illinois University Carbondale)

法　国

　　1883年，杜威发表在《思辨哲学》上的文章《唯物论的形而上学假设》的摘要被法国《哲学杂志》（*Revue Philosophique*）刊登，杜威教育思想首次被引入法国人民的视野中。同时，这篇文章也代表着杜威的名字第一次出现在国外期刊上。

　　六年后，即1889年，法国教育家康佩耶（Compayre）评论杜威教育思想的一篇文章被《大百科全书》刊登，该文引起了欧洲教育学者的广泛关注，杜威教育思想的影响力扩大到了欧洲，并促进了之后杜威著作在欧洲的出版与发行。在这以后，又出现了一大批的学者介绍杜威思想与翻译他的著作。1909年，乔治斯·柏蒂尔（Georges Bertier）在《教育》杂志中著文介绍了杜威《学校与社会》中的教育思想。1925年，《我们怎样思维》法译本由比利时著名教育家奥维德·德可乐利（Ovide Decroly）与法国一家出版社合作出版，该出版社又于1931年出版了法译本的《明日之学校》。之后还有《经验与教育》《自由与文化》等相继出版。由于杜威崇高的学术威望及其对教育领域的突出贡献，1930年，法国巴黎大学（The University of Paris）授予杜威荣誉博士学位。

杜威的教育思想在法国不断受到追捧。1932年，巴黎大学索邦学院的鲁本·华伦罗德（Reuben Wallenrod）撰写了《约翰·杜威：教育家》的论文，专门对杜威教育思想予以论述。直至20世纪中期，仍有一大批学者对杜威教育思想进行专门研究，如布洛克（M. A. Bloch）的《新教育哲学》、吉恩·查蒂（Jean Chateau）的《伟大的教育家》等书籍都有涉及对杜威教育理论的介绍与分析。杜威对法国的学术发展产生了很大影响，尤其是在哲学方面。正如美国教育史学家布里克曼所说："总的说来，几十年来，杜威在法国所受到的尊敬似乎是因为他的哲学方面多于他的教育方面。"

英　国

杜威教育思想在英国的传播始于1900年伦敦出版的《学校与社会》，该著作在1915年再次重印。继《学校与社会》之后，杜威的其他著作也在英国予以出版。同时，随着对杜威教育思想研究的深入，一些英国学者撰文编写了关于杜威教育思想的书籍，如曼彻斯特大学（University of Manchester）教授费特莱（J. J. Findlay）在1907年和1910年编写了《杜威教育文集》的两卷本。其中，《杜威教育文集》是对杜威教育思想的系统介绍，费特莱在书中指出："杜威的教育学体系将被人们所理解……将在很多也许并不了解他的哲学基础的人们中找到信徒。"随后，杜威教育思想引起了英国乃至欧洲教育界的极大关注与广泛研究，杜威思想在英国开始盛行起来。

随着杜威教育思想影响力的扩大，不少英国教育家都撰文开展对实用主义教育思想研究。例如，1931年麦克卡林斯特（W. J. McCallister）出版了《在教育中自由生长》。1953年，英国著名教育史学家柯蒂斯（S. J. Curtis）和博尔特伍德（M. E. A. Boultwood）在《教育思想简史》（*A Short History of Education Ideas*）一书中用33页篇幅专章介绍杜威的生平和教育思想。1954年罗伯特·拉斯克(Robert R.Rusk)在《伟大教育家的学说》（*Doctrines of Great Educator*）第二版新增"杜威"一章。1957年伦敦大学国王学院的贾杰斯（A．V．Judges）教授出版了《教育与哲学精神》（*Education and Philosophic Mind*），书中一章专门评析了杜威的教育思想，既看到了实用主义教育的长处，也看到了其不足。另外，柯蒂斯还在他60年代出版的《大不列颠教育史》（*History of Education in Great Britain*）中谈到杜威的实用主义对英国教育的作用。他认为，在英国的课程和方法方面，"约翰·杜威的思想产生了极大影响，实际的工作在学校中的重要性已经越来越广泛地被人们所认识"。

在众多从事杜威研究的学者中，英国著名教育家沛西·能（Percy Nunn）可谓对杜威教育思想推崇备至。沛西·能被誉为"新教育"思想的集大成者，他认为杜威"对于解放现代教师的职业智慧做出了很大的贡献"。他在《教育原理》（*Education, Its Data and First Principles*）一书中明确指出杜威的"从做中学"思想表述了知与行的紧密相连的关系。沛西·能还极力推荐读者去阅读杜威的作品，他强调"杜威的著作，尤其是《学校与社会》《明日之学校》，人人都应阅读"。

意大利

意大利与杜威的渊源可以追溯至1912年和1915年意大利教育家蒙台梭利（Maria Montessori）两次访问美国。蒙台梭利的教育方法在美国引起了广泛关注，1913年美国的蒙台梭利教育协会成立。1915年，杜威及其女儿合著了《明日之学校》，并且专章介绍蒙台梭利教育法。与此同时，在意大利国内，杜威的《我的教育信条》也在1913年被翻译成意大利文传入。事实上，人们对杜威教育思想的兴趣更多来源于卡莱顿·华虚朋（Carleton W.Washburne）的"文纳特卡计划（Winnetka Plan）"及其教育思想。因为二战后意大利政府曾邀请华虚朋作为顾问协助本国重建公立学校，他的教育思想及制定的计划都促使人们关注杜威。在已翻译的杜威著作中，有意文版的《民主主义与教育》《学校与社会》《今日之教育》《经验与教育》《儿童与课程》《我们怎样思维》《哲学的改造》等，其中《学校与社会》在1949—1967年被重印21次。另外，吉诺·科拉罗（Gino Caro）的《约翰·杜威的教育学》在20世纪中期发表，文中详细介绍了杜威的教育思想。该书与《约翰·杜威对当代美国教育学的影响》等六本关于杜威教育思想的专题著作在1950—1957年间出版，为意大利进一步深入研究杜威做出了贡献。

德　国

　　杜威教育思想在德国的传播始于1901年留德美裔学生博格斯（Lucinda D.Boggs）写的有关杜威的博士论文。在这之后，又有一些德国期刊零星介绍了杜威的教育思想。1905年格利特（E.Gurlitt）翻译了杜威的《学校与社会》；1930年，埃里克·哈勒（Erich Hylla）教授首次用德文翻译了杜威的教育名著——《民主主义与教育》。实用主义教育思想在德国传播的过程中，著名教育家凯兴斯泰纳发挥着很大的作用。他在《劳作学校要义》等著作中广泛宣传了杜威的教育思想。凯兴斯泰纳在该书中也非常重视劳动在学习中的作用，主张通过培养良好公民来为民主主义服务。因此，比利时的神学家弗雷茨·德·霍夫（Fraz D.Hovre）坚定认为凯兴斯泰纳的教育思想很受杜威思想的影响。同时，霍夫在《哲学与教育》（*Phylisophy and Education*）中指出杜威对德国教育的影响，并将杜威评论为"我们时代的主要的哲学家和教育家之一"。

其他国家

　　在瑞典，早在1901年，杜威的《与意志有关的兴趣》就被翻译成瑞典文出版。其后，在1948年，杜威的重要代表著作《民主主义与教育》被翻译出版。另外，杜威的《明日之学校》《儿童与课程》《学校与社会》等著作也被大量翻译，仅《学校与社会》一书就有四种版本。

　　在瑞士，儿童心理学家艾多瓦特·克莱帕雷德（Edouard Claparede）最早于1905年撰文介绍了杜威思想。皮多克斯（L．S.Pidoux）于1913年翻译编著了《学校与儿童》，该书刊载了四篇杜威的文章，为杜威思想在瑞士的广泛传播奠定了坚实的基础。1915年，杜威的《我们怎样思维》瑞士文译本出版。

　　在西班牙，国家教育协会秘书多明哥·巴恩斯（Domingo Barnes）于1915年翻译出版了杜威的代表作《学校与社会》。此后，以洛伦佐·卢苏里加（Lorenzo Luzuriaga）为代表的学者相继翻译了杜威的论著，并撰写了大量研究杜威思想的论文。据统计，"在西班牙翻译出版的杜威教育和哲学著作西班牙文本约有三十二种"，仅《我的教育信条》西班牙文本就有八种。从中可见杜威思想在西班牙的受关注程度。

在荷兰，20世纪初期已零星出版了与杜威有关的教育论著。学者们还将杜威的教育思想与荷兰著名教育家简·莱德哈特（Jan Lighthart）的思想进行对比，以总结二者教育观的异同。

在挪威，研究杜威的学者以挪威教育家西格德·诺斯特布（Sigurd Norstebo）为典型，他在著书中介绍杜威的思想，并对实用主义教育思想作出评价。

同时，杜威的教育思想通过著作翻译、追随者的宣传进入其他国家，如丹麦、芬兰、葡萄牙、希腊、匈牙利、奥地利、罗马尼亚、以色列等，影响范围谓之广泛。其中需要特别指出的是，1958年11月17日，以色列耶路撒冷的希伯来大学（The Hebrew University of Jerusalem）的教育学院以"约翰·杜威"命名，下图为该大学举行杜威教育学院的成立仪式。

1958年11月17日，以色列耶路撒冷市的希伯来大学杜威教育学院的成立仪式
图片来源：John Dewey Papers, SCRC General (Southern Illinois University Carbondale)

1958年，以色列耶路撒冷市的希伯来大学约翰·杜威教育学院
图片来源：John Dewey Papers, SCRC General (Southern Illinois University Carbondale)

小　结

　　杜威作为实用主义哲学、教育学的代表人物，是20世纪重要的哲学家和教育家，他的思想涵盖逻辑学、心理学、教育学、社会哲学、美术和宗教等多个领域。杜威的教育理论批判地继承了西方教育文化遗产，在实用主义、进化论、机能心理学、卢梭的"自然教育理论"基础上融合创新，并结合实验学校办学经验，形成了具有独特风格和民主主义色彩的实用主义教育思想。

　　实用主义教育思想预示着现代教育的开端，产生了深远的影响力。我国教育家吴俊升教授高度评价了杜威在20世纪教育界的地位："约翰·杜威是当代最重要的教育哲学家之一。就他的教育思想对整个世界的影响的广泛深远意义来说，在他生活的那个社会的教育理论家中，几乎没有人能同他并驾齐驱的。"除了教育思想外，杜威的实用主义哲学同样产生了重大的影响。著名哲学家罗素虽然并不支持杜威倡导的工具主义真理观，但他仍评价道："约翰·杜威生于1859年，被普遍认为是美国当代最重要的哲学家。对此评价，我完全赞同。"我国西方哲学史研究领域同样对杜威予以高度肯定："杜威是实用主义哲学的集大成者，也是首次使这一美国本土哲学从理论走向实践，从美国走向世界……杜威的哲学和伦理学无可争议地构成了美国实用主义运动乃至西方哲学和伦理学中最重要的篇章。"

　　杜威取得的成就是卓越、非凡的，当然这一切都源于他一生中不断地思考与实践磨练，正如美国教育学者蒂尔（Van Till）在《进步教育果真过时了吗？》一文中这样描述杜威："最接近于使个人、社会、哲学基础三者达到调和的思想家是非凡的杜威……在他漫长的一生中，这个不可思议的人，作为一个普通的人过着充实的生活，参加过社会活动和公民活动，办过历史上最著名的实验学校，成为进步主义教育运动之父，成为哲学的巨人，并且在一生中给后代留下了一笔5000页文章和18000页专著的遗产。"杜威的影响远及世界许多国家，其著作被世界各国广为翻译、解读。据杜威研究中心统计，从1900年到1967年间他的著作被译成35种文字，共出了327个版本。此后，还有更多的版本推出。杜威及其追随者的教育理论与实践不仅推动了20世纪世界教育的发展进程，在21世纪的今天仍有着不可估量的意义和作用。杜威这位哲学与教育大师将继续照亮未来教育的发展道路，为世界各国的教育事业带去希望与福祉。

杜威部分重要教育著作简介

　　杜威一生著作颇丰，本书选取其中具有代表性和影响力较大的教育著作，按照时间顺排列，进行简要介绍，以供一窥杜威实用主义教育思想的内容体系和发展过程。

　　《我的教育信条》（1897年）是杜威早期在芝加哥大学期间所著的一部纲领性的著作。在该书中，杜威分五点论述了自己的教育信条：第一条，什么是教育，真正的教育能够激励儿童的兴趣、激发儿童的行动；第二条，什么是学校，学校是社会生活的一种方式，即杜威所说的"学校即社会"；第三条，教材，教材内容必须基于儿童本身的社会活动；第四条，方法的性质，正确的教育方法必须联系儿童的能力与兴趣，使儿童能主动学习；第五条，学校与社会进步，学校通过发挥教育作用能够促进社会的进步。这五条教育信条集中反映了杜威的现代教育理念。在本书中，杜威强调了教育、学校、活动、教师等的重要性，这些反传统的教育思想极大地震动了当时的美国社会。

　　《学校与社会》（1899年）是由杜威在芝加哥实验学校期间的讲演和材料汇集而成的一部著作，也是其早期著作中最重要的著作之一。在该书中，杜威阐述了其"教育无目的论"，认为教育的目的不应该从外部强加给受教育者，教育是生活、生长和经验改造，应内化到受教育者的主动行动中去。同时，杜威认为"教育无目的论"是与民主主义社会相联系的，而外力强加给受教育者的教育是非民主社会的特征。此外，杜威还对儿童的兴趣予以了探讨，认为要充分重视兴趣对儿童学习的影响，在教育中要积极利用兴趣的作用。另外，杜威还探讨了"教育即生长""教育即改造"、德育论等问题。杜威的这些教育理念在当今社会仍有重要的现实意义。

《儿童与课程》（1902年）是杜威在芝加哥实验学校开展教育实验的过程中所创作的另一部著作。杜威在该书中阐明了自己的教育观点，认为儿童和课程是教育过程中的基本要素。他反对课程与儿童对立的二元论的思维方式，主张课程设计应充分考虑儿童的经验，达到逻辑与心理的统一。基于"儿童中心论"和对活动的重视，杜威认为应在儿童的经验、活动和教材之间进行探索，使之达到和谐状态。简而言之，杜威探索的是如何使教材"心理化"，使教材能与儿童的经验和活动相联系，同时又能提供儿童所需的科学知识。

《民主主义与教育》（1916年）是杜威教育思想的集大成者，被誉为教育名著必读经典，也是西方教育史上与柏拉图的《理想国》、卢梭的《爱弥儿》并列的教育巨著。本书全面而细致地阐明了杜威的实用主义教育理论，内容包括对教育性质、作用、目的等的讨论以及教材、教法、游戏等的理解，集中展现了杜威在芝加哥实验学校八年改革中对教育的理解与实践经验的总结。本书中，杜威继续阐述其对教育本质的理解，认为教育即生长、教育即生活、教育即经验的改造；在教育目的论上，杜威心中的教育目的应是"民主的生活方式"和"科学的思想方法"，教育应与民主主义社会相适应，使儿童生长和发展，满足民主社会的希望；在教学论上，主张采用从做中学和"五步"教学法以及教材的心理化；在道德论上，主张校内学习与校外学习的相互连接、相互影响等。杜威的实用主义教育理论广泛影响着教育界，该书被一致推崇为教育学的经典，是了解杜威教育思想的必读佳作。因此，该书在教育学领域至今依然占据着举足轻重的地位。

杜威一生成果颇丰，是一位多产的教育家。即使是在退休之后，他仍然笔耕不辍，继续撰写教育著作，探索教育理论和阐明教育观点。他的《芝加哥实验理论》（*The Theory of Chicago*）（1936年）、《经验与教育》（1938年）、《人的问题》（*Problem of Men*）（1946年)等作品都是在退休后写作而成。由于这一时期恰逢美国的进步教育运动时期（始于20世纪30年代，终于1955年"进步教育协会"的解体），因此，杜威此阶段的著作多包含了其对进步学校和进步教育的种种看法。例如，在《经验与教育》一书中，杜威首先探讨了传统教育与进步教育的对立，然后提出需要一种健全的经验哲学、社会控制与个人自由的关系，最后探讨了教材的组织。该书被视为杜威后期的重要代表作之一，是杜威面对新的社会背景对自己教育观点的一种重新阐明。

《〈教育资源的使用〉一书引言》（*Introduction to the Use of Education Resource*）（1952年）创作于杜威逝世的那一年，是他生前最后一篇教育作品。在这本书的引言中，杜威肯定了进步教育运动在引起课堂生活变化上的功劳，并指出这一变化是"最广泛、最显著的成就"。同时，杜威在书中也表达了对进步教育运动现状的失望及对其未来的深切关注。

约翰·杜威大事年表

（1859年10月20日—1952年6月1日）

1859年

10月20日，约翰·杜威生于佛蒙特州柏林顿市附近的一个村庄里。他的父亲，阿奇博尔德·斯普雷格·杜威，以杂货生意谋生。他的母亲，卢西娜·里琦·杜威，是个虔诚的清教徒。杜威有两个兄弟，分别是哥哥戴维斯·里琦·杜威和弟弟查尔斯·米纳·杜威。

1875年

从柏林顿市的一所中学毕业。

1875—1879年

约翰·杜威和哥哥戴维斯·杜威进入与家邻近的佛蒙特大学读书，成为杜威家族的第一代大学生。在进入大学的前三年中，杜威虽然没有固定的研究领域，但是表现出广泛的阅读兴趣，最后一年在哲学课程老师托里教授的引导下，他的注意力开始集中在哲学领域上。

1879年

从佛蒙特大学毕业，获得文学学士学位，并成为美国大学优秀生联谊会的会员。

1879—1881年

毕业后，受担任校长的表姐邀请前往宾夕法尼亚州南石油城中学任教。作为该校中学教师杜威讲授拉丁文、代数和自然科学等课程。两年后在表姐辞职后，返回柏林顿。

1881—1882年冬

担任佛蒙特州夏洛特村一所高级中学教师，同时他跟从佛蒙特大学托里教授学习哲学史。

1882年

4月，杜威的第一篇论文《唯物论的形而上学假设》在哈里斯博士主编的《思辨哲学杂志》上发表，同年7月发表《斯宾诺莎的泛神论》（The Pantheism of Spinoza）。之后这个杂志还发表了杜威的其他两篇哲学论文：《知识和感觉的相对性》（1883）和《康德和哲学方法》（Kant and Philosophic Method）（1884）。

1883年

1月，法国《哲学杂志》刊登了杜威一篇文章的摘要，这是国外最早提到杜威的杂志。

1882—1884年

在约翰斯·霍普金斯大学攻读博士学位。1883年春季学期中，杜威讲授大学本科生的哲学史课程。1883—1884学年，曾获得奖学金。他主修哲学课程，也听了皮尔斯的逻辑学课程、霍尔的心理学课程。在莫里斯教授的指导下，杜威对黑格尔哲学产生了兴趣，成为"黑格尔的忠实信徒"。

1884年

在约翰斯·霍普金斯大学获得哲学博士学位。博士学位论文的题目是《康德的心理学》（未公开发表过）。

1884—1888年

担任密歇根大学的讲师和助理教授，与恩师莫里斯合作。主要承担有关心理学和哲学方面的课程，其中有"经验心理学""心理学与哲学""心理学史""希腊科学和哲学"等，此外他还开设关于柏拉图《理想国》和康德《伦理学》的研究班。

1885年

在《科学》杂志1885年10月发表第一篇教育论文，题为《教育与妇女健康》。

1886年

7月，与爱丽丝·奇普曼结婚。婚后两人育有长子福瑞德·杜威、长女伊夫琳·杜威、二儿子莫里斯·杜威（两岁半时夭折）、二女儿露西·杜威、三女儿简·杜威、三儿子戈登·杜威（八岁病逝）以及养子萨拜诺·杜威。

第一本心理学著作《心理学》在纽约出版。

1888—1889年

在明尼苏达大学担任哲学教授。

1889年

与麦克莱伦（James A.McLellan）（担任哲学教学）合著的第一本教育著作《应用心理学：教育原理和实际引论》（*Applied Psychology：An Introduction to the Principles and Practice of Education*）在波士顿出版。

1889—1894年

因恩师莫里斯的突然辞世，受命担任密歇根大学哲学系的教授和系主任。

1893年

在《教育评论》（*Educational Review*）杂志11号上发表第一篇关于中等教育的论文，题为《中学的伦理学教学》（Teaching Ethics in the High School）。

1894—1904年

担任芝加哥大学哲学、心理学和教育学系的系主任，教授研究生课程。

1895年

与麦克莱伦合著的《数的心理学及其在算术教学法上的应用》（*The Psychology of Number and Its Applications to Methods of Teaching Arithmetic*）在英国出版。

1896—1903年

领导芝加哥大学实验学校。学校的最初名称为"大学初等学校"，一般通称为"杜威学校"。杜威在《一个教育学的实验》（A Pedagogical Experiment）（载《幼儿园杂志》1896年6月号）和《大学学校》（The University School）（载《芝加哥大学记录》1896年11月6日）等文章中，对这所实验学校作了叙述。基于其实验学校的办学实践，杜威后来发表并出版了一系列作品。

1896年

发表《与意志有关的兴趣》。

1897年

发表《我的教育信条》和《教育中的伦理原则》（Ethical Principles Underlying Education）。

1899年

出版《学校与社会》（1915年又出版了该书的修订本）。
发表《心理学和哲学方法》。

1899—1900年

担任美国心理学会会长。

1900年

担任九种专题论文丛书《初等学校纪事》（*The Elementary School Record*）的编辑。

《学校与社会》在英国出版。

1902年

出版《儿童与课程》。

1902—1904年

担任芝加哥大学教育学院的院长。

1903年

出版《逻辑理论研究》（*Studies in Logical Theory*）。

1904年

被授予威斯康辛大学（University of Wisconsin）名誉法学博士学位。
因实验学校管理问题与校长产生分歧，并决定辞职离开芝加哥大学。

1904—1930年

担任哥伦比亚大学的哲学教授。同时，在哥伦比亚大学教育学院教课。当教育学院的教育研究系成立时，杜威是被任命的七位教授之一。杜威在教育学院开设的课程有："逻辑学与教育问题""伦理学与教育问题""社会生活和学校课程""哲学与教育的历史关系"等。教学期间杜威接触了来自世界各地的学生，如中国学生胡适、蒋梦麟、陶行知、冯友兰等。

1905—1906年

担任美国哲学学会会长。

1908年

与詹姆斯·塔夫茨合著出版《伦理学》（1932年又出版了该书的修订本）。

1909年

出版《教育中的道德原理》（*Moral Principles in Education*）。

1910年

被授予佛蒙特大学名誉法学博士学位。

出版《我们怎样思维》（1933年又出版了修订本）。

1913年

被授予密歇根大学名誉法学博士学位。

发表《教育中的兴趣和努力》（Interest and Effort in Education）。

1915年

参加美国大学教授联合会的创立，并担任该联合会的第一任主席。

被授予约翰斯·霍普金斯大学名誉法学博士学位。

与女儿伊夫琳·杜威合著出版《明日之学校》。

1916年

出版《民主主义与教育》。

参与纽约市第一个教师联合会的创立。

1917年

被授予伊利诺伊大学名誉法学博士学位。

1919年

2—4月间，杜威访问日本，并在东京帝国大学作演讲。

1919—1921年

访问中国。1919年4月30日下午杜威抵达上海，开始对中国的访问。访华期间，他辗转于十一个省和北京、上海两市作演讲。1921年8月2日，杜威由青岛离开中国。

1920年

被授予中国国立北京大学名誉法学博士学位。

出版《哲学的改造》。

杜威与他的妻子爱丽丝合著出版《寄自中国和日本的书信》（*Letters from China and Japan*）一书。

1922年

出版《人性与行为》（*Human Nature and Conduct*）。

1923年

参加在哥伦比亚大学举行的美国哲学学会的年会，并在该会组织的卡鲁斯讲座中作讲演。

1924年

在土耳其考察教育状况。

1925年

出版《经验与自然》（1929年又出版了该书的修订本）。

1926年

赴墨西哥考察教育状况。

1927年

杜威夫人爱丽丝·奇普曼去世。

出版《公众及其问题》（*Public and Its Problems*）。

1928年

6—7月，杜威随美苏文化协会组织的美国教育家旅行团访问苏联，并考察苏联的教育状况。

担任美国进步教育协会名誉会长，直至逝世。

1929年

被授予哥伦比亚大学名誉法学博士学位。

在英国爱丁堡大学（University of Edinburgh）的吉福德讲座中作讲演。

担任人民座谈会的主席和全国独立政治行动联盟的主席。

出版《对苏维埃俄罗斯和革命的世界墨西哥—中国—土耳其的印象》（*Impressions of Soviet Russia and the Revolutionary World，Mexico-China-Turkey*）。

出版《确定性的寻求》（*The Quest for Certainty*）、《教育科学的资源》（*The Sources of a Science of Education*）。

出版《人物与事件》（*Charactors and Event*），拉特纳（Joseph Ratner）编的杜威论文两卷集。

1930—1939年
担任哥伦比亚大学荣誉退休教授。

1930年
被授予法国巴黎大学名誉法学博士学位。

出版《旧个人主义与新个人主义》（*Individualism Old and New*）。

发表自传性提纲《从绝对主义到实验主义》。

1931年
在哈佛大学的威廉·詹姆斯讲座中作讲演。

发表《哲学与文明》（Philosophy and Civilization）和《从教育混乱中寻找出路》（The Way Out of Educational Confusion）。

1932年
被授予哈佛大学名誉法学博士称号。

与塔夫茨修订《伦理学》。

1934年
在耶鲁大学的托里讲座中讲演。

出版《作为经验的艺术》《一种普通的信仰》（*A Common Faith*）。

参加新教育联谊会在南非的开普敦举行的国际教育讨论会。

1935年
出版《自由主义与社会行动》（*Freedom and Social Action*）。

1937年

担任控诉莫斯科对托洛斯基审判的调查委员会的主席。

审查《"托洛斯基案件"报告》（*The Case of Leon Trotsky*）。

1938年

出版《经验与教育》。

出版《逻辑：探究的理论》（*Logic：The Theory of Inquiry*）和托洛斯基调查委员会报告《无罪》。

1939年

出版《自由与文化》（*Freedom and Culture*）、《价值的学说》（*Theory of Valuation*）。

1941年

7月，参加新教育联谊会在美国密歇根大学举行的国际教育讨论会并担任会议主席。

与贺拉斯·卡伦（Horace M．Kallen）合编发表《罗素案件》（*The Bertrand Russell Case*）。

1946年

12月11日，与罗伯塔·洛维茨结婚。领养了两个孩子：小约翰·杜威（John Dewey，Jr）和艾德丽安娜·杜威(Adrienne Dewey)。出版《人的问题》。

被授予挪威奥斯陆大学（University of Oslo）名誉哲学博士学位。

被授予宾夕法尼亚大学名誉理学博士学位。

1949年

与阿瑟·本特利(Arthur F．Bentley)合著出版《认知与所知》。

1952年

杜威发表最后一篇教育论文：《〈教育资源的使用〉一书的引言》。

约翰·杜威于6月1日在纽约市第五大道1158号住宅去世，终年93岁。

参考文献

资料类

[1] 杜威博士致胡适教授函［N］.北京大学日刊，1919.

[2] 陈仲逸.历史进程中的土耳其［J］.世界知识，1935.

[3] 程炎泉.复兴民族的丹麦民众教育与墨西哥乡村教育［J］.教育与职业，1936.

[4] 卡尔波娃.苏联的初等教育（上）［J］.李敬永，等译.人民教育，1951.

[5] 李尔奇.杜威的教育、社会思想回顾［J］.金冬日，译.教育论坛，1960.

[6] 松崎严.初等、中等教育三十年［J］.日本教育情报，1977.

[7] A.哈利·巴森.约翰·杜威对世界教育的影响［J］.乔有华，译.外国教育研究，1984.

[8] 任钟印.杜威简论［J］.华中师范大学学报（哲社版），1986.

[9] 方苹.十月革命与苏联的普及义务教育［J］.外国教育动态，1987.

[10] 彭树智.论凯末尔的世俗化改革［J］.史学月刊，1987.

[11] 何国华.苏联的教育现状和改革［J］.华南师范大学学报，1989.

[12] 李宗耀.实用主义在日本与中国的比较［J］.外国问题研究，1990.

[13] 周健，徐其萍.战前日本学校教育的立法［J］.外国问题研究，1990.

[14] 雷树人.日本的理科教育改革［J］.课程·教材·教法，1994.

[15] 惠巍.墨西哥初等教育概述［J］.外国教育研究，1995.

[16] 谭坤.杜威和他的教育思想 [J] .昌潍师专学报（社会科学版），1998.

[17] 单中惠.杜威教育思想在日本 [J] .外国教育研究，2002.

[18] 单中惠.杜威的反思性思维与教学理论浅析 [J] ，清华大学教育研究，2002.

[19] 姚运标.杜威与土耳其的教育改革 [J] .安徽师范大学学报（人文社会科学版），2002.

[20] 韩芳，李维哲.杜威教育思想对近代中国教育的影响 [J] .渭南教育学院学报，2003年增刊.

[21] 吴德为.关于日本大正时期新教育运动的研究 [J] .长春大学学报，2003.

[22] 王剑.胡适与杜威的中国之行 [J] .社会科学研究，2003.

[23] 陈文彬.五四时期杜威来华讲学与中国知识界的反应 [D] .上海：复旦大学，2006.

[24] 田景正.略论杜威实用主义教育思想对中苏两国教育的影响 [J] .湖南第一师范学报，2006.

[25] 王冬桦.杜威在苏俄遭遇了什么 [N] .中国教育报，2007.

[26] 我们为什么需要补读杜威？——访杜威研究专家、浙江大学教授单中惠 [N] .中国教育报，2007.

[27] 赖红梅.浅谈杜威"从做中学"的理论内涵及对我国基础教育的启示 [J] .当代教育论坛，2008.

[28] 周昭华.土耳其女权思潮与实践的历史考察 [D] .兰州：西北师范大学，2008.

[29] 陈双凤.民国时期中国教育"杜威热"的原因探析 [J] .山西师范大学学报，2010.

[30] 关松林.应用与影响：杜威教育思想在日本 [J] .教育研究，2010.

[31] 周洪宇，陈竞蓉.哥伦比亚大学师范学院与现代中国教育 [J] .比较教育研究，2010.

[32] 王树平.生活教育理念在中职机械专业课教学中的应用研究 [J] .当代职业教育，2011.

[33] 刘莉萍，赵韩强.日本和新加坡道德教育比较研究及启示 [J] .教学与管理，2013.

[34] 盛睿.土耳其世俗化发展道路研究 [D] .上海：上海外国语大学，2014.

[35] 张青仁.墨西哥印第安人教育政策的变迁 [J] .拉丁美洲研究，2014.

专著类

[36] Jay Martin. *The Education of John Dewey*. New York：Columbia University Press，2002.

[37] 约翰·杜威.今日的教育.董时光，述译.北京：商务印书馆，1946.

[38] 沛西·能.教育原理.王承绪，等译.北京：人民教育出版社，1964.

[39] 葛懋春，李兴芝.胡适哲学思想资料选(上).上海：华东师范大学出版社，1981.

[40] 赵祥麟，王承绪.杜威教育论著选.上海：华东师范大学出版社，1981.

[41] 钟离蒙，杨凤麟.中国现代哲学史资料汇编续集（第三册）.沈阳：辽宁大学哲学系中国哲学史研究室，1984.

[42] 中国社会科学院近代史研究所中华民国史研究室.胡适的日记（上册）.北京：中华书局，1985.

[43] 筑波大学教育学研究会.现代教育学基础.钟启泉，译.上海：上海教育出版社，1986.

[44] 张焕庭.西方资产阶级教育论选著.北京：人民教育出版社，1987.

[45] 王道俊，王汉澜.教育学.北京：人民教育出版社，1989.

[46] 格里德.胡适与中国的文艺复兴——中国革命中的自由主义1917—1950.鲁寄，译.南京：江苏人民出版社，1989.

[47] 瞿葆奎主编，马骥雄选编.教育学文集（第19卷）：美国教育改革.北京：人民教育出版社，1990.

[48] 邹铁军.实用主义大师杜威.长春：吉林出版社，1990.

[49] 北京市教育科学研究所.陈鹤琴全集·第六卷.南京：江苏教育出版社，1991.

[50] 高平叔.蔡元培论著选.北京：人民教育出版社，1991.

[51] 江苏省陶行知教育思想研究会等.陶行知文集.南京：江苏教育出版社，1991.

[52] 周洪宇.陶行知研究在海外.北京：人民教育出版社，1991.

[53] 孟湘砥.毛泽东教育思想探源.长沙：湖南教育出版社，1993.

[54] 曾昭耀.战后拉丁美洲教育研究.南昌：江西教育出版社，1994.

[55] 联合国教科文组织国际教育发展委员会.学会生存：教育世界的今天和明天.华东师范大学比较教育研究所，译.北京：教育科学出版社，1996.

[56] 吴式颖.外国教育史教程.北京：人民教育出版社，1999.

[57] 约翰·杜威.民主主义与教育.王承绪，译.北京：人民教育出版社，2001.

[58] 约瑟琳·坎普·梅休.杜威学校.王承绪，等译.北京：人民教育出版社，2001.

[59] 元青.杜威与中国.北京：人民出版社，2001.

[60] 单中惠.现代教育的探索——杜威与实用主义教育思想.北京：人民教育出版社，2002.

[61] 杜祖贻.杜威论教育与民主主义.北京：人民教育出版社，2003.

[62] 约翰·杜威.民主·经验·教育.上海：上海人民出版社，2005.

[63] 约翰·杜威.学校与社会·明日之学校.赵祥麟，等译.北京：人民教育出版社，2005.

[64] 约翰·杜威.我们怎样思维·经验与教育.姜文闵，译.北京：人民教育出版社，2005.

[65] 刘德华.中外教育简史.沈阳：辽宁大学出版社，2007.

[66] 关松林.交流与融合——杜威与日本教育.北京：教育科学出版社，2008.

[67] 吕达，刘立德，邹海燕.杜威教育文集（第三卷）.北京：人民教育出版社，2008.

[68] 杨亮功.早期三十年的教学生活·五四.合肥：黄山书社，2008.

[69] 简·杜威.杜威传（修订版）.单中惠，译.安徽：安徽教育出版社，2009.

[70] 克雷明.学校的变革.单中惠，马晓斌，译.济南：山东教育出版社，2009.

[71] 约翰·杜威.我们如何思维.伍中友，译.北京：新华出版社，2010.

[72] 卢梭.爱弥儿（上卷).李平沤，译.北京：商务印书馆，2011.

[73] 鲍道宏.课程理解：制度与文化"新基点".南京：江苏教育出版社，2011.

[74] 乐黛云.跨文化对话27辑.北京：生活·读书·新知三联书店，2011.

[75] 胡适.容忍与自由.北京：同心出版社，2012.

[76] 中国社会科学院近代史研究所中华民国史研究室.胡适来往书信选（上).北京：社会科学文献出版社，2013.

[77] 陶行知.陶行知教育名篇.北京：教育科学出版社，2013.

后 记

　　《杜威画传》的大部分图片来自南伊利诺伊大学卡本代尔分校专门收集研究中心图片总集杜威分集（John Dewey Papers, Special Collections Research Center General Photographic Collection, Southern Illinois University Carbondale）珍贵的图片，通过与中心反复交流和沟通，获得其理解准许使用，这些图片在国内外资料上实属少见，在此非常感谢南伊利诺伊大学卡本代尔分校专门收集研究中心的大力支持。

　　关于杜威的研究国内很多，要有新意的视角和评论也实属不易，因而此书稿花了大量的时间积累资料和核对与反思。在此资料收集整理和核对修改期间，非常感谢当时就读于美国哥伦比亚大学师范学院博士生郭菲师妹和华中师范大学教育学院教育史与比较教育研究所研究生们的相助。郭菲博士提供了一些珍贵的杜威图片来源及资料；研究生们分次参与了资料收集整理审核：王娟参与了"家世与童年""婚姻与家庭""大学学习期间哲学的洗礼与追求""工作期间从哲学研究转向教育研究与改革""广泛的社会交往和人事资源""杜威实用主义教育思想产生背景""实用主义经验论"（到"对传统学校改造"中间）以及大事年表部分；田洁参与了"实用主义经验论"（始于"对传统学校改造"中间）、"思维与教学""实验学校的历史发展""实验学校的实验性质与任务"以及重要教育著作简介部分；梁慧芳参与了杜威与世界各地区教育部分；郭万婷参与了"家世与童年""婚姻与家庭"部分；梅丽芳参与了求学和工作部分以及重要教育著作简介、大事年表部分；王冬杰参与了杜威的社会交往和人事资源部分；董鸣燕、黄萌萌和王依依参与了杜威实用主义教育思想部分；田李强参与了杜威实验学校部分；黄欢参与了杜威与世界各地区教育部分；饶景阳参与了杜威与中国教育部分；颜贝贝、牛莹参与了协助工作。

声　明

　　本书中凡出自John Dewey Papers, SCRC General (Southern Illinois University Carbondale) (南伊利诺伊大学卡本代尔分校专门收集研究中心图片总集杜威分集) 的图片，未经John Dewey Papers, SCRC General (Southern Illinois University Carbondale) 允许，任何第三方不得使用、转载。

王道梦

说春秋道战国系列历史小说

复旦大学　吴礼权　著

暨南大学出版社
JINAN UNIVERSITY PRESS

中国·广州

图书在版编目（CIP）数据

王道梦 / 吴礼权著 . —广州：暨南大学出版社，2023.5
（说春秋道战国系列历史小说）
ISBN 978 - 7 - 5668 - 3627 - 4

Ⅰ. ①王…　Ⅱ. ①吴…　Ⅲ. ①长篇历史小说—中国—当代　Ⅳ. ①I247.5

中国国家版本馆 CIP 数据核字（2023）第 015059 号

王道梦
WANGDAO MENG
著　者：吴礼权

出　版　人：张晋升
策划编辑：杜小陆　黄志波
责任编辑：黄志波　黄　球
责任校对：孙劭贤　黄晓佳　黄亦秋
责任印制：周一丹　郑玉婷

出版发行：暨南大学出版社（511443）
电　　话：总编室（8620）37332601
　　　　　营销部（8620）37332680　37332681　37332682　37332683
传　　真：（8620）37332660（办公室）　37332684（营销部）
网　　址：http://www.jnupress.com
排　　版：广州良弓广告有限公司
印　　刷：广州市快美印务有限公司
开　　本：787mm×960mm　1/16
印　　张：41.25
字　　数：740 千
版　　次：2023 年 5 月第 1 版
印　　次：2023 年 5 月第 1 次
定　　价：139.80 元

（暨大版图书如有印装质量问题，请与出版社总编室联系调换）

跟春秋时代一样，战国时代虽然也是中国历史上最为动荡混乱的时期之一，但毋庸讳言，正是在这样混乱的时代背景下，却产生了许多中国思想界的巨星。比方说，墨子、孟子、荀子、庄子、惠子，就是其中的佼佼者。尤其是孟子，由于其所代表的儒家思想在中国两千多年的封建社会历史进程中几乎一直居于主流的统治地位，因而其思想在中国思想史上的影响就显得更加深远。

尽管孟子在中国的知名度极高，其思想在中国历代影响都很大，稍有些文化的人，往往都能脱口诵出他的许多名言，诸如"生于忧患，而死于安乐也"，"天时不如地利，地利不如人和"，"得道者多助，失道者寡助"，"老吾老，以及人之老；幼吾幼，以及人之幼"，"民为贵，社稷次之，君为轻"，"富贵不能淫，贫贱不能移，威武不能屈，此之谓大丈夫"，"君子不怨天，不尤人"，"爱人者，人恒爱之；敬人者，人恒敬之"，"养心莫善于寡欲"，"人有所不为也，而后可以有为"，"不以规矩，不成方圆"，"天将降大任于是人也，必先苦其心志，劳其筋骨，饿其体肤，空乏其身，行拂乱其所为，所以动心忍性，曾益其所不能"，"鱼，我所欲也；熊掌，亦我所欲也。二者不可得兼，舍鱼而取熊掌者也。生，我所欲也；义，亦我所欲也。二者不可得兼，舍生而取义者也"，等等，不一而足。但是，对于孟子其人的生平事迹，自古及今并没有多少人了解。与跟他同时代的庄子、惠子，还有比他稍早的墨子，比他稍晚的荀子一样，因为缺少文字记载，让人很难见出其清晰完整的形象。除了其弟子仿《论语》而作《孟子》，留下一部孟子言行录外，其他的生平事迹就很难见到了。太史公司马迁作《史记》，虽然想给孟子好好作个传，但苦于没有史料，只能将其跟荀子合而为一传。《孟子荀卿列传》中真正介绍孟子的只有如下这样一段文字：

孟轲，邹人也。受业子思之门人。道既通，游事齐宣王，宣王不能用。适梁，梁惠王不果所言，则见以为迂远而阔于事情。当是之时，秦用商君，富国强兵；楚、魏用吴起，战胜弱敌；齐威王、宣王用孙子、田忌之徒，而诸侯东面朝齐。天下方务于合从连衡，以攻伐为贤，而孟轲乃述唐、虞、三代之德，是以所如者不合。退而与万章之徒序《诗》《书》，述仲尼之意，作《孟子》七篇。

数一数，一共137字，而且没有什么实际的史料价值。正因为缺乏史料，中国人虽然都称颂孟子为亚圣，但对其生平事迹都不甚了了，其形象自然也是模糊不清的。

跟老子、庄子一样，孟子在中国历代都是知名度极高的人物，其思想影响也很大。但是，作为战国时代儒家学派的代表人物，我们透过《孟子》一书虽然可以了解其思想主张，但不能还原出一个为了推行其仁政主张，实现"天下大同"的王道社会理想而周游列国，不知疲倦、不畏挫折的儒家学派代表人物的形象，当然更不可能对其有一种即之可温的亲切感。

作为一个两千多年前的历史人物，孟子的形象究竟是怎么样的，可能不同人有不同的想象。但是，如果我们仔细读过《论语》与《孟子》，就会发现孟子跟孔子完全是同一类人物，都是"知其不可为而为之"，为了理想而百折不挠的理想主义者。因为他们的目标是一致的，都是志在克己复礼，恢复周公礼法，最终实现"天下大同"的王道社会理想。孔子心目中的"天下大同"社会是："大道之行也，天下为公，选贤与能，讲信修睦。故人不独亲其亲，不独子其子，使老有所终，壮有所用，幼有所长，矜、寡、孤、独、废疾者皆有所养，男有分，女有归。货恶其弃于地也，不必藏于己；力恶其不出于身也，不必为己。是故谋闭而不兴，盗窃乱贼而不作，故外户而不闭，是谓大同。"而孟子心目中"天下大同"的王道社会境界是："五亩之宅，树之以桑，五十者可以衣帛矣；鸡豚狗彘之畜，无失其时，七十者可以食肉矣；百亩之田，勿夺其时，数口之家可以无饥矣；谨庠序之教，申之以孝悌之义，颁白者不负戴于道路矣。七十者衣帛食肉，黎民不饥不寒。"可见，孟子与孔子的理想是完全相同的，政治思想是一脉相承的。如果说二人的理想有什么不同，只能说孟子将孔子所向往的"天下大同"理想进一步具体化了，终其一生都在游说诸侯各国之君接受其"保民而王"的政治主张，将其向往的王道社会理想的蓝图描绘得更加具体生动而已。

这部名曰《王道梦》的历史小说，就是以孟子为叙写对象，以其一生周游列国、教书育人的史实为依据，以其对"天下大同"的王道社会理想的不懈追求为线索，通过文学的形象呈现出作为儒家代表人物的孟子本相，艺地再现以儒家思想为代表的人类理想社会境界，以此清晰地彰显"王道梦"与"天下大同"思想在中国数千年的历史进程中一以贯之的文化脉络。

有关孟子及其政治哲学思想的研究，学术界不乏丰富的成果，包括《孟子传》《孟子评传》之类。不过，就我们视野所及，以孟子为对象进行文学创作的历史小说，目前尚未有过。其中的原因当然是多方面的。不过，历史小说不像学术研究，除了要有扎实严谨、训练有素的史料处理功力，还要有思接千古、遐思无限的想象力，以及相应的语言文字表达技巧。另外，善于在"历史"与"小说"之间寻求恰当的平衡点也很重要，否则就会堕入既非历史著作又非文学作品的尴尬之境。关于这一点，我在历史小说《道可道：智者老子》的卷首语中早就说过："只有史实的考据，而无文学想象与文学描写，那是人物评传，不是历史小说；只有文学想象与文学描写，而没有史实的考据，那是纯粹的小说，也不是历史小说。"

这部历史小说《王道梦》，既有我的历史考据，也有我的文学想象，是我研究中国先秦史几十年，从 1999 年就着手准备的说春秋道战国系列历史小说的其中一部。既然定位为历史小说，那就必然要在"历史"与"小说"之间寻求平衡，至于所作的平衡是否恰当，就交由读者去评判了。这就像我们解读孟子的哲学思想、评判孟子的政治思想一样，是见仁见智的。尽管如此，我还是衷心地希望，读者诸君能够透过《王道梦》这部历史小说，走近孟子，了解孟子生活的时代，深入孟子的内心世界，理解孟子的理想追求，进而深刻领悟数千年来植根于中国文化血脉中的"天下大同"理想之真谛。

吴礼权

2022 年 3 月 12 日

于复旦大学光华楼

目录

主要人物

孟　轲　即孟子，战国时代邹国人，儒家学派代表人物。曾在齐国稷下学宫讲学，为稷下先生。齐威王与齐宣王时，为齐国列大夫，位在上卿。后与齐宣王政见不合，离开齐国政坛，回到故乡邹国教书育人，年八十四而终。

孟　母　即孟轲之母。汉代史学家刘向《列女传》记其教子事迹，有三迁其居、停机断织之说。汉人韩婴《韩诗外传》记其以《周礼》教训孟轲不得休妻之事。

仉　氏　孟轲之妻。

匡　章　齐国著名将军，伐秦、伐燕有大功，《战国策·齐策》有记载。孟轲在齐国时，引之为知己好友。《孟子》全书2次提到他与孟轲的交往，分别见于《滕文公下》1次，记孟轲与匡章讨论廉洁问题；《离娄下》1次，记孟轲弟子公都子对孟轲结交匡章提出疑问，认为匡章是"通国皆称不孝"之人，不应该与之来往，更不应该引之为知己好友。孟轲对此作出了解释，对匡章评价很高。

梁惠王　即魏惠王（公元前400年—公元前319年），战国时代魏国之君。在位时凭借李悝变法后魏国异常强大的国力，不断兴兵攻打诸侯各国，意欲灭韩并赵，以谋一统天下。还曾举行"逢泽之会"，以朝周天子为名，号令诸侯。后因好战而不知进止，两败于齐国后，又被强力崛起的秦国乘虚而入，屡战屡败，国力从此一蹶不振。最后迫于强秦不断攻伐的压力，东迁魏都于大梁，世人遂称之为梁惠王。《孟子·梁惠王上》记载孟轲5次游说梁惠王实行仁政，《孟子·尽心下》则有孟轲跟弟子公孙丑评价梁惠王不仁的记载。

梁襄王 即魏襄王（？—公元前296年），魏惠王之子，战国时代魏国之君。《孟子·梁惠王上》记载，孟轲与魏襄王相见后，对他有"望之不似人君"的评价。

齐威王 妫姓，田氏，名因齐，战国时代齐国（田齐）第四代国君。生于公元前378年，即位于公元前356年，卒于公元前320年。在位期间，任用邹忌进行政治改革，善于纳谏，励精图治，使齐国国力迅速提升。在与魏国桂陵之战、马陵之战两役后，国力更加强大。在位第二十三年（即公元前334年）时，与魏惠王会盟于徐州（史称"徐州相王"）后，正式称王。

齐宣王 齐威王之子，战国时代齐国（田齐）第五代国君。生于公元前350年，卒于公元前301年。在位期间，稷下学宫的声势得到进一步提升。《孟子》全书多次记载孟轲游说齐宣王实行仁政的情节。其中，见于《梁惠王上》1次，《梁惠王下》10次，《离娄下》1次，《万章下》1次。

滕文公 滕定公之子，战国时代滕国之君。早在滕文公为世子时，就与孟轲有来往，并引之为师友。《孟子》全书对滕文公与孟轲的往来与对话记载达7次之多。其中，《梁惠王下》3次，皆是记孟轲与滕文公的直接对话；《滕文公上》4次，皆直接或间接跟孟轲有关，1次是记载滕文公为世子时与孟轲的交往，1次是记载滕文公执政后问计于孟轲，1次是滕定公死后滕文公遣其老师然友往邹国请教孟轲有关葬礼的问题，1次是滕文公命大臣毕战向孟轲请教有关井田制的问题。另外，还记载了滕文公接见农家学派领袖许行的情节。《公孙丑下》记载，滕文公过世时，时任齐国上卿的孟轲奉齐宣王之命，在齐国大夫王欢的陪同下，专程前往滕国吊唁。

邹穆公　战国时代邹国之君。《孟子·梁惠王下》记载，邹鲁二国发生边境之争，邹国官员多有死伤，邹穆公为此专门问计于孟轲。

宋康王　即宋君偃，公元前328年至公元前286年在位。剔成君在位四十一年时，以武力推翻其兄剔成君，成为宋国最后一任国君。后自立为王，号称宋康王，亦称宋王偃或宋献王。孟轲第二次入齐后，听说宋君偃要推行王政，毅然放弃在齐国的爵禄而投奔到宋。但是，孟轲到达宋国后，宋君偃的王政计划却不了了之。最后，孟轲失望地离开了宋国。《孟子·梁惠王下》有孟轲在宋国与宋大夫戴不胜谈辅政、跟戴盈之谈"什一税"的记载。

鲁平公　鲁景公之子，战国时代鲁国之君，在位二十年。《孟子·梁惠王下》记载，孟轲弟子乐正克在鲁国为官，孟轲听说后欣然往之，意欲在鲁国实践其王道社会理想。乐正克将孟轲引荐于鲁平公，鲁平公欣然允之。但是，鲁平公宠幸小臣臧仓却从中阻挠，最终鲁平公爽约，未与孟轲相见。为此，孟轲愤然离开了鲁国。

孟　仲　即孟仲子，邹国人，孟轲弟子。东汉经学家赵岐认为其为"孟子之从昆弟，学于孟子者也"。《孟子·公孙丑下》有孟仲子劝说孟轲觐见齐宣王的记载。从北宋开始，一直从祀孟庙。

公　都　即公都子，齐国人。《孟子》全书7次记载公都子与孟轲对话，分别见于《公孙丑下》1次，《滕文公下》1次，《离娄下》1次，《告子上》3次，《尽心上》1次。北宋时被封为平阴伯，一直从祀孟庙。

公孙丑　齐国人，孟轲弟子。《孟子》全书11次记载他与孟子对话，分别见于《公孙丑上》2次，《公孙丑下》2次，《滕文公下》1次，《离娄上》1次，《告子下》1次，《尽心上》3次，《尽心下》1次。是一生追随孟轲时间最久的重要弟子之一。从宋代开始，一直从祀孟庙。

万　章　齐国人，孟轲弟子。《孟子》全书记载他与孟轲的对话达 15 次之多，分别见于《滕文公下》1 次，《万章上》8 次，《万章下》5 次，《尽心下》1 次。跟公孙丑一样，也是一生追随孟轲时间最久的重要弟子。晚年陪伴孟轲"序《诗》《书》，述仲尼之意，作《孟子》七篇"（《史记·孟子荀卿列传》）。北宋时被封为博兴伯，一直从祀孟庙。

乐正克　周人，孟轲弟子。《孟子》全书 4 次记载他与孟子交往与对话，分别见于《梁惠王下》1 次，《离娄上》2 次，《告子上》1 次。《告子下》记载他在鲁国做官主政，孟轲听说后"喜而不寐"，立即由邹往鲁。孟轲在鲁时，他安排孟轲与鲁平公相见，为小人臧仓所阻。曾随齐国王子入齐，与孟轲相见，被孟轲批评。北宋时被封为利国侯，一直从祀孟庙。

勾　践　宋国大夫，孟轲弟子。《孟子·尽心上》记载，孟轲从齐国到宋国推行王政，他前往拜访，听了孟轲"穷则独善其身，达则兼善天下"之论。从宋代开始，一直从祀孟庙。

周　霄　魏国人，孟轲弟子。《战国策·魏策二》记载，他与"魏文子、田需、周霄相善，欲罪犀首"，说明他是魏国官场中人。《孟子·滕文公下》有周霄问孟轲"古君子之仕"的记载。从宋代开始，一直从祀孟庙。

陈　代　籍贯不详，孟轲弟子，长期追随孟轲。一生热衷于仕进，但始终未能如愿。《孟子·滕文公下》记载，陈代劝说孟轲觐见诸侯，引来孟轲一番长篇大论。北宋时被封为沂水伯，一直从祀孟庙。

陈　臻　齐国人，孟轲弟子，一生追随孟轲周游列国。《孟子》全书 3 次记载陈臻与孟子对话，分别见于《公孙丑下》1 次，《告子下》1 次，《尽心下》1 次。北宋时被封为蓬莱伯，此后一直从祀孟庙。

屋庐连 晋国人，孟轲弟子。《孟子·告子下》2 次记载屋庐连与孟子对话。北宋时被封为奉节伯，此后一直从祀孟庙。

充　虞 邹国人，孟轲弟子。《孟子·公孙丑下》2 次记载他与孟子对话。孟母在齐国过世，他奉孟轲之命监造棺椁，对丧葬之礼有研究。北宋时被封为昌乐伯，一直从祀孟庙。

曹　交 曹国人，曹国国君之弟。《孟子·告子下》记载他向孟子求学拜师，遭到孟轲拒绝。从北宋开始，一直从祀孟庙。

高　子 齐国人，孟轲弟子，一生追随孟轲。《孟子》全书 3 次记载他与孟子对话，分别见于《公孙丑下》1 次，《尽心下》2 次。可能因悟性较差，常被孟轲批评。从北宋开始，一直从祀孟庙。

浩生不害 齐国人，孟轲弟子。《孟子·尽心下》记载，浩生不害与孟子对话，问"乐正子何人也"，要求孟轲对乐正克予以评价。从宋代开始，一直从祀孟庙。

滕　更 滕国人，孟轲弟子。东汉经学家赵岐认为，滕更是滕文公之弟。《孟子·尽心上》记载，公都子跟孟子谈到滕更拜师求学的态度时，孟轲对滕更"挟贵而问"的态度颇是不满。从宋代开始，一直从祀孟庙。

徐　辟 籍贯不详，孟轲弟子。《孟子》全书 2 次记载他与孟子对话，分别见于《滕文公上》1 次，《离娄下》1 次。《滕文公上》记载，徐辟与墨家弟子夷之相好，将他引荐给孟轲，于是引发孟轲与夷之的一场有关丧葬的辩论。《离娄下》有徐辟请教孟轲有关水的问题的记载。北宋时被封为仙源伯，此后一直从祀孟庙。

咸丘蒙 鲁国人，孟轲弟子。《孟子·万章上》记载，咸丘蒙向孟轲请教舜之为人的问题，由此谈到舜与尧的君臣关系、舜与瞽叟的父子关系等伦理问题。从宋代开始，一直从祀孟庙。

桃　应　籍贯不详，孟轲弟子。《孟子·尽心上》有他与孟轲的对话，就"舜父杀人"的议题探讨了天子如何处理伦理与法的冲突问题。从宋代开始，一直从祀孟庙。

彭　更　籍贯不详，孟轲弟子。《孟子·滕文公下》记载，彭更对孟轲周游列国时"后车数十乘，从者数百人，以传食于诸侯"的排场感到惊讶，并对之予以质疑，由此引发出孟轲有关社会分工的一番议论。从宋代开始，一直从祀孟庙。

景　春　籍贯不详，孟轲弟子。东汉经学家赵岐认为，他是"为纵横之术者"，即纵横家。《孟子·滕文公下》记载，景春公开推崇纵横家公孙衍、张仪是"一怒而诸侯惧，安居而天下息"的大丈夫，结果引出孟轲"富贵不能淫，贫贱不能移，威武不能屈，此之谓大丈夫"的著名论点。从宋代开始，一直从祀孟庙。

貉　稽　籍贯不详，孟轲弟子。东汉经学家赵岐认为，貉稽是一个"仕者"。《孟子·尽心下》记载，貉稽与孟轲对话时，谈到了自己在官场经常被人诽谤的苦恼，孟轲对他予以开解，认为只要言行符合自己坚持的原则，就不必在乎别人的态度。从宋代开始，一直从祀孟庙。

盆成括　籍贯不详，孟轲弟子。《孟子·尽心下》记载，盆成括"仕于齐"，孟轲预言他会死于非命。后来果然被人杀死，门人问起原因，孟轲作了解释。从宋代开始，一直从祀孟庙。

邹　正　邹国人，孟轲弟子，邹春之兄。系小说虚构的人物之一，是小说所描写的孟轲最初开馆收徒而投于门下的三弟子之一，终生追随孟轲周游列国。

邹　春　邹国人，孟轲弟子，邹正之弟。系小说虚构的人物之一，是小说所描写的孟轲最初开馆收徒而投于门下的三弟子之一，终生追随孟轲周游列国。

白发老人 即楚国老伯，系小说虚构的人物之一，是孟轲临终前梦中游历考察南国时所交往对话的主要人物，孟轲从其介绍中了解到南国王道社会建设的真实情境，感到非常欣慰。

白面书生 纵横家信徒，系小说虚构的人物之一。在邹国之都给孩子们讲庞涓与孙膑相争的故事，让孟轲第一次了解到外面的世界。

黄须书生 崇尚法家刑名之学的游士，系小说虚构的人物之一。在邹国之都给孩子们讲公孙鞅游说秦孝公而发迹变泰的故事，让孟轲再次了解到当时的诸侯各国情况。

相关人物

庄 暴 齐威王大臣。《孟子·梁惠王下》记载，庄暴拜访孟轲，与其讨论音乐问题。孟轲借题发挥，充分畅发了其"与民同乐"的仁政思想。

蚔 鼃 齐国大夫。《孟子·公孙丑下》记载，蚔鼃辞任灵丘地方长官，调任士师（司法官员）。孟轲认为蚔鼃为士师而没有作为，要他主动向齐王进谏。结果，蚔鼃进谏不为齐王接受，遂辞去士师之职。由此，在齐国政坛引发争议，孟轲也因此而受到非议。孟轲弟子公都子转告了外界的非议，孟轲作了辩解。

景 子 即景丑，齐国大夫。《孟子·公孙丑下》记载，孟轲与齐宣王因为政见不合，避而不见齐宣王，借住于景子之家。景子不赞成孟轲避见齐宣王的行为，为此二人展开了一场有关君臣之义的辩论。

孔距心 齐国大夫。《孟子·公孙丑下》记载，孟轲入齐，道经平陆时，见其地方长官孔距心，认为他执政不尽力，因而对其提出了严厉的批评，迫使孔距心自罪其过。后来，见到齐王，孟轲又以孔距心之事为例，对齐王提出了批评，迫使齐王也自罪其过。

淳于髡　齐国名士，稷下先生，稷下学宫领袖，战国时代有名的说客，曾一日向齐威王荐举七士。《孟子》全书 2 次记载他与孟轲进行辩论，分别见于《离娄上》1 次，记载的是他与孟轲有关"礼"的辩论，对孟轲"男女授受不亲"之说提出了疑问；《告子下》1 次，记载的是他与孟轲有关"仁"的辩论，指责孟轲作为齐国三卿之一，不应该因为与齐王政见不合，没有建立功业就擅自离职，认为这不是仁者之所为。对此，孟轲进行了辩解。

靖郭君　即田婴，齐威王少子，齐宣王异母弟，孟尝君田文之父。《孟子》全书 2 次记载靖郭君与孟轲交往之事。其中，《梁惠王下》1 次，记载靖郭君将筑城于薛，滕文公深以为忧，问计于孟轲。《公孙丑下》1 次，记载孟轲过薛，靖郭君馈金五十镒，孟轲欣然受之。为此，孟轲弟子陈臻感到不解，问孟轲为什么之前不受齐威王馈兼金一百，而受宋君馈金七十镒、靖郭君馈金五十镒，对孟轲前后态度不一的行为予以质疑，孟轲作了辩解。

然　友　滕文公之师。《孟子·滕文公上》记载，滕定公过世后，滕文公继位为国君，派然友专程前往邹国，向孟轲请教丧葬之礼。

毕　战　滕文公大臣。《孟子·滕文公上》记载，孟轲在滕国时，滕文公因为要进行政治改革，专门派毕战向孟轲请教古代的井田制。

许　行　战国时代农家学派代表人物。《孟子·滕文公上》记载，滕文公在滕国推行王政时，许行听说后，带着数十个弟子，专程从楚国赶到滕国，希望做滕文公的臣民。滕文公热情接见了许行，不仅给了许行及其弟子一定数量的土地，还应许行的请求，给了他一处住所。

陈　相　楚国人，师从楚国儒家学派代表人物陈良。《孟子·滕文公上》记载，滕文公在滕国推行王政时，陈相听说后，带着弟弟陈辛，背着农具，专程从楚国北上投奔滕文公。在滕国期间，因为听了许行的农家学说，遂弃先前所学儒家学说，改从农家学说。不久，陈相因慕孟轲之名前往拜访，并向孟轲宣扬许行的学说，被孟轲痛斥，并由此引出孟轲"劳心者治人，劳力者治于人"的社会分工论。

夷 之 墨家弟子。《孟子·滕文公上》记载，孟轲在滕国时，夷之慕孟轲之名，请孟轲弟子徐辟为之引见。求见了两次，孟轲都没有见他，只是通过徐辟转达了自己对墨家薄葬学说的质疑。

储 子 齐国之相。《孟子》全书 2 次提到孟轲与储子交往。其中，见于《离娄下》1 次，记载储子私下告诉孟轲，齐王派人偷偷观察他，看他与其他人有什么不一样。孟轲回答说，他跟别人没有什么不一样，即使是尧、舜这样的圣人，也跟其他普通人是一样的。见于《告子下》1 次，记载孟轲入齐，居于平陆时，储子派人给他送礼，以求与他结交。孟轲收下礼物，却没有回礼。到达齐都临淄后，也没有前往拜访储子。对此，孟轲弟子屋庐连感到不解，孟轲作了说明。

季 任 战国时代任国国君之弟。《孟子·告子下》记载，孟轲闲居于邹国时，季任为任国处守，代理国政，派人给孟轲送礼，希望与之结交。孟轲收下礼物，没有回礼。但改天从邹国往任国，专程拜访了季任。后来，孟轲收了齐国之相储子的礼物，既未回礼，也未回访。孟轲弟子屋庐连对比孟轲前后不一的态度，对孟轲的行为提出了疑问，孟轲解释了其中的原因。

慎 子 名滑厘，鲁国大臣，善于用兵。《孟子·告子下》记载，孟轲在鲁国时，听说鲁平公要任命慎子为鲁国之将，坚决予以阻止，结果引发慎子勃然大怒。为此，孟轲向慎子说明了其中的理由。

白 圭 名丹，曾为魏国之相，擅长商业致富之术，是天下著名的经济专家，并号称治水专家。《孟子·告子下》2 次记载孟轲与他对话，一次是讨论赋税问题，白圭主张采取二十取一的税率，孟轲不赞同，提出了自己的反对理由，坚持自己的"什一税"主张。另一次是讨论治水问题，白圭认为自己的治水功劳超过了禹，孟轲不认同，认为白圭治水不以疏导的方法，而是采用堵的方法，是"以邻为壑"的不义之行。

王子垫 齐王之子。《孟子·尽心上》记载，齐王之子垫向孟轲问学，请教"士何尚"。孟轲告诉他："士尚志"，就是要推崇仁义，并由此提出"居仁由义，大人之事备矣"的观点。

戴不胜 宋国大夫。《孟子·滕文公下》记载，孟轲从齐国到宋国推行王政计划时，曾与戴不胜谈过臣下如何辅佐国君而使之向善的问题。

戴盈之 宋国大夫。《孟子·滕文公下》记载，孟轲从齐国到宋国推行王政计划时，曾跟戴盈之建议"去关市之征"。戴盈之不同意，认为此事可缓行，于是孟轲便以"月攘一鸡"之喻予以讽刺。

沈 同 齐国大夫。《孟子·公孙丑下》记载，齐宣王时代，燕国君臣易位，国内大乱，孟轲主张伐燕、取燕，沈同坚决反对。为此，沈同专门找到孟轲表达不满之情，并与之进行了辩论。

陈 贾 齐国大夫。《孟子·公孙丑下》记载，齐宣王因为不听孟轲之谏，没有及时从燕国撤兵，结果引发燕国军民激烈反抗。为此，齐宣王感到愧对孟轲。陈贾劝慰齐宣王，说周公也会犯错。陈贾知道孟轲一生推崇周公，所以自告奋勇，主动要求前往见孟轲，跟孟轲讨了周公的为人问题，希望以此为齐宣王的决策失误辩护。但是，孟轲不以为然，不认同陈贾将齐宣王跟周公相提并论。

时 子 齐国大夫。《孟子·公孙丑下》记载，孟轲因为与齐宣王在"立燕"问题上政见不合，毅然辞去齐国上卿之位，准备离开齐国回邹国。时子奉齐宣王之命，前往慰留，决定"欲中国而授孟子室，养弟子以万钟，使诸大夫国人皆有所矜式"（即在齐都临淄中心为孟轲建一所大房子，以万钟之粟供养孟轲弟子，使齐国大夫与国人都有学习的榜样）。孟轲当即予以回绝。

北宫锜 卫国人。《孟子·万章下》记载，北宫锜曾就周朝的官爵俸禄制度请教过孟轲，孟轲给他作了详细解答。

宋　轻 即宋钘，战国时代宋国人，跟齐国的尹文齐名，是"宋尹学派"的创始人。《孟子·告子下》记载，秦楚之战时，宋轻自告奋勇前往劝和。在往楚国的路上巧遇孟轲，孟轲问他以什么理由劝说秦楚二国停止争战，宋轻说可以"说之以利"。孟轲认为不可行，为此二人进行了辩论。

告　子 即告不害，战国时代墨家弟子。《孟子·告子上》4 次记载告子与孟轲就人性问题进行辩论，结果以失败告终。

臧　仓 鲁平公宠臣。《孟子·公孙丑下》记载，孟轲弟子乐正克为孟轲安排了与鲁平公相见，但最终遭到臧仓的阻止，终致鲁平公爽约。孟轲一气之下，离开了鲁国。

庄　周 即庄子，战国时代道家学派代表人物。

蔺　且 庄周弟子。《庄子·山木》篇有明确记载，是现今唯一可以确认的庄周弟子。

逸　轩 庄周弟子，系小说虚构的人物之一。

旁及人物

秦孝公   秦献公之子，生于公元前381年，卒于公元前338年。战国时代秦国之君，公元前361年至公元前338年在位。曾颁行求贤令，广揽天下人才。重任卫人公孙鞅变法改革，遂使秦国由弱变强，由此逐渐奠定了秦国在战国诸侯中的霸主地位。

秦惠王   即秦惠文王，秦孝公之子，战国时代秦国之君。生于公元前356年，卒于公元前311年。为太子时，曾因触犯新法，被公孙鞅治其二傅之罪。即位执政后即诛杀公孙鞅。后重用公孙衍、张仪等客卿，实施"连横"之策，使秦国国力益强，遂称霸天下。公元前325年，自称秦王，成为第一代秦王。

楚威王   楚宣王之子，战国时代楚国之君，公元前340年至公元前329年在位。曾亲率大军伐齐，进围徐州，大败齐国之师。在位期间，以恢复楚庄王霸业为目标，不断开疆拓土，使楚国的势力范围扩张到了长江中下游与江淮地区，声名显赫一时。

楚怀王   楚威王之子，战国时代楚国之君，公元前329年至公元前299年在位。在位期间，曾破格重用屈原进行政治改革，后因听信上官大夫的谗言，致使改革中途而废。之后，因内惑于郑袖与靳尚，外受骗于张仪，贸然与秦、齐交战，致使楚师大挫，且痛失汉中之地。最后，又因不听忠臣之言，入秦而被扣留，客死于秦中。

赵肃侯   赵成侯之子，战国时代赵国第五代君主。公元前349年至公元前326年在位。是苏秦"合纵"之策的主要支持者，也是"合纵"核心圆的中坚力量。即位初期，为其弟赵国之相奉阳君架空。亲政后，支持苏秦"合纵"大计，终使赵国在诸侯国中的地位大大提升。

赵武灵王 赵肃侯之子，战国时代赵国第六代君主。公元前325年至公元前298年在位。执政十九年时，曾颁布"胡服骑射"令，实行军事改革，终使赵国军事实力大幅提升，赵国也由此开疆拓土，蔚然而成天下强国。

韩昭侯 韩懿侯之子，战国时代韩国第六代君主。公元前363年至公元前333年在位。曾任法家申不害为相，内政修明，国成小康之治，使韩国国力渐盛。

韩宣惠王 韩昭侯之子，战国时代韩国第七代君主。公元前333年至公元前312年在位。公元前323年称王，是第一代韩王。

燕王哙 燕易王之子，战国时代燕国第三十八任国君，公元前320年至公元前318年在位。即位后不久，因参与五国伐秦行动未能成功，声誉受损，遂重用燕相子之进行政治改革，致使子之势力坐大，最后君臣易位。太子平不满燕王哙与燕相子之君臣易位，遂联合燕将市被发动内乱。齐国趁机入侵，最后燕王哙被杀，子之被擒。

子 之 战国时代燕王哙之臣，燕国之相。因与燕王哙君臣易位，成为燕国第三十九任国君。但是，燕太子平对此不满，遂引发燕国大乱与齐国入侵，最后被齐国军队俘获。

燕太子平 即姬平，燕王哙之子。因不满燕王哙与燕相子之君臣易位，联合燕将市被发动内乱，导致齐国入侵，燕王哙被杀，子之被擒。最后，赵国出面干预，赵武灵王将太子平护送回燕国继承王位，是为燕昭王。

魏太子申 战国时代魏惠王之子。齐魏马陵之战，魏国战败，魏太子申被俘。

魏 痤 即公叔痤，魏国之相。病逝前向魏惠王举荐公孙鞅为魏国之相，魏惠王不从。后公孙鞅离开魏国，前往秦国，得到秦孝公重用。

田 需　一作陈需、田繻，战国时代齐国人。魏襄王时，任魏国之相。曾为与公孙衍争夺魏相之位，与魏文子、周霄结成政治同盟。《战国策·魏策二》记其事曰："魏文子、田需、周霄相善，欲罪犀首。"

公 仲　战国时代韩国之相，与公孙衍交好。

昭奚恤　楚国人，楚宣王时为楚国令尹（即楚相）。因位高权重，遭楚宣王之臣、魏人江乙谗言，说他是狐假虎威（见《战国策·楚策一》）。

昭 阳　楚国人，战国时代楚国大将，官至上柱国，爵拜上执珪。

惠 施　即惠子，宋国人，战国时代名家学派的代表人物。魏惠王时代，曾任魏国之相。

公孙鞅　即商鞅，姓公孙，名鞅。其祖本姓姬，为卫国诸庶孽公子。少年时代好"刑名"之学，早年投奔魏国之相公叔痤门下，为中庶子。公叔痤死前举荐他为魏国之相，魏惠王不听。后闻秦孝公颁布求贤令，广揽天下人才，遂前往秦国游说，得秦孝公信任，为秦国变法革新。为秦相十余年，爵封大良造。后又因伐魏有奇功，秦孝公裂土封之于於、商之地，号为"商君"。后秦孝公卒，秦惠王继位，被秦惠王记恨变法时罪及于他及其二傅的旧事，遂潜逃至魏。但不为魏王所纳，反被遣返至秦。万般无奈之下，乃铤而走险，举於、商之徒众反秦。最后，兵败被擒，为秦惠王施以五马分尸的极刑。

苏 秦　周都洛阳人，战国时代纵横家。与张仪共事鬼谷子，习学"阴阳""纵横"之术。先主"连横"之说游说秦惠王，不被接纳。后主"合纵"之说游说山东六国之王成功，为"纵约长"，挂六国相印，爵封武安君，独力维持天下安宁多年。后"纵约"被破，至燕国为相。因与燕太后私通，怕事发祸至，乃自请至齐国为燕王行"用间"之计。至齐，深得齐王信任，权倾朝野，终为齐人嫉忌而被刺杀。临死前遗一计，让齐王为他擒得真凶而杀之。

张 仪 魏国张城人，战国时代纵横家。与苏秦同师鬼谷子习学"阴阳"
"纵横"之术，力主"连横"之说。后游说秦惠王成功，先为秦
国之相，为秦国的崛起立下不世之功。后又兼相魏国，再为楚国
之相。晚年遭秦国权臣排挤，用计脱身，到魏国为相，死于魏国
之相任上。

公孙衍 即犀首，魏国阴晋人，战国时代纵横家。早年为魏王之将，官至
犀首，故世人以此名之。后离魏至秦，游说秦惠王而得宠。曾率
秦师屡伐魏国，打得魏国丧师失地，一蹶不振。因功勋卓著而官
拜秦国大良造，爵位与当年为秦国变法的商鞅相伴。后为入秦为
相的张仪夺宠，转而至魏，为魏王之将。先用计联合齐国名将田
盼伐破赵国，破了苏秦山东六国"合纵"之盟。之后，相继策划
了"五国相王"联盟与山东"五国伐秦"战争，一直打进函谷
关，让秦惠王胆战心寒。后来，又任韩国之相，与张仪等斗智斗
勇，为战国时代叱咤风云的一代枭雄。

陈 轸 秦国人，战国时代纵横家。原为秦惠王之臣，张仪入秦为相后遭
排挤，出走而至楚国，为楚怀王之臣，穿梭于秦、楚之间，是战
国时代有名的"双面人"。其足智多谋，善于游说，与苏秦、张
仪、公孙衍相伴，是战国时代纵横一时的著名策士与说客。

孙 膑 齐国人，战国时代兵家，孙武后裔。曾与庞涓同事鬼谷子习学兵
法，才能为庞涓所忌。庞涓为魏将后，孙膑被诳骗至魏而被处以
膑刑（即削去膝盖骨）。后潜归齐国，为齐将田忌赏识，视为座上
宾。齐魏交战时，两次为齐国军师，配合主将田忌，分别以"围
魏救赵"与"减灶诱敌"之计，大败庞涓率领的魏国之师于桂陵、
马陵，迫使庞涓战败自杀。著有《孙膑兵法》传世。

庞 涓 战国时代兵家。与孙膑同事鬼谷子习学兵法。魏惠王时，为魏国
大将。在与齐国的桂陵之战中，被田忌、孙膑打败而被俘。后在

与齐国的马陵之战中，败于田忌、孙膑，乃饮恨自杀。

邹　忌　一作驺忌，被人尊称为驺子，战国时代齐国人。齐桓公田午（田齐第三代君主）时，为齐国大臣。齐威王时，以鼓瑟讽谏而被齐威王重用，官任齐国之相，爵封成侯，帮助齐威王完成了政治改革，使齐国迅速强力崛起。

田　忌　战国时代齐国名将。曾在桂陵之战、马陵之战中两败魏国之师。后因功高而为齐相邹忌所忌，遭排挤而出走于楚，被楚王封于江南。

景　监　秦孝公宠臣，荐公孙鞅于秦孝公。

甘　龙　秦国大臣，公孙鞅受命为秦国变法，他持激烈反对态度。

杜　挚　秦国大臣，极力反对公孙鞅变法，并与之论辩。

段干朋　齐威王大臣。魏国围攻赵都邯郸，形势危急，赵国向齐国求救。齐威王向群臣问计，齐相邹忌主张不救，坐观魏赵两败俱伤。但是，段干朋则持反对意见，极力主张出兵相救。后来，齐国取得了桂陵之战的重大胜利，重创了魏国之师，证明了段干朋具有战略眼光。

薛居州　战国时代宋国大夫。《孟子·滕文公下》记载，孟轲与宋大夫戴不胜对话，提到薛居州是宋国善士。

公孙闲　战国时代著名的说客与策士，为齐相邹忌幕僚。

司马憙　即蓝诸君，战国时代中山国之相。

张　登　与司马憙同时，战国时代中山国能臣。

阴　姬　　战国时代中山君之妃，有美色。

杜　赫　　战国时代成周游士，楚怀王之臣。

苏　代　　战国时代纵横家，苏秦族弟。

鹿毛寿　　燕王哙之臣。《史记·燕召公世家》记载，鹿毛寿劝说燕王哙让位
　　　　　于燕相子之。可见，鹿毛寿是燕国君臣易位阴谋的主要策划者。

市　被　　燕国人，燕王哙之将。燕王哙与燕相子之君臣易位，太子平联合
　　　　　市被起兵反对。

乐　毅　　中山国灵寿人，魏国名将乐羊后裔。战国时代著名的军事家、战
　　　　　略家。燕昭王拜之为上将军，受封昌国君，辅佐燕昭王打败齐国，
　　　　　使燕国得以复兴。

田臣思　　或称陈臣思，齐国大臣。

序　章

　　孟春时节，当北国还是天寒地冻、万物萧条之时，南国早已从冬的桎梏中挣脱出来。

　　从河谷到平原，从近山到远峦，和煦的阳光洒遍大地的每一个角落。

　　一望无际的原野，茫茫苍苍的大江，温柔的春风一一吻遍。

　　阳光下，春风中，山绿了，水活了，草木吐出了新芽，雏莺啼出了新声。远山近峦开满了杜鹃，灿若朝霞；田间地头，路边檐下，到处都是无名的野花，有的黄，有的白，有的红，有的蓝，仿佛夜空中的点点繁星，让人眼花缭乱。

　　日中时分，一辆马车沿着宽阔笔直的驿道，由北往南缓缓驰来。

　　车上坐着两个人，一老一少。老者峨冠博带，少者青青子衿。

　　"先生，您看，这南国春天的脚步就是快，满眼都是春色，一派欣欣向荣的景象。"

　　老者没有说话，只是神情专注地凭轼望着远水近山。

　　年轻人见老者没答话，遂又说道：

　　"先生，您再看看那边，是不是有一个村落？白墙黛瓦，屋舍俨然，依山傍水，高低错落，多像一幅静谧美妙的画儿啊！"

　　老者顺着年轻人手指的方向望过去，眯着眼睛看了一会儿，然后捋了一下胡须，点了点头。

大约过了一顿饭的工夫，马车行至一座小山旁边，年轻人突然兴奋起来，指着路边一个绿树掩映的亭子，说道：

"先生，您看，这里有个亭子，应该也是一个驿站吧。我们是否在此停顿一下，下去休息一会儿？反正此次是来南国游历的，又没什么任务，没必要急着赶路。"

老者点点头。

年轻人连忙叫车夫停下马车，然后搀扶着老者下了车。

走近亭子，年轻人发现这里并不是驿站，亭中及其周边没有任何人。

正当年轻人感到纳闷之时，老者环顾了一眼四周环境，呵呵一笑道：

"这个亭子应该不是官府所设的驿站，而是民间人士所建，大概是给行路之人提供方便的，让行人走累了有个歇脚休息的地方，或是寒暑风雨天有个遮阴避雨之所。"

"先生说得是。"年轻人答道。

老少二人站在亭子前，极目远眺，只见远处大小山峰错综排列，连绵起伏，在云雾中时隐时现。收回目光，近观驿道近前，一片狭长的河谷平原挟溪带渠，顺着与驿道相同的南北走向绵延铺展而去，就像一幅流动的山水画卷。

看了一会儿，年轻人突发感慨，说道：

"先生，南国虽有山水之胜，但山多水多，少有广阔的原野，可耕的田地毕竟有限，恐怕很难跟北国沃野千里、可耕之地充裕的情形相比吧。先生期许向往的王道社会是：'五亩之宅，树之以桑，五十者可以衣帛矣；鸡豚狗彘之畜，无失其时，七十者可以食肉矣；百亩之田，勿夺其时，数口之家可以无饥矣；谨庠序之教，申之以孝悌之义，颁白者不负戴于道路矣；七十者衣帛食肉，黎民不饥不寒。'这种境界在北国已然成为现实，但在南国恐怕就难以实现了吧。"

"为什么？"年轻人话音未落，老者反问道。

"先生，您现在也已看到了，南国的山山水水，看着虽美，但三水六山一分田，土地逼仄，人多地少，是不争的事实。那么，请问先生，'五亩之宅，树之以桑'，地从何来？'百亩之田，勿夺其时'，田从何出？如果不能以最少的地，栽种最多的桑；以最少的田，产出最多的粮，那么，靠什么养活这广袤南国的芸芸众生？'七十者衣帛食肉，黎民不饥不寒'，这帛从何来，这肉从何来?"

听了年轻人一连串的反问,老者没有说话,只是远眺群山,好像陷入了沉思。

年轻人侧脸望了老者一眼,顿了顿后,又说道:

"先生,您以前常跟我们弟子念叨,说先圣描绘的'天下大同'的景象是:'大道之行也,天下为公,选贤与能,讲信修睦。故人不独亲其亲,不独子其子,使老有所终,壮有所用,幼有所长,矜、寡、孤、独、废疾者皆有所养,男有分,女有归。货恶其弃于地也,不必藏于己;力恶其不出于身也,不必为己。是故谋闭而不兴,盗窃乱贼而不作,故外户而不闭。'如果说'天下大同'的景象在今日的北国已然可见,但也未必就能复现于南国。"

"为什么?"老者反问道。

"如果弟子没记错的话,好像先生曾经说过这样一句话:'南蛮鴃舌之人,非先王之道。'既然南国不比中原王化之地,南蛮鴃舌之人是王化所未及,那么您就不应该寄望太高,指望南国跟久历王化的中原有同样的文明程度。因此,'大道之行',可以出现于北国,但未必就能出现于南国;'天下为公,选贤与能,讲信修睦',在北国可以推行开去,在南国未必就能践行;'不独亲其亲,不独子其子'的境界,对于久历王化的中原之民,也许并非不可企及,但对尚未完全开化的南蛮鴃舌之人,恐怕就不是那么容易臻至了吧。而要在南国实现'老有所终,壮有所用,幼有所长,矜、寡、孤、独、废疾者皆有所养'的目标,恐怕就更非易事了。"

"为什么?"老者再次反问道。

"先生博古通今,见多识广,其中的道理肯定比弟子更清楚。相比于中原之地,南国的开发要晚得多,除了文明开化的程度不及北国外,经济基础、社会发展水平也都远不及中原故地。如此,先生怎么能指望南国也有实现'老有所终,壮有所用,幼有所长,矜、寡、孤、独、废疾者皆有所养'的可能呢?"

这次,老者没有反问年轻人为什么,只是侧脸认真地看了看他。

年轻人大概是受到了鼓舞,遂又接着说道:

"先生应该清楚,'男有分,女有归'的境界,恐怕在南国也不会那么容易实现吧。如果说让南国所有的男人都担负起自己的责任还有可能的话,那让南国所有的适龄女子都能嫁出去,就不那么容易了吧。不要说南国,就在目前的北国,这个目标恐怕也未完全实现吧。而这个目标不能实现,那么,此次南国之行，先生也就不必寄望太高，指望着能够看到'天下大同'的社会理想在南国再现。因为先生曾经跟我们说过，'男有分，女有归'是'大同社会'的一项重要指标，是社会稳定与和谐的基础。"

老者点了点头。

"还有，南蛮䩄舌之人虽说本性淳朴，但是否都能无我无私，达到'货恶其弃于地也，不必藏于己；力恶其不出于身也，不必为己'的境界，恐怕还是存疑吧。除非南蛮䩄舌之人天生都是尧、舜，无须王化教育。至于'谋闭而不兴''盗窃乱贼而不作''外户而不闭'，在南国恐怕更是做不到吧，除非南国的王化教育和社会经济发展水平达到或超过北国中原。否则，先生就不必寄望于在南国也能见到'天下大同'的景象。"年轻人又接着说道。

老者听完了年轻人这番长篇大论，先是自顾自地呵呵一笑，然后收回远眺的目光，侧过脸来看了一眼年轻人，最后才不紧不慢地开了口：

"南国现在究竟是王化未及的蛮荒之地，还是王化所及、'天下大同'的王道社会，咱们不必先下结论。今天咱们刚入南国之境，所见只是眼前这些山山水水，尚未深入民间，尚未见到一个南国之人。"

"先生的意思，弟子明白了。原来您此次的南国之行，其意并不在南国之山水，而是南国之人情。您是想深入南国之境，访民于田间，问俗于里巷，考察南国王化的实际情形，了解南国王道社会建设的进程，验证您所期许的'天下大同'的真实情境吧。"

老者瞥了一眼年轻人，捋了一下胡须，微微点了点头。

"既然先生要访民问俗，考察南国社会世情，那么咱们就不必在此多逗留了。不如赶紧上路，早日深入南国腹地，走进民间，验证您的理想与期望。"

说完，年轻人搀扶着老者就近上了马车。

车夫甩了一个响鞭，马车便沿着宽阔笔直的驿道朝南飞驰而去。

行行重行行，走了大约半个月。

三月十八，日中时分，马车在一个驿站停了下来。

"先生，您看这里，视野多么开阔！简直让人难以置信，南国竟然也有如此平坦开阔的平原，简直是沃野千里。"扶着老者下了马车，刚立定于驿道边上，年轻人就发出由衷的感叹。

老者虽然不失矜持，不像年轻人那样控制不住情绪，但从其惊奇的目光与欣然的面部表情，还是让人一眼就能察知其内心的激动。

"先生，这半个多月来，咱们一路走来，每天睁开眼睛，远眺近观不是山就是水，以为南国就是这个样子了，无非重山叠嶂，河流纵横，土地逼仄，人烟稀少。没想到，今日所见，真是颠覆了以往咱们对南国的认知。您看这平原辽阔无边的气象，如果不是满眼葱绿的植被跟北国满眼黄尘灰土有别，简直让弟子难以相信，此时此刻咱们是置身于南国，而不是回到了北国。"

老者这次虽然仍然没有接年轻人的话茬，但情绪的控制明显没有刚下车时那么好了，内心的激动早已写在了脸上，一边极目远眺原野，一边频频点头捋须。

年轻人侧脸看了老者良久，终于忍不住问道：

"先生，这景象美不美？您以前有没有想象到？"

老者摇了摇头，没有说话。

"先生，您再仔细看一看，在这平原上，除了大片农田与纵横交错的沟渠清晰可见，还有很多星罗棋布的小树林。"

老者点了点头。

"那么，先生，您知道这农田之间为什么会点缀着这么多的小树林吗？"

"为师以为，这小树林中一定是有房屋、有人家的。"这次老者终于开口了。

"先生，您为什么说得这么肯定？"年轻人问道。

"你在北国没见过人家房前屋后植树的现象吗？南国气候温润，宜于草木生长。南国人家肯定也有房前屋后植树的习惯，自然其树木比北国更多，房屋就藏得更深了。"

"既然如此，先生，那么咱们是否近前一探究竟，看看这些星罗棋布的小树林中是否真的藏有人家。如果真有人家，先生不就可以访民问俗，了解这南蛮䛏舌之人所受王化的真实程度，以及南国王道社会建设的实际情形了吗？这样，先生对南国是否已臻至'天下大同'的境界，不就心中有数了吗？"

老者点了点头。

见老者同意了自己的建议，年轻人立即转身，走向驻停在驿站边的马车，跟车夫交代道：

"先生说这原野上的小树林里有人家，想去探个究竟，了解一下情况。我远望这原野半天，发现虽地势平坦，但水网纵横，不比我们北国一马平川，马车肯定是无法通行的。所以，我就一个人陪先生去走一趟。你在此照看马车，原地待命。"

跟车夫交代完毕，年轻人便陪着老者往前面的原野走去。

大约走了有半个时辰，二人还是没有走到离驿站最近的一个小树林。年轻人抬头看了看天，显得有些急躁了：

"先生，咱们刚才在驿站边，看着这个小树林很近呀！弟子原以为走不了几步就能到的，没想到都走了半天了，看着就在眼前，可就是走不到。"

老者明显比年轻人持重多了，似乎一点儿也不急。听了年轻人的话，呵呵一笑道：

"你没听过一句老话吗？望见山，跑死马。"

"可是，先生，咱们这望的不是山，而是平原啊！"

"其实，不管是山，还是平原，实际上都一样。目力所及的对象越大越高，离看者的距离就越远。咱们刚才看这树林很小，现在你再看看，是不是越来越大了？这就说明，这个小树林并不小，离咱们刚才所在的驿站距离并不近。说不定里面别有洞天，大得很呢。"

"先生说得是。那咱们继续走吧。弟子是怕先生太累，走不动。"

"多虑了，这点路为师还是能走的。"老者明显兴致很高。

于是，师徒二人继续往前走。

又走了大约半个时辰，终于接近了小树林。

站在树林外，二人睁大眼睛往里瞧，怎么也没看到有房屋人家的迹象。正当年轻人又要焦躁之时，突然从树林深处传来一阵"喔喔喔"的鸡叫之声。

"先生，您听，这不是雄鸡打鸣之声吗？"年轻人兴奋得差点儿要跳起来了。

老者点点头。

"有鸡叫，就肯定有人家。先生，咱们往里走。"

走了约有一顿饭的时间，二人终于走到树林深处，真切地看见了一座房子。只是这房子跟他们在北国所见的完全不同，整座房子是用几根立柱支撑起来的，屋顶铺草，屋顶斜面坡度很大，跟北国人家的屋顶近乎平面的情形有很大差异。房子的墙壁也很特别，北国房屋的墙壁都是以黏土夯筑而成，但眼前的南国屋墙则是以支撑房顶的四周立柱为依托，用竹木编扎而成，透风漏光。房子四周没见到有窗户，大概透风漏光的篱笆墙足以解决采光问题了。二人绕到房子正面，虽见有大门，但并不是北国的那种门板，只是以几根粗木条捆扎而成，而且好像永远没有要关闭的迹象。

绕着房子好奇地看了一圈之后，年轻人正想问老者接下来的事情，就在这时，只见屋里走出了一位老人，须发皆白，看上去年约七十开外。

白发老人看到自家门口突然出现一老一少两个陌生之客，老者峨冠博带，少者青青子衿，显然感到非常意外。

年轻人见白发老人一副吃惊的样子，遂连忙趋前施礼问候。但是，白发老人却一脸茫然。

"万章，你不要说河洛官话，这是在南国，可能老伯听不懂。"峨冠老者看了看白发老人，提醒年轻人道。

万章是峨冠老者的得意弟子，但老者的得意弟子并非只有他一个。这次南国之行，老者之所以让他伴行，事实上只是看重他与众不同的背景，他的父母都是从楚国北徙齐国的移民。老者知道，万章虽然出生在北国，但从小受到家庭环境的影响，是会说南国楚语的。眼下遭遇的语言障碍，万章可能就派得上用场了。

万章听了峨冠老者的提醒，突然一拍脑袋，兴奋地说道：

"先生说得是。要不是先生提醒，弟子都忘了咱们现在已身在南国，是在跟南国人说话打交道呢。只是弟子很久都没说楚语了，还是小时候在家跟父母学说了一阵，现在恐怕说不好了。"

"试试看。"峨冠老者鼓励道。

"好，那弟子就试试看。"

接着，万章就用楚语跟白发老人莺歌燕舞地说了一通。二人的对话，虽然在峨冠老者听来就像是两只鸟在唱歌，听得云里雾里，但白发老人却从原来的一脸茫然变得喜笑颜开。

"万章，你们刚才都在说些啥？为师怎么一句也听不懂？"老者问道。

"先生，您当然听不懂喽！不然，您以前怎么说南国人是'南蛮鴃舌之人'呢？"

听了万章这话，峨冠老者脸一红，好像觉得有些不好意思了。

万章见此，自知失言了，连忙重回正题，说道：

"其实，弟子刚才只是跟老伯简单作了一下介绍，说您是北国的圣人，姓孟，名讳轲，人称孟子；我是您的弟子，名叫万章。这次是来南国游历，因为看到这里风景优美，就像仙境，所以特来参访。"

"万章，你还真会说话，怪不得老伯那么高兴。"峨冠博带的孟轲这次也不矜持了，脸上漾出喜悦的笑容。

"先生，您不是想了解南国的情况吗？现在弟子就给你们作舌人，您有什么问题就问老伯吧。"万章向孟轲说道，同时将这话用楚语跟白发老人说了一遍。

孟轲与白发老人几乎是同时点头，含笑对视了一眼。

"你问老伯，这个小树林里的村落住了多少户人家，每家多少人？还有，你再问一下，这个平原上到底有多少个这样的小村落？"

万章将孟轲的话用楚语转达给白发老人，然后又将老人的回答用河洛官话向孟轲作了转述：

"先生，老伯说，这个小树林里只有五户人家，都是同一个家族的。每户人家人口多少不一，有的七八口，有的五六口，新立户的一家才只有三口人。至于这个平原上有多少这样的小村落，数一下有多少小树林，就有多少小村落，估计有上百个，人口恐怕要近万。"

孟轲听了，感到非常吃惊，于是又让万章问白发老人：

"这片平原到底有多大，大约每户能有多少田地？产粮如何？是否都能解决温饱问题？"

万章又将孟轲的问题转述于白发老人，然后再将老人的回答转述给孟轲：

"老伯说，这片平原到底有多大，他也不是很清楚。但是，他说每户的田地数量，大约是人均三十亩。如果是三口之家，也能有百亩之田。如果是人口更多的大户人家，那就会有几百亩之数了。他还说，这里四面环山，气候条件好，几乎没有什么旱涝灾害。即使偶有灾害，老百姓的温饱也不会有问题，因为每家每户都会有三年的储粮，以备不时之需。"

孟轲听了这番话，不禁喜形于色，脱口而出：

"这不就是'百亩之田，勿夺其时，数口之家可以无饥'的境界吗？"

万章连忙附和道：

"先生说得是。看来今天来此参访，是来对了地方。"

"那你再问一下老伯，这里的老人都能衣帛食肉吗？"

"先生，您看这里并无桑田，帛从何来？刚才咱们围着老伯家的房子转了一圈，并不见有猪、狗、牛、羊，只是听到几声鸡叫而已，恐怕七十食肉也是奢想吧。"

"万章，你不要自己想当然，赶快问一下老伯。"孟轲似乎急不可耐，催促道。

万章听孟轲这样说，只得遵命，将孟轲的问题转述给了白发老人。老人听了，先是呵呵一笑，然后跟万章莺歌燕舞地说了几句。万章听完，立即将之转述给孟轲：

"先生，老伯说，他家养了五头猪，十只羊，一头牛，还有一条狗，十几只鸡，想吃肉也不是稀罕的事了。"

孟轲听了万章的转述，先是吃惊地睁大了眼睛，然后连连摇头。

万章见此，连忙转向老伯，又跟他说了一通。然后，回过头来，对孟轲说道：

"先生，弟子刚才又问过老伯，说我们听到了他们家的鸡叫，但并未见他们家的猪、狗、牛、羊。老伯说，猪、牛、羊不会待在家里，都是放养在田野上的。鸡栖于房前屋后的树颠之上，狗今天不知去哪里撒野了。"

听了万章的转述，孟轲这才相信了白发老人所说食肉之事，但又追问万章道：

"那衣帛呢？"

万章听了孟轲这话，这才仔细打量了一番老伯的衣着，发现他身上只是穿了一件葛布的春衫，并不是什么绸帛，于是就将自己的疑惑与孟轲的问题一并向白发老人提了出来。

这一次，白发老人跟万章说了很久。万章听完后，立即转述给了孟轲：

"先生，弟子问过老伯，南国人是否穿绸帛，是否家家都有桑田。他说，南国最宜于桑树生长，养蚕织丝有悠久的历史，每家每户都有多少不等的桑田。即使没有桑田，也会在房前屋后栽一些桑树。以前大家虽然也想穿绸着帛，只是经济能力不够，很少有人穿得起。如今生活条件好了，上了年纪的人差不多都会置备一件绸帛衣裳的。弟子又问他今年高寿，有没有七十岁，他说，已经七十三了。弟子又问他，为什么不穿绸帛，而穿葛布衫。他说，绸帛只是在节日，或是招待贵客时才会穿的，平时谁也不会穿绸帛衣裳的。他还说，咱们从北国远道而来，是贵客。他不知道咱们今天会光临，不然就会穿绸帛衣裳出迎了。老伯现在还邀请咱们进屋去坐，还说今天真是太失礼了，请求咱们原谅呢。"

听到这里，孟轲这才明白过来，为什么老人刚才会无缘无故地跟自己与万章一再鞠躬作揖。了解了内情，孟轲不禁喜上眉梢，脱口而出：

"看来，'七十者衣帛食肉，黎民不饥不寒'的境界，在南国已然实现了。"

老人听不懂孟轲的话，不知道孟轲为什么这么高兴，正要问万章，万章已经开口了，用楚语告诉他，孟轲是因为听说南国人家都丰衣足食，这才喜形于色的。

老人听了，高兴地笑了。然后，伸手示意，邀请万章与孟轲进屋。

屋里光线有些暗，但四周的篱笆墙透光漏风，所以，屋内的陈设基本能够看清。跟北国一样，老人的房子一进门是个正堂。但是，跟北国不同的是，正堂内的地上并没有铺草席，而是平整光滑的泥土地面，颜色不是黄色，而是黑色。正当孟轲与万章低头察看地面时，老伯指着屋正中的一块大平石，示意他们坐下说话。

万章虽然没见过南国人家的陈设，但小时候听父母说过南国跟北国席地而坐的风俗不同。所以，见老人邀请入座，他就知道那块大平石应该是南国人家的案几，大平石周边的几块小平石才是人坐的地方。

但是，孟轲不知道这些，所以当万章已经走到大平石旁边准备就座时，他还站在进门之处发愣。万章见此，连忙指着身边的一块小平石，跟孟轲说道：

"先生，快到这里坐下。"

老人也笑着伸手示意，请孟轲移步就座。

孟轲小心翼翼地在一块小平石上坐下后，便好奇地四下打量。

老人大概看出了孟轲的好奇与疑惑，遂看了一眼孟轲，转向万章，跟他主动介绍了情况。万章听后，连忙转述给孟轲：

"老伯说，南国不比北国，气候潮湿，人不能席地而坐，当然更不能直接睡在地上，否则就会生病的。所以，南国人家里都会从外面找些平整的大小石头回来，大的当案几摆盘吃饭，小的就当坐具。至于睡榻，不是就地铺张草席就睡上去，而是在地上垒上几块大石头，将木板架在上面，人睡在木板上，这样就不会接触湿气了。"

孟轲听了，这才恍然大悟，连连点头。

"万章，老伯刚才说南国不比北国，你问问他，他是否去过北国。"孟轲见老伯越来越健谈，便想进一步打探。

万章对此也感兴趣，连忙向老人转述了孟轲的问题。

得知老人年轻时曾到北国做过生意，也到过周都洛邑，万章与孟轲都非常高兴，顿时有一种"他乡遇故知"的感觉，看着老人就越显亲切了。

老人大概也感觉到了，于是不再像先前那样拘谨，问一句答一句，而是主动热情地跟万章攀谈了起来。

见万章跟老人越说越高兴，坐在一旁的孟轲因为一句也听不懂，就有些心急了，于是不等万章再开口，就问万章道：

"你们刚才在说什么？那么热闹。"

万章听了孟轲的话，这才意识到，刚才自顾自地跟老伯说话，将他冷落了，于是连忙将刚才跟老人的对话转述给他听：

"刚才老伯问弟子，咱们此次来南国，除了游历，是否还有什么别的任务。弟子告诉他，先生您早就想来南国游历，只是因为师娘说南国山高水远，不放心您远行，所以就一直未能如愿。前些年，师娘过世，先生觉得自己也老了，再不趁着行动方便的时候南行，怕以后就没机会了。老伯说，您的想法是对的，出远门就是要趁年轻。他说，您的身体看起来蛮硬朗，此次南行应该没什么问题，就怕会出现水土不服的问题。他还告诉弟子，他年轻时到北国，开始就出现过水土不服的问题，后来慢慢适应了，也就好了。"

听了万章的转述，孟轲对老人的亲切感又多了一分，于是又央求万章道：

"刚才你问了老伯有关衣帛食肉的问题，现在你再问问他有关南国的税赋情况。"

万章一听，立即转向老人，再次跟他攀谈起来。

说了一会儿，万章侧脸看了一眼孟轲，见他又有些心急的样子，于是暂停了跟老人的对话，转过脸来，向他转述了刚才他跟老人的对话内容：

"刚才弟子问老伯，这里的人家每户都有三年储粮，难道不需要负担官府的赋税吗？他告诉弟子，赋税是有的，但税负并不重，只是抽取实际收成的百分之一而已。如果年成不好，也就酌情全免了。"

听完万章的转述，孟轲更是喜笑颜开。接着，又央求万章问老人有关南国的人际关系。

万章将孟轲的问题转述给老人，得到了老人的答复后，又转述给了孟轲：

"老伯说，他们南国人都习惯于依山傍水，垦荒为田，就近聚居。往往一个村落就是一个家族，大家不仅日常劳作中相互帮助，日常器用也是彼此互通有无。平日里和睦相处，有难时守望相助。一家有喜，全族同庆；一家有难，举村相帮。不同村落、不同家族之间，虽然平时不相往来，但一旦有事，都会倾力相助，不分彼此。比方说，官府征发徭役，修建驿道，治水开渠，分包的任务虽然有定，但先完成的都会帮助后完成的。老人与孩子，不论是谁家的，认识的，不认识的，只要有需要，都会得到关照。"

听了万章的这番转述，孟轲不禁又生发出一番感慨，望着万章，欣喜地说道：

"这不就是先圣所说的‘人不独亲其亲，不独子其子，使老有所终，壮有所用，幼有所长，矜、寡、孤、独、废疾者皆有所养'，'货恶其弃于地也，不必藏于己；力恶其不出于身也，不必为己'的境界吗？万章，这就是'天下大同'的景象呀！"

"先生说得是。"万章答道。

接着，孟轲又央求万章问老人有关南国的社会治安情况。

老伯见问，将了将银白的长须，不无得意之色，立即跟万章侃侃而谈起来。

听完老人的回答，万章连忙又向孟轲作了转述：

"老伯说，在南国，官府已经有二十多年没有征发兵役了，杀伐之事早已不闻。天下太平已久，加上十年就有九年五谷丰登。所以，现在南国的年轻人对于从前常见的'白骨露于野，饿殍见路边'的惨象，简直无法想象。老伯说，今天在南国最常见的景象，就是男子日出而作，日落而息，终年勤勉耕作；女子白天采桑养蚕，晚上纺纱织布，生儿育女，勤俭持家。人人各安其分，各司其职。没有人游手好闲，不劳而获，更没有人整天想歪心思，想着穿墙逾垣，做些偷鸡摸狗的勾当。而今在南国，夜不闭户，路不拾遗，已不是什么稀罕事了。"

万章听了老伯的话，虽然将信将疑，但还是立即转述给了孟轲。

孟轲听了，简直是欣喜若狂，连声说道：

"善哉！善哉！"

白发老人虽然听不懂孟轲的话，不明白他如此欣喜的因由，但为其喜悦的神情所感染，情不自禁地捋须而笑。

见老伯也笑了，孟轲更是兴奋，望着万章，有些激动地说道：

"如果老伯所言不虚，如今南国的社会现状，为师可以肯定地说，就是先圣所说的'男有分，女有归''谋闭而不兴，盗窃乱贼而不作''外户而不闭'的境界了。可见，'大道之行也，天下为公，选贤与能，讲信修睦'的'天下大同'局面已经形成，王道社会已复现于南国矣！哈哈哈！"

"先生醒了！先生醒了！"

突然听到昏睡中的孟轲发出笑声，公孙丑不禁欢呼雀跃起来。半个多月来，他一直服侍在孟轲病榻前，这几天更是衣不解带，夙夜匪懈。

同样是一直守护在病榻前的公都，则不像公孙丑，他好像一点儿也没有兴奋的意思，反而面有忧容，像是自言自语地说道：

"先生已经昏睡三天了，一直没有醒过来，现在怎么会笑了呢？"

"公都师兄说得对。先生这笑，莫不是回光返照？"三天前刚刚从鲁国赶来的乐正克也没有兴奋起来，而是面露忧郁之色。

"那不一定！先生能够活到八十四岁，说明就不是一般人。我们不能以常规来看先生的病情，说不定先生真的是病好了，就像睡了一觉，自然醒来一样呀！"昨天刚从滕国赶来的陈代是个乐天派。

"如果真像陈师弟所说，那先生为什么在昏睡中会发出笑声呢？"闻听孟轲病重，从齐都临淄远道赶来，抵邹一月有余，一直同公孙丑、公都等师兄弟一起守护在孟轲病榻前的陈臻，则向大家提出了这样一个问题。

一直没有说话，只是坐在孟轲病榻前发呆的万章，这时终于开口了：

"先生肯定是做了一个梦。"

"师兄，那您说，先生到底做的是什么梦呢？"前天刚从三晋故国远道赶来的屋庐连好奇地追问道。

"王道梦。"万章斩钉截铁地答道。

正当屋庐连还想进一步追问时，只听公孙丑大声喊叫道：

"大家快过来，先生嘴巴在动，好像又要说话了。"

于是，大家一窝蜂地簇拥到了孟轲的病榻前，眼光齐刷刷地盯着孟轲。但是，大家只看到孟轲的嘴巴在动，却听不出他的声音。

"先生到底在说什么呢？"陈代有些沉不住气了。

"我知道先生在说什么。"万章说道。

"怎么可能呢？先生没有发出声音，师兄怎么知道他在说什么？"陈臻质疑道。

"我从先生的嘴形观察，就知道他在说什么。"万章斩钉截铁地答道。

"不可能吧？"屋庐连也提出了疑问。

"大家不要忘记，万章师兄是先生入门最早的弟子之一，这二十多年又一直侍奉在先生左右，协助先生教书育人，考辨典籍，著书立说。"乐正克提醒道。

大家听乐正克这样一说，都连连点头。但是，陈代还是有些将信将疑，直视万章问道：

"那先生刚才到底在说什么呢？"

"先生在说，'大道之行也，天下为公，选贤与能，讲信修睦。故人不独亲其亲，不独子其子，使老有所终，壮有所用，幼有所长，矜、寡、孤、独、废疾者皆有所养，男有分，女有归。货恶其弃于地也，不必藏于己；力恶其不出于身也，不必为己。是故谋闭而不兴，盗窃乱贼而不作，故外户而不闭'。这是先圣孔子描绘的王道社会、天下大同的理想境界，先生这些年每天都要默默念叨几遍。所以，我只要看见他嘴巴动，就知道他在说什么。"

"万章师兄说的应该没错。王道社会，天下大同，是先生一辈子念兹在兹并一直为之不懈奋斗的理想。"

乐正克话音未落，陈代突然大呼小叫起来：

"你们看，先生的嘴巴不动了。眼皮刚才好像动了几下，现在也不动了。"

公孙丑一直坐在孟轲病榻前，刚才听师兄弟们七嘴八舌，一时走了神。听到陈代的惊叫，公孙丑连忙探身凑近孟轲的脸，先用手指在孟轲的鼻口处试了试，然后又翻了一下孟轲的眼皮，接着放声大哭起来：

"先生走了！"

一听公孙丑这话，大家先是一愣，然后齐刷刷地跪到了孟轲的病榻前，一起放声大哭起来。

第一章

初为人师

周赧王二十六年（公元前289年）十一月十一，大雪纷飞，天寒地冻。

"天下越来越不太平，就连这天气也越来越不正常了。活了快八十岁了，记忆中从未有过现在这样反常的天象，邹国历史上从未下过这么大的雪，气温也从未这么低，简直是滴水成冰了。"

站在孟府门口，远望漫天飘飞的雪花，近看门口台阶上凝结的薄冰，孟仲对同样早起的陈代，不无感慨地说道。

"师兄，一大早就大发感慨，是不是因为昨天的事呀？"

"昨天什么事？"

"不就是昨天周霄从魏国来，说到上月秦国之师伐魏，取魏国大小城池六十座而去的事吗？"陈代没想到孟仲这么健忘，反问道。

孟仲没有吱声，只是望着漫天翻飞的雪花。

"师兄，其实您大可不必那么多感慨。世道已然如此，我们不妨学学老聃之徒庄周那样的人生态度，对现实安之若素就好了。您想想看，秦师伐魏，早已是常态。秦国日强，魏国日弱，魏国被秦国吞并也只是早晚的事了。这个世界本来就是弱肉强食，大国欺负小国，强国侵略弱国。西面的秦国伐魏、伐韩是如此，东面的齐国伐燕、伐赵，南面的楚国伐越、伐宋、伐鲁，何尝不是如此？先生一辈子念叨的王道社会和天下大同的理想，恐怕是永远不可能实现的。不要说别的，就是'讲信修睦'四个字，而今的世道谁还能做到？连这四个字都做不到，还会有'大道之行'和'天下为公'吗？还好，先生临终前没有听到秦师伐魏之事，不然他的王道梦也做不成了。好歹先生是吃着自己所画之饼而去，临终前还大笑了几声，也算是人生的一种幸福吧。"陈代说道。

"师弟，其实我并不是感慨什么，而是心有忧虑。"

"那么，师兄，您忧虑什么呢？"陈代立即追问道。

"我是忧虑这大雪什么时候能停。先生的葬礼三天后就要举行了，如果天气不好，不仅葬礼会很不顺利，而且恐怕现在正在路上、从各国赶来的师兄弟们不能如期赶到。先生过世已经近三个月了，之所以停枢久久不葬，不就是要等先生散布于各国的弟子尽量都能赶到，参加先生的葬礼，能够最后一次跟先生作一个告别吗？"

"师兄的这个忧虑是有道理的。不过，师兄不必过虑。先生是个有福之人，相信葬礼时天公也会作美的。"陈代不无乐观地说道。

果然，乐观的陈代说中了。

周赧王二十六年（公元前289年）十一月十五，不仅雪霁天朗，而且气温也高得出奇。葬礼进行得非常顺利，除了近在邹、滕、鲁、宋等国的弟子都聚齐外，远在齐、楚的弟子也有不少闻讯及时赶到了。

葬礼完毕，已近日中时分，孟轲晚年所收邹、滕、鲁、宋等国的及门弟子将近两百人，都已陆续散去。但是，早期即投入门下的一些弟子，如邹国的孟仲、充虞，齐国的公孙丑、万章、公都、陈臻、高子、浩生不害，身为周人而在鲁国任职的乐正克，三晋故国的屋庐连，还有滕国的滕更、徐辟，鲁国的咸丘蒙，魏国的周霄，宋国的大夫勾践，已经亡国的曹国人曹交，另外还有行踪不定、在诸侯各国行走的陈代、桃应、彭更、景春、貉稽等人，或因道远，或因对孟轲感情太深，在葬礼结束后都不忍离去。大家聚在孟轲墓前，沐浴暖暖的冬日之阳，忆及昔日投在孟轲门下求学问道的往事，不禁无比感伤。

感伤难过了一阵，对现实的社会情状感慨唏嘘了一番，最后大家都陷入沉默之中。

万章虽然是孟轲晚年最倚重的得意弟子，也是其朝夕须臾不可或缺的得力助手，但在葬礼上却一直保持沉默，没说一句话。此时此刻，他明白大家的心情，原本不想再说什么。但是，考虑到孟门早期弟子目前在世者已经不多，能够聚到一起的就更少了，目下一聚之后，大家又要各奔东西了，以后再要相见恐怕也很难了。所以，犹豫再三，最后他还是打破了沉默，开口说道：

"现在，先生人虽然不在了，但精神仍在。先生毕生追求的王道社会、天下大同的理想虽然没有实现，而且在可预见的将来还会遭遇更大的挫折，但是，作为孟门弟子，我们不应该气馁，而是应该继承先生的遗志，继续先生未竟的事业，不忘当年投在先生门下的初心。"

"说到当年投在先生门下，今日健在的师兄弟中，要数孟师兄及门最早了，年纪也是最长的吧。"万章话犹未了，陈臻接口说道。

陈臻所说的孟师兄，就是孟仲，是孟轲的从昆弟，年龄只比孟轲小五岁。虽然跟孟轲年龄差距不大，且名分上是兄弟，但孟仲终其一生在孟轲面前都不以兄弟自居，而是以弟子侍先生的心态处之。

"陈师兄说得对。既然如此，那么今天是否就请孟师兄给大家讲一讲，当年先生初为人师，是如何在邹国设坛收徒的往事呢？"屋庐连接住陈臻的话，提了一个动议。

众人一听，一致赞成。陈代、桃应、彭更、景春、貉稽等后期入门者，更是态度积极，连忙催促孟仲。

孟仲没有立即响应在场师兄弟们的请求，而是望着孟轲的新坟潸然泪下，陷入了回忆与沉思之中。

一、大道之行

周显王十六年（公元前353年）十月，弱冠之年的孟轲，在邹国设坛收徒讲学已经一年有余。虽然只有三个弟子，就是从昆弟孟仲，还有近邻邹氏之子邹正、邹春两兄弟，但初为人师的孟轲，态度却非常认真，每天辰时一到，就早早开门迎候三个弟子。

十月二十五，天气好得出奇，阳光灿烂，微风不起，仿佛阳春三月一般温暖。这天，孟轲如往常一样，辰时一到就开门迎候三个弟子。但是，左等右等，就是不见三个弟子的踪影。等了大约有烙五张大饼的工夫，孟轲开始有些着急了，担心三个弟子是不是贪玩而出了什么意外，于是连忙顺手带上大门，就往三个弟子家而去。

还没走出一百步，孟轲就发现不远处的小酒肆门前聚了不少人。他三步并作两步赶到近前，这才发现一大帮孩子正围着一个白面书生模样的人，孟仲与邹正、邹春两兄弟也在其中。孟轲本想揪出三个弟子，狠狠教训他们一顿，然后将他们带回学馆读书。但是，看到那白面书生蹲踞酒肆门前石上，执壶慢饮，一副气定神闲、从容潇洒的神情，好奇心顿生，不仅没去人群中揪出三个弟子，反而躲到人群背后，认真地观察起这个白面书生。

白面书生喝了一会儿酒，正眯起眼睛作陶醉状，突然一个十五六岁的大孩子说道：

"先生，刚才您说齐都临淄是当今天下最繁华的大都市，'车毂击，人肩摩，连衽成帷，举袂成幕，挥汗成雨'，确实令人神往。不知除了市井繁华之外，临淄还有什么新鲜事儿？"

"新鲜事儿当然是有，可惜你们人太小，又没读过书，什么都不懂，跟你们讲了，你们也听不懂。你们还是散了吧，别影响我饮酒。"白面书生眼睛都没睁，呵呵一笑道。

"先生，您太小瞧人了，我们并不都是不懂事的小孩，也不是一点儿文化都没有，我们都在不同的学馆里学习了很多年。"那大孩子自豪地说道。

大孩子话音未落，其他孩子也连声附和。

白面书生一听这帮孩子都是读过书的，顿时来了兴趣，睁开眼睛扫视了一下围在他身边的孩子们，然后饮了一口酒，说道：

"既然你们说听得懂，那我就给你们讲一件最近发生的最轰动天下的大事。"

孩子们一听，连忙拍手跺脚地叫好。躲在孩子们背后的孟轲，差点儿也要大声叫好了。不过，他毕竟已为人师，关键时刻还是能够控制住情绪的，没有真的叫出声来。

"刚才你们说都读过书，那你们先生一定跟你们讲过，当今的天下读书人分为很多流派，诸如什么儒家、道家、墨家、名家、阴阳家、农家、兵家、纵横家之类。这些你们都知道吗？"白面书生并没有直接讲故事，而是先卖弄了一下学问。

没想到，那大孩子也不甘示弱，脱口而出：

"这个我知道，就是所谓的诸子百家呗。"

"那你说说看，什么叫儒家？"白面书生见那大孩子说话的口气不小，有意要考较考较他。

“儒家就是孔丘之徒呗，整天叫喊着要‘克己复礼’，恢复周公礼法，要人们遵守‘君君、臣臣、父父、子子’的人伦规范，劝人‘非礼勿视，非礼勿听，非礼勿动’。”

听大孩子如此侃侃而谈，白面书生不禁对之刮目相看，立即坐直了身子，问道：

“那你知道儒家的理想吗？”

“他们的理想不就是王道社会，‘天下大同’吗？什么‘大道之行也，天下为公，选贤与能，讲信修睦。故人不独亲其亲，不独子其子，使老有所终，壮有所用，幼有所长，矜、寡、孤、独、废疾者皆有所养，男有分，女有归。货恶其弃于地也，不必藏于己；力恶其不出于身也，不必为己。是故谋闭而不兴，盗窃乱贼而不作，故外户而不闭’，这些就是他们经常挂在嘴上忽悠人的套话。”

大孩子的这番话一出，明显是惊着了那白面书生。他直愣愣地看着大孩子半天，没有说一句话。他大概没想到，在邹国这个弹丸之地，竟然还有这样的少年天才。过了好久，白面书生好像才醒悟过来，目光慈祥，语气温婉地问大孩子道：

“那你再说说什么是道家。”

“道家就是老聃之徒呗。凡是整天无所事事，还要替自己找冠冕堂皇的理由，说什么‘无为而无不为’‘清心寡欲’‘清静无为’的人，就一定是道家。”大孩子语似不屑地答道。

“那道家的主张是什么呢？”白面书生又问道。

“我们先生说过，道家的核心主张，就是十二个字：‘道法自然’‘无为自化’‘应物变化’。老聃有句名言，就是‘人法地，地法天，天法道，道法自然’。他们把‘道’看得比天还大，但谁也不知道他所说的‘道’是个什么东西，玄乎得很。”

这一次，不仅那白面书生被大孩子镇住了，躲在人群背后观察白面书生的孟轲也被镇住了，心想，这孩子够聪明，怎么没投在自己门下呢？

正当孟轲在心里这么想着的时候，白面书生又说话了：

“那你再说说看，什么是墨家？”

“墨家就是墨翟之徒呗。他们主张‘兼爱’‘非攻’‘尚贤’‘尚同’‘非命’‘非乐’‘节葬’‘节用’‘敬神’‘事鬼’，他们声称要‘兴天下之利，除天下之害’，他们的人生目标是‘摩顶放踵利天下，为之’。墨翟之徒不同于孔丘之徒，也不同于老聃之徒，他们不空喊口号，而是躬身实践，以苦行闻名于世。所以，他们是当今信徒最多、势力最大的学派，号称'天下显学'。"

见大孩子如此口若悬河，白面书生不禁更加惊奇了，于是又考问了那孩子有关名家、阴阳家、农家、兵家、纵横家的学说主张，他也都说得大致不差。白面书生听完大孩子的全部回答，喜悦之情已经完全写在了脸上。最后，他又问了大孩子一个问题：

"诸子百家中，你最喜欢哪一家？"

"我喜欢兵家与纵横家。"大孩子不假思索，脱口而出。

"为什么？"白面书生反问道。

"因为兵家有克敌制胜的智慧，可以成为天下人崇拜的大英雄。纵横家有运筹帷幄的谋略，有纵横捭阖的口才，可以说动人主，不费吹灰之力就能取得荣华富贵，光宗耀祖。"

先前孟轲对大孩子一直是持欣赏态度的，但听了他这一番话，顿时有了厌弃之心。于是，他想从人群中拽出自己的三个弟子，免得他们的思想被这个白面书生与大孩子带偏了。正在这样想着的时候，只见白面书生已经整冠端坐，开口说话了：

"既然你们崇拜英雄，又想荣华富贵，光宗耀祖，那你们今天就来对了。我下面要讲的这个轰动天下的故事，正是有关兵家与纵横家的。"

孟轲是孔丘之徒，一向信奉仁义之道，主张和平，强调道德修养，因此打心眼里排斥兵家与纵横家。所以，一听白面书生要讲的故事是有关兵家与纵横家的，情感上自然不能接受。但是，听白面书生说这故事是当今轰动天下的大事，所以最终好奇心战胜了理智，决定留下来听完这个故事。因为邹国是小国，长期蛰居于此，天下大事确实是少有所闻。他想开开眼界，长长见闻。

正在孟轲犹豫着要不要留下来听故事之际，大孩子已经急不可耐了，催促白面书生道：

"先生，您快讲故事吧。"

其他孩子，包括孟轲的三个弟子也都连声附和并催促。

白面书生先是扫了一眼围在四周急切望着他的孩子们，接着又装模作样地整理了一下衣冠，最后清了清嗓子，这才开口说道：

"既然大家都知道诸子百家各有自己的主张，也各有自己的祖师爷，也就是他们门徒所尊称的圣人，比如儒家有儒圣孔丘，道家有道圣老聃，墨家有墨圣墨翟，兵家有兵圣孙武，纵横家的历史虽然没有那么悠久，但也有自己的圣人，就是据说现今还在世，但始终不为人知的鬼谷子。今天我们要讲的故事主角，之所以厉害，就是因为他跟两大门派的圣人都有关系。"

"哪两大门派？"大孩子与其他孩子几乎是异口同声地问道。

"兵家与纵横家。我刚才不是说过吗？这故事和兵家与纵横家有关呀！你们怎么没听懂呢？"白面书生神秘地一笑。

"那这个主角到底是谁？诸子百家不是各有主张、水火不容的吗？怎么有人会兼跨两大门派呢？"大孩子立即质疑道。

白面书生看了大孩子一眼，呵呵一笑，顿了顿，才回答道：

"这个人可了不得，说出来吓死人。刚才我不是说到兵圣孙武吗？他就是孙武的后人，也是齐国人。同时，他还是当今纵横家之圣鬼谷子的学生。"

"如此说来，这人确实是厉害了！老话说：'龙生龙，凤生凤，老鼠的孩子会打洞。'他是兵圣孙武的后代，自然就有兵家智慧的基因。常言道：'名师出高徒。'他是鬼谷子的弟子，自然就能得其真传，懂得运筹帷幄、纵横捭阖的谋略。"一直挤在人群之中，从未开口的孟仲，这时突然插话，发表了这通高论。

孟轲一听，不禁大吃一惊。但是，没等他回过神来，又听邹正说话了：

"先生，您说了半天，也没说这人到底叫什么名字呀！"

"是呀！您赶快告诉我们吧，别再吊我们的胃口了。"邹春连忙附和其兄邹正的意见。

这一次，孟轲是彻底惊到了。没想到，就这么一会儿，而且是在自己的眼皮底下，自己的三个弟子就已经被眼前的这个白面书生带坏了。

没等孟轲情绪失控，白面书生已经开口讲故事了：

"刚才我所说的这个人，名叫孙膑。他有一个师兄，叫庞涓，跟他一起师事鬼谷先生。庞涓是魏国人，学成后就回到了魏国，当了魏国的大将军。而孙膑呢，学成回到齐国后，一直没有得到齐王的重用，只得赋闲在家。"

"是不是孙膑的才能不及庞涓呀？魏国是当今的天下之霸，庞涓都能做魏国的大将军，而孙膑却不能在地位不及魏国的齐国谋个职位。"白面书生还没说几句，就被大孩子的提问岔断了。

"你们不要心急呀，容我慢慢道来。"白面书生有些不满地看了大孩子一眼。

"先生，请继续。"大孩子不好意思地说道。

"其实，并不是孙膑才能不及庞涓，而是才能未被齐王发现。加上当时齐国朝中有两个能人——邹忌与田忌，号称'二忌'。邹忌原本只是一介白面书生，因为鼓瑟讽威王，被齐威王重用，促成了齐国的政治改革，由此使齐国走上了强盛大国之路，成为一代名相。田忌既是齐国王室成员，又是屡立战功、威名扬于天下的大将军。正因为齐威王朝中有此二忌，其他人的才能与风采都被遮蔽了，更何况孙膑是尚未进入齐国政坛的白身人，怎么可能被齐威王重任呢？"

孩子们连连点头，人人都显出恍然大悟的神情，但没人敢说话。

白面书生得意地扫了他们一眼，接着说道：

"庞涓虽然在魏国做大将军，高官厚禄，养尊处优，但心中一直惴惴不安。因为他知道，孙膑虽然未能在齐国得到重用，但其才能在自己之上，一旦哪天在政坛崭露头角，就会成为自己的有力竞争对手。魏国眼下虽还是天下之霸，但西边的秦国与东边的齐国都通过政治改革而强力崛起，魏国与齐国同为山东大国，迟早会有一决高下的一天。思考了很久，庞涓想出了一个计谋，以师兄弟的情分为名邀请在齐国赋闲的孙膑到魏国。孙膑不知是计，以为庞涓是要帮助他在魏国谋个职位，于是就欣然前往。可是，一到魏国，庞涓就将孙膑秘密囚禁起来，并暗中动用私刑，削掉了孙膑的两个膝盖骨，使其不能行走。就是这样，他还不放心，又对孙膑用墨刑，就是在他脸上刺字，令其不能见人。"

"庞涓也太卑鄙了吧！这哪里有兵家的风度？不要说孙膑是他的同门师兄弟，就是毫无关系的竞争对手，也要讲个道德底线吧。虽然孙膑的先祖孙武说过'兵者，诡道也'的话，但兵家也总该有兵家之德吧！"大孩子这次还是忍不住插了话。

孟轲原本对这孩子挺讨厌的，但是听了他的这番评论，觉得他还是有一点儿正义感的，还算是孺子可教。而白面书生这次对大孩子的插话也没有表达不满之情，相反还面露笑容，看了他一眼，点了点头。

孟仲见此，胆子便大了起来，望着白面书生，显出一副急不可耐的样子，催促道：

"那后来呢？先生，请快讲。"

"后来，事有凑巧。孙膑被庞涓用刑不久，正好齐王派人出使魏国。孙膑不知从什么渠道获得消息，也不知道用了什么妙计，竟然暗中见到了齐王的使臣，将自己的遭遇如实作了禀报。可能是出于对孙膑悲惨遭遇的同情，也可能是出于对孙膑是齐国人且是兵圣孙武之后的情感，当然肯定也有出于对孙膑才能的认可，齐王使者最终用尽了浑身解数，冒着巨大的风险，暗中用车将孙膑载回了齐国。"

"孙膑回到齐国，立即就被齐王重用了吗？"邹正大概是听得入了迷，忘了先前白面书生的批评，急切地问道。

孟轲原以为白面书生肯定要批评邹正的，没想到白面书生却微微一笑，说道：

"哪有那么简单的事。据说，孙膑被秘密带回齐都临淄之后，虽得使臣推荐，却并未被齐威王重用。不过，不久孙膑结识了大将军田忌，并为其赏识。田忌通过跟孙膑的交往，发现他是奇才，于是就将其养在了府中，并尊之为座上宾，对之尊重有加。当时，在齐国王室成员之间流行一种娱乐活动，就是赛马赌博。田忌是大将军，同时也是王室成员，所以赛马比赛亦时有参加，不过总是赢少输多。有一次，齐威王突然也对赛马有了兴趣，参加了进来。孙膑见此，立即给田忌出了个主意，让他赌注尽管往大里下，并保证一定能让他三局两胜。"

"结果怎么样？"这次是那大孩子忍不住了。

白面书生看了大孩子一眼，又扫视了围在四周的其他孩子们，接着说道：

"比赛的日子到了，田忌依孙膑之计，先放出自己的下等马，跟齐威王及诸公子的上等马对阵。结果，第一局田忌输了。第二局，齐威王及诸公子放出各自的中等马，孙膑却让田忌放出自己的上等马。比赛结果是，田忌赢了。第三局，齐威王及诸公子放出的都是其下等马，孙膑让田忌放出的则是中等马。结果，自然也是田忌赢了。最终，田忌如愿以偿，获得了齐威王所下的赌注千金。"

"孙膑果然聪明，玩游戏都有与众不同的思路。"这次邹春忍不住评论了。

"我刚才说你们是小孩子，什么也不懂，你们硬说你们都读过书。你以为孙膑是在玩游戏呀！"邹春话音未落，白面书生兜头就给他泼了一盆冷水。

"不是玩游戏，那是玩什么？"邹正不服气，立即给弟弟帮腔道。

"他这是在玩政治、玩谋略。"白面书生答道。

"这话怎么说？"那个大孩子立即追问道。

"孙膑给田忌赛马出主意，本意不在赛马游戏本身。他不是要让田忌在齐威王与王室成员面前出风头，当然更不是为了让田忌赢得齐威王的千金赌注。

他之所以主动给田忌出主意，是要行'诱敌深入'之计，希望通过赛马之事引起齐威王对自己的关注，进而得到齐威王的赏识而在仕途上有所发展。事实上，田忌三局两胜后，立即引起了齐威王的好奇，追问其中的因由。等到田忌将孙膑教计之事和盘托出之后，齐威王立即召见了孙膑来问兵法，因而对他推崇备至，立即封之为军师。你们说，孙膑这不是在玩政治、玩谋略，又是什么？"白面书生扫视了一眼围在身边的孩子们，大声问道。

"哦，原来如此。"所有孩子这才恍然大悟，连连点头，几乎异口同声地说道。

白面书生见此，得意地笑了，仿佛自己就是给田忌出主意的孙膑。

"先生，莫非今天您要给我们讲的轰动天下的故事，就是孙膑教田忌赛马这事吗？"过了一会儿，见白面书生没有接着说下去，大孩子问道。

"当然不是，这只是一个引子。"

"那先生赶快往下讲呀！"孟仲也等不及了。

白面书生先看了看孟仲，再扫视了大孩子与其他孩子一眼，然后饮了一口酒，这才接着说道：

"去年春天，赵国自恃强大，出兵攻打卫国，占领了漆与富丘两地。卫国是小国，虽然拿赵国没办法，但是卫国跟当今的天下霸主魏国是盟国。魏王见赵国恃强凌弱，冲冠一怒，立即命大将军庞涓率十万大军出征，直接将赵国之都邯郸给包围了。邯郸被围困近一年，赵国危在旦夕，只得向东邻大国齐国求救。因为是要出兵跟魏国作战，齐威王没有足够的信心，于是就召集文武大臣一起商议讨论。但是，讨论时出现了两派截然对立的意见。一派主张不救赵国，代表人物是齐相邹忌；另一派主张应该救赵国，代表人物是纵横家段干朋。"

"先生，刚才您说邹忌是齐国的权臣，是跟大将军田忌并驾齐驱的，那么齐威王肯定是听从了他的意见吧。他为什么要反对齐国出兵解邯郸之围呢？"大孩子又忍不住问道。

"我说你们又不懂了吧。如果齐威王听从了邹忌的意见，那么就没孙膑什么事了，也就没今天我要给你们讲的这件轰动天下的大事了。"白面书生不无得意地说道。

"那真相到底是什么呢？先生，您就不要再卖关子了，一口气讲完吧。"邹正是个急性子，又开始催促了。

白面书生看了看邹正，故意停顿了好一会儿，从容说道：

"邹忌之所以反对齐国出兵救援赵国，是基于齐国的国家利益。他认为赵国是大国和强国，而且就是齐国近邻，迟早要跟齐国一决高下，是潜在的强大竞争对手。所以，他主张这次不如不救赵国，而是坐观魏赵两强相争，等到二国两败俱伤之时，趁机一举灭之。这样，齐国的力量就更强了，可以取魏而代之，成为天下霸主。"

"有道理！"白面书生话音未落，邹春就假模假样地评论道。

白面书生白了一眼插话的邹春，反问道：

"有什么道理？"

其他孩子见白面书生生气了，都不约而同地对邹春翻白眼。

白面书生见此，这才接着说道：

"段干朋认为邹忌目光短浅，只看到了眼前利益，未虑及齐国的长远发展战略。因此，他极力向齐威王建议，齐国应该立即出兵解邯郸之围。他的理由是，赵国目前尚不是齐国的心腹大患，而是齐国在相当长的一段时间内都要倚重的盟友。他还十分坚定地认为，魏国是当今霸主，秦国是未来霸主。邯郸之围如果不解，赵国就有可能亡国，那么当今霸主魏国的实力就更强大了。这样，齐国将面临远忧与近患的双重危机。远忧是，魏国成为超级霸主之后，势必就会抑制未来霸主秦国的崛起，不利于形成秦、魏、齐三强鼎立的多极天下格局，齐国的长治久安就难以保证；近患是，魏国吞并赵国之后，势必会得寸进尺，随时会对齐国下手。所以，他建议齐威王，与其日后被动挨打，不如今天主动出击，既顺水推舟做了个人情，厚结了近邻赵国之心，又趁机削弱了魏国的实力，近患与远忧一并消除了。"

孟仲与大孩子虽然都觉得段干朋说得非常有道理，但不敢再插话评论，只是相互对视了一眼。

白面书生饮了一口酒，顿了顿，又接着说道：

"齐威王觉得段干朋的见解更高明，遂决定采纳他的建议。段干朋于是又进一步给齐威王提出建议，让他兵分两路，一路往西进入魏国境内后，折转魏国东南，兵临魏国东南战略重镇襄陵。襄陵位居魏国东南边缘，与宋国西北部接壤，距魏国东部最大的战略重镇大梁与宋都商丘都不远，既可以拱卫大梁，又可直接威胁宋都商丘，战略地位十分重要。齐国军队兵临襄陵城下，就直接开打，形成对魏国大梁巨大的压力，同时使魏师疲劳。另一路西进魏国后，北上进入赵国境内，屯兵赵都邯郸外围，围而不攻，静观魏师攻破邯郸后再出援手。这样既兑现了解救邯郸的承诺，又同时削弱了魏赵二国的军事实力，可获一石二鸟之效。"

"看来还是纵横家厉害，有谋略。相比于纵横家段干朋，政治家邹忌确实逊色了不少。难怪齐威王不采纳他的主张，而重视段干朋的谋划。"大孩子这次终于没能忍住，又情不自禁地插话评论道。

其他孩子以为白面书生这次又要生气了，没想到白面书生却看了看大孩子，呵呵一笑，然后仰头饮了一口酒，接着说道：

"齐威王决策已定，首先将攻打襄陵的第一路大军派出，然后召来孙膑，让他挂帅领第二路大军解邯郸之围。孙膑以身有残疾为由辞让，建议让田忌为帅，自己为军师辅佐他。实际上，孙膑是要报答田忌的知遇之恩，将立功的机会让给恩公。齐威王不知就里，就同意了孙膑的建议，命田忌为北路大军的主帅。齐国第一路大军出境后，很快与宋国的景敌、卫国的公孙仓所率的盟军会合，兵临魏国襄陵城下，跟魏师打得难解难分。而田忌与孙膑率领的第二路大军是主力，共有八万之众。因为根据段干朋的谋略，这八万大军前往邯郸解围是做给赵国看的，实际上并无心要跟魏国作战，而是静观魏赵相持，令其两败俱伤，再承其敝。所以，不仅出境之期晚了很多，而且出境后行军速度也有意慢了很多。等到他们快赶到邯郸时，庞涓所统帅的魏师主力已经攻破赵都邯郸，正率得胜之师八万余人进攻卫国。田忌闻此，决定以齐师八万之众跟庞涓展开对决，一较高下。"

"结果怎么样？"邹春这次又没能忍住，再次插话。

白面书生这次没有批评邹春，而是自顾自地饮了一口酒，故意顿了顿，吊了一下孩子们的胃口，然后接着说道：

"孙膑觉得齐师与魏师硬碰硬地对决，结果只能是两败俱伤，不是上策。他认为，上策应该是用智取，以最小的损失给魏师以最大的打击。因此，他建议田忌，趁着魏师主力长期在外作战，国内空虚之机，进兵魏国大梁的战略屏障平陵。田忌听从了孙膑的建议，立即将兵锋转向了平陵。等到大军将近平陵时，孙膑又建议田忌主力按兵不动，让临淄与高唐两个都大夫兵分两路前往，目的是吸引魏师主力。庞涓不知是计，立即集中主力合围临淄、高唐二都大夫所率齐国偏师。与此同时，孙膑让田忌率军直抵魏国大梁，作出要围攻大梁的架势。庞涓闻讯，立即回师驰援大梁。这时，孙膑又让田忌派出少量兵力佯装与庞涓前往驰援的主力作战，并让他们一触即溃。庞涓不知是计，以为齐师真的是不堪一击，遂产生了轻敌之心，命令魏师丢弃辎重，轻装上阵，昼夜兼行，回护大梁。等到庞涓所率魏师八万主力进入桂陵隘道时，孙膑让田忌早已布置好的伏兵一起出动，一举歼灭了魏国之师，并且将主帅庞涓也活捉了。这就是轰动天下的桂陵之战，是孙膑创造的'围魏救赵'的战争神话。"

当白面书生讲完故事，其他孩子都一窝蜂散去，孟仲与邹正、邹春三人也转身正要离开时，却突然发现老师孟轲就站在他们面前，顿时不知所措。

孟轲没跟三个弟子说什么，瞥了一眼正在仰头饮酒，似乎十分陶醉的白面书生，转身就走。三个弟子先是愣了一下，接着便小步快跑跟上孟轲，往学馆而去。

"你们三个读了几天书，识得几个字，就觉得自己长出息了，是吧？"一回到学馆，孟轲就忍不住发起了火。

三个弟子见孟轲真的生气了，自知今天免不了要受罚，于是主动一起跪下。

孟仲跪了约烙一张饼的工夫，见孟轲还不肯开口说话，便偷望了他一眼，见他还是一副气鼓鼓的样子，只好主动开口认错道：

"先生，弟子错了，今天不该跟其他学馆的孩子混在一起，更不该听那白面书生讲故事，而不到学馆上学读书。"

"为师并不是那种以门户划界的人，当然更不是没有容人之量，反对你们跟其他学馆不同门派的学子交流。但是，你们上学时间不到学馆，还要让为师悬望担心，这是尊师之道吗？这是做弟子的样子吗？还有，你们不来听为师讲学也就罢了，还要去听那白面书生讲什么'兵者，诡道也'的兵家故事，学什么'运筹帷幄''纵横捭阖'的纵横家谋略，你们心里还有先圣吗？你们还是儒家之徒吗？既然你们这么喜欢旁门左道，当初何必要投在为师的门下呢？"孟轲声音有些颤抖地说道。

"先生，弟子错了，以后再也不敢了！"三个弟子几乎异口同声地回答道。

"现在，你们把先圣那段经典的教诲再给为师背一遍。"听到弟子们再次诚恳地认错，孟轲的气稍微消了一些。

"大道之行也，天下为公，选贤与能，讲信修睦。故人不独亲其亲，不独子其子，使老有所终，壮有所用，幼有所长，矜、寡、孤、独、废疾者皆有所养，男有分，女有归。货恶其弃于地也，不必藏于己；力恶其不出于身也，不必为己。是故谋闭而不兴，盗窃乱贼而不作，故外户而不闭，是谓大同。"孟仲、邹正、邹春三人齐声背诵道。

"先圣的这番教诲，意思你们都懂吗？"孟轲问道。

"都懂。"三人齐声答道。

"好！孟仲，请你用自己的话将先圣的这番教诲讲给为师听听。"

"先圣的这番教诲，意思是说，大道通行之时，天下是全体人民所共有的，有贤德、有才能的人被选拔与举荐出来治理天下，人人讲诚信，邻里重和睦。因此，人们都有博爱天下之心，不只是奉养自己的父母，不只是抚养自己的儿女，而是使天下所有的老人都能得到奉养而终其天年，所有壮年人都能人尽其用而为社会奉献力量，所有孩童都能健康成长，老而无妻的光棍、老而无夫的寡妇、幼年丧父的孤儿、老而无子的老人、残疾有病的人，都能得到照顾供养。男子都各有其职责，女子都适时而嫁。人们虽然憎恨货物被弃于地而白白糟蹋，却也没有因此而将之据为己有之心；人们虽恨自己没有力气，却也没有恃力而为自己谋取私利之想。所以，阴谋诡计被遏制而不会发生，偷盗行窃和乱臣贼子也不会产生，百姓家家户户夜里都不必关闭大门，这就是大同社会。"孟仲说道。

"邹正，为师问你，齐威王重用孙膑与段干朋，是'选贤与能'吗？"孟轲又转向邹正问道。

"先生，弟子以为，孙膑与段干朋都是能人，但并不是贤人。所以，齐威王重用他们，并不符合先圣所说的'选贤与能'的标准。"邹正答道。

"既然知道孙膑是兵家，是嗜杀成性、不惜天下生灵涂炭也要谋取个人声名的残忍之辈，段干朋是纵横家，是精于策划阴谋于密室、摇唇鼓舌于人主的卑鄙小人，那你还怎么那么欣赏他们呢？"孟轲反问道。

"先生，您误会了，弟子并没有欣赏他们人格的意思，只是认为他们确有智慧而已。"邹正连忙辩解道。

孟轲没有理会邹正的辩解，又转向邹春问道：

"邹春，为师问你，孙膑、庞涓、田忌、段干朋，还有齐相邹忌，他们都能'讲信修睦'吗？"

"先生，他们身份虽然不同，或是兵家，或是纵横家，或是政治家，但都是阴谋家。阴谋家哪里会跟人'讲信修睦'呢？所以都不是什么好人。"

"既然你知道他们都不是什么好人，怎么还那么急切地催着白面书生讲这些人的故事呢？"孟轲反问道。

"先生，您误会了，弟子打心眼里就没认同过他们是好人，只是被白面书生所讲故事的情节迷住了而已。"邹春辩解道。

"你们都给为师记住了，今后再也不准听什么兵家、纵横家谋略故事了，更不要相信其他各家的歪道邪说。有机会应该多向世人宣传先圣的王道社会、天下大同的思想，扩大我们儒家学说的影响。而今，先圣所憧憬的王道社会、天下大同的理想虽然遭遇到不少挫折，诸侯各国之君都相信兵家与纵横家那一套，但是，王道社会、天下大同乃是人心所向，亦是人类社会发展的大势，始终是人类不懈追求的目标。为师以为，没有人不喜欢仁政，而喜欢暴政；没有人不喜欢和平，而喜欢战争；没有人不喜欢正人君子，而喜欢阴谋家、野心家。五百年必有王者出，尧、舜、禹这样的三代之英定会重现于现实社会。只要我们儒家弟子牢记先圣教诲，面对乱世困境而不气馁，面对诱惑而不忘初心，儒家思想终有一天会天下独尊，王道社会、天下大同的理想一定能够实现。"孟轲看着低头跪在地上的三个弟子，语气非常坚定地说道。

"先生说得是，弟子谨受教！"孟仲、邹正、邹春三人同时说道。

二、无为其所不为

"孟仲，你去找找邹正、邹春，出门都快一个时辰了，怎么还不回来？"

周显王十七年（公元前352年）十一月初五，眼看时已过午，出门去买柴火的邹氏兄弟还没回来，孟轲显得有些焦躁了。

"先生，卖柴火的集市比较远，来回要费些时间。还有，今年气候反常，刚到十一月就冷得出奇，估计到集市置办过冬柴火的人会比较多，要买到理想的干柴火也不容易吧。"孟仲回答道。

其实，卖柴火的市场并不远，孟仲知道邹氏兄弟贪玩，说不定又去听人讲古，忘记了时间。为免邹氏兄弟回来被孟轲责备，孟仲有意编造理由，跟老师打起了马虎眼。

事实正如孟仲猜测的那样，邹氏兄弟奉孟轲之命前往集市购买冬日取暖的柴火，出门走了不到烙五张大饼的工夫，就看到前方一个挂着酒幌的小酒肆门前聚了一群人。邹正、邹春向来都是好热闹之人，凑近一看，原来是一群跟他们年龄相仿的孩子，有些人还相当面善，是在其他学馆读书的学子。

"你们聚在这干啥呢？"邹春一边踮起脚尖往人群中心看，一边小声问一个在人群外围的孩子。

那孩子指了指被围在人群中间的一个留着一撮小黄须的人，小声说道：

"我们正在听他讲古呢。"

"讲什么古？"邹正立即凑上来问道。

"讲邹忌鼓瑟谏威王，被齐威王重用，任为齐相的故事。据说，邹忌就是我们邹国人，可是我们邹人的骄傲呀！"

邹正一听，顿时乐了。心想，要说骄傲，还轮不到你们。如果叙起家世渊源，自己才是邹忌的本家呢。

正当邹正这样想着的时候，邹春已经分开前边的孩子挤到了人群的中间，站到了黄须书生的身边。邹正见此，也连忙往里挤，跟邹春凑到了一起。

刚立定脚跟，邹正还没来得及仔细打量黄须书生，就听他又开口了：

"刚才跟你们所讲邹忌鼓瑟谏威王的故事，其实已经不新鲜了。现在，全天下都在盛传的新鲜事，是公孙鞅在秦国发迹变泰的神话。今年春天，公孙鞅被秦王封为大良造，爵位十六级，是客卿所能晋升的最高爵位。就在两个月前，秋高气爽、粮足马肥之时，公孙鞅挟如日中天的威势，统率秦国大军东征魏国，越过昔日被魏国侵占的河西之地，攻入魏国河东本土，不仅陷城略地，打得号称天下之霸的魏国之师溃不成军，而且最终还攻破了魏国之都安邑，迫使天下霸主魏惠王仓皇东逃，迁都于大梁。而今，魏惠王的天下霸主威风不再，天下人都已经不称他为魏惠王了，而是戏称他为梁惠王。"

"公孙鞅到底是什么人？"黄须书生话音未落，邹正就急不可耐地插话问道。

其实，其他孩子也有相同的急切之情，只是还没来得及开口。黄须书生看了一眼邹正，又扫视了一下周围的孩子们，故意顿了顿，然后才接着说道：

"公孙鞅，虽然出身卫国公族，但原本只是卫国的一个诸庶孽公子，在卫国公室也不是什么了不起的人物。年少时，他喜欢刑名法术之学，受魏相李悝、楚相吴起的思想影响很大。后来，他又师从尸佼，学习杂家之学。因为卫国是小国，他觉得没有发展空间，所学也没有用武之地。于是，他就前往天下之霸魏国，投在魏国之相魏痤门下，为中庶子，也就是一个侍从兼幕僚的角色。不过，魏痤非常赏识他的才华，对他器重有加，一直想向魏惠王推荐他，只是没有找到合适的时机。后来，魏痤病重，魏惠王前往相府探视，并向其咨询国政，问到将来何人可以继任魏国之相。魏痤觉得机会来了，于是就顺水推舟，郑重地向魏惠王推荐了公孙鞅，并要求他举国以听之。"

"那魏惠王答应了吗？"这次是邹春急不可耐了。

黄须书生瞥了一眼邹春，说道：

"如果魏惠王当初答应了魏痤的举荐，任公孙鞅为魏国之相，那么就没有今日魏国丧师失地、魏惠王仓皇东逃、退缩大梁的尴尬局面了。"

"先生说得是。请您继续往下讲。"邹正连忙补台道。

黄须书生点了点头，接着说道：

"魏惠王听了魏痤的话，半日默然不语。魏痤猜想，魏惠王大概是不相信公孙鞅的才能，于是便对魏惠王说道：'大王，如果您不能听从老臣之荐，任公孙鞅为相，并举国而听之，则请立杀公孙鞅，勿使出魏境，为他国所用。'但是，魏惠王亦默然不语。魏惠王走后，魏痤立即召来公孙鞅，告诉他：'老夫深知你才能足以治国，一直想向大王举荐，惜无合适的机会。今日大王来探病，问老夫身后何人可继任魏国之相，老夫便举荐了你，并要求大王举国听命于你。但是，大王不允老夫所请。大王是君，你是臣。依'先君后臣'之礼，老夫已尽了为臣的本分，对大王提出了建议。现在，老夫也对你提一个建议：立即离开魏国，一刻也不要迟疑。'"

"那公孙鞅是不是立即离开了魏国，投奔到了秦国？"邹春又忍不住插话了。

"你又错了。"黄须书生哈哈大笑道。

"先生，那您赶快接着讲。"邹正请求道。

"魏惠王探病后，从相府回到王宫，对其亲近的侍从说道：'魏痤这次真是病得厉害了，恐怕无药可救，要不久于人世了。今天寡人听他说话，发觉已经是语无伦次、莫名其妙了。他要寡人任公孙鞅为魏国之相，并举国而听之。寡人不允，他又要寡人立杀公孙鞅，不要让他出境，跑到其他国家。公孙鞅是个嘴上无毛的无名之辈，何来治国安邦之能，何来威胁魏国安全之能？'不久，魏痤真的病逝了。公孙鞅没有听从他的建议立即离开魏国，魏惠王也没有杀他。但是，在魏国待了一阵后，公孙鞅听说秦孝公发布招贤令，于是便悄然离开了魏国，投奔秦孝公去了。"

"公孙鞅不是留恋魏国，冒着杀头的风险也不愿离开，怎么听说秦孝公发布的招贤令就信以为真了呢？"一个站在邹正身边的孩子这时也忍不住，插话问道。

黄须书生看了看那孩子，笑着说道：

"问得好！这也是很多人都感到奇怪的地方。其实，一点儿也不奇怪。相信天下读书人只要是读过秦孝公发布的这则招贤令，都会为之深切感动，愿意投奔秦国，为之效劳的。"

"先生，那这则招贤令是怎么写的，您还记得其中的内容吗？"邹正诚恳地说道。

黄须书生看了一眼邹正，捋了一下几根稀疏的黄须，闭起眼睛背诵道：

"昔我缪公，自岐雍之间，修德行武，东平晋乱，以河为界；西霸戎狄，广地千里，天子致伯，诸侯毕贺，为后世开业，甚光美。会往者厉、躁、简公、出子之不宁，国家内忧，未遑外事，三晋攻夺我先君河西地，诸侯卑秦，丑莫大焉！献公即位，镇抚边境，徙治栎阳，且欲东伐，复缪公之故地，修缪公之政令。寡人思念先君之意，常痛于心。宾客群臣有能出奇计强秦者，吾且尊官，与之分土。"

"正如先生所说，这则招贤令确实深切感人，展现了秦孝公求贤若渴的诚意。"邹正虽然没有完全听懂，但最后几句的意思倒是听清了，所以连忙附和黄须书生的话。

黄须书生点了点头。

见哥哥邹正的话受到黄须书生的肯定，邹春深受鼓舞，遂望着黄须书生，大着胆子，自作聪明地问道：

"先生，公孙鞅读了这则招贤令，就到了秦国，被秦孝公重用了，是吧？今年春天他被封了个大良造的高爵，秋天他便带兵来打魏国，报当日魏惠王不重用他的一箭之仇，是吧？"

听了邹春的话，黄须书生再次哈哈大笑，说道：

"哪有那么容易！天下读书人成千上万，皆苦无晋升之路。听说秦孝公发布求贤令，他们立即一窝蜂地拥到秦国之都。秦孝公虽有爱才之心、惜士之意，但也不可能亲自接见所有投奔而来的各国之士。公孙鞅日夜兼程，三个月才到达秦国之都。但是，他也跟其他士子一样，求见秦孝公而无门。最后，他打听到一个消息，说秦孝公有一个宠臣叫景监，如果找到他的门路，就有可能在最短的时间内见到秦孝公。于是，公孙鞅就以重金贿赂景监，毕竟他是卫国公室的公子，不是其他温饱都不能解决的贫寒士子可比。景监得了公孙鞅的重金，跟他交谈之后觉得他确实有才华，于是立即安排了他跟秦孝公相见。"

"秦孝公跟公孙鞅是否一见倾心，立即就重用了他？"这次是站在邹春身边的一个孩子忍不住，插话了。

黄须书生看都没看他一眼，只是呵呵一笑。

"肯定没那么容易，是吧？先生，您接着往下讲。"邹正乖巧地说道。

黄须书生点了点头，看了一眼邹正，接着说道：

"公孙鞅第一次见到秦孝公，非常激动，为秦国的崛起陈策献计甚多，而且说得慷慨激昂，但是秦孝公却昏昏欲睡，似乎并不感兴趣。不仅如此，召见结束后，孝公还召来景监，对其大加训斥了一番，说他所荐之客是个虚妄之辈，所献之策完全不切实际，根本无益于秦国的振兴。景监被秦孝公痛斥一顿后，觉得非常窝火，于是召来公孙鞅，也对之大大痛斥了一番。公孙鞅被骂，虽然觉得莫名其妙，但又不敢辩解，因为他还没有达到目的，还有求于景监。景监骂过之后，觉得有些过意不去，毕竟他收了公孙鞅的重金。所以，临别之时，他问了公孙鞅一句：'先生今日何以说大王?'公孙鞅回答说：'鞅今日以古帝君之德说大王。察大王之意，似乎其志不在此。'景监听了，觉得公孙鞅也没什么不对，遂让公孙鞅暂时先回去。"

"秦孝公不赏识，那公孙鞅怎么办?" 又有一个站在黄须书生背后的孩子忍不住了，焦急地问道。

"别急呀! 你让先生慢慢讲。"邹正表面上是在责备那插话的孩子，实际上是在变相地催促黄须书生。

黄须书生真的不急，孩子们越是催促，他越是显得得意，故意停顿了好一会儿，才接着说道：

"五天之后，正当公孙鞅与景监都觉得无计可施时，景监突然接到秦孝公之命，要他传召公孙鞅再次来见。意外地获得召见机会，公孙鞅自然是非常珍惜。于是，见到秦孝公后，他更加卖力地向其推销自己的政治主张。然而，公孙鞅说得口干舌燥，从秦孝公的脸上仍然看不到欣赏的表情。直到召见结束，秦孝公也没有说一句话。但是，一俟公孙鞅离去，秦孝公就再次召来景监，对之大加训斥。景监感到很委屈，于是如法炮制，召来公孙鞅，也对他大加训斥了一番。公孙鞅虽然受了景监的训斥，但并没有生他的气，反而觉得是自己愧对了景监，有负于他的期望。经过激烈的思想斗争，最终他还是硬着头皮，再次求告景监，说：'鞅今日以王道说大王，虽又不中其意，但大王之志庶几知之。所以，鞅祈求大人再勉为其难，请大王再给一次机会。相信这一次定能说服大王，不负大人的知遇之恩。'景监见公孙鞅态度真诚，语词恳切，心一软就答应了。过了三天，景监又给公孙鞅晋见争取到了一次机会。这次晋见，秦孝公虽然没有立即表现出对公孙鞅的赏识，但明显对其才华予以了肯定。召见一结束，他就立即传景监来见，态度温和地说：'卿所荐之客，其志颇与寡人合。'景监大为高兴，回到府中，立即传召公孙鞅来见，问他：'先生今日何以说大王? 察大王之色，听大王之言，似乎颇有赞赏之意.' 公孙鞅听了, 不禁大喜, 于是立即顺水推舟, 对景监说道: '鞅今日以霸道说大王, 察大王之色, 似有认同之意. 若有幸再赖大人之力而四谒大王, 则必能说大王而从之.'"

"那第四次谒见, 结果如何?" 邹春很久没有插话了, 这次终于又忍不住了.

"第四次谒见非常顺利. 公孙鞅已然摸透了秦孝公的心理, 所以每句话都能说到他的心坎里, 深得他的欢心. 二人谈了一天, 还觉得意犹未尽. 之后, 又连续谈了三天. 最后, 公孙鞅说动了秦孝公, 使其下定了决心, 要在秦国实行变法革新, 为富国强兵、一统天下的终极目标奠定坚实的基础. 但是, 当秦孝公召集文武大臣, 当廷宣布任公孙鞅为客卿, 并委以变法革新的重任时, 却立即遭到了秦国大臣的反对. 见群情汹汹, 阻力巨大, 公孙鞅怕秦孝公迫于压力而退缩, 使变法革新的大业未曾启动就胎死腹中. 为了不负秦孝公的信任, 也为了自己的荣华富贵和报答景监的知遇之恩, 公孙鞅决定放手一搏, 推着秦孝公往前走. 但是, 考虑到自己只是个外来之士, 在秦国政坛立足未稳, 跟秦国大臣斗争必须讲究策略, 所以故意采取以退为进之策, 望着秦孝公说道: '荷蒙大王信任, 委臣以大任. 臣纵然肝脑涂地, 也不足以报大王深恩之万一. 然而, 变易先王之法, 兹事体大, 臣恐为天下人所非议, 为权臣所不容.'"

"公孙鞅这是用的激将法呀!" 黄须书生话音未落, 邹正脱口而出.

黄须书生先是惊讶地看了看邹正, 然后点了点头, 接着说道:

"秦孝公受公孙鞅这么一激, 脱口而出: '有寡人在, 先生何惧之有?' 公孙鞅见激将成功, 拿到了秦孝公的尚方宝剑, 心里便有了底气. 于是, 他先向秦孝公郑重地施了一个大礼, 然后扫视了一眼秦国的满朝文武大臣, 铿锵有力地说道: '疑行无名, 疑事无功. 有高人之行者, 必不见容于众; 有独知卓见者, 必见斥于人. 愚昧无知者, 事毁功败, 尚不明其故; 圣智过人者, 祸患未至, 则洞悉先机. 成大事, 立大业, 不可谋之于民, 此所谓民不可与虑始也; 建大功, 富国家, 民可坐享其成, 此所谓民可与乐成也. 古往今来, 有至德者, 则不和同于俗; 成大功者, 则不谋之于众. 故圣人救时弊、治国家, 其所为, 若可以强国, 则必不效法先朝旧事; 其所为, 若可以利民, 则必不因循古时之礼.' 公孙鞅言犹未了, 秦孝公便拍案而起道: '善哉! 先生之言, 诚为不刊之论.'"

"这一下将秦国的守旧派彻底镇住了吧?" 邹春又忍不住插话了.

黄须书生瞥了邹春一眼，说道：

"你以为秦国的权臣勋贵都是吃素的吗？秦孝公话音未落，立即有秦国大臣甘龙跳出来，提出了异议：'臣以为不然！圣人治国，不易民而教；智者为政，不变法而治。因民而教，不劳而功成；循法而治，吏习而民安。'公孙鞅见变法之事尚未启动，新旧观念的较量就已开始，那么也就不必再回避了。于是，面对气势汹汹的甘龙，他不甘示弱地说道：'甘龙之言，实为世俗之论！常人安于现状，学者拘泥成规。若以此等之人居官守法，未尝不可。若论立法治国，则不足论也。三代不同礼而王，五伯不同法而霸。智者立法，愚者守之；贤者制礼，不肖者拘之。'大概是公孙鞅这番言论过于激烈，于是立即遭到秦国另一个大臣杜挚的反对。杜挚乃秦国重臣，自然不会把公孙鞅这个客卿放在眼里。他的言辞不仅激烈而且霸道：'利不过百，不宜变法；功不过十，不宜易器。先王之法，守之何罪？前代旧礼，遵之何过？'"

"那公孙鞅是否被镇住了呢？"围在黄须书生左手边的一个大孩子，这时也插话了。

"公孙鞅要是被镇住了，那我还佩服他什么？"

邹正听了黄须书生这句话，终于明白了他的志向，原来他也是崇尚法家刑名之学的。今天他在这里给一帮孩子们讲古，除了有为法家学说张本之意，大概还想借此一抒自己大志难伸的怀才不遇之情吧，于是连忙逢迎其意地说道：

"既然公孙鞅是先生敬佩的人，自然是胆识、气魄过人的。先生，您继续往下讲。"

黄须书生听了邹正这句话，大概是觉得很受用，不禁露出了笑容。他看了一眼邹正，又接着说道：

"因为有秦孝公的公开表态支持，公孙鞅自然不惧杜挚的威压，立即针锋相对地驳斥其论道：'治天下，并非一途；理国政，并非法古不可。商汤、周武不循古法，亦称王天下；夏桀、殷纣不改旧礼，亦亡国殒身。于此观之，变法图新，并非一定就错，就应受到诽谤；因循旧礼，不改古法，并非一定都对，就应该值得称赞。'秦孝公再次拍案而起，赞道：'善哉！'之后，虽然仍有不少争议，但由于秦孝公态度坚定，最终还是力排众议，坚持由公孙鞅主持变法，并且任之为左庶长。得到秦孝公的有力支持，又有左庶长之职，公孙鞅遂定出了变法律令：'凡秦国之民，五家为保，十保相连。一家有罪，则九家纠举；若匿而不举，则十家连坐。知奸而不告者，则腰斩；告奸一人，晋爵一级，其功同于斩敌首；匿奸者，诛杀其身，抄没其家，与降敌之罪同论。民有二男以上，不分门别户者，则一人出两课之赋税。杀敌有军功者，则各授其上爵；私相斗殴者，各以其轻重而受刑罚。勉力农耕，致粟帛多者，则复其身为平民；务工商之末业及怠于事而贫者，则收录其妻、子于官，为奴为婢。宗室无军功者，则除其籍，不得其爵秩。明定尊卑、爵秩之等级，各以其等次而定田宅、妻妾衣服之等级，不得僭越、侈逾。有功者显荣，无功者虽富亦无所显贵。'"

"那新法颁布之后，效果如何呢？"

黄须书生闭着眼睛背诵公孙鞅的新法，正在得意之时，听到邹春突然插话，心中就有些不满。他睁开眼睛瞥了邹春一眼，见其急不可耐的样子，故意停下不再往下讲。

邹正见此，连忙从中斡旋打圆场，先假装生气的样子，对邹春说道：

"你真是没有礼貌，怎么岔断先生的话呢？"

然后，又转对黄须书生，笑着说道：

"先生见多识广，博闻强记，真是让人佩服之至。先生，您继续往下讲。"

黄须书生听了邹正这番话，这才由嗔转喜，扫视了大家一眼，又继续讲了下去：

"新法虽然拟定，但公孙鞅并没有立即向全国颁布，而是在寻找适当的方式，在适当的时候予以推出。因为他考虑到，如果新法匆忙颁布而不能取信于民，就不能达到令行禁止的效果。这样，变法势必就不能取得成功。寻思良久，最终公孙鞅想到了一个妙计。他让有司在秦都南门竖起一根三丈高的大木，出令昭告秦民道：'凡秦民有勇力者，移此木至北门，赏十金。'告示贴出后，虽然围观者不少，但一天下来，竟然无一人相信，更无一人愿意付诸行为。第二天，公孙鞅再颁一令：'凡移此木至北门者，赏五十金。'围观者虽然还是很多，但还是没人相信。时至正午，来了一个身材高大的秦民，见到城墙边围了一圈又一圈的人，不禁感到十分好奇，于是就上前向人询问。了解原委后，他犹豫了好久，最后还是分开人群，将那根大木扛起，搬移到了北门。公孙鞅立即兑现诺言，当场予以五十金，以此晓谕全体秦国之民：朝廷令出无欺，令出必行。'移木得金'之事，先在秦都传开，继而传到秦国全境，大家都认为公孙鞅言而有信，朝廷令出无欺。公孙鞅见时机已到，便适时颁布了变法新令。"

"之后，变法就成功了，秦国就强大了，是吧？"这时，一个站在黄须书生右手边而一直没有说话的孩子也忍不住插话了。

大概是因为这孩子一直没有插过话，所以这次黄须书生并没有生气，而只是呵呵一笑，回头侧脸瞥了他一眼，说道：

"变法哪有那么容易？不要说公孙鞅是一个外来之士，就是让秦孝公自己主持变法，也未必就能顺利。公孙鞅制定的新法虽好，但刚刚推行满一年，就遭遇到来自朝野两个方面的干扰与阻力。先是有数千秦都之众群聚街头，议论新法有诸多不便，而且群情汹汹，闹得秦都一时人心浮动。接着，又有太子触犯新法之事。对此，公孙鞅开始犯难了。对于数千议论新法的秦民，如果都要惩罚，一时还比较困难，因为自古以来就有'法不责众'的说法。如果不予以惩罚吧，议论甚至非议新法者就会越来越多，那么新法势必就无法再推行下去了。至于太子犯法，处理起来就更加棘手了。因为太子乃一国之储君，不可对之施以刑法。但是，如果对太子犯法而不予以追究，势必就会有上行下效的后果，知法犯法者会越来越多，那么新法自然就无法推行下去了。"

"自古以来，法之不行，皆因自上而犯之。公孙鞅要处理太子犯法问题，确实是一件非常为难之事。"邹正评论道。

黄须书生点了点头。

"先生，不好意思，岔断了您的话。您继续往下讲。"邹正突然醒悟到，不应该插话。

对于邹正的插话，其实黄须书生并不为意，见邹正主动道歉，便报以一笑，顿了一顿，接着说道：

"对于太子犯法一事，如何予以处理，公孙鞅犹豫了很久，也想了很多。但是，最后他还是下定了决心，认为太子触犯新法之事不能绕过，不仅要予以追究，还要借题发挥，将此事放大，杀一儆百。只有这样，才有可能遏制住这股知法犯法的逆流，将新法推行下去。也只有将新法推行下去，秦国才有可能实现富国强兵的目标，自己这个客卿才能在秦国立定脚跟，由此建功立业，实现自己远大的人生理想。下定决心后，公孙鞅征得秦孝公的同意，便将太子的两个师傅予以了重惩，课太子之傅公子虔以重刑，加太子之师公孙贾以黥刑。这一招果然奏效，一下子就震慑了秦国朝野上下。从此秦都太平了，秦国全境也太平了，再也没有人胆敢触犯新法。"

"先生，公孙鞅这一招，是不是老话所说的'杀鸡儆猴'呀？"

这一次，黄须书生不仅对邹春的插话没有生气，还颇是认同其自作聪明的评论，点头说道：

"说得对，很形象。"

"那先生继续往下讲。"邹春受到鼓舞，高兴地说道。

黄须书生看了一眼邹春，又扫视了一眼邹正与其他孩子，停顿了一会儿，才继续说道：

"新法又推行了一年，取得了更明显的效果。这时，秦国之都又有一群人聚集于街头，他们都是当初群聚街头议论新法不便的秦民。不过，这次他们不是议论新法的不是，而是认为新法很好。他们有些人甚至还跑到了公孙鞅官署，向他陈情，说当初他们不明白新法的好处，觉得有很多不便。但是，现在他们知道了新法的好处，表示衷心拥护。公孙鞅看到这些秦民对新法的态度发生了根本性变化，自然是打心眼里感到高兴。但是，他转念一想，觉得这些'乱化之民'妄议新法，不论说好说坏，其行为都是不可纵容的，必须严惩不贷。于是，他立即虎起脸来，厉声喝道：'新法便与不便，岂容尔等之人议论？'于是，当场颁布命令，将当初所有群聚街头议论新法的秦都之民一网打尽，将他们统统流放到了蛮荒僻远之地。从此以后，不仅秦国全境之内没有人再敢触犯新法，就是议论新法，也是不敢的了。"

"看来公孙鞅不是一个普通的书生，秦孝公没有看错人。如果没有他这样的铁腕手段，秦国的变法恐怕是难以成功的。"一直站在黄须书生身后的孩子，这次又发表评论了。

黄须书生点头笑了，仿佛被赞扬的人不是公孙鞅，而是他自己。

邹正见此，连忙说道：

"先生，那后来又怎么样了？请您继续往下讲。"

"经过公孙鞅不懈的努力，新法持续推行了十年，如今秦国早已改变了昔日荒远落后的面貌，出现了家给人足、山无盗贼、道不拾遗的局面，民心大悦。不仅如此，新法的推行还改变了秦国积久难除的不良民风，原来尚武好斗的秦民，在新法的威慑下，变得怯于私斗而勇于杀敌了，乡邑治安大为改观。由此，秦国呈现出一派民富国强的繁荣局面。今年春天，秦孝公执政已满十年。秦孝公觉得，经过十年的变法图强，秦国已经足够强大了。于是，先封公孙鞅为大良造，以褒奖其对秦国的贡献。接着，又任命他为主将，率十万秦国大军挥师东进，讨伐魏国，实现收复秦国河西故地的夙愿。结果，公孙鞅不负厚望，打得天下之霸魏国丧师失地，打得魏惠王顿足长叹，后悔当初没有听从魏痤的临终之言。"黄须书生说完，顾盼自雄地扫视了围在他身旁的孩子们，仿佛自己就是威风不可一世的大将军公孙鞅。

就在黄须书生讲完故事，众孩子一哄而散之际，孟仲来了。

"师兄，您怎么来了？"孟仲的突然出现，让邹正不禁大吃一惊。

"你还好意思问呢，先生让你们兄弟二人到集市买柴火，你们却在这里听人讲古。看回去先生怎么罚你们！"

邹正、邹春一听孟仲这话，这才想起正事，于是连忙在集市上看了几家柴火摊，胡乱地买了一些柴火，就跟孟仲一起回去了。

回去后，被孟轲盘问没几句，邹氏兄弟就将在集市上听讲古的原委和盘托出了，包括黄须书生所讲公孙鞅故事的全部。

孟轲耐着性子听完后，首先问邹正：

"公孙鞅是什么人？"

"秦国大良造呀！是推动秦国变法的大功臣。"邹正脱口而出。

"为师是问你，公孙鞅是学什么的？属于哪一学派？"

"公孙鞅是法家刑名之徒，自然是法家一派。"邹正望着孟轲，自信满满地答道。

"那你是学什么的？又是哪一学派的弟子？"

邹正觉得孟轲这话问得好多余，遂不以为意地答道：

"弟子是跟先生学习的，自然是先圣儒家一派了。"

"既然是儒家一派，你怎么那么热衷于法家刑名之徒那一套呢？"孟轲反问道。

"先生，弟子并没有热衷于法家刑名之徒那一套，而只是听了一个公孙鞅发迹变泰的故事而已。"邹正连忙辩解道。

"为师并不是一个有门户之见的人，并不像其他学派的人那样，没有容人之量，而是不认同法家的政治主张。我们儒家自先圣孔子开始，就主张以仁义治天下，以'仁者爱人'的理念善待天下万民。但是，法家则不一样，不论是早期的管仲，还是近期的李悝、吴起，都是主张严刑峻法，以高压政策治国安邦。管仲'牧民'之说，更是不把人民当人，而是看成牲口。先圣说过：'道不同，不相为谋。'既然你们投在为师门下，学习的是儒家之道，那么就应该不忘初心，牢记先圣的教诲，为王道社会、天下大同的理想而奋斗。尤其是在周公礼法崩坏、乱臣贼子遍天下的当下，作为儒门弟子、先圣之徒，更要坚守'无为其所不为，无欲其所不欲'的原则，不为外物与流俗所左右。"

"先生，什么叫'无为其所不为，无欲其所不欲'？"没等孟轲把话说完，邹春便脱口而出，问道。

"就是不做自己不愿做的事，不要自己不愿要的东西。换言之，就是要坚定信念，保持自己独立的人格，像先圣称颂的柳下惠那样，'不以三公易其介'。"

"先生，什么叫'不以三公易其介'？"这一次，插话打断孟轲的是一直在一旁听孟轲教训邹氏兄弟的孟仲。

孟轲看了看孟仲，又瞥了一眼邹氏兄弟，从他们的眼神中看出，他们似乎对柳下惠的典故都有兴趣，不禁心中窃喜，觉得这是一个对他们予以教育的极好机会，于是便好整以暇，从容说道：

"柳下惠是鲁国的先贤，早于先圣孔子一百多年。柳下惠曾在鲁国为士师，就是一个掌管刑罚诉讼的小官。当时，鲁国公室衰落，朝政被臧文仲等权臣把持。柳下惠为人正直，不肯逢迎权贵，自然在鲁国官场不受欢迎，接连三次遭到罢免，一生郁郁不得志。为此，先圣孔子一百多年后还为其鸣不平，说：'臧文仲其窃位者与？知柳下惠之贤而不与立也！'意思是说，臧文仲不是正人君子，是个窃政弄权的奸佞，所以明知柳下惠是贤者，却故意不让他参与鲁国朝政。柳下惠虽然在鲁国政坛屡受排挤，政治抱负难以施展，但是他道德学问誉满天下，所以当时诸侯各国之君都争相以高官厚禄来礼聘。然而，柳下惠并不为其所动，一一予以拒绝，一心一意钻研其学问。有人感到不解，就问其缘故。柳下惠回答说：'直道而事人，焉往而不三黜？枉道而事人，何必去父母之邦？'"

"先生，柳下惠说的是什么意思？"邹春听不懂柳下惠的话，问道。

"柳下惠的意思是说，他自己坚持正直做人的原则，所以在鲁国三次被罢官。如果这个做人的原则不改变，到了哪国不会被罢官呢？如果自己真的愿意放弃做人的原则，在鲁国就可以得到高官厚禄，又何必要舍近求远，远离生养自己的故乡呢？"

"看来柳下惠确实是有风骨，怪不得先圣对其人格称颂有加，还为他的遭遇鸣不平。"孟仲颇为感慨地说道。

邹正、邹春兄弟也连连点头。

孟轲见此，知道刚才的教育起到了效果，遂又趁热打铁地说道：

"天下有道，以道殉身；天下无道，以身殉道。这是圣人之徒应有的人格追求。从未听说圣人之徒，有以道殉人的。"

"先生的意思是不是说，作为先圣孔子之徒，天下政治清平，若有机会出担大任，就要躬亲实践，推行先圣之道；天下政治昏乱，就隐居不仕，谨守先圣之道；千万不可动摇信念，随波逐流，不惜以牺牲道义为代价，来迁就王侯与他人。"孟仲望着孟轲，问道。

孟轲点了点头，看着孟仲，脸上露出了欣慰的笑容。接着，他把目光转向了邹正与邹春，语重心长地说道：

"为师并不是对公孙鞅有成见，而是非常看不起他的为人。作为一个读书人，不管信奉哪家哪派学说，都应该是发自内心地认同。既然认同了，就要坚守信念，始终如一，不应该受外物或流俗左右，更不应该受利益驱动，忘记初心，改变信念，随波逐流。他四次谒见秦孝公，每次的思想主张都不一样。这就说明，他没有坚定的信念，没有发自内心地认同哪一家学派的学说。第一次谒见，他以古帝君之德说秦孝公，表面看来他是信奉儒家之道，认同三代之英尧、舜、禹的道德人格。第二次谒见，他以王道说秦孝公，表面上看仍然信奉儒家之道，认同先圣王道社会、天下大同的理想。但是，第三次谒见却改以霸道学说游说秦孝公。得到秦孝公的赞赏后，第四次谒见则极力迎合其心理，大谈王霸之道、刑名之学，主动提出要为秦国进行政治改革。这说明什么？说明他根本就不信奉任何一家一派学说，没有任何信念，只受利益驱使，只要秦孝公喜欢，能给他荣华富贵，他就主动迎合其心理，满足其欲望，为秦国效力，为秦孝公卖命。甚至不顾道义，出师无名，攻伐魏国，不惜以涂炭魏国万千生灵为代价，博取自己的名利。这样的人，说他是法家刑名之徒，实在是侮辱了法家，侮辱了管仲、李悝、吴起。依为师看，公孙鞅压根儿就没有灵魂、没有信念，是个唯利是图的小人，不配为士。当今社会，诸如公孙鞅之流并不少见，希望你们擦亮眼睛，看清他们的本质。为师更希望你们，既然投在为师门下学习儒家先圣之道，就要坚定信念，不忘初心，始终牢记先圣王道社会、天下大同的理想，直面当今动荡的时局与混乱的现实，像先圣一样，知其不可为而为之。只要儒家弟子坚定信念，一代一代接续努力，发扬光大先圣的学说，相信总有一天，王道社会、天下大同的理想是会实现的。"

"先生教诲的是，弟子谨受教！"孟仲、邹正、邹春三人异口同声地说道。

三、君子有三乐

周显王二十年（公元前 349 年）孟春二月，孟轲为人师已经五年有余，门下聚集的弟子也已增至十人，教学气氛比往昔明显要热烈多了。虽然弟子多，教学负担更重了些，但孟轲却是打心眼里感到高兴，因为他似乎看到了儒学复兴的曙光。

二月十五，孟轲跟往日一样，一大早就起来了。辰时不到，他就来到院外，立在门口，往左右两旁的街道上张望。因为他的弟子都是左邻右舍人家的孩子，就住在离此不远的地方。

站了约有烙两张大饼的工夫，还不见有弟子来上学。孟轲下意识地抬头看了看天，想看看太阳升起的位置，但是前面的房子挡住了视线，只望见满天霞光，映红了远近的房屋与树木。鸟儿们不知是否被霞光迷了眼睛，不断地来回飞蹿于房檐屋顶与树木之间。孟轲觉得有趣，望着霞光与飞鸟，一时忘记了所为何事。

"先生，真是好兴致呀！怎么一大早就起来看霞光、看飞鸟？"正当孟轲一时失神之际，邹春不知从什么地方突然蹿了出来。

孟轲闻声收回了视线，看到是邹春，便随口问道：

"邹正呢？他怎么没来？"

"他还在家睡懒觉呢！这几天他老是喊着困得很、困得很。"邹春嘻嘻笑道。

"不会吧，他虽然只比你大一岁，但比你懂事多了。"

"先生，你们在说什么呢？"孟轲话音未落，邹正已经来到了面前。

孟轲闻声转过头来，笑着说道：

"邹春正说你坏话呢。"

"没有的事，先生在跟你说笑呢。"邹春连忙否认。

没想到，孟轲一改往日的一本正经，看着邹正，笑着说道：

"邹春说你这几天老喊着困得很、困得很，还在家里睡懒觉呢。"

"先生，他的话您也信呀！说起来真是笑死人，快一个月的时间了，每天早上都是我生拉硬拽地把他从席上拽起来的。今天我来晚了，是因为要帮我娘打水。"

没等孟轲与邹春再接话，孟仲已经到了面前，望着孟轲，笑着说道：

"先生，你们刚才在说什么呢？好像很热闹的样子。"

"师兄，我们没说什么。只是刚才先生说到，今天天气特别好。"邹春脱口而出。

孟仲信以为真，遂连忙望着孟轲，说道：

"先生，既然如此，那么今天索性就不在家里上课，我们一起到郊外走走，一边看看春色，一边听您给我们讲讲学问，如何？"

孟轲点了点头，但没过一会儿，突然转过脸来，看了一眼邹春，又看了看孟仲，哈哈大笑道：

"原来你们是合谋串通好了，今天不想上课，要外出踏青游玩，是吧？"

"先生，冤枉呀！"孟仲与邹春几乎是异口同声地说道。

"怎么冤枉了？为师今天根本就没说过天气好的话，完全是邹春假借为师之口，先抛出话题，然后让孟仲顺水推舟，向为师提出要求，不是这样吗？"孟轲反问道。

"先生，您想多了，没有这回事。邹春只是今天看到您心情好，所以才敢信口胡诌。师兄不明就里，这才顺着邹春的话，向您提出了外出踏青的建议。如果他们事先有串通合谋，弟子一定是知道的，他们以前什么事瞒过了我？"邹正打圆场道。

孟轲觉得邹正说得有理，遂看了看邹正，又扫视了一眼孟仲与邹春，说道：

"如果你们没有欺骗为师，那么今天就不在家里上课了。待会儿，你们的其他几位师弟都到齐了，我们就出发。"

过了约有烙两张大饼的工夫，其他几个弟子都到齐了。于是，师生一行十一人便浩浩荡荡地出发了。

出得城来，师生一行在离城约一里地的一个小土丘边停下了脚步。

土丘并不高，顶多也只有五丈左右，却是视线所及的唯一制高点。孟轲抬头看了看，稍稍犹豫了一下，然后就抬脚往上而去。众弟子见此，连忙跟上。不大一会儿，师生十一人就都登上了土丘之巅。

土丘从上到下没有一棵树，只有刚萌生的青青小草，浅浅地贴着地表，疏疏落落地生长着。小草之中间杂了一些不知名的野花，看起来倒有些生机盎然的情趣。土丘虽有拔地而起之势，但因顶部平坦，因此孟轲立于土丘之上，丝毫没有耸立山巅的感觉，而只像是立于一个地势较高的台地。尽管如此，但毕竟立足之处较周边有些高度差，所以孟轲极力远眺，还是觉得视野非常开阔，远处的丘陵山峦、近处的溪流小河尽收眼底，春色扑面而来，自己仿佛是在欣赏一幅生动的山水画卷。

"先生，城外的春光是不是跟城里大不一样？今天是不是不虚此行？"看着孟轲远眺沉醉的样子，邹正凑近孟轲身边，怯怯地问道。

孟轲没吱声，继续极目远眺，作沉醉之状。

邹春见哥哥在跟孟轲说话，遂连忙凑过来，问邹正道：

"你们刚才在说什么呢？"

邹正指了指孟轲，示意他不要打扰孟轲远眺沉思。邹春向邹正做了一个鬼脸，连忙退到一边。

"先生，您看，那边是不是有一条河流？我们在此凭高远眺也够了，是不是移步往那河边看一看？登高远眺之乐，当然会让人有一种心旷神怡之感；但临水观鱼之乐，亦自有一番别样的情趣，是吧？"就在邹春刚退到一旁后，孟仲又走到了孟轲身边，一边手指土丘左前方，一边轻快地说道。

邹正一听孟仲这话，连忙侧脸望了一眼孟轲，随声附和道：

"师兄说得对！"

孟轲先是假装没听见，继续作远眺沉醉之状。过了一会儿，突然没来由地点了点头。

邹正一看，立即明白，孟轲事实上是听进了孟仲刚才所说的话，于是连忙大声招呼大家，说道：

"师弟们，你们都过来，快跟先生一起到前边的河边去观水。"

邹春跟其他七位师弟一听，连忙停止了说笑，马上围了过来，跟在孟轲后面鱼贯而下，一溜烟地奔下了土丘。

师生一行走走停停，约有半个时辰，才到了小河边。

"先生，刚才我们看这河就近在咫尺，怎么要走这么久才到呢？"刚在河边立定，邹春就忍不住问孟轲道。

"刚才你是在哪里看到这条河的？"孟轲反问道。

"在山顶呀！"

邹春话音未落，孟仲不禁哈哈大笑，直视邹春说道：

"师弟，那叫山呀？你真是没见过世面！那是土丘，不是山。先圣说'登东山而小鲁，登泰山而小天下'。可见，山是很高很高的，登顶而望，视线所及能够看到一国，甚至整个天下的，那才叫山。"

"师兄，您不能这样说。先圣周游列国，见多识广，他眼里的山自然跟我们眼里的山是不一样的。我们生在邹国，国比鲁国小，自然山的标准也比鲁国低。"邹春反驳道。

孟轲听了孟仲与邹春的争论，不禁哑然失笑。

邹正看了看孟轲，感到不解，遂顺口问道：

"先生，您笑什么？"

孟轲看了一眼邹正，又扫视了一下其他弟子，笑道：

"其实，叫山也好，叫丘也罢，都是没有什么区别的，只是一个名称而已。事实上，山与丘都是相对的。就先圣而言，在他没有见过其他更高的山之前，他可能认为鲁国的东山很高，称之为山。但是，在见到比东山更高的泰山之后，他可能就认为东山不是山，而是小土丘了。就邹春而言，也是一样。他从小生长于城中，连个高点的土堆都没见过，今天猛然见到高达数丈的土丘，他怎么不认为这就是山呢？"

"先生说得太有道理了！"邹正脱口而出。

"刚才邹春问，为什么这条河望着近，却走着远？其实，这个问题并不难，只要你们用心思考一下，就能自己找到答案。平时大家不都经常说'登高望远'吗？站在地势高的地方，不管是山，还是丘，视线所及都比平地而望要远得多。这条河流既然是我们刚才登高而望所见，自然离我们当时立足之处距离较远，所以才会要走半天才能到达。是不是这个理？"孟轲扫视了一眼众弟子，问道。

众弟子连连点头称是。

孟轲说完，信步走到河边，众弟子也随后跟上。

邹春傍着孟轲，立在河岸，看了一会儿，发现河道并不宽阔，也不见浩荡的水流，只有一小股涓涓细流，于是不禁失望地说道：

"这哪是河？连条小溪也算不上，简直就是一条小水沟而已。"

"邹春，你不要小看这涓涓细流。没有这涓涓细流，也就没有大江大河。大凡大江大河，都是由这样的涓涓细流汇聚而成。老话说：'涓流汇成河'，说的就是这个道理。依为师看，这里应该是河的上游，我们往下游走，一定能看到宽阔的水面。"孟轲自信地说道。

"先生说得对。越往下游，汇入的涓涓细流就会越多，自然水流就大了，河面就宽阔了。"孟仲附和道。

"既然如此，先生，那么我们就往下游去看看，如何？"邹正提议说。

孟轲点了点头。

于是，大家一起顺着水流的方向往下游而去。

走了大约有一个时辰，师生一行终于看到了一处宽阔的水面。

来到水边，孟轲甫一定，便情不自禁地向对岸望去。这才发现，这处水面之所以如此宽阔，原来是另有两条支流汇入。远远望去，大致能够看出它们是分别从东北与西北两个方向蜿蜒汇聚至此的。

"先生，您看这里不仅水面宽阔，而且两岸的草木也长得茂盛，花儿也多，五彩缤纷，就像一个大花园，跟我们在上游看到的景色完全不同。"正当孟轲凝神观照河对岸的风物景致时，邹春兴奋地说道。

"先生，您再看，那边有好多蝴蝶在飞呢。"邹正也兴奋起来。

孟轲听了邹氏兄弟的话，情不自禁地从河对岸收回了目光，转向四周看了看，又抬眼望了望天空，轻轻地点了点头，脸上露出了欣悦之色。

孟仲见此，连忙说道：

"先生，这里视野开阔，景色也好，我们是否就在此多歇息一会儿，一边欣赏风景，一边听您给我们讲讲学问。"

"师兄说得对。"邹氏兄弟连忙附和，其他几个小师弟也纷纷叫好。

孟轲点头表示同意后，孟仲立即到水边踩点，意外地发现不远处的河边竟然有一块大石头，不知是从何而来，因为这里是平原，没有山。孟仲走近那块大石头，发现颇是平滑，就在临水的岸边，离水面不过几尺而已。孟仲在石头上坐下，将腿前后伸了伸，觉得还挺舒服，于是立即起身去请孟轲。

孟轲移步来到水边大石前，抬眼朝河对岸看了看，又低头向水面看了一眼，便提起衣裾，在大石上坐下了。众弟子围在他身旁，席地而坐。

没坐一会儿，邹春与其他七个小师弟耐不住了，起身去玩水。孟仲与邹正一左一右，陪在孟轲身边说闲话。说着说着，突然由游春之乐说到了先圣孔子与弟子游春的事。孟仲立即抓住机会，跟孟轲央求道：

"今天先生既然说到先圣与众弟子游春之事，是否给我们讲讲这段故事呢？此情此景，是再合适不过的了。"

孟轲看了看孟仲，又扫了一眼邹正，稍稍犹豫了一下，然后点了点头。

邹正见此，立即大声冲邹春与众师弟喊道：

"邹春，你快带小师弟们回来，别玩水了，来听先生讲故事。"

邹春与其他小师弟一听孟轲要讲故事，立即停止了玩水，撒腿就跑回孟轲身边，端端正正地席地坐好。

"先生，师弟们都到齐了，您可以讲了。"孟仲望着孟轲，催促道。

孟轲沉吟了一下，然后朝河对岸看了一眼，才从容说道：

"先圣代摄鲁相之职，主持了一段时间鲁国的国政后，因为'女乐风波'之事，跟鲁定公与冢宰季桓子发生了矛盾，负气出走，离开了鲁国。"

"先生，什么是'女乐风波'？"

孟轲刚说了几句，就被邹春给岔断了。孟轲看了看邹春，倒是没有生气，只是莞尔一笑，说道：

"这是鲁国历史上一个重要的事件。先圣为鲁国大司寇，并代摄鲁相之职，虽然时间不长，但将鲁国治理得井井有条，鲁国政治出现了前所未有的安定局面。齐侯听说先圣治国有方，鲁国大有迅速崛起之势，担心日后会威胁到齐国的安全，于是就使了一计，派人以祝贺鲁国大治为名，送了鲁定公文马三十驷、美女八十人，目的是让鲁国君臣沉溺于享乐之中，自我消磨意志与进取之心。鲁定公不知是计，就在季桓子的怂恿下，收下了齐侯之礼。然后，君臣二人各分得四十名美女，日夜寻欢作乐，不理朝政。先圣得知原委后，力谏鲁定公与季桓子，指出这是齐人之计，但是鲁定公与季桓子就是执迷不悟。先圣一时愤激，遂负气辞职，离开了鲁国。"

"哦，原来如此。"邹春恍然大悟道。

邹正不满地看了邹春一眼，望着孟轲说道：

"先生，您接着讲。"

"先圣离开鲁国后，带着弟子周游列国了几年，始终没有得到诸侯各国之君的重用，理想与事业都遭遇了重大挫折。但是，先圣并不气馁，始终保持乐观的人生态度。在卫国赋闲的日子里，他常常跟弟子们坐而论道，讲说学问，倒也其乐融融。有一年，也是初春时节，一个阳光明媚的日子，先圣一时兴起，带着子路、曾皙、公西华等一众弟子到卫都帝丘城外踏青游春。来到一条小河边，坐下跟弟子观水闲聊没多久，冉有突然来见。先圣一见是冉有，先是一愣，继而眉开眼笑。"

"为什么？"邹春又忍不住了。

"因为冉有是先圣的得意弟子，先圣因'女乐风波'愤而离开鲁国以后，他留在了鲁国没走，二人已有好多年没有见面了。"

听孟轲说冉有是孔子的得意弟子，孟仲不禁起了疑问，问道：

"先生，既然冉有是先圣的得意弟子，那当初他怎么不跟子路、曾皙、公西华等人一起，追随先圣一起离开鲁国呢？"

孟轲呵呵一笑，看了一眼孟仲，说道：

"其实，冉有并非不愿意追随先圣一起离开鲁国，而是受先圣的嘱托而特意留在了季桓子的冢宰府，目的是掌握鲁国的朝政动态。"

"先生这样一说，弟子就明白了。先圣虽负气出走，但其实是人在外而心在鲁，仍然不能忘情于父母之邦。"邹正插话道。

孟轲点了点头，接着说道：

"正是。先圣见了冉有，没有跟他叙一句离别思念之情，而是开门见山就问起了鲁国的情况，上自政坛异动，下及百姓生活，还有曲阜街巷市井之事。谈着谈着，冉有说到了自己在季氏府中任职的苦恼，觉得在季氏府中做个管家，苟且偷安，并非他的人生志向。先圣听了，立即反问道：'阿求，那么你的人生志向究竟是什么呢？'刚刚还侃侃而谈的冉有，突然间被先圣这样一问，反而不好意思了，一时为之语塞，不知说什么好了。先圣见冉有窘迫的样子，连忙笑了笑，打圆场似的说道：'为师比你们的年纪都大，但不要因为这个原因，你们就不敢在为师面前尽情地说出自己的志向。平时你们不都老是抱怨别人，说他们不了解你们吗？如果有人想了解你们，那你们应该怎么办呢？'"

"先圣这样鼓励，那冉有说出自己志向了吗？"邹春问道。

"没有。冉有性格内敛、为人低调，所以，虽有先圣的鼓励，却仍不愿开口。但是，性格开朗、为人率直的子路，这时却憋不住了，没等先圣问他，他就自言其志道：'一个千乘之国，夹处几个大国之间，外有强敌入侵，内有连年灾荒，若让弟子去治理，只要三年，弟子便可使其国民个个有勇气，人人懂道义。'子路说完，得意地看了看先圣。但是，先圣却微微一笑，不置一词。见先圣不发表意见，其他弟子也就不敢贸然说出心声了。"

"先圣对子路率尔言志而不置一词，是不是觉得子路过于自负？"孟仲问道。

孟轲点了点头。

"后来呢？先生，您接着往下讲呀！"见孟轲停顿了好久，没有再往下讲，邹春便有些着急了。

孟轲看了看邹春，笑了笑，又抬眼望了望河对岸，然后才接着说道：

"子路率尔言志，虽没得到先圣的正面评价，却给其他师兄弟作出了榜样。当先圣再次要冉有自言其志时，冉有就鼓起了勇气，怯怯地说道：'一个方圆六七十里，或是五六十里的小地方，若让弟子去治理，三年期满，弟子可以让老百姓都能富足。至于礼乐方面，弟子则不敢夸口，只好等待贤人君子来完成了。'说完，冉有低头退到一旁，不敢抬头看先圣。先圣没有立即评论冉有的说法，而是转向公西华，让他也自言其志。公西华看到先圣直视过来的眼光，立即低下了头。他犹豫了一下，最后还是作了回答：'治国安邦之事，弟子不敢说有那个能力，但是愿意学习。如果是宗庙祭祀或与外国盟会，弟子倒是愿意穿着礼服，戴着礼帽，做个小傧相。'先圣听了，也没说什么。"

"子路说了，冉有说了，公西华也说了，剩下还有曾皙，他是怎么说的？"孟轲还没说完，嘴快的邹春又插话了。

邹正白了邹春一眼，说道：

"你怎么老是打断先生的话呢？先生，您继续往下讲。"

孟轲看了看邹正，又看了看邹春，莞尔一笑。顿了顿，扫视了一眼其他弟子，看了一会儿水面上的涟漪，又接着说道：

"公西华说完，先圣转向曾皙，让他也自道其志。曾皙本来在一旁调瑟，突然听到先圣点名要他说说自己的志向，立即'铿'的一声结束了弹瑟，霍地站了起来，非常谦恭地说道：'先生，弟子的想法恐怕跟三位师兄都不一样。'先圣鼓励说：'不一样有什么关系呢？只是说说自己的志向而已。'曾皙听先圣这样说，遂从容回答道：'暮春三月，春服裁成，穿上它，与五六位成人，最好还有六七个儿童，一起到沂水中洗个澡，再到舞雩台上吹吹风，纳纳凉，然后唱着小调回家去。'曾皙话音未落，先圣立即击节赞叹道：'说得真好！我赞赏你的主张。'"

"先生，为什么先圣对其他弟子的志向都不予以认同，而要独独赞赏曾皙的志向呢？"孟仲感到不解，望着孟轲问道。

孟轲见孟仲一脸的困惑，不禁呵呵一笑，说道：

"别急啊！你听先圣怎么说。"

"先生，您接着讲。"邹正催促道。

"子路是个率直的人，听了先圣对曾皙的赞扬，就有点不乐意了，于是又率尔说道：'弟子言志，先生为何笑而不答，似乎笑中还暗含某种玄机。'先圣见子路问得直接，便也非常直接地回答道：'阿由啊，治国以礼，你说话一点儿也不懂谦逊，所以为师笑你。'子路反问道：'那冉有也够谦逊了吧，您怎么也不认同呢？'先圣说：'阿求所说，也不谦虚呀！方圆六七十里，或五六十里，怎么见得就算不得是一个国家呢？'子路虽然觉得先圣这样说也有些道理，但仍然不服气，又反问道：'公西华只想做个小傧相，并没说治国安邦，您怎么也不认同呢？'先圣笑道：'宗庙祭祀，诸侯会盟，说的不是国家之事吗？阿华如果只能做个小傧相，那么谁做得了大傧相呢？'"

"这一次，子路该服气了吧？"邹春问道。

孟轲哈哈一笑，说道：

"子路是何许人也？大家都以为先圣说到这个地步，他一定是哑口无言了。没想到，先圣话音未落，他就脱口而出：'弟子记得先生曾自述其志是：'老者安之，朋友信之，少者怀之。'请问先生，您以前所说的志向可是治国安邦啊！您刚才赞同子晳洗澡唱小调的志向，是不是说话前后矛盾？'"

"先生，子路的反问不无道理呀！那先圣怎么回答？"孟仲顿时兴味盎然起来。

"先圣当然只能是顾左右而言他了。因为先圣毕生都是志在恢复周公礼法，实现王道社会、天下大同的目标，怎么可能是洗澡唱小调呢？说欣赏曾晳的人生理想，只不过是他说话当时不得意的心境展露而已。"孟轲说道。

"听了先生刚才所讲先圣及其弟子各言其志的故事，弟子就想请教先生一个问题。"

孟轲一看说话的是充虞，不禁吃了一惊。他是去年刚入门的弟子，跟其他六位后入门的弟子一样，大凡有孟仲、邹正、邹春三位大师兄在场，他从未开口说过话。这一次，他竟然敢当众向自己提出问题。

跟孟轲一样，孟仲、邹正、邹春一听充虞要向孟轲提问，自然更是吃了一惊，目光齐刷刷地转向了充虞。

孟轲见此，一改平日一本正经的态度，亲切地对充虞说道：

"充虞，你有什么问题，尽管向为师提出。"

充虞见孟轲语带鼓励，遂望着孟轲，大着胆子说道：

"先圣与其弟子踏青游春，各言其志，在历史上留下了一段佳话。今天先生是否也可以跟我们弟子说说您的志向？"

充虞的这个问题，不仅孟仲、邹正、邹春三人没想到，就是孟轲本人也未曾想到，当然其他六个小师弟更不可能想到。大家先是愣了一下，接着似乎像约好了一样，目光一起投向孟轲，几乎异口同声地说道：

"先生，您就说说吧。"

孟轲看了看十个弟子，沉吟了好一会儿，最终才开口说道：

"为师不敢与先圣相比，也不敢攀附七十二贤，所以没有什么大的志向，只想做一个教书育人的先生，弘扬先圣的思想，为复兴儒学尽一点绵薄之力。”

“为什么先生的志向是教书育人，而不是其他什么呢？”邹正反问道。

孟轲明白邹正所说的“其他”是什么意思，就是时下天下读书人趋之若鹜地游说诸侯，对荣华富贵孜孜以求，于是笑着说道：

“为师以为，君子有三乐，而王天下不在其中。”

“先生的意思是不是说，您志不在治国安邦，没有企图以德政而使天下人归服之想。”邹正问道。

孟轲点了点头。

“先生，人各有志，这个弟子表示理解。但是，不知先生所说的君子三乐，究竟是指哪三乐？”孟仲紧接着邹正的问题，追问道。

“第一乐是，父母都健在，兄弟无灾患；第二乐是，抬头无愧于天，低头无愧于人；第三乐是，得天下英才而教。”孟轲答道。

“先生之志，是不是就是六个字：孝友、慎独、育人？”孟仲侧脸望着孟轲，问道。

孟轲点了点头。

孟仲哈哈一乐，脱口而出：

“看来，先生其志不在小，是在向先圣看齐，要做圣人呀！”

“这话怎么讲？”孟轲反问道。

“众所周知，先圣一生都在敬父母、友兄弟，曾有感于皋鱼‘树欲静而风不止，子欲养而亲不待’的痛慨，而力劝追随他的弟子们回家孝养父母。可见，先圣事实上是把孝置于其‘克己复礼’的政治理想之上的。”

孟轲听了孟仲这番话，不禁对之刮目相看，情不自禁地点了点头。

孟仲受到鼓励，又接着说道：

“先圣一生都特别强调君子之德，其门人曾子有‘君子慎其独’之说。这明显是先圣重视对弟子进行道德培养的结果。曾子看重个人道德操守，强调在无人监督的情况下自觉守住道德底线，不能不说是受到了先圣思想的影响。”

孟轲听了，又点了点头。

“先生刚才也说过，先圣曾做过鲁国的大司寇，还代摄过鲁相之职。但毕竟为官时间不长，终其一生的主要精力都是奉献在了教书育人上，是个不折不扣的教书匠，一生诲人不倦、乐此不疲，所以才会有弟子三千、贤者七十二。可见，先圣终其一生是以育人为乐的。”孟仲补充道。

孟轲再次点了点头。

"既然先生同意师兄的分析，那么先生之志也就再清楚不过了。先生是既要当天下孝悌的楷模，又要做慎独守志、道德高尚的君子，更要做传承先圣思想、培育天下英才的万世师表。这不是成圣之志，又是什么？"

听邹正将话说得如此直白，孟轲就有些不好意思了，于是侧脸看了邹正一眼，反问道：

"为师什么时候说过志在成圣了？"

"其实，先生还需要明说吗？我们是您的弟子，这些年您对弟子们的言传身教，哪一言哪一行不在彰显您的志向？"孟仲立即为邹正补台道。

邹春明白孟轲的心理，也了解孟仲与邹正的用意，遂连忙接口，岔开他们争论的话题，向孟轲提了一个问题：

"先生，弟子问您一个问题，不知可否。"

"但问无妨。"孟轲爽快地答道。

"弟子曾记得先生说过一句话：'人之患在好为人师。'既然先生认为'好为人师'是'人之患'，是人性的一个弱点，那么先生为什么还热衷于开馆收徒，甘为人师呢？"

孟轲一听是这个问题，立即冲着邹春一乐，愉快地答道：

"其实，'好为人师'并不都是'人之患'。关键在于，好为人师者自己是不是真有学识。如果真有学识，好为人师就不是'人之患'，而是'人之益'。因为不论是就某一问题教导别人，或是对其错误有所指正，都是于人有益的；如果没有学识，却要自以为是，动不动就喜欢教训别人，那就令人讨厌了，这才是'人之患'。"

"先生这样说，弟子就明白了。"

看着邹春恍然大悟的样子，孟轲感到颇是欣慰，脸上露出了少见的笑意。

孟仲见孟轲笑了，还显得相当可爱，一时忘了师道尊严，脱口而出：

"弟子觉得，今天跟先生出来踏青游春，收获的快乐不只是在山水之间，而是第一次见到先生敞开心扉，让弟子们真切地了解到先生的平生之志。"

"师兄说得对，相对于先圣的弟子，我们算是幸运得多了。"

听了邹正这话，孟轲突然醒悟，孟仲与邹正一唱一和，原来是要套自己的话，让自己夫子自道，将生平之志、心底之声和盘托出，这岂不是着了他们的道吗？于是立即坐直身子，摆出先生的架势，扫视了一下围坐在身边的十个弟子，一本正经地说道：

王道梦

"既然为师已经自述其志了，那么下面就该轮到你们了。"

孟仲一听，马上反应过来，连连摆手，说道：

"弟子学业未成，还没资格自言其志。"

邹正、邹春见孟仲推辞，自然也是连连摆手，侧过脸去，不接孟轲的话茬。而其他的后进弟子，一听孟轲要他们各言其志，索性一骨碌从地上爬起，撒腿就跑开了。

第二章

入 齐

王道梦

　　听孟仲深情回忆了孟轲初为人师的往事，大家都无限感慨。望着孟轲的新坟，大家一时陷入了沉默。

　　突然陈代打破了沉寂，转向公孙丑与万章，说道：

　　"二位师兄，你们虽然是先生入齐后才投在先生门下的，不是先生在邹最早所收的及门弟子，却是先生晚年最得力的助手，也是先生最引以为傲的得意门生。特别是万章师兄，为了照顾先生的晚年生活，一直以邹为家，远离故国，侍奉在先生身边。除了协助先生教书育人，还协助先生序《诗》《书》，述先圣之意。又仿先圣弟子辑录先圣之言而成《论语》之所为，搜集整理先生行事之略、耳提面命之言，作《孟子》七篇，可谓为功大矣。而今先生不在了，后事也已办妥，不知二位师兄什么时候动身回国？"

　　公孙丑与万章看了看陈代，没有立即回答。

　　陈臻了解公孙丑与万章此时此刻的心情，毕竟他们跟孟轲的感情远比其他弟子要深得多。见他们态度凝重，遂连忙转移话题，望着孟仲与充虞说道：

　　"刚才陈代师弟说到先生第一次入齐的事，据说当年是大师兄、二位邹师兄，还有充虞师兄陪同的，不知四位可否给我们同门讲讲其中的经过？"

　　"还是让大师兄来讲吧。如果大师兄没讲到的，我们再补充吧。"邹正立即呼应，脱口而出。

孟仲没有立即接邹正的话，而是下意识地捋了捋飘胸的白须，久久凝视着孟轲的新坟，陷入了沉思。

一、夹谷忆圣

周显王二十二年（公元前 347 年），齐国经过一系列政治改革，君臣上下一心，励精图治，早已崛起成为东方大国。齐威王为了扩大齐国的政治影响，进一步壮大齐国的力量，问鼎天下霸主的地位，不惜重金，将齐桓公田午时期就已开始修筑的稷下学宫的规模进一步扩大，厚招天下文学游说之士。一时间，诸子百家的头面人物以及追随者云集于稷下讲学论道。各家代表人物都极力宣扬自己学派的学说或政治主张，相互辩论是常态，相互攻击也是常态，呈现出一派百家争鸣，无人能主沉浮的局面。

孟轲虽然一直身处偏僻的邹国，但对天下大势与发生在齐国稷门之外的事情还是有所耳闻的，对于名家与墨家学说的影响不断扩大，而儒家学说的影响日渐式微的现实十分忧心，曾对弟子们沉痛地说道："杨朱墨翟之言盈天下，天下之言不归杨则归墨。"

天下之士云集稷下的消息，虽然早在很多年前就已传到邹国，孟仲、邹正等弟子也曾多次建议孟轲前往齐国稷下学宫，跟诸子百家各派人物切磋交流，宣扬先圣思想，扩大儒家学说的影响，但直到周显王二十二年的十一月底，孟轲都未下定决心。原因并不是他不想宣扬先圣的政治理想，扩大儒家学说的影响，当然也不是对自己的学识没有自信，没有勇气与能力参与稷下学宫诸子百家的学说争论与思想交锋，而是因为他的父亲刚过世不久，他需要侍奉母亲，不能出外远游。先圣孔子"父母在，不远游"的教诲，从小就铭刻在他的心田。

就在孟轲还在为事业与尽孝问题而左右为难之时，孟仲与邹正二人早已在暗中商量，准备游说孟轲尽早下定决心，作出入齐和游学稷门的决策。

十二月初五，孟仲一大早起来，揉着惺忪的睡眼，打开大门。像往日一样，走到门外，他首先抬眼看了一下天，发现一连三天阴沉的天空突然明亮起来，不禁大喜。信步走出小院，再看东方，只见一轮红日已经跃上不远处的树梢，万道霞光把整个大地都映红了。站在院外，看着空无一人的街道，虽然觉得有些冷清，但一点儿也感觉不到寒冷，跟前些天刺骨的体感完全不同。孟仲情不自禁地抬眼看了看远近的树木，发现虽都是光秃秃的，但无论是大树还是小树，枝条是粗是细，都纹丝不动，这才意识到今天完全没有风。

正当孟仲站在门前街上发呆之际，突然肩膀被人拍了一下。孟仲连忙转身，发现原来是调皮的师弟邹正。

"师兄，一大早站在街上干什么呢？"邹正看着一脸诧异的孟仲，问道。

"我想出来吹吹风，但是站了半天，发现今天没有风。"孟仲诡异地笑了笑。

"师兄，别说笑了。现在是冬天，不是春天，更不是夏天。这大冬天的，哪有人要到外面吹风的？"

"师弟，你看今天天气这么好，你看我们今天是不是应该干点什么呢？"孟仲又是诡异地一笑。

"师兄，您今天说话怎么这么怪？天气好就要干些什么吗？"邹正更加不解了。

"好，不跟你绕弯子了。前些天，你不是跟我说，要劝说先生入齐，到稷下学宫走一趟，跟诸子百家的代表人物会一会，趁机也宣扬一下先圣的思想，扩大一下我们儒家学说的影响，不能让杨朱、墨翟之徒专美于稷下，让他们的歪理邪说大行其道吗？"

"是啊！师兄，您不也是这样想的吗？"

"刚才你没来时，我就在心里盘算着这事，觉得今天是最好的机会了。"

"为什么？"邹正不解地问道。

"今天天气好呀！"

"师兄，天气好不好，跟劝说先生入齐，游学稷下学宫，有什么关系吗？"

"师弟，你不明白天气好坏跟人的心情好坏有关系吗？"

"有点关系。"邹正点了点头。

"师弟，不是有点关系，而是大有关系。一个人心情好时，往往听得进别人的进言。而心情不好时，再好的进言也听不进去。所以，我想今天就去进谏先生，让他下定决心，早点入齐，到稷下学宫游学交流。"

"不过，师兄，我觉得劝说先生入齐将面临两个难题。"

"哪两个难题？你说。"

"第一个难题是，先生是孝子，其父今年刚刚过世，其母新寡，先生不可能为了自己的事业与理想而不顾寡母，自己远走他乡。"

"这个考虑是对的。不过，这不能构成我们劝说先生入齐的障碍。"

"这话怎么讲?"邹正问道。

"先生的母亲是天下有名的贤母。在先生小的时候,为了先生一心向学,她曾三迁其家;为了先生不辍向学之志,她曾断杼毁织。如果不对先生寄予厚望,她是不会如此煞费苦心的。所以,只要先生下定决心往稷下游学,相信她一定会予以支持的。"

"师兄说得也有道理。"

"还有,齐国并不比秦国、魏国,不是远在天边,而是近在咫尺,齐都临淄离邹距离更近,要不了几天就能到达,并无多少路途颠簸之苦。因此,我们还可以给先生提一个建议,让先生带着他的母亲,还有我们师娘一起入齐。这样,先生就无后顾之忧了,既有事业上的进取,又兼顾了孝道与夫妇之爱,可谓两全其美。"孟仲信心满满地说道。

"师兄说得确实有道理。也许第一个难题还不算什么,但第二个难题恐怕就真是难题了。"

"师弟,你说,第二个难题是什么?"孟仲问道。

"第二个难题是,我们以什么说服先生下定决心入齐?"

"当然是以弘扬先圣的思想,扩大儒家学说的影响为说辞了。除此,也别无其他有力的说辞。"孟仲脱口而出。

"师兄,您这个思路当然没有错。只是我们以什么为切入点,才能打动先生之心,激发其男儿立志出乡关的情感冲动?"

"这倒是个问题。先生本来就能说会道,向来都是他说服别人。别人想要说服他,恐怕并不是那么容易。"孟仲凝视远方,好像是自言自语道。

邹正点了点头。

于是,二人一时陷入了沉默。

过了一会儿,邹正突然一拍脑袋,哈哈大笑道:

"有了,有了!"

"有什么了?"孟仲看着邹正,不解地问道。

"有办法了呀!"

"什么办法?快说!"孟仲催促道。

"师兄,您知道邹忌吗?"

"当然知道,不就是鼓瑟谏威王的书生吗?据说他就是从我们邹国出去的,现已是一人之下、万人之上的齐国之相了。"孟仲答道。

"那师兄知道他具体的发迹变泰经过吗?"

孟仲摇了摇头。

邹正看了看孟仲，不无得意地笑了。

孟仲不明白邹正为什么笑，遂追问道：

"师弟，你笑什么？刚才你不是说想到说服先生的办法了吗？那你就快说呀！怎么又扯到了邹忌头上了呢？"

"师兄，您怎么还没明白？办法就在邹忌身上呀！"

"师弟，你的意思莫非要让齐国之相邹忌来游说我们先生不成？"孟仲诧异地看着邹正，问道。

邹正哈哈大笑，说道：

"师兄，您这么聪明的人，怎么还不明白我的意思呢？我是说，如果以邹忌发迹变泰的故事为切入点，也许能够打动先生之心，激发出其建功立业之志。"

"那你了解邹忌发迹变泰的具体经过吗？"孟仲问道。

"当然了解。"

孟仲见邹正答得如此自信，遂追问道：

"你是从哪里了解的？我怎么不知道？"

"师兄，您当然不知道。昨天放学回家后，我娘让我到街上买东西，碰巧看到一群人聚在西街头一棵大槐树下。我出于好奇，就凑了上去，原来是一个从齐国来的书生在跟大家讲邹忌发迹变泰的故事。于是，我就随大家一起听了。"邹正答道。

"哦，原来如此。那么，师弟，你现在能否将故事原原本本地转述给我听听，权且算是说服先生的一次操练。若能激发出我的建功立业之志，那么才有可能以此劝说先生，激发出他入齐建功立业之志。"

邹正觉得孟仲说得有理，遂爽快地说道：

"好，那我就给师兄讲讲吧，看师兄到底是不是一个有志之人。"

"你别扯，快讲吧。"

邹正看着孟仲急切的眼神，故意沉吟了一阵，然后才拿腔拿调地开了口：

"邹忌本来只是一个游士，早在齐威王执政之前就在齐国混事了，但一直没有得到重用，当然也就没有发挥才干的机会。齐威王执政之初的近十年间，他在齐国政坛仍然默默无闻。"

"为什么？"孟仲问道。

"因为齐威王有一个爱好，喜欢弄琴，每日沉醉于弹琴弄弦，完全不理朝政，朝政一委于卿相大夫。齐国有识之士为此都很忧心，当然也包括邹忌在内。"

"那邹忌有没有想到办法进谏呢？"孟仲又问道。

"当然有。如果没有，邹忌就不可能发迹变泰了。"

"那是什么办法？"孟仲连忙追问道。

"齐威王喜欢弹琴弄弦，邹忌正好也有此好。于是，在齐威王执政的第二十一年①，邹忌就以献琴为名，要求晋见齐威王。"

"那齐威王见邹忌了吗？"

"当然是见了。不见，邹忌何来今日一人之下、万人之上的显赫地位？"邹正答道。

"邹忌是不是见到齐威王，将自己的名琴献上，齐威王大悦，就委以重用了？"

"师兄，您想哪里去了！邹忌只是一个游士，他能有什么让齐威王看得上眼的名琴可献？他只是以献琴为借口，想见齐威王，得到一个进谏的机会罢了。"邹正哈哈一笑道。

孟仲点了点头，"哦"了一声。

"邹忌虽然没有真的向齐威王献琴，但切切实实地在齐威王面前表演了一次琴技，让齐威王对其刮目相看。于是，齐威王一高兴，就将邹忌留在了自己身边，置于右室，以便随时与之切磋琴技。"

"后来呢？"孟仲又急切地追问道。

"没过几天，齐威王独自在内室抚琴。正在自我陶醉之际，邹忌闻琴声推门而入，连声夸道：'大王的琴弹得真好！'"

"听了邹忌的夸奖，齐威王一定很高兴吧。"孟仲问道。

邹正摇了摇头。

"做君王的，不都是喜欢听奉承的话吗？邹忌夸奖齐威王琴弹得好，他岂有不高兴之理？"孟仲感到不解。

"师兄，这您就有所不知了。齐威王虽然不理朝政，但并不是昏君，而是一位心气很高的主儿。他见邹忌推门而入，顿时勃然大怒。"

"是不是因为邹忌不请而入，打断了他的琴思，败了他的雅兴？"

"不是。"邹正摇了摇头。

---

① 《史记·六国年表》有记载。

"除此，那还会有什么原因呢？"

"齐威王并不是因为邹忌贸然闯入内室，打扰了他弹琴的雅兴，而是反感他入门便夸好，认为他是无原则地吹捧，于是立即弃琴按剑，厉声呵斥道：'先生既未见寡人抚琴之容，亦未察寡人抚琴之势，何以夸好？'"

"齐威王这话说得也在理。"孟仲点了点头。

"其实，齐威王并不是天生就厌恶听奉承的话，不喜欢臣下歌功颂德，而是执政失败后才幡然醒悟，头脑开始清醒的。刚即位执政时，齐威王因为沉醉于抚琴自娱，很多年对朝政不闻不问，一切政事都委之于卿相大夫处理。结果，朝纲不振，人心涣散，政局大乱，诸侯并伐。至此，他才从失败中清醒过来，检讨并反思自己过往的错误。通过调查，他发现了朝政混乱、齐国不治的真正原因在于吏治混乱。为此，他痛下决心，首先就从整顿吏治开始。他召来即墨大夫，跟他说：'自从大夫居即墨而为政，毁谤之言无日不至。然寡人密遣使者访察，却见即墨全境田野尽辟，年丰民足，官无事，民无讼，一片和谐安宁的景象。大夫治理即墨政绩昭彰，却遭他人日日毁谤，此皆缘于大夫不奉迎寡人左右，以求自誉之故也。'于是，立即封即墨大夫为万户侯。然后，齐威王又召来阿大夫，跟他说：'自你上任而为阿大夫以来，称誉之言纷至沓来，日日不绝于寡人之耳。然寡人暗中派人访察民情，则见阿境之内田野不辟，民贫而苦，一片凋敝荒凉之象。昔日赵师攻我大齐之甄，你不能救。蕞尔小国卫国起兵取我薛陵，你则不知。你为政一方，不为民谋福祉，不为国尽职守，怠政荒诞如此，却有人天天对你称誉有加，此皆缘于你以厚币贿赂寡人左右之故。'于是，下令立烹阿大夫，并将所有曾为阿大夫颂功说好的左右佞臣一并烹杀之。由此，齐国朝野上下为之肃然。"

"哦，原来齐威王是因为先前曾受臣下蒙骗，这才非常痛恨臣下奉迎。"孟仲终于恍然大悟。

邹正点了点头，接着说道：

"邹忌见齐威王勃然大怒，连忙向他解释道：'琴之大弦，犹如一国之君；琴之小弦，犹如满朝大臣；抚弦之紧舒，犹如政令之施行；大弦小弦相和鸣，犹如春夏秋冬四季。今臣闻大王之琴，大弦之音宽和而温，小弦之音廉折而清。大王之抚弦，攫之深，释之舒。大弦小弦，匀谐而鸣；弦之音，舒缓相间，大小相益，回往而不相害。以此，臣知大王之鼓琴善哉！'齐威王听了邹忌这番解释，这才心中释然，并深服其说，乃转怒为喜道：'先生善解琴音也。'"

"邹忌是否善解琴音，我是外行，不敢说什么。但是，邹忌的比方确实很生动，这恐怕是其具有说服力的原因所在。"孟仲评论道。

"但是，齐威王话音未落，邹忌却立即反问道：'大王何以只言臣善解琴音？臣之所言，治国安民之理尽在其中矣！'齐威王一听，不禁勃然作色道：'若言五音配合之理，则确如先生所言；若言治国安民之理，又何必说尽在丝桐之间？'"

"这次邹忌怎么应对的？"孟仲一听齐威王又动怒了，不禁替他着急起来。

"邹忌分辩道：'大王可能没有理解臣的意思！大弦宽和而温，犹如国君；小弦廉折而清，犹如人臣。抚琴之法，攫之深，舍之舒，犹如施行政令。大弦小弦调抚有度，匀谐而鸣，弦音舒缓相间，大小相益，回还而不相害，犹如春夏秋冬四季变化。琴音繁复而不乱，乃国家昌盛大治之象；琴声混沌而锐直，则是国危将亡之兆。所以说，琴音调而天下治，治国安民可见之于五音也！'齐威王大悦，连声赞道：'言之有理！言之有理！'三个月后，齐威王任命邹忌为齐国之相。第二年，齐威王又封之为成侯。"

"邹忌真是命好，遇到了齐威王，可谓一步登天啊！"孟仲不禁感叹道。

"师兄，您被邹忌的事迹感动了吧，是不是也想以他为榜样，想入齐建功立业呀？"邹正看了看孟仲，笑着打趣道。

"我倒没这个心，只是希望我们先生有此心志就好了。师弟，你接着讲。"

"邹忌为齐国之相后，倾力辅佐齐威王，进行政治改革，使齐国实力日益雄厚。以此为基础，齐威王整顿军备完毕，便倾起大兵，西击赵、卫，大败魏国之师，围天下霸主魏惠王于浊泽，迫使其献观地以求与齐和解。而赵国迫于形势，则归还了以前侵占的齐国长城。自此以后，齐威王声威震天下，齐国吏治也为之一变，官吏无论大小都不敢文过饰非，而是务尽其诚。齐国由此大治，诸侯各国不敢举兵向齐者二十余年。"

"如此说来，齐国能够短时间内迅速崛起，应该说邹忌为功不少。"孟仲评论道。

邹正点了点头，接着说道：

"齐威王虽然是个雄才大略的君主，但在齐国强大后不久便开始出现骄傲情绪。为此，邹忌又开始犯愁了。一天，邹忌像往常一样，整冠束带，梳妆打扮了一番后，就准备出门上朝了。但临走时，突然心血来潮，朝镜子里多看了一眼，发现自己身高八尺有余，形貌昳丽，俨然就是一个凛凛一躯、堂堂一表的美男子，于是就顺口问了妻子一句：'我跟城北徐公相比，怎么样？'

其妻毫不犹豫地答道：'您太美了，城北徐公根本比不了您。'邹忌听了妻子的话虽然心里蛮高兴，但有些不自信。因为他知道，城北徐公是天下公认的美男子。于是，他又去问他的小妾：'我跟城北徐公，谁更美？'小妾也毫不犹豫地回答：'徐公哪里比得上您呢？'邹忌听了小妾的话，虽然很高兴，但仍然半信半疑。"

"那邹忌到底是不是比城北徐公美呢？"

"师兄，您别急呀！听我慢慢道来。"

"那你快说。"

邹正看了一眼孟仲，故意停顿了一下，才接着说道：

"邹忌肯定不比城北徐公美，但可以肯定的是，他在当时也确实算得上一个美男子。不过，邹忌毕竟是邹忌，能够居一人之下、处万人之上的高位，自然也比别人更有自知之明。听了妻妾的话虽然有些小得意，但邹忌内心深处仍然没有十足的自信。正好第二天上朝前，有一个远道而来拜访的客人求见。于是，邹忌跟他谈了一会儿后，话题就转到了城北徐公，并顺势问了一句：'我跟徐公，究竟哪个更美？'客人脱口而出：'徐公比不上您美。'听了客人的话，邹忌开始相信自己真的比徐公美了。但凑巧的是，第三天城北徐公来访，邹忌得以近距离端详了徐公半天，自认跟他相差甚远。待徐公走后，他又对着镜子仔仔细细看了自己半天，越看越不如徐公美。"

"既然邹忌明显不如徐公美，那为什么他的妻妾与客人都说他比徐公美呢？"孟仲不解地问道。

"师兄，您这个问题问得好！邹忌也在心里问了自己很多次，但都百思不得其解，甚至晚上睡觉都在思考这个问题的答案。一天夜里，邹忌辗转反侧很久，突然幡然醒悟，悟出了其中的道理。第二天早早赶到朝中，将所悟出的道理告知了齐威王。"

"邹忌悟出了什么道理？"

邹正见孟仲又是一副迫不及待的表情，故意停顿了一下，才接着说道：

"邹忌入朝见到齐威王后，将自己的亲身经历原原本本地给齐威王讲了一遍，然后告诉齐威王：'臣从一开始就从内心深处觉得自己不比城北徐公美，但臣之妻妾与客人却都众口一词，说臣比城北徐公美。之所以如此，乃是因为臣之妻爱臣，臣之妾畏臣，臣之客人有求于臣，所以他们都违心地恭维臣。而今齐国是天下强国，国境方圆超过千里，城池一百二十座。大王的宫女左右没有不爱大王的，朝廷之臣没有不怕大王的，齐国四境之内没有人不有求于大王的。由此看来，大王比为臣所受到的蒙蔽要严重得多。'"

"邹忌的这个说法，仔细想想，还真是非常有道理。"孟仲脱口而出。

"那当然！齐威王听了邹忌这番话，不禁拍案而起，连声说道：'善哉！善哉！'于是立即下令，晓谕群臣与民众：'无论是大臣官吏还是升斗小民，能当面指出寡人之过者，一律受上赏；上书谏寡人之过者，受中赏；能谤讥朝政之失于市朝，而闻之于寡人之耳者，受下赏。'征谏令初下，群臣吏民进谏者不可胜计，齐王宫每日都是门庭若市。数月之后，只是不时会有进谏者出现。一年之后，君臣吏民即使有人想进谏，也无可谏之事。燕、赵、韩、魏听说此事后，纷纷派出使节朝于齐威王。这就是邹忌为齐威王所设计的'战胜于朝廷'之策。今日齐国之所以越发强大，皆缘于此。"

邹正话音刚落，孟仲就兴奋异常地说道：

"师弟，我们现在就去找先生。将你刚才所讲邹忌的故事，原原本本地跟他讲一遍，相信他肯定能够被打动。"

"好！师兄，那我们现在就走。"

果不其然，当邹正与孟仲一唱一和地将邹忌的故事讲完后，孟轲终于动心了。

三天后，也就是周显王二十二年（公元前347年）十二月初八，孟轲带着母亲与妻子，坐着一辆马车，在十几个弟子的陪同下，前呼后拥地离开了邹国，往齐都临淄而去。

从邹国之都到齐都临淄，距离并不算遥远，如果是骑马疾驰，最快两天就能到达；如果是步行，一个青壮年人五六天也能到达。但是，孟轲一行人多，母亲与妻子不便行走，只能以小马车代步。加之时值隆冬季节，早晚气温特别低，孟轲怕母亲与妻子受苦，所以每天都起得晚、歇得早，一天走不了多少路。这样，从邹国之都到青石关，孟轲一行就走了七天。

十二月十五，日中时分，孟轲一行到达青石关口。青石关是齐鲁交通要道，也是齐长城的重要战略关隘。关口之北是齐都临淄，关口之南，就是双峰对峙、中为一线之天的青石关隘，扼居关隘的制高点。青石关全长约六里，宽约二十步，是一条夹在群山之间的通道，两侧峰峦叠翠，壁如刀削。接近关门处，是夹谷关道最狭窄之处，仅容一辆小型马车通行。幸好孟轲母亲与妻子乘坐的马车是小型的，不然还过不了关口。

过了关口后，夹谷的山道变得开阔起来，路也好走了不少。于是，孟轲及其弟子的心情也开始放松了，大家一路走，一路抬眼往两旁的峰峦观望，并热烈地讨论着，寒冬的夹谷中不时回荡着孟轲师徒的阵阵笑声。

快要走出夹谷时，孟轲见天光尚早，便让驭车的弟子停下马车，亲自将母亲与妻子扶下车，让她们活动一下腿脚。因为马车太小了，二人局促于车内，时间长了，实在是不好受。

孟轲母亲与妻子下车后，四下里走了几步，抬头朝周围的山峦看了看，都感到非常好奇。她们是妇道人家，从未出过门，更未见过山，像眼前这样奇险绵延、壁立如刀削的群山，更是她们想象不出的。孟轲及其众弟子虽然大多见过山，但是像这样雄奇的关道，还是第一次经过。所以，大家立于谷道之中，都睁大眼睛好奇地东张西望，不时指指点点，议论纷纷。

看了约有烙两张大饼的工夫，大家都安静了下来，各自就地找了块石头坐了下来。但是，刚一坐下不久，邹春突然望着孟轲，对着众同门说道：

"先生很久没有给我们弟子讲故事了。今天经过此险道，先生是否给我们讲一个故事？"

众人连忙附和，孟仲、邹正也表示赞同。

孟轲扫视了众弟子一眼，抬眼望了一下周边的群山，略作停顿后，便开口说道：

"这个夹谷通道的雄奇险峻，大家都已看到了。就在这个夹谷之中，一百五十多年前曾发生过一个震惊天下的历史事件。"

"先生，这个夹谷里竟然还发生过这样的大事？"邹正吃惊地望着孟轲，问道。

孟轲点了点头。

"先生，您快说！"孟仲催促道。

"那是鲁定公十年夏天的事情。当时，齐景公与齐相晏婴想重振昔日齐桓公'九合诸侯，一匡天下'的霸业，计划联合北方诸侯各国组成联盟，共同对付南方大国吴国，抑制其北伐中原、问鼎周室的冲动。于是就跟鲁定公商量，决定齐鲁二国先举行一个会盟仪式，地点选择在齐鲁交界的齐长城青石关附近的夹谷。按照约定，在这次会盟仪式上，齐鲁二国的主角分别是齐景公和鲁定公，配角分别是晏婴与先圣。会盟仪式由晏婴与先圣二人担任襄礼，也就是司仪。"

孟轲话还没说完，充虞就提出了疑问：

"先生，鲁国不是最重视周礼的吗？既然是两国会盟，按照外交礼仪，齐国的襄礼由齐相晏婴担任，那么鲁国的襄礼就不应该是由先圣担任呀！据弟子所知，先圣在鲁定公十年时尚未代摄鲁相之职，只是一个大司寇，算不得是上卿。"

孟轲听充虞说出这番话，不禁对他刮目相看，笑着回答道：

"说得对！先圣此时确实不算鲁国上卿，当时的上卿是鲁国的冢宰季桓子。但是，季桓子当时年幼，根本不懂外交礼仪。所以，鲁定公决定由先圣代行齐鲁会盟的襄礼之职，先圣杰出的外交才能意外地得到了彰显。"

"哦，原来如此。"充虞恍然大悟地点了点头。

孟轲看了一眼充虞，又扫视了一下其他弟子，接着说道：

"鲁定公起驾前往夹谷前，先圣提醒鲁定公说：'自古以来，有文事者必有武备，有武事者必有文备。'鲁定公对之不解，问先圣道：'两国之君会盟，乃为敦睦邦谊，为何要有武备呢？难道两国之君会盟，揖让进退之间，双方军队也要较量一番吗？'先圣告诉鲁定公：'两国会盟，虽是为了和平的目的，但是和平谈判时没有武力作后盾威慑对方，那么就有可能在谈判时吃亏。这便是有文事者必有武备的原因。'鲁定公又问：'为何有武事者必有文备呢？'先圣告诉他：'两国交战，兵戎相见，杀得个你死我活，但最后的结果仍要坐下来解决问题，无论是战胜或战败，或是打个平手，都要通过谈判确定战争的结果与战后两国关系的安排。这便是有武事者必有文备的原因。如果'有武事'而无'文备'，届时战争结束，对方事先准备好一个谈判方案而自己没有，就必然陷于被动，要随着对方的步子起舞了。'至此，鲁定公才明白先圣所提'有文事者必有武备，有武事者必有文备'建议的道理。"

"看来先圣确实是个政治家与外交家，有治国安邦之才，并不是一个只会死读书而拘礼不知变通的书生。"邹正情不自禁地评论道。

孟轲点了点头，接着说道：

"先圣还告诉鲁定公：'古代的诸侯，离开国都前往他国或外地进行外交活动，伴从的随员一定是有文有武。'因此，先圣又建议鲁定公此次参加会盟时，务必要带上鲁国的正副司马。鲁定公觉得有理，便答应了。得到鲁定公的同意，先圣立即召来鲁国的正副司马，吩咐他们着手武事准备，将军队先行秘密布置到会盟地点的夹谷周边，要求他们保持隐蔽，不要被齐国人察觉。同时，要求他们配置兵力时布点恰当，以便随时都能调动候命。"

"看来先圣不仅仅是个政治家、外交家，还是一个能排兵布阵的军事家呢！"邹春兴奋地插话道。

孟仲瞥了一眼邹春，又看了一眼邹正。对于邹氏兄弟喜欢插话的毛病，他一向都比较反感。但是，每次碍于师兄弟的情面，他又不便直接指正。所以，他只得转向孟轲，催促道：

"先生，您再接着讲。"

孟轲明白孟仲的心理，故意停顿了一会儿，然后才接着说道：

"一切安排妥当后，先圣便陪侍鲁定公往会盟地夹谷而去。到了夹谷，看到会盟仪式的土台已经筑就，并设立了位次。土台两旁各有三级台阶，是为二国之君拾级登台而备。仪式开始后，齐景公与鲁定公先行会遇之礼，再相互揖让了一番，便各自从盟坛一侧拾级登台。到了台上，齐景公与鲁定公先循礼互赠了礼品，再互相敬酒。然而就在仪式未毕之时，齐国方面突然令东夷莱人举起兵器击鼓喧哗，企图逼近并胁迫鲁定公。先圣见此，一个箭步跃向盟坛，快速拾级登台，用身体护住了鲁定公，且退且避，并高声命令鲁国正副二司马：'鲁国军队，快攻打莱人。'"

"怎么会这样？齐国是大国，怎么一点儿也没有大国的样子呢？"充虞之前一直都是静静地听着孟轲述说，这时也忍不住插话了。

孟轲看了一眼充虞，点了一下头，接着说道：

"见鲁国军人闻命围了上来，先圣遂高声对齐景公说道：'齐鲁二国之君在此友好盟会，远方夷狄之俘竟敢以兵扰乱。这恐怕不是齐侯所愿意看到的吧，更不是齐国与诸侯友好邦交应有之义。夷夏不可混同，夷狄不可谋我华夏，更不可扰乱我中国。莱人乃东夷之俘，岂可惊扰我齐鲁二君会盟。至于会盟之所，本就不应该出现甲兵。否则，于神为不敬，于义讲不通，于人为失礼。外臣以为，齐侯一定不愿这样吧。'齐景公听了先圣如此一番不卑不亢的陈说，不禁惭愧地低下了头，连忙下令让莱人军队撤离。"

"先圣真是有胆有识！"这次邹春又没有忍住，脱口而出。

孟轲侧脸瞥了一眼邹春，点了点头，然后神秘地笑了。

从孟轲的笑与脸上泄露出来的得色，孟仲已然窥见到了孟轲的内心世界，他是在为先圣的胆识而自豪，也是在为自己身为儒家传人而自豪，于是连忙迎合其心理，说道：

"身为儒门弟子，听了先生刚才所讲先圣的故事，弟子亦倍感与有荣焉！"

孟轲笑而不答，只是轻轻地点了点头。

"先生，您还没讲完吧。"邹正有点等不及了，催促道。

孟轲看了看邹正，又瞥了其他弟子一眼，点了点头，接着说道：

"莱人军队撤离后，齐景公又命令齐国乐师演奏宫廷音乐。先圣以为齐景公这是要打破先前的尴尬，缓解两国之君会盟的气氛。没想到，音乐响起之后，一帮侏儒小丑蜂拥而上，嬉戏于鲁定公与齐景公面前。先圣觉得这是对二国之君的侮辱，于是快步走过去，疾步登上台阶，站到第二级台阶上，高声说道：'俳优侏儒，卑微不足道，乃匹夫小人也，今敢戏弄二国之君，其罪当诛。右司马何在？请立斩之！'鲁国右司马闻命，立即上前，挥刀斩杀了俳优侏儒，而且手足皆被斩断。齐景公见此，不仅大为恐慌，而且面露惭愧之色。最后，齐景公见诸招皆被先圣一一拆解，知道再无什么花样可玩了，只得按照事先议定的程序，与鲁定公举行了歃血为盟仪式。但是，在书写盟书时，齐国又玩起了小伎俩，记曰：'齐师出境征伐，而鲁不以兵车三百乘随之，则依盟约惩之。'先圣立即命令鲁国大夫兹无还回应说：'齐不归还鲁国汶阳之田，而要鲁派兵随从，则依盟约惩之。'"

"齐强鲁弱，先圣能够及于此，真是了不起！"充虞情不自禁地感叹道。

孟轲重重地点了头，再次得意地笑了。

"先圣的故事讲完了吗？"邹正觉得故事还没完，遂追问道。

孟轲看了看邹正，摇了摇头。

"先生，那您再接着讲完呀！"邹春呼应其兄的话，催促道。

孟轲扫视了一眼众弟子，见大家都有急切之情，故意笑而不言。抬眼朝夹谷对面的峭壁悬崖看了好一会儿，最后才开口说道：

"齐鲁双方交换盟约后，齐景公提出要设宴招待鲁定公。先圣怕宴无好宴，担心齐国又要使出什么坏招，届时要是控制不住局面，那么就会让鲁国君臣受辱，于是便对齐国大夫梁丘据说道：'齐鲁邦交传统，两国君臣都很清楚。而今盟约既已缔结，贵国之君再设宴招待敝国之君，岂不给贵国君臣徒然添忙添烦吗？如果一定要举行招待国宴，按照礼制，应该有牛形与象形酒器佐觞，同时还要有宫廷之乐的演奏。今处荒野之中，宫内酒器依礼不能携出，宫中雅乐不能演奏。如果这些都要做到，则明显有违礼制；如果做不到，则一切显得过于简陋，如同舍五谷而用秕稗。宴陋则君辱，弃礼则名恶。为贵国之君计，为贵国大夫计，不如取消宴会。国君宴客，乃在昭显威德。不能昭显威德，则不如取消。'由于先圣的一席话说得合情合理，又显得颇为体贴，齐大夫梁丘据深以为然，于是便劝齐景公取消了宴会。两国之君就此拜别，分道扬镳回国去了。"

"先生，先圣回国后，是不是声名大振？后来先圣代摄鲁相之职，是否与此次立功有关？"孟仲追问道。

"代摄鲁相之职，是否与此次立功有关，不得而知。但是，先圣陪侍鲁定公回到曲阜后，确实是声名大振，鲁国朝野上下一片赞赏之声，大家都觉得此次鲁国取得了重大的外交胜利，先圣厥功至伟。而齐景公回到临淄后，则将齐国之臣骂得狗血喷头，责备他们说：'鲁国之臣以君子之道辅佐其君，尔等则以夷狄之道而教寡人，让寡人颜面尽失。'不过，齐景公骂人归骂人，但最终还是按照盟约规定，将昔日侵夺的鲁国四邑及汶阳之田归还给了鲁国。"孟轲答道。

听完孟轲讲完孔子夹谷会盟智勇双全的故事，众弟子都非常兴奋，一片欢呼之声。邹正更是情绪激动地说道：

"先圣既有如此丰功伟绩，足以说明儒家学说能够经世致用，所以就不愁不能发扬光大。这次先生率我们弟子游学稷下学宫，相信定能扩大儒家思想学说的影响，弘扬先圣王道社会、天下大同的理想信念。"

孟轲听了邹正的这番话，不禁喜出望外，连连笑着点头。

二、入乡问俗

周显王二十二年（公元前347年）十二月十五，日落时分，孟轲一行走出夹谷，向北进入了齐国境内。

"先生，您看，这齐国的原野是多么辽阔，一眼望不到边，根本就不是我们邹国与鲁国这样的小国可比的。不要说别的，单就视野而言，一入齐国境内，就给人一种泱泱大国的印象。"走出夹谷古道没几步，邹正北眺夕阳余晖中的齐国原野，不禁感慨系之。

"师弟，你这次算是开了眼界吧。"

邹春见孟仲打趣其兄邹正，连忙接口说道：

"师兄，不仅是眼前齐国辽阔的原野让我们开了眼界，其实我们在进入夹谷之前见到的青石关，就让我们开了眼界。不要说我们这些从未出过门的书生，就是南征北战、驰骋天下的将士，也会感到震撼的。"

没想到，邹春话音未落，孟轲就脱口而出：

"古代诸侯设关，意在防暴；今日诸侯设关，则意在施暴。所以，越是险要的关口，就越是施暴祸害生灵之所。"

"先生说得是。各位师弟，时间不早了，大家别光顾着说话，脚下加把劲，抓紧时间赶路，不然天黑下来，就找不到投宿之所了。"

大家都听懂了孟仲的话。于是，包括孟轲在内，大家都不再说话，开始集中精力赶路。当夕阳的最后一抹余晖行将消失之时，孟轲一行紧赶慢赶，总算赶到了一个村落。

村落并不大，寒冬的暮色中，只隐隐约约看到有五六户人家。离孟轲一行最近的一户人家，就在距离他们不到三十步的地方。房前屋后都有一些树，其中一棵特别高大，应该是一棵有年头的古树，但暮色中看不清到底是什么树。因为是寒冬，古树只剩高大的躯干与一些光秃秃的枝条，让人看了倍感萧瑟与清冷。

邹春抬头看了那棵古树好久，突然兴奋地叫道：

"你们看，树上有鸟。"

"废话，树上当然会有鸟。"

邹春不满意其兄邹正对其新发现所表现出的冷漠态度，转向孟仲问道：

"师兄，您猜树上是什么鸟。"

"肯定是乌鸦，还能有什么鸟？"没等孟仲开口，邹正便脱口而出。

邹春这次终于生气了，立即反问道：

"哥，您怎么知道就是乌鸦呢？"

"你看那个头就知道了，肯定不是什么麻雀之类的小鸟。"

没等邹春开口反驳邹正，孟仲连忙制止道：

"你们兄弟不要争了，管它什么鸟，现在我们的当务之急是要问人家借宿。"

"师兄说得对，那我们赶快上前去借宿吧。"邹正连忙附和道。

孟仲点了点头，然后转过身来，望着孟轲说道：

"先生，您就站在这别动，我跟邹正到前面这户人家问问看，看能否让我们借宿一夜。"

说完，孟仲就拉着邹正往前面的人家而去。二人刚走了不到十步，只听哇的一声叫，一群乌鸦突然从树枝间腾空而起，像箭一般从他们的头顶掠过，把孟轲等一众人等都吓了一跳。邹春定了定神，确认刚才飞过的是乌鸦，这才打心里佩服其兄邹正的先见之明。

过了约烙一张大饼的工夫，孟仲与邹正回来了。

"二位师兄，借宿的事怎么样？"充虞连忙上前问道。

"主人说，他家只有两间房，根本容不下我们这么多人。"邹正答道。

"不过，主人提供了一个信息，前面不远处有一个大户人家，有很多房子，只是破旧了点。"孟仲补充道。

"破旧点有什么关系？我们出门在外，本就不图舒适享福，只要能够有地方避风御寒，也就够了。"孟轲说道。

"先生说得是。那我们赶快走，赶在上灯前，将借宿的事落实了。"孟仲说道。

约有烙两张大饼的工夫，经过孟仲与邹正的努力，孟轲一行十余人的借宿问题总算解决了。

因为天已经黑了，看不清借宿人家前庭后院的具体情况，大家只是跟随着主人家的僮仆进了一道又一道门，跨过一道又一道门槛，最后在一扇虚掩的房门前停下了脚步。

"先生，您在此稍等片刻，我进去再跟老爷禀报一声。"僮仆对孟轲礼貌地说道。

过了一会儿，僮仆出来了，对孟轲说道：

"先生，我们老爷请您进去说话。现在我去安顿先生随从的住宿，请先生放心。"

孟仲与邹正一听，连忙招呼大家聚拢过来，然后跟着僮仆，一起摸黑往后院而去。

孟轲回头看了众人一眼，便迈步进了门。进门之后，发现屋子很大，却空空荡荡。因为光线很暗，几乎看不到房子的四壁是什么样子，而只见远远有一点光亮闪烁不定。孟轲立定脚步，稳了稳神，慢慢地适应了屋内的光线后，这才发现光亮闪烁处，有一位老人正端坐在地上的草席上。孟轲连忙快步向前，先向老人恭恭敬敬地行了个大礼，然后自报家门，跟老人寒暄了一番。

老人虽没有从席上起身，却欠身作出了答礼的姿态。然后跪直了身子，示意孟轲在近前的席上坐下。

孟轲坐下后，瞥了一眼壁间插着的松明，就着其半明半暗的光线，仔细打量了老人一眼，发现他头发须眉皆白，但精神不失矍铄，于是便恭敬有加地问道：

"老丈高寿？"

"八十有一。"老人脱口而出。

"真是寿高有福之人！"孟轲连忙恭维道。

"哪是什么有福之人，只是行尸走肉而已。"

"老丈，您这是说哪里话呢？如今这世上像您这样高寿的人，能见到几个？"孟轲不失诚恳地说道。

老人呵呵一笑，瞥了孟轲一眼，反问道：

"寿命长就有福吗？依老朽看，未必！"

孟轲一听老人说话的口气，立即意识到他心里肯定有什么怨气，于是假装糊涂地问道：

"老丈，这话怎么讲？"

"你是个读书人，不会不了解历史吧？即使真的不了解历史，那你从邹国、鲁国一路进入齐国，难道没有看清如今的世道是个什么真实的情形吗？"

听了老人的反问，孟轲一时不知如何回答，顿时陷入了沉默之中。

过了一会儿，老人大概觉得自己刚才说话的口气不对，不应该在陌生的客人面前发泄情绪，于是口气缓和而不失亲切地说道：

"邹国虽小，倒也安定清静。不知你们为何要不辞远途劳顿，拖家带口到齐国？"

"邹国虽然安定清静，但毕竟偏僻闭塞。长期蛰居于这样的小国，难免孤陋寡闻。齐国乃泱泱大国，也是天下强国。轲听说，今日的齐威王乃雄才大略之主，齐国政治清明，国强民富，是天下人向往的王道乐土。轲还听说，齐威王圣智英明，礼贤下士，尊重学术，天下之士、诸子百家领袖皆闻风而动，云集齐国稷下学宫。而今，齐国已成为天下的政治和文化中心。"

老人见孟轲说得一本正经，不禁冷笑了一声。

"老丈，您笑什么？"孟轲感到不解，望着老人问道。

"齐威王哪来的雄才大略？何谈圣智英明？何谈礼贤下士？他跟他的祖先一样，都是假仁假义的伪君子，是地地道道的盗贼。准确地说，是亘古未有的窃国大盗。"

孟轲虽然对齐国的历史有所了解，对田齐代姜齐的内幕有所耳闻，觉得齐桓公田午、齐威王田因绝姜齐之祀，据姜氏之齐而为田氏所有，确实是有些来路不正。但是，听了老人这番激烈攻击田齐的话，还是感到有些意外，不知说什么好，一时陷入了沉默。

老人见孟轲好久不说话，一副不知所措的神情，这才意识到刚才自己又失态了，于是看了一眼孟轲，故作轻松地呵呵一笑，说道：

"年轻人，你是不相信老朽的话，是吧？"

"老丈，您是长者尊者，您说的话哪里会有假呢？"

老人听孟轲这样说，脸上露出了一丝不为人察觉的笑容，遂接着说道：

"今天你既然说到齐威王，那老朽不妨给你讲讲他们田氏的来历。听完之后，你就知道老朽刚才的话不是愤激之言，而是言之不虚。"

孟轲连忙正襟危坐，望着老人，显出十二分的诚恳，说道：

"老丈，您请说。"

老人看了一眼孟轲，见他神情专注，一脸渴切想了解真相的样子，满意地点了点头。接着，直视孟轲，给他提了一个问题：

"你知道齐国是怎么来的吗？"

"周武王顺天应人，起兵伐纣，建立了周朝。然而，不幸中道崩殂。周公旦受托听政，辅佐年幼的周成王。武庚之乱平定后，周初功臣太公望被封于营丘，齐国由此建立。这是天下人皆知的历史，谁不知晓？"孟轲不假思索地答道。

"年轻人，果然有学识，说得一点儿也没错。那么，老朽再你问一句，太公望建国，齐属何姓之国？"

"太公望为姜姓，齐当然是姜姓之国。"孟轲脱口而出。

"那么，现在执政的齐威王是何姓？"老人又问道。

"是田姓。"

孟轲话音未落，老人直视孟轲，立即追问道：

"刚才你说齐国是姜姓之国，那么现在的齐国执政者怎么是田姓呢？"

孟轲虽然知道是什么原因，但不想说出来，他想听老人自己说出来，或许能知道更多的秘密与真相，于是便装出一副不解的样子，语似诚恳地说道：

"轲僻居小国，孤陋寡闻，这个还真的不知道，请老丈指教！"

老人信以为真，遂立即跟孟轲打开了话匣子：

"姜齐变田齐，其实早已不是什么秘密了，不仅在齐国人尽皆知，就是天下诸侯各国也不乏了解真相者。尽管了解真相者不少，但长期以来大家都不说破。因为姜齐被田齐取代，不是古代传说的尧逊位于舜、舜让政于禹的禅让佳话，而是被田氏强行窃国的丑闻，不是什么光彩的事情。"

"老丈要是今天不说，轲对此还真是一无所知。既然老丈已经说开了，是否可以详细讲一讲齐国的这段江山易主史呢？"孟轲装作十二分真诚的样子，望着老人说道。

老人见孟轲态度真诚，重重地点了点头，接着说道：

王道梦

"今日的齐威王田因齐，乃齐桓公田午之子。姜齐为田齐所取代，就始于齐威王田因齐。虽然田齐代姜齐至今不过短短三十二年，但田氏窃取姜齐江山的过程却是经历了漫长的时间，处心积虑有年。"

"哦，原来如此。"

老人见孟轲一副恍然大悟的样子，于是又向他提了一个问题：

"你知道田氏的来历吗？"

孟轲摇了摇头，因为这个他还真不知道。

"其实，田氏原来并不姓田，而且也不是齐国人。"老人说道。

"啊？那田氏是从哪来的呢？到底是哪国之人？"孟轲这次还真不是假装糊涂，而是真心实意地求教。

"是陈国人。"老人答道。

"陈国人？陈国可是一个小国呀！陈国人怎么可能夺了泱泱大国齐的江山呢？"孟轲真的感到困惑了。

"年轻人，你可不要小看了陈国！它虽是小国，却从来不缺奇才能人。陈完就是一个。"老人感慨地说道。

"陈完？"孟轲一边念叨着陈完的名字，一边在心里感叹自己真是孤陋寡闻，因为他确实从未听说过此人。

"没错！就是陈完，他便是陈氏来齐的始祖。周桓王十五年，算来距今快有三百六十年了。那一年，陈厉公即位刚一年多，就喜得一子。这孩子不是别人，就是陈完。陈完出生时，周太史正好路过陈国。于是，陈厉公便请他给孩子占一卦。周太史允请，便给孩子占了一卦。看了卦象后，周太史告知陈厉公，说这个孩子命运非同一般，将来的陈国命脉就系于他。不过，周太史又告知陈厉公，这孩子将来虽代陈有国，但所代之国并非陈，而是他人之国。代他人之国者也不是他本人，而是他的子孙。"

听到这里，孟轲有点不矜持了，立即追问道：

"周太史何以说得如此凿凿有据，最后是否应验了呢？"

老人叹了一口气，说道：

"还真是被周太史说中了，这才有了今日田齐代姜齐的悲剧。不过，当时陈厉公并不相信周太史的话，而是提出了许多疑问。但是，周太史却信誓旦旦地告诉他，陈完所代之国不是一般小国，而是大国强国，而且一定是姜姓。他还说，姜姓是四岳之后，物不能两大，所以陈国衰落后，齐国一定会强大起来。"

"如此说来，今日田氏代齐而有国，真的是应验了。那这是不是天意呢？"孟轲问道。

老人长叹一声，说道：

"是不是天意，老朽不敢说。但是，田氏代齐，绝姜氏之祀，恐怕是太公都想不到的事，更是太公不愿意看到的结局。"

"老丈说得是。"孟轲连忙附和道。

老人大概是因为非常感伤，竟然一时无语，没有再接着说下去。

孟轲等了好一会儿，最后忍不住，像是提醒又像是催促地说道：

"老丈，您刚才讲到陈厉公即位不久即喜得一子，就是陈完。后来陈厉公怎么样了，陈完又怎么样了？请您继续往下讲。"

老人看了孟轲一眼，见其真诚渴切的样子，遂点了点头，接着说道：

"说到陈厉公呀，也真是让人感叹。他是陈文公少子，而不是长子。依据自古以来就有的立长不立幼的原则，他根本就没有机会即位执政的。"

"那他是怎么坐上陈国国君的宝座呢？是弑父杀兄而篡位的吗？"孟轲有些急不可耐了。

昏暗的光线下，老人瞥了一眼孟轲，笑了一笑，说道：

"年轻人，不要急，听老夫给你慢慢说。"

"好，老丈，您慢慢说。"

老人点了点头，遂又接着刚才的话头，说道：

"陈文公死后，长子陈鲍依例继位为陈国国君，史称陈桓公。陈桓公与陈厉公虽同为陈文公之子，但二人同父不同母。陈厉公生母是蔡女，有蔡国的背景。陈桓公即位执政没有几年就病了，蔡人便趁机杀了陈桓公及太子陈免，让陈厉公取而代之。陈厉公得到蔡人之助而上位后，为了日后能够继续得到蔡国的支持，也娶了蔡女。但是，陈厉公所娶蔡女生性好淫，未嫁时便曾与蔡人淫乱。嫁到陈国之后，还不忘旧情，多次返回蔡国与人通奸。陈厉公明知其隐情，却不顾一国之君的尊严，为了此女而多次追到了蔡国。陈厉公的荒诞无德，不仅让陈国朝野上下为之齿寒，也给了陈国另一个阴谋家陈林以可乘之机。陈林乃被杀的陈桓公之子，一直记恨父亲被杀夺位的事。周桓王二十年，也就是陈厉公即位执政的第七个年头，陈厉公又为了所娶之蔡女而离开了陈国。陈林得知情报后，便暗中买通了蔡人，将陈厉公诱而杀之。陈厉公因好淫而死于蔡，乃是天下丑闻。孔丘作《春秋》时，为此特意记了一笔：'蔡人杀陈他。'陈他不是别人，就是陈厉公。孔丘书史直呼其名，而且用字是'杀'而不是'弑',其意就是要贬斥陈厉公其人,否定其作为一国之君的所作所为。"

孟轲听到这里,终于忍不住了,情不自禁地感叹道:

"陈厉公真是太荒唐了!"

老人点了点头,接着说道:

"陈厉公被蔡人诱杀后,陈林便自立为君,号为陈庄公。陈庄公无子,死后其弟杵臼被立为君,号为陈宣公。陈宣公二十一年,杀其子御寇。御寇生前与陈完交好,并相互推重。御寇被杀后,陈完恐将祸及于己,于是便亡奔到了齐国。"

"陈完亡奔到齐国,结果怎么样?"孟轲又忍不住了,急切地追问道。

"陈完一到齐国,就被齐桓公看重。不过,这个齐桓公,不是现今齐威王之父齐桓公田午,而是姜齐第十六任国君、太公的第十二代孙,是周公礼法崩坏、天下大乱后的中原第一代霸主,其'九合诸侯,一匡天下'的功绩,连你们儒家先圣孔丘都非常推崇。"

"这个世人皆知,田齐的齐桓公不可与姜齐的齐桓公相提并论。"孟轲附和道。

老人满意地点了点头,接着说道:

"陈完虽是小国的失意公子,但有雄才大略的齐桓公却没有轻视他,而是对之器重有加,欲任之为齐国之卿。出人意料的是,陈完对此没有感到受宠若惊,也没有对齐桓公感激不尽,而是极力推辞,不肯接受高官厚禄。他跟齐桓公说:'完乃羁旅之臣,无德无能,今幸得齐之庇护,已是大喜过望,岂敢再就高位?'齐桓公见其拒意甚坚,不能强其所难,遂改任他为齐之工正,即工巧之长。说来也是凑巧,当时正好有陈国大夫齐懿仲在齐国任职。齐懿仲跟齐桓公一样有识人慧眼,一见陈完,就认定他不是平庸之辈,相信他日后必成大器。于是,在陈完亡奔到齐国不久,齐懿仲就将自己的女儿嫁给了他。不过,在嫁女之前,齐懿仲是专门找人替这门亲事占了卦的。"

老人话还没说完,孟轲又忍不住了,急切地追问道:

"占卦结果如何?"

老人知道孟轲的心情,故意顿了一顿,才继续说道:

"卦辞说:'凤凰于飞,和鸣铿锵。有妫之后,将育于姜。五世其昌,并于正卿。八世之后,莫之与京。'齐懿仲为之大喜,当即拿定主意,将女儿嫁给了陈完。陈完亡奔到齐国的时候,是齐桓公即位执政的第十四个年头。当时陈完觉得，既然自己是陈国亡奔在外的流浪公子，那就不必再称本国故号了，遂改陈字为田氏。"

"老丈，刚才您说陈完是田齐的始祖，依据就是陈完改陈姓而为田氏这件事吧。"孟轲问道。

老人点了点头。

"老丈，齐懿仲占卦的卦辞内容最后都应验了吗?"孟轲又问道。

"当然都应验了，不然就没有今日田齐代姜齐的结果了。陈完娶齐懿仲之女后，生有一子，叫田稺。之后，田稺生田湣，田湣生须无。须无就是齐国人都知道的田文子，是田氏在齐国的第四代。须无在齐庄公时代为大夫，在齐国政坛已是崭露头角了。田文子生有一子叫无宇，就是齐国人都了解的田桓子。田桓子孔武有力，深得齐庄公的宠爱。田桓子生有两子，一个叫田开，号为田武子；一个叫田乞，号为田釐子。田釐子事齐景公为大夫时，以小斗收税赋于民，以大斗放贷于民，广施恩惠于百姓。齐景公虽然知其行事所为，却未予以阻止。由此，田氏在齐国广得民心，宗族日益强盛，老百姓都有归附田氏之心。齐相晏婴虽然早就看出了田氏收买齐国民心的用意，屡屡进谏于齐景公，欲阻止田氏之所为，但齐景公皆不听。晏婴无奈，一次在出使晋国时，向晋国大夫叔向吐露了心声，感叹道：'齐国之政，恐终是要归于田氏了。'"

孟轲听到这里，不禁感慨万千，情不自禁地插话道：

"如此看来，田氏到田釐子田乞这一代已经在齐国坐大了，让齐相晏婴也感到无能为力了。"

老人点了点头，长叹了一声。

孟轲见老人好像非常伤感，于是重拾刚才的话题，说道：

"老丈，田釐子田乞算是田氏在齐国的第六代吧。"

昏暗的光线中，老人轻轻地点了点头，接着说道：

"说得没错。田氏在齐国政坛的势力逐渐坐大，田乞正是其关键人物。齐景公病而未死时，曾以国惠子与高昭子二人为相，立宠姬芮子之子荼为齐太子。齐景公死后，太子荼即位，是为晏孺子。田乞对此不悦，欲立景公另一子阳生为齐国之君。为了达到目的，田乞设了一计，以兵变逼迫晏孺子退位。兵变中，国惠子战败奔莒，高昭子则被杀，晏孺子只得亡奔到鲁国。最后，田乞在自己家中将阳生立为齐国之君，是为齐悼公。自此以后，田釐子田乞便一人专擅了齐国朝政，成了齐国实际的执政者。"

“那后来呢？”孟轲追问道。

“后来，田乞死了，其子田常继其位，也是一人而专擅齐国朝政，先为齐悼公之相，后为齐简公之相。不过，简公时代，齐国曾一度有二相，分别是田常与监止。监止深得齐简公宠信，田常因而不得独擅权柄。为此，田常大为忧虑。”

“那田常有什么办法呢？”孟轲又追问道。

“田常自上揽权不成，乃效其父田鳌子田乞故政，以大斗放贷、小斗收赋，自下收买齐国民心。由此，再次将田氏在齐国的势力坐大。后来，又通过武力手段，先杀了监止，再将监止的宗人子我逐出齐国。最后，授意田氏之徒公然杀齐简公于徐州，将齐简公之弟鹜立为齐国新君，号为齐平公。”

老人话还没说完，孟轲便情不自禁地感叹道：

“看来这个田常比起乃父田乞，其手段之卑劣是有过之而无不及。”

老人凄凉地一笑，幽幽地说道：

“田常的卑劣，其实远不止于此。相比于乃父田乞，他心机更重，阴谋诡计更多。他杀了齐简公，开始还心有余悸，惧怕天下诸侯会讨伐他，于是采取了缓和之策，对外修好，将以前齐国所侵夺的鲁、卫之地都尽行归还，同时西结秦、韩、魏、赵四国之好，南通吴、越之使，由此赢得了诸侯各国的信任。对内则一边假装勤政爱民，亲近百姓，一边论功行赏，收买人心。等到内外局面完全稳定下来之后，田常便露出了豺狼本性，开始对齐国政坛的异己势力进行无情打击，包括晏婴、监止等人的旧部，以及公族中有势力者，无一不被血腥清洗。然后，割取齐国大片土地为自己的封邑，范围自安平以东以至琅邪。封邑范围之广，远远超过齐平公所能控制的齐国土地。”

“田常这不是明目张胆地以臣欺君吗？简直就是地地道道的乱臣贼子。若是我们先圣孔子在世而作《春秋》，一定会对之口诛笔伐。”

老人听了孟轲的话，冷冷地笑了一声，反问道：

“口诛笔伐有用吗？”

孟轲先是一愣，继而一想，觉得老人的话是对的。自从周公礼法崩坏，周天子就威信不再，诸侯各国逐渐坐大，尾大不掉，各自为政，天下就再也没有什么“君君、臣臣、父父、子子”的人伦规范了，有的只是以下犯上、以臣欺君，甚至是以子弑父、以臣弑君的乱象不断上演；讲信修睦没了，公平正义没了，谦让同情也没了，有的只是弱肉强食，以强凌弱，以致为了一己之私，可以连年争战，让天下无数生灵为之涂炭，没有人在乎青史上留下的是好名还是骂名。想到此,孟轲一时陷入了沉默。

老人见孟轲好久不说话,以为自己刚才的反诘伤了他的自尊,遂缓和了口气,接着刚才的话题,说道:

"田常独擅齐国之政,独霸了齐国大部分土地之后,还感到不满足,又在齐国境内大肆搜罗民女,凡身高在七尺以上且稍有姿色的女子,都被他选入后宫,以为自己享用。据说,到田常死时,其所育之子竟达七十余众。"

"这跟国君有什么区别?田常岂不成了变相的齐国之君吗?"孟轲愤怒了。

老人长叹了一口气,看了一眼孟轲,无奈地摇了摇头。

相对无语,沉默了好久,孟轲又忍不住望着老人,追问道:

"那田常之后呢?"

"田常死后,其子田盘继立,齐国政治便进入了田襄子专政时代。田盘死后,其子田白继立,齐国政治又进入了田庄子时代。田庄子之后,就正式进入太公田和时代。田和为齐宣公之相时,一人独擅朝政,任何事都不容他人置喙,什么都是他说了算。其时,齐国万民只知有田和,不知有宣公。宣公死后,其子贷继立,是为齐康公。齐康公十四年,因沉溺于酒色,被田和抓住把柄,因而被田和迁于海上,仅划拨一城给他,以奉其先祀。"

"这不是明目张胆地将齐康公给废了吗?"

见孟轲又愤怒了,老人淡淡一笑道:

"年轻人,别生气!你生气,又有什么用?"

孟轲听老人这样说,终于平静了下来。顿了一顿,接着问道:

"那齐康公后来怎么样?"

"你想还能怎么样?齐康公被迁海上的第三年,太公田和与魏文侯会于浊泽,为自己求取诸侯名号。魏文侯作为天下霸主,不仅不为齐康公主持正义,反而欣然允诺,随后就派专使前往周都洛阳,向周天子通报齐国的情况,并请求周天子同意立齐相田和为诸侯。没想到,周天子作为天下共主,竟然对此不持异议,立即答应了魏文侯之使。这样,在齐康公十九年,田和正式成为齐侯,列名于周王室,田齐自此纪为元年。"

"周天子这哪有天下共主的样子?完全就是是非不分嘛!简直就是在为虎作伥!简直就是在助纣为虐!"

见孟轲再次被激怒的样子,老人不禁一笑,淡淡地说道:

"年轻人,你以为周天子真是天下共主呀?事实上,在天下诸侯眼里,他就是个名副其实的傀儡。魏文侯是天下霸主,他开了口,周天子敢不答应吗?"

孟轲点了点头,但愤怒仍写在脸上。不过,昏暗的光线中,老人也看不出他的表情。于是,二人一时陷入了沉默。

过了一会儿,孟轲觉得老人的话好像没说完,于是又追问道:

"那之后呢?"

"田和被立为诸侯后,不到两年就死了。田和的长子田剡继位,九年后又为其弟田午所杀。于是,其子田午继立为齐侯,号为齐桓公。田午继位后第六年,齐康公死于海上,太公望之后由此绝祀。自此,周初的姜齐封地全部并归田齐,历史进入了齐威王时代。"

老人讲完田齐代姜齐的整个过程后,不胜感伤。孟轲听完故事后,也是不胜唏嘘,心情久久不能平复。在松明摇摇欲息的昏暗光线中,二人相对而坐,很久没有说一句话。

大约过了烙两张大饼的工夫,孟轲突然有所醒悟,抬头看了一眼老人,小心翼翼地问道:

"老丈,莫非您就是姜齐公室中人?是太公裔孙吧?"

老人没有回答,但也没有摇头否定。

孟轲知道猜对了,于是连忙跪直了身子,作势要从席上站起,向老人行礼。

老人一见,连忙摆了摆手,予以制止。

于是,孟轲又重新坐好,望着老人,跪直了身子,说道:

"轲真是有眼无珠,失敬!失敬!"

"先祖的江山都被人夺了,死后既无颜见太公,也无颜见其他列祖列宗,还有什么值得人尊敬的呢?老朽这些年只是苟活于世,就是一具行尸走肉,跟死人没什么区别。"

"老丈,您不能这样说。如今周公礼法崩坏,人心不古,乱臣贼子遍天下,许多正人君子也都无能为力,局面不是一两个人在短期内可以扭转的。不过,您也不必太悲观,相信周公礼法迟早还会恢复,'大道之行,天下为公'的大同社会美好景象还会再现的。"

"年轻人,你这么有信心?既然如此,那么你为什么要屈从现实,从邹鲁远赴齐国,往稷下学宫向窃国大盗齐威王乞食呢?"老人反问道。

"老丈,轲往稷下学宫,只是游学,跟诸子百家学派代表人物交流切磋,目的是宣扬儒家先圣孔子'克己复礼''讲信修睦''天下为公'的政治主张，为实现王道社会、天下大同的理想而做基础准备，而不是向齐威王乞食。"孟轲连忙解释道。

"哦，原来是这样。"

孟轲见老人误解消除了，却显得有些不好意思的样子，遂连忙转换话题，说道：

"轲等一众十余人寒冬之夜相扰，承蒙老丈不嫌，热情接待安排住宿，实在是感激不尽。现尚有一事相烦，不知老丈是否愿意指教？"

"有什么事，但说无妨。"

孟轲见老人答应得非常爽快，遂连忙接口说道：

"如今轲等一众十余人已入齐国之境，从今往后就要在齐国生活，天天跟齐国人打交道。所以，就想请教一下老丈有关齐国的风俗。因为自古以来，入乡问俗就是一种常规。"

"齐国的风俗，其实跟邹鲁一样，原本都是非常淳朴的，周公礼法在此贯彻得最好。但是，到了陈完入齐后，特别是到了田氏第六代，田釐子田乞出于政治算计，以小斗收税、大斗放贷，通过假仁假义收买齐国人心，逐渐专擅了齐国朝政之后，齐国的风俗就不再淳朴，人心不古，'嘴上讲仁义，暗中行苟且'的现象就日益普遍了。所以，年轻人，今天你既然问到老朽，那老朽就不妨给你进一言，如今在齐国，你不能只听他人怎么说，还要看他人怎么做。尤其是跟官场中人交往，更要切记这一点。否则，你就要被表象所迷惑，掉进别人的圈套还不知道。"

"谢谢老丈！您的话，让轲想起儒家先圣孔子的一句名言，叫作：'听其言，观其行。'"孟轲望着老人，真诚地说道。

"正是此意！"老人重重地点了点头。

三、初见淳于髡

告别姜老伯，离开姜家庄，周显王二十二年（公元前 347 年）十二月二十二，孟轲等一众十余人行行重行行，日出而行，日落而息，一连走了七天，终于在日中时分，到达了此次入齐的目的地稷下学宫。

稷下学宫坐落于齐都临淄城稷门之外约两里地的一个丘陵地带，始建于齐威王之父齐桓公田午执政之初，齐威王即位后又续加建设，所以规模蔚为壮观。

在离稷下学宫大约还有三百步距离时，孟轲让赶车的弟子停下马车，从车上扶出母亲与妻子，安顿在路边稍事休息，然后率众弟子一起登上路旁的一个小丘。

小丘并不高，只有两层民房的高度。但是，当孟轲与众弟子登上小丘之顶后，发现视野明显要比立于路旁开阔得多。远眺稷下学宫，孟轲与众弟子都有一种强烈的震撼。孟轲虽然还能保持矜持，但弟子们都早已兴奋得不能自已了。因为眼前所见的稷下学宫，其占地面积之大、高大建筑之多，都远远超出了他们的想象。孟仲、邹正、邹春等最早的几个弟子，虽然都生长于邹国的都城，算是见多识广了。但是，邹国毕竟是蕞尔小国，邹国之都也只是规模非常有限的小城而已。除了邹国国君所住宫殿高大一点外，城内根本就没有其他什么高大建筑了。而眼前的稷下学宫，虽然建在齐都临淄城外，仅是专供天下学者交流切磋学术的场所，面积规模却堪比一座小国的都城。高大的建筑一座连着一座，其巍峨壮观的气象根本就不是一般小国都城可以相提并论的。

邹春一开始时立于孟轲旁边，极目远眺。但是，看了一会儿，就转到了其他地方，想寻找更佳的观察视角。转了一圈回来后，兴奋地向孟轲报告说：

"先生，您从这个角度往左手方向仔细看，是不是可以看见里面的车马道？您再往右手方向看，是不是可以看到其中有池沼小溪，还有许多高低不等的小丘？"

"确实是。"充虞个子矮，踮起脚尖看了一会儿后，肯定地说道。

孟轲极目远眺，凝神观照，没有吱声。

孟仲、邹正等人则左顾右盼了一阵后，默默地点了点头。

邹春见此，又兴奋地手指远方，说道：

"你们再看，那些间夹于各建筑之间的小丘，是不是上面都长满了草木，俨然就像是一座座小山？"

孟仲、邹正等人循着邹春手指的方向看了看，也都点了点头。

这下邹春更加兴奋了，遂又指着右前方，说道：

"你们再看那里，是不是有几排低矮些的房舍，会不会是齐王为天下学者准备的住所？它们或是依丘傍溪而筑，或是平地连片而建，远远望去，是不是像一片片云彩，飘落在这片广阔的原野上？大家可以想象一下，待会儿我们随先生入住这些房舍，是不是非常惬意？"

"师弟，你想得太美了吧？你怎么知道我们就能入住那些房舍呢？"这一次，孟仲没有认同邹春的话，而是给他当头泼了一盆冷水。

充虞见孟仲扫了邹春的兴，怕他不高兴而互相争论起来，遂连忙手指前方，转移话题道：

"你们看，这些建筑中是不是有一个特别高大的，莫非是给齐王住的？"

"不会的，齐王住在临淄城里的王宫中，不会跑到城外住学宫。"邹正脱口而出。

"哥，您怎么知道齐王不会住到学宫的建筑中呢？齐王不是喜欢招揽天下之士，喜欢听他们交流切磋学术，听他们相互辩论诘难、百家争鸣吗？"

正当邹正要反驳邹春时，孟轲开口了：

"你们不要再争了！百闻不如一见，远观不如近看，稷下学宫的情况到底如何，我们到了不就清楚了吗？"

"先生说得是。"孟仲连忙附和道。

于是，孟轲在前，众弟子随后，大家一起下了小丘，重新上路，浩浩荡荡地往稷下学宫而去。

到了稷下学宫，孟轲表明了自己的身份，学宫管理方立即予以热情接待。尽管孟轲此时尚是无名之辈，但学宫管理方却对之礼遇有加，不仅安排了其母亲、妻子的住宿，而且对其随行的弟子也作了稳妥的生活安排，让他们切切实实地感受到了宾至如归的温暖。身临其境，眼见为实，这时孟轲与众弟子才真正了解到天下之士、诸子百家各派代表人物都对稷下学宫心向往之的原因。

在稷下学宫住下后，孟轲与众弟子既感到兴奋，又感到新鲜。兴奋的是，来到了稷下学宫，就有了与来自天下各国之士交流切磋的机会，还可以近距离观察诸子百家学派的代表人物，了解他们的思想学说与政治主张，通过跟他们的交流切磋，从而有效地提升辩论游说的技巧，宣传儒家"讲信修睦""天下为公"的思想理念，扩大先圣孔子"克己复礼""天下大同"的王道社会理想的影响力；新鲜的是，他们从未见过如此多的壮观巍峨的建筑，没有见过如此多的来自不同诸侯国的南腔北调之士。

周显王二十二年（公元前347年）十二月二十三，也就是孟轲与众弟子到达稷下学宫的第二天。一大早，兴奋得一夜未眠的邹春就嚷嚷着要好好游览一下稷下学宫的所有建筑及其整体环境。正好孟轲也有此意，其他弟子当然更是赞同邹春的提议。于是，孟轲向母亲请过安后，便带着众弟子出门了。

走在稷下学宫众建筑之中，大家东看看，西望望，不时指指点点，议论纷纷。

走了不到烙一张大饼的工夫，迎面走来一位束发衣褐、穿着草鞋的人。

"先生，山野农夫也能进稷下学宫吗？"邹春指着那人，悄声问孟轲道。

"不是农夫，是墨家弟子。"

孟轲话音刚落，充虞就立即追问道：

"先生，您以前不是说过'杨朱墨翟之言盈天下，天下之言，不归杨则归墨'吗？既然墨家学说是天下显学，那墨家弟子怎么是这副模样呢？"

孟轲莞尔一笑，悄声说道：

"墨家号称要'兴天下之利，除天下之害'，'摩顶放踵利天下，为之'。墨家弟子都来自社会底层，他们都以裘褐为衣，以跂蹻为服，艰苦劳作，日夜不休，以自苦为极，甚至可以做到'赴汤蹈刃，死不旋踵'。"

"哦，原来这样。怪不得墨家学说有这么大的影响，成为天下显学。"孟仲感叹道。

当孟轲与众弟子还在交头接耳议论之际，那个束发衣褐的墨家弟子已然走到了他们的面前。邹正见此，连忙回头示意众人不要再议论，装出一副真诚的样子，对他行礼作揖，问道：

"先生，我们是昨天刚到这里的。想请教您一个问题，这个学宫到底有多少房子，聚集了多少来自诸侯各国之士？齐王造这么多房舍，是不是太铺张奢侈了？"

墨家弟子看了看邹正，又好奇地看了看孟轲及其一众弟子，显出一副非常认真的样子，说道：

"在下虽然在这里待了有一段时间，但学宫有多少房子，还真的不清楚。不过，据在下了解，这里最多一次曾聚集了来自天下各国之士有千人。"

"啊？有那么多人呀！"邹春惊讶地睁大了眼睛。

"是啊！所以齐王才会造这么多房子。眼前各位所见的这些房舍，虽然数量不少，但并不是学宫全部的房舍。你们朝右手那边看，那里是不是有一座高一些的山丘，转过那座山丘，背后还有更多的房舍呢。"墨家弟子说道。

"哦，原来齐王造这么多房舍，是为了满足来此的所有天下之士的居住需求。"孟仲恍然大悟似的点了点头。

"其实，齐王建造学宫房舍，跟他要聚集天下所有之士是相辅相成的。来齐国的天下之士越多，学宫的房舍就要建得越多；而学宫的房舍建得越多，就能吸引更多的天下之士聚集于此。事实上，稷下学宫自设立以来，之所以成为天下之士云集的中心、诸子百家各学派代表人物坐而论道的大本营，就是因为这里为他们提供了充足的食宿条件。齐王下令建造这所学宫，其实是谋虑非常周密的，不仅考虑到了天下之士来此的住宿问题，还考虑到了他们的吃饭问题。按照齐王设立稷下学宫的宗旨，凡是来此讲学或游学的天下之士，进入稷下学宫就算是齐王的客人。这里不仅有专门的官员负责学宫的日常管理，还有专门的办事机构为来此的天下之士提供周到的生活服务。"

墨家弟子话没说完，邹春就脱口而出：

"这一点，我们昨天到此就已经体会到了，真的有宾至如归的感觉。"

"既然各位是昨天刚到这里，在下建议各位，不妨先在学宫各处走走，了解一下学宫不同建筑的位置及其周边的环境，然后再到各个建筑内看看，各家学派的交流切磋都是在不同建筑内进行的。各位不妨多听听，也可以随时参与其中，进行讨论甚至辩论。"

孟轲听了墨家弟子的建议，觉得他为人非常热情，顿时萌生了一个念头，想借此机会向他打听一下淳于髡的情况。因为他觉得，既然已经来到了稷下学宫，那么就应该入乡随俗，循例拜访一下淳于髡。淳于髡既然是齐威王任命的稷下学宫主事者，也是稷下学者的领袖，那么，自己作为一个来此游学交流的儒家学者，于公于私，于情于理，都是应该跟淳于髡见一面的。即使不能在学术上有什么交流切磋，起码在礼节上要展现一个姿态。先圣孔子最讲究礼尚往来，自己作为儒家学派的追随者，不能在礼的方面让人有什么非议。

想到此，孟轲趋前一步，先向墨家弟子行了一礼，然后语气诚恳、态度谦恭地说道：

"先生，在下是邹人孟轲，刚才听了先生的介绍，真是长了很多见识。"

墨家弟子连忙还礼如仪，说道：

"失敬！失敬！看先生峨冠博带的装束，应该是儒家弟子吧。"

"正是。"孟轲答道。

"那以后就有机会向先生请教了。"

孟轲知道墨家弟子这是礼貌客套，遂连忙谦虚地说道：

"岂敢！岂敢！轲长期蛰居穷乡僻壤，孤陋寡闻，未曾听闻过大道，未曾见过世面。而今来到稷下，就是来向各家学派的前辈请教的。说到请教，现在就想请教先生一个问题，不知先生是否方便？"

墨家弟子见孟轲说话恭敬有礼，遂顺口问道：

"孟轲先生，您有什么要指教的，但说无妨。"

"听说稷下学宫的主事者是淳于髡先生，是吧？以前轲就曾听说过他的大名，但限于见闻，对其学识事功并无多少了解。而今来到稷下学宫，第一个遇到的就是先生这样学识渊博且热心肠的前辈，真是幸运！"

孟轲话还没说完，墨家弟子就猜出了其用意，连忙接口问道：

"孟轲先生，您是想了解淳于髡先生的情况吗？"

"正是。"孟轲连忙点头答道。

墨家弟子微微一笑，说道：

"对于淳于髡先生，在下倒是有些了解。既然孟轲先生有兴趣，在下就给您讲三个小故事，您就知道淳于髡先生是何许人也。"

孟仲一听墨家弟子要讲淳于髡的故事，当然很高兴，但是觉得站在路上讲，总是有些不妥，遂向孟轲与墨家弟子提议道：

"二位先生，我们是否找个地方坐下再讲呢？"

孟轲与墨家弟子不约而同地点了点头。

然后，在墨家弟子的带领下，大家来到了离路边不远的一个小丘旁边，正好面南坐北，既无风，又朝阳。大家围着墨家弟子与孟轲一起坐下，看着冉冉升起的一轮红日，听墨家弟子讲起了淳于髡的故事：

"你们都听说过吧，稷下学宫不是现在才有，而是始建于齐威王之父齐桓公时代。学宫初立之时，淳于髡先生就到此讲学，是天下之士公认的最负盛名的稷下学者。跟诸子百家的许多代表人物相比，他最大的特点就是学无所主，没有门户之见，对诸子百家之说均持开放包容的态度。其实，他不仅仅是一个学者，博闻强识，学贯古今，而且也是一个能言善辩的说客，同时还是一个眼光独到的政治家。"

"原来淳于髡先生如此了得！要不是先生今天说到，轲还一无所知。惭愧！惭愧！看来，轲真是一只井底之蛙，孤陋寡闻极了。"

墨家弟子听孟轲这样讲，连忙摆手道：

"哪里！哪里！孟轲先生太谦虚了！在下其实才是一个孤陋寡闻之人。对于淳于髡先生的情况，在下了解得也并不是很多，只是道听途说而来。"

"先生不必过谦，请继续往下讲。"孟轲催促道。

"在齐桓公时代，淳于髡先生只是在稷下讲学，是天下闻名的稷下先生。到了齐威王时代，始为客卿，并深得齐威王倚重。他资政问政，跟齐国其他大臣不同。一般情况下，他不会直接跟齐威王进言进谏，而是在特殊情况下以隐语微言讽谏齐威王，鼓励齐威王居安思危，革新朝政。正因为他擅长进谏，因而齐国在齐威王即位执政后国势大盛。"

墨家弟子话还没说完，邹春情不自禁间忘记了自己的身份，突然插话评论道：

"如此说来，淳于髡先生还真算是一个卓越的政治家，不是一般书生可比。"

墨家弟子看了一眼邹春，微微一笑。

孟仲、邹正、充虞以及其他师兄弟则不约而同地向邹春翻了一个白眼。

孟轲看了一眼墨家弟子，不好意思地说道：

"先生，您继续讲。"

墨家弟子点了点头，抬眼望了一下太阳，接着说道：

"淳于先生不仅有卓越的政治才干，辅佐朝政卓有成就，而且具有外交长才，在外交方面也斐然有成。他曾以齐王特使的身份多次出使诸侯各国，每次都能出色地完成使命，不辱国格，不负君命。周显王二十年，也就是前年，楚国入侵齐国，他奉齐威王之命，游说赵王，借得精兵十万，革车千乘，楚师闻之，不战而退。"

"淳于先生果然了不起，可谓一舌敌万师呀！"这次孟轲也不矜持了，情不自禁地赞叹道。

墨家弟子看了孟轲一眼，微微一笑，说道：

"这只是第一个故事。"

"请先生再讲第二个故事。"孟轲连忙催促道。

"第二个故事，就是淳于先生凭借天下独一无二的口才，一日之内向齐威王推荐了七士，齐威王皆欣然从之。"

见墨家弟子说到这里时眉飞色舞，孟轲感到很好奇，遂连忙追问道：

"一日荐七士是怎么回事？淳于先生又是怎么个荐法？"

"齐威王执政之初，为了迅速振兴齐国，广开言路，广揽人才，公开鼓励大臣及天下有识之士向他举贤荐能。齐国大臣于是闻风而动，纷纷向齐威王举贤荐能。淳于先生当然也不甘落后，遂有一日向齐威王连荐七士的新闻。"

"淳于先生一日荐七士，那齐威王是不是觉得太多了呢？"孟轲问道。

墨家弟子看了看孟轲，呵呵一笑，答道：

"孟轲先生，您也觉得多呀！当时，齐国不少大臣也是因为觉得多，还跟淳于先生争风吃醋呢，甚至有人直接在齐威王面前诽谤他。"

"那齐威王是如何处理的？"孟轲更加兴味盎然了。

"齐威王对淳于先生一向都是信任有加的，当然不会听信那些对淳于先生的中伤诽谤之言。不过，齐威王也觉得淳于先生一日向他荐七士有些过分了，于是就跟淳于先生谈话。他先引了一句古语：'千里而一士，是比肩而立；百世而一圣，若随踵而至也'，然后反问道：'先生一日向寡人荐七士，这士是不是太多了一点呢？'"

"看来齐威王也是蛮会说话的。那淳于先生是不是无话可说了？"孟轲追问道。

"孟轲先生，您是没见过淳于先生。您要是见了他，跟他说过话，就知道他是多么会说话。虽说齐威王是英主，也很会说话，但他还是难不住淳于先生的。齐威王引经据典，以为淳于先生会因此哑口无言。没想到，淳于先生不假思索地回答：'臣以为不然！鸟同翼者而聚飞，兽同足者而俱行，这是自然之理。如果想搜求桔梗于沮泽之畔，恐怕一辈子也找不到一根；相反，如果求桔梗于梁父之阴，则车载不尽。'"

"淳于先生的这个比喻很生动、有说服力。"孟轲情不自禁地赞叹道。

"要说生动、有说服力，淳于先生接下来跟齐威王说的话，那才真叫生动而有说服力呢，而且非常自负，让齐威王顿时哑口无言。"

"说了什么话？"孟轲更加好奇了。

"像齐威王一样，淳于先生也是先引古语，再借题发挥。他引的古语是：'物以类聚，人以群分'，然后借题发挥道：'有水便会聚鱼，有林便会栖鸟，有其人必有其友。大王若不嫌臣过于自负，臣不妨说一句大话：髡乃当今聚天下之贤的渊薮。大王不求贤则已，若求贤，咨之于髡，犹如挹水于河，拾薪于山，网罗何等之贤，皆易如反掌。今后若有机会，臣还会不断向大王举贤荐能，何止只是今日七士。'"

"淳于先生虽然话说得有些自负，但比喻却非常生动形象，也确实具有说服力，实在是令轲为之折服。"孟轲说道。

墨家弟子点了点头。

停顿了一会儿，孟轲抬头看了看墨家弟子，小心翼翼地说道：

"先生，您第二个故事讲完了吗？如果讲完了，是否请先生再讲第三个故事呢？"

墨家弟子没有立即回答，而是抬头看了看天，似乎若有所思。停顿了好久，才突然侧过脸来，看了一眼孟轲，又扫视了一下孟轲众弟子，问道：

"你们有没有听说过邹忌鼓瑟谏威王的故事？"

邹正与孟仲一听墨家弟子说到这个话题，本来都想回答，但抬头看了一眼孟轲，就立即把话咽了回去。

邹忌鼓瑟谏威王的故事，孟轲因为先前听邹正与孟仲讲给他听过，所以墨家弟子问到时，他就点了点头。

墨家弟子见孟轲点头，遂接口说道：

"听过就好。那下面要讲第三个故事就方便了。"

"先生请讲。"孟轲催促道。

"齐威王即位执政之初，沉溺于弹琴弄瑟，不理朝政，结果导致齐国政治混乱，危机四伏。邹忌鼓瑟谏威王，说五音而受齐相之印，辅佐威王进行政治改革，卓然有成。虽然邹忌确实对于齐国的崛起厥功至伟，但因上位太快，由此引发许多齐国之士愤愤不平。于是，齐国朝野一时为之议论纷纷。"

"这也许就是嫉妒吧，是人都有这个弱点。"孟轲情不自禁地感叹道。

墨家弟子点了点头，接着说道：

"当邹忌正得齐威王之宠，在齐国政坛呼风唤雨之时，淳于髡先生作为稷下学者也正处于光芒四射的时刻。他有弟子七十二人，都在稷下学宫。这七十二人自恃是淳于先生的得意弟子，所以自视甚高。他们听说了邹忌鼓瑟谏威王迅速发迹变泰的故事后，都觉得有些不服。于是，他们便想出一个办法，决定去找邹忌辩论，用一些隐语微辞去为难他，因为邹忌当初就是靠这一套讽谏齐威王成功的。"

"结果如何？"邹春这次又没有忍住，问道。

孟轲侧脸看了一眼邹春，没说什么，转而望着墨家弟子，说道：

"先生请继续往下讲。"

墨家弟子点了点头，接着说道：

"淳于先生的弟子们商量好之后，便轮番去见邹忌，跟他辩难。邹忌见是淳于先生的弟子，知道不能轻忽，也不敢轻慢。不管是淳于先生的哪一个弟子求见，他都对之执礼甚恭，应答谦卑温和。而淳于先生的弟子则不然，他们见了邹忌，个个态度倨傲，言辞轻狂。结果，在跟邹忌的辩难中没有一人获胜。消息最后传到淳于先生耳中，淳于先生觉得好奇，遂决定亲自出马，会一会邹忌，一探其虚实。"

"结果如何？"孟轲这次又不矜持了。

墨家弟子侧脸看了一眼孟轲，笑了一笑，说道：

"淳于先生见了邹忌，没有客套寒暄，只说了一句话：'先生鼓瑟而授相，真是善说啊！'"

"淳于先生说这话，好像有点吃酸的味道，是不是他也有拜相封侯之想？"孟仲这时忍不住插话，问道。

"这个在下不敢说。不过，淳于先生肯定对邹忌拜相封侯是心有不服的。不然，以他那样清高的个性，也不会主动去见邹忌。邹忌是非常聪明的人，一听淳于先生的话，就知道他的内心世界。于是，淳于先生越是话语咄咄逼人，他就礼之愈恭，辞之愈谦。最后，淳于先生说：'髡有陋见，愿陈之于先生。'邹忌再拜说道：'忌谨受教，愿先生明以教我。'淳于先生见邹忌执礼甚恭，乃赠其八个字：'得全全昌，失全全亡。'"

"什么意思？"孟轲这次真是听不懂了。

"这是隐语，是要邹忌自己意会。其意是说，君臣分际甚明，为臣者要知进退，懂分寸。人臣事君，礼全具而无失，则必身名获昌；人臣事君，礼全失而不察，则必身败名裂。这是在教导邹忌，不要因为得到齐威王的重用而忘乎所以，以致失了君臣之礼。"

"这话说得有道理，确是逆耳忠言。"孟轲脱口而出。

墨家弟子点了点头，接着说道：

"淳于先生赠邹忌八个字，其实只是想考察一下其领悟力。不料邹忌马上就领悟了，回答道：'谨受令，请谨毋离前。'淳于先生见此，又说了一句：'狶膏棘轴，所以为滑也，然而不能运方穿。'"

"这是何意？"孟轲这次更是听不懂了。

"淳于先生的这句话也是隐语，意思是说，以棘木为车轴，而以猪油润之，则至滑而坚；若车轴穿孔为方，车则无法运转，寸步难行。意在告诫邹忌，为人臣不可逆理反经。"墨家弟子说道。

"这话虽说得隐奥，但道理非常深刻，值得邹忌铭记。"

墨家弟子对孟轲的评论表示认同，点了点头，又接着说道：

"邹忌听懂了淳于先生的意思，于是更加谦恭地说道：'谨受令，请谨事左右。'淳于先生又说了一句：'弓胶昔干，所以为合也，然而不能傅合疏罅。'"

"淳先生的这句话也是一句隐语吧？是什么意思？"孟轲问道。

墨家弟子点了点头，说道：

"对的。淳于先生这仍然是在以隐语微辞考验邹忌的领悟力。这句隐语的意思是说，作弓之法，涂胶于弓杆之上，而纳之于檠中，乃为以势令其结合。然胶与杆虽以势暂合，时日久之，傅合于疏罅隙缝，则难矣。"

"先生，这是何意？轲还是听不懂。"

墨家弟子看了看孟轲，莞尔一笑，说道：

"孟轲先生，如果您一下就听懂了，那您就可以做齐国之相了。淳于先生的话，其实是弦外有音，意在告诉邹忌，为人之臣，要有自己独立的见解，不能凡事都拘泥于先王之法、祖宗之礼，不能事事一味顺从人君，而是应该弥缝得所，善于消弭调和君臣、君民之罅，从而实现治国安民的目标。"

"哦，原来如此。确实说得有道理。"孟轲连连点头道。

"邹忌听懂了淳于先生的话，回答说：'谨受令，请谨自附于万民。'淳于先生又说了一句：'狐裘虽敝，不可补以黄狗之皮。'"

"这话比较好懂。淳于先生是不是说，狐裘即使破敝了，也不能补之以黄狗之皮，因为二者不相配。"

墨家弟子听了孟轲的解读，笑了一笑，说道：

"孟轲先生，淳于先生这话并不是那么简单，您不妨听听邹忌是怎么回答的。邹忌听了淳于先生的话，回答说：'谨受令，请谨择君子，毋杂小人其间。'意思是说，治国辅君要谨慎选才用人，英才庸才不可使之相杂，以致鱼目混珠，坏了国家大事。"

"哦！"孟轲惭愧地应了一声。

"淳于先生见邹忌又准确解读出其隐语之意，于是又说了句隐语：'大车不较，不能载其常任；琴瑟不较，不能成其五音。'"

"淳于先生这话有何微言大义？"

墨家弟子见孟轲这次不敢再擅自解读了，遂明白清楚地告诉他：

"淳于先生这话表面上是说，车与琴皆各有常制，需要经常校正调整。车轴常校正，才能保证行车安全，完成载人载物之常任；琴弦常调校，才能保证能成其五音，奏出和谐美妙之声。实际上，这话深层别含用意，是告诫邹忌一个治国安民的道理：法律制度、礼法规范也需有所调整，使之与时俱进，这样才能维护国家安定，使万民和谐。邹忌明白了淳于先生的微言大义，立即答道：'谨受令，请谨修法律而督奸吏。'"

"淳于先生的隐语真是不容易解读，邹忌能够准确解读，说明他真是聪明过人。"孟轲说道。

墨家弟子点了点头，又接着说道：

"淳于先生说完第五句隐语，便告别邹忌而出。走到门口时，回头对其仆从说：'邹忌其人，非常人也！老夫跟他说了五句隐语微言，他应答我就像响之应声。此人不久必受封矣！'果然不出淳于先生所料，一年后，齐威王即封邹忌于下邳，号曰成侯。"

听完墨家弟子所讲的三个故事，孟轲先前对淳于髡模糊不清的印象立即清晰了，敬佩之情也从心底油然生出。

第二天，孟轲起了个大早，做了精心准备，并特意梳洗了一番，整冠束带后，才郑重其事地找了稷下学宫的管事人，经由他的引介，正式拜访淳于髡。

孟轲因为前一天听了那个路遇的墨家弟子所讲的三个故事，于是就在心里构想了一个淳于髡的高大形象。但是，见了淳于髡本人，这才发现见面不如闻名，站在他眼前的淳于髡并没有自己想象中那样光彩动人的形貌，也没有让人感到有即之可温的人格魅力。仔细看看，淳于髡只是一个瘦削干瘪、个头不高的老头，头发胡子都白了，跟普通的上了年纪的乡野老农没有什么区别，只是因为有很长的光亮的胡须飘在胸前，看上去有些仙风道骨的样子。

虽然淳于髡的形象不如孟轲想象的那样高大美好而令人崇敬，但淳于髡作为一个天下闻名的稷下学者，其待人接物的态度也不像孟轲想象的那样高高在上，让人有一种可望而不可即的感觉，而是举止言谈中都透着一种简任自然的风范，既不像一般迂腐拘礼的儒生那样一本正经，也不像传说中的老庄之徒那样言行放旷随意。与之相处，完全是一种让人非常放松的感觉。

可能是因为第一次见面，也可能是因为孟轲初来乍到，此时还是一个无名的后生，淳于髡先前既未与之有过交往，也从未听说过他的名字，更未曾听说过他有什么著名的言论，所以，二人见面后，除了孟轲的一番自我介绍，以及二人相互礼节性地寒暄了几句之外，就陷入了无话可说的尴尬状态。

相对无语地坐了片刻后，淳于髡可能感觉到孟轲有些局促不安，于是便以和蔼可亲的口吻，问起儒家对于礼的认识。

孟轲是儒家之徒，信奉的本来就是孔丘极力提倡的"非礼勿视，非礼勿听，非礼勿动"的一套理论，一听淳于髡问到有关儒家礼的学说，自然兴奋起来，立即打开了话匣子，跟淳于髡滔滔不绝地讲了一通，并自以为得意。

淳于髡大概是出于礼貌，也可能是出于对年轻人的宽容，孟轲说了大约有烙三张大饼的工夫，他都耐着性子认真倾听，没有打断孟轲的话。

等到孟轲将所想说的都说完而停下来后，淳于髡才直视孟轲，不显山不露水地问了孟轲一个问题：

"男女授受不亲，是你们儒家认为的礼吗？"

"男女授受不亲，当然是礼。"孟轲不假思索地答道。

"那么，老夫再问你一个问题。"

"先生，您请说。"孟轲望着淳于髡，信心满满地说道。

淳于髡看了看孟轲，语似缓和地说道：

"请问，按照你们儒家之礼，如果嫂子不幸落水，且有溺亡之虞，那么你们认为是否要伸手拉一把呢？"

"嫂子落水而不施以援手，那就是豺狼，是禽兽，根本就不是人。男女授受不亲，确是必须遵循之礼；但嫂子落水而施以援手，则是随机应变，也是应有之义。"孟轲脱口而出，说得铿锵有力。

淳于髡听了，却微微一笑，反问道：

"现在全天下的人都落水了，先生怎么不援之以手呢？"

孟轲没听懂淳于髡的意思，望着淳于髡愣了一会儿。等到明白过来，这才接着说道：

"天下人都落水了，就不是援之以手就可以解决的问题了，这是当政者治国安邦的制度出了问题，应该援之以道。这个道，不是当下很多人主张的霸道，也不是老庄之徒鼓吹的'清静无为''顺其自然'之道，而是儒家所提倡的王道。唯有提倡王道，才能实现'天下为公''天下大同'的理想。嫂子落水了，是个案，援之以手就能解决。先生，您是想跟伸手拉落水嫂子一把一样，伸手拉天下之人吗？"

孟轲振振有词地说了一大套，本以为征服了淳于髡，让他对自己刮目相看。没想到，淳于髡却呵呵一笑，说道：

"年轻人，你的口才很好。只是你在回答问题时偷换了概念，让人觉得是在狡辩。"

孟轲听了淳于髡这番不温不火的评价，这才真正领教了淳于髡的厉害，领悟到其看问题一针见血的深刻性，于是连忙对淳于髡行礼如仪，谦恭有礼地说道：

"弟子谨受教！"

第三章
稷下岁月

听孟仲与充虞讲完当年随孟轲第一次入齐的经过，陈代、桃应、彭更、景春、貉稽等孟轲后期弟子都非常兴奋。因为这些往事，以前他们从未听孟轲说过，也未听其他人说过。于是，大家又央求孟仲与充虞再接着讲孟轲携弟子第一次入齐的掌故与逸事。

充虞抬头看了看天，指着一轮快要西沉的红日，说道：

"你们看，太阳就要下山了，再讲下去，难道我们今天都要在先生墓前过夜吗？"

充虞话音未落，桃应脱口而出：

"过夜有何不可？反正今天我们都不可能离邹回国了。日后大家再相聚，恐怕可能性也不大了。倒不如大家今天就在先生墓前陪先生一夜，大家一起说说话、叙叙旧，将各自追随先生学习的往事都说一说，让先生也听一听。相信先生地下有灵，也会感到欣慰的。"

"桃应师弟的提议真的很好，我赞成。"陈臻立即附和道。

公都、高子、浩生不害等是齐国人，屋庐连是三晋故国人，滕更、徐辟是滕国人，周霄是魏国人，勾践是宋国大夫，曹交是已经亡国的曹国人，陈代、彭更、景春、貉稽等人则是周游列国而居无定所之人，公孙丑、万章二人虽是齐国人，却因在孟轲晚年一直陪侍其左右而早已将邹国视同自己的故乡了，只有咸丘蒙是鲁国人，算是离家较近。所以，大家一听桃应提议今日不离开邹国，而是要留在孟轲墓前过夜，都一致表示赞同。

但是，过了一会儿，万章提出了一个问题：

"大家愿意在先生墓前陪先生一夜，先生地下有知，肯定是会感到欣慰的。先生一辈子都关爱弟子，将我们这些弟子视同自己的孩子，关心呵护有加。现在是寒冬腊月，白天有太阳，还不觉得怎么冷。可是，到了晚上，特别是半夜，恐怕大家都要冷得受不了。如果大家都冻出病来，想必先生地下有知，也会感到心中不忍、不舍、不安的。"

"万章师兄说得也对。"陈臻点头表示认同。

其他人也觉得万章所虑极是，都默默地点了点头。

就在大家陷入沉默、一筹莫展之时，陈代突然兴奋地说道：

"我想到办法了，可以两全其美。"

"什么办法？快说！"屋庐连连忙催促道。

"现在太阳尚未落山，城门关闭应该还有一段时间，勾践师弟有马车，可以让其车夫驾车快速进城，买些酒来。这样，既能以酒驱寒暖身，又能借酒助兴，忆往叙旧。"陈代说道。

勾践一听，连忙叫好，立即叫过其车夫，吩咐他快马加鞭，进城买酒。

大约过了有烙二十张大饼的工夫，勾践的车夫便驾车而回，买来了十大坛酒，还是烈性的齐国烧刀子。

周赧王二十六年（公元前289年）十一月十五，在太阳即将消失其最后一抹余光之际，孟轲的众弟子整整齐齐地在孟轲的新坟前站成一排，各自手捧浅浅一盏酒，面对孟轲新坟，先是恭恭敬敬地鞠了躬；接着，一起将盏中之酒洒向孟轲墓前新土之上。然后，再各自归位，在孟轲墓前坐下。

刚一坐下，陈代又说话了：

"先生第一次入齐的经过，刚才孟师兄与充虞师兄跟我们讲过了。但是，先生第一次入齐后，在稷下的岁月究竟如何，我们后及门的弟子都不清楚，现在是否请第一次追随先生入齐的孟师兄和充虞师兄再给我们讲讲呢？"

"这个还是请公孙师弟与万章师弟讲比较好。"充虞连忙推辞道。

孟仲连忙点头表示赞同。

于是，大家在黑暗中一起将目光投向了公孙丑与万章。可是，公孙丑却不假思索地回答道：

"公都师兄是齐国人，又是先生入齐后所收的第一个弟子。第一次入齐时，先生人地生疏，很多事情都有赖于公都师兄。所以，有关先生第一次在稷下学宫的岁月，还是请公都师兄来讲比较合适，相信公都师兄一定能将最真实的内情讲出来，让大家大开眼界的。"

大家一听，连声称好。

公都没有立即回答，而是望着黑暗中的孟轲新坟，陷入了沉思之中。过了好久，才在大家的一再催促下，开始讲述孟轲第一次入齐后在稷下学宫的往事。

一、谏蚳鼃

周显王二十三年（公元前346年）三月二十二，是孟轲入齐满三个月的日子。

在稷下学宫的这三个月里，孟轲虽然没有获得诸如淳于髡、田骈、慎到等稷下先生一样"赐列第为上大夫，不治而议论"的政治待遇，但借助稷下学宫这一平台获得了一个跟来自天下各国的诸子百家弟子平等交流切磋的机会。尽管儒家学说在当时的稷下学宫并无什么影响，在齐国与其他诸侯各国更是影响甚微，孟轲此时也还算不上是儒家学说的代表人物，但是，因为孟轲初到稷下学宫时曾拜访过淳于髡，跟他有过一次有关"礼""义"问题的小小辩论，结果被淳于髡的弟子们不断在学宫上下到处搬说。当然，这种搬说不是正面的，而是负面的，他们说淳于髡对于孟轲的评价是善于诡辩。不过，这种负面的评价对孟轲并没有造成什么不利的影响，反而歪打正着，为孟轲在稷下学宫上下提升了知名度。因为当时淳于髡是天下闻名的稷下先生，是齐威王亲自任命的稷下学宫主持人，当时能够跟淳于髡产生任何瓜葛的人与事，都会在稷下学宫上下产生轰动效应，掀起不小波澜，成为在稷下学宫的诸子百家弟子酒余饭后津津乐道的谈资。正因为如此，淳于髡弟子们不断搬说有关淳于髡与孟轲辩论的事，以及因此而给孟轲贴上好诡辩的标签，其实都是有助于孟轲这样的无名小辈在稷下学宫迅速提升知名度的。

公都是齐国本土之士，在稷下学宫游学已有好几年，听过诸子百家不同学派的代表人物很多公开演说，也听过不同学派的学者之间的很多论辩。可是，他一直没有被他们的学说与人格所折服，所以始终找不到归属的学派。孟轲的到来，虽然给稷下学宫带来了又一家新学说，但是儒家学说之前一直毫无影响，孟轲又是初来乍到的无名之辈，所以孟轲及其弟子自邹鲁入齐，在稷下学宫待了三个月，他还不认识孟轲。

尽管公都早就听闻过淳于髡弟子们搬说过孟轲与淳于髡辩论的事，但他一直没当回事。只是前几天，一次偶然的机会，他跟曾经与孟轲交谈过的那个墨家弟子有过交流，这才从他那里了解到孟轲更多的事情。昨天，又在一个论辩会上与那个墨家弟子相遇，正好孟轲当时也在论辩现场。于是，那个墨家弟子便将孟轲指给了公都看。这样，公都终于将孟轲之名与孟轲其人对上了号，并对这个峨冠博带、一本正经的孔丘儒家之徒有了深刻印象。

说来凑巧，就在公都对孟轲产生了兴趣，并将其人与其名对上号之后，第二天一大早，他们就在学宫的道路上正面相遇了。

孟轲不认识公都，但公都已经认识了孟轲。所以，公都看见峨冠博带、一本正经的孟轲在其十多位弟子的簇拥下迎面走来时，便毫不犹豫地迎了上去，大大方方地作了一番自我介绍。然后，又假装态度谦恭地表达了希望跟孟轲请教与进一步交流的意愿。

孟轲听说公都是齐国本土之士，又有了解儒家学说的意愿，自然是打内心里感到高兴。因为他将这视为来稷下学宫宣传儒家学说有了效果的表现，于是当即答应跟公都交流切磋，并邀请公都就近在路边一块大平石上坐下。

"孟轲先生，听说您来稷下学宫之初，就跟淳于髡先生有过一次论辩，是吗？"刚一坐下，公都就开门见山地向孟轲提了一个尖锐的问题。

孟轲点了点头。

"那您觉得淳于髡先生怎么样？"

孟轲觉得公都的这个问题更尖锐了，也更难回答。毕竟自己是初来乍到的，淳于髡是各家学派学者都尊崇、齐威王信任的稷下学者，对他予以评价，说好说坏都似乎不太合适。再说他对公都的背景并不了解，在他面前说话自然不能马虎，以免产生不必要的困扰。想到此，孟轲莞尔一笑，云淡风轻地回答道：

"轲对淳于先生并不了解，只是刚来时听一位墨家弟子说过一些有关他的情况，觉得挺佩服他的才学与能力。"

公都"哦"了一声，轻轻地点了点头。

孟轲怕公都再问什么，于是反客为主，反过来问了公都一个问题：

"公都先生，您是齐国人，又在稷下学宫游学有年，肯定见闻很广。轲一直有一个问题感到很困惑，但又不便于请教别人。今天您既然说到淳于先生，那么轲就想请教您一下，淳于先生是闻名天下的学者，为什么以'髡'为名呢?"

公都一听是这个问题,不禁哈哈一笑,说道:

"这个问题在齐国不是什么秘密了。淳于先生之所以以'髡'为名,乃是因为他曾被剃去头顶周围的头发,是一种侮辱性的刑法。正因为受过髡刑,所以淳于先生早年处于社会的底层,被人认为是出身卑贱。因为出身卑贱,淳于先生无法正常娶妻生子,最后做了人家的赘婿。"

"什么叫赘婿?"孟轲故意装着不懂,问道。

"赘婿就是倒插门的女婿。在齐国,做赘婿是非常不体面的事。按照齐国自古以来的风俗,家有长女不能出嫁,须在家主持祭祀,不然于家运会有不利。这些在家主持祭礼的长女,在齐国被称为巫女。巫女若要结婚,就必须招男子入赘。被招入赘的男子,在齐国就被称为赘婿。一般正常人家,男人都是娶妻入门的,不会倒插门到女家的。只有家境特别贫寒而无力娶妻,或因受刑等原因娶不到妻子的男人,才会做人家的赘婿。"

"哦,原来这样。"孟轲装着恍然大悟地说道。

"淳于先生虽然出身卑贱,其貌不扬,但他并不妄自菲薄,更不自暴自弃,而是锐意进取,苦学上进,于学无所不窥,且学无所主,终成一代博学的稷下先生,成为天下之士的领袖。"

"淳于先生真是不容易,堪称吾辈读书人的楷模。"孟轲顺着公都的话说道。

公都点了点头,接着说道:

"其实,淳于先生不仅仅是学贯古今的大学问家,是天下之士皆知的稷下先生,还是卓越的政治家与外交家。"

有关淳于髡在政治与外交上的成就,孟轲曾听墨家弟子说过两个故事。但是,为了对淳于髡其人有更深入的了解,他故意假装不知,故作惊讶之状,问道:

"淳于先生还是卓越的政治家与外交家,轲孤陋寡闻,还真从来没听说过。公都先生,今天您既然说到,那是否可以详细讲讲,让轲也长长见识呢?"

公都见孟轲虚心向自己请教,内心当然非常高兴,但故作镇静、假装谦虚地说道:

"让孟轲先生长见识,那是不敢想的。不过,给您讲一些有关淳于先生的道听途说,还是可以的。"

"公都先生请讲。"孟轲催促道。

"齐威王喜好说隐语，又好淫乐长夜之饮，即位执政之初，不理朝政，将所有政事都委于卿大夫。结果，大臣都依样学样，弄得朝纲不振，政治错乱，民不聊生。诸侯各国见到有机可乘，都出兵侵夺蚕食齐国土地，弄得齐国几乎到了要亡国的境地。但是，满朝文武大臣却没有一个敢于向齐威王提出谏议的。淳于先生实在看不下去了，于是以隐语劝谏齐威王说：'齐国境内有一只大鸟，就栖于大王的王庭之中。此鸟三年不飞也不叫，不知是何鸟。'齐威王见淳于先生说的是隐语，遂也以隐语回答道：'此鸟不飞则已，一飞冲天，一鸣惊人。'于是，立即传召齐国七十二个县的行政长官来见，奖赏了其中一人，诛杀了其中一人。然后，整顿武备，奋兵而出。诸侯各国大为震惊，纷纷将先前侵占的齐国之地归还了齐国。"

"看来齐威王不是寻常君主，淳于先生也不是寻常书生。他能一语惊醒梦中人，促使齐威王奋发有为，确实堪称卓越的政治家。"孟轲评论道。

公都点了点头，接着说道：

"齐威王执政的早年，南方大国楚倚仗强大的国力，悍然出兵攻打齐国。齐威王自知齐师不敌楚师，遂连忙召来淳于先生，请他出使赵国，向赵国借兵对抗楚国之师。为此，齐威王给了淳于先生黄金百斤、车马十驷。淳于先生见齐威王只肯拿出这点礼物，就要他向赵国借兵，遂仰天大笑，笑得系帽子的带子都断了。齐威王问他说：'先生是嫌这些礼物太少吗？'淳于先生回答说：'哪敢嫌少！'齐威王又问：'既然不嫌少，那先生到底笑什么呢？'淳于先生说：'臣今天从东方来，看到道旁有一个农夫在向田神祷告。他一手拿着一只猪蹄，一手端着一盏酒，口中念叨说：高地所获之粮盛满篝笼，低地所收之谷装满大车，五谷生长繁茂，粮谷堆满仓库。臣是想起这个农夫拿着这么少的祭品，却祈祷获取那么多，所以就不禁想笑。'"

"齐威王听懂淳于先生的话了吗？"孟轲问道。

"齐威王当然听懂了，知道淳于先生这是绕着弯子在嘲讽他小气，于是立即将给赵国的礼物改为黄金千镒、白璧十双、车马百驷，于是淳于先生带着齐威王的这些礼物，前往赵都邯郸求见赵王，以昔日虢虞二国唇亡齿寒的故事游说赵王，让赵王明白了齐赵在战略上的相互依存关系。于是，赵王欣然允其所请，借给齐国精兵十万、革车千乘。楚国之师闻听赵国十万大军来援，连夜引兵而去。"

"昔日烛之武一舌敌万师，不战而退秦兵，千百年来传为佳话。今日淳于先生所为，可谓风采不输当年烛之武，堪称卓越的外交家。"孟轲情不自禁地感叹道。

公都高兴地点了点头，接着说道：

"故事还没完呢。齐威王听说楚师不战而退，大为高兴，遂于后宫置酒，召淳于先生而赐之以酒。齐威王问淳于先生：'先生能喝多少才醉？'淳于先生回答说：'臣喝一斗亦醉，喝一石亦醉。'齐威王不解其意，问道：'先生既然喝一斗就醉，怎么能喝一石呢？这话有什么道理吗？'淳于先生回答道：'大王当着群臣之面赐臣以酒，执法官立于旁，御史立于后，臣只能胆战心惊地低着头喝酒。这样，肯定是喝不到一斗就醉了。如果是在家中，有父母尊贵之客光临，臣挽袖躬身，奉酒敬客，不时有客人喝剩的残酒相赏，那么在屡屡举杯应酬之间，臣喝不到两斗也就醉了。如果是朋友交游，大家很久不见，突然相会，高兴地说起往事，深情地倾诉衷肠，那么臣喝个五六斗也就醉了。如果是乡党之间的聚会，男女杂坐，彼此敬酒，再加有六博、投壶的游戏助兴，大家呼朋唤友，相邀成对，握手言欢不受处罚，眉目传情不被禁止，前有他人落下的耳环，后有他人遗失的发簪，处此情境臣最开心，那么即使喝上个八斗，也才会有两分醉意。等到日落天黑，酒也快要喝完了，大家将残酒合并到一起，促膝而坐，男女同席，草鞋与木屐错杂一处，杯盘杂乱不堪，堂上的蜡烛也熄了。主人将臣单独留下，而将其他的宾客都送走了。这时，绫罗短袄的衣襟可以解开，谷物的香气淡淡飘来，是令人最为开心的一刻，臣能喝上一石。'"

"齐威王赐淳于先生酒，淳于先生却说了这一大堆话，到底是什么意思呢？"没等孟轲开口，立于孟轲背后的邹春忍不住插话了。

公都呵呵一笑，回答道：

"淳于先生这是在婉转地讽谏齐威王，告诉他一个道理：酒喝多了会乱人之性，快乐到极点就会产生悲剧。世上万事都是如此，任何事都不能走到极端，走到极端就必然走向反面，必然会衰败。齐威王听懂了淳于先生的话，于是立即罢了长夜之饮，从此专心朝政，齐国由此日益强大。"

孟轲听到这里，这才真正算是对淳于髡有了全面的了解。于是，内心不免悔恨去年年底初来稷下学宫，便不知就里前往拜访淳于髡，并自以为是地跟他论辩，想来实在是可笑。

当然，孟轲此时内心的悔恨，公都是不知道的。说完淳于髡的故事后，公都故意侧脸看了一下孟轲，问道：

"孟轲先生，现在您觉得淳于先生怎么样？他当得起稷下先生的名号吗？值得天下之士推崇吗？"

孟轲知道公都问话的意思，遂连忙顺其意，说道：

"以前，轲只知道淳于先生学识渊博，是当今天下最有学识的学者，是诸子百家各派弟子都尊敬的稷下先生。今天听了公都先生的故事，这才知道淳于先生原来还是一位卓越的政治家与外交家，实在是让吾辈望尘莫及呀！"

见孟轲如此推崇淳于髡，公都开心地笑了。

孟轲见公都一脸的得意，仿佛公都自己就是被崇拜的淳于髡，心里不免觉得可笑。但是，孟轲没有将这种心理写在脸上，而是一脸真诚地望着公都，说道：

"公都先生，您在稷下学宫已有多年，见多识广，相信还有更多重要的见闻，是否可以再多讲一点呢？有关淳于先生，或是其他学派的代表人物的故事，都可以。"

"更多的见闻还真没有了。如果想了解更多的见闻，先生不妨到临淄城里走一趟。城里士、农、工、商各色人等都有，不像稷下学宫，放眼看到的都是读书人，不是齐国之士，就是魏国之士，或是赵国、楚国、韩国、秦国等其他诸侯各国之士。如果有兴趣，还可以在城里的大小酒肆里坐一坐，听一听南来北往的人说些天下见闻，相信也是能够大开眼界的。"公都说道。

临淄城虽然近在眼前，但孟轲在去年年底到达稷下学宫后，至今都未进过一次城。他是想等熟悉了稷下学宫的情况后，再找一个合适的机会进城开开眼界，看一看临淄这个大国之都的风物景致。今天公都说到进城之事，一下子就戳到了他的心坎里。所以，公都话音未落，孟轲就高兴得差点儿从大平石上一跃而起了，连声说道：

"好，好，好！这个提议好！"

公都之所以有这个提议，其实也并不是有口无心地随便一说，而是别有自己的盘算。他是想借陪孟轲进临淄城游览之机，多从侧面观察观察孟轲，同时也想跟他多交谈交谈，以便从中了解孟轲的学识究竟如何，看看儒家学说跟其他学派的学说相比到底有何独到之处，以便自己最后决定是否要投在孟轲门下，跟他学习儒家之道。因此，一听孟轲说好，公都当然正中下怀，内心非常高兴。但是，他假装镇静，先抬头看了看天，然后作极目远眺之状，过了一会儿，才徐徐说道：

"孟轲先生，您看今天的天气有多好！阳光灿烂，万里无云，远山近野尽收眼底。时值暮春，春和景明，和风拂面，吹面不寒，正是外出踏青游览的好时节。您看，要不今天我们就进临淄城走一趟，如何？"

"好哇！"孟轲不知公都内心里的小九九，脱口而出。

于是，朝食过后，孟轲与其弟子们略略准备了一下，便在公都的陪同下出发了。

日中时分，孟轲一行十余人在公都的陪同下，浩浩荡荡地进了临淄城。进城走了没多久，就到了临淄城的主干道，这时孟轲及其弟子们才发现，临淄城跟邹国之都的城池规模真的不一样，两者的差距简直可以用天壤之别来形容。邹国之都虽也有宽阔一点的主干道，但也只能容两驾马车并行，或是两驾马车迎面交错通行而已；而临淄的主干道则笔直宽广，可以同时容四驾马车并行。邹国之都的房舍建筑，除了邹国之君所住的宫殿较高一点外，其他房舍都低矮简陋；而临淄城内所见，街道两旁全是高大俨然的建筑。邹国之都，店铺有限，街市萧条，冷冷清清；而临淄城内，则是店铺林立，大街小巷满眼都见招幌，到处人头攒动，熙熙攘攘。立于东西走向与南北走向的两条主干道的交叉口，无论是往南北两端远眺，还是向东西方向观望，都难以一眼看到街道的尽头。行走于大街之上，稍不留神，就会被吓一跳。因为不时会有达官贵人的马车风驰电掣而过。大街之上，除了神色从容的齐国人，还有穿着不同服饰的其他各国之人。有的行色匆匆，好像是在忙生意的生意人；有的东张西望，好像是在看热闹的读书人。除此之外，就是无所不在的小贩。不论是街头巷尾，还是里弄深处，都有引车卖浆的小贩。

孟轲及其弟子从未出过邹国之都，没有见过其他诸侯大国之都，更没有见过像齐国这样的超级大国之都。因此，看到临淄如此壮观的城市格局，如此热闹繁华的市井，以及与邹国完全不同的市井风情，不禁感慨系之，由衷地感叹道：

"毕竟是大国之都，市井气象都与众不同。"

公都见孟轲情感有所触动，遂笑着问了他一句：

"孟轲先生，看了临淄的市井气象，您有没有想到一个人？"

孟轲不明白公都说的是什么意思，他是第一次进临淄城，哪里会认识这里什么人，于是就追问道：

"一个人？什么人？"

"是一个齐国人，而且是两百多年前的名人。"公都提醒道。

"是人称晏子的齐国之相晏婴吧。他是跟我们先圣孔子同时代的人，他们之间还有过往来呢。只不过二人因为'道不同，不相为谋'，彼此只是以礼相待，客客气气而已，并无什么声息相通。"孟轲说道。

"孟轲先生果然博学，而且才思敏捷。"公都由衷地说道。

孟仲见孟轲说到孔子与晏子，立即来了兴趣，连忙望着公都，追问道：

"公都先生，您跟我们先生突然提到晏子，是不是有什么典故呀？"

公都提到晏子，原本就是有意的，既是想借此考考孟轲的学识，也是想借此表现一下自己作为齐国人的自豪。所以，一听孟仲问有什么典故，自然是正中下怀，于是有意看了看孟仲，又瞥了一眼孟轲的其他弟子，重重地点了点头。

"公都先生，既然有典故，那么就请您给我们讲讲吧。"邹正显得有些迫不及待了。

"对，对，对，讲一讲吧。"孟轲也笑着说道。

公都见孟轲也表现出了浓厚的兴趣，于是略作沉吟后，便开口说道：

"据说，两百多年前，晏子作为齐国之相出使南方大国楚国，楚王感到非常高兴。因为齐国是北方大国，而晏子则不仅是人所共知的贤相，还是特别擅长辞令的外交家，极具外交才能，所以楚王对于他的这次访问特别重视。可是，等到晏子到达楚国后，楚王得到左右有关晏子形貌的描述后，突然改变了主意，决定要戏弄一下这个北方大国一人之下、万人之上的权相。"

"楚王这样做，好像不符合外交礼仪，也跟其大国之君的地位不匹配吧。"充虞感到楚王的想法不可思议，忍不住插话道。

公都点了点头，说道：

"确实是这样。不过，楚王要这样做，其实是有其深层用意的，这就是要借此挫挫晏子声名满天下的锐气，灭一灭劲敌齐国的威风，以彰显楚国天下无可匹敌的大国优越感。"

"哦，原来这样。公都先生，您接着讲。"邹春插话道。

"楚王得知晏子身形矮小，并不像传说中的北国人都是身材魁梧伟岸，于是就让人在王宫正门之侧特意开了一个小门，让晏子从此小门而入。晏子心知其意，不肯从此小门入宫，说：'出使狗国者从狗门入，今臣出使的是楚国，不是狗国，不应该从此狗门而入。'楚王礼宾官无奈，只得开大门请晏子入宫。"

"入宫之后呢？"公都话还没说完，邹春又急不可耐地追问道。

"晏子入得宫来，楚王见他不仅身形矮小，还其貌不扬，跟原来的想象落差更大。大概是太过于失望了，楚王竟然情不自禁地脱口而出：'齐国难道真的没有人了吗？'"

"楚王作为泱泱大国之君，说出这样的话，实在是太不得体了！既有失外交礼仪，也有失自己楚国之君的身份。"孟仲这次也忍不住插话评论道。

公都点了点头。

"晏子一定很生气吧？"邹春追问道。

"晏子要是生气，那还算什么声名满天下的外交家？"公都笑着答道。

"不生气那肯定是假的。晏子是装出来给楚王看的吧，意在彰显自己大国之相的风度，对不对？"邹正问道。

公都点了点头，接着说道：

"晏子听了楚王的话，不仅没生气，反而微微一笑，说道：'齐乃泱泱大国，怎么会没人呢？齐都临淄三百闾，人口数十万之众。大家一起张开衣袖，可以蔽日成荫；大家一起挥手甩汗，可以转瞬成雨。临淄比肩继踵而在者，尽人矣。'楚王说：'纵使临淄真有那么多人，亦不能说明齐国真有人才呀！不然，齐国怎么会派你出使楚国呢？'"

孟轲乃孔丘儒家之徒，向来重礼，一听楚王话说得如此直白难听，终于忍不住插话了：

"楚王这话也太不礼貌了！"

"晏子听了，还是没生气，又是微微一笑，回答道：'齐国任命国使，皆各有所主。贤者，令其出使贤主之国；不肖者，令其出使不肖主之国。婴乃齐国最不肖者，故使婴出使楚国。'"公都笑着说道。

"晏子这话说得太巧妙了！一定是将楚王噎得说不出话来了吧？"充虞问道。

公都得意地笑了。

"最后怎么样了？"邹春又急了。

"楚王被晏子的话噎住，当然不甘心，于是就拿出了最后一招，按照事先跟左右一起策划好的计划，君臣合演了一场双簧戏。"

公都话还没说完，邹春又等不及了，再次插话，追问道：

"什么双簧戏？"

公都看了一眼邹春，又扫了孟轲及其弟子们一眼，笑了一笑，然后接着说道：

"早在晏子还在出访楚国的路上，楚王就跟其左右密谋，要趁晏子出使楚国之机，好好戏弄一下他，借此挫挫齐国的锐气。楚王跟其左右说：'晏婴是齐国之相，又是特别擅长辞令的外交家，全天下都在传说他的声名。现在他要出使至楚，寡人想戏弄侮辱他一下，看看他到底能咋样，诸位有没有什么好主意？'楚王左右一听，立即就有人投其所好，给楚王献了一个妙计，说：'待晏婴到来之时，臣请求捆绑一人从大王面前经过。这时，大王就假装惊讶，问臣所绑者何人，犯了什么罪，臣就回答说是个齐国人，犯了盗窃罪。'楚王觉得此计甚妙，于是就数着日子等晏子到来。等了好久，晏子越千山涉万水，克服无数交通险阻，终于到了楚国之都。"

"晏子一到楚国，楚王就跟其臣子合演了这场双簧戏，是吗？"又是邹春忍不住插话。

公都笑了一笑，说道：

"不是。晏子到了楚国，在驿馆还未安顿完毕，楚王的左右就将情况报告了楚王，并将晏子的形貌特征向楚王作了描述。楚王听了左右的描述，立即来了兴趣，于是决定临时加戏，先让人在王宫正门前设小门，进宫后又问晏子齐国是不是没人，其实都是为了侮辱戏弄晏子的，没想到都被晏子巧妙地破解了。最后，楚王没办法，只得搬演早先策划的戏码，先招待晏子喝酒，等到酒喝到高潮时，就让人捆绑了一人从其面前走过，然后当着晏子的面，假装惊讶地问道：'被绑者何人？到底犯了什么罪？'配合楚王演戏的大臣回答说：'是个齐国人，犯了盗窃罪。'楚王假装恍然大悟的样子，'哦'了一声，然后直视晏子，装模作样地问道：'齐国人是不是天生就有偷鸡摸狗的毛病呢？'"

公都话音刚落，邹正脱口而出：

"楚王这是绕着弯子说齐国民风不好，是在侮辱齐国的国格呀！"

"那晏子是怎么反击的呢？"

公都见孟轲此时也不矜持了，对楚王君臣合演的双簧戏产生了浓厚的兴趣，内心不禁十分得意，但表面上装得十分镇静。他先是认真地看了看孟轲，然后笑了一笑，说道：

"因为有楚王的两次戏弄在先，晏子早就知道，今日跟楚王喝酒，是酒无好酒，言无好言，一场外交博弈在所难免。见楚王决意要侮辱齐国的意思非常明显，晏子也就在心里打定了主意，决定给楚王以重重一击。不过，他毕竟是外交家，并没有直接顺着楚王的话予以反击，而是在楚王相问后，立即从座席上欠身而起，依礼绕席，装出十分恭敬的样子，望着楚王客客气气地回答道：'婴听说，橘生淮水之南是为橘，生于淮水之北则为枳。橘与枳，只是叶子看起来相似，果实和味道则完全不同。何以如此？乃是水土不同之故。现在，齐国小民生于齐不偷不盗，到了贵国就犯偷鸡摸狗的毛病，莫非是贵国的水土出了问题？'楚王听了晏子这个比喻，顿时悔恨不已，知道自己又失算了，于是连忙借坡下驴，尴尬地笑了笑，自打圆场地说：'圣人就是圣人，是不能随便开玩笑闹着玩的，寡人这是自讨没趣了。'"

孟轲与其弟子听完公都所讲的故事，都打心眼里佩服晏子的智慧。不过，相对于其弟子，孟轲除了佩服晏子外，还因此喜欢上了讲故事的公都，觉得他视野开阔，知识面广，口才也好，是个可造之才。如果能收他为弟子，倒是此次入齐的一大收获。不过，这只是他内心的想法，不便明说出来。因为自古以来，收徒之事，都不在为师者自己有意愿，而是要拜师者有诚意，要拜师者打内心里佩服为师者的才学与品德，主动提出拜师的要求，才能建立起师生间的信任关系与深厚情感。

在临淄城内游览了一天，孟轲及其弟子不仅开了眼界，而且听公都讲了许多齐国政坛的掌故，以及齐国古往今来的许多轶事传闻，同时还了解了不少有关齐国的风土人情，大家都觉得很有收获。公都在跟孟轲及其弟子的交往中也有收获，他不仅从孟轲那里听到了有关晏子与孔子交往的故事，还从中了解了二人在政治理念上的分歧，从而对儒家的思想主张有了初步了解，在情感上也逐渐向孟轲靠近了一步。

回到稷下学宫，跟孟轲又交往了一阵，公都最终坚定了信念，决意要拜在孟轲门下，学习儒家之道。周显王二十三年（公元前346年）四月二十二，也就是孟轲入齐后满四个月的日子，公都正式拜孟轲为师。孟轲收下公都为弟子，是满心的高兴。孟仲、邹正、邹春、充虞等追随孟轲入齐的十多位弟子见证了公都拜师入门的仪式，更是兴高采烈，激动得心情久久不能平静。因为公都作为齐国之士，在稷下学宫各学派名师如云的情势下，毅然决然地选择投在孟轲门下，这就说明孟轲入齐意欲扩大儒家学派影响，宣扬儒家思想学说的目标已经初见成效。

四月二十五，拜师入门才三天的公都一大早就前往拜见孟轲，并向他提了一个建议：

"先生，弟子今天想陪您单独进城拜访一个人，不知您有兴趣否？"

"什么人？"孟轲脱口而出，问道。

公都听得出来，孟轲明显是有兴趣的，连忙回答道：

"蚳鼃。"

"蚳鼃？"孟轲一愣，他从未听过这样奇怪的人名。

"对，是蚳鼃。先生，您是觉得这个姓与名都很奇怪，是吗？"

孟轲点了点头。

"蚳，就是蚁卵，是吧？先生，蚳鼃的姓氏，不仅弟子觉得非常奇怪，很多齐国人都觉得奇怪。那么，蚳鼃的先祖为什么要以蚳为姓氏呢？"公都本来是要给孟轲作解释的，最后却反而问起了孟轲。

孟轲顿了一顿后，似乎若有所悟，侧脸看着公都，说道：

"蚳确实就是蚁卵，如果为师没记错的话，古人曾有取蚁卵而为酱的饮食习惯。可能是因为古人认为蚁卵做成的酱味道好，所以就以蚳为姓氏了。或者是因为古代有一些人是以制作蚁卵酱为生，就像制作陶器的人往往以陶为姓氏一样，制作蚁卵酱的人就以蚳为姓氏了。"

"先生的这个解释，弟子觉得还真是有道理。以前从未有人能解释蚳鼃的姓氏问题，今天真是长学问了。"公都由衷地说道。

"刚才说到蚳鼃，你还没有告知为师，这究竟是个什么人？"

"蚳鼃是齐国的一个大夫，曾任灵丘地区的行政长官，治理地方卓有成效，声誉满朝野。但不知是什么原因，前几个月，他突然向齐威王辞去灵丘的行政长官之职，回到了朝廷，请求齐威王任他为士师。"

"蚳鼃做地方官既然卓有成就，为什么要放弃治理地方的职守，而要做士师呢？"孟轲感到有些不理解。

"先生，士师职掌何事，弟子不是很清楚，您可否给弟子讲一讲？"

"士师，简单地说，就是朝廷的执法官。根据《周礼》的记载，士师是秋官司寇之属官，职掌国家禁令、狱讼、刑罚。先圣孔子曾为鲁国大司寇，性质类似于蚳鼃现在的职务，不过位阶应该比他高。还有，上古时代的圣人皋陶，曾做过尧帝的士师，至今皋陶的故里还有士师村。"

公都没想到，自己仅仅问了一句士师的职掌，孟轲就给他讲了这么多学问，不禁打心眼里佩服其博学，于是再次由衷地说道：

"跟先生说话，真是长学问。"

孟轲听了公都的话，淡淡一笑，顿了顿，向公都问道：

"蚳鼃回到朝廷为士师，最近有没有什么新作为？"

"好像没听说过。"公都答道。

"今日的齐威王虽然治国有方，目前在天下诸侯之中声望颇高，但他治下的齐国，无论是吏治，还是刑罚，并非完全没有问题。蚳鼃既然为士师，怎么不积极作为，向齐威王提出建议，而只是一言不发，尸位素餐呢？"

公都见孟轲说得慷慨激昂，遂连忙顺着他的话，说道：

"既然先生有这种想法，那么今天弟子就陪您进城，跟蚳鼃见一面，你们好好谈一谈，了解一下情况。毕竟蚳鼃在齐国是个名人，如果能够跟他交个朋友，您在齐国朝廷也算是有了一个眼线，对于今后及时掌握齐国朝政动态，进而有的放矢地向齐威王提出资政建议，对扩大儒家政治思想主张的影响力，肯定是有所帮助的。"

孟轲觉得公都说得对，想得还很长远，于是点了点头。

公都跟孟轲商量已定，朝食后便陪着孟轲第二次进了临淄城。日中时分，经过多方向人打听，孟轲与公都终于找到蚳鼃的府邸，并顺利地跟蚳鼃见了面。

见面依礼进行了一番揖让寒暄之后，孟轲便跟蚳鼃说到了古代士师的职守，并说到了儒家先圣在鲁国做大司寇时惩奸商、正风俗、诛杀少正卯等往事。最后，孟轲问蚳鼃最近有没有进谏齐威王、整肃齐国吏治、端正齐国民风的计划。蚳鼃回答说已有这方面的计划，但还没有去实施。孟轲于是顺口说道：

"您治理灵丘卓有成效，齐国朝野上下有口皆碑，如今却突然辞去灵丘之长，而请求为士师，您大概是想向齐王进谏，对齐国吏治与刑罚有一番整肃吧。既然您现在已经做了士师，上任也有一段时日了，而且您已有向齐威王进谏并准备履行士师之责的计划，那为什么迟迟不付诸行动呢？"

蚳鼃听了孟轲的话，沉默了一会儿，最后点了点头，态度颇是诚恳地说道：

"鼃谨受教！"

孟轲见蚳鼃已然接受了自己的建议，于是便与蚳鼃作别，告辞而去。

回到稷下学宫后，因忙于跟诸子百家各学派之士交流与论辩，孟轲早已将先前劝告蚳鼃之事忘到九霄云外了。但是，过了不到十天，公都突然急急忙忙地跑来告诉了他一件事：

"先生，您还记得前不久弟子陪您进城拜访蚳鼃先生之事吗？"

"记得。怎么啦？"

"当时弟子陪您去拜访蚳鼃先生，是想让你们成为朋友。没想到，您见到蚳鼃先生后，却怂恿他向齐威王进谏，要改革齐国吏治、整肃齐国民风。结果，蚳鼃听从您的劝说，没有选择好进谏的合适时机，做好充分的准备，第二天就贸然向齐威王进谏。齐威王没有采纳他的建议，他当场就愤然向齐威王辞去了士师之职，离开临淄回故乡了。"

孟轲听了公都报告的这个消息，先是有点吃惊，过了一会儿，则莞尔一笑，说道：

"这种事非常正常。"

"先生，您说得轻巧。您知道因为这件事，齐国朝野上下怎么议论您吗？"

"齐国朝野上下议论为师？怎么可能？他们是怎么说的？"孟轲觉得不可思议，瞪大眼睛，望着公都问道。

"他们都说，您为蚳鼃的职守考虑，也许是有道理的。但是，您如何为自己的进退考虑，就没人知道了。"

"他们是说为师劝告蚳鼃，是沽名钓誉吗？"孟轲问道。

"大概是这个意思吧，只不过没说得那么直白罢了。对此，先生有什么说法？"

孟轲看了看公都，莞尔一笑，云淡风轻地说道：

"为师听说，有理政职守者，如果不能尽其职责，就应该辞去官职；有进言职责者，如果言不听，计不从，也应该辞去官职。至于为师，既无官职，也无言责，所以为师的进退就非常自由，回旋的余地也就很大了。"

公都听了孟轲这番话，虽然不能认同，但一时也提不出反驳的话，只好默然退到一旁，垂手而立。

二、结交匡章

蚳鼃辞官事件，虽然引起齐国朝野上下对孟轲为人的误解，造成了对其声誉相当不利的负面影响，但是孟轲在稷下学宫的知名度却因此大大提升了。因为蚳鼃是齐国名人，其辞官行为自然就成了齐国政坛的一个政治事件。当时，天下各国之士、诸子百家学派弟子之所以云集稷下学宫，除了交流学术，还有一个更为重要的目的，就是通过在稷下学宫的活动，引起齐威王的注意，希望有朝一日也能像淳于髡一样，得到齐威王的重用。正因为如此，蚳鼃辞官事件发生后，孟轲一时便成了稷下学宫所有人议论的热点。

跟孟轲的弟子公都一样，公孙丑也是齐国本土之士，在稷下学宫游学也有几年了，但仍然学无所主，一直没有打定主意要跟哪家学派的代表人物学习。虽然孟轲携弟子来稷下学宫也有几个月了，但仍然没有引起他的注意。甚至直至蚳鼃辞官事件发生，公孙丑还未曾听过一次孟轲有关儒家学说的宣传讲演，未曾见识过他跟其他学派代表人物的任何论辩风采。尽管孟轲事实上在稷下学宫没少宣传儒家思想学说，也没少参与过跟其他学派弟子的论辩，但因为稷下学宫人太多，每天不同学派弟子间的论辩也太多，因而公孙丑一直没有机会跟孟轲有什么交集。如果不发生蚳鼃辞官事件，如果不是稷下学宫大家都在议论孟轲，公孙丑可能仍然不知道稷下学宫还有孟轲这样一个人。

也许是出于好奇，自从蚳鼃辞官事件发生后，公孙丑就开始注意孟轲了，并时常追踪其行迹。可是，令他遗憾的是，一连三个月，孟轲都没有进行过一次公开讲演，也未与其他学派的人进行过论辩，每天都是跟其十多个弟子在一起。公孙丑心里虽然很想知道孟轲他们师徒每日在一起都谈些什么，但因为自己没有正式拜师投在孟轲门下，所以不便贸然与孟轲师徒交流，了解他们所思所想的内容与所作所为的目的。

说来真是奇怪，自从对孟轲发生了兴趣之后，公孙丑想接近和了解孟轲的念头一直无法打消。公孙丑的性格有些内向，并不像公都那样放旷豪爽，他不好意思直接找上孟轲跟他攀谈，更不可能直白地表达要跟他论辩或请教。这种痛苦与犹豫的心情持续了三个月后，终于迎来了一个转机。就在蚳鼃辞官事件发生三个月后的七月二十五，公孙丑机缘凑巧，在第一时间获得了一个重要信息：齐威王与魏惠王刚刚在齐魏边境秘密会面，讨论改善齐魏因桂陵之战后形成的严重对立的敌对关系。这就是临淄城内齐国政坛高层盛传的"二王密会"事件，也是在诸侯各国上层都已传开的外交大事。

公孙丑获得消息后，犹豫了好久，最后还是鼓足了勇气，决定第二天去找孟轲。当然，他找孟轲的目的并不是拜师，也不是要跟他论辩或请教，而是想借透露"二王密会"事件的消息，来一探他在齐国政坛的人脉。如果他已先于自己获得了消息，那就说明他在齐国政坛有人脉，他来稷下学宫的动机就不仅止于学术交流与宣扬儒家学说那么简单，而是在政治上与仕途上别有进取的谋虑。如果他对"二王密会"事件一无所知，那就说明他跟齐国政坛没有什么深厚的关系，他来稷下学宫只是为了学术交流与推广儒家思想主张而已。相对来说，公孙丑更希望孟轲是后一种人，只是一个纯粹的书生，是一个地地道道的孔丘儒家之徒，而不是一个思想上毫无执念，只知道为了自己的荣华富贵或生计温饱而奔走钻营的政客。

见到孟轲后，公孙丑先自报家门，作了一番自我介绍，接着循例依礼跟孟轲寒暄客套了一番，然后就进入了正题，说道：

"孟轲先生，听说您跟士师蚳鼃是好友，跟齐国政坛高层有着密切的关系。不知道最近有没有关于齐国政坛的重要消息。"

孟轲一听公孙丑提到蚳鼃，就知道稷下学宫所有的人都对蚳鼃辞官事件有误会。本来他想借此跟公孙丑澄清一下事实真相，但转而一想，觉得没有必要，公孙丑不过是一个普通的齐国之士，在稷下学宫既无特定学派背景，也没有什么个人影响力，跟他说了也白说。说了没作用也就算了，如果自己的澄清解释反而引起公孙丑的误解，到时在稷下学宫引起的负面效果就更大了，那岂不是越描越黑，怎么说也说不清了。想到此，孟轲就当没有听到公孙丑说的前半句，只是就其后半句的问题予以了回应：

"轲最近没有进过城，一直在稷下学宫，没有听到过任何有关齐国政坛的消息。公孙先生，莫非您有这方面的消息？"

公孙丑直视孟轲，从其眼神中没有看出他在故意隐瞒什么，于是坦白地说道：

"确实有一个重要的消息，就是前不久，齐威王邀请魏惠王来齐国密会，决定尽释齐魏二国因'桂陵之役'结下的怨仇，改善两国长期严重敌对的紧张关系。这既是当今天下的一个重大外交事件，也是一个重大的政治事件，被人称为'二王密会'事件。"

孟轲觉得公孙丑不过是一个普通的齐国之士，在稷下学宫根本就是一个微不足道的游学者，自己虽然目前还不能跟淳于髡这样的稷下先生相比，但至少还算一个学派的代表人物，身边也有十多个弟子，怎么他知道的消息比自己还要灵通呢？于是就以怀疑的口吻问公孙丑道：

"这么重要的消息，公孙先生，您是怎么知道的？"

"丑是前几天进城，一个偶然的机会，从匡章将军的门人那里听说的。"

公孙丑话音未落，孟轲便迫不及待地追问道：

"哦，原来如此。公孙先生，那么您能否帮助轲引见一下匡章将军呢？"

"孟轲先生，您是想结交匡章将军吗？"

"不是结交，只是拜访而已。"孟轲连忙纠正道。

"孟轲先生，您是否想通过匡章将军了解'二王密会'事件更多的细节？"

孟轲怕公孙丑有什么误会，于是连忙解释道：

"轲只是好奇，没有别的目的。"

"其实丑也很好奇，想了解'二王密会'事件更多的内情，只是匡章将军的门人不愿意向丑透露，他只告诉丑，这次魏惠王应齐威王之邀进入齐国境内密会时，齐国方面是由匡章将军陪同，魏国方面则是由魏国之相惠施陪同。"

惠施是名家的代表人物，声名满天下，孟轲早就听说了。所以，一听公孙丑说惠施也参加了齐威王与魏惠王的密会活动，顿时兴味盎然，连忙追问公孙丑道：

"惠施先生真的参加了此次'二王密会'活动吗？"

"当然。这是匡章将军的门人亲口告诉丑的，还说到匡章将军与惠施先生相互论辩的事儿呢。"

"是吗？公孙先生，那您能否给轲讲一讲他们相互论辩的事呢？听人说，惠施先生乃是天下名嘴，不仅能说会道，而且善于论辩，其特点就是善于打比方。"

公孙丑听了，哈哈一笑，说道：

"孟轲先生，这您就说对了。据匡章将军的门人转述，惠施先生与匡章将军的两次对话，都是通过打比方而让匡章将军无话可说的。"

"是吗？那您赶快给轲讲一讲。"

公孙丑见孟轲态度颇是诚恳，且是一副急切的样子，于是就点了点头，说道：

"魏国原本比齐国强大，是天下之霸。但是，经过'桂陵之役'后，魏国的国力开始下降，加上西边的秦国也日益强大起来，不断袭扰魏国河西之地。面对齐、秦从东西两个方向的夹击，魏惠王开始感到力不从心，所以这次齐威王邀约他到齐国境内密会，他便放下了身段，带着魏相惠施一同前往与会。正因为此次'二王密会'是由齐国发起的，齐威王是主人，所以匡章认为魏惠王来参会，事实上就是表示了对齐威王的臣服。"

"既然密会地点选在齐国境内，魏惠王来相会，自然在事实上就矮了齐威王一头，说是对齐威王表示臣服，虽然有些勉强，但齐国与齐威王有主场心理优势，这是不假的。"孟轲说道。

"正因为匡章将军认为'二王密会'是魏国屈服于齐国的表现，所以匡章将军见到作为魏国之相的惠施先生时，就不无调侃地跟他说：'先生之学向来标榜不尊崇国君，而今不仅尊崇魏王，为魏国之相，还臣服于齐王，来鄙国参加二王密会活动，这是多么颠倒的事呀！'"

"那惠施先生是怎么回答的呢？"

公孙丑见孟轲一副急切的样子，微微一笑，说道：

"惠施先生不是以善于打比方而出名吗？这次也一样，对于匡章将军的调侃，他回以一个比方，说：'现在有一个人，要击打将军爱子的头。请问将军，为免于爱子之头被击打，您会用石头代替爱子之头去迎击对方的击打吗？'匡章将军反问道：'惠施先生认为，是要用石头代替呢，还是不用石头代替呢？'惠施答道：'依施看，将军肯定会用石头代替的。因为将军爱子之头，是将军所看重的；而石头，则是将军所看轻的。让对方击打您认为不重要的，而免于击打您所认为重要的，难道不是应该的吗？'"

"惠施先生的这个比方确实打得好呀！很有说服力。"孟轲脱口而出。

公孙丑笑了一笑，说道：

"惠施先生确实会打比方，不过匡章将军也很会说话，又巧妙地将话题扳了回来。"

"公孙先生，您请讲。"

"匡章将军接着惠施先生的话，反转话题，说道：'听说惠施先生曾不断跟人抱怨说，齐王这些年一直倚仗国力强盛，不断对外用兵，包括帮助赵国打魏国，帮助韩国打魏国，攻击他国而不止。不知道惠施先生是否了解其中的原因呢？'惠施先生回答道：'齐王这样做，最大的目的无非想称王于天下；即使不能称霸，也想称王。'匡章将军立即追问道：'惠施先生认同齐王的想法吗？'"

"匡章将军果然挺会说话，又将话题扳到了原点，回到了齐魏'二王密会'的当下语境。那惠施先生怎么说？"

公孙丑看了一眼孟轲，笑了一笑，云淡风轻地说道：

"惠施先生没有直接回答匡章将军的话，而是又绕回了自己先前的石头之喻，说道：'而今魏王与齐王密会于齐境，推尊齐国与齐王，可以延黎民之命，免百姓之死，这就是以石头代替爱子之头，有什么不可以呢？'"

"惠施先生这是以天下苍生为说辞，巧妙地替魏惠王臣服于齐威王找到了一个漂亮的借口，既保住了魏国与魏惠王的面子，又让魏惠王与自己这个魏国之相站上了道德的制高点，确实是妙不可言！"孟轲脱口而出，赞赏之情毫不掩饰。

公孙丑重重地点了点头，既是表示对孟轲观点的认同，也是对孟轲看问题一针见血的深刻性的赞赏。

过了一会儿，孟轲又问公孙丑道：

"公孙先生，刚才您不是说匡章将军跟惠施先生有过两次论辩吗？那是否请您再说说他们第二次论辩的情况呢？"

公孙丑看了一眼孟轲，见其态度是真诚的，遂点了点头，说道：

"第二次论辩，是当着魏惠王的面进行的。当时，齐威王与魏惠王密会已经结束，匡章将军作为齐威王的专使，在仪式结束后前往拜会并送别魏惠王。惠施先生作为魏国之相和伴随魏惠王的专使，当然也在现场。匡章将军拜会魏惠王结束后，跟魏惠王与惠施先生闲话家常，说着说着，匡章将军突然心血来潮，又想调侃一下惠施先生，于是便当着魏惠王的面，问惠施先生道：'螟虫，是农夫最痛恨的，必欲捕而杀之而后快，为什么？'惠施先生不假思索地答道：'因为它们祸害庄稼。'"

"匡章将军怎么在魏惠王面前说到螟虫？他跟惠施先生都不是农夫，谈稼穑农耕与虫害问题，好像没道理呀！"孟轲不解地问道。

公孙丑听了，不禁呵呵一笑，说道：

"孟轲先生，匡章将军这是给惠施先生下套呢！"

"下套？下什么套？"孟轲仍然不理解。

公孙丑认真地看了看孟轲，又笑了一笑，说道：

"当然是语言圈套了。他以螟虫问题相问，就是要让惠施先生亲口说出螟虫是害虫，是应该捕杀而不能纵容其存活的。"

"螟虫是害虫，不捕杀就会影响庄稼生长，影响农耕收成。这个道理，谁都懂，匡章将军有必要设语言圈套，让惠施先生亲口说出来吗？"孟轲反问道。

公孙丑见孟轲还是没明白匡章提问的用意，遂笑着说道：

"匡章将军之所以设语言圈套，诱使惠施先生说出螟虫是害虫，必欲捕而杀之不可，是要将惠施先生及其追随的众多名家弟子比作吃庄稼的螟虫，认为他们都是无益于国家的人。"

"这话怎么讲？"孟轲追问道。

"匡章将军跟惠施先生说：'您以名家学说蛊惑天下之士，为自己赢得巨大名声，引来无数学子追随。如今您只要一出行，最多时有几百辆马车跟着，步行随侍在后的也有数百人之众；就算最少的时候，跟随的马车也有几十辆，步行追随在后的也有数十人。这些人都是不耕而食的，不是比祸害庄稼的螟虫更厉害吗？'"

公孙丑说到这里，孟轲终于明白了匡章要说螟虫的用意了，于是脱口而出：

"匡章将军还挺会打比方的呢！不过，这个比方太刻薄了点。当着魏惠王的面，惠施先生肯定感到非常难堪吧？"

"孟轲先生，您说对了。魏惠王也觉得匡章将军的比方太刻薄了，于是就从中打圆场，说道：'匡章将军，惠子可能很难以言辞来回答您了。尽管如此，但寡人还是希望惠子说说自己的想法。'"

"那惠施先生怎么说？"

"毫无疑问，惠施先生当然也是以打比方来回应了，他本来就擅长打比方。相对于匡章将军，他的比方更巧妙。"公孙丑笑道。

"惠施先生打了什么比方，公孙先生，请快说。"

公孙丑看得出来，孟轲是对惠施的比方感兴趣，于是故意停顿了一下，才接着说道：

"惠施先生先对魏惠王行了一个礼，以示遵命；接着，又向匡章将军行了一个礼，以示尊敬。然后，认真地看着匡章将军，从容不迫地说道：'匡章将军见过筑城吧。垒土砌石而为城，有的人在城上以大杵捣土，挥汗如雨，夯实城体；有的人在城下以畚箕运土，挑着土石，奔跑不停；有的人则拿着标杆标尺，远远地站在一边观察，并指挥着城上城下忙碌着的人们。像我惠施这样的人，就是那个拿着标杆或标尺的，是筑城的指挥者。'"

公孙丑话还没说完，孟轲已是忍不住脱口而出了：

"惠施先生还真是会打比方，还挺自然贴切的。"

公孙丑点了点头，笑着说道：

"孟轲先生，您是儒家孔门弟子，怎么也迷上了名家的惠施先生？莫不是有追随惠施先生之心，要改换门庭，弃儒家之学而改为名家之学吧？"

"公孙先生，不要说笑。轲并不是迷上了惠施先生，而是实事求是，他的比方确实非常自然贴切。"孟轲申辩道。

"孟轲先生，其实丑也认同您的看法。"

"那公孙先生就快接着往下说吧。"孟轲催促道。

"惠施先生打完比方，接着申述其意道：'如果让擅长织丝的女子化而为丝，那么就无人能织丝了；如果让最高明的木匠化而为木，那么就无人能处理木材了；如果让圣人化而为农夫，那么就无人能管理农夫了。像我惠施这样的人，就是那个能够管理农夫的。匡章将军，您为什么要将施比作螟虫呢?'匡章将军无言以对,只得一笑了之。"

"那魏惠王一定感到很得意吧。"

公孙丑知道孟轲这话是说笑的,遂也笑着答道:

"这就不知道了。不过,应该是如此。毕竟惠施是魏国之相,惠施跟齐国的将军匡章斗嘴获胜,他也是与有荣焉。"

于是,二人相视一笑。

过了一会儿,孟轲突然望着公孙丑,认真地说道:

"听了公孙先生刚才的转述,轲觉得匡章将军虽然斗嘴略逊惠施先生一筹,却是一个挺有意思的人,所以轲更想早点拜访匡章将军了。"

"不过,丑有一句话需要提醒孟轲先生。"

"什么话?请公孙先生明言。"

"匡章将军在齐国虽是一个名人,但在齐国政坛可是一个有争议的人物,名声有点不佳。上次您跟士师虮蝨结交,导致虮蝨辞官之事,已经在齐国朝野上下造成了对您不利的影响,这次要是再主动结交匡章将军,恐怕于您更是多有不利。"

"匡章将军名声不佳,到底是什么原因,公孙先生可以透露一二吗?"

"没有别的,就是在孝道上有亏。这一点,恐怕是你们儒家孔门弟子最不能原谅的了。"

"如此说来,匡章将军是个不孝之子了?"孟轲连忙追问道。

"说是不孝,好像也不完全是;说是孝,也不完全是。"

"公孙先生,您这话说的,孝就是孝,不孝就是不孝,没有模棱两可的空间呀!"孟轲斩钉截铁地说道。

"匡章将军到底是孝子,还是不孝之子,其实是有争议的。这也就是齐国政坛人物对其评价不一的原因所在。"

"那公孙先生是否可以具体讲讲呢?"孟轲望着公孙丑,认真地请求道。

"匡章将军之母名启,因为得罪匡章之父,被匡章之父杀而埋于马栈之下。如果说匡父在世时,匡章将军慑于父亲的威严或曰自尊,不敢或不便于移葬其母,也还说得过去。但是,匡父过世已久,匡章也当上了将军,却至今迟迟不为其母移葬福地,这岂不是大不孝?所以,很多人都说匡章将军是一个奇怪的人,孝于父而不孝于母。孟轲先生,您说匡章将军到底算是孝子还是不孝之子呢?"

孟轲沉吟了一会儿,然后直视公孙丑,肯定地说道:

"依轲看，匡章将军算是孝子，世人都误会了他。"

"孟轲先生，您这话要是在稷下学宫传开去，恐怕你们儒家学说就要被所有学派唾弃了，你们儒家孔门弟子恐怕也不会再有容身之地了。不管是哪家学派，对于孝子的界定，还是应该有公认标准的吧。"

孟轲见公孙丑一副义正词严的样子，不禁莞尔一笑。但是，在内心深处，孟轲已经喜欢上了公孙丑，认为他在孝的问题上是有所坚持的，跟儒家思想相契合。因此，他决定趁机跟他讲讲先圣孔子有关孝的观点，以此影响感化他。如果能够再将他发展为自己的弟子，那么此次入齐就更有收获了。想到此，孟轲偷偷观察了一下公孙丑的表情，然后装作心平气和的样子，从容说道：

"公孙先生，轲之所以说匡章将军算是孝子，并非信口开河，而是有依据的。"

"什么依据？"

孟轲见公孙丑明显表现了浓厚的兴趣，内心不禁大喜，但是表面上装得非常平静，口气更加从容地说道：

"先圣孔子认为孝是至高之德。他的得意弟子曾参，就是以孝闻名于世的曾子，曾就此观点提出过疑问，问先圣道：'敢问圣人之德，无以加于孝乎？'意思是说，圣人所认为的最高道德境界就没有超过孝的吗？"

"那你们先圣孔子是怎么回答的呢？"

"先圣回答说：'天地之性，人为贵。人之行，莫大于孝。孝莫大于严父，严父莫大于配天，则周公其人也。'"

"什么意思？"公孙丑听不懂，连忙追问道。

"这是先圣一百多年前说的话，当然不好懂。用今天的话来说，其意就是，天地所生万物之中，没有什么能比人更尊贵的了；而人的品德之中，没有比孝更重要的了。孝道之中，没有比尊敬父亲更重要的；而尊敬父亲，没有比让父亲陪同上天一起受祭来得更高了，周公就是这样的人。"孟轲望着公孙丑和蔼可亲地说道。

"孟轲先生，您刚才说匡章将军算是孝子，其标准就是依据你们先圣孔子'孝莫大于严父'这句话吧？"

孟轲点了点头，肯定地说道：

"正是。先圣提出这个观点，还举周公为例，其意就是告诉弟子曾参，这个观点是毋庸置疑的。因为周公是先圣最推崇的人，对于周公制定的礼法，一辈子都是念兹在兹的。"

"世人皆知，周公是辅佐周武王建立周朝的大功臣，周公礼法是维系周朝天下稳固了数百年的不二基础。你们先圣极力提倡孝道，是因为孝道跟周公礼法相一致，跟治国安邦有密切关系吗？"公孙丑问道。

"公孙先生，您的悟性真好，比轲的很多弟子都强，简直是一点就通。"

公孙丑突然被孟轲如此称赞，真是受宠若惊，一时间感到手足无措，不知道说什么好。

孟轲见此，这才意识到自己真情表露，让公孙丑感到不好意思了。为了不让公孙丑看出自己内心的秘密，孟轲又故作镇静起来，看了看公孙丑，从容说道：

"公孙先生说得不错，先圣推崇孝道，确实跟推崇周公礼法一样，都是因为跟治国安邦有着密切关系。对此，先圣在回答曾参的提问时，曾经有过明确说明。他说：'昔者周公郊祀后稷，以配天；宗祀文王于明堂，以配上帝。是以四海之内，各以其职来祭。'意思是说，当初周公在郊外祭天，是让后稷陪同一起受享的；在天子明堂举行祭典，是让周文王陪同上帝一起受祀的。所以，天下诸侯都各依受封爵位的等级献贡参祭。"

"孟轲先生，周公举行祭祀仪式，其意并不在祭祀本身，而是要借祭祀的仪礼对天下诸侯进行教化，是其治国安邦目标的一环。是不是？"

"公孙先生说得不错。所以，先圣说：'夫圣人之德，又何以加于孝乎？故亲生之膝下，以养父母日严。圣人因严以教敬，因亲以教爱。圣人之教不肃而成，其政不严而治，其所因者本也。'其意是说，圣人推崇的道德境界，没有比孝更高的了。人的孝心萌发于孩提时代，爱父母的孝心又在奉养双亲的过程中逐渐转化为对他们的尊敬。圣人治国安邦，正是借人们这种在奉养双亲过程中形成的尊敬来培养人们的恭顺之心，借父母子女之间的亲情而教人以爱心。圣人对天下万民的教化，虽然并不严苛，却能被完美地推行开去；他们治国安邦的政令，虽然并不峻急，却能很好地贯彻落实。之所以如此，靠的正是孝这个根本。"

"如此说来，儒家以孝治天下的理念，还真是有些道理。"公孙丑脱口而出。

孟轲见对公孙丑的思想工作有明显成效，遂连忙趁热打铁，接着说道：

"先圣还说：'父子之道，天性也，君臣之义也。父母生之，续莫大焉；君亲临之，厚莫重焉。故不爱其亲而爱他人者，谓之悖德；不敬其亲而敬他人者，谓之悖礼。以顺则逆，民无则焉；不在于善，而皆在于凶德。虽得之，君子不贵也。'其意是说，父子之间的亲情伦理乃是天生的，正像君臣之间的关系一样自然。父母生儿育女，传宗接代，延续香火，论功德没有比这更大的了。父于子，君于臣，其恩德可谓天高地厚，无以复加了。所以，不爱父母而爱他人的，就会被人视为悖逆天良；不尊敬父母而尊敬他人的，就会被人视为背离礼法。君王治国安邦，本来就应该教化万民，让他们尽人子之孝，使人心顺从向善；如果反其道而行之，那么世人就会失去行为准则。如若这样，做君王的就全无善心了，只会有损于道德。纵然一时得志，也是为正人君子所不齿的。"

"儒家强调'以德治国'，其中孝就是君子之德的一部分，是吧？"公孙丑问道。

孟轲重重地点了点头，虽然打内心里欣赏公孙丑的悟性，但又不好意思直白地表露出赞赏之情，遂故作平静地说道：

"说的正是此理。为此，我们先圣孔子还提出了君子治国安邦的六项标准，说：'君子则不然，言思可道，行思可乐，德义可尊，作事可法，容止可观，进退可度，以临其民。是以其民畏而爱之，则而象之，故能成其德教，而行其政令。'其意是说，推崇孝道、道德高尚的君子治国安邦，不会像没有道德的君王那样。什么样的话该说，他们想好了再说；什么样的事该做，做了会让老百姓高兴，他们想好了再做；什么样的道德操守值得人们尊敬，他们就怎么要求自己；什么样的待人处事方法值得他人效法，他们就作出榜样；什么样的仪表风度楚楚动人，他们就自觉模仿；什么样的行为举止合于礼节，他们就严格遵循。他们按照这六个标准来治理所属之民，民众对他们既敬畏又爱戴，纷纷取法效仿，所以他们能够顺利地推行其道德教化，成功地实施其制定的政策法令。"

"看来你们先圣孔子提倡孝道是有政治用意的，儒家学说是有理想追求的，不仅仅是一种思想主张或曰价值观。反观当今最显赫的纵横家，他们的'合纵''连横'之说，都是只重权术与谋略，其目的只是追求个人的荣华富贵，而根本不顾天下生灵的死活，跟儒家学说所追求的境界完全不同。"

公孙丑话音未落，孟轲便兴奋得不能自已，情不自禁地脱口而出：

"公孙丑先生，您说得太对了，真可谓我们儒家的同道！"

公孙丑被孟轲这样一恭维，反而有些不好意思了，于是连忙另起话题道：

"孟轲先生，那你们先圣孔子对于孝的问题，是否有什么具体的说法呢？"

孟轲一听，确信公孙丑已经真正对儒家学说产生了兴趣，遂连忙接口说道：

"当然有。先圣孔子认为，孝有五个方面的内容，有三个要求。先圣说：'孝子之事亲也，居则致其敬，养则致其乐，病则致其忧，丧则致其哀，祭则致其严。五者备矣，然后能事亲。'其意是说，做一个孝子，侍奉父母双亲时，日常生活中，要尽力做到恭敬；奉养过程中，要尽力做到和颜悦色；父母生病时，要忧虑担心，谨慎侍候；父母过世时，要表露哀痛之情；父母的祭祀仪式上，要表现出最大的诚心与恭谨。具备了这五点，才能算是一个侍奉双亲的合格孝子。"

"那孝的三个要求呢？"公孙丑追问道。

"对于孝的三个要求，先圣孔子说：'事亲者，居上不骄，为下不乱，在丑不争。居上而骄则亡，为下而乱则刑，在丑而争则兵。三者不除，虽日用三牲之养，犹为不孝也。'其意是说，侍奉双亲的孝子，纵然身居高位，也不能傲视下属；纵然居人之下，也不能做违礼不法之事；置身大庭广众之中，不能为了小事小利而与人相争。因为身居高位而傲视下属，就会招人怨恨，导致破家亡身；居人之下而做违礼不法之事，就会遭到刑罚的惩处；置身大庭广众之中而跟人争斗，势必会招来凶器加身。这三个祸根不除，即使每天给父母双亲吃牛羊猪三牲，仍然还是不孝之子。"孟轲说道。

"刚才听了孟轲先生有关孔子谈孝的理论，丑才真正对儒家先圣的思想学说略有所知。"公孙丑诚恳地说道。

孟轲听了公孙丑这番话，心里不知有多高兴。如果不是有非常好的自持力，也许他就要将内心对公孙丑的喜爱之情形诸言表了。虽然出于读书人的矜持，也是碍于自己作为当今儒家学派代表人物的脸面，孟轲没有直接主动提出要收公孙丑为弟子，但此时此刻内心的这一愿望却比刚见到公孙丑时显得更加强烈了。

公孙丑虽然不知道孟轲心中的小九九，而且也从未打算要投在孟轲门下学习儒家孔丘之道，但此次跟孟轲的交流却让他对孟轲产生了不少好感，尤其是对其渊博的学识与诲人不倦的态度有了真切的感受。所以，这次谈话交流之后，第二天他就进了临淄城，找到匡章的门人，将孟轲对匡章的评价说给他听，又将从孟轲那里听到的孔子有关孝的观点作了转述。匡章的门人听了很高兴，遂将公孙丑的话一五一十地搬给匡章听。匡章听后，立即对孟轲产生了好感，最后答应了孟轲登门拜访的请求。

当天傍晚，公孙丑从临淄城中回到稷下学宫后，立即将匡章允请拜访见面的消息告诉了孟轲。孟轲听了，高兴得差点儿就要手舞足蹈了。

第二天，也就是周显王二十三年（公元前346年）七月二十七，孟轲一大早就在公孙丑的陪同下悄然离开了稷下学宫，前往临淄城去拜访匡章。

为了表达诚意，孟轲此次进城时没有坐马车，也没有让其一大帮弟子随行，只是让公孙丑陪同，步行前往匡章的将军府。由于公孙丑事先做了工作，又有匡章门人的引见，孟轲进城后顺利地见到了匡章。

匡章是个典型的军人，正如孟轲事先的想象一样，堂堂一表，凛凛一躯，高大威猛，有一种不怒自威的气势。但是，让孟轲没想到的是，匡章见了他这个峨冠博带的儒生，并没有摆出一副倨傲逼人的气势，而是显得彬彬有礼，不仅揖让进退之礼一毫不差，而且态度谦恭，说话也比较客气，并不像一般武夫那样粗鲁直白。

不过，因为是第一次见面，彼此都还不甚了解。就孟轲而言，通过公孙丑的介绍，他所了解的匡章，是个孝父而不孝母的将军；就匡章而言，通过其门人的介绍，他所了解的孟轲，只是个孔丘儒学的信徒，说得难听点，就是个来稷下学宫混饭吃的游士而已。正因为如此，二人的交流并不深入，更谈不上推心置腹。孟轲碍于匡章有不孝之名，交流中刻意规避了有关孝的话题，只是就齐威王的内政外交政策向匡章作了请教。匡章因为对诸子百家学说并不十分了解，对儒家的具体情况也不清楚，所以只是礼节性地请教了孟轲几个问题，诸如儒家学派的源流、儒家学说的主要内容、儒家先圣孔子的为人等。孟轲毕竟是个教书先生，平时就善于回答弟子或他人的问题，所以对于匡章所提的相关问题，不仅回答得非常到位，而且语言简洁明了，让人一听就懂，使匡章对儒家学派及其学说有了一个初步的认知。之后，匡章又就齐国与邹鲁风俗习惯等问题跟孟轲作了闲聊。这时候，二人都不再拘谨了，交谈得颇是尽兴。

告别匡章，离开将军府时，孟轲觉得跟匡章已经相当投缘了。匡章送别孟轲时，似乎也有一种依依不舍之情。

虽然孟轲拜访匡章并没有大张旗鼓，而是非常低调地悄然进行，但因匡章在齐国政坛太过出名，所以最后孟轲结交匡章的传言还是在稷下学宫不胫而走，不仅在学宫内传得沸沸扬扬，而且在齐国政坛、临淄城内都引起很多议论。

公孙丑是此次事件的当事人，对其中的内情最为了解。所以，对于稷下学宫内外有关传言对孟轲所造成的负面影响，既替孟轲感到不平，又感到自责，因为孟轲结交匡章的事毕竟是因他而起。可能正是这双重心理因素的作用，当孟轲结交匡章的传言在稷下学宫甚嚣尘上之时，公孙丑毅然决然投在了孟轲门下，成为孟轲入齐后所收的第二个齐国弟子。

公孙丑投在孟轲门下，在某种意义上，是在向稷下学宫的诸子百家各派学者及其追随者表明态度，是在关键时刻替孟轲的人格作了背书。但是，早于公孙丑投在孟轲门下的另一个齐国弟子公都，因为不了解内情，却因此误解了孟轲的为人，遂找到孟轲，非常不礼貌地质问道：

"先生，全齐国的人都说匡章是不孝之子，您却跟他结交，还对他推重有加。请问，这到底是为什么？"

对于公都的不理解，孟轲倒是没有生气，而是心平气和地跟他解释说：

"世俗之人所说的不孝之事有五：四体不勤、懒怠成性、不奉养父母的，是第一种；喜欢喝酒赌博、不奉养父母的，是第二种；贪财好货、只爱自己的妻子儿女而不奉养父母的，是第三种；放纵耳目之欲而使父母蒙受耻辱的，是第四种；好勇斗狠、不计后果而危及父母的，是第五种。匡章将军的所作所为，有上述五种情况中的任何一种吗？据为师对匡章将军的了解，他与其父之间的矛盾，只不过是相责以善而不相合而已。相责以善，乃是朋友相处之道。父子之间相责以善，自然是有伤感情的。匡章将军作为一个人，他不想有夫妻母子的团聚吗？他因为得罪了父亲，不能与之亲近，所以不得已只好将自己的妻儿赶出门去，终身不要他们奉养。他是内心认为，如果不这样，那自己的罪过就更大了。这就是为师所了解的匡章将军的为人。"

公都听了孟轲这番解释，觉得他说得句句在理，客观中允，遂心服口服，低着头，不无惭愧地说道：

"弟子错怪先生了，请先生恕罪！"

孟轲微微一笑，平静地说道：

"纵然全天下之人都有误会，为师也不计较。只要我的弟子能够理解，足矣！"

三、天人交战

孟轲结交匡章之事，尽管最终为其弟子们所理解，但在稷下学宫，诸子百家学派的各色人等并非都能理解。因此，有关儒家及其孟轲其人的负面议论历时一年都不曾消歇过。其实，这也不足为怪。本来诸子百家之间就存在着竞争关系，各学派的代表人物及其追随者云集稷下学宫就是为了宣扬自己学派的思想，扩大本学派的影响力，一有机会抓住其他学派及其代表人物的问题，自然就不会放过，必欲大做文章而不可。匡章在齐国被人公认是不孝之子，孟轲却结交他，这是在冒天下之大不韪，不仅被人认为是人格有问题，还被其他学派学者认为是有悖儒家的思想主张。正因为如此，自孟轲跟匡章结交之后，仅仅一年时间之内，儒家学派之前在稷下学宫诸子百家学者及其追随者心目中建立起的形象与声誉就陡然下降了很多。对此，孟轲的弟子们都深以为忧。但是，孟轲倒是旷达，并不以为意。一有机会，他还是在稷下学宫的各种论辩场合为儒家孔子学说张目宣传，继续摆出一副儒家学说代言人与儒家学派掌门人的架势。

周显王二十四年（公元前345年）七月二十八，就当孟轲跟以往一样，隔三岔五进临淄城跟匡章相会时，日中时分，一个中年人带着两个年轻人，一高一矮，悄然来到了稷下学宫。

中年人的年龄跟孟轲相仿，两个年轻人的年纪都在二十岁上下。从神情气度看，中年人一看就是两个年轻人的老师；但是，从穿着打扮看，两个年轻人却衣着光鲜，一看就是个读书人的样子，而中年人却不修边幅，甚至衣裳上还有补丁，头发也乱糟糟的。

稷下学宫很大，而且每天都有人进进出出。所以，一般说来，进来几个陌生人，大家都是不以为意的。但是，看到今天来到稷下学宫的这三个人，还是有不少人为之驻足，或是回头观看。然而，正当大家都在好奇地打量这三个人时，高个子年轻人却旁若无人，陪着中年人与矮个子年轻人阔步走在学宫的大道上，还不时停下脚步，手指学宫的各幢建筑，好像在为他们介绍着什么。指指点点了一阵后，高个子年轻人竟然熟门熟路地带着中年人与矮个子年轻人径直往学宫内最高的一幢建筑而去，那是学宫内最大的一个聚会论辩场所。

孟轲今天进城，公孙丑没有追随，而是由公都陪同。日中时分，正是稷下学宫每日聚会论辩最热闹的时间，公孙丑当然不会缺席在学宫主建筑内的活动。今天论辩的双方是名家弟子对法家弟子，很是让大家为之期待。因为名家弟子都是惠施的追随者，虽然论辩水平比不上惠施，但也是口才了得，只要一开口便会滔滔不绝，往往在气势上就盖过论辩的对方。法家弟子不像名家弟子，他们不喜欢在概念上玩游戏，其论辩风格就像法家的政治主张一样，直白而犀利，不回避、不拐弯，有话喜欢讲清楚、说明白。

论辩开始后，果然不出大家的预料，真的很精彩，也很热闹。中年人与其两个弟子进去时，正是名家弟子与法家弟子论辩的高潮，公孙丑以及其他学派弟子都在一旁叫好。中年人听了一会儿，先是摇了摇头，然后是微微一笑。

高个子年轻人见此，连忙望着中年人问道：

"先生，您觉得他们的论辩不行吗？"

中年人没有回答，仍然是微微一笑。

"先生，既然您看不上这两派人的论辩，要不您屈尊下场，亲自跟他们辩一辩，也好让我们弟子见识见识。趁此机会，也好让诸子百家各色人等见识一下我们道家学说的与众不同。"矮个子年轻人看了看中年人，又瞥了一眼高个子年轻人，笑着说道。

高个子年轻人听懂了矮个子年轻人话里的意思，也读懂了他的眼色，立即对着周围人群高声说道：

"我们先生说，你们刚才的论辩都不行。"

高个子年轻人的这一喊，让论辩双方的名家弟子与法家弟子，以及他们的同门，还有围观的其他各学派弟子都立即安静下来，大家都将目光齐刷刷地聚焦到了中年人及其两个弟子身上。

矮个子年轻人见此，心中大喜，觉得高个子师兄太聪明了，不露声色地将老师逼上了论辩的战场，他这是要看老师的好戏呀！

中年人扫视了一下众人投来的目光，又瞥了一眼自己两个弟子，心如明镜，知道今天不上场参加论辩是不可能的了。于是，故意沉吟了一会儿，才在众人期待的目光下开了口：

"刚才听了二位的论辩，让老夫觉得以前把名家与法家都看得太高了。"

中年人虽然话说得轻声细语，但听在论辩双方的名家与法家弟子耳中，却不啻于炸耳的惊雷。所以，中年人话音未落，这两个刚才还因论辩相互诘难而面红耳赤的对手立即在心理上结成了统一战线，不约而同地将愤怒的眼神投向了中年人。

中年人见此，淡然一笑，故作和蔼的样子，直视他们问道：

"老夫说得不对吗？"

中年人的两个弟子听他们老师再次自称"老夫"，不禁在心中笑翻，他也不过三十多岁，比眼前论辩的名家与法家弟子也大不了几岁，就在他们面前左一个"老夫"右一个"老夫"，这不是在占他们的便宜吗？其实，他们不知道，他们的老师这是在玩心计，是在打心理战呢。

正当中年人的两个弟子在心中发笑之时，名家弟子看了看衣裳不整的中年人，以不无揶揄的口气说道：

"不知这位先生是哪家哪派圣人，名家不行，法家也不行，那到底哪家行呢？"

"名家只是会玩概念游戏，什么'白马非马'呀，'离坚白''合同异'呀，都是毫无意义的诡辩之说。你们名家弟子一定都很崇拜惠施，认为他是全天下最有学问的人吧，甚至全天下的读书人也都这么认为。惠施自己当然也这么认为，自诩研究的学问是多方面的，并夸口说自己撰著的书要五辆大车才装得下。其实，在老夫看来，他所讲的那套理论其实非常驳杂，言辞也多偏颇不当。比方说，他阐释事物之理，说什么'大到极点而没有边际的，叫"大一"，小到极点而没有内核的，叫"小一"；薄到没有厚度，不可累积，其大却千里；天与地一般低，山与泽一般平；日方中天便西沉，万物即生便即死；事物大部分相同而小部分不同，叫"小同异"；事物完全相同而又完全不同，叫"大同异"。南方没有穷尽，却又有穷尽；今日到越国就变成昔日已来到；连环是可以解开的；我知道天下的中央，在燕国的北方，越国的南方；博爱万物，天地原为一体'。你们各家各派的弟子听听，是不是让人觉得莫名其妙？但是，惠施却自鸣得意，以为他的这些话是天下最大的道理，炫耀于天下之士并引导他们。而天下竟有很多浅薄之徒相信他这一套鬼话，并乐于与他辩论而引以为荣。正是有这些人的盲目追捧，遂成就了他天下第一名嘴的声名。而今还因为这招摇撞骗得来的虚名，赢得了魏惠王的信任，成了魏国一人之下、万人之上的魏国之相。"

名家弟子听到这里，终于忍不住了，连忙岔断了中年人的话，反问道：

"既然您也知道惠施先生深受魏王信任，是一人之下、万人之上的魏国之相，那就说明惠施先生的理论是有用的，名家思想是有用的，不然魏王何以让惠施先生治国安邦呢？"

中年人瞥了一眼名家弟子，呵呵一笑道：

"惠施确实是在替魏王治国安邦，然而他治国安邦的成绩如何呢？相信全天下的人都知道，魏国原来是天下之霸，而今被秦国、齐国打得丧师失地，国力一年不如一年。这能说明名家思想有用吗？惠施的诡辩邪说能治国安邦吗？”

名家弟子一时无辞以对，只得恨恨地瞪了中年人一眼，转身拂袖而去。

法家弟子见此，意有不平，遂直视中年人，问道：

“这位先生，既然您认为名家不行，那法家如何呢？”

中年人知道法家弟子这是在挑衅，于是微微一笑，说道：

“法家主张‘不别亲疏，不殊贵贱，一断于法’，请问在现实生活中行得通吗？你跟你父母关系亲，还是跟你朋友关系亲，跟你邻居关系亲？是公子王孙地位尊贵，还是贩夫走卒地位尊贵？面对父母、朋友、邻居，你能不别亲疏？直面公子王孙与贩夫走卒，你能不殊贵贱？对他们犯法，你都能一视同仁，完全按法律处理吗？恐怕做不到吧？既然做不到，那你所立之法又有什么威信？大家不妨睁眼看看，而今诸侯各国，哪一国没有法律？哪一国不是法条越定越细，网罗百姓罪名越来越多？结果如何呢？法律越苛细，犯罪之人就越多，天下就越乱。既然天下越治越乱，那你说法家学说有用吗？能治国安邦吗？”

法家弟子一听，知道不是中年人的对手，只好恨恨地瞪了中年人一眼，也转身拂袖而去。

见名家与法家弟子都先后败下阵来，公孙丑一时心血来潮，没有考虑清楚就脱口而出：

“这位先生，名家、法家学说都不能治国安邦，那儒家学说如何呢？”

中年人看了看公孙丑，见其峨冠博带的装束，笑着问道：

“你是儒家弟子吧，是信奉孔丘‘大道之行，天下为公，选贤与能，讲信修睦’，‘非礼勿视，非礼勿听，非礼勿言，非礼勿动’那一套学说的吧。请问，你们儒家弟子尊奉的圣人孔丘一生言必称周公，说必引《周礼》，一辈子周游列国，整日叫喊着要‘克己复礼’，恢复周公礼法，结果如何？天下诸侯有谁听他的？周天子而今还能号令天下吗？天下因为孔丘叫喊‘克己复礼’而安定了吗？其实，你们儒家学说是没有什么用的。你们儒家之徒，不论是言必称周公，说必引《周礼》，还是‘《诗》曰’‘《书》云’，都不可能引起当今天下诸侯的兴趣了，也不会有人愿意相信儒家那套治国平天下的理论。如果儒家思想真能治国平天下，那么周公礼法就不会崩坏了，周王朝就不至于像今天这样分崩离析，天下大乱，生灵涂炭了。”

公孙丑听了中年人这样一番夹枪带棒的贬损，不禁非常生气。但他不想像先前相互论辩的名家与法家弟子那样拂袖而去，一走了之，而是想奋起反击，挫挫中年人的锐气与傲气。然而，公孙丑心里虽然是这么想的，却又一时找不到有力的反击方法，只好眼瞅着中年人得意的样子，而一时愣在了那里。

中年人说话时，两个弟子一左一右立于其身后。这时，立于左边的那个高个子弟子见公孙丑脸憋得通红，大概知道他内心的感受，于是先笑着看了看公孙丑，然后转向中年人，似乎非常认真地说道：

"先生，您刚才说到儒家之徒喜欢言必称周公，说必引《周礼》，开口闭口就是'《诗》曰''《书》云'。这种情况，好像自孔丘以来，就是如此吧。但是，弟子不明白，他们为什么有话不直说，而是言必称周公，说必引《周礼》，不是'《诗》曰'，就是'《书》云'呢？"

公孙丑听了高个子这话，顿时像坠落悬崖的人抓住了一根可以救命的树枝一样，立即意有得色地说道：

"这叫引经据典，是我们先圣学识渊博的表现，也是其说话的技巧，更是其游说、论辩之所以具有说服力的法宝。"

"年轻人，说得不错。其实，这也是自孔丘以来儒家之徒的法宝。孔丘教导其弟子，或是说服他人，都是'《诗》曰''《书》云'的。"中年人似乎非常赞同公孙丑的见解。

公孙丑听中年人这样说，本来是心中一喜。没想到，立于中年人右边的那个矮个子弟子突然嘿嘿笑了一声，说道：

"这算什么法宝？不就是利用人们对死者的尊崇心理，拿死人压活人的伎俩吗？"

公孙丑一听这话，顿时生气了，白了矮个子一眼，说道：

"什么死人活人的，不要说得那么难听，好不好？"

中年人见公孙丑脸上好像挂不住了，于是侧脸看了一眼矮个子弟子，装出嗔怪的口气说道：

"蔺且，你的话确实是说得很难听，应该说是借祖宗的嘴巴说话，让古人替自己代言。"

公孙丑听了中年人这句话，脸色这才好看了些。而且从中年人的话中，他知道刚才说话难听的矮个子叫蔺且，于是直视蔺且，故意以一种语重心长的口气说道：

"还是你先生会说话，比你有修养。"

没想到，公孙丑话音未落，蔺且脱口而出：

"其实，说得好听不好听，本质上仍然是一样的。"

中年人见其弟子蔺且说话有些生硬，怕激化公孙丑的情绪，同时也怕其他各学派的人认为他们是师徒一起围攻儒家弟子，有失风度，所以就摆出为师者的尊严，看着蔺且说道：

"话不能这么说。儒家先师孔丘有句名言，叫作：'名不正，则言不顺；言不顺，则事不成。'所以，话说得好听不好听，孔丘之徒向来都是很在意的。'《诗》曰''《书》云'，既是他们一种说服人的技巧，也是孔丘以来儒家一直信守的文化传统，所以我们不仅应该了解，更要尊重。"

听中年人突然说话这么有人情味，跟刚才攻击名家与法家弟子的态度大相径庭，不仅公孙丑感到诧异，围观的其他各学派弟子也感到惊异。然而，中年人的两个弟子好像并不感到诧异，而是面露诡异的笑容。

正当公孙丑与现场围观的其他各学派弟子感到诧异的时候，中年人又开口了：

"不过，说到'《诗》曰''《书》云'，老夫突然想到一个与此相关的故事，大家是否有兴趣听一听？"

"有。"几乎所有的人都异口同声地答道，包括公孙丑与中年人的两个弟子。

"从前，有一帮儒生，因为温饱无着，于是就干起了盗墓的营生。"

公孙丑一听中年人这话，觉得不对，立即起而反驳道：

"怎么可能呢？我们儒家弟子从来都是谨遵先圣教诲，把礼义廉耻看得比生命都重要，怎么可能干盗墓这种苟且的营生呢？"

"是啊，先生，儒家弟子都自视为圣人，怎么会干盗墓这种事呢？"

听高个子年轻人附和自己的话，公孙丑简直不敢相信自己的耳朵，瞪大眼睛望着他，不知道到底是否应该相信他。

就在公孙丑发愣的时候，中年人一脸严肃地看着高个子弟子，说道：

"逸轩，你也不相信为师的话？那为师问你一句话，你要如实回答。"

公孙丑一听，这才知道这个高个子叫逸轩，心中不免对他涌起一种感激之情，毕竟他跟矮个子蔺且有所不同，最起码对儒家学派没有抱那么深的偏见，于是就期待着听他跟中年人怎么说。

"先生，您有什么话就直说，弟子一定如实回答。"高个子逸轩说道。

中年人点了点头，望着逸轩说道：

"假如你饿了三天都未进食，见了别人的饭食，你会动心吗？"

"饿急了，当然会动心。"逸轩答道。

"这不就对了吗？那对儒生干盗墓的营生，你有什么好奇怪的呢？一个人到了生存受到威胁的时候，哪里还顾得上什么礼义廉耻呢？"中年人反问道。

逸轩连忙点头称是，围观的其他各学派弟子也点头称是。只有公孙丑没有吱声，也不肯点头，因为他始终不相信儒生会干盗墓这样的事。尽管他投在孟轲门下时间并不长，但从孟轲及其弟子为人处世的表现，他觉得都还符合正人君子的形象。

正当公孙丑想开口质疑中年人的话时，矮个子蔺且已经抢在他前面说话了：

"先生，您快讲儒生盗墓的故事呀！"

中年人看了看蔺且，又扫视了一下所有在场围观的其他学派弟子，不紧不慢地说道：

"儒生们盗墓，是在黎明前进行的，由大儒站在墓外望风并指挥。他们事先约定好，以《诗》《礼》中的句子为暗号进行联络。当几个小儒下到墓穴时，外面的大儒以《诗》句询问道：'东方作矣，事之何若？'意思是说，天快亮了，事情进行得怎么样了。小儒们立即回答道：'未解裙襦，口中有珠。'意思是说，已经打开了棺椁，看到了墓主。虽然还没来得及解开他的衣裳，对他的身体进行搜索，但已在他的嘴里发现了一颗含着的珠子。大儒一听，连忙回话说：'《诗》曰：青青之麦，生于陵陂。生不布施，死何含珠为？'意思是说，这个墓主口中有珠，《诗》中早有记载。接着，小儒又问大儒，怎样才能将墓主嘴里的珠子拿出来。大儒说：'抓住他的鬓发，按着他的胡须，用铁锥敲他的下巴，慢慢分开他的两颊，千万别弄坏了他口中的珠子。'"

中年人话音未落，矮个子蔺且脱口而出：

"哦，原来孔丘儒学之徒都是嘴上仁义道德，心里金玉珠宝。整天'《诗》曰''《书》云'，其实不过是掩人耳目，是欺世盗名的幌子而已。"

听了蔺且这番赤裸裸攻击儒家学派的话，公孙丑这才彻底清醒过来，原来中年人讲故事是刻意要诬蔑攻击儒家学派。看来，他对儒家学派的敌意丝毫不比对名家与法家少。公孙丑想到此，更加愤怒了。但是，愤怒之下，一时又找不出合适的反击办法。于是，情急之中，望着中年人，声色俱厉地质问道：

"你们是哪一家的？你们有什么学说，可以让世人敬服，可以让天下诸侯用以治国？"

没等中年人接口回答，矮个子蔺且脱口而出：

"我们是道家的。"

公孙丑立即转怒为喜，哈哈一笑，说道：

"原来是老聃之徒。你们道家有什么了不起，不就是整天会说些'道可道，非常道'的鬼话吗？"

一听公孙丑这话，高个子逸轩脸上有些挂不住了。中年人瞥了他一眼，给他丢了一个眼神，阻止了他动怒。然后，转向公孙丑，以十分亲切的口吻，直视他问道：

"年轻人，对于道家的了解，除了'道可道，非常道'两句外，你还知道什么？"

逸轩一听，觉得还是自己的老师厉害，一般人很少对道家学说有详细的了解。老师的问题要是公孙丑答不上来，在诸子百家各学派弟子面前，儒家的脸就丢大了。正当逸轩在心里高兴时，公孙丑却脱口而出：

"除此，还有就是'人法地，地法天，天法道，道法自然'，都是废话。"

中年人呵呵一笑，看了看公孙丑，以更加和蔼的口气说道：

"年轻人，你说道家学说都是废话，那么你知道道家所说的'道'是什么意思吗？"

"道家的'道'是什么意思，我虽然并不清楚，但听我们先生曾经说过。如果我没记错的话，老聃曾经说过这样几句话：'有物混成，先天地生。寂兮寥兮，独立而不改，周行而不殆，可以为天下母。吾不知其名，强字之曰道。'你们大家听听，连名字都不知道，还算什么'道'？"公孙丑说完，扫视了一眼在场所有围观的各学派的弟子，得意地笑了。

中年人的两个弟子逸轩与蔺且见公孙丑如此嚣张，都有些忍不住了。但是，没等他们开口，中年人已经看着公孙丑，笑嘻嘻地说道：

"年轻人，你的记性还不错。不过，你只是知其一，不知其二。我们先圣还有一句话，你大概是不知道的，叫作：'道之为物，惟恍惟惚。惚兮恍兮，其中有象；恍兮惚兮，其中有物。窈兮冥兮，其中有精；其精甚真，其中有信。'老夫问你，什么叫'其中有象'，什么叫'其中有物'，什么叫'其中有精'，什么叫'其中有信'，这些你都明白吗？"

公孙丑听了中年人这番云淡风轻的话，顿时蒙了。但是，愣了一会儿，他还是不甘示弱，强词夺理地说道：

"我不明白。不过，我知道，你们所尊崇的先师老聃，他的话没有一句听得懂，都是在故弄玄虚。他所谓的'道'，是虚无缥缈的，是无人知晓的，更是不可能救世的，比任何学派的学说都没用。"

中年人的两个弟子听了公孙丑的这番话，明显不乐意了，怒容已经写在了脸上。但是，中年人还是一副乐呵呵的神情，看着公孙丑，面带微笑地说道：

"我们先圣之道深不可测。年轻人，你不懂就说不懂，不要不懂还要硬拗，妄议先贤。你们儒家先师孔丘有句话，叫作：'知之为知之，不知为不知，是知也。'老夫虽不认同孔丘的政治主张与思想学说，但认为他说的这句话是对的。老夫刚才批评名家与法家，并不是因为有门户之见，而只是就事论事，就理说理而已。"

公孙丑听了中年人的这番话，冷笑了一声，撇了撇嘴，回道：

"呵呵，还说没有门户之见呢！说到你们老聃之道，就是深不可测；说到名家、法家，还有我们儒家学说，都是无用无益。这还不叫门户之见呀？在我看来，这诸子百家学说，要说无用无益，恐怕首先就是你们道家的老聃之道了。你们所谓的'清静无为''顺其自然''清心寡欲''无为而无不为'，对治世何益？对救世何用？你们所说的'无为'，其实就是懒人的逻辑，是无用人的借口。所以，你们道家标榜的'无为'，其实就是无用。"

中年人的两个弟子蔺且与逸轩见公孙丑说话越来越难听，再也忍不住了。矮个子蔺且抢先回击公孙丑道：

"原来我对儒家还有几分好感，觉得你们儒家之徒峨冠博带，整天板着个脸装圣人，虽然有些令人讨厌，但还算比较斯文，表面上看还是彬彬有礼的，跟你们先师孔丘倡导的礼还算一致。现在看你这副蛮横不讲理的样子，实在是让我对儒家与儒家之徒最后残存的一点儿敬意与好感都荡然无存了。"

"是呀，这里是稷下学宫，是诸子百家各学派云集之地，也是百家争鸣之所，大家都可以对自家学派的学说畅所欲言，也可以相互论辩诘难，但都应该讲道理，不能武断蛮横。"高个子逸轩给矮个子同门蔺且帮腔道。

公孙丑见逸轩、蔺且一唱一和，有仗势欺人之嫌，自然也愤怒了，遂口不择言地说道：

"你们道家有什么了不起，今天不要倚仗你们人多。如果我们先生今天不是进城了，我们同门都在此，看你们还敢不敢在此如此嚣张。"

"我们都是读书人，这是在学术辩论，又不是在乡野之中群氓打群架，扯什么人多人少？"蔺且立即予以回击道。

中年人见局势有些失控，连忙摆手作势，制止了两个弟子继续说下去。然后，看着公孙丑，笑着说道：

"年轻人，不要生气了。你们儒家讲'和为贵'，我们道家讲天人和谐。所以，我们大家都不要争了。下面老夫给大家讲一个故事，让大家笑一笑，然后就散了吧。"

蔺且与逸轩一听中年人要讲故事，立即心如明镜，知道自己的老师又要编故事骂人了。所以，他们立即表示同意。而在场围观的其他学派的弟子，听到中年人要讲故事，自然也是表示欢迎的。只有公孙丑知道中年人似乎不怀好意，但又不便当众说不欢迎他讲故事，只好默不作声。

中年人见大家都表示欢迎，于是便故作沉吟了一下，先瞥了公孙丑一眼，接着扫视了一下在场围观的其他学派的弟子，便意态悠闲地讲起了故事：

"从前，东海边有一个山崖，山崖边有一口坎井，坎井中有一只青蛙。一天，东海涨潮，一只巨大的东海之鳖被潮水冲到了坎井边。坎井之蛙突然见到东海之鳖，感到非常高兴，于是就以主人的姿态热情地跟大鳖攀谈起来。谈着谈着，坎井之蛙突然非常感慨，对东海之鳖说道：'我真是感到快乐极了！每一天，我都可以出来在这井栏上跳跃一阵，回去之后便在井壁缝间休息。我只要一跃入水中，水便将我的两腋与两腮托住了；我只要一跳到泥里，泥便将我的脚丫子淹没，将我的脚背盖住。我环顾坎井之中的赤虫、螃蟹，还有蝌蚪，谁也无法跟我相比。还有呢，就是我能独自占有这一坑水，盘踞这一口井，成为这坎井真正的主人，这也是我最大的快乐。今天您既然有缘来此，为何不进来看一看呢？'"

"那东海之鳖接受了坎井之蛙的邀请了吗？"蔺且故意配合中年人，问道。

中年人心知其意，偷眼瞥了公孙丑一眼，见他似乎神情颇是专注，又扫视了一下现场围观的其他学派弟子，发现他们都是一副兴味盎然的样子，于是便接着说道：

"东海之鳖当然是欣然接受了。不过，由于东海之鳖身躯太大，左脚还没有踏进坎井，右腿就已经被绊住了。东海之鳖感到很尴尬，只得悻悻然退出了坎井，无奈地对坎井之蛙说道：'您跟我生活的环境完全不同，对世界的认知也完全不同。我所生活的东海，广阔无边，千里之远亦不足以形容其大，千仞之高亦不足以形容其深。大禹时代，十年九涝，洪水滔天，东海海面未见升高丝毫；商汤之时，八年便有七年大旱，东海水位也没有下降一寸。这便是东海的实际情形，也是我愿意久居于东海的大快乐呀！'听了东海之鳖的这番话，坎井之蛙顿时目瞪口呆，神情恍惚，为之怅然若失很久。"

中年人话音刚落，逸轩立即接口说道：

"先生，您讲的这个坎井之蛙的故事，是不是在告诉大家一个道理：学识决定见识，眼界决定境界。一个人学识不足，眼界太小，就会盲目自大，境界就不会太高，心胸就不会太大。是不是这样？"

中年人点了点头，意味深长地看了公孙丑一眼，说道：

"正是。有些人限于学识，对其他学派的学说知之甚少，却还要妄自尊大，这不就像是坎井之蛙吗？有些人智力有所不足，难以理解老聃之道的精妙所在，却还要妄言老聃之道无用无益，这跟坎井之蛙难以了解东海之鳖所说的东海，又有什么区别呢？老聃主张'无为而治'，并不是要人们无所事事，而是要人们摒弃智巧，摒弃所谓的假仁假义，回归到人的本然天性，一切顺其自然。这样，人人清心寡欲，世上便不会有那么多的纷争。而没有纷争，自然也就不会产生什么罪恶，天下自然安定太平，世界自然清静无事。你们大家平心静气地想一想，老聃道家学说是无用无益吗？"

说到这里，包括公孙丑与在场围观的所有其他学派的弟子，这才知道中年人主动讲故事的真实用意，他这是到稷下学宫来攻击其他学派与学说，宣扬自己所信从的道家与道家学说的。不过，等到大家都清醒过来，中年人已经带着两个弟子离开了论辩的场所，到学宫的其他建筑去了。

公孙丑因为跟中年人论辩失败，心情颇是郁闷，在众人散去之后，也快快不乐地离开了。但是，离开主建筑，他没有到别的建筑去听其他论辩，而是径直到了学宫的生活区，找他的老师孟轲去了。他想请孟轲出场，找那个当众羞辱儒家的中年人论辩。他相信，自己老师的口才不会输给那个衣裳不整的中年老聃之徒。他会讲故事，自己的老师孟轲会打比方，自然不会像自己今天这样被他说得哑口无言。

然而，到了学宫生活区，公孙丑只见到了师娘与老师的母亲。她们说老师孟轲一早进城，还没有回来。等了约一个时辰，眼看太阳都要落山了，见孟轲还未回来，公孙丑于是就告辞离去了。

第二天，公孙丑见到孟轲时，才知道孟轲昨天是在临淄城门最后要关闭的一刻才出的城，所以回到稷下学宫时，天都完全黑了。公孙丑不便问孟轲本人，为什么昨天那么晚才从城里回来，于是就悄悄地向昨天陪同孟轲进城的师兄公都打听，这才知道孟轲昨天进城并不是为了游玩，也不是去见朋友匡章，而是向齐威王上书言事。可是，事情并不顺利，弄得他心灰意冷，郁郁寡欢而归。

将近日中时分，公孙丑瞅准一个时机，跟孟轲及其同门十几位师兄说起了昨天日中时分在稷下学宫主建筑进行的那场论辩。因为当时论辩只有公孙丑一人在场，孟轲与公都进城了，孟仲、邹正、邹春、充虞等十人则在学宫另外的建筑内，所以大家一听有道家中年人一人舌战名、法、儒三家弟子之事，都非常感兴趣，立即央求公孙丑说说其中的经过。当公孙丑将那个道家中年人如何羞辱名家弟子，如何羞辱法家弟子，又如何贬损嘲弄儒家学说的经过原原本本地作了转述后，大家都感到非常气愤。没想到，孟轲听完后却笑了。邹春对此不理解，连忙追问道：

"先生，您笑什么？人家这么羞辱我们儒家，您还笑得出来？"

孟轲看了看邹春，又扫视了其他众弟子，从容地说道：

"诸子百家之间本来就存在着竞争关系，各家学说也有竞争，大家相互辩诘难，也属正常，有什么好生气的呢？"

"先生，您真是雅量！论辩诘难当然正常，那也不能那么刻薄地羞辱人呀！"孟仲感到不理解。

"师兄说得对。先生，要不这样，既然您认为诸子百家之间相互竞争正常，论辩诘难也正常，那么您是否可以跟昨天那个道家中年人辩一辩呢？"公孙丑望着孟轲说道。

其实，让孟轲出场跟道家中年人论辩，不仅是公孙丑昨天就已萌发的想法，也是今日孟轲众弟子一致的想法，他们都想一睹自己老师跟别人公开论辩的风采。

孟轲听了公孙丑的话，没有立即答应，而是笑着扫视了一下众弟子。见大家的眼神中都透露出相同的期待，于是孟轲轻轻地点了点头。

可是，当孟轲众弟子分头到稷下学宫各建筑寻找那个道家中年人时，这才获悉他已于昨天傍晚就带着两个弟子离开稷下学宫了。经过多方询问，大家这才得知那个中年人叫庄周。随他而来的两个弟子，一个是赵国人，叫逸轩；一个是楚国人，叫蔺且。这两个人，公孙丑昨天在论辩现场就知道了他们的姓名，而且从他们说话的口音也大致判断出了其所来何自。

孟轲听说庄周已经离开了稷下学宫，感到非常惆怅。因为他是真心想见识一下这位已有耳闻的道家人物庄周，想跟他切磋一下论辩之术。这样既可以增长些见识，也可以趁机扩大一下儒家及其学说在稷下学宫的影响力。

可能是因为昨天进城上书齐威王之事不顺，本来心情就不佳，再加上今天听弟子公孙丑说到庄周昨天在稷下学宫当众羞辱儒家学派及其学说，自己想找庄周论辩而不得，所以孟轲的心情就更加抑郁了。晚上跟母亲问安时，由于脸色不对，其母看出端倪，遂问道：

"轲儿，看你面有忧色，是不是遇到什么为难之事了？"

孟轲不敢跟母亲说实话，只是推说：

"儿是因为觉得自己不够聪颖，所以常怀忧虑。"

过了几天，孟轲在家闲住，心情抑郁，抱着门柱叹息，正好被其母发现。孟母觉得不对，于是就问孟轲道：

"轲儿，前些天，娘见你面有忧色，问你所为何事，你说是因为自己觉得不够聪颖。今天你抱柱叹息，到底又是为了什么？"

孟轲见自己的心思再也瞒不过母亲了，于是只得实话实说道：

"儿听说：君子有了德行能力，才敢接受高官厚禄，不会因为贪求荣华富贵而苟且接受封赏。君子有自己的思想主张，如果诸侯不采纳，那么就不算上达天听。如果被诸侯采纳了，却不被推广，那就不算在朝政中予以实施。现在儿的政治主张不为齐王所接纳，仁政不能在齐国得以推广，儿想离开齐国到别的诸侯国寻找施展政治抱负的机会，可是您年事已高，经不起折腾，所以儿感到忧愁。"

孟母见孟轲终于说出了心里话，于是安慰他道：

"依照古礼，妇人的主要职责就是烧饭酿酒、侍奉公婆、缝补衣裳而已。正因为如此，自古以来，便有训练女子织布绣花与操持家务的规矩，而没有培养她们安邦治国的制度。所以《易经》说：'妇人在家中不要专断，料理好饭食、操持好家务就可以了。'《诗》有言：'妇人为人要顺从，做事不出格。'这就是说，依照古礼的规定，妇人没有独断专行、任性自为的权利，而只有严守'三从'之德的义务。所谓'三从'，就是妇人年少之时依从父母，出嫁之后依从丈夫，丈夫死后则依从儿子。这就是古礼的规定。而今，你已经长大成人，而娘已经老了。你行你的义，我守我的礼。你想推行你的仁政主张，你就按照你的计划去做，不要过多地考虑娘，娘料理好家务就可以了。"

尽管母亲非常通情达理，支持自己的想法，但是孟轲毕竟是孝子，想到真的要离开齐国，投奔别的诸侯国谋求发展机遇，难免要带着母亲一起周游列国，少不了要让母亲受颠沛流离之苦。

孟轲的这种想法，正好也跟其妻的想法相同。当她得知婆母与孟轲谈话之事后，便主动跟孟轲说出了自己的真实想法：

"听说娘跟您谈话了，是不是？娘是通情达理的人，是天下难得的好母亲。但是，您也要为娘着想，不能只考虑自己的前途理想。听说齐王对您并不信任，您为此感到不满意，并因此有了离开齐国，另谋他求的想法。不过，您也要想清楚，离开了齐国，投奔他国，如果到时待遇不如这里，那么后悔也就来不及了。齐王再怎么不好，他毕竟好吃好喝地养活了我们全家，还顺带养活了您的一大帮弟子。其他诸侯国的君王，就算有心对您好，恐怕也没有那么大的财力吧。再说，娘的年纪也大了，经不起旅途劳顿之苦。万一路上出了点什么问题，到时候是叫天天不应，喊地地不灵。我是妇人，见识短浅，但我知道，娘能活的日子毕竟有限，您岁月正富，将来施展才能、实现理想的机会还有很多。所以，不如就先让娘在此颐养天年。"

听了妻子的话，孟轲虽然天人交战了多日，有过矛盾与犹豫，但最终还是下定了决心，为了母亲的幸福，自己受些不被齐威王重用的委屈，在稷下学宫继续住下去。

第四章

山东风云

听公都讲完孟轲入齐最初两年在稷下学宫的生活，一轮皓月已经跃上东山了。

望着一轮冷月与满天繁星，听着墓地周边枯枝秃干被寒风吹过所发出的呼啸之声，大家都情不自禁地紧了紧自己的袍襟，但是没有一个人说话。

过了好久，还是陈臻打破了沉寂，说道：

"大家怎么都不说话了呢？这寒冬腊月的夜晚，我们聚在先生墓前，不就是陪先生说话吗？"

陈臻话音未落，彭更立即起而更正说：

"陈师兄，您喝多了吧。先生现在已经在地下，不能说话了。我们现在夜聚先生墓前，是专门为了说话给先生听的。"

宋大夫勾践见彭更在这样的情境下还有兴致跟人斗嘴，不禁哑然失笑。不过，这笑声没有被其他师兄弟听到，是在他心中发出的，只有他自己知道。毕竟他是宋国大夫，是官场中人，懂得什么场合该说什么、该做什么，知道一言一行都要合乎礼，才是一个社会上层人士应有的表现。所以，为了不让彭更与陈臻的斗嘴继续下去，他连忙接住彭更的话茬，说道：

"陈师兄哪里会喝多了呢？我们大家谁也没有喝多。如果我没记错的话，直到现在，我们每个人总共也只是喝了三盏酒而已。我相信，作为先生的弟子，我们在座的各位，没有人酒量那么小，三盏薄酒怎么就能喝醉呢？"

"勾践师兄，您这话就不对了。"

勾践原本是怕彭更跟陈臻斗嘴，所以才出来打圆场的。没想到，彭更却跟自己斗起了嘴。不过，既然彭更话已出口，勾践就不得不予以回应，于是反问彭更道：

"彭师弟，我的话怎么不对了？"

"师兄，您没听人说过一句话吗？喝酒是喝心情。心情不好时，喝一盏就醉；心情好时，千盏万盏都不会醉。先生如今离我们而去，大家的心情都不好，所以喝酒当然就容易醉了。"

为了不让彭更继续跟自己斗嘴，勾践连忙顺着彭更的话，说道：

"彭师弟，你说得对。我没想到这一点。不过，彭师弟说到喝酒，倒是提醒了我。今天我买的酒足够大家喝一夜的，本来就是为了给大家驱寒的。不如我们现在再接着喝，好不好？"

彭更听到勾践说要接着喝酒，自然非常高兴。于是，不等勾践发话，便从地上一跃而起，奔向勾践驻停于旁边的马车搬酒去了。

当彭更手脚麻利地为所有人的盏中都斟好了酒，大家正准备要一起举盏时，却突然发现，墓地四周一片寂静，冷月朗星映照下的枯木寒林全都纹丝不动，原来呼啸的寒风已然停歇。此时，一轮圆月虽然看起来还是那么冷冷的，但显得格外皎洁；满天的繁星虽然看起来还是那么高远，但显得格外明亮。

星月之下，大家围坐在孟轲墓前，一边喝着酒，一边说着话，气氛又开始热烈起来。借着酒劲，师兄弟们之间又不免斗起了嘴。

正在大家七嘴八舌，吵得不亦乐乎的时候，之前一直没有说话的咸丘蒙，突然开口说话了。他操着一口浓浓的鲁国口音，高声跟大家说道：

"大家都不要说酒话了。先生第一次入齐，最初两年在稷下学宫的往事，刚才公都师兄已经讲了，让我们这些后入门的弟子也有所了解。至于先生随后近二十年在稷下学宫与齐国政坛的故事，是否就请公孙丑师兄接着给我们讲讲呢？"

一听咸丘蒙的这个提议，大家立即安静了下来，纷纷表示赞同。

公孙丑深情地看了看眼前的孟轲之墓，仰望星空中一轮高悬的冷月与满天闪烁的繁星，思绪一下子飞回到五十多年前。

一、齐魏之战

周显王二十八年（公元前341年）十二月二十二，天寒地冻，北风呼啸，是入冬以来最为寒冷的一天。

大概是因为天气太冷，热闹的稷下学宫也突然变得冷冷清清。学宫各建筑之间的道路上，平日里都是人来人往，熙熙攘攘，今天则只能偶尔见到几个年轻人，缩着脖子，抱着身子，低着头匆匆走过。学宫的各建筑内，平日到处都是热衷于论辩或凑热闹的各学派弟子扎堆挤在一起，今天则只有少数建筑内还有一些人聚在一起，或是论辩逗乐，或是说些闲话解闷。

孟仲、公都、公孙丑等孟轲的弟子们，也跟其他各学派的弟子一样，今天也没有往学宫的各建筑内听人论辩，而是在朝食之后便聚到了孟轲的住所。

孟轲的住所并不暖和，门窗的缝隙很大，寒风不时灌进屋内，让人感觉就像身在冰窖之中。但是，看着围坐在身边的众弟子，望着他们一张张年轻活泼的脸，孟轲还是感觉身心都是暖洋洋的。

师生之间说了一阵闲话后，突然孟仲向大家提了一个问题：

"诸位同门，你们有谁知道今天是什么日子？"

"今天是最寒冷的日子。"

听了邹春这滑稽的回答，包括孟轲在内的所有人都哈哈大笑起来。

等到大家笑过之后，孟仲严肃地告诉大家：

"六年前的今天是先生带我们入齐的日子。如果我没记错的话，正是这一天的日中时分，我们抵达了稷下学宫。"

"正是，大师兄记性真好！"邹正连忙点头说道。

"不过，大师兄，如果我没记错的话，当年我们到稷下学宫时，天气可没这么冷，而是风和日丽。"充虞接着邹正的话，补充道。

"那么，为什么同样是十二月二十二，六年前跟六年后天气就有这样大的差异呢？"邹春煞有介事地问道。

邹正白了其弟邹春一眼，说道：

"你这不是废话吗？只有年年岁岁花相似，哪有每年每月天气都相同呀？"

公都半天没说话，听了邹正的话，似乎别有感慨地说道：

"说到天气，其实是跟人世间的事有关。历史上出现异常天气的时候，往往都伴随着人世间的灾难。"

"师兄，这话怎么讲？"公孙丑连忙问道。

公都看了看公孙丑，又望了孟轲一眼，说道：

"前不久，齐国军队跟魏国军队刚打了一次大仗，难道诸位都没有听说吗？"

大家连连摇头，目光齐刷刷地盯住了公都，一脸茫然无知的表情。

孟轲也不例外，对此也是一无所知。按理说，齐国政坛之事，特别是像发生齐魏交战这样的大事，他肯定要比其弟子们消息灵通，而这次他竟然毫无所知。这恐怕是跟上次上书齐威王之事不顺，他赌气很久没有进城，故意疏远齐威王与齐国政坛人物有关。不仅如此，他甚至跟其齐国政坛唯一的朋友匡章也有半年时间没有见面了。匡章是齐国政坛闻人，也是武将，两国交战的事，他肯定会比一般人更了解其内幕。如果不是长久没有进城跟匡章见面，恐怕齐魏尚未开战，他早就知道内情了，何至于今日弟子公都说到此事，他竟然一无所知呢？

正当孟轲在心里这样想着的时候，邹春又开口了：

"公都师兄，齐国是大国，魏国也是大国，这两个大国为什么会打起来？打的结果怎么样？到底是齐国赢了，还是魏国胜了？"

公都看了看邹春，摇了摇头，说道：

"师兄，您问的这些，我都不清楚。我是昨天偶尔听淳于髡的弟子说了一句，才知道有这回事。具体情况，不知道是他不肯说，还是他也不太清楚，反正我问了他半天，他都是支支吾吾，没有告诉我更多的信息。"

"既然如此，不如请先生明天进城，拜访一下匡章将军，不就什么都清楚了吗？"公孙丑提出建议道。

"师弟的这个建议好，如果先生有兴趣，弟子跟匡章将军门下熟悉，可以陪同先生一同前往。"公都望着孟轲，自告奋勇地说道。

大家连忙表示赞同。

孟轲开始没吱声，也没点头。但是，过了好一会儿，终于还是点了点头。

第二天，孟轲在公都的陪同下，一大早就从稷下学宫出发进了临淄城。与匡章将军见面后，彼此寒暄揖让了一阵，又互道了一番别后之情，孟轲就直接上题了：

"将军，轲一向孤陋寡闻，加上这大半年来都一直蛰居于稷下学宫，每天都只是跟弟子们坐而论道，对世事少有问闻，所以对于而今的天下大势更是一无所知了。昨天偶尔听人说了一句，说是齐魏二国今年刚刚打了一仗，果真有此事吗？"

"孟轲先生，您真不知道这事？我说夫子呀，您可真是充耳不闻世事啊！"

孟轲见匡章瞪大眼睛，吃惊地看着自己，连忙笑着说道：

"真的不知道。您看轲都大半年没进城了，怎么会知道齐王朝中之事呢？更何况是齐魏交战这样秘密的军国大事呢？"

匡章点了点头，顿了顿，说道：

"说得也是。齐魏马陵之战，确实是相当秘密的。事实上，包括齐国政坛上的很多人，都是在仗打完了才知道有这回事。"

"哦，原来如此。那么，将军，您能否将此次齐魏马陵之战的前因后果给轲讲一讲呢？也好让轲长点见识，多些见闻。不然，轲会被弟子们认为是对天下大势一问三不知，今后还如何面对他们呢？"

其实，匡章知道孟轲打听齐魏之战并不是因为弟子，而是想借此了解齐国政坛的最新动态，了解当今的天下大势，以便在政治上与仕途上有所进取。因为去年孟轲向齐威上书之事，他是知道的。如果孟轲没有政治上与仕途上的进取心，仅仅想做一个稷下先生，又何必要主动向齐威王上书言事呢？尽管对孟轲的用意心如明镜，但匡章不愿意说破，而是应孟轲之请，爽快地给他讲起了齐魏之战的前因后果：

"齐魏之战，这已经不是第一次了。孟轲先生，这个您是知道的吧？"

"第一次就是十二年前，也就是周显王十六年的桂陵之战吧。据说，起因是魏国兵围赵国之都邯郸，齐国应赵国之请出兵相助。当时齐王派田忌为大将，孙膑为军师，以'围魏救赵'之策，在桂陵隘道大败魏师，不仅全歼了庞涓所率的八万魏国精锐之师，还生擒了魏国主帅庞涓，让魏国元气大伤。"孟轲说道。

匡章点了点头，说道：

"正是如此。不过，魏国虽然在桂陵之战中战败，但元气并未大伤。魏惠王在桂陵之战后持续对赵国之都邯郸用兵，最终还是攻下了赵国之都邯郸。但是，在魏师攻破赵都邯郸的第二年，也就是周显王十七年，为秦国变法图强的卫人公孙鞅被秦孝公任为大良造。大良造是秦国的第十六级勋爵，在历史上很少有外来客卿受此规格封赏。秦孝公之所以突破先例封赏公孙鞅，是基于他为秦国变法，使秦国迅速崛起的不世之功。公孙鞅受任大良造后，奉秦孝公之命，率领秦国大军越过黄河攻打魏国之都，也就是地处魏国河东前线的战略要地安邑。最终秦军攻下安邑，迫使魏国向东迁都至大梁。秦国对魏用兵得手后，第二年，也就是周显王十八年，又派兵攻取了魏国战略要地固阳。也就在这一年，迁都至大梁的魏惠王，基于秦国在西、齐国在东而形成的对魏国东西夹击的战略态势，不得已跟赵国修好，将倾尽国力才攻占的赵国之都邯郸还给了赵国，并跟赵王盟于漳水之上。"

"那接下来秦国有没有再对魏国用兵了？"匡章话音刚落，孟轲便迫不及待地追问道。

匡章摇了摇头，停顿了一会儿，才又接着说道：

"公孙鞅虽然主导秦国之师对魏作战都取得了胜利，但他仍然觉得秦国国力还比不上魏国，魏国在整体上仍然是天下之霸。所以，在两次对魏用兵之后，秦国之师东进的步伐戛然而止。公孙鞅再次向秦孝公建议，要在秦国进行第二次变法。"

"第二次变法？那秦孝公同意吗？"孟轲又追问道。

"秦孝公当然是大力支持。事实上，正因为有了公孙鞅为他进行的第一次变法，才使秦国国力得到了全面提升，由此使秦国在军事上赢得了战略主动。以前魏国不仅越河侵占秦国河西之地，还不时在河西对秦国用兵。现在，秦国不仅以强大的军力威胁着魏国河西之地的安全，还有能力越河偷袭魏国河东本土，让魏惠王寝食难安。"

"那公孙鞅的第二次变法又变些什么呢？"孟轲进一步追问道。

"据说，公孙鞅第二次为秦孝公进行的变法，其内容包括五个方面。一是迁都咸阳。因为迁都是大事，公孙鞅进行了周密的谋划，并为此动用了秦国的大量民力与财力。从周显王十九年开始，经过多年的大兴土木，最终在咸阳建成了冀阙宫廷，从而顺利地实现了秦都由雍迁至咸阳的国之大计。二是实行分户制，就是下令禁止秦国百姓父子兄弟同居共室养育后代，要兄弟分立门户，各自成家。三是实行县制，就是将原先的小都、小乡、小邑以及小聚落加以合并，组成一个县。每个县设立县令、县丞。这样，经过整合，秦国的全部行政区划一共是三十一个县。四是'废井田，开阡陌'。"

对于井田制，孟轲很熟悉，他早就知道这是从周初就开始实行的一种奴隶制土地国有制度，一直延续了数百年，至今还在很多诸侯国实行。对于公孙鞅在秦国变法为什么要废除井田制，他感到不解。对于他要实行的"开阡陌"制度，更是感到好奇。所以，未等匡章把话说完，他便迫不及待地插话问道：

"匡将军，什么是'废井田，开阡陌'？"

"废井田，就是从法律上废除原有的土地国有制，实行土地私有制。开阡陌，就是允许开垦无主荒地，允许土地自由买卖，赋税按照占有土地的实际数量来负担，从而使赋税征收整齐划一。"

孟轲认为公孙鞅推行的新法完全背离了周初以来建立的土地制度与赋税制度，打内心里不能认同，但是一时又难以提出否定的意见，于是只好顺着匡章的思路，接着提问道：

"那公孙鞅第二次变法的第五项内容呢？"

"第五项内容，就是统一斗桶、权衡、丈尺的标准。"

"第二次变法的结果如何？"孟轲又问道。

"公孙鞅推行的第二次变法，跟第一次一样，遭到了来自秦国公室与贵族阶层的巨大阻力。第二次新法推行的第四年，公子虔再次犯法。公子虔是秦献公之子，同时也是太子之傅。但是，公孙鞅没有畏惧，对他施了挖去鼻梁的劓刑。第二次变法实施了五年，秦国变得国富兵强。周显王二十五年，周天子还给秦孝公赠送了祭肉，诸侯各国都来咸阳祝贺。"

"如此说来，公孙鞅的第二次变法是成功了？"孟轲问道。

匡章点了点头。

停顿了一会儿，孟轲突然醒悟过来，今天是来打听齐魏马陵之战的确切消息，不是来谈论公孙鞅变法的。有关公孙鞅为秦国变法的事，他之前就已经听人说过一些了，于是连忙将话题拉了回来：

"将军，这次齐魏马陵之战跟公孙鞅的第二次变法有关吗？"

"当然有关。公孙鞅任大良造后，之所以急于在秦国连续攻占魏国之都安邑、战略重镇固阳之后推行第二次变法，是因为他认为秦国跟魏国相比，国力还有很大差距，必须尽快赶上。所以，在两次对魏战争取胜之后，他一边着手第二次变法，增强秦国的实力，一边用计麻痹魏惠王。"

一听公孙鞅用计，没等匡章把话说完，孟轲就迫不及待地插话追问道：

"公孙鞅用的是什么计？魏惠王被他算计到了吗？"

"刚才已经说过，魏国虽然在周显王十六年的齐魏桂陵之战中失败，但就在这一年，魏惠王持续对赵用兵，最终还是攻破了邯郸，赵国之都沦落于魏国军队之手。第二年，也就是周显王十七年，魏国又打败了齐、宋、卫三国联军，展现了魏国天下之霸的实力。秦国之所以于周显王十七年、十八年先后攻取了魏国旧都安邑与战略重镇固阳，乃是趁着魏国集中全力在东线跟齐、宋、卫三国联军作战，东西两线不能兼顾之机，不然是不会得手的。公孙鞅袭魏得手后，并没有利令智昏，而是清醒地认识到秦魏之间的实力差距，所以就想到一计，就是推尊魏惠王为王。这样，就有了去年魏惠王的称王事件与今年的'逢泽之会'。"

"称王事件？逢泽之会？"孟轲又瞪大了眼睛，对此他也是一无所知。

匡章看了看孟轲，微微一笑，说道：

"去年，公孙鞅在第二次变法进行到第七个年头时，奉秦孝公之命，前往魏国新都大梁游说魏惠王，说魏国目前虽然能够号令宋、卫、邹、鲁等淮泗小国，但还不够，应该向北争取燕国，向西争取秦国，率先称王，然后再图谋齐、楚两个大国，最终实现称霸天下的目标。魏惠王不知是计，欣然接受了公孙鞅的建议，这就有了去年魏惠王大梁称王事件。今年春天，称王后的魏惠王在宋国小城逢泽与宋、卫、邹、鲁等淮泗十二小国之君会盟，赵肃侯与秦公子少官也参加了此次会盟。会盟时，魏惠王仿效昔日'九合诸侯，一匡天下'的齐桓公，不仅'乘夏车'，而且'称夏王'，摆出了天子仪仗，还让参加会盟的诸侯为其驾驶作为称王标志的车驾。会盟后，魏惠王又率领众诸侯一同前往周都洛邑，朝见了周天子。"

"朝见周天子？"

匡章见孟轲一副不理解的神情，笑着解释道：

"魏惠王称王后率诸侯朝见周天子，并不是尊崇周天子的表现，而是意在向周天子示威，表明他才是天下诸侯各国的共主。"

"哦，原来如此。"孟轲听到这里，这才恍然大悟。

"逢泽之会，是魏惠王称霸天下的开始，但也是魏国引来诸侯各国猜忌与围攻的开始。而这正是公孙鞅怂恿魏惠王称王要达到的目的。'逢泽之会'不久，魏国近邻韩国立即与齐国走近。因为韩国跟魏国、赵国都是从早先的晋国分裂出来的，本来彼此之间就有竞争关系。赵国实力比韩国强大很多，魏国都不放过，连续多年对赵国用兵，最后将赵国之都邯郸攻陷。而今赵国已经屈从了魏国，赵肃侯本人也参加了魏惠王的'逢泽之会'，两国算是联盟关系了。在此情势下，韩国自然感到不安，觉得魏国接下来就会对自己下手，迟早要吞并了韩国。于是，韩国就主动跟东方齐国亲近，为自己找个靠山。齐国也有此意愿，因为'逢泽之会'后，魏国的势力就更大了，对齐国造成的威胁也更大了。所以，齐、韩二国为了自身的国家安全，在对付魏国这一点上达成了共识。"

"将军，您是说'逢泽之会'促成了齐韩联盟，是吗？"孟轲追问道。

匡章点了点头，说道：

"正是。齐、韩亲近的动态，立即激怒了魏惠王。就在'逢泽之会'后的第二个月，魏惠王就对韩国不宣而战。韩国虽然不是宋、卫、邹、鲁等淮泗小国，但也比不上齐、楚等大国。所以，经过一阵顽强的抵抗之后，渐渐感到力有不支，于是连忙向东方大国齐国求救。"

"那齐国是什么态度？"孟轲着急地问道。

"这次形势不像上次魏国围攻赵都邯郸时那样了，当时赵国遣使向齐国救援时，不仅齐国大臣中有两派意见，一派主张救，一派主张不救，就是齐威王本人也是左右摇摆，主意不定，在救与不救之间犹豫不决。但是，这次不同了。当魏国大将襄疵率军攻打韩国汝南梁、赫，韩国将军孔夜应战感到力不从心时，韩昭侯就遣使求救于齐国，希望齐国尽快出兵相助。得到韩国的求救请求后，齐威王召集群臣集议。这一次，包括齐威王在内，齐国君臣上下一致认为，出兵救韩是理所当然的，救韩就是救齐。因为'逢泽之会'之后，天下战略格局已经改变，齐、韩二国的国家安全事实上已经被捆绑到了一起。"

"如此说来，这次齐国很快就出兵了吧。那为什么这次与魏国的马陵之战要拖到前不久才结束呢？是不是打得非常艰难？"孟轲又追问道。

匡章摇了摇头，说道：

"不是打得艰难，而是齐国答应韩国的请求非常爽快，但出兵却非常晚。"

"那这又是为什么呢？"

"因为在齐威王召集群臣集议时，虽然大家在要不要出兵救韩上意见高度一致，但对于何时出兵，则在朝臣中形成了两派不同的意见。"

"哪两派？"孟轲迫不及待地追问道。

"一派是以张丐为代表，主张应该立即出兵，理由是如果出兵晚了，韩国军队彻底失败了，那么韩国势必就会投降于魏国，成为魏国的盟友。魏国由此更加强大，齐国面临的威胁就更大了。"

"张丐的意见不无道理。那齐威王是否赞同他的意见？"

匡章摇了摇头，说道：

"没有。因为还有另一派意见，就是以田臣思为代表，认为韩、魏二国的战争刚刚开始，二国之师都还没到精疲力竭之时。如果齐国现在立即出兵救韩，那么势必等同于替韩国军队而受魏国之师的重击，损失肯定很大。这样，齐、魏两强相争，结果是两败俱伤，韩国反而从中得利，齐国因为力量削弱反而要受韩国控制。"

"田臣思的意见确实也很有道理。"孟轲情不自禁地脱口而出。

匡章看了看孟轲，笑了一笑，接着说道：

"田臣思还告诉齐威王，魏国既然存心要灭亡韩国，那么就必然倾尽全力，而韩国要想不被灭亡，势必就要再来求助于齐国。到那时，齐国再秘密地跟韩国结成生死同盟，以坚定韩国抗战的信心与决心。等到魏国军队师疲力竭时，齐国再出兵，就能发挥举足轻重的作用了。如此，利可得，而名可尊，岂不更好？齐威王觉得田臣思的意见很好，于是就采纳了。"

"出兵决定作出后，领兵出征的主帅是谁？"孟轲追问道。

"齐国名将如云，能够领兵出征者很多，堪担主帅之任的也有很多。但是，跟天下之霸魏国交战，齐威王还是不敢马虎。所以，这次仍然是派田忌为主帅，以孙膑为军师。不过，在此之外，齐威王为求保险，又给田忌配了一个副手，以田婴为副帅，跟上次齐魏桂陵之战对阵魏国主帅庞涓的阵容略有不同。"

"田婴？"

见孟轲一副吃惊不解的表情，匡章不禁瞪大了眼睛，望着孟轲问道：

"孟轲先生，您来齐国也有好多年了，您不会不知道田婴吧？"

"田婴，不就是靖郭君，是齐威王的少子吗？据说，他最得齐威王的欢心。"孟轲答道。

"是啊！既然您知道田婴就是靖郭君，而且最得齐威王的欢心，那您为什么对齐威王派他出任齐国副帅还感到惊讶呢？"

"田婴最得齐威王欢心，不仅齐国人都知道，恐怕全天下人都知道。他一直在朝中任事，而且很受齐威王倚重，这也是齐国朝臣人人皆知的，好像也没有人对他有异议。不过，他毕竟不是将军，对于用兵作战是外行，怎么可以担任齐魏之战的副帅呢？这样，是否对主帅田忌与军师孙膑的作战计划有所干扰？如果说得难听点，会不会有成事不足，败事有余之虞？"孟轲说道。

"孟轲先生，在章的记忆里，好像儒家孔丘之徒是主张王道、排斥武力。怎么您对军事问题这么内行呢？"匡章笑着说道。

孟轲听了匡章这话，顿时觉得有些不好意思了，遂连忙解释道：

"将军，您取笑了，轲对于军事问题怎么可能谈得上内行呢？只不过，跟您做朋友，得您时时耳提面命，所以才会略知一点儿皮毛。"

"不是皮毛，是相当有见解的。"

孟轲知道，在匡章面前是没有资格谈用兵作战之事的，遂连忙将话题拉了回来，说道：

"将军，还是请您继续讲马陵之战的经过吧。"

"您猜，这次齐魏马陵之战，魏惠王派出的主帅是谁？"

孟轲对于马陵之战的经过本来就是一无所知，所以才特意进城来问匡章的。没想到，匡章不仅绕着弯子，迟迟不跟他讲马陵之战的经过，反而向他提了这样一个问题，于是瞪大眼睛望着匡章，说道：

"将军，轲怎么可能知道呢？"

"章不是让您猜吗？"匡章笑着说道。

孟轲想了想，回答道：

"刚才将军说魏国派大将襄疵攻打韩国汝南梁、赫二地，莫非主帅就是襄疵？"

匡章摇了摇头，说道：

"不是。"

"要么就是庞涓。不过，庞涓在上次齐魏桂陵之战中被齐师活捉，算是败军之将，想必魏惠王这次也不会让他出任魏军主帅吧。"孟轲望着匡章，试探似的说道。

匡章点了点头，说道：

"确实不是庞涓。但是，庞涓这次仍然是魏军主将，是事实上的主帅。魏惠王派定的主帅，也就是名义上的主帅，乃是魏太子申。"

"魏太子申？"

"是。"匡章肯定地点了点头。

"那他也是外行呀！"

"您知道，魏惠王为什么要让魏太子申为主帅吗？"

"是不再信任庞涓了呗。"孟轲不假思索地答道。

匡章摇了摇头，说道：

"是因为齐威王派出了靖郭君田婴为齐军副帅，他才让自己的太子出阵。这是一种政治上的表态，告诉魏国全军将士，也告诉齐国，魏国对于这次齐魏之战的重视程度。"

"哦，原来如此。"孟轲终于明白了齐威王派田婴为副帅的深层含义，不禁深感惭愧，不敢抬头看匡章的眼睛。

匡章大概看出了孟轲的心思，又见孟轲不再说话，遂主动开口说道：

"魏国大将襄疵率领的魏国大军在韩国汝南梁、赫跟韩国军队激战，从仲夏打到季夏，历时近两个月，韩国五伐五败，正要撑不住时，齐国军队出现了。魏惠王接到情报，大为震怒。上次魏国倾尽军力围攻邯郸，快要攻破赵都时，是齐国出兵，以'围魏救赵'之计破了魏国亡赵之局。这次，眼看就要取得对韩作战的最后胜利，韩国亡国在即，又是齐国出来搅局。所以，魏惠王决定要好好教训一下齐国，正好庞涓也急于报十年前被孙膑在桂陵之战中活捉的一箭之仇。于是，魏惠王就任命庞涓为大将军，同时任命太子申为上将军，率兵迎击西进救韩的齐国之师。"

"魏惠王任命太子申为上将军，协助庞涓，那魏国士气一定高涨吧？"孟轲问道。

匡章笑了笑，说道：

"应该是吧。不过，太子申本人的士气却并不高，他对于此次是否能够战胜齐师，好像没有信心。行军至宋国外黄时，当地有一个名士徐子求见太子申，跟他说：'我有百战百胜之法。'太子申一听非常高兴，立即追问道：'可以说来听听吗？'徐子回答说：'当然可以，这百战百胜之法本来就是要献给太子的。'太子申一听，更高兴了，连忙催促徐子快说。徐子从容不迫地说道：'太子领兵出征，纵然大胜齐师，占领齐地，富也不过就是拥有魏国，贵也不过就做魏王。如果不能战胜齐国之师，那太子万世子孙都与魏国的江山社稷无缘了。这就是我的百战百胜之法。'"

"徐子这话，不就是绕着弯子暗示太子申，领兵出征，纵然是大获全胜，对于保住既有的太子之位与取得未来的魏王之位，都无加分作用。相反，如果战争失利，则太子之位不保，未来的魏王之位也没有了。将军，是不是这样？"孟轲望着匡章问道。

匡章点了点头，说道：

"孟轲先生，您说得非常对。徐子就是这个意思，太子申也听懂了。所以，他马上跟徐子说：'既然如此，那么我就听从您的意见，领兵回国去了。'徐子回答说：'太子，您既然出来了，现在再想回去，已经不可能了。因为当初劝太子领兵出征，想从中取利的人太多了。所以，太子现在想回去是不可能的。'但是，太子申听了徐子的话，还是决定要回去。但是，他的驾车人劝告他说：'太子领兵刚出来不久就要回去，这和打败仗有什么区别？'太子申听了这话，终于清醒过来了，于是只得硬着头皮继续领兵。最后，与田忌、田婴率领的齐国大军遭遇，在马陵隘道被其伏击，主将庞涓战败自杀，太子申本人则被齐军俘虏。"

"将军，那这次您有没有参战呢？"

"章不过是一介武夫，不仅不在齐王的视线之内，就是田忌也看不上眼。"

听匡章这样说，孟轲顿时有些不好意思了，觉得刚才的话说得有些唐突了，于是连忙转换话题，问道：

"将军，能否说说马陵之战的详细经过呢？这次孙膑又是用了什么计？"

匡章看了看孟轲，笑着说道：

"孟轲先生，您现在好像对兵法很感兴趣，莫非要改换门庭，不做儒家弟子，要做纵横家或兵家了？"

孟轲以为自己的提问让匡章产生了误会，遂连忙解释道：

"将军不要误会，轲只是出于好奇，才问孙膑用计之事，并非要做策划于密室的纵横家，或是运筹于帷幄的兵家。"

匡章听了孟轲的解释，哈哈大笑道：

"孟轲先生，您真是个夫子，章是跟您开个玩笑，您还当真呀！"

孟轲听匡章这样一说，顿感轻松起来，遂又接口说道：

"那将军就说说孙膑这次到底用的是什么计吧。"

"其实，孙膑这次用的还是旧计谋，仍然是'围魏救赵'的老套路。只不过，这次齐师围魏的目的不是救赵，而是救韩而已。齐国军队出境进入魏国，没有一直西进到魏韩交战的前线汝南，而是沿着魏国与宋国的西北边境线，兵锋直指魏国之都大梁。目的是吸引魏国对韩作战的主力，以解韩国军队之困。当然，最终目的还是要重挫魏太子申与主将庞涓统率的魏师主力，再次削弱魏国实力，抑制其继续称霸天下的势头，维护齐国的长远战略安全。"

"那这次庞涓识破了孙膑之计吗？"没等匡章把话说完，孟轲便迫不及待地追问道。

"庞涓与孙膑是师兄弟，又在桂陵之战中上过他一次当，吃了大亏，所以这次见孙膑再用老套路，兵锋直指魏都大梁，他就不怎么着急了。庞涓虽然也率军尾随追击齐师，但追击时非常谨慎，追追停停，以观察齐师真实的意图。孙膑早就知道庞涓这次会有所警觉，不会轻易再上当了，于是又使一计。"

"什么计？"

匡章看孟轲一副急不可耐的样子，不禁笑了，故意顿了顿，才接着说道：

"是'减灶诱敌'之计。"

"减灶诱敌?"孟轲瞪大眼睛,望着匡章。

"孙膑见庞涓不肯穷追西进的齐国之师,于是便使了一个疑兵之计,命令齐国军队第一天设灶十万,第二天减为五万,第三天再减为三万。齐师行军打仗都是一人一灶的,这点庞涓非常清楚。庞涓连续追了齐师三天,算了算齐师设灶之数,不禁心中大喜,认为这次齐师深入魏境是胆怯了,三天之内十万之师便逃了七万。于是,原有的戒心放下了,开始加快追击齐国之师的速度。"

"结果怎么样?"孟轲望着匡章,紧张地问道。

"结果还能怎么样,当然是又上当了。"匡章笑道。

"将军,您仔细说说。"

"孙膑见庞涓所率魏师主力追得很紧,于是立即将事先挑选好的一万余名弓箭手,还有三万名精兵,一一布置到了魏韩边境的马陵隘道两侧以及隘道两头。然后引诱庞涓所率魏军主力一步步进入马陵隘道。为了不被庞涓发觉设伏的地点是马陵隧道,孙膑算好了时间,有效地控制了齐军溃逃的速度,在傍晚时分将庞涓的追兵引入马陵隘道。"

"等庞涓率领的魏军主力进入马陵隘道,孙膑就命弓箭手从隘道两侧射箭,隘道两头的齐军堵住出入口,就将魏师主力全歼了,是吧?"孟轲问道。

"没想到,孟轲先生还会用兵,章实在是佩服佩服!"

孟轲被匡章说得不好意思,连忙说道:

"轲是顺着将军的话往下说的,轲哪里会用兵呀!将军就不要取笑了!"

"孟轲先生,还真不是取笑,事实就是这样的。庞涓率领的魏军主力十万人在暮色中进入马陵隘道后,丝毫没有发觉有什么危险。庞涓作为主将,也未能察觉有什么不对。但是,进入隘道口不久,在靠近山道的一侧,庞涓看到一棵千年古松通体雪白,于是就好奇地上前凑近观看,发现古松是被人剥了皮。再仔细一看,白净的树皮上好像还写着什么字。因为天色已晚,庞涓看不清楚到底是什么字,于是就令兵士钻火来照。原来,白树皮上用浓墨写了六个大字——'庞涓死此树下'。庞涓一看,觉得大事不妙,知道又上了孙膑的当。然而,还没等他下令魏军准备,埋伏于隘道两侧的齐国弓箭手就万箭齐发了。"

"结果,十万魏国之师都被射死在马陵隘道,庞涓与魏太子申也在其中,是吧?"孟轲问道。

匡章看了一眼孟轲，摇了摇头，说道：

"十万魏国之师不都是射死的，而是人马自相践踏，被踩死的。庞涓也不是被射死的，而是自杀身亡的。他之所以不组织魏师突围，而是选择了自杀，是因为想到了十年前相同的一幕，他率领的八万魏国主力精锐尾随追击齐师至桂陵隘道，被孙膑打了埋伏，不仅八万魏国将士全部阵亡，而且自己也被孙膑活捉。今天历史重演，他觉得实在太丢人了，所以毅然决然地选择了自我了结。临死前，说了一句话：'遂成竖子之名！'然后拔剑自刎于树下，应了孙膑在树上写的那句话。"

"庞涓的结局太悲惨了！那魏太子申呢？"孟轲又追问道。

"魏太子申既未被齐国弓箭手射死，也未被魏国的人马踩死，而是最终被齐国之师活捉了。"

"那还不如庞涓自杀身亡，还算保全了自尊。一个魏国的太子，作为魏国的主帅，不仅打了败仗，还被人活捉，既丢了魏国的脸，也丢了自己的脸，还不如跟庞涓一样，选择自我了结更好！"孟轲感叹道。

"夫子之言是也！"匡章也很感慨。

二、齐秦之战

周显王三十二年（公元前337年）十月二十五，一大早，孟轲就像往常一样准时起来了。

走出学舍，站在门前，听着耳边呼啸的寒风，看着一轮红日没精打采地从东方的地平线上慢慢爬上来，孟轲在稷下学宫新的一天又开始了。

朝食过后，孟仲、充虞、公都、公孙丑等众弟子陪着孟轲，在稷下学宫内随意走了一会儿，最后停留在了学宫内的一座建筑前。

"此处背风面阳，可谓冬日室外闲坐与晒太阳最佳的处所。先生，要不我们就在这坐下，晒晒太阳，说说话，如何？"孟仲指着眼前的建筑，提议道。

"大师兄说得是。坐在这里聊天，肯定比窝在学舍内听先生讲道，或是挤在其他建筑内听人论辩都好。"公都附和道。

孟轲看了看周围的环境，点了点头。

于是，师徒十余人便背对着墙根，围着孟轲坐成了一圈。

坐下不久，公孙丑跟大家报告了昨天听来的一些学宫新闻，然后公都说到了有关齐国朝政的一些动态。师徒有一阵没一阵地闲聊了一会儿，最后就无话可说了。

沉寂了一阵，孟仲为了打破众人相对无语的尴尬与无聊，先抬头看了看天，又侧脸看了看孟轲，最后瞥了瞥众师弟，高声说道：

"先生，您很久都没给我们弟子讲故事了。今天太阳这么好，这里又吹不到风，既暖和又安静。依弟子看，再也找不到这样一个适合讲故事的场地了。要不，先生今天就给我们弟子多讲几个故事，如何？"

孟仲话音刚落，充虞就应声附和道：

"大师兄说得对。先生最会讲故事了，我所懂得的许多道理，都是从先生以前所讲的故事中领悟到的。"

见孟仲与充虞一唱一和，其他人自然心领神会，立即起而帮腔，央求孟轲讲故事。

孟轲见众弟子诚意十足，于是抬头看了看太阳，又目眺远方，故作深沉地低头思考了一会儿，最后才从容不迫地开了口。前后讲了三个故事，其中两个是有关儒家先圣孔子的，还有一个是有关上古圣君帝尧治国安天下的。

"先生，你们怎么躲到这里来了？"孟轲有关尧帝的故事还没讲完，邹氏兄弟突然"从天而降"，邹春还老远就扯开了大嗓门。

邹氏兄弟邹正、邹春，虽然跟孟仲、充虞等人一样，都是孟轲最初在邹开馆收徒的早期弟子，但是他们兄弟二人有一个与众不同的特点，就是活泼好动，特别喜欢扎堆凑热闹。十年前，随孟轲入齐来到稷下学宫后，更是像鱼儿游进了大海。因为在稷下学宫，每天都有不断进进出出的天下之士，诸子百家，三教九流，各色人等都有。在这里，不仅有各种来自不同诸侯国的新闻，还有不时上演的诸子百家各学派代表人物之间的论辩。至于各学派弟子之间的辩论斗嘴，更是在学宫内的不同建筑内轮番上场。因此，邹氏兄弟顿时眼界大开，扎堆凑热闹的毛病越发改不掉了。年复一年，日复一日，他们对学宫内的各种论辩总是津津乐道，周旋于各学派弟子之间乐此不疲。孟轲对于弟子的管教，可能是受了稷下学宫风气的影响，不再像在邹时那样严格了。他既不要求也不希望他的弟子每时每刻都围绕在自己身边，听自己讲学传道，而是一任他们自由自在，随意在学宫内活动。正因为如此，今天邹氏兄弟陪孟轲进过朝食后，就像平常一样，独自到学宫的各建筑内听人论辩去了，而没有像其他师兄弟那样聚于孟轲身边。

公孙丑见邹氏兄弟风风火火地走来，故意打趣地问道：

"二位师兄，今天是不是又听了什么精彩的论辩了？或是见了什么了不起的学派领袖？"

"公孙师弟，这倒没有。不过，我们今天听到了一个消息，相信大家一定会感兴趣。"邹正说道。

"这个消息可以说是最新消息，也是天下人都非常感兴趣的。"邹春补充道。

"那到底是什么消息呢？二位师兄快给我们说说，也让先生听听。"公都望着邹氏兄弟，连忙催促道。

邹氏兄弟没有立即接着公都的话头给大家发布消息，而是先怯怯地看了看孟轲。

孟轲懂得二人的心情，莞尔一笑，说道：

"既然大家都感兴趣，那你们二人就给大家说说吧。"

邹氏兄弟见孟轲发话同意了，立即喜形于色。

"哥，要不，您先说吧。如果有说漏的地方，我再给您补充。"邹春望着其兄邹正说道。

"邹春师兄不愧是先生的早期弟子，连说个话都要礼让兄长，真是'友于兄弟'的好榜样。"公都打趣道。

"公都师兄，不要跟邹春师兄打趣了，还是让邹正师兄快点给我们讲最新消息吧。"公孙丑看着公都，笑着说道。

大家连声附和。

邹正望了一眼孟轲，又扫视了一眼在座的各位师兄弟，开口说道：

"昨天从秦国来了一位士人，说到秦国政坛发生了一个惊天巨变。"

"什么惊天巨变？"孟轲瞪大眼睛，望着邹正问道。

"秦孝公已死，秦国新君秦惠王开始执政。"

邹正话还没说完，公都就脱口而出：

"这算什么惊天巨变？国君也是人，总是要死的。旧君死，新君立，这不是常事吗？"

"师弟，你这想法就不对了。秦孝公可不是一般的国君，在秦国历史上，他恐怕要算是雄才大略的英主了。秦国原本只是一个僻处边远，几百年来与西戎杂处的闭塞小国，一直受晋国欺压，河西之地长期被晋国侵占。魏、赵、韩三家分晋后，魏国迅速崛起，成为天下之霸，又继续欺压秦国。秦国虽然从秦穆公时就一直谋求崛起，希望收回秦国失去的河西之地，但是一直都未能如愿。直到秦孝公执政，发布招贤令，重用客卿，倾全力支持公孙鞅变法，这才使秦国逐渐强大起来，并先后利用齐魏桂陵之战、马陵之战魏国大败之机，多次出奇兵偷袭魏国河西与河东之地，重挫了魏国之师，使魏惠王终于知道了秦国的厉害。”

“邹正师兄说得对。”公孙丑说道。

孟轲听了邹正上述一番话，也顿时对他刮目相看。

“大家应该都知道，秦国迅速崛起的主要原因是公孙鞅为秦国先后进行的两次变法。秦孝公是明君，深知公孙鞅变法与秦国迅速富强的直接关系，所以对公孙鞅心存感激，信任有加。在秦国第一次变法成功后，秦孝公不仅封公孙鞅为秦国十六级爵位大良造，还听从他的建议，趁齐魏桂陵之战与魏赵邯郸对峙之机，让他统率秦国大军，取得了攻占魏国之都安邑的不世之功，进一步巩固了他在秦国的政治地位。之后，秦孝公又听从了公孙鞅的计谋，怂恿魏惠王称王，弄出了一个‘逢泽之会’，让魏国成为众矢之的，从而导致齐魏发生了马陵之战。然后，又趁马陵之战魏国之师受到重挫之机，使公孙鞅再度有了统率秦军的机会，不仅再度重挫了魏国之师，而且俘获了魏公子卬。”

邹正话还没说完，一向跟孟轲一样矜持稳重的孟仲突然插话问道：

“公孙鞅俘获了魏公子卬？”

邹正点了点头。

“齐魏马陵之战，孙膑俘获了魏太子申。怎么秦魏交战，魏国的公子又被俘获了呢？”孟仲又问道。

“大师兄，公孙鞅俘获魏公子卬，跟孙膑俘获魏太子申，情况是不一样的。太子申是因为马陵之战魏国之师被全歼，作为主帅在战场上被齐师俘获的。而公子卬的被俘，则是公孙鞅用诡计的结果。”邹正解释道。

“用什么诡计？”公都连忙追问道。

“魏国在马陵之战中失败后，公孙鞅觉得有机可乘，遂向秦孝公请命，亲率秦国大万大军东出函谷关，直扑魏国河西之地。魏惠王闻报，不敢马虎，立即派兵遣将前往迎敌。为了鼓舞士气，他让公子卬为帅。两军对阵后，公孙鞅对于是否能够取胜没有信心，于是就想到一个诡计，以两国会盟为名，赚得魏公子卬到场后，立即令暗伏在现场的秦国甲士擒拿了公子卬。然后，乘着魏军失去主帅混乱之机进军，一举大败魏师。最终，魏惠王无奈，只得将魏国河西之地割让给了秦国。”

邹正话音未落，充虞就义愤填膺地说道：

"公孙鞅太卑鄙了！简直就是一个地地道道的小人。怪不得先生一直反感这个人。"

邹正点了一下头，顺着充虞的话，说道：

"师弟说得对。但是，公孙鞅却因为此役建立了奇功，使魏国从此对秦国低头，秦国天下霸主的地位由此奠定。为此，秦孝公裂土分茅，封公孙鞅於、商十五邑，号之为商君。"

这次轮到孟轲感到吃惊了，瞪大眼睛，看着邹正问道：

"秦孝公跟公孙鞅裂土分茅，封他於、商十五邑，号之为商君？"

邹正点了点头。

"是，没有错。"邹春连忙予以证实，证明哥哥所说无误。

"看来，秦国能够迅速崛起是有道理的。公孙鞅只是一个卫国的孽公子，是个游士，秦孝公不仅将变法大事交给他，让他一个客卿有施展才华的机会，还封他为秦国十六级爵位大良造，最后又跟他裂土分茅，封他为商君，这是何等的心胸！堪称旷古未有的贤明之君。公孙鞅何其幸哉！秦国何其幸哉！"公都不无感慨地说道。

"如此说来，秦孝公之死，确实是个惊天巨变。"公孙丑也为之感慨道。

"其实，还有一个惊天巨变，比秦孝公之死影响更大，尤其是对天下读书人的心理冲击更大。"邹正说道。

"师兄快说，还有什么惊天巨变？"公都连忙追问道。

"公孙鞅之死。"

"公孙鞅也死了？难道是他感念秦孝公知遇之恩而殉情了？"孟仲问道。

"大师兄，您想哪里去了？公孙鞅是被秦国新君秦惠王车裂而死的。"邹正答道。

"公孙鞅对秦国富国强兵有不世之功，秦孝公都敬他尊他，秦惠王为什么要杀他呢？而且还以车裂酷刑呢？车裂就是五马分尸吧，这是只听人说过，而未见人用过的极刑啊！"公孙丑说道。

"哥，您就给大家好好说说个中原因吧。"邹春见大家都感到不解，遂望着其兄长邹正说道。

邹正点了点头，望着孟仲说道：

"大师兄，不知道您是否还有印象，以前我们在邹都不是一起听一个黄须书生讲过公孙鞅发迹变泰的故事吗？"

"记得。"孟仲连忙点头道。

"那书生就曾说过，公孙鞅奉秦孝公之命为秦国变法，遭遇了来自秦国各阶层特别是贵族集团的强烈反对。新法颁布之初，太子首先犯法。公孙鞅为了将新法推行下去，同时震慑其他人，就对太子予以了惩罚。虽然没有对太子本人用刑，但对其两个师傅施以重刑。事实上，就是因为这个，从此太子跟公孙鞅结下了生死之仇。"

"这个犯法的太子，就是今天的秦惠王吧？"充虞问道。

"正是。所以，去年秦孝公一死，秦惠王即位执政，立即翻出旧账。据说，秦惠王复仇之事，是源起于其师傅公子虔。公子虔是秦献公之子，也是秦惠王做太子时的首傅。因为太子触犯了新法，公孙鞅不便对太子用刑，便转而惩罚太子二傅，对首傅公子虔施以劓刑，就是挖去鼻梁；对右傅公孙贾施以黥刑，就是在脸上刺字。让他们代太子受过，多少年都不能出门见人。秦惠王执政上位之后，公子虔立即诬陷公孙鞅谋反。秦惠王当然知道事实真相，但出于泄愤的目的，他便以此为借口，公报私仇，发吏逮捕公孙鞅。"

"那公孙鞅如何应对？就这样束手就擒了吗？"公孙丑急切地问道。

邹正摇了摇头，说道：

"公孙鞅为秦国变法十八年，又做了十年一人之下、万人之上的秦国之相，还被封了秦国的十六级爵位大良造，最后又做了商君，等同于一国之君，早已威风惯了，你们想想看，他肯轻易向秦惠王低头，让秦吏逮捕，老老实实地做阶下囚？所以，他最后就选择了'三十六计，走为上计'。"

"那逃到哪里去了？"公都追问道。

"他人在秦国，还能往哪里逃？只能是出函谷关，逃往魏国了。"邹正答道。

"函谷关是秦国通往山东六国的重要关口，公孙鞅既然是秦惠王逮捕的对象，他还逃得出去吗？"孟仲也为公孙鞅捏了一把冷汗。

"公孙鞅逃到函谷关时，天已经黑了。于是，他就想在关口的一家客店住宿一夜。没想到，店主却一口回绝，而且态度非常生硬，不让他住宿。"

"为什么？难道是店主认出了公孙鞅，知道他是新秦王要逮捕的对象？"公孙丑问道。

"那倒不是。"邹正摇了摇头。

"不是？那到底又是为了什么呢？"公都追问道。

"因为店主并不认识公孙鞅，不知道眼前这个客人就是秦国一人之下、万人之上的权相与拥有於、商十五邑的商君。即使认识，他也不会让公孙鞅住宿的。因为按照公孙鞅为秦国制定的法律规定，凡在秦国住宿之人都必须有身份证明。公孙鞅亮不出身份证明，店主自然也就不敢收留他过夜了。"

"哦，秦国还有这法律呀？那秦国法律到底是怎么规定的呢？"孟仲不禁十分好奇，望着邹正，追问道。

"据说，公孙鞅为秦国制定的法律中有这样一个条文：'客宿之人，非验明其身者，则连坐之。'公孙鞅在函谷关口要求住宿而被客栈主人拒绝，开始还不明白是怎么回事，后来才想起这个法条，意识到这是自己立法害了自己，于是只好长叹一声，出门去了。"

"那出门之后呢？"

邹正见孟轲这时也不矜持了，开始替公孙鞅担忧起来，不禁笑了，但马上意识到不妥，遂又严肃起来，望着孟轲说道：

"公孙鞅最后还是想到了办法，而且顺利地混出了函谷关，逃到了魏国，来到了魏国之都大梁。公孙鞅原本以为，凭着自己秦国之相与商君的名位，应该是可以得到魏国庇护与魏惠王礼遇的。没想到，魏惠王是个记仇的人，他没有忘记前几年公孙鞅欺骗公子卬，重挫魏国之师的老账，更不可能忘记公孙鞅胁迫他割让魏国苦心经营了多年的河西之地的深仇大恨。所以，不仅不肯给公孙鞅以庇护，反而将其强行送回秦国。"

"强行送回秦国，这跟亲自杀了有什么区别吗？"孟仲说道。

邹正点了点头，说道：

"师兄说得对。魏惠王之所以不亲自杀了公孙鞅，而是将其送回秦国，其实是一箭三雕。一是向秦国新君秦惠王示好，做个顺水人情；二是要行借刀杀人之计，让秦惠王替自己动手；三是避免背上一个杀士的恶名，断了未来天下之士投奔魏国之路。"

"看来，这个魏惠王也不简单。"充虞评论道。

"魏惠王能做天下霸主，自然是有其过人之处。只是他太过好战，连年对外用兵，到处树敌，搞得内外交困，这才接连在军事上失利，被秦国趁火打劫，丢了河西之地。"邹正回应充虞道。

"师兄，您再接着说公孙鞅的事。他被魏国遣送回到秦国后，结果如何？"公孙丑急于了解结果，催促道。

"公孙鞅被魏国遣返回秦后，徘徊不敢进。他知道，如果再往秦都咸阳，面见秦惠王，为自己辩白冤屈，肯定不会有效果，反而是自投罗网，性命不保。想来想去，最后他决定还是逃回自己的封邑於、商比较稳妥。可是，回到於、商之后，秦惠王并不就此作罢，仍然遣秦吏要逮捕他。最后，公孙鞅被逼无奈，无计可施，只得铤而走险，举於、商徒众反了。"

邹正话音未落，公都就接口说道：

"那公孙鞅这不就中了秦惠王的圈套了吗？让其谋反的罪行坐实了。"

"师弟说得对。这就是秦惠王的歹毒之处。如果他直接发兵逮捕公孙鞅，势必会给天下人留下把柄，认为他心胸狭窄、公报私仇、忘恩负义，从此寒了天下之士的心，以后再也没有其他诸侯国的人才愿意投效秦国了。相反，他逼迫公孙鞅举兵而反，大家就会认为公孙鞅是忘恩负义之辈，受了秦国的恩惠却恩将仇报，从道德的高度上看就输了秦惠王一筹。"邹正说道。

"那公孙鞅起兵反秦的结果如何？"公孙丑又等不及了，催促道。

"公孙鞅也是统率过军队的人，对于作战也不是外行。起兵之后，他采取了先发制人的策略，集中兵力攻打秦国渭水之南的战略重镇郑，却因此给了秦惠王一个更大的把柄，让其为秦国变法十八年的不世之功顷刻间化为乌有，其在秦国民众心目中的形象也一跌万丈。这样，秦惠王终于打消了所有的顾虑，放开了手脚，倾起秦国大军，将於、商徒众团团围定。於、商徒众本来就是临时组织起来的乌合之众，不是什么正规军队，哪里是秦国大军的敌手，结果起事的於、商徒众全被杀于郑之黾池。"

"那公孙鞅本人呢？"公孙丑又追问道。

"公孙鞅还能如何，当然是被活捉了，被押回了秦都咸阳。"

"最后就被秦惠王以谋反罪名施了车裂之刑，是吧？"公都问道。

邹正点了点头。

大家一阵唏嘘感叹。

孟轲看了看邹氏兄弟，又扫视了一眼其他弟子，说道：

"公孙鞅有今日之结局，实在是咎由自取。为师早就说过，公孙鞅之流的刑名之徒，为了自己的荣华富贵与一己之私，机关算尽，坏事做绝。为了建功立业，确立自己的地位，耍阴谋，施诡计，不惜以涂炭天下生灵为代价，不断在诸侯各国之间制造矛盾，引发战争。有他们这帮人的存在，天下就不会有安宁的一天。"

"先生说得是。"大家连忙附和。

公孙鞅死后，秦国安静了很多。秦惠王执政之初的几年，除了跟魏国爆发了一次岸门之役的局部战争之外，几乎没有再对外用兵，天下也因此安定了很多。

但是，到了周显王三十四年（公元前335年），秦国又挑起了战端。这次不是跟老冤家魏国，而是跟魏国的近邻韩国。秦国之所以要起兵攻打韩国，其实并不是因为韩国对秦国构成了威胁，而是想通过蚕食韩国领土，逐渐削弱韩国力量，使韩国臣服于秦国，从而实现包抄魏国的目的。这次攻打韩国，秦国选择了宜阳。之所以选择宜阳，一则因为宜阳是处于韩国西部与秦国接壤的前沿战略重镇，二则因为宜阳是东周、西周小朝廷的战略屏障。本来，东周、西周小朝廷是被韩国紧紧包裹在国中的弹丸之地，既不跟魏国接壤，也不跟秦国接壤，除非韩国有心要吞并它们，否则其安全是有保障的。韩国之所以不吃掉在其国中的周，其意是要挟天子以令诸侯，毕竟周天子名义上还是天下诸侯的共主。有了周天子的存在，对韩国也是有一层保护作用的。但是，如果秦国占领了韩国的宜阳，那么就直接威胁到了东周、西周小朝廷的安全，秦国就可以有挟天子以令诸侯的便利。

其实，秦国早就想攻打韩国，实现其包抄魏国的战略目标了。只是在公孙鞅为秦国变法成功之前，秦国还没有这样的实力，仅对付魏国都感到力不从心。但是，到秦惠王执政时，秦国早已通过先前公孙鞅主导的几次对魏大规模战争，取得了压制魏国的战略优势。再加上秦惠王即位执政后的第二年，韩国名相申不害过世，而韩昭侯又年老昏庸，秦国觉得攻打韩国的最佳时机来了。这样，秦惠王就不宣而战，悍然出兵攻打韩国宜阳。秦强而韩弱，秦国军队没有费很大力气，很快就攻占了宜阳。

秦国对韩作战得手后，主将武安子大概是有些得意忘形，竟然生出非分之想，欲借道韩魏，趁势往东进攻齐国。没想到，秦惠王竟然同意了他的作战方案。

齐国虽然远在东方，秦军越过韩魏而千里奔袭齐国本土，事实上存在很大困难。但是，既然武安子挟得胜之师，气势汹汹而来，齐威王自然也不敢掉以轻心。虽然桂陵之战、马陵之战齐国军队都大胜了魏国之师，给魏国军队以重挫，打出了齐国军队的威风，但跟秦国军队还从未交过手。所以，一听武安子领兵直奔齐国而来，齐威王立即召集群臣商议，最后力排众议，让一直被压制不用的匡章将军挂帅出征，领兵迎击武安子。

武安子早就听说过齐魏桂陵之战、马陵之战，因而知道齐国有大将田忌、田盼，有军师孙膑，知道他们都是百战百胜的常胜将军。他原本以为，这次迎战他的是田忌或田盼，或者是孙膑本人。如果能够战而胜之，那么他今后在秦国的地位就坚不可摧了，无人能出其右。所以，一听秦国探报说这次迎战他的齐将是匡章，武安子就感到有些失望。因为他认为，匡章是无名之辈，即使自己胜了他，也不足引以为傲，不能提升他在秦国的地位。

正因为武安子对匡章不了解，也对他不以为意，所以周显王三十四年（公元前335年）十月底，当匡章所率齐国之师抵达齐魏毗邻的齐国西部重镇甄，与武安子所率秦国五万精锐之师相遇时，武安子并没有急于与之一战。

匡章因为不清楚秦国军队的实力究竟如何，对其主帅武安子的底细也不清楚，所以武安子按兵不动，他也就不急于挑战秦军。武安子跟匡章的想法不同，他认定匡章就是一个无名之辈，不是自己的对手，所以就有一种猫捉老鼠的心理，想好好玩弄一下他，不急着一口吃了他。

正因为两人各有盘算，都不急于开战，所以秦齐二国军队就在甄各自立定了军门，合军聚众，以待时机。

不过，匡章虽然不急于开战，却在扎营后一刻也没闲着。为了摸清秦国军队的情况与武安子的底细，他多次派使者前往秦军大营，以晋见武安子为名，行刺探军情之实。开始时，武安子还存有戒心，处处提防着。但是，次数多了，戒心也就少了。

除了派使者频繁出入秦军大营，与主将武安子保持密切往来外，匡章还让自己的将领不断变换旗帜，又令齐国士卒改穿秦卒号服，杂于秦师之中。

匡章的这些举动，没有引起秦国军队与武安子的怀疑，却引来了齐师中负责侦察的"候者"的注意。他们不知就里，立即将此情况向齐威王作了禀报，说匡章已经率齐国军队投降了秦国。没想到，齐威王听了"候者"的军情密报，却默然不语，不置可否。

过了几天，又有"候者"从前线回齐都临淄向齐威王密报，说匡章已经率领齐国军队投降了秦国。没想到，齐威王听了密报，似乎是充耳不闻。如此者三次，"候者"也就不再将前线的情况向齐威王密报了。

但是，齐国朝廷中有专门负责谏言的朝臣觉得这样不行，于是就起而谏劝齐威王道：

"'候者'数次密报匡章叛齐投敌，异人而同辞，当不为诬，请大王速发兵击之。"

齐威王听了谏官的话，微微一笑，而且不以为然地反问道：

"匡章根本不可能背叛寡人，寡人为何要发兵击之？"

没过几日，前线捷报传来，齐师大获全胜，秦国五万精锐之师大败而去，不可一世的秦将武安子本人也差点儿被俘。

原来，匡章是利用了武安子的麻痹轻敌思想，创造性地运用了"以逸待劳"与"以假乱真"之计，出其不意地对秦国军队发起了偷袭，以天时、地利、人和的主场优势，一举大败秦师，武安子的个人野心也因此受到了致命的打击。

当匡章率得胜之师回到临淄时，齐威王左右不禁想起当初前线密报匡章投敌叛国之事，于是好奇地请教齐威王道：

"大王，当初'候者'屡报匡章背国投敌，众人皆信，而独大王不信，这是为何？"

齐威王见问，这才从容道出了其中的缘故：

"匡章有母名启，得罪其父，其父杀之，埋于马栈之下。秦师远道来袭，寡人使匡章为将，前往迎敌。临行前，寡人跟匡章有约：'若师出而胜，全兵而还，寡人必改葬将军之母！'匡章告诉寡人：'臣并非不能替母改葬。臣之母得罪于臣之父，臣之父临死之日，未曾嘱臣为母改葬。今不得臣父之命，而改葬臣母，这是欺死父也。故臣不敢为母改葬！'为人之子，不欺死父；岂有为人之臣，而欺生君之理？"

听了齐威王的解释，左右无不叹服。

就在齐威王左右叹服齐威王用人之明的同时，齐国朝野上下都在叹服一个人的识人之明。这个人不是别人，就是一直在稷下学宫被各学派冷落、嘲笑的儒家代表人物孟轲。

孟轲在稷下学宫十多年，先是因为跟稷下先生，也是学宫的主事者淳于髡论辩，讨论"义""礼"问题而被嘲弄，在学宫内传为笑柄；接着，又因为怂恿士师蚳鼃进谏，导致蚳鼃进谏不成而辞官，在齐国朝野上下掀起轩然大波，甚至连他的弟子也对他有非议；再接着，就是主动结交被齐国乃至全天下人都认为是不孝之子的匡章，不仅令各学派的人都怀疑其所信守的儒家孝道理念，而且也让其弟子们动摇了追随他的信心。如今，匡章得胜归来的事实，不仅在齐国朝野引起了强烈反响，彻底改变了先前齐国上下对匡章的认知，而且也在稷下学宫内引起了热烈的讨论，由此改变了诸子百家各学派弟子对孟轲的负面印象。各家弟子虽然并未因此而都认同了儒家学说，但一致认为孟轲有识人之明。

周显王三十四年（公元前335年）十一月二十五，是匡章将军得胜归来的第三天。这一天，孟轲像往常一样，朝食之后跟弟子们找了个背风面阳的场所，围坐在一起，一边晒着太阳，一边跟弟子们谈学论道。

　　冬日的稷下学宫都是比较安静的，各学派的弟子们因为天冷，要么龟缩于学舍内，要么聚在学宫的各建筑内，很少像孟轲及其弟子喜欢在外面聚而论道。

　　但是，日中时分，安静的学宫突然热闹起来。原来，学宫里来了一个骑马的将军，后面还跟了一大帮士兵。稷下学宫聚集的都是读书人，是来自诸侯各国不同学派的代表人物及其弟子，从来都跟军队没有任何关系。所以，当骑马将军突然光临稷下学宫的消息传开后，原本龟缩在学舍中和聚集在学宫各建筑内的各家弟子，都蜂拥而出，前来看热闹。

　　听到学宫内人声鼎沸，活泼好动的邹氏兄弟坐不住了，邹春比其兄邹正更是性子急，也不顾孟轲谈兴正浓，起身说道：

　　"先生，学宫里肯定出大事了，请允许弟子前往探视一番，回来向您禀报。"

　　孟轲听了邹春的话，又侧耳听了一下，点了点头。

　　于是，邹春便一溜烟地去了。

　　没过一会儿，邹春便回来了。

　　"到底发生了什么事？"其兄邹正急不可耐地问道。

　　邹春不看其兄邹正，而是望着孟轲说道：

　　"先生，是匡章将军来了，说是专程来拜访您的。"

　　孟轲一听是匡章来了，自然是非常高兴。匡章大败秦师的消息，他已经听说了；有关匡章跟秦师作战过程的传言，他也听说了。但是，听到匡章得胜归来专程来稷下学宫拜访自己，他还是感到有些突然，也感到有些意外，当然更在内心感到有些激动。因为他知道，匡章这是有意做给别人看的。他跟自己结交不是一天两天了，他早不来，晚不来，而恰恰要选择大败秦师，在全天下人都在议论他的时候来稷下学宫，无非就是告诉学宫内的诸子百家各学派的代表人物及其弟子，自己作为儒家的代表人物，是他推重的人。尽管内心非常激动，但孟轲毕竟不同于邹氏兄弟，师道的尊严与为人之师的修养，都让他保持冷静，喜怒不形于色。

　　邹春见孟轲没有反应，连忙提醒道：

　　"先生，匡章将军是您的好朋友，是当下齐国的闻人，齐王面前的第一红人，他专程来稷下学宫拜访您，这是多大的面子，又表现出了多么深厚的情义？您怎么无动于衷，还坐在这里不动呢？"

公都觉得邹春说得对，连忙附和道：

"邹师兄说得对。先生，您还是快点起身去迎接一下匡章将军吧。我们是先圣儒家之徒，不能失了礼数。"

"先生，公都师兄说得对。先圣不是说过'有朋自远方来，不亦乐乎'吗？临淄城虽然不是远在天边，但匡章将军不是一般人，他现在算是齐王面前的尊贵之人，他能降尊纡贵出城专程拜访您，算是非常重情重义的表现了。您不会因为怕被别人议论是趋炎附势，而要故意疏远他吧。这样，好像不是您为人的风格。"公孙丑也附和道。

大家都觉得邹春、公都、公孙丑的话说得在理，一致表示赞同。

孟轲见众弟子众口一词，于是轻轻地点了点头。

孟仲见此，连忙起身上前，扶孟轲起身站起。然后，孟轲在前，众弟子在后，一起前往迎接匡章将军。

孟轲跟匡章相见后，二人略作寒暄，便一同前往孟轲居住的稷下学舍。

进了学舍，匡章先仔细察看了一下孟轲居住的条件，虽然觉得非常简陋，但没说什么。接着，依循礼节，拜见了孟轲之母，表达了恭敬之意。礼毕，孟轲让自己的妻子出来与匡章相见，以表达对其来访的感谢之情。最后，宾主二人才坐了下来，正式展开了长别之后的叙谈。

叙谈中，匡章除了向孟轲详细地报告了秦齐之战的过程，澄清了之前有关秦齐交战的种种不实传言，还顺带提及了当今天下的最新动态，其中就包括苏秦在山东六国组织"合纵"之盟。因为时间紧，孟轲想仔细了解的情况，匡章都没有来得及细说。于是，二人便郑重约定，日后进城再细谈。

周显王三十四年（公元前335年）十一月二十八，也就是匡章来访后的第三天。朝食之后，孟轲像往常一样，正准备跟众弟子在学宫内找个背风面阳的地方，聚坐谈学论道。就在此时，突然远远看见有一个学宫执事模样的人迎面急急走来。

稷下学宫很大，每天都有进进出出的各色人等。因此，学宫要处理的日常事务很多，自然要有相当数量的执事。但是，这些执事一般都在各自管理的建筑内各司其职，平时很少看见他们在学宫内闲逛，特别是朝食之后。

正当孟轲感到奇怪时，那个迎面走来的执事一眨眼间就到了他的面前，先恭恭敬敬地施了一礼，然后开口说道：

"您就是孟轲先生吧，敝职已经找了您好一会儿了。"

"请问有何见教？"孟轲认真地望着学宫执事，不解地问道。

"大王派来的使者一早就到学宫了，说大王今天要召见先生。"

"大王召见孟轲有什么事吗？"孟轲又问道。

执事摇了摇头，说道：

"这个，敝职就不知道了。先生跟大王的使者进城，面见了大王，自然就什么都知道了。"

孟轲的众弟子一听，心中已然明白是怎么回事了，知道自己的老师马上就要出人头地了。孟轲当然也是心如明镜。但是，跟他的众弟子一样，他的欣喜之情丝毫也没有表露出来。

果然不出所料，孟轲随齐威王使者进了城，在面见了齐威王之后，身份就发生了巨大的变化，由原来的一个普通的稷下先生一跃而为齐国列大夫，从此有了跟齐威王众臣比肩而立的政治地位，对齐国朝政也有了话语权。当然，随之而来的是俸禄待遇也大大提高了。

不过，对于这突如其来的政治优待，孟轲还是保持着头脑清醒。他知道，自己能有今天的这一切，事实上都是与匡章有关的。匡章替齐威王打了大胜仗，灭了新崛起的秦国咄咄逼人的威风，证明了齐威王有力排众议、慧眼识人的用人之明；而自己先前冒天下之大不韪结交匡章，则坐实了自己有不同凡俗的识人之明。这样才会让齐威王高看了他一眼，赐他列大夫之位。

孟轲被赐列大夫之位，很快就在稷下学宫引起了强烈的反响。正当诸子百家各学派之士对孟轲一夜之间发迹变泰艳羡不已时，赐位后没几天，齐威王又专程派人到稷下学宫，致送孟轲黄金一百镒，以示优宠。但是，这一次，孟轲没有欣然受之，而是婉言谢绝了，理由是无功不受禄。对此，孟轲的妻子感到不理解，他的弟子们也有异议，认为自己的老师有些矫情。但是，孟轲拒金之事，却再次让齐威王高看了孟轲一眼，认为他是不贪之人，有高尚的人格。正因为如此，孟轲从此在稷下学宫的声望陡然而起，儒家学说的影响也逐渐扩大了。

三、秦魏之战

"先生，您今天又要进城吗？"

周显王三十五年（公元前334年）三月十八，阳光明媚，气淑风和。一大早，公都就来到了孟轲的住所。

孟轲现在的这个住所，虽然跟原来所住的稷下学舍毗邻，却是一个独立的小院。不仅居住面积比原来大多了，而且室内陈设也与原来大有不同。相比于原来做普通的稷下先生，而今身为齐国列大夫的孟轲，不仅政治地位大大提高了，在稷下学宫内的生活待遇也大大改善了，除了稷下学宫的主持人淳于髡，没有第二个人可以与之相比。

"公都，你一大早就跑来干吗？"正在看御夫套车的孟轲，没有回答公都的问题，反而不解地看着公都，问道。

"先生，您还没回答弟子问题呢。"

"哦，为师今天跟匡章将军有约，要谈一点事情。"孟轲答道。

"先生，您是听到什么消息了吧？"公都试探地问道。

孟轲莞尔一笑，望着公都，反问道：

"你一大早跑来，是不是想告诉为师什么消息？"

公都点了点头。

"哎哟，你消息还挺灵通的嘛！那你告诉为师，到底是什么重要的消息呀？"孟轲笑着问道。

"先生，您先告诉弟子，今天您要跟匡章将军谈的是什么问题，然后，弟子再告诉您所听到的消息，看看是否跟先生今天进城要谈的问题一致。"

"匡章将军今天要谈的问题，为师还不知道，怎么告诉你呢？"孟轲反问道。

"先生，您真的不知道？"公都望着孟轲，不无怀疑地问道。

孟轲点了点头，一脸的严肃。

公都看了看孟轲，迟疑了一会儿，最终还是开口了：

"先生，弟子昨天晚上偶然听到淳于髡先生的弟子说了一句，说是前不久，齐王跟魏王在徐州会盟，搞什么'相王'活动。弟子追问原委，他们都不肯说。先生而今是齐国列大夫，消息灵通的程度应该不输淳于髡先生吧。所以，弟子一大早就来请教先生了。"

孟轲心里一惊，"徐州相王"之事自己昨天才有所耳闻，具体内情还不清楚，所以才决定一大早就进城，前往拜访匡章将军。因为而今匡章是齐威王最信任的人，齐威王与魏惠王"徐州相王"活动，匡章肯定参与其事了，个中内情恐怕谁也不会比他更清楚。齐魏都是大国，一举一动都牵动着天下的局势与百姓的安危，所以，他才急于了解最真实的内情。没想到，淳于髡的弟子们都知道了。

正当孟轲还在发愣之时，御夫已经套好了马车，催他上车了。

孟轲见此，顺势找了一个台阶，跟公都说道：

"跟匡将军约定的时间快到了，为师得赶紧上路了。你的问题，为师回来后一定能够回答的。"

听了孟轲这话，公都终于明白，"徐州相王"果有其事。孟轲一大早急急忙忙要进城，原来也是为了此事。

自从被齐威王赐位为列大夫，有了自己的专用车马，孟轲进城就方便多了。上车后，出稷下学宫，到进城见到匡章将军，孟轲前后只用了不到半个时辰。如果是像以前骑驴进城，恐怕要费时一个时辰以上。

见到匡章后，孟轲没有过多的客套，稍微寒暄了几句，便直奔主题，问道：

"将军，轲听说齐王与魏王刚刚在徐州相会，搞了一个什么'相王'活动，有这回事吗？"

"夫子的消息还挺灵通的呀！"匡章没有否认，笑着回应道。

"这么说来，'徐州相王'果有其事。轲乃一介书生，不懂政治，但总觉得这件事非同小可，恐怕会引起天下震动，甚至会因此改变目前诸侯各国关系的既有格局吧。"

"孟轲先生，您还说自己不懂政治，依章看，您是最懂政治的人，早已将天下大势看得一清二楚了。"

"将军，您不要取笑轲了。还是请您将此次'徐州相王'事件的前因后果讲一讲吧，也好让轲开开眼界，了解一下天下未来发展的趋势。"

匡章看了看孟轲，停顿了一下，然后点了点头，说道：

"夫子应该也知道，魏王以前急于称霸天下，好战而不知止，先后对赵国、韩国大举用兵，企图先灭亡韩赵，再东图于齐，北图于燕与中山，南图于楚、越，西图于秦，实现天下一统的野心。但是，魏国围攻赵国之都邯郸，不仅旷日持久，耗费了大量国力，还导致了齐魏桂陵之战，使魏国元气大伤；至于围攻韩国汝南，不仅没有实现其快速灭韩计划，反而引发了齐魏马陵一战，再次大伤了魏国元气。而秦国在公孙鞅两次变法成功后，实力大增，趁着魏国与赵国、韩国、齐国交战而实力大为削弱之机，屡屡偷袭魏国成功，使魏国东西不能兼顾，元气一伤再伤。所以，这些年魏惠王终于感到心有余而力不足了。为了有效阻止秦国不断东进的步伐，遏制其咄咄逼人的战略攻势，魏王开始改变树敌于山东的战略，不断对齐国释出善意，希望与齐国修好。这样，才有了齐魏二国之君前年的'平阿之会'，去年的'甄之会'，以及今年前不久刚刚结束的'徐州之会'。"

魏国与齐国的恩怨，以及此前跟赵国、韩国、秦国的战争，孟轲都有所了解；魏赵"漳水之盟"，齐魏"平阿之会""甄之会"，孟轲也有所耳闻。但是，刚刚发生的"徐州相王"事件，他还完全不了解内情，所以，匡章说到了"徐州之会"，孟轲立即抓住机会，将话题切换到了"徐州相王"上，央求匡章道：

"将军，那您就详细讲一讲'徐州相王'的情况吧。"

匡章了解孟轲的心理，看了看孟轲，略作停顿后，说道：

"'徐州之会'既是'平阿之会'和'甄之会'的继续，也是齐魏关系发生实质性变化的转折点。因为无论是'平阿之会'，还是'甄之会'，齐王与魏王都是以平等的身份相见的。但是，'徐州之会'则不然。魏王率领韩及淮泗诸小国之君，前往齐国徐州与齐王相会，是以朝见齐王为名，是要推尊齐王为盟主的。"

"将军，您的意思是说，魏王作为昔日的天下霸主，现在向齐王折腰称臣了，是吗？"孟轲瞪大眼睛，直视匡章问道。

匡章也直视孟轲，重重地点了点头。

"'逢泽之会'，魏王称王之事才过去几年呀？如今他就转而推尊齐王为王，这也太让人不可理解了吧！魏王自己觉得面子上磨得开吗？"孟轲问道。

"魏王面子上再怎么磨不开，也要面对现实呀！这叫形势比人强，此一时也，彼一时也。面对秦国的强大压力与咄咄逼人的攻势，他如果不主动改变战略，结好于齐，魏国的生存都要有问题了，还谈什么争霸天下？不过，齐王这次也算是非常给魏王面子。魏王尊他为王，他也承认了魏王的王号，而且还同意韩昭侯称王。正因为如此，这次徐州之会才被为'徐州相王'，大家互相承认彼此王号的合法性，皆大欢喜。"

"将军，您是否觉得齐王很会做人？"孟轲笑着问道。

"何止是会做人，还有谋略呢！"匡章答道。

"这话怎么讲？"孟轲不理解了。

"夫子，您不会忘了魏王'逢泽之会'的教训吧？当年魏王称王，是公孙鞅怂恿的，是借刀杀人的谋略，意在挑动魏国与天下诸侯各国的矛盾，使魏国成为众矢之的。事实上，齐魏马陵之战，就是明证。没有'逢泽之会'时魏王的称王仪式，就不会造成事后韩国与齐国的结盟，当然也就不会有魏韩汝南之战，以及由此引发的齐魏马陵之战。这次'徐州之会'，齐王之所以要搞'相王'而不是'独王'，就是为了避免魏王的前车之鉴，不想使齐国成为诸侯各国的众矢之的。"

"哦，原来齐王并不仅仅是为了照顾魏王的面子，而是别有深意。"孟轲恍然大悟道。

"说到别有深意，夫子，您还记得去年的齐秦之战吗？"

"怎么不记得？刚过去没几个月，而且就是将军您自己亲自跟秦国之将武安子的对决。"

"您大概也知道，秦齐并不是邻居，中间隔着魏韩，是风马牛不相及。齐国无论如何强大，无论如何不友善，也不会威胁到秦国的。那么，秦惠王即位没几年，为什么要借道魏韩，出兵千里奔袭齐国呢？"

"是因为齐国在桂陵之战与马陵之战中两次重挫了魏国，怕魏国衰落后齐国一家坐大，日后成为秦国东进的劲敌，所以趁着齐国尚未完全崛起之时，将之扼杀在萌芽状态。"孟轲答道。

"夫子的分析固然不错，但还有一个方面的原因没有说到。"

"将军，您请讲。"

"魏国的衰落，事实上是跟魏国长期树敌于山东诸侯各国直接有关。赵国、韩国这些年实力不断被削弱，也是跟魏国之间的矛盾与战争有关。齐国虽然没有被魏国打败，但跟魏国的两次大的战役，事实上也是让齐国劳民伤财，对国力的损伤也不小。这几年山东各国之君都看清了山东各国之间彼此相残的危害性，认识到加强团结的重要性。所以，大家都有了消弭矛盾、增加互信的意愿。齐魏二国之君前年的'平阿之会'和去年的'甄之会'，就是山东各国走向合作的表现。秦国不想看到山东各国团结合作的局面，这不符合秦国的战略利益。秦国需要的不是一个团结的山东，而是一个矛盾内讧的山东。所以，秦惠王去年不仅发兵攻打韩国，伐取韩国西部重镇宜阳，还强迫魏韩借道，千里奔袭齐国，目的就是拆解魏、韩、齐三国可能形成的同盟关系。"

"将军说得有道理。"

"夫子，说到山东各国可能成形的同盟关系，顺便告诉您一个消息，这也是最近才从消息灵通人士那里听说来的。"

"什么消息？"孟轲一听匡章要主动透露消息，自然是喜出望外。

"这个消息跟一个人有关，不知道夫子有没有听说过这个人。"

"叫什么名字?"孟轲问道。

"叫苏秦,也是读书人。不过,不是信奉你们儒家孔丘之道的,而是崇尚'策划于密室,运筹于帷幄'的纵横家之流。"

"苏秦?没听说过。"孟轲瞪大眼睛,望着匡章摇了摇头。

"据说,他是鬼谷子的弟子。"

"鬼谷子的弟子?轲听说鬼谷子有两个最有名的弟子,一个是田忌将军的座上宾、而今仍在齐王朝中的孙膑,另一个是在马陵之战中自杀身亡的庞涓。"

匡章微微一笑,说道:

"这个谁不知道?鬼谷子有四大弟子,两文两武。两武,就是天下人人皆知的孙膑与庞涓;两文,就是苏秦与张仪,只是目前还不为人所知。如果说孙膑与庞涓是'运筹于帷幄'的将军,那么苏秦与张仪就是'策划于密室'的策士。"

"轲真是孤陋寡闻,如果将军今天不说,轲还真是一无所知。既然将军说到了苏秦与张仪,那么就请将军跟轲好好讲一讲他们的背景与经历。"孟轲央求道。

"有关张仪的情况,目前还很少有人知道,只知道他以前在楚国令尹府做过食客,后来去哪里就不得而知了。至于苏秦,则是目前士人谈论较多的热点人物。"

"那将军就谈谈苏秦吧。"

"苏秦原本只是周都洛邑的一介书生,跟鬼谷子习学纵横之术多年。学成后,听说秦孝公求贤若渴,有知人善用的雅量;又听说公孙鞅只是一个卫国孽公子,入秦便得秦孝公信任,委以变法大计,为秦国变法,使秦国迅速崛起,不仅为秦相十八年,还爵封大良造,拥於、商十五邑,号为商君,于是就想以公孙鞅为榜样,以'连横'之策游说秦孝公,帮助秦国实现灭诸侯而一统天下的目标。"

"哦,原来苏秦是这样的人,看来跟公孙鞅是一路货,都是唯恐天下不乱,为了自己的荣华富贵而不惜涂炭天下生灵的无耻之徒。"孟轲脱口而出。

"孟轲先生,既然您这么厌恶苏秦,那今天章就不说他了吧。"匡章看了看孟轲,故意以试探性的口吻说道。

孟轲虽然内心不喜欢苏秦这种纵横家之流,但对于其人其事还是有好奇之心的。所以,一听匡章不说苏秦了,遂连忙改口道:

"轲虽然不喜欢纵横家之流，但将军既然说到了苏秦，又说他是当今天下之士议论的热点人物，轲倒是想了解一下他究竟是何许人也。"

"既然如此，那章就给夫子说一说苏秦其人吧。"

"将军，您请讲。"

"苏秦怀抱理想，跋千山，涉万水，历经无数艰险，费时一年才到了秦都咸阳。可是，到了咸阳，却无法见到秦孝公。"

"为什么？"孟轲感到不解。

"秦孝公病了，而且一病不起，不久就死了。"

"看来苏秦野心不小，但运气并不好。"孟轲脱口而出。

"夫子，您说得太对了。秦孝公死后，秦惠王即位。但是，秦惠王不是秦孝公，他对游士有着天生的敌意。因为公孙鞅就是游士，为秦国变法时得罪了他。所以，秦孝公一死，他即位伊始，就跟其当年被公孙鞅用过刑的太傅公子虔联合，必欲置公孙鞅于死地而后快。最后，公孙鞅的结果您也知道，被秦惠王以谋反的罪名给五马分尸了。"

"公孙鞅被秦惠王五马分尸，苏秦当时应该就在咸阳吧，有没有被吓倒？"孟轲问道。

"没有。不仅没有，他仍然按照原定的计划，多次请求晋见秦惠王。最终，秦惠王还是见了他。毕竟，他恨的是公孙鞅，而不是天下所有之士，秦国的进一步崛起与强大，今后还要有赖天下之士的加盟。可见，秦惠王还是一个有眼光的国君，并不是一个意气用事的人。"

"既然如此，那苏秦不就有了游说秦惠王的机会吗？"

匡章点了点头。

孟轲因为是第一次听说苏秦，对其才能与口才到底如何并不了解，所以进一步追问匡章道：

"苏秦是怎么游说秦惠王的呢？"

"苏秦是怎么游说秦惠王的，章未曾亲耳所闻，只是听人搬说过而已。如果搬说的人没有增枝加叶，章以为苏秦确实是个口才很好的人，堪称当今天下一等一的策士。"

"哦？那将军就说说看。"孟轲催促道。

匡章犹豫了一下，说道：

"搬说的人，是从秦国来的一个游士。虽然他搬说得活灵活现，仿佛他就在现场一样，但章总觉得有些不太可靠。"

"将军不要管它可靠不可靠，您就照搬他说的内容就可以了，好歹也能让轲长点见识。"

"既然夫子这么想听，那章就鹦鹉学舌，照搬那个游士的话吧。"

"将军请讲。"孟轲催促道。

"据那个游士说，苏秦见到秦惠王，没有过多的寒暄，开口便直奔主题，说道：'大王之国，西有巴、蜀、汉中，北有胡、貉、代、马，南有巫山、黔中，东有肴山、函谷关。如此天然形胜，天下诸侯何能及之？'"

"这不是明显的吹拍吗？"匡章话还没说完，孟轲便脱口而出。

匡章看了一眼孟轲，微微一笑，说道：

"这不很正常吗？游说国君，当然要说点顺耳的话，讨其欢心呀！"

"将军说得也对，苏秦只是个策士而已。策士本来就是要靠讨君主欢心，才能博取功名利禄的。"

"夫子开窍了！"匡章笑着说道。

"请将军接着往下讲。秦惠王听了苏秦的吹拍，是什么反应？"

"据那个游士说，秦惠王听了苏秦的话，立即反问道：'此话怎讲？'苏秦不假思索，脱口而出：'巴、蜀、汉中，山林广茂，沃野千里，资源物产取之不尽，用之不竭，秦国可以就便取之；胡、貉、代、马，乃戎狄之地，有广袤的土地，有剽悍的战马，秦国可以伐而得之。'秦惠王觉得分析得颇有道理，情不自禁地点了点头。苏秦于是接着说道：'巫山、黔中，乃天下之险，于秦而言，尤为关键。'秦惠王觉得说得也对，遂又问道：'何以见得？'"

"那苏秦是怎么回答的？"孟轲生平只到过近邻齐国，从未像其他游士那样周游过诸侯列国，对天下山川地理几乎完全不熟悉，所以很想借机学习了解一下。

"据那个游士说，苏秦见秦惠王对他的游说产生了兴趣，立即接口道：'巫山，乃秦国君临巴、蜀之要塞；黔中，是秦国扼守楚国之咽喉。君临巴、蜀要塞，则巴、蜀尽在秦国掌握之中；扼住楚国咽喉，秦国东进扩张，则无后顾之忧。'秦惠王听了，点了点头。苏秦又说道：'据肴山之险，扼函谷之塞，天下地利，尽在秦矣。'秦惠王觉得苏秦话说到了点子上，又点了点头。苏秦遂又接着说道：'肴山之高，可谓峻极霄汉；函谷之险，可谓举世无双。函谷关，扼居肴山、潼关诸山之间，绝壁千仞，有路如槽，深险如函，故有函谷之称。大王之国有函谷雄关，胜似天赐雄兵百万。'"

听到这里，原来在内心深处对苏秦持排斥态度的孟轲，终于由衷地敬佩起苏秦的见识与口才，情不自禁地脱口而出：

"苏秦还真不愧是鬼谷子的弟子，对天下山川地理竟然如此熟悉。"

"夫子这就说对了。鬼谷子的弟子，不论是习文，还是习武，都非常重视考察天下山川地理，掌握第一手材料，所以说起话来，才能凿凿有据，令人信服。才学之中见出眼界，所以往往让人不得不敬佩。这一点，恐怕就是孙膑与庞涓都能成功，深得齐王与魏王信任，并受到重任的原因所在。依章看，苏秦与张仪将来必定是一个能够搅动天下风云的人物。"

"不过，他们都是纵横家之流，越是有能耐，恐怕天下就越是不得安宁，不是天下黎民百姓之福呀！"孟轲不无忧虑地说道。

匡章点了点头，说道：

"夫子忧虑得也有道理。纵横家都是要挑动天下动乱，从而在乱世中取功名富贵的，太平盛世就没他们的用武之地了。"

"将军，您继续接着往下讲吧。"

"据那个游士说，秦惠王虽然觉得苏秦说的都对，但他接待苏秦只是虚应故事，是要做个礼遇天下之士的样子而已，事实上并无真心要听他的游说。所以，听了苏秦一通对秦国的吹拍后，就不再接他的话茬了。但是，苏秦不明就里，见秦惠王不肯接话，便自说自话道：'大王英明神武，想必一定清楚，函谷关之险，堪称天下独步，只要一人守住隘口，纵有千军万马，也休想逾越半步，可谓攻之不可得，守之不可破。若说它是秦国的铁壁雄关，那绝对不是虚言。'"

"'大王英明神武'，这种话都说得出来，简直是赤裸裸的吹拍，丝毫不避嫌疑。"孟轲忍不住打断了匡章的叙述，插话评论道。

匡章看了一眼孟轲，笑着说道：

"吹拍还没完呢！据那个游士说，见秦惠王不说话，苏秦又说道：'大王之国，田肥美，民殷富，战车万乘，雄兵百万，沃野千里，国库积蓄丰厚，地形又有战略上的优势，此所谓天府之国也！臣以为，以大王之贤，军民之众，车骑之善，兵法之用，并吞诸侯，一统天下，为天下之帝，易如反掌！'"

"这不是赤裸裸地鼓动秦惠王发动战争吗？"

匡章点了点头。

"那秦惠王是什么态度呢？"孟轲追问道。

"据那个游士说，秦惠王听了苏秦的话，引了四句前贤之言：'毛羽不丰满者，不可以高飞；文章不成者，不可以诛罚；道德不厚者，不可以使民；

政教不顺者，不可以烦大臣'，然后婉转而不失礼貌地说道：'先生自周至秦，不避千万里路途之遥，不辞风霜雨雪之苦，不嫌秦国偏僻闭塞，不嫌寡人资质愚钝，耳提面命于寡人。寡人对此铭心刻骨，感动莫名。只是先生所教导的，还要给寡人一些时间，今后若有机会，一定遵命践行。'"

"秦惠王这话说得非常巧妙，表面听来非常客气，也非常动听，但推托、婉拒之意非常明显。那苏秦听了，应该知难而退了吧？"孟轲问道。

"没有。"匡章答道。

"他是策士，怎么会听不懂秦惠王的话呢？"孟轲望着匡章，问道。

"不知道他到底是听懂了，还是没听懂，据那个游士说，反正苏秦没有就此罢休，接着秦惠王的话，他又说了一句：'大王不能察纳雅言，听臣之策，这早在臣的意料之中。'"

"这话说得就不得体了，没有风度。"孟轲脱口而出。

"是的。据那个游士说，秦惠王听了苏秦这话，非常生气，反问道：'先生此言何意？'可是，苏秦不知秦惠王已经生气，以为是在给他再次游说的机会，接着说道：'莫非大王欲以仁义而收天下之心，不战而屈人之兵？'秦惠王脱口而出：'若能及此，岂不更好？'苏秦回应道：'当然，这是上上之策。不过，大王不妨回顾一下历史，自古及今，有不战而征服天下的前例否？'秦惠王知道苏秦的用意，故意不接他的话。但是，苏秦却自己回答道：想当初，神农伐补遂，黄帝伐蚩尤，尧伐骊兜，舜伐三苗，禹伐共工，汤伐有夏，文王伐崇，武王伐纣，哪一个不是以武临之，而最终成就了大业？'"

"呵呵，苏秦引经据典，拉扯古人，这是在炫耀学问呀！是想借此引起秦惠王的好感吧。那秦惠王是什么态度？"孟轲又问道。

"据那个游士说，秦惠王不以为然，不耐烦地说道：'那都是远古之事了。'苏秦脱口而出：'这些事情虽然久远了点，但历史就是历史。如果大王觉得远古之事不值为凭，那么我们不妨再看看近世之事。齐桓公九合诸侯，一匡天下，这是当今天下人人皆知的往事，也是诸侯各国君王至今还津津乐道的盖世功业。不知大王想过没有，齐桓公能够建立这等霸业，靠的又是什么呢？难道还不是武力战伐？由此可见，自古及今，从来就没有过不战而为天下之霸的事情。'"

"呵呵，苏秦这还是在鼓动秦惠王发动战争，扰乱天下安宁。真是可恶至极！那秦惠王是如何回应的呢？"孟轲望着匡章，问道。

"据那个游士说，秦惠王无语以对。苏秦见此，以为折服了秦惠王，遂又接着说道：'大王一定知道，往古之时，天下诸侯之使，也是整日车马穿梭，往来不息的。结果又怎么样呢？不都是些樽前发尽千般愿，背后霍霍磨刀枪的骗人把戏吗？那时的各国之君，也是时常会盟，并约誓天下为一的。结果又怎么样呢？最终不还是盟约在简，誓犹在耳，便在背后下手了吗？'"

"呵呵，又在卖弄学问了。那秦惠王是如何回应的呢？"孟轲又问道。

"据那个游士说，秦惠王没有吱声。苏秦以为秦惠王被彻底说服了，遂又接着说道：'就在诸侯各国各怀其志，你约纵，我连横，刀枪不入库，战马不卸鞍，时时刻刻都想着攻城略地，并吞他国，要做天下之霸的时候，天下游士又乘势而出。他们或高马轩车，或峨冠博带，长年周游于列国之间，摇唇鼓舌，挑拨人主，唯恐天下不乱；而各国的那些尚武好斗之徒呢，则又立功求战心切，从中推波助澜。由此，诸侯迷惑，天下越发纷乱不止。'"

"呵呵，苏秦这说的不就是他们自己这些纵横之士吗？真是可笑！除了他们，天下还有哪家哪派会立功求战心切呢？"

匡章点了点头。

"那秦惠王这次是什么态度？"孟轲又问道。

"据那个游士说，秦惠王大概是出于礼貌，没有直接驳斥苏秦，但也没有再接他的话。苏秦又以为秦惠王信服了他的说法，接着又说道：'当时各国内政弊端丛生，法律虽然严密完备，但社会秩序依然混乱。人心不古，民多伪态；政令繁杂，百姓无所适从；为官者上下相怨，为民者百无聊赖。国内民不聊生，人民怨声载道，而诸侯各国之君不但不体恤民众疾苦，反而轻启战端，穷兵黩武。由此，天下不断陷入战乱之中。当此之时，虽有使臣穿梭斡旋，但战攻并不因此而停息；虽有游士折冲樽俎，巧舌如簧，妙语生花，但说得舌弊耳聋，天下并不因此而太平大治；诸侯各国，虽然不断地屠马结盟，行义约信，可是天下并不相亲。由此，天下重又陷入恶性循环之中，各国之君重又废文任武，厚养死士，缀甲厉兵，准备再于战场之上决一雌雄。'"

"呵呵，真是能把死的说成活的，活的说成死的。秦惠王还真是有涵养，能够耐得住性子。"孟轲感到不理解了。

"据那个游士说，秦惠王只是出于礼貌，一直在容忍着呢。苏秦以为秦惠王在认真倾听，继续接着说道：'诸侯各国之所以要改弦更张，废文任武，原因很简单，因为安坐就能获利，不战就能广地，纵使是古代的五帝、三王、五伯，纵使是古代最贤明的君王，也是常怀此想，而终究不能成功的。于是，别无他法，只得以战续之，以武临之。若遇敌于平原旷野，则摆开阵势，兵来将挡；若狭路相逢于山道关隘，则短兵相接，拼个你死我活，然后可建大功。因此，臣以为，只有兵胜于外，才能义强于内；只有君威立于上，才能民众服于下。当今之世，要想一统天下，臣服万邦，舍武力，别无他途！可是，当今的一些后继君主，忽视战伐王霸之道，抱守仁义旧教，惑于腐儒之辞。由此看来，大王不能听臣之策，理之必然。'"

"呵呵，苏秦这是在用'激将法'吧！不愧是鬼谷子的弟子，真是文武全才！"孟轲情不自禁地笑了。

"不过，据那个游士说，正是这一激将法，最终让秦惠王彻底翻脸了。苏秦最后一句话音未落，一直极力克制的秦惠王怫然作色道：'先生可以休矣！'说着，一拂袖，走了。"

"这么说来，苏秦游说秦惠王是彻底失败了？"孟轲问道。

匡章点了点头，说道：

"据那个游士说，面见秦惠王游说失败后，苏秦还不甘心，又连续十次上书秦惠王，推行自己的'连横'之策，但都不为秦惠王所接受。在咸阳待得久了，黑貂之裘弊，黄金百斤尽，资用乏绝，苏秦只得含恨离开秦都咸阳，背着书箱，挑着行李，面容憔悴，又黑又瘦，满脸惭愧之色地回故乡洛邑了。那个游士还说，苏秦到了家，妻子不下织布机，嫂子不给做饭，父母不跟他说话。苏秦认为这一切都是秦国之过，发誓要报复秦国。于是，当夜找出家中所有的书，打开数十只箱子，得太公《阴符》，伏而诵之，反复钻研揣摩。每当读书太累要昏昏睡去之时，就拿锥子在大腿上刺一下。有时刺得重了，会血流至足。为此，他跟别人说：'哪有游说人主，而不能出其金玉锦绣，取其卿相之尊的？'"

"最后怎么样了？"孟轲追问道。

"据那个游士说，一年之后，苏秦参透了太公《阴符》的奥妙，重新出山，游说山东诸侯。去年到了燕国，今春游说燕文公成功，受燕国相印，并受燕文公之托，乘高马轩车，携黄金万两，往说山东各国之君，要组织一个'合纵'之盟。据说，前不久到了赵国，说赵王于华屋之下，抵掌而谈，赵王大悦，封为武安君，受赵国相印。现正革车百乘，锦绣千纯，白璧百双，黄金万镒，以随其后，为赵国组织'合纵'之盟。"

"如此说来，赵国要做山东诸侯'合纵'之盟的核心国，赵王要做'合纵'之盟的盟主了，是吗？"孟轲顿时兴趣盎然，望着匡章，问道。

"这个还不太清楚。不过，齐王最近正密切关注这件事。"

"看来，天下又要不得太平了。"孟轲感叹地说道。

"是呀！苏秦在山东组织'合纵'之盟，目的非常明确，就是要撮合山东六国，合力与秦国抗衡。秦惠王不会看不懂这一点，所以势必会有所行动，不会让苏秦'合纵'之盟成局。纵然成局了，秦国也会千方百计予以破坏，必欲拆散而后快。"匡章说道。

果然不出匡章所料，就在"徐州相王"事件的第二年，即周显王三十六年（公元前333年），秦惠王闻听苏秦已经游说魏惠王成功，魏国也已加入"合纵"之盟。而紧随魏国之后，韩国也加入了"合纵"之盟。

苏秦组织的"合纵"之盟，燕国是发起国，赵国则是核心国。魏国之所以愿意加入，并不是魏惠王有意要尊燕赵二国为盟主，愿意服从燕赵二国的领导，而是迫于自身的处境。因为如今的魏国早已不是昔日的魏国了，无论是军事实力，还是综合国力，都已被东邻大国齐国超越。周显王十五年（公元前354年），魏师围邯郸，历时一年多，不仅让魏国劳民伤财，大伤元气，还由此引发了齐魏桂陵之战，结果魏国八万精锐之师全部葬身于桂陵隘道，魏国第一次大伤了元气。十三年后，也就是周显王二十八年（公元前341年），魏国又因跟韩国结怨，出兵攻打韩国汝南，结果又引发齐魏马陵之战，魏国十万精锐之师全部葬身于马陵隘道，主将庞涓战败自杀，主帅太子申则被齐国活捉，魏国不仅元气再次大伤，天下霸主的脸面也因此丢尽。从此，魏惠王称霸山东的信心不复存在，他开始意识到，魏国若想称霸山东，东邻齐国已经成了巨大的障碍。与此同时，魏国的西邻秦国，经过公孙鞅的两次变法，早已民富国强，兵强马壮，不断趁着魏国与赵、韩、齐兵戎相见、自相残杀之机，屡次出兵偷袭魏国的河西之地，甚至越河而东，攻入魏国的河东本土，占领了魏国的旧都安邑。事实上，正因为接二连三的失败，特别是遭遇来自齐秦二国东西两个方向的巨大战略压力，让魏惠王认识到了一个道理：团结的山东，远比一个分裂内斗的山东更有利于魏国。

韩国之所以愿意加入苏秦组织的"合纵"之盟，道理更简单了。在申不害为相时，韩国政治清明，无论是经济发展，还是军队建设，都取得了很大进步，国力有了很大提升，令近邻魏国也不敢小觑。但是，周显王三十二年（公元前337年），申不害突然过世，加上韩昭侯也已经老病，韩国政局开始混乱，国力迅速下降。而就在此时，秦国又趁人之危，突然出兵攻占了韩国西部战略重镇宜阳。紧接着，第二年韩国又遭遇了前所未有的大旱灾，人民流离失所，饿殍遍地。面对灾情，韩昭侯没有积极赈灾，而是听信妖言，在国都大兴土木，建造高门，以期改变不利的国运。对此，楚国大夫屈宜臼预言说："昭侯不得过此门。"果然不出所料，周显王三十六年（公元前333年）高门建成时，韩昭侯就病逝了。第二年，也就是周显王三十七年（公元前332年），韩昭侯之子继位，号称韩宣惠王。韩宣惠王之所以此时称王，是因为在韩昭侯病逝前，魏惠王带着韩昭侯前往徐州朝见了齐威王，魏惠王尊齐威王为王，齐威王也承认了魏惠王的王号，并顺带承认了韩国称王的权利。虽然"徐州相王"事件后，韩昭侯也有了称王的权利，但因为一病不起，所以未能如愿，这就有了其子即位便称王之事。韩宣惠王虽然称了王，但并未因此改变韩国的实际国力。相对于魏国，韩国无论是版图，还是实力，自魏、赵、韩三家分晋以来，一直都是远不及魏国的，所以长期屈从并依附于魏国。正因为如此，魏国迫于形势而加入了苏秦组织的"合纵"之盟后，韩宣惠王自然随后跟进。

秦惠王见燕、赵、魏、韩四国先后加入苏秦组织的"合纵"之盟，洞悉了苏秦的用意所在。所以，为了使"合纵"之盟破局，更是为了阻止齐国与楚国两个大国加入，秦惠王趁着韩昭侯新亡、韩宣惠王未正式即位，魏国不可能得到韩国侧翼支援之机，于周显王三十六年（公元前333年）重任魏国徐晋人公孙衍，封之为大良造，让他率兵对魏国发动了进攻，在彫阴大败魏师。第二年，也就是周显王三十七年（公元前332年），在韩宣惠王正式即位不久，秦国再次出动大军东进，对魏国发动了进攻，魏师不敌而大败。魏惠王无奈，只得割让战略要地阴晋给秦国，秦国将之改名为宁秦。向东征服了魏国后，秦惠王又腾出手来，于周显王三十八年（公元前331年），趁着秦国西部劲敌义渠内乱，派庶长操出兵义渠，从而彻底解决了秦国东进的后顾之忧。紧接着，周显王三十九年（公元前330年），秦国再次对魏用兵，斩魏师之首八万，俘其大将龙贾。魏惠王无奈，只得以河西之地少梁予秦，以求停战。但是，秦师仍围困魏国焦、曲沃，不肯罢休。周显王四十年（公元前329年），秦师渡河攻入魏国河东本土，占领了魏国汾阴、皮氏两大战略要镇。同时，继续围困焦，最终降之。魏惠王无奈，只得向秦惠王求和，与秦惠王会于应，同意献魏国上郡十五县于秦国，秦魏战事这才告一段落。

第五章

居　丧

听公孙丑讲完孟轲在稷下学宫二十余年间生活的诸多往事，以及在此期间所经历的一系列重大的历史事件，如魏韩汝南之战，齐魏马陵之战，秦韩宜阳之战，孟轲好友匡章大败秦将武安子的齐秦之战，秦将公孙衍斩魏师之首八万的秦魏之战，大家都不胜感慨唏嘘，由此更加了解到老师孟轲第一次入齐在稷下学宫二十余年的心路历程。

"看，流星！"正当大家沉浸于公孙丑述说的往事之中而不能自拔时，突然听到滕更大叫了一声。

大家不约而同地抬头看天，只见一颗明亮的星星几乎是擦着月亮的边缘，由西北向东南划过天空，将本就明亮的天空映照得更亮了。

"为什么会有星星从天上陨落？"貉稽望着星星陨落的方向，若有所思地喃喃自语道。

虽然貉稽的声音很低，但是在寂静的夜晚，还是被很多师兄弟听到了。尤其是坐在貉稽身边的浩生不害，对貉稽的话听得最为真切，于是脱口而出：

"星星也有生命，就像人，有生也有死。"

"一颗流星划过天空，难道就是宣告其生命终结吗？"景春望着满天的繁星，好像是在问貉稽，又好像是在问自己。

"景师兄，您这话问得奇怪，一颗星星从天上陨落到地上，不就是死了吗？这跟人死了埋入地下，不是一样吗？"一直没有说话的徐辟，这时也插话了。

"徐师弟，你这话说得不对。星星跟太阳、月亮一样，都是高悬于天上的神圣之物。太阳、月亮不死，为什么星星会死呢？依我看，流星就是星星飞到天的另一边去了。"滕更跟徐辟都是滕国人，但比徐辟投在孟轲门下稍早几天，所以在徐辟面前，他总是不忘其师兄身份。

"滕师兄，您看见天还有另一边吗？如果没有，您怎么确认刚才的那颗星星不是陨落到地上，而是飞到天的另一边了呢？"徐辟望着滕更，反驳道。

"二位师弟，你们都不要争了，大家还是喝酒吧。"宋大夫勾践怕滕更与徐辟争论起来没完没了，伤了和气，也不符合今日大家夜聚老师墓前的本意，于是连忙出来打圆场道。

跟宋大夫勾践一样，魏人周霄也是官场中人，为人处世都比较圆润，书生气不像其他师兄弟那么足。见此，连忙接住勾践的话，说道：

"勾践师兄说得对，大家还是多喝点酒，驱驱寒气，别冻坏了身子。那样，先生在地下也不能安心的。"

见勾践与周霄一唱一和，同为官场中人的周人乐正克心领神会，立即起身走到勾践身边，抱起酒坛，给大家的酒盏里一一斟满酒。

于是，大家再次举头望月，一起举盏同饮。酒过三盏，大家的话又逐渐多了起来，心情也开始轻松起来。

就在大家话题越扯越远，仿佛完全忘记了此时此刻是在为老师守灵时，一直沉默不语的充虞突然开口了：

"我听人说过，天上有星星陨落，是因为地上有圣人离世。今天先生下葬，我们夜聚先生墓前，就有流星划过天空，说明这不是偶然现象。"

"师兄，您是说先生是圣人，圣人过世，天上就会有一颗星星陨落，所以我们今天就看到了流星，是吗？"一直没有开口的高子，借着星月之光，侧脸望着充虞问道。

充虞点了点头。

"师兄，您这话也太神了吧。人间有事，天上就有感应，这有什么依据呢？"好久没有说话的屋庐连，这时也说话了。

宋大夫勾践听屋庐连的话有明显的抬杠争论意味，连忙起而调和道：

"充虞师兄不是说过吗？他只是听别人说过这话，并不是他本人的意见。但不管是充虞师兄的意见，还是别人的说法，也不管刚才流星划过天空是否跟先生过世有关，反正先生是当今圣人，是谁也不能否认的，先生思想学说在当今天下的影响力也是谁都不能否认的。大家说是不是？"

大家连忙称是。

勾践见此，连忙趁热打铁，转移话题道：

"刚才公孙师兄给大家讲了先生第一次入齐后在稷下学宫二十余年的生活经历，特别是先生被齐威王赐位列大夫后山东六国风云变幻的历史，真是让人有一种时光倒流的感觉，仿佛置身于那个烽火连天、风云激荡的时代。"

"勾践师兄说得对。不过，我们都是后来才投在先生门下的弟子，没有机会追随先生入齐，所以就很难想象得出当时的情形。充虞师兄刚才说到先生是圣人，我是完全赞同的。先生之所以在世人眼里、在我们弟子眼里都是圣人，事实上都是跟先生所信守的儒家思想理念有关，同时也跟先生的行事作为有关。在先圣的思想体系中，孝道是一个非常重要的方面。先生一生都在宣扬孝道，而且也躬亲实践，堪称天下孝子贤孙的楷模。据说，先生的贤母是在先生为稷下先生时于稷下学宫病逝的，而丧事则是由充虞师兄一手操办的。今天我们师门既然夜聚先生墓前忆往追昔，充虞师兄是否可以给大家讲讲当年是如何为先生之母办理丧事的，还有先生是如何居丧尽孝的往事？"一直没有开口说话的曹交，这时突然接住宋大夫勾践的话头，提了一个建议。

曹交早年主动拜孟轲为师，虽然被孟轲拒绝了，但他一直将自己视为孟轲的弟子。所以，听到孟轲病逝的消息后，他第一时间赶到了邹国，并且主动参与了孟轲的丧事办理事宜。孟仲作为孟轲弟子中的最年长者，对曹交一直抱持友好态度。因此，听了曹交这个提议，立即首先表示赞同道：

"曹师弟的这个建议好，充虞，你就给大家讲一讲吧。"

众人连忙附和，星月之光下，大家眼光齐刷刷地投向了充虞。

充虞点了点头，望着孟轲的新坟，沉默了片刻，然后开始了回忆。

一、母病于齐

周显王四十二年（公元前 327 年）九月十三，天气微凉。但是，阳光很好，万里无云，也没有一丝风，视野所及的远林近树都是静悄悄的。

孟轲一早起来，依例先跟母亲请安问候，然后走出学舍，站在门口，漫无目的地纵目四望。这是他每日晨起后无意识的一种行为，也差不多成了他来稷下学宫后多年的一个习惯，他自己也不知道要看些什么。

抬眼看了看旭日映照下的学宫，连片成群的建筑依然如故，春夏秋冬都是一样，静静地铺展在高低不一的小丘之旁；低头看了看近前的道路，地上都是落叶，大小不一，青黄不一。孟轲知道，此时已是深秋，所以一夜秋风后，树叶不论大小、青黄，都一起告别了树枝，凋谢而尽。

"先生，这么早您在干什么呢？"正当孟轲低头看着脚下落叶发愣之时，充虞突然出现在面前，问道。

孟轲闻声抬起头来，看了看充虞，笑着说道：

"没干什么，为师正在发呆呢。"

"先生，不会吧。您发呆，肯定是在思考问题，是否有什么顿悟了？"充虞也笑着说道。

孟轲没有回答，只是仔细看了看充虞。

"先生，弟子刚才看到您低头看落叶，是否由落叶联想到了什么呢？"

"你又不是为师肚子里的蛔虫，怎么知道为师在想什么呢？"孟轲笑着反问道。

"先生是不是由落叶想到了春去秋来和四季轮回，由花开花谢想到了人的生老病死？"充虞望着孟轲，一本正经地说道。

孟轲听了充虞的话，心头不禁为之一颤，他怎么会知道自己刚才低头看落叶的心路历程呢？

充虞见孟轲不吱声，知道刚才的话戳中了他内心最柔软的部分。因为他发现，最近几年，老师跟他们终日聚而论道的情形不多见了。虽然师生相聚与论道几乎从未间断，但每次持续的时间则相对缩短了。这大概都是因为他越来越担心母亲的身体状况，把不少时间都用来陪其母亲了。今天见孟轲一早低头看落叶而发呆，充虞就怀疑孟母是否身体有什么不适，于是便趁机小心地问道：

"先生，令堂大人最近身体都好吧？"

"最近几天倒是没有什么问题。不过，现在天气渐渐冷起来了，为师还是有些担心的，毕竟岁数不饶人呀！"

充虞一听孟轲这话，顿时心如明镜，知道自己刚才所猜没错。孟轲刚才低头看落叶，果然是有心思的。为了不让孟轲有太重的思想负担，充虞连忙转移话题道：

"先生，今天看样子天气还不错，朝食之后，您看我们是否可以到学宫附近走走，不要总是待在学宫里。"

"不行。今天为师跟匡章将军有约，要进城一趟。"孟轲不假思索地答道。

"哦，原来先生有安排。那就只好改天了，届时我们师生再一起出去走走。"

孟轲点了点头。

朝食过后，孟轲告别了母亲与妻子，也跟众弟子打了声招呼，便乘马车进城了，充虞主动要求随行，孟轲也同意了。

跟匡章见面后，孟轲问了一些朝中的近况。因为他已经有些日子没有进城了，当然更没有入朝谒见齐威王。所以，对齐国朝中的事情不甚了了。

说完了齐国朝廷的事情，孟轲心系母亲，正准备要告辞回稷下学宫时，匡章突然问了孟轲一句：

"夫子，您最近一直在学宫，有没有听外来的游士说到张仪的事情？"

"记得好多年前，您说到苏秦在山东组织'合纵'之盟时，提到过张仪。好像那时他还不为人知，也不知道他当时究竟在哪里。前几年，好像听人说过一句，说张仪在秦国。轲一向对纵横家之流比较反感，所以也就没有详细打听有关张仪的具体情况。最近这些年，天下又不太平了，是否跟他出来搅局有关系？"

"夫子，您倒是说对了。张仪这个人可了不得，真是搅动当今天下风云的人物。"匡章说道。

"既然说到他，将军今天能否将他的情况详细说一说呢？"

"不过，有关张仪的情况，章也是从别人那里听来的，并不一定准确，完全属于道听途说。夫子既然想听，章就姑妄言之，您就姑妄听之。至于真相，相信将来总是可以求证的。"匡章说道。

"将军，这个轲当然知道。您就将所听来的和盘托出就可以了，也好让轲长长见识。"

匡章见孟轲这样说，遂清了清嗓子，开口说道：

"张仪跟苏秦是师兄弟，都师从鬼谷子习学'纵横'之术。但是，苏秦先于张仪学成出山。不过，苏秦虽然先出山，但是游说诸侯、求取荣华富贵的过程并不顺利，这个以前我们都说过了，今天就不再重复了。"

"将军上次所说，轲都还记得。请将军直接讲张仪的情况吧。"

匡章点了点头，说道：

"听人说，张仪学成出山后，既没有像其他游士那样，径直往魏、齐、韩、赵、燕等北方大国，也没有像公孙鞅那样远赴僻远的秦国，更没有前往宋、鲁、邹等淮泗诸小国，而是到了南方大国楚，顺利地谋到了一份差事。"

"什么差事？"孟轲连忙追问道。

"听人说，是在楚国令尹府，就是相府，做了一个食客。应该说，相比于许多游士终年东西奔波、南北颠沛，却几年也谋不到差事，衣食无着的情况，张仪算是非常幸运的了。张仪也很知足，在令尹府不仅有吃有喝，还长了不少见识。因为在令尹府出出进进的人都不是普通人，往往都是跟令尹有关系的达官贵人。张仪是习学'纵横'之术出身的，本就擅长察言观色，揣摩他人心理。所以，在令尹府做食客，不到半年时间，就将楚国朝廷内政以及楚国的世俗人情了解得差不多了，还通过学习解决了语言上的障碍。"

"楚民乃南蛮缺舌之人，说话就像鸟儿唱歌，北国人根本听不懂。张仪身为一个北国人，却能在半年内突破语言障碍，应该算是一个聪明绝顶的人了。"孟轲插话评论道。

"夫子，您说得太对了。相对于出身洛邑破落户的苏秦，张仪在天赋资质上要远胜之。毕竟张仪乃魏国王室的支脉，先天的禀赋就与众不同。这从他初到楚国令尹府的表现就可以见出。"

"张仪在楚国令尹府有什么表现？"孟轲连忙追问道。

"听人说，张仪初到令尹府时，人地生疏，很多情况都不了解。有一天，令尹府突然来了一个访客，要求谒见令尹大人。令尹乃楚国之相，想谒见与求托他的人自然很多，但能迈进令尹府门槛的人却不多。这个来客也不例外，未曾开口，就被令尹府司阍挡了驾。来客无奈，只得亮明了真正的身份。原来他是令尹的故人，不是一般访客。得到司阍的禀报，令尹连忙出迎，延至内室说话。"

"延至内室说话？那一定是说私密的事吧？"孟轲好奇地问道。

匡章点了点头，说道：

"正是。听人说，主客见礼毕，来客说道：'令尹大人，今有郢人屈氏湖滨之宅，在下愿出高价购之。'令尹一听，不假思索地答道：'屈氏不当服其罪，故其宅不可处置，君亦不可购之。'来客连忙应道：'令尹大人言之有理，在下知之矣！'说完，客人就起身告辞而去。当时，张仪正陪侍令尹左右，见客人来去匆匆，临走时面有悦色，觉得其中一定有问题。略一思忖，便洞悉了其中的奥妙，于是连忙向令尹进言道：'令尹大人，屈氏之讼，三年不能决断。楚国律法规定，涉讼者若决之有罪，则其宅可没公，他人自可购而得之；

涉讼者若决之无罪，则其宅不得没公，他人不可购而得之。'"

"张仪的话是什么意思？"孟轲没听懂，连忙追问道。

匡章微微一笑，看了看孟轲，说道：

"听人说，令尹开始也没听懂，愣了一会儿，才点了点头。张仪见此，遂接着说道：'屈氏之讼，之所以三年不能决断，乃因牵涉甚多。今客来，表面是以询购屈宅之事而请命于大人，实则不在得屈氏之宅，而在测大人之意。今大人言屈氏不当服罪，其宅不可得之，则客必将大人之意诉诸主事者。如此，则屈氏三年悬讼立可决矣。'令尹听了张仪的这番分析，顿时恍然大悟，明白了客人询购屈宅的用意。"

"之后呢？"孟轲又追问道。

"听人说，令尹怕将来屈氏之讼有差错，主事者将责任推到自己身上，说他独断专权，势必影响到其令尹权位。更有甚者，还可能授政敌以扳倒他的把柄。于是，令尹立即命令侍从道：'快，快，将客人速速追回！'不大一会儿，客人就被追回来了。令尹一见客人，劈头便问：'君为我故旧，我任君职事，君何以设彀以欺我？'客人装出一脸无辜的样子，回道：'在下岂敢欺大人？'令尹反问道：'君请命而不得，何以面有悦色而去，非欺而何？'客人见令尹揭出了老底，遂只得默认。"

"看来，张仪真是一个聪明绝顶之人，不仅有语言天赋，而且有政治天赋。那令尹重用他了吗？"孟轲又问道。

"张仪不是楚国人，只是来自魏国的一个游士，在令尹府做个食客没有问题，但要进入楚国政坛，成为楚王朝廷上的官员，则需要楚王的破格拔擢。令尹虽然在楚国位高权重，居一人之下、万人之上，但并没有人事任命权。因此，令尹无法重用张仪，而只能器重张仪，在令尹府给张仪以更好的待遇。"

"那令尹给张仪什么特殊待遇了吗？"孟轲追问道。

"给了。令尹为了让张仪安心随侍自己左右，破格让张仪将家眷接到楚国，安置在令尹府，拨给了专门的小院，让他一家妻儿老小团聚。"

"诸侯各国公卿，养食客的不在少数，但养食客家眷的，则并没有听说。看来，楚国令尹对张仪真的非常器重，算是恩宠有加了。"孟轲评论道。

匡章点了点头，接着说道：

"张仪跟苏秦不一样。苏秦是破落户出身，对荣华富贵有强烈的追求，希望出人头地、光宗耀祖。而张仪是公子哥儿出身，追求上进的欲望并不强烈，喜欢安于现状。所以，自从令尹让他将家眷从魏国张城接到楚国后，他就更是安于现状，沉浸于小家庭温饱安逸的幸福之中了。但是，他的安逸幸福却招来了令尹府中其他食客的嫉妒。"

"哦，还有这回事？"

"夫子，您身在稷下学宫，难道没有这种感觉吗？同为稷下先生，大家的待遇是不是有所不同？比方说，您有齐国列大夫的名位，淳于髡先生也是，你们二人的待遇，包括住宿条件，明显都跟一般的稷下先生不同。难道别的稷下先生就对您跟淳于髡先生没有嫉妒之心？只不过，你们的待遇是齐王给的，他们有嫉妒之心也不敢表露而已。"

"将军说得是。您继续说张仪的事吧。"

"听人说，有一天，张仪正在令尹府西院的自家小院跟妻儿聚坐闲聊，说到第二天要出城游玩的计划时，令尹府的管家突然前来传召。张仪以为，令尹大人肯定又是遇到什么大事了，需要自己为他出谋划策，于是就兴冲冲地跟着管家出了门。"

"那令尹传召张仪究竟是为何事？"

"为了一块玉。"匡章答道。

"一块玉？很值钱吗？"孟轲感到不解。

"当然值钱，简直是价值连城。因为它不是普通的玉，而是荆山之玉，是令尹家的祖传至宝。据说，两百多年前的楚康王时代，有一个楚国玉人献给楚康王两块玉，被认为是稀世珍宝。令尹的先祖于国有大功，楚康王遂将其中的一块玉赏给了令尹的先祖，自己留下了另一块。正因为这块荆山之玉有来历，所以对于令尹来说，就不仅仅是个价值连城的宝物，更被视为楚王表彰其先祖于楚国有大功的证物，同时也显示了其家族在楚国的特殊地位。"

"哦，原来还有这个背景。"孟轲恍然大悟。

"因为这块玉有特殊的意义，所以令尹每天一早起来，第一件事就是拿出这块玉看一看，摩挲一会儿。这天一大早，令尹还如往常一样，起来后就想看一看并摩挲一下他的宝贝。可是，打开宝物箱，却发现荆山之玉不见了。顿足长叹了一阵后，令尹立即喝令管家封锁了令尹府的大小门户。令尹府上上下下，除了令尹夫人的房里以外，所有老小尊卑人等的房里房外，包括身上，都搜了个遍。可是，无论怎么搜怎么查，府中的奴婢仆人无论被怎么盘问，或是被怎么拷打，最后都没有结果，那块荆山之玉好像是不翼而飞了。"匡章说道。

"莫非是令尹府进贼了？"孟轲问道。

匡章看了一眼孟轲，笑了笑，说道：

"令尹府是何等地方，小贼怎么可能进得去？听人说，正当令尹百思不得其解时，突然有食客向令尹进言道：'今府中到处都已搜遍，我等下人身上房内也都搜了几遍，况且我等之人都是形单影只，就是偷了大人之玉，也是无处可藏的。大人，您何不派人查查魏人张仪？而今唯有张仪所居西院在相府之外，未曾搜得。大人亦知张仪之为人，贫而无行，每次随大人至酒楼饭肆，都不忘袖些饭食酒肉之类回家，难道就不觊觎大人之玉？或许张仪已经窃得大人之玉远走高飞了。'令尹觉得有道理，立即令管家前往相府西院察看，如果张仪果真走了，那就证明这玉就是他偷了。如果没走，那就传召他来盘问一番，也好弄个水落石出。"

"结果怎么样？"孟轲显得有些紧张地问道。

"听人说，张仪被传召到了令尹府大堂之上，见令尹正盛气而待；又见大堂之上站满了几乎全府所有食客与婢仆人等，觉得很奇怪，不知道到底发生了什么事。正当张仪感到纳闷不解之时，突然听令尹断喝一声：'张仪，你可知罪？'张仪一头雾水，脱口而出：'大人，张仪不知罪从何来。'令尹又断喝一声：'果真不知？'张仪瞪大眼睛，望着令尹道：'果真不知，请大人明教！'令尹说：'今晨府中荆山之玉不翼而飞，你可知之？'张仪答道：'大人不言，张仪何以知之？'"

"张仪说得没有错呀！"孟轲插话道。

匡章笑了一笑，接着说道：

"听人说，令尹却不是这么认为。他认为，张仪是故意在跟自己绕弯子，于是就气不打一处来，立即喝令管家：'来人，将张仪缚而笞之。'没等张仪回过神来，身上的衣物就被几个恶仆褪了个光，然后绑到了一条长条案上。张仪被绑，仍然不知就里，乃高声喊道：'令尹大人，张仪究竟犯有何罪？'令尹并不回答他的问题，只是让几个恶仆举鞭向其身上猛抽。几个恶仆一边抽打，还一边骂道：'打死你这个忘恩负义的魏国猪！'打了不到一百鞭，张仪就昏死过去了。"

"令尹也太过武断了吧。怎么能因为张仪有贪小的毛病，就断定他偷了玉呢？作为一国之相，理应有明辨是非的能力，怎么能轻信小人之言，诬人清白呢？"

匡章见孟轲一副愤愤不平要为张仪鸣不平的样子，既感到好笑，又不禁在内心深处对之肃然起敬，觉得他确实是个有正义感的人，尽管他对纵横家有天然的排斥感，却能是非分明，殊为难得，于是重重地点了点头，说道：

"夫子言之有理。"

"那后来呢？"平复了一下情绪，孟轲又问道。

"听人说，张仪昏死过去后，管家慌了神，连忙令人端过一盆清水，兜头泼在张仪头上。过了好长一段时间，张仪才醒了过来。管家见此，又开口数落道：'张仪，令尹大人待你何等恩义，没想到你竟偷了大人的镇府之宝，如今不仅不认错悔过，反而跟大人巧言诡辩，你还是人吗？'张仪见管家如此武断，诬己清白，遂又忍不住辩解道：'令尹大人待张仪恩重如山，情同父子，张仪妻儿老小皆赖大人恩德而活之。张仪虽然才德皆不足道，却也是个读书之人，懂得知恩图报的道理，怎么可能忘恩负义，要偷大人心爱之玉呢？'"

"张仪这番话也算是说得入情入理。那么，令尹是什么态度呢？"孟轲追问道。

"听人说，令尹听了张仪这番话，没有表态。而令尹的管家则认为张仪还在狡辩，于是又令几个持鞭恶仆继续抽打。打了没多久，张仪又昏死过去了。管家再让人泼水。过了好长时间，张仪再次醒来，但身上已是血肉模糊了。忍着剧痛，张仪再次申辩道：'大人，张仪妻儿尚在相府，张仪在楚国亦无亲人，若张仪果真窃了大人之玉，张仪将藏匿于何处？大人遣人至张仪住所一搜，岂不就水落石出、真相大白了吗？'"

"结果怎么样？"孟轲再次替张仪紧张起来。

"令尹大概觉得张仪的话说得在理，既然他是寄居于自己府中，在楚国又无亲无故，纵然偷了自己的荆山之玉，他也藏不到哪里去，何不一搜他所住西院小屋。于是，令尹立即吩咐管家遣人到西院彻底搜查了一番。结果，确实没见任何玉石的踪影。至此，令尹才认识到，这次真的是冤枉了张仪，于是连忙让人将张仪抬回其住所西院小屋。"这一次，匡章好像忘记了自己是转述者，没有再以"听人说"领起。

而与此同时，孟轲也完全忘记了匡章只是转述者，继续追问匡章道：

"之后呢？"

"之后，张仪被抬回西院小屋，妻儿一见他被打得血肉模糊，都吓得昏过去了。但是，张仪却非常淡定。当妻子替他擦洗伤口，埋怨他不应该做游士时，他一本正经地问妻子道：'你看看我舌头还在不？'妻子说：'舌头当然还在。'张仪笑着说道：'舌在，足矣。'"

"张仪的意思是说，只要他有舌头在，就可以靠舌头吃饭，是吗？那他之后在楚国又到底是怎么靠舌头吃饭的呢？"孟轲不禁好奇地问道。

"张仪虽然这么说，但经过这次事件，他事实上是对楚国令尹感到失望了，对在楚国继续谋发展不再抱有什么信心了。于是，伤势略有平复后，他便找了一个借口，带着妻儿回魏国张城老家了。临行前，令尹觉得有愧于张仪，赠予百金以作路资。在回张城的途中，张仪也因几次对结束游士生活不死心，顺路到齐国与韩国，甚至还绕道魏都大梁，进行了几次游说，但都没有成功。最后，心灰意懒，就回张城老家隐居不出了。"

"既然隐居不出，怎么现在又到了秦国呢？"孟轲又追问道。

匡章神秘地一笑，说道：

"这就跟苏秦有关系了。"

"这话怎么说？"孟轲更加好奇了。

"夫子，以前我们不是说过吗，魏惠王因为好战而不知止，多少年来一直在山东跟赵、齐、韩等邻国交恶结怨，战伐不断，结果劳民伤财，国力不断削弱。而秦国在公孙鞅两次变法之后，日益富强坐大。于是，多次趁着魏国跟邻国交战而东西不能兼顾之机，屡出大军东征，偷袭魏国河西，甚至越河而东，攻占魏国河东本土战略重镇。"

"将军确实说过。"孟轲点了点头。

"秦国近些年来对魏国的一系列战争，虽然天下人所皆知，但很少有人知道，在其中，张仪扮演了重要角色，发挥了至关重要的作用。去年魏国正式献上郡十五县于秦，标志着魏国彻底从天下霸主的神坛坠落下来，秦国正式登上天下霸主的神坛。为此，秦惠王驱逐了同是为秦国崛起作出过巨大贡献，对魏作战屡立战功的魏人公孙衍，而任张仪为秦国之相。公孙衍是在公孙鞅之后被封为秦国十六级爵位大良造的第二位外来游士，人称犀首，是才华能力不亚于公孙鞅的又一个天下枭雄。可见，张仪现在的势位是多么显赫而不可一世了。据说，张仪就任秦相第一天，就给楚国令尹写了一封书信，说：'昔日你诬我清白，说我窃尔玉，今日我要窃尔城。'正式向楚国令尹发出了挑战，也是代表崛起后的秦帝国明确地向楚国发出了挑战。"

"将军，您还没说张仪的发迹变泰跟苏秦有什么关系呢。"孟轲提醒道。

"哦，夫子不要急，容章慢慢道来。"

"好，将军您慢慢说。"

"魏国的衰落与秦国的崛起，事实上是苏秦在山东组织'合纵'之盟成功的关键。如今苏秦挂六国相印，为纵约长，叱咤风云，都是时势造就的。没有秦国的崛起，以及秦国先后对魏国、韩国与齐国的进攻，就不会让山东六国感受到集体安全的危机；而没有魏国的衰落，就没有山东六国引以为戒的前车之鉴。正是因为山东六国都看清了来自秦国日益强大的威胁，看清了魏国在山东挑动内斗而两败俱伤的结果，让山东六国之君认识到了团结对抗强秦的重要性。这样，才有了燕文公支持苏秦组织'合纵'之盟的首倡之举，以及紧接着赵肃侯欣然加入'合纵'之盟，且义无反顾地愿意充当'合纵'之盟核心国的担当。正因为有燕赵二国在前，遂有了魏韩二国踵继于后，最后是齐楚两大国也加盟，最终使'合纵'之盟成局，使秦国不得不停下了武力东进的步伐。"

"将军不愧是军事家，分析得非常透彻。"孟轲由衷地说道。

匡章莞尔一笑，接着说道：

"苏秦在游说赵肃侯加入'合纵'之盟成功，爵封武安君，官拜赵国之相时，就已经考虑到将山东六国撮合到一起，最终使'合纵'之盟成局，并不是一件容易的事。因为山东六国之间的矛盾太深，彼此都有过相互战争的旧怨新仇，再加上秦国也不愿意看到山东六国团结在一起的局面，势必要从中挑拨破坏。所以，苏秦就想到了一个办法，暗中派人到魏国张城，将隐居不出的张仪请出来，让他到秦国控制局面，从而确保自己的'合纵'之盟最终能够成局。而'合纵'之盟一旦成局，秦国就不敢贸然向东进军，由此形成一种东西对峙的恐怖平衡。如此，于天下百姓而言，可以免除战乱涂炭之苦；于苏秦与张仪二人而言，则可以永保荣华富贵。"

"将军，为什么'合纵'之盟成局，苏秦与张仪二人就可以永保荣华富贵呢？"孟轲有些不理解。

"因为'合纵'之盟成局，山东六国之间就不会彼此内斗，秦国就没有趁火打劫的机会，六国的国家安全就都有了保证，苏秦就有被六国倚重的可能性。而'合纵'之盟成局后，秦国处于弱势的一方，六国是否联合伐秦，或是何时联合伐秦，决策权都在于苏秦。张仪只要跟苏秦密切配合，六国就不会联合伐秦，秦国的国家安全就有保证。而秦国为了保证自己的国家安全，势必就要倚重张仪。如此，苏秦、张仪二人的荣华富贵不都保住了吗？如果苏秦不被山东六国需要，张仪不被秦国需要，他们的荣华富贵还保得住吗？"

"哦，原来如此！纵横家的心机真是太深了。"孟轲情不自禁地感叹道。

匡章点了点头，接着说道：

"苏秦、张仪的为人并不令人尊敬，但我们不得不承认，他们都确实有着过人的智慧。张仪在楚国被打受辱后，本来已经心灰意懒，不想再出山谋求荣华富贵了。但是，苏秦在游说赵肃侯成功，爵封武安君、职任赵相后，却打起了张仪的主意，派人秘密前往张仪的家乡，设计将其诓到赵都邯郸，却又一而再、再而三地拒绝张仪的求见。最后虽勉强见了张仪一面，却又当面羞辱他，说他贪小而不求上进，不值得替他谋差事。"

"苏秦这是用的激将法吧？"孟轲问道。

"正是，是要激起张仪奋发上进之心。果然，张仪受辱之后，拂袖而去，径直到了秦国。可是，在前往秦国的途中，他遇到了很多困难，甚至衣食无着。幸而有一个赵国之士一路相伴，并替他支付了所有费用。到秦国后，又慷慨资助了张仪大量金钱。这样，张仪才得以游说秦惠王成功，并被秦惠王任为客卿。"

"如此说来，张仪是遇到了贵人。不然，恐怕是无法到达秦国的。"孟轲评论道。

匡章微微一笑。

"将军，您笑什么？"孟轲不解地问道。

"什么贵人？这个赵国之士不是别人，而是苏秦暗中派出的专使，专门负责护送张仪到秦国。张仪被秦惠王任客卿后，这个赵国之士跟张仪告别时，才将事情的真相和盘托出：'武安君召先生至邯郸而辱之，先生愤而离去。武安君召小人，嘱之曰：张仪乃天下贤士，我不如也。今我先用于山东，实乃侥幸。观天下之士，终能得秦之权柄者，唯张仪一人耳。然张仪家贫，无由以进。我恐其乐小利而不能成大事，故召而辱之，以激其志。今我往见赵王，说赵王发金币车马，使汝暗随张仪，与之同宿同行，稍稍近就之，奉其车马金钱，所欲用，为取给，而不告其情。'"

"这么说来，张仪是被苏秦设计了？"孟轲瞪大眼睛，望着匡章问道。

"夫子说得对。张仪听了苏秦专使的话，这才如梦方醒，感慨地说道：'嘻！仪入苏君彀中而至今不悟，仪不及苏君远矣！'最后，张仪告诉苏秦专使：'仪新用于秦，何能谋于赵？烦先生为仪报苏君：有苏君在邯郸一日，仪不为秦王筹一策、出一言。'苏秦专使见张仪作出如此一诺，立即离秦回赵，向苏秦禀报去了。苏秦得到张仪一诺，立即加紧了在山东组织'合纵'之盟的步伐。虽然其间公孙衍从中极力破坏，挑动秦惠王不断对魏用兵，企图将魏国作为突破口，将即将成局的山东六国'合纵'之盟拆散。但是，张仪为了配合苏秦，又极力拆公孙衍的台，极尽挑拨离间之能事，最终将公孙衍排挤出了秦国，自己做了秦国之相。去年张仪为秦国之相后，天下是不是一下子就太平了？"

"确实如此。哦，原来都是苏秦与张仪二人的谋略！真可谓玩天下于股掌之上呀！"孟轲感慨地说道。

匡章点了点头，也感慨地说道：

"苏秦与张仪的谋略，现在已经世人皆知。虽然他们都有各自利益的盘算，追求的是个人长久的荣华富贵，但也在事实上符合山东各国的利益，确保了天下的太平，于山东各国百姓，乃至秦国百姓，都未尝不是一件幸事。"

孟轲对匡章的见解表示赞同，他也衷心希望山东六国能够真诚地团结在一起，不给秦国以见缝插针的机会，从而实现天下真正的安宁。这样，稷下学宫作为一个学术传播与交流的场所也许就能永久存在下去，自己就可以赢得足够的时间推广儒家思想学说，扩大儒家学说的影响，使先圣孔子所向往的"天下大同"的王道社会理想有实践的机会。如果山东六国不能精诚团结，"合纵"之盟不复存在，那么山东六国势必就会像以前那样相互争战，秦国的"连横"之策就有可能实施，天下就不会再有安宁之日了。届时，天下之士云集、百家学说争鸣的稷下学宫恐怕就难以存续了，不仅儒家思想学说会失去一个很好的传播平台，先圣理想信念的信徒也不便网罗，而且自己及其弟子也会没有容身之所，衣食温饱也有问题。更令他担心的是，如果天下不得安宁，齐国不能与山东诸侯各国相安无事，那么自己要想安静地侍奉其母，陪她在齐国颐养天年的计划也就难以实现了。天下动乱，自己及其弟子可以颠沛流离，但母亲与妻子却经不起折腾，尤其是母亲年岁越来越大，身体也一天不如一天，更是不能有任何闪失的。

想到此，孟轲觉得今天进城跟匡章将军的交流是值得的，至少对目前的天下大势有了一个清楚的认识，知道短期内天下是会安宁的，齐国的政局也会是稳定的，自己可以安心地在稷下学宫专心侍候母亲，让她尽情享受天伦之乐，陪她度过一个幸福安宁的晚年。

然而，天下之事从来都不会尽如人意的。就在孟轲与匡章见面交流之后不久，孟母就染上了风寒。开始时有些鼻塞，孟母与孟轲都没有在意。过了两天，出现流清鼻涕、打喷嚏的症状。这时，孟轲才知道母亲是得了风寒，于是连忙进城找匡章。

匡章知道孟轲是个孝子，对母亲的感情特别深。因此，听说孟母得了风寒，立即晋见齐威王，寻求帮助，希望能找个好的郎中。但是，专为齐威王与齐王室成员治病的好几位郎中都明确告诉匡章，风寒没有什么特别好的治疗方法，天下郎中能开出的药方汤剂都差不多。匡章觉得问不出秘方，找不到有效的方法，有负孟轲的重托。于是，又特意再三央求一位专为齐威王治病的老郎中，请他传授一个偏方。老郎中有感于匡章对朋友的深厚情谊，告诉了他一个不是偏方的偏方，就是不断喝水。

孟轲回去后，一连三天不离母亲病榻之前，按照匡章求来的偏方，隔半个时辰侍候母亲喝一次水。这样，喝着喝着，三天后孟母鼻塞与流清鼻涕的症状消失了。孟轲为此非常高兴，在母亲病愈后的第二天，特意进城向朋友匡章将军报告。之后，在跟众弟子聚谈论学时，孟轲还忍不住向众弟子泄露了治疗风寒的秘方，弟子们自然是非常高兴。

但是，好景不长。又过了将近两个月，孟母再次染上了风寒。

周显王四十二年（公元前327年）十一月十七，天气急剧变化，一夜狂风之后，早上便下起了纷纷扬扬的大雪。孟轲是列大夫，所住的官舍条件虽然比普通的稷下先生要好很多，但骤降的气温还是让他一时难以适应。孟母是上了年纪的人，当然比孟轲更加难以适应了。结果，当天晚上孟母又一次染上了风寒。

这一次，孟母除了鼻塞、流清鼻涕、打喷嚏等症状外，还出现了喉咙痒、咳嗽、咳痰等症状。这下让孟轲慌张了，他想再次进城请求匡章帮助。但是，接连几天大雪，道路不通，稷下学宫的日常生活供给都紧张了，更不要说驾车出学宫与进城了。

孟轲没有办法，只好袭用上一次的老办法，让母亲隔半个时辰喝一次水。但是，效果并不如意。喝了水，喉咙会暂时不痒，咳嗽也会缓和。但是，过了一会儿，则又会感觉喉咙痒，又有咳嗽。由于继续喝水所显现的效果不大，而且还面临一个不可回避的问题，就是多喝水之后，就要多从病榻上起来小解。而从病榻上一起一卧之间，又会加大受凉的风险。为此，孟轲感到手足无措，看着母亲不断咳嗽，浑身颤抖，脸憋得通红，奄奄一息的样子，心疼得难以自已。

第二天，孟母的症状又有了变化。明明浑身滚烫，却还畏寒怕冷，盖了三条被子，还瑟瑟发抖。孟轲一会儿跪在病榻前摸摸母亲烧得通红的脸，帮她换下额头上敷着的湿布条，一会儿起身走到门外，望着飘飞而不停的大雪发呆。

到了第三天，孟母的病情更加沉重了，不仅高烧不退、咳嗽不止，而且还感觉肢体酸痛、全身乏力，还不时喊头痛。孟轲看着母亲不断咳嗽而蜷缩作一团，除了轻轻地给她拍拍背，什么也做不了。他的妻子仇氏跪在一旁，看着婆婆与丈夫，更是六神无主。至于孟轲的众弟子，虽然都轮流来陪同，但也只是立在一旁干着急而已。

连续三天，大雪一直在下，没有停留过片刻，孟轲无法进城求医问药。看着母亲高烧一直在持续，咳嗽也始终没有停止，孟轲除了不时给母亲更换额头上的湿布条，在妻子的协助下给母亲嘴里喂几口温水，或是给母亲烧得干裂的嘴唇上沾些水以外，什么办法也没有。白天有众弟子在场，孟轲有一种人多势众的感觉，好像心里还不是太虚。而到了晚上，当众弟子都离开了，只剩下他与妻子仇氏守在母亲的病榻前，心里好像就有点发慌。

尽管一直担心母亲的安危，神经一直绷得很紧，但连续三天三夜跪守在母亲病榻前，孟轲最终还是没能撑住，将近午夜时分不知不觉地跪在母亲病榻前睡着了。天快亮时，孟轲醒来，发现妻子仇氏也倒在他身边的席上睡着了。

孟轲连忙推醒妻子仇氏，以责怪的口气说道：

"你要睡，应该先喊醒我。娘不能没人看着呀！"

"你睡着时，娘的咳嗽好多了，额头也不是太烫了。我看你这几天太累了，就没有叫醒你，自己一个人给娘额头上的湿布条换了，又给娘喂了几口水，还喂了娘几口小米粥。你看，这水与小米粥还在旁边呢。"仇氏揉着惺忪的睡眼，委屈地说道。

孟轲看了看仇氏，又看了看仇氏旁边席上的两只碗，觉得错怪了她，内心感到很惭愧，于是不好意思地转过头，不敢直视妻子仇氏。可是，当他眼光扫到躺在席上的母亲身上时，突然感觉有些不对。他记得自己醒来之前，母亲是侧卧蜷成一团的，现在怎么躺平了呢？于是伸手去摸母亲的额头，发现竟然是冰凉冰凉的。孟轲心里咯噔一下，觉得不妙，下意识地去拭母亲的鼻息。拭了好多次，竟然没有感觉到有呼吸。这一下，他终于明白了，原来母亲在自己与妻子仇氏睡着时已经悄然离去了。

仇氏发现丈夫表情不对，连忙伸手到孟母被子里去摸，发现被子里竟然连一点暖气都没有，于是大叫一声：

"娘没了！"

"娘没了！"孟轲也喃喃自语了一句，接着便一头栽倒在了席上。

二、葬母于鲁

周显王四十二年（公元前327年）十一月二十二，大雪一连下了五天后，天气终于转晴。一大早，众弟子就来到孟轲的住所问候陪同孟轲，并商讨如何办理孟母丧事的问题。但是，公都提醒孟轲道：

"先生，您是齐王任命的列大夫，不是普通的稷下先生。因此，令堂过世就不是您个人的私事。"

孟轲听懂了公都的话，点头说道：

"这个为师是明白的。前天家母过世，为师就想进城向齐王禀报，同时也想跟匡章将军报告一声。但是，因为大雪不止，道路不通，所以就耽搁下来了。今天雪住天晴，为师正准备要进城呢。"

"先生，那我陪您进城吧。昨天我出学宫观察了一下周围道路的情况，发现雪虽然还没有完全融化，但路上好像已有车辙的印迹，这说明起码昨天已经有人出行了，道路是通的。"公都说道。

"那先生就快去快回吧。师母与家里的事，有我们弟子在此照应，您就放心吧。"孟仲赞同公都的建议，望着孟轲说道。

孟轲点了点头，然后扫视了一下在场的弟子，说道：

"齐国虽好，但不是为师的故乡，家母若是有知，也不会同意葬在齐国。因此，今日为师进城，除了要向齐王禀报家母过世的消息，还会禀报有关归葬家母于鲁国的打算。千丈之树，尚要落叶归根；有情之人，岂能不念故乡，焉能死而不魂归故里？"

"先生说得是。"众弟子异口同声道。

孟轲又扫视了众弟子一眼，接着说道：

"既然家母是一定要归葬故乡的，所以为师今日进城，就要有劳诸位在家帮助打理收拾行装，特别是要做好运载家母灵柩的一切准备。"

众弟子都连声应诺。

吩咐已毕，孟轲便想立即进城。但是，众弟子都劝他稍微进点朝食后再上路，他们怕孟轲身体撑不住。因为连续陪孟母三天三夜，几乎没吃没睡，孟轲的身体已经很虚弱了。如果再不吃点东西，进城的路上要是出点问题，那么葬母于故里的事就要受影响了。最终，孟轲听从了众弟子的劝言，稍微用了点朝食，然后在公都的陪同下，乘马车进城去了。

日中时分，孟轲从临淄城中赶回了稷下学宫，告知众弟子，齐威王已经同意了他归葬母亲于鲁国的请求，并赠予了一大笔丧葬费用。

对于齐威王赠予孟轲一大笔丧葬费用，孟轲的众弟子都能想到，觉得是人之常情。因为齐威王既然要办稷下学宫招徕天下之士，自然就会笼络像孟轲这样有影响的诸子百家学派的领袖人物。但是，对于齐威王为什么会同意孟轲归葬其母于鲁国，就感到不理解了。所以，当孟轲说完，转身进屋去见妻子仇氏时，众弟子就在私下议论了。公孙丑虽然跟孟轲关系较为亲密，但也不敢去问孟轲原因，于是就问孟仲道：

"大师兄，大家都知道先生是邹国人，生于邹，长于邹，也是从邹国出发到齐国稷下学宫的，为什么他不葬母于邹，而要葬母于鲁呢？"

"公孙师弟，其中的原因我知道。"未等孟仲回答，嘴快的邹春便脱口而出。

孟仲先看了一眼公孙丑，然后转向邹春，说道：

"师弟，那你就给大家说说吧。"

邹春虽然心里很得意，但是此时此刻他也不便于喜形于色，于是便故意装着一副神情严肃的样子，先看了看公孙丑，再扫视了一眼在场的其他师兄弟，然后拿腔拿调地说道：

"先圣孔子生活的时代，鲁国有三大家族，大家知道吗？"

公孙丑当然知道，其他人也大多知道。但是，为了听邹春透露秘辛，大家像约好了一样，都连连摇头，并几乎异口同声地答道：

"不知道。"

邹春一听，内心更得意了，于是故意停顿了一下，又扫视了大家一眼，才开口说道：

"鲁国的三大家族，分别是季孙氏、孟孙氏和叔孙氏，都是鲁桓公的子孙。鲁桓公生有四子，嫡长子就是继位为鲁国之君的鲁庄公，嫡次子叫季友，谥成，其后代被称为季孙氏。庶长子叫庆父，谥共，所以后世称之为共仲，其后代则称仲孙氏。庆父因为是庶子之长，古人称庶子之长者为'孟'，所以庆父的后代又被称为孟氏或孟孙氏。庶次子叫叔牙，谥僖，其后代被称为叔孙氏。"

"哦，明白了。"公孙丑点了点头。

邹春见公孙丑点头，内心很是得意，遂接着说道：

"因为季友、庆父、叔牙都是鲁桓公之子，所以鲁桓公过世，鲁庄公即位后，他们都被封为卿大夫，是鲁国最显赫的权贵。又因为他们都是鲁桓公之子，所以在鲁国以他们为代表所形成的季孙氏、孟孙氏和叔孙氏三大家族，就被称为'三桓'。自鲁庄公时代开始，'三桓'表面上是三个权贵家族，实质上则是三大政治特权集团，鲁国的朝政就由这三家把持，其中冢宰之职则由季孙氏世袭。"

"季孙氏世袭鲁国冢宰之职，是因为季孙氏的先祖季友是出身嫡次子的背景吗？"公孙丑问道。

邹春点了点头，说道：

"正是。由于季孙氏、孟孙氏和叔孙氏三大家族结成利益集团，所以自鲁宣公时代起，鲁国的国君就被架空了，公室日益衰弱，而'三桓'势力则不断坐大，鲁国国政完全掌握在'三桓'手中。先圣孔子一生志在恢复周公礼法，对于鲁国这种卿大于公的政治局面自然极度不满，所以在其担任鲁国大司冠与代摄鲁国之相期间，结合了鲁国部分反对'三桓'的政治力量对'三桓'势力予以打击，试图改变国君被臣下架空、公室衰弱的局面。但是，最后功败垂成，先圣只得逃出鲁国，到齐、卫、宋等邻国流亡了。所以，在鲁国至今仍在传说一句话，叫作'三桓胜，鲁小如侯，卑于三桓之家'。"

正当邹春说得头头是道时，公都突然插话道：

"三师兄，刚才公孙师弟是问先生为何葬母于鲁，您怎么说起了鲁国的三大家族呢？"

邹春大概是因为不满公都岔断了他的话，立即反问了公都一句道：

"公都师弟，你知道鲁国这三大家族跟先生的渊源吗？"

"跟先生有渊源吗？"公都瞪大眼睛看着邹春。

公孙丑也瞪大了眼睛，望着邹春，希望他给出解释。

邹春扫视了一眼公孙丑与公都，说道：

"先生就是渊源于鲁国的孟孙氏家族。先生家的祖屋、祖墓，至今仍在鲁国曲阜。"

"大师兄，是这样吗？"公孙丑突然眼光转向孟仲，望着他问道。

孟仲点了点头。

"哦，原来如此。"公孙丑至此终于恍然大悟了。

正在此时，孟轲从屋里出来了。公孙丑见此，立即迎了上去，问孟轲道：

"先生，刚才听您说要归葬令堂大人于鲁国，那接下来您有什么安排吗？"

孟轲看了看公孙丑，又扫视了一下在场的所有弟子，说道：

"为师正准备要跟大家说这个事。"

"先生，您说吧，弟子们一定都会遵从吩咐，竭尽全力，协助您办理好葬礼事宜。"孟仲首先表态道。

其他弟子，无论是早期在邹国所收弟子，还是来齐国后才收的弟子，也都一致表示赞同。

孟轲先扫视了一眼在场的所有弟子，然后特意将眼光投向了公都与公孙丑，说道：

"公都、公孙，还有家在齐国的其他几位，你们要么继续留在稷下学宫，要么回家探视父母，这次就不要随为师往鲁国了。孟仲、邹正、邹春等家在邹国的几位，你们这次可以先随为师到鲁国，帮助料理好葬礼后，就各自回家探视父母吧，不必再陪为师了。"

"先生，为什么要我们回邹国？"邹正望着孟轲，不解地问道。

"按照先圣的观点与儒家的礼制，大凡父母过世，为人之子者皆应居丧三年。"

"先生，您是说要独自在鲁国为令堂大人居丧守孝三年，是吗？"公都问道。

孟轲点了点头。

"先生，您在鲁国为令堂大人居丧三年，弟子们其实也是可以陪您在鲁三年呀！您不让我们齐国的弟子随行，那为什么也不让大师兄等邹国的弟子陪您呢？"公孙丑不解地问道。

"因为你们也有父母，也是为人之子，应该及时在父母膝前尽孝，而不能一辈子都追随在为师左右。"

听孟轲这样一说，大家顿时都沉默不语。

孟轲扫视了一眼众弟子，从他们的表情中，知道自己的话已然触动了他们的心灵。他觉得这次正好是一个机会，可以借母亲过世居丧之事，给他们讲一讲为人之子必须尽孝的道理，让他们对儒家的思想观念有进一步的认识。于是，他略作思考之后，主动打破沉寂，开口说道：

"我给大家讲个故事吧。"

一听孟轲要讲故事，大家都很高兴，齐刷刷地望着孟轲，连连点头。如果是在平时，而不是在孟母病逝这样的场合，大家肯定要欢呼雀跃的。

孟轲看了看众弟子，见他们都表现出充满期待的神情，遂从容说道：

"先圣在世时，为了恢复周公礼法，实现王道社会的理想，不辞辛苦，终年周游列国，颠沛流离。有一次，他疲劳至极，正坐在车中打盹，忽闻有人哭泣，其声甚悲。先圣连忙对御夫说：'快走，快走，过去看看，前面有位贤者。'"

"先生，您说得太神了吧，先圣难道能从声音中辨出一个人的贤愚？"孟轲的故事刚开了个头，就被邹春插话打断了。

邹正跟邹春正好站在一起，忍不住从其背后掐了邹春一把，埋怨其弟不应该打断孟轲的故事。

跟邹正不同，孟轲对于邹春的质疑与插话，倒是没有在意，反而慈祥和蔼地望着邹春，亲切地说道：

"先圣不仅能从一个人的眸子中看出其贤愚，也能从其声音中辨出其贤愚。不然，怎么称为圣人呢？"

"先生说得是。您继续往下讲吧。"邹正连忙打圆场道。

孟轲看了看邹正，又扫视了一眼其他弟子，接着说道：

"先圣循着哭声，找到了哭泣的人。到跟前一看，原来是皋鱼，正穿着一件破烂的褐布衫，手里拿着一把镰刀，坐在道边旁若无人地大哭。先圣连忙让御夫将马车拉到一边，一路小跑，来到皋鱼面前，跟他说道：'您莫非失去了什么亲人吧？不然，怎么会哭得如此悲伤呢？'"

"先圣认识皋鱼吗？他是怎么回答的？"邹春又没忍住，脱口而出。

邹正再次从背后掐了一把邹春，然后向孟轲抱歉地欠了欠身。

孟轲明白邹正的意思，但装着没看见，接着说道：

"皋鱼回答说：'我的人生有三大过失。第一大过失是，少年时代专心求学，热衷于游说诸侯，把侍奉双亲之事置于脑后；第二大过失是，自以为志向崇高，有时却为了名利而讨好侍奉君王，反而冷落了自己的双亲；第三大过失是，跟朋友情谊深厚，却很少为了侍奉双亲而断绝跟他们的交往，以便腾出更多的时间。现在想来真是惭愧呀！我怎么就不懂一个最简单的道理呢？树欲静而风不止，子欲养而亲不待。'"

"'树欲静而风不止，子欲养而亲不待'，皋鱼的这个比方打得好。先生，皋鱼是因为失去了双亲，后悔没有来得及侍奉他们而感到后悔吧？"公孙丑望着孟轲，问道。

孟轲点了点头，说道：

"正是。皋鱼的这个比方，可谓痛定思痛的感悟，道出了全天下有心行孝而未及践行者的心声。皋鱼还对先圣说：'过去了就追不回来的，是时间；离开了就再也见不到的，是父母。'最后，他跟先圣说：'我没脸再活在这个世上了，还是就此跟大家告别吧。'说完，就像一棵枯树一样，直立着死去了。先圣为此非常感慨，告诉追随他的弟子们：'你们都要以皋鱼之事为戒，今日之事值得你们牢记一辈子！'于是，先圣立即让弟子们就地解散，各自归家奉养自己的双亲。当时离开先圣而回家的弟子，据说就有十三人之多。"

听完孟轲所讲的故事，众弟子都沉默了。公都、公孙丑等家在齐国的弟子，当然也是深有感触，不再坚持要追随孟轲到鲁国，陪侍孟轲在鲁国居丧三年了。

安排好公都、公孙丑等齐国的一众弟子后，孟轲对充虞说道：

"充虞，你对丧葬之事颇有研究，所以为师要拜托你一事。"

"先生，您不必客气，有事尽管吩咐。"

"为师计划明天就出发上路，但是考虑扶灵归鲁，我们人多车重，行路迟迟，肯定要费些时日。不如你与孟仲二人先行一步，轻车简从，快点到鲁国，帮助勘察墓地，先行做好丧葬的准备工作，为师与邹正等其他师兄弟随后就到。"

充虞与孟仲答应一声，就转身离去了，回到自己的学舍收拾行装。

第二天一大早，天寒地冻，北风呼啸。稷下学宫内的所有学子都还蜷缩在被窝里做梦时，充虞与孟仲已经悄然离开了稷下学宫，出发上路了。

行行重行行，朝行暮宿，饿了吃口干粮，渴了就到沿路附近的村庄讨口水。就这样，充虞与孟仲一连走了半个月，终于以最快的速度赶到了鲁国之都曲阜。

鲁国与邹国是近邻，语言与风俗习惯几乎没什么差别。所以，二人到了鲁国，就像是回到邹国一样，感到非常亲切。

进了曲阜城，充虞与孟仲按照临走时孟轲告知的地址，很快就在城里一处繁华的街市附近找到了孟氏祖屋。

站在曲阜孟氏祖屋前，充虞左看看、右看看，惊讶地说道：

"师兄，这就是你们孟氏的祖屋呀？看这高大的围墙，还有这大门，不用进去看，就知道里面的屋子肯定少不了。"

孟仲是孟轲的从昆弟，孟轲的祖先也就是他的祖先。因此，从某种意义上说，这祖屋也有他的一份。以前不知道，孟仲也就没什么想法。如今突然看到孟氏在鲁国之都曲阜有如此一处庞大的祖产，内心深处难免还是激起了涟漪，颇有些感慨。所以，当充虞跟他说起眼前这孟氏祖屋时，他有些心不在焉，随口答道：

"也许吧。我以前从未来过鲁国，也不知道我们祖上在这鲁国之都曲阜还有这么一处祖产，而且至今还保存得如此完好。"

"师兄，先生告诉我们这处祖屋，是要我们提前回来打扫吧。他要在鲁国为母亲居丧三年，肯定是要住在这里了。"

"这还用说。不但先生与师母要住在这，我们这些陪侍的弟子也得住在这里。"孟仲答道。

"先生不是说过，到了鲁国，替母亲办理好葬礼，就让所有邹国的弟子都回家吗？"

"师弟，你这么聪明的人，怎么不明白？葬礼要办理好，恐怕不是一天两天时间吧。既然不是一天两天时间，那么这次随先生而来的所有邹国弟子，都是要在这个祖屋住上一段时间的。"孟仲提醒道。

"既然如此，那我们二人的任务还相当繁重呢。不是收拾一间屋子就完事了，至少也得收拾出两三间屋子才够。"充虞望着紧闭的大门，说道。

"师弟说得对。那我们就别站在这说话了，赶紧进去收拾吧。"孟仲嘴上是说要收拾屋子，其实是想早点一窥其祖屋的究竟。

充虞点了点头。

于是，二人一起走上前去。见大门上并没上锁，就试着推了推。结果，一推就开了，里面并没有上栓。于是，二人明白了，原来这就是一处空屋，并无人居住。

二人进了院子，先好奇地到处走了一圈，然后选了三间采光与通风条件都比较好的屋子，合力用了一天的时间，仔细地清理与打扫了一番。最后，又赶在收市之前，上街买了一些被褥与日用品回来，算是首先把他们自己安顿了下来。

第二天，二人又按照孟轲告诉的地点，前往曲阜城外的马鞍山察看祖墓。

孟氏祖墓位于马鞍山西麓，坐西朝东。马鞍山并不高，但山上林木葱郁，远望黛色如画。只是充虞与孟仲来的时候，正是隆冬腊月，山上草木皆枯，所以看起来颇是萧瑟苍凉。而墓地面对的东面，则是一片开阔的平原，一望无际。

充虞站在墓地前，朝四周看了看，感慨地说道：

"师兄，你们孟氏祖先还真是会找地方。你看，这墓地的位置，西边是马鞍山，是这一带唯一一座较高的山，人葬在这山麓，就像是骑在马鞍之上，仿佛给人一种暗示，你们孟氏生前是贵族，骏马任骑，高高在上，俯视他人；死后休憩于此，面朝广袤的平原，视野开阔，每日迎着东方的朝阳，可以看着你们孟氏子子孙孙世世代代生生不息，长盛不衰。"

"师弟，你可真会说话，难道我们祖上当初选择墓地时会想到这么多？未必吧，是不是你想多了？依我看，你是这些年研究丧葬太过投入，已经走火入魔了吧。"孟仲笑着说道。

"师兄，你们孟氏祖先当初选择这片墓地，是否有我刚才所讲的那些寓意，咱们暂且不论，就以我们现在站在此地的客观感受来说，您觉得不是这样吗？"

孟仲听了充虞这话，又朝墓地四周看了看，默默地点了点头。

充虞见此，连忙接着说道：

"先生之母是邹国人，按照先生叶落归根的说法，先生之母应归葬邹国才是。为什么先生要向齐王禀报，要求葬母于鲁呢？难道他没有寓意吗？"

"师弟，你这又是想多了。"孟仲不以为然地说道。

"师兄，我怎么又是想多了呢？"

"师弟，你不是不知道吧，先生之父不就是葬在这里的吗？儒家讲'三从四德'，其中的'三从'，就是规定女人在家从父，出嫁从夫，夫死从子。既然先生之父葬于此，其母自然要随从其父葬于此了。"孟仲凿凿有据地说道。

"师兄，您这样讲也是对的。抱歉，抱歉！我刚才光顾着看地形，跟您说话，差点儿忘记今日来此所为何事了。咱们还是快点找找先生之父的墓穴吧，先生说要让他父母同穴。"

"这片墓地不小，墓穴有很多，咱们得从墓碑上的字迹仔细辨认，才能发现先生之父的墓穴究竟是哪一个。看来，今天咱们是要花点工夫的。"孟仲回应道。

充虞点了点头。

于是，二人从墓地最高处的一排墓碑开始，依次往下一排排地查看。查找了大约有一个时辰，才最终找到了孟轲之父的墓穴。充虞从旁边找了几块石头，堆在孟轲之父墓碑之前，孟仲则从附近的树上折了一根枯枝，插在充虞堆好的石头缝隙中，算是做了个标记。快到夕阳西坠时，算算离曲阜城门关闭时间不多了，二人才离开了墓地。

周显王四十二年（公元前 327 年）十二月二十，历经近一个月的时间，孟轲才在众弟子的协助下将母亲的灵柩从齐国运送到了鲁国。

由于事先充虞与孟仲做好了充分的准备工作，在孟母灵柩运抵鲁国之都曲阜的第三天，也就是周显王四十二年（公元前327年）十二月二十三，孟母的葬礼得以顺利举行。因为孟轲是齐国的列大夫，位在上卿，所以鲁平公听闻了孟轲葬母于鲁的消息，特意遣使吊唁，并致送了祭仪。

葬礼结束后，孟轲就正式开始了为母居丧三年的行孝尽礼生活。这期间，除了充虞与孟仲二人留下照顾他全家的日常生活外，其他弟子都回邹国探视父母了。

居丧尽礼的生活是枯燥乏味的，但孟轲每日都守礼如仪，没有丝毫的差错出入。除了跟充虞、孟仲两个弟子时有交流切磋外，孟轲每天都有一件必做不可的事，就是早晚前往母亲墓前各一次。母亲生前，无论是在邹国老家，还是在齐国稷下学宫，不论出现什么情况，几十年如一日，他都坚持每天清晨起来第一时间前往问候请安，晚上休息前再探视一次，并给母亲扫好席、展好被，一切安顿停当后，自己才回房休息。现在，母亲不在了，他还是保持原来的习惯，每天早上起来第一件事就是给母亲问候请安。只不过，现在问候请安不是在家里，而是要出城很远，到母亲安眠的马鞍山麓的墓地。在母亲墓前，或是跪着，或是坐着，对着墓碑，就像是跟母亲面对面一样，向她报告着自己每日的生活现状，还有所思所想。尽管他知道母亲是听不见的，但他还是忍不住要跟母亲絮叨一番。晚上一次的探视一般都在午后，因为要赶在夕阳快要西沉、曲阜城门快要关闭之前回去。

周显王四十三年（公元前326年）五月十七，孟轲像往常一样，一大早就前往孟氏家族墓地给母亲请安问候。午后，又雷打不动地前往母亲墓地，跟她作一天最后一次的道别与问候。但是，他没想到，夏天的天气是多变的。他午后出门时，还是艳阳高照，天气热得要命。等到他到了墓地，刚坐下来要跟母亲说话时，突然天上乌云滚滚，顷刻间大雨倾盆。

孟轲抬头看了一眼天空，本能地从地上一跃而起，下意识地朝母亲墓后的山脚下狂奔而去。但是，冲到山脚下，躲到树林中避了一会儿雨后，他又突然一头冲进了越下越大的雨中，并且一边跑，一边喊道：

"娘，不要怕，儿来保护您，不会让您淋雨的。"

奔到母亲坟墓边，看着刚才还是干干的坟墓，现在已经渐渐湿透，孟轲一时情急，一纵身，直接趴在了母亲的坟顶上。他是想用自己的身体遮蔽雨水，不让其渗入坟墓。可是，趴了一会儿，他发现坟墓旁边杂草上的水珠不断往下滚落，突然醒悟过来，仅靠自己的八尺之躯，是挡不了多少雨水的，不如就地取材，拔草堆垛，不就可以替母亲的坟墓建立一个隔雨的屏障了吗？

想到此，孟轲立即从母亲坟顶一跃而起，将母亲墓地旁边的荒草一把一把连根拔起，从坟顶往下，依次堆放，就像平时人家盖房覆草为顶一样。

拔了大约有一个时辰，孟轲终于拔够了草，将母亲的坟墓严严实实地全部覆盖上了。站在母亲墓前，看着雨水不再直接落在母亲坟顶之上，而是顺着坟墓上覆盖整齐的草而流向坟墓两边，早已被雨水浸透了衣裳的孟轲会心地笑了，自言自语道：

"娘，儿已经给您盖好了屋子，下再大的雨也不会淋到您了，您就安心地睡吧，不用担心会湿了衣裳。"

就在孟轲雨中为母亲坟上覆草遮雨的同时，在曲阜城中的孟轲之妻仉氏则望着倾盆而下的大雨，急得团团转。

"师娘，您不要着急，先生不会淋到雨的。"充虞和孟仲陪着孟轲之妻仉氏站在门口，望着已经下了一个多时辰的大雨，虽然内心焦急万分，但还是强装镇静地安慰着孟轲之妻仉氏。

仉氏没吱声，但眼睛却一直看着天空。

见此，充虞又安慰仉氏道：

"师娘，您真的不用担心先生。不是有句老话说'一山有四季，十里不同天'吗？您看这曲阜城里是大雨倾盆，说不定曲阜城外，特别是马鞍山墓地，还是晴空万里呢！"

事实上，并不是像充虞说的那样，这场大雨并不是只下在曲阜城内，也不是只下在曲阜城外与马鞍山孟氏墓地，而是下在了鲁国全境，并由此酿成了鲁国空前未有的水患之灾。

鲁国水患之灾的真实情形，以及造成的严重后果，住在曲阜城内孟氏祖屋内的孟轲之妻仉氏，还有充虞和孟仲，此时此刻肯定是难以预料的。同样，身在马鞍山孟氏祖墓的孟轲，也是不可能料想得到的。但是，无论是孟轲之妻仉氏，还是孟轲弟子充虞，此时都想到了一个相同的问题，如果孟轲今天真的淋到了雨，回来一定会受凉，说不定还要大病一场。

果不其然，傍晚时分，在曲阜城门快要关闭之际匆匆赶回城内的孟轲，一回到家就不断地打喷嚏。因为孟轲之母是感染风寒而在齐国病逝的，所以对于风寒的症状，孟轲之妻仉氏还是多少有所了解的。虽然丈夫所受风寒与婆母所受风寒不一样，一是夏天的热风寒，一是冬天的冷风寒，但都是因受了寒气而引起。所以，她深以为忧，不知如何是好。

不过，充虞和孟仲倒是很镇定。他们认为孟轲毕竟不同于其母，正当壮年，身体条件比孟母不知要好到哪里去了。再说，现在毕竟是夏天，不是冬天，夏日的风寒比起冬日的风寒要容易痊愈，这是他们都有的生活常识。所以，当仉氏见孟轲浑身湿透地回到家里，喷嚏不断而显得神色慌张和手足无措时，他们没有慌张。

"师娘，先生淋了雨，受了凉，最好的方法是让先生赶快洗个热水澡。"在孟轲回其内室更换湿衣之际，孟仲不失时机地提醒孟轲之妻仉氏道。

"说得对！看你师娘都急糊涂了，我怎么就忘了烧热水呢？"仉氏一边说着，一边连忙转身，往灶间烧热水去了。

"师娘，您去烧热水，那我跟师兄去给先生准备澡盆吧。"

不大一会儿，充虞就和孟仲清理好了澡盆。从屋里出来时，正好碰到孟轲从屋子里出来了。

"先生换掉了湿衣裳，但头发没有擦干。这可不行，头发不擦干，很容易受凉的。"充虞看着孟轲，说道。

"师弟说得也是。我这就给先生找干布去。"说着，孟仲转身就进里屋去了。

过了大约有烙三张大饼的工夫，孟轲之妻仉氏烧好了热水。充虞和孟仲连忙将先前清理好的澡盆搬到灶火间，跟仉氏说：

"师娘，现在先生可以洗澡了。"

仉氏点了点头。

于是，充虞与孟仲合作，合力将锅里的热水舀到澡盆里，并兑了一些冷水。然后，二人又相继用手试了试水温，都觉得合适后，才合力将澡盆抬到了另一间屋子里，请孟轲宽衣入浴。

洗完热水澡，孟轲确实觉得人舒服了很多，也不怎么打喷嚏了。孟轲之妻仉氏感到放心了。

可是，第二天一大早起来后，孟轲发现自己的鼻子就像是被什么塞住了一样，有一种透不过气来的压迫感。这个症状，其实就是风寒的典型症状之一。孟母在齐国染上风寒时，开始出现的症状就是鼻塞。对此，孟轲有清楚的了解，其妻仉氏与两个弟子充虞、孟仲也都了解。但是，孟轲怕妻子仉氏与两个弟子担心，就没有说出来。

可是，到了晚上，除了鼻塞，孟轲还发现自己后脑部位有一阵阵的强痛。

睡觉时，又发现脖子转动起来也好像不怎么灵活了。因为不想让妻子担心，所以孟轲就没有跟妻子说，而是忍着痛，侧身而卧，假装很快就睡着了。

到了半夜，孟轲觉得忍不住了，推醒妻子，说道：

"我觉得后脑袋有些痛。"

妻子听了一惊，连忙追问道：

"后脑袋痛？是不是今天在外面摔了？"

"没有，今天我根本没摔过跤，后脑袋更是没有碰过任何东西。"

"没碰过任何东西，那后脑袋怎么会无缘无故地痛呢？如果说是受了凉，也不会后脑袋痛呀！娘在齐国得了风寒，病了那么长时间，也没见她说过后脑袋痛呀！"

"大概不是风寒，可能另有原因吧。如果是风寒，早该没事了，因为已经洗过热水澡了。记得小时候，我每当淋了雨，娘给洗个热水澡，就什么事都没有，从未得过风寒。"孟轲说道。

"除了后脑袋痛，您还有什么地方不舒服？"仇氏问道。

"脖子好像也有些问题，稍微扭动一下就觉得痛，感觉很僵硬，不像平时那样灵活自如了。"

仇氏觉得奇怪了，好像这个症状也跟婆母先前得风寒的症状有所不同，于是便问孟轲道：

"是不是睡觉前枕头没放好，睡着后落枕了？"

"好像不是。"孟轲吃力地摇了摇头。

"那到底是怎么回事呢？"仇氏感到非常困惑。

夫妻俩说着话，熬了很久，终于等到了天亮。

"师娘，先生昨晚睡得怎么样？"仇氏刚起来从内室走出，就见充虞迎了上来，关切地问道。

"充虞，你怎么起得这么早？先生昨晚不舒服，我们都没睡好，所以才起来这么早。你为什么不多睡一会儿，起来这么早干什么？"

仇氏跟充虞说话时，孟仲正好走了过来，连忙接口问道：

"先生昨晚怎么啦？哪里不舒服？是不是因为昨天淋了雨，受凉而得了风寒？"

"你们先生说，他后脑袋有些痛，脖子发硬，不能扭动。这些好像都不是风寒的症状，不知道到底是什么原因。"仇氏回答道。

"先生有没有流清鼻涕？"充虞问道。

"没有。"仇氏说。

"有没有鼻塞呢?"孟仲问。

仇氏摇了摇头。

其实,孟轲是有鼻塞的,只是仇氏没注意。正因为仇氏没注意孟轲有鼻塞,也没见孟轲流清鼻涕,所以不知道孟轲得的正是风寒。直到日中时分,孟轲要仇氏给他加被,仇氏才知道孟轲是得了风寒。因为婆母在齐国得风寒时,也有怕冷的症状,盖了很厚的被子仍喊冷,身体蜷成一团,还会瑟瑟发抖。孟轲此时的症状,跟婆母当时的情况非常相像。

大致知道孟轲得的是风寒,仇氏心里就有底了。根据以往孟轲从齐国得来的偏方,仇氏一面不断给孟轲喝水,一面让充虞与孟仲出去找郎中,看看鲁国有没有更高明的郎中,是否能够开出治风寒的有效药方。

功夫不负苦心人。充虞与孟仲跑遍了整个曲阜城,最后终于找到一个治风寒出名的郎中。郎中根据孟轲的症状描述,给开了一堆树叶一样的东西,让充虞与孟仲回去分成两份,一份煮水给病人喝,一份煮水给病人泡澡或泡脚,并叮嘱说,泡澡或泡脚不能敷衍了事,一定要泡到病人浑身出汗为止。

充虞与孟仲回去后,当天晚上就按照郎中的要求,如法炮制。先让孟轲喝了两次药,再让他泡了半个时辰的澡,然后才服侍他睡下。

第二天一大早,天还没有亮,充虞与孟仲就起来了,候在孟轲寝室之外。这一方面是因为他们心系孟轲病情,另一方面则是急于验证昨天郎中所开药物是否有效。

二人一左一右,立于孟轲寝室门口,等了大约有半个时辰,门才"吱呀"一声开了。

"师娘,先生昨晚睡得怎么样?"仇氏一只脚在门外,一只脚还在门里时,充虞与孟仲便迫不及待地问道,二人几乎是异口同声。

仇氏被吓了一跳,吃惊地望着充虞与孟仲,问道:

"你们昨晚没睡觉,一直站在这里吗?"

"师娘,哪会呢?我们今天只是起得早了一点儿而已。"充虞笑着说道。

"孟仲,是这样吗?"仇氏有点不相信,看着孟仲问道。

孟仲点了点头。

"先生昨晚睡得好吗?"充虞见仇氏没有正面回答问题,又追问了一句。

"你们昨晚给先生喝了药,泡了澡,先生睡下后,一觉睡到了天亮,也没见叫一声哼一声。刚才我探了探他的额头和身上,也没有发烧。看来你们昨天找的药很有效，真是对症了。只是非常可惜，婆母得病时是在齐国。要是在鲁国，就有得救了，不至于过早地离开了我们。"

"师娘说得是。"孟仲连声附和道。

充虞怕再继续说下去，会让仇氏更加感伤，因为他知道她们婆媳之间关系非常好，于是连忙岔开话题，说道：

"师娘，您看我们现在是否可以进去看看先生？"

"当然可以。"仇氏点头说道。

充虞与孟仲向仇氏躬身施了一礼后，便一起进去看孟轲了。

三天后，孟轲身体痊愈。

痊愈之后的孟轲，仍然像以前一样，每天坚持前往母亲墓前探视问候，就像母亲在世一样，早晚各一次，雷打不动，风雨无阻。

三、月夜之思

周显王四十五年（公元前 324 年）十二月十五，飧食后，孟轲像往常一样，从屋内信步走到院中。

孟氏祖屋的院子很大，完整地走完一圈，大约需要一顿饭的工夫。走完一圈，孟轲本想跟往常一样就进屋了。但是，走到离所住屋子还有五十步的一处平台时，上台阶没留意，一脚踏空，差点儿摔倒。幸亏当时旁边有一株老槐树给挡了一下，不然恐怕要重重地摔一跤，不说重伤，摔个轻伤肯定是免不了的。

扶住老槐树树干的一刹那，孟轲不经意地抬头朝树梢看了一眼，猛然发现一轮圆月已然挂上枝头。老槐树高耸突兀，疏条枯枝，使高挂树梢的月亮越发显得皎洁明亮。

正当孟轲就地坐下，背倚老槐树举头望月，若有所思之时，在屋内的孟轲之妻仇氏却着急了。左等右等不见孟轲回来，仇氏只好去找孟轲的两个弟子充虞与孟仲了。

此时，充虞与孟仲正在厅堂，秉烛对坐，热烈地讨论着什么。仇氏一见二人，也顾不得什么礼貌，径直打断他们的讨论，高声问道：

"孟仲、充虞，你们先生呢？怎么还不见回来？"

"师娘，您怎么一刻也离不开我们先生呢？"

孟仲觉得充虞跟师娘这样打趣，似乎有点不礼貌，于是连忙转移话题，说道：

"师娘，您完全可以放心，先生只是到院子里走几圈，每天晚上都如此，能出什么事呢？再说，今天天气好，没有一丝风，先生觉得高兴，在院子里多走几圈，也是正常。"

"除此之外，还有一种可能，就是此时此刻，先生正在院子里举头望月，思考人生，所以忘了时间。"

孟仲不明白充虞的话是什么意思，连忙追问道：

"师弟，你这话怎么讲?"。

"今天不是十二月十五吗?"

"十二月十五，难道有什么讲究吗?"孟仲还是不明白。

"今天是十二月十五呀！你们看，师娘差点儿忘了。"

孟仲见仇氏若有所悟地点了点头，顿时更加糊涂了。

充虞见师娘仇氏都已然明白了什么意思，而孟仲还是一脸困惑的样子，于是笑道：

"师兄，您怎么还不明白，今天是十五，天气又好得出奇，外面的月光肯定很美。先生是个思想家，举头望月之间，能不思接千古，对社会、对人生有深刻的思考吗?"

"师弟，你这话说得很勉强。先生确实是个思想家，但思考问题并不一定非要在举头望月之间呀！他平时独处时，甚至有时跟我们弟子讨论时，都会陷入沉思之中。"孟仲不以为然地反驳道。

"师兄，您的话确实说得没错。但今天的这个十五，跟平时每月的十五不一样，跟从前所有的十五也不一样，这个十五是具有特殊意义的十五，所以先生一定会由月圆想到很多事情，思考的问题也有很多。"

"充虞，你是说你先生会由月圆想到他娘，是吧?你先生曾跟我说过，他小时候，每当十五月圆之夜，总是缠着他娘，要她讲故事。不过，这事一般人不知道。充虞，你是怎么知道的?"仇氏看着充虞，不无好奇地问道。

"师娘，您所说的这事，其实我并不知道。我刚才之所以说先生今天望月一定会想得很多，不是已经告诉你们了吗?今年的十二月十五，不是一般的十五，而是具有特殊意义的十五，你们怎么都没听懂呢?"充虞看了看仇氏，又看了看孟仲，笑着说道。

"师弟，你有话就直说好吧，不要让师娘与我猜了。"

充虞从孟仲的口气中，似乎听出了不满之意，于是连忙正襟危坐，看了看孟仲，然后望着仉氏，说道：

"大凡是一般人，平时总不太会记得今天是初一初二初三，或是初七初八初九。但是，举头望月，发现月圆，他一定会幡然醒悟，今天是十五。"

"师弟，你这话说得对。"孟仲不假思索，脱口而出。

仉氏也点了点头。

充虞看了看二人，接着说道：

"先生也一样，他平时也是一个不记日子的人，跟我们弟子在一起时，常常忘了时间。今天天气很好，外面的月色一定很美，月亮也一定显得又大又圆。所以，我能猜到先生一定会由此想到今天是十五，而且是一个不同寻常的十五。"

"师弟，我又不明白了。你说先生见月圆想到今天是十五，这没有问题，但为什么这个十五是不同寻常的十五呢？"孟仲反问道。

"师兄，您还不明白？先生能记起来今天是十五，就一定能记起今年的十二月十五是什么日子。"

"师弟，你这话说得我更糊涂了。"孟仲瞪大眼睛看着充虞，心中不免起了一种怀疑，认为他是有意故弄玄虚。

仉氏此时跟孟仲有相同的想法，但她没有说话，只是好奇地看着充虞。

充虞看了看仉氏，又看了看孟仲，笑道：

"师娘，师兄，你们怎么还不明白呢？今天是十二月十五，再过八天，就是十二月二十三，是先生之母下葬三年之期，也是先生即将结束三年居丧之期。这个时候，这样的月圆之夜，先生这样多愁善感的人，岂能不望月遐思，会想得很多很多？如果你们不信，现在我们就到院子里找先生，看看他是不是在望月遐思。"

"充虞，你这样一说，师娘就明白了。好，那你们现在就到院子里去找你们先生，师娘对你们先生还是有些不放心。这个院子很大，虽说今天是十五月圆之夜，月光肯定很亮很好，但总有照不到的角角落落，万一你们先生一不小心，跌倒在哪里，也是不好说的。你们快去快回哦！你们先生是个多愁善感的人，今天又是个特别的日子，如果他确实是在望月沉思，你们尽量不要打扰他，可以远远地陪着他。但是，你们一定要在第一时间回来跟师娘报个信，不然师娘现在回去也睡不踏实的。"

充虞与孟仲答应了一声，便从席上一跃而起，出门找孟轲去了。

出门走了不到三十步，刚转过厅堂左边廊柱，充虞与孟仲就发现皎洁的月光下，孟轲正坐在台阶上，背倚一株老树，正抬头望天呢。

"充虞，你说得没错，先生果然是在举头望月呢。"

充虞听了孟仲的话，没有直接回答，而是反问道：

"师兄，我们要不要现在就回去跟师娘禀报一声？"

孟仲点了点头。

"那好，师兄，您站在这别动，我回去跟师娘禀报一声就回来。"充虞说道。

孟仲又点了点头。

不一会儿，充虞回来了。二人就站在廊柱下，静静地看着孟轲。

站了一会儿，充虞轻声说道：

"师兄，这里离先生太近，我们找个离先生远一点儿的地方，远远地看着先生吧，不要惊动他，打扰了他的沉思与遐想。"

孟仲再次点了点头。

二人绕过廊柱，来到院子右边靠墙的一处树荫下。这里有几块大平石，他们平时都很熟悉，也曾多次坐在这里闲聊或讨论过问题。坐在这里，有三个好处，一是可以以最佳视角清楚地看到孟轲，二是可以最好地隐蔽自己，三是离孟轲所坐的地方足够远，说话孟轲不会听见。

二人在树荫下坐下不久，充虞就问孟仲道：

"师兄，刚才师娘说，先生小时候一到月圆之夜就喜欢缠着他娘讲故事，不知道到底讲的是什么故事。"

"这个好办！先生现在就坐在那里，你过去问问先生，不就知道了吗？"孟仲开玩笑地答道。

"刚才师娘说过，让我们不要打扰先生。"

"师弟，我跟你开玩笑的。我想，先生此时一定是在回忆小时候跟他娘在一起的岁月，以及他娘给他讲故事的往事。"

"师兄说得对，我猜也是这样。哎，师兄，一直想问您个问题。"

"什么问题？但问无妨。"

"您是先生的从昆弟，跟先生的年龄也差不了几岁，那您是否跟先生小时候就是玩伴，是一起长大的？"

"没有，没有。我虽跟先生是堂兄弟，年龄差距也不大，但从小并没有一起生活过。我们两家住的地方相隔相当远，甚至有很长一段时间，两家是彼此不相往来，只在祭祀祖先时会碰一面。因此，大家对彼此的家庭情况并不了解。后来，因为先生开馆收徒，我又正好到了上学的年龄，我爹想来想去，觉得与其将我送到别的学馆跟别的先生学习，还不如送到自己同家族人开办的学馆学习。这样，我就成了先生的弟子，我们两家也因此开始热络地走动起来。"

"哦，原来如此。"充虞点了点头。

沉默了一会儿，孟仲突然在黑暗中侧过头来，望着充虞，问道：

"师弟，你今天突然问这个问题干什么？"

"没什么，就是好奇。我是想，如果您跟先生是从小一起玩大的，那么先生此时此刻望月遐思与回忆的事情，你应该就猜得到。"

"不过，师弟呀，虽说我跟先生不是从小一起玩大的，但先生小时候的很多事情，甚至先生长大成人乃至结婚后的许多事情，我还是有所了解的。"

孟仲说这话时，充虞在黑暗中虽看不清他的表情，但从其语气中，还是能揣测到其颇是自豪的感觉，于是趁机设彀，说道：

"师兄，既然您知道先生小时候的事情，为什么从来都不跟我们师兄弟说呢？"

"先生小时候的事情，我也只是偶然听我爹说起的，而且都是有关先生负面的事情。"

"先生不是圣人吗？怎么小时候也有负面的事情？"充虞顿时兴趣倍增。

"师弟，你这话就说得不对了。圣人也不是一生下来就是圣人，也是要靠不断修炼，逐步成长的。"

"师兄，您说得对。记得先生曾经说过，先圣有句话，说是'人非生而知之，而是学而知之'。跟您刚才所说的意思大概一致。"

"师弟，怪不得先生与师娘都喜欢你，你实在是太聪明了，什么事情都是一点就通。"孟仲由衷地说道。

"师兄，您就别乱夸我了。您还是将先生小时候的事情，拣有趣的跟我讲一两个吧。反正今天这里没有别人，就我们俩。先生坐得远，肯定听不到；师娘此时已在屋里睡觉了，自然也不会听到。"

孟仲抬头看了一眼不远处树梢上高悬的一轮明月，又朝孟轲坐的地方瞅了一眼，沉吟了片刻，才从容说道：

"我们同门师兄弟，无论入门先后，大家大概都有一个共识吧，就是认为先生有先圣之风，勤奋好学，博古通今，于学无所不窥，诲人则不知疲倦。"

"师兄说得对，我就是这么认为的，相信其他的师兄弟也是这样认为的。"充虞连忙附和道。

孟仲听了充虞的话，不禁哈哈一笑。

"师兄，您笑什么？您要笑，也小声点，别让先生听到了。"充虞小声提醒道。

"放心，师弟，先生听不到的。我们坐在这东墙树荫下，先生坐在靠西墙的那个平台上，距离远着呢。"

"师兄，您别忘了，这是晚上，不是白天。夜深人静，声音传得特别远，听得也特别清晰。"

"这话也对。好，我们说话就小声点吧。"孟仲说道。

"师兄，您还没回答我的问题，刚才您为什么笑？"

"你说呢？"孟仲不答反问道。

"我不知道，才问您的呀！"

"我不是笑别的，我是笑所有同门师兄弟都被先生现在华丽的外表所蒙蔽了。其实，先生小时候是个皮大王，并不是爱好学习的孩子。"孟仲压低声音，神秘地说道。

"是吗？看不出，先生小时候还是个皮大王。那么，师兄，先生小时候是怎么个皮法？"充虞立即追问道。

"据我爹说，先生小时候最不爱的就是读书了，喜欢跟市井孩子混在一起，嬉戏游乐。而他娘最看重的就是读书，最看不惯的就是嬉戏游乐的浪荡之辈。所以，先生小时候被其母亲管束得极其严格。"

"这个是可以想见的。先生的母亲出身邹国名门望族，是大家闺秀，不仅贤惠，而且有学问。而先生呢，则是出身鲁国的权贵家族，先生的母亲对于先生自然就寄予厚望了。望子成龙，是天下所有为人母者共同的心愿，更何况是先生的母亲呢？"

"师弟，你说得太对了。"

"那先生的母亲是怎么管教先生的呢？"充虞又问道。

"先生的祖上虽是出身鲁国权贵，但先生祖父辈从鲁国迁到邹国时，却逐渐沦为平民。所以，先生小时候家境就非常普通。那时，先生家也不住在曲阜城内，而是住在曲阜城外，还靠近一个坟墓群。"

"这么说来，先生小时候的家境就不是非常普通，而是相当不好。不然，谁也不愿意与死人为邻，住在墓地附近的。"充虞说道。

孟仲点了点头，接着说道：

"其实，住在墓地附近也没什么。在邹国，这种情况很普遍。很多人家死了人，往往都是就近埋葬在自家房屋前后左右，祭祀也方便。只是先生小时候实在是太顽皮了，他不肯学习也就算了，还特别热衷于观摩丧葬之事。"

"丧葬之事，有什么好观摩的？先生小时候怎么会有这种爱好呢？"充虞感到不理解。

"大概是那时也没什么好玩乐的事吧。"孟仲回答道。

充虞点了点头。

"师弟，说到先生小时候喜欢观摩丧葬之事，我想冒昧问你一句，你精通丧葬之礼，连先生都认为你是个中行家，并郑重将其母亲的丧葬之事委托你办理，是不是因为你也有与先生小时候相同的经历？"

"师兄，您想多了。我绝对没有跟先生相同的经历，小时候我家也不住在墓地附近，从未观摩过丧葬之事。丧葬之礼，是后来投在先生门下之后，在先生的鼓励下才专门研究学习的。师兄，您应该知道，先生一向认为，生与死是人生两个最大的问题，尤其是死，更是所有人都不能回避的问题。先生跟先圣以及儒家许多先贤一样，都非常重视慎终追远，所以对于丧葬之事也就特别重视。"充虞连忙解释道。

"师弟，你说得对。"

"师兄，我们不讨论这个问题了，还是请您接着讲先生小时候的事吧。"

孟仲点点头，接着说道：

"先生小时候喜欢观摩丧葬之事，主要还是与其居住环境有关。因为住处就是墓地，经常能够看到别人办理丧葬之事。小孩子不懂事，又没有别的游乐，自然会将丧葬之事当成好玩的事，跟别的孩子在墓地间玩起踊跃筑埋的游戏。虽然其他孩子的父母对此都不以为意，但先生的母亲却敏锐地意识到了问题的严重性，认为小孩子在此环境下生活不利于身心健康，也不利于学业进步。所以，她毅然决然就把家给搬了。"

"看来，先生的母亲是非常懂教育的，怪不得先生能够成为教育家，原来是有他母亲的影响。"充虞脱口而出，评论道。

孟仲点了点头，同时目光朝孟轲所坐的方向扫了一下，发现孟轲仍然一动不动地背靠着老槐树，坐在台阶上抬头望着月亮。

充虞见孟仲突然停止不说了，于是催促道：

"师兄，您再接着说呀！从墓地附近搬离后，先生后来住到了哪里？"

"住到了曲阜城内，而且是在一处闹市区。"

"从城外搬到城内，又是在闹市区，那就再也看不到丧葬之事了。这一下，先生的学业应该进步很快了吧，他母亲也就不必再担心什么了吧？"

"师弟，你想错了。搬到城内，因为是居于闹市区，周围都是商铺店家，整天眼中所见都是贩夫走卒，耳中所听都是叫卖兜售之声，先生又找到了新乐趣，仍然不思学习，而是整天跟小伙伴模仿商贩叫卖，还捏泥为肉，做起杀猪卖肉的游戏。先生母亲为此深以为忧，于是下定决心，再次搬家。"

"那这次搬到哪里了？"充虞立即追问道。

"这次搬到了曲阜城内的学宫旁边。"

"那结果怎么样？"充虞又追问道。

"搬到学宫旁居住之后，先生整天耳濡目染的都是学宫生活，所见都是设俎豆之仪、行进退揖让之礼，所听都是先圣先王劝善进德之言。于是，先生也不知不觉地模仿起来，很快就迷上了学习，学业进步非常快。对此，先生的母亲非常高兴，逢人便说这次搬家搬对了，认为这才是她儿子应该居住的地方。"孟仲说道。

"这样说来，先生能有今日的成就，能够在稷下学宫脱颖而出，成为闻名天下的大儒，是跟其母三迁其居有着密切的关系。如果没有这三迁，恐怕先生的人生就会是另一番景象了。怪不得先生对其母感情这么深！"

"师弟，这下你明白了吧。"

充虞点了点头，朝孟轲所坐的方向看了一眼，见孟轲仍然一动不动，倚树望月，知道他此时此刻心中所思所想肯定与其母亲有关。

过了一会儿，充虞又问孟仲道：

"师兄，除了三迁的故事，先生的母亲为了培养先生，还有别的什么故事吗？"

"你让我想一想。"

停顿了好一会儿，孟仲突然一拍脑袋，说道：

"我想起来了。"

"师兄，那您快说。"充虞连忙催促道。

"这个故事，是我投在先生门下前，我爹特意给我讲的，其意是要鼓励我，要我向先生学习。"

"师兄，您一直在学业上不断精进，从不懈怠，是不是就是受这个故事的影响？"充虞问道。

"有这个因素。"

"那师兄就赶快给我讲一讲吧，让我也受受激励。"充虞央求道。

在黑暗中，孟仲点了点头，说道：

"有一次，先生从学宫放学回来，他母亲正在织布，问他说：'轲儿，你最近学业进展怎么样了？'先生漫不经心地答道：'还跟以前一样。'他母亲非常生气，立即拿起旁边的剪子，将刚织成的布匹一刀剪断。"

"这是干什么呢？织成一匹布非常不容易，要花很多时间的。先生的母亲怎么就舍得一刀给剪了呢？剪断了的布，那就不好卖了呀！"充虞感到非常不解，黑暗中望着孟仲说道。

"先生见了他母亲这突如其来的行为，虽然感到非常害怕，但还是硬着头皮，战战兢兢地请教母亲道：'娘，您为什么无缘无故地将一匹好布剪断了呢？您就不可惜吗？'先生的母亲立即反问道：'娘让你上学读书，你却学业没有进展，徒然浪费了大好时光，你不可惜吗？'"

"先生的母亲真的很会教育孩子！原来，她剪断布匹，是要给儿子打比方。不过，这个比方的成本也太大了。"充虞评论道。

"师弟，你说对了。不过，话说回来，这个成本虽然大了些，但给先生的震撼也是非常大的，让先生留下的印象自然也是非常深刻的。"

"那之后呢？"充虞又问道。

"先生被他母亲问得哑口无言，只好低头认错。他母亲于是趁热打铁，告诉他：'你荒废学业，就像我剪断这匹布一样。君子之好学，乃为进德，树立日后好名声；君子之好问，是为增广知识，开拓视野。君子因为好学好问，所以德高于人，才出乎众，平居可保安宁，行动可避祸患。而今你不思进取，荒废学业，今后难免要沦落到社会的底层，受劳役之苦，无法摆脱祸患。'"

"先生的母亲还真是会讲道理。先生能言善辩，应该是继承了她的禀赋吧。"充虞说道。

孟仲点了点头，接着说道：

"他母亲觉得道理还没讲透，于是又以自己纺纱织布的生活为例，说道：'娘以纺纱织布为业，每天起早贪黑，手脚并用，累得腰酸背痛，眼花目眩，娘何尝不想停下来休息。但是，如果娘因为感到累就中途而废，那么我们的衣食何来？你以读书为业，不把心思用在学习上，在学宫里不主动向先生请教，学业怎么能进步呢？学业没有进步，不就等于中途而废吗？那将来你何以处世立身？女人荒废纺织，就会断了衣食来源；男人荒废学业，则不免道德堕落。这样的人，不做盗贼强匪，便会被人奴役。'先生听了母亲的教训，非常害怕，从此日夜勤学不辍，师事先圣再传弟子子思，学业大进。"

"师兄，从您所讲的这两个小故事，就足以说明先生的母亲不仅是一位伟大的女性，更是一位伟大的教育家，可谓亘古未见。"充虞由衷地说道。

"师弟，我完全赞成你的说法。平心而论，不管从什么角度看，先生小时候都算不上是个好孩子，而是相当顽劣的。但是，他母亲却能将其培养成人，而且在学问上、道德上都超越常人，成为一代博学大儒，这确实不是寻常女性可以比拟的。"

"说到先生母亲的伟大，我突然想到一个问题，想请教一下师兄。"

"什么问题？"孟仲脱口而出。

"您刚才所讲的故事，都跟先生的母亲有关。那么，在先生的成长过程中，他的父亲好像是没有尽到责任呀！这里有什么原因吗？"

"师弟，你既然问到了这个问题，那我就不妨跟你说明一下事实真相。一般说来，不管是在鲁国，还是在邹国，或是齐国、宋国，或是其他什么地方，男孩子的管教确实都是由父亲负责的，只有女孩子的管教才会完全由母亲负责。但是，先生家的情况比较特殊。"

"先生家的情况怎么特殊？难道先生从小没有父亲？"充虞连忙追问道。

"这倒不是。先生并不是从小就失去了父亲，而是在成人之后父亲才过世的。"

"是吗？先生开馆收徒，我们投在先生门下学习之初，就从未见过他父亲，而只是时常见到他母亲。难道他父亲就是在这之前刚刚过世的？"

"师弟，你说对了。事实上，正是由于先生父亲过早离世，先生才在未及弱冠之年就开馆收徒，目的是要减轻家庭负担。"孟仲解释道。

"师兄，既然先生的父亲是在先生开馆收徒前才离世的，那么为什么先生小时候的管教他没有尽一点责任呢？"

孟仲见充虞老是追究孟轲父亲的责任不放，只好不再绕弯子了，坦白地说道：

"先生的父亲是一个小吏。"

"小吏？小吏怎么啦？小吏起码也算是个有文化的人，更应该尽到管教孩子的责任。"

孟仲见充虞说得义正词严，不禁笑道：

"师弟，看来你对小吏的生活并不了解。小吏虽是官府中人，却是处于官府中最底层，可谓不官不民，是地位最为尴尬的一群人。他们既要受官府中大大小小官员的气，又遭广大民众的恨。”

“这个情况我还是知道的。”充虞黑暗中望着孟仲点了点头，说道。

“师弟，你可能还有不知道的，这就是小吏的忙，是没日没夜的忙。因为无论是官，还是民，都要跟小吏打交道。官府有什么征召，或是有什么劳役，需要小吏去落实；民众对官府有什么要求，或是对官府有什么意见，需要小吏负责上达。”

“师兄，您的分析是对的。”

“师弟，你是先生的得意弟子，学识渊博，肯定读过《诗》中的一首齐风民歌，虽然说的是齐国小吏的苦况，实际上也反映了全天下所有做小吏的辛酸。如果我没记错的话，是这样说的：‘东方未明，颠倒衣裳。颠之倒之，自公召之。东方未晞，颠倒裳衣。倒之颠之，自公令之。折柳樊圃，狂夫瞿瞿。不能辰夜，不夙则莫。’在齐国稷下学宫时，我曾请教过公都与公孙丑二位师弟，公都说这首齐风民歌是吟咏小吏生活的，公孙丑则说是吟咏服役民众之苦的。我以为，不管吟咏的是小吏生活，还是服役民众之苦，都跟小吏有关。因为民众服役，小吏是监工者。东方未明，服役民众就要起来，手忙脚乱，连衣裳都穿颠倒了，那么监督服役民众的小吏，岂不是要起得比他们还早？比他们还要手忙脚乱？”

“师兄分析得对。您这样一说，我对先生的父亲就比较理解了。看来，他不是不想对儿子的教育尽责，而是因为身为小吏而根本无暇顾及儿子的教育。”

孟仲见充虞终于明白了自己的意思，并认同了自己的看法，感到非常高兴。充虞因为听了孟仲所讲的故事，了解了以前未曾了解的有关孟轲及其家庭的情况，自然也是非常高兴。

之后，二人又说了一些闲话，抬头看了看远处树梢上的月亮，觉得时候不早了。于是，孟仲提议说：

“师弟，我们在这坐得久了，先生坐得更久了。现在，我们是否应该叫先生回去歇息了？”

“师兄，依我看，最好还是不要急着叫先生回去歇息，不如让先生多坐一会儿，让他好好重温一下儿时的回忆，思考未来的人生计划。毕竟再过几天，先生就要居丧期满，然后就要离开鲁国回齐国了。以后再想重归鲁国，坐在自家祖屋的院子里，望月而发思古之幽情，恐怕也没机会了。”

216

"你说得也对。反正今夜一丝风也没有，多坐一会儿也无妨。再说，今夜的月色确实是非常美，我们也难得有这样的闲情逸致。"

黑暗中，充虞连连点头。孟仲虽然看不见，但可以感受到充虞与他心气相通。

二人默默坐了大约有烙一张大饼的工夫，充虞突然打破了沉寂，说道：

"师兄，我还有一个问题，一直想请教您，但又不好意思开口。"

"师弟，什么问题？你我之间，还有什么不好意思开口的。"

充虞嗫嚅了半天，最后才鼓起勇气说道：

"先生曾经跟我们说过：'不孝有三，无后为大。'他那么孝顺母亲，为什么跟师娘成亲这么多年，还不生个一儿半女呢？难道是他母亲不喜欢孩子，怕先生有了孩子就分了孝顺她的心？"

"师弟，你这肯定是想多了。哪有一个做母亲的不希望儿孙绕膝，不希望人丁兴旺、儿孙满堂？"

"既然如此，那么先生为什么至今没有子嗣呢？莫非先生与师娘感情不和？"充虞又追问道。

"师弟，你这样一问，倒是让我想起了一件事。"

"什么事？"充虞觉得肯定有什么秘密，顿时兴奋起来。

"有一次，先生喝酒喝多了，我们几个在场的弟子趁着他酒醉之机，问了他一些平时不敢问的问题，其中就包括他特别敬畏他母亲的原因。"

"是什么原因？是因为小时候教育他的事吗？"

"不是。"孟仲斩钉截铁地答道。

"那是什么原因呢？"

孟仲在黑暗中嘿嘿笑了两声，然后才压低声音，神秘地说道：

"先生想休了师娘，结果被他娘教训了一顿，从此对他娘就敬服得无以复加了。"

"先生为什么要休师娘，是嫌师娘长得不好看，还是嫌她娘家背景不够好？"充虞更加兴味盎然了。

"师娘长得还可以吧，这个我们弟子们都是有共识的。至于师娘的家庭背景，好像也不差，在邹国也算是个大户人家的女子。先生家虽然以前是鲁国权贵，但到了邹国，也就是个破落户的角色了。所以，两家没有门不当、户不对的问题。"孟仲说道。

"既然如此，那先生还有什么可挑剔师娘的呢？我看师娘对先生一直是非常好的。"

"不是感情的问题，而是先生太拘泥于先圣所说的礼了。他认为师娘行为不合于礼。"孟仲说道。

"那师娘到底做了什么事，让先生认为是不合于礼呢?"充虞再次追问道。

"一次，先生不在家，师娘独处于内室，踑踞而坐。没想到，先生突然回家，推门而入，见到这一幕，转身就走，向他母亲说道：'我妻无礼，请求让儿休了她。'他母亲问道：'你妻怎么无礼了?'先生回答道：'她箕踞而坐。'他母亲又问：'你是怎么知道的?'先生回答说：'儿亲眼所见。'他母亲说：'这事不是她无礼，而是你无礼。《周礼》明确规定：将入门，问孰存。将上堂，声必扬。将入户，视必下。《周礼》的规定，就是提醒我们不要掩人不备。内室乃是隐私之处，你妻今天独处于内室，你进门不出声，掩其不备，使她箕踞而坐的一幕被你看到，这不是你无礼，难道还是她无礼吗?'一席话，不仅说得先生哑口无言，还让先生惭愧得无地自容，再也不敢提休妻之事了。"

"原来还有这事！实在是让我开眼了。怪不得先生对其母亲那么孝顺，其中恐怕是一半出于孝，一半是出于敬吧。师兄，非常感谢您！如果您今天不说，我一辈子也不会知道先生跟师娘还有这么一段故事。"

"师弟，这是一个天大的秘密，你千万不能说出去。先生酒后说出这事，恐怕他自己至今还不知道呢。"孟仲叮嘱道。

"师兄，您放心好了，我嘴巴非常紧，决不会将这事说出去的。"

"好！那我们现在可以去请先生回屋歇息了。"孟仲说着，自己先从坐着的东墙树荫下站了起来。

第六章

投　宋

· · · · · · · · · · · ·

听充虞讲完孟轲在鲁国为母亲居丧三年的往事后，已经月上中天了。

望着一轮圆月，浩生不害不无感慨地说道：

"刚才充虞师兄的回忆，不仅让我们了解到先生在鲁居丧三年的经过，还了解到有关先生的成长历程，真是长了见识。"

"何止是长了见识，简直让我们颠覆了以前对先生的认知。没想到，先生一身浩然正气，'虽千万人吾往矣'，也有那么顽劣不堪的少年时代。"浩生不害话音未落，桃应便脱口而出。

"其实，从充虞师兄刚才所讲的故事中，我更多的是从中得到了启发，有所感悟。"

"什么感悟？屋庐师兄，您赶快说说，跟大家分享分享。"曹交坐在屋庐连的左侧，跟他中间隔着好几位师兄弟，一听屋庐连有感悟，顿时兴奋起来，侧脸往右，望着屋庐连，说道。

月光下，屋庐连扫视了一下坐在孟轲墓前的所有师兄弟，然后端起搁在自己面前的酒盏，一仰头，将其中的剩酒一饮而尽，最后幽幽地说道：

"其实，圣贤也是人，跟所有普通人一样。只是先生比所有普通人都要幸运，有一位贤母，这才得以在人生最关键的时刻得到最关键的教育，从此走上了向善向上的道路。如果先生没有一位贤母，没有其三迁其居的深谋远虑，以及其停机断织而予先生以警策，先生肯定跟天下所有顽劣的少年没有两样，不会立下向学成圣的远大志向，最终只会是一个庸庸碌碌的寻常人。"

屋庐连话还没说完，曹交就脱口而出：

"屋庐师兄，您的意思是说，圣贤也是教育出来的。无论圣贤，还是常人，都生而无异，只有教育才是改变一个人的关键，是吗？"

"师弟，不是这样吗？先生为什么未及成年就开馆收徒，难道他真是因为好为人师？不是吧。先生应该是受了其母潜移默化的影响，在思想深处认识到了教育的重要性，认识到了唯有教育才能净化一个人的灵魂，改变一个人的品行，可以实现由常人到圣贤的身份转换。还有，先圣孔子早在几百年前就抱持'有教无类'的理念，率先开办私学。如果先圣不开办私学，何来'弟子三千，贤人七十二'的丰功伟绩，儒家思想何以能影响天下人至今？"屋庐连侃侃而谈。

"屋庐师兄说得极是。先生之所以那么孝顺母亲，恐怕正是因为感念她在其成长过程中所起的关键作用。应该说，没有其贤母，就没有先生其人。"一直没有说话的貉稽，这时也紧接着屋庐连的话，连忙附和道。

徐辟好久都没有说话，一直在仰头望月。但是，在浩生不害、桃应、曹交、屋庐连相继发表感慨之后，又听了貉稽的评论，不禁展露了其书生本色，脱口而出：

"貉师兄说先生对他母亲孝顺，是因为感念其教育之恩。这话说得太对了，可谓说到了问题的关键。其实，孝子贤孙在我们的日常生活中并不少见。但是，很多孝子贤孙对其父母的孝顺，都是出于一种人伦规范的要求，并非一种自觉的、发自内心的真正的孝顺。说到底，他们的孝顺，只是一种基于人伦规范要求的非自觉的行为。因此，从本质上说，这并不是孝，而只是顺，是顺应人伦规范的要求而已。真正的孝，应该是发自内心的，是一种感恩、感念的自觉行为。先生对其母亲的孝顺，则是既孝且顺。先生孝其母，是因为心中有感动，感念其母对他的教育；先生顺其母，是因为心中有敬畏，服膺于其母的见识不同一般。刚才充虞师兄说到先生欲休妻之事，而其母训之以《周礼》，让先生发自内心地敬服、敬畏，就是最好的说明。"

周霄是官场中人，觉得徐辟太过书生气，不应该在孟轲墓前跟同门师兄弟们讲这样的大道理，更不应该再提孟轲欲休妻之事。于是，没等徐辟继续讲下去，连忙插断他的话，打圆场似的说道：

"各位同门，你们看，今夜的月色有多美，月亮有多圆！三十五年前，先生曾在居丧三年期满前的月圆之夜，坐在曲阜孟氏老宅院中，彻夜望月思母，跟其母作最后的告别；三十五年后的今天，我们同门众弟子夜聚先生墓前，望月追思先生，陪先生最后一夜。此情此景，是何等的相似乃尔！难道这真是巧合吗？"

"依我看，这不是巧合，乃是天意。"

咸丘蒙见陈代话说得如此斩钉截铁，遂连忙提出疑问：

"师兄，何以见得？"

"咸师弟，你一生见过几次流星？为什么流星早不出现，晚不出现，偏偏我们夜聚先生墓前出现呢？这不就是天意吗？"陈代言之凿凿地说道。

周霄怕咸丘蒙与陈代再争论下去，于是像先前宋大夫勾践阻止滕更与徐辟争论一样，连忙起身走到勾践身旁，抱起他面前的酒坛，说道：

"大家的酒盏都空了吧，我给大家满上，也给先生盏里再添一点，让月亮为我们做证，我们同门众兄弟决不辜负先生的教诲，一定要将先圣开创、先生弘扬的儒家学说传播下去，为实现先圣与先生一生为之奋斗的王道社会理想而奋斗，相信先圣与先生的理想在不久的将来一定能够实现。"

乐正克跟周霄一样，也是官场中人，知道在什么时候说什么话。周霄刚斟好酒，他便不失时机地说道：

"周师兄说得好！相信先生也一定听到了。现在，我们大家一起喝了盏中酒吧！"

乐正克话音未落，大家早已一仰脖子喝光了自己盏中之酒。

"喝完了酒，下面还是老规矩，接着再讲先生的故事吧。这次，该由哪位师兄来讲？"景春放下酒盏，环顾了一下左右师兄弟，说道。

"这次请宋大夫勾践师兄来讲吧。"桃应提议道。

"不行，不行。先生在鲁国居丧结束后，第二次入齐，在稷下学宫又生活了一段时间，然后才到了宋国。在齐国这段时间发生的事，我并不知情。所以，还是请孟仲大师兄，或是充虞师兄先讲讲先生从鲁国返回齐国的这一段，然后，我再讲先生到宋国后的这一段。大家看好不好？"宋大夫勾践说道。

大家连声附和。

于是，在皎洁的月光下，孟仲、充虞与宋大夫勾践依序讲起了孟轲由鲁返齐，再由齐至宋的一段段往事。

一、不以天下俭其亲

周显王四十五年（公元前 324 年）十二月二十三，是孟轲在鲁国为母亲居丧三年期满的日子。

这一天，天气特别好，虽然气温还是非常低，但是没有一丝风。太阳爬出地平线时，虽仍然显得那样慵懒与无精打采，并无光芒万丈之势，但那红彤彤的样子，还是让人觉得很温暖。

孟轲像往常一样，一大早起来后，先到门外站着看了一会儿日出，然后转身进了老宅的大院子。但是，今天的心情却跟往常不一样。因为明天他就准备离开这孟氏祖屋了，什么时候再回来，或会不会再回来，他自己也不知道。真的要走了，心里还是非常不舍的。因此，每走到院子里的一处建筑旁，他都要情不自禁地驻足凝视，痴痴呆呆地看上半天。甚至看到院子角落里的一根枯藤，他也要感慨万千。

在院子里漫无目的地走了一圈后，孟轲信步走到了七天前那个夜晚倚树望月的平台。抬腿上台阶时，他又看到了那棵在台阶边的老槐树。情不自禁间，抬眼朝老槐树的树梢看了一眼，只见树梢光秃秃的，高高耸立在清冷的天空中，上面蹲踞着一只乌鸦，缩着脖子，一动不动。

正在孟轲望着老槐树上的乌鸦发呆之时，孟仲与充虞也来到了院子里。充虞眼尖，远远就看见了正在发呆的孟轲，遂拉了一下孟仲的衣袖，小声说道：

"师兄，您看，先生正在平台边呢。"

孟仲顺着充虞手指的方向看去，发现孟轲正仰着脖子好像在看什么，不禁哈哈笑道：

"那天晚上，先生在平台边仰头望了一个晚上的月亮。今天，他又望什么呢？师弟，我们要不要过去看看？"

"好哇！"

充虞答应一声，便率先迈步往孟轲所在的平台方向而去。

孟仲一愣神后，也立即跑步跟上。

二人来到孟轲所立的平台旁边，抬头朝孟轲目光聚焦的老槐树树梢望了一眼，这才知道孟轲目不转睛看的是树梢上蹲踞的一只乌鸦。

孟仲侧脸看了看孟轲，又抬头看了看树梢上的乌鸦，笑道：

"先生，这不就是一只乌鸦吗？有什么好看的？您都看了半天了，脖子不酸吗？"

孟轲虽然听到孟仲说话，却并没有收回目光，仍然目不转睛地望着树梢上的乌鸦。过了好一会儿，才突然收回目光，转脸看着孟仲与充虞，问道：

"你们知道为师为什么要看乌鸦吗？"

"先生，您是看到了乌鸦，就想到了您的母亲，是吗？"充虞脱口而出。

"为什么？"孟轲也是脱口而出。

"乌鸦懂得反哺之恩呀！"

孟轲抬眼看了看孟仲，点了点头。

见自己的心思被两个弟子看穿，孟轲半天没再说话。对此，孟仲与充虞也心照不宣。

于是，师生三人呆立平台旁好久，谁也没说一句话，空气好像凝固了。

最后，还是充虞打破了沉寂，说道：

"先生，今天是您为令堂大人居丧守制三年期满之日，您有什么打算？"

孟轲没有立即回答充虞的问题，而是停顿了好一会儿，才侧过脸来，直视充虞与孟仲，说道：

"孟仲、充虞，你们陪为师在鲁国待了三年，又在齐国待了很多年。现在，你们应该回邹国探望一下你们的父母了。"

"先生，弟子先问您一个问题，可以吗？"孟轲话音未落，充虞脱口而出。

"可以。"孟轲直视充虞，笑着说道。

"您还准备在此待多长时间？"

"你问这个干什么？"孟轲感到不解，瞪大眼睛看着充虞。

"如果您在此再待个十天半个月的，我跟师兄就回邹国探视父母。如果您准备不日就要离开这里，弟子就不准备再回邹国了。"

充虞话音未落，孟仲就连忙附和道：

"我跟师弟的想法是一样的。"

"为师不准备在此再住下去了，准备明天就出发。"孟轲不假思索地答道。

"原来先生是早有计划了，弟子还蒙在鼓里呢。"

听孟仲口气中似有不满之意，孟轲连忙解释道：

"其实也不是早有计划，而是刚刚才决定的。准确地说，就在你们到这里前的一刻，为师才最终下定了决心。"

"那您准备去哪里呢？是再返回齐国稷下学宫吗？"充虞问道。

孟轲点了点头。

"既然先生准备明天就离开，那我跟充虞师弟就不回邹国了，还是陪您与师娘一起前往齐国吧。这样，你们也一路有个照应。不然，您跟师娘一路上是应付不来的。"孟仲说道。

"你跟充虞还是回邹国一趟吧，务必要探视一下父母。这样，为师才会心安。你们跟为师在外漂泊了这么多年，你们父母不可能不挂念你们。回去见他们一面，给他们问个安，也是为人之子应尽的礼数。"孟轲诚恳地说道。

"先生说得当然有道理。只是您与师娘独自往齐国，我与师兄无论如何都是不放心的。所以，要么我跟师兄这次就不回邹国探视父母了，明天跟您与师娘一起出发往齐国；要么您再在曲阜待一段日子，等我跟师兄从邹国探视父母回来后，再一起出发。先生，您作个决定吧。"充虞提出了一个折中的解决方案。

孟仲觉得充虞的解决方案是再完备不过的了，连忙表示赞同。

但是，没想到，孟轲却对充虞提出的解决方案报以一笑。

"先生，您笑什么？"充虞感到非常不解，连忙追问道。

孟轲看了看充虞，又看了看孟仲，显得十分认真地说道：

"明天出发到齐国的事，你们就真的不用担心了。你们今天就去准备，收拾收拾，明天就回邹国一趟吧。"

听了孟轲的话，孟仲与充虞都是一头雾水，相视半日，也没明白是什么意思。

最后，孟仲忍不住，挑明了话题，追问道：

"先生，看来您的决定并不是刚刚作出的，而是早有安排，而且您是打定主意要赶我与充虞回去，是吧？"

孟仲话音未落，充虞立即接口说道：

"先生，如果您早有安排，弟子只想问您一句话，您这次返回齐国，到底是由谁陪同？"

"是邹氏兄弟。"孟轲见充虞与孟仲紧追不放，只好交底了。

孟仲感到奇怪，充虞也感到奇怪，二人都瞪大了眼睛，齐刷刷地望着孟轲，几乎是异口同声地问道：

"邹氏兄弟？这事我怎么不知道？"

孟轲看着两个弟子一副吃惊的样子，笑道：

"现在不就知道了吗？"

充虞愣了一下，突然有所醒悟，说道：

"哎，先生不对呀！您说邹氏兄弟陪您到齐国，那邹氏兄弟人在哪里呢？"

这时，孟仲也回过神来，应声附和道：

"是呀！邹氏兄弟早就回邹国了，直到现在也不见回来。"

"别急呀！"孟轲神秘地一笑。

事实上，不用孟仲、充虞二人着急，日中时分，邹氏兄弟就回来了。

一见邹正、邹春，孟轲就笑着说道：

"你们可回来了！今天早上，孟仲与充虞还担心你们回不来呢！"

"先生，怎么可能呢？既然弟子跟您事先有约，怎么能够失信呢？我们兄弟是算好了日子，一天也不会差的。"邹正颇是自豪地说道。

"不要说邹国跟鲁国近在咫尺，就是远隔千山万水，我们兄弟也不会爽约的，哪怕连滚带爬，也会赶在约定的时间回到曲阜的。"邹春说得更夸张了。

见邹氏兄弟一副喜气洋洋的样子，充虞也深受感染，遂打趣地问道：

"邹师兄，你们在父母膝下承欢了三年，他们怎么舍得放你们回来呢？"

"充虞师弟，你有所不知，二十三年前，我哥俩追随先生到齐国时，家里还有一个十岁的弟弟。没过几年，我爹娘又给我们添了一个弟弟和一个妹妹。也许别人不了解，先生肯定很清楚，当初我爹我娘之所以早早就将我打发到先生的学馆，表面上是说让我们读书，实际上就是嫌我们二人顽皮，太烦人，有意将管束我们的责任推给先生罢了。"

邹春话还没说完，充虞连忙打断了他，说道：

"师兄，您这样说，您爹娘要是知道了，恐怕要伤心好几年的。天下哪有父母不喜欢孩子的。对于顽皮的孩子，他们都是嘴上说讨厌，心里却不知道有多喜欢呢，因为顽皮的孩子都是最聪明的。"

孟仲知道充虞这话是说给孟轲听的，因为孟轲小时候就非常顽皮，于是接住充虞的话头，说道：

"充虞师弟说得对。邹春，那这次你们决定再次离家追随先生到齐国，你爹娘是什么态度呢？"

"上一次，我哥俩追随先生到齐国，我爹娘是无所谓的态度，因为当时家里还有一个弟弟，他们也不寂寞。这一次，听说我哥俩还要追随先生往齐国，他们则是乐得一蹦还三跳呢。"邹春答道。

"邹春，你这话就让我们听不懂了。"孟仲笑着说道。

"大师兄，您怎么听不懂呢？你想，我与哥哥走了，家里还有两个弟弟一个妹妹，我爹娘能寂寞吗？不嫌烦，不嫌闹，就已经很好了。再说，他们现在观念也改变了，认为孩子大了，就应该出去看世界，这样才会有见识、有出息。他们跟人说，齐国是大国，先生在齐国做了大官，我们也跟着开了眼界、长了本事。所以，这次，我哥俩一说要再次追随先生往齐国，他们都大力支持。"

见邹春说得神采飞扬，孟轲不仅深受感染，而且深受感动。正是有了邹氏兄弟这样对自己忠心耿耿的弟子，有了他们通情达理的父母给予的大力支持，他才有可能走出偏居一隅的邹国，到齐国稷下学宫这样的天下大舞台去传播先圣儒家学说，去实现先圣王道社会的理想。

孟仲与充虞听了邹春的一番话，则是觉得非常欣慰。因为邹氏兄弟能够回来，而且有此积极的心态，他们就不用担心孟轲这次返齐路上有什么问题了，他们大可安心地将陪同孟轲的任务交给邹氏兄弟，自己回邹国探亲了。

正当孟轲师徒五人站在孟氏老宅门前说得热闹时，有一个年轻人远远地朝他们走了过来。孟轲与四个弟子都光顾着说话，并没有注意。

当年轻人走到离他们约有两百步之遥时，充虞偶然间抬眼一瞥，这才发现了他，于是连忙拉了一下孟仲的衣袖，小声说道：

"师兄，您看，前面有一个人，好像是朝我们这边走过来的。"

孟仲抬头一看，果然看到一个年轻模样的人，正大步流星地朝他们这边走了过来，于是连忙转身望着孟轲，问道：

"先生，今天除了邹正、邹春，您还安排了哪个弟子回来陪您呀？"

"没有呀！"孟轲瞪大眼睛，不解地看着孟仲。

"先生，您看，这迎面走过来的年轻人又是谁呢？"充虞指着马上就要走到面前的年轻人，问道。

孟轲顺着充虞手指的方向看了一眼，果然是有人朝他们这边走过来。但是，定睛看了一会儿，他没看出是什么人。

与此同时，邹氏兄弟也侧过脸来朝来人观看，孟仲与充虞也盯着来人仔细打量。但是，看了半天，来人都已到了他们面前，他们也没认出究竟是谁。

"请问诸位，这里是孟轲先生的府上吗？"就在孟轲与四个弟子都还愣在那里，没有醒过神来时，来人已经开口了。

孟仲、充虞一听来人说话带有浓厚的鲁国口音，立即判定他不是孟轲的弟子。因为孟轲在邹国与齐国期间都从未收过鲁国的弟子，甚至在鲁国居丧的这三年，也没有鲁国的读书人来投在门下。

在孟仲和充虞醒过神来的同时，邹氏兄弟也已经醒过神来。邹正看了看来人，侧过脸来，指着身后的孟氏老宅说道：

"这里就是孟府。"

邹春则指着孟轲，对来人说道：

"这位就是孟轲先生，我们都是他的弟子。"

来人认真打量了一下孟轲，然后连忙趋前向孟轲施礼作揖，说道：

"在下咸丘蒙，乃鲁国乡野之人，一直蛰居荒远偏僻之隅，孤陋寡闻，未曾闻大道于名师。今年九月，下定决心要走出乡野，访求名师于通都大城，于是就来到了曲阜。但是，在曲阜将近三个月，至今未曾遇到过学说足以令丘蒙服膺的名师。前日偶遇一友，言先生乃鲁国先圣孔子再传弟子子思的得意弟子，学识渊博，淹通古今，为当世一大儒。丘蒙向其探问，先生何在？友人告丘蒙，先生目今正在曲阜城中，为母居丧守制。丘蒙闻之，不禁欣喜若狂。昨天开始访求先生于曲阜城中，今日即如愿见到先生，真是幸运！"

"先生言过其实了！鲁国乃先圣父母之邦，曲阜乃人文荟萃之所，怎么会没有名师硕儒呢？轲之先祖虽亦为鲁国公室中人，但轲生于邹，长于邹，未曾见过大世面，实乃一孤陋寡闻之辈，岂敢称名师、号大儒？"孟轲谦恭有礼地答道。

"丘蒙是诚心实意要拜先生为师，投在先生门下求学问道。先生如此过谦，莫非要拒丘蒙于千里之外？"

孟轲见咸丘蒙误解了他的意思，遂连忙解释道：

"先生误会了。轲确实是才疏学浅，不堪为先生之师。至于名师、大儒之说，那都是外界的误传，不足为凭。"

孟仲知道孟轲没有拒绝咸丘蒙投入门下的意思，而只是假意表示谦虚而已。他认为孟轲没必要再来谦让客气这一套，而应该像他早年收徒一样，来者不拒，广泛接纳天下所有愿意投入门下的读书人。如果说早年收徒还有考虑维持生计的因素，那么现在收徒就是为了传播先圣孔子的儒家思想与学说。维持生计，收徒固然是多多益善；传播先圣思想学说，收徒自然更是多多益善了。这些年来，虽然孟轲在稷下学宫建立起了声望而使儒家学说在天下的影响有所扩大，但跟"杨朱、墨翟之言盈天下，天下之言不归杨则归墨"的浩大声势相比，儒家学说的影响还是居于弱势地位。因此，要最终实现先圣"天下大同"、王道社会的理想，孟轲今日的当务之急仍然是要广收门徒，扩大儒家学说的影响力。虽然鲁国是先圣孔子的父母之邦，也是先圣当年传播其思想学说的发源地，还是其从事政治活动的起始点，但是，孟轲在鲁国曲阜为其母居丧守制三年，竟然没有收到一个鲁国本土的读书人为弟子，这何尝不说明儒家思想学说在现今的鲁国也日渐式微了？因此，现而今，孟轲亟待在鲁国收徒，以振兴鲁国的儒学。想到此，孟仲望着孟轲，说道：

"先生，弟子觉得咸丘蒙拜师求学之意甚诚，您在鲁国也没有别的弟子，收下他也好在鲁国播下传播先圣思想学说的火种。有了这个火种，便会有燎原之可能，将来就不愁鲁国的儒学不能复兴，先圣'天下大同'、王道社会的理想也就不愁不能在鲁国实现。"

"大师兄说得对。先生，您就收下咸丘蒙吧。"充虞连忙附和道。

邹正、邹春也表示赞同。

孟轲看了看咸丘蒙，又扫视了孟仲、充虞与邹氏兄弟，点了点头。

咸丘蒙见此，连忙再次趋前向孟轲行礼，正式拜孟轲为师。

见咸丘蒙向孟轲行拜师之礼毕，孟仲笑着说道：

"丘蒙，从此你就是我的小师弟了。明日我与充虞师兄要回邹国探视父母，二位邹师兄陪先生返回齐国，你就跟二位邹师兄一道，陪侍先生与师娘往齐国。"

"大师兄，您就放心跟充虞师弟一起回邹国吧。我兄弟二人陪侍先生与师娘就绰绰有余，现在又添了一个小师弟做帮手，那就更不用你们担心了。"邹正说道。

"你们二位明天就放心回去吧。在家多待几天，让你们爹娘多给你们做点好吃的。但是，别光顾着好吃的，就忘了再回到先生身边哦！"邹春打趣地说道。

孟仲与充虞都被邹春的话逗笑了，咸丘蒙也笑了。

"今天二位邹师兄都回来了，先生又收了一个新弟子，我们师门算是有了一个小团聚。先生明天就要开启新的人生征程，我跟大师兄不能陪侍左右，只能将重任托付给三位了。"充虞先看了看邹氏兄弟，又看了看咸丘蒙，郑重其事地说道。

"充虞，你就放心吧。我们约定好，下个月底前在稷下学宫相见。"邹正说道。

"那不一定。你们陪先生与师娘，肯定走得慢。我跟充虞在家待几天后就上路，直接从邹都出发，抄近路往齐都临淄，说不定比你们要先到稷下学宫呢。"孟仲笑着对邹正说道。

"说不定，你们还在半路之上，我跟大师兄就赶上你们跟先生了。"充虞看了看邹正与邹春，又望了一眼孟轲，颇是自信地说道。

周显王四十六年（公元前323年）一月十二，邹氏兄弟与咸丘蒙陪孟轲与其妻仉氏到达齐国嬴地。日中时分，仉氏坐在车内歇息，孟轲师徒四人则坐在路边一棵大树下闲聊。

闲聊没多久，邹春偶然侧脸朝刚刚走过的路瞥了一眼，发现远远好像有两个人影。情不自禁间，邹春就站了起来。

"邹春，你站起来看什么？"邹正问道。

"哥，您看，那里是不是有两个人？"

顺着邹春手指的方向，邹正果然看到了两个人影。

"师兄，哪天路上没有人？这有什么奇怪。大路朝天，各走一边，难道只能我们走，别人就不走了？"咸丘蒙觉得邹氏兄弟今天的言行很奇怪，忍不住说道。

"小师弟，路上有人不奇怪，但路上有两个人就奇怪了。"邹正呵呵笑了一笑，说道。

"什么意思？"孟轲也觉得奇怪了，望着邹正问道。

"我哥是说，这两个人有可能就是大师兄孟仲与充虞。"邹春脱口而出。

"是吗？"孟轲一边说着，一边情不自禁地站起身来，并手搭凉棚，踮起脚尖朝着来人的方向望去。

"我以为，这两个人肯定不是孟仲师兄与充虞师兄。你想，他们从曲阜到邹都总要费些时日吧，在家也总要待几天吧，不可能见了爹娘一面，转身就上路来追我们吧。再说，我们这一路走得也够快的，路上几乎没耽误什么时间。他们走得再快，也不至于今天就能赶上我们的。"咸丘蒙还是不相信邹氏兄弟的猜测。

"小师弟，话不要说早了。你别急，这两个人到底是不是大师兄孟仲与充虞，等到他们走到我们面前就知道了。"邹春颇有自信地说道。

邹正点了点头，附和其弟的意见道：

"很多事情都不是我们可以想到的。大师兄与充虞对先生的感情非常深，他们想念先生与师娘，归心似箭，为了尽早赶上我们，他们起早贪黑地赶路，或是抄近路，不是没有可能今日就赶到的。"

"既然二位师兄这么有信心，那么我们就拭目以待吧。"咸丘蒙也颇有自信。

孟轲心里希望来人是孟仲与充虞，而且他也相信来人很可能就是他的这两个弟子，只是他不想当着三个弟子的面说出自己的判断。所以，当邹氏兄弟与咸丘蒙在争论来人到底是不是孟仲与充虞时，他没有表态，而只是目不转睛地朝着来人的方向看着。

大约过了烙三张大饼的工夫，来人越来越近了，身影也越来越清晰了。等到距离约一百步时，孟轲与邹氏兄弟都欢呼起来：

"真的是孟仲与充虞。"

咸丘蒙虽然没有猜对，但并无情感失落的表现，反而兴高采烈起来。因为一路上又多了二位师兄，更不会寂寞了。

孟仲与充虞先跟孟轲见过礼，接着走近仇氏所坐的马车旁，跟坐在车内的仇氏也见了礼，问了安。最后，回到孟轲等人所坐的树下，向孟轲与邹氏兄弟、咸丘蒙简单说了他们回到邹国探视父母的经过，以及如何日夜兼程向齐国赶来的情况。之后，师徒六人又说了一些别后的闲话，就又上路了。

仇氏坐在车内，由邹正牵着马，走在最前面，邹春跟在车后。孟轲与孟仲、充虞、咸丘蒙则跟在邹春之后，不紧不慢地走着。

快到夕阳西下时，走在前头的邹正突然勒住了马，回过头来，问走在后面的孟轲道：

"先生，时间不早了，前面就是一个村子，我们今天就不要再往前赶了。如果再往前赶下一个村子，还不知道是否赶得上，天就完全黑了。到时候，要是前不着村，后不着店，晚上在荒原野外，恐怕就有麻烦了。"

"好，那就往前面的村子里借宿吧，今天就不赶了。"孟轲点头答道。

于是，邹正牵着马拐向大路右侧的一条支路，然后继续走在前面，邹春紧跟车后，孟轲与孟仲、充虞、咸丘蒙连忙跟上。

快进村口时，突然听到一阵哭声迎面传了过来。孟轲师徒都吃了一惊，立即驻足观望。坐在车内的仇氏也吃了一惊，不禁好奇地探出头来，朝外张望。

不大一会儿，没等孟轲等人醒过神来，只见一队白衣白帽的人已迎面走了过来。

"先生，这是送葬的吧？"邹正停下马车，走到孟轲身边，低声问道。

孟轲点了点头，示意邹正将马车让到路的一边。

"天快黑了，怎么还会举行葬礼呢？"咸丘蒙望着已然走到眼前的送葬队伍，低声问孟轲道。

"各地有各地的风俗习惯，不能一概而论。"孟轲答道。

当送葬队伍从身边走过后，邹春望着孟轲问道：

"先生，您曾说过，先圣周游列国时观摩过各诸侯国的葬礼。齐国的葬礼，弟子们尚未见识过，今天既然遇到，我们是否可以观摩一下呢？"

邹春话音未落，咸丘蒙立即附和道：

"先生，这次确实是个好机会，您就让弟子们前往观摩一下吧。"

孟轲看了看咸丘蒙，又扫视了一下邹氏兄弟与孟仲、充虞，说道：

"这样吧，为师在此陪你们师娘，你们几个有兴趣就前往观摩观摩。但是，只许静静地立于一旁观看，千万不要说话，更不要评论，要尊重别人的风俗习惯。"

大约过了有烙十张大饼的工夫，五个弟子都回来了。然后，师徒一众紧赶慢赶，总算赶在夜幕尚未完全拉下之前落实了借宿之事。

一夜无话。

第二天，师徒一众上路之后，邹春首先挑起了话题，望着孟轲，问道：

"先生，昨天弟子们观摩了齐人的葬礼，有几个问题想请教您，不知是否可以。"

"但问无妨。"孟轲爽快地说。

"昨天弟子们所观摩的葬礼，是在傍晚时进行的。而平时我们见到的葬礼，都是在日中之前或之后。这是为什么呢？"邹春问道。

"这个问题，昨天咸丘蒙已经问过了，为师以为是各地风俗习惯不同，不能一概而论。"

"先生的这个说法当然是有道理的。不过，弟子以为，齐人既然有在傍晚举行葬礼的习惯，肯定是有其道理的。"邹春紧追不舍。

"对于死，历来人们都有不同的认识。也有人认为，人死就像回家。如果是持这种观点，那么在傍晚举行葬礼，就有其道理了。因为傍晚时分，鸟归林，羊归圈，人也回家了。人死了，在举行葬礼，就像傍晚归家一样。"

孟轲话音未落，孟仲就脱口而出：

"先生这种说法，还真是有道理。"

充虞与邹正、咸丘蒙也点头表示认同。

"先生，弟子还有一个问题。昨天弟子们所观摩的葬礼，从其外椁内棺的规格，还有下葬时陪葬的很多陶器和铜器来看，肯定是属于厚葬。而厚葬在墨家看来，是一种厚死薄生的行为，认为这是将有限的财富埋葬于地下，是一种巨大的浪费。同时还认为，殡葬的物品多了，活着的人势必就有加重负担之虞。所以，墨家不仅一直主张节用，还特别强调节葬，坚决反对厚葬。先生，请问您对这个问题是怎么看的？"邹春见第一个问题没难住孟轲，立即抛出了第二个问题。

邹春提出的这个问题，其实也是包括其兄邹正，以及孟仲、充虞都想问的问题，只是以前没有这样一个合适的机会。这次邹春借观摩齐人葬礼之机，提出来比较自然，所以孟轲就不能不回答了。

其实，孟轲也知道，这个问题早在稷下学宫期间，公都、公孙丑等弟子在听了墨家观点时就在私下议论过，只是没有公开提出来要他表明态度。今天邹春明确提出来，看来是不得不明确表明自己的观点了。沉吟了一会儿，孟轲扫视了一眼众弟子，终于开口说道：

"人都有一死，这是不可回避的问题。人死之后，尸体如何处理，也是一个不容回避的问题。上古时代，也曾有过人死不葬的阶段。父母或其他亲人死了，往往会就近将其尸体扔到沟壑中。但是，过了一些时日，经过亲人被抛尸的地方时，发现亲人的尸体被狐狸撕咬，被苍蝇虫子叮吸，额头上免不了要冒冷汗，内心免不了有所不忍，连抬眼正视也不敢。正因为如此，后来人死抛尸的习惯就逐渐改变了。即使不挖坑深埋，也会找些野草藤蔓或是灌木将尸体掩盖起来，不使之暴露于外。这样，慢慢就形成了一种埋尸的习惯，并进而形成了一种葬亲的礼仪。今天我们看到各种各样的葬礼形式，就是这样慢慢形成并演变来的。"

"先生，弟子并不质疑人死埋葬的合理性，只是想知道您对厚葬与节葬的态度。"邹春见孟轲并没有正面回答自己的问题，遂特意提醒道。

孟轲见无法再回避邹春的问题了，于是只好正面回答道：

"为师并不主张厚葬，但也决不赞成节葬的观点。为师以为，是否厚葬，要视具体情况而定。如果为父母发葬，葬礼用度没有超出自己的经济能力，那就不算是厚葬，只是为人之子表达对父母养育之恩的感激之情的一种表现。如果有经济能力，却为了节省一点丧葬开支，或为了不浪费活人赖以生存的财富，有意克扣逝去的父母殉葬之物，这就不是什么节葬，而是不孝。大家都听说过庄周这个人吧，他可算是当今道家的代表人物了。他虽奉老聃学说，与先圣所主张的儒家学说'道不同，不相为谋'，但他也反对墨家的节葬学说。他认为，墨家的节葬之说，既是不爱人，也是不自爱。也就是认为，墨家的节葬说不近人情，没有人性。"

邹春见孟轲搬出道家的庄周来为自己的厚葬主张背书，虽然觉得有些勉强，但一时找不出反驳质疑的话。

孟轲见邹春无话可说，只是抬头望着自己，以为说服了他。没想到，一直在旁边没有说话，而且向来被孟轲视为在葬礼问题上跟自己观点完全一致的充虞，突然提出了问题：

"先生，弟子不才，但是三年前，承蒙您的厚爱，将监理令堂大人棺椁制作之事委托于弟子。当时办理丧葬的事比较急，弟子虽有疑问，却不敢向您请教。今天您与邹春师兄既然说到了厚葬与节葬的问题，弟子就冒昧斗胆请教先生一个问题。"

"但问无妨。"孟轲看了看充虞，仍然是一副坦然的态度。

"您当时为令堂大人制作棺椁的木材是否太好了点？"充虞终于鼓足了勇气，将一直想问而不敢问的问题说出了口。

孟轲没想到充虞问出的问题如此尖锐，一时愣住了，不知如何回答。

邹春一见孟轲的神情，心中不免大喜，为充虞的问题将孟轲问倒而感到高兴。只是碍于师生的情分，他不便喜形于色而已。

孟轲当然不了解此时邹春的心理，只是目光盯着充虞。不过，过了一会儿，孟轲还是找到了说服充虞的说辞：

"刚才为师不是说过了吗？丧葬制度有一个逐渐形成并完善的过程。上古时代，有一个阶段是人死不葬，后来是人死必葬。但是，在怎么葬的问题上，一开始也没有形成一套完善的制度。比方说，棺椁的尺寸问题，在上古时代就没有一定的规矩。直至中古时代，才逐渐形成了一个规范，规定棺厚七寸，椁的厚度也与棺相称。为师以为，葬人必有内棺外椁，自天子而至百姓，讲究的都不是美观，而是体现孝子尽孝感恩之心。唯有如此，孝子才能算是尽了为人之子的责任。为人之子，如果为礼法制度所限，不能用上等木材为父母制作棺椁，心中自然会感到遗憾；如果礼法制度许可，却因为没有财力用上等木材为父母制作棺椁，心中当然也会感到遗憾。如果有用上等木材的地位，又有买得起上等木材的财力，古人一般都会尽力使用上等木材为自己的父母制作棺椁。"

"关于棺椁用材的规定，弟子以前从未听说过。如果今天先生不说，弟子还真是一无所知。"充虞知道孟轲这是拿礼制来为自己葬母规格过高找理由，但又不便揭破，只好以此顺应孟轲的说辞。

孟轲以为充虞信服了自己的说法，遂接着说道：

"既然古人有地位，也有财力，都能为父母用上等木材制作棺椁，那我为何偏偏不能这么做呢？况且制作棺椁之所以要用上等木材，事实上是有实际意义的。因为上等木材能够使死者的身体不与泥土相接触，这能让孝子心中感到快慰。我听说古人有一句话，叫作：'君子不以天下俭其亲。'意思是说，作为君子，无论在什么情况下，都不应该在为父母办事时想着省钱。"

"先生这样说，弟子就更明白了。不过，弟子还有一个问题，今天也想趁便请教一下先生。如果先生觉得弟子太过于冒昧，或认为是大不敬，还望先生格外谅解。"充虞望着孟轲，说道。

"充虞，你有什么问题尽管问，不要有那么多顾忌。你们以前向为师提出的问题还少吗？为师何时为难过你们？或是批评过你们不应该提问？"

"先生说得是。先生一向非常有雅量，所以弟子们才敢在您面前知无不言，言无不尽。"充虞连忙顺着孟轲的话，不无恭维地说道。

"充虞，你什么时候变得这样啰唆了？有什么问题，就快点问吧。"

听孟轲的口气中似有点不耐烦的意思，充虞只好大着胆子说出要问的问题：

"您葬母的棺椁用上等木材，刚才您也说明了原因，弟子表示理解。但是，您葬父的棺椁却并没有用上等木材呀！而且您葬母的规格也远高于葬父的规格，这又是为什么呢？难道对于令尊与令堂，您还要分个彼此吗？"

充虞的这个问题，其实并不是他一个人想问的，而是他的同门师兄弟都想问的。只是因为这个问题太过尖锐，大家都不敢问，也没有合适的机会提到这个话题。今天机缘凑巧，让充虞逮着了机会，这就话赶话、自然而然地提了出来。不过，孟仲与邹氏兄弟，还有咸丘蒙听了充虞的提问，还是为他捏了一把汗，怕因此让孟轲生气或是难堪。

没想到，孟轲却宽厚地莞尔一笑，扫视了一眼众弟子，从容说道：

"父母在子女心目中的地位，对于不同的人可能有所差异，毕竟每个人因种种原因，跟其父母在感情上有深浅的差别。但是，就为师而言，父母在我的心目中地位是平等的，没有孰轻孰重的问题。为师葬父之时，尚未成年，经济上自立都谈不上，何来财力用上等木材为家父制作棺椁？至于葬父规格不及葬母，这也是有客观原因的。其时，为师只是一个未成年的孩子，即使有心提高葬父规格，想让鲁国国君致祭献仪，有可能吗？而葬母之时，情况就有了很大不同。就财力而言，那时为师已经具备了相当的条件。毕竟为师在齐国稷下学宫做了很多年的稷下先生，俸禄还算优厚，有些积蓄。后来被齐王封为列大夫，位在上卿，俸禄上又有了很大提高，积蓄更多了。再加上家母在齐国辞世时，齐王又赠予了一笔丧葬费用。正因为如此，当时为师才会让你在督办家母的棺椁时坚持要用上等木材。就名分而言，为师到鲁国葬母时是齐国列大夫，位在上卿，所以葬母的规格是按大夫之礼。事实上，当时鲁国国君之所以会有致祭献仪的恩宠，就是看在为师的名分上。你们应该都知道，鲁国是周公的封地，是最讲礼仪的礼仪之邦。"

听了孟轲如此透彻的一番解释，充虞终于明白了其中的原委，于是连忙说道：

"弟子谨受教！"

孟仲等人也连忙附和道：

"弟子谨受教！"

二、以德行仁者王

行行重行行，朝行暮宿，离开嬴地，又走了有半个月的时间，周显王四十六年（公元前323年）二月二十七，日中时分，在距稷下学宫还有大约千步之遥时，牵马走在前面的邹正突然勒住了马缰，让马车在路边停了下来。立在马车前，指着不远处的稷下学宫，回头望着孟轲，兴奋地说道：

"先生，我们马上就要到了。您看，已经可以望见学宫的最高建筑了。"

邹春一直低头跟在马车后面，跟牵马走在前面的哥哥邹正密切配合，保护着坐在车内的师娘仉氏。见马车突然停住了，又听见哥哥在大声跟孟轲说话，邹春情不自禁地抬起头来，朝马车前方看了一眼，这才知道马上就要到稷下学宫了。

咸丘蒙一路缠着孟仲与充虞问东问西，本来跟孟仲与充虞说得正热闹，一听邹正停车喊孟轲，立即丢开孟仲与充虞，趋前几步，追上了走在前面的孟轲，问道：

"先生，邹师兄喊您有什么事？"

孟轲还没来得及回答，孟仲与充虞也围了上来。于是，师徒四人一起走到马车前，立定脚跟，一起朝着邹正所看的方向望去。

充虞只是瞥了一眼，就转身侧脸，对邹正说道：

"师兄，您真会停车。这里是附近地势最高的地方，站在这里，视野最为开阔，整个稷下学宫简直就是尽收眼底。"

咸丘蒙一听"稷下学宫"四个字，立即眼睛放光，瞪大眼睛望着充虞，问道：

"师兄，您是说前方这群建筑就是稷下学宫？"

充虞轻轻地点了点头。

咸丘蒙是第一次到齐国，虽然一路上长了不少见识，了解了一些齐国不同于鲁国的风土人情，也看到了在鲁国没看过的齐国大山广川，算是生平第一次开了眼界，但是，对于就在眼前的稷下学宫，他只是在投入孟轲门下后，在陪孟轲返回齐国的一路上，听邹氏兄弟描述过。至于稷下学宫究竟建筑如何雄伟，规模如何浩大，来自天下诸侯各国的诸子百家学派的学子究竟有多少，对他这个出身鲁国乡野的书生来说，凭其有限的想象力，无论如何都不能在脑海内拼凑出一个完整的形象来。所以，一听充虞说到"稷下学宫"四个字，立即兴奋不已。

孟轲跟咸丘蒙不同，也跟孟仲、邹正、邹春、充虞等弟子不同，此次再返回齐国稷下学宫，他既没有兴奋感，也没有期待感。目眺远方，望着稷下学宫影影绰绰的连片建筑，他一下子就陷入了沉思，很久都没有说话。

孟仲以为孟轲看到了稷下学宫，就想到了其母亲，因为他母亲就是病逝于稷下学宫的学舍。其实，孟轲此时并不只是想到了其母亲，而是想到了此前在稷下学宫二十一年的生活经历。这里有他太多的回忆，有喜悦，也有悲愁，还有感伤，更有思想的痛苦。在稷下学宫的二十一年间，是他人生的黄金时代。如果没有来稷下学宫，他就不可能走出僻居一隅的邹国小天地，看到外面的大世界；如果没有来稷下学宫，他就不可能有机会接触到那么多来自诸侯各国的读书人，当然更没有机会直接接触到诸子百家代表人物，全面地了解他们的思想与学术见解，拓展其学术视野，增加其思想深度；如果没有来稷下学宫，他就不可能获得一个稳定与绝佳的宣传先圣孔子思想与儒家学说的基地与窗口，使衰歇已久的儒家学说再次为人们所知，使儒家学派因此有了复兴的希望；如果没有来稷下学宫，他也许现在还是一个孤陋寡闻的乡曲教书先生，名不见经传，默默无闻；如果没有来稷下学宫，他不可能有机会结识匡章将军，自然不会引起齐国朝野上下的注意，并进入齐威王的视野，被封为齐国的列大夫，位在上卿，不仅成为稷下学宫内的风云人物，而且在齐国政坛也有相当大的影响力。

孟仲不知道此时此刻，孟轲目眺稷下学宫有如此多的感触，以为他是触景生情，陷入了思母的情感痛苦之中，所以为了转移孟轲的注意力，故意问了他一个毫无意义的问题：

"先生，您还记得三年前我们是什么时候离开稷下学宫的吗？"

孟轲没有回答，仍然远眺稷下学宫，若有所思。

邹春以为孟轲回答不上来，于是脱口而出：

"先生可能记不起来了，但我记得很清楚。大师兄与充虞是十一月二十三离开稷下学宫，提前上路前往曲阜，帮助先生打理葬母相关事宜。先生与师娘，还有我们其他邹国的弟子是十一月二十五才起程的。"

"邹春，你的记性真好！"孟仲见孟轲不搭腔，转而表扬起了邹春。

邹正转身侧脸看了看孟轲，又扫视了一下孟仲、充虞、邹春、咸丘蒙，说道：

"稷下学宫就在眼前，我们就不要再立在这里看了，还是赶快走吧。下了这个坡，要不了烙两张大饼的工夫，我们就到学宫了。从此，我们又可以过起以前那种无忧无虑的学宫生活了。"

其实，邹正太乐观了。这次孟轲率众弟子重回稷下学宫，虽然其间只隔了短短三年，但这三年间，学宫的环境发生了很大的变化，昔日那种熙熙攘攘、百家争鸣的场面不再有了。虽然每天还是有来自诸侯各国的读书人慕名而来，但待不了几天，也就走了。至于来此宣传其思想学说的诸子百家代表人物，则更少见了。甚至连稷下学宫的主事者淳于髡，也在孟轲重返学宫的几天前离开了学宫。有人说，是因为他年事已高，已经不能胜任学宫的管理事务了；也有人说，是因为最近他跟齐威王的观点有些不合，是赌气离开的。

对于稷下学宫的巨大变化，以及诡异的气氛，孟轲都是有所感受的。他隐约地预感到了稷下学宫的前途可能不妙，毕竟要长期维持这么一个大规模的学宫，要来者不拒地供养着诸侯各国慕名而来的成千上万的读书人吃喝与住宿，实在不是一笔小的开支。齐国虽然实力雄厚，但毕竟不是财源取之不尽，用之不竭的。因此，稷下学宫的运营迟早会维持不下去，齐威王说不定哪一天就会关闭稷下学宫。如果那样，天下之士，诸子百家各学派的学子，以及诸侯各国的读书人就没有一个聚集交流的场所了。不仅如此，稷下学宫若果真要关闭了，自己想进一步宣传先圣孔子的思想与儒家学说，也就没有了合适的基地与窗口，儒家学派的发展壮大也就无从谈起了。如果儒家学派不能发展壮大，没有更多的读书人投在自己门下，先圣孔子思想学说的传播与继承就难以为继，那么先圣孔子"天下大同"、王道社会的理想就成了镜中之花、水中之月，永远都没有实现的可能。想到此，孟轲不禁深深忧虑。

重回稷下学宫的第三天，忧虑深深的孟轲一大早就悄然离开了学宫，往临淄城中拜访朋友匡章将军去了。因为离开稷下学宫只不过三年，学宫的昔日盛况就已不再，其间到底发生了什么，跟齐国的政治又有什么样的关系，这些都是他急于破解的谜底。而要破解这些不解之谜，对他而言，唯一的办法就是早日见到匡章将军，通过他了解相关信息。

见了匡章将军，与之略叙了别后之情与回鲁葬母的经过，孟轲就直接上题，问起了齐国政坛近年来的动向，以及山东各诸侯国的情况。

匡章应孟轲之请，先讲了三年前孟轲离开齐国不久后，赵国赵肃侯过世的事，又特别讲到了两年前魏惠王趁赵肃侯病逝，赵武灵王刚刚即位，政局未稳之机，突然对赵国发动了袭击，大败赵将赵护，同时还发动了对韩国的袭击，大败韩国大将韩举等重大事件。最后讲了一些齐国政坛近几年的动向，以及人事变动。

听到魏惠王又在山东诸侯国之间同室操戈，忘了昔日加兵于赵、韩，而招致两败于齐国的桂陵之战与马陵之战的教训，孟轲感到非常惊讶，瞪大眼睛，望着匡章问道：

"将军，记得之前您曾跟轲说过，苏秦在山东组织'合纵'之盟成功，山东诸侯亲于兄弟，就不再相互混战了。轲离开稷下学宫时，当时天下也确实是非常太平，不仅大国之间无战事，就是小国如鲁、宋、卫等之间也无矛盾纠葛。怎么'合纵'之盟刚成局不久，天下刚太平下来，山东各国的老百姓还没过几天好日子，魏国老毛病又犯了，在山东诸侯国之间惹事了呢？"

"夫子，您还是一介书生。要知道，魏国昔日是天下诸侯国中实力最强的，魏惠王自己也一直以天下霸主自许，不然就不会有昔日'逢泽之会'的称王之举了。自从公孙鞅为秦国变法，秦国强力崛起之后，魏国受到来自齐国与秦国的东西夹击，接二连三遭遇重大的军事失利，军力与国力都大幅下降。后来，魏惠王不得已，才加入了苏秦组织的山东六国'合纵'之盟，但他内心是有所不甘的。以往魏国在山东，乃至天下都是称老大的。如今，不仅不能在天下称老大，就是在山东六国'合纵'之盟中，也称不了老大。因为现今山东六国'合纵'之盟的纵约长是楚国，'合纵'之盟的核心国则是赵国。就是实力最弱的燕国，还是'合纵'之盟的首倡国呢，论地位也在魏国之上。"

匡章话还没说完，孟轲便脱口而出：

"将军，您是说，魏国对于在山东六国'合纵'之盟中的地位不满意，又见核心国赵国的主事者赵肃侯病逝，于是趁机发难，对其左右两个邻国赵国、韩国动了干戈，想再展昔日天下霸主的雄风，是吧？"

"夫子，您说得确实有道理，但这还不是主要原因。"

"那主要原因是什么呢？"孟轲连忙追问道。

"主要原因应该是跟两个人有关。"

"哪两个人？"孟轲紧追不舍。

"这两个人，以前我们就已经说到过，一个是张仪，另一个是公孙衍，就是犀首。他们都是魏国人，而且都是天下枭雄。"匡章说道。

"记得之前您就说过，张仪受苏秦暗中资助到了秦国，没几年就获得秦惠王的信任，被任为秦国之相。公孙衍先前对秦国有大功，还因此被封为大良造。但张仪到秦国后，反而被他排挤，只得出走到山东。这次魏惠王又在山东六国之间同室操戈，莫非是公孙衍到山东后挑拨的？"孟轲问道。

匡章点了点头，说道：

"公孙衍是被张仪排挤出秦国，不得已而出走到山东，自然对张仪怀恨在心，对秦惠王怀恨在心，对秦国怀恨在心。因此，他到了山东，自然是要寻觅一个抗击秦国的支点，组建一个反秦的联盟。正好魏惠王又不满意目前魏国在山东的地位，他还想有一番作为，所以二人就一拍即合了。"

"将军，不对呀！如果公孙衍要与张仪作对，与秦国作对，他完全可以支持苏秦，巩固加强其组织起来的山东六国'合纵'之盟，以加强抗击秦国的力量，而不应该是挑拨魏惠王在山东六国之间同室操戈，破坏山东六国'合纵'之盟，而让秦国有机可乘呀！"

匡章望着困惑不解的孟轲，笑道：

"夫子，您是不是搞糊涂了呀！张仪跟苏秦是什么关系？"

"是师兄弟关系，这是天下人都知道的。"

"这不就得了嘛！苏秦在山东六国组织'合纵'成功后，之所以要资助张仪到秦国，不就是要让张仪掌握秦国的权柄后，延缓实施'连横'之策来破解自己的'合纵'之盟吗？只要山东六国'合纵'之盟不破局，秦国就不敢对山东六国用兵，山东六国就会太平无事，苏秦就能深得山东六国的倚重，可保富贵荣华长在。而张仪呢？因为有苏秦的'合纵'之盟存在，秦国头上就像悬了一把利刃。为了保证这把利刃不落下，保证秦国的安全，秦惠王就要倚重张仪。这样，张仪也就能保证其在秦国的荣华富贵地位稳固。公孙衍跟张仪没有共同利益，而只有仇恨。所以，他出走到山东，不可能支持苏秦的'合纵'之盟，而必然是要拆解苏秦与张仪里应外合的旧'合纵'之盟，另组以魏国为核心的山东六国新'合纵'之盟，这就是魏惠王为什么要对赵国与韩国用兵，重新在山东六国之间制造内讧。"

"哦，原来是这样。纵横家实在是太自私、太可怕了，哪有一点仁心善良？完全是只顾自己的荣华富贵，而不顾天下黎民百姓的死活！"

见孟轲一副如梦方醒而又痛心疾首的样子，匡章不禁微微一笑，接着说道：

"纵横家又不是你们儒家，本来就是一群唯恐天下不乱之徒。只有天下大乱，他们的阴谋诡计才有用武之地，诸侯各国之君才会需要他们。因此，无论是苏秦，还是张仪，或是公孙衍，都是一样的，他们都会为了达成自己的目的而不择手段，为了自己的个人利益而不顾天下苍生的死活。"

"如此说来，公孙衍来山东，恐怕不是山东六国人民之福，而是要成为危及山东六国安全的最大祸患了。"孟轲不无忧虑地说道。

匡章点了点头，接着说道：

"公孙衍出走到山东，挑拨魏惠王发动对赵国与韩国的战争，其用意早被张仪看破。他比任何人都清楚地知道，苏秦的'合纵'之盟迟早要被公孙衍这个枭雄给拆解了，他想再跟苏秦联手玩东西平衡的把戏，恐怕难以为继了。所以，他在三年前的年底时，为秦国搞了一个'初腊'活动，作为反制措施，目的就是防止公孙衍的新'合纵'之盟成局后可能给秦国国家安全，以及他个人地位造成被动局面。"

"什么'初腊'活动？"孟轲不理解。

"就是秦国历史上第一次在腊月举行的祭祀活动。"

"第一次腊祭能有那么重要吗？"

"这可不是一般的腊祭活动，而是一次具有深远意义的政治活动，又称'龙门会'。"匡章答道。

"政治活动？将军请讲。"

匡章看了一眼孟轲，顿了一顿，说道：

"四年前，也就是夫子为令堂扶柩回鲁前的一年，被委任为秦国之相不久的张仪向秦惠王献了一计，对魏国河东本土发动一次突然袭击。秦惠王听从了张仪之计，遣秦公子桑率十万大军，以迅雷不及掩耳之势，秘密渡河而东，向魏国河东地区的北部重镇蒲阳发动了一次突然袭击。魏国虽派有重兵驻守，但是他们万万没有想到，就在几个月前，他们的魏惠王刚刚与秦惠王在应地约盟和好，现在秦国就背信弃义，渡河而东，对魏不宣而战。"

"结果怎么样？"孟轲连忙追问道。

"结果还能怎么样？魏国之师因为毫无防备，自然是大败，魏国上下为之震动。由于蒲阳失守，魏惠王意识到，以后魏国不仅保不住昔日从秦国抢来的河西之地，就连河东本土也会面临巨大的威胁。"

"蒲阳失守有这么严重的后果吗？那魏惠王如何应对？"孟轲又追问道。

"魏惠王而今英雄不如当年了，面对秦国接连不断地攻伐，他早已被吓破了胆。基于魏国河东本土都有不保之虞的现实，他只得作出放弃坚守河西的国策，不仅放弃了原来据有的全部河西之地，还将河西之北的上郡十五县也一并效纳给了秦国。这样才让秦国停下了继续东进的步伐，使魏国暂时获得了苟安。"

"如此说来，魏国真是每况愈下了。今之魏，非昔日之魏也。"孟轲不禁感慨地说道。

匡章点了点头，接着说道：

"河西之地，位于秦国关中平原之东、黄河以西与洛水以东，不仅沃野千里，堪称粮仓，还是重要的战略要地。因此，早在周室东迁之后，秦晋二国就看上了这一广袤的地区。从秦穆公与晋献公开始，秦晋二国就为争夺河西之地而大打出手，几百年一直没有停止过。后来，晋国为魏、赵、韩三家所分后，原来的秦晋之争便演变成了秦魏之争。因为魏国位居三家最西部，以西与秦国为邻，又是三家中最强大的，继承了晋国的主要遗产，所以也继承了秦晋几百年来的恩怨情仇。"

"那河西之地，最后怎么被魏国占领了呢？"孟轲一向醉心于上古历史与文献掌故，对于近世诸侯争战之事知之甚少，所以有此一问。

"这是魏文侯时代的事情。魏、赵、韩三家分晋的历史很久，但魏、赵、韩三家被正式册封为诸侯，则是周威烈王二十三年的事。三家分晋之初，魏国的执政者魏文侯头脑就非常清醒，深知魏国地处中央四战之地，周围列强环伺，危机四伏。在强烈的忧患意识驱使下，魏文侯的勃勃雄心也被激发出来。为了摆脱生存危机，使魏国迅速崛起，立于列强之林，他在诸侯各国之中首先推行了变法图强运动。他任用翟璜为相，改革魏国积重难返的弊政；任用乐羊为将，整军用武，攻掠中山国。特别是重用李悝，为魏国进行变法，取得了极大的成功，使魏国一跃成为当时天下最强大的诸侯国。正是凭借强大的实力，立国不久的魏国便在魏文侯重用的名将吴起的率领下，连续攻占了河西大片土地，并先后筑起少梁、合阳、元里、临晋、阴晋五城，以相互支援，将秦国的势力压制在洛水以西地区。秦国数次出动大军反扑，企图夺回被占领的河西之地，都被魏国军队击败。"

"秦晋、秦魏先后为了河西之地争得如此你死我活，说到底还是为了争霸吧，不仅仅是为了土地与人口吧？"孟轲问道。

"夫子，您这次算是开窍了。事实上，正是如此。河西之地，无论是对于秦国，还是魏国，都是其核心利益所在，也是其国运命脉所在。对于秦国而言，若想称霸天下，就必须东进。而要东进，就必须据有河西之地，这样东进才有一个可靠的跳板；而对于刚立国不久的魏国来说，若想立足于诸侯各国之中，就必须迅速崛起，并遏制秦国的崛起。因为两国是你死我活的关系，有你便没我。魏国若是崛起了，便断了秦国向东扩张之路。同样，秦国若是崛起了，刚立国的魏国就有生存危机。因此，秦国为了崛起，实现东进扩张的目标，就必须据有河西之地；魏国为了遏制秦国东进，使自己的生存空间不被挤压，就必须牢牢占领河西之地。"匡章说道。

"现在，秦国迫使魏国归还了河西之地，还意外得到了魏国河西之北的上郡十五县，总算意得志满了吧？"

"夫子，您真是一个善良的读书人。秦国是虎狼之邦，哪有满足的时候呢？前年张仪为秦国举行的腊祭活动，就是秦国为进一步东进、称霸天下所作的铺垫。"

"这话怎么讲？"孟轲连忙追问道。

"三年前的十二月，张仪之所以为秦国举行第一次腊祭活动，是因为就在那年的五月，秦国西部的劲敌义渠来朝，向秦惠王称臣，秦国东进的后顾之忧终于解除。义渠原为西戎的一支，分布于秦国西部的岐山、梁山、泾水、漆水以北地区。周室东迁之后，势力日益坐大，并自称为王，亦筑有城郭。因与秦毗邻而居，存在利益冲突，所以一直与秦处于时战时和的状态，大为秦国所患。周显王三十八年，也就是八年前，义渠国内发生内乱，秦庶长操率兵趁机进入，平定了内乱。因为此次内乱，原来强大的义渠大伤了元气，势力有所削弱。与此同时，秦国自秦惠王五年开始，伴随着对魏用兵的频频得手，尤其是张仪入秦之后所策划的几次伐魏行动，魏国的元气丧失殆尽。原属魏国的河西郡与上郡之地，因战败而先后效纳给了秦国，秦国的实力由此更加强大。义渠看清了这一形势，于是就在张仪为秦相和魏国纳河西上郡十五县于秦后，迫于秦国日益强大的武力，最终下定决心，选择了向秦国俯首称臣。"

"将军，您是说，义渠向秦国称臣，是张仪举办腊祭的直接原因，是吗？"

匡章点了点头，说道：

"正是。听人说，义渠向秦称臣后，张仪立即向秦惠王献计道：'今义渠来归，秦之西患已除；然魏之上郡十五县新附于秦，宜经之营之，固其本基。'秦惠王问道：'如何固其本基？'张仪告之曰：'上郡，乃戎、狄杂处之地。戎、狄之性，勇悍好斗，或城居，或野处，食粮少，金币多，故其人勇于斗，难以败之。且上郡之地，地广形险，戎、狄负其形利之便，多有不臣之心。'秦惠王觉得张仪说得有道理，让他继续阐明原因。张仪于是趁机提出了举办腊祭的建议，说道：'龙门，乃上郡之要塞，居河之上源，为河宗氏众部族游居之所，亦为河源神圣之地。大王何不为腊祭，会戎、狄诸君于龙门，猎禽兽，庆丰收，祭鬼神，结戎、狄诸部之心，则上郡之基可固矣，秦之后患可去矣。'秦惠王一听，连声称道：'善哉！善哉！'于是立即下令，让张仪全面筹备'龙门会'之事。"

"那张仪是怎么筹备的呢？"孟轲好奇地问道。

"张仪得到秦惠王的授权后，便立即付诸行为，积极筹备起了'龙门会'之事。应该说，张仪是非常具有组织才能的。上郡十五县原本是戎、狄诸部族聚居之地，又长期在魏国的统治之下，秦国从未跟这些部族的人打过交道，更未接触过他们的首领。张仪为了最终将这些戎、狄诸部族的首领聚集到一起，并跟秦惠王一起联欢，想尽了各种办法，派出了很多人四处活动，跟这些部族的人联络沟通，增进了彼此的了解与情谊，最终跟这些部族的首领都取得了联系。与此同时，张仪还做了一件事，就是大规模地从秦国军队中挑选悍兵勇卒，训练他们射禽猎兽的技能，又将广大河源之地的民众发动起来，让他们积极参与到操练腊祭的各种仪式活动中。"

"这件事情不容易，非一般人所能胜任。"孟轲情不自禁地评论道，似乎忘了张仪是他痛恨的纵横家。

匡章看了看孟轲，微微一笑，接着说道：

"经过张仪一年多的精心筹备，秦国历史上的第一次'腊祭'终于如期举办。从十二月初一开始，来自上郡十五县及其周边地区的戎、狄诸部族首领就率领各自的部属陆续到达，总数有数万人之多。而经张仪精心组织与挑选的秦国之民，亦有近万人的规模。十二月初八，'初腊'仪式正式登场，秦惠王与戎、狄诸部族首领悉数抵达，相会于河源地的龙门。"

"将军，龙门会就是一个仪式吧，是让戎、狄诸部族首领跟秦惠王见个面，就表示他们臣服了秦国，上郡十五县就算易主了，从此就是秦国的地盘了，是吗？"孟轲问道。

"除了宣示这层政治意涵外，还有一层政治意涵，就是增进秦国与上郡十五县戎、狄诸部族的关系。听人说，秦惠王与戎、狄诸部族首领相会仪式之后，有一个盛大的联欢活动。腊祭活动虽时当隆冬腊月，天寒地冻，但气氛非常热烈。从龙门山山脚一直到龙门城的沿河地带，参加腊祭的秦民与戎、狄之人有数万人，聚集在一起，燃起熊熊篝火，不仅驱除了严冬的寒冷，也燃起了腊祭狂欢的热烈气氛。在此气氛下，戎狄蒙面舞与秦卒剑戟舞轮番上阵。虽然起舞的秦国士卒与戎狄之民语言不通，但伴随着秦缶之乐与戎狄之音，翩翩而舞的秦国之卒与戎狄之民早已打破了彼此身份的隔阂，沉浸于庆丰收、祭鬼神，尽情狂欢的喜悦之中。"

"看来张仪是非常有心机的，腊祭的政治意涵不言而喻。"孟轲感慨地说道。

匡章点了点头，接着说道：

"其实，张仪安排的联欢活动，并不仅止于双方人员即兴的唱歌跳舞，还有早已排定的猎禽兽的角力之争。按照事先约定，参加腊祭的秦国士卒与戎、狄诸部族首领的部属，要围绕龙门山纵马驰骋，弯弓射箭，在上郡广阔的河谷地带一较高下，各逞其能。很明显，这是一场不露声色的武力角逐。由于有张仪的精心安排，再加上秦国士卒事先都经过了训练，结果秦国士卒猎获的禽兽大大多于戎、狄诸部族首领部属。"

"张仪这是在借双方猎获物的多少来暗示戎、狄诸部族首领，让他们对于秦国士卒的强悍与骑射水平有所忌惮，是吧。"

匡章听了孟轲的分析，笑着点了点头，说道：

"夫子还是很有政治头脑的，张仪的小心机都被您给看透了。"

"哪里，哪里，轲只是信口瞎说的。将军，您接着说。"孟轲被匡章一夸，觉得有些不好意思，连忙转移话题。

"除此，张仪还有一个小心机呢。听人说，骑射比赛结束后，他建议秦惠王将秦国士卒所获禽兽猎物悉数赏赐给戎、狄诸部首领的部属。对此，戎、狄诸部首领自然非常感动，戎、狄之民更是一片欢呼。最终，腊祭持续了十天之后，圆满结束。秦惠王与戎、狄诸部首领在欢笑而盟后，各自尽欢而去。自此，秦国的东西戎、狄之患尽除，上郡之基也得以巩固，河源之地就算太平了。"匡章说道。

"根据将军所说，张仪为秦国举办这个腊祭活动，还真不是什么纯粹的祭祀活动，而是具有深远战略意义的政治活动。举办完这个活动，接下来张仪是不是要腾出手来，对付出走到魏国的公孙衍了？"

匡章点了点头，说道：

"夫子，您说得很对。苏秦与张仪是利益联盟，这个我们刚才已经说过了。苏秦的'合纵'之盟，虽然表面上是对付秦国的，但有苏秦主持，张仪在秦国策应，事实上对于秦国与张仪都不具威胁性，只是为了影响秦国与山东六国国君的心理，造成一种东西战略恐怖平衡的假象，使苏秦与张仪二人有机会操控天下，永保自己的荣华富贵而已。公孙衍挑动魏襄王在山东生事，拆解苏秦的'合纵'之盟，意在建立一个以魏国为中心的新的'合纵'之盟。这个新'合纵'之盟，是真正针对秦国的，是具有威胁性的。因此，张仪为了稳固自己的权位，保住自己得来不易的荣华富贵，必然要维护秦国的战略利益，使秦国处于跟山东六国对抗的优势地位，这样才能取得秦惠王的进一步信任。"

"如此说来，张仪是要跟公孙衍直接对决了，是吗？"孟轲望着匡章问道。

"这个趋势已经明朗了，山东六国内部事实上已经意见不一，苏秦的'合纵'之盟随时都有分崩离析的可能。不瞒夫子说，这两年齐国朝廷中就不断有人提出，'合纵'之盟对于齐国来说没有什么价值，因为齐国是大国，实力很强，而且不与秦国为邻，秦国还威胁不到齐国；还有人说，齐王设立稷下学宫，招徕天下之才，笼络天下之士，所费甚巨，只是赚了吆喝，事实上没产生什么大的作用。甚至有人把话说得更明白，认为现在诸侯各国争霸，靠的是军力与财力，而不是文化软实力。"

听了匡章这番话，孟轲隐约知道了稷下学宫的命运不会长久了。如果稷下学宫不复存在，齐威王也不想再假装仁义而善待天下之士，那么不仅自己及其弟子们今后的生计有问题，还会直接影响到儒家思想与学说的传播。失去了稷下学宫这样的学术传播平台，自己如何广泛接触天下各国之士，宣扬先圣孔子的学说思想，如何吸收更多的追随者，壮大儒家学派的声势，从而创造机会实践先圣孔子"天下大同"的王道社会理想？虑及于此，孟轲顿感失措，一时陷入了沉默。

告别匡章，离开临淄，回到稷下学宫后，孟轲好多天都提不起精神。好在公都、公孙丑等先前所收的弟子都闻讯陆续回来了，而且在公都与公孙丑的影响下，孟轲又吸收到了一个新弟子，也是齐国人，他就是万章。

万章虽然年纪不大，但思想成熟，有自己独立的见解，对儒家思想与学说也多有了解。因此，一投在孟轲门下，便能跟孟轲谈到一起。为此，孟轲感到非常欣慰。

在稷下学宫待了两个月，前后进了三次临淄城，孟轲所见到的齐威王朝中的情势，以及从匡章那里侧面得到的消息，都让他觉得今不如昔，不仅齐威王对他的礼遇今不如昔，齐威王治国安邦的雄心壮志也今不如昔。

为此，孟轲感到非常失望，觉得这一次重返齐国看不到希望。于是，考虑再三，决定离开齐国，前往宋国。因为前不久，刚听人说宋国新君偃正在推行王政，这正合他矢志追求的"天下大同"的王道社会理想。

周显王四十六年（公元前 323 年）四月二十九，孟轲像往常一样，一早就起来了。太阳刚刚爬出地平线，光芒还不是那么耀眼逼人，风也是清凉温柔的。

孟轲站在学舍门前，漫无目的地纵目远眺。初夏的稷下学宫，四望之中的远山近野风光与昔日没有两样，学宫内的建筑依旧是昔日的模样，高大雄伟，但学宫内的人气与学术氛围则大不如从前。以前，学宫内每天都有南来北往的各国之士云集，有来的，有走的，络绎不绝；学宫内的各建筑内也是人头攒动，从早到晚都是熙熙攘攘，就像赶集似的。如今，诸侯各国慕名而来的读书人数量越来越少，走在学宫内的人都是稀稀拉拉的。人少了，气氛也冷清了很多。

抚今追昔，感叹了一阵后，孟轲正准备转身进屋。就在此时，公都、公孙丑与万章突然出现在了面前。孟轲吓了一跳，说道：

"你们今天怎么这么早就过来了？"

"先生，听说您要离开这里，想去宋国，是吗？"没回答孟轲的问题，万章先提出了自己的问题。

孟轲看了看万章，又瞥了瞥公都与公孙丑，点了点头。

"先生，您是对目前稷下学宫的现状感到不满吧？"公都问道。

孟轲没有吱声，只是认真地看了看公都。

"先生，您是否想过，齐国是大国，宋国是小国。稷下学宫确实是今不如昔，但毕竟还是运转如常，齐王既没降低现有稷下先生的待遇，也没少了各家学派弟子的吃喝，更没让大家露宿荒郊野外，只是学宫少了些当年的人气，学术交流的热烈气氛不如从前而已。"公孙丑说道。

孟轲听了公孙丑的话，还是没吱声。

这时，万章憋不住了，望着孟轲说道：

"先生，您跟先圣孔子一样，一生志在恢复周公礼法，追求天下大同的王道社会理想。所以，您一听说宋国正在推行王政，就立即起了弃齐而投宋的念头，这一点弟子是能理解的。不过，弟子有一句话想提醒您，宋国毕竟是小国，如今大张旗鼓地推行王政，毗邻的齐、楚百姓势必会心生羡慕而对齐王、楚王有所不满。齐王、楚王如果因此而怨恨宋国国君，发兵攻打宋国，那怎么办呢？"

没等孟轲回答，公都脱口而出：

"先生，万章师弟说得没错，这确实是个现实的问题。"

公孙丑也不希望孟轲离开稷下学宫，遂顺着公都的话附和道：

"先生，您是否再考虑考虑？先圣说，凡事都要三思而后行。"

孟轲没想到三个弟子都不同意自己离开齐国，离开稷下学宫，于是只好对他们进行说服。他先扫视了一下三个弟子，顿了顿，思考了一会儿，然后才从容说道：

"在历史上，商汤是大家公认的明君。他早先居住在亳地，与葛国为邻。葛国之君葛伯放肆而不守礼法，既不祭神，也不敬鬼。汤遣使去质问葛伯：'为何不祭祀鬼神？'葛伯回答说：'没有祭祀用的牛羊。'于是，汤便派人给葛伯送去了牛羊。没想到，葛伯却将汤送来的牛羊给吃了，并未用来祭祀鬼神。汤听说了，又派人前去质问：'为何有了牛羊，还不祭祀鬼神？'葛伯回答说：'没有谷米，光有牛羊，还是不能举行祭祀。'"

"先生，葛伯是在找借口吧？"公都对孟轲的学问一向都是非常佩服的，所以一听他讲典故，便立即兴趣盎然。

孟轲点了点头，接着说道：

"对，葛伯就是为了不祭祀鬼神而在找借口。汤知道葛伯的心思，但还是对他予以了隐忍。为了感化葛伯，汤派了一些亳地的老百姓前往葛国，青壮年帮助他们耕种田地，老弱者则给耕种者送饭。没想到，葛伯竟然带人沿路拦劫，要送饭的老弱百姓交出饭食酒菜。有不肯交出的，就把他们杀了。有一个小孩，给他在田间劳作的父亲送饭，因为饭菜中还有肉，葛伯为了夺他的饭与肉，竟然残忍地将孩子给杀了。《尚书》上有记载：'葛伯仇饷'，说的就是葛伯仇视送饭者，并杀害他们的事。"

"还有这种事？太没人性了！"万章之前对孟轲的故事一直持怀疑态度，但是听到这里，终于失去了冷静，感到愤怒了。

孟轲见三个弟子都被其故事感动了，于是接着说道：

"因为这个孩子被杀，原本一直仁义宽厚的汤终于被激怒了，立即发兵对葛伯予以征讨。当时天下百姓都说：'汤起兵非为夺天下，乃为匹夫匹妇报仇。'事实上，汤征伐天下诸侯，就是从征伐葛伯开始的。先后出兵十一次，天下无人可以与之对抗。汤征伐东夷部族，则西戎部族埋怨；汤征伐南蛮部族，则北狄部族埋怨，都说：'汤征伐天下为何不自我们这里开始？'当时，天下百姓盼望汤的到来，就像大旱之年盼望降雨一样。汤征伐天下时，做生意的人没有停止赶集，耕田耙地的人没有停止劳作。汤诛杀残暴之君，抚慰受难之民，就像久旱过后的及时雨从天而降，老百姓无不欢欣鼓舞。"

"汤征伐天下，诉诸武力，天下百姓竟然这么拥护？"公都不无怀疑地问道。

孟轲听懂了公都的意思，立即接口说道：

"这事《尚书》有记载，能有假吗？《尚书》记载说：'徯我后，后来其无罚！'意思是说，等待我们的君王，君王来了，我们就不再受苦受难了！其实，不仅是汤征伐天下广受天下百姓拥护，周武王征伐商纣王同样如此。对此，《尚书》也有记载，说：'有攸不惟臣，东征，绥厥士女，篚厥玄黄，绍我周王见休，惟臣附于大邑周。'意思是说，对助纣为虐而不肯臣服的诸侯，周武王就东征讨伐，从而消除动乱，安定那里的百姓。那里的百姓为了见到周武王，将黑色与黄色的丝帛放在筐子里，以此作为请求晋见周武王的凭据。他们都将见到周武王、做大周的臣民视为无上的荣光。据说，周武王东征所到之处，当地官员都将黑色与黄色的丝帛放满筐子，以此迎接周武王的官员；而当地百姓则用竹筐盛饭、用壶盛满酒浆，以此迎接周王的士兵。可见，当年周武王东征，就像汤征天下一样，只是要杀掉那些残害百姓的昏君暴君，将黎民百姓从水深火热中拯救出来而已。"

公都、公孙丑与万章见孟轲引经据典，说得凿凿有据，不得不信，于是连连点头。

孟轲见此，知道三个弟子已然被说服了，遂趁热打铁，再引经据典收结道：

"《尚书·太誓》有言：'我武惟扬，侵于之疆，则取于残，杀伐用张，于汤有光。'意思是说，大周武力要张扬，征伐商纣遍全疆，诛杀虐民残暴君，文治武功更昭彰，声名卓著胜商汤。如今，宋国国君不实行王政则罢，如果真的实行了王政，恐怕全天下的老百姓都要举头仰望他，要拥戴他为自己的君王。齐国、楚国虽然强大，但是宋国实行王政，有天下老百姓的拥护，又有什么可畏惧的呢？"

没想到，孟轲的话音未落，万章又提出了疑问：

"先生，您所说的商汤、周武，确实是历史上的明君，也确实有文治武功。不过，他们最终一统天下，还是靠的武力，而非实行王政的结果。今日天下的情势又有所不同，大凡称霸者，必以武力，而非仁义。因此，像宋国这样的小国，要想以仁心治国，行王政而一统天下，恐怕难矣！"

公都与公孙丑一听万章这话，立即紧张地看了看孟轲，他们倒不是怕孟轲生气，而是怕孟轲无话可说，被万章给问住了。

孟轲瞥了三个弟子一眼，莞尔一笑，脱口而出：

"为师听说古人有这样一句话：'以力假仁者霸，霸必有大国；以德行仁者王，王不待大。'"

"先生，是什么意思？"公孙丑连忙问道。

"意思是说，倚仗强力而假借仁义之名的，可以称霸诸侯，称霸诸侯的，一定会是大国。而以道德推行仁政的，可以使天下归服；但是，使天下归服，则并不一定非大国不可。"

"先生，这话怎么讲？"公都觉得孟轲的话有点勉强，遂问道。

"比方说，我们刚刚说过的商汤，他使天下诸侯都归服了吧，可谓真正的王天下者，然而他依凭的并不是什么大国的实力，而是方圆仅七十里的区区之地；又比方说周文王，他开创了周的基业，靠的也不是强大的实力，而是方圆仅百里的边陲之地。凭借强力而使人服从，其实并不能使人心服。因为征服人心的力量，并不是来自强力。依靠仁德而使人服从，才能使人真正地服从，而且会发自内心地高兴，是一种心悦诚服的服从。就像先圣的弟子对他的服从一样。先圣有三千弟子、七十二贤，哪一个不是人中之杰？但他们都无一不服从先圣，这种服从并不是慑于先圣的威力，而是感动于先圣道德的力量。《诗》曰：'自西自东，自南自北，无思不服'，说的正是这个意思。"

公都、公孙丑与万章见孟轲不仅以商汤、周文王说事，还搬出了先圣孔子与其弟子的故事，所以就不好再反驳他了。

孟轲见三个弟子都没有说话，以为这次他们真的被自己说服了，遂颇是自得地瞥了他们一眼，接着说道：

"推行王政，以仁义治天下，就会有荣耀；而不行王政，以不仁待百姓，就必然要遭受屈辱。现在，治国安邦者都不愿意遭受屈辱，却仍然行不仁之政，这就好像是一个人厌恶潮湿，却又甘于自处潮湿之地一样。治国安邦者，如果真的不愿意遭受屈辱，最好还是以仁德为贵，尊礼贤士，使贤者在位，能者在职。这样，国家才会平安无事。然后，趁着天下太平，修明政治，制定刑法。这样，即使是大国，也一定会对其有所畏惧。《诗》曰：'迨天之未阴雨，彻彼桑土，绸缪牖户。今此下民，或敢侮予！'意思是说，趁天阴还未下雨，赶紧从桑树根上剥些皮，将它们缠绕在门窗上。治国也是如此，也要未雨绸缪。这样，下面的人，谁还敢来欺侮？先圣曾经说过：'作这首诗的人，大概是懂得治国安邦道理的吧！'其实，能治理好国家的人，谁又能欺侮他呢？现而今，很多治国安邦者都不懂这个道理。他们在天下太平时，总是耽于享乐，怠于政务，这不等于自求祸患吗？祸患与幸福，无一不是自己求来的。《诗》曰：'永言配命，自求多福'，《尚书·太甲》曰：'天作孽，犹可违；自作孽，不可逭'，说的都是这个意思。"

公都、公孙丑与万章听了孟轲这样一番引经据典的长篇大论，虽然内心并不完全信服其观点，但非常服膺其渊博的学识与雄辩的说辞，于是异口同声地说道：

"弟子谨受教！"

三、穷则独善其身

"先生，这天气太反常了，夏天都快要结束了，怎么还这么热？"
公都话音未落，公孙丑连忙附和道：
"是呀！热得让人受不了。"
"先生，您看，宋国之都就在眼前了，要不我们先到前面路边的大树下歇息一会儿，然后再进城吧。反正，今天进城时间不会晚的。"万章建议道。
周显王四十六年（公元前 323 年）六月十五，日中时分，经过历时一个半月的日夜兼程，孟轲及其弟子二十余人终于到达宋国之都。离城尚有约两里地时，师徒一众在路边一棵大树下坐了下来，既为歇息，也为乘凉。

在树下坐下不久，公都又先开了口：

"先生，您这次离齐赴宋，主要是冲着宋国新君推行王政而来的。不过，据弟子所知，宋国在历史上也并不是一个执着追求先圣所向往的'天下大同'理想的国家。相反，在历史上，宋国还一度热衷于争做天下霸主呢。"

"你是说宋襄公吧。"公都话音未落，孟轲便脱口而出。

"哦？宋国还有这段历史呀！弟子真是孤陋寡闻了。"公孙丑假装惊讶地说道。

万章心知公都与公孙丑二位师兄的意思，立即接住他们的话茬，望着孟轲说道：

"先生，既然今天说到了宋国争霸的事，那您是否给我们好好讲一讲这一段历史呢？俗话说：'入乡随俗。'这次弟子们随先生来宋国，是为了实践先圣'天下大同'的王道社会理想，不仅要了解宋国的风俗，还应该了解宋国的历史。不然，今后在宋国都没法跟宋国人说话了。是不是？"

"万章师弟说得对。"公都、公孙丑连忙附和。

孟仲、充虞、邹正、邹春等人，是孟轲在邹国开馆时所收的早期弟子，而且都是邹国人。而公都、公孙丑与万章等人，则是孟轲前后两次入齐所收的后进弟子，都是齐国人，是他们的师弟。因此，这次跟他们一起到宋国，大家都很高兴。当公都、公孙丑与万章等人一唱一和，意欲引诱孟轲讲故事时，他们既不插话，也不揭破，只是跟着附和。

孟轲见是众弟子一致要求，于是便了点了点头，顿了顿，便开了口：

"周襄王九年，曾经'九合诸侯，一匡天下'的天下霸主齐桓公病得奄奄一息，而他的几个儿子又为了权力争得你死我活，齐国的实力早就不如从前了。诸侯各国见有机可乘，都纷纷打起了入侵齐国的主意。这年的春天，宋襄公、曹伯联合卫人和邾人共同出兵讨伐齐国。齐师不敌宋、曹等四国联军，初夏时鲁国出兵救援齐国。但是，五月戊寅日，宋师与齐师决战于甗时，齐师还是大败。幸亏有狄人出兵相救，不然齐国就要被宋国灭了。"

"哦？宋国有这么厉害？"公都瞪大眼睛望着孟轲，惊讶地问道。

孟轲看了一眼公都，又扫视了一下其他弟子，笑道：

"其实，不是宋国的实力有多强大，而是因为齐桓公病重，齐国内部争斗，不能集中力量一致对外。宋、曹、卫、邾四国联合伐齐，战争是周襄王九年正月开始的，但三月齐国权力高层就为了讨好宋国而杀了齐公子无亏。而到了初夏，齐桓公病逝，齐国准备拥立孝公为新君时，齐国内部又起了内讧，四个公子联合起来一致反对。齐孝公不敌四公子集团，逃奔到了宋国。但是，四公子集团的党羽仍然不放过，派兵与宋国作战。直到仲夏五月，宋国军队在甗地大败齐师，齐孝公才在宋国的帮助下回国就任齐国新君。齐桓公的葬礼也因为齐国的内讧而拖了好几个月，最终于秋八月才得以举行。"

"如此说来，宋国这时已经操控了齐国的政治，事实上就是天下霸主了，是不是？"公孙丑问道。

"至少宋襄公自己是这么认为的。周襄王十年三月，宋襄公派军队悍然入侵滕国，并捉拿了滕国的国君婴齐，即滕宣公。就在这年夏天，史称是六月，宋襄公跟曹国、邾国的国君在曹南订立盟约。鄫国的国君鄫子参加了在邾地的会盟。己酉日，邾文公受宋襄公指使，将鄫国的国君鄫子杀了，用来祭祀次睢的社神，想以此震慑东夷，让他们来归附宋国。"

孟轲话音未落，公孙丑就抑制不住愤怒，说道：

"宋襄公这也太过分了吧，怎么可以杀了别人的国君来祭神呢？"

孟轲看了一眼公孙丑，笑道：

"你也觉得过分呀！当时宋国的重臣司马子鱼就觉得过分，对宋襄公直言提出了批评，说：'古代的祭祀，六畜之间都不能互作祭品，小的祭祀则不杀大牲口，更何况是用人直接作祭品呢？祭祀的目的，是为人祈福。百姓乃神之主，杀人以祭神，请问有哪个神敢享用呢？齐桓公昔日为了使诸侯各国归服，曾延续了鲁、卫、邢三个被灭亡诸侯国的命运。就这样，义士们还认为他德薄呢。如今您跟诸侯会盟一次，就加害了两个国家之君，还用他国之君来祭祀不该祭祀的社神。如果想以此谋求宋国的霸业，您不觉得很难吗？依微臣看，您最后能得善终，就算非常幸运了！'"

"司马子鱼的批评也真够尖锐的！他为什么有这么大的胆子，敢批逆鳞，犯君威？是不是有什么特别的背景？"万章问道。

孟轲看了看万章，又扫视了一眼其他弟子，点了点头，说道：

"司马子鱼，就是目夷，字子鱼，因为担任司马之职，所以人称司马子鱼。他跟宋襄公是同父异母兄弟，都是宋桓公之子，子鱼是兄，宋襄公是弟。不过，子鱼是庶长子，因此没有资格继承宋国君位。但是，论治国能力，子鱼远在宋襄公之上。宋桓公死后，宋襄公继位，子鱼为左师，朝政大事都由他处理。宋襄公在位时，宋国之所以国力有较大提升，都是子鱼治国有方的功劳。"

"哦，原来是这样。"万章恍然大悟地点了点头。

王道梦

“先生，宋襄公杀了郳国的国君郳子后，诸侯各国有什么反应？”公都问道。

“没等诸侯各国有什么反应，宋襄公又出兵包围了曹国。”

孟轲话还没说完，万章就插话道：

“先生，您刚才不是说曹国跟宋、卫、邾三国共同攻伐过齐国，是宋国的盟国吗？怎么宋襄公又对盟国曹用兵呢？”

孟轲看了看万章，笑道：

“这就是宋襄公的问题了，也是司马子鱼要批评宋襄公的原因所在。虽说曹国是宋国的盟国，但宋襄公觉得在同盟内部，曹国似乎并不尊重宋国，对他这个自许的霸主并不怎么顺从，所以要教训教训曹国。但是，司马子鱼认为宋襄公不应该对曹国用兵，谏说道：‘昔日周文王听说崇侯虎德行败坏，民众受难，所以就发兵去攻打。但是，打了三十天，也没征服崇侯虎，让他投降。于是，周文王就主动撤兵，自我反省，同时加强对民众的教化。第二次出兵时，都没来得及修筑新的工事，就凭借旧的工事，让崇侯虎不战而降。《诗》中有句话，说是只要在自己的妻子面前作出榜样，在兄弟中作出表率，就足以治理好一国一家。现在您的道德还有所欠缺，就想着去教训别人，您想结果会怎么样呢？依臣看，您不如先退后回去，自我检讨一下自己的德行修养得到底如何了。等到您确认自己的德行没有欠缺了，那时你再采取行动也不迟。’”

“结果怎么样？宋襄公听从司马子鱼的谏议了吗？”公孙丑急切地问道。

“宋襄公当然不会听从司马子鱼的谏议，结果跟曹国兵戎相见，两国关系就闹僵了，宋国在诸侯各国中的信誉也就更差了。但是，宋襄公仍然不思悔改。周襄王十一年，又想倚仗武力，胁迫周边小国，做天下盟主。鲁国大夫臧文仲听说宋襄公欲会合诸侯，对此评价道：‘克制自己的欲望而满足众人的合理诉求，这是可以的；为了满足自己的欲望而强迫别人服从，那是很少能够成功的。’”

“后来宋襄公的称霸愿望到底有没有实现呢？”孟轲话音刚落，公都便追问道。

“当然不可能实现，最终连自己的命也赔进去了。”孟轲脱口而出。

“先生，这话怎么讲？”公孙丑连忙追问道。

“周襄王十二年春，宋襄公为了实现做天下霸主的目标，约齐国、楚国之君到宋国，在宋国鹿上举行会盟，并向楚国提出要求，让当时已归附于楚国的中原诸侯推举宋国为盟主。虽然当时楚国答应了，但是司马子鱼却劝谏宋襄公道：'小国争做天下霸主，这不是明智之举，而是祸患。宋国也许就要灭亡了吧。如果能够灭亡得晚一点，那也算是幸运了。'但是，宋襄王听不进司马子鱼的谏议。到了这年的秋天，宋襄公又约楚国、陈国、蔡国、郑国、许国、曹国六国的国君到宋国的盂地相见，以展现他作为天下霸主的地位。司马子鱼再次谏劝宋襄公，说：'上次臣所说的祸患，可能就要在盂地发生吧。您的欲望太过分，诸侯各国怎么受得了？'为了防止发生意外，司马子鱼建议宋襄公如果一定要与楚、陈等六国之君相见，最好多带些兵马，以防不测。可是，宋襄公不听。结果，在盂地会盟时，楚国国君不仅当场捉拿了宋襄公，而且派兵大举进攻宋国。到了这年的冬天，在鲁国的调停下，楚、陈等六国会盟于薄地时，宋襄公才被释放回国。司马子鱼告诉宋襄公：'您现在虽然被释放回国，但宋国的灾祸还没有完呢，因为他们觉得这一次还不足以惩罚您。'"

"宋襄公本来是要争做天下霸主的，结果反被楚国给捉拿了，他一定不会就此罢休的吧？"公都接着孟轲的话，问道。

孟轲点了点头，接着说道：

"宋襄公是个固执的人，当然不肯善罢甘休。周襄王十三年三月，郑伯前往楚国朝见楚成王。宋襄公得知消息后，大为震怒，于是纠集了卫、许、滕三个小国，在这一年的夏天对郑国发动了进攻。郑国是楚国的盟国，郑国受到宋国的进攻，楚国自然不会放过宋国。所以，这年的冬天，楚国与宋国发生了一场规模浩大的战争，这就是历史上有名的宋楚泓之战。"

"结果如何？"万章急切地问道。

公都、公孙丑以及在场的孟轲其他弟子，对于宋楚泓之战的结果都很关注，大家目光不约而同地聚集于孟轲。孟轲心知其意，故意停顿了一会儿，才接着说道：

"战争发生在十一月，天寒地冻。楚国军队虽然人多势众，但是远道而来，而且又跟宋军隔着一条泓水。宋军在泓水之北，早已列阵完毕，而楚军则还在泓水之南。司马子鱼分析了宋楚两军的形势，对宋襄公提出建议：'敌众我寡，趁楚军半渡之时，请求让我军发动袭击。'宋襄公不同意，认为这样做是乘人不备，胜之不武。等到楚军全部渡过泓水，但尚未列阵完毕时，司马子鱼又向宋襄公提出了请求，希望趁机出击，打楚军一个措手不及。但是，宋襄公也不同意。等到楚军列阵已毕，宋楚两军正式对垒开战后，宋国军队大败，宋襄公的大腿也受了伤，护卫宋襄公的护卫官全部阵亡。"

"宋襄公太愚蠢了！"孟轲话音未落，公都便脱口而出。

孟轲看了看公都，笑道：

"宋襄公并不这样认为。宋襄公逃回商丘后，国都中的人听说宋楚泓之战的结果，无一不埋怨他。但是，宋襄公却振振有词地说：'君子作战，不攻击已经受伤之人，不捉拿头发花白之人。古人用兵作战，不在险要的关隘阻击对方。寡人尽管是被灭亡的殷商后裔，但也不会偷袭没有布好阵势的敌军。'司马子鱼说：'君王您不懂用兵作战之道。强大的敌军在险要之地无法布阵，这是上天在帮助我们；乘势阻击而将敌军全歼，不是最好吗？即便如此，我们还怕不能完全战胜敌军呢！更何况而今打上门来的强大楚军，就是我们宋国的敌人。既然是两国交战，即使对方士兵是老人，俘获了就应该将之带回来，管他什么头发是否花白呢？训练军队，让将士懂得什么是耻辱，教导他们用兵作战的方法，目的是杀敌。敌人受了伤而未死，为何不能再给他致命一击呢？如果因为同情受伤的敌人，而不愿意再伤害他们的性命，那么一开始就不要跟敌人交手，不使他们受伤。如果同情敌军中头发花白之人，那么索性就向他们屈服投降好了。国家有三军，是用以跟敌人作战的；作战有金鼓，是用以鼓舞士气的。用兵作战，只要出现有利的机会，都要充分利用，切不可失去。利用地形上的险阻，是可以的；利用金鼓之声鼓舞士气，趁着敌人没有列阵完毕而发动攻击，也是可以的。'"

"司马子鱼所说完全正确。那宋襄公怎么看，他同意司马子鱼的意见吗？"公孙丑问道。

孟轲笑了笑，说道：

"宋襄公是个固执的人，他怎么可能同意司马子鱼的意见呢？再说，他既然要争做天下霸主，自然是个非常好面子的国君。所以，纵然他心里认同司马子鱼的意见，嘴上也不会说赞成的。不过，固执的宋襄公没过多久就箭伤复发死了。"

"先生，弟子今天听了您所讲的故事，真是长见识了。不过，听了这个故事，弟子有个问题想请教先生，您认为宋襄公到底算一个什么样的国君呢？"万章望着孟轲问道。

"为师以为，宋襄公不是一个好国君，当然更不是一个仁君。先圣追求的'天下大同'的王道社会是'大道之行也，天下为公，选贤与能，讲信修睦'，而宋襄公的所作所为正好与此背道而驰。他心里没有'天下为公'的意识，而只有他自己。为了追求虚幻的名望，争做天下霸主，他不惜破坏天下安宁，整天约盟攻伐，根本谈不上什么'讲信修睦'。他不听司马子鱼的进言，根本谈不上什么'选贤与能'。至于他指使邾文公杀了鄫国的国君鄫子来祭神，不仅突破了一个国君应有的道德底线，而且也突破了作为一个人应有的人性底线。正因为如此，宋襄公的争霸没有成功。一个多月前，为师在齐国时曾跟你们讲过'以德行仁者王'。宋襄公的事，可谓从反面印证了为师的观点，值得天下所有为政者警惕深思。"孟轲看了看万章，又扫视了其他所有弟子，语重心长地说道。

"先生，弟子完全赞同您'以德行仁者王'的观点。刚才公都师兄说过，您此次来宋国，主要是冲着宋国新君要推行王政。不过，先生，弟子有个顾虑。"

公都话音未落，孟轲便脱口而出：

"什么顾虑？但说无妨。"

"弟子担心当今的宋国新君推行的王政是否出于真心。"公都答道。

"为什么有这个顾虑？"孟轲反问道。

"先生，您在齐国朝中有朋友，对于天下诸侯各国的事情肯定比弟子了解得多。当今的宋君偃是剔成君之弟，剔成君是正当继位，在位四十一年。而宋君偃是通过发动政变，用武力推翻剔成君，迫使其逃亡到齐国后才上位的。这样的国君，您能相信他真心推行王政吗？他对自己的兄长都不仁义，还会对宋国的老百姓仁义？"公都说道。

"公都师兄，那也不一定。据说，宋君偃是个非常传奇的人。宋国人描述说，他仪表堂堂，面有神光，力能屈伸铁钩。这样的人，也许真有雄才大略，是不世出的圣君，也是有可能的。"万章说道。

公都听出万章的话表面是在赞扬宋君偃，实际上是在讲反话，是提醒孟轲，当今的宋国新君偃是个阴险之辈，是不值得信任的，于是立即对自己刚才的观点予以补充道：

"事实上，历史上与现实中都有诸侯国的国君推行过王政，但结果都只是以王政为借口，以假仁假义笼络人心，以此壮大声势，增强国力，目的是要像宋襄公一样，争做天下霸主。在他们的内心里，丝毫不存'天下为公'之念，也不会真的'选贤与能'，更不会跟其他诸侯国'讲信修睦'。宋国历史上并没有成功推行过王政的君主，而只有像宋襄公这样争做过霸主的国君，您觉得当今的宋君偃是真心推行王政，践行先圣'天下大同'的王道社会理想吗？"

"先生，公都师兄说的也不是没有道理。以前齐威王不也喊过推行王政的口号吗？他开办稷下学宫，招徕诸侯各国之士，让诸子百家学派的代表人物都争相前往，一度营造了一个声势非常浩大的百家争鸣的热闹局面，让世人都觉得齐国俨然就是天下文化的中心，齐威王就是善待天下万千之士的仁义之君。可是，而今的稷下学宫情势如何？齐威王对天下之士的态度如何？齐威王对齐国百姓如何？还有这次先生重返稷下学宫，齐威王对您的态度如何？不都是明摆着的吗？对于当今宋国新君推行王政的诚意，弟子劝先生，还是要观察观察的。先圣不是说过吗？对任何人都要'听其言，观其行'。对于当今宋国新君也是一样，我们不能只听他要推行王政的誓言，而是要看他到底怎么推行王政，推行的时间是否持久。"公孙丑接着公都的话，也提出了自己的看法。

孟轲听了公都与公孙丑提出的顾虑，没有回答，只是笑了一笑。

第二天，孟轲都没来得及做任何准备，一大早就急不可耐地催促众弟子动身，陪自己前往晋见宋君偃。

由于宋君偃的作息时间不同于齐威王，宋宫的管理制度也不同于齐国王宫，所以孟轲到了宋君偃的宫室后，并没很顺利地被迎请进宫，而是被晾在了宫外约有一个时辰。好不容易见到了宋君偃，却发现他并不是像传说的那样满面神光，而是面容憔悴，好像没有睡醒的样子。孟轲一看，心里顿时凉了半截，他甚至怀疑宋君偃是不是纵欲过度，成天沉溺于荒淫享乐之中，根本就无心国事，更无心于推行王政。

更让孟轲失望的是，宋君偃见了他虽然礼数上还算周到，但是进退揖让之后，却并没急切地就推行王政问题向他问计，而是跟他闲话家常，似乎忘了他是齐国列大夫，位在上卿，而且是儒家学派的代表人物。难道宋君偃真的不知他此来何为？孟轲不禁怀疑起自己的判断力。

最后，孟轲见宋君偃一直都只字不提推行王政的事，只好自己主动开口了：

"轲在齐国时，就曾听说过有关您的很多传说。当然，此次来宋国，轲并不是冲着传说而来，而是冲着您要推行的王政而来。在宋国推行王政，不知您有什么具体打算？"

"先生既然不远千里而来，对于推行王政，不知是否有了成熟的想法？如果有，是否说来听听？"

孟轲一听宋君偃这话，一下子就明白过来了，原来宋君偃要推行王政，真的是像公都与公孙丑所说，只是喊喊口号而已。如果他真心要推行王政，怎么没有具体的想法，而要反过来问自己呢？想到此，孟轲抬眼看了一下宋君偃，笑道：

　　"您是宋国之君，在您面前，轲何敢谈什么成熟的想法？不过，轲以为，推行王政的第一步应该是税制改革，减轻百姓的赋税负担。"

　　"为什么是税制改革呢？"

　　孟轲望了宋君偃一眼，回答道：

　　"因为您要推行的是王政，要做的是尧舜之类的圣君。如果不想推行王政，而只想做一个普通的明君，那么就不必进行税制改革。"

　　"这话怎么讲？"

　　孟轲又望了宋君偃一眼，回答道：

　　"做一个明君，只要尊贤使能，使俊杰在位，让天下之士都乐意至其朝廷做官，那么就会政治清明，政局稳定，国家也就算治理好了。但是，要做圣君，则不同了。他必须有天下为公的胸怀，不能只顾一家一国，不能满足于政局稳定，老百姓不闹事，而是要让老百姓衣食无忧，有幸福感，发自内心地感念君王的恩德，顺从君王的教化。而要达到这一目标，就必须进行税制改革，减轻老百姓的负担。"

　　"对于税制改革，先生是否也有了成熟的思考？"

　　"轲以为，推行王政，税制改革首先要做的工作有五个方面。"

　　"哪五个方面？先生请明以教寡人。"

　　"第一，在集市上，国家只收取提供给商家储藏货物的房舍费用，而不对其征收货物税；第二，在集市上，国家只负责根据法规维持市场交易秩序，连提供给商家储藏货物的房舍费用也不收取。如果做到这两个方面，那么天下所有的商贾都会很高兴，大家一定愿意将其货物储存在这个国家的集市上。如此，这个国家的商业就会繁荣，经济就会发达。"孟轲说道。

　　"先生的意思是说，通过减税或免税的方法招徕天下商贾，促进商业繁荣，是吗？"

　　孟轲点了点头，说道：

　　"正是。"

　　"如此，商业是繁荣了，但国家的税收又从何而来呢？"宋君偃反问道。

　　"轲的意思是，并不是完全不收税，而是大幅度减税，或部分免税，将市场做大。只要市场大了，商贾多了，薄赋广收，税收总额就会增大。打个比方，集市中只有十个商家，抽其十分之三的税，税收总额有多少？集市中有一百个商家或一千个商家，抽其十分之一的税，税收总额有多少？"

宋君偃听了，点了点头。接着，又问道：

"先生刚才说税制改革有五个方面，那另外三个方面呢？"

"第三，国家的关卡，只负责稽查，而不对过境的货物征税。这样，天下所有的商贾都很高兴，愿意过境到这个国家。虽然国家没有收他们的税，但他们过境时总会有衣食住行方面的消费，这也无形中促进了国家经济的发展。第四，对于农民，国家只规定他们助耕公田的亩数，而不对他们耕种的私田予以征税。这样，农民都会很高兴，全天下的农民都愿意到这个国家来耕种，粮食生产就会增加，国家稳定就有保证。第五，百姓聚居之地，国家不征收雇役钱与土地税。这样，老百姓都会很高兴，全天下的人都愿意移民到这个国家做百姓。百姓多，才能财富多，国家强。"

"先生说得很有道理。"

孟轲见宋君偃似乎为其所说打动，遂连忙巩固成果，说道：

"轲所说的这五个方面，如果有君王果真能做到，那么邻国的老百姓一定会像仰望他们的父母一样仰望他。率其子弟而攻其父母，自从有人类以来，未曾有成功的。天下百姓都仰望的君主，肯定是天下无敌。无敌于天下者，就是'天吏'。'天吏'不能一统天下，是从未有过的。"

"先生说得好！"

"既然您赞同轲的意见，那么您准备什么时候实行税制改革？"孟轲以为宋君偃已然同意了自己的主张，遂脱口而出。

但是，宋君偃一听孟轲这话，却顿时愣住了，因为他原本就没有要实行税制改革的打算。

孟轲见宋君偃迟迟没有回答，遂又追问了一句：

"您觉得轲所提出的税制改革的五点意见可行吗？"

"可行！可行！不过，对于税制改革，先生不妨先找戴盈之讨论商议，他是负责税赋方面的官员。"

孟轲毕竟是书生，不知道宋君偃这话是推托之辞，还以为这就是宋君偃对自己的问题的确切答复，于是高兴地告辞而去。

回到下榻的客栈时，孟轲还欣欣然而面有喜色。孟仲、充虞、邹正、邹春、公都、公孙丑、万章等一众弟子见了，连忙围了过来，问长问短。孟轲于是就将自己晋见宋君偃的过程，以及跟他的对话，都一一给他们作了转述。

邹春一向嘴快，孟轲话音未落，他便脱口而出：

"这样说来，先生这次离齐投宋的决策是对的了！宋君既然同意了先生的税制改革计划，那么接下来就会全权委托先生予以实施了。弟子相信，不久的将来，先生一直念兹在兹的王道社会理想就会首先在宋国实现。那时，宋国将会成为诸侯各国学习的楷模，商丘将会成为天下的政治中心，我们儒家学说将会成为天下显学，先生将会成为当代周公。'天下大同'局面形成之时，也将是先圣含笑于九泉之时。"

"邹师兄，您说得确实没错。不过，这要看宋君是否真有决心推行王政，同时还要看宋君是否有足够的魄力。如果当今的宋君像当年支持公孙鞅变法的秦孝公，那么先生为宋国推行王政肯定会成功，王道社会的理想肯定能首先在宋国实现。如果宋君没有当年秦孝公支持公孙鞅变法时的那种魄力，一遇到阻力就退缩，那么在宋国推行王政的计划很可能要失败。"

"为什么？"公都话音未落，邹春就脱口而出，反问道。

"因为先生推行的王政，首当其冲的便是宋国的税制。众所周知，税制改革跟国家财政密切相关，也跟很多人的利益相关。税赋重了，国家财政收入增加，权贵集团的既得利益会得到保障，但老百姓的负担则会加重，势必会引起民怨，影响政局稳定；税赋轻了，老百姓的负担减轻了，他们会感念国君的恩德。但是，国家财政收入减少，权贵集团的既得利益会受损，势必会引起他们对税制改革的强烈反对。"公都说道。

邹春听了公都这番分析，点了点头。

公都看了看邹春，又偷偷瞥了一眼孟轲，接着说道：

"我之所以强调宋君的决心与魄力是推行王政成功的关键，原因就在于税制改革既涉及千千万万普通老百姓的利益，也会触及权贵集团的既得利益。既然是推行王政，那么税制改革必然是要减轻老百姓的税负，朝着有利于老百姓的方向进行，这样必然会引起权贵集团的反弹。因此，宋君要是没有当年秦孝公支持公孙鞅变法那样坚定的决心，那样力排众议的决绝态度，那样弹压权贵集团的铁腕手段，先生要帮宋君完成税制改革，恐怕是不可能的。税制改革不能完成，宋君在宋国推行王政就不可能进行下去。"

公孙丑、万章听了公都这番分析，都觉得非常精辟，连连点头。

孟仲、充虞、邹正听了，也默默地点头。

但是，孟轲听了，却微微一笑，说道：

"公都所言虽然有理，但宋君既然答应为师要实行税制改革，总不会食言。先圣说：'驷不及舌'，说的就是君子'言必信，行必果'的。只要宋君是君子，而不是小人，相信税制改革再困难，他也会力排众议而进行下去的。你们就不用担心了，明天为师就去见戴盈之，让他落实为师与宋君达成的税制改革计划。"

果然，第二天一大早，孟轲朝食没吃几口，就急切地去找戴盈之了。

见了戴盈之，孟轲将前一天跟宋君偃所说的话复述了一遍，并告知了宋君偃对税制改革的态度。没想到，戴盈之却表现出跟宋君偃完全不同的态度，直截了当地说道：

"现在各国大都采十分之三的税率，夫子要我们宋国采十分之一的税率，而且要免除关卡与集市贸易的赋税，这实在是做不到。不过，既然夫子提出了建议，宋君也同意了，那么我们不妨先减轻一些赋税，等到明年再完全实行，您看如何？"

孟轲听了戴盈之的回答，感到很生气，但是又不便于发作，于是想了一想，说道：

"现在有个人，每天都要偷邻居一只鸡。有人跟他说：'您这样做，不是君子之所为。'那人回答说：'那我就少偷一些，每月偷一只，等到明年，我就完全停止，不再偷了。'凡事如果觉得不合道理，就应该尽快停止，为什么要等到明年呢？"

戴盈之看了看孟轲，尴尬地笑了笑，然后侧过脸去，不敢直视孟轲。

孟轲知道戴盈之觉得理亏，所以也不顾其高不高兴，续又说道：

"当今天下百姓之所以贫困而不得温饱，甚至饥寒交迫，冻馁而死，就是因为各国的赋税太多，税率太重。就轲所知，目前的赋税之中，有征收布缕之税的，有征收粟米之税的，还有征收力役之税的。圣人治国，体恤百姓之苦，在这三者之中只征收一种，其余两种都备而不用。如果有同时征收两种的，百姓就会有饿死的；如果有同时征收三种的，百姓便会父子离散。"

戴盈之听了孟轲的话，半天没有说话。

二人尴尬地默坐了约烙一张大饼的工夫，最终也没有找到合适的话题打破沉寂。于是，孟轲只好起身告辞了。

回到下榻的客栈，众弟子见孟轲的表情有点不对，明显不像昨天见宋君偃后那样兴高采烈，隐隐猜到肯定是跟戴盈之谈得不愉快，税制改革的计划大概是遇到了阻力。于是，大家都很知趣，谁也没有主动去问孟轲跟戴盈之见面的情况。

虽然在落实"什一税"计划上跟戴盈之闹了个不愉快，让孟轲郁闷了好多天，但是，自从到了宋国，孟轲还是颇受宋国朝野上下尊重的。在他下榻的驿馆，几乎每天都有宋国的大夫或士人慕名来访。

尤其令孟轲感到欣慰的是，到宋国后才刚半个月，便有宋大夫勾践前来问学拜师。为此，孟轲门下众弟子都感到欢欣鼓舞。因为勾践不仅是宋国大夫，而且在宋国有很广泛的人脉与声望，这对提升孟轲在宋国政坛的声望，扩大儒家学说在宋国的影响，无疑都是非常重要的。果然，就在勾践投在孟轲门下三天后，前来驿馆拜访孟轲的宋国朝野各界人士就明显比平时多了起来。

周显王四十六年（公元前 323 年）七月初八，也就是勾践拜师后的第八天，又有一位在宋国朝廷中具有重要影响的大夫戴不胜前来拜访孟轲。

对于戴不胜其人，孟轲早就有所耳闻。勾践拜师投在门下后，也曾专门跟孟轲提到过戴不胜，说他很得宋君偃器重，在当今宋国新君朝中算是重臣。正是基于先前对戴不胜的认知，孟轲对这次戴不胜的到访颇是重视。他觉得，来宋国已经超过半个月了，跟宋君偃讨论的"什一税"计划仍然没有落实，原因不在宋君偃，而在宋君偃身边贤人太少。所以，跟戴不胜见面后，孟轲与之稍作寒暄后就直奔主题，说道：

"轲想请教大夫一个问题，您想使您的君王向善上进吗？"

"当然想。"戴不胜不假思索地答道。

"那轲再问您一个问题。"

"先生，您请讲。"

"现在有一位楚国的大夫，他想让他的儿子学说齐国话。那么，他到底是该请齐国人来做老师呢，还是该请楚国人来做老师呢？"

"这还用说吗？当然是要请齐国人来做老师了。"戴不胜又是不假思索地答道。

"如果一个齐国人教他，而旁边却有许多楚国人在干扰，那么这个孩子能够学会齐国话吗？"

"当然不能。"戴不胜答道。

"轲也以为不能。轲以为，即使这个齐国老师再怎么尽心地教，再怎么严格管教，甚至是鞭打催逼，要想让这孩子学好齐国话，恐怕也是做不到吧。"

"当然。"戴不胜点了点头。

王道梦

"如果将这个孩子带到齐都临淄，置于临淄闹市之中数年，那结果会怎么样呢？"

"肯定很快就学会了齐国话。"戴不胜答道。

孟轲点了点头，接着说道：

"轲也认为是这样。轲甚至还认为，如果真的将这个孩子置于临淄闹市数年，那他就不仅是会说齐国话了，还会忘了他的母语楚国话。这个时候，即使有人拿着鞭子天天抽打他，要他再说楚国话，恐怕也是不可能了。"

"先生说得有理，语言习得跟环境有着密切关系。"

戴不胜话音未落，孟轲立即接口说道：

"轲听说大夫最欣赏薛居州，认为他是个善士，让他住在宋君宫中，跟宋君朝夕相处。如果住在宋君宫中，跟宋君朝夕相处之人，不论长幼尊卑，都是像薛居州这样的善士，那宋君还会跟谁去学坏，而不是一心向善上进呢？如果住在宋君宫中，跟宋君朝夕相处之人，不论长幼尊卑，都不是像薛居州这样的善士，宋君还会跟谁去学好，又如何能够一心向善上进呢？据轲所知，而今宋君身边的善士只有薛居州一人，如何能够影响宋君，最终能将王政推行下去呢？"

"先生的意思是说，宋君想要推行的王政至今都推行不下去，跟他身边缺少得力的贤臣有关，是吗？"戴不胜望着孟轲，问道。

孟轲没有明确回答，只是微微一笑。

虽然见了不少宋国的朝野人士，在宋国赢得了不少的尊敬；虽然前后见了九次宋君偃，每次都得到宋君偃对推行王政计划信誓旦旦的承诺；虽然在生活方面颇得宋君偃优待，住的是宋国最高档的驿馆，出行也有专门的车马，甚至他的几十个弟子的住宿也得到了妥善的安排，在宋国的生活基本无忧，但是，在宋国待了近半年，孟轲始终没能推动宋国的王政取得半点进展。为此，孟轲感到非常沮丧，也开始怀疑宋君偃推行王政的决心与诚意了，渐渐地对继续留在宋国，等待王政的推行失去了耐心，去意已然萌生。

周显王四十六年（公元前323年）十二月初九，孟轲早上起来比平常足足晚了一个时辰。对此，众弟子都感到非常不解。因为在他们的印象中，孟轲从未有睡懒觉的习惯，而且比他们任何人都要早起。

众弟子们见孟轲晚起，虽然不便追问，但都大致能够猜到其中的原因。昨天孟轲为了落实在宋国推行王政的计划，第十次晋见宋君偃。但是，回来时却神情沮丧。所以，众弟子知道，孟轲今天晚起，肯定是因为昨天晋见宋君偃不顺利，或是谈得不愉快，心情郁闷，晚上没有睡好。事实上，情况正是如此。

正当孟轲睡眼蒙眬，站在驿馆门前发呆，众弟子不知所措之时，突然一辆马车风驰电掣地从远处飞驰而来。孟仲、邹正、邹春、充虞，还有公都、公孙丑、万章等人，都感到非常好奇，延颈企踵观望。

就在大家一愣神之际，马车已然在驿馆门前戛然停下。紧接着，从车上跳下一个人，不仅让孟仲等人吃了一惊，也让孟轲感到非常意外。这人不是别人，而是宋大夫勾践。

"师弟，你怎么一大早就急急忙忙地赶来，是不是宋国朝廷发生什么大事了？"勾践从车上跳下来，尚未站稳脚跟，邹春就迎了过去，急切地问道。

"师兄，宋国朝廷倒没有发生什么大事，但我听说先生有重大决定。"勾践脱口而出。

"先生有什么重大决定？莫非先生要离开宋国？"

公都话音未落，勾践便瞪大了眼睛，望着公都问道：

"师兄，您是怎么知道的？"

"我是猜的。"公都笑道。

"师兄，您猜得很对。昨天先生跟宋君谈王政推行计划，不欢而散，当即表示要离开宋国，还说要到别国去游说诸侯。"

勾践话还没说完，公孙丑立即转身望着孟轲，问道：

"先生，您果真要离开宋国，准备到别国游说诸侯？"

孟轲看了看公孙丑，没有直接回答他的话，却转而直视勾践，问道：

"你喜欢游说吗？"

"弟子并不擅长游说，但弟子知道先生擅长游说。如果先生为了推行王政计划，真的要离开宋国，到别国游说诸侯，弟子愿意追随，也好趁机跟先生学学游说。"勾践笑着答道。

孟轲先扫视了一眼聚在身旁的其他弟子，然后转向勾践，说道：

"既然你想游说诸侯，那为师问你，游说诸侯应持什么样的态度呢？"

"不知道。请先生指教。"勾践摇了摇头，望着孟轲，诚恳地说道。

"别人理解我，我悠闲自得；别人不理解，我也悠闲自得。"

见孟轲不假思索，脱口而出，勾践立即追问道：

"先生，如何才能始终保持悠闲自得的态度呢？"

"只要是真的崇德好义，自然就可以做到悠闲自得了。古代之士，穷不失

264

义，达不离道。穷不失义，就能始终保持自己的本性；达不离道，就不会让天下百姓失望。"

"先生，您的意思是说，一个人崇德好义，就能始终保持悠闲自得的心态。在失意潦倒之时，不放弃对义的坚守；在得意腾达之时，不背离道的约束，以致忘乎所以。这样，他失意之时能守住本性，得意之时能不让人失望。是吗？"勾践望着孟轲，小心翼翼地问道。

孟轲点了点头，接着说道：

"古代之士，得志时，恩泽加于万民；不得志，则修身养性，静以处世。如果要加以概括，就是两句话：穷则独善其身，达则兼善天下。"

听到这里，勾践终于明白了，原来孟轲表面上是在教诲他如何保持悠闲自得的心态，实际上是抒发自己游说宋君偃推行王政失败的无奈之情。

孟仲、邹正、邹春、充虞，还有公都、公孙丑、万章等人，当然也都听懂了其中的意思。但是，大家都心照不宣，谁也不愿揭破真相，只是异口同声地说道：

"弟子谨受教！"

第二天，也就是周显王四十六年（公元前323年）十二月初十，一大早孟轲就带着众弟子离开了宋都商丘。当初，他毅然离开齐都临淄，日夜兼程投奔宋国，是因为对宋君偃推行王政有无限的期许。而今，推行王政计划的美梦已然破灭，他的心情有多么沮丧，他的众弟子自然都是能够体会到的，只是没有孟轲本人那样刻骨铭心而已。

第七章

返 乡

听宋大夫勾践讲完孟轲在宋国生活半年的经历，以及最后带着无比沮丧的心境离开宋都商丘的情形，大家都不禁非常感慨，唏嘘再三。

望着当头的一轮明月，听着微风吹过墓地周围枯枝寒林发出的瑟瑟之声，大家谁也没有说话，一时陷入了沉默之中。

过了好久，陈臻突然打破沉寂，侧脸望着宋大夫勾践，说道：

"师兄，如此说来，先生当年弃齐投宋的决定是失策了，是吧？如果先生第二次入齐时不离开稷下学宫，不离开临淄，完全可以继续享受稷下先生与齐国列大夫的优厚待遇，同时也能保持其位在上卿的政治地位。而投到宋国，投在宋康王的小朝廷，不仅没有推动王政计划在宋国的实施，实现其梦寐以求的王道梦，而且在宋国政坛也没有得到应有的地位，最后还遭受了沉重的精神打击，走投无路，只得无奈地返回家乡，真是可惜了！"

陈臻话音未落，公都脱口而出：

"陈师弟，不能这么讲。先生弃齐投宋，确实是没有推动王政计划在宋国的实施，实现其梦寐以求的王道梦。但是，先生在宋国仅半年，就收了两个得意弟子，一个是勾践师弟，一个就是你呀！这不能不说是一个巨大的收获，对先生的未竟事业不能不说有不可估量的意义，是吧。"

"师兄言过其实了！勾践生于宋，长于宋，僻居商丘，在见到先生与各位

266

师兄之前，从未跟诸侯各国之士有过接触，可谓孤陋寡闻至极。不像各位师兄见多识广，跟随先生走过南，闯过北，到过很多诸侯国，还有在稷下学宫游学的经历，见过诸子百家的圣贤，听过各学派的学说。勾践能忝列先生门下，与各位师兄及师弟同席聆听先生教诲，已经感到万分荣幸了，哪里还敢说是先生的得意弟子呢？如果诸位不认为勾践辱没了先生的门第，还认勾践是同门，勾践已感到是人生莫大的荣耀了。"勾践谦虚地说道。

陈臻见勾践如此低调，立即接口说道：

"勾践师兄的声望与能力，不知比陈臻高出多少倍。勾践师兄尚且不敢说是先生的得意弟子，陈臻就更不用说了。"

"勾践、陈臻二位师弟都不必过谦，根据我的了解，先生确实对二位很器重。勾践师弟对先生思想学说在宋国传播推广的贡献，想必大家都了解。陈臻师弟虽然比公都、公孙、万章三位师弟入门晚，但都对先生思想学说在齐国的传播推广发挥了重要作用。如果我没有记错的话，陈臻师弟是在先生离开宋都商丘当天，从齐国远程赶到，并投在先生门下的。"

孟仲话音未落，邹正、邹春、充虞都连连点头，异口同声地说道：

"大师兄记得没错。"

月光下，孟仲眼光往左右扫了一下，见大家都侧脸朝自己看过来，遂接着说道：

"不知道大家还记不记得，先生离齐投宋，跟齐威王辞别时，齐威王馈赠先生兼金一百镒，先生当场断然拒绝，没有收下。但是，先生因为王政计划不能推行，跟宋康王闹得不愉快而离开宋都商丘时，勾践师弟代表宋康王来给先生送别，同时转交了宋康王致送给先生的黄金七十镒，先生毫不推辞，当即就收下了。后来，先生道经齐国薛地返回邹国途中，刚被封为薛君的靖郭君田婴也向先生致送了黄金，好像是五十镒，也不是个小数目，先生也欣然收下了。"

孟仲话还没说完，邹春立即插话道：

"大师兄说得没错，这三次赠金都是实有其事的，但先生前后的态度却不一样。"

"正因为先生前后态度不一样，我记得陈臻师弟事后曾就此事向先生提出了疑问。"

这一次，孟仲话还没说完，又被屋庐连打断了：

"大师兄，不对吧？陈臻师兄不是先生离开宋都时才投在先生门下的吗？

先生在齐都临淄拒收齐威王之金，离宋时收宋康王之金，陈臻师弟应该都是不知情的，只有在道经薛地时受靖郭君田婴之金，他才是在场的。再说，陈臻师兄当时刚投在先生门下不久，怎么可能敢对先生的行为提出疑问呢？"

"屋庐师弟，我刚才说过，先生生前对陈臻师弟十分器重，你知道原因吗？"孟仲没有回答屋庐连的问题，反而问了他一个问题。

屋庐连当然不能回答，又反过来问孟仲道：

"大师兄，您知道是什么原因吗？"

月光下，孟仲笑了笑，不无得意地说道：

"我当然知道。"

"那是什么原因？"见孟仲故弄玄虚，不肯说出答案，屋庐连只好再次追问。

"因为先生认为陈臻师弟有独立思考能力，有质疑精神。"孟仲答道。

"大师兄，您何以知道先生器重陈臻师兄是因为他有独立思考能力，有质疑精神呢？"屋庐连反问道。

"我记得有一次，好像是在稷下学宫，先生跟我们几个弟子说到见诸侯应持的态度。他说，如果立身诸侯国朝廷之上，向国君进言，就要有藐视他的态度，不要把他高高在上的地位放在心上。他说，宫室殿堂几丈高，屋檐几尺宽，如果我得志，不会这样铺张显摆；美味佳肴堆满一食案，美姬艳妾好几百，如果我得志，不会这样奢侈骄逸；饮酒奏乐，驰骋田猎，跟随的车子上千辆，如果我得志，不会这样做。他所做的这一切，都是我所不愿做的；我所做的，都是符合古代的礼制。既然如此，我何必怕他呢？"

孟仲话音刚落，公都脱口而出：

"大师兄记得没错，先生说这话时，我当时也在场。先生的目的是要告诫我们弟子，做人要坚持独立的人格，不为权势所屈服。"

"正因为先生曾经这样教导过我们，所以我敢断定，先生当初对陈臻师弟质疑他三次收金的不同表现，一定是持欣赏态度的。先生器重陈臻师弟，应该跟这有关。"

见孟仲说得如此肯定，屋庐连有些不以为然，遂脱口而出：

"大师兄，先生器重陈臻师兄，我们大家都知道，但未必就是您所说的这个原因吧。"

勾践怕屋庐连跟孟仲再争论下去，会影响大家的和气，于是连忙出来打圆场，说道：

"大家都不要只顾着听大师兄与屋庐小师弟说话，忘了喝酒。车上的酒还有好几坛呢。我来给大家续酒，大家先将盏中的酒喝干。"

邹正、邹春、充虞、公都、公孙丑、万章等人都听懂了勾践的话，连忙附和道：

"勾践师弟说得对，大家快喝酒。"

喝完了酒，很久没有说话的陈代，突然兴味盎然，说道：

"按照惯例，喝了酒，就得有人讲故事。这一次，是否就请陈臻师兄来讲先生离宋返邹的经过，也好让我们后入门的弟子有所了解。"

滕更、徐辟等人首先表示欢迎，因为他们都是孟轲后来所收的弟子。至于孟仲、邹正、邹春、充虞等早期弟子，以及孟轲在齐国稷下学宫所收的许多齐国弟子，也连声附和。

陈臻见大家意见一致，先看了孟轲的新坟一眼，然后抬头望了一眼已偏过头顶，但仍然皎洁明亮的月亮，沉思了片刻，便从容地讲起了孟轲返乡途中的见闻，还有在邹国时跟邹穆公交往，以及屋庐连、曹交拜师问学的往事。

一、邹穆公问计

周显王四十七年（公元前 322 年）一月初九，孟轲及其众弟子到达薛。

薛在宋国与鲁国之间，毗邻宋国的西北边境，跟邹国也近在咫尺，东南离楚国也不远，是齐国深入宋国与鲁国之间的一个狭长地带，既像插入宋国与鲁国之间的一个楔子，又像是从东南方向延伸出去而指向楚国的利剑。因此，薛在战略上具有非常重要的地位。孟轲及其弟子到达薛地时，正好是齐威王封靖郭君于薛不久。

孟轲一到薛，在客栈尚未安顿停当，就有靖郭君门客奉命来访，并约定了靖郭君跟孟轲相见的时间。

靖郭君就是田婴，是齐威王的少子，最得齐威王的信任，长期执掌齐国朝政，在齐国是无人不知的闻人。孟轲的齐国弟子公都、公孙丑、万章、陈臻等人都对之非常熟悉，孟仲、邹正、邹春、充虞、咸丘蒙等其他诸侯国的弟子，凡是在稷下学宫游学过的，也都听说过靖郭君田婴其人，知道他是何许人也。

陈臻是当时孟轲最小的弟子，也是新近才收的齐国籍弟子。两个月前，陈臻为了投在孟轲门下，刚从齐国到了宋国，现在又从宋国回到了齐国境内。没想到，刚入齐国之境，就听说靖郭君要来拜访孟轲，而且是在远离齐国政治中心临淄的偏远之地薛，所以感到非常惊讶。靖郭君的门客刚走出客栈大门，陈臻就迫不及待地问孟轲道：

"先生，靖郭君不是齐威王面前的红人吗？在齐国是权倾朝野之人，而且也是最贪恋权位的人，怎么不留在临淄执掌朝政，而要跑到薛这样一个偏僻的小地方呢？"

孟轲看了一眼陈臻，笑着反问道：

"你怎么知道靖郭君贪恋权位？"

"弟子在临淄时，曾听人说过一个有关靖郭君的故事，说靖郭君在成侯邹忌为齐国之相期间就想染指朝政，表现出了对权力的贪欲。一次，他劝齐威王说：'五官的簿书，不可不每天都要认真检查几次。'齐威王说：'每天都要检查同一个官员的簿书，五天就厌烦了。如果你有兴趣，这事就交给你。'于是，靖郭君就顺水推舟接过了这个检查五官簿书的事，开始控制起朝廷官员。"

"这事你也知道？"孟轲笑着问道。

"先生是齐国列大夫，位在上卿，又跟匡章将军过从甚密，难道不知道这事？"陈臻瞪大眼睛，望着孟轲问道。

孟轲没有回答，只是微微一笑。

"先生，您笑什么？"陈臻不解，瞪大了眼睛，望着孟轲。

"为师是笑你只知靖郭君贪权的逸闻，而不知靖郭君被封于薛的深意。"孟轲答道。

"先生，您是说靖郭君此次来薛，不是代齐威王巡视边境，而是被封于薛，薛成了他的封地？"陈臻再次瞪大了眼睛，望着孟轲问道。

"你不是刚从齐国出来的吗？在临淄城里，或是在稷下学宫，难道就没有听到什么有关靖郭君的风声吗？"

这一次，陈臻的眼睛瞪得更大了，望着孟轲问道：

"莫非先生早就听说了有关靖郭君什么风声？知道他要封在薛地了？"

孟轲看了看陈臻，笑了笑，然后点了点头。

"先生，那您是否跟弟子讲一讲，靖郭君被封于薛，到底有什么样的背景与原因呢？"陈臻恳求道。

这时，正好公都、公孙丑、万章等人也来了，一听陈臻要孟轲讲靖郭君封于薛的事，都非常感兴趣，连忙附和陈臻的请求。

孟轲见四个齐国的弟子都对靖郭君封于薛的事感兴趣，便点了点头，说道：

"齐威王要封靖郭君于薛的事，其实好几年前就在齐国朝野有所传闻了。只是齐威王一直下不了决心，所以拖到现在才落实。"

"先生，其中有什么缘故吗？"孟轲话还没说完，公都早已迫不及待了。

"去年为师离开临淄前，曾拜访过匡章将军，听他说过其中的真相。据匡章将军说，好多年前，齐威王就有封靖郭君于薛的想法。但是，不知道什么原因，消息传到了楚国，立即遭到了楚威王的强烈反对，扬言若齐国封靖郭君于薛，楚国就出兵讨伐齐国。"

"这很奇怪呀！薛是齐国之地，齐威王要封自己的儿子于薛，这是齐国的内政，楚国为什么要反对呢？而且态度还那么激烈？"没等陈臻开口，公孙丑先插话提问了。

孟轲看了一眼公孙丑，笑道：

"这有什么奇怪的，我们现在就在薛，你们到薛周边走一走，看一看其地理位置，就知道薛的战略地位有多么敏感、多么重要了。薛介于宋鲁二国之间，又在东南方向与楚国毗邻接壤，因此，既可以控制宋鲁二国，又能成为进攻楚国的桥头堡。"

"先生，您对薛的地理位置怎么如此熟悉，对其战略地位如此了解呢？"陈臻脱口而出，问道。

孟轲又是微微一笑，说道：

"薛跟邹国是连在一起的，就在为师的家门口，这里的山山水水，为师小时候就非常熟悉了。"

"哦，怪不得先生说得凿凿有据。"万章恍然大悟地点了点头。

孟轲扫了一眼四位弟子，接着说道：

"正因为薛的战略地位既重要，又敏感，所以楚威王一听说齐威王要封靖郭君于薛，就强烈反对，认为这会威胁到楚国的国家安全。其实，除了薛的战略地位敏感外，被封于薛的靖郭君身份也敏感。大概全天下的人都知道，靖郭君是齐威王的少子，最得齐威王宠爱，在齐国朝廷具有举足轻重的地位，而且他还是齐国重要的军事家，曾与田忌、孙膑共同指挥了对魏国的马陵之战，杀魏兵十万，俘获魏太子申，迫使魏国主将庞涓战败自杀，在齐国朝野具有极高的声望。"

"先生这样说，弟子就清楚了。楚威王是认为齐威王将靖郭君这样重要的人物封于薛，是有将战略重点转移到楚国方面的倾向，所以认为是对楚国的威胁，是吧？"陈臻望着孟轲，问道。

孟轲点了点头，接着说道：

"齐威王打算封靖郭君于薛的风声传出后，不仅在齐国朝野上下引起了强烈反响，而且引发了楚威王的勃然大怒，甚至扬言要起兵讨伐齐国，于是就犹豫了。"

"为什么犹豫？难道齐国实力不如楚国，齐威王怕了楚威王？"公孙丑感到很不解，望着孟轲问道。

"齐国虽然是大国与强国，但楚国也是大国与强国，甚至实力还在齐国之上。对此，齐威王有清醒的认识。所以，一听说楚威王强烈反对，自然就犹豫不决了，甚至产生了中止封靖郭君于薛的打算。"孟轲答道。

"既然如此，那么现在齐威王又怎么封靖郭君于薛了呢？难道是齐威王做好了准备，要跟楚国打一仗吗？"陈臻问道。

孟轲笑了笑，说道：

"不是齐威王准备好了要跟楚国打一仗，而是现在楚威王不反对齐威王封靖郭君于薛了，反而持欢迎立场。"

"这不是很奇怪吗？楚威王的态度怎么转变这么大呢？"陈臻再次瞪大了眼睛，望着孟轲问道。

孟轲看了看陈臻，笑了一笑，故意停顿了一下，没有立即回答。

一旁的万章急了，连忙催促道：

"先生，您快说其中的原因呀！"

孟轲先看了一眼万章，又扫视了一下公都、公孙丑与陈臻，没告诉他们答案，而是问了他们一个问题：

"你们都是齐国人，有没有听说一个叫公孙闬的人？"

"先生，弟子知道，公孙闬是成侯邹忌的门客，非常有智慧。"公都不假思索，脱口而出。

"你说他非常有智慧，那你说说他有什么特别的表现，为成侯邹忌所特别看重？"孟轲直视公都，说道。

"他在田忌声望如日中天之时，替成侯邹忌设了一计，逼得田忌蒙不白之冤而出走齐国，逃到了楚国，使成侯邹忌的齐国之相位置得以保住，荣华富贵得以延续。"公都说道。

孟轲点了点头。

在陈臻的印象里，邹忌一直是非常正面的形象，没想到他竟然是嫉贤妒能的小人。当然，更让他没想到的是，公孙闲作为邹忌的一个门客，竟然有比其主子邹忌更高的智慧。所以，听了公都的话，他不禁吃惊地瞪大了眼睛，望着公都与孟轲，半天说不出话来。

孟轲见陈臻如此吃惊的样子，不禁哑然失笑，看着他问道：

"你是不是感到意外？是因为成侯邹忌，还是因为公孙闲？"

没等陈臻回答，公孙丑望着孟轲问道：

"先生，公孙闲助成侯邹忌排挤田忌的事，您是不是早就知道了？"

孟轲点了点头。

"既然先生知道，那是否将其中的前因后果都给我们这些齐国的弟子讲一讲呢？不然，我们都愧为齐国人了。"万章请求道。

"其实，成侯邹忌与田忌的矛盾在齐国朝廷是人皆知之。邹忌为齐国之相，田忌为齐国大将，两人不仅政见不同，而且在对外战争的决策上也有重大的分歧，特别是对魏国的桂陵之战与马陵之战，二人意见分歧更大。但是，最终桂陵之战与马陵之战都在田忌的指挥与孙膑的协助下取得了胜利，使昔日天下之霸魏国实力大挫，从此一蹶不振。桂陵之战胜利后，田忌的声望就已经很高了，加上田忌又是齐国王室中人，成侯邹忌觉得自己的地位受到了重大挑战。于是，马陵之战还在进行之中，邹忌就开始设计构陷田忌，必欲除之而后快。"孟轲说道。

"既然田忌是齐国大将，有战功，而且是齐国王室中人，邹忌只不过是一个鼓瑟谏威王起家的外来客，他如何能够取信于齐威王，扳倒田忌呢？"公孙丑问道。

"刚才公都不是说过，成侯邹忌有一个门客叫公孙闲吗？就是他替邹忌设了一计，陷田忌于不义，逼得他走投无路，才离开齐国，逃到了楚国。"

孟轲话还没说完，公都突然插话，问道：

"先生，弟子虽然听说了是公孙闲替成侯设计排挤走田忌，但弟子不明白，田忌不是有军师孙膑吗？难道他的智慧还不如公孙闲？"

"你这算是问到了问题的核心。据匡章将军说，马陵之战胜利之后，孙膑就已料到成侯邹忌要设计构陷田忌，必欲除之而后快。所以，在田忌将班师回朝之际，孙膑特意找他密谈了一次，并试探性地问田忌道：'将军，您是否有意于做一番大事呢？'"

"先生，孙膑这是在策反田忌，让他取齐威王而代之吧。"公都问道。

孟轲点了点头，接着说道：

"正是。孙膑认为，田忌指挥了对魏国的两次重大战役，无论是桂陵之战，还是马陵之战，对魏国都是致命的打击，是魏国从此衰落而齐国从此崛起的关键。因此，不仅成侯邹忌怕田忌声望太高而可能取代了其在齐国政坛一人之下、万人之上的位置，还会让齐威王有所猜忌，因为功高盖主自古以来就是君臣之间的一大忌讳。田忌对孙膑是有知遇之恩的，出于对恩公的情义，孙膑就向田忌献了一计。"

一听孙膑献计，公都、公孙丑、万章与陈臻四人顿时都兴奋起来，立即异口同声地问道：

"什么计？"

孟轲见四个弟子如此热衷于听兵家的谋略，后悔从一开始就不应该跟他们讲公孙闬、孙膑这些人的故事，因为这跟儒家的思想与理念不相符。但是，既然已经讲开了，也不好在弟子们面前表现出悔意，突然说不讲了。所以，顿了顿，他还是继续讲了下去：

"孙膑跟田忌说：'将军此次班师回朝，最好不要解除武装，而是应该有所布置。通往齐都临淄沿途的战略要塞，不妨让那些老弱疲惫之兵把守。因为这些要塞道路狭窄，车马只能勉强磕磕碰碰地通过，依次通行，速度极慢。留守这些战略要塞的，虽然都是些老弱疲惫之兵，但有地形地势的凭借，一定能够以一当十，以十当百，以百当千，将军就没有什么后顾之忧了。而将军率主力，背靠泰山，左有济水，右有高唐，辎重可直达高宛，然后轻车战马直冲临淄雍门。如此，齐国社稷与朝政大权都尽在将军掌握之中。届时，将军即使顾及君臣之义，不愿取威王而代之，至少也可以让成侯邹忌惧而出逃，今后不能再危及将军的地位。如果将军不如此，恐怕此次就不能安全地返回齐国了。'"

"结果如何？"

看着陈臻急切的样子，孟轲笑道：

"你说结果还能如何？田忌没有听从孙膑之计，而是按规矩自动解除了武装，返回了齐都临淄。田忌刚回到临淄，公孙闬便按照事先跟成侯邹忌策划好的计谋，派人携重金招摇过市，大张旗鼓地在临淄大街小巷找人占卜，并主动向占卜人自我介绍说：'我是田忌将军的下属，将军与魏人作战，三战三胜，名震天下。如今得胜还朝，欲图大事，希望你能够帮助占一卦，看看吉凶究竟如何。'那个自称田忌将军下属的求卜者刚转身离开，公孙闬一边派人火速向齐威王告发，一边立即将占卜者抓捕，并将其带到齐威王面前，让他当场对证。田忌听闻消息后，深为惊恐，但又无计可施，走投无路之下，只好'三十六计，走为上计'，出逃到了楚国。"

孟轲话音未落，陈臻便情绪激动，脱口而出：

"公孙闬之计也太歹毒了！"

"公孙闬之计确实歹毒，但依我看，问题的根源还在成侯邹忌，是他心理太阴暗了，为了自己的权位，不惜构陷国家的功臣。这样的人，如何德配齐国之相的名位？"万章不同意陈臻的说法，提出了异议。

公孙丑虽然没有像陈臻、万章那样情绪激动，但也情不自禁地评论道：

"根据先生刚才所说，我认为，公孙闬与成侯邹忌都不是什么好人。至于田忌好人没好报，那是咎由自取，他不该不听孙膑的忠言良策。否则，就不会落得有家归不得的凄惨结局了。"

"公孙师弟，我有不同的看法。我倒是觉得田忌不是好人没好报，而是好人有很大的福报。他虽然在齐国受了不白之冤，但到了楚国却得到了极高的礼遇，楚威王将楚国的江南之地都封给了他。你看靖郭君是齐威王最得宠的儿子，被封的薛地才多大的地盘？"

公都话音未落，孟轲笑着向他提出了一个问题：

"你知道楚威王为什么要封田忌江南之地吗？"

"田忌是齐国大将，楚威王是想笼络他，将来为其所用呗。"陈臻不假思索地答道。

孟轲摇了摇头。

"楚威王是为田忌打抱不平，有意做给齐威王看的，同时也是做给全天下人看的，让全天下的人都知道楚国重视人才。先生，是不是？"公都望着孟轲，问道。

孟轲又摇了摇头。

"先生，那您认为到底是什么原因呢？"公孙丑见孟轲故弄玄虚，忍不住问道。

孟轲扫视了四个弟子一眼，笑道：

"楚威王封田忌江南之地，其实是托赖于成侯邹忌之力。"

"先生，这话怎么讲？邹忌与田忌不是生死对头吗？田忌怎么可能托赖邹忌之力呢？"这次是万章吃惊地瞪大了眼睛。

孟轲扫视了一下四位弟子，笑了笑，说道：

"邹忌虽然逼走了田忌，但仍不放心，怕他将来卷土重来，再回齐国。所以，在田忌出逃至楚国后，邹忌一直为此日夜忧心。就在邹忌一筹莫展之际，有一个说客杜赫求见。邹忌跟他交谈之后，发现他是一个难得的人才，口才极好，是苏秦、张仪式的纵横家角色，于是就将自己的忧虑跟他说了。杜赫听了，哈哈一乐，说：'成侯何必忧心此区区小事，杜赫愿意替您将田忌留在楚国，永远也不会回齐国的。'邹忌问：'先生用什么办法可以让田忌留在楚国？'杜赫说：'成侯不必担心，杜赫自有办法。'"

"那杜赫最后将事办成了吗？"

孟轲见陈臻一副急切不可耐的样子，故意停顿了片刻，然后接着说道：

"杜赫到了楚国，见了楚威王，游说他说：'齐楚关系的稳定，不在大王，也不在齐王，而在于成侯邹忌。成侯虽只是齐国之相，但齐国朝政实际上都掌控于其一人之手。如今齐楚关系不睦，没有别的原因，就是成侯对楚国态度不友好。'楚威王问：'寡人跟成侯无冤无仇，成侯为何对楚国态度不友好呢？'杜赫说：'成侯对楚国态度不友好，其实也没别的原因，只是因为田忌是他的政敌，现在逃到了楚国，正受大王庇护。他怕有一天田忌倚仗大王之助，借重楚国的力量重返齐国政坛，跟他争权夺利。'楚威王问：'那寡人如何才能消除成侯的顾虑，让他对楚国持友好态度呢？'杜赫说：'依臣之见，大王不如将楚国江南之地皆封赏给田忌，让成侯相信田忌不会再返回齐国了。田忌不返回齐国，成侯的担心就没有了，自然跟楚国友好。而田忌呢？他只是一个走投无路、逃亡在外的人，却得到大王如此的封赏，自然是喜出望外，受宠若惊，对大王的恩德感激不尽。如果将来机会成熟，他能重返齐国执政，肯定会对楚国友好的。所以，臣认为，封田忌江南之地，是利用齐国二忌矛盾，对楚国最有利的策略。'楚威王认为杜赫言之有理，果然将楚国江南之地都封赏给了田忌。"

"如此说来，田忌被封江南之地，还真是托赖成侯邹忌之力呢。"公都笑着说道。

公孙丑、万章与陈臻也笑着连声附和。

孟轲看着四个弟子，也笑了。

过了一会儿，陈臻突然一拍脑袋，说道：

"刚才我们不是说齐威王要封靖郭君于薛，楚威王反对吗？怎么突然说到了楚威王封田忌于江南了呢？"

"这不都是因为话赶话，先由先生问到公孙闬，再由公都师兄说到公孙闬为成侯设计构陷田忌，再到成侯派杜赫游说楚威王，最后说到楚威王封田忌于江南之地的事，结果就偏了题。"万章替大家捋了一下前后的思路。

"既然偏了题，那么现在就重回正题，请先生给我们讲一讲，楚威王最终同意齐威王封靖郭君于薛，究竟跟公孙闬有什么关系？大家说好不好？"公孙丑提议道。

公都、万章与陈臻自然是连声附和。

孟轲瞥了一眼众弟子，见大家都表现出急切之情，于是点了点头，说道：

"齐威王要封靖郭君于薛，在齐国朝廷中早已不是什么秘密，公孙闬是成侯的门客，自然比其他人更清楚。靖郭君跟成侯之间有没有矛盾，我们谁也不知道。但是，靖郭君是齐威王少子，最得齐威王宠爱，这是全天下的人都知道的。成侯喜欢专权，靖郭君喜欢揽权，在齐国朝廷也是人尽皆知的。"

"如此说来，成侯与靖郭君之间肯定是有矛盾的。一个要专权，一个要揽权，不可能不发生利益冲突。"陈臻脱口而出。

孟轲点了点头，接着说道：

"据匡章将军说，成侯之所以不反对齐威王封靖郭君于薛，不是出于对齐威王决定的衷心拥护，也不是出于对靖郭君的友好，而是希望借此将喜欢揽权的靖郭君排挤出齐都临淄，将其彻底从齐国的权力核心清除出去，这样就更有利于自己专权了。正因为有此私心，当成侯得知靖郭君封薛受到楚威王阻挠时，他便有心排除楚威王的阻挠，使齐威王封靖郭君于薛成为现实。这样，公孙闬作为成侯的核心幕僚便再次出场了。"

"公孙闬直接去楚国游说楚威王了，是吗？"万章问道。

孟轲摇了摇头，说道：

"没有。成侯先让公孙闬登门拜访靖郭君，说愿意帮忙到楚国游说楚威王，让其不要反对齐威王封他于薛的决定。"

"先生，成侯这是有意要卖个人情给靖郭君吧？"公孙丑问道。

孟轲点了点头。

"成侯的心机也太重了吧！他明明是想将靖郭君排挤出临淄权力中心，却要假装好人。难道靖郭君就看不出他的真正用心？"陈臻问道。

"靖郭君要是能看出成侯的用心，成侯还能在齐国政坛几十年屹立不倒吗？"孟轲笑道。

陈臻点了点头，说道：

"先生说得也是。田忌那么大的功劳，还有孙膑做幕僚，最终也没有斗过成侯，靖郭君当然不是他的对手。"

"公孙闬登门拜访时，跟靖郭君说：'成侯听说靖郭君受封于薛的事受阻，颇是不平。所以，特意遣小人请教靖郭君，是否有他可以效劳的地方。'靖郭君说：'楚国是大国，也是天下强国，齐国虽强，但大王也不可能因为楚国阻挠田婴受封于薛而与之一战。'公孙闬说：'靖郭君不必为此沮丧，依小人看，大王封您于薛，成与不成，虽然在楚不在齐，但是小人可以前往楚国游说楚威王，让他对您早日受封于薛的心情比我们大王还要急迫。'靖郭君一听，非常高兴，不假思索，脱口而出：'如此最好！田婴愿意将此事委托先生去办理。'"

孟轲话还没说完，公都立即追问道：

"公孙闬到楚国游说楚威王，最后结果怎么样？"

"听人说，公孙闬到楚国后，跟楚威王说：'大王，您知道鲁国、宋国为何事奉楚国，而齐国不事奉楚国吗？'楚威王哈哈笑道：'这还用问吗？因为齐国是大国、强国，而鲁国、宋是小国、弱国。'公孙闬接着问道：'大王，难道您只认为鲁国、宋国的弱小对楚国有利，而不认为强大的齐国对楚国有害吗？'楚威王不明白公孙闬的意思，问道：'寡人愚钝，请先生明以教我。'公孙闬说道：'齐王要封靖郭君于薛，听说大王强烈反对，还扬言要出兵干预，有这回事吗？'楚威王不假思索地答道：'有。'公孙闬又问道：'大王，您为什么要反对呢？'楚威王脱口而出：'因为威胁到楚国的安全。'公孙闬哈哈大笑，说道：'大王，您想错了。齐王封靖郭君于薛，其实威胁到的不是楚国，反倒是齐国自己。'楚威王连忙问道：'先生，这话怎么讲？'公孙闬微微一笑，故作神秘地说道：'齐王封靖郭君于薛，靖郭君是谁，将来谁能节制得了他。如此，齐国事实上不就一分为二，君臣分治其地了吗？分裂的齐国与统一的齐国，哪一个对楚国更有利？'楚威王点头说道：'寡人明白了，请先生回去告知齐王，靖郭君封薛之事是齐国内政，寡人不再反对了。'说完，二人相视一笑。"

孟轲话音未落，陈臻就抢着问道：

"公孙闬回来后，齐威王就封靖郭君于薛了，是吗？"

孟轲摇了摇头，说道：

"齐威王得知楚威王不再反对的消息后，并没有急着立即封靖郭君于薛，而是故意将消息泄露出去，以测试一下齐国朝野上下的反应。过了很久，齐威王都没有听到什么反对的声音，大约是在去年四月底五月初，齐威王终于下定了决心，要封靖郭君于薛。"

"先生，是不是您决定离开齐国前往宋国的那个时间？"公都问道。

孟轲点了点头，说道：

"正是。是为师跟匡章将军告别时，从他那里获得消息的。"

"既然是去年四、五月时就决定了的，为什么靖郭君现在才到封地薛呢？"公孙丑感到不解，望着孟轲问道。

"具体原因就不清楚了，也许靖郭君离开临淄前还有很多事要处理吧。要不，明天靖郭君来访时，为师找机会问问情况吧。"孟轲说道。

第二天，靖郭君果然如约准时来到孟轲所住的客栈拜访。

宾主依礼进退揖让后，又略事寒暄了一番，然后就进入了正式的交谈。

虽然薛已是靖郭君的地盘，他是这块土地真正的主人，但是在客栈，孟轲的身份是主人，而靖郭君则是客人。所以，分宾主坐定后，孟轲先以主人的身份向靖郭君表达了感谢之意，接着问了一下齐威王的身体情况，并让他有机会向齐威王代致问候。至于齐国朝廷内部的动态，孟轲虽然也想了解，但怕引起误解，让靖郭君觉得自己人已离开齐国，却仍心系齐国的利禄名位，所以就没有再问了。至于靖郭君封薛的内情，孟轲虽然很想了解，但最终打消了好奇心，而没有问及。

靖郭君跟匡章不一样，他不是孟轲的朋友，拜访孟轲只是礼节性的，自然不会主动跟他通报齐国朝廷内的事情。至于封薛之事，以及今后在薛有什么打算，自然更是一字不提了。听了孟轲的感谢与问候，靖郭君只是作了礼节性的回应，并顺便问了一下孟轲在宋国的生活情况。孟轲因为在宋国推行王政计划不果，最后跟宋康王闹了个不愉快，自然也不想将其详情告诉靖郭君。毕竟他是个读书人，非常好面子。

正因为如此，靖郭君与孟轲见面交谈的时间很短，连烙一张大饼的工夫也不到，就匆匆结束了。不过，这短暂的拜访与交谈，于孟轲而言，却收获很大。因为靖郭君在告别离开时，给孟轲留下了黄金五十镒。孟轲没有推辞，欣然受之。

靖郭君走后不久，陈臻得知孟轲收了他黄金五十镒，于是就问孟轲道：

"先生，弟子听说，去年五月，您离开齐国，跟齐威王告别时，齐威王馈赠您黄金一百镒，而且还是上等的黄金，您坚拒不受。去年年底，您离开宋国时，师兄勾践代宋君为您送行，并转送了您黄金七十镒，您却坦然受之。

现在，靖郭君来访，跟您没说几句话，就送您黄金五十镒，您也欣然受之。所以，弟子就有一个疑问，想请教先生，不知可否。"

"有什么问题，但问无妨。"孟轲脱口而出。

"当初拒收齐威王之金，如果说您是对的，那么后来收受宋君之金，今天收受靖郭君之金，您就是错的；如果说您收受宋君与靖郭君之金是对的，那么您当初拒收齐威王之金，就是错的。这二者之中，反正您一定有一个是错的。先生，您怎么看？"陈臻望着孟轲，态度严肃地问道。

孟轲看了看陈臻，笑道：

"为师都是对的。"

"同样都是君王的赠金，您有的收，有的不收，前后态度不一，怎么可能都是对的呢？"陈臻反问道。

"为师离开宋国时，是要远行回家乡。对于远行的人，按照自古以来的惯例，主人都是一定要送些盘缠的。当时，勾践代替宋君替为师送行，赠金的理由就是'送点盘缠吧'，你说为师怎么能不接受呢？不接受，不就是矫情吗？今天我们所处的薛地，是齐、鲁、宋、邹、楚五国毗邻交错之地，人员构成极其复杂，社会治安不好，我们时时刻刻都将面临生命财产的危险，需要防卫戒备。所以，今天靖郭君赠金予我时，其理由是'听说您需要防卫戒备，送点钱给您买兵器吧'，你说为师能不接受吗？不接受，不也是矫情吗？"

孟轲话还没有说完，陈臻便又追问道：

"那拒收齐威王之金的理由呢？"

"去年在临淄向齐威王辞别，为师是要前往宋国，而不是返乡，齐威王没有理由赠我以金，更何况还是上等金一百镒呢。没有理由而赠人以钱财，等于用钱财收买他人。你想想看，哪有君子是可以用钱财收买的呢？"孟轲言之凿凿地说道。

陈臻虽然心里并不认同孟轲的解释，但孟轲既已说到这个份上，也就只能认同他的说法了，于是装作诚恳的样子，说道：

"弟子谨受教！"

邹国就在薛的近旁，距离不过百里。所以，孟轲在薛下榻一夜后，第二天就带着弟子们返回了邹国，第三天日中时分就到了邹国之都。

邹国是小国，邹国之都只是小城，根本无法跟齐国之都临淄相比，就是跟宋国之都商丘相比也相差甚远。但是，对于孟仲、邹正、邹春、充虞等邹国子弟来说，却倍感亲切。因为这里是他们的故乡，是他们从小长大的地方。

这里的每一条街道，每一个弄堂，他们都非常熟悉。甚至邹都的每一个人，他们看着都似乎面熟。所以，一进邹都，无论是老成持重的孟仲、充虞，还是活泼开朗的邹氏兄弟，都有一种掩饰不住的喜悦之情。至于公都、公孙丑、万章、陈臻等来自齐国的弟子，还有诸如咸丘蒙等来自鲁国的弟子，进了邹都，则别有一种新鲜感，看到什么都觉得有趣。毕竟，这里的一切对他们来说都是陌生的，包括风俗习惯，人们的打扮，还有说话的腔调等，都跟自己的国家不一样。

孟轲回到阔别已久的家乡，虽然不像众弟子那样兴奋，但有一种归属感与宁静感。离开家乡二十五年，虽然邹都的面貌依然是他当年离开时候的样子，几乎没有任何变化，但很多人事都已然变化，昔日英气勃发的邹穆公如今已垂垂老矣。在天下纷争日益激烈，诸侯争霸日益白热化的情势下，邹国的处境越发显得艰难，邹穆公为此感到举步维艰，治国理政越来越觉得力不从心了。

就在孟轲刚回到邹国的第三天，邹穆公还在为一件事闹心。就是前不久，在鲁国与邹国的边境刚刚发生过一场规模不大不小的战争，邹国方面死伤了不少官员。为此，邹穆公感到非常郁闷，也觉得非常窝囊。

正当邹穆公情绪非常低落之时，突然有官员报告，说孟轲回到了邹国，此时正在邹都孟氏学馆跟其来自诸侯各国的弟子坐而论道。

邹穆公一听，顿时神情为之一振。虽然二十五年前孟轲离开邹国时，他根本不知道孟轲是何许人也。但是，没过几年，他就从来自齐国的客人那里听说了孟轲其人其事，知道从邹国出去的青涩少年已经成长为稷下学宫叱咤风云的儒家学派领袖，是颇有影响的稷下先生了。前几年，他又听人说，孟轲之母病逝于齐，孟轲辞别齐王，以齐国列大夫与正卿的名分扶柩至鲁，葬母于孟氏祖茔，鲁君为此专门派人前往致祭。前年，他又听人说，孟轲在鲁国为母居丧守制三年期满，已经重返齐国，继续任稷下先生，并参与齐国朝政。去年，他又听人说，孟轲已率众弟子到了宋国，帮宋康王推行王政计划。没想到，现在孟轲终于返回故国，到了邹都。这一下可让邹穆公乐坏了。

得知消息后，邹穆公第一时间派出了自己的专用马车，前往孟氏学馆去接孟轲。孟轲是儒家孔子之徒，一向对孔子"君命召，不俟驾行矣"的祖训是记得很牢的，所以邹穆公派人来接，他立即前往晋见。

邹穆公一见孟轲，就将不久前发生的鲁宋边境之战原原本本地告诉了孟轲，并问孟轲说：

"在这场边境之争中，邹国的官员死了三十三人，而当时在场的邹国百姓有很多，都在一旁看热闹，没有一个人愿意为他们的长官而死。我想杀了这些袖手旁观、见死不救的老百姓，却又杀不了那么多。但是，不杀他们吧，想想他们眼看着自己的长官被鲁国人杀害而不去营救，也实在是太可恨了！先生，您看我怎么办才好呢？"

孟轲起坐绕席，行过君臣之礼后，说道：

"臣听说，在邹国灾荒之年，您的百姓都境遇悲惨。年老体弱的，很多都饿死在了山沟之中；年轻体壮的，则都四处逃荒。据说，有一千人之众。而您的粮仓中却堆满了粮食，国库里则堆满了财宝。您的官吏们没人向您报告灾情，更没有人提出赈灾计划。这不是在上位者对老百姓的生死漠不关心的表现吗？甚至可以说，这是对老百姓的残害！曾子有言：'戒之戒之，出乎尔者，反乎尔者也！'意思是说，做人要警惕又警惕，你怎么对待别人，别人也将怎么对待你。现在，您的百姓终于在这次鲁宋边境之争中得到了报复机会。所以，臣希望您不要再责怪您的百姓了！如果您实行仁政，善待邹国的百姓，邹国的百姓肯定会热爱他们的长官，并为他们的长官而死！"

听了孟轲这番话，邹穆公不禁惭愧地低下了头，半天都没再言语。

二、屋庐连问礼

周显王四十七年（公元前 322 年）三月初八，孟轲回到邹国还不到两个月。日中时分，孟轲正与弟子们在孟氏学馆坐而论道。突然，有一个年轻人找上门来，操着一口浓重的魏国口音，问道：

"请问这里是孟轲先生的府上吗？"

孟轲与其众弟子都没听懂，大家你看看我，我看看你，一时愣在了那里。

年轻人看着孟轲及其弟子的反应，也一时愣住了。

过了片刻，年轻人终于醒悟了过来，望着孟轲及其众弟子，恭恭敬敬地、一字一顿地将刚才所说的话又说了一遍。这一次，因为年轻人说的语速较慢，而且多少带了点天下通语的腔调，孟轲及其众弟子都听懂了。于是，包括孟轲在内，大家都望着年轻人连连点头。

邹春虽然是孟轲的早期弟子，年纪也较长，但仍然不改活泼开朗的本性。孟轲还没来得及说话，他就望着年轻人首先开了口：

"你来邹国找我们先生，是要投在我们先生门下学习儒家之道吗？"

年轻人望着邹春，点了点头。很明显，邹春说的天下通语他听得懂。

邹春深受鼓舞，遂又望着年轻人，问道：

"请问尊姓大名？"

"屋庐连。"年轻人答道。

邹春没听懂，望着年轻人摇了摇头。

年轻人指了指屋顶，又指了指门外的其他房子，一边比画，一边一字一顿地说道：

"屋庐连。"

邹春这下终于明白了，孟轲及其众弟子也都明白了。

邹春更高兴了，遂又望着年轻人问道：

"你是从哪里来的呢？"

年轻人一边用手往西边指了指，一边说道：

"魏国。"

这一次，大家全部听懂了。

公孙丑一向喜欢观察诸侯各国之士的穿着打扮，观察他们言语行为特点。所以，屋庐连一出现在门口，他就在心里猜测这个陌生的年轻人到底是来自哪里。现在一听屋庐连说是魏国人，差点儿高兴得从席上跳起来。当然，他事实上没有跳起来，他是一个老成持重的人，情绪再激动，也能很好地控制。不过，一听屋庐连来自魏国，他还是抑制不住激动的心情，脱口而出：

"太好了！"

公都不明白公孙丑的意思，侧脸问道：

"师弟，你为何那么激动？"

"师兄，您，我，还有公孙、陈臻等，都是齐国人；孟仲大师兄，还有充虞师兄、邹氏两师兄等，都是邹国人；咸丘蒙师弟是鲁国人，乐正克师弟是周人，勾践师弟是宋国人，现屋庐连师弟来投，先生门下又多了一个魏国之士，那先生不就是弟子遍天下了吗？"

公孙丑话还没说完，公都便不以为然地反问道：

"师弟，每年都有来自不同诸侯国的读书人投在先生门下，也不见你兴奋成这个样子。为什么今天见屋庐连师弟来投，你就这么兴奋呢？"

"师兄，您不会不知道吧，魏国乃是三晋之地，魏、韩、赵原是一家。今天既然有魏国之士慕名来投在先生门下，不久便会有韩国之士、赵国之士慕名来投先生门下。这样，先生的思想学说不就可以传播到韩国、赵国，甚至是秦国了吗？"公孙丑自豪地说道。

"师弟，你这样说，倒是蛮有道理。"公都点了点头。

孟仲、邹正、邹春、充虞、万章、陈臻等人也都表示认同，大家连连点头称是。

孟轲没说话，只是看着众弟子莞尔一笑，也没对远道来投的屋庐连表示出异乎寻常的热情。但是，众弟子从其表情中都能看出他内心的喜悦。因为他们都知道，孟轲从本质上说就是一个纯粹的读书人，对天下读书人有着一种天然的亲近感，特别是对认同儒家学说的读书人，更是打内心深处有一种亲近感。同时，他也是一个热爱教书育人的老师，早在开馆之初，就对孟仲等早期弟子明言了自己的志向，将"得天下英才而教育之"作为君子三乐之一。

屋庐连投在孟轲门下之后，很快就融入了孟轲的弟子群体。一个月后，屋庐连不仅跟其他师兄混熟了，而且在语言交流上也渐渐磨合得差不多了。

一天，孟轲应邹穆公之召，前往晋见。众弟子聚在学馆无所事事，于是就开始闲聊。聊了不一会儿，邹春突然问屋庐连道：

"小师弟，你投在先生门下已经有一个多月了，跟先生学习儒家之道也渐入佳境。但是，我们一直都还没问你，你怎么想到要投在先生门下学习儒家之道呢？"

"我是听人说，齐王开办稷下学宫，诸子百家领袖都争相前往，各家学派的弟子更是成千上万，每天源源不断汇聚到稷下学宫。很多读书人都因为去了稷下学宫，听了诸子百家领袖的学说，从此有了自己的人生信仰，并进而确定了自己的人生目标。"

屋庐连话还没说完，邹春就打断了他的话，追问道：

"你也是想通过到稷下学宫游学，追随一家学派领袖，从而实现自己的人生目标，是吧？"

"师兄说得对。我正是抱着这种想法，今年一月底从魏都大梁出发，准备取道宋、鲁，往东前往齐国之都临淄游历一番，然后再到稷下学宫游学。从魏都大梁到宋都商丘，其实并不是太远。但是，由于我之前没有离开过魏国，更没有过长途远行的经验，所以走了很多弯路，直到二月底才到达宋都商丘。"

屋庐连话还没说完，邹春又打断了他的话，说道：

"你到达宋都商丘的时候，先生跟我们一帮弟子已经离开宋国两个月了。怎么这么不巧呢？如果你早两个月到宋国，说不定你早就成了我们同门。"

"师兄说得是，可惜当时错过了。不过，我虽错过了早日拜见先生与诸位同门的机会，但在宋国之都听说了有关先生的很多传闻，包括先生在齐国稷下学宫为稷下先生，在齐王朝中做列大夫与上卿的事，并对先生的思想学说有了初步的了解。至于先生到宋国推行王政计划的经过，我也听到了不少传闻。"

孟轲在宋国推行王政计划，是以失败而告终的。这不仅是孟轲心中的痛，也是邹春等孟轲众弟子心中的痛。所以，一听到屋庐连说到孟轲在宋国推行王政计划，邹春立即插断他的话，主动将话题引开，问道：

"那你是怎么知道先生的行踪，追到了邹国，并找到这里的呢？"

"我是问了宋大夫勾践。因为别人告诉我，勾践是先生在宋国时收下的唯一弟子。"屋庐连说道。

"哦，原来你早已认识了勾践师弟。那么，有关先生的思想学说，你也是从勾践师弟那里了解到的吧？"

"正是。"屋庐连点了点头。

"既然你了解先生的思想学说，那么就应该知道，先生是信仰王道的，追求的是先圣孔子毕生想实现的'天下大同'的王道社会理想。然而，在当今的天下，诸侯各国之君信仰的却都是霸道，而不是王道。他们为了实现独霸天下的欲望，为了一国一己之私，最喜欢重任像苏秦、张仪、公孙衍之类擅长阴谋诡计的纵横家。这些人完全不讲道德，为了自己的荣华富贵，为诸侯国之君出谋划策，让他们不断发动兼并战争，不惜让天下生灵涂炭。"邹春颇是沉痛地说道。

"师兄，这个我都知道。我之所以投在先生门下，就是因为痛恨霸道，信仰王道。虽然现在是纵横之说大行其道的时代，杨朱、墨翟之说也很盛行，我们儒家的王道学说并不是显学，而是处境非常艰难，但是我相信，霸道终究是行不通的。唯有王道才是正道，才能解决人类生存与社会发展的所有问题，将来必将大行其道。"

见屋庐连说得如此语气坚定，邹春反问道：

"师弟，你为什么对王道如此有信心？"

"因为我从这些年来天下的无尽纷乱中，从魏国这些年的衰落中，从天下百姓对战乱和暴政的痛恨中，都看到了天下百姓对霸道的痛恨，对王道的渴望。"屋庐连脱口而出。

见邹春与屋庐连好像说得很热闹，孟仲、邹正、充虞，还有公都、公孙丑、万章等人，都不禁好奇地聚拢过来。

陈臻本来是跟咸丘蒙等人聚在一起闲聊的，见几位师兄都聚拢到邹春与屋庐连那里，遂也跟了过去。虽然投在孟轲门下只比屋庐连早几个月，但陈臻却不时喜欢摆个师兄的架子，说话的口气也显得大大咧咧。凑到屋庐连与邹春身边，甫一坐下，陈臻便又摆起了师兄的架势，侧脸望着屋庐连，以一副语重心长的口气问道：

"小师弟，你跟邹师兄在说什么呢？怎么还一副慷慨激昂的样子？"

孟仲等师兄虽然觉得陈臻的做派有些可笑，但都忍住没有吱声。只有邹春没有想那么多，脱口而出：

"小师弟正跟我讲王道与霸道呢！"

"不对吧？王道是先生的专利，只有先生跟我们天天讲，月月讲，年年讲，无论是在齐国稷下学宫，还是在鲁国、宋国或是其他什么地方，我们好像都没听到有别的人讲过王道。邹春师兄是先生早期弟子之一，如果要讲王道，肯定也能讲得头头是道。小师弟投在先生门下才几个月，还不至于会在邹师兄面前大讲王道吧。"咸丘蒙看了看邹春，又看了看屋庐连，笑着说道。

"我在邹师兄面前，哪里敢讲什么王道？只是邹师兄刚才问我，为什么要投在先生门下学儒家王道学说，而不投在纵横家门下学霸道，我顺便说到了自己对霸道的痛恨之情，认为霸道不得人心，王道才是人间正道，是解决人类生存与社会发展的终极之道。"屋庐连连忙解释道。

"先生今天应召去见邹穆公了，如果他在学馆，听到小师弟对王道认知的这番话，不知道会有多得意！当年先圣门下弟子三千，贤者七十二，但排孔门弟子位次时，年纪最小的颜渊却排在首位，最得先圣器重。如果今日我们先生门下弟子要排位次的话，相信先生肯定要排小师弟为首位。"孟仲笑着说道。

"大师兄，您就不要取笑我了。如果这样，以后我在各位师兄面前都不敢再开口说话了。"

邹春见孟仲的玩笑让屋庐连显得有些不知所措，遂连忙出来打圆场，转移话题道：

"各位师兄师弟，今天先生不在家，我们难得有机会无所顾忌地聚在一起闲聊。刚才小师弟跟我说到了魏国的衰落与魏王信奉霸道的关系，我觉得非常有道理。魏都大梁跟齐都临淄一样，都是天下通衢大都，是天下之士汇聚之地，来自诸侯各国的信息非常多。我们去年随先生从齐国辗转到宋国，再经薛回到邹国，很久都没有跟外界有什么联系了，诸侯各国的信息一丝也没有。小师弟是刚从魏都大梁来的，是否请他将近年来所了解的天下大事给我们师兄弟们讲一讲，好开阔一下我们的视野。"

"邹春师弟的提议非常好！邹国太小了，邹国之都几年也不会来一个其他诸侯国的人，外界的消息确实是一丝也没有，闭塞极了。现在就请小师弟给我们大家讲一讲见闻吧。"孟仲热烈地响应道。

其他人一听，连忙表示赞同。

屋庐连先看了看孟仲，再看了看邹春，然后扫视了其他师兄一眼，说道：

"其实，我有一个重要消息，一直都没机会跟大家说。"

"什么重要消息？为什么没机会跟我们大家说？"咸丘蒙连忙追问道。

"我离开魏都大梁时，张仪辞去秦国之相，到魏国为相了。因为张仪是纵横家，先生最痛恨纵横家，所以我就一直没敢在先生与大家面前提这个事。我知道，这不是一件小事，而是会搅动天下局势的大事件。"

屋庐连话音未落，公都立即接口说道：

"张仪不是寻常之人，以前听先生说过他的事，也在稷下学宫听很多纵横家学派的弟子在一起议论过他的发迹史。秦国自公孙鞅变法后，日益强大。随着这些年来魏国的不断衰落，秦国现在就更显强大了。论实力堪称天下第一，是名副其实的天下霸主。张仪放着现成的秦国之相不做，而到魏国为相，其间肯定有什么奥妙。小师弟，是吧？"

"师兄说得对。张仪确实不是寻常之人，就是在纵横家中也算是枭雄。他到秦国得到秦惠王的信任后，为了独专秦政，独擅秦王之宠，首先设计将公孙衍排挤出秦国。公孙衍就是犀首，也是纵横家出身，而且是张仪的魏国同乡，当时爵封秦国大良造，曾经为秦国的崛起立下不世之功。正因为如此，公孙衍才会被秦惠王封为秦国十六级爵位的大良造，跟秦孝公时代为秦国变法的公孙鞅在爵位上平起平坐。"

屋庐连话还没说完，邹春便插话评论道：

"公孙衍有如此的能耐与地位，张仪能够将其排挤掉，足见张仪确实是纵横家中的枭雄，手段与心机都不是一般纵横家可比。"

"有这样的枭雄在，天下不会太平，先生梦寐以求的王道社会恐怕短期内很难实现呀！"公孙丑感慨地说道。

屋庐连点了点头，接着说道：

"张仪排挤走公孙衍后，向秦惠王献计，通过对魏国的不断用兵，逼迫魏国献出河西之地以及上郡十五县，实现了秦国几代君主梦寐以求的收复河西失地的理想。"

"我曾听先生说过，河西之地以及上郡十五县，那是魏国的生命线，魏惠王怎么肯轻易放弃呢？我还听说，秦国自秦穆公时代就开始跟晋国为河西之地争得你死我活。魏、赵、韩三家分晋后，河西之地又成了秦魏生死相搏的战场。魏国之所以能长期成为天下之霸，抑制住秦国的崛起，就是因为牢牢控制了河西之地以及上郡十五县，使秦国无法向东迈出一步，永远局促于西部偏僻狭小的空间。现在，魏国将其献给了秦国，那今后跟秦国相争的战略优势就完全不复存在了。"

"师兄，看来您对此很有研究，说的每句话都是内行话。"公都话音未落，屋庐连便兴奋地说道，仿佛是找到了知音。

公都知道屋庐连说的是恭维话，遂微微一笑，连忙回归正题道：

"小师弟，你接着讲，张仪是怎么达到其逼迫魏国献出河西之地，以及上郡十五县目标的。"

"师兄，您是不相信张仪有这么大的能耐，是吗？"

"小师弟，不是这个意思，我是想听听具体经过，增广一下见识。"公都说道。

"好，那我就将所听到的相关内幕都说给您跟各位师兄听听吧。"

一听屋庐连要说内幕，不仅公都充满期待，其他各位师兄也都兴味盎然，连声催促。

屋庐连见大家这么感兴趣，故意停顿了一下，扫视了大家一眼，才接着说道：

"周显王三十六年，公孙衍为秦国大良造。第二年，率兵伐魏，魏师大败。魏国为了跟秦国讲和，将河西上洛地区的阴晋献给秦国，秦国将之更名为宁秦。阴晋所在的上洛地区，处于魏国河西之地的西南部，是魏国防止秦国渡河进攻魏国河东本土的战略要塞。失去了这一要塞，秦国大军随时都有可能渡河偷袭魏国河东本土。周显王三十九年，公孙衍被张仪排挤离开秦国后，秦惠王在张仪的怂恿下继续对魏用兵，再次大败魏国之师。魏惠王无奈，只得又将河西魏国长城东北端的战略要塞少梁献给秦国。但是，秦国并未因此停止东进的步伐，而是继续用兵，围魏师于焦与曲沃。焦与曲沃在秦国函谷关以东，是魏国河南防守秦师东出函谷关的两个战略要塞。"

"这样说来，魏国河西之地就非常危险了，很难再保住了，是吧？"公都问道。

"师兄说得对。周显王四十年，秦国军队以先前取得的魏国河西战略要塞少梁为跳板，渡河攻入魏国河东本土，占领了与少梁隔河对应的魏国战略要塞汾阴，以及上郡龙门山附近的要塞皮氏。魏惠王见魏国河东本土最西部的汾阴、皮氏两大要塞失守，防守秦国兵出函谷关的河南两大战略要塞焦与曲沃又被秦师包围，知道河西之地肯定是保不住了，而且河东本土也危在旦夕。万般无奈之下，魏惠王只好派人向秦国求和。"

屋庐连话还没说完，公孙丑便插话问道：

"小师弟，汾阴、皮氏失守，焦与曲沃被围，魏惠王为什么那么紧张？难道没了这四个要塞，魏国就真要亡国了？"

"师兄，您要是看过天下山川形势图，就知道汾阴、皮氏、焦、曲沃四个要塞对于魏国有多重要了，也就会了解张仪的计谋有多深。"屋庐连望着公孙丑说道。

"小师弟，我从未看过什么天下山川形势图，所以对于你所说的什么战略要塞，真的没有什么感觉。既然你已经说了，就不妨再讲得详细点，也好让我们长些见识。"公孙丑说道。

"师兄，长见识的话不敢说，我也只是照搬别人跟我所说的。"

"小师弟，别谦虚，你就赶快说吧。大家都等着呢。"公都催促道。

"你们看，汾阴、皮氏在魏国河东本土西部沿河的第一线，焦、曲沃呢，则在魏国河之南，处于防御秦师东出函谷关的第一线。"屋庐连怕公孙丑等人没有印象，一边说，一边用手指在席上比比画画。他以前在大梁跟法家学习过，也跟纵横家学习过，对天下山川形势图有所掌握，只是这些经历他没有告诉大家。

公孙丑与其他各位师兄弟看了屋庐连的比画，比之前清楚多了，连连点头。

屋庐连深受鼓舞，遂又接着边比画，边说道：

"这四个要塞，对于魏国防守河西之地与河东本土都是至关重要的据点，就像四个楔子一样，牢牢嵌在魏国沿河一线。如果固守不住，就要被秦国卡住脖子，危及魏国河西与河东的安全。皮氏位处河源地带，隔河与龙门山、龙门相望，乃魏国据以控制河源地带，以及河西上郡周边广袤土地的战略大本营。汾阴则位处魏国河东本土，居于西部沿河的最前沿，隔河与魏国河西防御秦国的长城相望。长城东北角的魏国河西战略重镇少梁，也跟汾阴隔河相对。魏国当年在河西修筑长城，并在长城的东北角建立军事重镇少梁，就是为了守住魏国河西之地，守住长城以北以及河源龙门山周边的上郡十五县的广袤之地。魏国为了守住河西之地，建有很多军事重镇。而要守住河西的这些军事重镇，关键是要有河东的皮氏与汾阴作为后方物资支撑与军事力量呼应。如果连河东的皮氏、汾阴两个重镇都失守了，那么魏国不仅保不住广袤的河西之地，就是河东本土也暴露在秦国的军事威胁之下，魏国的整个国家安全都要受到影响。"

公都这次完全听懂了，没等屋庐连歇口气，又急切地追问道：

"那焦与曲沃呢？"

"师兄别急，我接着跟您讲。焦与曲沃位处河之南，是魏国在河东本土之外建立的两个南部军事重镇，既是防止秦师出函谷关，渡河北上进攻魏国本土的战略屏障，也是魏国守护河西之地南部边境地区的据点。因此，焦与曲沃如果失守，那么秦国之师一出函谷关，就可渡河而北，兵锋直指魏国与韩国西部之间的西部本土地区。由于魏国河东本土部分中间隔着一个韩国，如果河东本土的西部被秦国侵入，魏国东部本土很难在短期内组织兵力增援。一旦河东本土的西部被秦国占领，那么魏国的领土就只剩下在韩国东部的一部分了。虽然包括新都大梁在内的东部本土尚存，但大魏就不成其大魏了，必定成为一个连韩国都不如的小国，甚至连宋国都不如。"屋庐连一边比画，一边说道。

陈臻急于了解秦魏之战的结果，对于什么战略重镇的重要性并不感兴趣。见屋庐连与公都说了半天还没进入问题的核心，所以就对屋庐连催促道：

"小师弟，秦国伐魏，魏国汾阴、皮氏、焦、曲沃四大战略重镇最后的结局到底如何？"

"周显王四十年春，在张仪的策划下，秦惠王派出四路大军，分别对汾阴、皮氏、焦、曲沃发起了攻势。魏国之师尽管拼死抵抗，但是到五月底，秦师还是攻占了皮氏与汾阴，虏魏国降卒万余人，获战车百余乘。七月初，焦与曲沃经过秦师旷日持久的围攻，魏国将士支撑不住，最终也投降了秦师。为此，魏国上下一片震惊，魏惠王遣使星夜赶往秦都咸阳，向秦国求降。"

屋庐连话还没说完，之前一直在一旁静静听着而没有说话的万章，这时也忍不住了，脱口而出：

"秦惠王答应了没有?"

屋庐连点了点头,说道:

"秦惠王当然答应了。他兴师动众,倾全国之力对魏国大动干戈,目的就是要彻底打消魏国这个天下霸主的自信心,通过谈判获得他在战场上得不到的东西,这就是孙膑先祖孙武所说的'不战而屈人之兵'的效果。"

"小师弟,没想到你对兵法也很熟悉。莫非你原来投在兵家门下学习过?"公孙丑笑着说道。

"师兄,没有,没有。您千万不要乱说,要是先生听到,信以为真的话,我就要被赶出师门了。"

见屋庐连如此紧张,公孙丑不禁哈哈一笑,连忙说道:

"小师弟,我是跟你开个玩笑。你继续往下说。"

听公孙丑说是开玩笑,屋庐连终于放心了,于是接着说道:

"周显王四十年七月中旬,秦惠王与魏惠王会于韩国南部的应。魏惠王以为跟秦惠王相会,秦魏二国媾和,就可以保证魏国的安全了。没想到的是,秦魏媾和却激怒了楚国。"

"为什么?"公都感到不解,连忙追问道。

"楚威王认为,魏国是山东六国'合纵'之盟的一员,却公然跟秦国媾和,明显是在破坏'合纵'之约。于是,楚威王便以维护六国'合纵'之盟为由,在秦魏媾和后不到两个月,也就是周显王四十年九月初,出动大军北伐魏国。楚威王这样做,表面上冠冕堂皇,好像是在主持正义,维护山东六国的集体利益。实际上,他是有自己的私心,存有两个目的:一是借此凸显楚国在山东六国'合纵'之盟中的领导地位,因为山东六国之君心里都明白,苏秦组织的六国'合纵'之盟,虽然燕国是发起国,赵国是核心国,但纵约长却是楚王,因为楚国在六国中实力最强;二是借此制约秦国,不让秦魏联盟成局,否则就会对楚国构成巨大威胁。因为秦国与魏国都是楚国的近邻。"

"那楚国北伐的结果如何呢?"屋庐连话还没说完,万章又忍不住追问道。

"魏国跟秦国打了大半年的仗,丧师失地,国家元气已经大伤。在此背景下,魏惠王面对来势汹汹的楚国大军,清醒地意识到,若是两国交兵,魏国是不可能有取胜的可能的。魏国在近二十年间曾两败于齐国,就是桂陵之战与马陵之战,元气大伤。而强大的齐国,却在这近二十年间两败于楚。所以,魏惠王基于历史的经验,认为跟楚国开战,将必败无疑。最后,魏惠王无计可施,只好硬着头皮,遣使向秦国求救。"

"那秦国同意出兵相助吗?"这次是公都沉不住气了,没等屋庐连说完,就急不可耐地追问道。

"秦惠王接待了魏惠王之使后,并没有当场答复,而是召集群臣集议,讨论秦国要不要出兵帮助魏国。讨论的结果是,绝大多数的秦国之臣都认为,以不出兵相助为最上策。理由是,秦国不出兵救魏,楚魏相争就不会很快有结果,双方必然陷入长期的苦战。等到楚魏二国之师都精疲力竭时,秦国再起兵承其弊,就可一举而败楚魏二国。"屋庐连答道。

"看来秦国君臣都是虎狼之心,不仅见死不救,还想着趁火打劫,真是太坏了!"之前一直在一旁看热闹,静观众师弟围着屋庐连轮番提问的孟仲,这时也忍不住了,脱口而出评论道。

"大师兄说得对。最后,魏惠王之使迟迟不见秦惠王答复,只得搬出魏惠王临行前面授的最后一招,跟秦惠王许诺道:'事若成,魏王愿以河西华山以南上洛之地献于秦。'秦惠王一听,立即为之心动,因为他对魏国河西上洛之地觊觎已久了。于是,他立即召来张仪密商。"

"那张仪是什么态度?"万章望着屋庐连,急切地问道。

"张仪早看出了秦惠王的心思,自然迎合秦惠王之意,以此赢得秦王的信任,并进而达到掌握秦国权柄的最终目标。其实,除此之外,张仪心里还有一个小九九,就是他既不想魏国获胜,也不想楚国获胜。因为如果魏国获胜了,势必从此死心塌地追随秦国,苏秦组织的山东'合纵'之盟就要破局;如果楚国获胜,山东六国之间的实力对比就会倾斜,楚国就显得越发强势,这将不利于维持苏秦的'合纵'之盟。为了报答苏秦当日资助他到秦国的大恩,他不能使苏秦的'合纵'之盟破局,断送了苏秦的前途与荣华富贵。但是,为了掌握秦国的权柄,他又必须在秦王面前有所表现,立下大功。于是,他便向秦王献了一个一箭双雕的妙计。"

原来一直在一旁冷眼旁观的邹正,一听屋庐连说张仪要献妙计,也开始不矜持了,望着屋庐连,脱口而出:

"什么妙计?"

"张仪跟秦惠王说:'楚魏二国相争,秦国不如助魏。魏国战而胜之,魏王必感念秦国之德,必践其承诺而献河西上洛之地于秦。上洛之地属秦,则魏国河西之地也必为秦国囊中之物矣。楚魏相争,魏国若战而不胜,则必然师弱国贫,河西之地必不能守,秦可随时取之。'秦惠王听了张仪之计,不禁拍案叫绝。张仪于是又进一步献计道:'大王如果决定助魏,秦国不必出兵,就以秦国攻取皮氏所虏魏师万人，战车百乘，资助魏师即可。’秦惠王一听，觉得张仪此计更是妙不可言。因为无论如何，秦国都是只赢不输。”

“结果如何？”咸丘蒙好久都没说话了，这时也忍不住插话了。

“秦惠王听从张仪之计，立即下令将秦国攻取魏国河东皮氏时所虏魏国将士万余人，还有战车百余乘，尽数交由魏惠王之使带回魏国，然后让他们直接上了魏楚交战的前线陉山。这些魏国将士原本就是魏师的精锐，长期驻守在防御秦师的最前线。被秦国俘获后又获得重上战场的机会，自然是格外英勇。周显王四十年九月中旬，楚魏之战最终分出了输赢，楚国大败。不久，楚威王为此一病不起，第二年就呜呼哀哉了。”

万章急于了解结果，屋庐连话音未落，他便急切地追问道：

“楚魏战事结束，魏国是否兑现诺言，将上洛之地献给了秦国？”

“秦惠王获知魏国取胜，立即遣使至魏国，要魏惠王兑现当初的承诺，献河西上洛之地于秦。这时魏国君臣都不愿意兑现承诺，认为魏国战胜楚国，秦国没有出过一兵一卒，也未援助过一车一马，只是归还了皮氏之役魏国被俘虏的将士与战车而已。楚魏陉山之战，魏国取胜是依靠自己的力量，完全没有秦国什么事。同时，通过陉山这一战，魏国君臣的大国自信心也恢复了。最后，在群臣的怂恿下，魏惠王明确拒绝了秦惠王的要求。秦惠王闻报，大为震怒。于是，张仪又向秦惠王献了一计，说：‘大王为何不遣使往楚，明言告于楚王：楚魏相争，魏王恐不能获胜，乃许寡人以河西上洛之地，以求得秦国之助。今魏师战而胜之，则背信而食前言。今寡人欲与楚王相会约盟，修秦楚百年之好。秦楚修好，魏国必惧而予秦上洛之地。魏若献秦上洛之地，则是魏胜楚而失地于秦。如此，则是楚王以魏地而有德于寡人，寡人必遣使多赍财货而献之于楚。秦楚和合修好，则魏国必弱。魏不予寡人上洛之地，楚师攻其南，秦师绝其西，魏国必危矣。’”

“张仪这是借力使力，真是枭雄!”公孙丑情不自禁地感叹道。

屋庐连点了点头，接着说道：

“师兄说得对。秦惠王听了张仪之计，立即遣使往楚都，以张仪所教之言游说楚威王。楚威王此时正因陉山之败而气闷病卧于榻，听了秦惠王之使请求修好和合之言，没有多想就应允了。张仪于是立即派人到处散播消息，说秦楚和合结盟，要联合夹击魏国。魏惠王一听，不知是计，顿时慌了神，立即遣使至秦都咸阳，依照前言，拱手将河西上洛之地献于秦。至此，秦国未经一战，未费一兵，未折一弓，就轻而易举地将魏国河西上洛之地收入囊中，使秦国东进扩张计划取得了突破性进展。秦惠王在高兴与得意之余，于周显王四十一年正月十五作出了一个重大决策，力排众议，任命张仪为秦国之相。至此，张仪这个昔日贫困潦倒，受苏秦暗中资助才得以到达秦国的魏国之士，在任客卿不到一年之内便蹿升为天下第一强国的秦国之相，全面执掌了秦国的内政、外交大权。"

"小师弟，刚才你说张仪现在不再是秦国之相，而是到魏国为相了。那么，张仪为什么突然放弃天下第一强国的秦相不做，不贪居一人之下、万人之上的权位，而要到已经衰落的魏国为相呢？莫非秦惠王不再信任他了，就像当初突然不相信公孙衍一样？"公都突然向屋庐连提出了一个问题。

屋庐连抬眼看了一下公都，笑道：

"师兄，我刚才不是说过吗？张仪来魏国，肯定有不可告人的目的，山东六国一定又要掀起惊天波涛。因为他离开秦国，好像不是不受秦惠王信任，更像是受秦惠王密遣，来魏国监控魏国，监控山东六国，或许是来监控公孙衍。听说公孙衍这几年正在山东搞什么'五国相王'的事，好像是要对付秦国的，以报秦惠王对他的无情抛弃之仇。"

正当大家兴味盎然，还要听屋庐连继续往下说时，孟轲突然回来了。

孟轲见众弟子聚在一起，好像非常热闹，遂好奇地问道：

"为师不在学馆，你们在讨论些什么呢？"

"先生，我们在讨论礼的问题。先生回来得正是时候，弟子正好有一个有关礼的问题想请教先生。"屋庐连不假思索地答道。

对于屋庐连敏捷的应对能力，大家都感到非常惊讶，遂不约而同地将目光齐聚于他。屋庐连感到非常不自在，但又怕被孟轲识破，遂故作镇定地看了看孟轲，又扫视了众师兄一眼。

孟轲不知屋庐连刚才说的不是实话，以为他们刚才真的是在讨论有关礼的问题，心里颇是高兴，遂以慈祥的目光望着屋庐连，问道：

"屋庐，你有什么问题，但问无妨。"

"前些时候，弟子遇到一个任国人，他知道我是您的弟子，就问了我一个问题：'礼法与食物，哪一个更重要？'我回答他说：'礼法更重要。'他又问了我第二个问题：'礼法与娶妻，哪一个更重要？'我说：'礼法更重要。'他又问我第三个问题：'遵守礼法，可能觅不到食物，结果就会饿死；不遵守礼法，能够觅到食物，就能活下去，那我们还一定要遵守礼法吗？遵守古礼而迎妻，可能根本就娶不到妻子；不遵守古礼而迎妻，反而能够娶到妻子，那我们还一定要遵守古礼而行迎妻之礼吗？'弟子对于这个问题，感到无法回答。所以，刚才将这个问题跟各位师兄讨论，可是大家也都无法回答。"

孟轲听了，不禁一笑，说道：

"这个问题有什么难回答的。比较事物，若不考虑其根基，而只看其顶端，也许方寸之木放在高处，比一座高楼还要高。黄金重于羽毛，但三钱重的金子能比一大车的羽毛重吗？以食物对人类生存的重要性，跟礼法对社会影响程度低的方面比较，礼法怎么可能比食物更重要呢？以娶妻对人类繁衍的重要性，跟礼法对人类生活影响小的方面比较，礼法怎么可能比娶妻重要呢？你不妨这样去告诉那个任国人，说：'扭着哥哥的胳膊，抢夺他的食物，就能得到吃的；不扭哥哥的胳膊，不抢夺他的食物，就没有吃的，你会扭哥哥胳膊吗？爬过东邻之墙，搂抱邻家之女，就能得到妻子；不爬过东邻之墙，不搂抱邻家之女，就得不到妻子，你会爬墙去搂抱邻家之女吗？'"

"先生的这个比方真是生动，弟子受教了！"屋庐连望着孟轲，心悦诚服地说道。

孟仲等其他弟子虽然在内心深处不认同孟轲所讲的道理，但由衷地敬佩孟轲即兴生发的生动比喻。于是，大家异口同声地说道：

"弟子谨受教！"

孟轲扫视了一眼众弟子，接着说道：

"其实，这个世界上，不只是觅食、娶妻要遵守礼法，其他各方面都要遵守礼法。如果大家都不遵守礼法，天下就会大乱。当初周武王灭商，周公第一件事就是制定礼法。后来，由于礼崩乐坏，便是乱臣贼子遍天下了。君不君，臣不臣，父不父，子不子，这就是我们今天看到的天下。当初先圣之所以终其一生都在周游列国，游说诸侯各国之君，希望恢复周公礼法，一再强调'君君，臣臣，父父，子子'的伦理秩序，强调'非礼勿视，非礼勿听，非礼勿动'的行为规范，就是为了治理天下乱象，希望重新回到'大道之行，天下为公'的社会，再创尧、舜、禹三代一切依礼而行的太平盛世。"

听到这里，孟仲等人终于明白了孟轲跟屋庐连打比方的真正用意了，遂再次异口同声地说道：

"弟子谨受教！"

三、曹交拜师问学

周显王四十七年（公元前 322 年）四月十三，孟轲跟平常一样，在学馆与众弟子坐而论道，讨论王道社会实现的可能性。

快到日中时分，突然门外传来一阵车马喧嚣之声，众弟子的注意力一下子就被吸引了过去，所有人都停止了说话，侧耳倾听。

孟轲见大家注意力已经分散，讨论无法再继续下去了，于是索性停止了讨论，对屋庐连说道：

"屋庐，你去门外看看，是什么人在喧嚣扰闹。"

屋庐连立即从座席上一跃而起，奔到门口。刚在门口立定，就见一个顶冠束带的人从马车上下来，抬眼朝学馆看了一下，就径直向他走了过来。屋庐连还没反应过来，那人已经到了他面前，作揖行礼之后，问道：

"您是孟轲先生弟子吧，请问孟轲先生在里面吗？"

屋庐连一愣之后，立即连连点头说道：

"是，是，是。我们先生正在里面呢。"

跟随屋庐连进了学馆，跟孟轲见过礼后，那人彬彬有礼地说道：

"卑职奉处守之命，前来谒见先生，代处守奉上薄礼一份，以表景仰之情。"

"处守？处守是谁？"孟轲望着来人，不解地问道。

"处守就是季任，人称孟季子，是我们任国国君的弟弟。国君去邻国参加朝会，孟季子暂时代理国政，我们任国称之为处守。"来人解释道。

孟轲点了点头，表示明白了。

接着，来人又向孟轲转达了季任的问候，说季任准备找机会来邹国专门拜访孟轲，请教学问。孟轲答礼如仪，也应酬性地说了一些客套话。最后，来人留下礼物就离开了。

季任的特使刚一离开，屋庐连便打开包裹，查看到底是什么礼物，发现除了通常送人的干肉条、羔雁外，其中竟然还有黄金二十镒。

陈臻听说所送礼物中竟然有黄金二十镒，立即望着孟轲，不无调侃地问道：

"先生以前拒收齐王黄金有说辞，收受宋君黄金有说辞，收受靖郭君黄金也有说辞，今日收受季任黄金，是否也有说辞？"

"为师并不知道季任所赠礼物中有黄金二十镒。"孟轲脱口而出。

"如果知道有黄金，先生还会收受吗？"

孟轲看着陈臻，笑道：

"也许收，也许不收。"。

"先生，这话怎么讲？"陈臻感到不解。

"如果为师准备回访，并准备回赠他一点什么，就可以收下。这叫礼尚往来，符合先圣的人情往来理念。如果为师不准备回访，将来也不准备跟他有什么来往，那就可以不收。"

孟轲话音未落，屋庐连脱口而出：

"先生的意思是说，如果准备跟他做朋友，就可以收他的礼，不管他送的是什么，哪怕是黄金；如果不准备跟他做朋友，就不收他的礼，哪怕是不值钱的东西。是吗？"

孟轲点了点头，说道：

"是的。朋友之间讲究的是情义，互通有无，乃是人之常情。否则，便是矫情，不符合礼的本意。不是朋友，也非亲非故，馈人以重金，不是收买他人，就是要做交易。所以，这种情况最好不要收人之礼。"

"先生说得是。"屋庐连说道。

陈臻也点了点头，表示认同。

但是，万章则不以为然，望着孟轲问道：

"先生既然准备要跟季任做朋友，那先生是否了解季任其人？"

"为师虽然不了解季任其人，但了解任国的历史，以及历代任国之君的为人。既然当今任国国君让季任代理国政，就足见季任为人是值得信赖的。"

"先生既然了解任国的历史，那是否能给弟子们讲一讲呢？这样，弟子们也好增广些见识，哪一天有机会到访任国，也能入乡随俗，跟任国人说得上话。"公孙丑立即抓住机会，提出了一个请求。

孟轲看了看万章，又瞥了其他弟子一眼，略作停顿后，说道：

"任国虽小，却是一个古老的诸侯国，风姓任氏，相传是伏羲、太皞的后裔。任国的始封之君，乃黄帝之子禹阳。子孙以国名为氏，故号称任氏。任氏立国的时间，远在夏代之前。现在的任国虽然夹在宋、鲁、齐之间，一会儿是宋国的附庸，一会儿是鲁国的附庸，一会儿又变成了齐国的附庸，是个在夹缝中求生存的微不足道的小国，但在夏代却是地位十分重要的国家，是夏王朝联系东方各诸侯的桥梁。"

"哦？先生今天要是不说，弟子们还真的不知道呢！"万章望着孟轲，瞪大了眼睛，故作惊讶的样子，说道。

孟轲笑了笑，扫视了一眼众弟子，说道：

"任国到底有多重要，为师给你们讲一个故事吧。"

众弟子一听孟轲要讲故事，顿时欢呼雀跃起来。

孟轲见众弟子如此有兴趣，突然改变了主意，没有直接讲故事，而是问了他们一个问题：

"你们听说过'太康失国'与'少康中兴'的事吗？"

"先生，'太康失国'的事，弟子知道。但是，'少康中兴'的事，则不清楚。"公都第一个回答。

"哦？公都，既然你知道'太康失国'的事，那就请你给大家讲讲吧。"孟轲望着公都，笑着说道。

"先生，弟子讲不好，还是您给大家讲吧。"公都连忙推辞道。

"师兄，您就不要谦虚了！"陈臻想见识一下公都的学识到底如何，所以趁机劝进道。

公都一个劲地摇头摆手，后悔刚才嘴太快了。

公孙丑见公都感到为难，遂从中打圆场道：

"师兄，您不妨就您所知，给大家讲讲。如果有讲得不对的地方，这不有先生在场吗？他会给您指正的。"

大家听了公孙丑的话，连连点头称是。孟轲也看了看公都，点了点头。

公都见已无路可退了，只好硬着头皮开了口：

"禹治水有功，得到天下人的拥戴，也得到了舜帝的认可。因此，舜帝年老时，就依'天下为公'的原则，仿照当初尧帝传位给他的前例，将掌管天下的权位禅让给了禹。禹接受禅让后，也将天下治理得很好，同样得到了天下人的认同。所以，禹年老时，也想仿效尧、舜二帝的前例，准备将掌管天下的权位禅让给当时有盛名的能臣皋陶。可惜，天不假其年，皋陶不幸早逝。于是，禹又准备将其位禅让给大臣伯益。但是，禹的儿子启提出反对意见，并利用其家族夏后氏的势力，最终将伯益排挤在了权力交接核心之外。禹死后，启正式接替禹成了天下之主，从此开始了'天下为私'的时代。"

"公都，说得很好，完全正确。接着继续讲。"孟轲适时鼓励道。

公都深受鼓舞，看了看孟轲，又扫视了一下其他师兄弟，遂又接着说道：

"启得天下之位，破坏了'天下为公'的禅让制度，遭到了许多部落首领的反对。特别是有扈氏反对最为激烈，由此引发启冲冠一怒，立发大兵对有扈氏予以讨伐，双方在甘地大战了一场。《尚书》中有《甘誓》一篇，就是启出兵时号令三军的誓师之言。最终有扈氏寡不敌众，兵败而全族被杀。其他对启谋权篡位行为不满的部落，因慑于启强大的武力，就不敢再持异议了。启坐稳了位置后，一度社会安定，经济发展，夏王朝出现了一片繁荣的局面。但是，启到了晚年，完全没有进取之心，整日沉溺于声色歌舞之中，生活腐化，朝政不修，夏王朝的危机已经出现了。启死后，家天下的夏王朝到底由谁继承王位，就出现了纷争。因为启有五个儿子，大家都想继承王位。于是，王室就发生了内乱。"

"说得好。公都，继续接着讲。"孟轲再次鼓励道。

"最终，长子太康获得了王位。但是，太康取得权位后，没有吸取启晚年荒淫怠政的教训，没有认真改善朝政，而是比乃父启更加荒淫无度，不仅终日沉溺于声色歌舞、肉林酒池之中，而且特别热衷于纵马田猎，心里既无百姓，也无朝政，大臣进谏也听不进去。于是，人心渐渐丧失殆尽，这样就给了那些先前就对夏后氏不满且对其权位有觊觎之心的部落首领可乘之机。一次，太康又前呼后拥出外田猎，正好遇到了东夷有穷氏部落首领后羿，被他领兵拦住了归路。"

"是不是那个神射手后羿？据说天上本有十个太阳，其中九个就是被他射下来的。不然，我们大家早就热死了。"公都还没说完，陈臻突然插话道。

"这是东夷人故意造的神话，根本就不可信。世上哪有能射下太阳的人？先圣从不语'怪力乱神'之事。"孟轲看了一眼陈臻，严肃地说道。

公孙丑见陈臻被孟轲批评，显得一脸的尴尬，连忙出来打圆场，望着公都说道：

"师兄，后羿拦住太康后，怎么样了？"

"太康知道后羿来者不善，吓得惊慌失措，打马便逃。但是，无论怎么逃，也没逃得掉后羿的神弓神箭。后羿于十里之外开弓放箭，将太康射杀。太康一死，夏朝便乱了，后羿于是趁乱以武力取得了夏朝的最高权力，并以此号令天下诸侯。先生，弟子所知道的'太康之乱'就是这些，不知说得对不对。"公都望着孟轲说道。

孟轲看了看公都，又瞥了众弟子一眼，说道：

"公都说得很好，一点儿都没错。那谁知道'少康中兴'的事，也请他讲一讲，好不好？"

众弟子摇了摇头，几乎异口同声地答道：

"不知道。"

孟轲看了看众弟子，停顿了一会儿，说道：

"既然你们都不知道，那只好为师来说了。刚才为师说，任国是夏王朝联系东方诸侯的桥梁。其实，它也是夏王朝中兴的基地。如果没有任这个诸侯国的存在，就没有'少康中兴'的可能性，夏王朝到太康就结束了。"

"原来任国这么重要！先生，那您赶快给弟子们讲一讲'少康中兴'之事吧。"万章催促道。

孟轲点了点头，接着说道：

"太康失国，表面上是因为后羿射杀了太康，以武力篡夺了夏王朝的最高权力。实际上，太康失国是因为太康不守为君之道，不顾天下百姓的死活，而只图自己享乐，失去了民心。后羿以太康不恤国事为由，射杀太康而取得夏王朝的权力，可谓'因夏民以代夏政'，有其合理性。但是，后羿取得政权后，其作为跟太康没有区别。他自恃武力天下第一，没有人敢挑战他的权威，所以一旦权力到手，就恣意妄为，既不理朝政，也不约束自己的行为，整日沉溺于酒色之中。这就种下了自取灭亡的祸根。"

"后羿不是武力天下第一吗？谁杀得了他？夺得了他的权位？"公孙丑不解地问道。

孟轲瞥了一眼公孙丑，笑道：

"老虎还有打盹的时候，后羿怎么可能没有被人暗算的可能？"

"先生说得是。那后羿是被谁暗算了呢？"公孙丑问道。

"后羿有一个亲信，叫寒浞，原属伯明氏部落，跟后羿本来不是一个部落。寒浞因为好进谗言，被伯明氏之主弃而远之，却被后羿赏识，并任之为有穷氏之相。寒浞为人心机缜密，诡计多端，早就觊觎天子之位了。见后羿窃据夏王朝的权位后不思进取，只图享乐，寒浞便起了取而代之的念头。后羿执政八年，天下民怨沸腾，寒浞便以顺应民心为由，趁后羿酒醉而将其杀之于桃梧，并烹其遗体，令后羿之子食之。后羿之子不忍食，被寒浞杀之于穷门。于是，寒浞乃袭有穷氏之号，正式代后羿而掌握了夏政权，并自立为帝。"

"寒浞真是太残忍、太无耻了！后羿怎么会赏识这样的小人呢？"孟轲话还没说完，孟仲已经听不下去了，脱口而出。

"寒浞虽非正人君子，但相比于后羿，在执政上却有进取之心。他执政二十八年时，消灭了偏安于斟寻氏部落的夏后氏残余势力相，使太康失国后一度长期处于分裂状态的中土华夏地区重新统一。不过，寒浞晚年犯了夏王朝开国之君启相同的错误，就是不思进取，骄奢淫逸，不理朝政，最后死于少康复国之战中。"

公都见孟轲终于讲到了少康，遂连忙抓住机会，央求道：

"先生，您是否详细讲一讲少康复国的过程呢？"

孟轲点了点头，顿了一下，说道：

"太康被后羿射杀后，夏王朝的实际权力就掌握在了后羿之手。后羿为了稳定局面，并没有立即宣称自己是天子，而是立太康之弟仲康为王。实际上，仲康只是一个傀儡。仲康不甘心，试图恢复王权，但都没有成功，反而被后羿软禁，最后抑郁成病而死。仲康死后，他的儿子相逃到了东方部落，投靠了斟灌氏和斟寻氏。寒浞取后羿而代之，掌握了夏王朝的大权后，起兵灭了相所代表的夏后氏残余势力。不过，在相被寒浞杀害时，他的妻子后缗已经怀孕，并从墙洞成功逃出，潜回娘家有仍氏部落，就是后来的任国，生下了少康。"

"先生，这么说来，后来中兴夏王朝的少康是在任国长大的？"万章问道。

"正是。据说，少康从小就聪颖过人，禀赋异常。长大后，在有仍氏部落为牧正，拥有方圆十里的地盘，统领着五百余人的一旅之众。在任牧正期间，少康一边积极耕牧，发展农牧业，一边训练士兵，提升战斗力，时刻防范着寒浞之子浇的追杀。后来，为了有效防范浇的追杀，并进一步积蓄复兴夏后氏王朝的力量，少康离开了有仍氏部落，逃到了有虞氏部落。有虞氏部落首领虞思对少康颇是器重，任命他为庖正，并将两个姚姓女子送给他为妻，还将纶邑分封给他。从此，少康终于有了一块属于自己的土地。以纶邑为根据地，凭借一成之田、一旅之众，少康正式开始招募昔日夏后氏余众，为光复夏后氏政权做准备。"

孟轲话还没说完，公孙丑已经忍不住了，追问道：

"结果怎么样？"

"有了纶邑这个复兴基地，也有了一定的兵力之后，少康在姻亲部落有虞氏的帮助下，在夏后氏老臣靡的扶持下，进一步壮大了实力。纶邑虽小，但少康用心经营，不仅经常访贫问苦，关心百姓生活，而且跟老百姓、士兵打成一片，跟他们一起耕猎，一起练武，因而深受大家拥戴。为了广泛争取民心，积蓄复兴夏后氏政权的力量，少康还经常向百姓与士兵讲述其先祖禹帝的功德，以此鼓舞士气，争取人们对其复国理想的支持。除此之外，少康还暗中派人四处招集流亡在外的夏王朝旧时官吏，以及被寒浞逐出家园的夏后氏旧部族，然后对这些人加以整编训练，由此正式组建起了一支颇具战斗力的复国之师。"

孟轲刚说到这里，一直没有说话的邹春也忍不住了，插话问道：

"复国之师有了，少康是不是就正式向寒浞宣战了？"

孟轲摇了摇头，说道：

"没有。少康组建复国之师时，虽然已是寒浞执政晚期，寒浞正沉溺于酒色之中，朝政越来越混乱，民怨也越来越大，但势力仍然很强大。寒浞有浇、殪二子，乃当年寒浞杀后羿，占据其寝宫而生。浇力大无比，能陆地行舟，少康之父相寄居的斟灌氏、斟寻氏两部落，就是被浇所灭。浇被寒浞封于过，殪被封于戈。寒浞之所以能长期统治夏王朝，靠的就是他的这两个儿子，还有原来的有穷氏旧部族的势力。少康为了一举将寒浞的统治集团及其有穷氏旧部族的势力清除，一边派女将艾暗中潜入寒浞之子浇所统领的军队刺探情报，一边遣其子杼率兵攻打寒浞之子殪盘踞的戈，灭其部而斩殪之首，为新组建的复国之师立了威。"

"看来少康还颇有谋略，是个中兴之主。"公孙丑情不自禁地评论道。

孟轲点了点头，接着说道：

"趁着灭殪取胜的有利形势，少康从其根据地纶邑正式起兵，发动了对寒浞的大举进攻。少康所率复国之师浩浩荡荡，沿河西进，向寒浞盘踞的河洛地区进逼，目标直指夏王朝旧都斟寻。浇虽拼死抵抗，但最终还是兵败于少康，被生擒而杀之。接着，少康在夏后氏老臣靡的协助下，开始了对寒浞残余势力的清除。靡原是太康之臣，太康被后羿所杀，事后羿为臣。后羿被寒浞所杀，靡逃于有鬲氏部落。少康起兵后，靡尽收有鬲氏、斟寻氏二部余烬，杀寒浞，灭有穷氏残部，立少康为帝，重新恢复了夏后氏王朝的统治。少康即位后，励精图治，积极恢复农业生产，实行与民休息的政策，社会经济迅速发展，出现了'少康中兴'的局面。"

"先生，是不是因为'少康中兴'，有仍氏部落才得以立国，成为今天的任国？"公都问道。

"正是。因为少康是在有仍氏部落出生并长大的，有仍氏是其母亲的娘家，少康自然对其感情不一般。正因为这个原因，任国曾一度在历史上非常强盛，在东夷诸部中无论是实力，还是地位，都是不可小觑的。商、周两代，任国虽力量与地位多有起落，但至今仍然作为诸侯之一员而完好无损地存在着。而跟它同时立国的诸侯国，或是在周初才被分封的诸侯国，都早就不复存在了。可见，任国的历代国君都有过人之处。不然，在列强林立的当今，哪里还有任国这样的小诸侯国存在的余地呢？"孟轲说道。

"先生，您是因为对任国历史的了解，对任国历代国君的认知，才在对季任毫无了解的情况下，坦然收下他馈赠的黄金，是吗？"陈臻还是念念不忘孟轲收受季任黄金的事。

孟轲看了看陈臻，没有回答，只是微微一笑。

公都怕孟轲尴尬，连忙出来打圆场，说道：

"刚才先生不是说过吗？他是准备要跟季任交朋友的。既然要交朋友，理应礼尚往来。"

然而，没过几天，孟轲还没来得及准备礼尚往来，前往任国回访季任，季任就已经来邹国拜访孟轲了。但是，非常不巧，孟轲这天又应邹穆公之召前去晋见。

公都因为前些天听孟轲讲了任国历史，所以对季任究竟是个什么样的人产生了兴趣。于是，季任一到学馆，他就主动热情地接待了季任。跟季任一番交谈之后，公都发现孟轲对季任的判断是正确的，觉得他确实算得上是一位谦谦君子，有学问，有教养，在跟自己的交谈中自始至终没有表现出一丝一毫的傲人辞色。所以，公都跟他越谈越觉得投缘。但是，在谈到"义"的问题时，二人的观点却出现了分歧。季任认为"义"是外在的，而公都却认为是内在的。于是，季任就反问公都道：

"您为什么说义是内在的，理由是什么呢？"

公都思考了一下，回答道：

"因为恭敬之心是出自我的内心，并由我予以实行，所以说义是内在的。"

季任不以为然，说道：

"比方说，乡里有个人，比你大哥年长一岁，请问您敬谁？"

"敬大哥。"公都不假思索，脱口而出。

"假如你们三个人在一起喝酒，请问您会先给谁斟酒？"季任紧接着又提出了一个问题。

公都又是不假思索，脱口而出：

"肯定是先给那位乡人斟酒。"

季任看了看公都，笑道：

"您心里明明敬的是大哥，却要先给乡里年长者斟酒，可见义是外在的，而不是出自内心。"

公都听了，一时为之语塞。

季任走后不久，孟轲回来了。公都不等孟轲坐下，便将季任到访并跟自己辩论的事略述了一遍，并将自己被季任问得哑口无言的事也和盘托出，请求孟轲对有关"义"的问题予以回答。

孟轲听了公都的话，笑道：

"这个问题有什么难回答的。下次你见到季任，你就问他：'您是敬叔父呢？还是敬弟弟呢？'他肯定回答说：'敬叔父。'那你就再问他：'如果弟弟成了受祭代理人，那应该敬谁？'他肯定会说：'敬弟弟。'你就再问他：'既然如此，那为什么又说是敬叔父呢？'他肯定会回答说：'因为弟弟在受祭之位的缘故。'如果他这样回答，那么你就可以跟他这样说：'先给乡里的长者斟酒，是因为他在受敬的尊者之位。平常的恭敬在哥哥，暂时的恭敬则在乡里的长者。'"

过了一些日子，公都代孟轲去回访季任，将孟轲先前教给他的话说了一遍。没想到，季任哈哈大笑道：

"既对叔父恭敬，也对弟弟恭敬，这不正好说明义是外在的，而不是发自内心的吗？"

公都听季任这样说，觉得难以反驳，于是就按照其逻辑，仿其问而说道：

"我们冬天为什么不喝凉水，而要喝热水；夏天为什么不喝热水，而要喝凉水，难道我们饮水的需求也是外在的吗？"

季任听了，也难以反驳。

于是，二人相视一笑。从此以后，不再就此问题辩论了。

周显王四十七年（公元前 322 年）五月初五，天气颇是闷热。朝食过后，孟轲与众弟子在学馆刚坐下，讨论了不到烙两张大饼的工夫，邹春就喊受不了，其他弟子也连声附和。

孟轲本来就是一个怕热的人，今天一坐下，就感到浑身不自在。所以，听邹春及其他弟子都喊热，于是就顺水推舟，说道：

"我们好久都没出去了，既然大家都喊热，今天我们就不在学馆讨论了，出城走走，找一个阴凉有水的地方坐下，一边乘凉，一边讨论，你们看如何？"

众弟子一听，自然是欢呼雀跃。

正当孟轲要从座席上起身站起时，突然一位不速之客出现在了门口。没等孟轲与众弟子反应过来，来人已经开口了：

"请问这里是孟轲先生的学馆吗？"

"正是。"孟轲不假思索地答道。

来人看了看孟轲，又迅速瞥了一眼孟轲的众弟子，确认答话者就是孟轲后，目光直视孟轲，说道：

"您就是孟轲先生吧？"

孟轲觉得来人无论是说话的口气，还是说话时的神情，都颇带一些傲慢的味道，看不出一般登门拜访者或是拜师求学者的诚恳与谦恭，于是心里就有了一丝不快。不过，定了定神，孟轲还是展现了应有的风度，望着来客，彬彬有礼地说道：

"正是。不知尊客高姓大名，从何而来？"

"我乃曹国国君之弟曹交，是从曹国而来。"

"曹国国君之弟？曹国不是一百多年前就被人灭国了吗？现在哪里还有什么国君？又哪来什么国君之弟？"曹交话音未落，一向嘴快的邹春就吃惊地瞪大了眼睛，直视曹交问道。

其实，邹春只知其一，不知其二。他所知道的是，曹国作为诸侯国，早在一百多年前就被宋景公所灭，其故地就在宋、鲁之间，现在是宋国的一部分，离邹国近在咫尺。他所不知道的是，曹国被灭国后，旧时的封疆虽然不复存在，但曹国国君的子孙还在，国君的后裔仍然按照其原有的嫡庶体系繁衍生息，而且一直保持着虚有其名的国君名号，一代一代地往后传承。对此，邹春并不清楚，所以才会对曹交的话感到吃惊，以为他是个骗子。

孟轲因为对邹春不知道的内情都了解，所以听了曹交的自我介绍，一点儿也不感到吃惊，反倒是觉得邹春因为无知而伤害了曹交的自尊心，有损做人的厚道。因此，听了邹春的四连问，急得跳脚，一边使劲向邹春使眼色，一边连忙转移话题道：

"不知是曹大人光临，有失远迎，实在是失礼！"

曹交原本是一脸的尴尬，听孟轲这样一说，又见其起坐行礼如仪，知道孟轲是认同了他这个曹国国君之弟的身份，顿时笑逐颜开，连忙还礼如仪。

行礼寒暄之后，宾主分席对坐，开始了交谈。交谈的内容，开始是有关各国见闻，接着转到了对诸子百家思想学说优劣是非的评判。在讨论到儒家思想时，曹交不仅对孔子的学说提出了批评，还对孟轲的种种说法提出了异议，最后又向孟轲提了一个问题：

"听说您曾提出过一个观点，说'人皆可为尧舜'，真有这话吗？"

孟轲脱口而出：

"有。"

曹交微微一笑，直视孟轲，说道：

"我听说，周文王身高十尺，商汤身高九尺，如今我身高九尺四寸，却只会吃饭而已，如何才能成为尧舜呢？"

"您现在没有成为尧舜，那又有什么关系呢？您只要对照尧舜的道德标准去做，不就可以了吗？比方说，现在这里有个人，他的力气连一只小鸡也提不起来，那他就是个没有力气的人；他能举起三千斤重的东西，那他就是个有力气的人了。能够举起乌获所能举起的东西，那他就是大力士乌获了。一个人活在世上，为什么总要担心自己有什么不能胜任的呢？其实，没有什么可以胜任不胜任的问题，只是不肯去做而已。慢点儿走，故意落在长者之后，这叫悌；快步走，赶在长者之前，这叫不悌。走得慢一点儿，难道是我们每个人所不能做到的吗？其实并不是，只是我们很多人不肯这么做而已。尧舜之道，也不过就是孝与悌而已。你穿尧所穿的衣，说尧所说的话，做尧所做的事，你便是尧了；你穿桀所穿的衣，说桀所说的话，做桀所做的事，你便是桀了。"孟轲说道。

"先生说得真好！我现在就准备晋见邹君，向他借个住宿的地方，希望能留在您的门下求学问道。"曹交态度颇是诚恳地说道，说话的口气也不像刚见面时那样带有傲气了。

没想到，孟轲却淡淡地说道：

"道就像大路一样，有什么难以寻找的呢？只怕是有人不肯去寻找而已。您还是回去自己寻找吧，世上的老师多得很。"

曹交听了孟轲的这番话，顿时像是三九天被人当头泼了一盆冰水，心里凉透了，只好悻悻然告辞而去。

孟轲众弟子原来对曹交的印象都不好，觉得他不应该摆什么曹国国君之弟的谱，向孟轲求学请教的态度不够诚恳。但是，见孟轲无情地拒绝了他拜师的请求后，大家反而对他予以了同情。所以，曹交前脚刚走，充虞就忍不住跟孟轲说道：

"先生，自弟子投在您的门下以来，从未见到您拒绝过任何人于师门之外。无论是当年在邹国开馆，还是在稷下学宫，或是在往齐国的路上，或是在宋国的日子里，您对求学问道者都热情有加。您也曾经说过您的志向，其中之一就是'得天下英才而教之'。曹交是曹国国君之弟，身世背景好，应该算是英才。他肯投在您门下求学问道，只会扩大您在诸侯各国的影响，有利于先圣思想学说的传播推广，您怎么如此无情地拒绝了他拜师的请求呢?"

孟轲看了看充虞，笑道:

"曹交能算英才吗?他连起码的教养都没有，更没有求学问道的诚意。你看他跟为师交谈时的做派与说话的口气，哪里有执弟子之礼的意思?"

"先生说得是。相比于宋大夫勾践执礼甚恭的表现，曹交实在是表现得太差了!怪不得先生生气。"充虞连忙点头道。

孟轲与曹交交谈时，陈臻一直在旁边认真观察与倾听，没有插过一句话。这时，他忍不住了，脱口而出，对孟轲拒收曹交的行为提出了疑问:

"先生，您说曹交执礼不恭，弟子是同意的。不过，您说他拜师没有诚意，弟子实在是看不出。特别是他跟您请教'人皆为尧舜'时，态度就很认真。最后他明确提出要留在师门跟您学习，态度也很坚决。您怎么说他没有求学问道的诚意呢?"

孟轲看了看陈臻，笑道:

"他虽然明确提出要留下，跟为师学习，却说要跟邹君借个住处，难道不能跟你们大家一起住吗?为什么要搞特殊化?这不是明显在显摆他是曹国国君之弟，跟别人不一样吗?在老师面前还要摆谱显身份，这是什么意思?这叫拜师有诚意吗?"

见孟轲真的生气了，孟仲连忙出来打圆场，看了陈臻一眼，用故作嗔怪的口气说道:

"小师弟，你也真是的。明明知道先生生气了，还要火上浇油。本来今天先生要带我们出去郊游，没想到曹交半道杀出，让先生的教学计划流产。先生热情接待他，他却不知天高地厚，跟先生摆谱显身份，简直是浅薄可笑之极!先生，您不要生气了。弟子也觉得曹交拜师没诚意。不过，先生是宽宏大量的人，对曹交这种没教养却自以为是的人，完全可以选择无视，没必要生他的闲气。"

邹氏兄弟、充虞、公都、公孙丑、万章等众弟子连忙附和，都说曹交没诚意，劝孟轲不要生气了。

过了一会儿，公孙丑见孟轲怒气似乎已消，于是望着孟轲，怯怯地说道:

"先生，您刚才说到曹交摆谱显身份，请问他曹国国君之弟的身份是真的吗？"

孟轲毫不犹豫地点了点头。

"先生，那您就给弟子们说说，曹交的国君之弟身份究竟是怎么回事？"公都央求道。

孟轲看了公都一眼，又扫视了一眼其他弟子，说道：

"刚才邹春说曹国一百多年前就被灭了国，确实如此。但是，曹国灭亡而并入宋国后，宋国历代国君对曹国国君的后裔都非常优待，不仅保证他们衣食无忧，还允许他们自行根据其嫡庶体系而延续其国君封号。"

"哦，原来如此。"众弟子终于恍然大悟，几乎异口同声地说道。

孟轲看了看众弟子，淡然一笑，接着说道：

"这个内情其实很少有人知道。正因为如此，曹交今天见了为师，才会不避嫌疑地自我介绍，说他是曹国国君之弟。如果很多人都知道，他就没必要自己到处跟人说了。如果允许为师说句不厚道的话，不怕你们说为师'以小人之心，度君子之腹'，为师甚至都怀疑曹交今日登门的用意，他究竟是来求学拜师的，还是来自我介绍身份的？他是否想借求学拜师之名，坐实为师与他的师徒名分，从而在诸侯各国招摇过市，彰显曹国的存在感？"

"说到存在感，是否请先生给弟子们讲一讲曾经真实存在的曹国历史，也好让弟子们增广一点见识，今后再遇到像曹交这种人也好辨别。"孟轲话音未落，公孙丑便已巧妙地将话题切换到了自己想了解的问题上。

孟仲等人也想了解曹国的历史，遂连忙附和公孙丑的话，并眼光齐刷刷地望着孟轲。

孟轲见此，只好点了点头，顿了一顿后，开口说道：

"曹国的故地在宋、鲁、卫三国之间，是周武王灭商分封诸侯时最早立国的，建都于陶丘。曹国封疆虽然不是很大，但襟河带济，扼鲁控宋，位居东部战略要冲，是诸侯各国往来必经之地。曹国之都陶丘，则号称'天下之中'，不仅战略地位重要，而且经济发达，是周初天下有名的经济大都会。至于曹国的始封之君，则是周初立国的大功臣振铎。振铎不是别人，乃周文王嫡六子，周武王之弟，人称曹叔。其国名为曹，即缘于此。曹叔振铎因为伐纣灭商有大功，在周初地位非常崇高。史载，商周战于牧野，商纣以大军七十万以拒周师。纣师不战而降，倒戈而走，纣自焚于鹿台。商纣死后，周武王乘车入城，曹叔振铎驾车，周公旦执大钺在前，毕公高执小钺在后，散宜生、太颠、闳夭执剑左右护卫，师尚姜太公牵牲。由周武王入城仪式的阵仗，便可了解曹叔振铎当时的地位。"

"既然曹国的战略地位是'天下之中'，曹国始封之君曹叔振铎地位又是如此尊崇，怎么后来会亡国呢？"孟轲话还没说完，邹春便迫不及待地插话问道。

"师兄，您别急呀！听先生慢慢往下讲。"公孙丑怕孟轲生气，连忙出来打圆场。

孟轲看了看邹春，又看了看公孙丑，笑了一笑，接着说道：

"曹国与鲁国一样，跟周是同宗之国，属于姬姓诸侯，所以自周武王时受封立国开始，就一直深受周天子的器重，是周王朝东土的中流砥柱。直到曹惠伯三十五年，立国二百八十五年，曹国都一直是实力强大的诸侯国，跟周边各诸侯国的关系也较融洽，彼此相安无事。然而，不幸的是，曹惠伯三十五年，曹国发生了内乱，曹穆公弑曹惠伯自立，并公然改伯而为公，不仅削弱了自身实力，也损害了自身形象。经过周幽王之乱，到周平王东迁之后，周王朝所辖疆域已大为缩小，周天子虽仍号称天下共主，但权威已大不如前，对诸侯的制约能力微乎其微。伴随周王室的衰微与诸侯的崛起，曹国逐渐沦为了二流诸侯国。"

说到这里，孟轲停顿了一下。万章见此，连忙插话问道：

"先生，曹国在周平王东迁后沦为二流诸侯国，是因为周王室衰微，得不到有力的庇护，是吧？就跟今日的鲁国一样，周王室不能提供保护，它就只能在诸侯列强的夹缝中求生存了。"

孟轲点了点头，接着说道：

"周天子没有权威，诸侯争霸便开始了。伴随争霸战争的展开，弱小的诸侯国便成了受害者。曹国最终之所以亡国，就是因为秦晋争霸的结果。晋国一度是天下最强大的诸侯国，晋献公执政时期，实力更是如日中天。晋献公执政之初，奋发有为，除了加强内政外，对外采取了尊王政策，有力地提高了晋国在诸侯中的声望。之后，晋献公凭借强大的国力，先后攻灭了周边的骊戎、耿、霍、魏等小国，击败了强大的狄戎，又用荀息'假道伐虢'之计，消灭了晋的两大强敌虞国与虢国，实现了'并国十七，服国三十八'的奇迹。但是，后来，晋献公因为宠幸骊姬及其妹妹，疏远三个儿子，造成了晋国的内乱。"

"先生，晋公子重耳就是在这次内乱中出逃，在诸侯各国辗转流浪了十九年，最后回到了晋国执政，最终成了天下霸主，是吧？"邹春先前听人说过重耳的故事，所以这时又忍不住插话了。

孟轲没想到邹春会了解晋国的这段历史，高兴地看了邹春一眼，点了点头，说道：

"说得没错。晋公子重耳落难出逃期间，曾经过曹国，曹共公不仅没有予以友好接待，还无礼地欲观其骈胁。流浪十九年，重耳回到晋国执掌了权柄后，不能忘怀昔日曹共公对自己的无礼之侮，起兵讨伐曹国，曹共公兵败被俘。后来，晋楚争霸，发生了城濮之战，楚国大败。曹国见晋国更加强大，只得亲附晋国，成了晋国事实上的附庸国。"

"那之后呢？"原来一直非常冷静的充虞，听到这里也不矜持了，情不自禁地追问道。

孟轲看了看充虞，又扫视了其他弟子，见大家都全神贯注地看着自己，知道他们的心理，于是故意停顿了一会儿，才在大家期盼的眼神中接着说道：

"曹悼公时，曹国与近邻宋国交恶。但是，迫于宋强曹弱的现实，曹悼公最后不得不前往宋国朝见宋景公，结果被宋景公扣押禁锢至死。与此同时，曹国内部发生了动乱，继任的曹声公、曹隐公先后被弑。之后，由曹靖公执政。但是，不到四年，曹靖公就死了。最后，就是曹伯阳继任。曹伯阳即位后，宠信小人公孙彊。公孙彊好田猎，有技巧，于是曹伯阳也沉溺于其中，将国政全部委之于公孙彊。曹伯阳执政十四年时，公孙彊以复兴曹国为由，向曹伯阳进称霸之道。曹伯阳不识时务，不自量力，竟然欣然接纳。立即与晋国断交，并出兵攻打宋国。宋景公反围曹国，而晋国不救。郑国出于自身利益，认为宋灭曹于己不利，出兵侵宋，以牵制宋国。第二年，也就是曹伯阳执政的第十五年，宋景公还是力拒郑国的牵制，大败曹国之师，俘获曹伯阳与公孙彊并杀之。至此，曹国作为诸侯国就不复存在了。"

众弟子听完孟轲讲完曹国历史，不禁感慨系之，为之唏嘘不已。

孟轲扫视了一眼众弟子，整了整衣襟，说道：

"由曹国的历史，就能见出其国君之德行；由其国君之德行，就能知道曹交之人品。反观任国之历史，我们也能知道任季之人品。这就是为师之所以拒收曹交为徒，而愿与任季为友的原因。"

"弟子明白了。"孟仲等人异口同声地应道。

第八章

在　鲁

陈臻讲完孟轲从宋国返回家乡邹都的往事，大家抬头看看月亮，知道时间早已过了子时。

"先生返乡，在邹都停留的时间并不长，前后大概半年都不到，就离开了。先生并不是不留念家乡，而是为了实现自己王道社会的理想。大师兄、二师兄都知道，先生这次离开家乡，没有去齐国，而是去了近邻小国鲁国。之所以去鲁国，是因为先生听说了乐正师弟在鲁国从政的消息。我记得，先生当时得到消息时，简直是欣喜若狂，激动得一夜没有睡着，第二天一大早，就让我们众弟子陪他上路，前往鲁国，希望自己在鲁国也有一番作为。现在，我们是否请乐正师弟讲一讲先生在鲁国期间的往事？"公孙丑先看了看孟轲的新坟，然后扭过头，望了一眼偏过头顶的月亮，最后侧过脸，朝坐在右边的乐正克看了一眼，说道。

"先生的弟子中，最早从政的就是乐正师兄吧。"

屋庐连话音刚落，公都便脱口而出：

"如果我没记错的话，乐正师弟是在先生第一次入齐的末期才投在先生门下的。"

"公都师兄，您记得没错。当时乐正师弟来稷下学宫，向先生拜师求学的情形，我至今仍历历在目，记得非常清楚。"万章说道。

311

"万师兄，既然乐正师兄当时拜师的情景您都记得，是否给我们大家讲一讲呢？"陈代趁机提出了请求。

万章点了点头，端起面前的酒盏，将盏中剩下的残酒一饮而尽。宋大夫勾践见此，连忙抱起面前的酒坛，起身走向万章身边，说道：

"师兄，我再给您续一盏，您一边喝一边讲。"

万章点了点头，端起酒盏喝了一口，便从容开口了：

"如果我没记错的话，乐正师弟是在周显王三十四年十月下旬到达稷下学宫的。彼时，先生刚被齐威王任为列大夫不久。乐正师弟向先生求学拜师时，先生照例问了一个老问题，就是为什么不投在其他学派门下，而要跟他学习儒家先圣之道。乐正师弟回答说，他生于周，长于周，但越来越看不懂天下形势，怎么诸侯都不把周天子放在眼里，完全无视其存在？为了争当天下霸主，他们不惜让天下生灵涂炭。然而，周天子对此竟然不闻不问，还心安理得，自得其乐。先生听了乐正师弟的话，也非常感慨。乐正师弟又告诉先生，他之所以离开周，不仅是因为对周天子感到失望，还对东周君、西周君的窝里斗感到失望。周天子能够活动的空间，只是洛阳周边的一个狭小地域。结果，在弹丸之地，在周天子的眼皮之下，还分出个东周与西周。东周以巩为都，西周以河南为都，彼此互掐，纷争不断。"

"万师兄记得非常准确。"

见乐正克点头称是，万章又喝了口酒，接着说道：

"我记得先生听了乐正师弟说东西周互掐的话，感到非常惊讶。于是，乐正师弟就给先生讲了一个苏秦衣锦还乡时调解东周君与西周君矛盾纠纷的故事。"

一听万章说苏秦调解东周君与西周君的矛盾纠纷，陈臻、陈代、屋庐连、周霄等人都异常兴奋，因为他们都是在乐正克之后投在孟轲师门的。其中，陈代尤其兴奋，万章话音未落，他便脱口而出：

"万师兄，要不您给我们讲一讲这个故事吧。"

万章正要开口，侧脸望了一眼乐正克，突然改变了主意，说道：

"乐正师弟今天就在这，还是由乐正师弟自己再将这个故事讲一遍比较好，既可以让后进的师弟们听听，也让地下的先生再听听，重温一下当年先生收徒时的场景。"

大家连声应和，表示赞同。

乐正克见大家意见一致，而且兴趣高涨，只得点头答应。

宋大夫勾践连忙抱起酒坛，起身给乐正克斟酒。

勾践斟好酒，乐正克向勾践欠了欠身，端起酒盏喝了一口，左右扫视了一下各位师兄弟，操着一口纯正的洛阳官话，说道：

"当年我跟先生讲的这个故事，事实上就是触发我离开周都洛阳，前往稷下学宫投奔先生的直接原因。"

"那跟苏秦衣锦还乡对您的刺激有没有关系呢？"乐正克刚开口说了一句，徐辟就插话问道。

"没有关系。我并不羡慕苏秦的成功，我向来对纵横家没有好感，不然我就不投在先生门下学习儒家之道了。"乐正克不假思索地答道。

"徐师弟，你不要打断乐正师兄的话，让他讲苏秦调解东周君与西周君矛盾纠纷的故事。乐正师兄，您上正题吧。"月光下，陈臻看了一眼徐辟，又望了一眼乐正克，说道。

乐正克点了点头，接着说道：

"苏秦衣锦还乡，正值东周与西周因为用水问题而闹得不可开交。东周要种水稻，西周壅塞洛水而不下，东周君着急了。如果不能及时种上水稻，东周的粮食安全就有问题。正好这时苏秦组织山东六国'合纵'之盟成功，为了维持六国之间的和谐关系，正在各国之间进行穿梭外交。途经韩国时，顺便回了一次家乡洛阳。东周君听说后，立即派人请苏秦往东周一见。东周君见了苏秦，将事情原委讲了一下后，就请苏秦给想个办法。苏秦说，这事不难，我立即就能给您解决了。东周君问他怎么解决，他说您别问，我自然有办法，您等着听好消息就行了。"

"那苏秦到底是怎么解决的呢？"滕更虽贵为滕文公之弟，平时一言一行都很矜持，这时也控制不住好奇之心，急切地追问道。

乐正克见是滕更相问，侧过脸来，借着月光，看了他一眼，然后接着说道：

"苏秦辞别东周君，立即前往西周晋见西周君。西周君一听是武安君苏秦求见，忙不迭地亲迎至宫门。见礼坐定后，苏秦开门见山地说道：'臣听说东周要种水稻，您让人截住洛水而不下，真有这事吗？'西周君说：'确有其事。'苏秦故作惊讶地说道：'果有其事的话，您这就失策了，至少不是上策！'西周君连忙追问：'这话怎么讲？'苏秦回答道：'西周截住洛水而不下，让东周水稻种不成，好像是拿住了东周，让东周受害了；其实不然，这样恰恰是富了东周。'西周君不解，问道：'东周水稻种不成，怎么是富了它呢？'苏秦神秘地一笑，反问道：'西周不下水，东周水稻种不成，难道不能改为种麦吗?'西周君听了先是一愣,接着默默地点了点头。苏秦接着说道:'据臣所知,东周君已颁令东周之民,今年不种水稻,而改为种麦了。'"

"西周君相信吗?"彭更这时也把持不住,插话问道。

乐正克微微一笑,说道:

"西周君当然相信。苏秦是谁?是纵横家,最能编故事,能把死的说成活的,把假的说得像真的一样。他见西周君信以为真,立即主动给西周君出了一个主意:'西周不是要害东周吗?臣建议您,不如现在就给东周下水,让其刚种下的麦子浸水,东周还能指望今年麦子丰收吗?'西周君一听,觉得这个主意虽然非常歹毒,但确实可以害惨东周。于是,西周君欣然同意。苏秦怕西周君细想后会发现问题,遂又补了一句:'西周若现在就下水,东周之民也许会再改种水稻;如果东周之民真的改种了水稻,西周不妨再断其水。如此一来,西周就拿住了东周,东周之民必仰西周而生,东周之君必听命于您!'西周君一听,不禁拍案叫绝,立即奉苏秦以百金作为酬答。"

"苏秦果然是枭雄,这样的主意也想得出!"好久没有说话的桃应,这时也情不自禁地评论道。

乐正克笑了笑,侧脸向左望了一眼桃应,说道:

"这还没完呢。苏秦得金,正要告辞而去时,西周君又开了口:'寡人今有一大患,不得除之而后快,望武安君为寡人谋一策。'苏秦问何事,西周君说:'寡人有一不肖之臣宫他,亡奔于东周,将我西周内情尽泄于东周,大为寡人之患。'苏秦听了一笑,脱口而出:'臣能杀了他。'西周君立即追问道:'武安君果真能杀了他?'苏秦肯定地说:'能。'西周君问道:'宫他在东周,武安君如何杀得了他?'苏秦不假思索地答道:'您予臣以三十金,臣遣人持此三十金并书信,秘密潜至东周找到宫他。书信上写明:西周君告宫他,事若可为之,望勉力而成之;若不可为,盼急归。事久则恐泄,勿自令事败身死。'西周君惊讶地说:'寡人并未委宫他以任何事呀!'苏秦说:'您不是要杀他吗?可是,您又杀不着他,只好借东周君之手了。'西周君这才恍然大悟。苏秦又说:'在臣遣人往东周的同时,您也遣人至东周,将此消息泄露给东周君,说今晚当有奸人潜入东周。相信东周君一定会严加防范,并能将臣遣往的送信人一举擒获。东周君看了书信,岂能不杀了宫他?'西周君听了,不禁拍案叫绝,于是一高兴,又赠予苏秦百金。"

"乐正师兄,苏秦的事您是怎么知道的,内情还了解得那么清楚?"乐正克话音刚落,很久没说话的咸丘蒙突然提出了疑问。

充虞怕咸丘蒙较真而跟乐正克争论起来，遂连忙出来打圆场道：

"乐正师弟是周人，洛阳那么小，什么消息会不知道？老话说：'世上没有不透风的墙。'苏秦能够轻松调解东周君与西周君的矛盾纠纷，还得了不少金子，肯定很得意，说不定一高兴就自己跟人说出来了。"

公孙丑见充虞已经巧妙地解了乐正克的围，于是连忙说道：

"刚才我请乐正师弟讲先生在鲁国的往事，怎么讲着讲着就讲到苏秦了呢？现在还是请乐正师弟言归正传吧。"

乐正克点了点头，端起酒盏喝了一口酒，又看了看月光下的孟轲新坟，沉默了好久，才开口讲起孟轲在鲁国的往事。

一、乐正克为政

周显王四十七年（公元前 322 年）六月十八，将近日中时分，乐正克跟鲁平公谈完赋税改革的事，刚走出宫门，就看到了公孙丑站在宫门不远处。

公孙丑一见到乐正克，就连忙迎了上去。乐正克也三步并着两步，小跑着迎向公孙丑。

二人相距还有十步远时，乐正克就兴奋地问道：

"师兄，您怎么来了？"

"我是专程来看你的。"公孙丑笑着说道。

"师兄，您不要说笑了！您是师兄，您要是专程来看我，那不要折煞我了？要是先生知道了，岂不要将我逐出师门呀！"

"师弟，我是跟你开玩笑的。"

"师兄，今天您找到宫里来，是不是有什么急事？"

"没有。"公孙丑摇了摇头。

"我听说，先生去年从宋国返回故里，重开旧学馆，又收徒讲学了，是吗？"

公孙丑点了点头。

"师兄，您今天急急找到这里，莫非先生身体有什么问题？"乐正克看着公孙丑，紧张地问道。

公孙丑笑了笑，摇了摇头。

乐正克见公孙丑今天神情很诡异，顿时糊涂了。望着公孙丑看了又看，乐正克突然哈哈一笑。

"师弟，你笑什么？"这一次轮到公孙丑犯糊涂了。

"师兄，我知道了。"

"知道什么？"公孙丑反问道。

"您来鲁国，是要晋见鲁国新君吧。今天国君刚召我讨论过赋税改革的问题，莫非您也有意于鲁国新政，想晋见鲁君？如果师兄有意，我现在就进宫禀告，陪您晋见，如何？"乐正克望着公孙丑，认真地说道。

"师弟，你猜错了。不是我有意于鲁国新政，不是我想晋见鲁国新君，而是另有其人。"

"这人肯定不是孟仲大师兄，也不可能是邹止、邹春兄弟，充虞师兄也没可能，他的兴趣不在从政，而是有关古礼，特别是葬礼方面。如果其他师兄有这方面的想法，想来想去，也只有公都师兄有可能。是不是公都师兄？"

"师弟，这次你又猜错了。"公孙丑哈哈一笑。

"那到底是谁对鲁国新政有兴趣呢？"乐正克这次真的是犯糊涂了。

"是先生。"公孙丑终于说出了谜底。

"是先生？"乐正克惊讶得目瞪口呆，望着公孙丑，半天没回过神来。

"师弟，你感到意外吗？"

"师兄，怎么不意外呢？"

"先生第二次入齐，放着齐国列大夫与上卿不做，义无反顾地离开了齐都临淄，日夜兼程地奔向宋国，我们一众弟子怎么劝也劝不住，这事你听说过吗？"

"听说过呀！"乐正克点了点头。

"齐国是大国，宋国是小国，这是全天下的人都知道的吧？是在齐国政治前途大，还是在宋国政治前途大？这也是全天下的人都明白的吧？师弟，那么我问你，既然如此，先生为什么还要舍齐而奔宋呢？"

"为了他的王道社会理想呀！"乐正克不假思索地答道。

"对！"

"我听人说，先生的理想在宋国碰了壁，才心灰意懒地离开了，返回家乡重操旧业，开馆收徒讲学。是这样吗？"乐正克望着公孙丑，问道。

公孙丑点了点头。

"既然先生已经心灰意懒了，对他的王道社会理想不抱希望了，今天怎么又自己主动跑到鲁国，想在鲁国从政呢？莫非是想效仿先圣当年故事，也想有朝一日代摄鲁国国政，进而实践其王道社会理想？"乐正克望着公孙丑，问道。

"师弟，你刚才说鲁君召你谈赋税改革，是吗？"

"是呀！"乐正克点了点头。

"你知道先生当年到宋国，跟宋国新君谈的第一件事是什么吗？"

乐正克摇了摇头。

"师弟，我告诉你，就是赋税改革问题。他认为，要推行王政，实现王道社会的理想，第一步就是要减轻老百姓的负担，实行'什一税'。"

"先生跟宋君说要推行'什一税'？"乐正克不禁瞪大了眼睛。

公孙丑点了点头。

"这怎么可能呢？推行'什一税'，税收根本不足以维持国家运转。宋君肯定不会同意，是吧？"

"正是。所以，先生一气之下，就离开了宋国，返回家乡收徒讲学了。"

"那现在先生一定是收了不少弟子了吧？儒家学说虽然现在仍然不是主流，但以先生现有的声望，肯定能招徕诸侯各国不少的弟子。"乐正克说道。

"先生确实是招到了一些弟子，其中不乏远道慕名投奔而来的，甚至还有国君的弟弟，也要投在他的门下。"

"是吗？"

"是的。比方说，先生返乡途中，陈臻从齐国追来相投；先生刚回乡，三晋弟子屋庐连从魏都大梁来投；接着，任国国君之弟季任赠金向先生示好，我们猜测季任想投在先生门下为弟子，先生说季任想跟他为友，目前情况尚未明朗；再接着，就是曹国国君之弟曹交来投，但被先生拒绝了。"

"先生为什么拒绝曹交呢？你不是说他是曹国国君之弟吗？再说，先生历来对于来拜师的人，不论年龄大小，也不论身份地位，都是来者不拒的，为什么这次要拒绝曹交呢？其实，收了曹交，不仅能提高先生自己的声望，还能提升儒家在诸子百家学派中的地位，何乐而不为呢？"乐正克感到不解。

"我们也跟师弟的想法一样，但先生有自己的理由。"

"什么理由？"乐正克问道。

"先生说，曹交所谓的曹国国君之弟的身份是虚幻的，是自许的。其实，曹国早在一百多年前就被宋国灭国了，成了宋国的一部分。只是宋国灭了曹国后，宋国历代国君都允许曹国国君后裔依其嫡庶体系传承其国君名号。曹交就利用这一点，到处以曹国国君之弟的身份招摇过市，甚至可以说是招摇撞骗。这一点，本来就引起了先生的反感。不仅如此，曹交到邹国拜访先生时，表面上是来求学问道，实际上是来炫耀身份，而且跟先生说话时口气很不谦虚，先生对他就更加反感了。所以，当他明确向先生提出要留在先生门下求学问道时，先生当场明确拒绝，弄得我们这些弟子面子上都下不来。"

"哦，原来是这样。这确实不怪先生，应该怪曹交自己。我们儒家传统，自先圣以来，一直讲究师道尊严。既然是来拜师求学，就理应尊师敬师，态度要谦虚真诚。"乐正克说道。

"师弟说得对。"

停顿了一会儿，乐正克猛然醒悟过来，说道：

"啊呀，师兄，您看我们说了半天，怎么忘了问先生现在在哪里了？要是先生知道了，肯定认为我心里没有他，一定会生气，说不定会不认我这个弟子了。"

"哪里会呢？师弟，你言重了！先生怎么会不认你这个弟子呢？他现在为你骄傲着呢？"公孙丑说道。

"师兄，您说笑了！先生有那么多得意弟子，怎么可能为我骄傲呢？比如说，您与公都、万章等一众齐国弟子，还有孟仲大师兄，邹氏兄弟，以及充虞等邹国早期弟子，都比我强多了。听说，先生前年在宋国时所收的勾践也非常优秀，不仅是宋国朝廷中的重臣，深得宋国新君信任，而且声誉非常好，是朝野上下都一致认同的宋国大夫，肯定也比我强多了。说实话，先生不嫌弃我，我就感到非常荣幸了。"乐正克谦虚地说道。

"师弟，我真不是跟你说笑。先生这次主动来鲁国，就是因为听说你在鲁国得到重任，要帮助鲁君实行新政。先生一听到这个消息，激动得不得了。他在众弟子面前不仅毫不掩饰内心的喜悦，甚至不避嫌疑地跟我们说：'听说鲁君要乐正克主持国政，为师高兴得一夜无眠。'"

"先生果真说过这样的话？"乐正克不敢相信，瞪大眼睛望着公孙丑。

"真的这样说过。当时，我就问他说：'鲁君要乐正克主持国政，是因为他有很强的能力吗？'先生说：'不是。'我又问：'是因为乐正克足智多谋吗？'先生说：'不是。'我再问：'是因为乐正克见多识广吗？'先生说：'不是。'最后，我问先生：'那您为什么高兴得一夜无眠呢？'"

"那先生怎么说？"乐正克很想知道孟轲对自己的真实评价，迫不及待地追问道。

"先生回答说：'乐正克为人的最大长处，就是喜欢听取善言。'我问：

'主持一国之政，仅靠喜欢听取善言就够了吗？'先生说：'够了。'我问为什么，先生明确回答说：'喜欢听取善言，就是治理天下也是绰绰有余的，不要说是区区一个鲁国了。'我不以为然，先生又告诉我：'如果一个主政者喜欢听取善言，那么四面八方之人都会闻风而动，不远千里赶来，将善言告诉他；如果一个主政者不喜欢听取善言，对别人所进的善言采取拒绝或敷衍的态度，说：呵呵，我早就知道了，那么，别人就会将他拒绝听取善言的模样描绘给更多人听，他的呵呵之声与冷漠的态度就会传至千里之外，让千里之外的人都止步不前。如此，那进谗言、善献媚的人就会蜂拥而上。试想，跟进谗言、善献媚的人在一起，想把国家治理好，有可能吗？'"

"先生真的这样说过？"乐正克听了公孙丑的转述，真是感到受宠若惊。

"师弟，先生真的这样评价你。正因为先生看重你，所以他认为你主持鲁国国政一定会成功，他实现王道社会的理想也就有了希望。所以，一听到消息，先生激动得一夜无眠，第二天一大早就急着要上路。我们拿他没办法，就只好陪着他来鲁国找你了。"

"那先生现在在哪里呢？是住在客栈，还是哪里？以先生的声望，我去禀报一下鲁君，肯定能安排先生住鲁国最好的驿馆。"

"师弟，这个你就不必费事了，先生有地方住，而且住得宽敞而自在。"公孙丑说道。

"是吗？那先生到底住在哪里呢？"

"这个暂时不告诉你。师弟，你现在方便吗？如果方便，没有公务，现在我就带你去见先生。"公孙丑神秘地一笑。

"好，好，好。今天没有公务了。就是有公务，先生来了，我也要暂时丢下公务，先去见先生。"乐正克口气坚定地说道。

于是，公孙丑在前，乐正克在后，一同去见孟轲。

大约走了烙十张大饼的工夫，公孙丑带着乐正克来到了一个老宅前。

站在老宅前，看着破败但仍显高大气派的围墙，还有斑驳而不失豪气的大门，乐正克一时呆住了。过了好久，才侧过脸来，望着公孙丑问道：

"师兄，这是哪里呀？曲阜城里竟然有这样一个古老而豪气的大宅，藏在这样一个静谧的深巷里，我还真是没想到呢。"

"师弟，你猜，这里到底是谁的宅子？"公孙丑笑着问道。

乐正克又仔细打量了眼前这座老宅，然后摇了摇头。

正在此时，大门开了，从里面走出一个人来。

乐正克瞪大眼睛，仔细看了又看后，不禁高兴得大声尖叫起来，完全忘记了自己是顶冠束带、衣冠楚楚的鲁国重臣身份。原来，从大门里走出来的不是别人，而是曾经陪同孟轲在此居住了三年之久的大师兄孟仲。

孟仲一见是乐正克，也非常兴奋，连忙小跑着迎了过来。

"大师兄，今天终于又见到您了。自从稷下学宫一别，屈指一算，都已三年多了。这三年多，先生跟你们各位师兄弟都好吧？"乐正克问道。

孟仲定睛打量了一下乐正克，说道：

"先生跟我们大家一切都好。师弟呀，先生听说你在鲁国主持国政，可高兴了，激动得一夜无眠。"

"刚才公孙师兄也跟我说过了。大师兄，先生呢？"乐正克问道。

"先生这几天急着赶路，可能是累了，此时正在里面小睡呢。"孟仲一边说着，一边回转身，指了指身后的大宅。

"哎，大师兄，刚才我问过公孙师兄，这个大宅子到底是谁家的，他不肯告诉我，现在请您告诉我，这到底是谁家的？我到曲阜也一年有余了，怎么就不知道这曲阜城的闹市中还有这么一个豪宅大院深藏其中呢？你们跟先生为什么能借住于此？莫非有什么背景吗？"

对于乐正克这一连串的提问，孟仲没有急于立即回答，而是报以神秘的一笑。

"大师兄，您怎么跟公孙师兄一样，今天都搞得这么神秘？"乐正克困惑地望着孟仲，问道。

孟仲一听，知道公孙丑已经跟乐正克玩过猜谜的游戏了，于是连忙说道：

"这大宅深院不是谁家的，就是先生自己家的祖屋呀！"

乐正克简直不敢相信自己的耳朵，瞪大眼睛望着孟仲，半天都没说出话来。

公孙丑见乐正克目瞪口呆的样子，不禁哈哈大笑，说道：

"师弟，你不相信这就是先生家的祖屋？"

"先生不是邹国人吗？怎么祖屋在鲁国呢？"乐正克反问道。

"先生姓什么？"公孙丑问道。

"姓孟呀！"乐正克不假思索地答道。

"先生母亲病逝于齐国，先生为什么不葬母于邹，而要葬母于鲁呢？"公孙丑又问道。

乐正克摇了摇头。

"公孙师弟，你问乐正师弟这个问题，他哪里知道呀！他那时刚投在先生门下不久，又没有陪同先生到鲁国。先生在鲁国为母守制居丧三年的内情，他完全不了解。"

"大师兄说得是，我忘了这前后背景。"公孙丑望着孟仲，报以歉意的一笑。

乐正克听了孟仲与公孙丑这番话，更加糊涂了。瞪着大眼睛，看看孟仲，又看看公孙丑，不知说什么好。

孟仲见此，笑着对乐正克说道：

"现在先生正在屋里小睡，其他师兄弟也在屋里睡觉。"

"先生小睡，其他师兄师弟为什么也大白天睡觉呢？当年先圣骂白天睡觉的宰予，说他是'朽木不可雕也，粪土之墙不可圬也'，难道他们就不怕先生也这样骂他们吗？"乐正克笑着说道。

"先生不会这样骂的，因为先生也是通情达理之人。大家为了陪先生尽早赶到鲁国，好些天都是起早摸黑，本来就很累了。再加上大家昨天一到，就帮助收拾屋子与院子，怎么会不累呢？虽说我们人多，有几十号之众，但是先生家的这大宅深院也实在是太大了。不仅房间多，而且院子大，树老草荒的，又多少年没收拾了，所以收拾起来确实非常累人。"孟仲解释道。

"大师兄，这样吧，趁着先生与各位师兄弟都在睡觉，我们俩陪乐正师弟参观一下先生家的这大宅深院吧，让乐正师弟也开开眼界，见识一下，然后我们再告诉乐正师弟有关先生与这大宅深院的背景。你看，好吗？"

"好！"孟仲点了点头。

于是，乐正克便在孟仲与公孙丑的陪同下，兴致勃勃地参观起了孟轲祖上留下的这大宅深院。乐正克一边参观，一边感叹。

大约过了烙二十张大饼的工夫，参观才告结束。此时虽是夏末，但天气仍然很热。于是，三人就在大院东墙边的一棵大树底下坐下，一边乘凉，一边开始了闲聊。

"大师兄，刚才您说过要给我讲先生与这大宅深院的背景。现在，就请您给我好好讲一讲吧。"聊了没几句，乐正克就望着孟仲，上了正题。

"乐正师弟，你看我这人一向笨嘴拙舌的，先生的家世很复杂，我还真是讲不好。所以，还是请公孙师弟给你讲吧。"孟仲看了看乐正克，又看了看公孙丑，说道。

"大师兄，不管是您讲，还是公孙师兄讲，都可以。那就开始吧。"乐正克似乎有些急不可耐了。

"公孙师弟，就有劳你了。"孟仲望着公孙丑，笑着说道。

"既然是大师兄有命，那我就给乐正师弟讲一讲先生的家世吧。不过，我这也是好多年前从邹春师兄那里听来的，有些细节可能记得不是那么真切了。如果说错了，或是说漏了，请大师兄帮我纠正和补充。"公孙丑说道。

"这没问题。公孙师弟，开始吧。"孟仲催促道。

公孙丑看了看乐正克，又望了一眼孟仲，说道：

"先圣在鲁国代摄国政期间，有一个最大的愿望，就是要削弱'三桓'的势力，改变君弱臣强，鲁国公室长期被'三桓'胁持的不正常局面，恢复'君君臣臣'的礼法秩序。为此，先圣制订了一个'堕三都'的计划。"

"师兄，'三桓'指的是当时鲁国的三大公卿家族——季孙氏、孟孙氏、叔孙氏，是吧。我也是来鲁国后，才听人说的，不知对不对。"乐正克问道。

公孙丑点了点头，说道：

"正是。"

"那先圣'堕三都'的计划是什么呢？"乐正克又问道。

"就是毁去季孙氏封地费邑、孟孙氏封地郕邑、叔孙氏封地郈邑的城墙，收其甲兵，不让他们手握重兵，威胁国君，威胁公室。鲁定公十二年，先圣代摄鲁国国政，挟之前'夹谷会盟'完胜齐国的巨大声望，制订了一个秘密计划，准备利用鲁国公室的兵力，再结合一些反对'三桓'势力的家族私人武装，联合对'三桓'势力采取行动。先圣弟子子路孔武有力，当时为鲁国冢宰，是季孙氏的家臣之长，先圣让他负责落实'堕三都'之事。叔孙氏在'三桓'中势力较弱，首先配合了先圣的'堕三都'计划，第一个将其封地郈邑的城墙毁弃。季孙氏也准备毁弃其封地费邑的城墙，但是其守卫费邑的家臣公山不狃、叔孙辄不为其节制，公然率领费邑人袭击鲁国国都。鲁定公与季孙、孟孙、叔孙等人躲入季孙氏的宫室，登上武子之台。公山不狃等费邑叛军围攻不去，但没能攻克。最后，攻击直至鲁定公身侧，情况十分危急时，先圣命令申句须、乐颀率兵冲下武子之台，对费人发动了攻击。公山不狃等叛军战败溃逃，鲁定公的人马乘胜追击，在姑蔑彻底打败了他们。公山不狃与叔孙辄逃亡至齐国，于是费邑的城墙也被毁去。然而，三都已堕二都，最后剩下孟孙氏的郕邑时，却遇到了阻力。"

公孙丑话还没说完，乐正克就着急了，望着公孙丑问道：

"孟孙氏不配合吗？"

公孙丑点了点头，说道：

"正是。孟孙氏的家臣公敛处父认为，郕邑不仅是孟孙氏封邑之都，也是鲁国的北大门。如果城墙被毁去，鲁国北部边疆就失去了战略屏障。齐国人若对鲁用兵，就会兵锋直抵鲁国国境的北门。况且郕邑是孟孙氏的封地，是孟孙氏家族赖以生存的保障。毁去郕邑的城墙，就等于没了封邑，也就没了孟孙氏。所以，他建议孟孙氏假装不知道，不要理会鲁定公与先圣，不毁郕邑的城墙。先圣与鲁定公当然不同意，于是到了这年的十二月，鲁定公的军队对孟孙氏的郕邑发起了攻击，但是最后失败了。这样，先圣的'堕三都'计划也就功败垂成了。不久，先圣因为鲁定公不听劝谏，接受了齐国人的女乐纹马，加上郊祭不分给先圣祭肉，先圣一气之下，辞去了官职，离开了鲁国。"

"师兄今天如果不讲，我还真的不知道。原来先圣一百多年前为了恢复君威，强化公室，削弱'三桓'势力，费了这么大的心力。鲁国臣强君弱的局面，直至今天尚未改变，看来是有悠久历史的，也是有其深刻原因的。"乐正克不禁感慨地说道。

公孙丑点了点头。

沉默了一会儿，乐正克抬眼看了看公孙丑，突然若有所悟地问道：

"刚才师兄问我，先生姓什么，莫非这个不愿毁弃郕邑城墙，与鲁定公和先圣对抗的孟孙氏跟我们先生家族有关系？"

公孙丑与孟仲相视一笑。

"两位师兄，我猜对了？"

"师弟，你确实猜对了。让公孙师弟继续给你讲吧。"孟仲笑着对乐正克说道。

公孙丑点了点头，看了看孟仲，又看了看乐正克，接着说道：

"孟孙氏的始祖是庆父，也就是先生在鲁国的始祖。鲁国以前流传一句话，叫作'庆父不死，鲁难未已'。说的是庆父弑君作乱，祸害鲁国的事。可能是因为这个原因，先生好像从没在我们弟子面前提过他的家世，也不提孟氏始祖的事。"

"哦，原来如此。我真是孤陋寡闻。"乐正克惭愧地说道。

"师弟，孟孙氏特别是庆父的事，你今后千万别在先生面前提起。大师兄，您跟先生是同宗，您不忌讳这事吧？"公孙丑有点后悔了。

孟仲明白公孙丑的意思，连忙说道：

"我不忌讳。其实，这事我早就知道了。今天我让你给乐正师弟讲先生的身世，就说明我很坦然。这是历史，不可回避。"

见孟仲如此坦然而达观，公孙丑终于心中释然了，接着说道：

"庆父是鲁国'三桓'孟孙氏的始祖，季友是季孙氏的始祖，叔牙则是叔孙氏的始祖。他们三人都是鲁桓公之子。鲁桓公有四子，除了庆父、季友、叔牙外，还有一个长子，就是继鲁桓公之位的鲁庄公。鲁庄公之所以能继位为鲁君，是因为他是嫡长子。而庆父则是庶长子，季友是嫡次子，叔牙是庶次子。"

"既然鲁庄公是嫡长子，继鲁桓公之位而为鲁国之君，乃是天经地义。庆父作为庶长子，有什么不服，而要弑君作乱呢？"乐正克不解地问道。

"庆父没有对鲁庄公继位有意见，他弑君弑的也不是鲁庄公，而是后来继鲁庄公之位的几个鲁国之君。"公孙丑解释道。

"哦，原来这样。师兄，您继续讲。"

公孙丑点了点头，接着说道：

"鲁庄公为世子时，跟鲁大夫党氏长女孟女一见钟情，私订终身，答应继位后立她为夫人。为此，二人还割臂誓盟。后来，鲁庄公跟孟女生下一子，叫斑。斑长大成人后，爱上大夫梁氏之女。一次，斑前往看望梁氏女，发现养马人牵从墙外跟梁氏女调情。斑大怒，乃以鞭挞牵。鲁庄公听说此事后，跟斑说：'牵有力气，是个危险之人，你应该当场杀了他，不应该鞭挞了事。'斑觉得有道理。但是，斑还没来得及杀掉牵，鲁庄公就病了。"

"是不是后来的祸患都是因女人而起？"乐正克问道。

公孙丑点了点头，说道：

"也可以这样说。鲁庄公有三个弟弟，依年龄为序，分别是庆父、叔牙、季友。鲁庄公娶齐女为夫人，为正妻，叫哀姜。哀姜无子，庄公又娶哀姜之妹叔姜。叔姜生子，叫开。但是，庄公不爱叔姜之子开，而是喜欢孟女之子斑，并想立其为世子。庄公病重时，召叔牙问继位人选，叔牙说：'父死子继，兄终弟及，乃是鲁国君位继承的常规。现有庆父在，可以作为继位之君，您何忧之有？'庄公怕自己死后，叔牙拥立庆父为君，遂召来季友相问。季友说：'臣以死请求立斑为君。'庄公不无忧虑地说：'前些时候，叔牙已经说过要立庆父，怎么办？'"

"鲁庄公在立弟与立子问题上犹豫，是怕引起内乱吗？"乐正克问道。

公孙丑点了点头。

"那结果到底立了谁？"乐正克追问道。

"季友揣摩到鲁庄公的心理，知道他想君位传子而不传弟，于是就假传鲁庄公之命，让叔牙等在大夫鍼氏处，让鍼季留叔牙饮酒，强迫他喝下毒酒，告诉叔牙：'喝下这酒，你死后就会有奉祀之人。不然，你就绝嗣无后了。'叔牙无奈，只得饮下毒酒。之后，鲁庄公如约而立叔牙之子为叔孙氏。鲁庄公三十二年八月癸亥，鲁庄公病逝，季友拥立庄公与孟女之子斑为鲁国新君，使鲁庄公生前之愿得以实现。"公孙丑说道。

"那庆父没有异议吗？即使鲁庄公君位传子不传弟，也应该传夫人叔姜之子开，而不应该传孟女之子斑呀！"乐正克感到不解。

公孙丑看了看乐正克，点了点头，说道：

"庆父当然有异议。也正因为他有异议，所以鲁国的祸患就来了。"

"师兄，您是说，庆父弑君作乱，其实也是有原因的，不能都归罪于他，是吗？"

"也可以这样说吧。"

公孙丑话音未落，孟仲笑着说道：

"师弟，如果先生听了你这话，一定更为你骄傲了。"

"为什么？"乐正克不解地望着孟仲。

"因为你能客观公正地评价先生的始祖呀！"孟仲答道。

"大师兄，我是实事求是，不带个人感情色彩。刚才您不是说了吗？历史是客观存在，不能回避。公孙师兄，您再接着往下说。"乐正克先看了看孟仲，然后转向公孙丑，说道。

公孙丑点了点头，接着说道：

"早在鲁庄公时，庆父就跟庄公夫人哀姜有私情，想立哀姜妹妹叔姜之子开为世子。鲁庄公病逝后，季友还没来得及拥立孟女之子斑上位为君，十月己未，庆父便暗中派荦将公子斑杀害于党氏。"

"师兄，荦就是当年调戏公子斑喜爱的梁氏之女的养马人吧。看来还是鲁庄公有先见之明，如果当年荦调戏梁氏之女时，公子斑不是将荦鞭挞一顿了事，而是直接杀了他，就不会有此杀身大祸了。"乐正克插话道。

公孙丑微微一笑，看了一眼乐正克说道：

"师弟，你太天真了！即使没有荦，庆父还不会派别的人去杀公子斑吗？"

"师兄说得也是。您接着说。"

"季友见庆父杀了公子斑，立即逃亡到了陈国。于是，庆父就立叔姜之子开为君，这就是鲁湣公。鲁湣公二年，庆父自以为拥立新君有功，于是跟哀姜的私通开始明目张胆起来，甚至不避人耳目。不久，哀姜觉得鲁湣公虽是自己妹妹之子，但毕竟不及庆父自己做鲁国之君对自己更有利。于是，哀姜就跟庆父密谋杀死湣公，让庆父直接上位。庆父早就觊觎鲁国国君之位，觉得此时正是机会，于是便暗中派大夫卜齮袭杀鲁湣公于宫中武闱门。"

公孙丑话还没说完，乐正克便急切地问道：

"鲁湣公被袭杀后，庆父就自立为君了，是吧。如此说来，先生的始祖也算是做过鲁国国君的，先生自然就是鲁国国君的后裔了。"

公孙丑摇了摇头，说道：

"没有。季友听说鲁湣公被杀，立即保护鲁湣公之弟申从陈国到了邾国，请求将公子申送回鲁国就位。此时，鲁国国内正好有很多人反对庆父的所作所为，庆父不敢贸然就任鲁国国君之位，只好逃到了莒国。季友于是趁机保护公子申回到了鲁国，并拥立他做了鲁国新君，这就是鲁釐公，也称鲁僖公。因为鲁釐公也是鲁庄公与叔姜之子，哀姜觉得大事不妙，遂也逃到了邾国。季友以财物贿赂莒国，请求莒国将庆父交给鲁国。庆父因不能再得到莒国的庇护，只好回鲁国。但是，在回鲁国的途中，就遭到了季友的追杀。庆父无奈，请求流亡他国。但是，季友不允其请，而是派大夫奚斯前往劝说庆父自杀。奚斯领命前往，一路走一路哭。庆父听到奚斯的哭声，知道事情不可挽回了，只得自缢而亡。哀姜因为是齐国人，所以当时齐桓公听说了哀姜与庆父私通乱国之事，立即将哀姜从避难的邾国召回齐国而杀之，然后将其尸体送回鲁国，让鲁国戮其尸。"

"庆父既作乱而亡，那后来他的子孙怎么还成了鲁国的公卿，成为世代操纵鲁国朝政的'三桓'势力之一呢？"乐正克不解地问道。

"鲁釐公因为季友的拥立而成为鲁国新君，就位后立即以汶阳费邑封季友，并让季友为鲁国之相，执掌鲁国朝政。季友向鲁釐公提出，当初自己毒死叔牙，后又逼死庆父，都是为了鲁国社稷，并非出于个人恩怨，希望鲁釐公不计前嫌，延续叔牙与庆父的奉祀。于是，鲁釐公封叔牙之子于郈邑，号为叔孙氏；封庆父之子于郕邑，号为孟孙氏。其实，庆父字仲，应该称为仲孙氏。但是，他的后世子孙以他为耻，便改为孟孙氏。从此以后，鲁国便有了季孙氏、孟孙氏、叔孙氏三大家族。季孙氏因为始祖季友拥立鲁釐公有功，掌握了朝政，所以后来三家势力坐大，成为实际控制鲁国国政的'三桓'后，一直都由季孙氏为鲁国冢宰。"公孙丑说道。

"那后来呢?"乐正克又追问道。

"孟孙氏从庆父算起,前后传承了十一世,就衰落了。其十一世祖孟敬子,名捷,世称仲孙捷,谥号敬。他是孟孙氏第十世祖孟武伯之子,也是先生的曾祖父,跟先圣晚年弟子曾参,就是曾子有交往。《论语》中记载说:'曾子有疾,孟敬子问之。曾子曰:鸟之将死,其鸣也哀;人之将死,其言也善。君子所贵乎道者三:动容貌,斯远暴慢矣;正颜色,斯近信矣;出辞气,斯远鄙倍矣。笾豆之事,则有司存。'可见,先生家族跟先圣师门有着密切的关系。"

听完公孙丑的叙述,乐正克高兴地说道:

"今天真是长见识了!以前,对于先生为何那么坚定地信奉儒家学说,那样坚定地认同先圣所追求的王道社会理想,我总是感到不理解。今天,我终于理解了。以前,对于先生绝口不提自己的家世,师兄们也对此讳莫如深,我也感到不理解。今天,我也终于理解了。"

"理解了就好。我们在此说了这么长时间,先生小睡也差不多了。公孙师弟,你在这陪乐正师弟再坐一会儿,我去看看先生是否已经睡醒了。"孟仲一边说着,一边起身离开了。

大约有烙一张大饼的工夫,孟仲回来了。远远就对乐正克喊道:

"乐正师弟,先生已经睡醒了,叫你赶快去见。"

二、鲁平公爽约

"先生,终于又见到您了,真是高兴!"乐正克一见孟轲,就兴奋地说道。

孟轲看了看乐正克,见其顶冠束带,言谈中规,步趋合矩,一举手,一投足,都显得温文尔雅,合乎礼仪,不禁打心眼里高兴。

乐正克见孟轲没说话,却笑眯眯地看着自己,顿时有些局促不安起来。停顿了一会儿,稳了稳神,才找到了话题,说道:

"先生,听公孙师兄说,您这次来鲁国,路上赶得很急,起早摸黑的,一定非常劳累吧。"

"已经恢复过来了。"

乐正克见孟轲语气轻松,意态悠闲,遂大起胆子,问道:

"先生,弟子听说您刚从宋国回到家乡不久,怎么也不在家乡多待一段时间呢？”

“邹国太小，没有施展作为的空间。”

一听孟轲说到施展作为，乐正克立即就明白了孟轲此次来鲁国的目的了，印证了之前公孙丑所说，遂不假思索地脱口而出：

“邹国确实是太小了，先生的理想在邹国确实难以付诸实践。不过，弟子听说邻近的宋国新君甫一就位，就有推行王政的计划，全天下的人都知道他的勃勃雄心。”

“嗨，他哪里有什么雄心？完全是哗众取宠，根本就没有真正要付诸实施的诚意。”孟轲不满地说道。

“先生，这话怎么讲？”乐正克假装不知道孟轲去过宋国，碰了一鼻子灰才回到邹国的。

孟轲在乐正克面前倒是坦然，立即接口说道：

“为师几个月前刚从宋国回来，怎么不知道他的王政计划是怎么回事呢？”

“哦？先生原来去过宋国，是否见过宋国新君？”乐正克继续假装不知真相，望着孟轲一本正经地问道。

“为师当然见过他。不但见过，而且为师还跟他开诚布公地谈过推行王政的具体计划。”

尽管乐正克之前已经听公孙丑说过孟轲在宋国推行王政计划的大致情况，但是此时见孟轲主动触及他想了解的核心问题，于是继续假装不知情，一脸虔诚地望着孟轲，问道：

“先生，您跟宋国新君谈推行王政计划，觉得最重要的事情是什么呢？”

“当然是税赋问题。”孟轲脱口而出。

“为什么是税赋问题，而不是其他问题呢？”乐正克继续假装不知。

“现如今，诸侯各国百姓都苦于赋税太重。据为师了解，绝大多数诸侯国实行的都是十抽其三的赋税，这如何让老百姓吃得饱饭，穿得上衣？老百姓温饱不能解决，甚至生存都有危机，要他们不铤而走险，犯法作乱，那也很难。为师以为，在上位者应该体恤老百姓的疾苦，实行仁政，而不能为了自己的利益而不顾老百姓的死活，横征暴敛。而要实行仁政，最终实现老有所养，幼有所育，天下黎民不饥不寒的王道社会理想，第一步就是要减税，解除老百姓长期以来沉重的负担。只有天下的老百姓都吃饱了，穿暖了，才会人人守礼守法，社会才会安宁和谐。”

“先生，弟子完全同意您的说法。不过，弟子不知道，如果要减税，您认为实行什么样的税率比较合适呢?"

乐正克话音未落,孟轲脱口而出:

"'什一税'比较合适。"

"'什一税'?先生是说要实行十抽其一的税率吗?"乐正克不禁瞪大了眼睛望着孟轲,尽管之前公孙丑已经跟他说过,孟轲当初在宋国就要求宋君推行"什一税"。但是,由孟轲嘴里亲自说出,他还是感到非常吃惊,觉得孟轲太脱离现实了。

孟轲看着表情惊讶的乐正克,平静地点了点头,说道:

"正是。你不认为这个税率是最合适的吗?"

"先生,那您就给弟子说说,这个税率为什么是最合适的。"

孟轲点了点头,接着就将他当初游说宋君偃(即宋康王)推行王政计划时所说的话给乐正克说了一遍。但是,他没有说宋君偃听后的反应,当然更没有提及戴盈之断然拒绝他在宋国立即实行"什一税"要求的事。

乐正克尽管非常不认同孟轲的意见,但碍于孟轲是其老师的面子,没有提出否定的意见,只好从侧面间接地对其"什一税"政策在宋国推行的结果进行试探,怯怯地问道:

"先生,您在宋国时曾跟宋国新君提过'什一税'的问题吗?他是什么意见?"

"宋君是非常赞同'什一税'的,只是他手下没有人才,身边没有贤臣。所以,宋君想实行的'什一税'在执行的过程中不能被贯彻,宋君想推行的王政计划也因此受到影响而搁浅。"孟轲装出一副若无其事的样子,仿佛他在宋国推行"什一税"与王政计划时没有受到任何委屈,最后不是负气离开的。

乐正克虽然之前从公孙丑那里已经得知了实情,但不想揭穿真相,让孟轲觉得没面子,于是继续迂回前进,从侧面进攻,试探孟轲急急赶往鲁国的真正目的,旁敲侧击地说道:

"其实,现在诸侯各国之君中,不只是宋国新君有推行王政的计划,鲁国新君也有此想法,只是没有最后下定决心。"

"是吗?为师听说鲁君将国政委之于你,难道是跟这一计划有关吗?"孟轲瞪大眼睛,直视乐正克,兴奋地问道。

"正是。"乐正克肯定地答道。

孟轲更加兴奋了,喜悦之情完全不加掩饰,甚至不顾师尊,坦白地对乐正克说道:

"为师听说鲁君让你主持国政，就猜到是跟推行王政计划有关。为师以为，推行王政，实行仁道，摒弃霸道，乃是天下大势所趋。所以，为师一听到消息，就急忙赶到鲁国，想来帮你一把，也算是帮鲁君一把，毕竟鲁国是为师的父母之邦。为师希望鲁国在推行王政方面先走一步，为天下诸侯作出榜样。有了成功的榜样，就不愁诸侯各国不效仿。大家群起效仿，都推行王政，实行仁道，摒弃霸道，天下岂不就安宁和谐了？先圣所追求的'天下大同'的王道社会理想不就能实现了吗？"

"如此说来，先生现在终于有了要从政的想法了？弟子记得，您以前在齐国，对于从政是持拒绝态度的。齐王一再希望您能参与齐国朝政，可您都予以拒绝，只是愿意提供给他﹒些意见。现在怎么改变主意了呢？"乐正克望着孟轲，笑着说道。

"此一时也，彼一时也。那时，齐王并没有实行仁道，推行王政的计划，只想笼络人心，实现称霸天下的野心。现在，情况则有所不同了。鲁国是周公的封国，也是先圣的父母之邦。先圣为了实现其'克己复礼'的理想，也在鲁国从过政，进行过政治实验。开始时，先圣也跟为师一样，只收徒讲学，不肯参与政事。但是，后来经过阳虎的游说，他终于出山，先任中都宰，继任小司寇，再任大司寇，最后代摄鲁国国政。"

乐正克一听孟轲说到了孔子在鲁国从政的事，立即明白了孟轲此次来鲁国的真正目的，知道他是想效仿当年孔子在鲁国主持国政的作为，试图实践其王道社会的政治理想。但是，他不想揭破孟轲的目的，所以故意转移话题，说道：

"先生既然说到了先圣在鲁国从政的事，那是否给弟子讲一讲先圣在鲁国从政的经过，让弟子也长长见识。不然，不仅愧为先圣的信徒，而且也无法在鲁国的官场生存，会被鲁国的君臣笑话，说弟子孤陋寡闻，对鲁国的历史一无所知。"

孟轲觉得乐正克说得颇有道理，于是点了点头，爽快地答应道：

"好！今天为师就给你讲讲先圣的从政经历。"

"先生，您请讲。"乐正克连忙催促道。

"先圣筑坛收徒，首倡'有教无类'，广收弟子，开发民智，在当时引起了强烈的反响。"

孟轲刚开了个头，乐正克就插话问道：

"先生，什么叫'有教无类'？"

"所谓'有教无类'，就是不分身份地位，只要是愿意学习，都给予学习的权利。先圣生活的时代，学在官府，只有贵族子弟才能接受教育，平民子弟是没有资格学习文化知识的。"

"哦，原来是这样。先生，您接着讲。"

"先圣为了使天下所有的人都有接受教育的机会，同时也是为了广泛地开发民智，便想到了一个主意，就是开办私学，不讲身份地位，只要有心向学，就给予其受教育的机会。先圣原是宋国贵族出身，学识渊博，加上早年在鲁国也做过小官，表现非常不错，深得鲁君欣赏。所以，当他提出要办私学时，鲁君不仅破例同意了，还给予了一定的财力支持。"

"先生，先圣办的是私学，又秉持'有教无类'原则，那会不会所收弟子良莠不齐、鱼龙混杂呢？"乐正克又提出了疑问。

孟轲莞尔一笑，看了看乐正克，说道：

"先圣办的既然是私学，学子自然不会是贵族子弟，而是平民子弟，或是身份更在平民之下的奴仆之身，甚至犯过罪、受过刑的人也有。尽管所收弟子资质良莠不齐，但先圣知识渊博，道德高尚，又善于因材施教，最后总能将他们教育好，让他们成为优秀人才。比方说子路，最初桀骜不驯，根本无法教育，甚至他还想杀了先圣。后来，他不是成了先圣的得意弟子，从政卓然有成，列名七十二贤了吗？"

"先生，子路真的有想杀先圣的事吗？"

"为师能骗你？"孟轲笑道。

乐正克见孟轲笑得诡异，怀疑他说的不是事实，所以就想探探究竟，遂笑着央求道：

"那先生能否给弟子讲一讲这个故事呢？也好让弟子长点见识。"

孟轲了解乐正克的心思，略一思考，便故作从容地说道：

"先圣为了恢复周公礼法，并最终实现其孜孜以求的王道社会理想，一生周游列国，四处游说诸侯。一次，他与随行的众弟子被困于陈、蔡之间，子路等人护卫先圣躲到了一座山里，藏在山顶的一个洞中。夜里，先圣说口渴，让子路下山到溪里取水。子路领命下了山，正准备取水时，发现水边有一只老虎，吓得转身就逃。逃到洞口前，子路越想越觉得不对，认为先圣半夜让他下山取水，是有意让他葬身虎口，于是一时便起了歹念，从脚边捡起一块石头，藏在怀中，准备进洞后袭击先圣。"

"结果怎么样？"

孟轲见乐正克此时已经被其故事所吸引，忘了先前的质疑，遂故意装得意态深沉，说道：

"先圣见子路神色不对，正准备问他取水情况，子路便手探怀中之石，问先圣道：'上士杀人如之何？'先圣一听，便知子路用意，遂脱口而出：'上士杀人用笔端。'子路又问：'中士杀人如之何？'先圣说：'中士杀人用舌端。'子路再问：'下士杀人如之何？'先圣说：'下士杀人用石盘。'子路听了，惭愧地将怀中石头扔了。从此之后，子路对先圣非常忠诚，跟先圣学习非常认真。最终成了先圣的得意弟子，列名孔门七十二贤。"

"先圣这是以智慧让桀骜不驯的子路折服了，是吧。"

孟轲点了点头，接着说道：

"其实，先圣不仅有智慧，善于因材施教，而且有识人之明。比方说，先圣有一个弟子叫公冶长，你听说过吧。就是那个懂鸟语的，后来也跻身先圣弟子七十二贤之列。他在成为先圣弟子之前，本是一个犯过罪、受过刑的失足青年。但是，先圣慧眼识人，不仅不嫌弃他的出身，破例收他为弟子，后来还将自己的女儿嫁给了他。"

"先圣确实是了不起！"乐正克由衷地感叹道。

"为什么说先圣是伟大的教育家呢？从上面为师所讲的两个例子就足以看出。你不要看现在诸子百家各学派都在收徒讲学，搞得轰轰烈烈，其实都是学先圣的。如果先圣当年不首倡'有教无类'，不首办私学，哪有今日百家争鸣的局面？"孟轲说道。

"先圣是一个伟大的教育家，在培养人才方面的成就无人能出其右。这一点，恐怕诸子百家哪一家都不能否认，甚至全天下的人都不能否认。但不知先圣从政，成就到底如何？刚才先生说到先圣在鲁国从政的事，现在就请先生给弟子好好讲一讲。"

"刚才为师已经说过，先圣本来志不在从政。不然，他就不辞去官职，向鲁君请求要办私学了。后来，是受了阳虎的游说，幡然醒悟，觉得要恢复周公礼法，实现'天下大同'的王道社会理想，仅靠开发民智，培养弟子，是远远不够的，必须亲身参与政治，在从政的过程中践行自己的政治主张，实现自己的政治理想。"孟轲说道。

"先生，阳虎是什么人？先圣那么有智慧，怎么会被他说动而改变初衷呢？"乐正克问道。

"阳虎，又叫阳货，是鲁国执政季孙氏的家臣。周敬王十五年，也就是鲁定公五年，鲁国执政季平子，也就是季孙意如病逝。季平子在世，不仅独霸鲁国朝政，而且欺君罔上，是先圣最痛恨的乱臣贼子。他不仅以臣欺君，将鲁昭公赶出了鲁国，使其有国归不得，甚至在鲁昭公死后，还不准其归葬祖茔。"

"这个季平子实在是太过分了！"乐正克脱口而出。

孟轲点了点头，接着说道：

"季平子死后，按照先前鲁国历代国君跟季孙氏达成的不平等协议，冢宰之职仍由季孙氏担任。也就是说，季平子死后，鲁国国政由其子季孙斯执掌。季平子生前就意识到，季孙斯能力不足，而其家臣阳虎又非常强势，且早有不臣之心。所以，季平子临死之前，特意秘密拜托仲孙何忌，也就是南宫敬叔之兄孟懿子两件事：一是代他向先圣道歉，说以前对先圣多有得罪，希望先圣看在他是一个快要死的人份上原谅他，并希望孟懿子教育季孙斯，也就是季桓子，要他务必信赖先圣。因为南宫敬叔与其兄孟懿子都是先圣的弟子，所以季平子有此遗嘱。二是拜托孟懿子，请求先圣为季孙氏推荐人才。"

"季平子临终拜托孟懿子，请求先圣原谅其先前所为，并为季孙氏荐才，是想借助先圣弟子三千、贤人七十二的强大政治力量抗衡阳虎吧？"乐正克问道。

孟轲看了看乐正克，点了点头，接着说道：

"对于先圣及其弟子在鲁国政坛的能量，季平子看到了，阳虎也看到了。所以，阳虎在季平子死后，立即加紧了拉拢先圣及其弟子的步伐，为日后取季桓子而代之，并进而取鲁定公而代之，做人才上的准备。阳虎谋划已定，便付诸行动。鲁定公五年，也就是周敬王十五年的八月二十七，是先圣四十七岁的生日。阳虎知道先圣是美食家，所以就借为先圣祝寿的名义，给先圣准备了一只上等烤乳猪，并亲自送往先圣府上。先圣一向反感阳虎，一听在冢宰府任职的弟子报告阳虎要来，连忙离家躲了起来。阳虎没见着先圣，便将烤乳猪留下了。"

"那之后呢？"乐正克急不可耐地追问道。

"先圣回来一看，不禁犯起了难。退回烤乳猪吧，他打内心里舍不得；收下吧，就得回访阳虎，要跟阳虎见面，这又不符合他内心的意愿。正当先圣陷入进退两难的窘境之中，不知如何是好时，弟子子贡来问学，了解到先圣的为难，便给先圣出了一个主意，让其趁阳虎不在家时前往回访。这样，既没有改变不想见阳虎的初衷，又避免了失礼之嫌。"

"子贡真是聪明！"乐正克脱口而出，赞叹道。

"打听好确切信息后，先圣便择日坐着马车，去冢宰府回访阳虎了。果不其然，阳虎不在家，有事出去了。于是，先圣就高高兴兴地坐着马车回家了。可是，不承想，走到半路上，却意外地跟阳虎迎面撞个正着。阳虎一见先圣，高兴得手舞足蹈，远远就喊道：'过来，我跟您说句话。'先圣觉得阳虎说话的口气非常不礼貌，又是一副奴才得意傲人的嘴脸，于是装作没听见。但是，阳虎的马车很快就靠了上来。阳虎的马车比先圣的马车高大，所以就有一种凭轼居高临下的心理优势。"

"这次，先圣就避无可避了吧？"乐正克问道。

孟轲点了点头，说道：

"阳虎凭轼俯身，对先圣说道：'怀其宝而迷其邦，算是仁人吗？'先圣反感他这种说话的口吻，就没有回答。阳虎大概知道先圣的心理，于是就代为回答道：'不是。'接着，又问道：'好从政，而屡失时机，算是智者吗？'先圣一听，更加反感，仍然不予以回应。阳虎没办法，只得再次代为回答道：'不是。'见先圣始终不接话，阳虎无奈，最后说了一句意味深长的话：'时光如流水，时不待人啊！'然后就驱车离开了。先圣望着阳虎马车远去的踪影，思索着他最后说的那句话，不禁陷入了沉思。最后，他想通了，决定出来从政，在政治实践中实现自己'克己复礼'，恢复周公礼法，实现'天下大同'的王道社会理想。"

"看来阳虎确实不简单！"

孟轲点了点头。

"先生，那您接着讲先圣从政的经历吧。"

"先圣从政所担任的第一个职务，就是中都宰。中都虽是鲁国除曲阜之外的第二大都，却是最难治理的，鲁定公一直找不到一个愿意担任中都宰的臣子。先圣接受任命后，立即带着一帮弟子兴冲冲地往中都赴任。然而，一入中都之境，先圣就被所见到的景象惊呆了。眼前没有想象中的平畴沃野，也没有想象中的牛肥马壮，而是田地不整，荒草连天，几里乃至几十里都不闻鸡鸣狗吠之声。甚至口渴了想讨口水，也找不见一户人家。进了中都城，先圣更是心都凉透了。没有一条像样的街道，路都是坑坑洼洼的，马车行进在路上，人都要从车上被颠下来。街道两旁，不见林立的店铺，只见几间东倒西歪的破屋，没门没窗；街道之上，不见熙熙攘攘的人流，只见到三三两两的闲汉，破衣烂裳，聚在墙根晒太阳。"

"原来中都的市井是这么凋敝呀！那先圣如何治理呢？"乐正克不禁为孔子着起急来。

孟轲看了一眼乐正克，接着说道：

"还不止如此呢！中都除了田园荒芜，市井凋敝，社会治安也特别差。只要是能看见有人聚集的地方，必定就有打架斗殴的。先圣因为在街上看到有人打架，下车劝止，结果被一帮刁民围攻。还好先圣武功了得，不仅征服了这些刁民，也让其众弟子开了眼界，从此对先圣敬佩得不得了。"

"然后呢？"乐正克又追问道。

"先圣带着众弟子，好不容易找到了中都宰的治所，发现只有三间屋，不仅屋瓦残缺不全，透光漏雨，而且墙壁倾斜，随时都有倒塌的危险。进屋细看，屋内既无办公的几案，亦无晚上睡觉的寝具。大概是因为中都宰的职任空缺很久了，先圣到任时，既无人跟他交接职务，也没见前任留下的任何公文，甚至连半片残简断牍也见不到。为此，众弟子都埋怨先圣，说他不该接手这个烂摊子。但是，先圣没有灰心丧气，而是迎难而上，第二天就开始了中都的治理，着重做了四件事。"

孟轲话还没说完，乐正克就急忙问道：

"哪四件事？"

"第一件事，是发动中都之民修整道路，将原来坑坑洼洼的街道都填平了，使人与马车都方便行走。第二件事，是改善中都城的卫生状况。经过大力整治，中都城中不见了人畜粪便随处乱拉的乱象。第三件事，是大力整治社会治安，重点打击打架斗殴现象，教育民众要知礼守法。第四件事，是鼓励农民开荒种桑。经过一年的努力，到先圣任职一年期满时，不仅中都城的市容面貌变了，社会治安好了，市井繁荣了，而且整个中都全境的面貌都改变了，民风也归于淳朴了。昔日田地不整、荒草连天的景象不见了，到处都是田平地展、谷物丰茂、牛羊成群的景象。老百姓都知礼守法，社会一片祥和安宁。"

"看来先圣还真是一个治国安邦之才，不仅仅是一个教育家。"乐正克由衷地赞叹道。

孟轲欣慰地笑了，接着说道：

"先圣治理中都初战告捷后，接着便开始了法制建设试验。他不仅制定了一系列有关养生送死的法律制度，使生者的温饱有保障，使死者的丧葬有体面，而且制定了'长幼异食，强弱异任，男女别途'的礼法，使所有人的行为都有要遵守的规范。为了倡导节俭之风，先圣在丧葬方面也作了专门的制度安排。棺木的规格，一律是里四寸外五寸；墓地的选位，规定要依山傍陵，不准堆高坟顶，不准在墓地周围占地植树。这一系列法规的制定及颁行，不到一年就产生了效果，先圣一直念念不忘的远古淳朴民风，终于在自己治理的中都之境再现了。四方诸侯听说了，都纷纷派人前来中都观摩学习。"

"先圣治理中都成功后，是不是就被鲁定公进一步重用了？"乐正克问道。

孟轲点了点头，说道：

"先圣治理中都成功，不仅在中都和鲁国全境赢得了广泛的赞誉，而且在诸侯各国都有广泛的影响。最后，鲁定公也听说了消息。开始他不相信传闻，觉得先圣不可能有那么大的能耐，后来暗中派人前往中都实地考察后，终于相信了。鲁定公十年，也就是周敬王二十年，鲁定公力排众议，将先圣从中都召回曲阜，任命先圣为小司空。第二年，又任命先圣为大司寇，并代摄鲁相之职。"

"先圣担任要职后，又有哪些作为呢？"乐正克问道。

"先圣刚升任为大司寇不久，就接二连三地接到了多起民事诉讼案件，圆满地审结了五个典型案件，一时在鲁国传为佳话。"

"哪五个典型案件？"乐正克一听孔子审案，立即兴奋起来。

孟轲知道乐正克的心理，知道他是想借鉴先圣孔子昔日审案的经验，也想在鲁国政坛有所作为，于是笑着看了看乐正克，说道：

"第一个案子，是一个妇人状告其邻居男子。先圣接到案子，立即予以审理。他派人找来那个被告的男子与告状的妇人，让他们当堂对质，以厘清事实真相。先圣先问被告男子：'现有邻居女子对你提起控告，你可知罪？'男子从容答道：'小人独处一室，一向都是洁身自好，与她从无瓜葛，亦未侵犯于她，何罪之有？'妇人说道：'你不仁不义。'先圣问妇人：'他如何不仁不义？'妇人声泪俱下地说道：'前日夜中，狂风大作，暴雨倾盆，妾室墙倒顶坍。妾乃一弱女子，夜半无处寄身，只得就近来敲他门。敲了半天，他才探头出见。他明明看到妾浑身湿透，且知妾屋倒无处可去，不仅没有半点同情之心，邀妾入室避风躲雨，反而立即闭门落闩。不管妾在门外如何苦苦哀求，他都不让妾进门。请问大人，这样的男人还是男人吗？他是不是不仁不义？是不是见死不救？'"

"这个妇人说得有理。"乐正克情不自禁地评论道。

"你不要急，你听那男子是怎么说的，先圣又是怎么判这个案子的。"孟轲笑道。

"先生，您说。"

"听妇人慷慨激昂地说完，男子也情绪激动起来，望着先圣说道：'小人听说，孤男寡女年不及六十，不可同处一室。而今她为壮年，小人亦为壮年，故不敢半夜开门纳之，以免日后他人闲话，说有孤男寡女苟且之嫌。请问大人，此事小人何错之有？'"

"那个男子说得也有道理。"乐正克又评论道。

孟轲笑了笑，接着说道：

"妇人也不甘示弱，对男子说道：'为何你不能学学柳下惠，视妾为一个无家可归的老妇人而予以收留呢？柳下惠是男人，你也是男人，他当年收留年轻女子，别人也没有说他是淫乱啊！'男子见妇人振振有词，也回敬道：'柳下惠是柳下惠，我是我。柳下惠固然是可以那样做，他有坚持可以那样做的原则，但是我决不能那样做。我将坚持自己不能那样做的原则，从而达到柳下惠可以那样做的境界。'"

"这男女二人说得好像都很有道理，不知先圣是怎么判的案子？"乐正克问道。

"先圣听了那男子的话，不禁拍案而起，对他说道：'你说得很好，也做得很好！世上想学柳下惠的男人很多，但是没有一个像你，希望臻至做人的最高境界，却又不因循柳下惠之所为，应算是上上之智了！'于是，先判那男子无罪，再对那妇人开解了一番，便将一桩不可能予以裁判的风化案件给圆满判结了。"孟轲得意地笑了，好像判案的不是孔子，而是他自己。

没等孟轲歇口气，乐正克又追问道：

"那第二个案件呢？"

"第二个案件，是一个父子诉讼案。有一天，一对父子同时提起诉讼，父诉其子不孝，子诉其父不慈。先圣不予审理，而是将父子二人同时收监，三个月不判。后来，父亲受不了监禁之苦，向先圣提出撤诉请求，先圣欣然同意。于是，先圣就将父子二人同时释放。这事被鲁国执政季桓子听说了，就在背后跟人说：'大司寇在骗我，以前他告诉我：治国以孝为先。现在有一个不孝之子，杀了他可以教民以孝，不是很好吗？为何要将他也赦免了呢？'"

"季桓子是在说先圣这个案子判得不好，是吗？"乐正克问道。

孟轲点了点头，说道：

"正是。先圣有一个得意弟子叫冉有，在冢宰府任职。听到季桓子的话后，就向先圣禀报了。先圣听了，喟然长叹道：'古之圣贤为政以德，居庙堂之高而心系万民，总是殚精竭虑，一心想着如何才能做好教化与劝导工作，使民众有上进向善之心，使他们自觉遵礼守法，免于犯罪遭刑。而今居上位者则不然，他们为政以法，事先不尽教化民众之责，却制定严刑峻法，陷民众于法网之中，借由惩治犯罪为名而滥施刑罚，这岂不是有违常理吗？若不以孝道教化民众，让他们懂得孝悌的道理，而是一遇父子争讼，便以忤逆不孝之罪滥杀无辜，这不公平，不是治国安邦的上策。两军对垒，一方攻伐失利，三军败退，不能靠格杀士卒来遏制败退之势；防止刑事案件的发生，要靠事先对民众的教化，不能靠事后的严刑峻法来阻止。民众犯罪，责任不在民众，而在为政者没有尽到教化劝导的责任。'"

"先圣真是仁义之人，始终对天下万民怀有一颗赤子仁爱之心。"乐正克说道。

孟轲点了点头。

过了一会儿，乐正克见孟轲不再往下说了，便催促道：

"先生，那先圣处理的第三个案件呢？"

"第三个案件，是曲阜民众集体状告不法奸商。这个案件发生在先圣上任的第三天。这一天，先圣刚到大司寇公署，尚未坐下，就听外面人声鼎沸。原来是有好几百曲阜民众聚集于大司寇公署门前，向新上任的大司寇请愿，集体状告商人沈犹氏，要求对之严惩。先圣连忙接待，经众人揭发，沈犹氏在曲阜城长期从事贩羊生意，为人极其奸诈。每天早上，他将羊赶到集市出售前，一定先给羊喂盐。羊被喂了盐后口渴，就会大量饮水。喝完水的羊，被 赶到集市上显得又肥又大。这样，沈犹氏就能获得更多非法利润。"

"这个沈犹氏确实是太缺德了，真是一个不折不扣的奸商。"乐正克忍不住气愤地说道。

孟轲点了点头，接着说道：

"沈犹氏的奸诈之举，开始时并不为人所知。后来买过他羊的人多了，上当的人多了，大家开始追究起来，这才知道了他的诈骗之术。因为他们买的羊在成交时又肥又大，一路走一路便溺，到了家时就变得又瘦又小了。尽管也有个别一些买家发现上当后，将羊再赶回了集市，找沈犹氏进行理论，但是，沈犹氏就是死活不肯承认。最后，因买家提不出证据，只能不了了之。而更多的买家呢，虽然发觉上当，但因事小而嫌麻烦，往往都是忍气吞声，自认倒霉了事。沈犹氏正是利用了这一点，多少年都一直胆敢在曲阜城坑蒙顾客。虽然有司对沈犹氏所为也有所耳闻，但对他也无可奈何。"

"那先圣接到举报后，是怎么处理的呢？"乐正克问道。

"先圣认真听取了大家的举报后，立即将沈犹氏拘捕到案。经过严密审讯，先圣查清了事情的原委，不仅从严惩处了沈犹氏，还将其骗术公之于众，以防今后再有类似诈骗行为发生，侵害顾客的合法权益。沈犹氏案件之后，先圣决定加强制度建设。经鲁定公同意，先圣制定并颁布了鲁国历史上第一个公平买卖的政令。从此之后，在曲阜乃至整个鲁国的集市交易中，都再也没有发生过买卖欺诈事件。大小商贩都能做到诚实经营，和气待客，童叟无欺。"孟轲说道。

"先圣真是治国干才！那第四个案件呢？"

"第四个案件，是有关风化的。先圣就任大司寇不久，有曲阜民众揭发，说曲阜有一市人公慎氏，其妻生性放荡，不守妇道，跟他人通奸有年。然而，其夫公慎氏却对之视而不见，充耳不闻，有伤社会风化，影响极其恶劣。先圣接报后，立即进行了深入调查，发现果有其事。于是，拘传公慎氏夫妇到衙，对其妻进行了严惩，对其夫进行了教化，让他们认真反省，改过自新。后来，公慎氏依照礼法，休了其淫荡之妻，重获人们的尊重。"孟轲说道。

"先圣这个案件处理得也极好。那第五个案件呢？"

"第五个案件，是有关奢侈逾礼的。先圣在大司寇任上时，曲阜有一个著名的富商有慎氏，因家财万贯，富可敌国，生活极其奢侈。不仅日常饮食标准远超鲁国之君，就是食器用具也精美无比，跟其平民身份极不匹配，有违礼制的规定。虽然鲁国朝野上下有很多人都对有慎氏的高调所为看不过去，但谁也无法对其行为予以约束。先圣未上任前，就曾在众弟子面前激烈抨击过有慎氏的奢侈行为，他认为其奢侈之举，表面上看是其个人行为，是生活小事，实质上却事关朝廷礼法，是政治大事，鲁定公不能放任不管。就任大司寇后，先圣立即决定对有慎氏予以惩处，以儆效尤。与此同时，为了阻止奢靡炫富之风进一步蔓延，败坏鲁国民风，先圣还出台了相关政令。有慎氏听说先圣要对他予以惩处，连夜逃出鲁国，迁往他国居住了。"孟轲说道。

"先圣真是雷霆手段，铁腕治国呀！"乐正克情不自禁地感叹道。

孟轲点了点头，接着说道：

"这五个典型案件的处理，使鲁国朝野上下都为之震动，社会风气也为之一变。先圣担任大司寇期间，在鲁国，买卖不论大小，无论是在曲阜，还是在偏远的其他地方，都没有发生过欺诈之事。社会风气大为改观，男人尚忠信，女人讲贞节；大街小巷，大道小径，男女相遇，皆据礼法，各走一边，秩序井然；路上偶见失物，亦无人捡拾，更不会有人据为己有。先圣代摄鲁相后，鲁国更是呈现出一派和谐安宁的大治景象。诸侯各国之人，无论是游学之士，还是营商之客，进入鲁国境内都有一种宾至如归的感觉。"

孟轲所讲孔子为政的成就，乐正克虽然明知有夸张失实之处，但他始终没有说破。他知道，孟轲之所以要夸大孔子为政的成就，实际上是要以孔子自况，暗示自己也有孔子那样的治国济世之才。所以，在听完孟轲所讲的故事后，乐正克决定再一次对其来鲁国的意图进行试探，说道：

"先圣既是伟大的教育家，也是杰出的政治家。我相信，先生也是一样。先生今天既然来鲁国了，鲁君又正准备要推行新政，弟子觉得这是一个天赐良机，先生不如效仿昔日先圣旧例，就在鲁国政坛施展一番作为吧，您看如何？"

"为师这次来鲁国，主要是想帮你一把的，而不是要亲自从政。"

乐正克知道孟轲的推辞不是出于真心，遂又接着劝进道：

"先生，您先不要一口拒绝弟子的提议。您看这样好不好，弟子先安排您跟鲁君见一面，您先跟他谈一谈您的想法。如果你们谈得愉快，理念相合，觉得在鲁国政坛可以施展一番作为，那就接受鲁君的任命；如果觉得谈不来，理念不合，那就拒绝他，不接受任命，仍然做您的教书先生。"

"这样也好。"孟轲点了点头。

两天后，乐正克跟鲁平公约定召见孟轲的时间到了。

因为乐正克的关系，鲁平公对孟轲特别礼遇，决定亲自到孟轲在曲阜的祖宅拜访。为此，孟轲又是激动得一夜无眠，就像在邹国听说了乐正克主持鲁国国政的消息时一样。

离约定的时间还有一个时辰，孟轲就在乐正克的陪同下，早早候在了祖宅门前，恭候鲁定公大驾光临。但是，左等右等，约定的时间都过去了半个时辰，还是不见鲁定公的踪影。

又等了约烙五张大饼的工夫，宫中来了一个内侍，告诉孟轲与乐正克，鲁定公宫内临时有急事，今天不能来登门拜访了。

乐正克心有疑虑，想了解究竟，于是先安慰了一番孟轲，然后就乘车前往宫中。

到了宫中，一打听，才知真相。

原来，鲁平公按照约定好的时间，让人备好了马车，正要出发时，其平日宠幸的小臣臧仓见了，问道：

"国君，平时您要外出时，总是事先将要去的地方通知有司。今天您的车马已经准备停当，有司却还不知您到底要去哪里。所以，小臣现在来向您请示。"

鲁平公回答说：

"今天我要去拜访孟轲。"

臧仓说：

"您何必降尊纡贵，不顾及自己的身份而去拜访一个匹夫呢？难道您真认为孟轲是一个贤德之人吗？如果他真是一个贤德之人，他的行为就应该合乎礼义。事实上则不然，孟轲为其母办丧事，规格与排场都超过其父，这合乎礼义吗？所以，小臣以为您不必去见他！"

鲁定公听了，觉得臧仓说得有理，于是就取消了拜访孟轲的计划。

乐正克赶到宫中，一见到鲁定公后，就开门见山地问道：

"国君，您既然答应要前往拜访孟轲先生，为何要爽约呢？"

鲁平公脱口而出：

"有人告诉我，孟轲为其母办丧事，无论是规格还是排场都超过其父。所以，寡人就决定不去拜访他了。"

"就因为这个？国君，您说的超过，到底是什么意思？是指孟轲先生为父办丧事用士礼，为母办丧事用大夫之礼呢？还是指他为父办丧事用三只鼎摆祭品，为其母办丧事用五只鼎摆祭品呢？"乐正克问道。

"不是。寡人指的是棺椁衣被的精美不同。"鲁平公明确地说道。

乐正克一听，终于明白了，于是连忙纠正道：

"国君，您这说的不是孟轲先生在丧礼规格上葬母超过了葬父，而说的是他前后贫富的差别而已。"

乐正克将要说的话都说了，便告别了鲁平公，去见孟轲了。

见了孟轲，乐正克也不隐瞒什么，老老实实地告诉孟轲道：

"弟子之前确实跟鲁君讲好了，他答应今天来此拜访您。可是，他有一个宠幸的小臣臧仓在他出发时阻止了他，他因而没有成行。"

孟轲听了乐正克的话，一切都明白了，于是长叹一声，说道：

"一个人做一件事，是因为有一种力量在推动着他；一个人不做一件事，是因为有一种力量在阻止他。做与不做，不仅仅取决于人力，其实还有天意。今天我不能与鲁君遇合，乃是由于天命，不是因为臧仓那小子。臧仓这小子，他哪里有能力阻止我与鲁君遇合呢？"

"弟子明白了。"乐正克若有所悟地点了点头。

三、阻慎子为将

　　鲁定公的爽约，让孟轲对鲁国的政治改革前景彻底失望了。他知道，不仅自己的王道社会理想不可能通过在鲁国的政治实践得以实现，弟子乐正克对鲁国政治进行小修小补的改革计划恐怕也难以推行。在失望与沮丧的情绪主导下，孟轲决定离开鲁国，再回邹国开馆讲学。

　　周显王四十七年（公元前 322 年）六月二十二，一大早，孟轲众弟子就起来收拾行装，准备近几天就回邹国。

　　将近日中时分，乐正克前来看望孟轲。孟仲与师门众兄弟一见，连忙丢下手中的活儿，一起围了过来。

　　"师弟，你今天过来是要跟先生汇报什么鲁国国政的事吗？"孟仲首先问道。

　　乐正克摇了摇头，说道：

　　"不是，只是来看看先生而已。"

　　"师弟，前几天你说鲁君要来此拜访先生，先生激动得一夜无眠。结果，鲁君爽约，让先生空欢喜一场。这两天先生的情绪好像非常低落，寝食起居也不正常了。你看，现在都快日中时分了，先生还在睡觉呢！肯定是昨晚失眠了。"公孙丑说道。

　　听了公孙丑的话，大家都心知肚明。于是，众人你看我，我看你，大眼瞪小眼，就是谁都不说话。

　　沉寂了好久，最后还是一向性格开朗的邹春首先开了口：

　　"我们马上就要回邹国了，下次再见乐正师弟也不知道是什么时候了。乐正师弟现在主持鲁国国政，日理万机，还特意抽空来此看望先生与我们大家，你们怎么都像哑巴一样，不说话了呢？"

　　"邹师兄说得是。大家都说点什么吧。"公都连忙附和道。

　　又沉寂了一会儿，见还没有人说话，陈臻看了看孟仲，又看了看邹春与公都，然后望着乐正克，说道：

　　"乐正师兄，我有个问题想请教您，不知是否合适。"

　　"陈师弟，你不必客气，有什么问题，请直接说就好了。"乐正克答道。

　　"师兄，您也知道，先生这次兴冲冲地来鲁国，就是冲着您在鲁国为政，还听说鲁君有实行新政的计划。现在由鲁君爽约这件事来看，鲁君实行新政的计划恐怕跟当初宋国新君要推行的王政计划是一样的，只是虚晃一招而已，并无多少实施的诚意。所以，先生感到特别失望。先生跟先圣一样，一生都致力于实现'天下大同'的王道社会理想，却又一而再、再而三地碰壁。您说，这王道社会的理想还有能够实现的一天吗？"陈臻望着乐正克，问道。

"师弟，王道社会的理想，具体哪一天能实现，我不敢预言。但是，我相信这一理想总有实现的一天，只是这个过程会比较漫长。我相信，只要这个世上还有像先圣与先生这样的人，通过接续努力，持续扩大儒家思想学说的影响力，总有一天'天下大同'的王道社会理想会实现。"乐正克口气坚定地说道。

屋庐连觉得乐正克所说的理想太遥远，也不现实。他更关心的是，当下儒家思想学说在跟诸子百家学说竞争中是否还有优势。所以，他坦然地望着乐正克，问道：

"师兄，您说王道社会的理想总有会实现的一天，我对此一点儿也不怀疑。不然，我就不投在先生门下了。今天先生不在这，不瞒各位师兄，我拜在先生师门前，曾在魏国大梁跟法家、纵横家都学习过。但是，最后我还是改变了主意，不远千里找到了邹国，投在了先生门下。这说明，对先圣与先生所信守的王道社会理想，我是抱持坚定信念的。今天我想问师兄的问题是，我们儒家思想学说的影响力，在当今诸子百家各学派中到底如何？是否已经处于一种湮没不彰的窘境了？如果真是如此，那我们先生这么多年的努力和心血，不都白费了吗？"

"师弟，先生的心血怎么会白费呢？这些年通过先生的努力，特别是在稷下学宫的讲学与收徒，我们儒家学说不是在一天天扩大影响了吗？不说别的，看看现在有多少人投在先生的门下，看看先生门下弟子分布于多少个诸侯国，就知道先生的努力没有白费。"

乐正克话音未落，屋庐连便脱口而出，问了乐正克一个更尖锐的问题：

"师兄说的是不假。不过，我有一个问题要请教师兄，诸子百家学说现在哪家影响最大，哪家学说主张最吃香？"

"影响最大的，应该说是杨朱墨翟之说。如果我没记错的话，先生在稷下学宫时就曾感叹地说过，当今'杨朱墨翟之言盈天下，天下之言，不归杨则归墨'。至于最吃香的，则是纵横家学说。因为现在很多诸侯国都有争霸野心，而要争霸，就要重用野心家与阴谋家。所以，现在纵横家学说可谓大行其道，纵横家可谓小人得志。"乐正克不假思索地答道。

"师兄，您说纵横家小人得志，是说苏秦与张仪吧。"陈臻问道。

"苏秦、张仪的事，大家都知道。其实，这几年还有一个纵横家人物，好像也正在山东各国志得意满。这人不是别人，就是先前在秦国跟张仪是死对头的公孙衍，这几年正在山东六国搅动风云，在搞什么'五国相王'。"乐正克说道。

一听乐正克说公孙衍在搞"五国相王"，包括孟仲在内的所有人都顿时兴奋起来，想了解个究竟。邹春更是一马当先，脱口而出：

"师弟，'五国相王'是怎么回事？你给我们大家说说。"

因为邹春是师兄，既然他提出了请求，自然不能拂了他的面子。于是，乐正克看了看邹春，又扫视了众师兄及几个师弟一眼，顿了一顿后，说道：

"'五国相王'，是指魏国、韩国、赵国、燕国与中山五国，在公孙衍的怂恿与撮合下结成了一个联盟，目标是对付秦、楚、齐三个超级大国。五个诸侯国的国君均称王，大家彼此承认对方的王号。"

"这是什么时候的事？"公都问道。

"就是去年的事。"乐正克答道。

"去年我们跟随先生在宋国，一点儿风声都没听到。不知道是因为宋国偏僻的缘故，还是我们孤陋寡闻？说来真是惭愧呀！"公孙丑说道。

"师兄说哪里话了？我也是前不久刚从别人那里听来的。我还在怀疑消息是否准确呢！"

公孙丑知道乐正克这话是在安慰他和其他人，于是连忙望着乐正克，说道：

"师弟，你在鲁国朝中为政，消息不会不准确。你还是详细给我们讲讲公孙衍的'五国相王'的来龙去脉，让我们也长长见识。说实话，在宋国、邹国这样的小国待个一年半载，就差不多是与世隔绝了，什么天下大事都不知道。"

其他人一听，连忙附和，都催促乐正克讲公孙衍与"五国相王"的事。乐正克见大家如此感兴趣，遂接着刚才的话头，说道：

"'五国相王'的事，是公孙衍无事生非搞出来的。公孙衍与张仪都是魏国人，而且都是纵横家，因此都擅长密室谋划，搞阴谋诡计，为了自己的权位与荣华富贵，无所不为，唯恐天下不乱。公孙衍先得志于秦，被秦惠王封为大良造，是秦国十六级爵位，曾率兵伐魏，打得魏国丧师失地，痛失河西大片土地。后来，张仪在苏秦的暗中资助下到了秦国，得到了秦惠王的重任，公孙衍因而受到了排挤，只得离开了秦国。公孙衍认为，自己在秦国被排挤，都是因为张仪，所以他要报复张仪，让他在秦国的权位与荣华富贵也不保。于是，他离开秦国，到了山东后，第一件事就是要拆解苏秦的山东'合纵'之盟，让苏秦与张仪表面对抗、各为其主，实际上是让他们暗中互相勾结所达成的东西战略恐怖平衡的局面瓦解，使他们二人的权位与荣华富贵都不保。"

"纵横家真是卑鄙！一切都以个人的利益为考量，完全置天下百姓的生死安危于不顾。"陈臻突然情不自禁地插话道。

乐正克点了点头，接着说道：

"公孙衍离开秦国后，回到了其故国魏国。虽然他曾深深地伤害过魏国，但魏惠王看在他有奇才的份上，又对秦国有深刻了解，所以不计前嫌，任他为魏国之将。但是，因为魏楚襄陵之战失利，再加上跟魏相田需争权夺利而不占上风，公孙衍在魏国颇感失意。去年年初，他甚至一度心灰意懒，索性赋闲在家，不问朝廷之事。就在此时，魏都大梁突然来了一位不速之客。"

"谁呀？"屋庐连好奇地问道。

"陈轸。听说过吗？"乐正克看了一眼屋庐连，问道。

屋庐连摇了摇头。

乐正克微微一笑，接着说道：

"陈轸原来跟公孙衍在秦惠王朝中为同僚，都是纵横家人物，深得秦惠王信任。相比于公孙衍擅长策划战争，陈轸更擅长外交与游说，尤其擅长煽风点火，挑动这国打那国，挑动这个斗那个。但是，他跟公孙衍一样，在张仪到达秦国后，就被秦惠王慢慢疏远了，最后也被张仪给排挤走了，到楚国谋生去了。去年年初，他作为楚王的使者访问秦国后，要经魏国回楚国。路经大梁时，了解到公孙衍的情况，于是就设计主动跟公孙衍秘密见了一面。"

"陈轸要见公孙衍，是不是因为引他为同类，有惺惺相惜之意。"公都问道。

乐正克重重地点了点头，说道：

"师兄说得对。听人说，二人见面后，略事寒暄，公孙衍便将自己在魏国的不如意事和盘托出，并跟陈轸表示，他已经厌倦官场生活了，准备退隐江湖。陈轸知道公孙衍是枭雄，说的不是真心话，于是就笑着调侃道：'您一向好揽事揽权，怎么会突然厌于政事呢？'公孙衍见陈轸揭了他的老底，遂也笑着说道：'衍哪里是厌于政事，只是衍不肖，今已无缘于政事。'陈轸见公孙衍说了真心话，于是笑着说道：'既然如此，那轸就将天下之事都托付于您，如何？'公孙衍一听，精神为之一振，问道：'什么天下之事？愿闻其详。'陈轸从容说道：'轸闻魏王命田需为使臣，约车百乘，正要出使楚国。您何不让人播扬其事于诸侯，让天下诸侯皆疑魏王之所为？'"

"陈轸这是要干什么？"屋庐连感到不理解，瞪大眼睛问乐正克。

乐正克看了一眼屋庐连，笑着说道：

"教公孙衍揽事呀！公孙衍问陈轸，如何才能让天下诸侯都对魏王所为起疑心，陈轸告诉他：'您去见魏王，跟他说，您与燕赵之君均有故交，燕赵之君屡次遣人召您，让您无事时一定要去燕赵。现在您在魏国无所事事，希望魏王允许您去见燕赵二君，跟他约定，以一月为期，至期必归。'公孙衍问：'如果魏王不允，当如何处之？'陈轸说：'您按轸所说，魏王一定允您所请。'公孙衍又问：'魏王如果允衍所请，衍又当如何？'陈轸笑着说道：'那您就于稠人广众之中公开放言，说您即将出使燕、赵，正在约车备驾，准备上路了。诸侯各国之君听说了，一定会以事嘱托于您，而交结于魏国。您受诸侯各国之托，天下之事岂不都尽为您所揽？'"

"那之后呢？"这次是万章忍不住了。

"之后，听人说，公孙衍按照陈轸所教之计，去找了魏王。结果，不出陈轸所料，魏王欣然同意了公孙衍出使燕赵的请求。于是，公孙衍立即照陈轸所教，将自己即将出使燕赵二国之事，不仅在魏国朝野上下大事宣扬，还暗中派人至山东诸侯各国散播消息。结果，山东诸侯各国之君都知道，魏王一边派魏相田需出使楚国，一边又派魏将公孙衍出使燕赵。于是，山东各国之君都对魏王此举予以猜测，不知魏国此举究竟何意。齐王听说魏王派魏相田需出使楚国，以为是魏、楚要结盟对付自己。因为齐魏二国结怨很深，在桂陵之战、马陵之战中，齐国重创魏国，魏王不可能不记恨在心。所以，齐王一听说魏相田需出使楚国，立即派人暗中联络公孙衍，暗中以事相嘱。因为齐王知道，公孙衍与田需关系不睦，魏国将相不和，有空子可钻。"

乐正克话还没说完，邹春已忍不住了，脱口而出：

"师弟，你说公孙衍是枭雄，我认为陈轸才是枭雄，他比公孙衍更有计谋。"

"师兄说得对。因为齐国是大国，齐王与公孙衍暗中交结的消息在山东诸侯各国传开后，很快就有燕、赵、韩、中山四国之君暗中派人找到了公孙衍，也要求跟他结交。不久，韩王还礼聘公孙衍为韩国之相。这样，公孙衍虽然一直谋取魏相未成，却意外地做了韩国之相。有了韩国之相的身份加持，又有了齐国的支持，还有燕、赵、中山三国之君的信任，公孙衍觉得时机成熟了，于是大胆地开始揽起天下之事，决定将山东五强齐、魏、韩、燕、赵，以及夹于齐、赵之间的小国中山国捏合到一起，组成一个以齐国为纵约长的新六国'合纵'之盟。这样不仅可以实现个人的荣华富贵，取苏秦而代之，成为挂六国相印之人，而且事实上可以使新六国'合纵'之盟成为主导天下大势的第三极，西可以抗衡强秦，南可以制约大楚，同时还可以借此打击昔日的政敌张仪，让他的秦国之相做不下去，荣华富贵保不住。打定主意后，公孙衍立即行动起来，北走燕、赵与中山，西走魏国，很快以三寸不烂之舌游说包括韩国在内的五国之君成功。"

万章是齐国人，所以他更关心齐威王是否会上公孙衍的当。于是，没等乐正克说完，他便连忙追问道：

"那齐国呢？"

"公孙衍游说五国成功后，正准备前往齐都临淄游说齐王。只要齐王同意担任新六国'合纵'之盟的纵约长，他的计划就完全成功了。可惜的是，公孙衍这次又败在了张仪手中，功败垂成。"

"怎么回事？"公孙丑这时也不矜持了，瞪大眼睛看着乐正克，问道。

"在公孙衍东奔西走，游说山东五国之君时，张仪已经获得了消息，并洞悉了公孙衍的用意，知道他要搅动山东风云，断送自己与师兄苏秦的权位与荣华富贵。所以，他立即向秦王报告，决定阻止公孙衍组织山东新六国'合纵'之盟。这样，在公孙衍尚未前往齐都临淄游说齐王的一个月前，张仪就以秦相的身份与齐楚二国之相在宋国的齧桑相会，给世人造成了一种秦、齐、楚三强结盟的假象，让公孙衍企图游说齐王的计划破产。"乐正克说道。

"果然还是张仪厉害，怪不得公孙衍在秦国斗不过张仪，而被张仪排挤走。"乐正克话音刚落，陈臻便忍不住插话，评论道。

乐正克点了点头，接着说道：

"不过，公孙衍也是枭雄，得知张仪策划的秦、齐、楚三国之相齧桑相会的消息后，立即意识到张仪要破自己新'合纵'联盟之局，要对他赶尽杀绝，不让他在山东六国有容身之地。于是，他当机立断，毅然放弃了游说齐王的计划，以已经游说成功的魏、赵、韩、燕、中山五国为对象，来了一个'五国相王'的戏码，打了张仪一个措手不及。在公孙衍的精心策划下，去年十一月中旬，公孙衍将魏、赵、韩、燕、中山五国之君集合到了一起，举行了一个'五国相王'的仪式，就算正式向世人宣告了他新组的'合纵'之盟成立了。"

"这么说来，'五国相王'也是不久之前的事。怪不得，我们一点儿风声都没听到。如果是很久之前的事，就是宋国与邹国再怎么偏僻，也会听到一点儿风声的。"公都若有所悟地说道。

乐正克点了点头，说道：

"师兄说得对。'五国相王'的事，一来是不久之前才发生的，二来是影响不大，所以在诸侯各国之间的传播也不是太广泛。相比而言，比'五国相王'事件传播更广泛的，则是在中山国上演的闹剧，更让人们津津乐道，传为笑谈。"

邹春一听乐正克说"五国相王"在中山国引发了闹剧，立即来了兴趣，也不顾师兄之尊，瞪大眼睛望着乐正克，问道：

"师弟，什么闹剧？"

还没等乐正克回答，屋庐连就接着邹春的话头，追补了一句道：

"师兄，您可否也给我们大家详细说说，好让我们增广点见闻，今后跟先生周游列国时，也好跟人有话可说，不至于让人觉得我们孟门弟子孤陋寡闻。"

大家一听屋庐连这话说得还挺有道理，于是连忙附和。

乐正克扫视了大家一眼，见大家目光之中都透着急切之情，于是点了点头，开口说道：

"其实，公孙衍组织的'五国相王'，于魏、赵、韩、燕四国而言，只具有一种联盟的象征性意义，并没有使其国君的地位有什么提升。因为这四国本来力量就较强，他们的国君早就自称为王，或是自以为王了。但是，对于中山国来说，其意义则非同寻常。因为中山国只是一个小国，疆域不广，人口不多，北面有燕国，西面有赵国，东边则是山东霸主齐国，战略空间受到极大挤压。所以，在列强环伺的现实形势下，中山国之君从未有过要称王的念头。如今，因为公孙衍组织五国联盟，中山国被硬拉入盟，这样中山国之君才有机会跟魏、赵、韩、燕四国之君相会，并在'五国相王'的会盟仪式中获得了称王的资格，可谓捡了个大便宜，从此他也可以在南边称孤道寡了。"

"师弟，我听说中山国虽是蕞尔小国，但实际国力并不弱，也有很多能人。"公都插话道。

"师兄说得非常对。公孙衍组织'五国相王',之所以拉中山国入盟,而不拉鲁国或宋国入盟,其实就是基于中山国的实力。据说,中山国近些年来的实力较之以前又有了较大提升。除此之外,还有公都师兄刚才所讲的另一个原因,就是中山国有能人。近年来,有两个能臣尤其值得关注,在诸侯各国中都时有传闻。"

"哪两个能臣?"乐正克话还没说完,陈臻便急切地追问道。

"就是司马憙与张登。司马憙,就是很多人都知道的蓝诸君。他本来只是一个游士,曾一度在赵国为官。后来,为了寻求更大的发展空间,便投到了中山国。到中山国之后,司马憙就想利用曾在赵国为官的经历,借助赵国之力,谋取中山国之相的位置。然而,他的这一企图被中山国之臣公孙弘窥知,而且公孙弘本人也有谋取中山国之相的企图。于是,二人就发生了利益冲突,产生了不可调和的矛盾。"

屋庐连原来在魏都大梁跟人学习过纵横之术,对纵横家之间的争斗之事本就有兴趣,一听司马憙与公孙弘有矛盾,立即兴味盎然。乐正克刚说了两句,他便忍不住插话,追问道:

"那司马憙与公孙弘相斗,谁更厉害呢?"

乐正克笑了一笑,看了屋庐连一眼,又瞥了其他师兄弟一眼,接着说道:

"有一次,中山君出行,命司马憙为之驾车,让公孙弘为陪侍参乘。公孙弘认为,中山君这样安排,明显是器重自己,而排斥司马憙。于是,公孙弘就利用陪侍可乘之机,向中山君进谗道:'为人之臣,不思忠君报国,而欲借大国之威,为己求相国之位,这样的臣子,国君您觉得他如何?'中山君不假思索地答道:'中山国若有如此之臣,我必食其肉,而不以分人。'"

"公孙弘这话不就是说司马憙吗?那司马憙如何应对呢?"屋庐连又急了。

"司马憙虽然在车外,中山君与公孙弘在车内,但他们二人的这番对话,司马憙却听得一清二楚。司马憙意识到公孙弘的险恶用心,知道是在构陷自己,必欲将他排挤出中山国而后快。于是,他立即将马车停下,匍匐车前,对中山君顿首求告道:'臣自知死罪至矣。'中山君不知道司马憙为何突然停车,又为何伏地称罪,惊讶地问道:'卿何故如此?'司马憙答道:'臣之罪,君已知之矣。'中山君一听司马憙这话,一下子就明白了刚才公孙弘所说的那番话是什么意思。看着司马憙伏地认罪的诚恳态度,中山君反而觉得司马憙比公孙弘诚实可靠,于是宽容有加地对司马憙说道:'我已知道了,快起驾。'"

乐正克话音未落,邹春脱口而出:

"司马憙的诚实应对是明智的。"

乐正克点了点头,说道:

"师兄说得对。没过多久,赵王果然遣使来中山国,明确为司马憙求取中山国之相的职位。这一下,反倒使中山君对公孙弘起了疑心,觉得他早就知道有今日之事,怀疑他就是私通赵国之人,上次在车上所说的话是在反诬司马憙。于是,中山君立即命人传召公孙弘来见。没想到,公孙弘已经离开中山国,逃了。"

"私通赵国的是司马憙,而不是公孙弘,公孙弘为什么要逃呢?"万章感到不理解。

乐正克看了一眼万章,笑道:

"公孙弘觉得自己有理说不清呗!所以,倒不如一走了之,也算是上策吧。"

"怎么就说不清了呢?"屋庐连也感到困惑了。

"因为赵王特使一到中山国,公孙弘便探知是为司马憙求取相位的。这不就等于坐实了公孙弘自己先前跟中山君所说的话,证明了他自己早就知道会有今日之事。这如何不让中山君怀疑他就是私通赵国之人?你说,公孙弘能说得清吗?"乐正克望着屋庐连说道。

屋庐连点了点头。

乐正克看了一眼屋庐连,又扫视了一眼其他师兄弟,接着说道:

"公孙弘之所以要逃离中山国,其实还有一个原因。这就是,他认为赵王既然已经派特使来替司马憙求取中山国之相的位置,那么,中山君不管是愿意,还是不愿意,都必须落实。既然中山国之相的位置非司马憙莫属,公孙弘觉得自己再留在中山国已经没有意思了,不仅发展空间没有了,还会因先前对司马憙的构陷而遭到他的打击,说不定还有危及身家性命之忧。"

"公孙弘的这个考虑也是对的。看来,他还是头脑非常清醒的,好汉不吃眼前亏。"一直在一旁静静听着的咸丘蒙,这时也插话道。

咸丘蒙话音未落,屋庐连又催了:

"公孙弘离开后,司马憙怎么样了?"

"小师弟,这还用问吗?司马憙肯定做上了中山国之相,从此挟赵国之威而独擅中山国朝政,过上了舒心的日子。"邹正笑着对屋庐连说道。

乐正克望着邹正，摇了摇头，说道：

"二师兄，事实并非如此。"

"那事实到底如何？"邹正盯着乐正克问道。

"事实上，司马憙一坐上中山国之相的位置，就来了一个大麻烦。先圣曾说过一句话：'唯女子与小人为难养也，近之则不逊，远之则怨。'如果说司马憙坐上相位前遇到的公孙弘是小人，那么坐上相位后遇到的阴姬就是一个难缠的女子了，让司马憙更为头痛。因为阴姬是中山君最为宠幸的美人。司马憙觉得，以前跟公孙弘争斗还可以防备，毕竟他跟中山君不可能一刻不离，要进谗言构陷自己，还要有合适的时机。而阴姬就不同了，她是中山君最宠幸的美人，整天不离左右，要进谗言的话，机会就太多了。至于枕席之间的吹风，力量就更可怕了。"

"那怎么办？司马憙不是一个能臣吗？难道就被一个女人拿住了？"

孟仲见屋庐连一副替古人着急的样子，不禁一笑，打趣地说道：

"小师弟，你对纵横家的事如此感兴趣，说明你至今还受着纵横家学派的影响。要是被先生知道了，肯定要被逐出师门的。"

"大师兄，您不能乱说。我只是对乐正师兄讲的故事感兴趣而已，没有别的意思。要不，我不问了，乐正师兄也不要再讲了，好不好？"屋庐连连忙向孟仲求饶道。

"小师弟，我是跟你开玩笑的。你想听，就尽管听；乐正师弟要讲，就尽管讲。趁着先生现在还在睡觉，我们师兄弟们一起乐一乐，也是很好的呀！"孟仲笑着说道。

"既然大师兄说话了，那乐正师弟就继续讲下去吧。"邹春说道。

乐正克朝大家看了一眼，点了点头，接着说道：

"去年九月中旬的一天，就任中山国之相没几天的司马憙，处理好朝政刚回到相府，正为如何应付阴姬而感到头痛，独自一人喝闷酒时，一个心腹急急来报，说韩国之相公孙衍来中山国了。司马憙也是纵横家之流，当然知道公孙衍是何许人也，于是连忙问心腹，公行衍所来何为。心腹告知，是要来立中山君为王的。司马憙一听，惊得差点儿要跳起来，说道：'中山乃蕞尔小国，公孙衍何以能立中山君为王？'心腹说：'公孙衍已说合魏、赵、韩、燕四国之君合纵结盟，今至中山，是来邀中山君与四国之君相会，参加共同称王仪式的。'司马憙不信，立即整衣弹冠，重新备车套马，入朝去见中山君。见了中山君，一问，果有其事。第二天，中山君召集群臣大会，告知韩国之

第八章 在鲁

相公孙衍来约'五国相王'之事，一殿之臣皆弹冠相庆。"

"中山君称王，群臣高兴，那他宠幸的阴姬肯定更高兴了，因为可以做王后了，是吧？"公孙丑问道。

"师兄，您可说对了。不过，阴姬高兴了一阵就犯愁了，因为中山君还有一个正妻江姬。之前中山君宠幸阴姬，她虽然也拈酸吃醋，但也没觉得对她有什么压力。如今中山君要称王，就有了王后位置的问题。因为事关名分，江姬自然不能抱持无所谓的态度了。于是，中山君还没正式称王，两个女人就开始争斗起来了。"乐正克说道。

"既然江姬与阴姬打了起来，那司马憙应付阴姬的压力就减轻了吧？"公都问道。

"师兄果然有政治眼光，一下就看出了问题的症结所在。司马憙见江姬与阴姬为王后之位争得你死我活，不可开交，于是便灵机一动，想到了一个妙计，决定帮助阴姬圆了王后之梦。"

"师兄，不对呀！刚才您不是说阴姬一直在跟司马憙过不去，在中山君面前献谗言害他吗？他怎么还反过来帮助阴姬呢？他应该帮助江姬打压阴姬才对呀！"乐正克话还没说完，屋庐连就提出了疑问。

乐正克看了一眼屋庐连，笑着说道：

"小师弟，你还说你以前跟纵横家学习过，我看你是不适合做纵横家的。因为你并不懂政治。其实，政治就是利益的交换，就是力量的合纵连横。司马憙就很精通政治，他从江姬与阴姬王后之位的争夺中看到了自己的利益，看到了政治势力消长的趋势。所以，在关键时刻，他毅然决然地放下先前跟阴姬的恩怨，决定转而支持阴姬争夺王后之位。因为帮助阴姬争夺王后之位，阴姬势必就不会再跟他作对了，反而会对他感激感恩，进而跟他结成政治上的同盟。只要阴姬能坐上王后之位，那他的中山国相位谁还能撼动呢？"

"先生一直反感纵横家，认为他们都是自己利益摆在第一，为了自己的荣华富贵，不惜让天下生灵涂炭的小人，没有道德，也没有是非。司马憙的作为，再次印证了先生对纵横家的判断。"一直没有说话的充虞，这时也插话道。

"师兄说得对。事实上，司马憙不仅没有道德，没有是非，还特别有心机，是个典型的阴谋家。虽然他想帮助阴姬坐上王后之位，但他并不想直接向中山君进言力荐阴姬，而是要让阴姬主动来求他，让阴姬对他感恩戴德，从而乖乖地听命于他。"

陈臻没听懂乐正克这番话的意思，连忙追问道：

"师兄，这话怎么讲？"

乐正克笑了一笑，停顿了一下，说道：

"司马憙知道，如果他直接跟中山君进言，请求封阴姬为王后，中山君肯定会觉得突兀，甚至怀疑他跟阴姬有什么交易。因为他与阴姬之前有矛盾，中山君是知道的。除了这一层，司马憙还考虑到另一层。如果他直接向中山君进言，中山君最终同意封阴姬为王后，那么阴姬未必会领他这份进言之情。她或许会认为，中山君本来就要封她为王后，司马憙的进言只不过是顺水推舟，只是做了一个顺水人情而已。如果阴姬这样想，司马憙的目的还是达不到。最后，司马憙想到了一个更好的计策，就是遣心腹之人暗中放话，怂恿阴姬之父来求他，明言为其女阴姬谋中山国王后之位。"

"结果怎么样？"屋庐连又忍不住了。

乐正克看了看屋庐连，笑了一笑，说道：

"结果还能怎么样？司马憙自然是依计而行，最终让阴姬坐上了中山国王后之位。不过，这个过程还是蛮复杂的，淋漓尽致地展现了司马憙作为纵横家的谋略与深不可测的心机。司马憙暗中遣人放风之后，阴姬之父果然来求。但是，司马憙却推辞说：'事若成，公则为国丈，裂土封侯；事若不成，憙恐死无葬身之地。'阴姬之父说：'以相爷之智，此事必成。'司马憙问：'事若成，阴姬何以报憙？'阴姬之父说：'事若成，必报恩相！然今不敢先言。'司马憙得到承诺后，立即前往晋见中山君。但是，见了中山君，他没有说阴姬封后之事，而是请求前往赵国一趟。"

"去赵国干什么？"这一次，连公都也感到不解了。

乐正克神秘地一笑，接着说道：

"中山君也不理解，问司马憙为何要去赵国。以为他去赵国，是因为赵王替他求得了中山国之相的位置而去谢恩的。没想到，司马憙告诉中山君，他想到了一个妙策，可弱赵而强中山，此去赵国是要游说赵王的。中山君一听，非常高兴，连忙问是什么妙策。司马憙说，他到赵国，是要观察赵国的地形险阻、人民贫富、君臣贤与不肖，作为日后筹策之用，现在还不能说出来。中山君觉得也有道理，就不再细问了，并立即答允其请，遣他为中山国之使，往赵都邯郸而去。"

"司马憙到赵国后，是怎么游说赵王的呢？"万章似乎对此很感兴趣，连忙追问道。

"因为司马憙的中山国之相是赵王替他谋来的，加上司马憙以前又在赵国做过官，所以赵王一见司马憙，就非常亲切地问道：'司马相今来，何以报寡人？'司马憙一听，就知道赵王是在邀功，于是连忙答道：'臣何敢忘大王之恩？'赵王满意地点了点头。司马憙接着说道：'大王，臣闻天下人皆在传说，赵是天下善于吹竽的好音之国，也是佳丽美人如云之国。然臣入赵境，每至一都邑，观人民谣俗，察容貌颜色，未见好音佳丽。'赵王觉得奇怪，遂问道：'以司马相之见，天下诸侯何国有善音，何国有佳丽？'司马憙说：'臣不知。'赵王一听，就有些生气了。司马憙见此，立即接口说道：'臣周游列国，所到之处不可谓不多，阅诸侯之美人亦不可谓不多。然未尝见世之美人有如中山君之阴姬。'赵王乃是一个好色之徒，一听中山君阴姬是天下绝色美人，立即兴味益然，向司马憙追问究竟。"

　　"赵王果然信以为真？"好久没说话的咸丘蒙，此时也提出了疑问。

　　乐正克看了看咸丘蒙，笑了一笑，说道：

　　"司马憙是什么人？他是纵横家，是说客，就是靠嘴巴吃饭的。他说阴姬美，就由不得赵王不相信。司马憙见赵王已然相信，遂又迎合赵王心理，说道：'中山君阴姬之美，不知者乃以为神人。其容貌颜色，实乃世上所有美人所不及。其眉目、准颊、颧衡、犀角、偃月，皆是帝后之相，贵乃不可言，非诸侯之姬。臣嘴笨舌拙，难以尽言之。'赵王听了，竟然不顾王者之尊，脱口而出：'寡人愿请之，如何？'司马憙见赵王已然入套，却故意推避道：'臣知中山君阴姬之美，今见大王则不能不言。不言，则于大王为不忠。然大王欲请阴姬于中山君，则非臣所敢置喙，希望大王勿泄其情于中山君。'赵王听了这话，更加确信中山君阴姬之美，于是铁了心要向中山君求取阴姬。"

　　"结果怎么样？"公都对结果更看重，问道。

　　"司马憙见已然激活了赵王之心，于是立即辞去，回到中山国。中山君见司马憙没几天就回来了，遂怪而问之：'贤相何以归之甚急？'司马憙故作悲伤之状，说道：'赵王不是贤君，不好道德而好声色，不好仁义而好勇力。臣闻赵王慕阴姬之美久矣，今正欲遣使至中山求取。'中山君一听，顿时脸色陡变。司马憙又故作忧虑之状，说道：'赵乃天下强国，中山不过一蕞尔小国。赵王既有求取阴姬之心，必来中山请于君。君若允其所请，出阴姬与赵王，则必为天下诸侯笑；不允其所请，则中山国社稷危矣。'中山君沉默了好久，最后无奈地问司马憙：'如此，为之奈何？'司马憙立即献计道：'为今之计，君不如立阴姬为后。'中山君问其原因，司马憙答道：'阴姬若立为后，则可绝赵王之念。自古以来，有求人之女、求人之姬者，未见有求取人君之后者。纵然赵王坚其心而求取阴姬，亦恐为天下诸侯耻笑。'中山君觉得是个好主意，立即封阴姬为王后。"

"那司马憙对赵王如何交代？"陈臻不无忧虑地问道。

乐正克看了看陈臻，笑道：

"阴姬被封之后，司马憙一面将消息告知阴姬之父以邀功，一面暗中遣人到赵都邯郸散播消息，说中山君已册立阴姬为王后。赵王听到这个消息，只好熄了往中山国求取阴姬之念。结果，中山君尚未正式称王，阴姬便做起了中山国的王后。从此，阴姬便成了司马憙的死党，对司马憙唯命是从。而司马憙呢，不仅因在中山国有阴姬作内应，相位更加巩固，还凭借其跟赵国藕断丝连的暧昧关系而借力使力，使中山国与赵国总是联系在一起，从而在世人的认知中造成了赵与中山关系密切的假象，客观上达到了提升中山国地位的效果。"

"司马憙确实精于计算，精于心机，是地地道道的阴谋家。不过，客观地说，对中山这样的小国而言，确实是需要司马憙这样的阴谋家。刚才乐正师弟说司马憙是中山国的能臣，我认为并不为过。"公都说道。

"师兄说得是。今天一开始，我就说过，中山国虽是小国，土地、人口远不及宋国、鲁国，但实力与地位都远超宋国、鲁国。所以，公孙衍搞'五国相王'才会拉中山国入盟。刚才我也说过，中山国近些年来实力与地位的提升，跟中山国有两个能臣有关。一个能臣就是我刚刚讲过的司马憙，另一位就是张登，也是一个纵横家，当然也是一个阴谋家，其能耐应该说在司马憙之上。他的能耐是在公孙衍'五国相王'而引发的另一场闹剧中逐渐显露出来的，可谓时势造英雄。"

邹春一听还有闹剧，再次兴奋起来。没等乐正克把话说完，就连声催促道：

"师弟，那你就再给我们大家详细说说吧。"

其他人也有兴趣，都跟着邹春而连声附和。

于是，乐正克扫视了一下在座的同门师兄弟，点了点头，从容说道：

"去年十一月中旬，也就是阴姬被中山君册立为王后不久，公孙衍一手操纵的'五国相王'仪式正式登场，魏、赵、韩、燕、中山五国之君相会于赵国之境，正式确立了五国联盟关系。这样，中山君就真的梦想成真，称起了大王。但是，中山君称王却引来了齐王的不满。齐王认为，魏、赵、韩、燕、中山五国都是齐国的近邻，在地理上从北到西将齐国严严实实地包围了起来。因此，齐王认定，'五国相王'意在结盟，矛头所指就是齐国。于是，他就不干了。不过，齐王虽然对五国都有不满，但基于现实，他不便同时与五国为敌，所以决定采取分化政策，各个击破，分而制之。最后，齐王决定，首先拿中山国开刀。"

"师兄，齐王这是杀鸡给猴看吧，是想让五国联盟不攻而破，自行解散，是吧？"屋庐连问道。

"小师弟，你果真是跟纵横家没白学，也深谙'杀鸡儆猴'的谋略。"公都打趣地对屋庐连说道。

"公都师兄，您不要取笑我了。乐正师兄，您继续讲吧。"

乐正克笑了笑，看了看公都，又看了一眼屋庐连，接着说道：

"为了不让中山君称王，齐王在'五国相王'仪式结束后不久，就派出使节到赵都邯郸、魏都大梁，游说二国之王，说中山是蕞尔小国，齐王羞于跟中山君并世为王，希望跟赵、魏二大国共伐中山，迫使中山君自废王号。中山君获知消息后，大为惊恐。齐、魏、赵三大国若真的联合来伐，中山国顷刻间便会灭亡。此时，中山君开始后悔了，不应该为了王号虚名而蹚公孙衍'五国相王'这个浑水。就在中山君自怨自艾，一筹莫展，惶惶不可终日之时，中山国的另一个能臣张登正式登场了。"

"张登是如何化解中山国的这场危机的呢？"万章此时也来了兴趣。

"张登自告奋勇，面见中山君，劝他不必忧虑。同时请求中山君给他多备高车重币，他要去齐国见一下靖郭君。靖郭君，就是田婴，是齐威王少子，最得齐威王宠爱，权倾朝野，这是全天下人都知道的。中山君自然是欣然同意，允其所请，立即让人准备了足够的车马金帛。张登带着大队车马与金帛，昼夜兼程到了齐都临淄，先向靖郭君献上重礼，然后就开始游说靖郭君：'臣闻齐王欲废中山君王号，将与赵、魏共伐中山。臣以为，此非明智之举。中山乃蕞尔小国，齐、魏、赵皆为大国。三国联合伐中山，纵然有甚于废中山君王号之求，中山君亦必惧而从之。不过，中山惧齐，则势必依附于赵、魏。如此，则是齐国为赵、魏驱羊，并非齐国之利。为今之计，不如令中山君自废王号，中山国臣事于齐。不知靖郭君以为如何？'"

"张登这是玩的什么计谋？"邹正没搞懂，瞪大眼睛望着乐正克，问道。

乐正克微微一笑，说道：

"二师兄，靖郭君也没有识破张登的计谋，只是觉得他的话非常有道理，认同了他的见解。于是，张登接着游说道：'今靖郭君若召中山君相会，并许以王号，中山君必大喜，然后必亲齐而绝赵、魏之交。赵、魏闻之必大怒，必举兵而攻中山。中山告急，则必从齐王之愿，退出五国相王之列。如此，则是中山因靖郭君之故，退出五国相王之列而归附于齐。中山君虽不得称王，然可存续国体，必感戴靖郭君之大德。齐与中山亲善，亦贤于为赵、魏驱羊，利莫大焉。'靖郭君认为有理，遂答应了张登的请求。但是，靖郭君门客张丑认为不妥，劝谏靖郭君不能私自召见中山君。但是，最终靖郭君没有听从其劝谏，决定背着齐王，跟中山君在齐、赵边境相见，并准备私许中山君以王号。"

"师兄，我还是没懂，张登葫芦里到底卖的是什么药？"屋庐连又犯糊涂了。

乐正克看着屋庐连，笑着说道：

"小师弟，如果你看懂了，你就不必改投我们先生门下，而早已成了一个纵横家。说不定，你现在就是魏国之相，或是赵国之相，也很难说。"

"师兄，您不要再取笑我了！您还是接着往下讲吧。"屋庐连望着乐正克，求饶式地说道。

乐正克点了点头，看了看屋庐连，又扫视了其他师兄弟一眼，接着说道：

"张登游说靖郭君成功后，算好了靖郭君与中山君私自相见的日期，急走赵都邯郸与魏都大梁，告知二国之王：'齐欲伐赵、魏于漳水之东。'二王问他何以知之，张登说：'齐王羞与中山君并世为王，必欲废其王号。世人皆以为然，其实不然。据臣所知，齐王今将召中山君相会，欲许中山君以王号。齐王此举，意欲用中山国之兵。臣以为，赵、魏二大国不如先与中山君以王号，以阻中山君与齐王相会。'赵、魏二王信以为真，遂听张登之计，先承认了中山君的王号，又与中山国亲善。中山国见有赵、魏二大国为依靠，于是立即断绝了齐国的关系，齐国也因此闭关而不通中山之使。"

"师兄，我还是不懂张登葫芦里卖的是什么药。"屋庐连再次瞪大眼睛，望着乐正克，说道。

乐正克笑了一笑，说道：

"小师弟，你别急，我接着往下说，你接着往下听，自然就知道张登葫芦里卖的是什么药了。"

"好！师兄，您接着往下说。"

乐正克点了点头，接着说道：

"齐王见废不了中山君王号，还让赵魏二国跟中山国关系更加亲近，心有不甘。于是，又心生一计，遣使游说燕赵二国，许诺将齐赵毗邻的齐国平邑割让给燕赵二国，以求借道于燕赵，共伐中山国。消息传到中山国，中山君急得如热锅上的蚂蚁团团转，司马憙也想不出什么好办法。而此时张登还不知道消息，还在从赵魏回中山国的路上。等到回到中山国，司马憙告知详情后，张登始知形势又有了变化。但是，他并没有慌张，而是让司马憙尽管放心。于是，二人意见出现了分歧。"

"分歧的焦点在哪里呢？"陈臻问道。

"司马憙认为，齐王割地借道，是铁了心要灭中山国，所以中山国之难在所难免。张登不以为然，说：'齐，何惧之有？'司马憙说：'齐乃万乘之国，中山为蕞尔小国。齐强而耻与中山为伍，故不惮割地以贿燕赵，合兵以攻中山。燕赵贪齐之地，必不助中山。如此，中山大则危国，小则废王，中山何以不惧？'张登说，他可以让燕赵坚其心志，辅中山而成王，让司马憙不必忧心。司马憙问张登，如何让燕赵坚其心志，辅中山而成王，张登笑而不答。司马憙再三追问，张登说他不去游说燕赵二王，而是直接到临淄游说齐王。司马憙又追问张登，怎么游说齐王，才能让他放弃攻打中山国的计划。张登说他自有办法，现在还不能讲。司马憙见张登很有信心，于是就让他连夜启程，前往临淄游说齐王。"

屋庐连一向对纵横家的游说感兴趣，一听张登要游说齐王，顿时又兴奋起来，盯着乐正克，问道：

"那张登到底是怎么游说齐王的呢？"

"张登昼夜兼程，今年正月初三到达临淄。见了齐王，张登也不绕弯子，直接上题道：'臣闻大王欲割平邑以贿燕赵，合兵以伐中山，臣以为非明智之策！'齐王问为什么，张登回答说：'大王不惮割地以贿燕赵，出兵以伐中山，其意乃在废中山君王号而已。然而大王之所为，不亦太费周折而且危险吗？大王应该也知道，割地以贿燕赵，这是资助强敌；出兵以伐中山，这是首发其难。大王若行此二者，所求中山必不得。大王若用臣之策，则地不割、兵不用，中山君王号可废。'"

"齐王怎么样？"

乐正克见万章此时也不能矜持了，不禁一笑，然后接着说道：

"齐王一听张登有不战而屈中山国之策，连忙追问。张登故意笑而不答。经过齐王再三请求，最后张登才从容道出其妙策，让齐王遣使而告中山君：

'寡人所以闭关不通中山之使者，乃因中山独与燕赵亲善相王，而寡人不得与闻焉。君若举玉趾以见寡人，则齐亦愿佐君以为王。'张登又告诉齐王，中山君本来是怕燕赵不助中山，今既有齐国愿意相助，则必弃避燕赵，而主动到临淄朝见齐王。中山君朝见齐王，燕赵闻之，必怒而绝其交，然后齐国亦继而跟中山国绝交。如此一来，中山国则孤立无援。中山国孤立无援，中山君岂能不自废其王号？齐王听了，觉得张登之计甚妙，立即遣使至中山国，召中山君相见。"

"结果怎么样？"这次是公孙丑忍不住了。

"就在齐王之使刚要出发往中山国时，张登早已暗中派了两路人马出了临淄城，分别往燕赵二国，游说两国之王去了。张登的使者告诉两国之王，齐王现已遣使至中山，告诉中山君：'寡人所以闭关不通中山之使者，乃因中山独与燕赵亲善相王，而寡人不得与闻焉。君若举玉趾以见寡人，则齐亦佐君以为王。'结果，燕赵二国之君信以为真，认为齐王原来说要割平邑给燕赵是假，齐国也不是真想废中山君王号，而是意在借此离间燕赵二国与中山国的关系，然后齐国自己跟中山国亲近结盟。于是燕赵二国之君起了疑心，以为齐王真的要联合中山夹击自己。因为中山处于燕赵之间，地理位置摆在那里假不了，齐国若是联合中山，确实是既可以向北夹击燕国，又可以向西夹击赵国。出于自身利益的考虑，最后燕赵二国拒绝了齐王割平邑以共伐中山的请求，反过来跟中山国的关系更好了。最终中山君不仅王号没被取消，反而在与齐、魏、赵三大国的博弈中提升了中山国的地位。"

"张登果然是个枭雄！依我看，他的能耐不仅在中山相司马憙之上，甚至可以说在公孙衍之上，跟张仪、苏秦也可以一较上下了。"乐正克话音刚落，屋庐连脱口而出，评论道。

然而，就在屋庐连话音未落之际，孟轲突然来了。

众人一见，连忙从座席上爬起来，一边向孟轲问候，一边向孟轲行礼致意。

孟轲见众弟子聚集在一起，好像在很热闹地说着什么，遂好奇地问道：

"你们刚才在说什么呢？好像还很热闹。"

"先生，刚才乐正师弟给我们报告了一个重要消息，天下恐怕又要大乱了。"孟仲连忙回答道。

"什么重要消息？是否也说给为师听听？"孟轲笑着说道。

乐正克一听，连忙向孟轲躬身施礼，说道：

"是有关公孙衍组织'五国相王'之事。"

接着，乐正克就简明扼要地将"五国相王"之事及其引发的纷扰给孟轲讲了一遍。孟轲听完后，情绪颇是激动地说道：

"公孙衍跟苏秦、张仪一样，还有司马憙、张登，都是一帮小人，唯恐天下不乱。他们为了自己的荣华富贵，不惜让全天下生灵涂炭。有这帮人在，天下就休想安宁了。"

众弟子连忙点头称是。

过了一会儿，孟轲看着乐正克，说道：

"你在鲁国主持国政，要劝谏鲁君，千万不要着了纵横家的道儿，更不要像中山君那样鬼迷心窍，想着称什么王。"

"先生，请您放心。如果出现这种情况，弟子一定竭尽全力阻止。"乐正克语气坚定地说道。

孟轲点了点头。

停了一会儿，乐正克望着孟轲，怯怯地说道：

"先生，今天弟子来此，一是想看看您，二是要向您汇报一个情况。"

"什么情况？"孟轲脱口而出。

"鲁君要用慎子为鲁国之将。"乐正克说道。

"慎子？"孟轲一愣。

"先生，这个慎子，不是那个到过稷下学宫的法家学术领袖慎到，而是墨家弟子滑厘。滑厘的长处是最善于用兵。所以，鲁君要借重他的长处，巩固鲁国的国防。"

"那你是什么态度？"乐正克话音未落，孟轲便直视乐正克问道。

"弟子当然是持反对态度。不过，鲁君征求弟子意见时，弟子认为兹事体大，没有立即表态。今天来此，就是想先听听先生的意见，然后再准备找鲁君正式提出意见。"

"你的想法是对的。为师以为，鲁君断断不可任用滑厘为将，这不是鲁国之福。为师之所以反对滑厘为鲁国之将，并不是出于门户之见，而是基于对鲁国安全与天下安宁的考虑。墨家虽然反对战争，墨翟有'非战'主张，天下人皆知，但是滑厘既然是善于用兵作战，难免会将特长用错地方。他可以利用自己的特长帮鲁国抵御外敌入侵，但也可以利用自己善于用兵之长兴风作浪，挑起战争，扰乱天下。"孟轲说道。

乐正克连声称是。

停了一会儿，孟轲又跟乐正克说道：

"你去告诉鲁君，作为一国之君，不先教化老百姓，就用他们打仗，这叫加害百姓。加害百姓之人，在尧舜时代是不被饶恕的。纵然能一战而胜齐，夺得南阳之地，尚不能用之为鲁将，更何况其他人呢？"

乐正克将孟轲的这番话转告了鲁平公，鲁平公又转告了滑厘。结果，滑厘勃然大怒，说：

"我不知道孟轲说这话是什么意思！"

孟轲知道后，又请乐正克转告滑厘道：

"我非常明白地告诉你，做天子，拥有的土地需要纵横各一千里。如果达不到一千里，便不够接待诸侯的资格。做诸侯，拥有的土地需要纵横一百里。如果不够一百里，就没有能力奉守历代相传的礼法制度。当初周公被封于鲁，是应该得到纵横各一百里的土地。周天子用于分封的土地并不是不够，但事实上周公的封地少于一百里。姜太公被封于齐，也应该有纵横一百里的土地，但事实上也少于一百里，这并不是周天子的土地不够。现而今，鲁国作为诸侯，拥有的土地事实上已经达到了纵横各一百里的五倍。如果有圣明的天子出现，你认为鲁国的土地是应该在被减少之列呢？还是应该在被增加之列？平白无故地从一国拿来土地给另一国，是仁人都不会为之，更何况是要通过杀人而夺得他人的土地呢？君子侍国君，只是专心致志地引导他走向正道，有志于仁而已。"

尽管孟轲的这番话等于在指着滑厘的鼻子骂，也是在变相地教训鲁平公，确实不中听，但乐正克还是硬着头皮将之转告了。结果，当然是惹得滑厘与鲁平公都非常不开心。

事实上，孟轲也没考虑到这么多。说完了这番话，第二天就带着众弟子离开了鲁国，回邹国去了。

第九章
在　滕

王道梦

　　乐正克讲完孟轲在鲁国不得志的往事，在孟轲墓前坐成一排的师兄弟们谁都没说一句话。但是，月光下，大家的目光却都不约而同地汇聚到面前的孟轲新坟上。抚今追昔，每个人都不禁悲从中来，无限感伤。

　　过了好久，还是陈代打破了沉寂，说道：

　　"先生在鲁国不得志，痛失了实践王道社会理想的第二次机会，一气之下回到了老家邹国。不知道先生第二次回邹国，在老家待了多久，之后又去了哪里？"

　　"陈师弟，这个你也不记得了？"咸丘蒙脱口而出。

　　"咸师弟，陈师弟怎么可能记得呢？先生在鲁国时，陈师弟还不知道在哪里呢！他是先生第三次入齐时才投在先生门下的。"月光下，孟仲侧过脸，瞥了一眼坐在他右边不远处的咸丘蒙说道。

　　"大师兄说得对。我是很晚才投在先生门下的，所以之前先生为了实现王道社会的理想，在宋国和鲁国进行的努力，我都一概不知。如果不是刚才勾践师兄、乐正克师兄说起，我至今都还一无所知呢。"

　　陈代话音未落，坐在他右侧的貉稽就脱口而出：

　　"大师兄，我比陈代师兄投在先生门下的时间还要晚一点，对于先生第三次入齐前的很多事情也都一概无知。刚才陈代师兄问先生从鲁国回乡后又去了哪里，大师兄可否跟我们也说说？"

孟仲点了点头，说道：

"先生从鲁国回到家乡后，在邹国待了大约不到三个月，就去滕国了。在滕国待的时间比较久，前后有一年多。"

"大师兄，滕国是小国，比宋国与鲁国在诸侯中的地位更不如。先生是要实现'天下大同'的王道社会理想，总应该找一个有影响的大国发展才对呀！到滕国这样的蕞尔小国，有什么发展前途？"陈代感到不解。

"小师弟，你有所不知，先生之所以到滕国，而且还待了那么长时间，是因为先生跟滕文公有交情。"邹正插话道。

孟仲点了点头，说道：

"你们二师兄说得对。先生在宋国之时，滕文公还是滕国的世子，在出访楚国的途中，正好道经宋国，两次向先生请教，结下了深厚的情谊。"

"大师兄，那您就给我们详细说说吧。"貉稽连忙接住孟仲的话茬，央求道。

"刚才我说过，滕文公做世子时，道经宋国往楚国访问。其时，先生正在宋国推行王政计划。世子久闻先生大名，遂托勾践师兄引见，跟先生见了面。先生为了教育世子将来做一个仁君，就跟他讲了许多人性本善的道理，并开口闭口不离尧舜治世之功。世子从楚国访问归来，又道经宋国，再次与先生相见。"

"那这次先生跟他说了些什么呢？还谈人性本善、尧舜治世吗？"陈代问道。

孟仲摇了摇头，说道：

"不是。先生这次换了一个角度教育世子，说：'世子怀疑我先前跟你说的话吗？其实，天下的真理只有一个。齐景公有一个勇臣叫成覸，他对齐景公说过：你是个男子汉，我也是个男子汉，我为什么要怕你呢？先圣孔子的得意弟子颜渊说：舜是什么样的人，我也是什么样的人，有志向的人也都会像他那样。先圣孔子的再传弟子公明仪说过：周文王是我的老师，周公也是我的老师，都是应该信赖的。'举例之后，先生鼓励世子说：'现在的滕国虽小，但是截长续短，方圆也有五十里，还是可以治理成一个好国家的。《尚书》上有句话说，如果药物不能吃得让人头晕目眩，那病是不会痊愈的。'勉励世子奋发有为。"

"如此说来，先生跟当时为世子的滕文公事实上是有师徒名分的。"貉稽说道。

孟仲点了点头，说道：

"说得没错。正因为如此，先生从宋回到邹国不久，已经由滕国世子变成了滕国国君的滕文公，又因为滕定公病逝而特意派他的老师然友往邹国，就滕定公的丧礼问题请教先生。然友也是很有学问的，不明白滕文公为何要他前往邹国问先生，滕文公就跟他说：'过去在宋国时，孟子曾跟我谈了很多，我都一直记在心里，至今未曾忘却。现在不幸遭了父丧，所以我想请您到他那里请教一下，然后再办丧事。'"

"看来滕文公真的是非常信赖我们先生。"陈代脱口而出。

"正是。然友到了邹国，找到我们先生，将来意说明后，先生告诉他说：'父母的丧事，本来尽心竭力去办理就可以了，可是，你们国君还要让您特意跑到这里来问我，这可见他是一个至孝的君主。先圣的得意弟子曾参曾说过：父母生，依礼侍奉；父母死，依礼安葬，依礼祭祀，就算是尽孝了。诸侯的葬礼如何办理，我没有专门学习过。但是，我听说过：居三年丧，穿粗布衣，喝稀薄粥，自天子直至普通老百姓，夏、商、周三代都是这个规矩。'然友回去后，将先生的意见转告给了滕文公，于是滕文公就决定为其父滕定公居丧三年。"

孟仲话还没说完，貉稽就忍不住插话道：

"滕文公这么看重我们先生的意见，怪不得我们先生不愿待在邹国，而要去滕国了。"

月光下，孟仲再次点了点头，接着说道：

"但是，滕国的父老百官都认为居丧三年不妥，就跟滕文公说：'我们的宗主国鲁国的历代君主都没有实行过三年之丧，我们滕国的历代君主也没有实行过。而到了您这里就改变了祖宗之法，这是不应该的。况且《志》书上有记载，丧礼祭祀一律遵从祖制。'滕文公告诉大家：'我这样做是有依据的。'其实，他所说的依据，就是我们先生的说法。然后，滕文公对他的老师然友说：'我以前没有好好求学问道，只热衷于走马舞剑，而今我要实行三年丧礼，父老百官都对我不满。我怕我自己不能对居丧尽心竭力，您再去替我问问孟子吧。'"

"滕文公这么信任我们先生呀！"陈代都有些不敢相信孟仲的话。

孟仲明白陈代的意思，遂接着说道："然友虽然心里也有想法，但还是遵命到邹国来问我们先生。先生跟他说：'居丧三年，应该出于本心意愿，不能求于别人。先圣说过：国君崩逝，嗣位之君将一切政务托付于宰执。嗣君每顿只喝薄粥，面有菜色，眼眶深黑，立于孝子之位而哀哭，则大小官吏没有不敢不悲哀的。因为嗣君已经率先垂范。'"

孟仲话还没说完，貉稽便插话问道：

"大师兄，先生引先圣的话，是想说居丧三年虽然只是一种形式，却有教化臣民的作用，是吗？"

"小师弟，你对先生的话理解得太到位了。先生地下若有知，也会为你感到骄傲的。"孟仲说道。

貉稽觉得不好意思，连忙说道：

"大师兄，您继续接着讲。"

"先生告诉然友说：'在上位者有什么爱好，在下位者必群起而仿效，而且有过之而无不及。君子的行为就像风，小人的行为就像草。风向哪边吹，草就会往哪边倒。到底要不要居丧三年，这完全要取决于世子。'然友回国后，将先生的意见如实转告给了滕文公。滕文公说：'孟子说得对，这件事确实取决于我。'于是，滕文公下定了决心，要实行三年丧礼，住在丧棚五个月，没有以国君的名义颁布过任何一项政令与禁令。最终，百官族人对滕文公的所作所为都很认同，认为他是个知礼守礼之君。到了居丧结束，要给滕定公举行葬礼时，四方诸侯都有很多人前来观礼。滕文公面容悲戚，哭泣哀伤，前来吊唁的人都对滕文公的表现非常满意。"

"如此说来，先生对滕文公的教诲，对于树立滕文公的个人形象与滕国的国家形象都发挥了重要作用，是吧？"陈代望着孟仲，问道。

孟仲点了点头。

"大师兄，那您再将先生到滕国后的情况跟我们大家说说，好吗？这一段经历，我们后进弟子也不清楚。"没等孟仲好好歇口气，陈代又开口了，央求孟仲道。

"先生在滕国的情况，还是由滕更师弟来给大家讲最合适。"孟仲不假思索地说道。

滕更是滕文公的弟弟，也是孟轲从鲁国失意回到邹国后所收的第一个来自滕国的弟子。所以，孟仲说滕更最合适。事实上，正是因为滕更的特殊身份，以及滕更的建议，孟轲最终才决定离开邹国来到滕国。这个内情，孟轲后来的弟子都不清楚。但是，诸如孟仲、邹氏兄弟、充虞等邹国早期弟子，还有追随孟轲从鲁国回到邹国的其他诸侯国弟子，如公都、公孙丑、万章、陈臻、屋庐连等人，也都是知道的。所以，孟仲的提议一经提出，便立即得到了大家的热烈响应，众人连声说好。

滕更见大家意见一致，也就不好再推辞了，于是端起面前的酒盏，将剩下的一点酒一饮而尽。然后，望了一眼面前的孟轲新坟，沉默了一会儿，就开始讲起了孟轲在滕国的往事。

一、地利不如人和

周显王四十七年（公元前 322 年）七月初五，孟轲从鲁国回到邹国已经三天了。这次从鲁国失意而归，虽然比上次从宋国失意回到邹国对孟轲的打击更大，但也让他更加坚定了意志，要更加努力地兴学收徒，扩大儒家思想学说的影响力，为实现先圣孔子"天下大同"的王道社会理想而做后备队伍建设的准备。

七月初八，孟轲跟往常一样，一大早就起来了。朝食过后，就跟众弟子聚于孟氏学馆坐而论道。在讨论到儒家学说在现实形势下的困境时，为了坚定众弟子对实现王道社会理想的信心，坚定众弟子对先圣孔子思想学说的信念，孟轲给众弟子讲了孔子周游列国、百折不挠的很多故事。说到最后，陈臻问了孟轲一个问题：

"先生，您觉得先圣一生最困窘、最感到无可奈何的艰难时刻是在什么时候？"

"这还用说，当然是代摄鲁相，正要大展宏图之时，却因'女乐风波'与'祭肉事件'而黯然离开鲁国的那次。"没等孟轲回答，邹春便脱口而出道。

"不是。我觉得应该是在匡地被人当成是阳虎而攻打后，仓皇逃到宋国的那次。他是宋国贵族的后裔，宋国算是他的祖国，他带着一帮弟子避难到宋国，其意是要到宋国寻求温暖。然而，他不仅遭到了冷遇，无人接待，就连在大树下跟弟子们习礼讲学，还遭到了宋国司马桓魋伐树加害。这是一种什么感受？相信任何人都是要精神崩溃的。"邹正不同意其弟邹春的说法，凿凿有据地说道。

孟轲听了邹氏兄弟的话，莞尔一笑。

"先生，您笑什么？您不认同两位邹师兄的意见吗？"万章觉得邹氏兄弟的说法都颇有道理，所以望着孟轲问道。

孟轲先点了点头，然后扫视了一下众弟子，从容不迫地说道：

"为师以为，先圣一生最艰难、最困窘，也是最无可奈何的时刻，应该是厄于陈、蔡交界的那次。但是，也正是这一次，让世人真正看到了先圣对理想信念的坚持，看到了先圣'岁寒，然后知松柏之后凋'的君子人格。"

"先生，那您是否可以好好给我们讲一讲先圣的这段经历，也让我们弟子从中受到教益，更好地继承先圣的遗志，为实现王道社会的理想而奋斗呢？"屋庐连慷慨激昂地说道。

孟轲知道屋庐连虽然说得非常动听，但实际上只是想听故事而已。因为屋庐连投在他门下之前曾跟纵横家学习过的经历，他是听说过的。正因为如此，他觉得对于屋庐连还应该加强教育，从而坚定其对儒家学说与王道社会理想的信念。于是，他特意多看了屋庐连一眼，说道：

"先圣因为'女乐风波'与'祭肉事件'，负气辞去鲁相之职而离开鲁国后，最先去了卫国。虽然在卫国得到了卫灵公的礼遇，还有弟子子路妻兄的帮助，却得不到卫灵公的重用，无法实现其政治理想。所以，在卫国待了不久，先圣就带着弟子离开了，往宋国寻求机会。在由卫往宋的路上，道出于匡时，因为被匡人误认为是阳虎，遭到了围攻，差点丢了性命。好不容易突围脱险而到了宋国，却又遭到宋国司马桓魋的伐树加害。不得已，先圣只好带着众弟子再回卫国。但是，刚入卫国之境，就遇到了卫国发生动乱，先圣及其众弟子也因此而遭到蒲人的围攻，幸亏先圣机智，跟蒲人达成了城下之盟，这才得以脱身，最后到了卫国之都帝丘。"

"先圣这次重回卫国，境遇有没有改变呢？"孟轲还没说完，屋庐连就迫不及待地追问道。

"卫灵公对先圣还是一如既往地特别礼遇，但仍然不重用先圣，不让先圣插手卫国政事。但是，卫灵公夫人南子对先圣的政治才华特别欣赏，还因为爱慕崇拜先圣而闹出误会，甚至子路也怀疑先圣跟南子有染，逼迫先圣起誓赌咒。其实，先圣跟南子没有什么逾礼的男女之情，历史上种种传说都是造谣。先圣一辈子都在讲'非礼勿视，非礼勿听，非礼勿言，非礼勿动'，怎么可能跟南子有什么逾礼之事呢？现在诸子百家各学派中，还有人以此说事，其实只是为了攻击儒家思想学说而已。你们千万不要信以为真！"

"先生，请放心！我们要是信以为真，就不会投在您的门下，跟您学习先圣之道了。"邹春脱口而出。

其他弟子也应声附和。

孟轲扫视了众弟子一眼，满意地点了点头，接着说道：

"由于跟卫灵公夫人南子的事闹出了误会，先圣觉得在卫国很尴尬。加上随后卫灵公召见先圣，问他有关用兵之事，让先圣感到非常失望。因为先圣之所以到卫国，就是希望卫灵公能够支持他的王道社会理想，在卫国实行仁政，行王道而为天下诸侯做一个榜样，没想到卫灵公却对用兵行霸道感兴趣。极度失望之下，先圣又带着众弟子离开了卫国，准备西渡黄河，到晋国寻求发展的机会。"

"结果怎么样？"这次是陈臻忍不住了。

"结果，在准备渡河之时，先圣听到消息，说晋国执政赵简子刚刚杀害了两位贤臣。这让先圣非常不能认同，于是立即取消了渡河前往晋国的计划。到邹国暂时休整了几天后，就带着众弟子到了曹国，然后去了郑国。最后，在陈国落脚，并在陈国度过了六十岁的生日。到周敬王三十一年，也就是鲁哀公六年春，先圣在陈国已经度过了整整三年的时光。在这三年里，先圣的政治理想虽然无法得到实践的机会，但是他并不感到寂寞，每日都要接待来自诸侯各国前来求学问道的年轻人，跟他们切磋交流，他觉得自己'克己复礼'的思想主张还是很受欢迎的，他要实现的王道社会理想还是很有希望的。正因为如此，先圣在陈国赋闲的三年，还是过得比较安逸快乐的。"孟轲说道。

"先圣这是在养精蓄锐，等着有朝一日东山再起吧。"公都插话问道。

孟轲看了看公都，笑着点了点头，说道：

"说得对。先圣对其抱持的理想信念一向都是坚定不移的，不会因为暂时的挫折就灰心丧气，从此一蹶不振的。这年三月的一天，南宫敬叔从鲁国到卫国看望先圣。先圣向他详细打听了鲁国政坛的情况，并表达了对鲁国前途的担忧。正说到深切感慨处，突然子贡进来向先圣报告了一个重大消息，说：'吴国又派兵伐陈了。'子路当时也在场，脱口而出道：'上次吴国已无故对陈用兵，此次又无故出兵伐陈，意欲何为？'先圣告诉子路说，吴国出兵伐陈，其意不在陈，而在楚，是敲山震虎，是杀鸡儆猴。伍子胥当年逃楚而投吴，目的就是要借吴王夫差之力而报楚平王杀父屠兄之仇。先圣告诉子路等众弟子，让他们不用慌张，说陈国是楚国的盟邦，吴国出兵伐陈，意不在陈，而是要挑战楚国，楚国肯定会出兵相救。"

"结果如何？"这次是万章沉不住气了。

"果然不出先圣所料，没几天就传来了消息，说楚国已经出兵跟吴国的军队打上了。虽然有楚国相挺，但陈国老百姓一听吴国挥师而来，立即人心浮动，全国上下一片混乱。先圣见形势不对，遂将在卫国的众弟子都召集起来，商议应付之策。先圣先将自己的想法告诉了众弟子，说：'危邦不入，乱邦不居，此乃君子处世之道。而今，陈外有吴师侵伐之患，内有大乱之忧，不如暂离陈国。'子路不同意，说道：'陈虽小国，眼下又有兵患内乱，确实是有危险。但是，有楚国在，陈国的危机总会过去。'子路还认为，陈国一直政局稳定，是先圣寄身最安定的国度。如果离开，恐怕再难以找到更合适的栖身之所了。"

孟轲话还没说完，屋庐连急了，问道：

"既然陈国有危险，离开陈国又无处可去，那怎么办呢？"

孟轲看了一眼屋庐连，笑道：

"别急呀！先圣自有主张。最后，先圣作出了决定，准备去楚国一趟。公良儒提出反对意见，说吴楚正在交战，路上一定有危险，还不如留在陈国见机行事。子路、子贡等弟子都赞同公良儒的意见，劝先圣不要去楚国，还是留在陈国比较稳妥。先圣告诉大家，他一直有一个愿望，想到楚国的负函，去看望一次叶公。"

"叶公是谁？"孟仲虽然是孟轲最早的弟子，却从未听孟轲说到叶公，所以立即追问道。

其他人当然也不知道谁是叶公，所以都很想知道。于是，大家的目光便不约而同地聚焦于孟轲。

孟轲知道众弟子的心理，于是扫视了他们一眼，从容说道：

"叶公就是沈诸梁，是楚国的一位贤大夫。他本是楚国王室子弟，曾祖父就是昔日威震诸侯的天下霸主楚庄王。其父沈尹戌，亦非寻常之人，乃为楚国名将，在吴楚争霸战中屡立战功。后来，楚昭王即位，感念沈尹戌对楚国立下的战功，遂将年仅二十四岁的沈诸梁封在楚国方城之外的北方重镇叶邑，沈尹戌也因此成了第一代叶邑之尹。沈尹戌过世后，沈诸梁继承父业，成为第二代叶邑之尹。沈诸梁为叶尹，实行养兵息民的政策，鼓励发展农业、兴修水利，很快就将叶邑治理得井然有序，社会安定，经济发展呈现出一派欣欣向荣的景象。为此，沈诸梁不仅得到了叶邑民众的衷心拥戴，就是楚国朝野及四境之诸侯，只要一提起沈诸梁，也都对之推崇备至，敬重有加。所以，大家都亲切地称他为叶公，渐渐地就没人知道他叫沈诸梁了。"

"哦，原来如此。怪不得先圣不顾众弟子的劝阻，冒着吴楚交战的风险也要去负函见叶公。"陈臻恍然大悟似的说道。

"先圣跟众弟子商议已定，第二天一大早，赶在城门刚开之际，便悄然出了陈国之都，匆匆往楚国负函而去。由于追随先圣左右的弟子太多，先圣出城时虽然十分低调，但是出城后队伍一路浩浩荡荡，就比较引人注目了。道经陈、蔡二国交界地时，引起了陈、蔡两国大夫的注意。当他们了解到坐在马车中的人就是先圣后，便相聚而谋道：'孔丘乃天下闻名的圣人，有弟子三千，贤才无数，或文或武，皆是治国安邦之才。孔丘还曾为鲁国之相，文韬武略更是样样精通。如果让他到了楚国，一旦为楚王重用，楚国更是如虎添翼，届时我们陈、蔡二国就更是命悬一线了。'于是，待到先圣及其弟子进入陈、蔡二国交界的一个山谷时，他们预先派出的数百兵士便将山谷两头堵了起来，将先圣及其弟子困在了谷中。"

屋庐连一听，不禁着急起来，直盯着孟轲问道：

"那怎么办呢？山谷里如果没有人家，找不到吃的喝的，先圣与众弟子几十人岂不是要活活饿死？"

"山谷中只有一户人家，而先圣师徒几十人，食物供应根本无法解决。开始还有藜羹可食，虽然粗劣，但好歹能够果腹。到了第三天，便彻底断炊了，连藜羹也吃不上了。先圣是年过六旬的老人，而他的弟子们则都年轻力壮，一顿不吃都要嗷嗷叫，更何况一两天不进食呢？最后，饿得没办法，大家只好到山间去挖蕨菜，在溪水中洗一洗，然后就地取材，找些枯枝败叶，支起瓦缶，舀点溪水跟蕨菜一起煮，就算连菜带汤都有了。然而，山谷狭小，可挖的蕨菜有限。加上时当初春，山中树木尚未挂果，也无野果可采。所以，到了第五天，先圣与弟子们就彻底断炊了。"

"那怎么办？"这次公孙丑也急了。

孟轲看了看公孙丑，苦笑了一下，说道：

"那还能怎么办？忍着呗。断炊的第二天，弟子们都感到困苦不堪，一个个唉声叹气。但是，先圣却从容自若，仍然坚持给弟子们讲学，并弦歌不绝。断炊的第三天，先圣仍像没事似的，闲雅淡定，甚至还到山谷间欣赏兰草，并操琴而歌，作了一曲《猗兰操》。子路一向率真坦荡，是个肚子里藏不住话的人，见大家都饿得奄奄一息了，先圣还悠闲自在地弹琴，便忍不住质问先圣道：'大家陷入如此绝境，先生还弦歌不辍，这合乎礼吗？'先圣没理会子路，继续弹唱。待到一曲终了，这才跟子路说道：'君子爱乐，乃是诫勉自己不纵不骄；小人爱乐，乃是为了消除心中恐惧。你们追随为师这么多年，有谁不了解我呢？'子路觉得先圣言之有理，并为其临危不惧、从容自若的气度所感染，于是高兴地操起兵器，配合先圣的琴声舞了起来。直到三次乐曲终了，这才跟先圣告辞。"

"哦，原来先圣无时无刻不在对弟子进行言传身教。怪不得，先生一再推崇先圣是伟大的教育家。"陈臻感慨地说道。

孟轲点了点头，接着说道：

"断粮的第六天，很多弟子都因饥饿而病倒了。但是，先圣仍然打起精神给弟子讲学，并弦歌不辍，鼓励大家。最后，见大家仍然无精打采，先圣便召子路近前问道：'《诗》曰：匪兕匪虎，率彼旷野。意思是说，不是犀牛，不是猛虎，却都跑到旷野中。这话说的不正是我们今天的境况吗？为师困顿至此，难道真是我的思想与政治主张错了吗？不然，怎么困窘到了今天这步田地呢？'子路直言：'先生，您这是在自我反省呢，还是在怨天尤人？如果您真是犀牛或猛虎，何至于沦落到今日这步田地？如果您真的自以为是君子，就不应该怨天尤人。因为既为君子，那么世上就不应该有让他感到困扰之事。想必先生或是因为还不够仁德，所以才不被人相信，不为人重用；或是因为还不够聪明，所以天下诸侯才不愿推行您的政治主张。记得以前先生曾这样教导过弟子：'为善者，天必报之以福；为不善者，天必报之以祸。'而今先生积德怀义，修洁其身，毕生都在推行您的政治主张，怎么还会陷入如今这等困窘之境呢？'"

"子路也是太率直了，怎么这样当面批评先圣呢？先圣听了，一定很生气吧？"公孙丑问道。

孟轲微微一笑，说道：

"恰恰相反，先圣喜欢的正是子路的率直。听了子路的批评，先圣笑了一笑，然后心平气和地说道：'阿由，其实你并不真正了解为师。那今天为师就告诉你吧。仁德之人，你以为就一定会受人信任吗？如果这样，高士伯夷、叔齐就不会饿死于首阳山中了；聪颖过人，你以为就一定会受到重用吗？如果这样，那王子比干就不会被商纣王剖腹掏心了；忠诚之人，你以为就一定会得到报答吗？如果这样，那忠义的关龙逢就不会被夏桀残杀了；忠君之谏，你以为就一定会被采纳吗？如果这样，历史上就不会有那么多赤胆忠心之臣因为谏君而被枉杀了。'"

"先圣博古通今，言之有理。子路这次应该信服了吧？"屋庐连问道。

"子路不以为然，先圣于是继续引经据典，跟他说道：'一个人能否被人赏识，从而获得某种机遇，往往全靠其运气；而一个人是否贤能，则要看他是否真有才干。自古以来，学识渊博、深谋远虑的君子，终其一生而不为人赏识，不被国君重用，实在太多了，何止为师一人？然而，就像芝兰生于深林，不因无人欣赏而不香；君子立德修身，也不会因遭遇困顿或是穷愁潦倒而改变志向。为善与否在于人，生死富贵在于天。重耳困顿于曹卫，而生图强之志；勾践战败于会稽，乃有称霸之心。一个人位卑而无忧，一定是因为他没有深思远虑；一个人贪图安逸，一定是因为他既无理想也无大志。这样的人，哪里还用得着考虑生死呢？'子路无言以对，只得唯唯而退。"

"据说在七十二贤中，子路是最桀骜不驯的。先圣能够说服他，也确实是不容易。"咸丘蒙一直没有说话，这时也突然插话评论道。

孟轲点了点头，看了一眼咸丘蒙，又扫视了一眼其他弟子，接着说道：

"子路退下后，先圣又召另一个得意弟子子贡近前说话，将先前跟子路说过的话跟他说了一遍。子贡听完后，脱口而出道：'先生学说过于博大精深，先生主张过于高远宏阔，所以天下无人可以接受。既然如此，先生何不面对现实，将您的标准稍微放低一点呢？'先圣喟然长叹道：'阿赐呀，你也不了解为师。一个出色的农夫，或许懂得如何播种谷物，但未必懂得如何收获谷物；一个优秀的工匠，或许能制造出精巧的器具，但未必懂得如何修理器具。君子修身养性，能够提升自身的道德水准，能够创立自己的学说。对于自己的学说，君子抓得住关键，理得清头绪。但是，别人未必就能理解；纵然理解了，也未必就能接受。阿赐，而今你不想着主动提升自己的道德修养，不立志创立仁德的思想学说，却只想着如何让别人接受。看来你的志向还不够远大，你的思虑也不够深远！'子贡无言以对，只得唯唯退下。"

"先生，子路以勇力著称，不擅长言辞，为先圣说服，是在意料之中。但子贡是最擅长言辞的，他怎么也会被先圣说得哑口无言呢？"陈臻觉得不可理解。

孟轲笑道："子贡再怎么擅长言辞，也是先圣教出来的，先圣怎么可能说服不了他呢？"

陈臻听孟轲这样一说，也就不好再说什么了，只得顺其意思，说道："先生，那您接着讲吧。"

孟轲点了点头，遂又接着说道：

"子贡退下后，先圣又将其最得意的弟子颜回召到近前，将刚才跟子路与子贡说过的话再说了一遍。颜回听了，没有立即发表意见，而是思考了好一会儿，才恭敬有加地回答道：'先生的思想学说博大精深，先生的理想志向崇高远大。但是，天下没有多少人能够理解，更没有人能够接受。即便如此，先生仍执着于自己的理想信念，仍努力地推行自己的思想学说。先生的主张不为当世所用，这是今日当政者之丑，先生又何必为此忧伤呢？先生的主张不能被今日执政者践行，这是因为曲高和寡，正可见先生的君子本色呀！'先圣听了颜回的话，拈须而笑，欣然感叹道：'不愧是颜家之子，真有修养呀！假如你有很多钱，那为师就来给你做管家吧。'"

"颜回真是会拍马屁！怪不得最得先圣欢心。虽然年纪最小，却排孔门弟子七十二贤之首。"孟轲话音未落，陈臻便脱口而出。

孟仲一听陈臻这话，怕孟轲生气，立即插话转移话题道：

"先生，先圣最后到底有没有摆脱困于陈、蔡之厄？"

"先圣是圣人，吉人自有天助。就在先圣师徒被困的第八天，驻守陈、蔡边境的楚国军队偶然听到附近山谷有喧嚣之声，于是循声追踪，最后发现是陈、蔡两国士兵围困了先圣师徒。陈、蔡皆是小国，一见楚国大军来了，立即逃得无影无踪。这样，先圣师徒终于摆脱了围困，重新抖擞精神上路。鲁哀公六年，也就是周敬王三十一年，四月初二，摆脱厄运，走出幽兰之谷的先圣师徒最终到达了楚国北部境内，见到了叶公。先圣的一大愿望，终于得以实现。"

听孟轲讲完孔子陈、蔡之厄的故事后，自始至终没有说话的充虞也情不自禁地开了口，说道：

"先圣厄于陈、蔡之间，坦然面对生死，从容应对困境，饿着肚子还不忘讲学论道，弦歌不辍鼓励弟子，言传身教熏陶弟子，这是何等伟大的人格！怪不得先生说，陈、蔡之厄虽是先圣一生中最困窘、最无可奈何的时刻，也是先圣人格最闪亮的时刻。"

孟轲听了充虞这番总结，不禁满意地点了点头。

其他师兄弟见此，也连声称赞充虞总结得好。

从鲁国回到邹国，重操旧业，坐馆讲学，整日跟弟子坐而论道，虽然生活平淡如水，但孟轲也觉得其中不乏乐趣。因为在跟弟子们的切磋交流中，经由师生间思想的碰撞，他的思想不断成熟，理论不断升华。除此之外，不时有远近诸侯国的年轻人前来求学问道，或是来投在他门下，也让他越发对儒家思想学说的发扬光大有信心，对实现先圣"天下大同"的王道社会理想有信心。先前在宋国推行王政计划铩羽而归的挫败，在鲁国被鲁平公爽约冷遇的不快，也渐渐被抛于九霄云外了。

周显王四十七年（公元前 322 年）九月初二，是孟轲从鲁国回到邹国整整两个月的日子。像往常一样，孟轲一早起来，走到学馆门口，四下里闲看远眺。偶然间，他低头发现满地都是落叶，遂情不自禁地抬头看了看左右前后的大小树木，发现差不多都已枝枯叶尽了。这才意识到，眼下已是深秋了。

深秋时节，早晚都有些凉了。看着满地的落叶，孟轲的身体倒没感到有什么凉意，但心里却有些凉。虽然已经过了知天命之年，但他至今还不知道实现先圣"天下大同"的王道社会理想还有没有希望。有生之年，他不指望能看到王道社会理想实现的那一天，但在心底，他希望能像先圣孔子一样，在知天命之年后，有一个诸侯国给他提供 ·个实践自己政治主张的机会。

说来真是凑巧，孟轲早上这样想着，日中时分，机会就来了。

"这里是孟轲先生的府上吗？"日中时分，正当孟轲与众弟子坐而论道，讨论得非常热烈时，一个年纪二十岁上下的年轻人突然悄然走进了孟轲的学馆，将门推开了一条缝，隔着门缝对里面这样问了一句。

虽然年轻人的声音并不高，但包括孟轲在内的所有人都听到从门缝中传来的声音，并眯着眼睛想看清门缝后说话的人。

愣了一会儿，孟轲才醒过神来，示意屋庐连起身去开门。

屋庐连年轻而身手矫健，立即从座席上一跃而起，三步并作两步，就到了门口，将门拉开到最大。这时，大家终于看清了刚才隔着门缝说话的陌生人。

屋庐连跟陌生人对视了一眼，问道：

"您是来找我们先生的吗？您从哪里来？"

陌生人没有立即回答屋庐连的问题，而是彬彬有礼地向屋庐连行过礼，然后才以不疾不徐的语速回答道：

"我是滕更，是从滕国来的。"

"哦，是从滕国来的，那离这不远。"屋庐连点了点头。

孟轲一听年轻人叫滕更，心里一咯噔，脱口而出道：

"你叫滕更？"

"是。"年轻人点了点头。

"那你跟滕国国君是什么关系？"孟轲立即追问道。

"您就是孟轲先生吧？"年轻人望着孟轲问道。

孟轲点了点头。

年轻人立即趋前向孟轲行礼致敬，然后说道：

"先生问的是老国君，还是新国君？"

"当然是新国君。"孟轲答道。

"新国君就是我的兄长。"年轻人谦恭有礼地答道，表情中不带丝毫的得色。

"哦，原来是滕国国君的弟弟。"屋庐连立即瞪大了眼睛，直盯着滕更看。

孟轲见此，连忙招呼滕更坐下。

滕更坐下后，先向孟轲转达了滕文公的问候，还有滕文公老师然友的致意。接着，又跟孟轲汇报了滕国目前的情况。最后，郑重其事地向孟轲提出一个要求：

"滕国地僻国小，没有名师，所以国君特意让我来投在先生门下，向先生求学问道，希望有朝一日也能有所长进。"

"岂敢，岂敢！不过，既是国君厚爱，轲自然是谨遵其命。"孟轲答道。

"谢先生不弃！从今以后，弟子就要跟先生学习儒家思想学说了。虽然不敢奢望成贤成圣，但弟子向先生保证，一定谨遵师训，加强道德修养，不辱师门清风。"滕更一边再次向孟轲行礼，一边说道。

九月二十七，滕更投在孟轲门下已经半月有余，不仅对孟轲的脾气秉性有所了解，跟众师兄也混得比较熟悉了。

这天早上起来，滕更第一个看到的是大师兄孟仲。跟孟仲行礼问候后，二人闲聊了一会儿。最后，孟仲突然问滕更道：

"你们国君既然对我们先生非常尊重，为什么不邀请我们先生到滕国从政呢？"

"我们国君大概是觉得滕国太小了，先生是大才，在滕国根本无用武之地。他大概是怕贸然邀请了，先生不肯屈就，反而彼此都很尴尬。毕竟先生跟我们国君有事实上的师徒名分，在宋国时两次教诲过我们国君，我们国君常常跟我们提起这一段往事。"滕更说道。

孟仲之所以跟滕更提这个事，其实是想给孟轲争取一个实践他政治主张的机会。他知道，孟轲内心深处念念不忘其王道社会理想，还想有所作为。但是，滕更不知道孟仲的用意，所以就没有深究孟仲的弦外之音。

然而，滕更无心，孟仲却是有意。今天他既然起了这个意，就想促成这个事。于是，他故意装作漫不经心的样子，以不经意的口气，将话题往自己要表达的方向转移，对滕更说道：

"师弟，你刚才说的也有道理。不过，我有个建议，不知是否可行。"

"大师兄，您有什么建议，请尽管说。"滕更望着孟轲，认真地说道。

"你们国君不知我们先生的心思，不便贸然相请我们先生。但是，你现在是先生的弟子，你不妨以弟子的身份，陪同先生去滕国访问。这样，先生跟你们国君不就有了更多接触的机会吗？他们彼此相互了解多了，什么都知道了，不就什么都可以明说了吗？"

"大师兄，您的这个想法太好了。我今天就跟先生去建议，陪他到滕国走一走，看一看。我们师兄弟大伙儿一起去，这样也热闹。大师兄，您看可行吗？"滕更兴奋地说道。

孟仲不假思索地答道：

"可行。师弟，你今天就跟先生提这个事，我在旁边给你敲边鼓，保证让先生近日就能成行。"

朝食过后，滕更与孟仲二人一唱一和，将早上商定好的事情跟孟轲婉转地讲了一下。没想到，孟轲一点也不推辞，立即答应了。

第二天，在滕更的陪同下，孟轲带着众弟子浩浩荡荡地出了邹国之都，前往滕国去了。

滕国就在邹国隔壁，不几天就到了。滕文公听说孟轲来了，立即欢迎如仪，热情予以接待。但是，这次二人见面时，都没有谈到治国安邦的事，而是畅谈别后思念之情。最后，滕文公安排孟轲住在滕国的上宫，并吩咐滕更陪孟轲好好在各地走走。孟轲也想先对滕国的情况进行考察，然后有机会再向滕文公提出建议。如果有机会，就以滕国为实验对象，进行政治主张的实践，然后推展实践成果，最终使王道社会的理想逐步实现。

打定主意后，孟轲在见过滕文公的第二天，便在滕更与众弟子的陪同下，开始了在滕国为期一个月的社会考察。

十月底，回到滕国国都，孟轲再次跟滕文公相见时，却发现滕文公跟之前所见完全不同，低着头，皱着眉，一副愁容满面、忧心忡忡的样子。孟轲不知发生了什么，遂连忙问道：

"国君最近有什么忧愁之事吗？"

滕文公见孟轲相问，就像受了委屈的孩子见了娘亲，立即吐出了心声：

"去年靖郭君被齐王分封在薛，寡人还以为他被闲置了。没想到，这个月初，他就开始在薛筑城了。"

"国君，靖郭君筑城，与滕国何干？您何忧之有？"孟轲不以为然地说道。

"夫子，您这话就不对了。靖郭君筑城怎么跟滕国无关呢？筑城既可用于防御外敌入侵，也可据城而展开进攻。再说，薛位居齐、楚、宋、鲁、邹、滕六国交错之处，战略位置非常敏感。靖郭君筑城于此，势必会引起南方大国楚的警惕，也会引发周边宋国与鲁国的猜忌。所以，引发战争的概率极高。因此，寡人就想到，即使靖郭君与齐王不对我蕞尔小国滕用兵，但只要跟宋、鲁、楚三国发生军事冲突，那就必然会殃及我滕国。夫子，您说寡人怎么不为此而忧心呢？如果靖郭君筑城成功，您说我该怎么办？"

孟轲听了滕文公这番话，不禁莞尔一笑，说道：

"国君不必多虑！靖郭君筑他的城，您过您的日子，照顾好滕国的老百姓就可以了。从前，周文王的祖父古公亶父，就是人们常说的太王，居住在邠地。后来，狄人以兵犯境，太王便带领族人离开了邠地，搬到岐山之下定居下来。太王从邠地搬到岐山之下，并不是他的主动选择，而是实在不得已呀！如果一个君主能够实行仁政，那么他的后代子孙一定会成为帝王的。太王、周文王就是如此。君子创业，传之子孙，正是为了能够代代继承下去。至于能否成功，那还得靠天命。齐大滕小，齐强滕弱，靖郭君在薛筑城，您能拿靖郭君如何？拿齐国与齐王如何？国君唯一能做的，就是实行仁政，照顾好滕国的父老乡亲，将滕国建设成为一个王道社会，或许还能延续滕国命脉。"

"夫子说的当然没错。不过，如果靖郭君最终筑城成功，有朝一日真的对滕用兵，滕国又如何是好？"滕文公忧虑地问道。

孟轲看了一眼忧虑的滕文公，淡淡一笑道：

"如果真有那么一天，国君也不必忧心滕国会被灭国。只要国君实行仁政，对滕国的老百姓真的照顾得很好，滕国的老百姓一定会跟您同心同德，同仇敌忾，以一当十，以十当百，以百当千，以千当万，将入侵之敌打败。"

"夫子，这话怎么讲？蕞尔之滕，果真能打败强大的齐国？"滕文公不相信孟轲的话，瞪着眼睛望着孟轲，问道。

孟轲望着滕文公，坚定地点了点头，说道：

"天时不如地利，地利不如人和。三里之城，七里之郭，虽然微不足道，但入侵之敌围而攻之，也未必就能取胜。在长期的围攻中，并不是没有合乎天时的战机，然而就是迟迟不能取胜。这是为什么呢？是因为天时不如地利。有高大坚固的城墙，有既宽又深的护城河，有坚固的盾甲，有锐利的兵器，有堆积如山的粮食，但也有守不住城池，弃城而逃的情况。这是为什么呢？是因为地利不如人和。所以说，限制民众不能靠疆界，保护国家不能靠山川险阻，威行天下不能靠盾甲的坚固与兵器的锐利。得道多助，失道寡助。治国安邦，最重要的是得人心。得人心者多助，失人心者寡助。不得人心，连亲戚都会反对他；深得人心，全天下的人都会顺从他。挟全天下人之助，攻击连亲戚都背叛的人，胜败自然不言而喻。所以，君子除非不战，战则必胜。"

"得道多助，失道寡助。夫子，您说得太好了！"滕文公终于脸上露出了笑容。

说来凑巧，就在滕文公向孟轲问计后的第三天，从薛地传来消息，说靖郭君停止了筑城。孟轲听说后，连忙让弟子屋庐连前往薛地，打听真实内情。因为屋庐连曾经跟纵横家学习过，最喜欢密室谋划这一套，也最喜欢打听这方面的消息。

几天后，屋庐连从薛地回来，将探听到的内情向孟轲作了禀报。

原来，靖郭君在薛地筑城，一开始就遭到了他的许多门客反对。为此，靖郭君告诉守门人，说："以后凡是要求见我的人，一律不给他通报。"但是，有一天，从齐都临淄来了一个不速之客，说要晋见靖郭君。守门人严格遵循靖郭君的吩咐，不给他通报。客人没办法，最后跟守门人说："你去跟靖郭君说，我见他只说三个字，多说了一个字，请他烹杀了我。"守门人就将来客的话向靖郭君如实禀告了。靖郭君觉得好奇，就破例接见了他。来客见了靖郭君，果然只说了三个字，然后转身就走。来客说的三个字是"海大鱼"，靖郭君不明白是什么意思，所以就留住他，问他是什么意思。来客说："小人不敢以自己的生死来开玩笑。"靖郭君说："但说无妨，不追究你的诺言了。"于是，来客就对靖郭君说道："您没听说过有一种大鱼吗？渔网不能网住它，铁钩不能牵住它。但是，一旦失去水，就连蝼蚁都能欺负它。如果将您比作大鱼，今天的齐国就是您存活的水。您长期得到齐国的庇荫，还要经营薛干什么？失去齐国的庇荫，您将薛的城墙修得高于天，也是毫无用处的。"靖郭君觉得客人说得有理，于是就停止了在薛筑城。

当孟轲将靖郭君停止筑城的消息及其原因禀报给滕文公后，滕文公感到非常高兴，一直惴惴不安的心终于放下了。从此，滕文公对孟轲就更加信任了。

二、民事不可缓也

时光荏苒，一转眼，孟轲就在滕国度过了半年时间。

周显王四十八年（公元前321年）三月二十七，一个阳光明媚的日子。时当暮春，百花虽然已然凋零，但远山近野一片葱茏。

像往常一样，孟轲一大早起来，先在所住的上宫庭院中走了一遭。滕文公安排的这处上宫住所，是滕国最高等级的驿馆。不论是建筑规模，还是内部陈设，或是周边环境，都是孟轲以前住过的驿馆所无法比拟的。齐威王虽然对孟轲很尊重，聘他为齐国列大夫，位在上卿，但住所安排并无特别的优待。不论是第一次入齐的二十年，还是第二次入齐的几个月，孟轲都是住在稷下学宫，只是条件略好于普通稷下先生所住的房子。到宋国时，宋国新君虽然对他特别客气，但安排给他的驿馆也并不是最好的，还不如他的弟子宋大夫勾践安排他所住的房子好。不说别的，就以住所安排来说，就足以让孟轲对滕文公产生不一样的情感。所以，在滕国的这半年，孟轲每天的心情都是不错的。滕国虽然很小，但民风淳朴。他跟弟子在滕更的陪同下到处考察时，所到之处，无不受到滕国老百姓的热烈欢迎与热情接待。老百姓表现出的那种热情与善意，都是发自内心的，让孟轲仿佛置身于向往中的尧舜时代，见到了远古时代淳朴的人民。也正因为如此，在滕国待的时间越长，孟轲就越是向往先圣孔子所追求的"天下大同"的王道社会境界，越是坚信儒家思想学说的价值，认为儒家思想学说总有一天会大放异彩，为全天下的人所接受。

正当孟轲在上宫住所庭院一边散步，一边抚今追昔而沉思感慨之际，滕更突然来了。

"先生，您起得真早哇！弟子来给您请安了。"滕更一进上宫庭院，见到孟轲在低头踱步，立即小步快跑近前，一边行礼，一边说道。

孟轲闻声抬起头来，见是滕更，笑着说道：

"为师今天起得并不早，长期以来一直就像今天一样。只是你们年轻人都喜欢睡懒觉，没有见过为师起早而已。"

"先生说得是。"滕更连忙顺着孟轲的话，笑着点头称是。

"滕更，你今天这么早来找为师，是有什么急事吗？"

"先生，不是急事，而是一件重要的事。"滕更回答道。

"什么重要的事？"

"昨天弟子进宫晋见国君，国君说今天想请您进宫相见并请教。弟子知道您天气好时，有喜欢出外走走的习惯。今天天气这么好，弟子料想您心情一定不错，说不定一高兴，您一大早就出外踏春了。"滕更笑着说道。

"滕更，你还真没猜错。刚才为师在院子里散步时，就在想这个问题。"

"哎呀，幸好弟子赶得快。不然，先生真的出去了，弟子就不知道到哪里找您去了。国君要跟先生见面请教的事，可就要耽误了。"滕更一边说，还一边庆幸地拍着胸脯。

孟轲见滕更说得认真，猜想滕文公让滕更通知今日相见之事，应该不是闲聊，肯定是有关国事的，于是便问滕更道：

"你知道今日国君要跟为师谈的是什么事吗？"

"这个还真不知道。昨天国君只是说要跟您相见并请教，没有明说是什么事。弟子当时也没想到要问清楚。"滕更望着孟轲，似乎感到有些抱歉地说道。

朝食过后，孟轲在滕更的陪同下，如约进宫晋见滕文公。

像以往晋见一样，二人行礼如仪，略事寒暄之后，滕文公便正式上题了：

"夫子，您也知道，像滕这样的蕞尔小国，就是竭尽全力侍奉大国，仍难免不被侵害。您说，应该怎么办才好呢？"

孟轲一听滕文公问的是这样一个沉重而又不可回避的现实问题，不回答不行，但要回答，却又非常难。沉思了一会儿，决定还是用一以贯之的老办法，引经据典，拿古人说事，于是望着滕文公说道：

"以前，周文王的祖父古公亶父，就是上次我们已经说到过的太王，其所统领的部族居住在邠地。那地方其实非常偏僻，也不是什么土地肥沃的地方。可是，北方的狄人却看上了那里，倚仗其悍勇，硬是以武犯境。太王为了保护部族，只好拿皮裘与丝帛进献给狄人，希望能够和平解决问题。但是，狄人收受了太王的皮裘与丝帛之后，仍然不时侵犯邠地。后来，太王又拿名犬好马进献给狄人，希望增进与狄人的情感，使部族人民免受狄人侵害。然而，狄人不通情理，仍然不时出兵骚扰太王部族。最后，太王又拿珍珠宝玉进献给狄人，希望能够息事宁人。但是，狄人还是对太王部族时有侵害。"

"这就是自古以来弱者面对强者共同的悲哀。"滕文公感慨地说道。

孟轲点了点头，接着说道：

"太王最后无可奈何，只好召集邠地耆宿长老，跟他们说：'狄人想得到的，看来不是财富，而是我们的土地。我听说有这样一句话：君子不能为了那些可以养育人的东西而使人遭到祸害。邠的土地是世代养育我们的所在，现在狄人看上了这块土地，我不能因为要保住这块土地，而使邠地的老百姓都跟着遭受灭顶之灾。所以，我决定离开邠地，搬到别的地方去。我走之后，你们不必担心没有君主。'"

"太王这是为了保护邠地老百姓，而有意跟他们作切割，是吧？"滕文公问道。

孟轲点了点头，说道：

"这是太王为人仁义的表现。太王带着家人及部族离开邠地后，翻过了高峻的梁山，在岐山脚下找到了一块地方，修筑了一个城邑，使部族成员得以定居安顿下来。邠地老百姓后来听说太王离开了，都说：'这是一个仁爱之人，我们不能失去他。'于是，大家相约一起追随太王，翻过高峻的梁山，到了太王迁居的岐山脚下。当时，追随太王而去的人，多得就像赶集似的。但是，当太王决定放弃邠地时，也有人不同意，说：'邠是我们世世代代应该坚守的基业，不是我们这一代人所能擅自放弃的。我们宁肯牺牲生命，也要坚守这块土地，而不能离开。'请问国君，是像太王一样主动选择离开，别开天地？还是像不同意太王决定，而要跟狄人对抗到底的人那样原地坚守？这二者，请您选择一个吧。"

"夫子，您这让寡人怎么选择？像太王一样选择离开，那寡人带着自己的臣民能搬到哪里去？夫子应该也知道，而今已不是太王的时代，诸侯各国为了咫尺边界，还要大打出手，不惜让生灵涂炭，哪里还有像岐山脚下那样广阔无人之地，任由你自由迁徙？所以，第一个办法，就寡人而言，是无法选择的。"滕文公无奈地说道。

"既然第一个办法不行，那国君就只有第二个办法了。"

孟轲话音未落，滕文公立即否定道：

"第二个办法，对寡人而言，也是不可行的。寡人之国，夹在齐、楚两大国之间，以滕国的实力，无论是跟齐国，还是跟楚国，都没有抗争到底的本钱。所以，最现实的策略是在齐、楚两大国之间作出一个选择。今天，我想问夫子的是，滕国夹在齐、楚之间，为了生存下去，到底是应该依附齐国呢？还是应该依附楚国？只能在这两者之间作出一个选择，请夫子明以教我。"

"这个问题不是轲能回答的。如果国君一定要轲说，那只有一个办法，就是在滕国实行仁政，赢得全体国民之心。然后，再将护城河挖深，将城墙加固，跟百姓一同守卫城池，老百姓宁肯献出生命，也不愿离开您，那就有办法了。"孟轲答道。

"夫子的意思是说，只要赢得民心，再强大的敌人也不可怕，是吗？"滕文公问道。

孟轲点了点头，补充说道：

"但有一个先决条件，就是要首先实行仁政。只有实行仁政，才能赢得民心，人民才会跟国君同心同德。人民跟国君同心同德，还有什么战胜不了的敌人？既然如此，滕国还会惧怕齐国与楚国吗？国君您还需要在依附齐国还是依附楚国之间作出艰难的选择吗？"

滕文公点了点头。

跟滕文公交谈至此，孟轲本想起身告辞而去。但是，就在他跪直了身子，即将站起的一瞬间，他突然改变了主意。既然今天已经提到了实行仁政的问题，何不趁机好好游说一下滕文公，将自己治国安邦的完整想法和盘托出？如果游说成功，那么实现王道社会的理想就有了一个政治实践的基地，自己就会像先圣孔子一样，获得一个亲自实践自己政治主张的机会。想到此，孟轲重又坐回原姿，望着滕文公说道：

"承蒙国君厚爱，今日特召轲相见，并降尊纡贵，不耻下问，以国事垂询。刚才国君谈到滕国的外交问题，而轲则认为，今滕国的当务之急，不是外交，而是内政，就是轲刚才所说的在滕国实行仁政。"

"为什么当务之急不是外交，而是内政呢？"

孟轲见滕文公明显对自己抛出的话题产生了兴趣，于是立即接口说道：

"滕国是小国，不仅不能跟齐、楚、秦等大国强国相比，就是跟鲁、宋等国也不能相提并论。而今周公礼法崩坏，周天子不能制约天下诸侯，各国凭借其实力相互较量。较量的目的，不为别的，就是为了要做天下霸主。当今天下诸侯，能够有实力争做天下霸主的，除了齐、楚、秦，还有魏、赵、韩，其他的都是二等小国，如鲁、宋、卫等。至于像滕、邹等三等小国，根本就不在诸侯列强的视线之内，至少目前的列强争霸战还不会直接威胁到像滕国这样的小国安危。"

"这话怎么讲？"滕文公明显兴趣更浓了。

"国君，轲给您打个比方。假如秦国要想做天下霸主，他必须先打败齐、楚这样的劲敌，然后再消灭魏、赵、韩等次一等的列强，接着才会轮到燕、中山、鲁、宋、卫这样的诸侯国。大国之间的争霸战，因为彼此实力相当，一方要吃掉另一方，往往都要元气大伤。因此，列强争霸战是一个长期的过程，短期内很难见分晓。比方说，魏国为了争做霸主，跟齐国打了多少仗，特别是桂陵之战和马陵之战，两次战役下来，魏国就大伤了元气。结果，秦国在公孙鞅变法后迅速崛起，趁着魏国在山东跟齐国、赵国、韩国兄弟相残之机，对魏国发动了多次偷袭，使魏国元气彻底丧尽，现在魏国早已从天下霸主的地位跌落下来了。魏国的崛起与衰落，历时近百年。那么，其他列强要争霸天下，不也同样要很长时间吗？所以，轲以为，像滕这样的小国，目前还不会有亡国之虞。"

孟轲话音未落，滕文公脱口而出道：

"夫子这么说，也是很有道理的。"

孟轲见滕文公差不多要被自己说服了，于是立即接着说道：

"既然短期内滕国没有生存的危机，那么目前我们要关注的问题就是内政。也就是说，外交可以暂时放一边，但民事不可缓也。"

"为什么民事不可缓？夫子可否给寡人详细说说？"

孟轲觉得上正题的机会终于到了，于是望着滕文公，点了点头，从容说道：

"民事就是老百姓的衣食住行问题，可以说是内政的全部。事实上，只有老百姓的衣食住行问题解决了，社会才会稳定，国家才会安宁。所以说，民事不可缓。治国者要想使国家长治久安，国运绵长，首先要解决好的就是内政问题。《诗》说：'昼尔于茅，宵尔索绹；亟其乘屋，其始播百谷。'说的是上古之民，白天割茅草，晚上搓成绳，趁着好天气，赶紧修房屋，播种时间到，赶紧种五谷。就老百姓而言，必须拥有一定的产业与收入，才会建立起相应的道德观念，遵守相应的社会行为规范；没有一定的产业与收入，要想让他们建立相应的道德观念，遵守相应的社会行为规范，那是不可能的。这就叫'有恒产者有恒心，无恒产者无恒心'。"

"难道恒心一定要以恒产作为先决条件吗？一个人有没有道德，是否遵守社会行为规范，难道只以物质条件为前提吗？你们先圣孔子不是非常强调'安贫乐道'吗？"滕文公对孟轲的"恒心"说不以为然，反问道。

孟轲望着滕文公，微微一笑道：

"我们先圣确实强调过'安贫乐道'，但说的是君子，而不是小人。小人是最普通的老百姓，他们没有那么高的道德修养，所以不可能达到'安贫乐道’的境界。一个普通的老百姓，如果没有一定的产业与收入作为保障，一定不会自觉遵守相应的社会行为规范，道德境界一定不会高到哪里去。而没有一定的道德观念与社会行为规范的约束，一个普通的老百姓就有可能为了温饱生存而违法乱纪，甚至是胡作非为，什么坏事都干得出来。等到他们犯了法，执政者再以法律去制裁他们，这不等于设下罗网陷害他们吗？世上哪有仁人在位，而设罗网陷害老百姓的呢？”

滕文公点了点头。

孟轲见滕文公对自己的说法不再提出疑问，连忙将话题切换到他要游说的“什一税”上：

“自古以来，大凡是贤明的国君，一定是办事认真，用度节俭，对臣下彬彬有礼，向老百姓收取赋税有一定的制度。季孙氏家臣阳虎曾经说过：‘要发财致富就不能仁爱，要仁爱就不能发财致富。’也就是说，做国君的要想发财，只顾自己过好日子，就不可能对老百姓实行仁政；要实行仁政，他自己就发不了财，过不上好日子。因此，为平衡国家税收与人民生活之间的关系，古代赋税的收取都是有一定制度的。夏朝时每家五十亩地而实行‘贡’法，商朝时每家七十亩地而实行‘助’法，周朝时每家一百亩地而实行‘彻’法。三朝的税制虽有所不同，但税率却是相同的，都是‘什一税’，就是十抽其一。”

“什么是‘贡’法，什么是‘助’法，什么是‘彻’法，请夫子给寡人详细讲讲。”滕文公明显产生了兴趣。

孟轲一听，不禁内心窃喜。因为在宋国与鲁国时，他都想推行“什一税”，然而，当时宋国新君偃没有同意，而鲁平公则根本没给他当面游说的机会。这一次在滕国，他要抓住机会，好好游说一番滕文公。如果成功了，能够将“什一税”在滕国推行开来，那么他的王政计划就正式开始了，实现先圣王道社会的理想也就有了一个尝试的机会。想到此，孟轲极力压抑着内心的激动，尽量以平和的口气，跟滕文公说道：

“所谓‘贡’法，就是比较若干年的田亩实际收成，以此得出一个平均的固定数额，然后就以这个固定数额为标准，逐年向老百姓征收赋税。这种税法有一个最大的弊病，就是完全不考虑年成，不分丰年与荒年。然而，事实上年成是分丰年与荒年的。丰年的时候，国家按固定的数额征求，老百姓没有问题。因为丰年到处都是粮食，国家就是多征收一点，也不算苛政。但是，荒年也按固定的数额征收，老百姓就是自己不吃不喝也无法完成。但是，国家却不管老百姓的死活，仍要老百姓完成，这就让老百姓辛苦耕作了一年，不仅不能养活父母子女，还要靠借贷凑足给国家的赋税。最后只能全家一起饿死于山沟之中。"

孟轲话音未落，滕文公便脱口而出道：

"如此说来，'贡'法不是理想的赋税制度，不能采用。"

孟轲点了点头，说道：

"国君说得太对了。古代有一位贤者叫龙子，就曾比较过夏商两代的税法，说过一句话：'田税最好的是助法，最不好的是贡法。'"

滕文公听孟轲说自己的看法跟古代的贤者不谋而合，高兴地笑了。

孟轲见此，连忙接着说道：

"龙子为什么说商朝的'助'法最好呢？因为'助'法的'助'，意谓'借助'，就是借助民力耕种公田。老百姓只要完成了固定数量的公田耕种，就算是完成了国家的赋税。至于私田所获，则全归老百姓个人。所以，老百姓没有完不成赋税之虞，个人所得也可以凭借自己的勤奋大大提升。"

"夫子，您是说商朝的'助'法有助于调动老百姓耕种的积极性，公田与私田分开，责任分明，多劳多得，不劳不得。是吗？"

"国君，您理解得太对了，真是龙子的知音！"

滕文公被孟轲夸奖得有些不好意思，连忙转移话题道：

"夫子，您再说说周朝的'彻'法吧。"

"'彻'法，顾名思义，就是'通'的意思。'彻'法是根据年成的好坏而予以通盘考虑，实事求是地计算赋税，整体上是贯彻十抽其一的税率，这就是'什一税'。应该说，周初实行的'彻'法，也就是'什一税'，在夏商周三代中算是最好的。但是，后来周公礼法崩坏，周天子权威不再，诸侯各国各自为政，为了争霸战争的需要，就不断加征赋税，由周初的十抽其一，逐渐加码到现在许多诸侯国的十抽其三，甚至更多。正因为如此，而今诸侯各国百姓都是苦不堪言。早在先圣孔子的时代，就有鲁国的老百姓因为躲避苛捐杂税而逃往山中，宁可冒着被老虎吃掉的风险，也不肯出山。所以，当时先圣孔子有一句感叹：'苛政猛于虎。'"

"夫子说得太对了！"滕文公情不自禁地说道。

见滕文公完全认同了自己的说法，孟轲觉得火候差不多了，立即推阐其意，总结道：

"君主乃百姓父母，理应爱之如子，关心他们的疾苦。不然，要国君有什么用呢？众所周知，自古以来，凡是做高官的，都有封邑，有一定的田租收入，而且可以世代承袭。这一制度，在滕国也是很早就实行了吧？"

滕文公点了点头。

孟轲抬头看了一眼滕文公，见其神情专注，遂接着说道：

"为什么做高官的有固定的田租收入，而老百姓就不能有一定的田地收入呢？《诗》中有这样的记载：'雨我公田，遂及我私。'意思是说，雨下到了公田里，然后再落到了我的私田里。这说明当时实行的赋税制度是'助'法，不然就不会有公田私田之说。《诗》所吟咏的都是周人的喜怒哀乐，所以从这首诗的内容来看，周朝并非自始至终都是实行'彻'法，而是实行过比'彻'法更好的'助'法，这就是传说的'井田制'。而今时代变化，我们不可能再回到周公的时代，不可能再推行'助'法，但是采用'彻'法，实行十抽其一的'什一税'，应该还是可以做到的。可惜，现在诸侯各国包括滕国却都没有做到，而是普遍采用了十抽其二，或是十抽其三，甚至更高的税率，让老百姓苦不堪言，无以解决温饱问题。"

滕文公听了孟轲这话，心中颇是惭愧。虽然明知孟轲说得对，却不敢点头称是。

孟轲抬头看了一眼滕文公，从他脸上的表情已窥知他内心的秘密，为了照顾他的面子，连忙就此打住，不再继续顺着原来的批评思路往下说，而是转向正面引导的方向，接着说道：

"治国安邦，首要的任务是解决老百姓的温饱问题。而解决温饱问题的关键，则是实行'什一税'，这是仁政的第一步。走完了第一步，就可以走第二步了，这就是兴办庠序学校，对老百姓进行教化。'庠'就是'教养'的意思，'校'是'教导'的意思，'序'是'习射'的意思。地方学校，夏朝叫'校'，商朝叫'序'，周朝叫'庠'。至于大学，三个朝代都称之为'学'。这些学校的兴办，无论是夏、商二代，还是周朝，都是为了推阐伦理道德的。如果在上位者都率先垂范，自觉遵守伦理道德，那么在下位的老百姓必然群起效仿，人人亲爱，社会和谐。"

滕文公向来重视教育，尊重有学问的人，包括孟轲与他自己的老师然友。所以，听了孟轲这番强调对民众进行教化的重要性的论述，颇是认同，遂连连点头。

孟轲见此，立即收束总结道：

"如果有圣王兴起，一定会明白这个道理，而且也一定会效仿学习。如果滕国率先实行'什一税'，推行仁政，就可以成为圣王的老师了。《诗》中有这样的说法：'周虽旧邦，其命维新。'意思是说，岐周虽是一个古老的旧邦，国运却充满了新气象。这首诗是赞颂周文王的。希望国君也像周文王一样努力实行仁政，使您的滕国也充满新气象。"

滕文公是小国之君，本来对自己就没有什么自信。但是，听了孟轲这番鼓励的话，特别是孟轲将他跟周文王相提并论，并说实行了"什一税"，推行了仁政，就能成为圣王的老师，就更让滕文公的自尊心得到了极大的满足，不禁喜笑颜开，连连点头。

大概是因为孟轲这次真的说动了滕文公的心，过了两天，滕文公在跟左相毕战说到赋税问题时，就自然而然地就说到了夏、商、周三代不同时期推行过的井田制，于是就特意让毕战再去请教孟轲。

"国君说，前些天先生跟他说起井田制，当时他没来得及细问。所以，今天特意叮嘱我来向先生请教。"毕战一见孟轲，行礼寒暄之后，便开门见山地说明了来意。

孟轲知道毕战是滕文公信赖的大臣，负责滕国的农耕与赋税事务，在滕国具有非常重要的地位，因此对他的来访十分重视。而一听毕战是来请教井田制的，则更是兴奋。因为这跟他想在滕国推行"什一税"，让滕文公实行仁政有密切关系，于是立即接住毕战的话茬，说道：

"井田制，是夏、商、周三代不同时期都实行过的一种土地国有制度。为了有效管理全国的耕地，并方便征收赋税，国家将所有的耕地都划分成一个个方块，称为方田。方田周围有沟渠、道路，地块之间有相互隔离的经界，南北走向的田埂叫'阡'，东西走向的土埂叫'陌'。田埂、土埂既是不同地块之间的分界线，也是耕种时耕种者行走的道路。沟渠大多跟阡陌平行，是用于灌溉的。道路与沟渠纵横交错，将不同地块分开。这些被道路与沟渠分开的耕地，形状就像'井'字，所以称为'井田'。"

"请先生讲一讲'井田制'的运作方式，以及赋税征收情况。"孟轲话音未落，毕战就迫不及待地说道。

孟轲看了一眼毕战，点了点头，说道：

"大夫非常内行。'井田制'的运作，其实跟赋税的征收是密不可分的。'井田制'从历史上看，主要分两种形式：一种是'八家为井而有公田'，另一种是'九夫为井而无公田'。八家为井而有公田的，其运作方式是：以三百步为里，长宽相等，成为一个单位，名曰'田'。一'田'有一百亩。九

'田'就是九百亩，就是一'井'。一'井'的九个方块'田'，中间的一块是公田，周围的八块是私田。八块私田分别由八户耕种，公田则由八户共同耕种。根据规定，八户必须先将公田耕种完毕，然后才能去料理自己的私田。私田所得归耕种者个人，公田所得则归国家，用于官吏的俸禄开支。因此，这种形式的'井田制'，究其本质就是通过助耕的方式，来实现对国家的赋税义务。八户共耕公田，就是'助'。夏、商时代实行的'助'法赋税制，就是采用这种运作方式。"

孟轲话还没说完，毕战就急切地追问道：

"那另一种形式的'井田制'又是怎么运作的呢?"

"另一种形式的'井田制'，是将原来八户共耕的公田另外分配给一户，这就形成了九户各耕一份私田的格局，所以称为'九夫为井而无公田'的'井田制'。这种形式的'井田制'，始于周朝，跟周朝开始推行'贡'法赋税制有关。当然，周朝的'井田制'并非都采用'九夫为井而无公田'的形式，也有一些地区采用'八家为井而有公田'的形式，推行的仍是夏、商两代的'助'法赋税制。以上两种形式的'井田制'，都是就不实行'易田制'的地区而言。事实上，古代很多时候、很多地区都是实行'易田制'的，就是今天我们所说的'轮耕制'。如果是实行'易田制'，要考虑到轮耕的因素，'井田'的亩数会有很大变化。不易之地，每户仍是一百亩；一易之地，每户两百亩；再易之地，每户三百亩。当然，还有更复杂的情况，我们现在就很难都弄得明白了。"孟轲说道。

"先生真是博学呀！怪不得国君一再叮嘱我要来请教先生。"听完孟轲对"井田制"运作方式及其相关税法的介绍后，毕战由衷地说道。

孟轲微微一笑，接着说道：

"您的国君准备实行仁政，特意选择让您来问我有关井田制的问题，您一定要努力去落实呀！实行仁政，一定要从划分好耕地经界开始。如果经界划分不正确，井田的大小就会不均匀，那么作为俸禄的赋税收入也就不会公平合理。所以，大凡是暴虐无道的君主以及贪官污吏，一定会为了一己私利，而不顾老百姓的死活，千方百计要搞乱井田的经界。只有井田的经界正确了，给老百姓分配田地，为官吏制定合理的俸禄，一应事务才能毫不费力地完成。"

毕战听了，连连点头。

孟轲见此，遂又接着说道：

"滕国虽是小国，土地狭小，幅员有限，但是也有官有民。如果没有官吏，人民便无人管理；如果没有人民，官吏则无人养活。根据我对滕国的考察，建议在滕国的郊野采用九抽其一的助耕公田法，在城市则采用十抽其一的自缴贡赋法。公卿以下的官吏，一定要有自己可供祭祀之用的圭田，标准是每家五十亩。百姓每家若有多余的劳动力，每一个劳动力再授田二十五亩。这样，老百姓无论是死后安葬，还是起屋搬家，都不必离开本土本乡。同耕一井田的各家，平时出入相互友爱，遇到急难相互帮助，生病时相互照顾。这样，老百姓之间都亲爱和睦了。这是我对在滕国实行仁政的一点粗略的设想，至于如何因地制宜地贯彻落实，就寄望于国君和您了。"

毕战听了，连连点头表示认同。

过了两天，滕文公听了毕战的禀报，又让滕更来请孟轲相见。

三月三十，孟轲像往常一样，早早就起来了。但是，推开房门，走到上宫庭院，发现地上是潮的。再看庭院中的树木与小草，叶子上还在滚落着水珠。孟轲这才知道，昨晚下了一场不大不小的雨。猛然间想起，昨晚睡梦中好像听到有风吹沙扬的声音。原来不是飞沙，而是落雨。看着庭院中湿漉漉的草木，比平时更显生机勃勃，孟轲又想起昨夜梦到的王道社会景象，一切都是那么充满活力，充满生机。

正当孟轲沉浸于昨夜梦中的情景而陷入沉思之际，滕更来了。

"先生，昨夜下雨刮风，您睡得还好吗？"滕更见孟轲似乎是在凝视眼前草木上的水珠，所以这样问道。

孟轲听到滕更说话的声音，这才从沉思中回过神来，扭过头看了一眼滕更，问道：

"你今天这么早就来了，是不是又有急事了？"

滕更笑着摇了摇头，说道：

"先生，弟子今天没有什么急事。"

"没有什么急事，你今天来得这么早干什么？"因为平时滕更来问候孟轲，一般都是在朝食时间。所以，孟轲有这么一问。

滕更看着孟轲疑惑的眼神，故意神秘地一笑。

"你笑什么？"孟轲直视滕更，说道。

"先生，弟子今天虽然没有什么急事，却有一件重要的事。因为弟子有点憋不住，所以今天一大早就来了。"

"什么重要的事，让你憋不住了？莫非国君任命你为滕国左相，代替毕战主持滕国国政了？"孟轲看着滕更，笑着问道。

"先生，您真会开玩笑！国君怎么可能任命我为滕国左相呢？在滕国历史上，从未听说过有此先例。再说了，就是弟子有这个能力，现在也不可能代替毕战主持滕国国政的。眼下国君正要重用毕战推行一项重大的计划呢。"

"什么重大的计划？"孟轲立即追问道。

"先生，您还跟弟子保密吗？"

"滕更，你这是什么意思？怎么让为师越听越糊涂了呢？"孟轲看着滕更说道。

"两天前，左相毕战是不是奉国君之命来向您请教过井田制？"

"是呀！"孟轲脱口而出。

"昨天国君跟我说起毕战请教您的经过，说他决定要按照您跟毕战所说，在滕国结合井田制进行新赋税改革。他让弟子明天陪您进宫，再就此事相商一次。弟子觉得先生的时运到了，终于迎来了一次绝好的王道社会理想的实践机会。因为昨晚激动得一夜无眠，所以今天早上就憋不住来了，提前向您禀告这个消息，而不是等到明天。"滕更终于道出了原委。

孟轲听了滕更的话，不知是怀疑，还是激动，竟然半天说不出话来。但是，沉静下来后，孟轲还是相信了滕更的话。

第二天，孟轲在滕更的陪同下，再次晋见滕文公。

这一次，二人相见，滕文公没有太多的客套，就径直上题了：

"前些天，寡人听了毕战转述先生有关井田制的见解，觉得非常受益。不过，夫子也知道，滕是一个蕞尔小国，国土面积狭小，可以耕作的耕地就更少了。基于滕国的国情，如果要推行井田制的话，夫子认为该如何运作，才能使老百姓迅速地富裕起来呢？"

孟轲一听滕文公这话，知道前几天跟毕战游说井田制取得了效果。现在，滕文公问他如何在滕国运作井田制，这说明昨天滕更跟他报告的消息不虚，滕文公确实是准备好了在滕国推行仁政。他相信，只要井田制与"什一税"在滕国真正推行开来，并取得成果，那么自己以滕国为实验基地推行王政计划就有可能取得成功，先圣孔子所追求的王道社会理想就有可能首先在滕国实现。想到此，孟轲不禁心潮澎湃。但是，他最终还是抑制住了内心的激动，极力以平缓的语气对滕文公说道：

"推行井田制，最重要的是制订合理的土地分配方案，同时将农田土地都治理好。除此，就是要推行'什一税'，减轻老百姓的赋税负担，这样才能使

王道梦

390

老百姓尽快富裕起来。老百姓都富裕起来后，还要教育他们注意节约，要按时食用，依礼适度消费，这样财富就用不尽了。我们都知道，水与火是人们生活所必需的，离开它们，人们就无法生存。但是，不论在什么情况下，黄昏之时，当我们去敲别人的门去求水求火，是没有人不给的。为什么？因为每家每户水火都非常充足，可以借给他人。圣人治国安邦，最理想的境界就是要让粮食像水火那样充足。如果粮食像水火那样充足，老百姓哪有不仁爱的呢？"

"夫子说得对！粮食是国之根本，只有让老百姓吃饱肚子，国家才能安定，社会才能和谐。"滕文公点头说道。

孟轲见滕文公已然同意了自己减税的建议，遂趁热打铁，进一步向滕文公提出自己王政计划的另一项重要内容，这就是养老问题。因为先圣孔子的王道社会理想中就包含了这一核心内容。事实上，一个社会只有真正能够做到"人不独亲其亲，不独子其子，使老有所终，壮有所用，幼有所长，矜、寡、孤、独、废疾者皆有所养"，才算是真正达到了理想的最高境界。这样的社会，才能算是"大道之行也，天下为公"的王道社会。想到此，孟轲迅速整理了一下情绪，然后望着滕文公，从容不迫地说道：

"商纣王残暴不仁，伯夷为了躲避他，住到了北海边上。但是，当他听说周文王兴起时，立即兴奋得不能自己，跟人说：'我为什么不到岐山脚下，去归附仁义的西伯呢？我听人说，他最善于奉养老人了。'姜太公为了躲避商纣王，避居于东海之滨。但是，听说周文王兴起后，他兴奋地说：'我何不归依西伯呢？我听说他最善于奉养老人了。'有善于奉养老人的君主，那天下所有的仁人都一定会归附他，将他治理的国家作为自己的归依之所。"

"夫子说得对！一个人有孝敬老人之心，就足见他是一个仁慈之人。"滕文公说道。

孟轲见引经据典对滕文公最见效，足以让他信服，于是就以此为基础，进一步予以发挥道：

"五亩之宅，男子种桑于墙下，女子养蚕于家中，那老人就可以穿丝帛了；家中养五只母鸡，再养两头母猪，精心饲养，使它们不断繁殖，老人就可以吃肉了；百亩之田，男子勉力去耕种，八口之家就可以吃饱饭了。所谓西伯善于奉养老人，就在于他制定了适宜的土地制度，教育人民种植与饲养，引导人民率领妻儿老小一起来奉养老人。老人到了五十岁，如果没有丝帛，就会穿不暖；到了七十岁，如果没有肉，就会吃不饱。穿不暖，吃不饱，就会挨冻受饿。在周文王的治下，没有挨冻受饿的老人，说的就是王道社会的情况。"

滕文公读书少，对于周文王的事根本就知之甚少。所以，孟轲怎么说，他都信以为真。听完孟轲上述一番话，他连连点头称是，于是就决定在滕国推行王政。

三、劳心者治人

在孟轲极力游说怂恿下，滕文公决定在滕国推行井田制度，并进行相应的赋税配套改革。尽管雷声大，雨点小，进展很慢，但名声却很大，引起诸子百家各派人士的广泛注意。又因为滕文公的政治改革实验是由孟轲推动的，所以孟轲的声望也由此得到了提升，知名度也日益扩大。由此，孟轲在滕国的一年多时间里，冲着其声望而专门来找他辩论者有之，来拜师求学者也有之。

周显王四十八年（公元前321年）六月十五，傍晚时分，孟轲刚从外地考察回来，回到上宫住所时，天都快要黑了。同行的几个弟子将他送到上宫庭院外，就各自回自己的住处了。

"先生，您这几天在外考察很辛苦吧？"孟轲一进上宫庭院，滕更就从里面迎了上来，高声问道。

"还好，并不觉得怎么累。"孟轲信口答道。

"看来先生身体真是健朗。"

滕更话音未落，孟轲突然有所醒悟，觉得滕更的行为有些奇怪。于是，抬头看了看天色，又端详了一下滕更，问道：

"哎，你今天这么晚还来这里干什么？"

"弟子在等您呀！"滕更脱口而出。

"等为师干什么？你怎么知道为师今天回来？"

"先生，您忘了？您跟几位师兄出发前，不是跟弟子说好今天会回来的吗？"

孟轲一愣，低头回想了一下，然后默默地点了点头。

"先生，您想起来了吧？"滕更笑了。

孟轲没有直接回答滕更的问题，而是反问道：

"今天这么晚，难道你就是专门为等为师回来的？"

"既是，也不是。"

孟轲觉得滕更是话中有话，于是更加好奇了，连忙追问道：

"这话怎么讲？"

"说是，是因为弟子确实是来等先生回来的；说不是，是因为除此之外，弟子还有一件事要来禀报先生，并需要得到先生的准确答复。"滕更说道。

"什么事？"孟轲一听，顿时来了精神。

"您走后不久，农家学派的许行就带着一帮弟子从楚国到了滕国。其中，许行的弟子陈相还专门登门要向您请教。我想，他不是要请教的，而是要找您辩论的。可是，您正好不在家。他前后来了三次，态度颇是诚恳。所以，弟子就跟他说，等您外出考察回到上宫住所，就通知他再来拜访您。今天弟子就是要您给个话，是见陈相，还是不见？如果见，您准备安排在何时？"

孟轲一听是农家学派的许行来滕国了，他的弟子还想来跟自己辩论，顿时非常兴奋，不假思索，就脱口而出道：

"好！你告诉陈相，让他明天就来见为师。如果许行想见老夫，也可以。"

"先生，您说许行来也可以，这话是真的？"

"当然是真的。"孟轲肯定地答道。

"那先生是否知道许行是什么样的人？"滕更觉得孟轲肯定不知道许行在农家学派中的地位，所以望着孟轲，带有提醒意味地问道。

"具体情况不是很了解，只听说他在农家学派中目前还颇有影响。是否你有更详细的了解？说来听听吧。"孟轲漫不经心地答道。

"弟子对许行也没有多少了解，只是透过陈相，对他的主张有所耳闻。"

滕更话音未落，孟轲立即追问道：

"他有什么主张？"

滕更一听，就知道孟轲是有兴趣的，于是回答道：

"许行自认为是远古神农氏的信徒，人生的目标就是'教民农耕'。他有两个最重要的主张：一是'种粟而后食'，就是先种粮再吃饭，自耕自食，不耕不食。二是'贤者与民并耕而食，饔飧而治'，就是要求贤明的国君要跟老百姓一起参加耕种，以获取自己的口粮，还要自己亲自做早餐与晚餐，并处理好国事。正是因为抱持这两个主张，很多年来，他带领门徒数十人一直坚持穿着粗麻短衣，在江汉之间的旷野荒原开荒种地，以打草织席为生。"

"如果按照他的主张，那也只能解决吃饭问题。但是，事实上人生并非仅有吃饭这一件事，还要穿衣、住房等，难道都要自己亲力亲为？"孟轲反问道。

"不是。许行只是主张要以农事为中心任务，同时也强调从事手工业生产的重要性，并意识到商品交换的必要性。为此，他还对市场与物价进行过深入调查与研究，提出了自己对于如何进行商品交换的主张。他认为商品交换是必要的，但需要公平公正，应该根据商品的大小、长短以及数量进行定价，反对有人不参与产品生产而只居中获利，也就是反对商人的存在，更反对商人在商品交换中有抬高物价的欺诈行为。"滕更说道。

"还有吗？"很明显，孟轲对许行的思想学说并不是十分了解，所以他想从滕更那里了解更多。

滕更明白孟轲的意思，遂又接着说道：

"根据陈相的说法，许行思想学说的核心就是反对不劳而食，不劳而获。他说，许行曾明确说过：'仓廪府库，是厉民而以自养也。'意思是说，国君建仓库储米存谷，设府库积财聚货，都是伤害人民而用以供养自己的。为此，许行还反对国君拥有仓库、府库的物权。"

孟轲听了滕更的介绍，觉得对许行的思想学说已基本了解，于是立即将话题切换到自己关注的重点上：

"许行来滕国，有没有见过国君？"

"许行带着一帮弟子从楚国来到滕国，一进国都就立即前往宫中谒见国君，告诉国君说：'我是从远方来的，听说您正在实行仁政，所以我想获得一块土地，还有一个住所，从此以后做您的百姓。'"

"国君是怎么回答的？"孟轲问道。

"国君见许行是从楚国不远千里而来，而且明确说要做他的百姓，当然是非常高兴了，于是立即给许行及其弟子安排了一处住所，并且划给了他一块耕地。由此，许行与其弟子几十人就在滕国住了下来。像以前在楚国一样，他们在滕国仍然穿着粗麻织成的短衣，每天除了耕地种田，就是编草鞋织席子，以此自谋生计。"滕更说道。

"陈相是许行的弟子，他不耕地种田，不编草鞋织席子，跑来找我干什么？"孟轲又问道。

"陈相原本并不是许行的弟子，而是我们儒家学者陈良的门徒。陈相跟他的弟弟陈辛听说您在滕国推行王政计划，帮助我们国君在滕国恢复井田制，实行仁政，于是就背着耒耜等农具，从宋国来到了滕国。他们谒见我们的国君，说：'听说您正在实行圣人的德政，可见您也就是圣人了。我们愿意成为圣人治下的百姓，希望您能收留我们。'国君欣然同意，于是，陈相与陈辛兄弟二人也在滕国住下了。"

"陈相兄弟二人是什么时候到滕国的？"孟轲又追问道。

"比许行只晚两天而已，是前后脚的事。陈相到滕国后，听说许行及其弟子也从楚国来到了滕国，立即前往拜访许行。二人相谈甚欢，陈相被许行及其弟子的行事作风所打动，也非常认同许行提出的主张，于是毅然决然地抛弃了先前所信奉的儒家思想学说，成为一个农家学说的狂热信徒。"滕更说道。

"陈相既然背弃了我们儒家的思想学说，那为什么还要来见为师呢？"孟轲又问道。

"这个就不知道了。弟子只是想知道，先生到底是要见他，还是不见他？"

孟轲沉默了好久，最后才语气坚决地对滕更说道：

"不管他是为了什么目的要见我，你都让他来吧。"

"好！那我叫他明天就来见您，如何？"滕更问道。

孟轲点了点头。

第二天，陈相如约来见孟轲。行礼寒暄毕，陈相就转述许行的话，跟孟轲说道：

"滕君确实是个贤明的君主。尽管如此，他还是不懂治国之道，没有听说过治国的真理。真正的贤君治国，应该是跟老百姓一起耕种而获得食物，应该一边亲自料理一日两餐，一边治理国家。现在滕国有储存粮食的仓库，还有收藏财物的府库，这是在损害老百姓的利益来奉养国君，怎么能说他是真正的贤明呢？"

孟轲听了陈相的话，不禁莞尔一笑。

"孟轲先生，您笑什么？我说得不对吗？"陈相不解地看着孟轲，问道。

"你说得当然不对！"

见孟轲说得斩钉截铁，陈相也不示弱，直视孟轲说道：

"哪里不对？请您指教！"

孟轲也直视陈相，首先问了陈相一个问题：

"许子一定是自己先种了庄稼，然后再吃饭吗？"

"是。"陈相不假思索地答道。

"那许子一定是自己先织了布，然后再穿衣吗？"孟轲又问了陈相一个问题。

"不是。许子不穿细布衣，而只穿粗麻制成的衣服。"

"那许子戴帽子吗？"孟轲再问。

"戴。"陈相答道。

"戴什么帽子？"孟轲进一步追问道。

"戴白绸帽子。"

"是许子自己织的吗？"孟轲再问。

"不是，是用他种的谷米换来的。"

孟轲看了一眼陈相，微笑着问道：

"那许子为什么不自己织呢？"

"因为这会妨碍他耕种。"

"许子用釜甑做饭，用铁犁耕地吧？"孟轲再问。

"是的。"陈相答道。

"那这些都是许子自己制造的吗？"

陈相摇了摇头，说道：

"不是，是用他耕种的谷米换来的。"

孟轲立即接住陈相的话，说道：

"农夫用谷米换取釜甑等炊具、铁犁等农具，不能说是损害了烧窑人与铁匠的利益；那烧窑人用釜甑等炊具、铁匠用铁犁等农具换取农夫的谷米，难道就是损害了农夫的利益吗？如果是这样，那许子为何不亲自烧窑炼铁，亲自制造各种炊具农具，然后储备在家而随时取用呢？为何许子为了获取不同器具，一次又一次地跟不同的工匠做交易打交道呢？难道许子不嫌麻烦吗？"

"因为各种工匠所要完成的工作，本来就不是可以一边种田一边去做的。"陈相答道。

"既然如此，那么为何偏偏治理国家的工作就可以一边种田一边去做呢？"孟轲反问道。

陈相无言以对。

孟轲见此，遂又接着说道：

"官吏有官吏要做的事，百姓有百姓要做的事。况且一个人的生活，并不是只有谷米就能解决问题的，还需要釜、甑、耒、耜、犁等各种不同的器具，这些都需要具有不同技艺的工匠去制造。如果每样器具都要自己制造出来才能使用，那么全天下的人都会整天疲于奔命。人类社会本来就应该有所分工，有人劳心，有人劳力。"

"什么是劳心，什么是劳力？"陈相不解，插话问道。

"'劳心'就是用心思，'劳力'就是出力气。比方说，国君与王公大人，各级官吏，他们不参与农业与手工业生产，但是他们要花心思管理农夫与百工，这就是'劳心'。而农夫与百工，他们或是耕地种田，或是制作器具，或是修路建房，出力出汗，这就是'劳力'。"

陈相点了点头。

于是，孟轲又接着说道：

"劳心者治人，劳力者治于人；治于人者食人，治人者食于人，此乃天下之通义。"

"孟轲先生，这话怎么讲？"陈相又不明白了。

"刚才我不是跟你解释了什么是'劳心'，什么是'劳力'吗？所谓'劳心者'，就是国家的管理者，比方说国君、官吏等；所谓'劳力者'，就是农夫百工等干体力活的人。'劳心者'是国家的管理者，其职责自然就是管理别人，这就叫'劳心者治人'；'劳力者'是被管理者，要接受他人的管理，这就叫'劳力者治于人'。'劳心者'是'治人者'，不直接参与生产，但他们也要生活，这就需要'劳力者'提供衣食日用之需，这就叫'治人者食于人'。也就是说，作为'治人者'的'劳心者'要靠别人供养。'劳力者'是被管理者，所以叫'治于人者'。他们直接参与生产与财富创造，有一定的劳动所得。他们的劳动所得，不仅可以养活自己，还有多余。这多余的部分，需要拿出来，提供给不参与生产的'劳心者'，这就叫'治人者食于人'。也就是说，管理者受被管理者供养。管理者虽然没有直接参与生产与财富创造，但他们是生产活动与财富创造的组织者、管理者，属于间接参与者。因此，他们受到被管理者的供养，也是天经地义的。这就叫'天下之通义'。"孟轲解释道。

陈相点了点头，表示听懂了。

孟轲见此，遂又进一步发挥道：

"在尧帝当政的时代，天下还不安定，洪水横流，泛滥成灾，草木长得异常茂盛，禽兽繁殖得异常快，但五谷却没有收成。飞禽走兽横行，人类受到威胁。道路之上尽是兽蹄鸟爪之印，纵横交错遍布中原大地。对此，尧深以为忧，推举舜出来进行治理。舜让益出掌火政，益焚烧了山林沼泽的草木，使禽兽无处藏身，纷纷逃跑隐藏。舜又让禹出掌水政，治理九河，疏通济水、漯水，使之注入大海；掘通汝水、汉水，疏浚淮水、泗水，使之注入长江。经过这番治理，中原大地才能耕田种粮，老百姓才吃上了饭。在这期间，禹在外八年，三次经过自己的家门，都没有来得及进去一次。像禹这样的人，他想亲自耕田种地，行吗？"

陈相摇了摇头。

孟轲看了陈相一眼，接着说道：

"后稷教导人民种庄稼，种植五谷。五谷成熟，老百姓才得以养育。人之所以为人，吃饱了，穿暖了，住得安逸了，还要接受教育。如果不接受教育，那还是跟禽兽差不多。尧懂得这个道理，所以一直为此忧心。最后，他发现了一个合适的人才，就是契。于是，他任命契为司徒，负责对老百姓进行教化，让他们懂得伦理道德。契教育老百姓：父子之间要有骨肉之亲，君臣之间要有礼义之道，夫妇之间要有内外之别，长幼之间要有尊卑之序，朋友之间要有诚信之德。尧帝评价契的工作，曾经说过这样的话：'劳之来之，匡之直之，辅之翼之，使自得之，又从而振德之。'意思是说，慰问安抚老百姓，使他们愿意亲近自己，然后纠正他们的错误，帮助他们提高认识，使他们明白自己的本性，最后再加以提携教育。像尧帝这样为老百姓考虑得如此周到之人，有时间亲自从事耕种吗？"

陈相又摇了摇头。

于是，孟轲又接着说道：

"尧以发现不了舜这样的治国之才为自己最大的忧愁，舜以找不到禹、皋陶这样的得力助手为自己的最大忧愁。以自己的一百亩田地种不好而感到忧愁的，那是农夫。将钱财分给别人，叫作'惠'；将劝人为善的道理教给别人，叫作'忠'；为天下举荐人才，叫作'仁'。所以说，将天下让与别人易，为天下举荐人才难。先圣孔子曾评价尧、舜二帝说：'大哉尧之为君！惟天为大，惟尧则之，荡荡乎民无能名焉！君哉舜也！巍巍乎有天下而不与焉！'意思是说，尧作为君主，真是太伟大了！世上最大的只有天，但能效法于天的，也只有尧。尧的功德浩荡无涯，让老百姓找不到任何合适的言辞来赞美他。舜作为一国之君，尽到了自己的职责。他只尽治理天下之责，却并不占有天下，享受治理天下的威福。尧、舜二帝治理天下时，难道没有用心思吗？当然不是。他们只是没有将心思用在耕田种地这件事上而已。"

陈相点了点头。

孟轲看了一眼陈相，继续说道：

"我只听说过要以华夏文明同化夷狄戎蛮之人，没有听说过要以夷狄戎蛮来同化华夏之人。陈良本是楚国土生土长之人，却喜爱周公、孔子的学说，不远千里而游学于中原。就是北方的学者，也是无人能超过他的。他应该就是大家所说的豪杰之士了！你们兄弟二人，跟陈良先生学习数十年，他刚刚过世，你们就背叛了他。昔日先圣孔子过世，他的弟子在居丧守礼三年之后，各自收拾行李准备归去。在作揖行礼向子贡告别时，大家都相对而哭，泣不成声。哭完之后，大家才依依不舍地告别而去。子贡在大家都离去后，独自回到了先圣墓地，在旁边重新搭了个小屋，又独自陪了先圣三年，然后才离开。后来，子夏、子张、子游认为师兄有若长得像先圣，便想以尊重先圣之礼来尊敬他。但曾子不能同意，他说：'不行。先圣之德就像是江、汉之水洗濯过，夏日之阳暴晒过，洁白无瑕，无以复加了，谁也不能与之相比。'"

陈相一听，立即就明白了，孟轲这是在指名道姓地骂他们兄弟二人不义，背叛老师陈良，于是惭愧地低下了头。

孟轲见此，以更加不客气的语气说道：

"现在许行这个说话像鸟叫的南方蛮子，不知天高地厚，竟然诋毁先王之道，传播异端邪说。而你们兄弟二人竟然背叛先师陈良先生，抛弃先前所学的儒家学说，而跟许行学什么农家学说。你们对待老师的态度，跟曾子对待先圣的态度又何止是大不相同，简直是差之万里，判若云泥。我听说过《诗》中有'出于幽谷，迁于乔木'的话，说鸟儿都喜欢从幽暗的山谷飞往高大的树木上栖息，没听说有什么鸟儿会从高大的树木上飞进幽暗的山谷中栖息。《诗》中有《鲁颂》，说：'戎狄是膺，荆舒是惩。'意思是说，戎狄是非华夏的异族，固然是要予以打击的。楚、舒二国也是化外之邦，也是要予以惩罚的。对于楚国，周公都要予以打击，你却要向楚国人学习，真是不知道求变向善呀！"

大概是因为孟轲的批评太过激烈了，陈相这次终于情绪开始反弹，辩驳道：

"如果按照许子的学说，那么市场上的物价就会趋同一致，国中买卖就不会有欺诈。即使是让五尺小童上街买东西，也不会有人欺骗他。布匹丝帛的长短相同，价钱就应该相同；麻线丝绵的轻重相同，价钱也应该相同；五谷的多少相同，价钱也应该相同；鞋子的大小相同，价钱也应该相同。许子的这一市场交易原则，难道不对吗？"

孟轲见陈相说得理直气壮，顿时更加生气了，立即不留情面地反驳道：

"各种商品都有好坏之分，精粗之别，这是众所周知的。正因为如此，相同的商品，其价格的差别有的是一倍五倍，有的是十倍百倍，有的甚至是相差千倍万倍。你们却罔顾商品的质量差异，强行将其价格拉齐统一，这是在扰乱天下的市场秩序。大鞋小鞋，好鞋差鞋，价钱都一样，那么谁还愿意精益求精，将鞋子做好而不偷工减料呢？如果按照许子的学说，那就是等于引导全天下的人都走向虚伪欺诈。许子的学说，哪里能够用来治理国家呢？"

陈相被孟轲如此一番抢白之后，一时哑口无言。最后，只好悻悻然告辞而去。

孟轲跟陈相辩论，以及怒斥陈相背叛老师陈良之事，在孟轲弟子中迅速传开。为此，大家都相互勉励，要以陈相兄弟之事引以为戒，今后务必要坚信儒家思想学说，务必忠诚于孟轲，无论如何都要忠心不贰，从一而终。

因为陈相的事，孟轲的心情好几天都不能平静。但是，第三天，徐辟又带了一个墨家弟子夷之来见孟轲。

徐辟是孟轲来滕国后所收的第一个弟子，因为感佩于孟轲的论辩水平，所以接受了夷之的请求，替他引见孟轲。

"先生，弟子今天冒昧带来一个人，不知您肯见不肯见。"徐辟一见孟轲，便开门见山地说道。

"什么人？"孟轲看了一眼徐辟，随口问道。

"是一个墨家弟子，叫夷之。"

"他要见为师干什么？"孟轲又问道。

"他说久闻您的大名，想跟您请教学问。"

"他是墨家弟子，墨家与儒家思想学说不同。先圣说：'道不同，不相为谋。'为师跟他说什么？"孟轲说道。

"先生，人我都带来了，就在门口等着。您是否破例见一次呢？下次再有其他学派的弟子要求见您，弟子一定先征求您的意见，然后再带他们来见您，不敢再冒昧鲁莽了。"

孟轲见徐辟这样说，反而不好意思了，于是就跟徐辟说道：

"我原本是想见他的，只是今天身体感觉有些不舒服。等我身体好一点，我去拜访他吧。"

徐辟知道孟轲这是托词，但也只能原话转告夷之，让他改日再来。

过了两天，夷之在徐辟的陪同下，又到上宫来拜见孟轲了。

徐辟为夷之通报时，孟轲对徐辟说：

"今天我倒是可以见他了。不过，不实话直说，真理就不能显明。今天，我就实话直说吧。我听说夷子是墨家信徒，墨家主张办理丧葬要以节俭为原则，认为厚葬不合理，薄葬才合乎圣人之道。夷子也主张薄葬，并想以此改变天下的习俗，岂不是认为唯有薄葬，才能显示尊贵吗？然而，事实上夷子却厚葬了自己的父母。请你帮我问问他，他这是不是以其所轻贱之事来对待其父母？"

徐辟连忙出门，将孟轲的这番话如实转告了夷之。

夷之听了，连忙辩解道：

"儒家的学说认为，古代的圣君爱护老百姓就像爱护婴儿一样。请问这是什么意思呢？我认为这话的意思是说，人对人的爱，并无亲疏厚薄之别，只是爱的表现首先是从父母开始而已。"

徐辟连忙进去，将夷之的话如实转告于孟轲。

孟轲听了，不以为然，说道：

"夷子真的以为人们爱其兄之子，就像爱其邻居的婴儿一般无二吗？他也许只看到了问题的一个方面而已。比方说，婴儿在地上爬，快要掉到水井中去了，这当然不是婴儿的过错。既然婴儿已经快要掉到水井中了，那么这时无论是谁家的孩子，人们都会自然而然地去施救。夷子大概是因此就断定，人对人的爱是没有亲疏厚薄之别的。其实，这并没有看清人类情感的全部。况且天生万物，只有一个根源，就像人的根源只有父母一样。而夷子可能认为，天生万物，并不是只有一个根源，而是有两个根源，就像人的根源也有两个一样，一个是自己的父母，一个是别人的父母，两者没有区别。也许上古时代确实有人不安葬自己的父母，父母死了，就将尸体扔进山沟里。但是，改天经过那里，看见父母的尸体被狐狸啃食，被蚊蝇叮咬时，额头上就直冒汗，心里感到愧疚不已。最后，只能斜着眼睛看一眼，而不敢正视。这额头上的汗水，不是为别人而流，而是内心愧疚之情的表现。于是，他回家取了锄头和畚箕，重回现场，将父母的尸体给掩埋了。古人知道埋葬尸体，这确实是对的；那么，孝子仁人埋葬他的父母，自然也一定有他的道理。"

徐辟又出来，将孟轲的这番话原原本本地转述给夷之。夷之听了，思索了好半天，最后才点了点头，说道：

"孟子的教导是对的，我终于明白了！"

孟轲接二连三地跟陈相与夷之辩论，虽然进一步提升了儒家思想学说在滕国的影响力，但也因此让孟轲背负了好辩的名声。

有一天，孟轲讲学论道之余，跟众弟子闲聊，公都突然问了孟轲一个问题：

"先生，别人都说您喜欢辩论，请问这是为什么呢？"

孟轲长叹一声，说道：

"我难道是真的喜欢辩论吗？我是不得已而辩论呀！"

"先生，这话怎么讲？"公都问道。

"人类社会的产生已经很久了，一会儿太平，一会儿动乱，总是不得安定。在尧的时代，洪水倒流，中原地区泛滥成灾，到处都成了龙蛇的居处，人们无处安身，居无定所。在低地的人们，往往筑巢于树上栖身；在高地的人们，则挖掘连通的洞穴居住。《尚书》中有'洚水警余'的记载，意思是说：'洚水警诫我们。'洚水，就是洪水。为了保护人民的生命，尧命令禹负责治理水患。禹疏通了河道，将水都引入了大海，将龙蛇都驱赶到草泽中。水顺着河床流淌，自西向东，由高到低，形成了长江、淮河、黄河、汉江等河流。凭借山河险阻，水患灾害已经不存在，危害人类的鸟兽也随之销声匿迹。由此，人们才能在平原地区定居下来。"孟轲说道。

"先生，您接着讲。"公都非常佩服孟轲的博学，一向都喜欢听他讲古。所以，孟轲刚歇了口气，他便急着催促道。

孟轲看了一眼公都，点了点头，接着说道：

"尧、舜二帝相继离世之后，圣人之道开始逐渐衰落，残暴的君主每一个朝代都有。他们为了自己的享乐，毁坏民居以为深池，使老百姓无处安身；他们毁坏农田以为园囿，使老百姓不得衣食。从此，异端邪恶的学说、惨无人道的暴行又开始出现了。园囿、深池、草地、沼泽多了起来，害人的禽兽也就随之而来。到了商纣王时，天下又开始出现大乱。周公辅佐周武王，起兵讨伐商纣王，灭了殷商王朝。然后，又挥师东进讨伐奄国，用兵三年，最后杀了奄国之君。还将商纣王的宠臣飞廉赶到了东海边，最后将他杀了。为了统一天下，使老百姓得到安宁，周公辅佐周武王前后灭亡了大小五十个国家。将虎、豹、犀牛、大象都赶得远远的，天下的老百姓都非常高兴。《尚书》中记载：'丕显哉，文王谟！丕承者，武王烈！佑启我后人，咸以正无缺。'意思是说，周文王的谋略，是多么光明正大！周武王的功勋，是多么伟大！帮助我们后人，启发我们后人，让我们都正道直行，道德不出现亏缺。"

"先圣之所以那么推崇周文王之德，推崇周公与武王之功，就是因为这个原因吧？"公都问道。

孟轲点了点头，接着说道：

"可惜的是，后来世道衰微，异端邪恶的学说、惨无人道的暴行又出现了，有为臣的杀了自己的君上，有为子的杀了自己的父亲。先圣孔子对此深为忧虑，怕这种不正常的局面再继续下去，于是便著成《春秋》这部史书。《春秋》所确立的纲常伦理原则，以及对人物的褒贬，本来是天子的事务。所以，先圣孔子说：'了解我的人，或许只能根据《春秋》这部书吧！责骂我的人，或许也只能根据《春秋》这部书吧！'"

"先圣是说，他著《春秋》是越俎代庖，是做天子应该做的事，是吧？不过，弟子怎么听起来，觉得先圣好像不是在作自我批评，而是在批评周天子没有尽到天子的责任呢？"公都说道。

孟轲点了点头，说道：

"先圣确有此意，这就是先圣的'春秋笔法'。他对周天子，包括《春秋》中记载的所有君臣人等的评价，都是用的这种笔法，后人需要用心推究，才能了解其微言大义，明白他真正的态度。"

"哦，原来如此！先生，您接着讲吧。"

孟轲看了一眼公都，接着说道：

"此后，圣王不再出现，诸侯不再有所顾忌，居家不仕之士不了解天下情势的变化而乱发议论，杨朱、墨翟的学说全天下传播。而今，天下盛行的学说，不属于杨朱学派，就属于墨翟学派。杨朱学派主张一切为我，以自我为中心，这是目无君上；墨翟学派主张兼爱天下，不分亲疏，这是目无父母。目无君上，目无父母，那就是禽兽。贤士公明仪说：'厨房里有肥肉，马厩里有肥马，而老百姓面有饥色，野外有饿死之人，这无异于率兽吃人。'杨朱学派的学说不停止传播，先圣孔子的学说就无法彰显发扬。这就是异端邪说误导欺骗了民众，阻塞了仁义的道路。仁义之路被阻塞，那就无异于率兽吃人，天下会出现人吃人的现象。我对此深为忧虑，这才站出来捍卫先圣之道，反对杨朱墨翟的学说，驳斥荒谬的言论，使异端邪说不得再盛行。异端邪说从人们的心底生出，便会对社会产生危害；对社会产生危害，就会对政事有所妨碍。即使圣人复活，也会认同我的这番话。"

"先生说得对，弟子也认同您的观点。"

孟轲见公都说得诚恳，感到非常欣慰，遂轻轻点了点头，接着说道：

"从前，禹控制了洪水，从此天下太平；周公兼并了夷狄，驱赶了猛兽，从此百姓得以安宁；先圣孔子著成《春秋》，从此乱臣贼子才知道有所畏惧。

《诗》说:'戎狄是膺,荆舒是惩,则莫我敢承。'意思是说,打击了戎狄部族,处罚了楚舒二国,就没人再胆敢抗拒了。目无君上,目无父母,这样的人是周公所要打击的。我也想端正人心,止息邪说,反对偏激的行为,驳斥荒谬的言论,以此继承大禹、周公与孔子三位圣人的事业。我这难道是喜欢辩论吗?我是为了维护圣人之道,而不得不辩论呀!能够以言辞驳斥杨朱墨翟学说的,就是圣人的信徒。"

公都听了,连连点头,说道:

"弟子谨受教!"

第十章

在　魏

听滕更说完孟轲在滕国的往事，大家又是感慨唏嘘了好一阵。

宋大夫勾践见此，连忙挺身坐起，抱起酒坛，起身给大家斟酒，想调节一下气氛。他斟完酒，偶一抬头，发现月亮已斜落西半天，于是顺口说道：

"大家看看月亮。"

于是，众人同时扭头，朝夜空中望去，知道时间已经过了丑时。

过了好久，孟仲突然侧脸左望坐在不远处的彭更，开口说道：

"彭更师弟，你是先生离开滕国前，才投在先生门下的吧？"

"大师兄，您记得没错。我正是在先生准备离开滕国，前往魏国的前三天，才赶到滕国，投在先生门下的。如果晚到几天，先生跟各位师兄都离开了滕国，我追寻先生踪迹，就要大费周折了。"彭更侧脸右望孟仲，回答道。

在孟轲众弟子中，邹春虽然一直都是话多而且活跃的一位，但是，今天无论在孟轲的葬礼上，还是今夜在孟轲坟前聚会守灵的场合，他都没怎么说话。但是，听到大师兄孟仲问起彭更当年拜师求学之事，他顿时兴起，侧脸左望彭更，信口问道：

"彭师弟，你那时是从哪里得知先生在滕国，才赶到滕国的？"

"邹师兄，先生在滕国倡行井田制，帮助滕文公推行仁政时，我正在魏国之都大梁游学。当时，有一个从鲁国之都曲阜来的墨家子弟也在大梁。我是

405

偶然间从他那里听说先生在滕国的事。我觉得挺有意思，于是就匆匆赶往滕国，想了解一下先生所倡行恢复的井田制到底是怎么回事，同时也想了解一下滕国实行仁政后，滕国的老百姓是不是真的拥护，滕国是不是真的呈现出王道社会的景象。"

"哦，彭师弟，原来你从魏都大梁不远千里赶到滕国，并不是真心要向先生求学问道，也不是为了专门投在先生门下，而是来瞧热闹的，是吗？"公都立即接住彭更的话茬，笑着说道。

"公都师兄，不能这么说。当时，我虽然对先生的思想学说知之甚少，但听说先生在滕国推行仁政，我还是心向往之的，对先生也是肃然起敬的。不然，我也不会远从千里的魏都大梁，跋山涉水，不辞千辛万苦，赶到蕞尔小国滕的。"彭更连忙解释道。

好久没有说话的充虞，听彭更这样一说，顿时哈哈一笑。笑声爽朗，在月夜清风中传得很远，很远。

"充虞师兄，您笑什么？难道您觉得我说的不是真话吗？"彭更侧脸望着远坐在孟仲身边的充虞，大声问道。

充虞见问，也提高了音量，侧脸左望彭更，说道：

"彭师弟，如果我没有记错的话，你第一次见到先生，就对他提出了疑问，还非常尖锐，让我们都觉得先生面子上挂不住了。那天，先生坐着马车从外地考察回来，后面跟了数十辆马车，随行的弟子及滕国的大小官员，有数百人。我记得，你一见先生，没说几句话，就以质问的口气对先生说道：'后面跟着的马车数十辆，随从人员数百人，从一个诸侯国吃到另外一个诸侯国，您这样的排场不是也太过分了吗？'彭师弟，你当年是不是这样质问先生的？"

"惭愧！惭愧！当年我是少不更事，第一次看到先生出行有这样的阵势，确实是感到了极大的震撼，所以就没有多想什么，脱口而出，向先生提了一个问题。应该不算是质问吧！"彭更不好意思地笑了笑。月光下，反正彼此也难辨面容，并不知道他笑得是否有些尴尬。

景春比彭更投在孟轲门下要晚得多，此时他就坐在彭更身边，于是便侧脸远远地望着充虞，好奇地问道：

"充虞师兄，先生当时是怎么回答的呢？您还记得吗？能否给我们说说？"

充虞抬头看了一眼满天的星光，然后低头沉思了一会儿，才开口说道：

"如果我没有记错的话，先生当时是这样回答的：'如果不符合礼义之道，就是别人馈赠一筐饭，也是不应该接受的；如果符合礼义之道，别人赠予什么都是可以接受的。比方说，舜接受尧让给他的天下，自古以来，谁也不认为过分。你觉得过分吗？'彭师弟回答说：'不过分。'但是，又跟先生说：'读书人不做事而吃白饭，我觉得是不可接受的。'彭师弟，你这话是不是还是在质问先生？"

彭更觉得不好意思，没有回答充虞的提问。

于是，充虞又接着说道：

"先生对于彭师弟的质问不以为意，宽容地一笑，说道：'如果你不跟他人互通有无，交换劳动成果，让不同行业的产品自由交换，用羡余以补不足，那么耕田的农夫就有多余的粮食卖不出去，织布的妇女就有多余的布匹卖不出去；如果你跟他人互通有无，交换劳动成果，那么做木匠活的与造车的，就都能从你那里得到吃的。比方说，这里有个人，他在家孝顺父母，出外尊敬兄长，恪守古代圣王礼义之道，为国家为社会培养了很多有用的学者，却不能从你那里得到吃的，那么是否意味着木匠车工就尊贵，值得尊敬，而仁义之士就卑贱，就应该被轻视呢？'"

充虞话音未落，景春便追问道：

"那彭更师兄是怎么回答先生的呢？"

"彭师弟回答说：'木匠、车工做活，其动机本来就是谋求吃饱肚子的。君子推行仁义之道，难道跟木匠、车工一样，也是为了谋求吃饱肚子的吗？'"充虞说道。

"彭师兄，您的话是不是说，做工干活的木匠、车工是小人，谋求吃饱肚子的动机是值得肯定的。而推行仁义之道的是君子，有谋求吃饱肚子的动机就不高尚了，是不是？"景春侧脸望着彭更，问道。

"不是，不是。"彭更连忙摇头。

充虞见彭更否认，立即接口说道：

"先生当时反问彭师弟道：'你对人为何要论动机呢？只要他对你有功用，可以给予吃的，就应该给予他吃的。再说了，你到底是论动机给人吃的呢？还是论功用给人吃的呢？'我记得彭师弟回答说：'论动机给人吃的。'对于彭师弟的回答，先生不置可否，只是给他打了一个比方，说：'假如这里有个人，他把别人的屋瓦打碎了，还在人家新刷的墙壁上乱画，他的动机也是得到吃的，那你给不给他吃的？'彭师弟只好说：'不给。'于是，先生就说：'这样，你就不是论动机，而是论功用了。'说得彭师弟哑口无言。彭师弟，是不是？你服不服先生？"

"先生虽然有些狡辩，但真是善于论辩，当时就让我佩服得五体投地，所以也就不管先生的思想学说到底如何，就直接拜先生为师了。"彭更感慨地说道。

彭更话音刚落，孟仲又开口说道：

"关于君子与士人是否吃白饭的问题，刚才充虞师弟说到了彭更师弟跟先生的对话。如果我记得没错的话，同样的问题，公孙丑师弟也曾跟先生有过对话。公孙师弟，你还记得吗？"

公孙丑坐得离孟仲不远，一听大师兄孟仲问他，立即答道：

"大师兄，您记得没错。有一次，我读《诗》，看到其中有一句：'不素餐兮'，讲的是君子不吃白饭。于是，我就问先生说：'君子不耕地种田，却也吃饭，这是为什么呢？'先生回答说：'君子居住在这个国家，这个国家的国君任用他，国家就会因此平安富足、尊贵荣耀；少年子弟追随他学习，就会孝悌忠信。这就是不吃白饭呀！难道世上还有比这功劳更大的吗？'"

"其实，先生不论是跟公孙师弟所讲，还是跟彭更师弟所说，讲的都是一个意思，就是社会必须有分工。就是先生曾经在滕国跟陈相辩论时所说的'劳心者治人，劳力者治于人。治于人者食人，治人者食于人'。"

孟仲话音刚落，景春便远远地望着他，问道：

"大师兄，先生在滕国深得滕文公信任，推行仁政在诸侯国影响很大。为什么没过多久，先生就离开滕国，前往魏国了呢？"

"这个，你就要问彭更师弟了。就是他来滕国没几天，就鼓捣先生到魏国的，说魏惠王也有实行仁政的计划。先生大概是认为滕国太小，不足以施展抱负，所以就跟着彭更到了魏都大梁。"孟仲答道。

"既然如此，那下面是否请彭更师兄给我们讲一讲先生在魏国的往事呢？"景春脱口而出，向彭更提出了请求。

大家连声附和。

月光下，彭更看了一眼孟轲的新坟，沉默了一会儿后，便开始讲述起孟轲在魏国之都大梁的往事。

一、王何必曰利

"先生，魏都大梁马上就到了。"

周慎靓王元年（公元前 320 年）三月初五，将近日中时分，离魏都大梁城门还有五百步之遥，彭更便兴奋地手指前方，对孟轲高声说道。

这趟魏国之行，孟轲由彭更做向导，在众弟子前后簇拥下，道经薛地，然后进入宋国境内，一路往西，经方与、单父、外黄，出宋国之境，再往西，就到了魏国之都大梁。从滕国到魏都大梁直线距离，不过几百里。但是，由于孟轲的随行弟子多，车马多，众人一路走走停停看看，竟花了两个多月的时间。

孟轲带着众弟子，浩浩荡荡地进了大梁城，虽然没有立即引起魏惠王与魏国之相张仪的重视，却引起了汇聚于大梁的来自诸侯各国之士的注意。

三月十二，大梁晴空万里，和风拂面，天气不冷不热。朝食过后，孟轲正准备在彭更的陪同下，跟众弟子一起再到大梁城内各处尚未游览过的地方走一走，看一看。但是，孟轲还没动身，彭更便来禀报，说是有一个年轻人前来客栈，要求谒见他，向他求学问道。

孟轲原本就是一个好为人师者，一听是年轻人来向自己求学问道，立即对彭更说道：

"那今天的外出游览计划就暂时取消吧，反正城内已经游览了三次，城外也游览过两次，对大梁城的基本印象也有了。以后我们还有很多机会，再一起出去游览，考察风土人情。今天，我就先见一下这个年轻人吧，不要让他失望了。"

孟轲之所以这么重视一个前来求学问道的年轻人，愿意临时取消出外游览的计划，并不是因为他认识这个年轻人，也不是因为这个年轻人有多重要，而是因为这个年轻人是他进入魏国之都大梁后第一个上门求学问道的，所以他很看重这个第一次。眼下儒家思想学说在诸子百家学派中算不得主流，亟待传播和扩大影响。魏国是一个大国，也是天下有影响的强国，如果儒家思想学说能在魏国迅速传播开来，自己门下能够迅速聚集起一批来自魏国的弟子，那儒家思想学说的影响力就大不一样了。

彭更虽然不知道孟轲内心有这样的盘算，但孟轲已经说了要见这个年轻人，他只好答应了一声，到客栈门口将前来求见的年轻人领到了孟轲面前。

年轻人叫景春，见到孟轲，自报了姓名来历后，就直接向孟轲表示，要拜在他门下求学问道。孟轲喜出望外，觉得今天取消外出游览计划是值得的，见了景春一面，就多收了一个门徒，从此传播儒家思想学说又多了一份力量。

拜师仪式过后，孟轲便跟景春以师徒的名分闲聊起来，问了他以前的事情，比如跟哪家学派什么人学习过，知道诸子百家哪些学派的思想学说，等等。景春都一一回答，孟轲感到很满意。但是，说到最后，景春一时兴之所至，突然跟孟轲说起了自己来魏国前，曾在韩国之都游学过一段时间，还曾见过韩国之相公孙衍的事。

"师弟，你见过公孙衍？他现在韩国为政怎么样？"一听景春说到公孙衍，立在孟轲身后一直没有说话的屋庐连，突然显得异常兴奋，立即向景春打听起公孙衍在韩国为政的情况。

公孙衍是纵横家，跟张仪一样，都是孟轲非常痛恨的人。但是，屋庐连拜在孟轲门下之前，曾在魏都大梁跟纵横家学习过。因此，他的内心深处还有纵横家情结，对于公孙衍、张仪之流的纵横家的新闻仍然兴趣不减。孟轲知道屋庐连的背景，屋庐连也知道孟轲不喜欢他这个背景，所以当初拜师时他特意对孟轲隐瞒了这段经历。

景春并不知道孟轲与屋庐连的这些事情，见屋庐连相问，又看在他是师兄的面子上，于是就将所知之事一一道来。孟轲虽然心有不快，但是碍于景春刚拜在自己门下，就没有打断他的话，姑且听之，就当是增广见闻。

但是，讲完公孙衍的事后，景春又主动跟孟轲说起了他来魏都大梁后的情况，并说他曾见过魏国之相张仪，知道魏惠王的近况。孟轲一听，立即神情振奋，因为魏惠王的近况正是他想了解的。此次中断正在滕国推行的王政计划，而前往魏都大梁，目的就是要游说魏惠王实行仁政，在有影响力的诸侯国将王政计划推广开去，从而扩大儒家思想学说的影响力，显示仁政的力量，为最终实现先圣孔子的王道社会理想奠定坚实的基础。

正当孟轲想趁机接住景春的话茬，向他了解魏惠王的近况时，立在孟轲左侧的孟仲已经替他先开了口：

"小师弟，你了解魏惠王的近况？那你给我们说说，如何？"

景春点了点头，看了看孟轲，又看了看孟仲、屋庐连等在拜师现场的其他师兄，然后从容不迫地将所了解的魏惠王近况，以及张仪为魏国之相的作为，都一一作了介绍。

孟轲听了景春的介绍，觉得这些情况对自己要游说魏惠王都是非常有用的，于是高兴地点了点头。

　　景春见孟轲显得非常高兴的样子，一时兴发，感慨地说道：

　　"公孙衍、张仪难道不是真正的大丈夫吗？他们冲冠一怒，天下诸侯都会害怕；他们安静下来，天下的战火就都熄灭了。"

　　孟轲一听景春说出这样的话，顿时抑制不住内心隐忍的怒气，板起面孔，直视景春，说道：

　　"公孙衍、张仪之流怎么能称为大丈夫呢？你就从来都没有学过礼法吗？男子成年，要举行冠礼时，做父亲的都要予以训导；女子成年，要出嫁时，做母亲的也会予以训导，并送到门口，告诫她说：'到了婆家，一定要恭敬，一定要谨慎，不要违背丈夫的意愿！'以顺从为正道，是做女人应该遵循的道理。那么，做男人又应该怎么样呢？安居天下最宽广的大宅里，立于天下最正中的位置上，走在天下最光明的大道上，有机会实现自己的志向时，便带领百姓遵循大道前行；不能实现自己的志向时，就独自坚持自己做人的原则。富贵不能乱我心，贫贱不能夺我志，权势不能使我屈，这才叫大丈夫！"

　　"先生教训得是，弟子谨受教！"景春惭愧地低下了头，毕恭毕敬地说道。

　　景春拜师后的第五天，也就是周慎靓王元年（公元前320年）三月十七，朝食过后，孟轲在孟仲、邹春、充虞、彭更四个弟子陪同下，乘着一辆马车，由彭更做向导，第三次出大梁城。出城的目的，虽然是游览，但更多的是要了解魏国的民情，为谒见魏惠王，游说其实行仁政的政治主张做准备。

　　就在孟轲离开下榻的客栈大约有烙三张大饼的工夫，一个年轻人就来到了孟轲下榻的客栈。其时，屋庐连正陪着邹正立在门口一边东张西望，一边有一阵没一阵地闲聊。

　　年轻人见邹正与屋庐连一副儒家子弟的打扮，猜想他们应该跟孟轲有关系。因为他知道，大凡有些头脸的诸子百家学派的人物，来到魏都大梁，不管是干谒游说魏王的，或是访友路过的，一般都会下榻于这个客栈。所以，他猜想孟轲一定会下榻于此。

　　"请问孟轲先生是否下榻于此？"年轻人走到邹正与屋庐连近前，一边施礼，一边彬彬有礼地问道。

　　"正是。您找我们先生有什么事吗？莫非您也是想投在我们先生门下求学问道？"屋庐连不假思索，脱口而出道。

　　邹正觉得屋庐连太冒失了，并非所有来找孟轲的人都是想拜师的。但是，屋庐连话已出口，他也没办法再挽回了，于是连忙岔开话题，一边施礼，一边笑着对年轻人说道：

"先生，请问您尊姓大名？"

"在下乃魏人周霄，现为魏王效力，乃朝中一小吏，混个温饱而已。"周霄以不失谦虚的口吻回答道。

邹正一听周霄是魏惠王朝中官员，不禁心中窃喜。不管周霄今天是来跟孟轲拜师求学的，还是一般礼节性的拜访，自己都要留住他，等孟轲回来跟他相见一面。如果他们谈得好，周霄能够拜在孟轲门下，那就能带动一批魏国士子聚于孟轲门下，使儒家思想学说多一个传播的途径；如果谈得不好，周霄不能拜在孟轲门下为弟子，起码也可以通过交谈建立一定的友谊。届时孟轲也可以靠他引见，比较容易获得谒见魏惠王的机会。不然的话，孟轲什么时候能够见到魏惠王，都很难讲。如果见不上魏惠王，不能顺利游说魏惠王，并进而在魏国推行仁政，实践其政治主张，那孟轲此次放弃滕国远赴魏国的既定目标就完全落空了。

想到此，邹正连忙客气有加地对周霄说道：

"我们早就听说您的大名了，今日一见，实乃有幸！只是我们先生不知道您今天要大驾光临，一大早就出城了。根据以往的经验，恐怕要过一两个时辰才会回来的。先生，要不我们进客栈坐一会儿。我们刚到大梁城不久，对于魏国很多事情都不甚了了，正好想借此机会向您请教请教，不知您是否方便？"

屋庐连一听邹正邀请周霄进客栈，并要请教魏国的事情，立即欢欣鼓舞地附和道：

"二师兄说得是。"

周霄见邹正与屋庐连二人都非常热情地邀请，于是点了点头。

三人进了客栈，来到孟轲下榻的客室坐下后，邹正先开了口，问了魏惠王的近况，然后又问了近期往来大梁的诸子百家人物，以及前来干谒魏惠王的各国游士的消息。周霄都一一作答，让邹正与屋庐连都非常满意。

之后，邹正又问了一些有关魏国风土人情的问题，周霄也一一作答。但是，屋庐连对此并不感兴趣。他最感兴趣的是魏国朝廷中的斗争，特别是对张仪辞去秦国之相而来魏国为相的事尤感兴趣，特别想了解。毕竟周霄与张仪在魏国同朝为官，肯定了解详细内情。于是，趁着邹正提问告一段落之机，立即将话题转换到了自己想要了解的方面，对周霄说道：

"先生，张仪为魏国之相，您跟他同朝为官，想必对他的事情有所了解吧？"

周霄跟田需关系很好，在魏惠王朝中，他们算是政治同盟，跟张仪则是属于敌对阵营。所以，一听屋庐连想了解张仪的事，他觉得屋庐连应该对魏国朝中争斗之事是有所了解的，于是颔首微笑，说道：

"当然有所了解。不知您想了解他哪些方面的情况？"

屋庐连见周霄如此坦率，也非常爽快，于是就少了初次相见的戒备与拘谨，望着周霄说道：

"我想了解他为什么在秦国权位如日中天之际，偏偏放弃秦相不做，跑到大梁来做魏国之相，硬是将惠施从魏国挤走。"

周霄一听屋庐连问的是这个问题，不禁哈哈一笑，说道：

"这个问题，您可是问对人了。对此没有人比我更了解内情了。"

"哦，原来如此。那太好了！"屋庐连兴奋地说道。

邹正虽然跟孟轲一样，对张仪之流的纵横家没有好感，但觉得现在张仪为魏国之相，既然已经来到了魏国，那么无论喜欢不喜欢张仪，都不能绕过这个人。既然周霄愿意说张仪的事，也不妨听听，起码可以借此了解秦、魏两国的动向，为孟轲游说魏惠王，在魏国推行仁政提供必要的背景参考。正是基于此想，他立即附和了屋庐连的话，说道：

"先生，那您就给我们讲讲吧，也让我们这些孤陋寡闻之人长长见识。"

周霄见邹正对此也有兴趣，于是看了看邹正与屋庐连，然后点了点头，从容说道：

"张仪为秦国之相，可谓权力达到了登峰造极的地步。他之所以在权力如日中天之际，毅然放弃秦相不做，而到被他打得丧师失地的魏国为相，是有不可告人的目的。不过，张仪与秦惠王的算计虽然非常高妙，但世人也不都是傻子，稍微有点头脑的人，从张仪的所作所为，便能推知他与秦惠王的战略意图。你们知道张仪来魏国为相前，在秦国之相位置上做的最后一件事吗？"

"不知道。"邹正与屋庐连二人同时摇头道。

周霄微微一笑，看了邹正与屋庐连一眼，接着说道：

"张仪在秦相位置上做的最后一件事，不是别的，就是亲任秦国主帅，率领秦国五万大军，于周显王四十七年，也就是前年的一月中旬，趁魏国军队毫无防备，潜出函谷关，直捣魏国西部重镇曲沃，伐而取之。要知道，曲沃不是一般的军事重镇，而是魏国紧邻秦国函谷关的一处战略要塞，地处魏国河之南岸，是护卫魏国河东本土的西部战略屏障。曲沃一旦失守，魏国河东之地便暴露在秦国大军的直接威胁之下。"

"哦，原来曲沃这么重要！"屋庐连虽然以前跟人学过纵横术，但对于天下山川形势并不熟悉。所以，听了周霄对曲沃战略地位重要性的分析，顿时有恍然大悟之感。

"正因为曲沃有非同寻常的战略地位，所以，大凡秦国兵出函谷关，一定会攻曲沃。早在周显王三十九年，也就是张仪入秦的前一年，秦国就曾攻取过曲沃。只是过了两年，就是周显王四十二年，秦惠王为了结魏国之欢心，实施联魏制楚策略，在张仪的谏议下，将已经攻取的曲沃连同魏国西部的河南另一重镇焦，一并归还给了魏国。前年一月中旬，张仪率秦国人军再次攻取曲沃后，魏惠王大惊失色，连忙遣使往秦都咸阳，向秦惠王求和。"

"结果怎么样？"周霄话还没说完，屋庐连便急着追问道。

"结果还能如何？秦惠王当然是答应了魏惠王求和的要求。因为秦国虽然在军事上占优势，但魏国毕竟是天下大国与军事强国，秦国一口也吃不了魏国。如果不答应魏惠王的求和要求，两国势必就要拼个你死我活，最终只能是两败俱伤。秦惠王与张仪都是聪明人，当然是懂这个道理的。再说了，此次张仪率师伐取魏国曲沃，其意并不在曲沃本身，而是想借此跟魏国做交易。"

"做什么交易？"屋庐连又不明白了。

"魏惠王求和特使刚离开咸阳，张仪又给秦惠王出了个主意，说：'今秦魏虽然媾和，但公孙衍仍居山东，势必要撮合山东诸国而成新的合纵之盟，因此秦国的隐忧仍在。为今之计，大王不如使仪兼相秦、魏，以成东西连横之势。仪在魏，则公孙衍不能有所作为，山东隐忧可绝。'秦惠王觉得张仪的这个主意非常好，于是就同意了张仪的谏议，表面上免去张仪秦国之相的职位，派他往魏国为相，实际上张仪是兼相秦、魏。对外说是为了秦魏和好，实际上是通过张仪替秦国直接控制魏国，并制约山东其他诸侯国。为了迷惑山东各国，不使秦国的真实战略意图被天下人侦知，张仪一边让秦惠王大张旗鼓地对内宣布免去自己的秦相之位，一边暗中遣人到诸侯各国对外散布自己被罢免秦相的消息。"

"张仪真是太有心机了！"周霄话音未落，邹正情不自禁地评论道。

周霄点了点头，接着说道：

"前年四月底，张仪秘密到达魏都大梁，根据秦魏二国达成的秘密协议，正式就任魏国之相。尽管张仪事先早已放风，说是秦惠王罢免了其秦相之位，但到魏为相后，魏国的两个近邻赵、韩都深以为忧。因为天下人皆知他是天下枭雄，相秦时，秦国天下无敌；如今来魏为相，魏国势必会重新崛起。而魏国的重新崛起，必然直接威胁到韩、赵二国的国家安全。齐、楚虽然也与魏国为邻，但它们是大国，现有实力已然超过了魏国，魏国暂时还不可能威胁到它们。至于燕国，则远在北国，根本不与魏国毗邻，魏国想威胁燕国也威胁不到。况且魏国有屡次侵犯赵、韩二国的历史，因此基于历史的经验，韩、赵二国都不可能不忌惮魏国的重新崛起。"

"既然如此，那韩、赵二国又是如何应对的呢？"屋庐连又憋不住了。

"张仪为魏相，尽管布局高明，让很多人看不透其中的奥妙，但瞒不过韩国之相公孙衍。因为公孙衍也是天下枭雄，其智慧不在张仪之下。因此，张仪一到大梁，公孙衍就明白其意，立即北走于赵，游说了赵武灵王，极力促成韩赵二国之君相会，使二国结成互为支持的战略联盟。前年五月底，也就是张仪到魏国为相才一个月，韩宣惠王与赵武灵王便在公孙衍的安排下相会于赵国区鼠。去年初，公孙衍为了进一步巩固韩赵联盟关系，又促成了韩赵联姻，让赵武灵王娶了韩国宗室之女。"

"公孙衍这样做，除了各为其主，维持韩国的利益外，还有针对张仪的个人恩怨因素在其中吧？"邹正以前听人说过，张仪跟公孙衍在秦国同朝为官时闹矛盾，将公孙衍排挤出秦国的事，所以才有此问。

周霄点了点头，说道：

"当然有个人恩怨因素。他们二人都是纵横家，都是为了个人的荣华富贵而不惜让全天下生灵涂炭之人。公孙衍当初被张仪排挤出秦国，失去了秦国大良造的爵位。逃到魏国后，虽想借力于魏国而报复秦国与秦惠王，却因为不得魏相之位而不能如愿。最后，好不容易到韩国谋得个韩相之位。如今张仪为魏相，势必要借秦魏之力压迫韩国，让公孙衍韩相之位也保不住。所以，张仪为魏相，公孙衍为了自己的利益，也必须出来搅局，让张仪魏相之位坐不稳。"

"您跟张仪在魏国同朝为官，应该了解张仪的处境吧？"屋庐连问道。

"这个我当然了解。其实，张仪刚来魏国为相时，处境是相当艰难的。因为外有公孙衍搅局，内有魏王朝廷中不同利益集团的阻力。其中，惠施就是张仪坐稳魏国之相的最大障碍。张仪未来魏国时，惠施是魏国之相。魏惠王在桂陵之战、马陵之战两败于齐，国力受到重创之后，接受了惠施'合齐楚以按兵'的策略，通过联合齐、楚，阻止秦、韩联合加兵于魏，从而保证了魏国得以长治久安。事实上，在惠施为相期间，魏国的这一国家战略是实现了。然而，张仪挟秦国之威来魏国为相，不仅让惠施的魏相之位不保，还会使其先前实施的'合齐楚以按兵'的国家战略不能贯彻下去。于是，在魏王朝中，惠施与张仪的矛盾便白热化了。"

"那最后结果呢？"周霄还没说完，屋庐连又忍不住了。

周霄看了屋庐连一眼，笑道：

"结果您还猜不到吗？当然是惠施失败了。因为魏王早已屈服于秦王，张仪的背后是秦国与秦王，魏王能帮惠施吗？惠施失意地离开魏国后，回到了自己的故乡宋国，据说虽受宋王礼遇，但从此对政治心灰意冷了。而张仪在惠施离开后，则放开了手脚，在魏王朝中如鱼得水，将魏国的朝政牢牢地控制在了自己的手中。不过，正当张仪赶走惠施，在魏王朝中得意之时，就在当年的六月底，张仪先前安插在齐、楚二国的线人向他密报，说齐、楚二国之王认为张仪相魏，意在实施'连横'之策，要联合魏国、拉拢韩赵，共同对付齐楚。所以，他们要起兵伐魏，将张仪从魏国赶走，阻止秦国实施'连横'之策。"

"如此说来，张仪'以秦相魏'的妙计，最后还是被齐、楚二国看破了，是吧？"邹正问道。

周霄点了点头。

"您再继续往下说。"见周霄停下好一会儿没再往下说，屋庐连连忙催促道。

"张仪听说齐、楚二国要合兵伐魏，立即紧张起来。因为魏国如今不是昔日的天下之霸，国力早已不如从前，无论是对付齐国，还是楚国，都会力不从心的，更何况是两国了。如果齐、楚二国真的合兵而来，魏惠王肯定会为了魏国的安全，毫不犹豫地将他从魏国赶走。至于秦惠王的面子，那也只能以后再说了。张仪懂得其中的利害关系，所以只能自己想办法破解眼前的危局。"

"那张仪最后找到破局的办法了吗？"周霄话还没说完，屋庐连又急不可耐地插话问道。

"正当张仪一筹莫展之际，同朝为官的雍沮上门来了。雍沮不仅是张仪在魏王朝中的政治盟友，还是他魏国张城老家的同乡。正因为有这层关系，雍沮才会不请而进张仪的相府。略事寒暄，分宾主坐定后，张仪也不隐瞒实情，将心中之忧和盘托出，希望雍沮给他出个主意。雍沮听了，微微一笑道：'相公不必忧虑，沮请往齐、楚游说二国之君，使齐、楚解兵可也。'张仪连忙追问：'雍公何以游说二国之君？'雍沮一笑，道：'沮自可说之，相公姑且待之。'张仪见雍沮相当自信，于是便催促道：'如此甚好！雍公可速往齐、楚游说二国之君。'"

"雍沮游说的结果如何？"屋庐连又急不可耐了。

"雍沮年轻，轻车简从，起早贪黑，七月初从魏都大梁出发，不到一个月，就到了齐都临淄。此时，齐威王正厉兵秣马，在做伐魏的准备。雍沮是个非常敏锐的人，一看气氛不对，见了齐威王，也就不再绕弯子了，直接上题道：'张仪以秦相魏，天下人人皆知。不过，张仪相魏，大王伐魏，则中了秦王之计。'齐威王也很直接，反问道：'何以言之？'雍沮不答反问道：'大王未闻张仪与秦王有约吗？'齐威王脱口而出道：'未闻。'雍沮说道：'张仪离开咸阳时，曾与秦王有约：'大王遣臣相魏，齐、楚必恨于臣。齐、楚恨于臣，则必攻魏。齐、楚攻魏，魏战而胜之，则臣可取信于魏王；魏战而不胜，魏王必割地而贿大王，以保全其国。如此一来，他日纵然秦魏交恶，魏国国力亦不足以应付我大秦。'这就是张仪之谋，也是秦王之谋。今张仪以秦相魏，而大王起兵伐魏，这无疑是使张仪之计应验于秦。故臣以为，伐魏非困张仪之道。'齐威王觉得雍沮言之有理，遂立即传令解兵。"

"看来，雍沮跟张仪确实是一路人，都是巧舌如簧之辈。"好久没有说话的邹正，此次也忍不住脱口而出。

周霄点了点头，看了邹正与屋庐连一眼，接着说道：

"雍沮告别齐威王，出了临淄城，立即马不停蹄地直奔楚国之都，往南游说楚怀王去了。但是，九月初，当雍沮行至召陵时，却没有发现楚国有任何要跟魏国交战的征兆。因为召陵是魏国南部与楚国北部毗邻的楚国战略重镇，如果两国交战，楚国的军队早就应该兵至召陵了。为此，雍沮感到非常困惑。"

"那到底发生了什么呢？"屋庐连也困惑了。

周霄看了一眼屋庐连，笑了一笑，说道：

"后来，雍沮通过别的渠道才了解到内情，原来是张仪的老冤家陈轸帮了忙，早已于当年的六月底就说服了楚怀王，打消了联合齐国伐魏的计划。"

"陈轸是张仪的老冤家，以前我也听人说过。只是不明白的是，陈轸为什么要帮张仪呢？难道他对张仪当年百般排挤他的事就一点也不记恨吗？"这一次轮到邹正感到困惑了。

"陈轸并不是不记恨张仪，而是从楚国的利益出发，觉得联合齐国对魏国用兵，对楚国并无任何利益。所以，当他听说楚怀王联齐伐魏的消息后，立即找楚怀王问道：'大王何故伐魏？'楚怀王知道张仪跟陈轸有过节，两人在秦国同朝为官时水火不容，最后被张仪排挤出秦国，所以直言不讳地告诉陈轸：'伐魏，就是为了驱逐张仪。'陈轸反问：'大王为何要驱逐张仪？'楚怀王觉得奇怪，不管自己是出于什么理由要驱逐张仪于魏，陈轸都不应该反对，起码可以为他出口气，报昔日张仪排挤他的一箭之仇。没想到，陈轸却反对。楚怀王尽管对陈轸的态度不理解，但也不想将话说得太明白，于是就另找了一个驱逐张仪的理由：'张仪为臣不忠不信。'陈轸又反问：'张仪不忠，大王可不以张仪为臣；张仪不信，大王可不与张仪约盟。而今张仪为魏王之臣，不忠不信，于大王何害？张仪既忠且信，于大王何益？'"

"如此说来，陈轸在纵横家中还算是一个正人君子。"周霄话音未落，屋庐连便评论道。

周霄点了点头，接着说道：

"楚怀王觉得陈轸说得在理，遂表示认同。陈轸于是进一步陈述理由道：'今大王出兵伐魏，其意在逐张仪。如果魏王听之则可，若不听，大王岂不是自取困辱吗？'楚怀王认为说得也有道理，也表示认同。陈轸又接着说道：'楚乃万乘之国，魏亦万乘之国。楚以万乘之国兵临魏国城下，逼迫万乘之国魏免其国相，魏王必盛怒。魏王盛怒，则士气可用，其师必勇。魏以盛怒之师，而待远来疲惫楚卒，臣不知大王是否考虑过胜败究竟会如何。'楚怀王听到这里，终于对陈轸的说法心服口服，立即取消了联齐伐魏的计划。十月初，当雍沮回到魏都大梁，将游说齐威王的经过与在楚国了解到的消息都告诉张仪后，张仪的后顾之忧彻底打消了。从此，他在魏国朝中的地位再也无人可以撼动了。"

周霄刚刚讲完齐、楚欲起兵驱逐张仪而雍沮为之奔走游说的经过，邹正与屋庐连还想再问他一些魏国朝廷中的事情时，孟轲突然回来了。

孟轲见到自己的客室有一个陌生的年轻人，正想开口相问，邹正已经起身向他介绍道：

"先生，今天您刚离开客栈不久，周霄先生就来了。他是专程来拜访请教您的，一直等到现在。"

"周霄先生是魏国人，现在魏王朝中为官，跟张仪是同僚。"屋庐连补充道。

"你说张仪干什么？"邹正拉了一下屋庐连的衣袖，轻声埋怨道。

屋庐连幡然省悟，于是退到一边，不再开口了。

周霄见邹正与屋庐连已然替他作了介绍，于是连忙躬身向孟轲行礼，并彬彬有礼地表达了求学问道的诚意：

"弟子早闻先生大名，从齐国来的各路人士都曾说到先生，所以听到不少有关先生的传闻，对先生的思想学说也略知一二。因为一直在魏王朝中混饭吃，跟现任魏相张仪、前任魏相惠施，还有惠施的朋友庄周，都曾有过接触，所以对他们所代表的各家思想学说也有所了解。这么多年来，冷眼旁观天下大势，静思诸子百家思想学说，弟子认为，解决人类生存之道的最终方案，可能还是儒家思想学说比较可靠。正是基于这一认知，今天弟子特意登门向先生请教，并正式请求先生允请弟子拜于门下，朝夕问道。"

孟轲见周霄说得诚恳，并无官场中人那种挟贵而问、得意傲人的口吻，于是欣然答应。

拜师仪式结束后，师生二人开始闲聊。因为说到魏国官场中事，又聊到先圣孔子及其弟子都曾有过从政的经历，于是周霄就向孟轲提了一个问题：

"先生，古代的君子都出仕为官吗？"

"都出仕为官。《传》中有记载说：'孔子三月无君，则皇皇如也。出疆必载质。'意思是说，先圣孔子三个月没有得到君主的任命，就会非常焦虑，惶惶不可终日。他离开一个国家，一定要带好准备晋见另一个国家君主的见面礼。公明仪也曾说过：'古之人，三月无君则吊。'意思是说，古代的君子三个月没有君主任命，就要有人去安慰同情了。"孟轲答道。

"先生，三个月没官做，就要人安慰同情，是不是太过急切了些呢？"

"不算急切。士人失去官位，就像诸侯失去国家一样。《礼记》上有这样的记载：'诸侯耕助，以供粢盛；夫人蚕缲，以为衣服。牺牲不成，粢盛不洁，衣服不备，不敢以祭。惟士无田，则亦不祭。'意思是说，诸侯亲自耕田种地，以供祭祀食品；夫人亲自养蚕缲丝，用以制作祭祀服饰；祭祀的牛羊不肥壮，祭祀的食品不洁净，祭祀的服饰不整齐，都是不敢祭祀的。士人若无祭田，亦难以祭祀。作为一个士，牛羊、器皿、衣服不备齐，就不敢祭祀，那举行宴会自然也是不敢的了。这种情况，还不应该去安慰同情他吗？"

"先生的意思是说，士人在世，就应该有祭祀与举办宴会的能力。如果没有这种能力，就是人生的失败，是要让人同情与安慰的。君子处世，就应该出仕为官。如果不能得到君主的任用，就是人生的失败，同样也是要让人同情与安慰的，是吗？"

孟轲点了点头。

周霄终于明白了孟轲的意思，于是又问道：

"那君子离开一个国家，为何一定要带着去见另一个国家君主的礼物呢？"

"士人出仕为官，就像农夫耕地种田。农夫难道因为要离开国境，就舍弃他的耒耜等农具吗？"孟轲脱口而出。

"魏国也是一个有官可做的国家，但弟子从未听说过有人要如此急切地找官位。既然找官位要这么急切，那为什么有些君子却不轻易出来做官呢？"

周霄话一出口，孟轲就听出了弦外之音，知道他所说的有些君子，其实就是暗指自己。于是，孟轲立即予以回应道：

"男孩子一生下来，父母就希望给他找个妻室；女孩子一生下来，父母就希望给她找个婆家。做父母的这种心情，其实人人都有。但是，如果不等父母予以安排、媒人给予介绍，自己就钻墙洞、扒门缝相互偷看，甚至爬过墙壁去私相约会，那么父母与国人都会看不起他们。古代的君子并不是不想做官，而是憎恨不合礼义之道找官做。不合礼义之道找官做，这就跟男女钻墙洞、扒门缝相互偷看的性质没有两样。"

"先生，弟子明白了！"

其实，不仅周霄明白了，所有在场的孟轲弟子都明白了，孟轲这是在暗示周霄，他来魏都大梁也是想做官的，也是想谒见魏惠王的，只是他不能自己找上门去，像苏秦、张仪等纵横家之流一样，觍着脸去求见魏惠王，求他赏个官做。虽然实现理想要通过做官，但他不想为了做官而放弃读书人的自尊。

周霄是官场中人，察言观色、听话听音的本事都是先天就具备的。所以，孟轲在拜师仪式结束后，主动跟他闲聊而说到先圣孔子及其弟子曾经做官的经历，周霄一听就明白其意。正因为明白其意，他才会迎合孟轲的心意提了一个古代君子出仕为官的问题，想借此听听孟轲的心声。结果，孟轲就真情展露，将其内心的秘密暴露出来了。

了解到孟轲的心思，周霄回去后，第二天就去晋见魏惠王，告知孟轲携众弟子来到魏都大梁的消息。为了引起魏惠王的重视，让他给予孟轲以更高的礼遇，周霄特意将孟轲在齐国稷下学宫的影响，以及齐威王封他为列大夫，位在上卿的政治荣耀，还有他携众弟子从齐国到宋国，再到邹国、鲁国、滕国等诸侯国所受的礼遇一一予以夸大渲染了一番。

周霄本来就是个能说会道之人，魏惠王听了他对孟轲的介绍，立即对孟轲肃然起敬，当即吩咐有司安排孟轲入驻魏国驿馆，并转请周霄陪同孟轲明日来见。

第二天，周霄起了个大早，早早候在了孟轲刚移居的魏国驿馆门前。他怕孟轲又像昨天一样，一大早就出城游览去了。陪孟轲去见魏惠王，既是执行君王之命，不能有丝毫差错，同时也是为了孟轲和他自己。既然他跟孟轲已经成为师徒，他总希望自己的老师能够人生得意，理想能够早日实现。只要老师仕途顺利，儒家影响日益壮大，自己作为孟轲弟子，即使不能在仕途上跟着飞黄腾达，最起码也有一种师门的荣耀。正因为有此想法，周霄才如此重视今日孟轲与魏惠王的相见。

周霄在驿馆门口等了不到烙五张大饼的工夫，就见孟仲与邹氏兄弟从里面出来了。

"小师弟，你今天怎么又来了？而且还这么早？"邹春一向嘴快，没等孟仲和邹正反应过来，就大声喊叫道。

"三位师兄早！"周霄一边说着，一边笑着迎了上去。

"小师弟，你今天这么早就来找先生，恐怕是有急事吧？"孟仲看着周霄，疑惑地问道。

"大师兄真是聪明！"

"是什么急事？"邹春连忙追问道。

"你们猜？"周霄故意卖了个关子。

"是魏王要召见我们先生，是吧？"孟仲脱口而出。

"大师兄果真是聪明绝顶！"周霄笑着说道。

"大师兄，您是怎么猜到的？"邹春不看周霄，转向孟仲问道。

"你昨天没听先生跟小师弟谈古代君子出仕为官之事吗？"邹正白了邹春一眼，说道。

"哦，原来先生跟小师弟的谈话是别有用意呀！"邹春恍然大悟道。

孟仲、邹正与周霄相视一笑。

朝食过后，孟轲在周霄的陪同下，乘着周霄的马车进了魏王宫，按照约定的时间跟魏惠王相见。

魏惠王一见孟轲，宾主叙礼刚坐下，都没来得及多寒暄，就直奔主题，向孟轲问计道：

"老先生不远千里而来，有什么妙策可以有利于寡人之国吗？"

孟轲听魏惠王如此功利，且如此直白，遂也非常直白地回答道：

"大王何必说利呢？这个世上，除了利，还有更重要的东西，这就是仁义！如果做大王的都想着'何以利我国'，做大夫的都想着'何以利我家'，士人与百姓都想着'何以利我身'，那么上上下下都会争相逐利，国家就危险了。"

"老先生，这话怎么讲？寡人有点不明白。"魏惠王说道。

孟轲望了一眼魏惠王，从容说道：

"一个国家，一个社会，如果上上下下都争相逐利，唯利是图，那么伦理纲常就会荡然无存，人们就会什么事情都做得出。在拥有兵车万乘的大国，杀了国君的，一定不是别人，而是拥有兵车千乘的大夫；在拥有兵车千乘的国家，杀了国君的，一定也不是别人，而是拥有兵车百乘的大夫。在兵车万乘的国家，大夫拥有兵车千乘；在兵车千乘的国家，大夫拥有兵车百乘，这些大夫的产业不能说不大。但是，如果轻道义而重私利，大夫不将国君的产业完全化为己有，是不可能感到满足的。自古以来，没有守仁之人会遗弃自己的父母，没有重义之士会轻慢他的国君。所以，轲以为，大王您只要讲仁义就可以了，何必说利呢？"

魏惠王听了孟轲这样一番大道理，虽然不以为然，但一时又无从反驳，只好环顾左右而言他，说了一些别的闲话，就匆匆结束了二人的第一次相见。

二、五十步笑百步

孟轲与魏惠王的第一次相见，没有达到自己的预期，因为魏惠王重利轻义的思想，跟他所信奉的儒家"轻利重义"的思想正好相反。所以，这次相见，让孟轲感到非常失望。他觉得魏惠王的道德境界不高，没有大国之君应有的格局，甚至比宋君偃、滕文公、邹穆公这些小国之君都不如。

孟轲对魏惠王感到失望，魏惠王对孟轲同样感到失望。因为魏惠王曾是天下霸主，只是因为好战而不知收敛，以致在桂陵之战、马陵之战两次败于齐国，国力受到重创。加之秦国在公孙鞅变法后强力崛起，趁着魏国跟山东各国混战之机屡屡偷袭得手，使魏国东西不得相顾，力量更加削弱。正因为如此，好强的魏惠王心有不甘，急欲使魏国重新崛起。所以，一听周霄说孟轲在齐国稷下学宫如何叱咤风云，如何深受齐威王重任，就对他寄予了很高的期望，以为他能给自己支一个高招，筹一个妙策。没想到，他只会讲仁义道德这一套。所以，这一次与孟轲的相见，他的失望比孟轲更大。

至于周霄，同样也感到非常失望。他的失望，既有对魏惠王的，也有对孟轲的。对魏惠王感到失望，是因为他觉得魏惠王太急功近利，没有大国之君的风范，一见孟轲就开口言利，让人觉得市侩气太过浓厚，不像是一个做国君的样子。如果要谈利，也应该说得婉转点，保持国君应有的矜持，不要说得那么直接，那么赤裸裸，以致被孟轲抢白，让他这个为臣的都感到难为情。对孟轲感到失望，是因为孟轲太过于正直，不懂人情世故，不应该第一次跟魏惠王见面就驳他的面子，而应该顺着他的意思，让他觉得见面是愉快的。等到建立了感情，再找机会忠心进谏，推阐自己的仁政理念，进而在魏惠王朝中弄个一官半职，然后像先圣孔子一样，在职任上实践自己的政治理想。

其实，周霄不仅是失望，还有失落。因为他与孟轲已经结为师徒关系，他急于为孟轲引见魏惠王，是想为自己的老师在魏国谋个一官半职，让他有实践其政治理想的机会。如果孟轲能如愿实现在魏惠王朝中为官的愿望，无论是对于他资历威望的积累，还是对于扩大儒家思想学说的影响力，都是非常有利的。作为孟轲的弟子，周霄有这个良好的心愿。可惜，孟轲的表现跟他的预期大相径庭。所以，他为老师孟轲来魏国的目标可能落空而失落，也为自己在魏惠王面前丢了面子而失落。

就在周霄深感失落的同时，孟轲也感到很失落。没想到，满怀期待地来到魏都大梁，跟魏惠王的第一次见面，竟然是不欢而散。孟轲是个书生气十足的人，相比于先圣孔子，在人情世故方面差了很多。一遇挫折，往往就会意气用事。就在与魏惠王相见后的当天，他就嚷嚷着要离开大梁。幸好被孟仲、充虞、公都、公孙丑等众弟子劝住了，这才决定留下来，再等周霄帮他找机会引见于魏惠王。

大概是因为心情不佳，孟轲在跟魏惠王见面后的第三天，一大早又再次带着几个弟子出了大梁城，到周边游览散心去了。但是，周霄不知道，还跟前几日一样，朝食后又来客栈看望孟轲。

"师弟，你今天又来看先生了？"周霄一到驿馆门口，就遇到了陈臻。陈臻因为今天睡懒觉起来晚了，没有跟孟轲出城。起来后，百无聊赖，立在驿馆门口东张西望。所以，一见周霄来了，顿时兴奋异常，热情地迎向了周霄。

二人聊了没几句，屋庐连就从驿馆里出来了。一见周霄，屋庐连更是兴奋异常，三步并作两步，就到了周霄跟前，说道：

"小师弟，今天先生又一大早就出城了。这是他昨晚才决定的计划，如果昨天你来看他的话，你今天就不会白跑一趟了。"

"师兄，怎么能说白跑一趟呢？我今天是专程来看您的，不是来看先生的。"周霄望着睡眼惺忪的屋庐连，笑着说道。

"师弟，你可真会说笑。你是魏王朝中的大官，你来专程看我这个无名无分的一介书生，我承受得起吗？"屋庐连也笑着说道。

"怎么承受不起，您不是我的师兄吗？"周霄脱口而出。

"师弟，我们不说笑了。今天魏王要是没有什么重要的国事跟您商量的话，那您就先别走了，我正好有问题要请教您呢。"屋庐连终于言归正传了。

"师兄，您才是真会说笑呢！魏王有国事要找人商量，肯定先找张仪，哪里会找到我呢？"周霄一本正经地说道。

"师弟，不说这个了。我们还是先进驿馆吧，到先生的客室坐下再说。"屋庐连也一本正经地说道。

周霄点了点头，便跟着屋庐连与陈臻进了驿馆，在孟轲的客室坐下。

三人刚坐下，就有邹正、邹春兄弟，还有咸丘蒙等十多个师兄弟围拢过来。于是，小屋内顿时热闹起来。

"各位师兄，师弟这几天一直来探望先生，今天又来了，想必大家都知道其中的原因。可是，先生昨晚临时起兴，今天一大早又出城了。不过，师弟既然来了，我们就不会让他白跑一趟。上次师弟给我们讲了张仪如何'以秦相魏'的内情，让我们长了见识，了解了天下大势。今天我们请师弟再给我们讲一下陈轸是如何被张仪排挤出秦国，后来在楚国发展的情况，让我们再长一下见识。大家说好不好？"

屋庐连话音未落，大家连声附和。唯独邹正故意一本正经地看着屋庐连，说道：

"屋庐师弟，陈轸跟张仪、公孙衍是一路人物，都是先生痛恨的纵横家之流，你如此热衷于他们相互间的争斗，要是被先生知道了，真的要把你逐出师门的。"

"二师兄，没那么严重。先生今天不是出城不在家吗？让周师弟给我们讲讲陈轸的故事，有什么关系？难道我们听了陈轸的故事，就弃先生而去，投奔张仪、公孙衍、陈轸之流做纵横家不成？"陈臻笑着说道。

"二师兄是说笑的，你们难道都听不懂？"咸丘蒙说道。

"好了，好了，各位师兄，还是听周师弟给我们讲陈轸的故事吧。"屋庐连似乎有些等不及了。

周霄见大家如此有兴趣，于是扫视众师兄一眼，从容说道：

"陈轸虽然也是纵横家，跟张仪、公孙衍是一路人物，在秦国时都是靠三寸不烂之舌而取荣华富贵的。但是，张仪、公孙衍都是魏国人，在秦国属于外来游士的身份，而陈轸则是秦国本土之士。张仪、公孙衍个性都非常强，都是一山容不下二虎的，有我便没有你。所以，张仪在秦国得势，原来得势的公孙衍就毅然离开了秦国，到山东各国寻找机会，目的是要跟张仪斗争。陈轸为人比较低调，虽然不像张仪、公孙衍那样可以亲率秦国大军陷敌城，斩敌首，为秦国开疆拓土，但对秦国国家战略的制定与国家安全都发挥了至关重要的作用，所以深得秦惠王器重。"

"那陈轸有没有具体事功呢？"屋庐连立即追问道。

"秦国以前有三大劲敌：一是西部的义渠，张仪为秦国之相后，义渠因为内乱而力量大为削弱，现在已经归顺秦国了；二是东部的魏国，现在也已经被秦国征服，不比从前了；三是南部的楚国，至今仍然是秦国的劲敌，秦国一直不敢跟其较量。秦国以前力量尚弱之时，以及跟义渠、魏国争斗之时，之所以一直没有受到南方大国楚国的侵扰，特别是秦、魏为了河西之地长期打得你死我活之时，楚国都没有趁火打劫，牵制过秦国，就是因为秦国跟楚国的外交关系搞得非常好。如果秦、楚外交关系不好，秦国与义渠或魏国的任何一次战争，都不可能取胜。而秦楚关系的维护，靠的不是别人，全是陈轸的功劳。因为他长期负责与南方强国楚国的外交工作。因为有陈轸对楚国出色的外交斡旋能力，自秦惠王执政以来，秦、楚之间从未有过兵戎相见之事。公孙衍、张仪都曾亲率秦国大军伐魏东进，但楚国没有一次乘虚而入，趁火打劫，对秦的军事行动有所牵制，这便是陈轸的功劳。这些功劳一般人是不了解的，但秦惠王却是心中有数。正因为如此，陈轸在秦惠王心中的地位不在公孙衍与张仪之下，至少是旗鼓相当的。"

"既然陈轸是秦国本土之士，对秦国的功劳又这么大，秦惠王还非常器重他，最后怎么被张仪一个外来之士给排挤出秦国了呢？"周霄话音未落，陈臻提出了疑问。

周霄看了陈臻一眼，笑着说道：

"这就是我们魏国人厉害了。"

"小师弟，你说得确实没错，张仪、公孙衍都是你们魏国人。不过，师弟，你也是魏国人，他们都做了纵横家，你怎么投在了我们先生门下学习儒家之道呢？"一直没有说话的邹正，这次也突然笑着说道。

"二师兄，关于这个问题，我在拜师时已经跟先生说明过了。"周霄连忙一本正经地解释道。

"小师弟，我是跟你开玩笑的，不必介意。继续讲陈轸的故事吧，免得先生回来就讲不成了。"邹正又笑着说道。

周霄望着邹正点了点头，接着说道：

"张仪到秦国得势后，将曾经功高一时的大良造公孙衍排挤走，举目放眼秦惠王朝中的所有同僚，觉得唯一能够成为自己竞争对手的人就是陈轸了。为了独擅秦惠王之宠，独断秦国朝纲，张仪处心积虑地寻找机会排挤陈轸。但陈轸跟秦惠王关系很好，而且本身确实没有什么把柄可抓，所以张仪一直没有得手。后来，有一次秦惠王因为外交事务要征求张仪的意见，二人谈起秦国的外交战略，张仪灵机一动，想到了一个诽谤陈轸并排挤他的计谋，那就是拿陈轸与楚国长期往来说事，诬陷他通楚卖秦。不过，张仪的诬陷之辞非常高妙。他跟秦惠王说：'陈轸驰走于楚、秦之间，已有年矣。今楚不亲善于秦，而亲善于陈轸。莫非陈轸驰走楚、秦之间，不是为国，而是为了自谋？臣闻陈轸素有离秦往楚之心，希望大王深察之！'秦惠王虽然没有表示肯否，但已在心中投下了阴影。"

"那后来呢？"周霄话还没说完，屋庐连便急不可耐地追问道。

周霄看了屋庐连一眼，微微一笑，顿了顿，才接着说道：

"张仪走后，秦惠王左思右想，心情久久不能平静。因为他对陈轸一直印象很好，觉得他不会通楚卖秦。如果陈轸真的通楚卖秦，秦国屡次起兵攻伐魏国河西与河东之地时，楚国完全可以趁机举兵北伐，偷袭秦国商、於之地。纵然不能得手，也会极大地牵制秦国东进的步伐，魏国河西之地就不会失去，魏国的实力就不会受到重挫。但是，又一想，他也不能完全不信张仪的话，认为张仪作为秦国之相，还不至于有意进谗言陷害陈轸。最后，秦惠王决定召陈轸当面了解一下情况。君臣相见，没有多少客套，秦惠王开门见山地问道：'寡人听人说先生欲离秦往楚，果有其事？'没想到，陈轸不假思索，脱口而出：'确有其事。'秦惠王见陈轸回答得如此坦然，惊讶地看了看陈轸，然后脱口而出：'如此说来，张仪之言不是凭空而来了？'"

"秦惠王这样说，岂不是将张仪给卖了吗？"很久没有说话的陈臻，这时急了。

"不是。秦惠王是做国君的，利用群臣之间的矛盾驾驭群臣，是其最娴熟的政治手段。他相信陈轸早已猜到张仪跟他说了坏话，所以故意向陈轸露底，以示坦诚相见，希望给陈轸一个辩解的机会。没想到，陈轸没有辩解，而是以更加坦然的态度说道：'臣欲离秦往楚，不只张仪一人知之，天下路人皆知。'秦惠王一听，不禁非常吃惊，半天说不出一句话来。然而，陈轸却轻松地说道：'大王，臣给您讲个故事吧。'"

"什么故事？"屋庐连一听陈轸要讲故事，立即兴奋起来。

"陈轸跟秦惠王说：'昔殷王高宗武丁有一子，名曰孝己，为人甚孝，待后母亦然。后母病重，孝己侍后母一夜五起，一会儿检视衣之厚薄，一会儿检视枕之高下。天下之人闻之，皆欲以孝己为子。昔楚平王时有大夫伍奢，为太子太傅，为人忠诚有信。然楚平王宠信佞臣费无忌，听信其谗言，不仅强娶太子建之妻——秦女孟嬴，放逐太子建于边地，还杀了太子建的太傅伍奢，并设计诱杀伍奢二子伍尚、伍员。幸亏伍员机智，逃脱出奔到了吴国。但是，伍尚还是被杀了。'"

"伍员就是伍子胥吧？"邹正问道。

"二师兄说得对，伍员就是伍子胥，是伍奢的次子。陈轸对秦惠王说：'伍员为人机智有谋略。他识破楚平王与费无忌的诱杀之计，逃到吴国后，以其杰出的才能赢得了吴王的信任。阖闾为吴王时，伍员被委以吴国之相的重任，帮助治理吴国，使吴国迅速崛起强大。之后亲率吴兵伐楚，战于柏举，攻入楚国之都郢。其时楚平王已死，伍员乃掘开其墓，鞭其尸三百，以报杀其父兄之仇。后阖闾死于吴越槜李之战，其子夫差继立为吴王。夫差为报杀父之仇，继位后奋发有为，励精图治，在吴越夫椒之战中大败越国。越王被迫请和，伍员力谏夫差不允，建议一举灭越而永绝后患。但是夫差不听，执意要跟越国媾和。之后，伍员又屡谏夫差伐越，但夫差都未听从。后来，吴太宰伯嚭贪图越国之贿，谗言陷害伍员。夫差竟然听信伯嚭谗言，赐剑令伍员自刎。伍员自刎前，喟然长叹，嘱其门人说：我死后，抠吾眼，悬于吴之东门，以视越人入城灭吴也。言讫自刎。九年后，越国果然灭了吴国。伍员侍吴王夫差之忠，天下人主闻之无不动容，尽欲以其为臣。'"

周霄话音未落，已经很久没说话的咸丘蒙也插话了：

"陈轸这话说得虽然婉转，听来却非常沉痛。秦惠王听懂了吗？"

"秦惠王怎么听不懂呢？听完陈轸所说孝己之孝与伍子胥之忠的典故，秦惠王不禁为之深切感动，立即明白了陈轸所受的委屈，但找不出一句安慰陈轸的话。陈轸续又说道：'卖仆出妾，而售于闾里，则仆妾必良；出妇休妻，而嫁于乡曲邻里，则其妇必善。何故？所售之仆妾、所出之妇人，良善与否，闾里乡邻尽知之矣。'"

周霄话还没说完，屋庐连便脱口而出道：

"陈轸这个比喻是说，他是秦国本土之士，秦惠王对他知根知底，他的人品到底如何，是秦国君臣都知道的。是吧？"

周霄点了点头，接着说道：

"秦惠王深以为然。陈轸喟然长叹道：'轸若不忠于大王，楚王何能以轸为臣？忠而被疑，轸不往楚，欲归何处？'至此，秦惠王终于明白了陈轸的委屈，遂连忙安慰道：'寡人知之。'经过秦惠王的再三慰留，陈轸最终心软了，决定暂不离开秦国。可是，张仪不愿意了。过了没几天，张仪再次向秦惠王进言：'陈轸虽为大王之臣，却常输国情于楚。如此通楚卖秦之人，仪断不能与之共事，希望大王逐之。如果陈轸一定要往楚国，希望大王杀了他。'"

"张仪也太过分了吧！秦惠王能同意吗？"邹春很久都没说话了，这时忍不住说道。

"秦惠王虽然内心不同意，知道张仪与陈轸是一山二虎难以兼容，知道陈轸有冤屈，但是为了秦国的崛起，他需要用张仪之才，所以不得不忍痛割舍陈轸，答应了张仪的要求。但是，张仪走后，秦惠王又密召陈轸来见，跟他说道：'良禽择木而栖，良臣择主而侍，乃是常情。先生欲往何国，可明告寡人，寡人为先生约车治装，以礼送之。'陈轸不假思索地答道：'臣愿往楚国。'秦惠王见陈轸说得如此坦然，就不能再怀疑张仪的话了，于是不无失望地对陈轸说道：'张仪说先生欲往楚，寡人亦知先生欲往楚。先生不往楚，何所往哉？'秦惠王说这话，其实是用激将法，希望陈轸不要去楚国，以免坐实张仪之言。但是，陈轸却赌气似的答道：'臣离秦，必往楚。'秦惠王不解，问道：'为何？'陈轸答道：'如此，方可顺大王之计，遂张仪之愿，亦可见臣坦荡之心。'"

"这一次陈轸终于把话说明了，秦惠王如何？"屋庐连望着周霄，问道。

"秦惠王这一次更加明白陈轸之心了，于是问他为何一定要遂张仪之愿，不为自己辩解。陈轸便给秦惠王讲了一个故事：'以前有一个楚国人，娶有一妻一妾。有人引诱其妻，其妻不从而大骂；引诱其妾，其妾则欣然许之。过了不久，这个楚国人死了。有客将此消息告知了当初的引诱者，并问他说，两个妇人现在没了丈夫，你都可以娶了，是愿娶其妻，还是愿娶其妾？诱者说愿娶其妻。客怪而问之：其妻骂你，其妾许你，何以愿娶其妻？诱者说：此一时也，彼一时也。彼时，其妻乃他人之妻，故愿其许我也；今时，将为我妻，则愿其为我骂人也。'"

"陈轸讲这个故事是什么意思？"邹春听不明白了。

周霄淡然一笑，说道：

"师兄，陈轸这是将自己比作那个骂人之妻，表明自己对秦惠王是忠心耿耿的。所以，讲完这个故事后，陈轸跟秦惠王明言道：'今楚王乃天下明主，昭阳乃楚国贤相。轸今为大王之臣，若像张仪所说，常以秦之国情输楚，则楚王必不留轸为臣，昭阳亦必不与轸同朝共事。今轸离秦往楚，大王可观楚王是否留轸为臣，昭阳是否愿与轸同朝共事。届时，大王即可知晓轸事大王之心，明白臣离秦往楚之意。'秦惠王一听，知道再慰留陈轸已是不可能了，于是只好厚赐陈轸，从其所请，让他去了楚国。"

"那张仪肯放陈轸离开秦国吗？他不是怂恿秦惠王，说只要陈轸决定去楚国，就杀了他吗？"屋庐连问道。

"张仪当然不肯。陈轸尚未离开秦国，张仪得知消息后，就来找秦惠王，直截了当地问道：'陈轸果真要往楚国？'秦惠王见张仪问得不避嫌疑，遂坦率地答道：'陈轸乃天下辩士，亦为秦国有功之臣。寡人问他，离秦欲往何处？他熟视寡人，坦然告知寡人，必往楚国。寡人无可奈何。寡人又问他，离秦必往楚国，就不怕坐实了张仪之言？陈轸告诉寡人说，他离秦欲往楚国，非独张仪知之，天下路人皆知矣。他还跟寡人说，昔子胥忠其君，天下人主皆欲以之为臣；孝己敬其后母，天下父母皆欲以之为子。卖仆出妾，不出里巷而售者，必良仆善妾；休妻出妇，而嫁于乡里者，必为贤妇。他还跟寡人说，如果他不忠于寡人，楚王也不会以他为臣。他说自己忠而见弃，不往楚国，又欲何归？寡人闻其言，怜而从其请。'张仪听出了秦惠王的弦外之音，顿生愧疚之意，不再坚持要秦惠王杀陈轸了。"

周霄话音刚落，陈臻便脱口而出，问道：

"陈轸到楚国后，是否得到了楚王的重用？现在他在楚国怎么样了？"

"是呀，小师弟，你再讲讲陈轸的近况吧。"屋庐连连忙附和道。

周霄看了看陈臻与屋庐连，又看了看邹正、邹春、咸丘蒙等人，犹豫了一会儿后，说道：

"今天就不讲了。说不定先生这会儿就要回来了，要是听到我在给大家讲陈轸的故事，岂不是要将我逐出师门？我这几天还想找机会跟魏王说说，希望他能再跟我们先生见一次。诸位师兄，你们也要想办法跟先生做做工作，希望下次再见魏王时，先生务必要给魏王一点面子。这样，也是给他自己多一些发展的机会。"

"小师弟说得对，我们一定会做先生的工作。至于魏王那里的工作，就得靠你了。"邹正点头说道。

周霄告辞而去，一连五天没有消息，也没再来驿馆。邹正等人以为周霄可能没有办法给孟轲争取到机会了，孟轲自己也觉得在大梁无所事事，有些待不下去了。但是，第六天朝食刚过，正当孟轲心情郁闷，又准备出城散心之际，周霄兴冲冲地来了。

"先生，今天您还要出城考察吗？"周霄远远望见孟轲站在驿馆门前东张西望，一副意态彷徨、心神不定的样子，连忙小跑趋前，笑着问道。

"还没决定呢。"孟轲漫不经心地答道。

"没决定就好。如果先生决定了，或是在弟子到来之前已经出城了，那弟子的麻烦就大了。"

"你有什么麻烦？"孟轲觉得好奇，看了一眼周霄，问道。

"魏王今天要召见先生，所以弟子一大早就赶过来了。如果先生出城了，魏王见不到先生，弟子岂不是麻烦大了？"

"不是跟魏王见过了吗？"孟轲心知魏惠王再次召见的机会肯定是周霄争取来的，却故意装出不以为意的态度。

"魏王觉得上次跟您相见过于匆忙，很多事都还没来得及向您请教。"周霄也装得一本正经，煞有介事地答道。

孟轲信以为真，于是点了点头。

在周霄的陪同下，孟轲第二次跟魏惠王相见了。

这一次，魏惠王跟孟轲相见，心情好像比上一次明显要好不少。孟轲跟他寒暄时，从他脸上的表情就看得出来。大概是因为心情比较好，魏惠王破例跟孟轲闲聊了好久，最后才切入正题，说道：

"先生博古通今，学识渊博，又周游列国，见多识广，想必对于如何治国安邦一定有独到的见解。寡人虽治国有年，但至今仍有很多困惑。所以，今天特意请先生来当面请教。"

孟轲见魏惠王这次态度明显不同于上次，似乎确有虚心请教的诚意，心里自然也就舒服了很多，于是谦和地说道：

"轲乃一介书生，并无治国安邦的经验。要说对治国安邦有什么独到见解，那肯定是没有的。不过，大王既然不耻下问，轲倒是可以谈些自己的看法，供大王参考。"

魏惠王点了点头，沉吟了一会儿，说道：

"寡人对于治国，可谓殚精竭虑，尽心尽力了。河内发生旱涝灾害，寡人就将当地百姓迁移到河东地区安置，或是将粮食调运到河内赈济百姓。河东发生旱涝灾害，情况也是一样。看看左邻右舍的其他国家，没有一个国君治理国家像寡人这样用心。可是，他们的百姓也没见少，寡人的百姓也不见多。请问先生，这是为什么呢？"

孟轲一听魏惠王这话，立即明白其意，遂莞尔一笑，说道：

"大王好战，轲就以作战为喻吧。战鼓敲得咚咚响，两军短兵相接，战斗开始了。但是，没多久，就有士兵脱了铠甲，丢了兵器，掉头逃跑了。有的士兵逃了一百步停住了，觉得战场上当逃兵是可耻的；有的士兵跑了五十步停住了，觉得不应该这样。在战场上当逃兵，逃五十步的嘲笑逃一百步的，大王，您觉得怎么样？"

"不可以。逃一百步是逃，逃五十步也是逃，只是逃跑的步数有差异，就其性质而言都是逃兵。"魏惠王不假思索地答道。

"大王如果真的懂得五十步笑百步的道理，怎么还指望自己的百姓多于邻国呢？治国安邦，不能满足于对老百姓行些小恩小惠，而应该展现博爱天下的胸怀。如果大王待民以仁，爱惜民力，不轻易征发徭役，让百姓耕作不违农时，那么就会有吃不完的粮食，哪里还怕有什么水旱灾荒呢？如果大王制定可持续发展的渔林政策，使密细之网不入河流池塘，那么就会有吃不完的鱼鳖；封山育林，使刀斧按时入山，那么就会有取用不竭的林木。粟米鱼鳖食之不尽，林木取之不竭，老百姓养生送葬都有保障，哪里还有什么遗憾呢？养生送葬都无遗憾，这就是王道的开始呀！"

魏惠王听了孟轲这番话，立即明白了其用意，知道孟轲是要宣扬其"保民而王"的思想主张，所以没有接他的话茬。但是，孟轲却以为魏惠王被说服了，接着说道：

"五亩之宅，屋前屋后种上桑树，老百姓五十岁就可以穿上丝绸了。饲养禽畜，不失其时，老百姓七十岁就可以尽情吃肉了。百亩之田，农耕时间有保障，老百姓数口之家就会温饱无忧。办好学校，对老百姓加强孝悌教育，在道路上奔波的就不会有头发斑白的老者身影了。七十岁都能穿绸吃肉，老百姓不饥不寒，这样还不能称王天下的，那是亘古未有之理。"

虽然孟轲说得头头是道，将推行仁政的远景描绘得非常美好，但魏惠王仍然没有接他的话茬。孟轲见劝诱不成，只好对魏惠王提出了直言批评：

"大王治国，自以为对民仁义，老百姓生活很幸福，其实不然。根据轲这些日子对魏国的考察，发现在魏国有很多不可思议的现象。猪狗吃了人的粮食，而没人珍惜收捡；路边有饿死倒地的人，而没人知道开仓赈济。老百姓冻馁而死，执政者推脱说：'这不是我的责任，是年成不好。'这跟用刀刺死了人，却说'不是我杀的，是兵器杀的'，又有什么区别呢？大王如果不把责任推给年成，那么天下的老百姓都会投奔于您。"

虽然孟轲没有对魏惠王指名道姓，但魏惠王并不是傻瓜，早已听出了孟轲是绕着弯子在指责他。所以，这次他再也不能装傻，当作什么也没听到了，于是连忙装出谦虚诚恳的样子，望着孟轲说道：

"寡人愿意接受先生的批评与指教。"

孟轲见魏惠王态度有了转变，遂立即接住他的话头，向魏惠王提了一个问题：

"用木棒杀人，跟用刀杀人，两者有什么不同吗？"

"没有什么不同。"魏惠王脱口而出。

"那用刀杀人，跟用政治杀人，两者有什么不同吗？"孟轲又提了一个问题。

"没有什么不同。"魏惠王仍然是脱口而出。

孟轲看了一眼魏惠王，立即接口说道：

"大王，您厨房里有肥肉，马厩里有肥马，而您的老百姓却面有饥色，野外有饿死之人，这是不是无异于率领着禽兽来吃人？禽兽自相残杀，同类相食，尚且还要为人类所深恶痛绝，更何况是作为人民的父母官，主持政事，却率领禽兽来吃人呢？这样的人，哪里配当人民的父母官呢？先圣孔子曾经说过一句话：'始作俑者，其无后乎！'意思是说，第一个制作木偶、土偶用以殉葬的人，就应该断子绝孙。孔子之所以会说出这种话，是因为痛恨以木偶或土偶模拟人形而用来殉葬。用木偶或土偶殉葬尚且不可，又怎么可以让老百姓活活饿死呢？"

"老先生，您说得确实没错。其实，寡人也不愿意看到老百姓饿死。只是今日之魏，非昔日之魏。想当年，魏国乃天下最强大的国家，也是最富裕的国家，根本就没有饿死人的事发生。这是老先生您也知道的。然而，到了寡人即位执政之时，情况发生了巨大的变化。先是东败于齐国，长子亦死在了战场。接着，又西败于秦，丧失土地七百里；再接着，又南与楚国相争失败而受辱。对于这些，寡人深感耻辱，很想为战死的魏国将士们报仇雪恨。请问老先生，寡人怎么做才好呢？"

孟轲一听魏惠王的话，便明白了他还是旧思维，不肯反思自己以往好战不知止的错误，还妄想凭借武力征服天下，于是决定对他再一次进行仁政思想教育，说道：

"使天下归服，其实并不需要依靠武力。即使是一个方圆百里的小国，如果实行仁政，也是能够使天下归服的。大王如果对老百姓施行仁政，豁免刑罚，减轻赋税，让老百姓深耕勤锄，让年轻力壮者闲暇时也能习学礼仪，加强道德修养，懂得孝顺父母、友爱兄弟、为人讲忠守信的道理，在家侍奉好父母，在外敬重尊者长者。大王若能教化出这样的臣民，就是拿根木棒，也足以抗击坚甲利兵的秦楚之师。相反，秦、楚等国不断征发兵役、徭役，侵占了老百姓的农耕时间，使老百姓不能好好耕地种田，不能养家活口，他们的父母挨冻受饿，兄弟妻儿分离失散。当秦、楚等国的百姓深陷于痛苦的深渊之中，大王您起兵加以征伐，还会有谁跟您为敌呢？所以说：'仁者无敌。'这是千古不易之理，请大王不要怀疑！"

魏惠王本来就无意于实行仁政，更无意于接受孟轲宣扬的儒家思想与治国理念。所以，听了孟轲这番长篇大论的教训，不仅没有动心起念，继而欣然从之的想法，反而有些厌烦。只是出于礼貌，他没有在表情与言语中表现出来而已。

孟轲当然也不是傻瓜，对于魏惠王的心理还是猜得出来的。见魏惠王对自己所提出的仁政主张没有明确表态，孟轲不免感到失望，于是连忙起身，要告辞而去。但是，魏惠王却叫住了他，说道：

"老先生，我们在这说了半天了，您也累了吧。不如跟寡人出去走走，如何？"

孟轲不知何意，犹豫了一下。但是，最后还是点了点头。

走出宫殿，孟轲尚未明白魏惠王究竟要带他去哪里，就见宫门外早有一辆华丽的马车候在那里。孟轲这时才明白，原来魏惠王早有准备。

"老先生，赶快上车吧。"见孟轲望着马车发呆，魏惠王笑着说道。

孟轲这次又犹豫了，但最后还是跟着魏惠王上了马车。过了大约有烙十张大饼的工夫，马车停了下来。

"老先生，我们到了。咱们一起下车走走吧。"魏惠王一边在侍卫的搀扶下起身下车，一边招呼孟轲道。

下了车，孟轲抬眼一看，发现魏惠王带他来到了一处茂密的丛林。孟轲不知这是何处，遂脱口而出，问道：

"大王，这是什么地方？怎么树木这么多？轲来大梁也有些日子了，大梁周边的许多地方都曾去过，怎么没发现有这样一个所在？"

"老先生，您怎么可能来过这里呢？这是寡人的苑囿，没有寡人的同意，是任何人都进不来的。"魏惠王哈哈一笑，得意地说道。

孟轲一听，这才明白过来，于是情不自禁地好奇地东张西望起来。

魏惠王见孟轲一副没有见过世面的样子，不禁笑道：

"老先生，这里是看不到什么的，还是跟寡人进去看看吧。"

跟魏惠王进了苑囿，孟轲这才知道什么是王侯之尊，什么是王家园林的气派。一入园林深处，孟轲抬眼所见，到处都是乔木秀松，还有奇花异草。放眼远眺，不远处还有一汪碧波荡漾的池沼。孟轲跟在魏惠王身后，时而抬眼看看树上飞蹿跳跃的鸟儿，时而低头瞅瞅池中来回游动相戏的鱼儿，正当孟轲感到眼花缭乱之时，突然从树下草间蹿出一群狍獐，贴着他的脚尖飞奔而去。尚未回过神来，又听头顶突然传来一阵鸿雁的叫声。刚想抬头仰望，又见一群麋鹿迅疾从眼前跑过。

就在孟轲目不暇接之际，魏惠王早已走到了前面，正立于一汪清澈见底的池沼边，一边悠闲地观看着鱼儿戏水，一边听着远处天上传来的阵阵雁叫之声。过了一会儿，一群麋鹿悄无声息地围了过来，魏惠王不禁感到十分惊喜。于是，情不自禁地回头看了一眼，发现孟轲并不在身后，而是远远地落在了后面。等到孟轲赶到后，魏惠王笑着大声问道：

"老先生，看到苑囿中的这一切，贤明的君王想必也会感到快乐吧？"

孟轲听魏惠王说话的口气，看他脸上的笑容，都在展露出一种得意之情，于是沉吟了一下，从容回答道：

"贤明的君王看到这一切，虽然也会感到快乐，但他不会将此视为首要追求。不贤明的君王，纵然拥有这一切，但也不会懂得欣赏，有真正的快乐。《诗·大雅·灵台》有言：'经始灵台，经之营之。庶民攻之，不日成之。经始勿亟，庶民子来。王在灵囿，麀鹿攸伏。麀鹿濯濯，白鸟翯翯。王在灵沼，於牣鱼跃。'这些诗句，记载的是周文王以民力筑台开沼，人民不以为苦，反而感到快乐，将其所筑之台称为灵台，所开之沼称为灵沼。他们看到池沼之中有鱼鳖，园中有麇鹿，都视为己有，感到快乐。古代贤君与民同乐，所以他们能真正欣赏园林之美，感受园林之乐。《尚书·汤誓》有言：'时日害丧？予及女偕亡。'记载的是夏朝民众痛恨暴君夏桀，诅咒他快点灭亡之言。作为一国之君，老百姓恨他恨到愿意跟他同归于尽的地步，他纵然有再好的园林，再多的台池鸟兽，他能独得其乐吗？"

魏惠王听了孟轲这番话，原来洋溢于脸上的笑容不见了，纵目苑囿而欣欣然的得色也不见了。可是，孟轲却没有注意到魏惠王表情的变化，正想再说些什么的时候，被扫了雅兴的魏惠王已经拂袖而去了。

魏惠王被扫了雅兴，当然不高兴；孟轲因为没有达到游说魏惠王实行仁政的目的，同样也不高兴。回到驿馆后，孟轲还没有平抑内心极大的不快。见到公孙丑时，没等他问跟魏惠王见面的情况，就脱口而出：

"真是不仁呀，这个魏王！仁义之君，会将其所爱推及他所不爱；不仁之君，则将其所不爱推及其所爱。"

"先生，您这话是什么意思？"公孙丑不明白孟轲的意思，问道。

"今日为师跟魏王见面，他问治国安邦之道，为师趁机向他游说仁政主张，他却听不进去，仍然念念不忘以战谋霸。以前，他好战而不知止，为了争夺土地，不断驱使魏国百姓去作战，致使大量魏国百姓亡命于战场，或死或伤，骨肉糜烂。多次被打得大败后，不思反省，还要准备再战。恐怕再战时又不能取胜，于是将自己喜爱的子弟也送上了战场，让他们断送了性命。这不是将其不爱推及其所爱吗？"

公孙丑见孟轲说得非常愤激，遂连忙说道：

"先生说得是。魏王确实不是个仁君！他想谋霸天下的妄想，永远都不会实现。"

孟轲点了点头，怒气似乎消了一些。

三、望之不似人君

周慎靓王二年（公元前319年）一月初九，天气特别寒冷。一向习惯于早起的孟轲，这天却意外地晚起了。直到朝食时间，众弟子才等到他从房内出来。

正当众弟子要迎向孟轲，问其究竟时，却见周霄急急赶来，而且是跑得上气不接下气。

"师弟，你跑得这么急，是不是有什么重要事情要报告先生？先生刚刚起来。"孟仲迎着周霄，上前几步问道。

"大师兄，确实有重要事情。"

"什么重要事情？"没等周霄说完，邹春就抢着追问道。

"魏王昨晚驾崩了。"周霄喘息未定地答道。

"怎么这么突然？"公孙丑脱口而出道。

"是前些天受了点风寒，没想到竟然会一病不起。"周霄一边回答，一边眼睛盯着孟轲，看他的反应。

孟轲原来对魏惠王是有怨气的，恨他始终不肯接受其仁政思想，而是抱着以武谋霸的旧思维执迷不悟。但是，一听周霄说魏惠王因受风寒而过世了，顿时生出些许怜悯之情，于是看着周霄，关切地问道：

"是不是因为年纪大了？"

"先生说得是。早些年也多次受过风寒，却一点事也没有。"周霄点了点头。

"看来是岁数不饶人呀！"孟轲情不自禁地感叹道，不知道是为魏惠王，还是为自己。

公都没在意孟轲的感叹，而是想到了魏国政坛即将发生的变化，望着周霄，不无忧虑地说道：

"生老病死，乃是正常现象。只是老魏王过世，新魏王继位，伴随着必不可少的人事变动，恐怕魏国朝廷中又要有一番争斗了。"

果不其然。魏惠王丧事办完，魏襄王继位后没几天，人事变动的消息就不断传了出来，各派势力角力与争斗的消息也不绝于耳。对此，孟轲及其弟子早就有所预料，并不感到意外与吃惊。但是，半个月后，当周霄来向孟轲报告说，张仪已经主动离开魏国，不再担任魏国之相时，还是着实让孟轲及其弟子大感意外。

"师弟，张仪'以秦相魏'，到魏国为相，不就是为了控制魏国吗？怎么老魏王死了，新魏王继位，秦国的既定战略就改变了？"屋庐连一直对张仪的动向非常关注，所以听到张仪离开魏国，感到特别不理解。

周霄看了一眼屋庐连，笑道：

"师兄，您是有所不知呀！秦国要控制魏国，并进而控制整个山东诸侯各国，这个既定战略是不会改变的，改变的只是目前山东诸侯各国的形势。"

"师弟，这话是什么意思？"陈臻对秦国与张仪的事也一向非常有兴趣，所以脱口而出，问道。

周霄偷眼看了一下孟轲，他知道孟轲最痛恨张仪之流的纵横家，更痛恨秦国这样以武谋霸的国家。见孟轲似乎也有兴趣，周霄于是看了一眼陈臻，说道：

"张仪这些年'以秦相魏'，为秦国控制魏国、牵制韩国与赵国，做了很多拉拢山东各国的工作，很多人都了解。但是，有一件事很多人至今还没有醒悟过来，这就是张仪挟秦国之威，到魏国为相，还有一个重大的战略目标，就是为秦国实施东西'连横'战略奠定基础。这个基础，就是齐国。"

"师弟，你是说秦国要与齐国联合，形成东西'连横'之盟？这怎么可能呢？大家都知道，这么多年来，无论是苏秦组织策划的山东六国之盟，还是公孙衍搞的'五国相王'，矛头都是针对秦国的，都是合山东诸侯各国之力共同对抗强秦的'合纵'战略。齐国是'合纵'之盟中的中坚力量，怎么会脱离山东诸侯各国，而跟秦国搞什么东西'连横'战略呢？"周霄没说完，屋庐连就提出了疑问。

"刚才我不是说过吗？秦国暗中拉拢齐国的事，很多人至今都没有醒悟过来。这就是张仪的厉害之处。事实上，他这些年的工作重点就是这件事。至于他是如何暗中做齐国的工作，又是用了什么手段，恐怕只有他自己与齐威王最清楚了。秦国与齐国实现了联姻，老魏王直到临死前都还不知情。而老魏王一过世，张仪就离开了魏国，更能说明问题了。前几天我刚听人说，张仪这次离开魏国，并不是因为新魏王不再任用他，而是奉了秦王之命，回秦国再任秦相。可见，张仪来魏国为相，主要目标是就近做齐国的工作，拉拢齐国跟秦国合作，实现秦国'连横'而霸天下的战略目标。"

"张仪不管是出于什么原因离开了魏国，不再担任魏国之相，现在最高兴的恐怕还是他的老对头公孙衍吧？公孙衍知道张仪离开魏国的事吗？"周霄话音刚落，陈臻立即提问道。

周霄见陈臻如此关注张仪与公孙衍的动向，怕孟轲不高兴，又抬眼偷看了一下孟轲，发现他并无排斥的表情，猜想孟轲大概也有趁机了解魏国与齐国政坛及天下大势的想法，所以就大起胆子，看着陈臻，回答道：

"公孙衍虽然被排挤出魏国政坛，跑到了韩国为相，但他的眼睛却一直紧盯着魏国朝廷，关注着魏王朝中的一举一动。张仪为魏相时，公孙衍为了制衡张仪，利用自己在魏国为将时积累的人脉，在魏王朝中安插了很多眼线，及时将魏国朝中的大事甚至是秘密传到韩国之都。张仪离开大梁不到三天，公孙衍就主动辞了韩国之相，急急忙忙地赶到了大梁。"

"公孙衍是想接任张仪留下的魏相之缺吗？"屋庐连立即追问道。

"师兄，您猜得没错。公孙衍一直想做魏国之相，他被张仪排挤出秦国，第一次来到魏国时，就不安分于为魏国之将，而是志在魏国之相。"

周霄话还没说完，陈臻突然插话，笑着说道：

"师弟，以前我曾听人说过，公孙衍当初从秦国来到魏国时，为了魏国之相的位置，没少跟人争斗。当时是田需为魏国之相，为了不让公孙衍夺了其相位，据说田需跟师弟你结成了同盟，甚至还请来了齐国靖郭君之子田文，宁可将相位让给田文，也不肯让给公孙衍。最后，公孙衍没有办法，这才跑到韩国，做了韩国之相。是不是有这回事？师弟，你是当事人，对此最清楚了。以前我不好意思问，今天既然说到此事，也就顺便说了出来，以求证于你。"

周霄没有回答，只是淡然一笑。

屋庐连怕周霄尴尬，连忙重拾刚才自己的话题，问周霄道：

"公孙衍辞去韩国之相，跑到大梁，新魏王是否信任他，让他为魏国之相了呢？"

"还没有。"周霄摇了摇头。

"那公孙衍这不是失算了吗？他好不容易做了韩国之相，现在跑到魏国争魏国之相的位置，结果又没争到，想回韩国再为韩国之相，恐怕又没机会了吧。早知如此，为什么那么执着，非要争魏国之相不可呢？韩国之相好歹也是一国之相呀！"陈臻脱口而出。

"师兄，您这就不懂了。韩国之相跟魏国之相差得远了，两者怎么能相比呢？"周霄也脱口而出。

"不都是一人之下，万人之上吗？难不成魏国之相能不受魏王节制，能够自作主张，一人独擅朝政吗？"陈臻反问道。

"这当然不可能。不要说是在魏国，就是在韩国或是更小的国家，一国之相都不可能不受国君节制。关键是魏国是有影响的大国，而韩国不是。以前魏国是天下霸主，就是秦国、齐国、楚国都对之畏惧有加。如今虽然衰落了，但大国的骨架仍在，撬动天下格局的战略地位仍在。公孙衍是个志在天下的人，并不像一般的游士，混个温饱，或是有个位置能够荣华富贵、光宗耀祖就能满足。所以，为了玩天下于股掌之中，像苏秦、张仪那样叱咤风云，他必须有一个大国强国作为平台，这样他才能施展拳脚，有所作为。"周霄说道。

"师弟，你说得有道理。那公孙衍这次到大梁后，为了争夺魏相之位，目前有哪些动向，施展了哪些手脚，可否说来听听呢？"屋庐连望着周霄，启发式地说道。

周霄知道屋庐连的意思，不禁暗自一笑。偷眼看了一下孟轲，见其没有反对的意思，遂略作停顿后，看着屋庐连说道：

"公孙衍现在虽然还没被新魏王任命为魏国之相，却有夺相的强大实力。他从韩国一回到魏国，就被新魏王任命为魏国之将，重新住回他原来住过的将军府。据说，他在离开韩国时，对韩国的政坛有所布局。一方面，他辞去韩国之相，请求韩王让楚国令尹昭奚恤兼相韩国，就像当年张仪兼相秦魏一样；另一方面，他又跟原韩国之相公叔密谋，对韩国政坛进行暗中控制，为自己到大梁后争夺魏相之位增加实力。"

"公孙衍这次到大梁，没有立即取得魏相之位，是不是遇到了什么强劲的对手？"一直顾忌孟轲的感受而没有说话的孟仲，这时也突然插话了。

"大师兄，您问到最核心的问题了。魏国之相的位置，从来都是众人要争相谋取的。以前张仪跟惠施争过，公孙衍跟田需争过。而现在跟公孙衍相争的，有两个人，一个是翟强，一个是周最。他们二人都在魏国为官多年，在朝中也有些势力与人脉。其中，周最相对更突出些。"

"为什么？"周霄话还没说完，陈臻就插话追问道。

"因为周最是周武公之子，有周王室的身份背景，算得上是一个天下闻名的人物。他之所以来魏国，在魏王朝中为臣，有两个目的：一是想替周王室控制山东诸侯，二是想谋魏国之相的位置。不过，前一个目的明显是不切实际的，只是镜花水月而已。因为周王室早就控制不了天下诸侯了，不要说秦、楚、齐、魏、韩、赵、燕七大国，就是鲁、宋、卫这等小国，恐怕也未必会听周天子的。因此，周最来魏国，在魏王朝中混事，最直接的目的就是想谋魏相之位。"周霄解释道。

"那这次周最谋取魏相之位有没有希望？"屋庐连明显兴趣更大了。

"依我看，周最与翟强这次都没有希望，因为他们二人都不是公孙衍的对手。当初田需为魏国之相，公孙衍与之相争，他们就意识到自己没有实力跟他较量。只是后来公孙衍竞争失败，转而去了韩国，做了韩国之相之后，他们二人才对魏国之相的位置又起了觊觎之心。正当他们为魏相之位而争得你死我活之际，张仪挟秦国之威来魏国为相，他们二人的争斗便戛然而止。从此，一对生死对头反而联合，跟张仪斗了起来，一心要把张仪拱走。如今张仪自己辞去魏相之职回秦国了，翟强便仗着其跟齐国的密切关系，周最仗着其跟楚国有多年深厚的交情，在老魏王刚过世后就各自施展手脚，积极活动，拉帮结派，展开了较量，目的就是谋取魏相之位。"

"师弟，你说翟强有齐国的背景，周最有楚国的关系，那么当年他们二人联合起来跟张仪争斗，怎么还会失败呢？张仪虽说有秦国的背景，但秦国的实力再强，秦王给魏王的压力再大，也抵不过齐、楚两大国的实力强，抵不过齐王与楚王给魏王的压力大呀！"周霄话音未落，陈臻便提出了疑问。

周霄呵呵一笑，看了陈臻一眼，从容说道：

"张仪有手段呀！玩心眼，翟强与周最两个人加起来，也不是张仪的对手。所以，最终翟强与周最只好认输，在张仪为魏国之相期间彼此相安无事。"

"那张仪用的是什么手段呢？"屋庐连更加有兴趣了，追问道。

"张仪初到魏国时，因为人地生疏，对于翟强与周最二人一唱一和，三天两头在魏王面前造谣中伤，虽然感到既恨又烦，但又无可奈何。不过，不久他就想到了一个彻底的解决办法，就是建议魏王在宫内设立了一个新官职，叫见者啬夫。啬夫，是魏国所特有的官名，是专司某一方面工作的负责人之称谓，如仓啬夫、库啬夫、田啬夫、苑啬夫、厩啬夫、发弩啬夫、司空啬夫等，皆是其类。见者啬夫，则是专司大臣在理政之外的时间求见魏王的事务。张仪建议魏王新设这一官职，目的就是防备翟强与周最二人随时可以见魏王，并向他进谗言。由于张仪特设的见者啬夫一职用的是自己的心腹，翟强与周最根本就没机会见到魏王，想进谗言，自然也是不可能了。翟强、周最此时才知道张仪的厉害，从此收敛了不少，不敢再跟张仪争斗了。"周霄说完，朝孟轲看了一眼。

孟轲没有什么反应，陈臻却兴奋起来了，脱口而出道：

"看来张仪真是枭雄！若论智谋，天下还真没有什么人可以跟他相提并论。"

孟仲见陈臻竟然当着孟轲的面称赞起张仪，不禁为陈臻捏了一把冷汗，怕孟轲一生气，会将陈臻逐出师门。为了防止出现这种尴尬的结果，孟仲连忙出来打圆场，说道：

"陈师弟，张仪、公孙衍都是心术不正的纵横家，他们的所谓智谋都用在了歪门邪道上，都是为了自己的利益而不择手段，他们都是害群之马，人格不足道也。刚才我们问周师弟有关张仪、公孙衍的情况，目的是要借此了解魏国朝廷内部的人事变动情况，以及诸侯各国的动向，为先生接下来的去留决策提供参考。"

"大师兄，您误会了。我是先生的弟子，投在先生门下，就是认同儒家的思想主张。我说张仪智谋天下无人可比，并不是欣赏他，而是说他的阴险天下无人可比。"陈臻连忙辩解道。

周霄怕孟仲与陈臻再辩论下去，于是连忙说道：

"今天我来向先生报告的，只是两个信息，一是张仪的走，二是公孙衍的来。至于未来魏国政坛如何变化，魏国之相的空缺由谁来填补，现在谁也不能预料。"

周霄话音刚落，一直没有说话的公孙丑突然笑着对周霄说道：

"小师弟，刚才陈臻师弟说你曾参与过田需同盟，为魏相之位跟公孙衍争斗过。我觉得你虽然年轻，但在魏国朝廷中也算是老臣，也有一定的人脉。现在魏国新王上位，说不定更喜欢用年轻人，也许你最有希望，不妨也争取一下。"

"公孙师兄，您可真会说笑！我哪里可以跟翟强、周最、公孙衍三人相争？"周霄连忙摇头摆手说道。

"小师弟，我倒是觉得公孙师弟的话有些道理。翟强、周最、公孙衍三人相争，旗鼓相当，互不相让，必然让新魏王感到为难。所以，新魏王极有可能索性不用翟强、周最、公孙衍三人，而任你为魏国之相。如果你真能为魏国之相，就能左右魏国的国家战略，就能帮助先生在魏国推行仁政。凭借魏国这个支点与平台，先生就可以实践其'保民而王'的政治主张，进而逐步实现王道社会的理想。"孟仲看了看周霄，又偷眼望了一眼孟轲，一本正经地说道。

周霄没吱声，孟轲也没吱声。

告别孟轲及众师兄归去后，周霄是否真的参与到了争夺魏国之相的竞争中，孟轲及其众弟子都不得而知。但是，半个月后，当周霄再来向孟轲报告魏国朝廷动态时，情况已经彻底明朗了，魏襄王已当着魏国满朝文武大臣的面，正式任命了公孙衍为魏国之相。

半个月前，孟仲与公孙丑希望周霄成为魏国之相，虽然只是说笑，包括孟轲在内的所有人也都没指望成真，但是半个月后，当大家听到周霄报告说公孙衍做了魏国之相的确切消息时，无论是孟轲，还是其弟子，从内心深处都是感到非常惆怅的。因为大家都知道公孙衍是枭雄，由他做魏国之相，魏襄王肯定继续推行魏惠王以武谋霸的既定战略，不会接受孟轲推行的"保民而王"的仁政理念。而魏襄王不肯接受仁政理念，孟轲势必就不能再在大梁待下去了。对此，周霄比其他众师兄更感到惆怅。因为他知道，孟轲是个理想主义者，对理想的追求就像先圣孔子一样，是非常执着的。而越是执着，在面对残酷的现实时就会越发感到痛苦。眼下魏襄王重用公孙衍，无论如何都会让孟轲感到非常难受、非常沮丧。

但是，屋庐连没有想到这一层，而是对公孙衍成为魏国之相的事非常感兴趣，没考虑孟轲的感受与其他问题，追问周霄道：

"公孙衍这次是怎么谋到魏相之位的？小师弟，你给我们说说。"

周霄偷眼看了一下孟轲，见他没有什么特别的表情；又扫视了一下众师兄，见大家虽不吱声，却似乎都充满着期待。于是，顿了顿，又偷眼看了一下孟轲，这才开口说道：

"据知情人透露，张仪辞去魏国之相，尚未离开大梁之前，就已策划好了一个计划，让秦王在他一离开魏都大梁，就对韩国发起进攻。这样做的目的有两个：一是报复韩国任用公孙衍为韩国之相，对他在山东各国的布局有所掣肘；二是防止新魏王在他离开大梁后，重用公孙衍，拆解他为魏相多年，替秦国建立起来的秦、魏、齐三国'连横'雏形。说到底，伐韩只是敲山震虎，主要是为吓唬新魏王的，阻止他任用公孙衍为魏国之相。"

"既然如此，新魏王怎么还任用公孙衍为魏国之相呢？"陈臻感到不解。

"新魏王刚继位不久，对国事毫无经验，没有看出张仪伐韩的用意。但是，公孙衍不仅看出了张仪的用意，而且巧妙地利用了秦国伐韩这一事件，借力使力，向新魏王建议，趁着秦国伐韩之机，让魏国也出兵伐韩。公孙衍跟新魏王所说的伐韩理由，跟其内心所想是不一致的。表面上，他作为魏国之将要求伐韩，是为了削弱韩国的力量，为最终吞并韩国，壮大魏国实力而跟秦国对抗奠定基础；实际上，他是要利用自己为魏国之将伐韩建功，从而实现夺得魏国之相的目标。"

"公孙衍的小九九，新魏王难道一点也看不出吗？"屋庐连问道。

"当然看不出。如果看出了，新魏王就不会同意出兵伐韩，让公孙衍谋私利了。正因为如此，公孙衍就轻松地从新魏王手里调出了五万大军，一个月前从大梁出发，很快抄道韩国东南部，布置到了韩、魏东部毗邻的魏国重镇岸门。然而，到了岸门后，公孙衍却命令魏国大军按兵不动，驻而不前。"

"为什么？"陈臻又感到不解了。

"因为公孙衍此次伐韩，目的不是灭韩，而是借伐韩取功，谋取魏国相位。再说了，他毕竟做过韩国之相，对韩国多少还有一点感情。如果谋取魏国相位成功，将来还要借重韩国之力，共同对付秦国。除了这两个方面的原因外，公孙衍此次兵临韩国，引而不发，还有一个现实的考虑。上次他从秦国被张仪排挤走，第一次做魏国之将时，曾经奉老魏王之命兵伐韩国，结果打了一年多，不仅没有灭亡韩国，反而被秦国偷袭。这次如果跟韩国真打，说不定又要被秦国偷袭，或是被齐国抄了后路。如果是这个结果，不仅魏国之相的位置谋取不到，未来'合纵'伐秦的大计也永远无望了。"

"公孙衍的心机真是太深了，跟张仪一样，怪不得他们俩斗得你死我活。"公孙丑插话道。

周霄点了点头，接着说道：

"师兄说得对，公孙衍的心机之深并不逊于张仪。事实上，这次伐韩之举，他的心机连张仪也没有看出来。他兵临岸门，按兵不动，驻而不前，只是每天让兵士大肆鼓噪，搞得动静很大，让韩国军队不知所措，日夜不得安宁。与此同时，他搞了一个小动作，暗遣心腹之人，神不知鬼不觉地潜入韩国之都，跟原来在韩国的同党、原韩国之相公叔联络上，游说他说：'昔张仪以秦相魏，对老魏王说：魏攻南阳，秦攻三川，韩国必亡。可见，老魏王所以亲善张仪，任之为魏相，乃是欲得韩国之地。而今新魏王命公孙衍伐韩，其意亦为韩国之地。不如公说韩王，略予魏地，以为公孙衍之功。公孙衍有功，则必为魏相。如此，秦、魏之交不可复，秦攻三川、魏伐南阳之虞不复有。公孙衍以前相韩，今日相魏，则魏、韩合而为一体，秦患可绝矣。'"

"结果怎么样？"屋庐连急切地追问道。

"结果，公叔听从了公孙衍心腹的游说，前往晋见了韩王，晓以利害，让韩王同意了公孙衍的要求，立即遣使臣往大梁，向新魏王求和，并答应割一块地给魏国。新魏王上位伊始，就不战而屈韩国之兵，还得了韩国一块土地，自然非常高兴。这样，公孙衍撤兵回到大梁后，新魏王就立即任用他为魏国之相了。"

周霄话音未落，陈臻又问道：

"公孙衍为魏相，张仪是否知道？"

"张仪虽然离开了大梁，但他在魏国为相多年，魏王朝中少不了他的线人。公孙衍为魏相，这样的大事，他岂能不知？不用想就能猜得出。"周霄答道。

"看来这两个枭雄又要有一场恶斗了！有这两个枭雄在，天下就不可能太平！"孟仲感慨地说道。

孟轲听着弟子们的对话，自始至终没有说一句话。至于他内心是怎么想的，此时此刻是什么感受，包括周霄在内的众弟子，其实都是猜得出来的。但是，大家谁也不想揭破。

其实，揭破不揭破，孟轲的沮丧之情都是客观存在的。大概是觉得公孙衍做了魏国之相，从此魏国就是纵横家的天下，自己"保民而王"的仁政主张在魏国不可能再有市场了，所以孟轲在周霄报告消息的第二天，便萌生了要离开大梁的念头。

然而，孟轲还没来得及离开大梁，一位重要人物已然来到了大梁，而且听说孟轲在大梁而主动找上门来拜访。当弟子孟仲禀报说来访者是白圭时，孟轲不禁大吃了一惊，连忙让孟仲不要唐突了，非要亲自到门外迎接不可。孟仲从未见孟轲对什么访客如此重视，便不解地问道：

"这个白圭难道有什么特别过人之处吗？"

"当然有过人之处。他很久以前曾是魏国之相，魏国以前强大无比，天下独霸，在很大程度上就跟他有关。"

孟轲话还没说完，孟仲便插话问道：

"那他到底有什么过人之处呢？"

"他不仅擅长商业致富之术，是天下著名的经济专家，有'天下言治生祖白圭'之说，而且还号称是治水专家。不过，他的治水方法，我是不赞成的。至于他的农业经济循环论，还是有一定道理的。"

"先生，他的治水方法是什么？您为什么不赞成？"孟仲连忙追问道。

"他治水的方法跟禹帝的父亲鲧一样，是用堵的方法，就是筑水坝而拦住洪水，而不是像禹那样，依照地势的高低，用疏导的方法引水。所以，白圭为魏相期间，魏国确实没有发生什么水患。但是，魏国的邻国都洪水泛滥。因为魏国筑水坝拦住了洪水，不使之流往魏国。这是以邻为壑，只顾自己，而不顾别人。所以，我不赞成他的治水方法，认为他的治水方法不讲仁道。"孟轲说道。

"先生这样说，弟子就明白了。他治水的方法，不符合我们儒家的仁道主

444

义精神。那么，他的农业经济循环论，又是怎么回事呢？"孟仲又追问道。

"为师要到门口迎接白圭了，没时间跟你细说了，就简单跟你说一句吧。白圭认为，农业的丰歉是有一定规律的。因此，商人可以根据这一规律囤积或抛售粮食，从中赚取利润，发财致富。"说完，孟轲就往门口去迎接白圭了。

将白圭接到住处，分宾主坐定后，孟轲便与白圭聊了起来。白圭是周人，除了在魏国为相时在魏国生活过一段时间，一生大部分时间都车船周流于天下，先后到过中山、齐、秦等许多诸侯国，可谓见多识广。此次到达大梁，乃是故地重游。因为是故地重游，白圭就不免谈到了自己为魏相时为魏国主持修建的水利工程设施，并不无得意地跟孟轲说道：

"若论治水，老夫的成绩应该在禹帝之上。"

孟轲本来就不赞成白圭的治水方法，先前已经跟其弟子孟仲说过这事。现在听白圭自夸其治水成绩，终于忍不住了，顾不得礼貌，脱口而出道：

"您的治水方法，从根本上说就是错误的。禹帝治水，是顺着水流的地势挖沟开渠，使水注入四海，这是以海为壑。而您治水，是筑坝拦水，让水流到邻国去，这是以邻为壑。水往低处流，顺着地势排水，这是顺乎水的本性而行，所以无害。而筑坝拦水，是使水逆流而行，跟水的本性背道而驰。逆流而行的水，古人叫作洚水。洚水就是洪水，是有仁爱之心者最厌恶的。所以，我说您治水的方法错了。"

白圭虽然做过魏国之相，为人比较自负，但在论辩上则远逊于孟轲。所以，被孟轲一顿抢白后，一时语塞，不知所措。

好在有孟仲从中打圆场，二人的谈话气氛重又轻松起来。最后，聊到了二人都比较感兴趣的税率上。孟轲一向主张十抽其一的"什一税"，不遗余力地到处宣传"什一税"的好处。在宋国跟宋康王，在滕国跟滕文公，在邹国跟邹穆公，都曾兜售过"什一税"的主张。但是，白圭对孟轲的"什一税"主张则不以为然，说道：

"我想二十抽一，您看如何？"

孟轲一向主张国君要轻徭薄赋，觉得当时诸侯各国十抽其二，甚至十抽其三的赋税太重了，让老百姓温饱难以解决。所以，他到处宣扬十抽其一的"什一税"，认为实现这一税率，才是仁君的标志。没想到，曾做过魏国之相的白圭比自己还激进，竟然主张实行二十抽一的税率。所以，他听了，不禁一喜。但是，没过一会儿，他又觉得不对。思考了一会儿后，对白圭说道：

"您主张的税率，乃是貉国曾经采用过的。但是，在当今任何一个国家，都是不可行的。在一个有一万户的国家里，如果只有一个人制作瓦器，那可以吗？"

"不可以。因为那样瓦器会不够用。"白圭脱口而出。

孟轲看了看白圭，点了点头，接着说道：

"众所周知，貉国是一个什么谷物都不生长的小国，只能种些黍子。貉国虽说也是一个诸侯国，却没有城郭，没有宫室，也没有宗庙与祭祀之礼，当然更没有跟各诸侯国之间送礼宴请之类的礼尚往来，也没有各种衙署与官吏，国家开支非常有限，所以实行二十抽一的税率，确实就够了。但是，现在生活于像魏国这样的中原大国，如果不顾及人伦纲常，没有治理国家的各级官吏，那如何行得通呢？制作瓦器的人太少，尚且还会妨碍一个国家的治理，更何况是治理国家没有官吏呢？如果要想使税率比尧舜时十抽其一还轻的，那只有在大貉、小貉这样的小国了；要想使税率比尧舜时十抽其一还重的，那只有在像夏桀这种暴君统治下的大桀、小桀才有了。"

"依您的意见，十抽其一的'什一税'，才是全天下最合理的税率了，是吗？"白圭不以为然地反问道。

"正是。"孟轲答得斩钉截铁，一副非常自信的口吻。

大概是因为二人都非常自负，秉性相同，知道再谈政治问题，彼此也很难相互说服对方，于是二人心照不宣，索性不再讨论政治问题，而是大谈起彼此周游列国的见闻，以及诸侯各国的风土人情。这一次，宾主二人倒是相谈甚欢，其乐融融。

跟白圭相见相谈之后，孟轲突然起了要周游列国的念头，不想再在魏都大梁滞留了，反正魏襄王重用公孙衍为相，不可能再接受他"保民而王"的仁政主张，留在大梁也不会有所作为。倒不如像白圭那样做个闲云野鹤似的人，带着弟子周游列国，至少还可以多宣传儒家的思想主张，扩大一下儒家的影响力。

过了两天，孟轲打定主意，正想跟众弟子商量要离开大梁的事，让大家做好准备时，周霄突然一大早就来找孟轲了。一见面，周霄便兴冲冲地对孟轲高声说道：

"先生，告诉您一个好消息。"

没等孟轲开口，陈臻已经抢先开口了：

"小师弟，什么好消息？莫非新魏王辞了公孙衍，要我们先生做魏国之相?"

"师兄,您可真会开玩笑!公孙衍现今是新魏王面前的大红人,正受宠着呢!我所说的好消息,不是新魏王要我们先生做魏国之相,而是新魏王要召见我们先生。"周霄认真地说道。

屋庐连呵呵一笑,望着周霄说道:

"小师弟,新魏王要召见我们先生,其实也算不上是什么好消息。老魏王在世时,多次召见我们先生,对我们先生礼遇有加,还请我们先生游览他的苑囿,我们先生也不当回事。何况今天的新魏王刚上位不久,还没有在天下甚至在魏国建立起任何威望,只不过是一个默默无闻的国君,而我们先生则声名满天下。他召见我们先生,我们先生何来什么荣幸?如果我们先生愿意见他,应该是他的荣幸,而不是相反。"

周霄虽然认为屋庐连的话是书生之见,不切实际,但碍于孟轲的面子,又不好直说,于是便望着屋庐连微微一笑,假意顺着他的意思,说道:

"师兄说得是。不过,新魏王既然再三拜托我来请先生,我们总要给新魏王一个面子,毕竟先生来大梁是客人,他是主人。主人邀请客人相见,客人不肯相见,于礼节上有些说不过去。我们儒家弟子从来都是讲究礼的。"

孟轲听懂了周霄的话,于是轻轻地点了点头。

在周霄的陪同下,孟轲终于第一次见到了魏襄王。

"老先生声名满天下,不远千里来到大梁,今日寡人有幸当面请教,实在是荣幸之至矣!"宾主依礼叙坐后,魏襄王首先开了口。

孟轲也依君臣之礼客气了一番,并偷眼认真打量了一下魏襄王。

"寡人对于治国安邦尚无经验,听说老先生在齐国为列大夫,位在上卿,对齐王朝政多有建树,不知今日是否也能指教寡人一二。"魏襄王开始上正题了。

"大王乃魏国之君,孟轲岂敢对大王有什么指教。不过,对于治国安邦,孟轲从历史的经验看,觉得一国之君当以修身为本,凡事要依道而行。为人处世,如果不依道而行,那么道在妻子儿女身上都行不通。使唤别人,如果不合于道,要使唤妻子儿女恐怕也是不可能。为君治国,也是如此。自古以来,明君圣主都是依道而行。不过,这个道不是别的道,而是仁道。"孟轲巧妙地将话题切入了自己要说的方向。

魏襄王明白孟轲的意思,但是他像其父魏惠王一样,只信奉武力,而不信奉仁政。所以,明知孟轲是在推行仁政主张,却假装听不懂,没有接孟轲的话茬。

孟轲明白魏襄王的心理，所以并不在意魏襄王接不接话，而是主动把握话语权，按照自己既定的思路，接着说道：

"有人说：'我善于排兵布阵，我善于指挥作战。'自以为依靠武力，就可以解决一切问题。其实，自恃善于用兵而好战不止，就是最大的罪过。一国之主，喜欢征战杀戮，迟早会引火烧身，人亡政息；一国之君，喜爱仁德，推行仁政，就会不战而屈人之兵，天下无敌。商汤征讨南方之蛮，北方的狄人就抱怨；征讨东方之夷，西方的戎人便不高兴，说：'为何把我们放在最后？'周武王讨伐殷商，战车三百乘，勇士三千人，武王对殷商的百姓说：'你们不要害怕，我是来给你们带来安定生活的，不是来与你们为敌的。'百姓听了，都伏地叩头，声音之大犹如山崩地裂。征，就是正。每个人都力求端正自己，天下哪里还用得着征战呢？"

魏襄王一听，知道孟轲这是绕着弯子批评他的父亲魏惠王一生好战，同时也有批评他前不久发动的对韩作战行动的意思，所以这次他不再装作听不懂了，而是立即反驳道：

"既然征战不必要，那周平王东迁之后，为什么一直战争不断呢？你们是儒家弟子，你们先圣孔子所作的《春秋》中，到底记载了多少次战争，老先生，您不会不知道吧？"

"大王说得没错，周平王东迁之后，确实是战争不断，先圣孔子《春秋》中也确实明明白白做了记载。但是，有战争发生，并不等于战争发生有合理性。孟轲以为，周平王东迁之后，被先圣孔子记载在《春秋》中的诸侯各国之战，都不是正义的战争。但是，可能会有某一次战争比另一次要好一点的情况。古人所谓征讨，指的是上级讨伐下级，比方说周天子讨伐不听命的诸侯，就属于征讨的性质，具有正当性。而同等级的国家之间的战争，就不能叫征讨，比方说秦国出兵打楚国，打韩国，打魏国，都不能叫征讨，而应该叫侵犯。"孟轲回答道。

"叫征讨也好，叫侵犯也罢，其实都只是一个说法而已。究其本质，其实都是一样，不就是兵戎相见吗？寡人今天想请教老先生的是，如何才能让这混乱的天下安定下来？"魏襄王望着孟轲，问道。

孟轲知道魏襄王的意思，就是想让他给支个招，怎样才能在群雄争霸战中克敌制胜，进而一统天下，成为天下之王。孟轲当然不会给他支这个招，事实上他也不懂用兵之道，所以他还是老套路，像以前游说魏惠王一样，跟魏襄王讲了一大套推行仁政、"保民而王"的大道理。结果，魏襄王并没有兴趣。到了最后，魏襄王索性打断孟轲的话，转移了话题，问了孟轲很多在齐国稷下学宫的事。孟轲明白魏襄王的用意，心里非常不痛快，觉得魏襄王比起其父魏惠王还要差得远，是个不能指望的国君。既然如此，他就不想再跟魏襄王多费口舌了，于是礼貌性地回答了魏襄王几句后，就匆匆告辞而去了。

出了宫殿，下了台阶，没走几步，孟轲就看见周霄远远候在马车旁。

"先生，今天您跟新魏王谈得怎么样？"孟轲刚走到马车旁，周霄就迫不及待地问道。

"望之不似人君，近之而不见所畏。"孟轲脱口而出。

"先生，您觉得新魏王没有人君的样子，没有让人敬畏的威仪，是吗？"周霄问道。

孟轲点了点头。

"新魏王今天跟您谈了些什么呢？"周霄又问道。

"我明明跟他讲清了如何治国安邦的道理，讲清了推行仁政的重要性，他却没听懂，莫名其妙地问我：'怎样才能使天下安定下来？'我明确地告诉他说：'天下归于一统，就会安定下来。'他又问：'谁能统一天下呢？'我知道他有以武谋统天下的野心，所以就回答他说：'不嗜好杀人的国君，就能一统天下。'他又问：'不嗜好杀人的国君，又有谁能追随他呢？'我回答他说：'天下没有人不追随他。'后来，我问他：'您知道禾苗生长的情形吗？'他说他不知道，我就告诉他说：'七八月之间天气干旱，禾苗就枯萎了。但是，如果突然天上出现一阵乌云，顷刻间下起哗哗大雨来，禾苗便又猛然茂盛地生长起来了。像这样的情况，又有谁能够阻挡得了呢？而今的天下，没有一个国君不嗜好杀人的。如果有一位不嗜好杀人的国君出现，那么全天下的百姓都一定会伸长脖子期盼着他。果真如此，天下百姓追随他、归附他，就会像水从高处向低处奔流而下一样，又有谁能阻挡得住呢？'"

"那新魏王听进了您的意见吗？"孟轲话音未落，周霄就急切地追问起结果。

"他要是听进了我的意见，我现在还在这里生气吗？"孟轲余怒未消地说道。

周霄一句话也说不出，默默地侍立一旁。

第十一章
再入齐

· · · · · · · · ·

彭更说完孟轲在魏都大梁遭遇挫折的往事，情不自禁间，抬头看了一下天上的月亮。

徐辟就坐在彭更的左侧，见彭更抬头看月，也情不自禁地随之一起仰头，看了一眼满天繁星的夜空，然后侧过脸来，问彭更道：

"师兄，您从月亮西斜的位置判断一下，现在大约是什么时辰了？"

没等彭更回答，坐在右侧离彭更很远的邹春就抢着说话了：

"要说看天算时辰，我最准了。"

徐辟一听，立即来劲了，欠身右望邹春，高声说道：

"邹师兄，那您仔细看看月亮的位置，算一算现在是什么时辰了。"

孟轲的墓是坐东朝西的，大家面对孟轲的墓碑聚坐在一起，抬头正面而望，是看不到月亮的，因为此时月亮已经西斜。所以，邹春为了望月推算时辰，只好扭过身子，才能仰头看到天上的月亮。看了大约有烙半张大饼的工夫，邹春才信心满满地告诉大家说：

"据我的推算，现在应该是寅时。"

"邹师兄，您能确信推算得很准确吗？"陈臻对邹春的推算有点不相信。

"陈师弟，这个你就不要怀疑了。我跟邹春师弟，还有邹正师弟，都是一起长大的，知道邹春师弟的推算是错不了的。因为他从小就跟老人们学习这个，特别是每月初一、十五看月亮算时辰，是特别准确的。今天是十五，所以我确信邹春师弟的推算肯定没错。"孟仲大声说道，好像有意要为邹春做证似的。

咸丘蒙听了孟仲的话，没有像其他师兄弟那样对邹春的敬佩之意油然而生，而是顿生感伤，说道：

"这么说来，再有两个时辰，天就要亮了。天一亮，我们大家也就要离开先生，各奔东西了。像今晚这样，大家聚在一起，当着先生的面饮酒说往事，追忆跟随先生求学问道的美好时光，恐怕就很难再有了。"

宋大夫勾践见咸丘蒙的话说得过于凄凉，于是连忙起身抱起酒坛，给列坐于孟轲墓前的诸位师兄弟斟酒，希望调节一下气氛，不要让师兄弟们难得的聚会时光显得过于悲伤。

因为话题是徐辟挑起来的，所以勾践依次斟酒而斟到徐辟时，便随口问了一句：

"徐师弟，你是什么时候投在先生门下的？"

"我是先生在魏都大梁时拜在先生门下的。"徐辟答道。

"哎，怎么我不记得了呢？"勾践笑着说道。

"师兄，您怎么记得呢？先生到魏都大梁时，您好像是在宋国吧，并没有追随先生到过魏国。"徐辟反问道。

"如果我没记错的话，徐师弟好像是在先生要离开大梁的前几天才赶到的。如果晚到几天，就不知道要如何才能找到先生了。说不定，错过了机会，就进不了我们师门，今天也就不会跟我们一起深更半夜饮酒了。"充虞虽然年长，但听力却出奇的好，在夜深人静的夜晚，他竟然能隔着几丈远的距离，听到徐辟与勾践并不算高声的对话，然后接住他们的话茬，高声发表议论道。

"徐师弟是滕国人吧？先生在滕国帮助滕文公推行王政，听说是有好一段时间的。不知道徐师弟为什么不趁先生在滕国时拜师，而是要舍近求远，不远千里跑到魏都大梁去投先生？"浩生不害因为是在孟轲第三次入齐后才投在其门下的，对于徐辟为什么要跑到魏都大梁向孟轲拜师求学的内情并不了解，所以有此疑问。

"浩生师弟，我并不是舍近求远，而是因为先生在滕国推行王政时，我正好出外游学去了，不在滕国国内。不然，我在师门的排序也不至于像今天这样居后，比你早不了几年。"徐辟笑着说道。

"如果我记得没错的话，徐师弟到魏都大梁向先生拜师时，首先向先生报告了一个消息，让先生感慨感伤了好半天。"一直没有说话的邹正，大概是因为喝了几口酒，兴致上来了，侧脸左望徐辟，大声说道。

"二师兄，徐师兄报告了什么消息，会让先生感慨感伤好半天呢？"浩生不害连忙追问道。

"是有关邹穆公过世的消息。"邹正答道。

"二师兄，您是否可以具体说一说呢？"浩生不害穷追不舍道。

清冷的月光下，邹正看了一眼孟轲的墓碑，端起酒盏喝了口酒，顿了顿，才开口说道：

"先生听了徐师弟报告邹穆公过世的消息，之所以会非常感慨感伤，是因为邹穆公是其父母之邦的国君，同时又是跟他有很深交情的国君。二人的关系，与其说是君臣，还不如说是朋友。先生虽然在邹国的时间并不多，大部分时间都在齐国等诸侯各国宣扬传播儒家学说与先圣之道，但对故乡还是非常关心的。在从齐国回到邹国的不长的时间内，就向邹穆公提了很多有关治国安邦的建议。邹穆公后来很多仁政的实施，事实上都跟先生的影响有关。关于这一点，记得徐师弟当年跟先生说过邹穆公的一个故事。"

"什么故事？"浩生不害更加有兴趣了，连忙追问道。

"这个故事，还是请徐辟师弟自己讲吧。"邹正说道。

徐辟点了点头，月光下，下意识地左右扫视了一下在座的师兄弟们，从容说道：

"邹穆公曾下过一个命令，喂养鹅鸭一定要用秕子，而不准用谷子。如果国家粮仓中没有秕子，就要用谷子跟老百姓交换，而且规定一石秕子换两石谷子。有官吏对此感到不理解，就前去问邹穆公，说：'用秕子喂养鹅鸭，是为了不浪费粮食。现在国家用谷子跟老百姓交换秕子，两石谷子换一石秕子。这样，用秕子喂养鹅鸭，岂不是更浪费吗？所以下官请求您改变政令，允许用谷子喂养鹅鸭。'"

徐辟还没说完，陈臻就脱口而出：

"我觉得邹穆公的政令不合理，他的官吏说的是对的。用国家的谷子跟老百姓换秕子喂养鹅鸭，确实不合算。"

徐辟微微一笑，说道：

"师兄，您不要急，您听邹穆公是怎么说的。他跟官吏说：'你还是干你的活去吧，因为其间的道理你根本不懂。老百姓赶着喂饱的牛下地耕作，顶着烈日暴晒除草施肥，勤劳辛苦而不敢有丝毫的怠惰，好不容易收获点谷子，难道就是要用来喂养鹅鸭吗？谷米是人的上等食物，怎么可以拿来喂养鹅鸭呢？你是只会算小账，只看到眼前的一点小利益，不会算大账，看不到国家的长远利益。周朝有句谚语说：囊漏贮中。意思是说，粮仓里的贮粮袋漏了，漏下的粮食仍然在粮仓里。你没听说过这话吗？国君是老百姓的父母，将国库里的粮食转存到老百姓家，不还是我的粮食吗？鹅鸭如果吃的只是邹国的秕子，那就不会损害邹国的谷子。谷子存在国库，与谷子存在百姓家，对于我而言，又有什么两样呢？'邹国老百姓听说了邹穆公这话，从此就都知道私藏与公积是一回事的道理。"

"看来邹穆公确实是有仁厚爱民之心，其政令算是仁政了。"陈臻由衷地说道。

"除此之外，还有一件事，也足可以见出邹穆公受了我们先生仁政思想的影响，赢得了广大邹国百姓及周边邻国百姓的尊重。"

徐辟话音未落，屋庐连就迫不及待地追问道：

"徐师弟，是什么事？"

"邹国是个蕞尔小国，时刻受到周边大国的威胁。邹穆公是个明白人，所以跟周边诸侯国都秉持与邻为善的原则。尤其是跟楚国这样的大国，邹穆公更是非常注意拿捏分寸。但是，楚国却不时打邹国的主意。当然，楚国是大国，不好意思对邹国这样的小国以武临之，一口吞并了。那样，楚国也会觉得胜之不武，要被天下诸侯耻笑的。所以，楚王就想通过腐蚀邹国国君，从而实现邹国自行灭亡的目标。楚王知道邹穆公年事已高，却有意赠予他四个绝色歌伎。邹穆公心知楚王之意，于是白天观赏了楚王的歌伎表演后，晚上就将她们打发了。打发的理由是，他的妻子刚死，自己心情不好，再者这四个女子太年轻，跟自己的岁数不相称，所以他要节制欲望而不能纳娶过多的女子。"

"看来邹穆公头脑是相当清醒，处理跟楚国的关系非常得体。"好久没有说话的公都，这时也突然插话评论道。

月光下，徐辟朝公都坐的方向看了一眼，轻轻地点了点头，接着说道：

"邹穆公除了不好美色外，还为了不加重百姓的负担而生活十分节俭。他坐的马车，车架外不披毛皮、布帛；他驾车的马，不吃禾苗、粮食。他没有纵欲乖僻的爱好，也没有骄纵肆意的行为。吃饭不求菜肴百味俱备，穿衣不求色彩好看。克制自己的欲望而宽待百姓，亲近贤士以安定国家，爱护百姓就如爱护自己的孩子。因此，邹国在他的治理下出现了路不拾遗、臣下顺从、万民归心的景象。邹国虽小，但鲁、卫不敢轻视它，齐、楚也不能胁迫它。邹穆公过世时，邹国的百姓就像失去了慈爱的父亲一样，悲痛地哭了三个月。邹国周边的四邻，很多百姓听说邹穆公过世，也都非常悲痛，向着邹国的方向痛哭，抱着手哀伤地行走。卖酒的店家不收酒钱，杀猪的摊主罢市回家，顽皮的孩子不再唱歌，舂米筑墙的人停杵不操作，妇女摘下头上的珠瑱，男子解下了腰间的玦轩，人们不再弹琴拨弦，满一周年后生活才恢复常态。"

"邹穆公在百姓的心目中真的有这么崇高的地位，受百姓这般爱戴吗？"很久没有说话的景春，听了徐辟这番激情的叙述，有些不敢相信。

孟仲明白景春的意思，于是连忙出来打圆场，说道：

"我记得先生听了徐师弟的禀报后，当时非常感慨地说了一句话：'爱出者爱反，福往者福来。'意思是说，付出爱的人也会得到别人的爱，给别人带来福的也会得到别人的祝福。先生还引了《易》中的一句话：'鸣鹤在阴，其子和之。'意思是说，白鹤在山的背面鸣叫，它的同类也会随之应和。先生告诉我们弟子说，邹穆公的仁政爱心得到了百姓的回应，就像山阴与山阳的鹤相互唱和一样。并意味深长地总结道：'天子有道，守在四夷；诸侯有道，守在四邻。'意思是说，天子坚守仁道，四方的外夷就不敢侵犯；诸侯坚守仁道，四邻的诸侯就不敢侵犯。"

"大师兄记得没错，当时先生就是这么说的。"邹正连忙做证似的说道。

"先生在世时，虽然诸侯各国之君并没有多少人真正接受过先生的政治主张，也未见有哪一个大国真正推行过仁政，但是像邹国、滕国等小国之君还是受到先生思想的深刻影响，也积极尝试过先生的王道社会主张。这就说明，先生一生的努力没有白费。一点儿火星，虽然微不足道，但也可能引发燎原大火。先生的思想，在当今的天下虽不是主流，但未必将来不深刻影响社会发展的走向。我始终坚信，先生的政治主张迟早有一天会被治国安邦者接受；先生一生执着追求的王道社会理想，也总有一天会实现的。"很久没有说话的公孙丑激动地说道。

"我完全同意公孙师弟的见解。"孟仲高声说道，他是要说给在场所有师弟听的，也好像是要说给地下的孟轲听的。

众人听孟仲这样说，于是连忙附和。

桃应是孟轲的晚年弟子，是孟轲第三次入齐后回到邹国时才投在门下的。所以，不仅对于孟轲在魏都大梁的事一无所知，就是对于孟轲第三次入齐后的事也很少了解。所以，在听彭更讲完孟轲在大梁的往事后，一时兴起，侧脸远望孟仲，请求道：

"大师兄，先生离开魏都大梁后，就直接去了齐国吧？那么，您是否也给我们讲讲先生第三次入齐的经过及往事呢？这样，也好让我们这些先生晚年的弟子对先生的事迹有更多了解。"

"这个还是请公都师弟，或是公孙师弟、万章师弟来给大家讲更合适。他们都是齐国人，先生第三次入齐后，三位都深度参与了先生在齐国朝廷中的活动，对其中内情知之甚多。"孟仲连忙推脱道。

"大师兄说得对，依我看，就请公都师弟讲这一段吧。公都师弟是先生第一次入齐时所收的第一个齐国弟子，对齐国政坛又很熟悉。"邹正顺着孟仲的意思说道。

大家都觉得孟仲与邹正的提议很好，公都也就不好再推辞了。于是，他将盏中之酒一饮而尽，凝视了一下孟轲的墓碑，让思绪沉静了一会儿，便从容说起了孟轲第三次入齐的往事。

一、万乘之国行仁政

周慎靓王二年（公元前319年）三月十五，天气晴好。

一大早，周霄就来到孟轲的住处，准备给孟轲及众师兄送行。

一向起得很早的孟仲，此时正立在驿馆门口东张西望。见到周霄远远走来，立即扯着喉咙大声说道：

"师弟，今天怎么这么早就来了？"

"大师兄，前些天您不是说过，先生今天要离开大梁吗？我是怕来晚了，先生跟你们悄悄地走了。那样，我跟先生，还有诸位师兄连最后一面都没见到，岂不要抱憾终身吗？"

"师弟，你话说得不要那么悲凉嘛！什么最后一面？说不定哪天你做了魏国之相，先生跟我们大家又来大梁投奔你了。"孟仲笑着说道。

"大师兄，您就不要再拿魏国之相的事打趣我了。这次先生不远千里来到大梁，满怀希望要在魏国推行其王道社会理想，我却帮不上先生任何忙，让先生失望而去，实在是惭愧！"

"师弟，你不要这样说。其实，包括先生在内，我们大家都很清楚，你为实现先生的理想，争取新老魏王对先生的信任，殚精竭虑地创造机会，不知做了多少工作。只是因为老魏王老而昏庸，新魏王年少无知，对于先生'保民而王'的主张与王道社会理想不能深刻领会，这才让先生满怀希望而来，失望沮丧而去。"孟仲诚恳地说道。

"大师兄，您这样说，我更是感到无地自容了。其实，都是因为我无能。如果我有张仪的本事，何愁不能给先生在魏国朝中谋得一个重要职位，让魏王对先生言听计从呢？"

"师弟，你这就说错了。先生平生最恨张仪这种纵横家之流，你不是不知道。如果你真是张仪那样的人，先生恐怕连看你一眼都不会，不要说收你为弟子了。"孟仲说道。

"大师兄，您误解了。我不是说恨自己不是张仪这样的纵横家，而是恨自己没有张仪的本事。"

"师弟，你又说错了。大凡有张仪的本事，必有张仪的手段。而他的手段是什么？就是无所不用其极，为了自己的一己私利，不惜让全天下生灵涂炭。先生不止一次跟我们弟子说过，纵横家之流都是自私卑鄙的小人，道德人格不足论也。我们儒家弟子都是正人君子，恪守先圣做人的准则，决不会为了个人利益而放弃做人的原则。你在魏王朝廷中不能呼风唤雨，得不到信任，混不出张仪那样的声势，恰好说明你是正人君子，是先生的弟子。"

"大师兄，您一大早就跟小师弟在说什么呢？"

孟仲话还没说完，就听背后突然有人插话，遂连忙回过头来，发现是屋庐连从驿馆出来了，于是呵呵一笑，打趣道：

"我刚刚在跟小师弟商量，准备让你留在大梁，参与魏国朝政。我们大家呢，则随先生到齐国稷下学宫，继续传播先圣的思想学说。等你在魏王朝中得势了，我们再陪先生到大梁投奔你。"

"大师兄，您别说笑了！魏王朝中已经有周霄师弟了，我留在大梁干什么？再说了，我跟魏王朝中任何人都没有关系。现在是新魏王当政，先生都得不到他的重用，我就是能够进入魏国朝中，又能有什么作为呢？"屋庐连望着孟仲，一本正经地说道。

孟仲见屋庐连信以为真，遂装作十分认真的样子，直视屋庐连，说道：

"师弟，你可不能这样妄自菲薄哦！要知道，在先生众弟子中，只有你以前跟人学过纵横术。所以，像魏国朝廷这么复杂的环境，恐怕也只有你能适应。"

"大师兄，请您不要再翻旧账了！先生早已对我这段求学的历史有所不满

456

了，你们若是再重提旧事，说不定哪一天先生就将我赶出师门了。至于留在魏王朝中的事，还是让周霄师弟继续吧。周霄师弟在魏王朝中多年，又有广泛的人脉，肯定会有发展前途的。如果先生将来有意到魏国实践其王道社会的理想，恐怕也是要寄望于周霄师弟的。"屋庐连说得一本正经，还特意侧脸看了周霄一眼。

周霄没有揭破孟仲的玩笑，只是微微一笑。

孟仲见跟屋庐连说笑够了，遂看着周霄，认真地说道：

"师弟，你今天来给先生送行，是否有什么话要跟先生说？"

"这倒没有，只是舍不得先生远行，不知下次见面要到何时了。"周霄略带感伤地说道。

"小师弟，如果你真的舍不得先生，就索性跟我们一起离开大梁算了。这样，就可以天天追随先生左右，时时刻刻都能得先生耳提面命地指教了。"屋庐连脱口而出。

"屋庐师弟，你这话说得就不像纵横家了。周霄师弟现在正是仕途发展的关键时刻，新魏王执政不久，正是大家纵横捭阖的大好时机，怎么能因为舍不得先生，就感情用事而离开大梁呢？"

"大师兄，我刚才已经跟您说过，再也不要提纵横家的事了，好不好？"屋庐连似乎有些生气了。

孟仲一见，连忙向屋庐连道歉说：

"对不起，我失言了，以后再也不提你是纵横家的事了。"

对于一向老成持重的孟仲，今天为什么一大早就拿他打趣，屋庐连不明白其中的原因，但是周霄明白。因为今天孟轲要离开大梁，孟仲大概想到大家肯定都会非常感伤，所以他才故意一大早就打趣自己与屋庐连，想以此让大家暂时忘了感伤。正因为周霄了解孟仲的内心，所以，见屋庐连跟孟仲生气，连忙转移话题，对孟仲说道：

"大师兄，我今天来这么早，就是因为知道您每天起得最早，想在先生与众师兄尚未起来之前，向您了解一个情况。"

"什么情况？"孟仲问道。

"先生今天离开大梁，到底是直接回故乡邹国，还是准备到别的国家另谋出路？"周霄望着孟仲问道。

"这个我没问过先生。不过，据我推知，先生应该不会回邹国，而极有可能是再回齐国。"孟仲似乎是胸有成竹地答道。

"大师兄,您跟我的猜想不谋而合。先生来大梁虽然没有得到新老魏王的信任,没有机会在魏国推行其王政计划,感情上很受伤,但实现王道社会理想的执着追求不会改变,所以我猜想他一定会重回齐国。"

周霄话还没说完,屋庐连立即质疑道:

"小师弟,你怎么知道先生一定会重回齐国,而不是宋国或滕国呢?以前先生在宋国与滕国都是很受尊重的,而且是具体参与过两国的王政计划建设的。"

"师兄,您说得当然没错。不过,宋国与滕国毕竟是小国。先生在滕国推行王政,推行井田制,虽然得到滕文公的支持,但他主动离开滕国,没有继续下去,不就是因为滕国太小,跟先生宏大的目标有差距吗?而齐国就不一样了。齐国是天下大国,也是天下强国,比现今的魏国都要强大。况且先生从邹国一个默默无闻的教书先生,成长为声名显赫的稷下先生,还被齐威王拜为列大夫,位在上卿。这种荣耀与地位,没有齐国这样的大国背景,恐怕是不可能达到的吧。"

周霄话音未落,孟仲便接口说道:

"我觉得周霄师弟说得有理。先生是一个心气高傲的人,也是一个志向远大的人,他是要在全天下实现其王道社会的理想。因此,在滕国这样的蕞尔小国推行王政计划,他是绝不会满足的。所以,先生此次离开大梁,必定会重返稷下,重回齐国政坛。"

"大师兄,我再补充一点。去年齐威王过世,齐宣王即位。据我了解,齐宣王虽然雄才大略不及其父,却颇喜文学游说之士,即位不久就大力招徕诸子百家代表人物。据说,一度声势下降、门庭有些冷落的稷下学宫如今又热闹起来。不仅诸子百家各学派的头面人物陆续到访齐都临淄,周游列国的天下游士也如过江之鲫聚集于稷下学宫,齐宣王给予他们的待遇比齐威王还要优厚,头面人物还享受'不治而议'的特权。昔日由齐威王开创的稷下学宫万士云集的盛况,如今又逐渐恢复了,出现了'稷下学士复盛'的局面。"周霄说道。

"如此说来,先生此次重返稷下,重回齐国政坛,乃是千载难逢的好机会。师弟,这个消息你怎么不早点跟先生说呢?如果早点说,说不定先生早就离开大梁到齐国了,何必在此浪费这么长时间,结果还一无所获。"孟仲埋怨似的对周霄说道。

"大师兄,这个消息我也是昨天刚听人说的。今天我之所以一大早就急急赶来，就是要告知先生这个消息的。"周霄连忙跟孟仲解释道。

"哦，原来如此。"孟仲点了点头。

之后，师兄弟三人又在驿馆门口说了一会儿闲话，便见孟轲的其他弟子也陆续从驿馆出来了。最后，孟轲也跟着出来了。

周霄一见孟轲，连忙趋前问候，并将刚刚跟孟仲与屋庐连所说的消息告知了孟轲。孟轲点了点头，虽然没有说什么，但从其表情上看，似乎有欣悦之情。

朝食过后，没有一刻停顿，孟轲便催着众弟子一同上路了。

周霄以前有过周游列国的经历，知道魏都大梁与齐都临淄之间山高水远，遥遥数千里，行路之难，颠簸之苦，是常人所难以忍受的。所以，考虑到孟轲是一个年过半百的老人，一向虑事周密、对人体贴的周霄，特意事先给孟轲准备了一驾高大舒适的马车，同时找好了一位车技非常娴熟，而且对大梁与临淄一线的道路山川与路况都非常熟悉的车夫，目的就是减少孟轲长途颠簸之苦。

孟轲坐上周霄特意给他准备的高大马车，虽然嘴上没说什么，但心里是非常温暖的，从内心深处感激周霄对自己的体贴。

马车起动后，周霄随着孟轲的其他弟子一起跟在车后，一直将孟轲送出了大梁城。然后，才依依不舍地跟孟轲和师兄们一一挥手道别，目送他们消失在视线之外。

行行重行行，朝行夜宿。孟轲师徒出了大梁城，逶迤往东北方向而行，走了半个月，才最终走出魏国之境。

周慎靓王二年（公元前319年）三月三十，日中时分，孟轲师徒走到了一个小山脚下。孟轲因为坐在马车上，除了不时感到有些颠簸外，还感觉不到热和累。但是，随行于车后的众弟子则都觉得走得有些累、有些热了。于是，在屋庐连的要求下，车夫征得孟轲同意后，将马车停到了路旁。

孟轲下车后，随众弟子在山脚下闲走闲看。小山并不高，孟轲抬头看了看，估计也只有二十丈高。再看看山上的植被，除了有几棵不大的树外，其他都是蒿草，但长得都比较高，比较茂盛，大概是因为此时正值暮春时节的缘故。

"先生，您在车上坐久了，要不要爬爬山，活动一下筋骨？"邹正见孟轲一直打量着眼前的小山，便即兴提议道。

没想到，邹正话音未落，陈臻哈哈一笑道：

"二师兄，这也叫山呀！您大概是没往南方走过，也没往西边走过，如果您见过南方楚国的山，见过秦国境内的山，您就会觉得眼前所见到的只是一个小土堆而已。先生如果有兴趣看山或爬山，我建议先生不妨到楚国或秦国走一趟，顺便还可以游说游说楚王与秦王，不仅可以推广我们先圣的思想主张，说不定还能说动楚王与秦王，在楚国与秦国也推行王政，那么先生的王道社会理想就更有可能实现了。"

"陈师兄，楚国与秦国的大山，我虽然没有见过，但是我相信楚王与秦王绝对不肯推行王政的。如果要让楚王与秦王接受我们先生推崇的'王道'，放弃他们信奉的'霸道'，恐怕是比登天还要难。先圣说：'道不同，不相为谋'，说的就是这个道理。"屋庐连不以为然地说道。

正当陈臻要反驳屋庐连时，突然听到从小山背面传来一阵马嘶，没等大家反应过来，就见三匹马如风一般疾驰而来，然后戛然而止，停在了孟轲的马车旁边。孟轲及其众弟子定睛一看，三个清一色黑衣打扮的汉子已然从马背上跳了下来，然后大步流星地向他们驻足的山脚下走了过来。

"这位是不是孟轲先生？"就在孟轲一愣神之际，三人已经到了孟轲近前。为首的一位大胡子先向孟轲恭敬地施了一礼，然后开口问道。

"你们怎么认识我们先生的？"邹春觉得奇怪，直盯着三人问道。

"孟轲先生从魏都大梁起程往齐国的消息，我们王子早就听说了。前些天，有人向王子报告，说估计今天孟轲先生就要进入范邑地界。于是，王子今天就派我们三人沿大道一路迎过来。没想到，我们出来一会儿，就在这里遇到了你们。"其中一个身材略显瘦小的汉子看了邹春一眼，笑着回答道。

"你是说这个地方是齐国的范邑？"孟仲直视那个略显瘦小的汉子问道。

"正是。这里是我们王子的封邑。"瘦小汉子点了点头。

"这里远离齐都临淄，是个荒远的边境地区，王子怎么会被封在这里呢？"陈臻感到不理解，望着瘦小汉子问道。

"我们王子是齐威王的庶出之子，所以封在了这个远离齐都临淄的边境之地。"瘦小汉子不假思索地答道。

"哦，原来如此。"陈臻点了点头。

"那你们王子派你们来迎我们先生，有什么事吗？"孟仲目光转向大胡子，问道。

"没有别的事。我们王子早就仰慕孟轲先生，只是无缘相见。这次听说孟轲先生要道经范邑，前往齐都临淄，所以便想趁机向孟轲先生请教。"大胡子彬彬有礼地说道。

说完，大胡子目光转向孟轲，恭敬有加地说道：

"如果孟轲先生允请，现在就请移步登车，跟我们一同前往晋见王子。"

孟轲看了看大胡子，又看了一眼其他两个汉子，轻轻地点了点头。

孟轲上了马车，车夫甩鞭起驾。三个汉子在前引路，孟轲众弟子紧随孟轲车后，一行人浩浩荡荡地出发了。

转过小山，走了不到烙五张大饼的工夫，就远远望见前方有一个绿树成荫的高冈。隐隐约约间，可以看到有房屋的影子。快到高冈近前时，走在最前面的大胡子驻马回首，望着坐在马车中的孟轲，指着不远处的一幢高大的房子，说道：

"孟轲先生，那就是王子的府上。"

孟轲朝着大胡子手指的方向看了看，然后点了点头。

接着，在大胡子等三个汉子的导引下，孟轲的马车直接到了王子的府前。

大概是因为孟轲一行人多动静大，王子听到了车马之声，所以未及孟轲车驾在府前停稳，王子就已立在府前恭候了。

宾主行礼如仪，一番寒暄之后，便进了王子府邸。

孟轲随行的弟子因为太多，所以孟轲跟王子进入府邸时，大家都未入府随侍，只是等在门口。

大约过了半个时辰，孟轲在王子的陪同下出来了。然后，宾主又是一番行礼如仪，又是一番客套寒暄。之后，孟轲登上马车，车夫甩鞭起驾，王子挥手目送。

离开王子府邸，走了大约有烙两张大饼的工夫，孟轲及其弟子又重新折回了大道，继续前往齐都临淄的行程。

孟轲的马车在前面不疾不徐地行进，众弟子在后面紧跟。走了一会儿，屋庐连忍不住了，贴近孟仲身旁，问道：

"大师兄，刚才先生跟王子进府那么长时间，不知道先生跟王子说了些什么，也不知道王子跟先生说了些什么，等晚上我们借宿休息时，您问问先生，好不好？"

屋庐连话音未落，陈臻便脱口而出道：

"不用问，先生跟王子所说的，无非就是如何推行王政，实行'什一税'；王子跟先生所说的，无非就是如何仰慕先生的客套话。"

"陈师兄，如果是这样，那先生跟王子之间的交谈也不需要那么长时间呀！从先生进王子府到出王子府，前后至少也有半个时辰吧。"屋庐连反驳道。

"二位师弟，你们不必为先生跟王子说了什么，王子跟先生说了什么而争论，你们应该关心一下，王子有没有送先生礼金，这才是关键。"邹春觉得屋庐连与陈臻都太书生气，争论的问题没有什么价值，于是忍不住插话道。

孟仲听了屋庐连、陈臻，还有邹春的话，都没有予以回应，只是莞尔一笑。

"大师兄，您笑什么？"陈臻问道。

"我高兴呀！"孟仲故作神秘地说道。

屋庐连与陈臻以为孟仲是在说笑，其实孟仲的话还真不是说笑，而是心里话。因为就在孟轲跟王子告辞登车的一瞬间，王子的侍从悄悄递给了孟仲一个小袋子，说是馈赠给孟轲的一点路费。孟仲掂了掂袋子的分量，知道大约有多少金子。作为孟轲的大弟子，长期以来，孟仲一直充当着孟轲周游列国期间的管家身份。孟轲所到诸侯国收到的馈赠礼金，一向都是由孟仲代为收受的。因为诸侯国的国君，还有一些诸如齐国王子、宋国大夫之类的贵胄贵族，都知道孟轲为人清高，时常把"君子喻于义，小人喻于利"的话挂在嘴上，但实际上又非常缺钱，要维持一大帮追随弟子的生活开支。因此，他们的馈赠往往都是不直接给孟轲，而是悄悄地给孟仲。

尽管孟仲的秘密屋庐连与陈臻不知道，但是，孟轲与王子到底说了什么的秘密，晚上到客栈时，不仅屋庐连与陈臻知道了，而且所有人都知道了。不过，大家事先也都猜到了，并不感到有什么稀奇。屋庐连不甘心，最后又问了孟轲一个问题：

"先生，刚才您说跟王子的谈话很投机，那么您对王子本人有什么观感呢？"

"为师看到王子的第一眼，就觉得他气质不凡，与众不同。"孟轲说道。

"王子虽地位尊贵，但也是人生爹娘养的，怎么他就气质不凡，与众不同呢？"没等屋庐连说话，公孙丑已然抢着提问了。

孟轲看了一眼公孙丑，笑道：

"当然，无论是谁，都是人生爹娘养的，从本质上说都是一样的。但是，每个人成长的环境是有所不同的，学养与修养自然也就不同。比方说，是出身于王侯将相之家，还是出身于贫寒普通人家，就不能不有所区别吧。大凡出身于富贵人家，他们所受的教育必然是最好的，跟他相处的人也是最有修养的，耳濡目染之下，他能不受到熏陶而气质高贵优雅吗？相反，出身于贫寒人家，温饱都难以解决，跟他们相处的人都是底层贫贱之人，耳濡目染之下，都是人性的丑恶表现，你还指望他们都懂得礼义廉耻吗？连礼义廉耻都不懂，你还指望他们有优雅高贵的气质吗？"

"先生说得是。"公孙丑连忙点头称是。

其他弟子也随声附和。

孟轲扫视了一下众弟子，继续说道：

"环境能够改变一个人的气度，奉养能够改变一个人的体质，在什么样的环境下成长，对于一个人的气质与体质的养成，实在是太重要了呀！王子不也是人之子吗？他为什么就显得气度不凡呢？他的住所、车马与衣服也多半跟别人相同，为什么他的气质就明显与众不同，显得那么高贵与高雅呢？"

"先生以为呢？"没等孟轲把话说完，屋庐连便插话问道。

孟轲看了一眼屋庐连，故意停顿了一下，然后又扫了众弟子一眼，说道：

"这是他生活与成长的环境使然。王子虽然生于齐国王室，但目前居住于齐国边远之地，现在还表现得如此气度不凡，那么一直生活于王室，整天与讲仁讲义的忠臣义士在一起，那又会怎么样呢？"

"先生，您是说齐威王吗？"孟仲问道。

孟轲点了点头。

"先生是见过齐威王的，您以为齐威王如何？跟王子有什么区别？"一直没有说话的公都，这时也忍不住插话了。

"齐威王如何，为师暂时不说。为师先给你们说一个故事。"

一听孟轲要讲故事，屋庐连立即兴奋起来，连忙催促道：

"先生，您快说。"

"一次，鲁国的国君出访到宋国，到达宋国之都时，城门已经闭了，于是鲁国的国君就在东南城门下呼叫管理城门的卫士，让他们打开城门。守门的卫士听到有人呼叫开城门，便从城头往下仔细察看，发现呼叫的人并不是他们的国君，于是就跟同伴说：'这个呼叫的人并不是我们的国君，为何他的声音听起来这么像我们的国君呢？'为师问你们，为什么鲁国国君与宋国国君的声音相似，让宋国守城卫士分辨不出来？"

"这不奇怪，天下声音相似的人，跟相貌相似的人一样，多得很。"屋庐连脱口而出。

孟轲看了一眼屋庐连，笑着说道：

"你没有听懂为师的话。"

"先生，您的意思是不是说，鲁国国君的声音听起来像宋国国君的声音，是因为他们生活与成长的环境相同，所受教育相似，所以会影响到他们的声音，是吗？"万章怯怯地问道。

孟轲看了一眼万章，微笑着点了点头，说道：

"正是如此，这就是环境的影响作用。"

众弟子连忙同声附和，说道：

"弟子谨受教！"

离开范邑，又走了近半个月，孟轲及其弟子一行到达齐国平陆。

到平陆境内的第二天，进过朝食之后，孟轲及其弟子正要离开客栈，准备继续往齐都临淄的行程。就在此时，突然有两个陌生人前来求见。孟轲一问，这才知道，原来是齐国之相储子派来给自己送礼的。孟轲没有追问储子送礼的原因，就将礼物收下了。但是，跟来人告辞时，孟轲只是让来人转达对储子的问候，却并未回赠任何礼物。

储子的两个使者走后，邹春忍不住问道：

"先生，储子贵为齐国之相，目前正是新齐王面前的宠臣，他特意派人远道给您送礼，您却一点象征性的礼物都没回赠，这是不是不符合先圣'礼尚往来'的原则？"

孟轲听了邹春的话，呵呵一笑道：

"储子哪里是为了专程给我送礼？送礼只是一个借口。"

"那储子送礼的目的是什么呢？"邹春连忙追问道。

"无非是想跟我交朋友，远道派人来送礼，也有表示欢迎我到齐国之意。"孟轲回答得很直接。

"既然储子作为齐国之相有意要结交您，而且有意向您示好，您就更应该象征性地回点礼物，以表达礼尚往来之意呀！《诗》不是有言：'投我以桃，报之以李'，'投我以木桃，报之以琼瑶'吗？"邹春望着孟轲说道。

孟轲没想到，邹春今天为了质疑自己不给储子回礼，不仅引了先圣孔子"礼尚往来"的话，还引了《诗》中的句子，不免对他刮目相看，于是慈祥地看了他一眼，笑着说道：

"邹春，这你就有所不知了。为师之所以不回储子之礼，不是为师忘了先圣'礼尚往来'的教训，也不是为师不懂人情世故，而是为了避嫌。如果储子只是一个普通的齐国大夫，或是一个普通的齐国之士，他远道派人送礼给我，我肯定回礼。事实上，他不是普通的齐国大夫，更不是一个普通的齐国之士，而是齐国一人之下、万人之上的权相。所以，如果我今天回了他的礼，别人就会怀疑我有意奉迎权贵，或是认为我有意结交齐国朝廷重臣。这样，不仅让人误解了我的人格，还会让新齐王觉得我有结党营私之嫌。”

"哦，原来如此。看来弟子是把先生看得太简单了。"邹春恍然大悟似的说道。

没想到，邹春话音未落，陈臻哈哈一笑，脱口而出：

"三师兄把先生看得太简单了，但我觉得先生想得太复杂了。"

"陈师弟，这话怎么说？"孟仲吃惊地看了陈臻一眼，追问道。

"大师兄，我告诉您实情吧。刚才我悄悄问了储子的使者，他们是怎么知道我们先生的行程，又为什么要远道来给我们先生送礼。开始他们不肯说，后来经不住我一再央求，其中一个使者告诉了我内情。"

陈臻话还没说完，屋庐连连忙追问道：

"什么内情？"

陈臻见屋庐连一副急不可耐的样子，故意停顿不说，而是先看了看孟轲，又扫视了一下其他师兄，然后才缓缓地说道：

"新齐王得知我们先生要来齐国，让储子先暗中窥视一下我们先生，了解一下我们先生的为人。储子觉得自己身为齐国之相，暗中窥视他人，说出去有点丢人，于是就想了一个办法，借给我们先生送礼为由，看看我们先生是否真的有什么跟别人不同的地方。"

孟轲听了陈臻道出的秘密，笑道：

"看来，不是我想得太复杂了，而是新齐王想多了，我能有什么跟别人不同的地方呢？尧舜也跟一般人一样，更何况是我呢？"

"不管是谁想多了，反正今天储子给先生送礼是好事，撇开礼物的贵重不说，至少发生送礼这件事可以说明一个问题，就是无论是齐相储子，还是新齐王，都是非常重视我们先生的。我敢保证，这次先生重返齐国，一定能够获得新齐王的信任，并有一番大作为。"公都信心满满地说道。

孟仲、邹正、邹春、公孙丑、万章等人都觉得公都说得有理，遂连连附和。

进入平陆的第三天，孟轲及其弟子像往日一样，一大早就起来准备。匆匆进过朝食之后，师徒一行便上路了。因为此时已经是四月中旬，天气渐渐热起来了，需要利用早晚天气凉快时多赶些路。

日中时分，大家都觉得有些累，有些热。于是，孟轲就让车夫将马车停靠在路边的一棵树下，然后下车跟众弟子坐在树荫下，准备一边歇息，一边喝口水，吃点干粮打个尖。

可是，坐下还没有烙半张大饼的工夫，就见远远有一匹马飞驰而来。孟轲以为是齐国派往魏国的使者，因为这条道正是齐国通往魏国的驿道，所以孟轲只是瞥了一眼，便收回目光，继续跟弟子们闲聊。

"请问您是孟轲先生吗？"孟轲跟弟子们还没说上几句话，迎面飞驰而来的马便停在了孟轲的面前。从马上跳下的人，像是认识孟轲似的径直走到了孟轲的面前，一边施礼，一边问道。

屋庐连反应灵敏，立即望着来人问道：

"你怎么认识我们先生？"

"你们一行的行踪，我们长官早就了解了。在座的各位，孟轲先生是最年长的，我自然一眼就认出了。"来人笑着回答道。

"你们长官是谁？"孟轲这时也反应过来了。

"就是孔距心孔大人。论起身世，孔大人跟你们先圣孔子还有渊源呢。孟轲先生是当今儒家学派的代表，是孔子思想学说的传承人，这是世人皆知的。大概是因为这个原因吧，我们孔大人一直对孟轲先生的动向非常关注。前天侦知孟轲先生已经进入了平陆境内，所以今天一大早就派属下来迎孟轲先生，想跟孟轲先生一见，并当面聆听孟轲先生的教诲。"

孟轲听来人说孔距心跟孔子有渊源，以为他就是孔子的后裔，遂脱口而出：

"教诲不敢，见一面倒是无妨。"

"既然如此，孟轲先生就跟我走吧。"来人颇是彬彬有礼地说道。

在来人的引导下，孟轲携弟子来到了平陆地方长官孔距心的官署。宾主相见，行礼如仪，然后略叙寒温后，便进入了官署内叙谈。

叙谈快结束时，孟轲向孔距心提了一个问题：

"如果您属下的持戟士卒一天三次失职，您会让他离开吗？"

"不必等到第三次，第一次失职时，我就会让他离开的。"孔距心不假思索地答道。

"然而，据我所知，您自己身为一方父母官，自己就有很多失职之处呀！你看，灾荒之年，您辖境内的老百姓年老体弱的，都倒毙在了山谷之中；年轻力壮的，则四散逃亡，已经有将近千人了。"

孔距心没想到，孟轲跟自己第一次会面，就对自己直言提出如此严厉的批评，心里自然是非常不快。但是，碍于孟轲是自己邀请来的客人，不便发作，遂委婉地辩解道：

"距心只是一个地方官，区区一小吏而已，灾荒之事非我所能左右。"

孟轲听懂了孔距心的意思，知道他是要把责任推给上天，顿时非常生气。但是，他也不便当场发作。于是，只好以其最擅长的表达方式，通过打比方来表达对孔距心的不满：

"譬如说现在有一个人，他接受了别人的委托，替他喂养牛羊。那他是不是应该替牛羊寻找一处牧场，替牛羊准备充足的草料？如果找不到牧场，准备不了充足的草料，他是应该将牛羊交还给原主，还是站在那里，眼睁睁地看着牛羊一只只都活活饿死呢？"

孔距心听懂了孟轲的意思，知道再也不好推卸责任了，只好向孟轲讨饶道：

"这都是距心的罪过。"

离开平陆，又走了一个多月。周慎靓王二年（公元前319年）五月十八，快近傍晚时分，孟轲师徒一行终于到达齐都临淄城下。

"先生，时间不早，我们赶快进城吧。不然，城门关闭后，我们就只好在城外野地里过夜了。"孟仲见孟轲停车临淄城下，彷徨不进，一边抬头看天，一边望着孟轲催促道。

孟轲没有立即回应孟仲，而是在犹豫了片刻后，告诉众弟子说：

"今天我们不进临淄城，还是先去稷下学宫吧。"

众弟子觉得孟轲的这个决定非常奇怪，但又不好追问。于是，只好随孟轲离开临淄城下，转而往不远处的城外稷下学宫而去。

一夜无话。

第二天，朝食过后，孟轲正想像以前在稷下学宫一样，召集众弟子坐而论道，没想到弟子还没聚齐，就有齐宣王使者来到，传达齐宣王旨意，要孟轲明日进城相见。

齐宣王使者走后，孟轲众弟子便开始议论起来，猜想齐宣王召见孟轲后会有什么安排。有人乐观，有人悲观。乐观者认为，齐宣王这次召见孟轲，一定会重用孟轲。因为齐宣王刚即位不久，急需像孟轲这样有声望的诸子百家学派代表人物效力，以凸显其礼贤下士的贤君明王形象，提升齐国作为天下大国的影响力。悲观者认为，齐宣王召见孟轲，只是礼节性的，充其量也只是展现其礼贤下士的大国之君风范而已，不会重用孟轲，甚至不会像齐威王那样给予孟轲一个齐国列大夫的虚名。为此，两派还起了争执。孟轲对此装作没听见。

最后，持乐观态度的公孙丑借向孟轲提问，巧妙地阻止了大家的争论，同时试探到了孟轲的意愿。公孙丑问孟轲道：

"先生，如果您有机会在齐国当权，是否期望建立管仲、晏子当年那样的功业？"

孟轲看了公孙丑一眼，莞尔一笑，说道：

"阿丑，你真是个齐国人呀！只知道有管仲与晏子。"

"先生，您觉得管仲、晏子还不够伟大吗？他们可都是齐国历史上的一代名相呀！分别辅佐齐桓公、齐景公开创了辉煌的历史。齐国能恢复到他们那个时代的繁荣局面，您不认为是很高的目标吗？"

孟轲又是莞尔一笑，没有直接回答公孙丑的问题，而是给公孙丑讲起了故事：

"先圣有三千弟子，七十二贤，其中曾参、子路都在其中。曾经有人问曾参之孙曾西说：'您和子路相比，谁更有才能呢？'曾西非常不安地说：'子路是我祖父所敬畏的人，我怎么敢跟他相比呢？'那人又问曾西：'那您跟管仲相比，谁更有才能呢？'曾西显出非常不悦的神情，答道：'您怎么竟然将我与管仲相比呢？管仲得到齐桓公的信赖是那样的专一，执掌齐国的国政是那样的长久，但取得的功绩却是那样的微不足道。您怎么将我跟他相比呢？'"

在公孙丑的心目中，管仲是齐国历史上最伟大的执政者，没想到孟轲借曾西之嘴将之贬得如此之低，所以公孙丑打心底难以接受。

孟轲大概看出了公孙丑的心思，遂又微微一笑，接着说道：

"管仲是曾西都不愿意跟他相比的人，阿丑，你怎么希望我跟他相比呢？"

公孙丑这下终于明白了孟轲的意思，立即反问道：

"先生，管仲曾使齐桓公成为'九合诸侯，一匡天下'的一代霸主，晏子曾使齐景公名扬诸侯，他们二人建立的功业不值得期许吗？"

"以齐国之大，一统天下不是易如反掌吗？"孟轲脱口而出。

"先生，您这样说，弟子就更困惑了！以周文王那样的贤德，而且是活了将近一百岁，德政尚且没有遍及天下。只是到了周武王与周公时，在继承周文王事业的基础上，经过不断努力，才最终得以推行王道，统一了天下。现在您将在齐国推行王政、统一天下说得如此容易，那是不是说，连周文王也

468

不值得效法了呢?"

公孙丑如此言辞犀利地反驳孟轲,让孟仲等众人不禁为他捏了一把汗,生怕孟轲为之勃然大怒。没想到,孟轲呵呵一笑,看了看公孙丑,又瞥了一眼其他弟子,笑着说道:

"周文王怎么会不值得效法呢? 殷商从汤到武丁,贤明的君王出现过六七个,天下人归服殷商可谓时间很久的了。时间一久,局面就很难改变。武丁使天下诸侯来朝,将天下治理好,就像在手掌心中转动东西一样容易。纣王距离武丁的时代并不远,当时勋旧世家的良好遗俗,先王明君的流风善政,很多都还保存着。况且还有微子、微仲、王子比干、箕子、胶鬲等一众贤人相与辅佐。在此情况下,天下不可能一下子就乱起来,所以,殷商经历了相当长的一段时间才最终失去了天下。"

对于先古三代之事,孟轲的弟子都没有他熟悉。所以,孟轲说到殷商这段历史,包括颇是博学的公孙丑也是非常服气的,不住地点头。

孟轲见此,遂接着说道:

"当时的天下,没有一尺土地不为纣王所有,没有一个百姓不是纣王之臣。然而,周文王还能凭借方圆一百里的地方迅速崛起,成为立足于西方的一个诸侯。所以,相比之下,周文王是非常困难的。阿丑,你是齐国人,应该知道齐国自古有句俗话:'虽有智慧,不如乘势;虽有镃基,不如待时。'意思是说,一个人虽然有智慧,但还需要顺应时势;就像有好的农具,还要等待农时一样。而今这个时代,相比于先古,推行王道要容易得多。在夏、商、周三代鼎盛之时,国土面积也没有超过方圆千里的。但是,今天的齐国却有超过方圆千里的土地。"

公孙丑、公都、万章等都是齐国人,听了孟轲这话都因身为齐国人而感到骄傲,于是连连点头。

孟轲见此,有意停顿了一下,看了他们一眼,然后才接着说道:

"而今的齐国,不仅有方圆超过千里的土地,而且人烟稠密,鸡鸣狗吠之声,从齐都临淄一直达于四方边远之境。而今的齐国,国土不必再开拓,人民不需再增多。凭借如此的广土众民,只要为君者肯推行仁政,就没有人能够阻挡得住他一统天下。再说,历史上从未有这么长的时间没有出现一统天下的贤君了,老百姓也从未有过这么久被暴政所折磨。饥饿之人不择食,口渴之人不择泉。先圣孔子有言:'德之流行,速于置邮而传命。'意思是说,德政的流行,比驿站传达政令的速度都要快。"

"先生，您是说当今的齐国最具备推行王政、一统天下的条件，是吗？"公孙丑问道。

孟轲点了点头，接着说道：

"当今之时，万乘之国行仁政，百姓一定会欢欣鼓舞，就像被倒悬的人得到了解救。所以，现在推行仁政，只要做到古人的一半，就能获得超过古人一倍的功效。事实上，也只有在这样一个时代，才能取得这样的功效。"

"先生的意思是说，万乘之国行仁政，最有条件率先实现王道社会，是吗？"公孙丑问道。

孟轲点了点头，看了看公孙丑，又瞥了一眼众弟子，欣慰地笑了。

二、保民而王，莫之能御

周慎靓王二年（公元前319年）五月二十，天气出奇的好。一大早，孟轲及其弟子就起来了。因为今天孟轲要进城晋见齐宣王，大家都很兴奋。

朝食过后，孟轲将众弟子召集到一起，跟他们说：

"今天为师要应约进城晋见新齐王，公都、公孙丑、万章三位都是齐国人，今天就陪为师一起进城，其余各位留在稷下学宫。以前没来过的，可以先熟悉一下这里的情况；以前来过的，再到处仔细观察一下，看稷下学宫跟以前有什么变化，顺便了解一下最近来了哪些诸子百家的代表人物，回头跟为师禀报一下。"

公都、公孙丑、万章三人被孟轲点名，要跟着进城见齐宣王，自然是欢天喜地。其他没有被点名跟着进城的弟子，虽然感到有些惆怅失落，但当着孟轲的面也不好说什么，只好连声答应。

稷下学宫就在齐都临淄城外不远，所以孟轲上了马车后，不到半个时辰就进了临淄城。大约一个时辰后，就在齐王大殿跟齐宣王相见了。

因为是第一次见面，孟轲与齐宣王二人除了叙宾主君臣之礼，互致问候之外，还互相偷眼打量了一下对方。孟轲一向有察言观色的习惯，能够从一个人的眼睛看出其贤愚。他认为一个人眸子明亮，肯定就是一个聪明人。反之，则有愚昧之嫌。他偷眼看齐宣王的结果，觉得齐宣王不及其父齐威王聪明，当然更谈不上什么雄才大略，只是面目比齐威王看起来要慈祥和蔼一些，没有那种让人不可亲近、神圣不可侵犯的威仪，反倒有点即之可温的感觉。

齐宣王打量孟轲后的感觉是，孟轲虽然峨冠博带、仪表堂堂，跟普通的儒生有所不同，但跟传说中的"虽千万人吾往矣"的形象有很大落差。

可能是因为二人见面后都感觉不如想象，心目中对方的形象有了落差，所以心态反而放平和了，谈话也就随便起来。结果，一随便，孟轲又不免露出了往日的书生气。在齐宣王请他发表对齐国朝政的看法时，他竟然脱口而出：

"大王的地方官，此次我入齐时已经见到了五位。但是，能明白自己罪过的，则只有孔距心一人而已。"

齐宣王明白孟轲的意思，虽然心里不爽快，却装出非常有雅量的样子，说道：

"先生请道其详，寡人愿受教。"

孟轲便将自己对所见的五位齐国地方官员的感受和盘托出，并将在平陆时跟孔距心的一番谈话原原本本地叙述了一遍，结果让齐宣王听了非常尴尬，逼得他言不由衷地道歉说：

"这个也是寡人的罪过。"

孟轲听了，以为是齐宣王的心里话，觉得他作为齐国之王，相比于魏惠王、魏襄王，更有坦然认错的雅量，于是便对他多了一分好感。由此及彼，他主动说到了魏惠王与魏襄王的为人，并批评了他们施政的弊端，希望齐宣王吸取魏国的教训，在齐国推行仁政，实践自己孜孜以求的王道社会理想。

齐宣王虽然雄才大略不及其父齐威王，但也有行霸道而一统天下的野心。所以，对于孟轲行仁道以实现王道社会的理想并不感兴趣，于是连忙转移话题，问孟轲道：

"齐国虽为大国，但西有强魏，北有燕赵，南有大楚，寡人深以为忧，夙夜不敢掉以轻心。今夫子不远千里而来，寡人何其幸哉！请问夫子，与邻国相处，有什么需要遵循的原则吗？"

"有。"孟轲不假思索，脱口而出。

"先生请赐教。"齐宣王故作真诚的样子，望着孟轲说道。

孟轲深受鼓舞，以为齐宣王是真心求教，遂眉飞色舞地说道：

"自古以来，大凡与邻国相处，只有仁爱之人，才能以大事小，放下大国之尊而迁就小国。商汤是大国之君，葛是蕞尔小邦，然而商汤却能以商事葛，这是因为商汤是仁爱之人；昆夷乃西戎一小邦，周文王未一统天下之时，虽蛰居岐山一隅，但已是商纣王治下的一个强大诸侯，周与昆夷强弱不可以道里计，然而，周却能以大事小，谦卑以待昆夷。这是因为周文王是仁爱之人。从历史的经验来看，事实上只有智者才懂得以大事小的道理。周尚未崛起之时，文王祖父古公亶父周太王谨慎而事獯鬻；越国未称霸之时，越王勾践屈身而侍吴王，这都是智者的表现。"

齐宣王对于这些典故虽略有耳闻，但未知其详，见孟轲说得凿凿有据，不禁对孟轲的学问深感敬佩，于是望着孟轲连连点头。

孟轲见此，以为齐宣王对他的观点认同了，于是精神更加振奋，续又说道：

"以大事小，以大国之尊而俯就小国的，是乐于接受天命者；以小事大，以小国之卑而推崇大国的，是敬畏天命者。接受天命者，则足以安定天下；敬畏天命者，则足以保住自己的国家。《诗》有言：'畏天之威，于时保之。'意思是说，敬畏天命之威，便能得到安定。"

"先生说得太好了！只是寡人有个毛病，就是喜好勇武，恐怕很难遵循先生所说的原则去处理跟邻国的关系。"孟轲话音刚落，齐宣公便脱口而出。

孟轲莞尔一笑，看着齐宣王说道：

"既然大王尚武好勇，那么我希望大王不要只好小勇。"

"这话怎么说？"齐宣公不明白孟轲的意思，连忙追问道。

"按着剑，瞪着眼，跟人说：'他怎么敢抵挡我呢？'这是匹夫之勇，只能战胜一个人而已。希望大王不要逞如此匹夫之勇，而要好逞大勇。《诗》有言：'王赫斯怒，爰整其旅，以遏徂莒，以笃周祜，以对于天下。'说的是商纣王时，密须国恃强凌弱，出兵侵犯阮国后，再兵犯莒国。周文王出于公义，冲冠一怒，立即整顿大军，阻止了密须国企图进一步侵犯莒国的计划，不仅添福于周，也有益天下安定。这就是周文王之勇。周文王一怒而安天下之民，这才是大勇！"孟轲在回答齐宣王之问的同时，不失时机、不露痕迹地向齐宣王宣传了自己的仁政思想主张与王道社会理想。

然而，齐宣王并没有立即反应过来，明白孟轲真正的用意。孟轲看了看齐宣王，续又引经据典道：

"《尚书》有言：'天降下民，作之君，作之师。惟曰其助上帝，宠之四方。有罪无罪，惟我在，天下曷敢有越厥志？'意思是说，上天降生了人民，为他们设立了君王，设立了老师。作为君王与老师，他们唯一的职责就是帮助上天保护人民、关爱人民。天下之内，四方之境，谁有罪，谁无罪，皆由君王与老师确认。普天之下，看有谁敢逾越本分而胡作妄为？在周武王看来，天下有一人横行霸道，便是自己的耻辱。这就是周武王之勇。周武王也是一怒而天下安定。而今，大王若是一怒而安定天下之民，那么天下之民则唯恐大王不好勇。"

孟轲说到这里，齐宣王终于明白了他的意思，于是呵呵一笑道：

"先生鼓励寡人尚武逞勇，是要向周文王、周武王看齐，要以冲冠一怒而使天下安定，是吗？"

孟轲连忙点头，说道：

"正是此意。尚武逞勇，为天下主持公义，则是行王道，普天之下，率土之滨，百姓无不拥戴，必趋而从之；尚武逞勇，为侵夺土地，残害生灵，则是行霸道，普天之下，率土之滨，百姓无不切齿痛恨，必弃而远之。"

见孟轲将意思说得如此透彻，齐宣王终于彻底明白了，刚才孟轲颇费周折地一番引经据典，原来就是要向自己宣扬儒家的仁政主张，要他践行孔子倡导的王道社会理想，于是不禁莞尔一笑。

孟轲虽然知道齐宣王所笑为何，但他并不在意。他认为，只要最终能够说服齐宣王，让他接受自己在魏国推行不了的"保民而王"的政治主张，哪怕是让他象征性地实行一些仁政，这次重返齐国也算没有白跑。

孟轲有自己的小九九，齐宣王同样也有自己的小九九。孟轲不管谈到什么话题，最后总能绕到"仁政""王道"的主题上；而齐宣王呢，则时刻不忘就如何行"霸道"而使齐国更加强大，最终实现一统天下的目标而问计。

"刚才听先生引经据典，旁征博引，讲了很多明王圣主的故事，实在是让寡人茅塞顿开，长了很多见识。先生学识渊博，见识卓越，天下皆知。今天有幸当面向先生请教，实在是一个难得的机会。寡人孤陋寡闻，向无识见，一直有一个问题想请教他人，可惜一直不得其人。"

没等齐宣王的客气话说完，孟轲便脱口而出：

"大王有什么问题，尽管提出来，孟轲愿意回答。"

齐宣王见孟轲如此积极，不禁心中窃喜，于是看了一眼孟轲，笑着问道：

"先生博学，想必一定听说过齐桓公、晋文公称霸之事吧？他们建立霸业的经验，是否给寡人详细讲一讲呢？"

孟轲一听齐宣王仍然不问"王道"而问"霸道"，自然大失所望，内心很是不悦。但是，碍于齐宣王是齐国之君，又是第一次与他相见，不便于拂袖而去，所以就略略稳了稳情绪，装出非常平静的样子，温和有礼地回答道：

"据孟轲所知，在先圣孔子的弟子中，从未听到有人谈过有关齐桓公、晋文公建立霸业之事，所以后代也没有这方面的任何历史传说流传下来，我自己也没听说过。如果大王一定要我讲，那我就讲讲以道德的力量一统天下的王道吧。"

齐宣王见孟轲又将自己设定的"霸道"话题转移到了"王道"上，内心虽然不乐意，但碍于面子，又不好直接驳回去，于是只好顺着孟轲的话，说道：

"那有怎样的道德境界，才能以王道一统天下呢？"

"保民而王。"孟轲脱口而出。

"保民而王？您是说保护老百姓，就能以王道一统天下，是吗？"齐宣王问道。

"正是此意。保民而王，则莫之能御也。大王，您想想看，一个处处爱护老百姓、保护老百姓利益的君王，老百姓能不拥戴他吗？他使老百姓生活安定，老百姓能不望风归顺吗？这样的君王，谁能阻挡得了他一统天下呢？"孟轲看着齐宣王，以问代答道。

"那像寡人这样的，也可以保护老百姓，让他们生活安定吗？"

齐宣王虽然只说了保民，而未提及称王，但孟轲已经明白了他的心思，知道他已经被说动了心，遂提高了声量，望着齐宣王满怀激情地鼓励道：

"当然可以。"

"您怎么知道寡人可以做到呢？"齐宣王反问道。

"因为您有不忍之心呀！"孟轲脱口而出。

"这话怎么说？"齐宣王又反问道。

"我曾听一位朋友胡龁说，有一次，您坐在朝堂上，看到有人牵着一头牛从堂下经过，随口问道：'你牵着牛往哪去？'那人说：'送到后厨，准备杀了祭钟。'您说：'放了它吧！寡人实在看不下去它浑身发抖的可怜样。它毫无罪过，却要被送去宰杀，寡人实在不忍心。'那人说：'如果不宰杀这头牛，那么岂不是要废除了祭钟仪式吗？'您说：'怎么可以废除祭钟仪式呢？用只羊代替吧！'不知道是否真有这回事。"

"确有其事。"齐宣王重重地点了点头。

"大王，就凭这一点，您就足以一统天下了。"孟轲立即给齐宣王戴了一顶高帽子。

齐宣王信以为真，惊讶地问道：

"为什么？"

"我听说，齐国的老百姓听了您舍牛而代之以羊的事，都在背后议论您，说您吝啬。其实，他们的想法大错特错了。我以为，您不是吝啬，而是有不忍之心。"

孟轲话音未落，齐宣王立即接口说道：

"还是先生理解寡人。知寡人者，先生也。当时，确实是有齐国的百姓这样议论寡人。不过，寡人扪心自问，当时舍牛代之以羊，并不是因为吝啬。虽说齐国不大，但寡人也不至于连一头牛都要吝啬不舍得吧。当时，寡人确实是因为看到那头牛浑身发抖的样子非常可怜，觉得它毫无罪过，就被送去杀了，于心不忍，这才下令代之以羊的。"

见齐宣王一本正经地辩解，孟轲差一点要笑出来。但是，为了说服齐宣王推行仁政，实践王道社会的理想，他忍住了没有笑出来，而是故作一本正经的样子，顺着齐宣王的话，继续对齐宣王予以鼓励：

"大王，老百姓认为您吝啬，您不必感到奇怪。以小的来代替大的，一般人都会认为是吝啬，他们怎么能体会到大王是有不忍之心呢？不过，如果是因为可怜牛无罪过而要被宰杀，那么牛和羊又有什么分别呢？"

孟轲先顺着齐宣王的话说，然后暗中转换了意思。但是，齐宣王还没有察觉，于是顺着孟轲的意思说道：

"这到底是什么心理呢？寡人并不是因为吝啬爱财而易牛以羊的。不过，老百姓按照他们常规的思路，这样认为也是可以理解的。"

孟轲见齐宣王态度越来越和蔼，谈兴越来越浓了，知道时机已经成熟，于是立即转入自己预设的游说目标上，笑着对齐宣王说道：

"大王，老百姓这样误解您没有什么关系。我以为，您的这种不忍之心，其实就是仁爱之心。因为您当时只看到了那头牛，而未看到那只羊，所以才会易牛以羊。如果您当时看到羊，恐怕最后连羊也一起豁免不杀了。君子对于禽兽，看到它们活着，便不忍心看到它们死去；听到它们的哀鸣之声，便不忍心吃它们的肉。所以，君子总是远离后厨。"

齐宣王听了孟轲这番体贴的话，不禁非常感动，兴奋地说道：

"《诗》有言：'他人有心，予忖度之。'说的就是先生这样的人，能够揣摩他人的内心，了解他人真实的想法，实在是难能可贵！寡人当时易牛以羊，只是出于本能，是自然而然。现在反过来问问自己当时为什么要这么做，却又说不出所以然来。现在，经您这么一说，恰好与寡人当时的心理相吻合。您说我这种心理跟王道相符合，这又是什么道理呢？"

孟轲见齐宣王说得认真，完全没有察觉已然上了自己的套，不禁心中窃喜。遂连忙顺势接住齐宣王的话，给他打了一个比方：

"假如现在有一个人，跟大王报告说：'我力大足以举起百钧之物，但不能举起一根羽毛；我视力足以看清秋天鸟儿身上的细毛，但是看不见摆在眼前的一车柴禾。'请问大王，您能相信他的话吗？"

"当然不相信。"

孟轲见齐宣王不假思索，脱口而出，立即抓住机会迅速点题：

"现在大王的恩德已然施及禽兽，却偏偏不能施及百姓，这到底是什么原因呢？如此看来，一根羽毛都举不起来，只是不肯用力气而已；一车柴禾摆在眼前都看不见，只是不肯看一眼而已；百姓得不到安定的生活，只是君王不肯施恩而已。所以，我以为，大王没有以王道一统天下，只是不肯做而已，并非做不到。"

"不肯做与做不到，两者之间到底有什么不同呢？"齐宣王反问道。

"当然有不同。"孟轲斩钉截铁地答道。

"先生请道其详。"

孟轲看了一眼齐宣王，见其神情专注，确有认真倾听之意，遂接口说道：

"将泰山夹于腋下而跃过北海，跟人说：'我做不到。'这是真话，因为他确实是做不到。替老人活动一下四肢，跟人说：'我做不到。'这不是真话，是他不肯做，而不是做不到。大王不行王道而一统天下，不是挟泰山而跃过北海之类，而只是替老人活动一下四肢之类。"

"先生，您太抬举寡人了吧。推行王道而一统天下，是那么轻而易举之事吗？"齐宣王不以为然地说道。

孟轲一听这话，以为齐宣王是有畏难情绪而不肯推行王道，于是连忙鼓励道：

"其实，天下任何事都不是轻而易举就能做到的，关键是要肯做。事实上，只要肯做，用心做，从基础做起，一点一滴积累，什么事最后总是能够做成的。老聃有言：'合抱之木，生于毫末；九层之台，起于累土；千里之行，始于足下。'说的就是这个道理。治国安邦，最重要的是给百姓安定的生活，解决他们的温饱问题。只要为政者真心爱民，就一定能够赢得老百姓的拥戴，一统天下的目标就一定能够实现。"

"那具体怎么做呢？请先生明以教寡人。"齐宣王语似诚恳地说道。

"尊敬自己的长辈，进而推广到尊敬别人的长辈；爱护自己的孩子，进而推广到爱护别人的孩子。按照这样的原则，统一天下就像是在手掌心中转动东西一样容易。《诗》有言：'刑于寡妻，至于兄弟，以御于家邦。'意思是说，先给妻子做好榜样，然后推广到兄弟，进而推广到治国安邦。这话是在告诉我们一个道理：治国安邦，将仁爱之心推广到各个方面就可以了。"

孟轲话音未落，齐宣王立即问道：

"先生以为治国安邦就这么简单吗？"

孟轲莞尔一笑，望着齐宣王重重地点了点头，说道：

"其实就是这么简单。真心爱民，实行仁政，以王道一统天下，其实并不难；反之，穷兵黩武，涂炭生灵，以霸道谋求一统天下，纵然机关算尽，阴谋诡计用尽，最终也会被人唾弃，以失败而告终。事实上，唯有对人民仁爱，才能赢得民心。孟轲以为，推恩足以保四海，不推恩则无以保妻子。古代的明王圣主治天下，成效之所以大大超过一般君主，没有别的原因，就是善于将仁政与仁爱之心推广开去罢了。"

齐宣王轻轻地点了点头。

孟轲见此，遂又接着说道：

"大王而今恩德推及禽兽，却没能使齐国的百姓受惠，这是为什么呢？称一称，然后就知道轻重；量一量，然后就知道长短。万事万物都如此，人心的向背更应该是这样。请大王好好考虑一下。如果大王不介意，孟轲问您一个问题：是不是动员全国的军队，让将士们冒着生命危险，跟诸侯各国兵戎相见，拼个你死我活，跟诸侯各国结下深恨大仇，您心里才痛快呢？"

"不，寡人怎么会为此而痛快呢？"齐宣王连忙否认道。

"那大王会为什么而痛快呢？"孟轲穷追不舍道。

"寡人不过是要满足自己的最大欲望而已。"齐宣王坦然答道。

"大王，请问您的最大欲望是什么呢？是否可以说出来，让孟轲听听？"孟轲盯着齐宣王，问道。

齐宣王笑而不答。

孟轲见此，略略停顿了一会儿后，看着齐宣王莞尔一笑，问道：

"大王，您是因为肥美的食物不够吃吗？还是因为艳丽的衣服不够穿？或是因为美妙的音乐不够听，抑或因为宠臣近侍不够您使唤？如果是因为这些，您的臣下都足以为您提供呀！难道您真的是为了这些吗？"

"不是，不是。寡人不是为了这些。"齐宣王连忙否认。

孟轲看了看齐宣王，突然哈哈一笑。

"先生，您笑什么？"齐宣王感到不解。

"孟轲知道大王的最大欲望了。"

齐宣王见孟轲说话时面有得色，遂好奇地问道：

"先生难道能看透寡人的心？"

"大王是何许人也，孟轲怎么能看透您的心呢？孟轲只是猜测到您的最大欲望而已。"孟轲故意欲进反退地说道。

"既然您能猜测到寡人的最大欲望，那就说说看。"齐宣王笑着说道。

"大王的最大欲望既然不是为了肥美之食，不是为了艳丽之衣，也不是为了美妙之乐，更不是为了宠臣近侍，那就肯定是想开疆拓土，使秦、楚等国都来齐国朝贡，自己做天下的盟主，使南蛮、北狄、西戎、东夷四方异族都来归服。大王，是不是这样？"孟轲直视齐宣王问道。

齐宣王笑而不答。

孟轲猜到齐宣王的心思，遂接着说道：

"如果大王的最大欲望真是如此，那么孟轲可以诚实地告诉大王，以您这样的想法，要想满足您的最大欲望，恐怕就像是爬到树上去捉鱼一样。"

"寡人的想法真的是这样不切实际，难以实现吗？"

见齐宣王不以为然，孟轲立即斩钉截铁地说道：

"当然，甚至比我说的还要严重呢！"

"那您说说看，严重到什么程度。"齐宣王直视孟轲说道。

"爬到树上去捉鱼，虽然捉不到鱼，却也没有什么后患。但是，以您现在这样的想法去追求您的最大欲望，如果真的付诸行动，并且费尽心力去做，必然会有巨大的祸患。"

齐宣王认为孟轲是在危言耸听，遂笑了笑，望着孟轲说道：

"寡人倒想听一听，到底有什么样的祸患？"

"邹国与楚国开战，那么大王您认为谁会胜？"孟轲以问代答道。

"楚国胜。"齐宣王不假思索地答道。

孟轲点了点头，看了齐宣王一眼，接着说道：

"大王说得对。小国肯定是战胜不了大国，人口稀少的国家肯定赢不了人口众多的国家，弱国肯定不能抵挡强国。"

孟轲话音未落，齐宣王立即反问道：

"先生认为齐国是小国、弱国与人口稀少的国家吗？"

"大王误会了，孟轲绝不敢说齐国是小国、弱国，更不敢说齐国是人口稀少之国。几百年前，齐国先贤晏子就曾说过：'齐之临淄三百闾，张袂成阴，挥汗成雨，比肩继踵而在，何为无人？'今日之临淄又胜于昔日之临淄，更是人烟密集的大都。齐国人口之众，在天下诸侯中可谓无出其右。"

听孟轲这样一说，齐宣王终于高兴了，脸上不禁现出得色。

孟轲见此，立即接着说道：

"众所周知，海内之地，纵横千里的共有九份，但齐国只占其中的一份。大王若想行霸道，开疆拓土，以武力一统天下，凭借这九分之一的力量，去抗衡其余九分之八的力量，恐怕跟邹国与楚国对抗的情形没有什么两样，是不是？既然如此，那为什么不抛弃不切实际的幻想，而从根本上着手呢？"

"先生请道其详。"大概是因为被孟轲算账给算清醒了头脑，齐宣王终于恢复了理智，望着孟轲，不无诚恳地说道。

"孟轲以为，大王如果从现在开始改革政治，实行仁政，恩德泽被万民，使全天下的士大夫都想到齐国为官，全天下的农夫都想到齐国种地，全天下的商贾都想到齐国经商，行旅往来之客都想取道齐国，诸侯各国痛恨其君主的人都愿意来齐国向大王控诉，那么天下又有谁可以阻挡得了您一统天下呢？"

这一次，齐宣王终于为孟轲说动了心，情不自禁地说道：

"寡人思想混乱，对先生所说的道理不能进一步理解。希望先生辅助寡人实现这个目标，明白清楚地给予寡人以教诲。寡人虽然不算是个聪明人，但也可以试一试。"

孟轲听齐宣王这样说，不禁大喜过望。如果真能在齐国将仁政推行开来，那么先圣一生孜孜以求的王道社会理想就有可能率先在齐国实现。齐国乃天下大国，王道社会一旦实现，必然会产生示范带动作用。届时诸侯各国群起效仿，"天下大同"的王道社会理想岂不就完全实现了？想到此，孟轲差一点按捺不住内心的激动。但是，他毕竟还是个理智的人，关键时刻能够做到喜怒不形于色。孟轲抑制住内心的喜悦之情，稳了稳情绪，接着进一步启发引导齐宣王道：

"自古以来，大凡无恒产者，则必无恒心。无恒产而有恒心的，则只有读书之人才能做到。"

孟轲刚提出了一个观点，还没来得及展开，齐宣王就急切地追问道：

"先生，您所说的恒产是指什么？恒心又是指什么？"

"恒产，是指固定资产，比方说，田、地、房屋，还有牛、羊、马、猪等六牲，还有牛车、马车、农具等，都是恒产。恒心，是指循道而行的心志，遵守道德规范与做人原则的信念。"

经孟轲这样一解释，齐宣王顿时明白了，于是点了点头，对孟轲说道：

"先生请接着讲。"

孟轲见齐宣王明显对这个话题感兴趣，心里自然是非常高兴，于是抖擞精神，看了齐宣王一眼，立即接口说道：

"读书人因为受过圣贤的教诲，多少是懂得些礼义廉耻的，一般情况下不会逾越礼义纲常，更不会因为一时的饥寒就陡生歹念，干出杀人越货的勾当。但是，普通老百姓则不然。他们大多是没有受过教育的，更没有沐浴过圣贤的教化，不知礼义廉耻为何物。他们饿了就得有饭吃，冷了就得有衣穿。因此，他们如果没有恒产，温饱问题不能解决，就必然不会有恒心，坚持做人的基本原则，遵循社会的规约，面临生存的危机时，他们就极有可能铤而走险，什么坏事都干得出来。"

"夫子的意思是不是说，要对老百姓加强教化？"齐宣王问道。

"大王说得没错。老百姓确实是需要予以教化的。不过，教化需要建立在温饱的基础之上。"孟轲回答道。

"夫子的意思是说，解决百姓温饱与教化问题，是要分先后顺序的，是吗？"

孟轲点了点头，望着齐宣王说道：

"大王理解得不错。治国安邦，首要的问题是解决老百姓的温饱问题，让他们生存没有危机。也就是说，要让他们拥有一定的恒产。有了恒产，就能培养出他们的恒心。如果他们没有恒产，就不会有恒心。而没有恒心，不能保持循道而行的心志，没有自觉遵守道德规范的意识，没有做人的底线，那么必然会胡作非为，什么不法的事情都干得出来。等到他们真的干出坏事，然后再以法律规定去处罚他们，这无异于布下罗网陷害老百姓。自古以来，哪有贤德的仁君会做出陷害老百姓的事情呢？"

"夫子的意思是说，刑罚不是解决问题的最好办法，靠严密的法律制度来维持统治秩序的稳定，并不是治国安邦的最高境界，是吗？"

"大王真是天资聪明，一点就通。"

齐宣王被孟轲这样一恭维，感到很不好意思，遂连忙转移话题道：

"夫子继续接着说吧。"

孟轲知道对齐宣王的恭维是有效的，知道此时此刻他的内心是喜悦的，于是连忙趁热打铁，迅速上题收结道：

"纵观历史，大凡明君圣主，都深谙一个道理：治国安邦要实行仁政，轻徭薄赋，创造条件，让所有老百姓都拥有一定的恒产。事实上，只有让老百姓都拥有一定的恒产，让他们上足以赡养父母，下足以抚养妻儿，好年成能够丰衣足食，坏年成也不至于饿死。然后才能对他们予以教化，诱导他们走上向善之路。这样，老百姓自然就被驯服了，为政者也能不治而有功。"

齐宣王听到这里，情不自禁地捻了一下胡须，重重地点了点头。

孟轲见此，知道齐宣王是认同了自己的说法，于是故意略作停顿，瞟了齐宣王一眼，然后才接着说道：

"然而，当今的很多君主则不是这样。他们不肯实行仁政，而是实行苛政，广征徭役与赋税，让老百姓完全没有一点拥有恒产的可能，以致老百姓上不足以赡养父母，下不足以抚养妻儿，好年成不能吃饱穿暖，坏年成则难免被饿死。这样，老百姓的生存都有了巨大的危机，哪里还有闲暇与闲情学习礼义呢？大王，如果您真想以王道一统天下，如果您想在齐国实行仁政，那为什么不从根本上着手呢？"

"如何从根本上着手，请夫子明以教我。"齐宣王语似诚恳地说道。

孟轲就等齐宣王这句话，现在终于等到了，于是立即接口说道：

"大王，您可以给齐国的老百姓每家分配五亩宅基地，让他们房前屋后都种上桑树。这样，五十岁以上的人就可以都穿上丝绵衣服了。您还可以鼓励老百姓发展家庭养殖业，让鸡、狗、猪等家禽家畜的饲养都不要错过时节。这样，七十岁以上的人都可以有肉吃了。齐国幅员辽阔，土地充裕，齐国的老百姓都可以分配到足够的田地。假如每家有百亩之田，大王您不轻易征发兵役徭役，不侵夺他们的农耕时间，八口之家吃饱肚子是完全没有问题的。老百姓都吃饱穿暖了之后，大王就可以对他们予以教化了。大王可以广设学校，加强管理，对老百姓进行孝悌教育，让他们懂得孝顺父母、友爱兄弟的道理。这样，头发斑白的老人就不用背着或顶着重物在路上行走了。老人穿棉吃肉，百姓没饥寒之苦，这样的君王还不能使天下人归服，还不能一统天下，那是从来都未曾听说过的。"

"夫子说得真好，确实是令人心向往之。寡人愿意根据夫子的意见，找机会试一试。"齐宣王说道。

三、乐以天下，忧以天下

孟轲跟齐宣王谈话之后，就回到了稷下学宫，继续做稷下先生。每天的生活，仍像以前一样，除了跟自己的弟子们讨论学问，也偶尔跟诸子百家各学派的人物论辩各家学说之优劣。不过，这样的生活并不是他所希望的。他希望的生活，其实是要在齐国政坛有所作为，辅佐齐宣王推行仁政，最终在齐国率先实现先圣孔子所追求的王道社会理想。然而，曾经信誓旦旦要按孟轲的远景规划试一试的齐宣王，跟孟轲见面一个月后，仍没有在齐国推行仁政的任何动静。这不免让孟轲为之焦虑不安，也感到有些失望。

焦虑、失望并不能解决问题，犹豫彷徨了两天后，孟轲最终决定再进城一次，去拜见一下老友匡章将军。也许从他那里能够得到更多有关齐国朝廷内部的信息，了解到齐宣王新的施政计划。

周慎靓王二年（公元前319年）六月二十一，一大早太阳就光焰逼人，让人有避之唯恐不及的燥热感。孟仲、邹正、邹春，还有公都、公孙丑、万章、屋庐连等人，一大早就喊热。只有陈臻觉得还好，大家都笑他不正常。

孟轲也是一个怕热的人，众弟子都是知道的。但是，这一天他却没有跟着大家喊热，而是意绪悠闲地看着那轮跃出地平线，正在冉冉上升的火球。

"先生，您不觉得热吗？怎么还有闲情逸致观看太阳呢？"邹春对孟轲的行为感到奇怪，趋近孟轲身边，轻声问道。

孟轲没有回答邹春的问题，只是侧过脸来看了邹春一眼。然后，继续远眺东方，好像陷入了沉思。

大约过了有烙半张大饼的工夫，孟仲憋不住，趋近孟轲身边，轻声问道："先生，您在想什么？"

"我在想，今天是不是应该进城一次，看看匡章将军。"没想到，孟轲看都没看孟仲一眼，就脱口而出。

"先生，您早就应该进城拜访匡章将军了。他是您的老友，是您在齐国政坛最有力的支撑。您重返稷下学宫一个多月了，应召进城见了新齐王，却至今没有去看望老友匡章，这好像于人情世故也大有不合。"孟仲说道。

孟轲点了点头。

孟仲以为孟轲是被自己说动了，其实孟轲早就在心中打定了主意，今天要进城拜访匡章将军。只是他不想将自己拜访匡章将军的目的透露给弟子们，让他们觉得自己有投机钻营的嫌疑。

屋庐连听到了孟轲与孟仲的对话，立即凑到孟轲身边，说道：

"先生，您今天又要进城了，是吧？上次，您进城去见新齐王，让公都、公孙丑、万章三位师兄陪同。今天您去见匡章将军，准备让谁陪同呢？"

屋庐连话音未落，陈臻就凑了上来，脱口而出：

"肯定是让大师兄、二师兄、三师兄陪同呗。屋庐师弟，谁陪同，也轮不到你哦！谁让你那么晚才进师门呢？"

孟轲本来没考虑今天进城要让哪几位弟子陪同，现在听陈臻这样一说，觉得也有道理。上次让公都、公孙丑、万章陪同进城见齐宣王，是因为他们是齐国人。这次进城是见匡章将军，并不一定非要齐国的弟子陪同不可。论资排辈，也应该让孟仲、邹正、邹春三个最早的弟子陪同，也算是给他们一个面子。想到此，孟轲不自觉间轻轻地点了点头。

"先生已经表态了，今天进城要带大师兄、二师兄、三师兄，我们这些后进弟子又没有机会了。"屋庐连颇是失望地说道。

"屋庐师弟，以后先生进城的机会多的是。这次只是去见匡章将军，下次再见新齐王，说不定就带你去了。"陈臻笑着对屋庐连说道。

屋庐连知道陈臻的话是安慰自己的，事实上根本不可能。因为排在他前面的还有充虞、滕更、咸丘蒙等众多师兄，就是陈臻，进入师门的时间也早于他。

朝食过后，孟轲一刻也没停，就在孟仲、邹正、邹春三个弟子的陪同下，坐着马车进城去了。

大约一个时辰后，在匡章将军的府中，孟轲已与匡章将军谈笑风生了。

谈话始于离别之情的客套寒暄，接着匡章问起了孟轲别后四年的情况，孟轲将四年前离开临淄后，先后在宋国、邹国、滕国、鲁国与魏国的经历简要地述说了一遍，然后大发了一通感慨。最后，匡章问孟轲此次重返齐国，是否有什么打算。孟轲见问，连忙向匡章道歉：

"将军，非常抱歉！轲重返齐国已一个月有余，今天才来拜访，实在是太失礼了。"

"夫子，我们之间还需要客气见外吗？"匡章哈哈一笑道。

孟轲连连点头称是。

匡章顿了顿，看着孟轲问道：

"夫子，您此次重返齐国后，有没有见过大王？"

孟轲一听匡章这话，知道他肯定知道自己一个月前已经见过齐宣王了，于是连忙说道：

"轲正想跟将军说这事呢。轲重返稷下学宫的第二天，大王就得到消息，立即遣人至学宫通知，要轲第二天就进城晋见。因为跟大王谈话太久，离别时都快要天黑了，所以当时就没有来将军府拜访您。您看，这一拖就拖到了今天。实在是太失礼了！"

"夫子，您又跟我客气了。"匡章笑着说道。

"这倒不是客气，而确实是轲失礼了！不过，不瞒将军说，之所以拖到今天才来见将军，其实也是有原因的。轲是想等大王正式发布推行仁政计划的政令后，再来向将军禀报。"

"大王有推行仁政计划吗？"匡章故意瞪大眼睛，装作吃惊的样子，看着孟轲问道。

孟轲以为匡章真的不了解内情，于是尴尬地笑道：

"一个月前，大王召见，轲曾游说过他推行仁政，他慨然答应，说愿意试一试。然而，如今一个月过去了，一点消息也没有。我想将军消息灵通，所以今天特意进城借拜访您的机会，顺便打听一下大王的消息。"

"夫子，说实话，有关这方面的消息，章还真是一点也未耳闻。不过，就章自己的看法，觉得大王答应您要在齐国推行仁政计划的话，您最好还是不要当真。"

匡章话还没说完，孟轲便连忙追问道：

"为什么？"

"夫子，您真是读书读多了，您也不放眼看看这个世界的现实。而今周天子的权威不再，诸侯各国都是尾大不掉，大家都各凭实力争霸天下，谁还有意于推行仁政？推行仁政，就意味着减少税收，就意味着要诸侯各国君臣节衣缩食，他们愿意吗？就算他们有仁爱之心，愿意为了百姓的幸福而节衣缩食，但减少税收后，军费开支如何解决？军费开支不解决，如何跟其他诸侯国争霸天下？"匡章望着孟轲说道。

孟轲一时无语。

匡章见此，遂又接着说道：

"就以齐国来说吧，如果大王真的听从了您的建议，在齐国推行仁政，按照您的'什一税'征税，那就意味着每年的赋税收入减少了一半以上。夫子，您想想，以齐国之大，军队数量之众，突然减少一半以上的赋税收入，国家的运转，军队的加强，如何有财政的保障？还有，大王一即位执政，就将老齐王停歇了几年的稷下学宫恢复起来，还要扩大规模，广泛招徕天下之士，征召诸子百家各学派的领袖前来讲学，给他们以丰厚的待遇。这些都是需要财力的呀！如果大王真的听从了您的建议，推行仁政计划，齐国这不断扩大的财政开支，又从何而来？"

一向能说会道的孟轲，被匡章这番有理有据的分析，说得哑口无言。

匡章见孟轲无话可说，以为他是信服了自己的说法，于是趁热打铁地说道：

"夫子，章以为，大王的话您真的不要当真，否则您肯定非常失望。他当初爽快地答应您，说愿意试一试，其实就是一句客气话，是给您面子而已。因为您声望高，他为了展现一位新君王礼贤下士、从谏如流的良好形象，肯定不能当面驳您的面子，说您的建议不切实际，是吧？说句实话，站在新齐王或是任何一位诸侯国君主的立场，而今要他们推行仁政，实行减税计划，都是不可能的。道理我刚才已经说过了。"

孟轲听到这里，终于轻轻地点了点头。

匡章见此，遂又接着说道：

"夫子，您既然在宋国、魏国都无法推行仁政计划，那么到了齐国无法遂愿，也就不必再感到失望了。章以为，面对现实，我们不妨一步步来，不要急于求成。如果夫子不反对，章这几天就去晋见大王，让他先恢复您齐国列大夫的名位，让您有参与齐国朝政的机会。然后，再在参政议政的过程中，逐渐渗透进您的仁政计划，最终实现您孜孜以求的王道社会理想。凡事我们要一步一步来，要面对现实，随机应变，顺应时势，懂得变通，迂回前进。这样，才有可能慢慢接近要实现的理想或目标。"

"将军说得有理。一切听将军安排。"孟轲重重地点了点头。

三天后，齐宣王再次召见孟轲。孟轲当然明白，这是匡章的安排。果然，跟齐宣王相见后，孟轲被告知了内情。不知孟轲这次是学会了世故，还是因为记住了上次匡章的吩咐，再次见到齐宣王时，他没有书生气地跟齐宣王较真，追问他推行仁政计划的事，而是跟齐宣王谈了些有关稷下学宫的事情。大概是因为齐宣王觉得孟轲还是比较懂事的，所以说了些闲话后，就正式宣布恢复齐威王时孟轲的齐国列大夫名位，孟轲答礼如仪。

接受了齐宣王的任命后，孟轲与齐宣王的关系就不再是宾主关系了，而是变身为君臣关系了。正因为如此，齐宣王在孟轲答礼之后，就开始正式视孟轲为臣，问政于孟轲道：

"有很多人都建议寡人拆毁明堂。寡人到底是应该拆毁呢？还是不应该拆毁呢？"

孟轲一听齐宣王问的是这个敏感问题，立即有所警觉。因为这个问题不好回答。众所周知，明堂本是古代天子布政之宫，是接见诸侯与大臣时宣明政教的建筑，是最具政治象征意义的。齐国只是周天子辖下的一个诸侯，建有明堂明显就是一种僭越的行为。按照孔子的观点，这是乱臣贼子之所为，是要大加挞伐的。因此，按照常理，孟轲作为孔子的信徒，肯定是要对齐国的这种僭越行为予以强烈谴责的。但是，这次孟轲却记住了前些天匡章将军对他的劝谏，要直面现实。考虑到周公礼法早已崩坏，诸侯国拥有明堂的僭越行为早已成为人们见怪不怪的现实，因此，孟轲略作沉吟后，决定承认现实，不对齐国拥有明堂之事提出批评，而是借机发挥，将明堂与行王道联系起来，再次阐发自己的仁政主张。稳定了情绪后，孟轲正襟危坐，望着齐宣王恭敬有加地说道：

"明堂，是王者宣明政教之所，是明王圣主布政之宫。大王，如果您想实行仁政，推行王道政治，那就不要将之拆毁。"

齐宣王本来就没有打算要拆毁明堂，只是向他谏议拆毁明堂的人多了，他感到有压力。他知道，孟轲是当世维护周公礼法制度态度最坚决的儒家学派领袖。如果能借他之嘴，讲出保留明堂的合理性，那么以后就再也没人敢对齐国保留明堂有异议了。没想到，一向以维护周公礼法为神圣职责的儒家学派领袖孟轲，竟然出乎意料地赞成他保留明堂的私心。这不能不让齐宣王大喜过望。于是，他对孟轲设下的语言圈套完全没有防范，就愉快地顺着孟轲的话问道：

"先生的王道政治可以讲给寡人听听吗？"因孟轲此时已是齐宣王之臣的身份，所以齐宣王不再称孟轲为"夫子"，而是称之为先生，以示敬重。

孟轲等的就是齐宣王这句话，见齐宣王又改口称他为"先生"，知道此时是游说齐宣王实行仁政，推行王道政治的最好机会，于是立即接口说道：

"从前，周文王在岐山脚下治理周部落，对从事耕种的百姓只收取九分之一的税，对做官的人给予世代承袭的俸禄。在关口与集市，则只稽查而不征税；对人们在江河湖泊中捕鱼，则不加禁止；对犯罪之人，只追究本人之过，而不牵累其家属。老而无妻者，称之为鳏夫；老而无夫者，称之为寡妇；老

486

而无子者，称之为独者；幼而无父者，称之为孤儿。这四种人，是天下最贫苦无告的人。周文王实行仁政，施恩的对象一定是首先考虑到他们。《诗》有言：'哿矣富人，哀此茕独。'意思是说，富人的生活已经过得不错了，还是同情同情那些无依无靠的穷苦人吧。"

"这话说得真好呀！"齐宣王情不自禁地脱口而出。

"大王，如果您认为这话说得真好，那为什么不实行仁政呢？"孟轲立即抓住机会，将话题切到推行仁政上。

没想到，齐宣王非常坦率地说道：

"寡人有个毛病，就是喜爱钱财。"

孟轲一听齐宣王这话，立即明白，齐宣王这是在找借口不肯推行仁政，并要以此堵死他继续宣扬王政主张的言路，自然心有不甘，因为他好不容易将话题切到推行仁政上。如果就此放弃，岂不失去了一次游说进谏的好机会？于是，他略略停顿了一下，想了想，突然灵机一动，看了一眼齐宣王，笑着说道：

"大王，喜爱钱财没关系。从前，公刘也喜爱钱财。"

"公刘是谁？"

"公刘是周文王的先祖，就是那个辅佐大禹，教民稼穑，种植五谷的农耕始祖。他曾为了躲避夏桀的残暴统治，率领周人先民由邰迁至豳地，发展农业生产，为周部族的兴盛与发展奠定了坚实的基础。"孟轲说道。

"寡人真是孤陋寡闻。"齐宣王感到有些不好意思。

"公刘是远古时代的圣人，不仅是大王，恐怕很多人都没听说过。"孟轲连忙给齐宣王找台阶下。

"先生接着说吧。"

"公刘喜爱钱财，那是出了名的，而且历史是有记载的。《诗》有言：'乃埸乃疆，乃积乃仓。乃裹糇粮，于橐于囊。思戢用光，弓矢斯张。干戈戚扬，爰方启行。'意思是说，公刘划定田界，让周人先民耕种，收获的粮食堆满了粮仓。军民合力包裹干粮，装满口袋装满囊。上下团结一心，大周国威远扬。战士们张弓搭箭，干戈斧钺全带上，浩浩荡荡开赴前方。正因为公刘喜爱钱财，周人留在后方的百姓有存粮，奔赴前线的战士有干粮，公刘才能率领周人开疆拓土，不断向东方扩张发展。如果大王喜爱钱财，能够跟老百姓同享，那么实行王道政治又有何困难呢？"

齐宣王见孟轲又绕到了要他实行仁政，推行王道政治的话题上，遂又不惜再次自我贬抑，寻找借口道：

"寡人还有一个毛病，就是喜好女色。"

孟轲当然知道齐宣王的意思，于是继续沿用老套路，正面鼓励道：

"喜好女色，乃是天下男人的本性，非常正常。如果一个男子不好女色，那肯定有问题。大王是万乘之尊，喜好女色更是天经地义。从前，周文王的祖父太王古公亶父也是喜好女色的，据说他非常爱他的妃子。"

齐宣王一听古公亶父也好女色，顿时兴奋起来，笑着问道：

"先生说的是真的吗？"

"大王，臣岂敢欺骗您。古公亶父好女色，那是史有记载的。《诗》有言：'古公亶父，来朝走马，率西水浒，至于岐下。爰及姜女，聿来胥宇。'意思是说，周文王的祖父古公亶父，为了他心仪的姜女，一大早就骑马西行，沿着幽西渭水河岸，一直来到岐山脚下。带着姜女，仔细考察他们婚后的新居。大王，您看古公亶父是多么爱他的妃子。历史记载，古公亶父在位期间，周部落没有一个找不到丈夫的女人，也没有一个找不到女人的男人。正因为如此，周部落人丁兴旺，很快崛起成一个有影响力的诸侯国。大王，如果您喜好女色，能够让百姓也有家室，齐国肯定人丁兴旺，成为天下最有影响力的大国，那么您推行王道政治又有什么困难呢？"

齐宣王见孟轲绕来绕去，最后还是绕到了要他推行王道政治的话题上，只好假装赞同地说道：

"先生说得有理。"

孟轲以为齐宣王这次真的是认同了自己的观点，于是跟齐宣王又说了些闲话，就告辞而去，回去等着齐宣王推行王道政治的消息了。

可是，等了一个月，也没见有什么下文。于是，孟轲急了。周慎靓王二年（公元前319年）七月二十五，一大早，孟轲就在公都、公孙丑、万章三个齐国弟子的陪同下，第四次进了临淄城。

孟轲以为今天来得这么早，齐宣王肯定还没有坐殿问政，恐怕还得在殿门外等好大一会儿，才能奉召进殿。没想到，还没等他马车到达王宫大殿门口，就远远望见王宫门外有很多车马。

"先生，您看，王宫门外怎么那么多车马，有那么多人？"正在孟轲感到疑惑之际，公都已脱口而出了。

"师兄，那我们趋近看一下吧。"万章一边说着，一边加快了脚步，跟在孟轲的马车后小跑了起来。

孟轲与三个弟子走近一看，向人一打听，这才知道，齐宣王今天要出城，到雪宫游乐消暑。此时，齐宣王虽然还没有出现，但他那驾特制的马车已然套好，两个车夫已经坐在马车前面各自的位置上了。

大约过了有烙两张大饼的工夫，齐宣王终于在一帮宫人的前呼后拥下走出了王宫大殿，向着他的马车走了过来。孟轲见此，与三个弟子不自觉地迎了上去。当相向而行，彼此还有大约二十步距离时，齐宣王发现了孟轲，立即高声喊道：

"夫子，夫子。"

孟轲一听，齐宣王今天没称自己为"先生"，而是称"夫子"，开始时还不理解，于是愣了一下。等到齐宣王叫他第三声时，他才反应过来，明白今天齐宣王是要出宫游乐，有意要淡化自己的国君身份，同时也希望孟轲忘了自己的列大夫身份，将自己当成一个教书先生，跟他以朋友身份相待。

等孟轲明白过来时，齐宣王已经走到他面前了。

"大王，您今天是要出行吗？准备到哪里视察民情？"孟轲明知故问道。

"夫子，寡人今天不是出外考察民情，而是要到城外雪宫游乐消暑。既然您碰上了，那就跟寡人一起去吧。"齐宣王笑着说道。

很明显，今天齐宣王的心情不错。孟轲想到，在齐宣王心情不错的时候，如果找一个合适的机会再跟他说说推行王道政治的事，也许效果会更好。于是立即答应道：

"诺！臣何等幸运，能跟大王一起出行。"

齐宣王回头看了孟轲一眼，便自顾自地上了自己的马车。两个马车夫动作非常协调，像是事先排练好了似的，几乎同时娴熟地甩了一下手中的马鞭，齐宣王的马车就起动了。

大约不到半个时辰后，孟轲便随同齐宣王的车队到达了雪宫。

雪宫位处临淄城的东北方向，距离临淄城只有六七里地而已。齐宣王的车队之所以花了大约半个时辰才到达，是因为车队浩浩荡荡，行动非常缓慢。

到达雪宫，停车驻马，孟轲放眼一看，发现原来雪宫是一个规模蔚为壮观的建筑群，依着周围不高的丘陵高下错落。因为是王家园林，设计是相当的考究。楼台亭阁、池沼道路，都是依地势蜿蜒布局的，大有曲径通幽的雅趣。走进园林之中，满眼葱绿，各种珍贵的树木与奇花异草，让人目不暇接，也让人大开眼界。林间不仅时闻潺潺流水之声，还有各种飞禽走兽嬉戏其间。齐宣王让孟轲跟在自己身后，一边走，一边给他介绍，似乎是想让孟轲也好好感受一下帝王生活的闲情逸致，体会为王者的快乐。

在园中大约走了半个时辰，齐宣王大概是觉得有些累了，便领着孟轲来到雪宫大殿，分宾主坐下。甫一坐定，齐宣王便得意地对孟轲说道：

"夫子，贤者也有这种快乐吗？"

"有。"孟轲脱口而出。

"哦？夫子说说看。"齐宣王直视孟轲，说道。

"贤者如果得不到这种快乐，难免就会埋怨他们的国君。当然，从为人的角度来看，得不到快乐就埋怨国君，显然是不对的。但是，从为君的角度看，他们有快乐而不与他们的百姓共享，自然也是不对的。"

"那怎样才是对的呢？"齐宣王反问道。

"与民同乐。"孟轲脱口而出。

"与民同乐？那怎样才算是与民同乐呢？"

孟轲见齐宣王对此有兴趣，立即接口回答道：

"君王应该以百姓的快乐为自己的快乐，以百姓的忧愁为自己的忧愁。如果君王以百姓的快乐为自己的快乐，那么百姓就会以君王的快乐为自己的快乐；如果君王以百姓的忧愁为自己的忧愁，那么百姓也会以君王的忧愁为自己的忧愁。一个君王能够做到与天下人同乐，与天下人同忧，如果还不能使天下人归服，那是没有道理的，也是自古以来都不曾听说过的。"

齐宣王虽然知道孟轲偷换概念，将自己要问的"贤者"偷换成了"百姓"与"天下人"，但并不想说破，遂莞尔一笑，说道：

"夫子可否举例说明之？"

孟轲听了，也是莞尔一笑，因为举例说明、引经据典都是他的强项，他能张口就来。所以，一听齐宣王要他举例说明，他几乎不假思索，脱口而出道：

"大王，那咱们不谈别的，就回顾一下齐国的历史吧。从前，齐景公问晏子：'我想到转附、朝儛两个地方去游览一下，然后沿海往南，一直到琅邪。我该怎么样才能跟古代贤君的巡游相比拟呢？'"

齐宣王从未听说过这个故事，于是就非常好奇地追问道：

"那晏子是怎么回答的呢？"

孟轲内心窃喜，因为根本就没有这个故事，没想到齐宣王竟然信以为真。于是，他故意装作不肯说的样子，思考了一番如何杜撰下面的故事，然后望着齐宣王笑了笑，才慢条斯理地接着说道：

"晏子说：'国君这个问题问得好呀！天子到诸侯各国，叫巡狩。巡狩就是巡视诸侯所守疆土的情况，看看是否尽职尽责了。诸侯去朝见天子，叫述职。述职就是诸侯向天子报告在职任内的工作情况。自古以来，天子出行都不是为了游山玩水，寻欢作乐，而是为了尽其职分，跟其工作有关。春天出行，是为了巡视老百姓的耕种情况，并根据考察结果对贫困农户予以补助；秋天出行，是为了考察农耕收获的情况，并根据考察结果对缺粮农户予以补助。夏朝有一句谚语说：吾王不游，吾何以休？吾王不豫，吾何以助？意思是说，我王不出游，我们的劳作何时休？我王不出巡，我们的补助向谁求？可见，天子出游与巡视，都是有所为而为，可以作为诸侯的法度。'"

因为晏子是齐国历史上的名相与贤相，齐宣王以为孟轲这番话真的是晏子所说，所以听了不住地点头。

孟轲见此，遂又接着往下编故事，说道：

"晏子还跟景公说：'现在的情况与从前大不相同了。君王只要一出行，就要兴师动众，到处为之筹粮。饥者得不到食物，劳者得不到休息。天下所有人都为此切齿痛恨，怨声载道，老百姓甚至都要起来造反了。诸如此类的君王出巡，完全就是在违背天命。君王之所为，无异于虐待百姓。君王出行，一路大吃大喝，浪费粮食如同流水。流连荒亡，使诸侯都为之忧虑。'"

"什么叫'流连荒亡'？"齐宣王不懂孟轲所说的新名词是什么意思，没等孟轲把故事编完，就打断了他的话。

"从上游往下游方向行进游玩，乐而忘返，叫作'流'；从下游往上游方向行进游玩，乐而忘返，叫作'连'；纵马打猎，不知疲倦，叫作'荒'；纵酒寻欢，不知节制，叫作'亡'。"

听完孟轲的解释，齐宣王恍然大悟似的点了点头。

见此，孟轲遂又接着说道：

"最后，晏子对景公说：'古代的贤明君王，既无流连之乐，也无荒亡之行。纵观古今，君王出巡有两种情形：一种是跟履行职责密切相关的巡视考察，另一种是为寻欢作乐的流连荒亡。国君，您到底准备选哪一种，由您决定吧。'"

"那景公选择了哪一种？"齐宣王问道。

孟轲看了一眼齐宣王，微微一笑道：

"大王，您猜呢？"

"是选择了第一种吧？"齐宣王说道。

孟轲点了点头，说道：

"大王说得对。景公听了晏子的话，非常高兴。于是，先在都城内做好相关准备，然后驻扎到郊外，在那里开仓放粮，救济贫苦百姓。与此同时，景公召来乐师，跟他说：'给我创作一首君臣相悦、君民同乐的乐曲吧。'这首乐曲，就是流行至今的《徵招》《角招》。乐曲中有句话：'畜君何尤？'意思是说，限制国君的私欲，有什么不对呢？最后，晏子语重心长地对景公说道：'限制国君的私欲，就是爱护国君呀！'景公大以为然。从此，君臣相得，齐国大昌。"

虽然孟轲所说晏子谏齐景公的事纯属杜撰，但齐宣王因为对历史知之甚少，加上对孟轲博学早有耳闻，所以丝毫没有怀疑故事的真实性。加上故事的主角是齐国的先君与先贤，所以听后非常高兴。于是，又一时兴起，问了孟轲另一个问题：

"夫子博学，让寡人真的是长了见识。今天夫子既然说到了历史，那么寡人还有一个有关历史的疑问，想请教夫子。"

"大王，是什么疑问？"

"据说，周文王有一个方圆七十里的狩猎园林，真有这回事吗？"齐宣王直视孟轲，问道。

"史书上确实有这样的记载。"

见孟轲回答得毫不犹豫，且语气坚定，齐宣王不禁瞪大了眼睛，吃惊地望着孟轲，问道：

"真有这么大吗？"

孟轲明白齐宣王的意思，不禁莞尔一笑，看了齐宣王一眼，然后煞有介事地说道：

"当时老百姓还觉得太小了呢！"

齐宣王一听孟轲这话，立即愤愤不平地说道：

"寡人的狩猎园林不过方圆四十里而已，老百姓还认为太大了，这是为什么呢？"

"周文王的狩猎园林方圆七十里，虽然面积很大，但是老百姓割草的，打柴的，捉鸟的，捕兔的，谁都可以进去。因此，这个园林实际上是周文王跟老百姓共享的。老百姓认为太小了，不是很自然吗？"

齐宣王听了，情不自禁地点了点头。

孟轲见齐宣王已然入套，立即收结上题道：

"臣第一次到齐国时，问清了齐国最大的禁忌后，才敢进入齐国之境。当时，我听人说，在齐都临淄郊外有一个方圆四十里的狩猎园林，谁要是擅自进入，捕杀了里面的麋鹿，就等同于犯了杀人罪。若果有其事，这方圆四十里的园林，对于齐国百姓来说，岂不就像是在境内布下了一个巨大的陷阱？齐国百姓认为您的这个园林太大了，不也是应该的吗？"

齐宣王听到这里，这才恍然大悟，明白孟轲绕来绕去的用意，表面上是跟自己谈与民同乐的问题，实际上还是在劝自己实行仁政，兜售的仍是其王道政治的主张，于是哈哈一笑，另找了个话题，跟孟轲闲聊了一阵。

虽然齐宣王压根儿就不想跟孟轲谈与民同乐的话题，但是雪宫谈话之后，孟轲却一直思量着，准备找机会再跟齐宣王重续这个话题，继续游说齐宣王，最终让他接受自己"保民而王"的王道政治主张。

说来真是凑巧，雪宫谈话后不久，齐宣王有一位宠臣叫庄暴，因慕孟轲博学之名，前往稷下学宫拜访孟轲。言谈中，庄暴说到了前些天刚见到齐宣王的事。孟轲知道庄暴跟齐宣王的关系非同寻常，想通过庄暴多了解一些齐国朝廷的内情，于是就问庄暴跟齐宣王谈过什么事情。庄暴见孟轲向他打听消息，自然非常得意，以不无炫耀的口气，跟孟轲说道：

"暴见大王时，大王告诉暴，他生平最爱好的是音乐。暴不知道如何回答他。"

孟轲听了不禁一愣，因为他前后跟齐宣王见过三次，却从未听说他最喜爱的是音乐。

正在孟轲发愣之际，庄暴向孟轲问道：

"大王喜好音乐好不好？"

"大王如果真是非常喜好音乐的话，那齐国就差不多能治理好了。"孟轲脱口而出。

庄暴告辞而去后，孟轲一直琢磨着齐宣王喜爱音乐的事，觉得这是一个很好的话题，可以借此阐发开来，游说齐宣王实行仁政，推行王道政治。

机会总是给予有准备的人。庄暴拜访孟轲后，过了不到半个月，齐宣王突然派使者往稷下学宫，通知孟轲前往晋见。孟轲觉得这是一个很好的机会，遂在心里暗暗合计，决定要充分利用这次机会，好好游说齐宣王，以巩固前几次游说的成果。他相信，道理多说几遍，总会让人明白的。再说，齐宣王是齐国之君，不是普通人。

盘算已定，孟轲就在心里反复设计方案，如何从音乐的话题切入来游说齐宣王接受自己的王道政治主张。如约见到齐宣王，回答了齐宣王咨询的相关问题后，孟轲不失时机地将话题引到了自己预设的目标上：

"大王，前些天，庄暴往稷下学宫，跟臣见了一面。庄子说，大王曾经跟他说过，您生平最大的喜好是音乐。有这回事吗？"

齐宣王被孟轲设圈套游说过几次了，所以他对孟轲的套路也已经熟悉了。他怕孟轲借音乐为题，攀扯古代什么圣君先贤，以此来游说他实行仁政，推行其王道政治主张，遂先发制人，一本正经地说道：

"确实是有这回事。不过，寡人并不喜欢古代明王圣君欣赏的音乐，只是喜爱世俗流行的音乐而已。"

孟轲明白齐宣王的意思，知道他这是有意要堵死自己借音乐进行游说的路，于是莞尔一笑，看了齐宣王一眼，郑重其事地说道：

"只要大王真的非常爱好音乐，那齐国就差不多要治理成功了。无论是世俗流行的音乐，还是古代的音乐，从本质上说都是一样的。"

齐宣王见孟轲并不排斥世俗流行的音乐，不禁顿生好奇之心，放松了先前的警惕之心，脱口而出：

"可否将其中的道理讲给寡人听听？"

孟轲听了齐宣王的提问，不禁内心窃喜，立即接住话茬，不答反问道：

"一个人独自欣赏音乐会感到快乐，跟别人一起欣赏音乐也会感到快乐。大王，您觉得哪一种更快乐呢？"

"那肯定是跟别人一起欣赏音乐更快乐。"齐宣王不假思索地答道。

孟轲笑着点了点头，接着又问道：

"跟少数几个人一起欣赏音乐感到快乐，跟很多人一起欣赏音乐也感到快乐。大王，您觉得哪一种更快乐呢？"

"那当然是跟很多人一起欣赏音乐更快乐。"齐宣王又是不假思索地答道。

孟轲见此，觉得时机已然成熟了，于是立即切入正题道：

"大王的回答非常好，深得臣心。下面臣就请求大王，让臣来谈谈对于音乐的看法。"

齐宣王以为孟轲是要跟自己谈学问，自然不排斥，立即脱口而出：

"先生请说。"

"假设现在大王在此演奏音乐，老百姓听到鸣钟击鼓、吹箫吹笛之声，全都感到头痛难忍，皱着眉头，相互议论说：'我们的大王如此喜爱音乐，为何使我们生活痛苦到如此田地？为什么让我们父子不能相见，兄弟妻儿流离失散呢?'假设现在大王在此狩猎,纵马驰骋,老百姓听到大王的车马之声,看到大王的仪仗之美,全都感到头痛难忍,皱着眉头,相互议论说:'我们的大王如此喜爱狩猎,为何使我们生活痛苦到如此田地?为什么让我们父子不能相见,兄弟妻儿流离失散呢?'老百姓为何会有这种反应呢?没有别的原因,是因为大王只图自己个人快乐,而没有与民同乐。"

齐宣王听到孟轲突然从音乐之乐说到了与民同乐之乐,觉得他明显是在偷换概念,想予以指正。可是,没等齐宣王指正,孟轲又接着说道:

"假设现在大王在此演奏音乐,老百姓听到鸣钟击鼓、吹箫吹笛之声,全都眉开眼笑,奔走相告说:'我们的大王大概身体非常健康吧,要不然,怎么如此心情愉快地欣赏音乐呢?'假设现在大王在此狩猎,纵马驰骋,老百姓听到大王的车马之声,看到大王的仪仗之美,全都眉开眼笑,奔走相告道:'我们的大王大概身体非常健康吧,要不然,怎么能够出来纵马狩猎呢?'老百姓为何会有这种反应呢?没有别的原因,是因为大王能够与民同乐。如果大王肯实行仁政,推行王道政治,乐民所乐,苦民所苦,那么必然会使天下归服的。"

齐宣王听了,不置可否,只是笑了笑,然后就转移了话题。

第十二章

参与政事

听公都讲完了孟轲第三次入齐的经过，以及孟轲初见齐宣王就极力游说齐宣王实行仁政，推行王道政治而未果的事，大家不禁又是一阵感慨唏嘘。

沉寂了一会儿，陈臻突然侧身右望公都，高声说道：

"公都师兄，刚才您说到先生第三次入齐，游说齐宣王推行王道政治不顺利的事。其实，我觉得这也不能全怪齐宣王，可能跟先生的书生气也有关系。据说，先生在游说齐宣王不顺利时，总是喜欢打比方讽刺齐宣王，让齐宣王感到非常尴尬。"

"陈师兄，有这事吗？您给我们讲一讲吧。"桃应是孟轲晚年的弟子，当年没有追随孟轲到齐国。所以，一听陈臻说到孟轲在齐国打比方讽刺齐宣王，顿时来了精神。

"还是请公都师兄讲比较合适，或是请公孙师兄、万章师兄讲也行。"陈臻连忙推辞道。

"陈师弟，既然这话题是你挑起来的，况且桃应师弟点名要你讲，那还是你来讲吧。"公都侧身左望坐在远处的陈臻，笑着高声说道。

"先生的事，我只是听说而已，并不一定确切。"

公都见陈臻还是推辞，于是补了一句道：

"刚才我给大家所讲先生的往事，其实也大多只是听说而已。"

496

"陈师弟，你就不要再推辞了，快给大家讲一讲你听说的故事吧。"孟仲也开始劝起了陈臻。

　　陈臻见大师兄说话了，犹豫了一下，只好点了点头，说道：

　　"好吧，那我就给大家讲一个我自己听来的故事吧。如果不符合事实，希望先生地下有知，不要怪罪。"

　　"陈师弟，你怎么那么啰唆？先生在地下都等急了，恨不得从坟墓里跳出来了。"邹春侧身左望陈臻，高声笑着打趣道。

　　大家听了邹春的话，都情不自禁地哈哈大笑。笑声在清冷的旷野中传得很远很远，连附近林中的鸟儿也被惊得飞了起来。

　　大家笑过之后，陈臻沉吟了一下，便开口了：

　　"据说，一次先生跟齐宣王谈论到齐国朝政时，给齐宣王打了一个比方，说：'大王有一个臣子，准备到楚国去游历，临行前将其妻儿托付给了他的一个朋友。等到他回来时，他的妻儿都冻馁而死。'然后，他问齐宣王说：'大王，对于这样的朋友，应该怎么办？'齐宣王不假思索地答道：'跟他绝交。'接着，先生又向齐宣王问了第二个问题：'如果掌管刑罚的长官不能管理好他的下级，那该怎么办？'齐宣王斩钉截铁地答道：'撤掉他的官职。'最后，先生问了齐宣王第三个问题：'假如一个国君没有治理好国家，搞得民不聊生，又该怎么办？'这时，齐宣王终于明白，先生这是在指斥他不关心齐国老百姓的疾苦，没有尽到做国君的责任。所以，当时就非常难堪，只好别过头去，左右张望，然后把话题引开了。"

　　"陈师弟，你讲的这个故事，我相信绝对是真实的，不是别人瞎传的。先生说话的风格就是这样，最喜欢也最擅长设语言圈套让人自入陷阱，使得别人下不了台，甚至很难堪，他自己则非常得意。他游说齐宣王实行仁政，推行王道政治，屡屡受挫。为此，他很不甘心。所以，往往打比方让齐宣王上套，弄得齐宣王非常难堪。"公都说道。

　　"如此说来，齐宣王虽然雄才大略不及其父齐威王，但雅量则不在其父之下。先生屡屡让他难堪，但最后他还是对先生非常信任。据说，在很多重大朝政问题上，齐宣王最终都是听了先生的谏言。比方说，燕国内乱时，齐宣王派匡章攻入燕国，就是听了先生的谏言。后来，匡章率齐师占领了燕国，又是先生进言，让齐宣王从燕国撤兵，另立了燕王。公都师兄，是不是这样？"桃应顺着公都的话说道。

　　月光下，公都点了点头。

之后，很长时间，大家都没有再说话。

宋大夫勾践见气氛有些冷清，于是又起身抱着酒坛，依次给大家斟酒。

喝过酒，桃应又兴奋了，仰望夜空，发现星光渐渐暗淡了下来，月亮又往西偏了不少。于是，隔着好几个师兄，引颈右望坐在邹正身旁的邹春高声说道：

"三师兄，您现在再看看月亮，判断一下大约是什么时辰了？"

邹春刚喝过酒，也有些兴奋，遂扭过身子，仰头向天空瞥了一眼，随即脱口而出：

"应该是卯时了。"

"这么说，那不是很快就要天亮了吗？"咸丘蒙一口酒还没喝完，立即放下酒盏问道。

"现在是冬天，天亮得晚。不过，再过一个多时辰，天也就要亮了。"

邹春话音刚落，咸丘蒙便非常感伤地说道：

"天一亮，我们大家就要告别先生，各奔东西了。什么时候再相聚，就不知道了。"

"咸师兄说得是。既然如此，那我们就应该珍惜今夜相聚所剩不多的时间，请各位师兄将自己所知道的有关先生的往事，都说出来让大家听听吧。"桃应立即接住咸丘蒙的话，提出了建议。

在孟轲第三次入齐时，乐正克因为正在鲁国为官，没有追随孟轲到齐国，所以对于孟轲第三次入齐参与齐国政事的内情不甚了了。听了桃应的提议，他立即起而响应道：

"桃应师弟说得是。先生第三次入齐的往事，刚才公都师兄讲了一些。那是否请大师兄再给我们讲讲先生第三次入齐后，在齐国政坛参与政事的内情呢？"

"这个还是请公都师弟，或是公孙师弟、万章师弟来讲比较好。因为大凡先生入朝参与政事，总是由他们三位齐国弟子陪同进城的。"孟仲连忙推辞道。

公都见孟仲把任务推给了自己，不好再推回去，于是便打起了公孙丑的主意，他借着月光，侧脸看了一眼坐在身旁的公孙丑，说道：

"公孙师弟，刚才我已经说了好长时间了，这次就请你来给大家讲一讲吧。"

坐在公都右侧的邹正、邹春兄弟，一听公都的话，连忙附和道：

"由公孙师弟来讲，是最合适不过了。"

公孙丑见二师兄邹正、三师兄邹春都这样说，也就不便推辞了。于是，他喝干了酒盏中的酒，然后朝正前方的孟轲墓看了一眼，沉吟片刻后便给大家讲起了孟轲第三次入齐后参与齐国朝政的往事。

一、伐燕之议

周慎靓王三年（公元前318年）十月初九，虽然是初冬，但天气已经很冷了。

孟轲有早起的习惯，不管春夏秋冬，每天一到时间，就准时起来了。这天，孟轲像往常一样，也是早早就起来了。

太阳刚刚爬出地平线，万丈霞光将大地照得火红一片，让人觉得浑身都是暖洋洋的。迎着朝霞，孟轲在孟仲、公都、公孙丑、万章等几个早起弟子的陪同下，在稷下学宫里四处闲走。

走了一会儿，公都突然对孟轲说道：

"先生，您经常跟齐王见面，商讨齐国朝政，消息一定是非常灵通的。有一个人的下落，不知道先生是否清楚。"

"什么人？"孟轲一惊，立即停下脚步，侧过脸来望着公都问道。

"宋国的剔成君。"公都答道。

"你是说那个在位四十一年，被其弟弟，也就是现在的宋君偃发动兵变，取而代之的宋国旧君吧？"

"正是。先生知道他的下落吗？"公都接着问道。

"他就在齐国，已经在临淄赋闲很多年了。"孟轲说道。

"那先生知道宋国新君偃的近况吗？"公都又问道。

"上次为师从齐国离开后，不是带着你们到宋国，你们也见到过他吗？他取代剔成君而成为宋国之君后，公开向世人宣称要推行王政。我就是冲着这一点，才离开齐国到宋国的。结果，他不仅没有推行王政，甚至连我建议的'什一税'也不肯执行。所以，我才失望地离开了宋国。"孟轲似乎还记着当初的不愉快，语气中明显带着愤恨之情。

"这些情况弟子当然知道。弟子是说，您了解宋君偃最近的动向吗？"公都提示道。

"什么动向？"孟轲不解，侧过脸来看着公都。

"昨天刚来了一个宋国之士，我听他说，宋君偃今年年初已经称王了，号称宋康王。"

孟轲听了公都报告的这个消息，先是一惊，接着语气坚定地说道：

"我看他是自寻死路。他以不正当的手段上位，早已为世人所诟病。现在竟然妄自尊大，关起门称起大王来，迟早要引火烧身，带累宋国的。"

"先生，他不是关起门来称大王，而是开着大门称大王。"公都笑着纠正道。

"这话怎么讲？"

"据说，他年初公开称王后，就有很多动作。第一个动作，就是东伐齐国，取齐五城。"公都说道。

"取齐五城？我怎么没听说？"孟轲瞪大眼睛看着公都。

"不过，齐国还没出兵，宋师就退回去了，所以出兵伐齐的事就没有造成什么影响。"

"原来这样。"孟轲点了点头。

"又听说，前月宋国又出兵，南向与楚国开战，大败楚师，拓地三百里。也不知道是不是真的。"公都又透露了一个新消息。

孟轲听了，更是瞪大了眼睛，看了公都半天，最后不相信地摇了摇头。

公都见此，连忙说道：

"我听那个宋国之士说到这个消息时，当场就提出了疑问。不过，那个宋国之士说，他也只是听人说的，并未求证。"

"我觉得这个消息肯定不确切，宋国虽然比鲁国强，比周围的滕国、邹国更强，但还不能与毗邻的齐、楚、魏等大国相提并论。我相信，以目前宋国的实力，还不敢挑战齐国与楚国，甚至不敢挑战现已衰落的魏国。"孟轲语气坚定地说道。

"不过，我听那个宋国之士说，昔日的宋君偃，今日的宋康王，可并不像先生想象的那么自卑，而是自信满满。听说，他在出兵伐楚得手后，又乘胜出兵西伐魏师，取魏二城，还准备一举灭了滕国，吞并其地。"

孟轲听了公都的话，不禁哈哈大笑，直视公都说道：

"你不是在说梦话吧？如果你说的都是真的，我看宋国离亡国已经不远了。"

"先生，不是弟子在说梦话，而是昨天那个宋国之士在说梦话。"

孟轲点了点头，收起笑容，继续信步闲走。

走了一会儿，孟轲突然在一棵树下停住了脚步，抬头望着树上光秃秃的枝条，久久没有挪动脚步，也没有说话。

公孙丑见此，走近孟轲身边，小心地问道：

"先生，您是在想什么问题吧？"

孟轲没有吱声。

过了一会儿，公孙丑又对孟轲说：

"刚才公都师兄报告的消息，也许并不是空穴来风。先生跟匡章将军不是好友吗？您也好久没跟匡章将军见面了，不如今天进城，拜访一下匡章将军，顺便问问宋国的情况。如果宋康王真有什么军事动作，匡章将军肯定清楚。"

孟轲点了点头。

朝食后，孟轲果然听从了公孙丑的建议，坐车进了临淄城。

见了匡章将军一问，才知道宋君偃果然已于年初称王了。不过，宋国并没有在边境地区对齐、楚、魏三国用兵，只是加强了边境地区的兵力部署，以展示其"五千乘之劲宋"的强硬形象而已。

听了匡章的话，孟轲这才深切地感到，一年多来，自己虽然不时应齐宣王之召进宫，对齐国的朝政有一些了解，但是对诸侯各国的事情还是知之甚少，以致像宋君偃称王这样的重要信息至今才知道。于是，谈完宋君偃称王之事后，孟轲立即抓住机会，主动问匡章道：

"将军，轲一向孤陋寡闻，对诸侯各国之事知之甚少。不知除了宋君偃称王外，最近天下还有没有发生什么大事。"

"说到大事，还真是有一件呢。莫非夫子已经有所耳闻了？"匡章反问道。

"没有。如果轲已经有所耳闻，也就不向将军打听了。"

匡章看了看孟轲，见其一脸的真诚，相信他说的是实话，于是略略停顿了一会儿后，望着孟轲问道：

"五国联合攻秦的事，夫子听说了吗？"

"五国联合攻秦？哪五国？为什么要攻秦？"

匡章一听孟轲这三连问，就知道孟轲确实是不知道此事了，于是笑着说道：

"夫子，看来你的消息真是有些闭塞了，需要经常进城走走，跟朝中齐国官员多多来往，不要总是待在稷下学宫，整天跟弟子们坐而论道。与其坐而论道，空想王道政治，不如多关心一下齐国的朝政，多向齐王提些建议，也能提升您在齐国朝廷中的政治影响力，对于往后实施您的王道政治主张，也是有所裨益的。"

"将军说得是。那您现在就给轲说说，五国联合攻秦到底是怎么回事吧。"孟轲央求道。

匡章点了一下头，先问了孟轲一个问题：

"张仪不再担任魏国之相，离开魏国回到了秦国；公孙衍不再担任韩国之相，回到了魏国，先为魏国之将，现任魏国之相，这些情况夫子是否都了解？"

"以前听人说过。"孟轲答道。

"此次楚、魏、韩、赵、燕五国联合攻秦的事，究其本质，是张仪与公孙衍二人的斗法，也是'连横'之策与'合纵'之策的较量。"

匡章话还没说完，孟轲便连忙追问道：

"为什么这样说？"

"前些年，张仪放弃秦国之相的权位而就任魏国之相，其中的奥妙，夫子应该是明白的吧？"匡章望着孟轲问道。

"其中的奥妙，是天下尽人皆知的，并不是什么秘密。张仪'以秦相魏'，意在控制魏国，阻止魏国与山东其他五大国联合，再次形成先前苏秦所主导的山东六国'合纵'之盟的格局，同时也是为了拉拢魏国，实施其东西强强联合的'连横'之策，进而扩张东进，最终实现其一统天下的霸业。"孟轲答道。

"看来夫子并不是书生，而是一个战略家。"匡章笑着说道。

"将军说笑了，轲并不懂什么战略，只是道听途说而已。"

"夫子不必谦虚，您以前在齐国做过列大夫，在威王朝中没少发表过政见，大家还是知道您有一定的国家战略发展思考的。"匡章说道。

孟轲知道匡章这是在说恭维话，是对自己的鼓励而已，于是连忙将话题拉回到五国联合攻秦上：

"将军，这次五国攻秦的策划者是公孙衍吧？"

"夫子说得没错。五国联合攻秦的行动，就是公孙衍策划的，其实跟当年苏秦'合纵'抗秦的思路没有什么两样。前年张仪离开魏国后，在韩国为相的公孙衍立即重回魏国，担任了魏国之将。然后，利用在韩国时建立的人脉，里应外合，以兵临城下、围而不攻的策略，迫使韩国不战而割让了一块土地给魏国，从而取得了魏王的信任，攫取了觊觎已久的魏国之相的权位。"

"看来公孙衍跟张仪一样，都是为了自己的私欲与权位而不择手段。"孟轲感慨地说道。

"纵横家本来就是这样的一群人，不然还怎么叫纵横家呢？公孙衍攫取魏相之位后，一边遣心腹之人以魏襄王之使的名义出访韩国，希望跟韩国重新言和，并建立魏韩联盟；一边以魏相身份亲自出使楚国，游说楚怀王，希望由楚国挑头，组建山东五国合纵抗秦之盟。"匡章接着说道。

"将军，山东大国不止楚、魏、赵、韩、燕五国，还有齐国呀！公孙衍此次组建山东'合纵'之盟，为什么不像苏秦当年那样，将齐国也纳入'合纵'之盟呢？齐国是大国，齐国加入'合纵'之盟，抗秦的力量岂不更大吗？"

孟轲话音未落，匡章就笑道：

"夫子，看来您真的是消息闭塞了。前年张仪离开魏国，回到秦国后不久，就促成了秦齐联姻，这件大事您没听说过？"

"没有。"孟轲望着匡章，显得有些尴尬。

匡章见此，连忙说道：

"这不奇怪，那时夫子可能还在滕国推行'井田制'吧，或是还在往魏国之都大梁的路上吧？"

孟轲心知匡章在为自己解围，于是连忙说道：

"将军说得是。您再接着往下说。公孙衍遣使出访韩国，自己出访楚国，最后结果如何？"

"出使韩国的事，当然是非常顺利的。因为公孙衍在韩国经营多年，又做过韩国之相，在韩国朝廷有大量同党。他辞去韩国相位回到魏国后，还有其同党公叔在朝。至于他离任后继而为韩相的昭奚恤，则是他特意从楚国请来兼相楚、韩的，当然也是他的同党。去年一月底，公孙衍的心腹以魏襄王之使的名义到达韩国后，先以私情游说公叔，取得了成功；接着，以秦国伐韩而其意在楚为由，游说昭奚恤，也取得了成功；最后，以秦师伐韩而取鄢地而去的事实为依据，对韩宣惠王进行的游说也取得了成功。这样，去年二月底，魏韩联盟关系便正式确立了。"

"那公孙衍游说楚怀王，建立魏楚联盟关系，是否也很顺利呢？"孟轲追问道。

"楚国是大国，不同于韩国。再者，楚怀王朝中也没有公孙衍的同党为内应。按道理来说，公孙衍要游说楚怀王同意楚魏结盟，并不是一件容易的事。

但是，去年三月，当他还在出使楚国的路上，就得到了魏韩联盟已经确立的密报，便有了信心。因为韩国的入盟，使其五国'合纵'之盟有了基础。行行重行行，历经跋山涉水、朝行暮宿的诸多辛苦，去年四月初，公孙衍终于到达了楚国之都郢，并很快见到了楚怀王。"

"楚怀王对公孙衍的来访是什么态度？公孙衍游说楚怀王结果如何？"

匡章见孟轲心情如此急切，便知他对公孙衍游说楚怀王的事比较感兴趣，于是莞尔一笑，故意顿了顿，才接着说道：

"公孙衍是魏国之相，亲自出访楚国，楚怀王当然不敢怠慢。因为魏国是大国，曾经还是天下的霸主，以前还多次打败过楚国。"

"这倒也是。"孟轲点了点头。

"据齐国安排在楚国的线人禀报，楚怀王见了公孙衍，态度非常热情，一见面就说：'先生不远千里而来，何以教寡人？'公孙衍回应道：'楚乃天下大国，大王乃天下明主。衍乃魏王之鄙臣，何敢言教？'回答得颇是得体。"

"将军，这岂是回答得得体，分明就是吹捧得肉麻呀！不过，这就是纵横家游说的套路。"孟轲笑着说道。

"夫子说得对。楚怀王本来就是一个好大喜功之主，听了公孙衍对楚国与自己的吹捧，不禁有些飘飘然，心里不知有多舒服，立即喜笑颜开，对公孙衍更加热情了。"

"将军，这不奇怪。公孙衍本就是游士出身，虽然不是鬼谷子的嫡传弟子，但善于察言观色、精于揣摩人主心理的本事，绝对不输给苏秦与张仪，这是人所共知的事实。不然，他当初也不会深得秦惠王的信任，在秦国政坛混得风生水起，还获得秦国十六级爵位大良造的封赏，跟秦孝公时代为秦国变法的公孙鞅地位相侔。"孟轲评论道。

"看来夫子对纵横家是非常了解的，不然也不会对他们那么深恶痛绝。不过，客观地说，公孙衍确实是个人才，堪称一代枭雄。据齐国的线人禀报，公孙衍一开口就让楚怀王心花怒放，面有得色，立即紧接着补了一句道：'今天下诸侯之强，莫若楚、秦、齐三国。'"

匡章话音未落，孟轲便接口问道：

"楚怀王听了这一句，肯定更加心花怒放了吧？"

"夫子怎么知道的？"匡章反问道。

"公孙衍将楚国与齐国、秦国并列，还将楚国排在三国之首，好大喜功的楚怀王岂能不心花怒放？"

匡章听了孟轲的分析，笑着点了点头，接着说道：

"公孙衍趁着楚怀王正在得意的兴头上，立即话锋一转道：'秦以张仪相魏，意在连横；楚令昭奚恤相韩，意在合纵。楚、秦势均力敌，天下可保太平矣。'楚怀王一听，觉得公孙衍对自己派楚国令尹昭奚恤相韩的战略用意看得非常透彻，不禁非常敬佩。其实，直到此时，楚怀王还不了解内情，为什么当初会有人向他建议，要布局让昭奚恤兼相韩国。如果他知道这个布局之人就是公孙衍，肯定会对公孙衍此次的到访有所警惕。"

"结果呢？"孟轲有些等不及了。

"结果楚怀王觉得公孙衍分析得对，证明了他当初同意昭奚恤兼相韩国的决策非常正确。因为事实证明，秦国以张仪相魏，楚国以昭奚恤相韩，确实达到了一种势均力敌的平衡效果。张仪在魏，昭奚恤在韩，四年间不仅秦楚之间没起过任何战端，而且天下也是太平无事。所以，公孙衍提及此事，楚怀王自然就认为这是自己决策英明的缘故，于是对公孙衍的话深信不疑，不住地点头，表示嘉许。公孙衍见此，立即话锋一转，说道：'今秦齐联姻，则楚与秦势均力敌之势不再矣。'"

"你看看，这就是纵横家的套路，先吹捧，再挑拨离间。"孟轲忍不住插话道。

"看来夫子对纵横家的套路很有研究呀！"匡章笑着说道。

孟轲一听匡章这话，顿时觉得有点不好意思了，遂连忙转移话题道：

"将军，您再接着说。"

"据齐国的线人禀报，楚怀王听公孙衍说到秦齐联姻，立即神色大变，显得有些紧张。因为他知道，楚、秦、齐三国旗鼓相当，势均力敌，呈三足鼎立之势。如今秦齐联姻，齐王娶了秦王之女，秦齐之间的关系就非同一般了。如此，秦齐联合成为一方，而楚自为一方。很明显，秦齐联合的一方在实力上就远远超过了楚国一方，楚国处于弱势是不言而喻的了。公孙衍早就猜到楚怀王的心理，却故意看着神情紧张的楚怀王半天不说话，等到楚怀王绷不住了，他才从容向楚怀王提了一个问题：'张仪未归秦，秦兵已伐韩，其意何在？'"

"这是什么意思？"这一次，孟轲终于不明白公孙衍的意思了。

匡章莞尔一笑，看了看孟轲，说道：

"夫子刚才不是说过，纵横家最爱挑拨离间吗？这就是挑拨离间呀！楚怀王跟夫子一样，一时没有反应过来。但是，公孙衍给了他清楚的答案，说：

'昭奚恤以楚相韩，楚韩即为一体。楚韩既为一体，而张仪一回秦国就领兵伐韩，其意难道是在韩而不在楚？'"

"哦，轲明白了。公孙衍这是在挑拨楚国跟秦国的关系，是要将秦国树为楚国的敌人，是吧？"

"夫子，这下你终于算是明白过来了。看来，纵横家的套路，您还得继续研究。"匡章笑着打趣道。

孟轲笑着点了点头，然后说道：

"将军，您再接着往下说，最后公孙衍是如何说服楚怀王，让他加入了五国伐秦的'合纵'之盟的？"

"经公孙衍一挑拨，楚怀王对秦楚的敌对关系确信不疑。于是，公孙衍又跟楚怀王分析说：'秦、齐皆为大国强国，今两国强强联合，强势愈发明显。魏居秦齐之间，魏王深以为忧，夙夜惊惧。所以，特遣臣南来朝见大王，欲结魏、楚、韩、赵、燕五国合纵之盟，以西抗强秦，东抗大齐。臣至郢都时，魏王遣使告臣，韩已与魏结为合纵之盟。大王也知道，韩与赵为姻亲，韩魏结盟，则赵必与魏结盟。至于燕国，乃北方小国，向来屈从于赵，必随赵而与魏结盟。今大王若合魏、赵、韩、燕为纵约，则魏王必奉大王之命，赵、韩、燕三国之君亦必奉大王之命。大王若允魏王之请，则山东诸侯必北面而朝大王于章台之下。'"

"呵呵，说得真是十分动听。楚怀王信了吗？"孟轲望着匡章，莞尔一笑道。

"楚怀王当然信了，不然怎么会有上个月五国联合攻秦，欲叩函谷而进的军事行动呢？"匡章脱口而出。

"五国攻秦的军事行动，现在有结果了吗？"孟轲连忙追问道。

"目前还未有确切的消息传来，上个月魏、韩、赵、燕四国的军队才集结到函谷关前，楚国的军队则在另一个方向向秦国边境行进，秦国调兵遣将也会有个过程，所以战争的结果恐怕没有那么快出来。"匡章说道。

"将军是军事家，说的自然是有道理的。"孟轲点了点头。

过了一会儿，孟轲大概是觉得意犹未尽，于是又试探着问道：

"在公孙衍组织五国'合纵'之盟的过程中，齐国难道完全置身事外，对此事一点也没介入吗？"

"夫子，您真的不是一般书生，而是思虑不输纵横家的战略家。您能问出这个问题，就证明了这一点。"

"将军，您就不要再取笑轲了。"孟轲笑着说道。

"夫子，真的不是取笑您。因为您确实问到了关键的问题。"

"这话怎么讲？"孟轲感到不解。

"公孙衍游说楚怀王成功后，立即北走赵、燕二国，以其三寸不烂之舌，迅速说服了赵、燕二王，使二国加入五国合纵之盟的阵营中。据章事后了解，今年七月底，公孙衍在游说了赵、燕二国之后，顺道来齐都临淄，对我们的齐王也进行了一番游说。"

"齐国不是跟秦国刚结姻亲吗？公孙衍是纵横家，是天下枭雄，他能不知道齐秦两国这层关系的分量？他来游说齐王，岂不是痴人说梦吗？"

"夫子，您千万不要这样认为。如果您这样认为，那您就真的是不了解纵横家了。"匡章看着孟轲，一本正经地说道。

"将军，这话怎么讲？"孟轲又感到不解了。

匡章莞尔一笑，说道：

"夫子，您应该知道，公孙衍是纵横家，在为人处世的态度上，跟你们儒家先圣孔子一样，是'知其不可为而为之'的，不像老聃之徒，凡事顺其自然，不肯做任何的人为努力。他虽然明知齐王与秦王有姻亲关系，但是他相信齐王作为一国之君，跟其他任何一个国君一样，在情感与国家利益之间的选择上会倾向于后者。所以，他以齐国的国家利益说事，以楚、魏、赵、韩、燕已然加入'合纵'之盟的现实说事，并晓以利害，齐王大概是觉得齐国是山东诸侯之一员，不能自绝于其他各国，所以就欣然同意了加入公孙衍组织的'合纵'之盟。"

"如此说来，公孙衍组织的山东'合纵'之盟，现在不是五国，而是六国。既然如此，那现在集结于函谷关前的山东诸侯军队中，怎么没有齐国军队呢？"孟轲反问道。

"可能是齐王还没有下定决心吧。"匡章其实是知道内情的，但是他不便于跟孟轲明说。因为孟轲是书生，他怕孟轲会泄露了齐国的军事秘密，所以便这样云淡风轻地一句带过。

孟轲见匡章没有进一步的消息可以披露，于是说了一阵闲话后，便起身告辞，回到了稷下学宫。

回到稷下学宫后，孟轲一直记挂着五国攻秦的结果。但是，直到十二月中旬，他仍然没有打听到任何确切的消息。最后，他决定再次进城去问匡章。因为这些涉及军事秘密的事，只有匡章这样的将军才会了解。如果上次没有进城拜访匡章，他根本就不可能知道齐国在楚国安排有线人，对公孙衍在楚国游说楚怀王的事了如指掌。如果上次没有进一步追问匡章，他也不知道公孙衍竟然来齐国游说过齐宣王，齐宣王竟然答应加入公孙衍组织的山东诸侯新"合纵"之盟。

打定主意后，孟轲在三个月后，又跟匡章见了面。

一见面，孟轲就直奔主题，询问匡章有关五国攻秦的结果。匡章心知其意，故意不肯立即回答，而是笑着说道：

"夫子，您不是倡导王道政治，是个和平主义者吗？怎么如此关心山东诸侯与秦国的战事呢？"

"轲是怕战火延烧，天下生灵因此而涂炭。"

匡章知道孟轲说的不是真话，而是因为好奇之心。但是，他不便说破，于是顺着孟轲的话说道：

"哦，原来如此。夫子果然是仁心之人。"

"将军，后来到底是五国攻秦，还是变成了六国攻秦？最终结果如何？"

匡章见孟轲再次追问结果，觉得不好再闪避了，于是只好道出了实情：

"据齐国的线人禀报，公孙衍当初跟楚怀王约定，今年九月中旬，秋高马肥之时，他统率魏、赵、韩、燕四国联军集结于函谷关前，合力叩关伐秦。与此同时，楚怀王则统率楚国精锐之师，北出武关，伐取秦国商、於之地，并进军秦都咸阳，让秦国首尾不能相顾，一举打败秦国这个天下之霸。后来，公孙衍到齐国，跟齐王约定，让齐国也派军队加入叩打函谷关的伐秦行动。"

"那最后齐国派军参战了吗？"孟轲问道。

"当然没有。如果齐王真的派军参战了，也许五国联军就真的攻入了函谷关，秦国就真的面临灭顶之灾了。"

匡章话还没说完，孟轲又连忙追问道：

"那齐王为什么没有兑现答应公孙衍的诺言呢？"

"那夫子要自己去问齐王了。"匡章神秘地一笑，因为他事实上是知道内情的。

孟轲并不知道匡章了解内情，于是接着问道：

"齐国没有参战，那其他五国参战，结果又是如何呢？"

"公孙衍按照原定的计划，九月率领魏国大军首先到了函谷关下，接着韩国军队也到了，再接着是赵国、燕国军队陆续到达。但是，直到九月底，齐国军队也没见踪影。公孙衍见作战的黄金时间一点点过去，如果再等下去，目前已经集结的四国军队的士气也将消失殆尽，于是就决定不等齐国军队，直接开始了叩关作战。虽然叩关作战中，赵、燕二国之师有些不肯卖力，但托赖魏、韩二国之师英勇奋战，结果叩关成功，四国军队打进了秦国的函谷关。但是，不久就被秦国迅速调派增援而来的大军打退。到了最后，秦师越战越勇，出关向魏、韩、赵、燕四国联军发起了反攻，打得魏、韩之师节节败退，燕、赵之师见机不妙，则逃之夭夭。到了十月底，魏、韩二国与秦国毗邻的战略重镇也多有失守。"

"如此说来，四国联军是以失败而告终了？那四国联军叩关伐秦之时，楚国军队干什么去了？"孟轲感到不解，紧盯着匡章问道。

匡章呵呵一笑，看了看孟轲，不仅没回答他的问题，反而问了他一个问题：

"夫子，您觉得楚国军队干什么去了？"

"作壁上观，是不是？"孟轲问道。

匡章点了点头，笑着说道：

"夫子说得对，您现在也懂用兵之道了。"

"将军，您接着讲吧。"孟轲知道匡章这话是在打趣他，连忙将话题扳了回来。

匡章收起笑容，接着严肃地说道：

"据齐国的线人说，楚怀王这个人并不坏，并无爽约而不兑现诺言的打算。只是因为陈轸游说了他，让他采取按兵不动的策略，坐观齐、魏等五国之师与秦师交战，等到双方都打得精疲力竭之时，再出武关北上伐秦，先灭秦，再图山东诸侯各国，进而实现一统天下的目标。"

"将军，您不觉得陈轸给楚怀王出的计策是别有用心吗？"孟轲问道。

"夫子，看来您确实具备了纵横家的资质。因为您看出了问题的关键。"

"将军，您不要再取笑轲了。轲只是随口一问而已。"

"夫子，您的问题绝不是随口一问。事实上，陈轸游说楚怀王就是别有用心。陈轸本来就是秦国人，只是因为在秦国跟张仪争权夺利失败而到楚国，做了楚怀王之臣，但他的心仍然是向着秦国的，秦惠王对他也一直信任有加。从本质上说，陈轸就是秦惠王派在楚怀王身边的一个线人。他让楚怀王按兵不动，表面上是要让楚国一举而敝六国，实际上是让秦国能够摆脱两线作战的窘境，从而实现各个击破的目标。"

"那事实上是不是这样呢？"孟轲问道。

"事实上就是这样。因为楚国按兵不动，燕、赵二国出兵不出力，齐国也是按兵不动，结果魏、韩二国军队力有不支，公孙衍只好决定撤兵，并想找一个与秦国讲和的机会。"

孟轲早就听说秦国是一个尚武好斗之国，所以担心魏、韩此次是偷鸡不着蚀把米，将要面临灭顶之灾，于是连忙追问匡章道：

"最后，公孙衍是怎么善后的，跟秦国讲和了吗？"

"公孙衍是此次五国伐秦的组织者，秦王不可能不知道。加上公孙衍是从秦国负气出走的，之后一直与秦国为敌。所以，他不可能亲自到秦国跟秦惠王求和。秦惠王见了他，也不会同意他的求和之请。应该说，公孙衍是个聪明人。他知道这些，所以，他在伐秦失败后，让人从宋国将昔日被张仪排挤走的魏国之相惠施请了回来，让他以魏王特使的身份前往楚国，让楚怀王作为中间人而跟秦王沟通，同意魏国的求和之请。"

"那楚怀王同意了吗？"孟轲连忙追问道。

"楚怀王这个人并不坏。他觉得此次魏国大败，弄得非常被动，跟自己按兵不动有关系，所以就准备答应惠施的要求，派人前往秦国居中斡旋，让秦王同意跟魏国讲和。但是，楚国之将昭阳却听从了楚国之臣杜赫之言，游说了楚怀王，不允惠施向秦求和之请。惠施无奈，回到大梁如实相告。公孙衍最后无计可施，愤恨之下，想出一计，让人放话，说魏国准备投降秦国，联合秦国对楚国用兵。楚怀王一听，觉得魏国投降秦国对楚国不是好事，立即同意派人入秦国斡旋，让秦王接受了魏国的讲和之请。现在已是严冬时节，秦魏之战也就在寒冷的天气中自然结束了。"

听匡章讲完五国伐秦失败的经过后，孟轲不胜感慨唏嘘地说道：

"这个天下本来可以太平无事，都是因为有了纵横家，才会变得如此混乱，诸侯各国都不得清静，老百姓都不得安生。如果没有公孙衍与张仪这两个纵横家相互斗法，也就不会无端生出什么五国伐秦之事，让参与伐秦的山东诸侯各国都劳民伤财，让秦国的士卒百姓也因此而疲于奔命。特别是燕国，僻居东北荒远之地，距离函谷关那么远，为了参与公孙衍组织的五国伐秦，数以万计的将士远涉千山万水，不远千里万里奔赴前线，不仅要消耗大量的财力，还要让许多燕国年轻人丢掉性命，葬身于异国他乡。也不知道这燕王是怎么想的，他到底图的是什么呀？"

"夫子，您说到燕国与燕王，还有一个令人震惊的消息，不知您是否有所耳闻。"

"什么消息？"孟轲立即追问道。

"据说，燕王哙将燕国的国君之位让给了燕国之相子之。"

"真的吗？是什么时候的事？"孟轲吃惊地看着匡章，瞪大的眼睛一眨不眨。

匡章重重地点了点头，说道：

"就是今年年初发生的事。"匡章答道。

"是不是齐国在燕国也安插了线人？这个消息就是线人报告给将军的？"孟轲连忙追问道。

"齐国在燕国当然安插了线人，在其他几个大国同样也安插了线人。其他诸侯大国也一样，他们也有自己安插在别国的线人，包括在齐王朝中，只是我们不知道谁是线人而已。燕国的事，我也是前几天刚听说，还是齐王告诉我的。"

"那齐王有没有告诉将军，燕王哙为什么要将君位让给燕相子之呢？"孟轲紧追不舍。

"这个问题，我倒是没问。齐王告诉我这个消息，是要征询我的意见，问齐国要不要出兵干预，让子之还位于燕王哙。"

"将军是怎么想的？"孟轲问道。

"这个问题我没有想好，所以当时就没有回答齐王。今天我之所以跟夫子报告这个消息，就是想听取您的意见。您觉得，如何处理这件事情？"匡章直视孟轲，严肃地说道。

"依轲之见，齐国应该干预。"

"为什么？"匡章立即反问道。

"'君君，臣臣，父父，子子'的纲常伦理，自古以来都是应该遵循的。如果君臣易位，父子易位，岂不是要天下大乱，什么事都会发生吗？不为别的，就为了维护纲常伦理，维护天下秩序，齐国作为一个有影响、负责任的大国，也应该出面干预。"

听孟轲说得如此义正词严，如此慷慨激昂，匡章打消了反驳的念头。顿了顿，装出一副虔诚的样子，说道：

"夫子，您说得很有道理。我有个想法，就是希望您亲自跟齐王讨论一下这件事，阐明您的看法。这也是您参与政事的一个好机会。如果齐王听从了您的建议，那您在齐国朝廷的地位也就确立了。您觉得呢？"

孟轲觉得匡章说得有理，是有意要成全自己，够朋友，于是重重地点了点头。

二、取燕之答

跟匡章谈话后回到稷下学宫，孟轲心情久久不能平静。

第二天，思前想后一整天，对于燕王哙让位于燕相子之的问题，孟轲终于形成了一个清晰的观点，对如何游说齐宣王出面对燕国政局进行干预也有了思路。

第三天一大早，还没来得及在稷下学宫进完朝食，孟轲便带着公都、公孙丑、万章三个齐国弟子，坐着马车急急进了临淄城。

见了齐宣王，彼此见礼寒暄之后，孟轲就想直接上题，跟齐宣王谈燕国君臣易位之事。但是，没等孟轲开口，齐宣王已先说话了：

"先生已有很久没来见寡人了，今日来见，莫非有什么见教？"

"大王乃当今明君圣主，臣乃一介书生，岂敢在大王面前言教？"

齐宣王从未见孟轲说话如此谦逊，更未见他恭维过自己，所以听了孟轲这番客套，不禁有点受宠若惊，于是投桃报李似的说道：

"先生乃当今儒家学派的领袖，来稷下学宫传道授业，不仅嘉惠了天下万千学子，也对齐国的万民教化助益不少。"

"大王礼贤下士，天下之士皆慕大王之高德，不远千里而汇聚于稷下。今日之齐国，实乃天下之士的渊薮，诸子百家学说的策源地。士为秀民，士之所聚之地，便是天下人文的中心，更是天下一统的基础。"孟轲脱口而出。但是，话刚出了口，他自己就觉得有点不好意思了。

但是，齐宣王是听惯了顺颂吹捧的君王，并不觉得孟轲这是在跟他相互吹捧，而是认为孟轲终于懂事了，懂得了官场规矩，懂得了君臣之礼，不禁心情大好，于是一时兴起，顺着孟轲的话说道：

"先生说到士，不禁让寡人想到了一个问题。自古以来，都有国君杀士之事发生。不知先生对此问题有什么看法？"

孟轲一听齐宣王说到杀士，立即就想到了昔日齐景公"二桃杀三士"的往事。但是，转而一想，觉得还是不提此事为好。因为今日之齐，虽非昔日之齐，实乃田氏窃取姜氏之齐而来，但田齐与姜齐毕竟还是一个齐国。如果重提齐景公"二桃杀三士"的旧事，势必会让齐宣王产生不必要的联想，以为自己别有用心。他知道，今日齐宣王主动提及杀士的话题，意在贬低其他国君，以此突出自己礼贤下士的明主形象，于是略作思考，便接口说道：

"无罪而杀士，则大夫可以去；无罪而戮民，则士可以徙。"

齐宣王一听，立即明白了孟轲的意思，知道他这是在警告自己，无论如何都不能杀士。表面上是在保护天下之士，实际上是为了自保。其实，孟轲说这番话，用意并不仅止于此，还别有一层玄机，这就是由"杀士"牵扯上"戮民"，从而实现话题的自然转移，巧妙地过渡到推销其"保民而王"的王道政治主张。然而，齐宣王似乎洞悉了孟轲的用心，立即另起话题，又问了他一个新的问题：

"先生，您认为君臣之间应该如何相处，才算比较合适呢？"

对于齐宣王突然转移话题的用意，孟轲当然非常明白，于是莞尔一笑。因为他已经洞悉了齐宣王的内心世界，知道齐宣王提及这个话题，无非出于两个目的：一是要阻止自己借机游说他实行仁政、推行王道政治的主张，二是要提醒自己谨守为臣的本分。

"先生笑什么？"齐宣王见孟轲笑而不答，连忙追问道。

"臣觉得大王的这个问题问得太好了，也问得太巧了，正跟臣所思所想不谋而合。"

"是吗？难道先生今日来见寡人，就是要跟寡人谈君臣相处之道的吗？"齐宣王信以为真，望着孟轲，不无欣喜地问道。

"正是。"孟轲点了点头，态度一本正经。

"那先生说说看，君臣到底该如何相处，才算比较合适呢？"

"为君者视臣如手足，为臣者必视君如心腹；为臣者视臣如犬马，为臣者必视君如国人；为君者视臣如土芥，为臣者必视君如寇仇。"孟轲脱口而出。

"先生的意思是说，君臣之间要平等相待，是吗？"

"君臣之间不仅要平等相待，还要真诚相待。君要对臣讲仁，臣要对君讲义。"孟轲回答道。

"这话怎么讲？"齐宣王问道。

"君王是万民的道德表率，君王讲仁，则天下人没有不仁的；君王讲义，则天下人没有不义的。道德高尚者，可以熏陶影响道德低下者；有才能者，可以教育影响无才能者。所以，人们喜欢有好父兄，有好君王。如果道德高尚者厌弃道德低下者，有才能者厌弃无才能者，那么贤者与不肖者的差距就不可以道里计了。"

"先生的意思是说，君王要为臣下率先垂范，是吗？"

"大王说得是。有仁君，则必有义臣。"孟轲答道。

"说到义臣，寡人有个问题要请教先生。按照礼法，君王故去，离职的臣下要为其服孝一定时间。请问，君王如何对待臣下，离职的臣下才会在其故去后为其服孝呢？"

"臣下的劝谏，君王坦然接受；臣下的建议，君王欣然从之，并且使仁政恩泽惠及万民；臣下因故不得不离职，君王一定派人引导护送其离开国境，并事先派人到他所往之国予以介绍推荐；臣下离开三年还不回来，这才收回其土地与房屋。这叫三有礼。如果君王能做到，那离职的臣下必定会为其服孝。然而，如今的现实是，臣下有劝谏，君王拒而不纳；臣下有建议，君王充耳不闻，亦无仁政惠及百姓。臣下因故不得不离职，君王竟然将其捆绑起来。即使臣下离职到了另一国，君王仍然不肯罢休，还要想方设法使其困顿不堪。臣下离开之日，立即将其土地与房屋收回。这是像对待仇敌。以仇敌之道待臣下，臣下离职后还能为其服孝吗？"

孟轲话还没说完，齐宣王就懂得了其用意，知道孟轲这是在为自己争取权利，希望在齐国朝廷中得到更多的尊重，其所倡导的王道政治主张能够得到重视。所以，孟轲话音未落，他便脱口而出：

"按照先生的说法，君王若是不仁，臣下便可对君王不义了吗？"

"当然。君王不仁，臣下不仅可以对君王不义，甚至还可以放逐君王、讨伐君王。"孟轲也是脱口而出。

"如此说来，寡人又有一个问题要请教先生了。"

一听齐宣王又有问题要请教，孟轲不禁喜出望外。因为他一直在寻找机会，想将交谈内容切换到自己想说的话题上。如果齐宣王不提问，今天的谈话随时都可能中断，自己想游说齐宣王，阐明自己对燕国政局的意见，就没有机会了。所以，没等齐宣王的问题提出来，他便脱口而出道：

"大王有什么问题？臣定当知无不言，言无不尽。"

"先生博学，请问商汤放逐夏桀，武王讨伐纣王，真的确有其事吗？"

孟轲没想到齐宣王问的竟然是这个问题，顿时愣住了。因为这个问题太敏感了，涉及君臣之间的纲常伦理问题。看来齐宣王这次是来者不善，是在给自己出难题。如果肯定臣伐君的合理性，则势必有违先圣孔子坚持的"君君，臣臣，父父，子子"的纲常伦理原则，那今后就不好再拿先圣孔子的思想主张去游说齐宣王，要他实行仁政，推行王道政治了。如果否定臣伐君的合理性，那以后自己进谏齐宣王，一旦拂逆其意，齐宣王找借口杀自己，他就无话可说了。想到此，孟轲顿了顿，稳了稳神后，才找到了一个好说法：

"大王所问的这件事，史书上确实有明文记载。"

"那臣下杀国君，先生认为也可以吗？"齐宣王直视孟轲问道。

孟轲看到齐宣王咄咄逼人的目光，庆幸自己刚才准确解读出了齐宣王提问的用意，不然现在就进退两难了。因为腹内已有预稿，所以孟轲并不躲避齐宣王咄咄逼人的目光，而是直视齐宣王，从容地答道：

"臣听说：害仁者，谓之'贼'；害义者，谓之'残'；残贼之人，谓之'独夫'。所以，臣只听说周武王杀了一个独夫殷纣，没听说周武王杀了他的国君。"

齐宣王听孟轲这样说，虽然觉得有些狡辩，但一时也无法反驳。同时，他心里还有一些忌惮：如果真的跟孟轲在此问题上较真，孟轲极有可能翻出田齐篡姜齐的历史，从而否定自己的祖先从姜齐手中夺得齐国的合理性。所以，他笑了笑，连忙转移了话题，说道：

"先生今天给寡人的教益非常多。但是，寡人还有一个问题想请教先生。"

"大王有什么问题，但问无妨。"

"齐国是个故国，历史悠久，也算得上是幅员辽阔。请问先生，像齐国这样的故国，如何治理才能老干发新枝，保持旺盛的生命力，不至于被诸如秦国这样的后起之国所超越？"

孟轲一听，立即明白齐宣王的意思，他这是要跟秦国争霸，问的是如何行霸道的策略，根本就是跟自己一直努力倡导的王道政治主张背道而驰，于是顿了一顿后，才开口说道：

"大王，臣以为，所谓故国，并不是指那个国家有很多乔木，而是指有许多世代立下功勋的老臣。齐国虽为故国，历史悠久，但大王现在却并无多少可以信赖的大臣可用。以前被重用的良臣，而今都被您罢免而离去了。"

"先生的意思是说，以前被寡人罢免离去的都是良臣？"

孟轲点了点头。

"那寡人如何才能识别哪些是值得重用的良臣？哪些是不值得重用的庸才，而应该放弃呢？"齐宣王又问道。

"这就需要大王事先确定一个选才的标准，并制定一个选才的程序了。"

齐宣王一听孟轲这话，顿时来了兴趣，想听听孟轲到底有什么高见，于是立即装出一副真诚求教的样子，望着孟轲说道：

"请先生明言以教寡人。"

孟轲望了一眼齐宣王，不禁心中窃喜，这下终于又获得了一次转移话题、借机游说齐宣王进贤用能、推行王道政治的机会。于是，他稳了稳神后，便从容说道：

"一国之君进贤用能，如果迫不得已要用新进之才，势必就要将位卑者提拔到位尊者之上，将关系疏远者提拔到关系亲近者之上。这样的事，对于国君来说，是不是应该特别谨慎呢？"

"当然。"齐宣王重重地点了点头。

"国君拟提拔重用的新进之才，如果左右亲近之人都说好，国君最好不要轻信；众大夫都说好，国君也不能全信。但是，如果举国之人都说好，那就应该好好对他进行一番考察了。通过考察，发现他确实有真才实学，堪当大任，那么国君就要果断起用。如果要起用的新进之才，左右亲近之人都说不好，国君最好不要轻信；众大夫都说不好，国君也不应该都信。但是，举国之人都说不好，那国君就要谨慎了，必须对其进行仔细考察。通过考察，发现他确实德不配位，才不足以担大任，国君就要果断将之罢免。"

"先生说得有理。"孟轲话还没说完，齐宣王就点头说道。

孟轲见此，深受鼓舞，立即接着说道：

"国君倚重信赖之臣，如果左右亲近之人都说可杀，国君不可轻信而杀之；众大夫都说可杀，国君也不可轻信而杀之。但是，举国之人都说可杀，那么国君就要仔细考虑考虑了，对他进行考察。如果确实有问题，是应该杀的，那就要果断杀了他。对此，国君不必心慈手软，也不必有所顾忌。因为这个人不是国君杀的，而是国人杀的。这样，国君就可以真正做老百姓的父母了。"

"先生的意思是说，国君要听老百姓的意见，一切以老百姓的是非判断为依归，是吗？"齐宣王反问道。

孟轲重重地点了点头。

"如此说来，那国君还有什么威信？"齐宣王又反问道。

"国君执政一切以民意为基础，老百姓能不衷心拥戴国君吗？国君得到老百姓的衷心拥戴，他在老百姓的心目中能没有威信吗？"孟轲顺着齐宣王的提问，巧妙地将话题切换到执政与民意的关系上。目的是想进一步跟齐宣王就此展开讨论，最终实现游说齐宣王实行仁政、推行王道政治的终极目标。

然而，出乎孟轲意料的是，齐宣王没有按照他预设的思路跟他讨论执政与民意的问题，而是顺着他的话，从反面提了另一个问题：

"先生的意思是说，只要得到老百姓的拥戴，就可以做国君了，是吗？"

孟轲没想到齐宣王这样提问，一时没反应过来，不知道齐宣王是什么意思，愣了一下。

齐宣王见此，不禁狡黠一笑。

见到齐宣王笑得神秘，孟轲突然醒悟过来，不禁大喜过望。虽然齐宣王突然转移话题，让自己无法再游说他实行仁政、推行王道政治，但正好可以借此切入另一个话题，就是建议齐宣王对燕国君臣易位之事予以干预。其实，这才是他今天进城面见齐宣王最直接的目的。于是，孟轲稳了稳神后，望着齐宣王说道：

"臣的意思是说，做国君的一定要以民为本，要时刻把老百姓的温饱冷暖放在心上。这样，老百姓才会认同国君，将之视为父母。但并不是说，不管什么人，也不管是出于真心，还是出于假意，或是别有用心，通过小恩小惠而获得老百姓欢心，就算是得到了老百姓的拥戴，就可以做国君了。"

"先生的话，寡人怎么听不懂呢？"齐宣王颇为疑惑地望着孟轲，说道。

孟轲一见，知道上题的机会终于到了，遂莞尔一笑，从容不迫地回答道：

"大王如果没听懂臣的话，那么臣不妨给您举个例子，保证大王立即就明白了。"

"先生请说。"

"燕国之相子之得到了很多燕国百姓的拥戴，他可不可以做燕国之王？"

齐宣王摇了摇头。

"燕王哙确实是没有得到燕国所有老百姓的拥戴，他是不是就应该将王位让给燕相子之？"孟轲又问道。

齐宣王再次摇了摇头。

"如此说来，大王是不认同燕国君臣易位之事了，是吗？"

齐宣王一听孟轲说到了燕国君臣易位之事，这才幡然醒悟，原来今天孟轲来见自己的目的并不是来游说王道政治的，而是专门来谈燕国政局的。于是，假装什么都不知道，故意瞪大眼睛，望着孟轲，吃惊地问道：

"燕国政局发生什么变化了吗？"

孟轲知道，齐宣王这是故意装傻，因为匡章都早已知道燕国君臣易位之事，他岂能不知道？于是，他也故意装傻，瞪大了眼睛，望着齐宣王说道：

"大王，去年燕王哙让位于燕相子之，这个消息难道您还没有听说吗？"

"没有。"齐宣王答得斩钉截铁。

孟轲见齐宣王还在装，遂也接着装，莞尔一笑道：

"大王，看来对于天下的消息，齐国朝臣还不如稷下学宫的游士来得灵通呀！"

"先生说得对。其实，天下游士是消息最灵通的。先生既然说到了燕国的事，那是否给寡人说说这方面的最新消息呢？寡人每日深居宫中，对于外面的事情，特别是诸侯各国的消息确实是知之甚少，说是孤陋寡闻，也不为过。"齐宣王装出一副诚恳的样子。

"据臣所知，齐国耳目线人遍布诸侯各国朝廷，大王怎么可能孤陋寡闻呢？要说孤陋寡闻，臣才是真正的孤陋寡闻。有关燕国君臣易位的事，臣是刚刚从稷下学宫的一些游士那里听来的，纯属道听途说，不一定准确。"孟轲不想将匡章拖出来，找了这样一个借口。同时，暗示齐宣王，他知道齐宣王没有说真话。

齐宣王其实也明白孟轲的意思，却继续装傻，顺着孟轲的话说道：

"先生姑妄言之，寡人姑妄听之。"

孟轲见齐宣王似乎要将装傻进行到底，于是就决定不揭破真相，只围绕自己要游说的主题进行，接口说道：

"臣听说，去年燕王哙因为参与了公孙衍组织的五国攻秦的军事行动失败，燕国朝野上下都对他劳民伤财的决策有怨言。他也觉得这确实是自己的过错，对不起燕国老百姓，于是就决定效仿古代明王圣主，将燕国之王的位置让与燕相子之。"

孟轲话还没说完，齐宣王便故作吃惊的样子，煞有介事地插话道：

"五国攻秦失败的事，寡人也是知道的。不过，参与行动的并不只是燕国，还有魏国、韩国、楚国、赵国。可是，他们的国君都没有觉得是自己有过错而退位呀！要说过错，这都应该归咎于公孙衍，是他要跟张仪争高下，而蒙骗了山东五国之君，将五国拖入了战争的泥潭。"

"大王说得是。其实，五国攻秦，闹得山东诸侯不得安宁，都是公孙衍好事争斗的结果。不过，据臣所知，燕国君臣易位之事，虽跟五国攻秦有关，但这并不是唯一的原因。"孟轲又将话题拉了回来。

"这话怎么讲？"这一次，齐宣王真的不是明知故问了。

"燕相子之位高权重，一向独擅朝政，早有不臣之心，这已经不是什么秘密了。为了实现取燕王哙而代之的野心，子之不仅在燕国朝廷内部大搞权谋，结党营私，培植自己的势力，还结交国外势力，里应外合，树立自己的威望，为取代燕王哙而大造舆论。"

"真有这样的事情吗？"齐宣王瞪大了眼睛，望着孟轲，认真地问道。因为这个情况他确实还不了解。

孟轲见齐宣王明显产生了兴趣，反而不急了，故意停顿了一下，才接着说道：

"大王，您还记不记得，您的臣下有一个叫苏代的，几年前曾奉命出使过燕国的事？"

"寡人是前年才即位为齐国之君，如果是几年前的事，寡人就真的不了解了。"

"大王说得也是。这事可能是发生在您即位之前，怪不得您不了解。"孟轲立即顺着齐宣王的话就坡下驴，因为苏代出使燕国的事，具体情况他自己也不甚了了，只是听人说到过而已。

"先生既然说到苏代出使燕国之事，那就给寡人说说这事吧，它跟燕国之相子之有什么关联吗？跟燕国君臣易位之事有干系吗？"齐宣王想知道孟轲对燕国君臣易位的内情究竟了解多少。

"苏代出使燕国，跟燕相子之当然有关联，跟燕国君臣易位之事更有脱不了的干系。"孟轲斩钉截铁地说道。

齐宣王见孟轲说得如此确定，立即追问道：

"那先生给寡人详细说说看。这件事，寡人确实是一点也没听到过风声。"

孟轲相信齐宣王对于此事没听到过一点风声，因为这事本来就是道听途说的，是否确有其事，他自己心里也没底。不过，齐宣王既然没听说过，那不妨说说，也好为自己游说他出面干预燕国君臣易位之事添些料，提供一些干预的理由，于是立即接口说道：

"臣听说，苏代奉老齐王之命出使燕国，燕王哙非常重视。二人正式会面之后，燕王私下问了苏代一个问题：'天下人皆言齐王乃雄才大略之主，您是齐王重用之臣，您觉得齐王到底如何？'"

"那苏代是怎么回答的？"没等孟轲将话说完，齐宣王就迫不及待地追问道。

孟轲是个会讲故事的人，最了解听故事人的心理。见齐宣王对苏代的故事如此感兴趣，故意停顿了一下，先吊了一下齐宣王的胃口，然后微微一笑，说道：

"苏代回答说：'臣以为，齐王确是当今雄才大略之主，但是还不足以做天下的霸主。'"

"为什么？"这一次，齐宣王又没忍住，再次打断了孟轲的话。因为齐威王没有成为天下霸主是事实，而齐宣王自己倒想成为天下霸主，所以他想了解自己父亲最终没能成为天下霸主的原因。

孟轲当然明白齐宣王的心思，于是按照昨天在稷下学宫就预先腹拟好的说辞，从容回答道：

"这个臣就不知道了。不过，听说苏代是这样回答燕王哙的：'因为齐王不相信他的大臣。'"

"苏代果真是这样回答的吗？先生也曾为先王之臣，先王有不相信大臣的事吗？"齐宣王为其父齐威王叫起了冤屈。

孟轲见齐宣王信以为真，知道他已经完全着了自己的道，于是继续顺着预先腹拟好的思路，说道：

"老齐王礼贤下士，对于大臣从来都是信任有加的，对于大臣的忠言直谏更是从善如流，是所有齐国大臣都非常尊重的明君。"

"既然如此，那苏代为什么在外人面前这样评价先王呢？"齐宣王感到不理解了。

"大王，苏代跟他的兄长苏秦一样，都是纵横家，他的话您何必当真？他是有意这么说的，是专门说给燕王哙听的，是别有用心。"

"是吗？那先生说说看，苏代说这样的话，到底有何用心？"齐宣王紧追不舍道。

孟轲见上题的时机完全成熟了，遂立即接口说道：

"苏代的用意是要激燕王哙尊重燕相子之，告知燕王哙，要想成为一统天下的霸主，或是成为名垂青史的圣王明君，就要对大臣尊之敬之，听之从之。凡事都要听众大臣之见，不要擅作主张。自从苏代跟燕王哙谈话之后，燕王哙就对燕相子之更加尊重了，一切朝政大事都委之于子之，对之信任有加。也因为如此，子之在燕国就更加权倾朝野，一手遮天了。"

"如此说来，燕相子之专权，燕国君臣易位，这一切都是苏代出使燕国的结果，是吗？"齐宣王追问道。

"可以说是这样。"孟轲重重地点了点头。

"那苏代为什么要如此厚待子之呢？"齐宣王感到不解，望着孟轲问道。

"大王，您对苏代的事完全不了解吗？"

"苏代到底有什么事？"齐宣王见孟轲的问题问得怪异，立即追问道。

"苏代之所以游说燕王哙，激发他尊重子之，那是子之事先私下结交了苏代，不仅赠以百两黄金，还跟苏代结为儿女亲家。子之得到燕王哙的进一步信任后，也对苏代唯命是从，一切都听凭其暗中指使。可以说，燕国这些年的内政外交，都是苏代在暗中布局。"孟轲不惜泄露天机似的说道。

齐宣王听了孟轲这番话，不禁大吃一惊，瞪大眼睛望着孟轲，半天没说出话来。因为孟轲说的这些情况，齐国派在燕国的耳目线人还真的没有向他汇报过。

从齐宣王的表情，孟轲就能窥出其心理。于是，没等齐宣王接着追问，他又主动爆料道：

"燕相子之能够在燕国得势，并骗得燕国老百姓的信任好感，除了苏代这股国外势力在背后为他出谋划策、大造舆论外，还有燕国国内势力在里应外合，推波助澜。"

"那燕国国内势力又有哪些重要人物呢？"孟轲的话还没说完，齐宣王就迫不及待地追问道。

孟轲见齐宣王果然又中了其语言圈套，不禁心中窃喜。但是，表面上他却装得一本正经，望着齐宣王，认真地说道：

"燕相子之在燕国朝廷内部培植的党羽势力很多，其中最得力的是一个叫鹿毛寿的大臣。就是这个人，最终说服了燕王哙，将其君位让与了燕相子之。"

"鹿毛寿是怎么说服燕王哙的？"齐宣王顿时来了兴趣，因为这方面的情报他也没有得到过。

孟轲了解齐宣王此时急切的心情，所以故意停顿了一下，才接着说道：

"去年五国攻秦失败后，燕国劳民伤财，国库几乎全空，民不聊生，朝野上下一片埋怨之声。当然，参与五国攻秦的计划，并非燕王哙作出的，而是燕相子之的主意。他明知五国攻秦不可能成功，燕国军队长途跋涉开赴前线，一定会让燕国财力耗尽，最后一定会引发国内一片埋怨之声，但是，为了陷燕王哙于不义，让燕国所有不明就里的人都认为燕王哙昏庸无能，子之及其党羽在公孙衍前往燕国游说燕王哙参与五国攻秦行动时，极力怂恿并配合。等到五国攻秦失败，燕国朝野上下怨声载道时，子之及其党羽却不愿承担责任，更不肯出面替燕王哙解围，而是让燕王哙独自承担来自全体燕国官民的谴责与压力。"

"看来这个燕相子之真是居心叵测。"齐宣王脱口而出。

孟轲点了点头，说道：

"大王说得是。正当燕王哙受到来自各方的巨大压力而感到苦闷之时，鹿毛寿见时机已经成熟，便向燕王哙进谏说：'大王，您看现在朝野上下都在埋怨您，让您君威荡然无存。为大王之计，也是为燕国长治久安之计，臣有个罪该万死的谏议，不如您将君位禅让给相国子之。'燕王哙听了鹿毛寿这话，不禁大吃一惊。但是，鹿毛寿却从容不迫地进言道：'大王一向都非常敬佩唐尧贤圣，想必是赞赏他以天下苍生为念的阔大胸襟，在天下治理达到最高境界时，毅然决然地急流勇退，要将天下让与许由。'"

"鹿毛寿这是在给燕王哙戴高帽子，让他做明君圣主，是吧？"没等孟轲说完，齐宣王便插话道。

"大王说得对。燕王哙听了鹿毛寿的话，心有所动，但没有立即下定决心，要让位给燕相子之。鹿毛寿猜到燕王哙的心理，于是进一步劝谏道：'大王应该知道，唐尧虽然提出要将天下禅让给许由，但许由事实上没有接受他的禅让，最后，唐尧仍然是天下之主。其实，唐尧之所以要将天下禅让给许由，而不是禅让给别人，是因为他了解许由是个清高的人，不肯为治理天下这样的俗务而放弃其自由自在的生活。大王，您应该也明白，子之对您忠心耿耿，不可能接受您的禅让，而代之为燕国之君。所以，现在您主动提出将燕国君位禅让给他，他根本不可能接受。可是，一旦您作出了禅让的决定与姿态，您就不仅立即消除了朝野上下对您的埋怨，而且有了跟唐尧圣君同样的美名。消除了民怨，得了禅让美名，却又不失君位，这样一举三得的事，大王何乐而不为呢？'"

"鹿毛寿说的好像还真的蛮有道理呀！"齐宣王笑道。

"像大王这样圣明的君王都认为鹿毛寿说得有道理，燕王哙自然就对其劝谏深信不疑了。于是，第二天就当着燕国全体朝臣，宣布了自己禅让君位与子之的决定。燕王哙以为，朝臣们一定会有人出来劝阻，子之也一定会像鹿毛寿所说的那样坚决推辞不受。没想到，他的决定宣布后，朝臣中竟然没有一个人站出来劝阻，子之也没有丝毫的推辞之意，反倒是欣然接受。"

燕王哙让位于燕相子之的情报，齐宣王早就获得了，只是对其间的具体过程并不太清楚，所以当孟轲将其中的细节披露得如此详细时，齐宣王还是颇感惊讶。没等孟轲将话说完，他便脱口而出：

"原来鹿毛寿与子之是设圈套让燕王哙往里钻呀！"

"大王说得对。子之接受了燕王哙的禅让后，燕国的大臣们更加态度鲜明地站到了子之一边，子之的地位立即得到了极大的提升。但是，没过几天，子之又授意其心腹，对燕王哙说：'当初禹重用伯益，并准备将来把天下禅让给伯益时，也同时重用自己儿子启的臣子为官吏。等到禹年老时，最终认为启的德才均不足以为天子，遂果断将天子之位禅让给了伯益。不久，启与其同党联合攻打伯益，将天子之位夺了回去。因此，世人都认为，禹禅位于伯益是假。表面上他遵循了自古以来的让贤制度，实际上又暗中授意其子启夺回了天子之位。现在大王将王位让与子之，而朝廷官吏却都是太子之人，这就让人觉得大王名义上是让位与子之，而实际上是由太子执政。'燕王哙不知是子之及其同党之计，为了展现其让位的诚意，遂立即将俸禄三百石以上的官吏印信收回来，一起交给了子之，燕国朝廷重要官员的任命权全部归子之所有。从此，子之便南面称王，真正行使起其燕国之君的权力。燕王哙反而对燕国朝政没有了发言权，成了子之的臣子。燕国的一切国家大事都由子之决断，燕王哙被推到了一边。"

"要不是先生将燕国君臣易位的内情说得如此详细，寡人至今还蒙在鼓里呢。"齐宣王听完孟轲的话，半真半假地说道。

"大王，子之及其同党的所作所为，是否大逆不道，是否应该谴责？"孟轲觉得铺垫了半天，现在该直陈本意了。

"确实是大逆不道，确实是应该谴责。"齐宣王不假思索地答道。

"既然如此，大王何不发王者正义之师，北向而伐燕？"

齐宣王见孟轲将话说得如此明白，再装也没法装了，再不表明态度也不可能了，于是顿了顿，说道：

"燕国君臣易位，乃是燕国的内政，燕国官民皆无异议，齐国举兵讨伐，师出无名呀！再说了，齐国是万乘之国，燕国也是万乘之国，寡人就是有心干预其事，恐怕也是有心无力。"

孟轲觉得齐宣王的话说得也不无道理，一时找不到再游说的理由，于是只好悻悻然告辞而去。

但是，没过几个月，齐宣王就暗地里做好了出兵伐燕的准备。为了确保伐燕成功，齐宣王派出了很多耳目与线人前往燕都，了解燕国朝野动态与人心向背。获知燕国将军市被与燕太子平对子之为王极为不满，并在暗中联络要攻打子之的消息后，齐宣王立即遣使者跟燕太子平说：

"寡人听说太子意欲整饬君臣之义，明确父子之位，寡人之国虽小，但愿唯太子之命而听之。"

燕太子平得到齐宣王的承诺，立即聚集同党，然后让将军市被率兵攻打子之。结果，市被战败，倒戈投降了子之，反过来又攻打起燕太子平组织起来的军队。于是，双方的混战就开始了。

到周赧王元年（公元前314年）一月底，燕国君臣易位之后没几年，子之为燕王，王位还未坐热之际，燕国的动乱已经到了不可收拾的地步。动乱发生后，仅仅几个月，燕国就有数万人死于非命，社会秩序大乱，老百姓惊恐而惶惶不可终日。齐宣王得到情报，立即派大将匡章领齐国五都之兵，同时发动了齐国北方的军事力量，共同伐燕。

二月中旬，齐师抵达燕国南部边境。守边的燕国将士不战而逃，守城的燕国士兵则不闭城门，匡章率领的齐国大军长驱直入，不费吹灰之力，便占领了燕国所有的通都大邑。三月底，齐师最后攻入了燕国之都，活捉了子之，并将之杀了剁成肉酱。最后，又将燕王哙也杀了。

四月初，消息传到齐都临淄，齐国朝野上下群情振奋。但是，也有一些大臣对此深以为忧，认为占领燕国并非齐国之福，可能会招来其他诸侯国的非议，甚至会引起各国对齐国的围攻。为此，齐宣王特意传召孟轲，想听听他的意见。

因为齐师伐燕之事早已是国人皆知，孟轲更是在匡章出兵前就已得知消息，并表示了赞成意见。所以，齐宣王一见孟轲就直奔主题，问道：

"齐师伐燕，今已占领燕国全境，并控制了燕国之都。现在有人劝寡人乘机吞并了燕国，也有人劝寡人不要吞并燕国。一个万乘之国攻打另一个万乘之国，只用了五十天时间就攻占了其全境，光凭人力肯定是做不到的，其中必有天意。如果不吞并它，明显是违背了天意，上天肯定要降下灾祸的。如果要吞并它，又会怎么样呢？"

孟轲一听齐宣王问的是这个问题，不禁莞尔一笑道：

"大王，您对这个问题还有什么困惑吗？燕国内乱是因其君臣易位引起，齐国出兵是为了平定燕国内乱。如果齐国现在吞并了燕国，燕国老百姓都感到高兴，那就果断吞并了它。这样的事，古人就曾有过，比方说周武王灭商，就是先例。如果齐国现在吞并了燕国，燕国老百姓都感到不高兴，那就不要吞并它。这样的事，古人也曾有过，比方说周文王拥有天下三分之二的土地，仍然臣事商纣王，就是榜样。以齐国这样的万乘之国，出兵攻打燕国这样的万乘之国，而燕国的老百姓却用竹筐盛着饭，用壶盛着酒浆，热情地欢迎着大王的军队，难道会有别的意思吗？他们只不过是想逃离水深火热的苦难生活而已。如果他们预感到其水深火热的苦难生活会加重，他们转而希望大王的军队来解救他们，不是非常正常吗？"

"先生言之有理。"齐宣王高兴地脱口而出。

三、立燕之谏

齐宣王听取孟轲的意见后，对于吞并燕国的顾虑就完全消除了。因为在齐国朝廷内部，大家都知道孟轲是倡导王道政治的，应该是坚决反对齐国吞并燕国的。然而，孟轲却出人意料地表达了赞成的态度，还给齐宣王提供了冠冕堂皇的理由，足以说服世人。所以，齐宣王这才最终下定了决心，以孟轲提供的理由统一了齐国朝廷内部的不同意见，正式宣布了吞并燕国的决定。

齐宣王宣布了吞并燕国的决定后，齐国朝廷上下就立即行动了起来，大家都非常兴奋地为全面接管燕国做着准备。赞成派人士尤其兴奋，他们认为，齐国吞并燕国后，燕国全境纳入齐国的管辖范围之内，齐国的领土将扩大近一倍，国力将是其他任何诸侯都无法匹敌的，齐国成为天下独霸，一统天下就指日可待了。但是，齐国朝廷中此时仍然有头脑清醒者，他们虽然不敢对齐宣王的决策公开予以反对，但是私下仍有议论，认为齐国吞并燕国并非明智之举。他们觉得一个万乘之国吞并一个蕞尔小国，不会让世人觉得奇怪，因为历史上这种事一再上演，比方说，楚国曾吞并了陈、蔡、应、随、郧等几十个小国，齐国历史上曾吞并过任、费、莱、薛、莒等十几个小国，甚至连宋、鲁、郑等并不是太强大的诸侯国，也多少不等地兼并过其他比自己弱小的诸侯国。大家也都见惯了，顶多当时议论几句，过一段时间也就淡忘了。但是，一个万乘之国吞并另一个万乘之国，就非同小可了。姑且不论道义，就是从实际国力来说，恐怕也有问题，会有后遗症的。沈同就是齐宣王朝中持这一派观点的代表，他既不赞成齐宣王出兵伐燕，更不赞成齐宣王作出吞并燕国的决定。

孟轲与沈同在齐威王朝中共过事，他们二人在齐宣王面前都算是前朝老臣了。无论是在齐威王朝中，还是在齐宣王朝中，孟轲跟沈同的政治观点都比较接近。但是，在伐燕、取燕问题上，二人的态度与立场却截然不同。沈同是明确反对伐燕的，当然更反对取燕，将燕国吞而并之。只是因为齐师伐燕成功后，齐国朝野上下都被意外的胜利冲昏了头脑，许多原来不赞成伐燕的反对派朝臣也转变了立场，甚至对齐宣王吞并燕国的决定持赞成态度。但是，沈同则始终坚持自己的观点与立场，没有随大流。只是因为在齐国朝廷中势单力薄，无力改变大局，觉得再力谏齐宣王也不起作用，所以沈同只好保持沉默。但是，当他听说孟轲明确赞同齐宣王吞并燕国的消息后，还是感到非常惊讶，觉得再也不能保持沉默了。为此，在得知消息后的第二天，他就专程往稷下学宫拜访孟轲，想跟孟轲私下沟通交流一番，了解其真实的想法。

二人见面，略作寒暄后，沈同就开门见山地说道：

"夫子乃孔丘儒家之徒，一向主张王道，反对霸道。但是，据同所知，燕国发生君臣易位之事后，夫子先是游说匡章将军与齐王出兵伐燕，后又怂恿齐王取燕，将燕国全境吞而并之。不知夫子现在到底是儒家，还是纵横家；是主张王道，还是主张霸道？"

"沈大人认为燕国不可伐吗？"孟轲没有直接回答沈同的问题，反而向沈同提了一个问题。

沈同明白孟轲的意思，立即将其问题又踢了回去：

"夫子认为燕国可伐吗？"

孟轲见这次不好再躲闪了，只好直接表明态度道：

"当然可伐。"

"那么理由呢？"

孟轲见沈同的态度相当严肃，口气也相当生硬，于是也不甘示弱，语气坚定地回答道：

"子哙作为燕国之王，不能私自将燕国君位让与子之；子之作为燕国之相，也不能私自接受燕王哙的君位禅让。"

沈同觉得孟轲的话过于武断，不能认同，遂毫不客气地质问道：

"那理由呢？"

孟轲没想到沈同穷追不舍，一时还真说不上理由，于是愣了一下。

沈同得意地一笑，认为孟轲是理屈词穷了。

孟轲是个好胜之人，也是一个善辩之人。见沈同一笑，立即激发出斗志，灵机一动，决定再玩一把打比方的游戏，说道：

"譬如说，现在这里有一个人，你因为喜欢他，没有向国君请求禀报，就自作主张地将自己的俸禄官位让给了他；而他也没有得到国君的任命，就坦然从你那里接受了俸禄官位，您觉得这样可以吗？子哙与子之君臣易位的行为，难道跟这种情况有什么区别吗？"

沈同觉得孟轲的比方并不是理由，认为他是在狡辩，于是非常生气，拂袖而去。

沈同气呼呼地离开后，稷下学宫的人都知道孟轲跟沈同闹翻了。但是，二人究竟是因为什么闹翻的，其实很多人都是不明就里。正是因为不明就里，大家私下里就有了很多猜测。一时间，稷下学宫对此事议论纷纷。而跟儒家学派有竞争的其他学派弟子，则借此大肆炒作，说孟轲所代表的儒家学说不得人心，所以孟轲现在改变了主张，不再主张王道，而是倡导霸道了，以致他在齐国朝廷内唯一的政治同道沈同也跟他决裂而分道扬镳了。

孟轲的众弟子对这件事开始时并不以为意，但是负面的议论听多了，难免也在心里打鼓。一天，公都实在忍不住，私下里问孟轲道：

"先生，现在朝野上下，包括稷下学宫，大家都在议论，说此次齐师伐燕，真正的决策者不是齐王，而是您。甚至有人说，齐王派匡章将军领兵出征，也是您推荐的。大家都认为，无论是伐燕，还是最近齐王作出的取燕的决策，您都是幕后的操纵者与决策人，是这样吗？"

"你是听谁说的？"孟轲没有回答公都的问题，而是反问道。

"大家都这么说。据说，沈同大人来稷下学宫拜访您之后，回到临淄城，就公开跟人说，是您向齐王与匡章将军进言伐燕的，还说齐王最终作出取燕，将燕国全境吞而并之的决定，也是您建言的结果。"公都答道。

"唉，真是人言可畏！这完全不是事实嘛！"孟轲摇了摇头。

"先生，伐燕之事，取燕之策，真的跟您没有关系吗？"公都望着孟轲问道。

孟轲没有立即回答，顿了顿后，才说道：

"也不能说完全跟为师无关。"

"这么说来，先生确实是劝过匡章将军与齐王出兵伐燕，或是建言齐王取燕了？"公都立即追问道。

"其实，伐燕之事为师一直都是赞成的，而且态度明确，从不隐瞒。在齐师伐燕之前，沈同大人就曾问过我：'燕国是否可伐？'我明确回答他说：'可伐。'当时他也没有提出反对意见，所以我以为他也赞成伐燕。这样，后来我就跟匡章将军与齐王都表达了支持伐燕的立场与态度。"孟轲说完，看了公都一眼。因为他说的并不是事实，他怕公都不信，更怕公都等众弟子认为他的政治主张前后不一。那样，他以后就不好再跟弟子们讲什么王道政治，讲什么先圣的理想与儒家的使命了。

"先生，果真如此？"公都还是有点不相信。

孟轲听出了公都的意思，于是接着说道：

"如果沈同大人当时接着问我：'谁可以伐燕？'那我会回答他说：'只有奉天命的天吏才可以伐燕。'譬如说，现在这里有一个杀人犯，如果有人问我：'这人该杀吗？'我一定会回答说：'该杀。'如果他继续问：'谁可以杀他？'我一定会回答说：'只有主管司法的士师才可以杀他。'齐国跟燕国本来就没什么区别，以一个跟燕国没有区别的齐国去讨伐燕国，我何必要劝谏呢？"

"先生的意思是说，齐国跟燕国一样，都不是奉行王道政治的国家，都是奉行霸道的不义之国，以不义伐不义，以霸道伐霸道，就没有必要阻止它们，是吗？"公都问道。

孟轲点了点头。

"弟子明白了。"公都也点了点头。

虽然孟轲暂时说服了弟子公都，让他确信自己劝匡章与齐宣王伐燕没有错，但是他赞成齐宣王取燕，将燕国全境吞并的决定，最终还是被事实证明是错了。

匡章率领的齐国五都之兵，由于纪律严明，加之入燕的时机正好是在燕太子平与子之的军队相互混战，燕国全境陷入一片混乱之际，所以燕国各地守城将士不战而降，甚至主动打开城门迎接齐国军队。燕国的老百姓更是用竹筐盛饭，用壶盛着酒浆，夹道欢迎齐国军队。但是，没过几个月，当齐宣王作出吞并燕国的决定，大批齐国地方杂牌军与大量接收官员进入燕国后，情况就发生了巨大的变化。齐国派往燕国接管各地官府的大批官员，不仅不用心救死扶伤，赈灾济贫，安抚战乱后的燕国百姓，组织他们恢复与发展当地的农业生产，安排好他们的生活，反而借接管为名，大肆掠夺甚至抢劫燕国官府与百姓的财富。而先前占领燕国之都的齐兵，时间久了，也不像刚入城时那样遵守纪律，不时有抢夺百姓财富与无故杀人的事情发生。齐宣王后续派往燕国协助接管燕国全境的军队，军纪就更差了。他们常常以得胜之师自居，傲视燕国各地军民，跟燕国军民的关系日益紧张。随着矛盾摩擦的增多，彼此的嫌隙也越来越大。最后，竟然导致一些在燕国各地维持秩序的齐国军队与当地燕国军民相互仇杀，甚至发生齐国军队无差别地屠戮燕国无辜百姓的严重事态。于是，仇恨的种子就像星星之火，迅速在燕国全境燃烧起来，燕国各地军民纷纷组织起来，拿起武器，一致抵抗齐国官兵。由于燕国军民对齐国官兵态度发生了大逆转，齐国的军队与齐国派往燕国负责接管的官员在燕国的处境就变得危险起来，于是双方的关系越发紧张，各地军民的冲突不断，社会秩序更加混乱，燕国全境开始越发不可控了。

就在此时，燕国的近邻赵国又开始给齐国添堵。就在匡章率领齐国之师势如破竹地进入燕国，并不费吹灰之力就占领了燕国之都后，赵武灵王就开始行动了。他将赵国所有的文武大臣召集起来，分析齐国军队占领燕国的后果。君臣一致认为，燕国君臣易位引发内乱，齐宣王表面上是打着帮助燕国平定内乱，安定百姓的旗号，实质上是要吞并燕国，扩大自己的版图，增强自己的国力，为今后独霸天下作铺垫。所以，赵国作为燕国的近邻，也是齐国的近邻，绝不能坐视燕国灭亡而不管。如果齐国最终吞并燕国成功，一定会对赵国构成强大的威胁。因为一旦齐燕二国合而为一，齐国的实力就会倍增。齐国就在赵国的旁边，强大起来后必然会从赵国的东部与北部对赵国形成包围之势。届时，赵国就可能成为第二个燕国，要被齐国吞并。赵武灵王认为，如果迫不得已，最后一定要灭亡燕国，也不能让齐国一家独吞，赵国也要分得一份，让赵国的版图也有所扩大，赵国的国力也有所提升。也就是说，亡燕可以，但齐、赵二国要双赢，不能让齐国一家独赢。

君臣达成共识后，赵武灵王做了两手准备，而且同时进行。一手是文的，就是派出多路外交使节，前往魏、韩、楚、秦等大国进行游说，要求四大国跟赵国配合，联合对齐国施加压力，让齐国军队与接管燕国的各级齐国官员都从燕国撤退。一手是武的，就是积极整军经武，准备趁齐国军队在燕国立足未稳，燕国混乱局面尚未平复之际，借"伐齐存燕"为名，号召天下诸侯就近出兵，从不同方向对齐国发动进攻。赵武灵王认为，即使其他诸侯不配合，赵国军队也要跟齐国军队打一仗。

经过一番精心准备，赵武灵王觉得时机已到，就准备出兵对齐作战了。但是，兵未出，乐毅就出面劝谏。赵武灵王是个雄才大略之主，个性很强，也很有主见。他打定主意的事，一般人是不可能阻止得了的。不过，乐毅不一样，他是赵国大将，而且是名门出身，其先祖乐羊是魏文侯的大将，曾率魏师攻取中山国。因此战功，乐羊便被魏文侯封在了中山国境内的灵寿，死后也葬在了灵寿。从此以后，乐羊的子孙也都定居于灵寿。后来，中山国虽然复国，但又被赵武灵王灭国。因此，乐毅又成了赵国人。

乐毅见了赵武灵王，没有转弯，直接上题道：

"大王，齐国虽然占领了燕国全境，但是否能够站稳脚跟，并最终吞并燕国，现在还说不定。毕竟燕国也是一个万乘之国，燕太子的势力还在，齐国要想独吞燕国，将齐燕合而为一，恐怕也不是容易的事。世上的事，很多都是日久就会生变的。我们不妨静观其变，不要急于对齐国用兵。如果我们现在就对齐国用兵，是师出无名，齐国必然以赵国为世仇。齐国出兵伐燕，确实于公义有亏，但我们也不必因为要主持公义而将自己拖入战争的泥潭。为赵国利益计，大王不如遣使往齐都临淄，游说齐王，请求以赵国漳水以东之地置换燕国黄河以北之地。如此一来，赵国有燕国黄河以北之地，齐国得赵国漳水以东之地，各取所需，齐赵必然相亲。齐、赵相亲，燕国即使将来能够复国，也一定不敢与赵国再争河北之地。"

赵武灵王听乐毅这样一说，觉得非常有道理，于是点了点头。

乐毅见此，续又说道：

"赵以漳水以东之地予齐，燕、赵共辅之，齐国必国势强盛，齐王必起独霸天下之心。如此，则天下诸侯必憎齐国与齐王，必欲合力而伐之。诸侯合力伐齐，则齐国必破。"

赵武灵王觉得乐毅此计甚妙，表面是在推尊齐国，实则是要将齐国架到火上烤，让齐国成为众矢之的，受天下诸侯讨伐，于是不禁脱口而出：

"善哉！"

赵武灵王与乐毅定计之后，立即遣使往齐都临淄。然而，赵国使者刚刚游说过齐宣王，齐赵换地交易尚未正式完成，秦、楚、魏三国就获得了情报。于是，秦魏联军早在匡章率师伐燕前就已开始的伐韩行动戛然而止。

秦魏联军之所以伐韩，是因为公孙衍为了报复张仪，在张仪离开魏国回到秦国后，立即组织山东五国发起了联合攻秦的行动。五国攻秦失败后，直接导致了两个重大事件先后发生。一是燕王哙因为参与五国攻秦行动劳民伤财，受到燕国朝野上下的埋怨，最后在自责的心态下将燕王之位让与了燕相子之，结果导致了燕国内乱。二是公孙衍组织五国攻秦失败后，在魏国待不下去了，逃到了韩国，做了韩国之将。结果，张仪迁怒于韩，在西伐义渠成功后一个月，就联合魏国对韩国发起了攻击。

韩国在当时七大列强中是力量最弱的，根本经不起秦、魏两大国的联合进攻。身为韩国之将的公孙衍见大事不妙，立即遣使往齐都临淄求救。齐宣王基于齐、韩是历史悠久的联盟关系，曾在桂陵之战、马陵之战两大战役中有过密切合作，遂爽快地答应了韩国使者的请求，明确承诺道：

"韩是齐的盟国，秦师伐韩，寡人必救之。"

但是，韩国使者刚走，齐国大臣田臣思就劝谏齐宣王，说道：

"秦师伐韩，大王不如听之而不救。而今燕王哙让位于其臣子之，百姓不拥戴，诸侯不支持，燕国大乱。秦国此时联合魏国出兵伐韩，意在灭韩而瓜分其地，楚、赵二国必不会坐视不管。臣以为，此乃天赐良机与我大齐，大王不如趁此之机出师伐燕，必获全胜，可一举将燕吞而并之。"

虽然之前孟轲与匡章都曾极力劝谏齐宣王伐燕，但齐宣王都下不了决心。现在听了田臣思的分析，齐宣王觉得伐燕的时机成熟了，遂脱口而出：

"善哉！"

于是，齐宣王立即任命匡章为将，率师伐燕。最后果然如田臣思所言，一举占领了燕国全境。

齐国占领燕国全境的消息刚传到齐都临淄不久，齐宣王还没高兴几天，没想到，赵武灵王就遣使来跟齐国谈交易了，明里是说两国易地，实际上就是想从中分一杯羹，瓜分燕国的一部分土地。齐宣王当然不愿意，所以没有当场答应赵武灵王的使者。

虽然齐赵的交易还没完成，但风声早已传了出去。因为秦、楚、魏三大国在齐国都有自己的耳目与线人，什么秘密都瞒不过他们的。至于齐师在燕国全境得手的情报，也早已通过三国各自安插在燕国的耳目与线人传回了国内。魏襄王与楚怀王听说齐师伐燕成功，并占领了燕国全境，又听说齐赵易地要瓜分燕国之地，立即紧张起来。

魏襄王认为，齐赵如果易地成功，那么赵国必然迅速崛起，将来会对魏国形成直接威胁；齐国如果吞并燕国成功，齐国力量就更加强大。魏国以前在桂陵之战、马陵之战中两次吃了齐国的亏，如果此次齐国吞并燕国成功，那今后对魏国的威胁就更大了。所以，魏襄王在跟魏国群臣商议后，一致决定要坚决阻止齐赵易地和齐国并燕之事发生。

楚国远离赵国，只跟齐国接壤，没有两面受敌的问题，楚怀王紧张的程度虽然不及魏襄王，但他也认为齐赵易地、齐国吞并燕国不是好事，对楚国今后是有威胁的。因为目前的齐、楚二国是势均力敌、旗鼓相当的，如果齐国真的吞并了燕国，那么齐国的力量就会倍增，楚国的力量相对就弱了。以前楚国还可以依仗国力稍强于齐而多次伐齐得手，今后难免就要力量对比倒置了，说不定楚国被齐国欺压的日子就要不远了。

正因为魏襄王与楚怀王对于齐赵易地与齐国吞并燕国有着共同的忧虑，

所以两国很快就在国家利益的驱动下结束了原先不睦的状态，迅速走到了一起。为此，两国都迅速展开了外交行动，派出了各自的使者，游说其他诸侯国。魏襄王派出了两路使者，一路出使楚国，由田需担当主角，往南约楚共阻齐赵易地、齐国并燕；另一路出使赵国，特邀惠施担纲，往北游说赵武灵王举大义，与楚、魏联合伐齐以存燕。很快楚、魏、赵三国就达了一致意见，准备以主持公义为名，联合对齐展开军事行动。

齐宣王没想到事态的发展会走到对齐国如此不利的程度，于是情急之下想到了秦国，因为秦国在此之前已经跟齐国联姻。

周赧王元年（公元前314年）八月，齐宣王派往秦国的使者进了函谷关。此时，张仪率领的伐韩军队还驻守在函谷关。见了齐宣王的使者，了解到齐国的困境后，张仪一边遣人回咸阳将情况禀报秦惠王，一边亲自随齐宣王的使者急急出了函谷关。不过，他没有直接前往齐都临淄去见齐宣王，而是先去了魏都大梁，见了魏襄王。

一见魏襄王，张仪就以秦相的身份对魏襄王说道：

"大王联合赵、楚二国之师而伐齐，齐王必畏之。然而，齐王畏三国之师，则必返还燕国之地，然后以卑辞游说楚、赵二王。如果楚、赵二王听之，则楚国必不予魏国六城。如此，大王岂不是失算于楚、赵，而树怨于齐、秦吗？"

魏襄王听懂了张仪的话，知道他是在帮齐宣王游说，在为齐国解围。这一方面是因为齐、秦有联姻关系，另一方面是因为秦国有拉拢齐国而实施"连横"战略的远大意图。所以，魏襄王就没有对张仪的游说表达态度。

张仪见魏襄王默然无语，知道他心里的想法，于是接着游说道：

"齐国乃天下大国，魏国联合楚、赵而伐齐，秦国必出师南向而伐楚，齐必出兵西向而伐赵。赵国破，则齐师必取魏国之乘丘，收复其侵占之地。如此，魏国的虚、顿丘则危矣。秦师若破楚，则楚国的南阳、九夷便会不保。秦师若长驱入沛，则魏国南境之许、鄢陵必危。如此，大王伐齐之所得，仅得一新观而已。然而，新观为宋、卫所隔，大王欲得齐之新观，道途为宋、卫所阻，恐难以如愿。如果大王之师伐齐，战而不胜，则必为赵国所驱使；战而胜之，则为宋、卫所挟制。所以，魏联合楚、赵而伐齐，臣为大王所不取也。"

魏国曾是天下霸主，就是因为齐国在桂陵、马陵两大战役中大挫魏师，魏国从此元气大伤，对秦国的优势也被反转了，甚至河西之地也被秦国逐渐蚕食吞并了。魏襄王本来就对张仪没有好感，齐、魏两国又有宿怨，听到张仪"臣为大王所不取也"这样的狂妄之言，就更为不快了，于是不听其言。

张仪无奈，情急之下想到了刚被自己攻打过的韩国，觉得可以利用韩国来反制魏国，进而逼迫魏襄王停止联合楚、赵围攻齐国的计划。到了韩国，张仪绕开了当时在韩国为将的老冤家公孙衍，秘密会见了时任韩相的公仲。

作为一国之相，公仲此时正为韩国发生的饥荒闹得六神无主，真是一筹莫展。张仪了解到公仲的难处后，就给他出了一个主意，让韩宣惠王遣使往魏都大梁，请求魏襄王将魏国河外之地贷予韩国，以此让韩国移民就食，以缓饥荒之急。

公仲觉得张仪此计甚妙，可以解韩国眼下的燃眉之急，于是立即晋见韩宣惠王，依计而行。然而，魏襄王一听韩宣惠王使者的请求，立即紧张起来。因为韩国提出移民就食的河外之地，就在魏国河外靠近秦国的地方。如果答应了韩宣惠王的请求，韩国的饥民都涌到此地，一来会抢了当地魏国民众的食粮，进而引发魏国的粮荒；二来可能会造成魏国河外之民与韩国移民的矛盾，进而引发秦国借机出兵，以平息两国之争为由，趁机占领魏国靠近秦、韩二国的河外之地。如此一来，魏国救助韩国饥荒的好心，不仅得不到好报，反而害了魏国自己。但是，此时魏襄王急于跟楚、赵联合攻齐，以报昔日之仇，又不能得罪韩国这个近邻。如果得罪了韩国，韩国万一趁魏国与楚、赵联合攻齐之机偷袭魏国，那魏国就首尾不能相顾了。所以，对韩宣惠王使者的请求，魏襄王既没有当场答应，也没有立即拒绝，而是让他等几天再听回音。

就在韩宣惠王使者在大梁静候魏襄王回音之际，张仪已经到了魏都大梁，再次跟魏襄王相见。魏襄王虽然内心非常讨厌张仪，但知道他足智多谋，于是情急之下，不得不向他问计。其实，张仪这是连环套，是预先设计好的计谋，他是算好了时机第二次出现在魏襄王面前的。见魏襄王已经入套，而且说话也比较客气，张仪就顺水推舟，回答道：

"大王应该知道，秦、齐联姻，乃是盟国。今魏欲联楚、赵而攻齐，秦必出兵而救齐。魏与韩屡屡结怨，韩早有攻取魏国南阳之心。今韩国有饥荒之难，魏国若是不肯伸出援手，韩必孤注一掷，联合秦师以攻南阳。如此，韩可一泄怨魏之愤，秦可达救齐之目的。"

魏襄王听了张仪这番话，以为韩国已与秦国结盟了，顿时紧张起来。想到此次韩宣惠王使者请求移民就食的地点不在别处，而在魏、秦、韩三国交界的魏国河外之地，知道秦国与韩国都是别有用心的。为了魏国的稳定与国家安全，魏襄王想了想，最后还是答应了张仪，决定放弃联合楚、赵二国伐齐的计划。

虽然张仪出于秦国的长远战略考虑而阻止了魏国联合楚、赵伐齐的计划，但是赵国因为齐赵易地计划未能实现，楚国怕齐国一家坐大而将来威胁到自己，因此楚、赵二国仍然没有放弃联合伐齐的计划。

就在楚、赵联合伐齐的风声越来越紧的紧要关头，一直在关注燕国局势发展的孟轲，突然听到稷下学宫的各国游士都在纷纷议论，说齐国伐燕将士正在滥杀无辜，齐宣王派往燕国接管各级官府的官员不仅没有维护好当地的社会秩序，反而不择手段地巧取豪夺燕国百姓的财富，已经激发了燕国全境官民的强烈反抗，各地武装斗争风起云涌，燕国社会的混乱已经到了不可收拾的地步。

孟轲一开始还不相信，因为他相信他的朋友匡章的人品与治军的能力。但是，议论的人多了，负面的消息多了，孟轲还是不免有些心志动摇了，开始反思自己先前游说齐宣王与匡章伐燕，后又劝谏齐宣王取燕，是不是错了。痛苦犹豫了几天，孟轲最终还是决定去见一下齐宣王，跟他了解一下燕国目前局势的真实情况，毕竟齐宣王得到的情报是最全面的。

见了齐宣王后，孟轲首先将自己在稷下学宫所听到的消息，包括来自诸侯各国游士的议论，一一向齐宣王作了禀报，然后问道：

"大王，大家所说齐国将士的这些暴行，还有齐国接管官员的无道之行，难道都是实有其事吗？"

"先生所说的这些情况，寡人还在深入了解中。"

孟轲见齐宣王没有肯定也没有否定，就大致知道是怎么回事了。于是，他开始后悔起早先不应该游说齐宣王与匡章伐燕，更不应该劝谏齐宣王取燕了。

正当孟轲在心中后悔不已时，齐宣王突然问了一个问题：

"齐国伐燕获胜，并吞并了燕国。而今诸侯各国都在商议着要来攻打齐国，寡人用什么办法可以对付它们呢？"

孟轲一听齐宣王这个问题，立即有了灵感，觉得这是一个非常好的机会，可以趁机劝谏齐宣王从燕国撤兵，让燕国得以复国重生。这样，一来可以消弭即将引发的天下大乱，二来可以减轻一些自己先前主张伐燕与取燕的罪恶感，于是立即振作精神，从容说道：

"臣听说过有凭借方圆七十里地而纵横天下的，比方说商汤，却没有听说过拥有方圆几千里的国土，却还惧怕其他国家的。《尚书》记载说：'商汤征伐，从葛国开始。'商汤征讨的葛国虽是小国，但天下人都相信商汤的征伐不是以强凌弱，更不是以大欺小，而是为了解救葛国的人民。因此，当商汤向东征伐时，西方的夷族都有怨言，说：'为什么不先征伐西夷？'当商汤向南征伐时，北方的狄人都不高兴，说：'为什么把解救我们狄人放在最后呢？'当时天下之人盼望商汤，就像大旱时节盼望能带来降雨的乌云与虹霓一样。"

商汤的这个典故，其实并非真有其事，是孟轲以前为了教育与说服其弟子而编造的。这次为了说服齐宣王从燕国撤兵，便又拿出来作为历史证据。齐宣王听孟轲说得凿凿有据，竟然信以为真，不住地点头。

孟轲见此，遂又接着说道：

"商汤为了一统天下，南征北战多年。但是，在此过程中，从未让天下百姓感到受到惊扰，经商者照常行于道路，耕田者照常下地干活。商汤统一天下，征战杀伐，只是为了诛杀那些残害百姓的暴君，抚慰那些被残害而无助的百姓而已。因此，他率领的军队，所到之处就像天上降下及时雨一样，老百姓都非常高兴。对此，《尚书》也有记载，说：'等待我们的商汤王，他的军队来了，我们就得救了。'可见，商汤的军队是仁义之师，是深受天下百姓欢迎的王者之师。"

齐宣王听了，又连连点头。

孟轲见此，觉得上题收结的时机成熟了，遂立即话锋一转，望着齐宣王说道：

"而今燕国的君王虐待百姓，大王出师前往征讨，燕国的老百姓以为大王是要拯救他们于水火之中，所以他们用竹筐盛饭、用壶盛酒浆以迎大王的军队。然而大王的军队却杀害他们的父兄，掳掠他们的子弟，毁坏他们的宗庙，搬走他们的国宝重器，这样怎么可以呢？这哪里还有王者之师的风范呢？天下诸侯本来就惧怕齐国强大，而今齐国伐燕而并吞之，国土面积扩大了一倍，却又不对燕国百姓实行仁政，反而暴虐无道，迫害他们，这岂能不授人以把柄，招致天下诸侯兴兵而共讨之？所以，臣请求大王立即下令，遣返被掳掠的燕国老少，停止搬运燕国的国宝重器，跟燕国官民协商，替燕重新选立一位贤明的君王，然后从燕国全面撤退。这样，让诸侯各国停止兴兵伐齐，也许还来得及。"

齐宣王听了孟轲这番话，没有立即表态，而是尴尬地笑了笑。

孟轲见齐宣王没有接受其谏议的意思，于是就告辞而去。回到稷下学宫，跟其弟子们说到谏说齐宣王的事，还愤愤不平，说要立即辞职回邹国。公都、公孙丑、万章等齐国弟子认为孟轲不应该赌气一走了之，孟仲、邹正、邹春、充虞等邹国早期弟子也认为孟轲不应该辞职离开齐国，认为目前除了齐国，没有更好的去处。其他各国的弟子也认为孟轲负气出走，并不是理智的选择。于是，众弟子一起劝谏。最后，孟轲总算平静了下来，决定暂时不走，等几天再说。

没过几天，稷下学宫的各国之士都在盛传，燕国的局势更乱了，齐国军队与接管官员遭到了燕国官民的强烈反抗，已经有些控制不住局面了。当然，这样的消息齐宣王也听到了。所以，他开始后悔前些天没有听从孟轲的谏议，迅速作出决断，早日从燕国撤军，于是就跟大臣陈贾说到孟轲劝谏他的事，并吐露心声道：

"听说孟轲要辞职离开齐国，寡人觉得有些对不住他。"

陈贾明白齐宣王的意思，遂微微一笑道：

"大王不必为这件小事自责与担忧。臣知道，孟轲与其儒家先师孔丘一样，生平最服膺周公。不知大王觉得在仁与智两个方面，跟周公相比到底如何？"

"哎呀，你这说的是什么话！寡人怎么敢跟周公相比呢？"

陈贾见齐宣王会错了意，以为自己要将他跟周公相提并论，于是立即回答道：

"殷商灭亡后，周公派遣管叔前往监督殷商遗民，结果管叔却率领殷商遗民起来造反。如果周公知道会有这种结果，还派遣管叔前往，这就是不仁；如果周公不知道会有这种结果，而派遣管叔前往，这就是不智。仁与智，连周公都没有做到，您何必还要自责呢？这件事，还是让臣去跟孟轲解释吧。"

齐宣王觉得陈贾说得有理，遂委派他前往稷下学宫去见孟轲。

见到孟轲后，陈贾假装对孟轲负气要离开齐国的事完全不知情，只是以向他请教学问为由，问道：

"贾听说先生最服膺周公。贾孤陋寡闻，不知道周公到底是一个怎样的人。"

"古代的圣人。"孟轲不假思索，脱口而出。

"听说殷商灭亡后，周公派管叔前往监督殷商遗民，管叔却率领殷商遗民起来造反，有这样的事吗？"

孟轲知道陈贾在齐国大臣中也是很有学问的，所以对他提的这个问题，自然是不能予以否认的，于是坦然回答道：

"确有其事。"

"周公是否知道会有这种结果，还要派管叔前去呢？"陈贾又问道。

"当然不知道。"

"这样说来，是否意味着圣人也是会有过错的？"陈贾立即追问道。

孟轲一听陈贾这话，立即幡然醒悟，知道陈贾今天的来意了，于是从容说道：

"周公是弟弟，管叔是兄长。周公偶尔犯错，难道不是合情合理的吗？况且，古代的君子都是有了过错就立即改正，但是现在的君子则不然，有了过错不仅不立即改正，还要将错就错。古代的君子，他们有过错，就像是日食月食，天下之人都看得到；当他们改正了过错后，天下之人仍然尊敬地仰望他。但是，现在的君子则不然。他不仅有错不改，而且将错就错，甚至还要寻找种种借口与托词来文过饰非。"

虽然孟轲没有指名道姓地批评齐宣王，但陈贾听得出来，他所说的"现在的君子"，指的就是齐宣王。陈贾知道不好再替齐宣王辩解什么了，于是说了几句闲话后，就告辞而去，跟齐宣王禀报去了。

陈贾拜访后的第三天，孟轲最终下定了决心，要辞职离开齐国。不过，为了展现君子风度，他决定临走前还是进城见齐宣王一面，作一个郑重其事的道别。没想到，孟轲尚未进城朝见齐宣王，齐宣王就得到了消息，派人来跟孟轲说：

"寡人本来是要前往拜访您，但不幸受了风邪，不能见风。明天早上寡人将临朝视事，不知道您是否肯来上朝，让寡人能够见到您。"

孟轲觉得齐宣王派人传话，表面是想见面，实际上是要将他拒之门外，于是就大为不快，改变了原来要朝见齐宣王，跟他作最后道别的初衷，对齐宣王的使者说道：

"请转告大王，不幸的是，轲也受了风邪，明天不能上朝去见大王了。"

可是，第二天一大早，孟轲却要出门前往东郭大夫家吊丧。弟子公孙丑连忙拦住，说道：

"昨天大王遣使来请先生相见，先生托之以病，今日却出门往他人家吊丧，这样恐怕有点不妥吧？"

"这有什么不妥？昨天生了病，今天病好了，怎么就不可以出门吊丧呢？"

孟轲说得振振有词，让公孙丑一时无言以对。

就在孟轲出门后不久，齐宣王就派人前来问病，并带来治病的郎中。孟轲的大弟子孟仲感到非常尴尬，眼见事情就要穿帮了，急中生智，找到了一个说辞，对齐宣王的使者说道：

"昨天大王有命宣召，不巧我们先生生了点小病。今天早上病情刚有一点好转，就急急忙忙上朝去了。但是，我不清楚现在是否已经到了。"

齐宣王派来的使者与随行的郎中走后，孟仲为了稳妥起见，连忙派了好多师弟前往孟轲回来的路上去拦截他，让他们一见到孟轲就让他赶紧去上朝见齐宣王，千万别回家。但是，孟轲执意不肯去上朝，但又觉得立即回家确有不便。于是，就躲到了大夫景丑家，在那里过了一夜。

景丑对于孟轲的行为实在感到不可理解，于是便劝谏道：

"人生于世，在家庭之中有父子，在家庭之外有君臣，这是人与人之间最重要的伦理关系。父子之间，讲的是慈爱；君臣之间，讲的是恭敬。丑只看到齐王对您很尊敬，却没有看到您对齐王有怎样的恭敬。"

孟轲对于景丑的直言不以为然，立即反驳道：

"哎呀，您这说的是什么话！齐国没有一个人跟齐王讲仁义的道理，难道他们真的认为仁义不好吗？恐怕不是吧。他们的心里一定在想：'齐王哪里值得我跟他讲仁义呢？'要说对齐王大不敬，没有超过这个了。轲则不然，非尧舜仁义之道，从来不敢在齐王面前提及。所以，轲以为，齐国人没有比我对齐王更恭敬的了。"

景丑觉得孟轲是在狡辩，遂不以为然地回敬道：

"不，丑说的不是这个。《礼》上有言：'父亲召唤，来不及答应一声就起身；君王传召，不等车马准备好就赶紧赴命。'但是，您可好，本来是要觐见齐王的，一听齐王召见，却拒绝前往觐见，还躲到了我这里。您这样做，似乎跟《礼》的要求有所不合吧？"

孟轲见景丑说话越来越不客气了，遂也顾不得宾主之间应有的礼仪，应声反驳道：

"难道您是要以礼相责吗？曾子说过：'晋、楚二国的富庶，都是我们不可比的。但是，他有他的财富，我有我的仁；他有他的爵位，我有我的义。我为何要觉得比他少了什么呢？'这话要是不符合道义，曾子怎么会说出来呢？轲以为，这至少要算事君之道的一个方面吧。"

景丑见孟轲搬出曾子的话，一时为之语塞。孟轲见此，遂又接着说道：

"天下公认最为尊贵的东西有三样：爵位是一样，年龄是一样，道德是一样。在朝廷之中，论的是爵位的高下；在乡党之间，论的是年龄的大小；至于辅佐君王教化百姓，论的则是道德的境界。既然如此，齐王怎么能仅以爵位高低来轻视我的年龄与道德呢？轲以为，不管有什么样大作为的君王，都会有他不能召唤的臣子。如果有什么事要商量，君王就应该主动登门向臣下讨教。"

没等孟轲把话说完，景丑就不以为然地反问道：

"为什么？"

"有大作为的君王，一定是尊德乐道的。不如此，则不足以让臣下跟他一起有所作为。昔日商汤治天下，先以伊尹为师，虚心向他学习，然后才以他为臣，因此能够不费气力就统一了天下。齐桓公治天下，先以管仲为师，向他学习，然后才以他为臣，因此能够不费气力就成就了'九合诸侯，一匡天下'的霸业。而今，齐、楚、秦、魏、赵、韩、燕诸大国，国土面积大小不相上下，国君的道德境界也差不多，谁也超不过谁，显不出什么特别的优势。为什么这样呢？没有别的原因，就是他们都喜欢重用听从其命令的人为臣，而不重用能够教导他们的人为臣。商汤对于伊尹，齐桓公对于管仲，就不敢召唤。管仲尚且都不可以召唤，更何况连管仲都不愿做的人呢？"

景丑听了孟轲这番再直白不过的话，终于明白了他不愿觐见齐宣王的原因，原来他自视太高，认为管仲都不及他。于是，景丑对孟轲感到无语了，冷笑了两声，就不再跟他辩论了。

孟轲虽然跟景丑辩论获胜了，却因为拒见齐宣王而不为人认可，因而在齐国朝臣与士大夫心目中的印象都大不如从前，受朝野冷落的境况自然也就可以想见了。最终，只得选择离开了齐国。

第十三章
教书育人

王道梦

听公孙丑讲完孟轲谏说齐宣王，让他从燕国撤兵而未果，便负气离开齐国的事，桃应又追问了公孙丑一句：

"公孙师兄，先生既然是齐国上卿，齐宣王又那么尊重他，难道先生负气出走，他就不出面慰留一下吗？如果真的没有慰留，那就说明他礼贤下士是假的。"

"桃应师弟，这个你可不能冤枉齐宣王。我们虽然是先生弟子，向着先生，护着先生，都是人之常情，但是，说话也要实事求是。并不是因为我是齐国人，就护着齐宣王。我觉得齐宣王虽然不及其父齐威王有雄才大略，但在尊贤爱贤方面不输其父。对我们先生，不仅是特别尊重，甚至可以说是非常包容。如果我没记错的话，齐宣王在得知先生要离开齐国后，多次派人前往稷下学宫慰留。最后，还亲自登门拜访我们先生。关于这件事，陈臻师弟最清楚。"公都没等公孙丑回答就抢先开口了。

桃应一听公都这番话，立即侧脸右望，隔着几个座位，伸长脖子，高声跟陈臻请求道：

"陈师兄，那您是否给我们讲一讲这段故事呢？"

宋大夫勾践也想听这段掌故，遂立即起身，一边抱着酒坛走向陈臻，一边说道：

540

"陈师兄，您就给我们讲一讲吧。"

勾践首先给陈臻斟好酒，然后依次给其他师兄弟也斟了酒。众人喝完酒后，都等着陈臻开口。但是，陈臻却没有立即响应。桃应大概是等得不耐烦了，便催促道：

"陈师兄，您快讲吧。"

陈臻先低了一下头，然后抬头看了一下面前的孟轲墓，才慢慢地开了口：

"先生决定离开齐国，回到家乡邹国，齐宣王听到消息后，确实派人到稷下学宫来过几次表示慰留。但是，先生去意已决。最后，齐宣王亲自来稷下学宫见我们先生，跟先生说：'过去想见到您，却苦于没有机会；后来有幸跟您同朝共事，寡人感到非常高兴。现在您又要弃寡人而去，不知今后是否还有相见的机会。'"

"陈师兄，齐宣王这话好像不是在慰留先生，而只是表达了一种惜别之情而已。"没等陈臻把话说完，桃应便插话道。

"桃应师弟说得没错。所以，先生当时听了就很不高兴，立即回答道：'其实我也是很希望跟大王再次相见的，只是不敢提出这样的请求而已。'虽然先生的话说得非常婉转，但是齐宣王还是听出了先生的埋怨之意，知道先生仍然在怪他不听从其王道政治的主张，甚至连从齐国撤兵的建议也没有立即听从，以致造成了齐国最后被众诸侯围攻的尴尬局面。于是，齐宣王就不好再说什么了，只得告辞而去。"

"这么说来，齐宣王确实是没有明确慰留过先生呀！那刚才公都师兄怎么说我们冤枉了齐宣王呢？"桃应又提出了疑问。

"公都师兄没有说错，齐宣王确实慰留过先生。桃应师弟，你不要急，我慢慢讲给你听。"陈臻连忙给公都打圆场道。

"好！陈师兄，那您讲吧。"桃应催促道。

"从稷下学宫回去后，隔日齐宣王就召来时子，跟他说道：'寡人想在临淄城中给孟子一栋房屋，以万钟之粟来供他培养弟子，使齐国的官民都有一个学习的榜样。您何不替寡人向孟子转达一下这个意思？'时子在齐国士林中有很高的威望，他知道我们先生的性格，怕直接找他说会碰钉子，所以就找到我，将这层意思转达了。我知道这是齐宣王的好意，我们弟子当时也都发自内心希望先生能留下来，觉得在诸侯各国中，没有任何一个国君会像齐威王、齐宣王父子一样尊重先生、重用先生，肯给先生上卿的政治名位，所以立即将齐宣王的慰留之意转达给了先生。"

"那先生是什么态度？他不为之感动吗？"桃应问道。

"先生听后莞尔一笑，说道：'时子是个受人尊敬的长者，他怎么不知道这种事情是做不得的呢？'我问先生为什么，先生告诉我说：'假如我是贪图财富之人，那么我何必辞去十万钟的俸禄呢？辞十万而受一万，难道是贪图财富吗？季孙说过，子叔疑为人很奇怪，自己想做官而别人不用，他死心也就罢了，但他偏偏不死心，想着法子让自己的儿子兄弟去做卿大夫。'先生说：'季孙认为，一个人想做官发财亦属正常，但是不应该有垄断做官发财之道的想法。'"

"什么叫'垄断'？"陈臻话音未落，桃应立即追问道。

"我当时也不懂什么叫'垄断'，先生跟我解释说：'古代人做买卖，都是物物交换，以自己所有之物去换取自己所无之物，政府只是派有关官员管理监督而已，并没有收取交易税之事。后来，有一个卑鄙小人，每次做买卖时都要登上高垄，就是一个独立的高地，向左右张望，恨不得将所有买卖的好处都自己占尽了。大家都觉得这人太卑鄙了，于是都抽他的税。向商人抽税，就是从此而起。'"

"哦，原来如此。"桃应恍然大悟，点了点头。

陈臻见其他人也没有疑问了，遂接着说道：

"我听了先生的话，就将其大致的意思转告给了时子。时子又转告给了齐宣王，这样齐宣王就懂得了我们先生的真实想法，不再慰留先生了。"

众人听完陈臻的叙述，不再怀疑孟轲离开齐国时没有受到齐宣王的慰留了。但是，乐正克却提出了另一个疑问：

"先生谢绝齐宣王的慰留，当然有自己的道理。但是，据我所知，当时在稷下学宫的许多其他学派的学者对先生拒绝齐宣王的慰留，毅然决然离开齐国，是有非议的。他们认为，在诸子百家各学派领袖中，我们先生受到齐宣王的优待是最突出的，所以认为我们先生不应该不念君臣情义，说走就走。听人说，后来又重返稷下学宫的淳于髡，就因为也有这种想法，专门找到我们先生，当面对我们先生提出了批评。我当时仍然在鲁国就职，没有追随先生到齐国。也许这都是道听途说，不一定准确。在座诸位有很多人都始终追随先生左右，相信对此有更准确的说法。"

"乐正师弟所说的，确有其事，当时我就在现场。"没想到，乐正克话音未落，孟仲就脱口而出，给了乐正克一个佐证。

桃应一听，顿时又兴奋起来。因为在孟轲诸弟子中，他比乐正克入门的时间还要晚很多，对于孟轲早年的事知之更少。所以，一听淳于髡批评孟轲的事，自然更想了解个究竟，于是立即接住孟仲的话，说道：

"大师兄既然当时在现场，那是否今天就当着先生的面，将此事给我们大家说一说呢？这样，先生地下有灵，也知道自己当时负气离开齐国到底对不对。"

许多跟桃应一样不了解此事的师兄弟，对桃应的话都予以了附和。

孟仲见此，就不便再拂大家的意，略微迟疑了一下，抬头看了一眼面前的孟轲墓，然后又喝了一口盏中的酒，便开口说道：

"淳于髡得知先生一再拒绝齐宣王的慰留，执意要离开齐国，就专程登门找先生谈话。因为淳于髡在齐威王时代与齐宣王时代，都是稷下学宫的领袖，是两代齐王选中的稷下学宫掌门人，其他学派领袖都难以胜任调和诸子百家的事务。淳于髡以为先生会给他面子，回心转意留下来。没想到，先生书生气太重，讲死理，不会转弯，竟然一口回绝了淳于髡先生的劝谏。结果，淳于髡便生气了。"

"于是就批评我们先生了，是吧？"孟仲话还没说完，桃应便插话道。

月光下，孟仲点了点头，接着说道：

"淳于髡跟先生说：'我们为士之人，之所以看重名誉与功业，并将之放在首位，不就是为了济世救民吗？而轻视名誉与功业，无非就是为了独善其身，在世人面前装清高罢了。而今，您作为齐国三卿之一，上辅君王、下济万民的名誉与功业都未建立起来，就意气用事而离职，难道仁者原本就应该如此吗？'"

"不怕先生在地下不高兴，我觉得淳于髡的话说得在理。如果当时我在场，我也会赞成淳于髡的意见，劝先生留下来在齐国继续发挥作用。"桃应脱口而出。

月光下，孟仲莞尔一笑，只是桃应跟孟仲隔了好几个座位的距离，不可能看到，其他人当然也看不到孟仲的面部表情。

停顿了一会儿，桃应见孟仲没有接着往下说，遂催促道：

"大师兄，您接着往下说呀！"

"你老是打断大师兄，他怎么接着说呀？"好久没有开口的咸丘蒙笑着说道。

桃应不好意思地低下了头。

孟仲抬眼又望了一下面前的孟轲墓，接着说道：

"先生跟淳于髡本来就观点不同,第一次入齐时,二人就因为礼的问题而辩论过。虽然淳于髡是稷下学宫的掌门人,但先生是个自负的人,在内心深处并没有怎么高看他。所以,听到淳于髡如此直白的批评,立即回击道:'居于下位,不以贤德之身而侍不肖之主,这是伯夷;五次去见商汤,又五次去见夏桀,这是伊尹;既不讨厌污秽之君,也不拒绝卑微之职,这是柳下惠。这三位的处世方式不同,但内在的追求则是一致的。那他们的一致追求是什么呢?自然就是仁。君子只要内心崇奉仁就可以了,为什么一定要立身处世的方式都相同呢?'"

"我觉得先生说的蛮有道理,我是赞成的。"孟仲话音未落,乐正克已插话评论了。

桃应见乐正克先插话,遂又忍不住插话问道:

"那淳于髡就无话可说了吗?"

"淳于髡是何等能说会道的人,他怎么会无话可说呢?"孟仲笑了一笑。

"那他是怎么说的?"桃应紧追不舍道。

"淳于髡说:'鲁缪公在位时,公仪子主持鲁国朝政,泄柳、子思也都在朝中辅佐,他们都是当时公认的贤人,结果鲁国在天下诸侯中的地位被削弱得更加厉害。如此看来,贤人在位也无益于治国安邦呀!'"

"淳于髡的意思是说,我们先生推崇仁义,鼓吹选贤任能,并不能有益于治国安邦,是吗?"周霄好久没有说话了,这时也情不自禁地插话道。

"周师弟说得对。先生明白淳于髡的言外之意,所以当即就以其人之道,还治其人之身,也举古人之事而回答道:'虞国不用百里奚,因此而亡了国;秦穆公重用百里奚,因而成就了霸业。可见,不选贤任能,国家就要灭亡,想削地苟安,勉强存活下去,都是做不到的。'"

"淳于髡虽然博古通今、学识渊博,但是跟我们先生相比,还是略逊一筹的。所以,在引经据典方面,是难不住我们先生的。"一直没有说话的邹春,这时也自豪地插话道。

"淳于髡是稷下学宫的掌门人,他甘心被我们先生驳得哑口无言,无话可说吗?"桃应不是向着淳于髡而不尊重孟轲,而是想继续听他们的唇枪舌剑,见出一个高下来,所以有意继续追问道。

孟仲当然明白桃应心里的小九九,但是为维护孟轲的面子,他还是接着桃应的话,继续将孟轲与淳于髡当年的对话述说了下去:

"淳于髡听了先生的话,不以为然。他认为,是贤人就应该上辅君王、下济万民，应该建功立业，否则便不配称为贤人。所以，他为了反驳先生的观点，也引经据典起来，说：'从前，卫国有个人叫王豹，非常擅长唱歌，他居住于淇水东岸，淇水西岸的人也因此而善于唱歌；从前，齐国有个人叫绵驹，也非常擅长唱歌，他居住于齐国东部的高唐，齐国西部的人也因此而善于唱歌；从前，齐国有华周、杞梁二大夫，他们为国作战而死于沙场，他们的妻子为之痛哭，因为哭声太过于悲哀，以至改变了整个齐国的风俗。大凡世上万事万物，有什么存于内，就有什么表现于外。如果一个人真正有贤能，他从事某种事业，却没有取得任何功绩，我还不曾见过。所以，我认为当今没有什么贤人。如果真有贤人，我一定会知道他的。'"

"大师兄，淳于髡这是在指桑骂槐，说先生不是贤人，是吧？那先生是怎么反击的呢？"孟仲话音未落，桃应便脱口而出。

"先生说：'从前，孔子为鲁国大司寇，可谓位高权重。后来，不被鲁定公信任，跟随鲁定公参加祭祀，事后连块祭肉也没见送来，孔子非常生气，于是连帽子都没来得及脱掉，就匆忙离开了鲁国。不了解孔子为人的，肯定都以为他是为了一块祭肉而离开；了解孔子为人的，知道他是因为鲁定公失礼而离开。孔子争的是君臣之礼，而不是祭礼的一块肉。至于孔子为何要背个小罪名而走，而不想随随便便离开，背后的深意，就更是很少有人了解了。君子的所作所为，一般人本来就是不容易了解的。'淳于髡听了，终于哑口无言。"孟仲说道。

"哦，原来如此。看来我们先生当时舍弃齐国上卿之位，毅然决然离开齐国，并不完全是赌气，而是要坚持自己做人的原则。"桃应恍然大悟似的说道。

"先生离开齐国的原因，当时很多人都在猜测，包括当时在稷下学宫追随先生左右的各位师兄弟。其实，大家都猜错了。"桃应话音刚落，陈臻突然主动说话了。

"陈师兄，那真实的原因到底是什么呢？"这次是周霄迫不及待地追问了。

陈臻没有立即回答，而是抬眼望了望面前的孟轲墓，停顿了一会儿，才开口说道：

"当时我对于先生突然要离开齐国，而且态度坚决，也感到很不理解，私下跟其他师兄弟在猜其中的原因。有一天，机缘凑巧，正好只有我跟先生二人在一起，我便私下问了先生一个问题，这才得知先生拒绝齐宣王的慰留，决意要离开齐国的真正原因。"

"那到底是什么原因呢？"桃应又不矜持了。

"桃应师弟，你别那么急呀！陈师兄，您接着说。"周霄不满桃应打断了陈臻的话，一边批评桃应，一边向陈臻请求道。

淡淡的月光下，陈臻点了点头，接着说道：

"我问先生说：'古代的君子在怎样的情况下才出来做官呢？'先生回答道：'古代君子出世做官有三种情况，避世辞官也有三种情况。国君恭敬有礼地来迎接，而且对其政治主张准备付诸实施，他便可以欣然就职为官了；国君对其恭敬有礼的态度虽未衰减，但对其所提出的政治主张则不准备再实行了，这时他就可以辞职而去了。这是最高的境界。次一等的境界是，国君虽未答应要实施其提出的政治主张，但还是很恭敬而有礼貌地来迎接他，也是可以接受其官职的。如果不实施其政治主张，对其恭敬礼貌的态度也有所衰减，那么就可以挂冠而去了。最下等的境界是，早上没有吃的，晚上还是没有吃的，饿得都无力走出门，国君知道了，说：寡人不能实行他的政治主张，又不能听从他的建议，让他在我的国土上忍饥挨饿。于是，国君予他以生活上的接济，这也是勉强可以接受的，不过只是为了保命罢了。'"

"陈师兄，先生这是在告诉您，他离开齐国真正的原因，其实并不是争什么君臣之礼，而是抱怨齐宣王不肯实行他的王道政治主张吧。"乐正克脱口而出。

"乐正师兄不愧是在官场上历练过的，最懂先生的心思了。"抬眼瞥了一眼越来越淡的星光，陈臻欣慰地笑了。

见大家都说得热闹，一直低头喝酒和沉思的邹正，这时也突然来了兴致，说道：

"我和大师兄虽然最早追随先生，比陈臻师弟入门要早很多，但是第三次入齐后，追随先生的紧密度则远不如陈臻师弟。所以，今天陈臻师弟要是不说，很多事我与大师兄都不知道。陈臻师弟，你是否还有不为我与大师兄所知的事，不如趁今天这个机会说出来，让大家都听听，也好让大家对先生有更深入的了解。"

"二师兄，您这样一说，我还真有一件事是你们所不知道的，也是有关先生最后离开齐国的事。"陈臻脱口而出。

"陈师兄，那还不赶快说出来，让我们大家都听听，让地下的先生也听听。"桃应又忍不住催促陈臻了。

陈臻点了点头，端起面前的酒盏，喝了一口酒，便开口说道：

"不知道大家是否还记得，先生即将离开齐国之际，正好碰上齐国发生了大饥荒。很多人都认为先生一生讲仁政，肯定会向齐宣王建议开仓赈济饥民。但是，先生直到离开齐都临淄时，都没有说一句话。当时，我也感到不理解，于是就私下悄悄地问先生道：'这次齐国大饥荒，齐国人都认为先生会再次请求齐王打开棠邑的粮仓，赈济齐国的饥民。现在看来，先生大概不会再向齐王提出谏议了吧。'先生说：'我再这样做，岂不成了冯妇吗？'我不懂先生所说的冯妇是谁，就问先生道：'冯妇是何人？'先生说：'冯妇是以前晋国的一个女子，力气奇大，擅长跟老虎搏斗。后来不再打虎，而成了一个善人。后来有一次，她到野外去，看到很多人正在追逐一只老虎。老虎背靠山角，凶相毕露，没有人敢靠近它。人们知道冯妇是打虎英雄，所以都快步上前迎接她。冯妇了解大家的心情，遂情不自禁地挽起袖子，伸出胳膊，走下车来，摆出要与老虎搏斗的架势。众人见了，都非常高兴。可是，冯妇却被在场的士人所嘲笑。'"

"陈师兄，先生跟您讲这个故事，是说他要遵循先圣的教诲，'不在其位，不谋其政'，是吧？"陈臻话音刚落，周霄便接口说道。

"周师弟也不愧是官场中人，悟性高。先生说的正是这个意思。先生当时不肯向齐宣王建议开仓放粮赈济齐国饥民，并不是一般人想象的那样冷血，而是他认为，既然已经辞去了齐国上卿的职位，就没有再建言的责任与义务了。若当冯妇，反而会被士人嘲笑。先生是个要面子的读书人，最怕遭到士林的嘲笑。"陈臻答道。

听了陈臻接连讲的两个故事，宋大夫勾践非常感慨地说道：

"要不是今晚大家齐聚先生墓前，为先生守灵送行，也听不到有关先生如此多的往事，当然也就不能深刻理解先生的思想与情感苦痛了。"

"勾践师兄，今晚您有大功。如果不是您准备了这么多酒，让我们大家熬过这寒冬腊月的夜晚，我们也听不到诸位师兄讲述有关先生的这许多故事。"好久没有说话的屋庐连又活跃起来了。

勾践听屋庐连说他备酒有功，自然非常高兴，遂立即起身，抱起酒坛，给诸位师兄弟斟起酒来。

又喝下一盏酒后，大家的倦意消失殆尽。于是，气氛再次活跃起来。

桃应见此，遂大起胆子，高声说道：

"听说先生离开齐都临淄后，还是有些不舍的，似乎有后悔之意，不知道是否确有此事，诸位师兄，如果有谁了解其中内情，是否也请说出来，让我们大家了解一下？"

桃应等了好久，都没见人接话，于是便急了，伸长脖子，隔着很多座位，望向孟仲，高声说道：

"大师兄肯定了解内情，是否请大师兄说说呢？"

没想到，孟仲不假思索地答道：

"这个问题还是请高子来说吧。"

高子是齐国人，是孟轲第三次入齐后所收的弟子。他虽入门较晚，年纪却不小，加上又长得老气，所以大家都戏称他为"高子"。以致最后大家都忘记了他的名字，一直以高子称之。

高子见大师兄孟仲点名要他讲孟轲离开齐国时的事，于是欣然从命，说道：

"先生离开齐国，是否有后悔之意，我不敢妄猜。但是，我可以肯定地说，先生离开齐国时是有依依不舍之情的。不然，他就不会在离开齐都临淄后，在昼邑连续停留了三天。之所以会在昼邑停留三天，是因为昼邑离临淄只有三十里地，马车一天能跑几个来回。这么近的距离，消息一天就能传到齐宣王耳中。我猜想，先生是想让齐宣王亲自来昼邑慰留他。可是，齐宣王不仅没有自己亲自驾车来慰留，也未派出正式使者来慰留。虽然其间确实是有人来昼邑慰留先生，但都是齐国个别士人自发的行为，并不代表齐宣王的本意。所以，先生最后在绝望的心情下才离开了齐国，回到了自己的故乡邹国。"

"高师兄，当时前往昼邑自发慰留先生的有哪些人呢？"桃应又抓住了一个机会，追问道。

"先生离开临淄的当天，在昼邑过了一夜。第二天，有一个齐国士人，我也不知道他姓甚名谁。他说是来专门慰留先生的，但是先生从未见过他，知道他不是齐国官员。因为先生是齐国上卿，齐国朝廷中，上自齐宣王，下至各位朝臣，先生都是认识的，尽管并不是跟所有人都有交情，但彼此见面都是认识的。所以，那位前来的齐国士人坐下说明来意后，先生没有予以理会，而是伏在几案上打起了瞌睡。来人非常不高兴，觉得先生没有礼貌，于是生气地说道：'弟子在准备拜见您的前一天，就虔诚地斋戒沐浴，然后才敢来见您，跟您表达希望您能留下来。可是，您却对弟子不理不睬，竟然当着弟子的面打起了瞌睡，完全不肯听弟子一言。既然如此，以后我再也不敢与您见面了。'"

"那先生怎么说？"桃应立即追问道。

"先生说：'你坐下！我明白地告诉你：从前，鲁缪公对待贤人可不是现在齐王这种态度。他如果没有人在子思身边，就不能使子思安心；泄柳、申详没有人在鲁缪公身边，也不能使自己心安。你看看人家的君臣关系，是怎样的一种境界。我是一个老人，你是否可以设身处地替我想一想，齐王对我的态度，连鲁缪公那样对待子思的态度都达不到，而你却不去劝说齐王改变态度，反而在此以空言慰留我。这是你跟我这个老人决绝呢？还是我这个老人跟你决绝呢？'来客顿时哑口无言，只好唯唯而退。"高子说道。

"高师弟，先生拒绝这位好心的齐国士人，并以长者、贤者自许，是不是想借此暗示此人，让他想办法转告齐宣王，要齐宣王认识到他的价值，亲自来昼邑慰留自己？"乐正克问道。

高子犹豫了一下，抬眼望了一眼面前的孟轲墓，说道：

"这个我不敢妄猜，也许先生没有这个意思。不过，说实话，就我对先生的观察，觉得先生之所以在昼邑无缘无故连续待三天，恐怕还是因为有些舍不得离开的意思。毕竟他一生的大部分时间都是在齐国度过，而且他最风光的时刻也是在齐国，得到的优渥待遇也是在齐国。在宋国，在魏国，好像都没有得到过相同的待遇，甚至连礼遇都谈不上。这一点，勾践师兄与周霄师兄最清楚。"

勾践与周霄几乎同时默默地点了点头，没有说话。大概他们是觉得孟轲在宋国与魏国不得意，跟他们没有能力搞定宋君偃、魏惠王和魏襄王有关，心中感到有些惭愧。

但是，高子没有想这么多，接着说道：

"大家都知道，先生在昼邑停留了三天后，最终没有等到齐宣王亲自来慰留，于是就离开了。过了几天，就在先生即将离开齐国之境时，我碰巧遇到一个刚从临淄来的人。他见我们一行人数众多，猜想应该是先生的弟子，于是就告诉了我一个消息，说齐国有一个士人叫尹士，还颇有些名望，听说先生离开了齐国，就公开议论道：'孟轲如果没有认识到齐王不可能成为商汤、周武那样的君王，那只能说明他糊涂；如果明知齐王不是自己心目中期待的君王，却还要来齐国投奔他，那就说明他是贪图富贵利禄。不远千里来见齐王，不被赏识而离开也就罢了，却又要在昼邑停留三宿，这样慢腾腾的是干什么呢？我对此非常看不惯。'"

"高师兄，那您有没有将这话转告给先生？"高子话音未落，周霄就忍不住追问道。

"我开始不想将这话告诉先生，怕先生听了伤心。但是，转而想了想，觉得先生是个心胸豁达的人，对于别人的议论向来都是持包容态度的。同时，我也想听听先生对此有什么说法，所以就将尹士的话转告给了先生。"高子说道。

"那先生是怎么跟您说的呢?"屋庐连连忙问道。

"先生听了我的转告，莞尔一笑道:'你所说的那个尹士，他怎么可能了解我呢? 我千里迢迢来见齐王，这是因为我对他抱有希望;我跟他政见不合，谈不到一起而离开，难道也是我所希望的吗? 只是不得已罢了。在昼邑停留了三宿才走，我觉得还是太快了。我总是想着，齐王会改变对我的态度。如果齐王改变态度，他一定会将我召回。但是，当我最终离开昼邑时，也没见齐王派人来追我回去。这时，我才产生了无所留恋而返回故乡的念头。'"

高子还没说完，桃应突然插话道:

"原来先生在昼邑停留三宿，还真的是舍不得离开齐国。尹士说他贪图富贵利禄，也不是没有一点道理的。"

"桃应师弟，你这样说，先生是要从坟墓里跳出来的。"屋庐连觉得桃应话说得太直白了，怕其他师兄弟不高兴，于是连忙出来打圆场道。

高子明白屋庐连的意思，不禁会心一笑，接着说道:

"桃应师弟不要急，你听我告诉你，先生当时是怎么跟我说的。"

"高师兄，那您赶紧告诉我们。"桃应连忙就坡下驴。

"先生说:'即使齐王没有派人来追我回去，我难道有要抛弃他的意思吗? 我知道，齐王不可能做商汤、周武那样的君王，但他还是足以干出一番事业的。如果他肯重用我，那岂止是齐国的百姓得到太平，天下的百姓都能因此而得到太平。我之所以在昼邑连续停留三宿，是因为我相信齐王会改变对我的态度。所以，我天天盼望着。我难道是那种气量狭小的人吗? 向齐王进谏不被接受，就大为生气，满脸不高兴;一旦要离开，就非要走得筋疲力尽才肯驻足休息吗?'听了先生的话，我才真正明白了先生的真实心理。于是，我连忙找到那个临淄来的人，将先生的话转告给了他。过了好多年，我再到齐国时，听人再次说到先生当年离开齐国的事，也听到了有关尹士的情况，知道尹士最终了解了我们先生离开齐国时在昼邑停留三宿的真实心理，惭愧地说道:'我真是一个小人呀!'"高子说道。

"哦，原来先生是以天下苍生为念，心中有大爱，并不是贪图富贵利禄。

看来，我跟尹士一样，是以小人之心，度君子之腹了。实在是对不起先生，愧为先生弟子。"桃应愧疚地说道。

孟仲见桃应说得太沉重了，连忙出来调和气氛，说道：

"关于先生离开齐国的事，哪位还有可讲的故事？不如趁着今夜我们聚于先生墓前，都说出来给大家听听吧，让地下的先生也听听，重温昔日我们跟先生的师生之情。"

充虞也是孟轲早期的弟子，听孟仲这样一说，不胜感慨。顿了顿，主动开口说道：

"对于先生离开齐国时的心情，我也是有所了解的。在离齐回邹的路上，我见先生很多时候都是愁眉苦脸的样子，猜测他肯定是心情不愉快。因为在我的印象中，先生一直是乐观开朗的人，经常处于一种精神饱满、情绪昂扬的状态。所以，有一次，我见他又是一副愁眉苦脸的表情，就悄悄跟他说道：'从先生的表情看，您好像是有些不愉快。从前，弟子听您说过：君子不怨天尤人。今天您为何如此呢？'先生答道：'彼一时，此一时，现在的情况完全改变了。从历史规律看，天下每过五百年，就会出现一位明君圣主，同时还会有命世之才产生。从周武王以来，到如今已经有七百多年了。若论年数，已经超过了五百年；若论时势，今日正应该是明君圣主与命世贤臣出现之时。若是上天不想使天下太平，那也就罢了；若是想使天下太平，今日之天下，除了我，还有谁堪担此任呢？我为什么不愉快呢？'"

充虞话音未落，屋庐连哈哈一笑，说道：

"先生太自负了，认为自己是不世出的奇才，治平天下，非他莫属。看来，我们这些弟子，既无先生的学识，也无先生的自信，所以就达不到先生那样誉满天下的知名度。"

"屋庐师弟，你这是在夸先生呢？还是在贬先生？"孟仲笑着问道。

"大师兄，我绝无贬先生的意思，而是夸先生。自信，尤其是特别的自信，并不是一般人都有的，这是一个人进步的动力。"屋庐连连忙辩解道。

孟仲不想跟屋庐连较真，遂转移话题，说道：

"哪位还有关于先生离开齐国的故事？赶紧说一说吧。"

公孙丑自从投在孟轲门下后，一直就深得孟轲赏识，晚年更是师徒二人形影不离。见大家都各自说了有关孟轲离齐时的故事，觉得有必要也将自己所知说给大家听听，于是顿了一顿，也主动开了口：

"对于先生为什么要离开齐国，当时我也是非常不理解的。对于许多人的议论，我更是分不清其中的是非曲直。所以，在先生离开齐国，走到离家乡邹国还有百里的休时，我忍不住问了先生一个问题，想以此探一探先生离开齐国的真实心理。"

"公孙师兄，您问了先生什么问题？"没等公孙丑把话说完，桃应就急切地追问道。

"大家可能还记得吧，先生决定离开齐国前，就不再接受齐王的俸禄了。所以，我就问了先生一个问题：'做官而不受国君俸禄，这合乎圣人之道吗？'先生回答说：'不合乎圣人之道。不过，我不接受齐王的俸禄，则是有原因的。我在崇地见到齐王时，就发现跟他话不投机，回来后便有了离开齐国的念头。因为这个念头不曾打消，所以我就不再接受齐王的俸禄了。但是，不久发生了齐国与燕国的战事。在此关键时刻，我不宜离开。但是，长久地留在齐国，却不是我的心愿。'"公孙丑说道。

"如此说来，先生第三次离开齐国，恐怕是跟年纪大了，怀念故土有关。大凡是人，都有落叶归根的想法，这也是人之常情。先生虽然一生为了追求王道社会的理想，不辞辛劳周游列国，整天一副大义凛然的圣人模样，但骨子里还是一个非常念旧的普通人，对其先祖之国鲁国都有很深的感情，更何况是对生于斯，长于斯的邹国了。"孟仲接住公孙丑的话，为孟轲找到了一个完美的理由。

没想到，孟仲话音未落，陈臻便脱口而出：

"大师兄，我要纠正您一个错误。其实，这个错误也是各位师兄弟都曾犯过的。"

"陈师弟，我犯了什么错误？"孟仲立即追问道。

"大师兄，您刚才不是说，先生第三次离开齐国跟怀念故土有关吗？您这不是说，先生最后一次离开齐国是第三次吗？其实，先生曾四次进出齐国。第一次第二次离开齐国，大家都知道。第三次离开齐国，大家恐怕都忽略了，就是先生从魏都大梁直接到了齐国后的第三年，也就是公孙衍组织五国攻秦的第二年，秦败魏赵韩三国联军于修鱼的当年，滕更师弟从滕国赶赴齐国稷下学宫，报告了先生一个消息，说滕文公崩逝了。先生听到消息，非常悲伤，立即向齐宣王告假，离开齐国往滕国给滕文公吊表。这次离开齐国，才是第三次。所以，最后一次离开齐国，应该是第四次。"陈臻言之凿凿地说道。

"陈师弟说得对，我们都忘记了这个插曲。"孟仲连连点头说道。

孟仲话音未落，邹正立即接口说道：

"陈师弟说到先生往滕国吊丧的事，我突然想到，当时好像是公孙师弟陪同先生一起前往的。公孙师弟，是不是？"

"二师兄，您记得没错。当滕更师弟从滕国来稷下学宫，报告滕文公崩逝的消息后，先生第一时间便进城向齐宣王告假。齐宣王闻之，立即同意，还让先生以齐国上卿的名分出使。为了郑重其事，齐宣王还派了盖邑的长官王欢为副使同行。王欢同先生整天在一起，来回又同行于齐、滕两国的路上，但先生却没跟他谈一句公事。当时，我就觉得非常奇怪，便私下问先生说：'齐国上卿之位，应该不算小了；齐、滕间的道途，也不算近了。但是，往返一趟，您却没跟王欢大人谈一句公事，这是为何呢？'先生说：'他既然一个人独断专行了，我还说什么呢？'我觉得先生说的不是实话，因为我对王欢大人的印象挺好，觉得先生是自视清高，看不上王欢而不愿跟他谈公事而已。"公孙丑说道。

"哦，原来还有这一段故事。如果二师兄不提，公孙师兄不说，我们还不知道呢。"桃应一本正经地说道。

其他师兄弟也随之连连点头，一片附和之声。

之后，大家都不再说话了。于是，孟轲墓前顿时陷入了一片沉寂之中。

大约过了有烙一张大饼的工夫，好久都没有说话的陈代突然若有所思，打破沉寂，侧脸望向公孙丑，高声说道：

"刚才公孙师兄提到，先生最终起念要离开齐国，是因为在崇地跟齐宣王话不投机。据我所知，这次先生跟齐宣王的对话，并不是话不投机那么简单，而是因为先生的话太不中听了，以致让齐宣王有被冒犯的感觉，不禁为之震怒。"

桃应一听陈代这话，顿时兴味盎然，立即接住话头，说道：

"陈师兄，那您就将这段典故说给大家听听吧。"

公孙丑听陈代有新说法，遂也顺着桃应的话，说道：

"陈师弟，那你就说一说吧。"

"我是道听途说，不一定准确。"陈代说道。

"没关系，今晚我们很多人的说法都是道听途说的。如果不够准确，相信先生在地下也不会怪我们的。我们只是想念先生，所以在此重温昔日追随先生的时光。"公孙丑为了打消陈代的顾虑，体贴地说道。

陈代见公孙丑这样说，遂坦然了不少，顿了顿，从容说道：

"据说，先生随齐宣王至崇地巡察游览，看到一座高大的建筑，先生就借此生发，想谈自己对于治理国家的见解。先生说：'大凡做君王的，都喜欢修建大房子。当君王决定要修建大房子时，就一定会派工匠去寻觅大的木料。工匠觅得大木料，君王就会很高兴，以为他能胜任其职责。如果工匠将大木料砍小了，君王就会发怒，认为工匠不能胜任其职责。有些人从小就开始学习一门技能，长大了就想以此谋生。可是，做君王的却说：将你所学的暂时放下，听我的吩咐去干别的吧。这怎么可以呢？假如有一块未经雕琢的玉石，君王知道它非常珍贵，一定会找技艺高超的玉师来对它进一步打磨雕琢。可是，一谈到治理国家，君王则对贤臣能吏说：将你所学的暂时放下，按我说的办吧。这跟教导玉师如何雕琢玉石有什么两样呢？'"

"先生这是打比方教导齐宣王，治国安邦要善于运用专业人才，要将相应的管理工作交由懂行的官员去做，要人尽其才，不要外行指挥内行，是吧？"乐正克问道。

"乐正师弟果然是做官出身的，先生的言外之意，一听就懂。"陈代说道。

"对先生的教导，齐宣王是什么态度呢？"桃应问道。

"齐宣王当然是不太高兴，觉得先生作为臣下，总以一副教师爷的口吻教训他如何治国安邦。不过，出于礼貌，齐宣王当场并没有对先生发火，而是强装笑颜，假意点头称是。然后转移话题，问了先生一个问题：'如何做公卿？'"

陈代话还没说完，好久没有说话的咸丘蒙突然脱口而出：

"齐宣王这是意有所指吧？是不是在婉转地批评先生不懂为臣的规矩？"

"正是。但是，先生好像无知无觉，没有发现齐宣王已对他有不满之情，反问道：'大王所问的是哪一类的公卿？'齐宣王认为，所有的公卿都是他任命的，都是他的臣下，都应该听命于他，都应该懂得为臣的规矩。所以，听了先生的反问，觉得非常奇怪，于是反问道：'公卿难道还有什么不同吗？'先生脱口而出：'当然有所不同。有贵戚之卿，有异姓之卿。'"

"什么叫贵戚之卿？什么叫异姓之卿？"桃应不明白孟轲的话，打断陈代问道。

"贵戚之卿，是指跟国君同宗族的公卿，像齐国的王室成员，在齐国朝廷任职的，就是贵戚之卿；异姓之卿，是指跟国君不是同宗族的公卿，像匡章将军，还有我们先生这样的外来客卿，就是异姓之卿。"陈代解释道。

"哦，我明白了。陈师兄，您接着讲。"桃应点了点头。

"齐宣王见先生硬是将卿区分为贵戚之卿与异姓之卿，遂顺着先生的话，反问道：'那么，请问贵戚之卿应尽什么样的职责呢？'先生答道：'国君如果有大过，贵戚之卿就应该及时劝谏，使其改正；如果多次劝谏还不听从，那么他们就应该废黜国君，改立新君。'齐宣王听了先生这话，立即脸色大变，勃然大怒。"

"陈师兄，齐宣王为什么勃然大怒？难道我们先生说错了吗？国君犯错，公卿屡谏不改，当然应该废黜其君位，这还有错吗？"桃应又不明白了，再次打断陈代的话。

"齐宣王大概是认为，时代已经变化，不是周初的封邦建国时期，诸侯国贵族出身的公卿已经无权废立君王了。而先生还固守并宣扬周公制定的礼法制度，势必会动摇人心，威胁到他作为齐国之君的地位。在齐宣王看来，他是君，先生是臣，臣对君说这样的话，就是大逆不道。所以，他才勃然大怒。"陈代解释道。

"哦，明白了。陈师兄，您再接着讲。"桃应再次点了点头。

"先生明白齐宣王生气的原因，可能他也早就料到，所以不慌不忙地对齐宣王说道：'大王不要感到惊讶！您既然问了我贵戚之卿的职责，我当然不敢不用老实话回答。'齐宣王听先生这样说，脸色缓和了不少，说道：'那异姓之卿又该尽什么样的职责呢？'先生回答道：'君王如果有过错，他就应该及时谏止；如果多次劝谏都不听从，那就可以离职了。'"

陈代话音刚落，屋庐连就接口问道：

"先生这话是意有所指吧？有没有暗示齐宣王这样一个意思，再不听从他的王道政治主张，他就要离开齐国了？"

"我想，先生肯定有这个意思，齐宣王也会认为有这个意思。所以，这次齐宣王与先生的对话闹得双方都很不愉快。这大概也是先生最终决意要离开齐国，而齐宣王最终没有派人追回先生的原因吧。"陈代说道。

听完陈代的叙述，大家都不再说话了。孟轲墓前，再次陷入一片沉寂之中。

但是，过了大约有烙两张大饼的工夫，屋庐连耐不住寂寞，打破了沉寂，侧脸右望邹春，高声说道：

"三师兄，您会看月亮推知时辰，那您现在再看看月亮，推知一下离天亮还有多长时间？"

邹春对这个话题非常感兴趣，屋庐连话音未落，他便跪直了身子，扭过头去，往天空瞥了一眼即将消失的月亮，脱口而出道：

"大约还有一个时辰。"

"如此说来，就快要天亮了。天一亮，我们大家就要各奔东西了。不如趁着还有这一个时辰的时间，请公孙、万章二位师兄讲讲先生回到邹国后的晚年生活情状吧。"一直不说话，只负责给大家斟酒的宋大夫勾践，这次破例提了一个建议。

大家连声说好。

公孙丑、万章是一直陪伴孟轲到生命结束的两个弟子，也是记录孟轲一生行事与言论，并在孟轲晚年将之形诸文字的两个弟子。所以，对于孟轲最后一次从齐国回到邹国的晚年生活，可说是最为了解了。

公孙丑因为之前刚刚说过孟轲的故事，所以，这次他就将任务推给了万章。万章比公孙丑年龄要小，入门时间也晚一些。所以，公孙丑提出要他讲孟轲晚年的生活，他不敢推辞，只好欣然答应。

宋大夫勾践见此，立即抱起酒坛，上前先给万章斟酒。然后，依次给在座的各位师兄弟都斟了酒。

万章喝了一口酒，抬头望了一眼面前的孟轲墓，沉默了一会儿，便开始述说起孟轲晚年在邹国教书育人的往事。

一、怀仁义以相接

孟轲负气不见齐宣王，携众弟子离开了齐国，准备从此告别政坛，重回故乡邹国，再续早年教书育人的生涯。

周赧王三年（公元前312年）十一月初五，孟轲师徒一行道经宋国石丘时，与宋轻不期而遇。

宋轻是宋人，跟齐国的尹文齐名，是"宋尹学派"的创始人。虽然跟孟轲"道不同而不相为谋"，但二人都反对诸侯国之间相互兼并杀伐。因此，在稷下学宫为"稷下先生"时，二人颇是相得，彼此引为老友。二人分别多年，邂逅于道途，自然都感到喜出望外。彼此寒暄问候了几句后，孟轲见宋轻一副行色匆匆的样子，遂好奇地问道：

"先生，您这是要往哪里去呢？"

"轻听说，秦师大败楚师于丹阳，取楚汉中之地，今又再败楚师于蓝田。秦楚皆万乘之国，轻恐战事扩大，祸及更多无辜秦楚生灵。所以，轻准备前往楚国之都谒见楚王，劝谏他不要再跟秦国打下去了。如果楚王不听，轻准备再前往秦国之都谒见秦王，劝谏他罢兵息战。轻相信，二王总有一人会听从我的劝谏。"

听宋轻说得自信满满，孟轲不禁轻轻一笑。

"夫子，您笑什么？"宋轻立即追问道。

"轲不想问秦楚之战过多的细节与内情，只想了解您的观点，您准备以什么理由劝谏他们罢兵息战呢？"孟轲反问道。

"轻准备告诉他们，秦楚二国交战，对谁都是没有利益的。"

宋轻话音刚落，孟轲便脱口而出：

"先生的立意是崇高的，但先生的说法恐怕是行不通的。"

"为什么？"宋轻反问道。

"先生以利益游说秦楚二王，如果他们喜好利益而罢兵息战，这就会使秦楚三军将士乐于罢兵息战而追逐利益。为人之臣怀着好利之心而侍其君，为人之子怀着好利之心而侍其父，为人之弟怀着好利之心而侍其兄，这就会使君臣、父子、兄弟都背弃了仁义。怀着好利之心相互对待，这样国家还不灭亡的，是从来都没有的。所以，轲以为，怀利益以相接，必亡其国；怀仁义以相接，必王天下。"

宋轻对孟轲的观点不以为然，立即反问道：

"为什么这样说？"

"如果先生以仁义游说秦楚二王，他们因为喜爱仁义而罢兵息战，那么就会使三军将士乐于罢兵息战而喜好仁义。为人之臣怀着仁义之心而侍其君，为人之子怀着仁义之心而侍其父，为人之弟怀着仁义之心而侍其兄，这就会使君臣、父子、兄弟都不会追逐利益。所以，轲以为，去逐利之心，怀仁义以相接，不能一统天下的，是从来没有的。先生，您何必游说秦楚二王以利呢？"孟轲说道。

但是，宋轻对孟轲的说法不以为然，他是个现实主义者，跟墨家学派有点类似，最讲功利。他相信秦惠王与楚怀王都是重利的，一定听得进他的游说。所以，最后没有听从孟轲的劝谏，而是急匆匆地跟孟轲道了别，便前往楚国游说楚怀王去了。

就在宋轻走后不久，宋大夫勾践听说孟轲离开齐国，正道经宋国回邹国故乡，立即驱车追赶，最终在孟轲快要走出宋国之境时，追上了孟轲。

勾践虽然跟孟轲感情很深，也一直思念孟轲，但是因为身为宋国大夫，在宋康王朝中有职务，不能像其他师兄弟那样自由，可以始终追随孟轲左右。所以，自从十二年前与孟轲相别后，二人就一直没有见过面。但是，周显王四十六年（公元前323年），孟轲满怀激情与希望，离开齐国而奔赴宋国，投身于宋君偃（即后来的宋康王）宣称要推行的王政大业，最终却不了了之而愤然离开的情景，他一直清楚地记得。

师生十二年后久别重逢，自然都是喜不自禁。彼此寒暄之后，勾践先向孟轲表达了别后的思念之情，然后简要地介绍了一下宋国近些年来政坛发生的变化。孟轲听了，不禁十分感慨。感慨之余，也忍不住发表了自己对于宋康王的看法，勾践表示同意。之后二人闲聊中，孟轲说到了有关宋轻往楚国游说楚怀王的事，并主动询问勾践是否了解秦楚二国交战的具体原因。

"先生，您刚从齐都临淄离开，难道对其中的内情还不清楚吗？"勾践感到奇怪。

"师弟，你有所不知，先生此次是跟齐王怄气才离开的。离开齐国前的好几个月，先生就不愿觐见齐王，过问齐国的朝政了。你想想看，他怎么可能了解秦楚之战的内情呢？"陪在一旁的公孙丑连忙解释道。

"哦，原来如此。"勾践点了点头。

"这个问题，其实前几天宋轻先生是想告诉先生的，只是先生假装不感兴趣。今天之所以主动问你，是因为你是他的弟子。我想，先生内心还是关心秦楚交战原因的。"万章看了一眼勾践，又看了一眼孟轲，说道。

"宋国位居东西方交通要道之上，有关诸侯各国的消息一向都是非常灵通的。师弟又身为宋国大夫，肯定对于秦楚之战的内情要比宋轻先生了解得多。既然先生对此感兴趣，你就给先生详细说一说吧。"公孙丑看着勾践，请求道。

勾践点了点头，看了看孟轲，说道：

"秦楚之战的起因，说起来话长。今天，我就简单地给先生讲一讲吧。"

孟轲点了点头。

"大家都清楚，这几年燕国君臣易位，齐国出兵干预，甚至还要借此吞并燕国。为此，秦王就有些担忧了。秦国君臣都认为，一旦齐国真的吞并了燕国，就会力量倍增，势必就要成为天下的霸主，威胁到秦国的安全，将来要想实现一统天下的目标就没有指望了。所以，秦王就听从了张仪之计，决定加快实施早就谋划好的'连横'战略，挑拨山东诸侯各国同齐国的关系。张仪认为，现在山东诸侯各国中能够牵制齐国，并阻止齐国吞并燕国最有力的国家，就是楚国。所以，他自告奋勇地请求秦王，让他出使楚国，往楚都郢游说楚王，让楚国与齐国绝交。"

"哦，原来又是张仪。我早就说过，有纵横家存在一日，天下就不得太平。"孟轲脱口而出。

"先生说得是。据确切情报，今年四月底，张仪抵达楚都郢。一见楚王，张仪就游说楚王道：'秦王所敬者，无过于大王；仪生平所愿者，乃为大王之臣。'楚王受到张仪吹捧之后，不禁面有得色。张仪遂又说道：'秦王所憎者，无过于齐王。今齐王得罪于秦王多矣，故秦王欲伐之。只是秦王虑及大王之国与齐国交欢，秦王欲听大王号令而不得，而仪欲为大王之臣亦不能。'"

勾践话还没说完，孟轲便忍不住插话道：

"张仪这是纵横家的骗人之言，楚王听不出来吗？"

勾践笑了一笑，说道：

"楚王要是听得出来，就不会上当了，楚国自然也就不会有跟秦国一战再战而一败再败的结果了。"

"这话怎么讲？师弟快说。"

勾践见公孙丑一副急不可耐的样子，故意停顿了一下，然后才接着说道：

"其实，楚王并不是一开始就相信张仪的话，而是后来被张仪的利诱所击中。他跟楚王说：'大王若能闭关绝齐，臣请秦王献商、於之地六百里于楚。'楚王一听张仪这话，立即为之心动。因为商、於之地一直是楚国所垂涎的。楚国若得到商、於之地，既可向北进军魏、秦一直争夺不休的河西肥沃之地，同时也可西遏强秦，东抑魏国，再度崛起。张仪一向善于察言观色和揣摩人心，见楚王明显动了心，遂续而说道：'大王得商、於之地，则楚国益强，齐国必弱。齐国弱，则必为大王所役使。如此，楚国北可弱强齐，西可结大秦，且有商、於之地以为利。此乃一举三利，大王何不为哉？'楚王喜不自禁，脱口而出：'善哉！'遂允张仪所请，决定与齐绝交。"

勾践话音刚落，万章便问道：

"楚王贪利而迷了心窍，难道楚国大臣中就没有一个明白人吗？"

"师兄，您倒是问对了。当楚王向众臣宣布跟齐国绝交的决定后，几乎所有楚国之臣都向楚王表示祝贺。唯一站出来反对的，反倒是身为秦国人的陈轸。但是，楚王认为，陈轸反对，是因为他跟张仪有过节，他从秦国到楚国为臣，是受张仪排挤的结果。所以，就反问陈轸道：'今寡人不烦一兵，不损一卒，而得秦商、於之地六百里，寡人自以为智矣。群臣及诸士大夫皆贺寡人，卿独不贺，为何？'"

"那陈轸怎么说？"公孙丑连忙追问道。

"陈轸说：'臣以为，商、於之地楚终不可得，而大患必至，故不敢妄贺。'楚王不以为然，反问道：'何以言之？'陈轸见楚王仍然执迷不悟，遂深深地叹了一口气，说道：'秦王所以推重大王，乃因大王有齐国之交。今大王商、於之地未得，而先绝齐国之交，是使楚国自陷于孤立。楚国一旦陷于孤立，秦王还会推重大王、推重楚国吗？'"

"陈轸也是纵横家，他的分析不无道理。"一直站在一旁的邹春，这时也忍不住插话评论道。

勾践点了点头，说道：

"三师兄说得对。但是，楚王已经被张仪的利诱迷了心窍，听了陈轸肺腑之言，反而面有不悦之色。但是，陈轸出于对楚王与楚国的忠诚，还是继续进谏，说道：'大王若先责秦人献地，后绝齐楚之交，秦计必不成；若先绝齐楚之交，后责秦国之地，则必见欺于张仪，届时悔之而不及。臣以为，楚国北绝齐国之交，必西生秦国之患。若齐、秦两国之兵皆至，楚国必有亡国之虞。'但是，楚王还是听不进陈轸的忠言，认为他反对齐楚绝交，完全是出于对张仪的成见，于是明确地告诉陈轸道：'事定矣，幸勿多言！以待寡人之得商、於之地。'"

"那结果怎么样？"孟仲一向老成持重，这时也不矜持了。

"结果，楚王固执己见，坚持要与齐国绝交。张仪还没离开楚国，楚王就派使者往齐国，知会齐王二国绝交之意。没过几天，楚怀王怕齐楚之交不能断绝，前使未返，又遣一使往齐。与此同时，张仪回到秦都咸阳后，立即进谏秦王遣使往齐，暗中与齐国结交。去年五月底，楚王终于绝了齐国之交。接着，立即派了一名楚国之将前往秦都咸阳，欲跟张仪交接商、於之地。但是，张仪却称病不见。"

"张仪这是要耍赖，是吧？"万章问道。

勾践点了点头，抬头看了一眼孟轲，见其神情专注，遂又瞥了一眼立于孟轲身边的几位师兄，接着说道：

"楚将无奈，只得一边在咸阳等张仪上朝理政，一边暗中遣人回楚都禀告楚王情况。楚王闻报，以为张仪不相信楚国真的已与齐国绝交。为了取信于秦，楚王派楚国勇士至宋国，借宋国兵符，北骂齐王。齐王大怒，遂决定折节朝秦，与楚国彻底绝了交。去年八月底，当张仪获知齐、楚之交已绝，而秦、齐之交已定时，这才开始上朝理事。楚将等了三个月，这才见到了张仪。”

“这下张仪无法回避了吧？”万章又追问道。

勾践看了一眼万章，笑道：

“师兄说得对。楚将跟张仪说：‘大人与吾王有约，楚绝齐交，则秦奉商、於之地六百里。今楚齐之交已绝，末将受吾王之命，请秦割商、於之地六百里。’可是，张仪却装作十分吃惊的样子，说没有这回事，最后对楚将说道：‘臣有奉邑六里，愿以之献于楚王。’楚将立即反驳道：‘臣受命于吾王，责秦商、於之地六百里，不闻有六里。’楚将见张仪如此明目张胆地耍赖，非常气愤。然而，身在秦国，他又奈何不了张仪这个一人之下万人之上的秦国之相，于是只好返归楚都，禀告楚王去了。”

“张仪真是太卑鄙了！怪不得先生平生最痛恨纵横家。”邹春又忍不住评论了。

“那之后呢？”公孙丑想了解最终的结果，连忙催促道。

“就在楚将奉楚王之命还在秦国与张仪交涉之际，也就是去年七月初，齐王因为对楚王不讲信义且无理至极的行为感到非常气愤，遂在与秦国结交已定的情况下，毅然决然地出师对楚国发动了进攻。齐、楚皆为万乘之国，可谓势均力敌。因此，齐国在跟楚国交战后，并未占上风。相反，打到八月中旬时，楚国之师越战越勇，而齐国之师反而感到力有不支。于是，齐王就基于齐、秦已经结交的现实，遣使往咸阳，要求秦国出兵相助，夹击楚国。”

“那这次张仪会不会又耍什么花招呢？”万章没等勾践把话说完，便急不可耐地问道。

“师兄，您还真是说对了。齐王使者见了秦王，将齐王的请求予以禀告后，秦王不敢怠慢，立即召集群臣相商。结果，所有秦国之臣都赞成出兵相救，唯独张仪一人反对。赞成派的代表是司马错，也是张仪最有力的反对者。秦王对他们二人都不得罪，让他们各述理由。司马错说：‘齐楚之交已绝，秦齐之交已定。今齐国有难，秦国出师救之，此乃义也，信也。’张仪说：‘臣以为不救为上。’并给秦王讲了一个故事。”

一直立于众师兄身后，不敢插嘴的屋庐连，一听张仪要给秦惠王讲故事，立即来了精神，顾不得师门长幼之序，脱口而出：

“什么故事？”

众人一听是屋庐连说话，情不自禁地扭转头向身后看了一眼。

勾践见了，莞尔一笑，知道大家的意思，遂抬眼望了一眼孟轲，见其神情仍然相当专注，明白孟轲应该没有反对的意见，于是便从容说道：

"张仪给秦王讲的故事是，说从前鲁国有一个大力士叫卞庄子，一次看到两只老虎争食一人，于是立即仗剑上前，准备跟两只老虎搏斗。但是，他的朋友管与制止了他，说：'老虎乃暴戾之虫，人是其甘饵。今两虎争食一人，必起争斗。斗则小者必死，大者必伤。你何不坐观其斗，待其一死一伤之时，刺其受伤之虎？如此，岂非一举而兼得两虎？'"

"师兄，张仪的这个故事是要秦王坐观齐楚二国争战，最后坐收两败俱伤之利，是吗？"勾践话音未落，屋庐连便迫不及待地解读道。

"师弟果然聪明，看来你也可以做纵横家了。"勾践笑着打趣道。

孟仲因为知道屋庐连曾跟人学过纵横术的经历，又知道孟轲最恨纵横家，所以一听勾践说屋庐连可以成为纵横家，既怕孟轲生气，又怕屋庐连难堪，于是立即出来救场，说道：

"勾践师弟，你快讲齐楚之战的结果吧。"

勾践这时也知道自己刚才失言了，于是立即收起笑容，一本正经起来，接着说道：

"秦王觉得张仪之策确实最符合秦国的国家利益，于是就接受了张仪的建议，先虚意答应齐王使者，同意出兵相助，将其打发回齐国，实际上并不打算履约。九月底，出使秦国办理商、於之地交接的楚将回到了楚都，向楚王如实禀报了张仪之言。楚王大为震怒，决定立即出兵攻打秦国。陈轸闻知，立即前往谏止。他认为，齐、楚之战还在进行中，未分胜负，现在又要跟秦国开战，明显不是明智之举。虽然上次进谏阻止楚王与齐国绝交没有成功，反而被楚王冷落，但是，他觉得在此关键时刻，还是要尽为臣之责。但是，他吸取了上次进谏失败的教训，进谏之前先问了楚王一句：'臣可进谏否？'楚王听了陈轸这句话，立即明白其意，顿时羞愧难当，以从未有过的谦恭说道：'请先生明以教寡人。'"

"那陈轸是怎么回答楚王的？"万章立即追问道，因为他内心是非常佩服陈轸的。

"陈轸跟楚王说：'齐楚相攻，楚三月而不能胜之。久之，臣恐楚有所不支。今闻大王又欲起兵伐秦，臣以为不是上计。'陈轸话刚出口就觉得有些后悔，怕楚王又要生气，但这次楚王倒是态度十分平和。于是，陈轸又大着胆子接着说道：'臣以为，大王伐秦，不如赂秦一名都，厚结秦王之心，让秦王出师与楚国共同伐齐。如此，则我失地于秦，而取之于齐，楚国之地尚可保全。'"

"师兄，陈轸这样劝谏楚王，就不怕楚王认为他是为秦国谋取利益吗？他自己是秦国人，应该避嫌才对呀！"屋庐连又忍不住解读道。

"师弟说得对。事实上，陈轸也意识到了这一点。所以，他又接着解释道：'大王今绝齐国之交，又责秦国欺楚之过，无异于巩固了齐、秦之交。齐、秦之交愈巩固，则楚必受伤愈重。'楚王虽然觉得陈轸的话说得在理，但最终还是情感战胜了理智，他咽不下被张仪欺骗的那口恶气，觉得如果不出这口气，那么今后面对陈轸与楚国群臣，都有一种羞愧难当之感。于是，陈轸前脚刚走，楚王就传令起兵伐秦。"

"看来楚王不是一个从谏如流的明君，头脑也不清醒，楚国大败肯定是免不了的。"勾践话音未落，一直没有说话的邹正也脱口而出评论道。

"二师兄说得对。秦王本来还想继续坐观齐、楚相斗，然后从中渔利。没想到，楚王主动挑起战端，自然就授秦王以把柄，秦国大军立即出征，与齐国军队东西呼应，共同夹击楚国。与此同时，秦国还胁迫韩国也一同出兵。结果，不出一个月，就将楚国之师打得落花流水。危急关头，陈轸忍不住又向楚王进谏，说道：'为今之计，大王不如东以地贿齐，西遣使和秦，楚国尚可图存。'"

屋庐连听到这里有些着急了，没等勾践把话说完，就插话道：

"俗话说：'事不过三。'陈轸这是第三次进谏了，楚王应该会听进去了吧？"

"师弟，你错了。楚王这时已经完全被愤怒控制了情绪，根本听不进陈轸的进谏，乃倾楚国全境之兵，让楚国名将屈匄统帅，再次向秦国发起了进攻。结果，秦、齐二国合兵共战之，楚师大败，被斩首者八万，楚将屈匄也被俘。之后，秦、齐二师乘机伐取了楚国丹阳、汉中之地。楚王闻之，更加气急败坏，于是就像赌输了的赌徒一般，再起大兵袭秦，并一度打到了秦国之都咸阳附近的蓝田。但是，最后还是功败垂成，被秦师所败。也就在此时，韩、魏二国闻楚师之困，亦趁火打劫，发兵袭楚，南至于邓，以致楚都郢也受到了威胁。"

听勾践将秦楚之战的起因与结果都讲完了，孟轲不禁重重地叹了一口气，说道：

"可惜呀！宋轻先生消息还是不太灵通。秦楚之战都结束了，他还要往楚都游说楚王，还说不行就去游说秦王，这不是成了笑话吗？"

"先生说得对。如果宋轻先生前些天肯听从您的劝告，就会免了现在还在路途上的奔波之苦，将来也不会有被天下人嘲笑的话柄。"孟仲说道。

"说到被天下人嘲笑，我认为，大凡一切只相信利益，只追求利益，而不讲仁义的人，最终都要落得个被天下人嘲笑的结局。根据勾践刚才所说，楚王就是很好的例子。他如果是一个讲仁义的明君，不贪图张仪虚妄许诺的六百里商、於之地，何至于今日落得个丧师失地、几近亡国的结局呢？宋轻先生还说要以利益游说楚王与秦王，我看是真的糊涂了！"

"先生说得是。"众弟子包括勾践同声说道。

过了一会儿，见大家都不说话，屋庐连又忍不住开口了：

"先生一生都在跟人讲仁义道德，每到一个诸侯国，见了其国君，并口就劝谏他们实行仁政，对老百姓仁爱。难道治国就一定要讲仁义吗？除此，难道就别无他途？"

"治国当然要讲仁义，除此确实别无他途。"孟轲斩钉截铁地说道。

"为什么？"屋庐连很想听听孟轲的解释，因为这个问题一直困扰着他，早就想问个清楚了。

孟轲虽然不是个心胸狭隘的人，但是对于屋庐连曾经师事过纵横家的背景还是内心有些疙瘩的，所以觉得今天有必要趁此对他予以教育，让他对先圣孔子的思想与儒家的基本理念有深刻的认知，于是便直视屋庐连说道：

"离娄是黄帝时目力最好的人，公输般是鲁国最著名的巧匠，但是，即便如此，若不用圆规与曲尺，他们也画不出标准的方形与圆形；晋平公时代的师旷，是世上听力最好的人，但是若不用六律，他也无法校正五音；尧舜二帝号称千古圣君，但若不是靠实行仁政，他们也不可能治平天下。"

众弟子都明白孟轲说这番话的用意，屋庐连当然更明白了，所以跟着大家一起点头。

孟轲见此，接着说道：

"当今有些诸侯，虽然也有仁爱之心和仁爱之誉，但都没有让老百姓真正受到恩泽，所以他们的所谓仁政是不足以让后世效法的，因为他们实行的不是真正意义上的先王之道。所以说，仅有仁善之心，而无好的施政方法，是不能治理好国家的；仅有好的施政方法，而无仁善之心，好的施政方法也不能自动发挥作用。《诗》有言：'不愆不忘，率由旧章。'意思是说，效法先王之道，不要有偏差，不要有遗漏，一切都要依循旧有的章法。自古以来，

564

遵循先王之道而治国安邦，犯错而失败的，是从未有过的。"

众弟子又点了点头，孟轲遂接着说道：

"圣人制器竭尽目力，又借助规、矩、准、绳，所以能使制作之器方圆平直合度，用之不尽；圣人校音竭尽耳力，又借助六律，所以能使五音得以校正，韵律优美，运用无穷；圣君治国竭尽心力，又实行仁政，所以他们的仁德能够遍及天下。古圣有言：筑高台必凭借山陵，掘深池必依赖川泽。治国安邦不遵循先王之道，能说是聪明吗？先王之道，就是仁义之道。实行仁义之道者，应该居于上位；否则，若居上位，必将其恶行播之于公众。"

众弟子再次一起点头。

孟轲瞥了一眼众弟子，略略停顿了一下，然后又接着说道：

"在上位者没有仁义法度，在下位者必不能守法尽职；朝廷不相信法度，工匠就不会相信尺度；君子违背礼义，小人就会触犯刑法。这样，国家还能生存下去的，那也是太侥幸了。事实上，城墙不坚固，武器不充足，并非国家之难；田野未开辟，财富不充裕，亦非国家之患；在上位者不讲礼义，在下位者不受教化，违法乱纪者纷纷出现，这才是国家的真正祸患，国家离灭亡也就不远了。《诗》有言：'天之方蹶，无然泄泄。'意思是说，天下正在动荡不定，不要这样乱说多言。多言，就是啰唆。侍君不讲义，进退不讲礼，开口便非议先王之道，这就是多言，是啰唆。"

众人听到这里，终于明白，孟轲这是在直白地批评屋庐连，认为他不应该怀疑其"治国必以仁义"的观点。屋庐连当然也听明白了，只是不敢吭声。

孟轲意味深长地看了一眼屋庐连，又瞥了一眼其他弟子，接着说道：

"以仁政要求君主，叫作恭；劝君主行仁义、谏君主拒邪说，叫作敬；认为自己的君主不能行仁为善，叫作贼。"

听孟轲说到这里，一直站在孟轲背后而没有说话的公都，突然脱口而出：

"先生，我明白了，原来您一直不遗余力、不厌其烦地游说齐王实行仁政，让齐王不胜其烦，并不是对齐王大不敬，而是对他恭与敬的表现。对于齐王，您是怒其不争，哀其不明，所以才愤然离开齐国，是吧？"

"知我者，公都也。对于自暴自弃者，没有必要再跟他讲仁义之大道，跟他共谋王政之大业。出言非议先王礼法与仁义，叫作自暴，是自残心灵的表现；认为自己不能安于仁、合于义，叫作自弃，是对自己没有信心的表现。仁，是人最安适之宅；义，是人最正确之路。空着安适之宅不住，舍弃正确之路不走，真是可悲啊！"

孟仲听了孟轲这番感慨，立即明白，孟轲虽然已经离开了齐国，但内心还是没有放下其王道社会的理想。如果真的放下了，他也就不会有这么多牢骚，以致在弟子面前如此直白地埋怨齐宣王，于是连忙安慰似的说道：

"先生说得是。"

邹正、邹春、公孙丑、万章等一众弟子，包括屋庐连，也都听懂了孟轲的话，所以连忙附和孟仲，点头称是。

孟轲抬头朝远处看了一眼，若有所思。停顿了一会儿，又接着说道：

"不仁之人，难道可以跟他讲仁义之道吗？对别人的危难无动于衷，甚至利用别人的危难而谋取自己的私利，把灭亡他国当作快乐，这样不仁之人，如果还可以跟他讲仁义之道，那么就不会有灭亡吞并他国之事发生了。"

"先生，您这是在说齐王不肯听从您的谏议，从燕国撤兵，另立燕土，而是想吞并燕国，谋求天下霸权吧。"没等孟轲把话说完，屋庐连又忍不住插话了。

孟轲没有回答屋庐连的话，而是自顾自地说道：

"先圣周游列国时，一次听一个小孩子唱了一首歌：'沧浪之水清兮，可以濯我缨；沧浪之水浊兮，可以濯我足。'先圣立即对他的弟子们说：'你们都听好了，水清就洗帽缨，水浊就只能洗脚。这都是由水本身决定的。'所以，一个人必先有自取其辱之行，别人才会侮辱他；一个家必先有自取毁坏之事，别人才会毁坏它；一个国家必先有自取讨伐之因，别人才会讨伐它。《尚书·太甲》有言：'天作孽，犹可违；自作孽，不可活。'意思是说，上天所降的祸患还可以躲避，自造的罪孽就无法免除了。说的就是这种情况。"

"先生，您是说齐国出兵干预燕国内政，又不肯从燕国撤兵，是要招致天下共怒，最终要亡国亡家的，是吗？"屋庐连再次忍不住问道。

孟轲没有回答，但大家都知道屋庐连说的是对的。

勾践好久都没有说话了，但是他觉得孟轲今天之所以如此感慨，恐怕都是跟自己刚才所讲的秦楚之战有关，于是连忙转换话题道：

"弟子好多年都没有见到先生了，今天半道上追上先生，才得以再次聆听先生的教诲。今日一别，就不知道什么时候能再与先生相见，再次听到先生的教诲了。"

"勾践，你身为宋王之臣，说到教诲，为师今日倒是有几句话要跟你说。"孟轲认真地看了看勾践，严肃地说道。

"先生请赐教！"勾践恭敬有加地说道。

"规与矩，是方圆的标准；圣人，是做人的标准。要想做好国君，就要尽君主之道；要想做好臣子，就要尽为臣之道。无论是为君，还是为臣，效法尧舜就可以了。不以舜臣事尧的态度侍奉国君，那便是对国君的不敬；不以尧治理百姓的态度治理百姓，那便是残害百姓。先圣有言：'治理之道无非两种，或者实行仁政，或者不实行仁政。'不实行仁政，暴虐百姓太甚，国君便有可能被杀，国家就有可能灭亡；暴虐百姓太甚，国君自身也有危险，国家也有受到削弱的可能。周天子有死后被谥为'幽''厉'名号者，就是前车之鉴。纵然他们有孝子贤孙，恐怕过一百代也是改变不了人们对他们的恶劣印象。《诗》有言：'殷鉴不远，在夏后之世。'说的就是这个道理。"

"弟子谨记先生教诲，一定克尽心力，劝谏宋王存仁心、行仁政，明知其不可为，也要勉力从之。"

孟轲点了点头，接着说道：

"夏、商、周三代，开始时之所以能得天下，靠的是仁；到后来，之所以失天下，则是因为不仁。国家的兴废存亡，也是这个道理。天子不仁，便不能保有天下；诸侯不仁，便不能保有国家；大夫不仁，便不能保有封邑；士与百姓不仁，便不能保有健康之身。而今，很多人都害怕死亡，却乐于为不仁之事。这就像怕醉酒倒地，却偏要喝酒一样。"

"先生说得是，弟子一定将您所讲道理转达给宋王听。"勾践说道。

孟轲又点了点头，接着说道：

"天子失天下，诸侯亡国家，皆因不行仁政，失去民心。夏桀与商纣之所以失去天下，是因为失去了人民的支持；失去人民的支持，是因为失去了民心。自古以来，大凡得天下者皆有其道：这就是要得到人民的支持。得到人民的支持，也就是得到了天下。而得到人民的支持，亦有其道：这就是要得到民心。得到民心，也就是得到了人民的支持。而得到民心，亦有其道：这就是想人民之所想，苦人民之所苦。人民想要的，替他们积攒起来；人民所厌恶的，不要强加于他们，如此而已。"

"先圣所说，'己所不欲，勿施于人'，跟先生所说的是一个意思吧？"勾践问道。

孟轲看了一眼勾践，满意地点了点头，又接着说道：

"人民归附仁德之君，就像水往低处流、兽往旷野奔一样。为深渊赶来鱼的，往往是水獭；为丛林赶来鸟的，往往是鹯鹰；而为商汤、周武赶来人民的，则是夏桀、商纣。而今的天下，如果有哪国之君喜爱仁德，那么其他各国之君一定都会将其人民赶过来的。这样的国君，即使不想一统天下，也是很难的。现在想一统天下的国君，虽然大有人在，但是他们就像是生了七年之病，却想以生长才三年的艾草来医治。他们不懂得一个道理：平时不积蓄，终身都得不到。一国之君，如果不有志于实行仁政，那么终身都会有忧愁屈辱，甚至陷入身死国亡的境地。《诗》有言：'其何能淑，载胥及溺。'意思是说，那些平时不肯施仁行善的人，最后都会相继陷入祸患之中。这说的就是治国安邦为什么要行仁政的道理。"

跟其他师兄弟一样，勾践虽然明知孟轲引经据典有些牵强附会，却不愿意揭破，而是装出十二分的虔诚，点头称是。

孟轲以为勾践与众弟子都信服了其观点，于是进一步诱导道：

"大凡为人，皆有不忍人之心，也就是同情之心、恻隐之心。先王有不忍人之心，所以才有了不忍人之政。不忍人之政，就是仁政。以不忍人之心，推行不忍人之政，治理天下就像是玩物于掌中一样容易。"

屋庐连虽然知道孟轲说这番话是为了教育勾践的，但是，没等孟轲把话说完，他还是忍不住质疑道：

"先生，您真的认为每个人都有不忍人之心吗？如果真是这样，那这个世上为什么每天都有杀戮呢？"

"世上每天都有杀戮，这是另外一个问题。为师说人皆有不忍人之心，是就人的本性而言，也是基于对现实生活的观察。比方说，现在有个人看到一个小孩即将要掉到井里了，他肯定会毫不犹豫地予以施救。换成其他任何人，也都会这么做。这是因为人皆有惊骇恻隐之心。这种惊骇恻隐之心的产生，并非为了要跟这个孩子的父母攀扯什么交情，也不是为了要在乡里众人面前博取好名誉，当然更不是怕背负不仁的恶名。由此可见，无恻隐之心就不是人。"

屋庐连听了孟轲这个例子，无言反驳，只得点了点头。

孟轲见此，立即接口说道：

"其实，不仅无恻隐之心就不是人，无羞耻之心，无辞让之心，无是非之心，都不是人。恻隐之心，是仁的开端；羞耻之心，是义的开端；辞让之心，是礼的开端；是非之心，则是智的开端。一个人有此四端，就像是有四肢一样，是天然必备的。有此四端，而自己认为不能推行的，是自暴自弃之人；认为国君不能推行的，则是祸害国君之人。大凡具此四端者，若知将其扩而充之，就会像刚燃起的火苗，最终一定会烈焰冲天；又像是刚涌出地面的泉水，最终一定会汇成江河。一国之君具此四端，若能充而实之，便足可安定天下；否则，连赡养父母也难以做到，当然更不能表率万民了。"

"先生说得是，弟子谨记在心。"没等屋庐连作出反应，勾践已经表态了。

孟轲这番话本来就是要说给勾践听的，目的是要勾践影响宋康王，在宋国推行仁政。所以，见勾践态度诚恳，深切认同，自然是非常高兴。于是，兴之所至，又接着发挥道：

"人不需要学习就能做到的，是良能；不用思考就能知道的，是良知。两三岁的小孩没有不知道爱其父母的，等到长大后，没有不知道尊敬兄长的。爱父母是仁，敬兄长是义。这没有其他原因，因为这两种品德是通行于天下的。一国之君，乃一国之民的表率，更应该懂得仁义，弘扬仁义。无论天子，还是诸侯，都应该明白一个基本的道理：我爱百姓，百姓却不肯亲近我，那就要反躬自省，自己对百姓的仁爱是不是深厚；我治国平天下，却没有使国家天下安定，那就要反躬自省，自己是不是真有治国平天下的智慧；我以礼相待天下人，却得不到天下人的回敬，那就要反躬自省，自己的恭敬到底够不够。事实上，任何行为若未达到预期的效果，就应该反躬自省。特别是作为一国之君，尤其要懂得反躬自省。只要自己的行为端正，天下人自然会归附他。《诗》有言：'永言配命，自求多福。'说的就是这个道理。"

孟轲的这番长篇大论，屋庐连听了一头雾水，但勾践却心领神会，知道孟轲这是在批评宋康王。因为宋康王是逐兄而夺位的，无敬兄长之义；对内不肯推行仁政，实行"什一税"，无爱民之仁；对外不能认清天下形势，不知道自己几斤几两，不仅悍然称王，还四处树敌，与齐、楚等大国较量，根本不配治国安邦。所以，孟轲话音未落，勾践就连连点头，脱口而出道：

"先生说得太对了！弟子明白了。"

但是，孟轲觉得意犹未尽，又接着说道：

"大凡仁义之君，都会明白一个道理：民为贵，社稷次之，君为轻。"

"先生的意思是说，仁义之君将人民放在第一位，将护佑国家的土谷神放在第二位，将自己放在最后一位，是吗？"孟轲话未说完，屋庐连又插话了。

孟轲重重地点了点头，说道：

"正是。只有将人民置于第一位，才能得天下万民的欢心，才有资格做天子；而得天子欢心的，则只能做诸侯；得诸侯欢心的，则只能做大夫。如果诸侯不仁，危害国家，那么就要另立新君。如果祭祀的牛羊肥壮，祭祀的五谷洁净，而且是按时祭祀，但仍遭遇水旱之灾，那就要另立土谷之神了。"

勾践没想到孟轲说到最后，竟然有主张废掉宋康王的意思，这不禁让他大吃一惊。为此，他不知道如何回应孟轲，只好含糊其词地说道：

"弟子谨受教。"

二、养浩然之气

周赧王三年（公元前312年）十一月二十五，孟轲携众弟子回到了邹国故乡。

回到邹国后，繁华落尽的孟轲又过回了最初的教书先生生活。不过，因为此时他已是六十一岁的老人了，基础的教学工作他已经担负不了，只能让孟仲、邹正、邹春、充虞等早期弟子，以及公都、公孙丑、万章等人代劳。其他弟子，如陈臻、咸丘蒙、屋庐连、徐辟、陈代、桃应、彭更、滕更、景春、浩生不害等人，陪孟轲从齐国回到邹国，住了一年或几年后，都陆续离开回国了。至于盆成括、高子等人，则早在孟轲还在齐国时，不是死了，就是提前离开了。

盆成括是齐国人，是孟轲第二次入齐时拜在门下求学的，但很快就进入了齐国政坛为官。虽然孟轲对盆成括并不十分满意，但对其人却有比较透彻的认识，曾公开在众弟子面前预言盆成括将死于非命。后来，果然一语成谶。盆成括被人杀死后，曾有弟子问孟轲："先生何以预知盆成括会死于非命？"孟轲回答说："他为人虽有点小聪明，但不懂如何做一个君子的大道，这就足以危及其生命安全了。"

高子也是齐国人，拜在孟轲门下时已经年纪不小了，加上又长得比较老气，看上去比孟轲还要年长，所以师兄弟们都打趣地称呼他为高子，名字早就不为人知了。高子为人比较本分，但不够机灵，所以孟轲在跟他交流时常常感到很吃力。一次，孟轲跟他交流后，很感慨地说道："山间小道只有一点点宽，如果经常有人走，就会变成一条宽阔的大道。但是，只要有一段时间没人走，它就要被茅草堵塞了。现在，茅草已经将你的心给堵住了。"可见，孟轲对于高子真是有点恨铁不成钢的心态。又有一次，高子就音乐问题跟孟轲进行交流讨论时，跟孟轲说："禹的音乐要高于文王的音乐。"孟轲问他："何以言之？"他回答说："禹传下来的奏乐的大钟，其钟钮都快要断了。"孟轲不以为然，反问道："城门下的车辙很深，难道是两匹马踏出来的吗？"高

王道梦

子不明白孟轲的意思，孟轲只好明确地告诉他说："那是因为天长日久，有无数车马经过的缘故。禹传下的钟，钟钮快要断了，并不是因为它比文王之钟奏出的音乐好听，受人欢迎而被摩挲的次数多，而是由于禹传下的钟时间久而已。"大概是因为孟轲并不怎么喜欢高子，所以孟轲离开齐国回邹国时，高子没有像公都、公孙丑、万章等其他齐国弟子一样，一直追随孟轲到邹国。

至于周霄、乐正克、貉稽等人，因为都是身在官场之中，不能离职，所以长期以来都未曾追随孟轲周游列国。当孟轲落叶归根，回到邹国时，他们都不在其身边。

周霄拜在孟轲门下，并跟孟轲相处了一段时间，还是孟轲前往魏国游说魏惠王与魏襄王之时，之后二人很久都没有再见过面。一个继续在魏襄王朝中为官，一个在齐宣王朝中参与政事，彼此毫无交集。

相对于周霄，乐正克倒是亲自到齐国见过孟轲一次。有一次，齐王之子敖出访鲁国，乐正克随齐王子敖往齐国。但是，乐正克到齐国后，没有立即前往拜望孟轲，而是过了几天才去看望他。孟轲为此很不高兴，劈头就反问道："你还知道来见我吗？"乐正克不解，问道："先生何出此言？"孟轲又反问道："你来齐国几天了？"乐正克回答说："有几天了。"孟轲立即接口说道："既然你已经到齐国几天了，那我说这话难道不应该吗？"乐正克辩解道："因为住宿没有安顿好，所以来迟了。"孟轲立即反驳道："你听谁说过，一定要住宿安排好了才能去见长者吗？"乐正克连忙道歉说："弟子错了！"见乐正克认了错，孟轲又说道："我听说你跟随王子敖来齐国，只是为了吃喝罢了。我没想到，你跟我学习先王之道，只是为了吃喝。"浩生不害听说孟轲批评了乐正克，于是就问孟轲道："先生，乐正克算是您的得意弟子了，您觉得他怎么样？"孟轲不假思索地答道："善人，信人。"浩生不害立即追问道："您所说的'善'是什么意思？您所说的'信'又是什么意思？"孟轲回答道："值得追求的，便叫'善'；自身具有'善'的，便叫'信'；'善'充盈其身的，便叫'美'；'善'既充盈其身而又发出光辉的，便叫'大'；将'善'发扬光大并能感化他人的，便叫'圣'；圣德臻至不可测知境界的，便叫'神'。乐正克是介于'善'与'信'二者之间，'美''大''圣''神'四者之下的人物。"可见，在孟轲心目中，乐正克还是相当受肯定的。

貉稽跟周霄、乐正克不同，他一直在齐国为官，所以孟轲在齐宣王朝中参与政事时，他们还是经常见面的。只是孟轲负气离开齐国时，他仍然选择了留在齐国，没有像其他师兄弟那样，追随孟轲离开齐国而到邹国。孟轲对于貉稽继续留在齐国为官，内心并无排斥。毕竟他的弟子中能够从政的不多，他想在诸侯国中推行王政主张，事实上是需要像周霄、乐正克、貉稽这样亲自投身于政治实践的弟子的。不过，相比周霄与乐正克，貉稽在官场中好像并不得意，不时受到他人的攻击，所以常常感到非常苦恼。有一次，他实在忍不住了，就很委屈地跟孟轲说道："弟子为官为人都自以为没有什么大错，却被别人说得很坏。"孟轲安慰他说："没有关系。大凡为士者，都非常讨厌这种飞短流长的议论。《诗》有言：'忧心悄悄，愠于群小。'意思是说，心中有很深沉的烦忧，因为受到很多小人忌恨。这说的就是先圣孔子的境遇。《诗》又有言：'肆不殄厥愠，亦不陨厥问。'意思是说，虽然不能消除他人心中的怨恨，但也不损害自己的名声。这说的就是周文王的境界。"貉稽因为受到了孟轲的安慰与鼓励，这才有了信心，继续在齐国为官从政。

孟轲回到邹国后，因为先前积攒的巨大声望，重新开馆收徒时，盛况空前，远非早期冷冷清清的境况可比。然而，对于众多慕名而来的拜师求学者，孟轲已经感到心有余而力不足了。因此，平日一应的基础教学工作，如识字、习学刻简之事，都委之于众弟子。开始时，孟仲、邹正、邹春、充虞等早期弟子都很尽力，但慢慢由于年事已高，精力不济，也就不再承担了，改由陈代、陈臻、屋庐连等中后期弟子接掌。公孙丑、万章二人，则更是事无巨细，都替孟轲包揽了。

时光荏苒，一转眼，孟轲回到邹国故乡已经一年有余了。

周赧王五年（公元前310年）三月十八，天气出奇的好，阳光明媚，碧空万里，远山近水一片生机盎然。

孟轲一早起来，看着一轮朝阳从东方地平线冉冉升起，沐浴着吹面不寒的春风，感到格外的温润惬意。于是，心有所动，决定朝食之后，要带众弟子外出踏青，看山观水。

然而，朝食过后，正当孟轲要召集众弟子出行时，一位不速之客已然来到了孟轲学馆之前，说是要拜访孟轲，跟他请教学问。

公孙丑见来者是个老者，出于尊老敬老的心理，立即向孟轲作了禀报。

孟轲问来者是何人，公孙丑说：

"来者是个老者，还带了几个弟子。弟子没详细问他的情况，只是通过他的弟子了解到，老者叫告不害，曾师从墨翟，人称告子，经常游走于诸侯各国之间，还蛮有些名气。这次专程来此，是要向您请教学问的。"

"他是墨家信徒，我是儒家弟子，儒墨'道不同而不相为谋'，他哪里是来向我请教学问的，肯定是来找我辩论的。不过，既然他来了，为师也不能将其拒之门外，好歹总要见面聊上几句。"孟轲说道。

得到孟轲的许可后，公孙丑立即转身去见告子。不一会儿，就引着告子来跟孟轲见面了。

二人见面后，依例是首先寒暄，说了些彼此仰慕的套话，然后就开始进入正题了。孟轲因为是主人，所以主动说道：

"先生远道而来，不知有何高见以教孟轲。"

告子见孟轲倒是直率，于是也就不转弯了，直道本心道：

"听说先生主张人性本善，认为人天生就具有仁义之心。老朽则以为，人有善恶之行，但并不来自人之本性，而是受到外部条件影响所致。因此，人性的善恶是后天的，而非先天的。"

孟轲一听告子这话，明白他今天来果然不是来请教学问的，而是来跟自己辩论的，于是也就不客气地回敬道：

"看来先生是主张性恶论的。既然如此，先生请道其详。"

"老朽以为，人的本性就好比是杞柳树，仁义就好比是杯盘。若将人性变得符合仁义，就好比是以杞柳树制成杯盘。诚然，杞柳树确实有可能被制成杯盘，但是杞柳树跟杯盘毕竟不是一回事。可见，人性跟仁义或曰善是不能等而同之的。"

孟轲见告子想以打比方来说服自己，不禁心中窃笑。因为以打比方来说服别人，从来都是他的特长。所以，立即接住告子的话反问道：

"如果以杞柳树制成杯盘，不知您是顺着杞柳树的本性来制成杯盘呢，还是要毁伤杞柳树的本性来制成杯盘。如果要毁伤杞柳树的本性，然后才能制成杯盘，那么是不是也要毁伤人的本性，然后使之符合仁义呢？"

告子听了孟轲这番类比，一时为之语塞。

孟轲见此，立即补了一句道：

"轲以为，既然可以顺着杞柳树的本性来制成杯盘，那么也就可以顺着人的本性臻至仁义。恕轲直言，当今之世，如果有率天下而损害仁义的，那一定是您的这种理论。"

告子见第一个比方没能说服孟轲，反而被其驳倒，自然心有不甘，于是又接着打了一个比方，说道：

"人性好比湍急的水流，从东边冲开一个缺口，便会流向东边；从西边冲开一个缺口，便会流向西边。人的本性没有先天的善与不善，这就好比水的流向没有必然要向东流或向西流一样。"

"水的流向确实没有要向东流或向西流的必然，但也没有向上流的必然吧？轲以为，人性之善，就好比水性必往低处流一样。人性没有不善的，水流没有不往下的。当然，对于水，我们如果拍打它，它可以翻腾奔涌，高过我们的额头；如果使用戽水工具，遏制水势，可以使它被引上高山。然而，这种情况难道是水的本性吗？只不过是形势有了改变，使它如此而已。一个人也可能会做坏事，那并不能说明他本性不善，而是因为他善良的本性在特殊的客观条件下发生了改变，就像水不往低处流，而是涌过额头、上了高山一样，并不是水性发生了变化，而是外在的干扰所致。"

告子认为，自己的"水流东西"之喻虽然不能说服孟轲，但孟轲"水往低处流"之说也不能让他心服，于是便换了一个角度强调自己的观点道：

"天生的禀赋叫本性。"

"天生的禀赋叫本性，那是否意味着一切东西的白都叫白呢？"孟轲立即反问道：

告子不知孟轲这个提问是个语言陷阱，不假思索地答道：

"正是。"

孟轲立即接口追问道：

"那白羽之白，就像是白雪之白；白雪之白，就像是白玉之白，是吗？"

"正是。"告子再次不假思索地答道。

孟轲莞尔一笑，望着告子问道：

"如此说来，那么，犬之性就应该像牛之性，牛之性就应该像人之性，是吗？"

告子听了孟轲这个反问，这才醒悟过来，自己已经落入了孟轲的语言陷阱，知道自己在论辩方面不是孟轲的对手。不过，他仍然不甘心，于是又换了一个角度阐发自己的观点道：

"要说人的本性，老朽以为，食、色才是人真正的本性。孟轲先生，您大概不会否认这样一个事实吧，一个刚出生的孩子，眼睛都没睁开，就知道要吃奶；男女无论贤愚，都懂得男欢女爱，而且是无师自通。"

孟轲点了点头。

告子见此，不禁面有得色，接着说道：

"人饿了就要吃东西，是因为有食欲；人到了一定的年龄，就有生理上的要求，是因为有性欲。食欲与性欲，是人与生俱来的，是自然而然的。所以，它是人的本性。至于您所说的仁与义，则不是人的本性。因为它们不是自然的东西，不是与生俱来的。"

"那仁与义是什么呢？"孟轲反问道。

"如果一定要说有仁义的存在，那么对于一个人来说，仁是内在的，不是外在的；义是外在的，不是内在的。"

告子虽然说得很玄乎，但孟轲立即洞悉其用意，知道他是想通过将仁义分开，从而否定一个，再否定第二个。孟轲认为，仁义是不能分内外的，都是人的本性的反映，于是立即反问道：

"为什么说仁是内在的，义是外在的？您有什么依据吗？"

告子当然没有什么依据，不过他像孟轲一样，很会类比，说道：

"比方说，有一个人，他比我年纪大，于是我就对他态度恭敬。但是，恭敬之心并不是我原先就有的。这就好比外物是白色的，于是我就认为它是白色之物。这是因为外物的白色被我认识了的缘故。所以说，义是外在的。"

孟轲觉得告子的这个类比并不能说明问题，而是纯粹的诡辩，于是立即反诘道：

"白马之白跟白人之白，也许没有什么不同，但不知道对老马的怜悯之心，跟对老人的恭敬之心，是不是也没有什么不同呢？还有，您所说的义，是在于老者呢，还是在于恭敬老者的人呢？"

告子无言以对。但是，他认为孟轲的话也是诡辩，于是不肯认输，继续坚持自己的观点，说道：

"比方说，是我自己的弟弟，我便爱他；是秦国人的弟弟，我便不爱他，这是因为从我内心生出的爱。所以说，仁是内在的。对楚国的老人恭敬，对我自家的老人也恭敬，这是因为对方比我年长，我便持有恭敬之心。所以说，义是外在的。"

"先生的意思是不是说，对自己弟弟的爱心是发自内心的，对别人的恭敬之心则不是发自内心的，而是因为对方是老人而引起的。换句话说，您只有爱心，而无恭敬之心，是不是？"

告子无言以对。

孟轲知道告子已经无力反驳了，遂立即收结道：

"喜欢吃秦国人做的烤肉，跟喜欢吃自己做的烤肉，没有什么不同。各种事物也有这样的情形。那么，轲就有一个问题要问先生了，难道喜欢吃烤肉的心也是外在的吗？如果是这样，那跟您刚才所说食欲与性欲都是人的本性，岂不是自相矛盾了吗？"

告子这次更是无言以对了，只得甘拜下风，垂头丧气地告辞而去。

孟轲与告子辩论时，公都、公孙丑、万章等人都在现场，他们虽然佩服自己老师的口才，但内心里却并不都认同孟轲的观点，当然也不认同孟轲的类比。所以，告子离去后的第二天，公都就跟孟轲提出了异议，说道：

"先生，关于人性的问题，据弟子所知，除了您所主张的'人性本善'外，还有另外三种观点。告子说：'人性没有什么善与不善。'也有人说：'人性可以为善，也可以为不善。所以，周文王、周武王执政时，百姓便乐道向善；周幽王、周厉王执政时，百姓便变得暴戾强横。'还有人说：'有些人本性善，有些人本性不善。所以，虽有尧这样的圣君，却有舜弟象这种顽劣不可教化的百姓；虽有瞽叟这样的不慈之父，却有舜这种大孝之子；虽有纣这样暴虐的侄儿，而且做了殷商之君，却有微子启、比干这样仁义的叔父。'现在，您说'人性本善'，难道他们所说都不对吗？"

孟轲没想到，昨天自己刚跟告子辩论过人性善恶的问题，今天弟子公都就对自己的观点提出了疑问，不禁有些诧异。愣了一下后，孟轲看了看公都，说道：

"从天生的禀赋来看，所有的人都是可以为善的。这就是我所说的'人性本善'的真正含义。至于有些人不善，不能归罪于其禀赋，认为他是本性不善。恻隐之心，人皆有之；羞恶之心，人皆有之；恭敬之心，人皆有之；是非之心，人皆有之。恻隐之心，属于仁；羞恶之心，属于义；恭敬之心，属于礼；是非之心，属于智。仁、义、礼、智，不是外在的什么力量强加给我们的，而是我们与生俱来的，只不过我们不曾思考与探索过它而已。"

公都见孟轲态度慈祥，说话的口气也显得从未有过的平和，于是情不自禁地点了点头。

孟轲以为公都已经认同了自己的观点，续又说道：

"对于仁、义、礼、智，我们一经思考与探索，便可自然得到；一旦放弃思考与探索，便会自然失去。人与人之间，有相差一倍、五倍甚至无数倍的，其根本原因就是未能充分发挥其人性的禀赋。《诗》有言：'天生烝民，有物有则。民之秉彝，好是懿德。'意思是说，上天养育了芸芸众生，万事万物都有其存在的本质规律。众生掌握了这些本质规律，所以都推崇美好的品德。先圣孔子曾经说过：'写这首诗的人，大概是深谙天道的吧。有万事万物的存在，就有其存在的本质规律。老百姓掌握了这些本质规律，所以才推崇美好之德。'"

"先生，您的意思是不是说，人性本善，只是在现实生活中，有些人表现出了善，有些人则表现出了恶。原因是表现善的人，探索和发挥了人性善的禀赋；表现恶的人，没有探索和发挥人性善的禀赋？"公都追问道。

"正是如此。"孟轲点了点头。

"那先生能否给弟子举个例子呢？"

孟轲见公都态度诚恳，一副求知若渴的样子，自然非常高兴，于是立即接口说道：

"丰收之年，少年子弟大多好吃懒做；灾荒之年，少年子弟大多强取豪夺。这并不是因为他们天生的禀赋不同，而是因为环境不同使他们的禀赋与心性发生了改变。这就好比是大麦，播了种，耘了地，如果土质相同，播种时间也相同，大麦便会蓬勃生长，到了夏至时节，便都成熟丰收了。即使产量有所不同，那也只是因为土地的肥瘠、雨露的多少、人的勤懒不同所致。事实上，一切同类的事物，其规律大体都是相同的。那么，为什么一讲到人类，我们就要怀疑这个规律呢？"

对于孟轲所举的这个例子，公都是打内心认同的，所以重重地点了点头。

孟轲见此，遂又接着说道：

"圣人虽然是大家所景仰的，但还是跟我们是一类人。龙子说：'即使没有看清脚的形状去编草鞋，也不会把它编成箩筐。'不同的人编出的草鞋都相同，是因为天下人的脚大体相同。对于味道的嗜好，人的嘴巴也有大体相同的感知。易牙就是因为深谙其中之道，所以才能成为天下有名的烹饪神手。对于味道的嗜好，假如每个人都有不同，就像犬、马与我们人类有本质不同一样，那么天下的人为什么都要认同易牙烹饪出来的美味呢？"

公都认为孟轲这个类比也有道理，于是又重重地点了点头。

孟轲见此，进一步深入道：

"人的味觉如此，人的听觉也是如此。对于听力，天下人都期望臻至师旷那样的境界。这就说明，所有人的听觉都大体相同。其实，视觉也是一样。一提到子都，天下没有人不认为他长得英俊秀美。如果不认为子都英俊秀美，那一定是个瞎子。所以说，嘴巴对于味道，有相同的嗜好；耳朵对于声音，有相同的听觉；眼睛对于容色，有相同的美感。那为什么一说到心，我们就偏偏认为它没有相同之处呢？我们说人心相同，人的本性相同，其相同处是什么呢？不是别的，是理，是义。圣人早就深谙人心有着相同的理义。所以，理与义使我们内心愉悦，就像猪狗牛羊之肉使我们的味觉感到满足一样。"

"先生，您的意思是不是说，人的生理本能，诸如味觉、听觉、视觉，都是大体相同的，所以人的本性也应该是相同的，都是善的？"公都又追问道。

孟轲点了点头。

但是，公都却不认同孟轲的这个类比。从内心深处，他觉得孟轲的这个类比有点牵强。因为生理本能是先天的，而仁义等伦理道德观念则是后天的，两者并无相通之处。但是，碍于孟轲是老师，他又不好直接反驳。所以，不自觉间，脸上就表现出了犹豫之色。

孟轲向来善于察言观色，看到公都的表情，便了解到其内心的想法，于是续加说明道：

"每个人都有不忍心做的事情，将之推及忍心做的事情上，便是仁；每个人都有不愿意做的事情，将之推及愿意做的事情上，便是义。作为一个人，若能将不想害人之心扩充开去，仁就用之不尽了；能将不钻洞翻墙去偷盗之心扩充开去，义就用之不尽了；能将不受人轻贱的言行扩充开去，无论走到哪里，都不会做出不合于义的事情。作为一个士，对于不可与之言谈者，强行与之言谈，这是在以言语引诱他，以便自己获利；对于可以与之言谈者，却不与之言谈，这是以沉默来引诱他，以便自己获利，这些都是属于钻洞翻墙去偷盗的行为，都不合于义。"

"先生的意思是说，无论是为人，还是为士，都要充分发挥人性本善的禀赋，将善端扩而充之，使之成为持久之善的品德，是吗？"公都问道。

孟轲点了点头，又说道：

"求则得之，舍则失之。善乃人性的禀赋，我们努力探求发掘它，就能使之发扬光大，获益多多。我们放弃探求发掘，原本的人性善禀就会消失。因为探求的主动权在我们自身。作为人，我们先天的禀赋都具备了，可谓万物皆备于我。如果我们懂得反躬自省，并努力探求，发现自己是忠于本心，是诚实的，那么就会感到莫大的快乐；如果坚持不懈地努力，以推己及人的恕道去做事做人，那么臻至仁的境界，其路径没有比这更直接的了。"

"先生的意思是说，从善到仁还有一个过程，人性的善禀只是基础，我们还需要通过自身努力，将善禀扩而充之，从而达到仁的境界，是吗？"

孟轲点了点头，满意地看了一眼公都，然后接着说道：

"能够将人性之善的禀赋扩而充之，便是懂得了人的本性；懂得了人的本性，也就是懂得了天命。保持人的本心，培养人的本性，这才是对待天命的正确态度。至于是短命，还是长寿，我们不必过多考虑，只需修养身心，以待天命就行了。这就是一个人安身立命的方法。"

"弟子谨受教。"公都知道孟轲要对自己说的话已经说完了，遂立即表态道。

公都跟孟轲的这次长谈内容，没过几天，就被屋庐连广泛传播，并为大家所知晓。公孙丑听说后，突然萌发了一个想法，也想效公都之所为，找孟轲作一次长谈。

说来真是凑巧，公孙丑刚萌发此想，第二天机会就来了。这天天气特别好，孟轲决定揪着暮春的尾巴，带弟子们出去郊游一次，以弥补前些天告子来访所耽搁下来的踏青观光计划。可是，刚要出门，就觉得肚子有些不舒服。于是，只得让大弟子孟仲代替自己，陪众师弟一起出去踏青。

公孙丑虽然跟其他师兄弟一样，早就想出去踏青观光了，可是见孟轲不能成行，于是便主动跟孟仲提出，自己愿意留下来陪孟轲。

众人都走后，只剩下孟轲与公孙丑二人在学馆。在学馆里坐了不大一会儿，孟轲就上了三次茅房。公孙丑给他喝了几次热水后，孟轲才感到肚子稍微舒服了一点。又过了一会儿，公孙丑问孟轲道：

"先生，您现在感到怎么样了？"

"好像没什么了。"孟轲下意识地摸了摸肚子，说道。

"那太好了！先生，要不咱们出去晒晒太阳，吹吹风吧。"

孟轲点了点头。

于是，二人相随走出学馆，来到学馆附近的一个较为空旷的地方坐了下来。然后，师生二人便开始海阔天空地闲聊。由邹国、鲁国的风俗，聊到了齐国的风俗；由齐国的风俗，又不知不觉地说到了齐宣王，由此引发了孟轲好一番感慨。

公孙丑知道，孟轲虽然回到了家乡，说不再关心天下大事，不再对天下太平抱有希望，但实际上王道社会的理想在他心中一刻也没有忘记。所以，公孙丑决定今天趁其他师兄弟都不在的时机，好好探一探孟轲的内心世界，于是便假装随意地笑着问道：

"先生，假如您不离开齐国，齐王委您为卿相，有了实现自己政治主张的条件，小则可以成就一统天下的霸业，大则可以成就天下大同的王业，那也不足为奇。只是如此任重责大，您会不会因为戒惧或疑惑而动心呢？"

"动心？动什么心？"孟轲不解地问道。

"就是对您的理想与信念感到犹豫不决。"

听了公孙丑的解释，孟轲莞尔一笑，脱口而出：

"不会的，我四十岁就不动心了。"

"您是说，您在四十岁时就确立了坚定的理想信念，不再有丝毫的动摇了，要为实现先圣'天下大同'的王道社会理想而奋斗终身，是吗？"公孙丑问道。

孟轲点了点头。

于是，公孙丑立即洞悉了孟轲的内心世界，原来他果然没有泯灭心中的王道社会理想，仍有从政之想，治国安邦的雄心仍在。但是，公孙丑不想揭破真相，只是顺着孟轲的话，说道：

"如此说来，您比孟贲强多了。"

"做到不动心，这有什么难呀？告子能够做到不动心比我还早呢。"

公孙丑听孟轲如此推崇告子，对孟轲的无限敬意不禁在内心深处油然生出。因为就在前几天，他还跟告子因为"人性善恶"问题进行过激烈的辩论。为了克敌制胜，他甚至不惜玩起文字游戏，设置语言陷阱，以诡辩代替说服。但是，今天他却在背后极力推崇告子，而且是当着自己弟子的面，这是何等坦荡的君子胸怀呀！怀着无比崇敬的心情，公孙丑立即问道：

"先生，能够做到不动心，有什么方法吗？"

"有。"孟轲斩钉截铁，脱口而出。

"请先生教诲！"公孙丑虔诚地说道。

"你们齐国有一个人叫北宫黝，你大概也听说过吧。他是天下最有勇气的人。那么，他的勇气是怎么培养出来的呢？肌肤被刺，他毫不颤动；眼睛被戳，他也不眨一下眼。他认为，即使是受了一点点挫折，也像是在大庭广众之下被人鞭打了一顿。他既不能忍受卑贱的褐夫之辱，更不能忍受万乘之君的侮辱。所以，他将刺杀万乘之君与刺杀卑贱的褐夫同等视之。他对各国君主都不畏惧，如果受到侮辱，一定会予以有力的回击。"

"弟子真是孤陋寡闻，如果今天先生不说，弟子还不知道齐国历史上有这样一个勇士呢。"公孙丑诚恳地说道。

"我听说，从前还有一位勇士，叫孟施舍。他培养勇气的方法，跟北宫黝有所不同。他曾跟人说过：'对付不能战胜之敌，要跟对付能够战胜之敌一样。如果先估量了敌人的实力再前进，先考虑到胜负再交锋，这样的人遇到劲敌一定会害怕，哪里还会打胜仗呢？别人都说我勇冠天下，其实我哪里能够每战必胜呢？只是能够做到无所畏惧而已。'"

"孟施舍不仅勇气可嘉，还很有自知之明，真是难得！"公孙丑插话评论道。

孟轲点了点头，接着说道：

"先圣孔子有两个得意弟子，也是以勇气著称的。一个是曾子，跟孟施舍有些类似；另一个是子夏，跟北宫黝类似。北宫黝与孟施舍都有勇气，我不知道他们谁更强。但我认为，孟施舍的养勇方法比较简单易行。从前，曾子对其弟子子襄说：'你喜欢勇武吗？我曾从先师孔子那里听到过有关大勇的理论：反躬自问，如果正义不在我，对方纵然是卑贱的小人，我也不去恐吓威胁他；反躬自问，如果正义在我，对方纵然有千军万马，我也勇往直前。'可见，孟施舍的养勇方法只是保持一种无所畏惧的锐气，不如曾子以正义为准则，更显得简单易行。"

"先生刚才说过，您四十岁时已经做到不动心，告子比您还早。那么，请问先生，您的不动心与告子的不动心，可以讲给弟子听听吗？"

听了公孙丑的话，孟轲这才意识到自己越说离刚才的话题越远了，觉得有些不好意思，遂莞尔一笑，连忙将话题扳了回来，说道：

"告子说：'不得于言，勿求于心；不得于心，勿求于气。'"

"先生，告子这话是什么意思？"

"意思是说，若不能在言语词句上取胜，便不要求助于心志，也就是思想意志；不能在思想意志上取胜，就不要求助于情感意气。"孟轲答道。

"先生，那您同意他的话吗？"

"不得于心，勿求于气，这话是对的；但是，不得于言，勿求于心，这话就不对了。因为心是气的统帅，气则充盈于人的身心。也就是说，没有思想意志，情感意气就没有灵魂，就不能发挥力量。心至高无上，气则次之。所以，先圣有言：'持其志，无暴其气。'意思是说，要坚持自己的思想意志，也不要滥用情感意气。"

"先生，您既然说'心至高无上，气则次之'，怎么又说'持其志，无暴其气'呢？"公孙丑感到不解。

"因为心与气是可以相互影响的。假如心志专注于某一方面，情感意气也就随之而转移；情感意气专注于某一方面，也一定会影响到心志。比方说，跌倒与奔跑，都只是情感意气专注于行走的结果，但会反过来影响到心志，造成心志的波动。"孟轲答道。

"依告子的看法，要做到不动心，需要处理好'言''心''气'三者的关系，并特别强调了'心'的重要作用。请问先生，您是长于哪个方面呢？"

"我知言，能够辨别他人言语中的是非得失，同时我也善养我的浩然之气。"孟轲脱口而出。

"先生，您是说您重视'言'与'气'，是吧？"

孟轲点了点头。

公孙丑立即追问道：

"先生，您说的浩然之气，到底是指什么呢？"

孟轲看了看公孙丑，顿了一顿，笑道：

"这还真的难以说清楚。不过，为师可以告诉你，浩然之气，作为气，它至大至刚。如果予以培养，一点儿也不受到损害，它就可以充盈于天地之间；作为气，它必须跟义与道相配合。如果缺乏了义与道的配合，它就馁泄了，失去了其力量。浩然之气，是由义的日积月累而形成，不是偶然的义举就能获得。只要做一件于心有愧之事，浩然之气就馁泄了，显得疲软无力。所以，我说告子根本不懂什么叫'义'，因为他把'义'看成了心外之物。"

公孙丑听孟轲说得非常玄乎，于是就追问道：

"先生，那浩然之气如何培养呢？"

"浩然之气，需要我们刻意培养，但不要有预期的目标；要将它放在心中时刻不忘，但不能急功近利，违背客观规律帮助它生长。千万不要像那个宋国人一样。"

"先生，您说的是哪个宋国人？"公孙丑以为孟轲又要影射什么人了。

孟轲明白公孙丑的意思，笑道：

"从前有一个宋国人，因为担心禾苗不长，就将其拔高。然后，十分疲惫地回到家里，跟家人说：'今天累死我了！我帮助禾苗生长了。'他儿子听了，连忙跑到田间去察看，结果所有的禾苗都枯萎了。其实，天下没有多少人不像这个宋国人，喜欢帮助禾苗生长。认为培养浩然之气无益而主动放弃的，就像是种庄稼而不愿意锄草的懒汉；认为培养浩然之气可以速成的，则像是那个拔苗助长的宋国人。任何希望速成的想法与做法，对于浩然之气的养成不仅无益，反而有害。"

"先生，您所说的'浩然之气'，是不是就是以道、义为内核的一种精神品质？一个人通过修身养性，一旦具备了这种精神品质，就能顶天立地，就能一无所惧，甚至不惧生死，不计成败，勇往直前。这种精神品质，要靠日积月累的修炼。既不能期望它速成，也不能期望它不需持之以恒的修炼就能保持。是不是？"

孟轲听了公孙丑这番解读，不禁欣喜若狂。在众多的弟子中，他之所以对公孙丑这个齐国弟子情有独钟，欣赏有加，不仅是因为公孙丑对他的思想理念坚信不疑，还因为公孙丑悟性非常好，很多情况下都能准确解读出他的思想。所以，他情不自禁地捻须一笑，重重地点了点头。

公孙丑见此，连忙趁热打铁，请求道：

"先生，关于养'气'的道理，弟子明白了。那先生是否可以再给弟子讲讲，什么叫'知言'呢？"

"别人的言辞有偏颇，我能知道它的片面性所在，并洞悉他思想上的阴暗之处；别人的言辞过分，我知道它的不足，并洞悉他思想上的沉溺之处；别人的言辞不合正道，我知道它与正道的分歧，并洞悉他思想上的离经叛道之处；别人的言辞闪烁不定，我知道他躲闪推脱的原因，并洞悉他理屈与心亏之处。这四种言辞，从一个人的思想深处生出，必然会对政治产生危害；如果体现于现实政治生活之中，一定会干扰和破坏国家的稳定与社会的发展。如果有圣人再现，也一定认为我的话是对的。"

听了孟轲这番颇为自信的话，公孙丑不禁肃然起敬，于是顺着他的话问道：

"先生，您曾跟我们说过，先圣孔子的得意弟子中，宰我、子贡最擅长言辞，冉牛、闵子骞、颜渊最擅长阐述道德，先圣则兼有两长。可是，先圣还要说：'对于辞令，我就不擅长了。'您既然说自己'知言'，又善养'浩然之气'，言语、道德兼备，那您应该已经达到圣人的境界了吧？"

公孙丑这话虽然是笑着说的，但孟轲面对弟子的恭维还是感到不好意思，连忙推辞道：

"哎呀，你这说的什么话？从前，子贡问先圣：'先生已经是圣人了吗？'先圣说：'圣人，我做不到。我不过是学习不知疲倦，教人不辞辛劳而已。'子贡又说：'学习不知疲倦，这是智；教人不辞辛劳，这是仁。既仁且智，先生就已经是圣人了呀！'圣人的名号，连先圣都不敢自居，你却将之加在我的头上。你这说的是什么话呀？"

公孙丑见孟轲不肯接受"圣人"的名号，于是就决定请求孟轲自己对自己做个定位，说道：

"从前，我听先生说过，子夏、子游、子张，都是先圣的得意弟子，他们都各有先圣的一部分长处；冉牛、闵子骞、颜渊，也是先圣的得意弟子，他们都大体人格完善而近于先圣了，只是学问与思想都不如先圣那样博大精深。先生曾说自己是先圣的私淑弟子，请问您是属于哪一类呢？"

孟轲其实一直是个非常自信、非常高调的人，甚至可以说是自视甚高，睥睨一切。虽然在内心深处，他早已自许为圣人了，但是当着弟子公孙丑的面，他又不好意思承认。不仅不好意思承认，还要假装谦虚，以体现为师者的君子风范。这样，面对公孙丑的提问，就陷入了一种假话与真话都不能讲的尴尬境地。于是，只好"顾左右而言他"，转移话题道：

"这个问题，我们暂且不谈。"

公孙丑知道孟轲的意思，于是顺着他的思路，说道：

"既然先生不肯自我评价，那就请先生评论一下古人。您觉得伯夷与伊尹怎么样？他们是否称得上是圣人？"

孟轲见公孙丑要他评价伯夷与伊尹，立即接口说道：

"这两个人称得上是圣人了。不过，两人的处世原则有所不同。不是他理想的君王，他不愿侍奉；不是理想的百姓，他不愿管理；天下太平时，他就出仕为官；天下混乱时，他就退隐林下，这是伯夷的处世为人。君王不管圣明与否，他都愿意侍奉；百姓不论贤愚，他都愿意管理；天下太平时，他出仕为官；天下混乱时，他也出仕为官，这是伊尹的处世风格。应该出仕为官时，就爽快地出来做官；应该辞官时，就果断地辞去官职；可以长久任职时，就欣然长久任职；应该立即走人时，就毅然决然地离开，这是先圣孔子做人的原则。他们三人都是古代的圣人，可惜我达不到他们的境界。至于我的愿望，则是向先圣孔子学习，像他那样为人处世。"

公孙丑见孟轲虽然承认伯夷、伊尹是圣人，却只说愿意向孔子学习，感到非常不理解，立即问道：

"难道伯夷、伊尹跟先圣还有什么不一样吗？他们难道不能跟先圣相提并论吗？"

"不能。自从有人类以来，没有人可以跟先圣比肩。"孟轲不假思索，斩钉截铁地答道。

"伯夷、伊尹跟先圣既然同为圣人，那他们有什么相同之处吗？"公孙丑又追问道。

"有。如果拥有方圆百里的土地，而以他们为君王，他们都能使诸侯前来朝觐，并一统天下；如果做一件不义之事，杀一个无辜之人，而可以得到天下，他们都不会为之。这就是他们的相同之处。"

"那他们有什么不同之处呢？"公孙丑再次追问道。

孟轲没想到公孙丑又绕了回来，他不想回答这个问题。所以，犹豫了一下，才说道：

"宰我、子贡、有若，三人的才智足以理解圣人。纵然他们的道德不能臻至十全十美的境界，但也不至于偏袒他们所敬所爱之人，比方说先圣孔子。宰我曾经说过：'以我对先生的认知，觉得他比古代的圣人尧舜都强多了。'子贡也曾经评论过先圣孔子，说：'观察一国的礼制，便能了解其政治现状；听了一国的音乐，便能了解其德化教育。纵然是百代之后去评论百世以来的君王的功过是非，也不会有人能超过我们先生的眼光。自从有人类以来，从未有人能超过我们先生。'有若评价先圣，则说：'高下的不同，岂是人类才有的吗？麒麟之于走兽，凤凰之于飞鸟，泰山之于土丘，河海之于小溪，何尝不是同类？圣人之于百姓，何尝不是同类？但是，圣人远远超过了他的同类，是他身边的芸芸众生所无法比拟的。自从有人类以来，没有人比我们先生更伟大的了。'"

"先生，宰我、子贡、有若对先圣孔子如此崇高的评价，只是基于对先圣人格力量的肯定，而不是就事功而言吧。如果用先生的话来说，先圣孔子具备了'浩然之气'，而其他圣人则不具备，是吧？"公孙丑问道。

孟轲看了一眼公孙丑，满意地点了点头。顿了一顿，接着说道：

"倚仗实力而又假借仁义之名的，可以称霸于诸侯。称霸于诸侯的，一定要是大国；依靠道德而推行仁政的，可以做天下之王，使天下臣服。能使天下臣服的，不一定要是大国。商汤称王于天下，靠的是方圆七十里的土地；周文王奠定周室根基，靠的是方圆百里之地。倚仗实力而使人臣服的，被臣服者并非出于心服，而是因为实力有所不足；依靠道德而使人臣服的，被臣服者是出于内心的喜悦，是心悦诚服。就像先圣孔子的七十多位贤弟子，没有人不对先圣心悦诚服一样。《诗》有言：'自西自东，自南自北，无思不服。'说的就是这个意思。"

"先生，您的意思是说，人格的力量最重要。所以，我们要养'浩然之气'，是吧？"

孟轲重重地点了点头。

"弟子谨受教！"公孙丑望着孟轲，诚恳地说道。

三、友天下之善士

光阴似箭，日月如梭。一转眼，孟轲回到故乡邹国已有近十年了。此时的孟轲，也已步入了古稀之年。

周赧王十三年（公元前302年），春天的脚步似乎比往年来得要快，到处是鸟语花香，一片欣欣向荣的景象。

三月十五，天气出奇的好。孟轲一早起来，就抑制不住喜悦之情，决定要带领众弟子到郊外走走看看。虽然身体比不得以前了，但看山观水的雅兴始终未曾消失。

朝食过后，孟轲便在众弟子前呼后拥下出了邹国都城，向郊外的山间田野而去。

出城不久，走了大约有半个时辰，众人来到了一座小山脚下。咸丘蒙是鲁国人，是见过泰山的，所以一见这座小山高不过十数丈，便不禁笑了，说道：

"先生，你们邹国的山怎么都是这么矮的呢？"

孟仲是邹国土生土长的，听不得咸丘蒙这种说话的口气，立即接口说道："咸师弟，你不要小看了这座山。不信，你爬爬看。要想登顶，也会让你累得上气不接下气的。"

"咸师弟，大师兄说了，你就爬爬看吧。上去之后，你就知道这座小山不简单，它是这方圆几十里的制高点。站在山顶，你会发现周围广阔的原野，更远处的山山水水，都尽在眼底。我们小时候经常来爬此山，先生早年的弟子都曾爬过此山。"邹春不无自豪地说道。

"先生，是吗？"咸丘蒙打心底看不起眼前这座小山，所以对孟仲与邹春的话不以为然，遂转向孟轲问道。

孟轲明白三个弟子的心理，不禁莞尔一笑，看了看咸丘蒙，又瞥了一眼孟仲、邹春及其他弟子，然后抬眼望了一眼小山，从容说道：

"先圣孔子登上东山，觉得鲁国很小；登上泰山，则觉得天下很小。为什么？因为见过海的人，就看不上其他水了。同样，在圣人门下学习过，就难以听得进别人的言论了。"

公孙丑一听，便知孟轲这是要借题发挥，对大家进行教育了，于是连忙迎合其意，接口问道：

"先生，是因为眼界有所不同的缘故吗？"

孟轲点了点头。然后，指着不远处的一条溪流，说道：

"大家都曾跟我在那溪边观过溪水，是吧？"

众弟子连声说：

"是。"

孟轲扫视了一眼众弟子，意味深长地说道：

"大家都知道，世上喜欢观水的人有很多，包括先圣孔子、道家的老聃。先圣观水，有'逝者如斯夫'的感慨；老聃观水，则有'上善若水'的顿悟。喜欢观水的人虽多，但真正懂得观水方法的人则并不多。"

"先生，那观水的方法是什么呢？"孟轲话还没说完，屋庐连就迫不及待地问道。

"观水必观波澜。"孟轲答道。

"为什么？"屋庐连又问道。

"太阳、月亮都有光辉，任何一点缝隙都能照到。而流水的特性是，不将洼地注满，就不会往前流去。君子立志求道，不取得一定的成就，也就算不得是通达。"孟轲说道。

众弟子都明白孟轲的意思，知道他今天带大家出来，并不纯粹是为了游山玩水，而是要借山水对他们进行教育，勉励他们为了实现"天下大同"的王道社会理想而奋斗。于是，大家心领神会，连声称是。

过了一会儿，当大家随孟轲信步走近溪边时，徐辟突然指着溪水，问孟轲道：

"先生，刚才您说到先圣孔子临水而叹，老聃临水有悟。如果弟子记得没错的话，您曾说过，先圣临水必有'水哉水哉'的感叹。请问，先圣为何如此钟情于水？"

"大凡有本源的泉水，一定是源源不断地流向远方，昼夜不息，将低洼之处都注满，然后再继续奔流向前，直到流进大海。有本源的事情，情况亦复如此。先圣钟情于水，恐怕正基于此。就水而言，如果没有本源，是无源之水，七八月间雨水汇集，将大小沟渠都注满之后，用不了多久，水就干涸了。其实，求学问道亦如此。我们之所以要学习先王之道，拜师求学，既是为了获取渊博的知识与学问，也是为了提升自己的道德境界，像先圣孔子一样，成为一个有理想、有追求的人，而不是为了博取言过其实的虚荣，或是什么可以招摇撞骗的名号。"

"先生说得是。弟子谨受教。"徐辟连连点头道。

其他人也连声附和。

时光荏苒，这次踏青之后，转眼又过了十年。

周赧王二十三年（公元前 292 年），孟轲已年过八十，身体状况也一年不如一年了。以前从齐国一直追随他到邹国的弟子，此时也渐渐老了，或是病了，于是就不断有人告别孟轲，回到了自己的祖国与故乡。

这年的九月初五，虽然天气已经有些凉了，但公都一早起来后，就一直伫立在学馆门前，目眺远方，心事重重。秋风撩起他花白的头发，不断在其脸庞上摩挲，他却好像没有任何感觉。

朝食过后，公都犹豫了半天，最终还是去见了孟轲，决定告假回齐国养病一段时间。因为八月中旬开始，他就咳嗽不止。虽然也在邹国看了郎中，吃了一些药，但病情始终不见好转。

孟轲虽然舍不得公都离开自己，因为公都是他第一次入齐时就收下的得意弟子，但是，作为一个年过八十的老人，他理解公都落叶归根的心理。所以，一听公都要回齐国，立即表示支持，并叮嘱他一路保重，务必不要使病情加重。公都当然也不放心孟轲，也循例跟孟轲说了一些贴己的话。然后，就准备登车出发。

就在此时，孟仲、邹正、邹春、充虞、公孙丑、万章等人闻听消息后，都纷纷前来给公都送行。公都见了各位师兄弟，又看了看老态龙钟的孟轲，心一下子就软了。情不自禁间，他没有迈步走向马车，而是返回到孟轲身边，拉着孟轲的手，像个孩子似的说道：

"先生，弟子受您一辈子教诲，受益实在是太多了。而今要跟您告别，实在是于心不忍。"

看着公都泪眼汪汪，真情毫不掩饰，孟轲故作达观地笑了笑，从容说道：

"花开便有花落之时，相聚便有相别之时。师生相处之道，亦复如此。"

众弟子听了这话，都为孟轲的达观而感佩，于是连连点头。

孟轲见此，又对公都说了一些勉励的话，希望他不忘当初拜在自己门下的初心，不断加强道德修养，向先圣孔子学习。

公都听了孟轲的鼓励与教导，感动之余，突然心血来潮，望着孟轲说道：

"先生，此次离别，不知是否还有机会再向您请教。所以，弟子今天想再问您一个问题，可以吗？"

孟轲莞尔一笑道：

"当然可以。你有什么问题，但问无妨。"

"同样是人，有些是君子，有些是小人，这是为什么呢？"

"行为出于大体的是君子，出于小体的是小人。"孟轲脱口而出。

"那什么是大体，什么是小体呢？"

"大体就是心，即人之本性；小体是人的耳、目之类的器官。"

"同样是人，为什么有的人行为出于心，有的人行为出于耳目呢？"公都又问道。

"这是因为各人的修养不同。众所周知，耳目之类的器官不能思考，常被外物所蒙蔽。所以，一跟外物接触，便可能被引向歧途。而心是思考的器官，所以对人性之善一加思考，便能得到。但是，不思考，则得不到。这是上天特意赐予我们人类的。因此，只要我们将心培养好，耳目之类的器官就无法将人性之善夺去了。这样，就可以成为君子了。"

"先生，您所说的'将心培养好'，是不是以前您跟弟子所讲的'养浩然之气'？"孟轲话音未落，公孙丑便插话问道。

孟轲点了点头，顿了顿，看了看公都，又看了看公孙丑，接着说道：

"君子之所以与众不同，是因为其居心不同。大凡是君子，都是居心于仁，居心于礼。仁义之人，懂得爱别人；有礼之人，懂得敬别人。爱别人的人，别人永远都爱他；敬别人的人，别人永远都敬他。比方说，现在这里有个人，他对我蛮横无理。如果我是君子，我就会反躬自问：'我一定是有不仁之处，或有无礼之处。不然，怎么会招来别人如此态度呢？'反躬自问后，觉得我确实是既仁义又有礼，而那人蛮横无理的态度依然如故，那我作为君子，就一定会反躬自问：'我一定有不忠之处。'反躬自问后，觉得我确实是个忠心耿耿之人，而那人蛮横无理的态度依然如故，那我作为君子，就一定会对自己说：'此人不过是个狂人而已。既然如此，他跟禽兽也就没有什么分别了。对于禽兽，我还跟他计较什么呢？'"

"先生的意思是说，君子都有反躬自省的能力，是吗？"公都问道。

孟轲点了点头，接着说道：

"大凡是君子，都会有终身的忧虑，而不会有突发的忧患。不过，像'舜是人，我也是人。舜为天下人制定法度，传之于后世，而我至今仍然只是一个没有任何建树的乡人'这样的忧虑，作为君子是应该有的。有了这样的忧虑，怎么办？那就只有向舜学习了。至于别的忧患，君子就没有了。不是仁义之事不做，不合礼法之事不做。如果真有意外的灾患发生，君子也不会为之忧虑了。"

"先生的意思是说，君子要有理想，有追求，要以舜为学习的榜样；达到了舜的道德境界，面对任何忧患都能泰然自若了，是吗？"公都又问道。

孟轲点了点头，接着说道：

"鱼，是我所喜爱的；熊掌，也是我所喜爱的。如果二者不可兼得，那就舍鱼而取熊掌。生，是我所希望的；义，也是我不能放弃的。如果二者不可兼得，那就舍生而取义。生，是我希望的；但追求若有超过生的，我也不会苟且偷生。死，是我所厌恶的；但厌恶若有超过死的，即使大祸临头，我也不会躲避。假如人们的追求没有超过求生的，那么，凡是可以求生的手段，有什么不可以用呢？假如人们的厌恶没有超过死亡的，那么，凡是可以躲避祸患的事情，有什么不可以做呢？事实上，有求生的手段可以保全生命，有人却不肯用之；有更多的途径可以躲避死亡，有人却不肯为之。"

"先生的意思是说，君子要坚持做人的原则，要有所取舍，是吧？"公都问道。

孟轲又点了点头，慈祥地看了公都一眼，接着说道：

"人的希望，有超过求生的；人的憎恶，有超过死亡的。不只是贤德者有此理念，事实上每个人都有。不过，只有贤德者能够坚守而不放弃这一理念而已。一筐饭，一碗汤，得到就能活下来，得不到就会饿死。但是，吆喝牲口似的给人饭食，相信饥饿的路人也不会接受的。如果饭食是用脚踏过了再给人，恐怕连乞丐都不屑受之。万钟俸禄虽多，但是如果不问是否符合礼义就接受，那万钟俸禄对我有什么意义呢？难道接受这万钟俸禄，就是为了住上精美的宫室，有妻妾的侍奉，有我认识的穷人感激我吗？过去宁死也不愿受之，今天为了住上精美的宫室而受之；过去宁死也不愿受之，今天为了有妻妾的侍奉而受之；过去宁死都不愿受之，今天为了让我认识的穷人感激我而受之，这种苟且之事，难道不可以不做吗？如果做了，那就是失去了本心。"

公都一听这话，顿时明白，孟轲又在借教育他的名义旧事重提了，既是在埋怨齐宣王当年不听他的谏言，又是在为自己当年辞职归乡的决定寻找道义上的理由。公都不想揭破这一层，其他人如公孙丑、万章等人也都心如明镜，但都不说破，只是连连点头称是。

过了一会儿，孟轲大约是觉得意犹未尽，于是又对公都叮嘱道：

"要做君子，就要保持本心，要存夜气。"

孟轲对弟子们讲"保持本心"的话，不知讲了多少次，大家耳朵都听出了老茧。但是，"存夜气"的说法，孟轲还是第一次说。所以，公都一听，立即好奇地问道：

"先生，什么叫'存夜气'？"

孟轲看了一眼公都，又瞥了一眼其他弟子，莞尔一笑道：

"存夜气，就是保存夜深人静时反躬自省后良心发现的善念。相信大家都会有这样的经验，每当万籁俱寂、夜深人静之时，我们会不自觉地反思白天自己的作为，扪心自问，于是便会良心发现，这就是善念的复归。这种善念，是人性本有的。只是因为白天受到诸多人事的干扰，常常会消失而不见。"

"原来是这个意思，弟子谨受教。"

公都以为跟孟轲临别的谈话到此已经圆满结束了，正准备要告辞而去时，没想到孟轲却突然问了他一个莫名其妙的问题：

"公都，你是齐国人，你知道齐都临淄城外有一座山叫什么吗？"

"先生，您指的是牛山吗？"公都问道。

孟轲点了点头。

"先生，牛山光秃秃的，一点也不美。您怎么突然提到它呢？要说山，齐国虽然没有像鲁国的泰山那样雄伟的山，但比牛山好看的山还是不少的。"公都笑着说道。

孟轲看了一眼公都，莞尔一笑道：

"你是只看到今日的牛山，未曾看过以前的牛山。牛山以前满山都是茂密的树木，一片郁郁葱葱，算得上是齐都临淄城外一道美丽的风景。只是因为它位居大国之都临淄郊外，人类的活动过于频繁，拿着斧头上山砍树的人不绝其踪。你想，山上还能有茂密的树木吗？当然，被砍光的山上仍然会有新的小草与幼苗日夜都在生长，并在雨露的滋润下，不断发出新枝与嫩芽。但是，经不住牛羊天天啃食，结果就变成了今天这样一副光秃秃的模样。人们看到牛山光秃秃的，以为它原本就没长过树木。难道光秃秃的，就是牛山的本性吗？"

"当然不是。"公都答道。

孟轲点了点头，接着说道：

"在现实生活中，我们时常会看到一些为非作歹的坏人。难道这些人原本就没有仁义之心吗？不是，这些人原本也有天赋的善禀，有善良的人性。他们之所以会丧失善良的本心，就像斧头之于牛山的树木。牛山的树木天天被砍伐，还能长得茂盛吗？人的善良本性天天被损害，还能保持不变吗？大凡是人，都有反思能力，会在寂静无人的夜晚，扪心自问后找回自己的本心善念。但是，一到白天，就因为种种的干扰而消失了。这就像牛山的树木，在天亮前接触到夜来的清明之气，却在天亮后消失了。善念不断复归，又不断消失。如此一来，夜来积存的善念自然就不能存在了，就像牛山的夜气到了天亮就散去一样。"

"先生，您的这个比方真的非常形象。"公都一向都非常佩服孟轲打比方的能力，情不自禁间便脱口而出。

孟轲并不在意公都是否认同他的比方，而是要让公都明白他所讲的道理，于是接着发挥道：

"牛山夜来的清明之气不能久存，牛山的树木就不能得到滋润，自然不能长得茂盛；人在静夜反思后找回的善念不能保存，人性本善的禀赋就会改变，那跟禽兽也就相距不远了。为非作歹的人，别人看他们像禽兽一样，便会以为他们未曾有过善良的本性。难道为非作歹，就真的是他们的本性吗？就像植物，如果得到阳光雨露的滋养，就没有不茁壮成长的；如果失去阳光雨露的滋养，就没有不消失灭亡的。先圣孔子有言：'操则存，舍则亡；出入无时，莫知其乡。'意思是说，人的本性之善，固持住就存在；不固持住，就会消失。本心善念出出进进无定时，也不知道它何去何从。说的就是人心与人性。"

公都知道孔子的话不是这个意思，孟轲是故意曲解发挥，目的是要教育自己。所以，他不准备跟孟轲较真，而是迎合其意，以虔诚的态度说道：

"弟子谨受教。"

公都告别而去后，孟轲非常伤感，好几天都郁郁寡欢。万章了解孟轲的心思，所以每天都陪着孟轲，或是跟他说些闲话，或是以求教学问的名义跟他交流，以期分散其注意力，不让他老想着公都等离去的弟子，让他变得快乐一点。但是，每次跟万章交谈，孟轲说不了几句闲话，就将话题转到君子修身的大题目上。老年的孟轲，似乎最爱说这个话题，而且反反复复地说。所以，孟仲、邹正、邹春等早期弟子都怕跟他说话。其实，就是嫌他有些啰唆而已。不过，万章则不同。他总是非常耐心地听孟轲教训，还不时将孟轲说的话记录下来，并刻在简札上，意欲效孔子弟子记录孔子言行而传《论语》于世的故事。

一天，孟轲又跟万章说到了要向先圣孔子学习，要向尧舜学习，鼓励万章要善养"浩然之气"，要跟道德高尚的人做朋友，以提升自己的道德境界。于是，万章就顺着他的话，问了他一个问题：

"先生，说到交友，有什么要坚持的原则吗？"

"当然有。不倚仗自己年纪大，不倚仗自己地位高，不倚仗自己的兄弟富贵。如果是这三种人，就可以跟他交朋友。交朋友，是交他的品德，所以心中不能存有任何倚仗的想法。孟献子，你是知道的。他是个拥有兵车百乘的大夫，有五位朋友，分别是乐正裘、牧仲，还有三位，名字我忘了。孟献子跟他们交朋友，心中从未存有自己是大夫的观念。这五位朋友也一样，他们从未将孟献子视为大夫。如果他们有这种观念，孟献子也不会跟他们交朋友。"

"先生说得是。"万章点头道。

"其实，不仅有兵车百乘的大夫交朋友如此，即使是小国之君，交友也是如此。费惠公就曾跟人说过：'我对于子思，视之为老师；对于颜般，视之为朋友；而对于王顺与长息，不过是将他们看成侍奉我的人而已。'不仅小国之君交友秉持这一原则，大国之君交友也是如此。晋平公是大国之君，他也有朋友，就是亥唐。亥唐叫他进去，他就进去；亥唐叫他坐下，他就坐下；亥唐叫他吃饭，他就吃饭。即使吃的是糙米饭，喝的是菜叶汤，他也吃得饱饱的。因为不敢不吃饱。"

"晋平公如此对待亥唐，实在是不容易了。"万章情不自禁地感叹道。

孟轲莞尔一笑，接着说道：

"晋平公也只能做到这一步而已。事实上，他没有跟亥唐一起共居官位，也没有跟亥唐一起共理政事，更没有跟亥唐一起分享俸禄。严格说来，晋平公对待亥唐的态度，也只是一般士人尊敬贤者的态度而已，还谈不上是王公尊敬贤者应有的态度。而尧帝对舜的态度，就不一样了。舜谒见尧帝，尧帝请他这位女婿住在另一处宫室。尧帝有时会请舜吃饭，舜也会请尧帝吃饭，二人互为主客。这是以天子之尊而与百姓交友的范例。"

"看来，尧的境界确实要比晋平公高很多。"万章说道。

孟轲点了点头，接着说道：

"位卑者尊敬位尊者，叫作尊重贵人，是谨守本分的表现；位尊者尊敬位卑者，叫作尊敬贤者，是高贵的表现。尊重贵人与尊敬贤者，道理是一样的。总之，交朋友要切记两点：一是要平等相待，要忘记彼此的身份地位，只以各自的品德作为相互吸引的标准；二是不要存有功利之想，借交友而捞取好处。"

"先生说得太好了！"

孟轲笑了笑，慈祥地看了一眼万章。

"先生，像我们这样的普通人，应该如何交朋友呢？"万章又问道。

"坚持'物以类聚，人以群分'的原则，就可以了。"

"请先生说得再具体点。"万章请求道。

"如果你是一乡公认的优秀之士，那么就跟一乡公认的优秀之士交朋友；如果你是一国公认的优秀之士，那就跟一国公认的优秀之士交朋友；如果你是天下公认的优秀之士，那就跟天下公认的优秀之士交朋友。如果觉得跟天下公认的优秀之士交朋友还不够，那么就跟古人交朋友。"

"先生，古人都死了，我们怎么跟他们交朋友呢？"万章不解地问道。

孟轲莞尔一笑，看了看万章，说道：

"诵古人之诗，读古人之书，不就能跟古人交朋友了吗？但是，诵古人之诗，读古人之书，如果不了解他们的为人，你觉得可以吗？"

"不可以。"万章答道。

孟轲点了点头，接着说道：

"要跟古人交朋友，我们就必须了解古人所处的时代。这就叫追溯历史，而与古人交朋友。"

"弟子谨受教。"万章恭敬地说道。

过了一会儿，万章见孟轲精神明显好多了，知道他一谈学问就忘记了一切，于是便顺着刚才的话题，引申开来，问道：

"先生，刚才我们说了交友的原则。现在弟子还想请教一个问题，就是跟别人交际，我们应该持什么样的心态？"

"一个字：恭。"孟轲脱口而出。

"有俗话说：'别人送礼，一再拒绝，乃是不恭。'这是为什么呢？"万章问道。

"尊者有所赐予时，受者拒绝，一定是因为他内心在想：尊者所赐之物，得来是否符合道义？想清楚了，才决定是否接受，这就是不恭的表现。所以，尊者有所赐予时，为了表现恭敬之心，千万不要拒绝。"

"对于尊者所赐，不好用明言拒绝，而在内心拒绝说：'这是他取之于百姓的不义之财。'然后，再改用别的借口拒绝，难道不可以吗？"万章又问道。

"尊者跟人交往，如果是按照规矩礼节，即使是先圣孔子，也会接受他们的礼物。"孟轲答道。

"假如现在有个人，他在国都郊外拦路打劫，然后按照规矩跟我交往，按照礼节予我以馈赠，我也可以接受他的赃物吗？"

孟轲没想到万章这样问，于是正色回答道：

"不可以。《尚书·康诰》有言：'杀越人于货，暋不畏死，罔弗憝。'意思是说，杀死他人，强夺其物，强横而不怕死，这种人是没有人不痛恨的。对于这种人，不必对其进行教育，就可以直接予以诛杀。商继承了夏这种法律，周继承了商这种法律，都没有更改。杀人抢劫的行为相比于此，更加不可容忍，我们怎么能收受这种人的赃物呢？"

"而今的诸侯，他们取之于百姓的财物，跟那些杀人抢劫者的赃物几乎没有区别。如果他们按照礼节与规矩跟人交际，君子就会接受他们所赠的礼物。请问，这又有什么说法呢？"

对于万章这一更加尖锐的提问，孟轲没有立即回答，而是顿了一顿，以问代答道：

"你认为若有圣王出现，对于现今的诸侯，是一例看待而全部予以诛杀呢？还是对他们先进行教育，若是死不悔改，然后再予以诛杀呢？"

万章不知道如何回答。

孟轲看了一眼万章，接着说道：

"如果将不为自己所有之物据为己有称为抢劫，那只是类比推衍到原则性高度的一种说法。先圣孔子在鲁国做官时，鲁国人玩竞猎游戏，先圣也参与其中，并比较其数量多少。参与竞猎之事尚可，何况是接受诸侯赐予的财物呢？"

"先生，您一直跟我们弟子说，先圣的理想是'天下大同''克己复礼'，其志在行道。他在鲁国做官，难道不是为了行道吗？"这一次，万章的问题更加尖锐了。

"当然是为了行道。"孟轲斩钉截铁地答道。

"既然是为了行道，为何还要参与竞猎，并计较数量多少呢？"

"先圣参与竞猎，是为了祭祀。他先以文书的形式规定祭祀的器物，而不用四方献上的食物供于祭祀。"

万章见孟轲总是回护孔子，于是便问了他一个敏感的问题：

"先圣为什么热衷于做官，而不肯主动离职呢？"

"先圣做官不是为了俸禄，而是为了实践其政治主张，是为了实现其'天下大同'的王道社会理想。至于是否要离职，则要视情况而定。据我所知，先圣做官有个习惯，就是要先试行一下。试行后，如果证明自己的主张是行得通的，而君主却不肯施行，这时先圣就会毅然决然地离职。先圣周游列国，未曾在一国的朝中停留整三年，就是这个原因。先圣做官，有时是因为可以为天下行道，有时是因为君主对他礼遇有加，有时是因为君主尊贤养贤。在鲁国做官，与季桓子共事，是因为可以行道；第一次在卫国做官，是因为卫灵公对他礼遇有加；第二次在卫国做官，是因为卫孝公尊贤养贤。"

万章对于孔子做官的历史并不十分熟悉，见孟轲说得凿凿有据，只得点头。但是，点头过后，他又提出了另一个问题：

"先圣的道德境界高，做官是为了行道，不是为了俸禄，那有没有人做官不是为了理想，不是为了行道，而仅仅是因为贫穷呢？"

"做官不是因为贫穷，但有时候也是因为贫穷。这就像娶妻不是为了孝养父母，但有时候也是为了孝养父母一样。不过，如果因为贫穷而做官，那就应该拒绝高官，而甘于卑职；应该拒绝厚禄，而只领受薄俸。"

"拒绝高官，而甘于卑职；拒绝厚禄，而只领受薄俸，那居于什么职位才合适呢？"万章立即追问道。

"做守门人与打更人都可以。先圣孔子早年曾做过委吏，职责是管理仓库，他说：'只需要出入的数字都对了就可以。'先圣孔子也曾做过承田吏，职责是管理牲畜，他说：'只要牛羊都成长壮实了就可以。'职低位卑而妄议朝廷大事，这是罪过；在朝廷中做大臣，而不能使理想的治国之道得以推行，这是耻辱。"

"先圣早年做委吏与承田吏，甘居下位，是因为觉得自己理想不够远大，只是为了解决温饱，摆脱贫穷而已，是吗？"

孟轲点了点头。

"先生，那可不可以这样理解，为了解决温饱，摆脱贫穷，可以选择做吏；为了理想，为了行道，就可以选择做官了，是吧？"

孟轲又点了点头。

"大凡为士，都有一个共识：不能无官职，而靠领取诸侯的俸禄过活。这是为什么呢？"万章顺着俸禄的话题，又问了一个新的问题。

"不是不能的问题，而是不敢这样。诸侯若亡国，可以寄居别国，靠别国君主奉养，这是合乎礼法的；士若无官职，而靠诸侯奉养，则是不合乎礼法的。"孟轲答道。

"如果国君馈之以谷米，可以接受吗？"万章又问。

"可以接受。"

"那接受的依据又是什么呢？"万章再问。

"一国之君，对于别国来的百姓，本来就应该接济。"

"对于接济就接受，对于奉养就不接受，这是为什么呢？"万章进一步追问道。

"对诸侯的奉养，为士者不是不能，而是不敢接受。"

"请问，为什么不敢呢？"万章紧追不舍。

"守门打更者都有固定的职位，因而可以接受国君的俸禄；士没有固定的职位，无所事事，而接受国君的奉养，这会被认为不恭。"

"先生的意思是说，居其位，劳其事，才能食君之禄，是吧？"

孟轲点了点头。

"刚才先生说，国君馈之以谷米，为士者可以接受。不知是否可以经常如此？"

"不可以。"孟轲斩钉截铁地答道。

"为什么？"

"从前，鲁缪公对于子思就屡次问候，并馈赠熟肉。对此，子思很是不悦。最后一次，子思竟然将鲁缪公派来馈赠的人赶到了门外，然后向北叩头下拜，明言拒绝接受馈赠，并说：'今天我才知道，国君是将我视同犬马一样畜养的。'从此以后，鲁缪公就不敢再给子思以任何馈赠了。喜欢贤人，却不予以重用，又不能按照礼法奉养，这是喜欢贤人吗？"孟轲看着万章，问道。

万章摇了摇头，顿了顿，又接着问道：

"请问，国君想奉养君子，怎样奉养才算是合乎礼法呢？"

"第一次馈赠时，明言声称是奉国君之命，受者下拜叩头而接受。之后，掌管仓储者经常送来谷米，掌管膳食者经常送来肉食，都不必再明言声称是奉国君之命，受者也不必再下拜叩头。子思认为，因为一块肉，屡次让自己烦琐地下拜行礼，这不是奉养君子应有的方式。尧帝敬舜，令其九子服侍他，将二女嫁给他，而且百官以及牛羊、仓库都配备到位。以这样的方式奉养在田野中耕作的舜，然后再提拔他到很高的职位。尧帝之所为，才真正是王公敬贤的态度。"

"弟子谨受教。"万章说道。

尾　声

王道梦

　　孟轲从齐国归邹后，晚年如何教书育人，一个个感人的故事，一幅幅生动的场景，经由万章深情而绘声绘色的讲述，让大家不禁无限感慨，唏嘘不已。

　　就在众人还沉浸于回忆之中，听万章述说往事而意犹未尽时，东方的地平线上已悄然露出了一抹红色。屋庐连眼尖，立即大呼小叫起来：

　　"大家看，霞光！"

　　众人情不自禁地抬眼远望，知道天已开始亮了。

　　"记得刚才三师兄说过，再有一个时辰就要天亮了，果然没错。只是万章师兄的故事还没有讲完，我们就要各奔东西了。"

　　听屋庐连语带遗憾，孟仲立即接口说道：

　　"没关系。如果大家还想听万章师弟讲先生晚年的故事，就请万章师弟接着讲，讲完了大家再各自上路也不迟。"

　　"不，不，不。还是让大师兄来讲吧。"万章连忙推辞道。

　　"万章师弟，你就不要推辞了。先生的晚年生活情形，大师兄跟我虽然都清楚，但相比于你与公孙丑师弟，还是了解得不够全面的。因为在先生去世前的十多年间，你们二人一直跟先生形影不离，关系非常亲密。先生的很多言论，包括早年跟人交往辩论的故事，都有赖于你们二人的回忆以及先生的

598

确认，最终被一一记录下来。先生的思想学说，如果将来能够传于后世，你们二位是厥功至伟的。"邹正侧脸看了万章与公孙丑一眼，高声说道。

大家觉得邹正说得有理，连忙附和。尤其是乐正克、周霄、宋大夫勾践三人，更是态度非常积极，因为他们不仅晚年没在孟轲身边，早年也很少有机会追随孟轲左右。

万章见无法推辞，于是就转向身边的公孙丑，说道：

"师兄，这次您来讲吧。"

"师弟，大家都喜欢听你讲，你表达能力好，所以还是你来讲吧。如果你有什么记不清的，我届时再给你补充，好吗？"

万章见公孙丑这样一说，也就不好再推辞了。宋大夫勾践就在万章身边，见此立即起身，抱起酒坛，先给万章斟了一盏酒。然后，再依次给大家都斟了一盏。

万章端起酒盏喝了一口，然后深情地看了一眼晨曦中的孟轲墓碑，开口说道：

"我在整理记录先生生平言论时，感到先生谈得最多的话题是有关圣人的，包括尧、舜、禹、伊尹、伯夷等人，当然还有先圣孔子。"

"师兄，您系统地记录过先生的言论，那一定记得先生对他们的评价吧？"万章刚说了一句，屋庐连便打断了他的话。

"当然记得。"

"那请问师兄，先生是如何评价尧的？"屋庐连催促道。

"有一次，我在整理先生有关对尧的评价时，曾专门跟先生确认过他的观点。我问先生：'尧将天下授与舜，有这回事吗？'先生断然说道：'没有这回事。天子不能将天下私相授受。'我又追问：'那舜得到的天下，又是谁授与的呢？'先生回答说：'是天授与的。'我又问：'是天授与的，那是天叮嘱告诫他，让他接受的吗？'先生说：'不是。天不说话，只是以行为与事实暗示他而已。'"

"师兄，您不觉得先生这话说得很奇怪吗？"屋庐连呵呵一笑道。

"我当时也是这么认为的，所以就问先生：'天以行为与事实暗示，那是怎样一种情况呢？'先生说：'天子可以向天荐贤，但不能让天将天子之位授与他；诸侯可以向天子荐贤，但不能让天子将诸侯之爵授与他；大夫可以向诸侯荐贤，但不能让诸侯将大夫之职授与他。从前，尧荐舜于天，而天接受了；尧又将舜介绍给百姓，百姓也接受了。所以说，天不说话，只是以行为与事实暗示而已。'我又问先生:'天与百姓都接受了舜,有什么证据呢?'先生说:'尧让舜主持祭祀,所有神明都来享用,这说明天接受了;尧让舜主持国家具体事务,他都完成得很好,百姓都感到满意,这说明百姓接受了。'"

"如此说来,先生认为尧是个大公无私的人,并不是因为舜是他的女婿,是吗?"屋庐连对舜与尧的关系多有了解,所以有此一问。

"先生认为,舜能做天子,是天授与的,是百姓授与的,并不是因为跟尧的关系,尧事实上也没有徇私情,而将天下私相授受给舜。先生还认为,舜能帮助尧治理天下二十八年,并不是某一个人的意志,而是天的意志。"

"那先生对舜的评价呢?"屋庐连紧接着又问了另一个问题。

"先生对舜的评价也很高,他说:'尧死后,舜为其守丧三年。三年之礼毕,舜为了使尧的儿子能够继承天下,自己隐居到南河之南。但是,天下诸侯朝觐天子的,不去见尧的儿子,而是到舜隐居的南河之南;打官司的百姓,不找尧的儿子,而是去找舜;被天下人讴歌赞美的人,不是尧的儿子,而是舜。因为天意如此,舜这才回到了都城,登上了天子之位。'"

"先生的意思是说,舜无意于做天子,而是有意要将天下让给尧的儿子,是吗?"屋庐连问道。

万章点了点头,说道:

"先生说:'尧死后,舜若不避居南河之南,而是直接住到尧的宫室,那就是逼迫尧的儿子,就是篡夺天子之位,他的天子之位就不是天授与的了。'为此,先生还引了《尚书·泰誓》中的一句话:'天视自我民视,天听自我民听。'意思是说,天通过百姓的眼而看,天通过百姓的耳朵而听。先生明确告诉我,这话说的就是舜做天子的事。"

万章话音刚落,公孙丑主动接口说道:

"先生对舜的人品评价非常高,曾对我说过:'舜隐居在深山时,与木、石同住,与鹿、猪同走,跟深山里的粗野之人没有什么区别。而一旦听到别人一句善言,见到别人一个善行,则立即采纳实行,就像江河决口一样,浩浩荡荡,不可阻挡。'"

孟仲见公孙丑主动对万章的回忆予以补充,遂也兴之所至,接着公孙丑的话,说道:

"我也曾听过先生对舜的评价,明确将舜与周文王相提并论,并称之为圣人。他说:'舜出生于诸冯,迁居于负夏,死于鸣条,属于东夷之人;文王出生于岐周,死于毕郢,属于西夷之人。二人所住之地相距有一千多里,生活的时代相隔有一千多年，但是他们得志后在中原的所作所为，几乎是完全一样的。舜是先圣，文王是后圣，同为圣人明君，其治国法度也是一样的。'"

桃应很久都没有说话，见万章、公孙丑、孟仲都说到孟轲对舜的评价，突然想起自己曾经跟孟轲讨论过舜的往事，于是接着孟仲的话茬，说道：

"关于舜，我曾专门请教过先生。一次，我问先生：'舜为天子，皋陶为法官，假如舜父瞽瞍杀了人，那会怎么样？'先生说：'将舜父逮起来而已。'我又问：'那舜不会阻止吗？'先生说：'舜怎么会阻止呢？因为皋陶执法是有依据的。'我再问：'虽然如此，那舜怎么办呢？'先生说：'舜肯定会弃天子之位，弃天下如同弃破鞋，瞒着父亲偷偷逃走，沿着海边住下来，终身都很快乐，忘记自己曾经拥有过天下。'"

桃应话音未落，屋庐连立即质疑道：

"舜父杀人，只是一个假设的议题。如果真的发生了，舜如何处理，未必就真能如先生所说那样。所以，我认为先生对舜的评价是基于个人的想象，而不是事实。"

"当然，评价都是主观的，并不一定符合客观事实。现在，桃应师弟只是在复述先生对舜的评价而已。"

桃应听了孟仲的话，知道他是在为自己打圆场。但是，他并不在意屋庐连的质疑，只是莞尔一笑。万章见此，立即接口说道：

"我也曾经质疑过先生对舜的评价，认为姑且不论舜治理天下的功过是非，即以孝道而论，舜就有做得不够完善的地方。一次，我读到《诗·南山》'取妻如之何？必告父母'二句，就问先生说：'舜相信这话吗？'先生说：'舜是圣人，是世上最孝之人，没有人比舜更相信这话了。'我立即反问道：'如果真的这样，那舜为什么不告知父母，便娶了妻子？'"

"师兄，您这话问得有道理。先生是怎么回答的？"屋庐连大概以为万章跟自己的观点相同，没等万章把话说完，便兴奋地说道。

"先生说：'不孝有三，无后为大。舜不告知父母便娶妻，是因为没有后代的缘故。所以，自古君子都认为舜未告知父母，等于告知了父母。'"

"先生的解释太勉强了，大概没有人能够信服。"屋庐连毫不掩饰自己的观点。

"我当时就没有信服，所以先生跟我进一步解释说：'舜如果告知了父母，就娶不成妻子了。再说了，男女结婚是人与人之间最重要的伦理关系。若事先告知了父母，对舜而言，这一人伦关系就等于被废弃了。结果，舜娶妻不成，便会怨恨父母。所以，舜就索性不告知父母了。'"

"师兄，您不觉得先生的这个解释还是很勉强吗？"屋庐连再次质疑道。

万章莞尔一笑，说道：

"所以，我又问了先生另一个问题：'后来，尧帝嫁女与舜，舜为什么还不告知父母呢？'先生说：'这跟舜没有关系，而是尧帝认为，舜的父母乃不善之人，如果让舜告知了他们，舜娶其二女之事肯定不成。'"

"如果自古以来有关舜的传说都是事实，我倒是赞成先生的意见。舜的父母，还有他的弟弟，都是少见的不善之人，舜能百般包容他们，实在不是常人所能做到的。仅就这一点，说舜是圣人，也是无人可以质疑的。"很久没有说话的陈臻，这时也突然插话道。

"陈师弟说得对。舜的父母是世上少见的不善之人，我曾听人说，他们对舜非常不好。有一次，他们让舜去修缮谷仓，等到舜上了房顶，他们便抽去了梯子，其父瞽叟甚至还放火焚烧谷仓，想将舜烧死。舜侥幸逃脱后，他们又让舜去淘井，等到舜下到井底时，他们便用土填埋井眼。如果舜不是从井的旁边洞穴逃出，也就死在了井中。舜有一个异母之弟象，比其父母更坏，整天以谋害舜为能事。有一次，他谋害舜而以为得逞后，扬扬得意地对其父母说：'谋害舜都是我的功劳，把舜的牛羊分给你们，舜的谷仓也分给你们。但是，舜的盾和戟归我，琴归我，雕弓也归我，两位嫂嫂要她们给我扫榻叠被。'说完，象就走向了舜的房子，但是进屋后却发现，舜仍好好地坐在榻边弹琴。象感到非常吃惊，却故作镇静地说道：'哥，我好想念您呀！'然而，神情却显得惭愧而不自然。舜装作若无其事的样子，跟象说：'我惦记着臣下与百姓，你帮我管理一下他们吧。'我曾就此事请教过先生，先生确切地告诉我，确有此事。于是，我问了先生一个问题：'难道舜不知道象要杀他吗？'"

屋庐连也听说过万章讲的这个故事，不过，他想听听孟轲对此有什么说法。于是，没等万章把话说完，便急切地问道：

"先生是怎么回答的？"

"先生说：'舜怎么会不知道呢？只是因为他是个孝悌之人，象有什么忧愁，他也会跟着忧愁；象感到高兴，他也会跟着高兴。'于是，我又问道：'舜的高兴是假装出来的吗？'先生说不是，并给我讲了一个故事。说从前有一个人给郑国执政子产送了一条活鱼，子产让主管的小吏将鱼养在池塘中。然而，小吏却将鱼给煮着吃了，然后回报子产说：'刚将鱼放入池塘时，鱼显得非常疲惫的样子。但过了一会儿，就摇着尾巴活动了，再过了一会儿，就

602

游得不见踪影了。'子产听了很高兴，说：'它到了一个好地方呀！它到了一个好地方呀！'小吏出来后，跟人说：'谁说子产聪明，我将鱼都煮着吃了，他还说鱼到了一个好地方呀！到了一个好地方呀！'先生认为，对于君子，别人能够用合乎情理的方法欺骗他，但是不能用违反道理的诡诈蒙蔽他。舜是君子，象是小人，象假装着敬爱兄长的样子前来，舜因此真诚地相信象而感到高兴。所以，先生回答我说：'怎么能说舜的高兴是假装出来的呢？'"

大概是因为孟轲的故事讲得好，屋庐连这次没有提出疑问，而是重重地点了点头。然后，侧身右望万章，说道：

"师兄，您接着讲。"

万章顿了顿，接着说道：

"我又问先生：'象每天将谋杀舜作为自己的工作，但舜做天子后，却只是流放了象，而没有杀他，这是什么道理呢？'先生说：'不是流放，而是封象为诸侯。不过，自古以来有不少人说是流放。'我以为不然，便问道：'舜将共工流放到幽州，将驩兜发配到崇山，将三苗杀之于三危，将鲧处死于羽山。于是，天下就归服了。这是因为他处罚的四人都是罪人，是不仁之人。而象是天下最不仁之人，舜却将他封在有庳国，那有庳国的百姓又有何罪呢？难道仁人的做法竟是如此吗？对别人就加以流放诛杀，对自己的弟弟就封以国土？'"

"师兄，您这个质疑有道理。先生是怎么回答您的？"屋庐连问道。

"先生回答说：'仁人对于弟弟，有所愤怒而不藏在心里，有所怨恨而不留于胸中，只是亲他爱他而已。亲他，便想使之尊贵；爱他，便想使之富裕。舜将有庳国封给象，就是想让象既贵且富。如果自己做了天子，却让弟弟只是一介平民，能说对弟弟亲之爱之吗？'我又问先生：'那为什么有人认为，象不是被封为诸侯，而是被舜所流放呢？'先生告诉我说：'象虽然被舜封为诸侯，但象不能在其封国内为所欲为。因为舜怕象胡作非为，派了官吏前来治理有庳国，然后将收上来的贡税交给象使用。正因为如此，历史上有人认为象是被流放，而不是被封国。舜如果不这样做，难道能让象去虐待有庳国的百姓吗？即便如此，舜还是常常想念象的，想跟他见面。事实上，象也是不断地上朝与舜相见。古书有记载说，不必等到规定的朝贡日期，舜在平常也会借处理政事而接待有庳国之君。说的就是舜突破常规，而经常与弟弟象见面之事。'"

听万章从容复述孟轲之言，娓娓道来，一直负责给大家斟酒而不发言的

尾声

宋大夫勾践非常感慨。所以，万章话音未落，他便情不自禁地插话道：

"万师兄真是太幸运了，能在先生晚年常侍左右，得到先生更多的教育，知道我们不知道的东西，真让我们这些不在先生身边的弟子非常羡慕。"

跟宋大夫勾践一样，乐正克与周霄也是身在官场中的人，很少有机会像万章、公孙丑等弟子那样常年追随孟轲左右，所以对于勾践的话非常认同，连连点头称是。

万章听了勾践的话，顿时感到非常自豪，于是决定顺应勾践之意，继续跟大家分享孟轲跟自己单独交流的相关内容，说道：

"先生认为，舜不仅对弟弟象仁至义尽，可谓臻至'悌'之极致，而且对父母之'孝'也达到了最高境界。他曾告诉我说：'天下之人近悦远服而纷纷归附自己，这是为君者都热烈追求的最高境界。但是，舜却将这视同草芥一般。因为在舜的心目中，不能得到父母的欢心，便不配做人；不能顺从父母的心意，便不配做儿子。所以，舜想尽一切办法侍奉父母，终于使其父瞽瞍变得高兴了。瞽瞍高兴了，天下的风俗也由此得以改变向善；瞽瞍高兴了，天下的父子伦常也因此得以确定。这才叫大孝！'"

"万师兄，先生的意思是不是说，舜之所以能够称为圣人，并不是因为他治理天下有什么特别的成就，而是因为能以博大的仁爱之心包容并改造其十恶不赦的弟弟、不慈不仁的父母？"屋庐连看着渐渐散去的晨雾，仿佛心中的迷雾也消失了，侧脸右望万章，若有所悟地问道。

万章点了点头，接着说道：

"先生认为，舜确实是个至孝之人，但对其不慈不仁的父母，也并不是完全没有抱怨。我曾问先生说：'听说舜早年每到田间耕作时，都会仰天呼号哭泣，为什么会这样呢？'先生说：'这是对父母既怨恨又依恋的缘故。'我曾听先生说过，曾子有句名言：'父母爱之，喜而不忘；父母恶之，劳而不怨。'所以，我就问先生：'根据曾子的说法，您认为舜怨恨父母吗？'先生没有回答我的问题，而是给我讲了一个故事。他说，长息曾问过公明高一个问题。"

"公明高我知道，是曾子的弟子，先圣的再传弟子。那长息是谁？"万章的叙述还没开始，屋庐连便打断了他的话。

"长息是公明高的弟子，曾子的再传弟子，先圣的再再传弟子。"万章答道。

对屋庐连屡次打断万章的话，宋大夫勾践虽然心有不满，但碍于大家都是六七十岁的人了，而且又是在孟轲墓前的最后一次师门相聚，所以几次都忍住没有提出批评。这次他也不想提出批评，只是侧脸看着万章，以催促的口气说道：

"万师兄，您接着讲。"

万章点了点头，接着说道：

"长息问公明高说：'舜每日都要到田间耕作，其中的原因您跟我解释过，我明白了。但是，他向天呼号哭泣，这样对待父母，我就不明白是为什么了。'公明高回答说：'这不是你能明白的。'公明高认为，舜虽然道德境界比一般孝子高，但毕竟也是人，不可能对父母的态度满不在乎。我尽力耕作，尽到我做儿子的职责而已。父母不喜欢我，我有什么办法呢？所以，只好向天呼号哭泣了。尧帝知道舜贤能，了解他的委屈，所以派他的孩子九男二女，还有百官，一起带着牛羊、粮食等到田间侍奉舜。天下之士，也有很多人慕名投奔舜。最后，尧将天下都让给了舜。但是，贵为天子的舜仍然因为没有得到父母的欢心，而像是穷困不得志之人那样感到孤苦无依。'"

"公明高的意思是说，舜不以天子为贵，而是非常在乎父母的欢心，是吗？"屋庐连再次忍不住插话道。

"万师兄，您接着讲。"宋大夫勾践再次以催促万章的方式，表达了对屋庐连的不满。

万章明白勾践的意思，会心一笑，接着说道：

"公明高跟长息说：'得天下之士喜爱，是谁都希望的，舜得天下之士推崇归附，却不足以消除心中忧愁；美丽的姑娘，是谁都喜欢的，舜娶了尧帝两个女儿，却不足以消除心中忧愁；财富，是谁都想得到的，舜拥有天下，却不足以消除心中忧愁；尊贵，是谁都想得到的，舜贵为天子，却不足以消除心中忧愁。在舜看来，得到天下之士的推崇，获得美丽姑娘的芳心，拥有财富与尊贵，这些都不是他快乐的源泉，更不足以消除其忧愁。只有得到父母的欢心，才能彻底消除其心中忧愁。'"

"得到父母的欢心，难道就那么重要吗？"屋庐连虽然早已意识到了宋大夫勾践及众师门对其喜欢插话习惯的不满，但总是忍不住，再一次打断了万章的话。

万章对屋庐连非常了解，也从不计较他喜欢插话的习惯。所以，这次也是一样，只是对他的提问报以一笑，接着说道：

"长息也提出过同样的问题，公明高回答说：'人在小的时候，就会依恋父母；长大了，懂得喜欢姑娘时，就会想念美丽的少女；有了妻子后，就会

尾声

605

迷恋妻子；做了官后，就会敬爱君主。得不到君主的欢心，内心便焦虑不安。只有至纯至孝的人，才会终身依恋父母。到了五十岁还依恋父母的，依我看，世上只有一个舜了。'先生虽然没有明言舜达到了'孝'的最高境界，但是，通过讲述公明高师徒二人对话的故事，事实上确认了舜达到了'孝'的最高境界。正因为先生认为舜既是人世间'悌'的榜样，也是'孝'的楷模，所以他认为舜是圣人，并极力予以推崇。"

咸丘蒙听万章说到这里，突然忆起早先跟孟轲讨论过舜的往事，于是接口说道：

"万师兄，您说先生推崇舜为天下人孝的楷模，不禁让我想起一件往事。有一次，我听人说过一句古语：'道德最高尚的人，君不能以他为臣，父不能以他为子。'于是，我就问先生：'舜为天子时，面南而立，尧率领诸侯面北朝拜他，他泰然自若；但是，他的父亲瞽瞍也面北朝拜他时，他却显得局促不安。听说先圣孔子就此说过一句话：这时候天下危险得很呀！先圣真的说过这句话吗？'"

"咸师兄，先圣是最讲孝道的，您还用问先生吗？瞽瞍北面而拜舜，如果确有其事，先圣肯定是持异议的。"屋庐连脱口而出道。

"屋庐师弟，你错了。先生的回答是：'不，这不是君子之言，而是齐东野人之语。尧在世时，舜不曾做天子，只是尧在年老时让舜代行过天子之职而已。《尚书·尧典》有记载说，舜代理天子之职二十八年后，尧去世了。群臣为此非常悲伤，就像死了父母一样，为尧服丧三年，四海之内的百姓也因此停止了音乐。'先生告诉我，先圣有句名言，'天无二日，民无二王'，说的正是尧与舜的关系。先生说：'如果舜真的在尧在世时就做了天子，同时又率天下诸侯为尧服丧三年，这就等于说天下有两个天子了。'"

屋庐连听了咸丘蒙这番话，终于无话可说了。咸丘蒙见此，遂又说道：

"舜没有以尧为臣的事，经过先生的解释，我当时认同了。但是，我记得《诗·北山》有言，'溥天之下，莫非王土；率土之滨，莫非王臣'，所以又问了先生另一个问题：'舜做了天子之后，其父瞽瞍难道不是他的臣子吗？'先生告诉我，《诗·北山》这四句，不是我理解的意思。他说：'这四句之后，还有两句：'大夫不均，我从事独贤。'意思是说，这些事没有一件不是国家之事，为什么要我一人劳苦呢？它是诗人因勤于国事，不能奉养父母而生出的抱怨之辞。'"

"对于《诗》的理解，自古以来就有不同，先生多次跟我谈过这个问题。

606

咸师弟，你接着说。"孟仲插话道。

咸丘蒙点了点头，接着说道：

"先生教导我说：'读《诗》或解《诗》，不能拘泥于文字而误解词句，也不能拘泥于词句而误解诗人的原意，要结合自身的生活经验与逻辑推理，用心体会诗人的本意，这就差不多可以接近诗人所要表达的本意了。'并举《诗·云汉》'周余黎民，靡有孑遗'二句，说：'如果拘泥于词句，周朝没有一个百姓活下来。'指正了我的错误后，先生回到了先前的话题，说道：'孝的最高境界，就是尊敬父母；尊敬父母的极致，就是以天下来奉养父母，没有超过这个极限的了。瞽瞍做了天子之父，可谓尊贵到了极点；舜以天下来奉养他，可谓奉养的极点。《诗》有言：永言孝思，孝思维则。意思是说，永远要遵守孝道，孝道是天下的法则。强调的就是为人必须遵守孝道的道理。《尚书》亦有言：载见瞽瞍，夔夔斋栗，瞽瞍亦允若。意思是说，舜身为天子，却恭敬小心地去见瞽瞍，态度谨慎恐惧，让瞽瞍也被感化，最后瞽瞍也真正做到了顺理而行。你说，瞽瞍作为父亲，不能以舜为子吗？'"

"先生的意思是说，瞽瞍是不慈不仁之人，舜都能感化他，就说明舜是天下至纯至孝之人，堪称圣人，是吗？"

咸丘蒙点了点头，算是认同了屋庐连的解读。

宋大夫勾践知道孟轲一向推崇尧、舜、禹、伊尹、伯夷等古圣人，但是没有听过他对这些人的系统评价，所以很想借此机会多了解一些。他怕屋庐连节外生枝，挑起其他话题，遂适时接过话茬，侧脸望向万章，说道：

"万师兄，刚才您给我们讲了先生对尧、舜的评价，大师兄、公孙师兄和咸师弟也作了补充。现在，您再给我们讲讲先生对禹的评价吧。"

万章点了点头，顿了一顿，喝了口酒，然后才开口说道：

"世人对禹的评价，不像对尧的评价那样一致，跟对舜的评价相似，争议较多。但是，先生却坚定地认为，禹跟尧、舜一样，都是伟大的君主，是道德高尚的圣人。有一次，先生跟我说到禹时，我问他说：'世人皆言，到禹的时候，先古圣王之德就衰微了，天下不传贤而传子。您认同这种说法吗？'先生语气坚定地说道：'不，不是这样。天下到底授与谁，这是天意。天要授与贤者，便授与贤者；天要授与君主之子，就授与君主之子。从前，舜将禹推荐给天，十七年之后，舜去世了。禹为舜服丧三年后，为了让位于舜的儿子商均，自己便隐居到阳城。但是，天下百姓都追随他，就像尧去世后，诸侯与百姓不追随尧的儿子丹朱而追随舜一样。禹做了天子后，年老时将益推荐

尾声

607

给天，七年之后，禹去世了。益为禹服丧三年后，为了让位给禹的儿子启，自己隐居到箕山之北。朝见天子的诸侯、打官司的百姓，都不去找益，而是去找启，说启是他们君主的儿子。行吟歌唱者，不颂赞益，而颂赞启，说启是他们君主的儿子。尧的儿子丹朱不贤，舜的儿子商均也不贤。舜辅佐尧、禹辅佐舜，都经年日久，对百姓施与的恩泽多。启很贤明，能够认真地继承禹的治世安民之道。而益辅佐禹的时间短，对百姓施与的恩泽少。舜、禹、益之间相距时间的长短，舜之子与禹之子的贤与不贤，都是天意，并非人力所能决定。没人让他这么做，他却这么做了，这就是天意。没人想招致某事，但事情却发生了，这就是命运。以一介百姓之身而想得到天下，除非他有舜、禹那样的道德，还要有天子的推荐。先圣孔子不能得天下，就是因为不具备这些条件。以世袭方式而拥有天下的，如果为天所弃，那他们的行为一定是像夏桀、商纣一样。益、伊尹、周公皆有德有能，但他们没有得到天下，是因为他们的君主不像夏桀、商纣，天意未弃他们。伊尹辅佐汤统一了天下，推行王道政治。汤去世后，太丁未立即死，外丙则在位两年，仲壬在位四年。到太甲执政时，颠覆了汤制定的法度，还将伊尹放逐到桐。三年之后，太甲幡然悔悟，自我惩戒，在桐居仁向义。三年之后，太甲听从了伊尹的教诲，又回到了亳都做天子。周公德能兼备，然而未能得天下，就像益在夏朝、伊尹在商朝的情况一样。因此，先圣孔子认为，唐尧、虞舜以天下让与贤者，夏、商、周三代都以天下传与子孙，道理都是一样的。'"

"如此说来，先生与先圣都是认同天下可以传子的了，是吗？如果这样，那先生与先圣还那么热烈地推崇尧、舜干什么？他们推崇尧、舜为圣人，不就是因为他们大公无私，天下为公，天下传贤不传子吗？"屋庐连又开始质疑了。

"屋庐师弟，你大概没听明白我刚才转述的话，先生的意思跟先圣的说法一样，禹并没有直接将天子之位传给自己的儿子启，而是天下诸侯与百姓选择了启，认为启比禹选定的接班人益更贤明，更适合做天子。因此，启为天子，实际上还是符合天下传贤不传子的原则。"万章连忙解释道。

"屋庐师弟，这下你明白了吧。万章师兄，您再接着讲先生对伊尹的评价吧。"宋大夫勾践侧脸看了一眼坐在远处的屋庐连，又看了一眼坐在近旁的万章，说道。

万章心领神会，明白勾践的意思是不让屋庐连再插话，好让自己接着转述孟轲对古圣的评价，于是立即接口说道：

"先生对伊尹也是非常推崇的，认为他的功业与道德都堪称圣人。有一次，我问先生说：'有人说，伊尹是以切肉烹调获得商汤的重用，有这回事吗？'先生说：'不，不是这样。伊尹在莘国的郊野耕种，以坚持尧舜之道为乐。如果不合乎义，不合乎道，纵然以天下所有的财富作为俸禄，他也不回头看一眼；如果不合乎义，不合乎道，即使有四千匹马系在那里，他也不看一眼；如果不合乎义，不合乎道，他一丝一毫也不给予别人，一丝一毫也不取于别人。汤曾遣人持重金礼聘伊尹，他断然拒绝。'"

"汤是贤君，礼贤下士，伊尹为什么要拒绝呢？"万章话还没说完，屋庐连又忍不住插话了。

万章与坐在近旁的勾践对视了一眼，莞尔一笑，然后接着说道：

"伊尹告诉汤的使者，说：'我要汤的聘礼干什么？我若出仕为官，怎么比得上我耕种于田野，坚持尧舜之道的快乐呢？'不过，汤三次遣使礼聘后，伊尹终于被感动了，态度发生了根本性转变，说：'我与其耕种于田野中，以坚持尧舜之道为乐，还不如使当今君主成为像尧舜一样的君主，使当今百姓成为尧舜时代的百姓，让我亲眼看到尧舜盛世再现。上天生人，就是要让先知先觉者促进后知后觉者。我既然是先知先觉者，就应该以尧舜之道促使百姓觉悟。我若不使他们觉悟，那又有谁可以促使他们觉悟呢？'先生告诉我说：'伊尹是以舍我其谁的担当出仕的。他认为，如果天下还有一个普通的百姓没有受到尧舜之道的恩泽，那就像是自己把他们推到山沟里一样。正是因为有此以天下为己任的担当，伊尹最终愉快地去了汤那里，劝说汤讨伐夏桀以救天下百姓。'"

"先生的意思是说，伊尹出仕为官，并不是为了建功立业，也不是为了高官厚禄，而是为了造福万民，致君尧舜上，是吗？"屋庐连再一次打断了万章的叙述。

万章点了点头，接着说道：

"先生说：'我从未听说过自身不正而能匡正别人的，更何况是屈辱其身而匡正天下了。圣人的行为方式可能各有不同，有的疏远当时之君，有的接近当时之君，有的离开朝廷，有的留在朝廷。但是，不论是疏是近，是去是留，都要修洁其身，坚守自己的道德底线。我只听说过伊尹以尧舜之道向汤干求，而没有听说是以切肉烹调的手段而谋求上位。'最后，先生还引了《尚书·伊训》中的一句话：'天诛造攻自牧宫，朕载自亳'，意思是说，上天的讨伐，最初是在夏桀宫室内由他自己开始的，汤对夏桀的讨伐只不过是从亳

尾
声

开始而已。先生认为，伊尹劝说汤伐夏桀是顺天应人，是为了天下万民，是合乎道义的。所以，先生推崇伊尹是圣人，而不认为他是热衷于做官与建功立业的庸俗之辈。"

勾践怕屋庐连又来插话，见万章话音刚落，便立即接口说道：

"万师兄，先生对伊尹的评价，我们都明白了。下面您再给我们讲讲先生对伯夷的评价吧。"

万章点了点头。

"这样吧，我先给您续点酒，您先喝口酒再讲。"勾践一边说着，一边抱起酒坛，侧身右倾，给坐在身边的万章盏中续了一些酒。

万章端起酒盏，喝了一口，便又开始讲述了：

"先生认为，伯夷虽然不像尧、舜、禹、伊尹那样有事功，造福过天下万民，但在道德境界上则绝不输给他们，所以，先生也推崇他是古代的圣人。有一次，我问先生：'世人皆说伯夷道德高尚，无人可及，您认为真是如此吗？'先生不假思索地回答道：'当然是。伯夷行为高洁，不是理想的君王不侍奉，不是理想的朋友不结交。不立身于有坏人的朝廷之中，不与坏人说话。他觉得立身于有坏人的朝廷之中，跟坏人说话，就像是穿着礼服、戴着礼帽坐在泥地里或炭灰中一样。正是基于这种厌恶坏人坏事的心理，他若是与乡下人站在一起，乡下人帽子没有戴正，他就会很不高兴地走开，好像乡下人的行为会污染了自己似的。所以，诸侯各国之君用好言好语来招揽礼聘他时，他一概不接受。之所以不接受，是因为他不屑于接近他们。他是太过洁身自好了，跟柳下惠完全不一样。柳下惠不以侍奉声名不好的国君为可耻，不以官职卑微为低贱；他入朝为官不刻意隐藏自己的才能，但从政一定坚持自己的原则；他被人遗弃也不怨恨，穷困不得志也不忧愁。他说：你是你，我是我，即使你赤身裸体在我身边，又怎能玷污我呢？正是因为有此心态，柳下惠无论跟什么人在一起都很高兴，一点不失常态。别人拉住他，让他留下，他就留下。别人拉他，让他留下，他之所以会留下，是他不屑于因为留下这种小事而离去，拂了别人之意。'先生认为，伯夷与柳下惠虽然都可称为圣人，但在为人处世上都有不足。先生说：'伯夷为人太狭隘，器量太小；柳下惠处世太随便，不够严肃。器量小与不严肃，都是君子所不赞同的。'"

"看来先生评价古圣还是比较客观的，不掺杂个人的感情因素。"

勾践话音未落，公孙丑呵呵一笑道：

"勾践师弟，那也不尽然喽。"

"公孙师兄，这话怎么讲？"勾践立即追问道。

"我也曾听先生评价过伯夷、伊尹、柳下惠，跟万章师弟所说差不多，评价的基调大致相同。但是，在评价到先圣孔子时，态度就有所不同了。"公孙丑答道。

屋庐连一听公孙丑这话，顿时兴奋起来，立即伸长脖子，侧身右望公孙丑，说道：

"公孙师兄，那您再给我们说说吧。"

"师兄，刚才您不是说过，我没说到的，您来补充吗？那您现在就给大家补充说说吧。"万章立即顺着屋庐连的话，趁机将任务转移给了公孙丑。

公孙丑不好推辞，于是便开口说道：

"先生说：'伯夷，是孤竹国第八任国君亚微的长子，其下有亚凭、叔齐二弟。孤竹君生前指定三子叔齐继承君位，但是，亚微死后，叔齐不愿为君，让位于伯夷。伯夷以父命为尊，不肯继位，逃出孤竹国，叔齐也随之而去。兄弟二人在逃往西岐的路上，正好遇到周武王率领大军前去讨伐商纣王。二人叩马强谏，认为周武王不能以臣伐君。周武王左右欲杀二人，得姜子牙劝谏而免。周武王灭商建周，天下归于一统后，伯夷、叔齐耻食周粟，最终饿死于首阳山中。'"

"伯夷的身世，我也曾听先生说过。那先生是怎么评价伯夷的呢？"屋庐连又插话了。

公孙丑侧脸左望了屋庐连一眼，说道：

"先生说：'伯夷是个有道德洁癖的人，目不视恶色，耳不听恶声；不是理想的君王不侍奉，不是理想的百姓不治理；天下太平就出仕，天下昏乱就隐退。实行暴政的国家，住有暴民的地方，他都不忍居住下去。他不愿跟乡下人相处，感觉跟他们在一起，就像是穿着礼服、戴着礼帽坐在泥地里或是炭灰中一样。商纣王当政时，他避居到北海边上，等待着天下的清平。所以，天下听说过伯夷风节的人，贪婪的都变得清廉起来，懦弱的都变得坚强而有志气。但是，伊尹就不是这样。伊尹认为，天下没有不可以侍奉之君，也没有不可治理的百姓。所以，天下清平时，他出仕为官；天下昏乱时，他也出仕为官。他认为自己是先知先觉者，有责任帮助后知后觉者。他以天下为己任，立志要造福天下万民，让恩泽惠及天下匹夫匹妇。如果做不到，就像是自己将百姓推入沟中。'先生还说：'伯夷跟柳下惠也不同。柳下惠不以君恶而不事，不以官小而不为。做官时不隐其能，执政时必行其道；被人遗弃而无怨恨，处境困窘也无忧愁。他与乡下人相处，高高兴兴而不忍离去。他认为只要自己能洁身自好，不管别人道德如何不堪，也不会影响到自己。所以，天下听说过柳下惠风节的人，器量狭小的都变得心胸开阔起来，生性刻薄的都变得厚道起来。'"

"公孙师兄，先生跟您所说，与跟万章师兄所说，意思非常接近。看来先生对伯夷、伊尹、柳下惠的评价是前后一贯的。"公孙丑话还没说完，屋庐连又忍不住插话了。

"当然是前后一贯的，因为先生跟我们弟子讲历史，从来都是客观严谨的。跟他游说齐王、魏王等诸侯国之君不一样，不带政治目的，而只是传授历史知识。"公孙丑说道。

"公孙师兄，刚才您说先生评价先圣孔子，跟评价伯夷、伊尹、柳下惠等古圣，在态度上有所不同。那先生是怎么评价先圣孔子的呢？"屋庐连又问道。

"先生是先圣政治思想学说的忠实信徒，对其评价自然态度有所不同，这也是人之常情。你想，如果是我们评价先生，态度能跟评价庄周、惠施、淳于髡一样吗？"公孙丑反问道。

"当然不同。那先生到底是怎么评价先圣的呢？"屋庐连紧追不舍道。

"先生说：'先圣孔子在齐国不得意而要离开时，做饭时不等米淘完、水漉干就走；在鲁国不得意而要离开时，却跟弟子们说：我们慢慢走吧，这是离开祖国应有的态度。先圣认为，不留恋就应该马上走，有留恋就应该慢点走，应该退隐时就退隐，应该出仕时就出仕。这就是先圣孔子。'"公孙丑说道。

"先生的意思是说，先圣孔子跟伯夷、伊尹、柳下惠同为圣人，但为人处世不偏执，有一定的灵活性，是吗？"屋庐连问道。

公孙丑点了点头，接着说道：

"先生说：'伯夷，是圣人中的清高者；伊尹，是圣人中的有担当者；柳下惠，是圣人中的随和者；先圣孔子，则是圣人中的识时务者。也可以说，先圣孔子是圣人中的集大成者。所谓集大成，就像是奏乐时先敲钟，以金声发始，最后再以磬收束，即以玉声收韵一样。先敲钟，是节奏条理的开始；后击磬，是节奏条理的收束。条理的开始，属于智的方面；条理的收束，属于圣的方面。智，好比是技巧；圣，好比是力量。好比是在百步之外射箭，射到靶上，是你的力量；射中了靶心，却不是你的力量。'"

"看来，先生确实在评价古圣时态度有所不同，情感上有偏向先圣的嫌疑。"屋庐连脱口而出。

"屋庐师弟，你说这话，不怕先生地下听到吗？"一夜都很少说话的陈代，这时突然侧脸看了一眼坐在身旁的屋庐连，打趣地说道。

万章听了陈代的话，莞尔一笑，接着他的话茬说道：

"陈师弟，你不用担心，先生器量不会那么小。我就经常质疑先生对先圣的评价，先生每次都跟我耐心地解释，并没有生过气。有一次，我问了一个非常尖锐的问题，说：'有人说，先圣孔子在卫国时住在卫灵公宠幸的宦官痈疽家中，在齐国时住在宦官瘠环家中，有这回事吗？'先生断然否认道：'不，不是这样。这都是好事之徒捏造出来的谣言。'然后，先生告诉了我真相。先圣在卫国时，是住在卫国贤大夫颜雠由的家中，而不是宦官痈疽家中。当时先圣的得意弟子子路正好在卫国为官，其妻与弥子瑕之妻是姐妹。弥子瑕是卫灵公的宠臣，对子路说：'如果孔子愿意住到我家中，就可以得到卫国卿大夫之位。'子路将弥之瑕的话转告给了先圣，先圣说：'一切由命运决定吧。'先圣进以礼，退以义，得或不得都认命。先生说：'先圣之所以不肯住到痈疽与瘠环家中，是认为这样做是无视礼义与命运。'先生还告诉我，先圣在鲁国与卫国不得意，就去了宋国。但在宋国遭到了司马桓魋的拦截与谋害，所以只好变换服装，悄悄从宋国经过，然后去了陈国。此时是先圣人生最困窘的时刻，但是他到了陈国后，还是住到了陈国贤大夫司城贞子家，做了陈侯周的臣下。先生说：'我听说过，要观察在朝之臣，则看他所接纳的客人；观察外来之臣，则看他所寄住的主人。如果先圣住到痈疽与瘠环家中，还怎么算是孔子呢？'"

"先生的意思是不是说，先圣周游列国，虽然仍然热衷于出仕，但有自己的原则，进退皆以礼义为依归？"屋庐连问道。

万章点了点头，顿了顿，意有所指地说道：

"先圣热衷于出仕，并不是为了高官厚禄，而是为了有机会实践其王道社会的政治理想，跟我们先生在齐国为卿的用意一样。先生虽未亲受先圣的教诲，曾经遗憾地说道：'君子之泽五世而斩，小人之泽五世而斩。予未得为孔子徒也，予私淑诸人也。'但我认为，七十二贤之外，后世要算我们先生最理解先圣了，堪称先圣的知己。所以，先生推崇先圣是发自内心的。"

宋大夫勾践听万章说到这里，觉得有关圣人的话题可以到此结束了，于是立即接住万章的话，说道：

"刚才听万章师兄系统地讲了先生对古圣的评价，很多内容都是我们闻所未闻的，真是受益匪浅。今天我们同门聚于先生墓前，既是为了跟先生作最后的道别，也是为了重温先生的教诲。万章师兄在整理先生生平言论的过程中，跟先生有很多交流，都是我们大家不了解的。下面是否请万章师兄再接着讲讲这方面的内容，也好让我们有机会间接地再受一次先生的教诲？"

大家都觉得勾践的提议好，话也说得巧妙，于是连连附和。

万章见众人热情高涨，深受感动，于是深情地望了一眼孟轲之墓，然后端起酒盏，将最后的一点酒一饮而尽，便又开了口：

"先生晚年之所以反复跟我讲到古代圣人，并嘱我将其对古圣的评价都记录下来，意在告诫我们弟子要向古圣学习，也是为了告诉后世的人们，唯有向古圣看齐，天下大同的王道社会理想才能实现，人类才有光明的未来。我在整理先生生平言论时，还有一个发现，就是先生谈'大人'的话题也特别多。先生所说的'大人'，就是'君子'的意思，跟'圣人'也有点接近。有关这方面的言论，先生跟别人说的，我一时难以记起，但跟我说的，我还记得几句。比方说，'非礼之礼，非义之义，大人弗为'，意思是说，似是而非的礼，似是而非的义，大人是不愿为之的。又比方说，'大人者，言不必信，行不必果，惟义所在'，意思是说，大人说的话不一定句句都要兑现，行为不一定要贯彻始终，一切皆依道义所在而行。再比方说，'大人者，不失其赤子之心'，意思是说，大人都能保持像婴儿那样的天真纯朴之心。"

"这些教诲，以前我们确实都没有听先生说过。师兄，除了圣人、大人的话题外，还有什么话题先生谈得比较多？"孟仲虽是孟轲大弟子，受孟轲耳提面命颇多，但听到万章这些独家之言，还是感到相当新鲜的，顿时兴味盎然，脱口而出。

"除此，就是谈为人处世的言论也很多，包括为官为人两个方面。"万章答道。

"万师兄，那您赶快给我们讲讲。"屋庐连显得有些迫不及待了。

"这个方面，还是请公孙师兄来讲吧。公孙师兄也参与了先生言论的整理与刻写，出力甚多，印象肯定很深。"万章侧脸看了一眼身边的公孙丑，说道。

"师弟，你不要推辞了，还是你来讲。跟刚才一样，如果你有记不得的地方，我会给你补充的。好吧？"公孙丑把任务又推回给了万章。

万章侧脸看了看公孙丑，点了点头，说道：

"先生一向主张，为人处世要讲原则，无论是为官还是为人，都应该如此。到了晚年时，更是时常跟我们强调这一点。大家可能也听说过，先生辞官从齐国回到家乡后，不少诸侯国之君都曾遣使来礼聘先生，但是先生不为所动。先生说，他做官不是为了俸禄，而是为了理想，跟先圣一样。所以，跟诸侯各国之君是合则留，不合则散。不仅如此，甚至父母之邦的邹国之君就在跟前，他也不主动谒见。有一次，我问先生：'从来都是诸侯隆礼召见您，而您却从未主动谒见过诸侯，请问是什么道理？'先生说：'没有官职，住在城里的，叫作市井之臣；住在乡野的，叫作草莽之臣。二者都是平民百姓。平民百姓不给国君送见面礼而成为其臣属，就不敢去见诸侯，这是礼法。'"

"先生跟先圣一样，是个拘礼之人。看来，他不主动谒见诸侯是有道理的。"屋庐连插话道。

万章莞尔一笑，接着说道：

"我又问先生：'平民百姓，国君召他去服役，他就去服役；召他去相见，他却不前往，这是为什么呢？'先生说：'服役是为国家，是义；谒见国君，则不是为国家，不是义。况且国君想见他，到底是为什么呢？'我说：'因为他博学多闻，因为他贤德呀！'先生说：'如果是因为他博学多闻，那就应该以师礼相待。天子都不敢召见老师，更何况是诸侯呢？如果因为他贤德，那我也没听说过要见贤德者是以召见的形式。鲁缪公屡次拜访子思，请教古代千乘之国的国君如何交友的问题，子思很不高兴，认为古代的国君都是以士人为师，而不是说与士人交友。'先生说，子思之所以不高兴，是基于这样一个道理：论地位，你是君主，我为臣下，我怎么敢跟你交朋友呢？论道德，你是来向我求学的，怎么可以跟我交朋友呢？先生认为，千乘之国的君主，想跟士人交朋友都不可得，更何况是要召见他呢？为此，先生还跟我举了一个例子，说从前齐景公田猎，以有羽毛装饰的旌旗召唤管苑囿的虞人前来，结果虞人没有前来。虞人只是一个小吏而已，齐景公为此而震怒，想要杀了他。先圣孔子听说这件事后，说了一句非常有名的话。"

"什么有名的话？"屋庐连忍不住又插话了。

"就是'志士不忘在沟壑，勇士不忘丧其元'，听过吗？"万章有意侧过脸，望了屋庐连一眼，笑着问道。

"没听说过。什么意思？"屋庐连问道。

"意思是说，有志之士为了正义，不怕弃尸于山沟；勇敢之士依礼行义，不怕丢掉脑袋。先生说：'先圣之所以如此赞叹齐景公的这个小吏，不为别的，看中的正是他对君主不合礼法的召见敢于拒绝的勇气与风骨。'"

"哦，明白了。"屋庐连恍然大悟地说道。

万章莞尔一笑，接着说道：

"我又问先生：'齐景公召唤虞人，到底应该以什么旗子呢？'先生说：'应该用皮帽子。按照礼法，君主召唤平民百姓用曲柄旗，召唤士人则以有铃铛之旗，召唤大夫才用有羽毛的旌旗。虞人只是掌管苑囿的小吏，齐景公以召唤大夫的羽毛旌旗，虞人当然死也不敢前往相见。如果用召唤士人的旗帜去召唤平民百姓，平民百姓敢去相见吗？'先生认为，君主召见要依礼法。如果不依礼法，即使像虞人这样的小吏都不能召见，更何况是以召唤不贤之人的礼节去召唤贤人了。想见贤人，却不依礼合法，就像是想请他进来却又关着大门一样。先生说：'义好比是路，礼好比是门。只有君子，才能经由这条大路而出入于这扇大门。'为此，先生还引了《诗》中的两句话：'周道如砥，其直如矢；君子所履，小人所视。'意思是说，大路像磨刀石一样平，像箭一样直，君子走在前面，小人跟在后面。告诉我说：'君子依循礼法，才能做万民的表率。'我反问了先生一句：'先圣孔子说过，听到国君召见，不等车马备好就举步前往。难道先圣也错了吗？'先生回答道：'先圣说这话时正在做官，他有官职在身，国君是以他的官员身份召见他的，他必须履职晋见。'"

"关于谒见诸侯的事，我也曾问过先生。"公孙丑接话说。

屋庐连一听公孙丑也与孟轲谈论过这个话题，立即来了精神，连忙追问道：

"公孙师兄，先生跟您又是怎么说的呢？"

"先生说：'在古代，一个人若不是诸侯的臣属，便不去谒见诸侯。但是，像段干木跳墙避见魏文侯，泄柳闭门不见鲁穆公，这都是做得比较过分的。如果诸侯求见的心情很迫切，也是可以破例相见的。阳货想召见先圣孔子，又怕别人说他无礼。阳货虽然只是季孙氏的管家，却也是大夫的身份。按照礼法，大夫对士可以有所赏赐。如所赏之士当时不在家，不能亲自接受，事后就要亲自往大夫家回访答谢。阳货想见先圣，但怕先圣不肯相见。于是，就打听好先圣不在家时，给他送了一只烤乳猪。之后，先圣也打听好阳货不在家时去回访答谢。其实，阳货要是当初先拜访先圣，先圣何至于不见他呢？先圣弟子曾参曾有言：耸起两肩而做出讨好别人的笑脸，比大夏天田间劳作还累人。先圣的另一个弟子子路则言：心里不愿意跟那个人说话，却勉强跟他说话，还面带惭愧之色，这种人是难以让人理解的。'先生认为，无论是先圣，还是曾参与子路，从他们的言行，就可以了解君子的道德节操应该如何培养了。"

陈代听公孙丑说完，立即接住话茬，说道：

"关于不见诸侯的话题，我也曾问过先生。记得是先生从齐国回到邹国的第二年，我见先生整日无所事事，却又心事重重，于是有一天我便大着胆子跟先生说：'您不谒见诸侯，似乎是拘泥于小节吧。现在您年富力强，声名正盛，若是去见诸侯，大则可以推行王道，小则可以实现霸道。况且《志》有言：屈折一尺，可以伸直八尺。您似乎应该去试一试。'先生不假思索，脱口而出，给我讲了一个故事，就是刚才万师兄所讲的齐景公召唤虞人的故事。然后教导我说：'我不待诸侯相召就前去谒见，那我算什么呢？你所说的屈折一尺可伸直八尺，是就利益而言。若就利益而言，屈折八尺而伸直一尺，也是有利益的，那我们是否也可以做呢？从前，晋国执政赵简子有一个宠幸的小臣叫奚。一次，奚想出去打猎，赵简子叫晋国最优秀的御手王良给他赶车。结果，一整天也没有任何猎获。于是，奚回来向赵简子禀报，说王良是世上最拙劣的御手。有人将这话告诉了王良，王良找到赵简子，希望再来一次。奚勉强同意了，于是王良再为奚驾车，结果一个早晨就猎获了十只禽兽。奚回来后，又向赵简子禀报，说王良是世上最好的御手。于是，赵简子决定让王良专门给奚赶车。然后，将此决定通知了王良。王良不肯答应，说他第一次是按礼法为奚驾车，所以一只禽兽都未猎获；第二次是违背礼法为奚驾车，所以一个早晨就猎获十只。并引《诗》言志，说他不习惯于为小人驾车，这差事他不干了。'先生讲完这个故事后，感慨地说道：'御手尚且以跟坏射手合作为耻，觉得这样的合作即使猎物堆积如山，也不肯为之。如果我折辱人格，放弃自己的志向与主张去追随诸侯，那又是为了什么呢？屈折自己的人，从来也不会使他人变得正直的。'"

"看来，先生对于为人处世是相当有原则的。"屋庐连总结似的说道。

宋大夫勾践莞尔一笑，没有评论陈代的叙述，也没有对屋庐连的评论作出回应，而是侧脸看了万章一眼，说道：

"万师兄，先生关于为人处世，还有什么其他教诲吗？"

"有。"万章点了点头。

"那您再给我们讲一讲吧。"勾践请求道。

万章点了点头，顿了一顿，说道：

"有一次，我问先生：'据说先圣在陈国时，没待多久就想回去了，说他的弟子们都志大而狂放，进取而不忘本。那么，先圣为什么在陈国时会思念在鲁国的这些狂放弟子呢？'先生没有直接回答我，而是引了先圣的一句话：'不得中道而与之，必也狂狷乎！狂者进取，狷者有所不为也。'意思是说，得不到恪守中庸之道者与之相交，就只能结交狂放之士与狷介之士。因为狂放之士勇于进取，狷介之士有所不为。然后，感慨地说道：'先圣难道不想结交恪守中庸之道者吗？只是在陈国时，他结交不到，所以才退而求其次，想到他在鲁国的那些狂狷的弟子。'我问先生：'怎样才叫狂放之士呢？'先生说：'像琴张、曾晳、牧皮，就是先圣所说的狂放之士。'我又问：'为什么说他们是狂放之士呢？'先生说：'他们志向远大，但言语夸张，总是说古人如何如何。可是，看他们的行为，却与其所说不相吻合。'我又问：'什么是狷介之士呢？'先生说：'狷介之士，就是不屑于做坏事的人，比狂放之士次一等。如果结交不到狂放之士，才去结交狷介之士。先圣曾跟人说过，经过他家门口而没进到他屋里坐一坐的人中，他不以为憾的，恐怕就是乡愿了。先圣说，乡愿是败坏道德的人。'我问先生：'什么是乡愿？'先生说：'乡愿，就是好好先生。他们总是批评狂放之士，说他们志大言大，总是说古人如何如何。他们又批评狷介之士，说他们为什么要这样落落寡合。他们认为，生在这个世上，为这个世上做事，只要过得去就行了。'先生认为，这种八面玲珑、到处讨好的人，就是好好先生，也就是先圣所痛恨的乡愿，为人处世毫无原则。"

"这种人，日常生活中我们经常可以看到，他们往往很受人们欢迎，而且混得风生水起。"屋庐连又忍不住插话了。

"屋庐师弟，你可说对了。正因为如此，先圣才非常痛恨这种人，先生也一再告诫我，不能做乡愿，为人处世一定要坚持原则。"

屋庐连听了万章的表扬，虽然心中非常高兴，但表面却显出不好意思的神色，连忙接口说道：

"万师兄，您接着说。"

万章点了点头，接着说道：

"我又问先生：'一乡之人都认为他是老好人，他也处处表现出是老好人，先圣为什么要将他视为败坏道德的人呢？'先生说：'因为这种人最能让人迷惑。如果要指责他吧，好像又难以指出他大的错误；要责骂他吧，似乎又没有什么可以责骂的,因为他跟流俗与污浊的社会风气完全融为一体。这种人,看上去好像忠诚老实,行为也好像很廉洁,大家都非常喜欢他,他自己也觉得做得很正确。实际上,他的所作所为跟尧舜之道完全相背离。所以说,这种人是败坏道德的人。'为此,先生还引先圣之言说:'厌恶似是而非,就像厌恶莠草,因为它扰乱了禾苗;又像厌恶巧言谄媚,因为它扰乱了道义;又像厌恶能言善辩,因为它扰乱了诚信;又像厌恶郑国之声,因为它扰乱了雅乐;又像厌恶紫色,因为它扰乱了红色。厌恶乡愿,是因为他们扰乱了道德。'先生认为,君子的作为就是让一切回归常道。只要常道不被扭曲,百姓就会奋发上进;百姓奋发上进,天下就没有邪恶。"

"万师兄,我终于明白了。先生跟您讲这么多,强调为人处世要坚持原则,原来是有深意的,就是要端正世人的道德,让社会回归尧舜之世,从而实现其王道社会的理想。"万章话音刚落,屋庐连便兴奋地说道。

"还是屋庐师弟聪明,一眼就看穿先生的用心。万师兄,先生还有什么教诲,再给我们讲讲吧。"勾践一边半真半假地表扬屋庐连,一边真心实意地请求万章道。

万章点了点头,顿了一顿后,说道:

"先生晚年一直跟我强调,为人一定要知耻。他说:'人不可以无耻。无耻之耻,无耻矣。'意思是说,一个人不可以没有羞耻,能够将没有耻辱当作羞耻,就不会有羞耻之事发生了。对于不知羞耻之人,先生是切齿痛恨的。为此,先生曾跟我说了一个故事,至今让我难以忘怀。"

"什么故事?"屋庐连一听有故事,立即又兴奋了。

"先生说,齐国有一个人,他家里有一妻一妾。这人每天都要出门,而且一定要喝足了酒、吃饱了肉才回家。他的妻子问他每天都跟什么人一起吃喝,他说全是达官贵人。他妻子不相信,就跟妾说:'我们的丈夫每天出门,一定是酒足肉饱才回家。我问他是跟哪些人在一起,他说都是达官贵人。可是,我们家从未来过一个达官贵人。我想一探究竟,看我们的丈夫每天到底去了哪里。'第二天一大早,妻子就尾随丈夫出了门,发现丈夫走过国都的大街小巷,也没有一个人跟他站着说句话。最后发现丈夫去了东城外一处祭祀的场所,将他人祭祀的祭品都吃了,一处不够,就往另一处。这就是他酒足肉饱的原因。他的妻子回家后,将所看到的真相告诉了妾,说:'丈夫是我们终身的依靠,也是我们所仰望的人。没想到,竟然是这个样子!'说完,跟妾一起嘲笑丈夫,最后二人抱头痛哭于中庭。而丈夫并不了解实情,得意扬扬地从外面回来，而且在妻妾面前夸耀。"

"万师兄，先生的这个故事肯定是编造的。"万章的话还没说完，屋庐连就像发现了什么秘密似的，兴奋地说道。

"我当然知道是编造的。但是，先生的这个故事非常生动。讲完之后，先生跟我说了一句意味深长的话：'在君子看来，世人所用乞求升官发财的手段，能不让其妻妾感到羞耻而抱头痛哭的，是非常少见的。'可见，先生对于做人与做官，都是强调坚持原则的，认为这是为人处世的基本底线。"万章说道。

周霄是官场中人，听了万章所转述的这个故事，非常感慨地说道：

"先生晚年之所以不肯再出仕为官，不肯再谒见诸侯，其实是他早就看清了官场的本质。所以，即使是念念不忘其王道社会理想，从齐国回到故乡后的二十多年间，也没有萌发再进入官场的想法。"

乐正克与勾践都是官场中人，对周霄的话深表赞同，连连点头。

沉寂了一会儿，勾践抱起酒坛，摇了摇，说道：

"还有一点酒，我再给大家分一分。喝完了这盏酒，我们大家就跟先生告别吧。"

众人没有吱声。

勾践了解大家的心情，没有再说什么，径直起身，从孟仲开始，依入师门先后之序，最后一次给大家斟了酒。

当勾践回到自己座席，举起酒盏，正要劝大家喝下最后的残酒时，屋庐连又说话了：

"勾践师兄，别忙着让大家喝酒。我还有一个建议，就是请万章师兄或是公孙师兄，再给我们讲一下先生有关为学之道的教诲。因为刚才万章师兄所讲，实际上都是为人之道方面的。"

"屋庐师弟这个建议好。那就请万章师兄，或是公孙师兄再辛苦一次吧。"勾践立即表示赞同。

乐正克、周霄则热烈响应，其他人也表示赞同。

"师兄，这次您来讲吧。"万章见大家热情高涨，对身边的公孙丑说道。

公孙丑点了点头，左右扫视了大家一眼，顿了顿，说道：

"我跟万章师弟在整理先生生平言论时，就为学之道问题，确实讨教过先生多次，先生也多次给予我们以教诲。有一次，先生给我们打了一个比方，说学习就像掘井，掘到九仞之深而不见泉水，就等于废井。告诫我们，学习务必要持之以恒，不能半途而废。除了要持之以恒外，先生还告诫我们说，学习要专心致志，不能三心二意、心猿意马。为此，先生给我们讲了一个故事。说从前有一个人叫弈秋，是全国最善于下棋的高手。有两个人师从弈秋学习，一个人专心致志，只听弈秋的教诲，心无旁骛；另一个人虽然也听弈秋的教诲，但在学习的过程中时有分心走神的情况，总是想着有天鹅飞来，怎样引弓上箭将其射下来。所以，二人虽然一起学习，但棋艺水平却相差很大。先生问我们：'是两个人的智力有差别吗?'我们都认为不是。最后，先生告诉我们说：'天下纵然有一种最易生长的植物，如果晒它一天，又冻它十天，它肯定也是不能生长的。下棋虽然只是小技艺，但如果不专心致志，也是学不好的。至于学习圣人之道，情况更是如此。'"

"幸亏屋庐师弟提议，不然先生这样精辟的教诲，我们永远都不知道。公孙师兄，您接着说。"勾践侧脸望着公孙丑说道。

公孙丑点了点头，接着说道：

"先生还告诉我们，学习要博、约结合。他说：'君子要想臻至高深的造诣，就要依循正确的学习方法。这样，在学问上才能自觉而有所得。这自觉而得的学问，一旦内化为自己的知识后，便会牢固掌握而不动摇。如此，学问的积累就会越来越深厚。学问积累深厚，运用起来就会左右逢源。'先生还说：'将获得的渊博知识融会贯通之后，便能从中汲取精华，并能用最简洁的语言表达出来。'"

"先生这话说得也非常有道理。还有吗?"乐正克侧脸望着公孙丑，问道。

"先生还告诫我们，学习是个长期的过程，在这个过程中，一定要坚持独立思考。他曾告诉我们说：'做了而不明白为什么要这样做，习惯了却不明白为什么会习惯，一生都遵循着习惯而这样做，却不了解其中的道理，这就是普通人的情形，是不善于学习的表现，也是没有独立思考的结果。如果是善于学习，有独立思考的精神，他做一件事情，或遵循一种习惯，一定会问个为什么，思考一下有没有合理性。'先生还曾举《尚书》为例，跟我们说：'如果完全相信《尚书》的记载，那还不如没有《尚书》。我对于《尚书》中的《武成》篇，只相信其中的两三行文字而已。都说仁人无敌于天下，以周武王这样最仁德之人，讨伐纣这样最不仁德之人，怎么会有杀得血流漂杵这样的事呢?'"

"先生这个观点也非常精辟，好像以前也跟很多师兄弟都强调过。公孙师兄，您再接着讲。"公孙丑话音刚落，周霄立即表示赞同，侧脸望着公孙丑说道。

公孙丑点了一下头，沉思了片刻，说道：

"关于学习的方面，我只记得这些。不过，还有关于教学方面的教诲，不知各位同门有没有兴趣听一听。"

"当然有兴趣。我们自己也是老师，也有自己的弟子，这方面的教诲对我们同样很重要。"好久没说话的咸丘蒙脱口而出。

公孙丑左右扫视了大家一眼，接着说道：

"先生曾告诉我们说：'君子教育的方法有五种：第一种是像及时雨一样，滋润万物，让所有的弟子都能受益，第二种是成全品德的，第三种是培养才能的，第四种是答疑解惑的，第五种是让传世学说使后人自行学习的。'先生认为，教学的对象不同，因此要坚持个别与一般相结合、普遍教育与因材施教相结合。"

"先生虽然不像先圣那样，有弟子三千，但在教书育人方面的心得丝毫不输先圣。"乐正克脱口而出。

"乐正师弟说得对。先生有关教书育人方面的精辟言论还有很多。有一次，我问先生说：'圣人之道很高，很美，就像是登天一样，似乎是高不可攀。为什么不使它高而可攀，而让人天天去努力攀爬呢?'先生回答说：'高明的工匠不会迁就笨拙的工人，去改变规矩或法则，就像后羿不会因为笨拙的射手而改变开弓放箭的标准。君子教育别人，就像射箭一样，拉满了弓，却不放箭，只是做出跃跃欲射的样子，让学习者观摩体会。他只要立于大道之中，有能力的人便会跟随而来。'先生认为，教育弟子既要强调遵守规矩，又要鼓励他们在其指导下有所创新。"

"先生这个比方打得好，确实让人茅塞顿开。"对于教书育人抱有期待的咸丘蒙，情不自禁地感叹道。

公孙丑点了点头，接着说道：

"先生还告诉我们，为人之师，有好与不好之别。好的老师，是'以其昭昭，而使人昭昭'。他在教导别人时，一定先将所教的内容彻底弄明白，然后才去让人明白；而不好的老师，则是'以其昏昏，而使人昭昭'。自己对于所教的内容还模模糊糊，却想让被教的人明白。"

"先生这话说得极其精辟，可谓切中肯綮。"好久没说话的陈臻，这时也插话评论道。

公孙丑侧脸望了一眼陈臻，又接着说道：

"先生有关这方面的教诲还有很多，我一时也不能一一记起。最后，我想跟各位同门分享一下先生对我个人的勉励。其实，也是对于我们全体同门师兄弟的期许。有一次，我问先生古代圣贤成长的过程，先生说：'舜是圣君，却是从田野里走出来的；傅说是商朝的名臣，却是从筑墙的囚徒中被提拔起来的；胶鬲是周文王的名臣，却是从贩卖鱼盐之徒中举荐出来的；管仲是辅佐齐桓公九合诸侯、一匡天下的不世之臣，却是从狱官的监押下被举荐出来的；孙叔敖是楚庄王的功臣，却是从海边被举荐出来的；百里奚是秦国崛起的功臣，却是从市场上被举荐出来的。天将降大任于一个人，必先苦其心志，劳其筋骨，空乏其身，使其身贫穷，使其一切所为皆不如意。如此，则可让其动心忍性，增长其才能。一个人常出现过错，才会知道改正；一个人心意困苦，思虑阻塞，才能发愤而有所为。显现于神色，吐露于言语，才能被人所了解。一个国家，若内无守法大臣和辅政贤人，外无敌国与外患，往往最容易被灭亡。由此可知，生于忧患，而死于安乐。'"

"先生的意思是说，任何优秀的人才都需要经历磨难，只有历尽苦难，才能担当得起天下大任，是吧？"屋庐连又开始解读孟轲之意了。

公孙丑点了点头。

孟仲虽是孟轲的大弟子，但无论是在孟轲葬礼上，还是在通宵为孟轲守灵的过程中，一直说话很少，总是尽量让其他师弟多发言。因为这是师门的最后一次相聚，以后也不会有这样的机会了。但是，听万章与公孙丑说得差不多了，抬头看看太阳，觉得时间也不早了，作为大师兄，他必须出来作最后的发言。他先跪直了身子，左右扫视了一眼在场的其他师弟，然后深情地望了一眼孟轲之墓，说道：

"昨晚诸位师弟深情回忆了当年受教于先生的诸多往事，今天万章与公孙丑二位又当着先生的面，跟诸位同门重温了先生的诸多教诲，希望各位同门牢记拜入先生门下的初心，继承先生的遗志，广泛传播先生的思想学说，为实现先生未竟的王道社会理想而不懈努力。我们都知道，实现王道社会的理想是个艰难的过程。先生在临终前不久，曾跟我慨叹说：'从尧、舜到汤，经历了五百多年。像禹、皋陶这些人，都曾亲自见过圣人，从而了解圣人之道。至于汤，则是以听闻圣人的事迹而了解到圣人之道。从汤到文王，又经历了五百多年。像伊尹、莱朱这些人，都曾亲自见过圣人，从而了解圣人之道。至于文王，则是以听闻圣人事迹而了解到圣人之道。从文王到先圣孔子，又经历了五百多年。像太公望、散宜生这些人，都曾亲自见过圣人，从而了解圣人之道。至于先圣孔子，则是以听闻圣人的事迹而间接了解到圣人之道。从先圣孔子以来，一直到今天，已经有一百多年了，离圣人的时代虽然并不那么远，距离圣人的家乡也这么近，但是还没有了解圣人之道者。后世也恐怕没有了解圣人之道的人了。'先生说的话，虽然很悲观，但我们作为先生弟子，不能让先生临终前这种悲观的看法成为现实，务必要奋发有为，像先圣孔子所言，'知其不可为而为之'，也许将来还有实现王道社会理想的一天。如果我们就此放弃理想信念，那先生与先圣念兹在兹的王道社会理想一定不会实现。"

"大师兄说得对！我们一定要继承先生遗志，以告慰先生的在天之灵。"邹正、邹春兄弟首先表态。

紧接着，公都、公孙丑、万章、咸丘蒙、陈臻、陈代、勾践、乐正克、周霄、屋庐连、桃应等人都纷纷表态。

孟仲欣慰地点了点头，深情地凝视着孟轲的墓碑良久，突然站起身来，举起手中酒盏，说道：

"我们用盏中的这些余酒再敬先生一次吧！"

众人跟着一起起身，先举起酒盏抿了一小口酒，接着一起将盏中残酒洒在了孟轲墓土上，最后一起将酒盏摔碎。

伴随着酒盏落地破碎的声音，孟仲领头，大家一起面向孟轲墓碑，大声诵道：

"大道之行也，天下为公，选贤与能，讲信修睦。故人不独亲其亲，不独子其子，使老有所终，壮有所用，幼有所长，矜、寡、孤、独、废疾者皆有所养，男有分，女有归。货恶其弃于地也，不必藏于己；力恶其不出于身也，不必为己。是故谋闭而不兴，盗窃乱贼而不作，故外户而不闭，是谓大同。"

山谷回音：

"大道之行也，天下为公，选贤与能，讲信修睦。故人不独亲其亲，不独子其子，使老有所终，壮有所用，幼有所长，矜、寡、孤、独、废疾者皆有所养，男有分，女有归。货恶其弃于地也，不必藏于己；力恶其不出于身也，不必为己。是故谋闭而不兴，盗窃乱贼而不作，故外户而不闭，是谓大同。"

参考文献

一、原著类

1. 《孟子》

2. 《论语》

3. 《老子》

4. 《庄子》

5. 《孔子家语》

6. 《晏子春秋》

7. 《吕氏春秋》

8. 汉·贾谊：《新书》

9. 汉·司马迁：《史记》

10. 汉·董仲舒：《春秋繁露》

11. 汉·刘安：《淮南子》

12. 汉·刘向：《战国策》

13. 汉·刘向：《列女传》

14. 汉·刘向：《新序》

15. 汉·刘向：《说苑》

16. 汉·韩婴：《韩诗外传》

17. 汉·徐干：《中论》

18. 宋·司马光：《资治通鉴》

二、注疏考证类

1. 汉·赵岐：《孟子章句》（见钦定四库全书荟要本），（台北）世界书局，1985年。

2. 宋·孙奭：《孟子音义》（见钦定四库全书本），商务印书馆，2013年。

3. 宋·张九成：《孟子传》（见《张九成集》），浙江古籍出版社，2013年。

4. 宋·朱熹：《孟子集注》，上海古籍出版社，1987年。

5. 清·戴震：《孟子字义疏证》，中华书局，1982年。

6. 清·焦循：《孟子正义》，河北人民出版社，1988年。

7. 陈奇猷：《吕氏春秋校释》，学林出版社，1984年。

8. 许维遹：《吕氏春秋集释》，中国书店，1985年。

9. ［日］泷川资言：《史记会注考证》，北京文学古籍刊行社，1955年。

10. ［日］泷川龟太郎：《史记会注考证》，东京史记会注考证校补刊行会，1956年。

11. ［日］关脩龄：《战国策高注补正》，东京书肆，日本宽政十年（1798）。

12. 巴黎大学北平汉学研究所：《战国策通检》，巴黎大学北平汉学研究所，1948年。

13. 刘殿爵、陈方正：《战国策逐字索引》，台湾商务印书馆，1992年。

14. 何建章：《战国策注释》，中华书局，1990年。

15. 吴师道：《战国策校注》，中华书局，1991年。

16. 杨树达：《淮南子证闻》，科学出版社，1953年。

17. 赖炎元：《韩诗外传今注今译》，台湾商务印书馆，1972年。

18. 陈梦家：《六国纪年》，人民出版社，1956年。

19．董说：《七国考》，中华书局，1956 年。

20．董说、缪文远：《七国考订补》，上海古籍出版社，1987 年。

21．钱穆：《先秦诸子系年》，中华书局，1985 年。

22．清·阮元：《十三经注疏》（附校勘记），台湾新文丰出版公司，1978 年。

23．国家文物局古文献研究室：《马王堆汉墓帛书》，文物出版社，1980 年。

三、学术著作、工具书类

1．清·狄子奇：《孟子编年》，浙江书局，1887 年。

2．清·林春溥：《孔门师弟年表孟子时事年表合刻》（4 卷），竹柏山房，1816 年。

3．刘培桂：《孟子与孟子故里》，中国文史出版社，2001 年。

4．孙开泰、孙超英：《孔子孟子传》，中国新闻联合出版社，2007 年。

5．孟祥才：《孟子传》，齐鲁书社，2013 年。

6．林汉仕：《孟子探微》，（台北）文史哲出版社，1978 年。

7．杨国荣：《孟子的哲学思想》，华东师范大学出版社，2009 年。

8．杨宽：《战国史》，上海人民出版社，2003 年。

9．冯友兰：《中国哲学简史》，北京大学出版社，1996 年。

10．侯外庐等：《中国思想通史》，人民出版社，2011 年。

11．孟祥才：《秦汉政治思想史》，中国社会科学出版社，2018 年。

12．谭其骧：《中国历史地图集》（第一册），地图出版社，1982 年。

后　记

王道梦

　　这部名曰《王道梦》的小书，是以战国时代儒家代表人物孟子为叙写对象的历史小说，也是我计划创作的"说春秋道战国"系列历史小说（共24部）中的第七部。已经出版的前六部，分别是第一辑：《远水孤云：说客苏秦》《冷月飘风：策士张仪》，第二辑：《镜花水月：游士孔子》《易水悲风：刺客荆轲》，第三辑：《道可道：智者老子》《化蝶飞：达者庄子》。《王道梦》是第四辑的第一部，第二部则是写荀子的《法后王》。现在，还是先将《王道梦》的创作缘由、资料准备以及小说布局架构，向读者诸君报告一下。

　　以孟子为对象进行历史小说创作，应该说是我萌发历史小说创作想法的第一次冲动。但是，这一冲动却迟迟没有付诸实践，直到写完老子、庄子之后，才正式提上了创作议程。个中原因，既有时间精力方面的，也有客观情势方面的，还有出版社方面的。

　　1999年3月，我应日本京都外国语大学之邀，第一次出国担任国外大学的客座教授，日本语称为"客员教授"。我学生时代醉心于中国古代文学与古代汉语，也醉心于中国古代历史。因为对中国古代历史多有接触，所以对于古代就跟中国有着密切关系的日本，也就有了特别的兴趣。在兴趣的驱使下，我大学时期就自学了第二外语日语。研究生时期，则正式选修了第二外语日语。1999年初，我到日本就任京都外国语大学客座教授后，就想借机好好提升一下日语水平。所以，每天只要有空，就看日本电视节目，以练习日语听力水平，提升口语表达能力。有一次，看一个文化类电视节目时，电视台介绍了一个日本汉学家（名字我已经记不得了，因为日本学术界研究孔子、孟子的学者太多，有名的也不少，真要一一报出他们的姓名，还真不容易），说他一生醉心于研究孟子，很多次前往中国山东寻幽访胜，并在孟子故乡做了大量田野调查工作。当时看了这个节目，我非常感慨，我是一个中国人，而且打小就对中国古代历史与文化有兴趣，对孟子的喜爱程度甚至超过了孔子，却没有去山东拜谒过孟子故里，真是非常惭愧。也就是从那时开始，我萌发了一个创作冲动，决定要为孟子写一部历史小说。于是，我开始细读《史记》与《战国策》，为创作进行历史资料的准备，并不断在脑海中进行小说架构的搭建。然而，2000 年 4 月，我从日本回到国内后，因为教学科研的压力，这个计划被搁置了。直到 2005 年我第二次到京都外国语大学做专任教授时，这一创作计划才又被重新提上了议程。然而，到了日本后，正值当时国际形势风云变幻，又是日本大选之年，整天在电视中看日本政客钩心斗角，在街头看日本政客为大选拉票演讲，还不时有日本民众为种种政治诉求游行示威。至于电视上不断播放的美、英在伊拉克狂轰滥炸的画面，还有美、中、俄、英、法五大联合国安全理事会常任理事国不断升级的外交博弈，以及日本、印度、德国、巴西四国为争取成为联合国安全理事会常任理事国而施展的种种外交与政治手腕，更是看了让人眼花缭乱，不禁让我有梦回中国战国时代的感觉，感觉当时的世界情势跟中国战国时代七国争霸的情形何其相似乃尔！于是，自然而然地想到中国战国时代纵横家苏秦与张仪，觉得他们当年以"合纵""连横"之策搅动天下局势的所作所为，跟 21 世纪初世界各国政客出于各自国家利益而进行的穿梭外交没有两样；觉得 21 世纪初世界主要大国的政治与战略博弈，就是中国战国时代七国"合纵""连横"政治谋略的翻版。所以，当时我就非常感慨，觉得历史真是不可思议。基于我早已抱持的"鉴往可以知今"理念，我临时改变了创作计划，决定契合当时特定的时代情境，先写主张霸道的纵横家苏秦、张仪，以此映射 21 世纪的世界现实。至于主张王道的孟子，则决定先放一放。加上我从事的学术主业是修辞学，从职业情感上有认同苏秦、张仪以嘴上功夫取荣华富贵的游说修辞实践的倾向，潜意识中有为他们树碑立传的情感冲动。除此之外，我对苏秦、张仪的生平行事，以及他们游说诸侯各国之君的游说辞早已经烂熟于心。于是，一时激情迸发，夜以继日，不眠不休，一口气就将《远水孤云：说客苏秦》与《冷月飘风：策士张仪》两部历史小说的初稿写了出来。

写完了《远水孤云：说客苏秦》与《冷月飘风：策士张仪》的初稿，之后就开始了长达几年的反复修改。2009年2月，我应邀到台湾东吴大学担任客座教授。在这期间，我有多次机会到台湾最高学术出版机构台湾商务印书馆拜访相关编辑。因为在此之前，台湾商务印书馆为我出版了《中国笔记小说史》《中国言情小说史》《中国修辞哲学史》《中国语言哲学史》《中国现代修辞学通论》《古典小说篇章结构修辞史》六部学术专著。可以说，台湾商务印书馆是助我学术成长的老东家。一次，台湾大学中文系主任何寄澎教授跟我说，在台湾商务印书馆出版学术著作是非常难的一件事。只要在台湾商务印书馆出版两部学术著作，就可以做台大教授。在其他大学做教授，那就更不在话下了。他笑言，以我的情况而言，可以在台大做三个教授了。正因为台湾商务印书馆对我学术成长有知遇之恩，所以我到东吴大学就任客座教授不久，便前往台湾商务印书馆，拜访编辑部经理，也是跟我交往最密切的责任编辑李俊男先生。在跟李俊男先生的交谈中，我说到了当时我正在修改的两部历史小说《远水孤云：说客苏秦》与《冷月飘风：策士张仪》，并一时冲动地问了他一句："台湾商务印书馆是否出版历史小说？"话一出口，我就后悔了。因为我明知台湾商务印书馆是台湾最高学术出版机构，从不出版文艺作品。但是，让我大出意料的是，李俊男先生回答说："如果作品好，也可以突破传统。"这不禁让我欣喜若狂，于是就跟他说起了我的历史小说创作计划。他不仅予以热情鼓励，还给我出主意。最后，他给我的创作计划确定了一个名称："说春秋道战国"，并建议我第一辑所写的苏秦、张仪两部历史小说出版后，再出版第二辑，写孔子与荆轲，一文一武。我觉得他的建议非常好，也打心眼里佩服台湾商务印书馆编辑的学术与选题水平。之后，我就写出了第二辑的两部历史小说：《镜花水月：游士孔子》《易水悲风：刺客荆轲》。这样，就将写孟子的计划再次搁置了。等到写完苏秦、张仪、孔子、荆轲，并以三个不同版本在大陆与台湾同时出版发行后，各个出版社又给我出题目，指名要我写老子与庄子。于是，写孟子的计划第三次被搁置。直到写完了庄子，我才真正下定了决心，不再听任何出版社的建议，决定将孟子写出来。这样，经过多年的努力，这才有了这部即将与读者诸君见面的《王道梦》，使上一个世纪就让我产生情感冲动的历史小说主角孟子的形象呈现在了读者诸君面前。

　　说完了《王道梦》的创作缘由，下面我再跟读者诸君报告一下这部小说创作的资料准备工作。前面我已经说过，我从小对中国历史就特别感兴趣，上大学后对中国上古史尤其感兴趣。因为早就有写历史小说的想法，对诸如《史记》《战国策》《论语》《孟子》《晏子春秋》《孔子家语》《韩诗外传》《吕氏春秋》之类涉及先秦历史的史料就特别留意。很多史料都是反复读过的，所以春秋战国时代的许多历史人物早就深深地刻在了我的脑海中。加上写过了孔子、老子、庄子、苏秦、张仪、荆轲等春秋战国时代的人物，反复运用过先秦史的相关史料，所以这次写孟子时就省了很多在史料上要用的精力。另外，孟子是孔子思想衣钵的继承者，写完了孔子再写孟子，在史料的运用上也有了便利，也为我省了很多资料准备的精力。这次写《王道梦》，主要精力是花在了对《孟子》一书中所记内容的考据与资料分类上。众所周知，孟子从本质上说不是一个政治家，而是一个地地道道的教书先生。《孟子》一书中记载的内容，绝大多数都是孟子与其弟子的对话，生动地反映了孟子教书育人的生活常态。因此，为了真实地再现孟子这一历史人物形象，就必须将孟子的师生关系谱系整理出来，将其跟不同弟子对话交流的内容分门别类地整理出来。另外，还有一个问题，孟子除了教书先生的角色外，还是一个典型的说客。他为了推行其"保民而王"，实现其"天下大同"的王道社会理想，一生周游列国，不厌其烦地向诸侯各国之君游说。这些游说的内容，虽然都清楚地记载于《孟子》一书中，但这些游说发生的具体历史情境则是需要考证确认的。为了真切地再现孟子游说诸侯各国之君的历史情境，还原孟子游说时的具体时空背景，就需要对战国史进行深入的研究，对孟子的生平行事与相关联的历史事件的关系予以确认。这就需要有考据的功夫，对相关史料有全面的排摸与甄别。这些工作，如果没有深厚的先秦史研究学养，是难以做好的。就我而言，由于长期浸淫于学术研究之中，对于史料的运用与处理早已训练有素，所以，在准备写作《王道梦》时，对于如何运用与处理有关孟子的史料并不以之为难事。但是，在写作过程中，为了塑造孟子这一历史人物形象，如何创造性地运用相关史料，感觉就不是那么容易了。因为历史小说不是人物评传，而是文学作品，必须在"历史"与"文学"之间寻求一个平衡点。否则，写出来的东西就既非学术意义上的历史著作，也非文学意义上的历史小说。正因为如此，在处理有关孟子的史料时，颇是让我

后记

费了一番心力，也消耗了我很多年宝贵的时间。尽管如此，但结果到底做得如何，我也不敢有十分的自信，最终是要由读者诸君评判的。

最后，我再向读者诸君报告一下《王道梦》的篇章布局架构。众所周知，历史小说的创作，通常是按照历史人物的活动轨迹与历史事件发生的时间顺序，采取"线性结构"模式推进故事情节。也就是以"时间轴"驱动"空间轴"，叙事采"顺叙"为主，"倒叙"与"插叙"为辅。我之前创作的六部历史小说，差不多都是沿袭了这种叙事模式，因此小说的篇章布局架构尚未完全挣脱《三国演义》等中国传统历史小说的束缚。《王道梦》是我创作的第七部历史小说，我不想为了省力、省事而再沿袭前六部的叙事模式，而是力求在叙事模式上有所创新，从而使小说的篇章布局架构有一个突破性的变化。为此，我为小说设置了一个"序章"和一个"尾声"。"序章"部分，以孟子的临终一梦开篇，写晚年的孟子，在其得意弟子万章的陪同下，前往南国游览，考察当地的风土人情与社会发展现状。通过深入民间访察，并与楚国老伯交流，详细了解到远离中原的南国也已实现了"天下大同"的王道社会理想，人人温饱无忧，老弱孤寡皆有所养，文化教育昌盛，人人知礼守法，路不拾遗，夜不闭户，社会一片祥和安宁的景象。为此，睡梦中的孟子不禁欣喜若狂，放声大笑。守在病榻前的众弟子，突然听到久病的孟子梦中大笑，纷纷猜测原因。之后，大家又见孟子口中喃喃有词，却听不到声音，不免又是一番猜测。最后，万章根据孟子的唇形，解读出了孟子是在诵读先圣孔子"大道之行，天下为公"的训词，这才窥知孟子梦中的情境。然后，在众弟子的注视下，孟子安详地离开了人世。众弟子匍匐孟子病榻前，放声大哭。"尾声"部分，写孟子众弟子夜聚孟子墓前，轮流讲述自己追随孟子求学问道的经历，以及孟子一生为实现王道社会理想而奋斗的诸多往事。大家故事讲完后，已是月落星淡，旭日东升。宋大夫勾践将坛中所剩最后的一点酒分给大家，准备饮尽后就各自上路归国。然而，众人都不忍离去，坐在孟轲墓前不肯起来。于是，应屋庐连等人的请求和大师兄孟仲的提议，公孙丑、万章等人又给大家讲述了孟轲晚年不为人知的许多往事，包括对他们个人的教诲。大家听了都觉得获益匪浅，不禁感慨唏嘘。最后，在大师兄孟仲的建议下，大家以盏中残酒祭完孟子，再在孟仲的带领下，齐声吟诵"大道之行，天下为公"的先圣训词，然后洒泪而别。至于正文十三章，则每章都特设一个引子，写孟子众弟子在为孟子举行完葬礼后，夜聚孟子墓前，借酒驱寒，在月夜不同的时段，经由众人的言语互动，将孟子的人生经历与成长过程以回忆的形式予以呈现。就我而言，自认为《王道梦》的篇章布局架构是有创新的，既不同于我视野所及的所有中国历史小说，也有别于包括日本历史小说在内的国外历史小说。至于这种创新是否成功，我也不敢有十分的自信，亦需读者诸君评判。不过，在我内心深处，还是希望得到更多读者的鼓励，让我在接下来的历史小说创作中更有信心。

吴礼权

记于 2022 年 3 月 28 日

后
记